U0137638

浦东历史文化系列丛书之八

本书由上海文化发展基金会图书出版专项基金资助出版

［晚清以来人物年谱长编系列］

穆藕初年谱长编 下卷

穆家修 柳和城 穆伟杰 ◎ 编著

浦东新区文物保护管理所
上海市浦东新区文史学会 编

上海交通大学出版社
SHANGHAI JIAO TONG UNIVERSITY PRESS

内容提要

穆藕初（1976—1943）是民国时期著名的爱国实业家。早年留学美国，习植棉、纺织和企业科学管理。先后创办德大、厚生、豫丰三家纱厂及华商纱布交易所、中华劝工银行等企业，被誉称为"棉纱大王"。难能可贵的是，穆氏成为巨富后，并未花天酒地，先后捐巨资选派北大罗家伦等学生赴美留学，参与发起成立中华职业教育社、东南大学、上海商科学校，创办昆剧传习所、位育小学等。1928 年，出任工商部常务次长。"七七事变"后，支持抗战，出任农产促进委员会主任委员、农本局总经理等职。发明"七七纺棉机"，为大后方经济建设做出了很大贡献。1943 年在重庆病逝。著译有《工厂适用学理的管理法》《植棉改良浅说》《藕初五十自述》等。董必武曾撰挽联云："才是万人英，在抗战困难中，多所发明，自出机杼；功宜百代祀，于举世混浊日，独留清白，堪作楷模。"

本书按年谱长编体例客观、完整和系统地记录谱主各个时期的社会政治经济活动、学术思想发展、个人情操、友朋交谊等，书后附谱后、参考文献及人名索引。全书取材宏富，考订细密，品评公允，收录珍贵图片一百余幅，是迄今研究穆藕初生平最翔实的资料荟萃，对于现代政治史、经济史、教育史、文化史，均有重要的学术价值。

图书在版编目（CIP）数据

穆藕初年谱长编/穆家修，柳和城，穆伟杰编著.—上海：
上海交通大学出版社，2015
ISBN 978-7-313-12707-5

Ⅰ.①穆… Ⅱ.①穆…②柳…③穆… Ⅲ.①穆藕初
（1876～1943）—年谱 Ⅳ.①K825.38

中国版本图书馆 CIP 数据核字（2015）第 041549 号

穆藕初年谱长编（上、下卷）

编　　著：穆家修　柳和城　穆伟杰
出版发行：上海交通大学出版社　　　　　　　地　　址：上海市番禺路 951 号
邮政编码：200030　　　　　　　　　　　　　电　　话：021-64071208
出 版 人：韩建民
印　　制：山东鸿君杰文化发展有限公司　　　经　　销：全国新华书店
开　　本：787mm×960mm　1/16　　　　　　总 印 张：91.75　总 插 页：16
总 字 数：1711 千字
版　　次：2015 年 3 月第 1 版　　　　　　　印　　次：2015 年 3 月第 1 次印刷
书　　号：ISBN 978-7-313-12707-5/K
总 定 价：350.00 元

穆藕初像

穆藕初与金夫人合影

民國十七年六月

捄濟棉業計畫

穆湘玥著

世界與中國棉

業之近況

穆湘玥自署

軍火商人

恩格爾比勒黑得著

漢尼根著

穆藕初譯

商務印書館發行

全國農業推廣實施計畫綱要草案

農產促進委員會印行（九）

會址：重慶江家巷二十一號

穆藕初译著封面四种

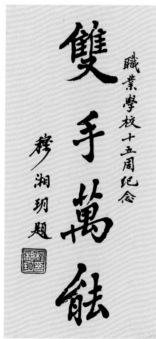

勵工惠商　　穆湘玥敬題

衣被群生　紡織之友　穆湘玥題

雙手萬能　職業學校十五周紀念　穆湘玥題

樂府津梁　穆湘玥

穆藕初題詞手迹四種

1927 年 12 月 17 日各省商会联合会开幕式全体代表合影(后排右八穆藕初)

1928 年 10 月 13 日全国商会临时代表大会开幕式全体代表合影(第四排右八穆藕初)

1930 年 11 月全国经济会议开幕式全体代表合影（前排右九穆藕初）

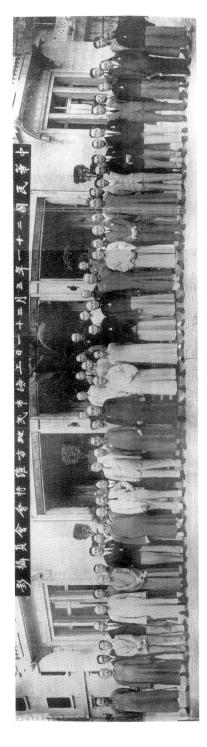

1932 年 5 月 21 日上海市民地方维持协会会员合影（后排右七穆藕初）

1928年10月工商部中华国货展览会筹备委员会合影（后排右六穆藕初）

1929年2月穆藕初出席菲律宾嘉年华会时与当地华侨合影（前排右二穆藕初）

1931 年 11 月 8 日穆藕初等上海工商界人士与蒋介石合影（第二排右四穆藕初）

1936 年 11 月 21 日浦东同乡会会所落成典礼（左三穆藕初）

穆藕初追悼会

挽穆藕初

才是高人英在抗战
芳流千秋興
功宜百代記功摹世混滔日
举垂千载令
稻田清白堪作楷模

董必武《挽穆藕初》手稿

琐尾相携忍息肩一生一死两苍颜将身自致青云
远有遗编忘谒世贤合坐笙歌常窃窃寄葬家永
不知年已几凄雨弥旬夜捷银逢闻为茫无
此余民纪廿三年秋渝州表列老友
藕初先生之作今者归薪吴山执绋礼成写此诗付公于革帅属永念
内载特惨祭告之馀地下有知不知哭泣之河民巳廿七年胃三日
黄炎培

黄炎培《悼穆藕初》手迹

1927 年(民国十六年,丁卯)　五十二岁

1月　日商上海取引所歇业。

2月底3月初　直奉两军于河南中牟激战。3月17日,奉军占领郑州,吴佩孚逃往巩县,靳云鹗军退至新郑一带。

3月　上海工人第三次武装起义胜利。北伐军进入上海。上海商界各团体分别成立商民协会与商业联合会,与傅筱庵控制下的总商会形成鼎足。

4月　国民党"清党"。进驻上海的国民革命军第26军与清帮组织之"中华共进会"联手以武力解散工人武装。

南京国民政府成立。

上海商业联合会接收总商会。

5月　武汉国民政府北伐军唐生智部与冯玉祥的国民革命军第二集团军击退奉军,在郑州会师。

上海设立特别市。

日本借口保护侨民,出兵山东,强占青岛、济南。6月中旬,上海各界抗议日本出兵,召开对日经济绝交大会,组织上海民众对日经济绝交大同盟。

9月　在中共郑州市委领导下,郑州总工会成立大会在普乐园(今二七纪念堂)举行,参加大会的有京汉铁路工会、陇海铁路工会、豫丰纱厂工会、中牟蛋厂工会、八作工会、电灯厂工会、人力车工会等约1万人。蔡训明当选为工会主席。

冯玉祥下令镇压工人运动,勒令解散郑州总工会,逮捕郑州总工会领导人,制造了"郑州事变"。

11月　上海商业联合会发表结束宣言。

12月　各省总商会代表大会在沪举行。

1月1日　中午,于大东酒楼出席花纱布交易所同乐会。到者五百余人。先生与荣宗敬、胡筠庵等"殷勤招待。有江浙昆曲名家客串昆剧、上海幼稚院表演儿童歌剧。古词新曲极一时之盛。"(《申报》1927年1月3日)

1月初　与浙江兴业银行商谈豫丰押款暂作罢等事。1月4日,浙江兴业银行汉口分行致总行函,对先生"缓保兵险"提出异议。函云:"豫丰拟做新押款拾万,尊

处已与穆藕初君商定作罢。一月到期之款已电商郑厂只转拾万,期仍三月,大约可以照办。至押品应保兵险,彼仍坚执至必要时即由慎昌照保,只得暂允各节敬洽。查敝处前闻郑州军事吃紧,是以电请照保兵险。今穆君既要求缓保兵险,即请尊处随时注意为荷。"(抄件,浙江兴业银行档案)

1月11日 《申报》刊登《穆藕初因账款涉讼声请辩论再开一案》消息,云:"穆藕初应偿还德大纱厂总理穆恕再九八规元二十万两,范桐生应偿还德大纱厂总理穆恕再九八规元九万五千两。诉讼费用同,穆藕初负担三分之二,范桐生负担三分之一。"①(同日《申报》)

1月15日 北京平政院就上海华商棉业交易所诉讼农商部以其核准华商纱布交易所扩充棉花营业为违法一案判决,"谓农商部并无违法,应予维持。"(《申报》1927年1月28日)聂潞生等著"'纱交'面面观"一文,记录此事缘由及穆氏兄弟失和经过。文云:"信交风潮后,棉业交易所信誉扫地,同业对他更缺乏信用,每天的交易寥寥无几,那时纱交正因棉布交易做不开,感到单做棉纱很少保障;场内也有人不公开地做棉花交易。棉业交易所看到这个情况,认为有文章可做,故意控告纱交在做非法交易。那时候,纱交的郑松亭与张宗昌等军阀相熟,就亲自到北京打交道,但是北洋政府在'信交风潮'后订下了'一种行业不得有二个交易所同时并存营业'的规定,不便公开地出尔反尔那么干。交情尽管交情,总还得顾全一点面子,只好叫郑松亭回去和棉业交易所商量,只要棉业肯放弃棉花交易权,以后这项营业一定可以移给纱交做。郑回到上海后,起初认为棉业理事长穆杼斋是纱交理事长穆藕初的哥哥,兄弟间总有商量余地。不料穆杼斋坚决不肯,兄弟之间几乎闹翻,由于商量不成,纱交只得派人与穆杼斋'讲斤头',结果数落了很大一笔钱,这笔钱的数字,也只有他们圈内的人知道。'斤头'讲好,然后棉业交易所申请歇业,同时纱交呈请农商部批准,在原有执照上附加'兼营棉花'四字。在呈请过程中,纱交另又向北洋政府花了一笔运动费,也是郑松亭经手的。"(《20世纪上海文史资料文库》(4)第95页,上海书店出版社1999年9月版)

1月中旬 豫丰纱厂与慎昌洋行商定浙江兴业银行保管押品津贴事,1月20日,浙江兴业银行汉口分行致总行电,报告津贴数。电云:"豫丰津贴事现与慎昌商定自阴历九月份起每月拨归我行一百元,将来我行派员驻郑时再加拨五十元。"(抄件,浙江兴业银行档案)

1月21日 江兴业银行为豫丰保兵险事致汉口分行电,云:"郑州渐紧,请就

---

① 1920年9月13日,先生转交厚生纱厂缴付慎昌洋行银二十万两花款,此款与德大纱厂支付慎昌洋行花款发生纠葛入讼。

近查看情形,随时电豫丰保兵险。"(抄件,同上)

1 月 23 日 下午三时,主持华商纱布交易所第十一届股东常会。股东到会者计四万六各余权。先生致开会词,胡筠庵报告状况,均表决通过。并议决本届纯益金分配案,"本届除每股发给官利一元二角半外,并派给红利四元五角。"(《申报》1927 年 1 月 24 日)

2 月 1 日 浙江兴业银行汉口分行致总行函,报告豫丰押款续转两月事。函云:"(一)示豫丰押款乙户规元贰拾万两已于上月十二日满期,曾经尊处与该厂穆藕初君面洽,以拾万两续转两个月,又拾万两续转三个月。因日期不同,已分作乙、丙二户,利率为月息一分二厘二五,惟原有押品因账目既已分户,亦须随同分作两批。附下空白证书两份,嘱其加盖签章,并分缮附带条件证明书两份各节已收,今押款证明书及附带条件证明书容办妥后寄奉。"(原件,浙江兴业银行档案)

2 月 12 日 主持劝工银行第七届股东会议。楼恂如报告:"上年营业状况已记载于报告册内,请各股东察阅,当可得其大略。至于实际状况,总不外受时局之影响,故于业务不能放手进行,所以纯益项下只得五万捌千余元,较之上届亦所增无几。"监察人王云甫报告决算已"详细检查,确实无误"。末,先生云:"各股东对于顷间楼经理、王监察之所报告与报告册内所附利益分配表如有意见即请发表",众无异议,通过。(《上海中华劝工银行议事录》)

2 月 16 日 浙江兴业银行汉口分行致总行函,商请总行与先生商洽四十万两押款展期事。函云:"豫丰纱厂四十万押款户将于本月廿三日到期,闻穆藕初、毕云程两君在上海,如何办理之处请就近接洽示复为荷。又豫丰该户押款一月一日起续至二月廿三日止计五十四天,按月息一分二厘二毫半算,计利息元八千八百二十两,连同押款原数元四十万两,共计四十万零八千八百二十两,已由敝处开具清单交由豫丰汉办事处寄郑厂向收矣。请台洽为荷。"3 月 3 日,汉口分行复函云:"示豫丰到期押款四拾万两俟与穆藕初、毕云程两君接洽后再示。"(原件,浙江兴业银行档案)

2 月 19 日 中午,于一枝香出席中华职业教育社董事会。议决:①"十六年经费预算总会计部规则,并聘请潘叙伦会计师担任,按期查核本社各部会计"。②公推办事部主任黄炎培调查国外职业教育,并代表本社列席本年八月在加拿大举行之世界教育会大会。经费由董事钱新之、史量才与先生设法筹集。③改选第一届评议员半数五人办法。并公推董事黄伯雨、王省三、张云溥三人为监视开票代表。(《申报》1927 年 2 月 20 日)

2 月 25 日 浙江兴业银行复慎昌洋行史汀培函,告先生已同意存款汇申。函云:"承示豫丰纱厂存在郑州中国银行之款因须购花不能汇申,惟查报告内存花甚

多,足敷应用。现敝处已与穆藕初君商妥,允将该项存款汇申,务请照办为荷。"(底稿,同上)

3月6日　《申报》刊登沈吉诚介绍昆剧传习所排演《安天会》一戏。云:"我们把一部《西游记》摊在台上,里面所有的情节千奇百怪,无所不有,差不多每一回多是剧本中最好的材料。……《安天会》也是《西游记》中之一节,……这出戏的剧本本来是昆班的本子,后来京班知道它的好处是'唱做俱全',于是也寻了这原本来排演。……上海的戏院子、电影院真是多极了,但是昆剧场可以说得除了新世界里的昆剧传习所还像鲁灵光殿的巍然独存之外,真是绝无仅有的了。……新近得了该所董事徐凌云君的提议,更得了董事穆藕初、杨习贤、张某良诸君的赞许,以为《安天会》本来是昆剧中的佳本,昆剧传习所有的是人材,当然应当排演的。于是更聘老伶工陆寿庆担任指导,名伶林树森担任义务教练,足足费一个月工夫,传习所的学生全体每日排练,又添了许多行头,昆剧《安天会》才算正式的完工。这样一来,却令人注意了不少。第一次出演在下因为不曾知道,后来已是悔之不及。前天第二次又排演了,既然知道当然不肯坐失机会。到了十句钟,赶到新世界却正是《安天会》的第一场,汪传铃的孙悟空身段很灵活而周到,并且能自始至终在一小时半中无懈可击,真是值得称许的。所可惜者就不过本钱不足,嗓子不能随心所欲罢了。……传习所的《安天会》对于悟空的角色可以称的适合其材,顾传玠的二郎神样,我却不大赞成。因为传玠的京生官生,的确可以称得起一声好,但是他决不能适合一个持三尖刀上战场的二郎神,因为人各有所能,决不能以为某人在其他各剧扮的角色好而在这一出上也一定好的,这是普通人的大误,须得要力除的。在我个人的目光以为,二郎神这个角色传习所里有个周传瑛一定能对付的,因为周君平常对于这一路长靠很能够得到一点经验,而和汪君又是老搭档,就看《对刀步战》这出戏,就知道周、汪二君确能配合凑手了,这是我对于传习所《安天会》的愚见,不知道分派这戏角色的主事者以为如何。"(同日《申报》)

3月中旬　与浙江兴业银行商洽豫丰押款到期、各户并归一户事。3月24日,浙江兴业银行汉口分行复函总行云:"(一)示豫丰纱厂原订乙户拾万两三月十二日到期,丙户元拾万两四月十二日到期,又二月廿四日到期之另户元贰拾万两三笔。经尊处与穆藕初君面洽妥协,将乙、丙、另各户共计规元四十万两归并一户,曰'豫丰纱厂另户'。自三月廿一日起续转活期两个月,利息仍为一分二厘二毫半,应计押息算至三月二十日止,共计元二万零零零八两三钱三分。""再该厂原订押款四十万两系二月廿三日到期,亦与穆君商妥续转半年,合同尚在托律师加批妥后,再由双方签字等语,谨洽。""(二)示豫丰前寄上之二十期汇票洋四千五百四十一元已由尊水单填示。因是日适值星期,须待二十一日面收。""再,日来郑汉间交通梗阻,豫

丰合同及面收利息事恐须延搁时日,特此奉闻。"(原件,浙江兴业银行档案)

3月21日 浙江兴业银行汉口分行就豫丰保兵险事致总行电,云:"豫丰兵险过昂,无法保。"(原件,同上)

3月23日 上海工商界十九个重要团体(后扩大到六十余团体)成立上海商业联合会,①先生为发起者代表之一。宣言云:"国军到达上海之日,正总商会发生纠纷之际,我商界对外应时势之需要,对内谋自身之保障,因有商业联合会之组织。"并通过简章:"宗旨:本会以互助精神,维护商业为宗旨。会员:本会会员以商业团体为限,每团体推二人至六人为代表。……组织:本会取委员会制,委员额定二十五人。……本会委员分科担任职务如左:(一)总务;(二)交际;(三)经济;(四)调查。"发起团体代表:上海县商会顾馨一、陆伯鸿、姚紫若,闸北商会王晓籁、王彬彦、范和笙,银行公会吴蕴斋、宋汉章、徐新六、钱新之、胡孟嘉、叶扶霄,钱业公会秦润卿、谢韬甫、胡熙生、楼恂如、严均安,交易所联合会虞洽卿、穆藕初、闻兰亭、孙铁卿,南北报关公所石芝坤,杂粮公会叶惠钧,纱厂联合会荣宗锦、徐静仁,纱业公所吴麟书、徐庆云,面粉公会孙景西、荣宗锦、徐静仁,纸业公会冯少山、刘敏斋,金业公会徐补荪、蔡久生,粤侨商业联合会陈炳谦、黄式如、劳敬修,茶叶公馆朱葆元,丝经同业公会沈田莘,振华堂余葆三、顾子槃,书业商会高翰卿、李拔可,商船会馆李咏棠,通商各口转运公会尤森庭。(《申报》1927年3月25日;上海市档案馆编《一九二七年的上海商业联合会》)

3月24日 上海商业联合会开会决议扩充委员名额至三十一人,推定虞洽卿、王一亭、吴蕴斋三人为主席。复推举虞洽卿、王晓籁、穆藕初、王一亭等十七人为常务委员;叶扶霄、穆藕初等七人为起草委员;闻兰亭、穆藕初等十二人为交际委员;陈光甫、穆藕初、余日章等七人为外交委员。(同上)

3月25日 豫丰纱厂驻沪办事处接郑州来电云:"厂照常工作,同人均安。"(《申报》1927年3月26日)

3月28日 出席上海商业联合会委员会议。接受油厂公会等新会员,议决委员人数由三十一人增至四十一人,推定"与蒋总司令接洽代表"吴蕴斋等二十五人。②(《申报》1927年3月29日)

---

① 1926年北伐军进抵江西,11月,上海工商界代表虞洽卿到南昌晤蒋介石,答应经济支持。1927年3月21日,北伐军逼近龙华,22日上海工人取得第三次武装起义的胜利。同日,在虞洽卿等人主持下,上海银行公会、钱业公会、闸北商会等十九个商业团体发起成立上海商业联合会。由虞洽卿、王一亭、吴蕴斋任主席,虞洽卿、王晓籁、穆藕初等三十一人为常务委员。

② 二十五名"与蒋总司令接洽代表"中原无先生。次日谒蒋时穆等加入。

3月29日 上午十一时，与上海商业联合会"与蒋总司令接洽代表"二十九人①共赴西区交涉公署，谒见蒋介石。"蒋氏出见，一一握手，器度光明"。吴蕴斋代表陈说商界欢迎之意，云："我辈商人受种种压迫已有年所，此次总司令到沪定能为我辈谋有解脱之方，总希望原有经济制度不可破坏过甚，犹之一人病入膏肓，须加意养其元气。即现在经济制度有不良之点，亦应徐图改善。"次先生云："欧战以后，工业一蹶不振，固由我国内乱频仍，亦由于帝国主义之压迫。我辈办工厂者与工人向颇融洽，此时虽因新潮流关系，或一时入于误会，不久当可谅解。因劳资本一家人，极应相亲相爱，工资固应酌加，而其生产能力亦应同时增高，并以发展工商业要点在关税自主与取消厘金两端。"蒋介石答云："承诸君劳驾，甚感。此次革命成功，商界助力亦匪浅鲜，此后仍以协助为期。至劳资及维护商业问题，旦夕间即有具体办法，所有上海地方秩序与中外人民生命财产自由，鄙人完全负责。惟各国不平等条约，自应以和平方法解决。"末由叶惠钧云："总司令有事请随时指示，商界有事随时亦当贡献，以表示贯彻民治之精神。"（《申报》1927年3月30日；《一九二七年的上海商业联合会》）

3月31日 出席上海商业联合会会议。讨论派员调查"南京事件"②以释外人恐慌等事。余日章报告云："外人鉴于南京之变，刻刻心中战栗，以为上海乃通商大埠，华洋杂处，事难逆料，故恐慌特甚。我人见伊等时，务必力劝其镇静，并须自己亦表示镇静态度。现正从事接洽，命其拆去障碍物，并向索通行证。又外人对于南京之变甚注意，以为确系党军行为，故此事之的确与否，上海应对外人有明白之表示。"提议派调查会二人至南京调查真相。先生发言云："调查员须得中外信任之人，然后报告可得人之信任。"当场推定石芝坤、沈润挹为赴南京调查委员。会议还通过与工部局交涉、与工会领袖谈话、致蒋介石函（"一为海外宣传费事，一为工部局为缴械鲁军日用费事"），请国民政府速颁劳工争议调解仲裁法规、暨商工联合会对外以挽主权事等议题和公函。末先生提议云："各委员派定某科某科后，须各科单独开会，互选科长，以专责成。"众皆赞成。（《一九二七年的上海商业联合会》）

3月 冯超然作《疏影词意图》，后由先生收藏。题云："园林照玉，正美人解佩，邀蝶同宿，梦醒罗浮。寒堞晶帘，浑疑云隐丛竹。多情只怕花消瘦，便绕枝南枝北恰。傍担翠羽飞来，好伴几番吟独，添得春心一点。那时更坦荡，愁索眉绿。静

---

① 《商业联合会代表昨日谒蒋》报道代表为虞洽卿、王晓籁、吴蕴斋、钱新之、王一亭、姚紫若、谢韬甫、荣宗敬、陆伯鸿、吴麟书、劳敬修、闻兰亭、叶扶霄、胡孟嘉、冯仲卿、王彬彦、徐静仁、倪文耀、田祈原、顾馨一、徐庆云、朱吟江、钱承绪、余日章、徐新六、叶惠钧、沈润挹、穆藕初、沈田莘，共二十九人。

② "南京事件"：1927年3月24日，国民革命军第六军、第二军占领南京。停泊于南京长江江面的英美军舰借口"保护侨民"，炮击革命军和南京市民，死亡二千余人，冲突中外人也有若干死伤。时称"宁案"。

倚东风,半晌无言,笑指溪边茅屋。仙姿净极和谁赏,但自奏笛中香曲。待夜窗明
月相依,绘出缟衣新幅。偶忆吾师乐志翁,用白石韵疏影一阕。末有'绘出缟衣新
幅'句,因即用词中意写此,笔端拂拂,若有暗香涌也。丁卯二月,毗陵冯超然并题
于嵩山草堂灯下。"原图钤印:"穆藕初珍藏印"。(引自《冯超然年谱》第115页)

4月2日 出席上海商业联合会会员会议,商讨对付职工会办法等事。荣宗
敬报告:"接无锡来电,工厂暴动,上海恐亦蹈覆辙,应请注意讨论办法。"先生发言
云:"此事可否电军长,请其帮忙,并不请其胁迫。"主席吴蕴斋认为本会未得书面报
告,应待来函证实,再据实电陈。叶惠钧报告,有人以工会调查名义向两米行敲诈,
建议向蒋总司令请示办法。王晓籁认为:"现在民气之盛,远非昔日,恐压力愈重,
反抗力愈大,此事只能与工会磋商。"决定次日下午由王晓籁约工会领袖来会谈,磋
商工厂复工与工人增资要求等。虞洽卿发言:"现在各店职员组织职工会,工人组
织工会,则我等此会将来地位非资本家而似资本家矣。其实厂店为股东所有,我等
所聘亦职员耳。故宜企谋使职工会与本会并为一体。"王晓籁赞同虞议。吴蕴斋认
为"此事甚重要,请诸位注意,详加思索,改日再议论"。(《一九二七年的上海商业
联合会》)

4月4日 访黄炎培。(《黄炎培日记》)

4月7日 出席上海商业联合会会员临时紧急大会,磋商海外宣传代表宣传
费事。余日章报告本会在美代表顾子仁来电,要求"须得蒋总司令确实之宁案报
告",并速汇经费。主席吴蕴斋云:"上次会议决拨五万元与蒋总司令分担,业已去
函请拨。[①] 但本会会员应负之半数,至今仍无人认捐,应请注意。"先生提议:"先由
本会暂垫,以后再行捐集。"众人附议。通过。后决议先汇美金二千元。(《一九二
七年的上海商业联合会》)

同日 访黄炎培。"味渔、莲孙来,湘之来,藕初来,葆之来。"(《黄炎培日记》)

同日 浙江兴业银行致汉口分行电,催索豫丰押款利息。电云:"查豫丰纱厂
押款户内自三月六日起以期票赎押应付之利息,至今未见收账,请即查示为荷。"
(抄件,浙江兴业银行档案)

4月8日 访黄炎培。(《黄炎培日记》)

4月9日 《工商新闻》第二百期出版,内载穆藕初《最近十年间衣食用三项进
口额概况》一文。[②](《申报》1927年4月8日)

---

① 指3月31日会员会议通过的致蒋函。但蒋并未下拨他承认的半数宣传费二万五千元。4月3日上海商
  业联合会致江苏兼上海财政委员会函,要求拨款。

② 原文未见。

4月12日至14日　于《申报》等报刊发表《论劳资问题》一文。记者附识云："劳资冲突问题,关系社会经济前途,至深且巨。讨论研究,不厌精详。而劳工界与资产界地位不同,利害互殊,此亦一是非,彼亦一是非。社会观听,用是不免混淆。而企业界之态度消极者,尤所在多有。惟记者之愚,而征之欧美史乘,则此类冲突,要为经济改造之过程中所万不能免,解决之方,端赖劳资两界,互相谅解,抛弃敌对式之策略,而以两利共存为公共之目标。诚以国际上之经济侵略,至今益烈。我国之企业界与劳工界,固宜立于共同之战线上,以与外国之资本家相抵抗,而保护关税之政策之厉行,独占事业之社会化及劳工银行、劳工保险、工厂卫生、工厂安全、劳资仲裁之设施之提倡。要尤为发展国民经济、增进劳工福利之根本要图,反复研究,以期于我国劳资问题之解决,得一标本兼治之方案,固经济前途之幸,亦社会前途之幸也。兹承穆藕初先生以讨论劳资问题一文见寄,颇足代表一般企业界之意见。因特于本栏刊布之。见仁见智,是在读者。"该文分上、下两篇,全文如下:

上篇

吾国人口众多,物产丰富,市场广袤,工业要素已占其三,固宜与农商并重矣。然规模较大之工场,如煤矿、铁厂、造船所、纺织厂等均发轫于逊清,大都皆官督官办,毫无成绩之可言。自民国以来,始由商人组织各种工厂,其气魄、其精神、其经营方法,以及职工之待遇,远胜于昔日官僚管理时代。于是吾人始稍稍敢言抵制外货矣。回溯欧战时间,袁氏称帝,内争风云虽弥漫全国,而吾人中之勇敢者,金以为此正推广国内实业千载一时之良好机会,失之交臂,实属有负天职,乃不避艰险,奋勇向前。未成立者组织之,已成立者扩大之,惨淡经营,方造成吾国实业界之幼稚时代。当时获利者固属不少,但所获之利大多仍被外人以机器等款项尽量吸收,囊囊而归,以是面团团作富家翁,能偷享人间清福者实约略可数耳。驯至欧战告终,全欧经济枯竭,各国乃尽量恢复工业,藉以维持失业之工人,其工业品之输出者,均以吾国为尾闾。惟美与日独受欧战之赐,经济逐渐膨涨,至此时而在华商业深恐为英德所夺,于是均竭智尽能,力谋工业品之推销,故吾国市场遂为英、美、日、德商战之中心点。惜乎吾国工业上之技能设备,以及经济力量远非英、美、日、德之比。既不能与彼并驾齐驱,而吾国政府对于工业往往口惠而实不至。数年以来,不遭摧残已属幸事,遑论保护。加之内乱频仍,税捐苛重,而全国工业遂至一蹶不振,例如纺织厂其最著者也。向使吾国而无工业之可言,则亦已矣,然不幸而犹有此幼稚之工业。试一揭海关报告册上金钱之外溢者年达四五万万,是何怪全国金融立呈枯涸,而奄奄垂毙等于印度、埃及也耶。吾人生当斯世,不幸而轮回入于工业界中,饱受经历。广厦连云,无从改进;机件众多,势难转售。工人动以千计,嗷嗷待哺,触目堪怜。原料因军运而停顿,出品以兵燹而滞销,乱离之世,息率转增。经济竭蹶,调剂为难,于是倒闭者、破产者、逃亡者踵相接。即间有硕果仅存者,激于爱国热忱,不忍以组织已成之工业转售于外人,遂不惜奋精神,绞脑血,挹彼注兹,思所以维持命脉。无奈金融界见之掉头而不顾,戚友闻之娇舌而不能下。故吾人肩兹重负,欲罢不能,即或勉强维持,亦惴惴于来日之大难。于斯时也,不意劳资问题如半天霹雳振耳欲聋矣。夫金贵于银,尽人而知之。设使银之出产额顿绝,而需要仍急,安知银之不贵于金?何也,供求之理使然也。今吾国工人多而工作少,身体健全之男工,求得一糊口之处尚非易事。故除沿沪宁、沪杭两路路线外招兵之小旗偶一飘扬,应募者即如蚁而集。彼无告穷民非不知按月军饷未能领足,军阀势力未易常存,惟随散随招,仍然愍不畏死踊跃入伍者,饥寒交迫故耳。以愚之见,今日吾国劳工问题虽应研究,然最关重要者当先力求扩充工作之机会。

合零星股东集成数千百万之资本,从事工业,诚有待于工人之工作,以期发展事业。然易词言之,劳工之生活问题实端赖乎是。乃对零星之股东谓之曰资本家,未免滑稽。藉曰有之,试问吾人曾否操纵政权?曾否垄断原料及市场?曾否压迫或虐待工人?稍具良知者类能道之。即以上海一隅论,数十万之工人固赖以生活,而数千万之金钱亦不致流溢于外洋。吾人抚躬自问,虽不得谓有功,然亦无所谓过。准此现状,劳资两方团结一气,以图抵制外货尚且不及,有何打倒之可言?况当此全国工业尚属幼稚,工作物品尚极少数,吾人正在旁皇四顾,欲图奋发之际,奖励之不暇,安忍另生枝节,扰乱其精神,而铲除其进取之萌芽耶?虽然,劳资既成问题,吾人应平心静气,缜密考察,本适合学理与事实之见解,藉求双方互利之方法,计莫善于此者。爰供刍荛,用资研究。

下篇

甲、组织工会。学商两界均已立会,而工人独抱向隅,殊非持平之道。故工会之速应设立,自不待言,然学会性质系由各校推举一二人所组织而成,商会亦然。若工会则由每一工厂之全体工人所组织,其性质与学校及公共机关有所不同。盖工厂系私人营业机关所有,全体工人日常集于一处,在工作时间内,管理员与工人接触时间甚多,倘遇工人作辍无常或故意怠工,若不加以制止,将直接影响于出额而波及于营业上之损失,其结果非至全体工人失业而不止。凡此种种,欲求双方之实利,安能存而不论?试观今日之学校,自学生会成立以后,办理校务者良非易事,致使有志教育之人莫不同声惋惜。夫在热心求学之青年所组织者尚如此,而智识幼稚、力谋衣食之工人则何如?虽然因噎

废食,究非良策。是宜有一补救之法以弥缺憾。窃思补救法之最要者,约举之厥有四端:

(一)入会资格。非现在工作之工人及年龄过幼与工作年期过短者,似宜限制入会。

(二)责任心。各先进国之工人,其智识程度较高。一旦受人雇佣,视工事如已事,尽力工作,务求迅速而精美。故不劳而获之徒既为侪辈所轻视,更为社会所摒弃,于是工作之效能亦因而提高。此吾国工人所急宜效法者也。

(三)工人出入权。工厂既系营业性质,则工作之精美者雇主方欢迎之不暇,安肯无故辞退?若有不驯良而专事懒怠者,焉能容忍,听其影响于营业,而令全部工人有失业之虞?依愚之见,工人出入权若非完全属于雇主,决无工业之可言。

(四)工会经济。工人日出而作,日入而息,其一种自立之精神,纯洁之怀抱,令人起敬。惟人数众多,难免不生派别,经手银钱尤易招中伤者之忌。若经济公开,使人人了然于收支账目,绝无自私自利之弊,即许多无谓之争执,可以避免矣。

乙、增加工资。增加薪工之说,无论任何阶级中人,均表同情,惟增加之限度及其步骤,须视下列三点而定之:

(一)工作机会。工多人少,工价当然激增;反是未有不低落者。假定某厂任清洁夫者,每日工资六角,而厂外无业壮丁,求每日两三角之工作恒不易得,由是而厂内外之工人于无形中即有竞争及排挤之虞,以致彼此均不得安心工作,必至两种工价相差无几而后止。故工价之高低,恒为社会环境所左右,初无资本家所能独裁者也。

(二)增高生产力。语有之曰,技术无止境。技术精深者,其工作必较精巧。工作之性质愈精巧者,工人人数必愈少。所以高尚之工人不必问工资之多寡,当先问一己之技术若何。技术果高明,工资必优厚,此即生产力之增高也。此例岂独工界中为然,于任何阶级中何莫不然?至于技术平庸而希图厚给,累人终必自累己耳。

(三)关税自主。以上两点,为目前所先应研究者。迨至关税自主,则工业始有保护,而发展亦易矣。若果如是,实业可尽量推广,不但能容纳多数工人,而工资亦自可增加。此不得不切望于今后之主持国政者也。

丙、工作时间。时间之久暂,恒视工作之性质而异。如车夫,挑夫之实际工作,至多不得过四小时;细巧而需用脑筋者约八小时;至于伴着机器间或起立而工作者,十一二小时亦无不可。

夫工作时间能缩短至九、十小时，确甚相宜。然国民日用所需之工业，政府及主持是业者，须高瞻远瞩，随时注意外人之操纵垄断或倾轧，力谋制止，俾免影响及于全国。以工作时间之长短，于工业竞争上亦有甚大之关系而不容忽视者也。

八小时工作，八小时休息，八小时睡眠，吾人已习闻之矣。除工人睡眠毋须讨论外，其休息一端，颇足供人研究。欧美各国有藏书楼、公园、球、戏以及种种正当娱乐之所，即使每日有八小时之休息，尚不至于寂寞。而环顾吾国则何如？第恐休息时间愈多，而工资愈不敷用。此不能不希望主持工会者，预为筹划及之。

他如教育、医药等费，在在关系工人幸福，在雇主方面应切实进行，以尽厥职。兹篇姑不具论。

国人乎！劳资问题表面虽属于雇主佣工，然于社会秩序，金融通商，物价低昂，关系全国人民之幸福至为密切。予不揣固陋，草就此文，援言论自由之义，披露于此。冀当世达人详为讨论，务求一持平之道解决此问题，而使人心安定，则福国利民之举其在是乎。

（同日《申报》；《上海总商会月报》第7卷第4期；《商业杂志》第2卷第5号；《文集》第299—303页）

4月16日　出席上海商业联合会委员会议，讨论组织"商团"武装等事宜。主席虞洽卿云："工人纠察队枪械虽已被缴，但未完全，以后危险殊多，吾商界亦亟宜自谋。劳资问题固应酌量办法，然自卫之计亦所不可缓。故鄙意商界应急组织商团以自卫，拟明日召集全体会员大会讨论此切身问题。""众议：去电南京蒋总司令，请其肃清党员。"陈光甫送来蒋介石南京来电，"嘱本会代筹款项，以应急须。"决定起草致电蒋，"请其速颁库券等条例，本会尽力筹募。"[①]（《一九二七年的上海商业联合会》）

同日　访黄炎培。（《黄炎培日记》）

4月17日　出席上海商业联合会会员大会。讨论组织商团武装事，先生提出异议。虞洽卿主席，报告云："今日开会为讨论组织商团事，以应付军队维持地方之不能尽力处，人数约三四千人，经费每人约十五六元，月计五六万元，应请诸君从长

---

① 3月26日蒋介石到沪，虞洽卿、吴蕴斋等向蒋表示商界"当予合作到底"。"四一二"政变前后，从银行、钱庄两业中先后借垫六百万元，从其他会员组织中借垫五百万元，协助国民政府发行"江海关二五附税库券"及"续发区海关二五附税库券"，并获参与公债基金保管权利。4月16日致电国民党中央执监委员会，表示"对于当局清党主张，一致表决，愿为后盾"。

讨论。叶惠钧发言：赞成此议，人数主万人，开办费每人非百元不足。王晓籁发言云："商团重要职员须有职业之商人自办。"先生发言云："请问主席，此事是否当局授意或别有作用？"主席答："此事并非当局授意，盖当局尚未同意。"姚公鹤发言云："既非当局授意，但处此工会纠察队缴械时，我商界组织商团是否冲突，故请主席向当局接洽，自行讨论。今日大会拟先定一大纲，交审查委员会审定。"先生附议并补充云："第一须付审查；第二须有计划；第三须预算及筹备经费。"通过。主席指定审查委员十一人：荣宗敬、徐庆云、王晓籁、王彬彦、顾馨一、叶惠钧、范和笙、姚紫若、姚公鹤、王一亭、冯少山。组织商团武装事后经商团审查委员会报告被否定。（《一九二七年的上海商业联合会》）

4月20日 出席上海商业联合会会员会议，推定委员修改商民协会章程及通函各业速组商民协会。讨论参加商民协会事，先生提议："本会会员对于商民章程都未有研究，故拟请组织一委员会研究之，将来报告研究所得于本会。"通过。推定先生与徐静仁、冯少山、胡孟嘉、秦润卿五人为研究商民协会章程委员。（同上）

4月21日 浙江兴业银行汉行致总行函，报告豫丰押款利息等事。云："豫丰纱厂乙、丙、另各户合并一户续转活期两个月，其利息共计元贰万零零八两三钱三分，兹奉廿一日11号函后即交由此间豫丰办事处转向郑州照算。今日接郑慎昌代表史君函，据称该项清单因邮政阻碍并未接到。史君已拟以三户利息算就，嘱由暂存申款内拨付。惟史君未知穆君与尊处接洽，将乙、丙、另三户合并转期之经过情形，故所算利息因日期参差，以致与尊处所算不符。敝处已将史君嘱拨还之元壹万八千五百七十九两一钱七分先行照收，由款单填告外其不足之元壹千四百廿九两壹钱六分已去函嘱其从速拨下，用清手续矣。容俟款到即行划奉，请洽。"（原件，浙江兴业银行档案）

4月22日 出席上海商业联合会外交委员会会议，讨论在美宣传代表来电事。一电云美某通讯社拟派员常驻司令部，"以通消息，欲请本会去接洽"；又电"请本会每周需有电报，告中国实在事实及本会见解"。会议推定余日章与先生去见郭交涉员（即郭泰祺，3月30日由蒋介石任命为特派江苏交涉员）。（《一九二七年的上海商业联合会》）

同日 访黄炎培。（《黄炎培日记》）

4月23日 上午，与余日章去见郭泰祺，转告美国某通讯社派员常驻司令部事。郭表示须与南京接洽后始可答复。（《一九二七年的上海商业联合会》）

同日 出席上海商业联合会会议，讨论向美国提供消息及筹募宣传费事。余日章报告在美宣传代表来电及见郭交涉员情形，云："至第二电事，如本会以为应做，则经费问题须得切实研究。盖凡去一电，非二三百元不办也。"先生发言："关于此点,昨外交委员会已筹有办法,只须大会付我等以筹募之权,则凡属外交委员即可各个人去募积。"与会委员赞成,并议定去函江苏兼上海财政委员会,索讨"前蒋总司令曾面允助本会"之二万五千元。(同上)

4月29日 上海商业联合会召开临时会员大会,讨论认募军费及认销库券事。虞洽卿报告"蒋总司令迭电本会,催解捐款五百万元","现在浦口、江北及九江之处进兵,月需一千七百万元,情形至为紧急,倘军饷不继,军事不能顺手,不特南京危急,即上海亦不能如今日之安宁"。次宣读江海关监督俞飞鹏致江苏兼上海财政委员会公函。催索商业联合会认捐之款。会议按行业摊认二五库券,到会会员代表被迫认销。①(《一九二七年的上海商业联合会》)

同日 与黄炎培等游曹家渡。"藕初来,瞿伊来。偕游曹家渡,至南京路沙利文吃冰。至藕初家。"(《黄炎培日记》)

5月2日 上海商业联合会召开会员大会,动员会员认销库券。主席王一亭云:"上星期六开会讨论各业承销库券事,业将酌定数目通函各团体,集议认销,报告本会。现在交易所联合会已照酌定数目(五十万元)垫解。顷又接财政委员会来函催解款项,请各团体将认定数目先行报告。"江海关俞飞鹏及虞洽卿、王一亭相继发言,强调北伐形势急需筹款。最后主席就到会人数询明各团体认定库券数目,计一百八十二万五千元,其中交易所联合会与纱厂联合会各五十万元。(《一九二七年的上海商业联合会》)

5月5日 《申报》刊登豫丰纱厂受直奉战事影响而停工,工人失业消息。云:"郑州各工厂以豫丰纱厂为最大,共有资本五百万元。日夜工人四千八百余人。自豫省战事发生,该厂犹能照常开工,维持工人生活。不意该厂协理最近由沪回厂,谓当此乱世,百业凋零,我厂所纺之纱其将如何出售? 即与纺纱主任童吕青磋商。翌晨突然宣告停工,四千八百余工人均遭失业。工人日做工十三小时,仅获一角至二角八分之工资。照郑州生活程度之高,月进数元尚不足以糊口,遑论余钱养家。故一般女工日食黑馒及野草树叶。最近厂已停工,一文不发,并此黑馒亦难得矣。

---

① 本日与5月2日会员大会会议录,发言中无先生名字。但这两次会议至为重要,先生应该与会,特列备考。1927年3月26日蒋介石抵沪后,即向虞洽卿要求上海工商界迅速筹集一千万元军费。并决定立即成立由十五名委员组成的江苏兼上海财政委员会,陈光甫为主任委员。3月31日,蒋以他个人名义分别发函上海商业联合会和上海银行公会,"设法筹垫"三百万元。财政委员会与银行、钱业两公会订立借款合同,言明以江海关二五附税作抵。4月12日,财政部长宋子文又要求上海银钱两业公会续垫洋三百万元。虞等前认募五百万元作自动捐助,但款项迟迟未集到。蒋于4月16日、26日、27日接连致电虞,要其迅速兑现承诺,后则限期4月底必须如数兑现五百万元"筹足"。4月30日,南京国民政府发行国库券三千万元,以江海关二五附税作抵。商业联合会允垫借400万元库券。至5月初仅筹到一百九十万元。经过再三劝募催缴,到5月14日止,上海商业联合会认购二五库券数还只有二百零二万七千元。

于是群起恐慌,推出工人代表数人向协理毕云程,纺纱主任童吕青要求三项:(一)规定开工日期,俾工人等有恢复做工之希望。即工人等极愿自食其力;(二)在未曾恢复做工以前,请愿当局发给维持费,至少每个工人津贴工资四成,维持最低限度之生活;(三)如一、二条不能如愿答复,则发给工人路费,各自回家,以免流落他乡。而厂当局对此三条一律拒绝。此四千八百余工人无可如何,均告生计绝望。多数女工遂至沿门求乞,奔走市途,三、四方军团部知工人失业者如此之多,与地方治安有关。昨(二十二)下午五时即派宣传员四人赴厂演讲,工人前往听讲者有四五百人。演讲大意谓工人与资本家有密切关系,现在厂主停厂是出于不得已,工人们不要受共产党人煽惑,扰乱地方秩序。最后谓希望工厂的主人优待我们亲爱的工人同胞,更希望可爱的工人同胞们也要好好为你们的工厂工作。至六时三十分始各分散。而工人以迄今仍未有维持工人生计之办法,甚为着急。"(同日《申报》)

5月7日　　上午,出席上海商业联合会临时会员大会,磋商缴足承销库券款事。虞洽卿报告南京白崇禧总指挥来电催款,"应请讨论如何复电,声明力竭,抑将未入本会各公司开报,请当局直接募集。"先生云:"复电直陈力竭,余以为不妥,盖当局只知本会为沪上各商界集中团体也。"王一亭、吴蕴斋等力主请总商会、县商会、闸北商会分别协同办理。先生又提议,"此举应请举代表若干人从事处理。"会议通过复白崇禧电,说明"以认定一百九十万元,已解一百五十万元,并允随认随解,以尽国民职责。"(《一九二七年的上海商业联合会》)

同日　　下午二时,出席总商会改组会务之临时会员大会。[①] 国民党中央政治会议上海临时分会委派接收上海总商会委员钱新之、虞洽卿、冯少山、王一亭、郭泰祺、潘宜之、吴忠信,在总商会召集该会会员紧急大会。到会委员王一亭、冯少山、吴忠信,会员一百五十余人。冯少山为临时主席,王一亭宣读政治分会接收总商会之训令,内云:查上海总商会现任职员系非法选举,傅宗耀(筱庵)以通商银行经理、招商局董事之资格当选为会长,而同时以通商银行职员资格之会员当选为会董者五人,以招商局职员资格之会员当选会董者三人。至傅氏兄弟叔侄同时当选为会董者三人,与傅氏有营业关系或在傅氏属下服务而同时当选会董者二十三人,居会董总额三分之二强。结合私人,包揽会务。命令现任非法产生之会长、副会长及会董,一体解职,另行改选。次公决推举临时委员会人数三十五人,先生主张一人限推二人,每一被推人,须经过五人以上附议,得付表决。此办法附议者众,主席付表决,一致通过。遂即公推冯少山等三十五人为临时委员,陈良玉等五人为候补临

---

① 1927年5月,国民党上海政治分会以上海总商会会长傅筱庵及会董系非法选举产生为名,下令改组总商会并成立了临时委员会。次年,改会长制为执行委员会制,冯少山、林康侯、赵晋卿当选主席委员。

时委员。先生被推为临时委员。会议确定临时委员任务为:①接收会务。②维持现状。③办理改选。(《上海总商会议事录》)

同日 豫丰纱厂驻沪办事处致《申报》函,请更正有关豫丰纱厂停工消息。函云:"五月五日贵报所载敝厂事,当以郑沪邮电濡滞,未明真相。顷厂友来沪藉悉报载各节,全非事实。敝厂此次实受战事影响,交通阻梗,来源缺乏,存棉用尽,故不得不停止工作。当将工人遣散回籍,工头等仍留厂维持。劳资双方本极和洽,贵报所载或系投稿者别有用意。为特函达,请予更正,是为至祷。"(《申报》1927 年 5 月 8 日)

5 月 8 日 访黄炎培。(《黄炎培日记》)

5 月 11 日 下午三时,出席总商会第一次临时委员会议。到会委员二十四人,冯少山为主席。决定通知前会长,定次日接收会中文书账目;通过王一亭、方椒伯、冯炳南、虞洽卿、朱吟江、顾子㮾、秦润卿等七委员辞职,由候补委员递补。公推冯少山、赵晋卿、吴蕴斋、先生、石芝坤、林康侯、陆凤竹七人为常务委员。次讨论委员会组织法,先生发言云:"今日起对于本会,观念与前不同。此次办理似含有革命意思,如有革新意见,自当共同合作,对内则法制、审查两项努力做去,对外不必宣传,重事实而不重表面,应聚精会神整顿会务"。会议公推顾馨一等七人为审计股委员。继讨论法制股人选,先生云:"人数无关重要,人选最为要紧,主留待下次推举,以昭郑重。"众赞成。王晓籁报告闸北商会及县商会拟请总商会推派代表讨论房租减价问题,先生"主推二人为代表",众皆赞成,公推陶梅生、刘鸿生二人为代表。末讨论接受会务,先生云:"接收只要略查收支数合符否,其它由审计股调查。"议决"定明日午后二时接受会务。"(《上海总商会议事录》)

5 月 12 日 出席总商会第一次常务委员会议。公推冯少山、林康侯与先生为常务执行委员;吴蕴斋担任财政,赵晋卿担任文牍,石芝坤担任交际,陆凤竹担任庶务,以便维护会务。(《申报》1927 年 5 月 14 日)

5 月 17 日 出席总商会第二次临时委员会议。到会者冯少山等二十余人,冯任主席。林康侯报告接收会务情况,云"接收前曾开常委会,公推冯、穆、林为执委"等。讨论驻军特务处筹款案时,先生发言云:"内地商会确甚困苦。借款义不容辞,如交执行委员办,亦不推却。惟第一步应先通过允借,才能讨论筹措方法。"又云:"不必讲客气话,应立议案,今日到会者均负责任。"冯少山云:"为地方治安而借款,虞洽卿君前谓能除共产,则厂家及轮船业方面均可设法款项。本会既代表商人谋福利,自当尽力去做。"先生又云:"鄙人对于三种办法均赞成。惟凡事应退一步想,如共产,则刻下不堪设想矣。"常委会推定:霍守华、先生、诸文倚、沈田莘、项松茂、胡孟嘉、冯少山七人为法制股委员;吴蕴斋、刘鸿生等七人为财政股委员。

又讨论本会委员荣宗敬家产查封并遭通缉事。先生云："商业联合会对于此案，已推定王一亭与鄙人为赴宁代表。王君今日在沪已与政府重要人物晤面，接洽就绪再电请。故本会拟请之电稿，应待机再发。"议决：应援助，方法请常委酌定。（《上海总商会议事录》）

5月18日　女丽君①出生。

5月27日　浙江兴业银行汉行致上海总行函，报告豫丰押款续期等事。云："（一）示划奉豫丰押款获息元九十四两五钱四分已荷收讫为慰。（二）示附去豫丰新誊证书等均荷台收。该户暂存款洋例以固息七厘计算亦荷。（三）示豫丰另户元四十万两将于本月廿一日到期，共计本息元四十万九千九百六十三两三钱三分，曾由该厂穆藕初君与尊处商妥，将本款续转两个月，条件仍旧，息款应照付清，手续正由尊处迳函该郑厂办理等语，敬洽。查前项息款业已划奉，谅荷台收矣。"（原件，浙江兴业银行档案）

春　购《灵岩寺宋贤题记》。②经吴湖帆鉴定为海内孤本。本年冬，先生重装成册，吴湖帆题签："灵岩寺宋贤诗记宋拓本，丁卯十月湖帆题"。陈承修跋云："此《灵岩寺宋贤题记》为天津樊文卿（彬）旧藏，丁卯春日见之沪上，因怂恿藕初道兄以重金易之。石已不存，而此拓古味盎然，笔锋显露，的是明以前毡墨，想见北宋诸贤文翰之盛。词章政术，彪炳一时，余事清游，从容蜡履，眉山导其渊源，群彦企其风采，微特气节所征，连枝同感，即播诸豪，素问具同工于载，以下幽赏，承平契心游轴，今人有玉宇琼楼之想。丁卯冬日装成，闽县陈承修补记。"原件旧藏题签：①"灵岩寺诗记题名，问青阁藏"。②"灵岩寺诗记题名宋拓本。此抱残守缺斋藏物，古色古香，宋拓最精本。癸卯于都中见之，铁髯出以相示，捻须纵谈，今无其人矣。筼盦重见，因题以志墨缘。"此拓本现为国家一级文物。（参见1929年3月、1932年冬；

---

① 穆丽君（1927—　），中学音乐教师。
② 先生曾购藏名家碑帖二、三百种，精心临摹。现存宋拓《颜鲁公三表》、明拓《米元章赠黄山谷诗》、清拓《董文敏天冠山诗》、清拓《王虚舟草体千字文》及明拓《唐九成宫醴泉铭》五种。前四种拓本均由先生题签，《王虚舟草体千字文》钤印"穆藕初珍藏印"。《唐九成宫醴泉铭》由莫祁题签并跋云："《九成》无佳本，其来已久，近拓刓凿，愈不堪矣。此本虽经刓损，其完美者尚十六七。明拓精善，已不可多得，彼视翻刻为奇珍、以填拓为宋拓者，难与审此。光绪癸巳仲夏，独山莫祁得于吴下，重装竟即识。"吴湖帆题跋云："此册末二字虽经刓过，而拓墨精好，古气磅礴，元神淋漓。予处有南宋旧拓本，校之存固相差殊多，而墨气醇厚，精神辉灼，不弱宋拓，超然道丈甚爱之，固拓本以为贵，不必求唐毡宋蜡也。此册当是明代初刊时之精拓者，插之紫檀架上，陈于青玉案前，亦堪增棐几光矣。乙丑春日假观题之，吴湖帆。"收藏印：宋叔审定、穆藕初珍藏印、须曼那室藏本。1935年，上海《现代实业家》一书有人撰文提及先生书法等："先生燕居，喜莳花草，好读书写字，其书法铁画银钩，大有欧意，而飘逸又似董香光，得墨宝者，恒珍如拱璧。先生颇注意运动，故垂近花甲之年，矍铄不弱少年，盖摄生之得宜也。"（上海市档案馆藏）

原件，南京市图书馆藏）

6 月初 豫丰纱厂受局势影响被迫停工，协理毕云程离厂。6 月 9 日浙江兴业银行汉口分行复总行函，云："敝处以郑厂情形如何未有所闻。曾探询申行，谓郑州地面甚安，而厂中自毕云程君走后慎昌代表史汀培君是否亦已离厂何？史君无电致敝处，当即电询史君即申行束云章君探寻郑厂消息。至毕君嘱派人保管押品一节，查现在客车虽云通至许州，信阳以上即难通行。车路既阻，何能前往，即使能去似亦非派员所能为力，极深系念。应如何处置之，昨日特电请穆藕初君及慎昌酌办。"（原件，浙江兴业银行档案）

6 月 15 日 浙江兴业银行总行致汉口分行电，报告与先生等接洽豫丰停工后情形。电云："承示豫丰毕云程君自归德来电，嘱我行派人赴郑保管押品一节，曾由尊处电告敝处，查该电至今未到。现与穆藕初君及慎昌洽商，据慎昌云，该行日前接史汀培君来函谓郑地安，现在交通梗阻，史君是否离郑不得而知。惟据穆君云，渠曾接到该厂同人来电要求我行派人管理押品，穆君复以我行借款已经移转于慎昌，不能派人。如有困难情形，只得暂停工作云。一面正在联络就地军事当局设法保护。"（抄件，同上）

6 月 16 日 毕云程到沪与浙江兴业银行谈豫丰情况。6 月 17 日浙江兴业银行总行致汉口分行电云："毕云程君昨到沪所谈豫丰纱厂情形如下：本月初南军到郑，闻有人来厂捉拿洋员之风声，即将史汀培君迁出暂避。史君当将我行押品钥匙及电码押脚①移交毕君。翌日，本厂工会忽拘毕君欲为以前被裁工人报复，经毕君再三声辩，得免于难。当时工人提出条件四项：（1）以前开除工人完全复职；（2）开除工人未复职以前工资照补；（3）以后不得因罢工开除工人；（4）工人因公伤死从优抚恤。毕君完全承诺。惟见情形危险不得不来沪暂避。来沪之时将货、厂钥匙交副主任尤君保管。所有慎昌史君与尊处往来密电本及押脚字因无处可藏已付之一炬。花纱押款本为慎昌名义，现因仇外关系仍改为我行名义。毕君走后，厂中由职员支持，仍照常开工。至十一日始行停工。现由唐军派队驻厂，秩序甚佳。惟闻摊派郑地军事借款五十万元。该厂已派五千元。敝处以该厂主持无人，甚为可虑。当与毕君商议缩小押款账面，毕君云津申两处暂存户廿余万元可先拨栈押款，保定庆丰义纱号欠津十二三万，□□纱号亦欠三四万，纱俱交出，款尚未来，均可分别催收。栈道押款其余存在沪汉，物料亦约值十余万两，已停止运郑。如至万不得已时亦可出售归还。照毕君所述，我行放款无甚危险。史汀培君拟俟风潮过去仍回厂

---

① 押脚是在重要电报的末尾署以发报者的密码。

供职。"(同上)

同日 浙江兴业银行汉口分行致总行函,报告豫丰押款之押码、收支及利息等事,嘱先与先生商洽。函云:"承示豫丰存付事宜,在汉上市面未恢复前暂归尊处办理一事等悉。驻沪豫丰办事处对于该厂押款均不接洽,仍须直接向郑州商榷,故须先与穆藕初君商洽,尊意拟定七月一日起移申,彼此事前均可接洽,并嘱将敝处与该厂收支款项及其他手续等详告一节,谨洽。兹特详细情形胪列如下:一、押码。请由尊处编就(敝处系用中文押脚)直接寄郑,并请转知史君,俟该项押脚[1]收到后将敝处编押脚销废寄还,但尊编押脚未到郑前,敝意如豫丰有支用款项仍由敝处照旧办理。敝寄押脚仍继续有效。再豫丰方面并无押脚编交敝处,请洽。二、收支款项。请转知豫丰以后交入款项如系申票可连同委收单直接寄交尊处,如系汉口及天津汇票均须一面将汇票连同委收单寄汉口及天津(敝处及津行收到此项委收单后先行函告,俟实际收归即照收总分行往来户账);一面将委收单副纸寄出交尊处接洽。以后用款时如用申款可直接电尊处照解,如用津汉款亦须先电尊处转电照解。三、利息。豫丰用纱票或本厂票赎纱时,本厂票同时不得过五万元,纱号票同时不得过念万元,该项纱票或本厂票均自押品实际交出之日起至该票实际收归之日止,按市照算利息。四、手续费。豫丰用本厂票赎纱不计手续费,用纱票赎纱同时在五万元以内不收手续费,五万元以上每千元收手续费贰元。(列明初一交入十五期纱票五万元赎取押品,初十又交入十五期纱票五万元,则须计五万元之手续费;如初一交入十五期纱票五万元,十六又交入二十期纱票五万元,因十六赎纱时十五期纱票业已收归,故不计手续费,如交入之纱票系银数,应酌交手续费,请合洋照算。)五、汇水。豫丰所存款项如系津款津用、汉款汉用、申款申用,均不计汇水。如所存款项非支用于同一地点,请照市酌收汇水。六、目下豫丰所存敝处款项计分郑州豫丰预赎押品规元户、申洋户、津洋户三种,津洋户不计利息,归元户及申洋户处定周息七厘,但敝意为周息七厘担负较重,尊处不妨与穆君酌量减轻,因豫丰事务倘不划归尊处办理,敝处拟亦于七月起函请尊处面商酌减也。再,暂存户内款项,敝处拟俟七月即行如敝划奉,至目下尚未向收之手续费及利息,敝处拟再俟数日俟可以结束时即行算就,仍托尊处向豫丰申办事处照收。至豫丰方面事宜改由尊处办理事,俟尊处向豫丰接洽稍有眉目后,敝处当再函知照史汀培君接洽。至天津方面亦请事先函告接洽,以免歧误。"(原件,同上)

---

[1] 押码指发电银行在发送电报或电传时加注在电文前面的密码。

6 月 22 日　华商纱布交易所揭示第九一八号，决定次日起停止日纱交易。①揭示云："现因时局关系，经理事会议决，本所棉纱交易自七月一日起另立，除去日纱之新标准。所有原定标准交易自本月二十三日起只做了结，停做新买卖。"（《申报》1927 年 6 月 23 日）

6 月 28 日　上海民众对日经济绝交大同盟委员会召开第一次执行委员会议。推举各科主任、监察委员，先生与叶惠钧、闻兰亭、荣宗敬、陈才宝五人为组织财务委员会委员。（《申报》1927 年 6 月 29 日）

7 月 4 日　于大西洋西菜社出席由工会组织统一委员会召集之上海劳资调解问题会议。政府方面参加者有上海市长黄郛、农工商局长潘公展及警备司令、交涉员等；商界方面参加者有虞洽卿、王晓籁、朱吟江、顾馨一、叶惠钧、王延松、冯少山、陆凤竹、王汉良、严谔声及先生等；工统会各部主任均参加。双方均表示愿意即日成立调解委员会。洽商结果，由商民协会决定日期，邀请工统会代表详细研究。后商民协会第二次筹办员会议议决，定于七月十四日在上海总商会召集工、商两界领袖正式洽商。（《申报》1927 年 7 月 14 日）

7 月 5 日　下午七时，出席蒋介石于新西区交涉公署举行的上海官商界重要人物招待宴会。到者二百余人。蒋介石演说云："查上海自国民革命军到后，工潮虽已平伏，不至使其扩大。但危险之期未过，社会上之暗潮仍然存在。上海为四通八达之区，亦为商业之中心地点。……自国民革命军到沪，政府在南京成立，为时且已三月，而对政治问题尚无明白之表示，中正全未尽责，尤为抱歉。上海各界尤其是商界对国民革命军十分热烈，而革军对商界既全无帮助，反增诸父老先生之忧虑，更为惭愧，反觉惶恐。现在尚在军事时代，欲政治与军事一样进步，事实上难以办到，此应请原谅政府之苦衷。但一旦军事结束，共产党完全铲除，三月以后如再如此，即为中正的死罪。……近来上海有几事可以注意：一为工潮，劳资调剂尚无确定办法，工潮仍时起时伏。商家不安，中华书局且因之休业，实觉惶恐。不过商业方面在军事时代，商界应自动设法使基础稳固，金融流通，如仅依政府扶助，见效太鲜。并非政府不知商界痛苦。一以军事太多，又以商业情形复杂，故须商界自动设法自定办法，再由政府极力促进，使工商界之事业安全。对于工潮方面，政府与党负有重大之责任，应使工商有确切连络融洽之办法。前虽议过几次，条件亦已提

---

① 同年 5 月 29 日，日本借口国民革命军北伐，为"保护侨民"，出兵占领山东胶济地区。上海各界纷纷抗议，组成工商学兵十六个团体参加的"上海对日出兵来华运动委员会"。6 月 12 日该委员会在南市集会，声讨日本侵略行为，并提出抵制买卖日货，与日本经济绝交，取缔以日纱为大宗交易的华商纱布交易所，等等。在此背景下，由先生任理事长的华商纱布交易所宣布停市。

出，但有难以实行之处，还须请商界提出劳资调资、调剂方法。资本家自动规定办法，担起责任以为一劳永逸之计。总之，政府对农、工、商、学之安居乐业，保守社会之秩序不敢疏忽，惟如何达到此项目的，仍须各阶级自己去做。如徒望政府，难期有效，尤其是商家，更非自动进行一切不可。……现在革命时期，应牺牲一切。到会诸公谅具有此决心，如何可使工潮不起，资本家应自设法，尤其是到会诸公应负责任。全赖政府压迫实施非根本办法。根本办法维何？即应想如何可使工潮不起，现尚在革命时代，须俟肃清武汉，铲除共产党。抵达北京以后，继可按照总理方案切实做去。上海商家尤其是到会诸公应代我作一总预备，如何可使国家独立，民生安乐，民权有保障，故欲照总理之三民主义建国大纲切实办理，决非一二人之力所能做，更非政府单独所能做。"虞洽卿、李馥荪、伍朝枢、先生与叶惠钧相继演说。先生云"实业界数年来差能立足，近年则工潮迭起，困难已极，行将濒于绝地，深望政府有以保障之。"末由蒋氏作答词云："于公债一事，财部已有明令，于政策上不宜随意变更。然人民经济之事，为政府所最注意者，终当详细研究，以副人民愿望。最好商界时时与政府接近，共同研究。减轻出口税，自为当务之急，现者裁厘已将实行，当更进图办法。关于保障实业，亦固总理之政纲，所谓农工政策者，自不能外于商以独立。盖外于商则农工亦且无存在之余地。"（《申报》1927 年 7 月 6 日）

7 月 9 日　下午二时，出席对日经济绝交第五次执委会会议。冯少山主席。讨论上海另有经济绝交之组织本会亟应取缔案、金某购用劣质纽扣十箱调查属实案、染纺织各工厂原料缺乏即将停工等案。"至于纱布交易所，推定邬志豪、张明炜、王延松三君从事调查。"（《申报》1927 年 7 月 10 日）

7 月上旬　与浙江兴业银行谈豫丰纱厂事，面述当局"极想继续开工"。7 月13 日浙江兴业银行总行致汉口分行电云："接专密六号函，并抄下束云章致贵经理函及陈伯琴与蒋达微往来电，均已收悉。查此事既由慎昌出面，自应由穆藕初君与慎昌商办。尊处所复蒋君之电甚是，所虑对外不宜一节亦属无法避免。现据穆藕初君面述当局对于该厂极想继续开工，并谓慎昌代表不久可回查厂照常办事。敝处要求穆君赶紧设法出货，以期缩小欠额。一经缩小之后，拟与该厂重订限度，俾得减轻责任。除此之外，实无其他方法处理也。"（抄件，浙江兴业银行档案）

7 月 11 日　《申报》刊登《中华职校更易校长》消息，先生等为常务校董。文云："近日潘君以积劳体弱急于调养，迭经提出辞职，经教职员学生及校董会挽留未允。因由职教社会商校董会改聘美国意利诺大学工科硕士姚颂馨君继任，公推穆藕初、王一亭、朱吟江、黄伯樵、潘仰尧五君为常务校董。"（同日《申报》）

7 月 12 日　出席总商会第五次临时委员会议，先生报告与日经济绝交及纱布交易所事，云："纱布交易所因对日经济绝交关系，于六月二十三日已揭示停止日纱交易，以防止日商加入新卖额。而原有成交额必须了结者，以营业细则及等级表公布在先，藉全商业信用。不料各经纪人以原等级表货品之关系，深恐交割时易起纠纷，疑念未除，恐慌特起。虽仅了结交易，每市开拍竟不终盘。相持四日，无法解决。已呈市政府，迄无批示。交易所处居间人地位，势处两难，亟盼解决。故请本会推派代表二人往见黄市长，请其对于是禁，从速批示。"又云"本会所推代表仅见市长陈述意见，并非欲其担任调解任务，此案因双方有利害关系，恐非经仲裁不可。"议决：致函上海市政府。因此案关系重要，特派代表叶惠钧、赵晋卿二君面陈意见，纱布交易所理事长穆藕初君同往，以备咨询。次冯少山报告临时委员接收后至本月十日止收支数目。（《上海总商会议事录》）

7 月 14 日 与叶惠钧、赵晋卿赴市政府，"陈述交易所因停做日纱发生纠葛事。"适黄郛市长外出，先生等与秘书长作非正式谈话，请代为转达本会意见："一、不愿因一部分事发生纠葛而牵动全埠金融；二、对于该所苟不维持，恐日人之取引所欲复活，是以不能处于旁观地位，应积极设法调解。"先生"请求市政府派员参加调解。"又与社会局局长潘公展非正式谈话，并约定 7 月 18 日再次晤谈。（同上）

7 月 16 日 下午，出席对日经济绝交第七次执委会会议。到者有叶惠钧、倪鸿文、顾执中、汪文卓等二十余人。议案：①"为整顿会务起见，本同盟应根据议决案请纠察科审查，凡无故缺席至三次以上之委员应登报将委员资格取消"。②"请保卫团组织纠察队，其人数由纠察队自定之"。③"对蔡倪培律师代表张一鸣破坏本同盟案……议决交常务委员会予以相当之处置"。④"对华商纱布交易所案。议决仍按照对日经济绝交原则办理，绝对不能交割日纱。犯者依照奸民条例办理，严重处罚"。（《申报》1927 年 7 月 17 日）

同日 与浙江兴业银行谈豫丰纱厂童侣青继任事。浙兴总行致汉口分行电云："顷据穆藕初君面述豫丰毕云程君现已辞去协理职务，该厂即请童侣青君担任。童君本系厂长，不日由京汉路赴郑就职。"银行要求"第一步设法疏通地方当局，使史汀培君可以回厂；第二步从速设法销出存货；第三步俟与当局完全说妥后再筹备开工"。（抄件，浙江兴业银行档案）

同日 浙江兴业银行为豫丰"汉钞赎纱"事致电汉口分行，"嘱其电商穆君与慎昌接洽"。电云："接豫丰蒋达微致伯琴电，文曰'纱急待销，流动押品汉钞赎纱如何办法电复'等语。敝处以汉钞在郑赎纱向无此办法，且无人收款，汇价如何折合亦无把握，若由郑汇汉尤为不便。况押款已归慎昌出面，应与该行商办发电复蒋君。此事应如何办理，应酌办电复。"（原件，同上）

7 月 18 日 赴上海市社会局，与潘公展谈交易所纠调解事。市政府原议派潘公展、陈布雷二人为代表，经多方考虑，决定由上海总商会、县商会及银钱两业推举

人员设法调解，"以两得其平为主旨……如欲市政府内派员监视，可以办到"。（《上海总商会议事录》）

同日 出席总商会第六次临时委员会会议。赵晋卿报告论交易所停做日纱而引起纠纷之调解办法。① 冯少山报告与市府秘书长及工商局潘公展等交涉经过，并云："纱布交易所直接曾去呈文工商局，对于此案拟不日函请本会办理。"先生云："工商局之信不日可到，如俟信到再推代表，不克稽延时日，可否预先推定代表，或由委员会议决将推举此案代表之权授诸常务委员会，俾便随时应付。"众皆赞成。次冯少山报告临时委员会接受会务三月之期将满，各委员亟待交卸，预备改选。又报告蒋介石前日在沪宴会上发言，"屡言商人欲占地位，须由商人自行拟定办法呈请政府乃批准。处此生死关头，凡我商人不得不努力从事。"继通过《上海总商会暂行章程草案》及法制委员会名单：主任冯少山；委员霍守华、穆藕初、诸文倚、沈田章、项松茂；名誉顾问黄安石等十人。（同上）

7月20日 下午三时，出席对日经济绝交第八次执行委员会会议。到者有冯少山、邬志豪、叶惠钧、荣宗敬等二十余人。议案：①"请秘书处登广告通告各工厂，凡工厂原料必需品之栈单，系于六月十二日以前所进而来会登记者，应请该工厂来函声明，以便根据以前议决案发还。议决通过并发给通行证"。②"关于易于霉腐海味之栈单，请求发还案。议决发还"。③"保卫团来函对纠察队之组织极端赞成，惟饷项请本同盟担任。议决暂时保留。"（《申报》1927年7月21日）

7月31日 下午，主持纱布交易所第十二届股东会，股东到者四万余权。先生致开会词，报告进市情形。并临时提出议案"本届账略俟结定后再开股东会及选举，请决定案"。经众议决，延会而散。（《申报》1927年8月1日）

同日 晚，全国特种营业稽征特派员华彦云于南洋西餐社宴请沪上各交易所领袖，先生出席。到者有王一亭、顾馨一等。华彦云演说云："值兹军事时代，北伐正在进行，凡我同胞亟应一致援助。宽筹饷项，接济军需，不使前敌将士有所匮乏，俾国民革命早竟全功。"闻兰亭代表致答词云："沪上交易所最倾向国民政府，当南京克复之时，各交易所首先承认五十万元二五库券，正所以盼望国家早日统一，今特派员既以至诚协商，无不乐助。"末由各交易所公赠华彦云银鼎一座。王一亭、周佩箴等亦各亲书对联赠贺，以作纪念。（《申报》1927年8月1日）

8月1日 浙江兴业银行汉口分行就豫丰押款归沪办事处事复总行函，云："承示豫丰押款事拟归沪办事处，又补列条件五条，并示俟穆君答复后再行见告，敬

---

① 据《纺织时报》同年八、九月各期所刊，纱布交易所买卖双方纠葛一案持续数月之久。

洽。"（原件，浙江兴业银行档案）

8 月 4 日　赴上海农工商局出席纱布交易所调解会。到者有经纪人、买卖双方代表及总商会代表朱吟江、钱业公会代表秦润卿等。农工商局第二科科长冯柳堂主席。买卖双方陈述意见，"争持至二小时有余。乃由潘局长出席，向双方劝导之下，责令该交易所与经纪人公会于三日内拟具结价办法，呈候核夺。惟须开诚调解，务求公允。"（《申报》1927 年 8 月 6 日）

8 月 7 日　晚，与虞洽卿、顾馨一、王一亭等代表各交易所于银行公会公宴华彦云。农工商局储蓄保险稽征处长、交易所稽征处长等参加。银行公会俱乐部胡筠庵因与华特派员感情素洽，临时加入。"席间商榷特种稽征事。"（《申报》1927 年 8 月 8 日）

8 月 10 日　上海《晶报》刊登署名"神豹"的《穆藕初自言矮三尺》一文，记先生为纱交所风潮"焦头烂额"之状。文云："纱布交易所之五月期纱，因排日运动而不能如期交割。买卖两方，争持两月，迄未解决。在买方谓该所理事化名卖空，唆使扰乱市场秩序，并不处分，亦不行转卖买回之法定手续了结，指为违法。在卖方则谓事出非常，事实上发生困难，不得已而请求结价办理。在理事会方面，则以为既有此种非寻事变，除呈请市政府农工商局核办外，则无他法。曾经潘公展局长令行上海总商会召集上海县商会及银、钱两公会各举代表，从事调解。卖方复不服调处，理事会复奉谕定价了结，乃决定照红牌加价一两为准。买方正以损失太大，书函往还争执间，该所忽又揭示谓照开盘红价了结。核与农工商局之批示，多'开盘'二字，买方纷起之哗争，指为违背局示，呈请查办。双方笔墨纷争，实力亦相仿佛。而该所理事长穆藕初负有相当责任，适居冲要地位，处理此项风潮，劳心焦思。日前藕初谓六十九号经纪人匡克明及二十六号张某良二君云：'此案办理完毕，我穆藕初将立矮三尺'云云。据此可见穆君办理此事之焦头烂额矣。"（同日《晶报》）

8 月 16 日　出席上海总商会第七次临时委员会会议。冯少山主席，报告日本商业会议所联合会来电对我国关税问题有所讨论事，云："来文词句中太不客气，国际上不应如是。关税自主系独立国应有之权利，外人无权干涉。"议决："置之不理。"通过冯少山为新成立的上海劳资调节委员会商业团体代表，并摊派每月经费一百元，及送本届在沪举行的远东运动会奖品一百元。（《上海总商会议事录》）

8 月 18 日　下午一时，国民革命军二路总指挥白崇禧于新西区交涉公署之外交大楼举行的招待军、警、绅商及新闻记者茶话会，先生出席。到者共约一百数十人。白崇禧"报告军事、政治、财政三项之最近情形，并要求商界竭力筹饷项"。虞洽卿、蒋百里等相继演说。末由白总指挥致答词，云："交通问题现在宁汉已一致，长江交通不久即可恢复。至于前次我军之扣船，实因军事上之关系不得已而行之，

此后当不致发现。对于裁厘加税一节,兄弟不甚明了,待回宁向政府询问后再行答复。"(《申报》1927年8月19日)

8月22日 浙江兴业银行汉口分行复总行函,建议豫丰事暂仍由汉行经办。云:"示豫丰押款移归尊处管理事,共附带条件,间有酌改之处在。尊处未得穆藕初君复函妥协以前,拟仍由敝处照旧管理一节,敬洽准矣。"(原件,浙江兴业银行档案)

8月30日 长孙女清瑶①出生。

8月31日 出席对日经济绝交第十三次执行委员会会议。到者有魏鸿文、李执波、冯少山、徐庆云、叶惠钧等。议案:①"本会宗旨原为反对日本出兵山东,今日兵既已实行撤销,本会工作亦可暂告结束,议决通过"。②"本会所有已往工作情形,当俟整理齐楚后再行奉告。议决通过"。③"栈单提单等限三天领回,全体通过"。(《申报》1927年9月1日)

同日 出席上海商业联合会、上海县商会、闸北商会联合召集各入会团体紧急会议,讨论治安与工潮问题。到者有冯少山、林康侯、赵晋卿、劳敬修、虞洽卿、顾馨一、姚紫若。冯少山主席。先由杨杏佛报告前线战况。次讨论议案:①"给养俘虏问题。议决明日下午由四商会领袖来会,按照各入会团体分别照派,以昭公允"。②"对市政问题。议决请将现有十局裁并以节经费,在军政时期市长暂由当局委任,副市长一人须由市民公选以后,市政进行四商会应参加意见"。③"协助劳资调节会。议决认此会有存在之必要,现在商界所举之五委员由今日到会各业追认,不必另推。经费一层容后再商"。④"维持工统会。议决请工人方面顾全商人痛苦,则商人方面当酌量协助"。⑤"救济南洋烟草公司。议决由四商会联名据情特呈当局,请迅予核准"。⑥"反对煤类特税。议决既经批准撤销自无再缴之理,请煤业等四团体将详情具函到会,俾便转请核示。"(《申报》1927年9月2日;《上海总商会议事录》)

8月 《商业杂志》第二卷第八号"商业名人传"专栏刊登先生小传,末云:先生"现兼任上海总商会委员。其热心任事,不辞劳苦,数十年来如一日"。(原刊)

9月8日 下午二时,出席上海总商会常委会法制股委员联席会议,讨论执行委员名额事。先生云:"本会建议章程,额定六十一人,今政府改为三十一人,鄙意为本会入会团体计七十余,若定为三十一人,似应不敷,应重行建议政府,详加解释,请求维持原议"。众皆赞成。次讨论会费,先生云:"会费关系甚巨,建议章程中

---

① 穆清瑶(1927—2014),穆伯华、沈国菁之女。上海番禺中学教师。

所定之数已较前减轻，应补充理由，建议政府维持原议。"议定以上列诸项，与本会历史上及事实上，多有深切关系，应再补其理由，详加释明，于星期日（九月十一日）开会员大会时通过后，再行建议政府，请求加以考虑。（《上海总商会议事录》）

9 月 9 日 以上海总商会临时委员会常务执行委员名义致函钱业公会会长秦润卿，询问租用牌号商业习惯。云："据律师沈锜函称，'上海商家有租用他人原有牌号开张营业之办法。如出租人与承租人间所订租赁契约仅载未租以前所有银钱往来，人欠欠人及一切担保等归出租人负责料理。自租之后，所有人欠欠人及一切担保等均归承租人担任，而未于契约注明，自租之后，应否加记？承租人有无主张加记之权？在法律上尚无明文规定，自当按照商业习惯。用敢函请将上海商界租照牌应否加记之习惯，即赐查明示复，以资察考'等情到会。素念台端旅沪有年，谙习商情，务祈会同田祈原、沈联芳、姚紫若诸君查明见复，不胜感盼。"（上海钱业公会档案，上海市档案馆藏）

9 月 10 日 下午二时半，于上海总商会出席中国工程学会第十届年会。到者有江苏省政府高鲁、中央教育行政委员会金曾澄、第一交通大学徐佩琨、中华学艺社王兆荣、农学会吴植姚、科学社陈传瑚、商务书馆章伯寅及马君武、胡适、沈君怡等数十人。金曾澄、吴植如、章伯寅、马君武、先生等演讲。南京路十二号开洛公司无线电台播音各人演说。（《申报》1927 年 9 月 10 日、11 日）

9 月 11 日 出席上海总商会会员临时大会。因到会仅四十一人，不足法定人数，遂改谈话会，于会务及修改章程略加讨论。定 9 月 19 日重行召集会员大会，决定会章问题。（《上海总商会议事录》；《申报》1927 年 9 月 12 日）

9 月 19 日 下午四时，出席上海总商会第二次会员大会。到者一百九十余人。冯少山主席，报告会务。讨论委员额数、入会会费、公告事项、修正会章等案。末由闻兰亭建议，俟修正章程，再行呈准国民政府后召集大会，正式选举。经众一致赞成，旋即宣告散会。（《申报》1927 年 9 月 20 日）

9 月 20 日 浙江兴业银行为豫丰纱厂欠付利息及欠款事致慎昌洋行函。9 月 21 日，慎昌洋行复函浙兴，告先生已通知厂方设法汇沪。函云："豫丰八月廿三日欠付息款乙万伍千乙百三十三两示下一节，查豫丰尚有大宗现款寄存郑州，除摊还押款外，尚敷付息。惟据穆君云，因汇兑不通，故未能汇出。现穆君已函知厂方设法汇沪，谅不久当可办到也。至于尚欠尊处本款念伍万九千一百伍十两示下，目前敝处亦无办法，只可稍待再拟。仍遣史君返郑，设法开工并掌管财政等事，故此项借款仍须随时支用。至四十万为限，此节前次与足下提及，当蒙允诺，届时可以照办。至汇兑未通以前对于尊押户出货时，厂方自当将款项如数存储郑州，一有机会即行汇沪不误。"（原件，浙江兴业银行档案）

9月26日 浙江兴业银行汉口分行复总行函,就豫丰押款事继续阐述意见。函云:"示敛豫丰廿三号函告豫丰正户押款本息应如何催理一节,尊处已分函慎昌暨穆藕初君接洽。俟得复后再示。至敛清单所列六月十八日由暂存款转入之款,尊处经照允收将款祗还押款,敛抄清单无庸更改各节,敬洽。"(原件,同上)

9月30日 《申报》刊登《上海职业指导所聘请指导顾问》消息,先生为顾问之一。文云:"上海职业指导所为帮助职业指导起见,拟就调查各业内容之所得及职业上重要之问题,刊印小册子之《职业指导》丛刊,例如何谓职业指导,何谓升学指导,职业指导具体办法,择业问题,改业问题,如何服务,如何成功等等。日前委员中提出本市赞助职业指导之各界热心人士为该所指导顾问,以便遇事就商,藉求匡助。"(同日《申报》)

9月 苏州昆剧传习所所长孙咏雩率传习所学生赴苏州和金山枫泾等地演出。先生闻之,欲易孙咏雩职。《昆剧传习所之易长潮》一文云:"昆曲传习所向演于新世界,沪上人士之喜昆曲而恶簧者,争趋聆之,此传习所创办于苏州。创办时,聘师教导,煞费苦心,耗资亦颇可观。促其成者,苏州张紫东君,上海穆藕初君也。自到新世界演剧后,依赖于穆君亦更多。穆君固喜昆曲,亦乐而维护之。传习所所长曰孙咏雩,向为苏州昆剧客串之清客,充传习所长已数年。新世界停办后,传习所全班即赴苏,演于青年会,而穆君未尝知也。青年会停演后,复一度至枫泾演剧,穆君闻之,以为昆剧传习所班在沪上何处不可演,何苦效京剧草台班之跋涉四方,以博微利,且奔波各处,不加通知,尤令人难堪。乃欲易去所长孙咏雩,另任人物。孙某闻之,大恐,赴苏恳张紫东说情,一面仍率传习所全班回沪,出演于徐园。微闻穆君亦不欲再事为难。"(《晶报》1927年9月15日)

10月11日 与林康侯、石芝坤等代表总商会召集棉纱两业会议。会后发表《对于禁止棉花出口意见》一文。(《纺织时报》450号、452号)

10月21日 下午六时,于一枝香出席上海职业指导所会议。到者有冯少山、严谔声等二十余人。由职教社副主任杨卫玉致开会词,"说明职业指导所为求人求事之媒介机关。"次指导所主任刘湛恩述"设立之经过"。次副主任潘仰尧报告"现登记人才者二百余人,已介绍成就者十五人,受职业指导者八十八人,受升学指导者五十六人,委托调查事项者十四人,委托代为计划者七处,通函询问事项者十二人,并发行各种职业丛书,俾分送来询问各业情形者。现已出《钱业概况》与《书业概况》两种,将来增至数十种。"继由黄警顽相继发表意见,"大致主张须从事宣传工作,俾各界明了职业指导所性质,并宜多与工商界接洽。"(《申报》1927年10月22日)

10月27日 下午八时,上海总商会、县商会、闸北商会、商业联合会等六团体公宴美国驻华舰队司令毕司德，先生应邀出席。到者有伍部长、克总领事、郭次长、张市长、王晓籁、闻兰亭、吕岳泉等六十余人。冯少山主席，致欢迎辞。次由伍部长、张市长等演说。末由毕司德致答辞，云："承诸君过分奖饰，实不敢当，自当本中美合作精神做去。惟此事系两方面的，中国亦有其一部分责任。"（《申报》1927 年10 月 28 日）

10 月 28 日　下午八时，出席虞洽卿、王晓籁等于一枝香宴请，讨论二五库券事。到者有冯少山、叶惠钧、劳敬修、王一亭、沈田莘等约三十人。虞洽卿、王晓籁等先后发言，云："此次二五库券，上海商界须钱百万元，但可分期缴纳。际此军需孔亟之时，尚望努力捐输。"经众讨议，大约对于该库券之认缴已有相当程度。（《申报》1927 年 10 月 29 日）

10 月 29 日　召开华商纱布交易所理事会，正式宣布 11 月 1 日起复业开市。交易所自 6 月中旬以来已 4 个多月停市。（《纺织时报》1927 年 10 月 31 日）

10 月 31 日　浙江兴业银行汉口分行致总行函，报告豫丰以纱号汇票赎纱事。云："敝处阅慎昌驻豫丰纱厂会计周祖澄君十月二十至廿五日报告，存元亨丰期洋有八万之巨，其期又远，至阴历十月底。此项期洋其性质似等于以纱号汇票赎纱。查我行前与该厂订定办法，纱号汇票赎纱原以五万元为度，而尊豫业三九号函载补列条件纱号汇票赎纱，其期限仍照旧列，至长不得过十五天。今者既逾额，期又逾限，应请尊示向穆藕初君交涉。又纱号汇票赎纱按例须计算利息，惟向该厂去取殊有不便，可否由尊处照周君报告向沪办事处结算划下，并乞示知。"徐新六批示云："即函穆君并慎昌洋行。"（原件，浙江兴业银行档案）11 月 4 日，浙兴总行复汉口分行电，告已与先生等交涉，电云："示豫丰押品报告内存元亨丰期洋数巨期远，与原订办法不合。敝处已函穆藕初君及慎昌两处交涉矣。惟查我行前与该厂订定办法，纱号汇票赎纱以二十万为度。尊函所谓纱号汇票赎纱以五万为度，想系误会。再该期洋应计之利息以后，最好由尊处按照报告结算，将水单寄下，再由敝处向该厂沪办事处收取划上可也。"（抄件，同上）

10 月　因无力继续维持昆剧传习所经费，①将所务移交严惠宇、陶希泉接办，组成新乐府昆班。传习所学员正式走上演出道路。倪传钺《往事杂忆》云："此时，传习所最大的支持者穆藕初先生的情况有了变化。由于连年军阀混战，加上上海

---

① 2004 年"传"字辈艺术家倪传钺与穆伟杰说："昆剧传习所原定五年毕业，后来根据实际需要，又延长一年，当时穆先生经济情况已大不如前。记得有一次，传习所经费发生困难，所长孙咏雩到上海纱布交易所见穆先生，穆先生当场叫秘书开了张支票让孙带回。这笔钱是穆先生在交易所的工资。还有一次，他叫学生杨习贤向传习所捐助了一笔钱。"

的金融危机,使他的几家纱厂相继倒闭,经济上已无力再资助我们,但他对我们还是非常负责,将我们转托给大东烟草公司总经理严惠宇及江海关总陶希泉。尤其是严惠宇先生,他信奉实业救国和教育救国,不仅在上海开办纱厂、烟厂,而且在家乡镇江开办农场、医院和学校,是一位爱国实业家。他与陶接手后,将昆剧传习所改名为新乐府,将笑舞台租下来,装饰一新,成为新乐府的专用剧场,并聘请张某良和俞振飞担任前后台经理,主持日常工作。"(《传薪千秋——倪传钺教学研讨纪念文集》,中国戏剧出版社 2009 年 11 月)

10 月 穆杼斋编订《德大纱厂念万两之票根调查录》,辑编德大纱厂花款与先生诉讼一案有关文件。内收 1920 年 9 月 13 日慎昌洋行出具先生代厚生交入念万两花款英文收据照片,及各银行、钱庄复汤应崇律师函。收据下穆杼斋注云:"此系慎昌洋行所收花款念万两之收条。开首即写明厚生纱厂转交穆湘玥,而藕初则云系收厚生之款。则此收条有写此转交之文法乎? 想写此条者决不如此之不通也。恕再注。"又云:"德大案上诉后,穆藕初谓此项念万两收条之款系厚生所付,而始终无片纸只字提出为厚生纱厂所付之证据。各股东有来询问者,爰汤应崇律师函请各银行、各钱庄切实调查该项银两为何项金融机关收去。除已经收歇者、退函不受者、改记难查者、从缓查复者外,所收去其有详复者均称由慎昌洋行委托中国银行收去。故汇集各种复函付之石印分送股东,使知慎昌洋行所收之款实系慎昌洋行收条上之款也。"(原书)穆杼斋、先生就德大纱厂花款诉讼一案,后由上海县商会、黄炎培、朱吟江等多次出面调解,于 1930 年 6 月解决。[①](《黄炎培日记》)

11 月 4 日 浙江兴业银行汉口分行为豫丰纱厂押品与市价有差价及现款管理等事致总行函,商请与先生商办。函云:"周君今日已抵汉。据说豫丰押品棉花照报告上价格与购入市价核计差七八、八九元不等。按新近进价,美种为三十七元半,陕西与次花为三十一元半,新德三十五元半。照周君核计所有正户、另户押品计差十七万余元,应请尊处向穆君交涉。再所存元亨丰当时该号本不愿存,以厂方面子关系是以暂时收存。前经敝处函请周君去查账目后,嗣以时局不定,且史汀培君亦抵郑,该号即将存款全数送还厂方,而史君又不肯接收现款,有十二万摆存厂中。照近来郑沪汇价约一千二百余元汇一千两,本可将此款汇出,而厂中复虑该款汇申后无周转余地,但摆存厂中无人管理,究属未妥,亦请尊处与穆藕初君商办。现我行对于豫丰押品属无人管理,应如何办理之处,并希裁夺为荷。"徐新六批示云:"与穆面谈"。(原件,浙江兴业银行档案)11 月 5 日,汉口分行就豫丰纱厂押品

---

① 此事最终解决结果不详。参见 1930 年 6 月 5 日等相关条目。

与市价有差价事再致总行急电，请求与先生商酌办理。电云："豫丰周祖澄被因轧来汉，密告押品押价较市价差八九元，约差十七万余元。又存元亨丰款现摆厂中约十余万元，如汇申，厂方虑难周转。史汀培抵郑不接管理押品，请与穆君商酌电郑办理"。"又据周君云，厂中所存之款可以汇申，如须购棉花可以开汇票购买云云。"(同上)11 月 9 日，浙兴总行致汉口分行电云："查史君不肯接管押品，慎昌并未通知敝处。询诸穆藕初君，据云史汀培君到郑后曾有信致慎昌，并无不肯管押品之说。押品棉花特意提高押价一层，厂中不至于此，亦有怀疑云云。以上两层敝处已迳函慎昌查询，俟得复再行奉告。至厂中所存现款，穆云并非不肯汇沪，实因汇价高，无从汇出。如照来示所云近来郑沪汇价约一千二百余元汇元一千两计算，并不吃亏。不知此种行市有否错误？敝拟与郑州中国银行商议将厂中现款以我行名义暂存该行，能否办到，尚不可知也。"(抄件，同上)

11 月 5 日 晚，交通部长王伯群于南洋西餐馆公宴沪上各界，先生出席。到者有李石曾、许世英、张咏霓、王彬彦及新闻界共百余人。王伯群演说云："自受党国重命忝任交部，……惟以职责所在，黾勉从事，不敢偷安，不稍迁就。数月以来略具成绩，差堪为在座诸君告者。路政逐渐恢复，力去积弊，兵士免票，严行取缔，加增客车、货车，以便商旅。已成□路线积极维持整理，应办者正在通盘规画，电政渐有统一之望。凡属国民政府范围内省份，现已通行无阻。商电均可随时拍发，不致停滞。此后不独可以回复旧态，当能格外迅捷。……收回海权尤为急要，如理船厅、浚浦局、扬子江水道测量等事，均属权操外人喧宾夺主。每年由海关拨款为数甚巨，不特虚糜公帑，抑且丧失国权，急应设法挽回。再如招商局为我国唯一之航业，有五十余年之历史，所恃与在我国经营航业之外商竞争者，可谓惟此而已。不幸所得适反所期，非但不能对外竞争日趋发展，而且内容腐败，积弊丛生，历来经理其事者莫不藉为利薮，营业则年年亏耗，种种弊端不一而足。甚至以船只献媚军阀，事供运兵、运械，作种种反革命之资助，多数股东无权过问，苟非国民政府实行监督该局，前途将永无清明振作之望。……所有交通事业，造端闳大，不容一日或缓。建设伊始，悉赖专门名家海内贤达不吝教言，随时指导，俾得尽量采用，次第实行，党国均所利赖，岂惟鄙人私幸。"(《申报》1927 年 11 月 6 日)

11 月 10 日 浙江兴业银行汉口分行致总行函，报告豫丰押品情况。云："查豫丰押品报告：A 户计不足押品一万三千余两；B 户计不足押品五万余两，请与穆君交涉，并嘱其照补为荷。"(原件，浙江兴业银行档案)

11 月 11 日 出席总商会第九次临时委员会会议。到会二十四人。冯少山任主席，报告国民政府批准该会大会会议决议的章程后，应尽早办理选举事宜。讨论定阳历年内办理选举，并通过新会员入会事宜。(《申报》1927 年 11 月 13 日；《上海总商会

议事录》)

11月17日　浙江兴业银行为豫丰纱厂押款、欠息事致慎昌洋行函。11月16日,慎昌洋行复函,告与先生等协商展期情形。函云:"豫丰押款徐新六、穆藕初二君正在商议展期办法,故来函未能及时答复。至于八月廿三日应付息款二万二千八百六十一两,敝处已将尊函转寄郑州,令史君设法即日汇还。"(原件,浙江兴业银行档案)

11月18日　晚,与王云五、胡适、潘公展等参加由中国经济学社第四届年会公宴。马寅初任主席,张公权、胡适、褚惠僧等演说。(《申报》1927年11月19日)

11月20日　下午一时,上海总商会、上海商业联合会、上海县商会及闸北商会四团体举行宴会,招待中国经济学社社员,先生出席。到者有冯少山、林康侯、叶惠钧、王晓籁、王彬彦、范和笙等。冯少山主席,致欢迎词。(《申报》1927年11月21日)

11月22日　下午二时,赴总商会出席总商会、商业联合会、县商会、闸北商会联席会议。会商中央商人部征询改善商业组织意见。① 到者有虞洽卿、冯少山、顾馨一、姚紫若、王晓籁等。冯少山主席,"报告开会议程后开始讨论,互有意见发表。最后决议此事关系甚大,应拟具意见函征集各省商会意见汇复,以昭郑重。"(《申报》1927年11月23日)

同日　下午七时,三星厂总经理张子廉设宴于太和园,召开工业银公司发起人会,先生应约出席。到者有沈田莘、叶惠钧、王彬彦、胡厥文、陆逸梅等五十余人,讨论工业银公司筹备进行事宜。首由张子廉致词,继叶惠钧、王彬彦、胡厥文等发表公司进行意见。推定胡厥文等十二人为筹备员。(《申报》1927年11月24日)

11月23日　出席上海商业联合会会员大会。联合会指出,以前由于国民革命军到沪军事时期,不能及时部署一切,即由各商业团体组织该会,以维持大局;如今上海军事行动已经结束,东南大局已定,该会已经无存在之必要,决议宣告解散。11月29日发布结束宣言。(《一九二七年的上海商业联合会》)

12月1日　访黄炎培。(《黄炎培日记》)

---

① 1927年11月1日,中央商人部提出将商会与商民协会合并的设想,指出"本党为领导民众团体参加革命,商人为民众之一部,特设有商民协会领导商民参加国民革命,谋解放商人之利益。……以同属商人,同隶本党指导下,理应一体,勿再分歧。"(《中央党部致南京总商会令》,1929年11月1日,台北党史会档案)各地商会对此纷纷反对,11月24日,上海总商会致函市党部商人云:"现行商会之组织,实系中小商人兼容并包,并无某种阶级可以专擅包揽之规定。有法规、有案牍,可以为相当之明证也。更就'失去领导商人之地位'言之,亦与历来经过之情景未符。……蒙此厚诬,不能不为相当之辨明也。"(上海市工商业联合会等编《上海总商会组织史资料汇编》下册,上海古籍出版社2004年版)

12 月 2 日 出席总商会常务委员会议。讨论各业选举分配案、赴智利商品展览会案、组织法律股案等。（《上海总商会议事录》）

同日 与黄炎培等在杨卫玉家聚餐。《黄炎培日记》记："藕初来。共藕初车赴职业社，同至卫玉家餐。同席者：卫玉夫妇、恩润夫妇、志莘、翰才、杼铭、仰尧、徐伯昕、孙梦旦、金炳荣，畅谈。"（手稿）

12 月 5 日 邀黄炎培等聚餐。《黄炎培日记》记："藕初招至大华饭店陪餐。同席者：李晓东（鸣钟）、何克之（其巩）、厚生、建生。"（同上）

12 月 10 日 于岭南楼出席维昆公司①宴会。各界到者三百余人。由张某良、俞振飞、吴我尊、沈吉诚四人分别招待，并由杨习贤报告组织情形，先生、孙玉笙相继发表意见，"多训勉语"。大东烟草公司并即席各赠到客以该公司优良出品大香宾香烟一听。"广西路笑舞台原址自维昆公司改组为新乐府定演昆剧以后，积极大加改革，院内设置焕然一新，已决于阴历本月二十日正式开幕。除昆剧传习所各角全体登台外，以后并随时恳请昆剧名家客串。"（《申报》1927 年 12 月 11 日）

12 月 13 日 出席总商会第十次临时委员会会议。讨论各省商业联合会大会筹备情形及推举出席该会代表事宜。公推冯少山、闻兰亭、林康侯、先生与吴蕴斋五人为出席代表。（《上海总商会议事录》）

12 月 17 日 各省商会联合会会议在沪举行开幕式，到会代表一百零四名。蒋介石、戴季陶、孔祥熙、张寿镛等亲临祝贺。上海总商会冯少山致开幕词，认为商人欲求解除自身之痛苦，即应出全力扶助革命之工作。商人望治情殷，商业之于政治息息相关，不能误认本会会员为不觉悟之商人、不革命之商人。指出今后之任务，一方当力谋商人苦痛之解除，一方又当力谋各阶级间利益之融和。对由当局一手扶植起来的商民协会当作"共产党分化商人之策略"之产物，加以反击。蒋介石"训词"强调"商业不能脱离政治"，要服从国民党及其政府的指导。（《申报》1927 年 12 月 18 日）

12 月 18 日 主持华商纱布交易所股东会，到会股东计四万余权。先生致开会词，张则民报告账略，议案：①第十二届纯益金分配案。②本所第十三届结账期近，但因停市影响，收入无多，所有第十三届股东会应归入第十四届合并召集。均经全体通过。各股东投票选举职员，徐庆云、陆竹坪、顾文辉、贾玉田、胡筠庵、徐静仁、杜月笙、先生等当选理事，张则民、薛文秦、吴麟书当选监察人。本届股东应得

---

① 严惠宇、陶希泉等接手昆剧传习所后，组织维昆公司，斥资二万元装饰改建广西路笑舞台，取名新乐府昆戏院，由张某良、俞振飞任经理，四十余名"传"字辈演员为该班主要成员。12 月 13 日举行开台演出。1931 年 6 月因内部矛盾激化而解散。

利息定于二十一日起在本所核发。(《申报》1927 年 12 月 19 日)

同日 晚,邀请在沪各省商联会代表于笑舞台观看新乐府昆戏。戏目有张传芳之《春香闹学》、华传浩之《诱叔别兄》等,顾传玠、朱传茗之全本《狮吼记》"尤称杰作"。(同日《申报》)

12 月 19 日 中午,华商纱厂联合会于大东酒楼设宴招待各省商会联合会代表。副会长荣宗敬主持。先生代表纱厂业陈述该业痛苦与希望,演词全文如下:[1]

> 近年纱厂业衰疲,所受各种痛苦比各业为甚。与纱厂为仇敌者即为全国痛恨之共产党。近日对于铲除共产党消息甚佳,实为最可庆慰之事。但纱厂尚有第二敌人,即帝国主义之经济侵略是也。中国纱厂自欧战后发展甚速,但同时日人方面之进行尤速。如上海如青岛,均以日人势力为大,如汉口亦有日人之厂,惟天津尚不被侵入。纱厂所感共党痛苦现已过去,而日人侵略政策之压迫,则方兴未艾,保护补救,非合全国人民力量共同奋斗不可。盖纱布为全国人民所需,设为日人操纵,则吃亏者固为全国同胞,故维持纱厂为全国同胞之共同责任。今请言中国纱厂所以不敌日人之故。第一,日人在华设厂大都为彼国中第一流纱厂推设之分厂,其经济财力非常丰厚;华厂则多竭蹶,借债利重,自难于竞争。第二,交通方面日人自有船只,尽先自用,有余闲始为人用。譬如郑州多棉,曾拟运沪三五千担,待至三四个月未到,同时日人运棉八千担,于两礼拜内已由郑到汉,可见本国交通亦反为外人所用。第三,技术方面比我为优。日厂每一部分有一日人职员,又有工头负责,管理周到。第四,日人有政府保护,而华厂则否。最近如共党中人煽动工潮,日本当局派军队驻厂保护,满列机关枪大炮,故工人能安分工作。华厂则时常罢工停顿。凡此种种,均相形见绌之处。纱厂联合会现在所希望者有二事:一,希望政府一律予以保护。国民党政策保护农工,所谓工当然不仅是工人,应并及工厂。二,希望全国商界帮助提倡。商界如何可以帮助纱厂,只要诸公口角春风,为国货多多提倡,纱厂就受益无穷,实亦惠而不费。倘用户对于华厂出纱有不满之处,尽可写信指示,自当竭力改良。此今日敝会欢迎诸公之微意也。敬举一觞,祝诸公务力。

(《纺织时报》第四二九号,1927 年 12 月 22 日)

同日 下午二时,各省商会联合会第一次会议于上海总商会举行,出席代表计

---

[1]《申报》1927 年 12 月 20 日《各省商业联合会会议之第一日》所载先生演说词,文字与此稍有差异。

苏、浙、皖、粤、豫、闽、湘、赣、鄂九省商人九十八人。冯少山主席,林康侯主张第一案"上海总商会、县商会、闸北商会提议拟请将各种重要商事法令为国民政府现时所未及规定,而从前北京政府订有规章者呈请国民政府列表公告,准其暂行缓用以便商情"与第二案"苏州总商会提议商事法令适用问题",及第四案"崇明县外沙商会提议商业上从前公布之法加以修正重行公布"合并讨论,先生"说明上海三商会所提第一案理由颇为详尽",讨论结果以该三案事关法规须合并审查另组法规审查委员会,由主席团指定朱鸿达、方椒伯、先生、周伯扬、邬志豪五人为法规审查委员。次议第五案"泗泾商会提案请撤销旧商会法第四条限制案",议决并入商会存废问题交审查委员会。① (《申报》1927 年 12 月 20 日)

12 月 20 日 上午,出席上海总商会法律委员会会议,讨论各省商会联合会关于"商会存废问题审查委员会"一案与"商事法令适用审查委员会"案。审查结果,拟请政府设立商法修订委员会,并由商人推举代表参与修订。公推朱鸿达为起草员及"商会存废问题审查委员会"主任委员。(《申报》1927 年 12 月 21 日)

同日 下午二时,出席各省商会联合会第二次会议,到者有九省五十余商会八十八代表。冯少山报告"本日议案为废除苛征杂税各案"。由先生依据第一案"上海总商会、上海县商会、闸北商会提议调查各处苛征杂税汇案呈请撤废案"加以说明,云:"本商会等提案之内容,度在各代表洞鉴之中,可不赘述。惟提案之原则有须说明者可分三点:(一)捐税数目不能预定;(二)货物扣留耗费问题;(三)包税人望文生义往往轻上条陈,于中渔利,而政府不嫌苛细,几至无微不入。此项苛捐痛苦,无地无之,无业无之,即以本日议论而论,竟达二十六件之多,可以想见。"继王介安、程干卿、林康侯、王晓籁、陈南琴、马树人等相继发言,有主张废除包税制者,有主张组织经济会议者,有主张先提审标准者。经付表决,决定组织废除苛捐杂税审查委员会,规定十九人为委员。次讨论"苏州总商会提议废除苛征杂税案"、"宁波总商会提议撤销宁洋广船货闽捐案"、"镇江商会提议他省木植运入苏宁经第一税所征足一过不再重征案"、"镇江商会提议二五库券重选迫认扰累商人案"等,公决与第一案归并办理。(《申报》1927 年 12 月 21 日)

12 月 21 日 上午十时,陪同各省商会联合会代表参观上海纱布交易所。先生"殷勤招待,导入市场。时值开市",先生"说明市场交易状况,若者为拍板传声,

---

① 商会废存问题为此次各省商会联合会主要讨论议题。参会十七地商会代表均向大会提出了商会不能撤销案。大会以各省商会联合会总事务所名义呈文中央党部、国民政府,要求撤销中央商人部废止商会提案,阐明商会并非反革命团体,而是支持革命的组织。并对商会进行改组,一、改会长制为执监委员制,二、会员不限男子,三、会费规定每年最少限度,以便普及。(上海市工商业联合会等编《上海总商会组织史资料汇编》下册第 595 页,上海古籍出版社 2004 年版)

若者为记账经纪,若者为期货现货,以及稽核结算等等之手续。并历述纱业因不堪外商压迫,起而创设纱布交易所之经过,达到东亚唯一市场之目的,煞费苦心。各代表深佩该业目光之远大,办事之毅力,抗衡帝国主义经济侵略之手腕,言下大有奋臂而起之慨。"(《申报》1927 年 12 月 22 日)

同日 上午,出席各省商会联合会商事法令适用审查委员会会议。到者有朱鸿达、方椒伯、邬志豪、周伯扬。朱鸿达主席,提出审查员公决之审查主旨,拟就报告书一件,经方、周、穆、邬四人共同商榷,略事修正签字交与大会秘书处印刷,再行提出交议。(同上)

同日 下午,各省商会联合会第三次会议,通过"废除苛捐杂税审查委员会"十九名委员人选,以及各地代表议案数件。(同上)

同日 晚,上海交易所联合会于新新酒楼设宴欢迎各省商会联合会代表。虞洽卿主持,先生代表交易所联合会致词,回顾我国交易所发展历程,云:"民国八、九年间,以筹备交易所闻者,风起云涌,如春草怒生,竟多至一百四十余家,推其极几至无一业无交易所。其认缴股本,动辄以数百万计,迄于今才六七年,而硕果仅存者,只有物品、金融、纱布、证券、面粉、杂粮等六家矣!噫!交易所之蜕化,何以若是之速耶?此其中盖有故焉!其故维何?半由国人富于摹仿性,一见有利可图,即如蚁附膻,争前恐后,至前途之利害如何,成败如何,概有所不计。半由于不知本业性质,是否需要交易所调剂市面,遂贸然组织,以期后利,卒至曾未几时,无形消灭。但此种现象,不独交易所之蜕化然也。即无论何业,均有斯弊,特交易所尤为显著耳。"指出交易所对商业上有平准物价、辅助实业、反对垄断、流通现金之关系,云:

> 我国自海通以还,贸易日益增,利权日益失。惟彼洋商因航线、电讯种种便利,营业发展,达于极点。即以出口棉花论,花价涨帮,悉为外人所操纵。而花商每日奔走洋行,仰彼鼻息,彼曰花价涨则色然喜,花价落则悄然忧。殊不知者若辈洋商,未尝以全球之市面为标准,而以一己之利益,左右我国之市面耳。其他出口各商,亦大率类是。上海在十年以前,尚有此种景象,吾人犹能记忆及之。夫上海如此,他埠可知。商战云乎哉!迨各业交易所组织后,全球消息灵通,物价涨落,始合于供求之公理。盖供者不致高抬价格,而求者亦不致时存缺望。外人于此,乃不能施其垄断之技矣!加以各埠装置无线电收音器者,日多一日,而上海商市顷刻间可以传遍全国。因之而内地物价,亦有所准则。此交易所之专责,足以平准物价者一也。我国实业,现已略具雏形。所出物品,既日益增多,而需用原料,亦较多于曩昔。惟最感不便者,如原料商与推销制品商,尚少大规模之组织。致厂家需用之原料,与夫所出之制造品,不能作远期交易,用以流动金融,发展营业。故一旦市价涨落靡定,彼小本经营

者,感于买卖价格,相差过巨,往往不克顾全信用,倒闭逃亡,不一而足。何也?以自由贸易,绝无人为之保障者也。若在交易所交易买卖两方,当成交之始,均须缴本证金,以证明成交之数量。倘市价涨落,有不利于买方或卖方时,则损方又须缴追证金,以为保障之资。所以交易所方面,除有特别事故为人力所不能制止以外,凡在交易所所做远期近期交易者,均非常稳固。易词言之,即所有工厂对于原料与制造品,做远期或近期交易后,买卖两方利益,更见巩固。盖原料既不患缺乏,而制造品亦不虑滞销,正可全力注意于制造,源源不绝矣!此交易所之效力,用以辅助实业者二也。或者不察,以为交易所可以垄断市场,把持物价,其实不然。虽商人垄断居奇,自昔已然。孟子尝有言:"有贱丈夫焉,必求垄断而登之"云云。夫此之所谓垄断者,亦在消息不灵。交通多阻,贸易数量,甚属有限之际,一般大腹贾容有囤积居奇,以压迫市面。否则如欧美之托辣斯,资本雄厚,规模宏大,具有玩弄全球之力量,或可以暂时垄断市面。若我中国大规模之事业,既梦想所不能到。而小规模之营业,因国内交通,既较前更觉畅利,复何有垄断之可言? 况地大物博,电讯如织,一言甫出,全球皆知,以言垄断,于势有所不能。至于交易所,不过为买卖两方之中间人,坦然无私,何所有其把持? 假如某一方面居心把持,使物价过于压低时,彼一方面即将蒙其不利。然无论何方,一受意外损失,交易所即处于困难地位,以言把持,于理有所不许。此交易所于事实上极端反对垄断与把持者三也。夫流通现金,为商业界之要素,假使现金一不流通,非但商业呆滞,而市面上亦将发生恐慌。所以金融界每遇现金存积过多之时,决不肯固闭窖中,使利息无从而生,于是见各种货品远期价格高于近期,而认为有利可图,乃买进近期,同时复卖出远期。如此连线套做,使一部分之现金常得以流行于市面,而市面顿呈活泼气象。此不过流通现金显著之一端。故交易所亦为流通现金机关之一,与金融界息息相通,于市面亦大有调剂之力。此交易所之性质在乎流通现金者四也。或曰:交易所含有买空卖空性质,其说然耶? 曰:是亦有说。夫行号、厂商在交易所做买卖,无论近期远期,彼货此货,均有抵当,不得谓之买空卖空。噫! 彼欧美、日本各先进国之商人,常用'海琴'之法('海琴'系一种贸易方法,在全球市场上同时套做买卖交易,而能保持其贸易之稳固),使营业扩大,而且稳固。我国商人亦应仿效"海琴"方法,藉以增进利益,发皇事业。其自利利人,自富富国,政府保护之不暇,谁得以买空卖空相诟病乎? 虽然,交易所条例中,并无规定非商人不得在交易所作交易之明文,故交易所无从拒绝,即经纪人亦无不为买卖之权。以是之故,非商人趋于交易所者,实繁有徒。其中面团团作富家翁者有之,倾家荡产者亦有之,甚至因失败而自戕其身者,亦时有所闻。此诚交易所之弊也。然而天下事岂有百利而无一弊,如水火然,要在人之善用之耳。自今以往,试问投机份子以何方法而可使之减少乎？必曰：政治清明,百业发展,人人有业,生计宽裕,庶侥幸之心泯,冒险之心绝。善治国者,倘亦知所以趋向之方乎？予曰望之！

(《申报》1927年12月22日;《文集》第200页)

12月22日 下午,出席全国商会联合会第四次会议。通过组织商联会总事务所组织大纲、商会改善方案和商事法令适用及修订办法。在讨论商联会总事务所组织大纲时,先生与各地代表"补充意见,多所增删"。大纲规定：总事务所设于上海,设执行委员会和监察委员会,每两年召开会议一次。(《申报》1927年12月23日)

同日 全国商会联合会代表会议议决组织经济会议,并先组织经济会议特别审查委员会。陈绍武、李恢伯、林康侯、先生、朱鸿达、方椒伯等十一人被推为该委员会委员。(《申报》1927年12月24日)

12月23日 出席全国商会联合会第五次会议。议决筹赈粤灾,呈请政府豁免机制,仿造洋货二五附税以及兑现中央银行纸币。又议决由主席团起草经济会议章程、组织商事注册问题审查委员会等议案。(同上)

12月24日 出席各省商会联合会第六次大会。通电反对日本出兵山东;议决组织各省商会联合会总事务所;总事务所设于上海;分事务所设各省省政府所在地;选举执行委员二十七人、监察委员十三人。(《申报》1927年12月25日)

12月25日 上午,各省商联会选举揭晓。先生以三十六票和三十四票分别当选执行委员和监察委员。(《申报》1927年12月26日)

12月26日 下午,出席各省商会联合会第七次会议。通过呈请废除苛捐杂税、解决劳资纠纷、呈请划分工商界限和组织印花税苛扰审查委员会等议案。(《申报》1927年12月27日)晚七时,出席中华职教社于一品香菜馆招待各省商会联合会代表。王正廷、钱新之与先生等负责招待。王正廷致欢迎词。(同上)

12月27日 出席各省商会联合会第八次会议。总事务所执监委员宣誓就职。冯少山(上海总商会)、张楲泉(汉口总商会)与姜民生(南京)当选常务委员。通过议案二十三件和呈国民政府文一件。先生附议提案：反对发售游艺奖券案、商人应参加各级政府政治运动案与应举代表赴京陈述痛苦案等。在讨论汉口总商会提出商人应参加各级政府政治运动案时,先生云："处此帝国主义经济侵略,商界首与其冲,痛苦之深达于极点,如此参加政治运动,则至少尚能了解一切。"众意附入大会宣言内。(《申报》1927年12月28日)

12月28日 出席各省商会联合会闭幕会议。林康侯临时动议,要求代表回省后呼吁和平，并要求本会常务委员电请国民政府筹议和平方法。邬志豪、余蓉樵、先生、张械泉、闻兰亭、苏民生等相继发言。决定："要求国民政府召集国民会议，以和平运动列为方案之一种。一方面由各省代表设法宣传，造成和平空气，弥防内部纠纷，同时以主义进攻残余军阀，自不患其不倒。庶和平不悖于北伐，而北伐不致于糜烂。"（《申报》1927 年 12 月 29 日）

同日 下午六时，出席各省商会联合会执监委员联席会。讨论执监会组织大纲并推定起草员。先生被推为执行委员会起草员之一，即夕起草，提交明晨执监会议修正通过。（同上）

同日 出席各省商会联合会答谢各界宴会。冯少山、苏民生、张械泉等致词，冯少山云："吾国工商业尚在幼稚，加以外受经济之侵略，内受军阀之摧残，奄奄一息，久濒危境。现在革命将成功，训政时期开始，首在维护实业，保育民生方有昭苏之望，尤赖工商两界互相提携，以期共存共荣。……此次开会一面提出商会改善方案，革新组织。一面力谋团结增厚商会力量。至商民所有一切痛苦情形，如苛捐杂税等亦经各代表先后报告大会，当先汇案呈请政府分别减免。今国民政府秉承先总理民生主义为施政标准，必有以慰吾商民之望。以上两点为此次本会开会最终之目的，尚祈今日在座诸公力予匡助，教其不逮。"次由先生清唱昆曲《牡丹亭》、王晓籁清唱京剧《草桥》。末来宾褚民谊等演说，呼口号散会。（同上）

本年 欲办一独资纱厂。穆伯华《先德追怀录》云："约在民国十六年丁卯一九二七年，我父五十二岁。一日谓我曰：'欲以自己之钱独资开一纱厂，即使五千锭之小厂'云。我默然想其时个人经济情况，支离破碎，何来此实力耶！"（手稿）

本年 资助江问渔四百元。《补斋自传》云："我在河南任教育厅长时，是没有薪俸的。每月只发十元供零用，我的家眷住在上海"。"我在开封，接着家内电报，仓皇东归时，幸而穆藕初先生那时因事在开封，承他借我四百元汇票一纸，说明到东海新浦取款。""我到家后一个月，父亲去世了，所有一切收殓、安葬，皆赖此款来供支用。这笔账后来经过一年半才归还。我对穆先生这一段盛情，至今还不能忘记。"（手稿）

本年 为策群《东方之科学——宅运新案》一书题词："科学益人贯通中外，眼前脚下尽是化工。穆湘玥敬题。"该书为中国地理风水学理论书籍。（原书）

1928 年(民国十七年,戊辰) 五十三岁

1月 南京政府公布《修正国民政府续发江海关二五附税国库券条例》。

2月 各省商会联合会上海总事务所呈文国民政府,请撤销国货二五税。

4月 冯玉祥率国民革命军第二集团军大举北伐攻奉。

5月 日本帝国主义制造"济南惨案"(又称"五三惨案"),残杀蔡公时等 17 名外交人员。全国各地掀起反日抗议运动,抵制日货。

京汉铁路各工会第二次代表大会在郑州召开,重新成立全路总工会。

6月 张作霖返回奉天,北洋军阀政府结束。

全国经济会议在上海召开。

任工商部常务次长时期的穆藕初

8月 国民党二届五中全会及全国交通会议在南京召开。

10月 全国商会临时代表大会在上海举行。

11月 中央银行在沪正式成立。总裁宋子文,总经理顾立仁。

12月 张学良在东北宣布"易帜",服从南京政府。

1月4日 出席上海县、江苏县长宴请。席间,分认二五库券,①先生与石芝坤、赵晋卿、陆凤竹等"迫不得已,担任五千元。"(《上海总商会议事录》)

1月6日 出席上海总商会第十一次临时委员会会议。冯少山主席。议案:①纱业公所来函索还前融给养借款洋贰仟一百五十元如何办理案,议决"旧历年内概还一半并分别答复"。②军委会来函索还上海兵工厂文卷契约如何办理,议决

---

① 二五库券是中国政府最早发行的短期债券。以江海关、津海关所征 2.5% 关税附加税担保,故名。1927 年 5 月发行江海关二五附税国库券三千万元,月息七厘,从同年 7 月起,分三十个月摊还;同年 10 月续发江海关二五附税国库券四千万元,月息八厘,从 1928 年 1 月起,分四十九个月摊还;1928 年 7 月发行津海关二五附税国库券九百万元,月息八厘,从同年 10 月起,分三十个月摊还。

"俟两方复函到后再复，一面推定赵晋卿、闻兰亭两君检查此项案卷契据"。③《上海总商会月报》改名为《商业月报》案，先生述每月收到此项《月报》之感想，议决"准改为《商业月报》，并刊上海总商会出版部发行"。④本会选举权问题及名单支配数目案，议决俟石芝坤与童诗闻面洽后酌复。⑤本会选举日期案，议决"改为阳历二十二日前举行"。⑥石芝坤报告前日上海县、江苏县长请客，分认二五库券五千元，林康侯建议："请石君对于前认江海关一千元缓缴，拨入此项，再少四千元分别设法。"议决"并案讨论"。⑦本会建筑公债案，议决"如遇持票人来领新公债、息金等，告以会费少收，故暂缓发"。（同上）

1 月 17 日　出席总商会临时委员会会议。冯少山主席。议案：①上海特别市农工局定于每年阴历正月初二为各业决定营业方针、解雇伙友案，议决"致函农工商局对于解雇伙友日期应仍照各业向来之习惯办理"。②入会案。（同上）

1 月 30 日　下午六时，哥伦比亚大学化学博士徐善祥于功德林设宴招待各界人士，先生应邀出席。到者有王一亭、冯少山、赵晋卿、林康侯、余日章等十余人。冯少山发言云："徐善祥博士系化学专家，现有组织商品化验所之意见，与在座诸君讨论进行方法。商品化验所实为商界积极办法，宜赞助之。"次徐善祥详述"吾国出口，商人因无公共商品化验所化验给照，损失颇大情形。并谓目下当速设化验所，能由上海总商会设立最为妥当。该所职务分化验、检定、设计、调查、研究、提倡六项，详细计划在意见书中。"继林康侯、赵晋卿、徐可升、朱少屏等发表意见，到会者均表示赞成，拟逐步计划。（《申报》1928 年 1 月 31 日）

1 月 31 日　上午十时，与冯少山等于上海总商会接待英国驻沪防守司令邓坎少将前来辞行，"款以茶点。适南北两商会会长王晓籁、姚紫若等亦在会，相谈甚洽，至十一时始尽欢而散。"（《申报》1928 年 2 月 1 日）

1 月　与张子廉等发起工业银公司，并开始招收股款。《工业银公司开收股款》一文云："工业银公司系本埠工商界张子廉、穆藕初、朱掌衡、胡厥文、杨椒其、陆逸梅等所发起。最近加入银行家陈叔良君筹备各项营业计划，都已就绪。各方认购股份十分踊跃。闻其总额十万元，余额已不多，收股日期自即日起开收，至阴历正月底截止。认股者可将股款径行付交河南路如意里信康庄、南京路三星厂、杭州源昌庄，每股国币二十五元。"（《申报》1928 年 2 月 1 日）

2 月上旬　与冯少山、林康侯指派总商会许、查两会计员，办理印花税票调换事宜。旧印花税票于本月十五日截止，连日来各商家持旧印花税票赴会请求掉换新票者颇多，2 月 13 日星期日"照常办公，以便汇齐后造具清册，送至江苏印花税局驻沪办事处转送省局核明调换。"（《申报》1928 年 2 月 13 日）

2 月 11 日　下午四时，与黄炎培赴职教社晤郭秉文、邹秉文。（《黄炎培日

记》)

2月14日 赴职教社晤黄炎培。(同上)

2月17日 下午二时,出席上海总商会入会各业代表会议。到者有郭仲良、虞洽卿、王介安、范和笙等四十余人。冯少山报告开会宗旨,各代表相继讨论对于财政部续发二五库券劝募委员会来函请代劝募案,"咸主由各业代表择期召集各本业开会讨论办法,再行答复。"(《上海总商会议事录》);《申报》1928年2月18日)

2月21日 下午二时,出席上海总商会第十二次临时委员会会议。到者有冯少山、闻兰亭、诸文绮、倪文卿、劳敬修、石芝坤等二十四人。冯少山主席。议案:①推举全省商会联合会出席代表案,议决公推闻兰亭、叶惠钧、陆凤竹三人代表偕孙筹成赴南京参加。②上海纳税华人会分宴英美日各商会董事案,议决以本会名义宴请。③孙筹成报告办理选举情形及更换代表姓名,经众逐一讨论,均通过。④招待菲律宾总督史丁生案,议决准予招待。⑤入会案。(《上海总商会议事录》;《申报》1928年2月22日)

2月27日 蒋介石为劝销二五库券事致先生等上海商界人士电,要求将未销一千余万元库券"完全承销"。电云:"上海总商会转虞洽卿、冯少山、顾馨一、王晓籁、钱新之、叶琢堂、贝润生、胡孟嘉、倪远甫、吴蕴斋、叶扶霄、胡笔江、李馥荪、徐寄庼、林康侯、田祈原、秦润卿、陈子壎、穆藕初诸君公鉴:顷以饷需紧急,推销库券电请三商会、银钱两会,将未销一千余万元库券完全承销。此事关系大局,全仗诸君竭力设法,务底于成庶一篑之功,得以不亏。岂惟私感,掬诚电达,尚希赐复。蒋中正。"(《申报》1928年2月28日)

同日 黄炎培招先生等聚餐,"与静涵合招新之、秋帆、君劢、量才、隽卿、信卿、观澜、藕初会餐,公权未到。"(《黄炎培日记》)

3月2日 出席上海总商会第十三次临时委员会会议。冯少山主席。议案:①银行公会请会衔呈请政府维持苏省善后公债原案,赵晋卿提议"浙江所发省公债已照原案履行,此节可于呈文内加入",通过。②李平书建立铜像列名公启案。③金融监理局来函拟暂缓禁止铜元出口案,先生认为"禁止进口价值自平",议决"征询银、钱两公会意见,并先函复监理局"。④潘序伦函注册局新须商业注册施行案。⑤陈蝶仙函投票方法案,先生认为"已定五号投票,即欲更变办法,时间亦有不及",并云:"如投票不能,债人代表将来到会人数不多,宜定不久办法或改用通讯选举。"议决当选票数仍照章用比较多数。⑥关于选举手续案,推举投票、开票、监察员。(《上海总商会议事录》)

3月4日 下午三时,出席总商会、县商会、闸北商会、各马路商界总联合会为续募二五库券事联席会议。冯少山主席,报告财政部续发二五库券劝募委员会来函,并将规定办法提付讨论。经商联会代表王汉良、钱龙章陈述意见,"略谓各营业行号、店铺、工厂所有职员均以薪水(工人工资除外)一个月应募一层,似可稍予变更,因各商号职员间有薪水过微,必须店东为之汇缴,在手续上固甚繁屑,不若于劝募原则上得以该商号一月房租之代价为标准应募。但此为本会所拟劝募办法,未识可以适用否?"林康侯、虞洽卿发言,"对上述办法认为有从长考虑之必要。"议决:"由四商业团体各推代表二人组织劝募委员会。(《申报》1928 年 3 月 5 日)

同日 《工程》第三卷第二号出版,该号为第十次年会论文专刊,内载先生于第十次年会上演词。(《申报》1928 年 3 月 6 日)

3 月 5 日 下午二时,上海总商会改选执行委员及候补委员,先生代表交易所业得七票,再次当选执行委员。(《申报》1928 年 3 月 7 日)

3 月 14 日 下午三时,各省商会联合会第一届执监联合会举行闭幕式。讨论组织关税委员会,委员人选以"熟谙关税问题而能牺牲光阴出席会议者"为标准,委员人数暂定十九人为基本委员,经推定苏民生、王介安、严敬之、朱鸿达、王晓籁、闻兰亭与先生等十九人为研究关税委员。(《申报》1928 年 3 月 15 日)

3 月 撰《〈茂福、申新卅周纪念册〉序》,称荣氏家族"排危难,任艰巨,而创成此绝大规模"企业之成就。全文如下:

> 天道率三十年而一变。惟变之巨细轻重,则视潮流之趋向而有不同耳!有清末造,迄乎今日民国欧风美雨澎湃而来,思潮日新,科学日进。此悠悠三十年实为新旧蜕化时代,亦古今变革之一大关键也。试居今世而观,电炬星繁,城开不夜,岂彼篝灯纺绩者所能梦见乎?墨烟缭绕,机运如飞,岂彼碓舂磨旋者所能逆料乎?则据今日之所有,而返观昔日之所无,科学变革之进步亦彰彰矣!特是商子之言曰:"人民可与乐成,难与图始。"当其时,朴塞之氓拘守故常,对于破荒之兴作,每诧为得,未曾有阻挠牵制以梗其前,即非难诘责以绳其后。吾于是不得不惊服荣君宗锦之卓识毅力,卒能排危难,任艰巨,而创成此绝大规模为不可及也。余识荣君于海上有年矣,凡彼半生经营实业以外,如辅助慈善、教育诸大端,余皆视为畏友而自叹弗如。今读实业纪念册报告,所载三十年间次第开办纱厂凡六,粉厂十二,投资逾亿,收容工役十万,其间接为国家少留元气,杜塞漏卮,其直接寓养民于惠工之中,维持穷黎生计不鲜如荣君者,呜呼雄矣!寝假并世而有魄力如荣君者,接踵而兴,师其成法,推而施诸一邑一乡,其造福殆未艾也。虽然工潮横决于今为烈;劳资龃龉,因应俱穷。自兹以往,时局隐忧孔棘,无往不遗办事者以困,心衡虑之,磨练而增益其不能。然则前此三十年,既战胜艰难,经百折以观厥成。后此三十年,再接再厉,必更

有光大发扬之伟业，收效指臂，跻斯民于正轨，且以轶欧驾美，颉颃彼邦之大实业家，而独握中华牛耳也。予日望之矣！

（《茂福、申新卅周纪念册》；《文集》第202页）

4月12日　下午二时，出席总商会执行委员会议，选举冯少山、林康侯、赵晋卿、陆凤竹等七人为常务委员。（《申报》1928年4月13日）

4月18日　下午八时，出席淞沪警备司令钱大钧于上海总商会招待绅商各界宴会。到者有虞洽卿、冯少山、贝淞荪、赵晋卿、王一亭、陈炳谦、王晓籁、林康侯等约八十余人。钱大钧演说云："在共产党方盛之时，我们时时听得'世界革命'的呼声，他们的意思是要联络全世界的工人来革资本家的命，希望工人能得增高他们的生活程度，使得人间苦乐均匀些。这种志愿何尝不嘉，可惜他们的方法用错了，他们的方法以为杀完了资本家，世界革命便可成功。……概括讲，美国之富强在能：（一）有持久之和平；（二）用科学方法支配生产。现在前线进行顺利，捷电频传，北伐不久即可成功，持久和平亦可在望。诸君建设的时期亦在目前，深望能看美国的好榜样尽力为民众造福，使我中国人民亦得有如美国工人之一日。"冯少山致答词。（《申报》1928年4月20日）

4月30日　上海各界慰劳北伐将士大会召开第一次常务委员会议，分配职务。组织总务部、宣传部、交际部，拟定聘请钱大钧、张岳军、冯少山、虞洽卿、穆藕初、王彬彦、闻兰亭等为募捐委员会委员。（《申报》1928年5月1日）

5月1日　下午二时，出席上海总商会执行委员会宣誓仪式。到者有各团体领袖及官长共一百余人，由主席委员冯少山、赵晋卿、林康侯主席。上海特别市市长张定璠及各团体代表到会。张市长致词云："各位委员的人格和才能，是我们相信得过的，并且大半是前届委员，蝉联当选，对于振兴上海的商业，谋商民的福利，都是试验过有很好成绩的。……在资本帝国主义经济压迫政策之下的我国，总理在民族主义中，曾统括入口货等六项为详确的计算，每年对外损失，其数约达十二万万元之巨。……甚愿诸位领导着上海商人全体，做全国商人的救星，努力的制造这六味圣药，务必要将已成熟的吃人主义，根本的把他铲除、使吾国商业地位达到平等自由的境界，经济问题得到美满完善的解决。"潘公展致词，"对于劳资问题之方针，务求双方互利，增进工农消费能力，即所以为商人谋利益。"次各界代表相继演说。继由冯少山代表全体执行委员宣誓。（《申报》1928年5月2日）

5月2日　与黄炎培聚餐，"藕初招餐于鸿运楼。"（《黄炎培日记》）

5月5日　出席上海总商会第一次执行委员会会议。冯少山任主席。议案：①日兵在济南惨杀我国官吏及人民案，先生云："先分电我国外交部、各省商会、日本商业团体、欧美各国，详述惨状，表示意旨，其他对付办法，暂不发表。"议决组织对日委员会,由闻兰亭等七人组成。②讨论各股委员会组织大纲案。③推举各股委员会委员案。④赴美展览会函请转劝各业拟募股款案。……⑦农工商局对于职工退职待遇暂行办法未允修正案,赵晋卿主推数人研究后向工商部建议,俾便采纳。先生发言赞成赵之主张,并云:"对待良善工人,退职时本愿酌给退职金,因有不良之工人多方藉口,容易生事,以后政府订定法规,应采用旧有规划,以免隔阂。"议决交法制股委员会邀集办厂有经验者共同核议。(《上海总商会议事录》)

5月6日　出席上海救护伤兵协济会成立会。到者有孔祥熙、钱新之、李组绅、宋子良、凌济东、郭鸿声、赵晋卿、邹秉文、童侣青、毕云程等。孔祥熙主席,先生"报告接洽经过,拟先组一救护团出发赴郑,已与德医庞京周氏接洽,请其于今日医师公会开会时提出,并商允庞氏担任招考看护。预算经费至少须五万元,倘能筹得巨款,可多组救护团出发。"经详加讨论议,决定组织上海救护伤兵协济会,除到会者均为委员外,并增惟宋子文、王伯群等为委员,孔祥熙为主席委员,先生为总干事,钱新之为会计干事,毕云程为书记干事,郭鸿生、赵晋卿二人为交际干事,邹秉文为庶务干事,负责进行。事务所设上海爱多亚路八十号纱布交易所五楼,"当场认捐者有二万五千。"(《申报》1928 年 5 月 7 日)此前,先生曾与因公到沪前河南教育厅长,现任开封中山大学校长凌济东数次面晤,"谈及郑州伤兵众多,急需医药情形",先生"慨允设法援助"。适陇海督办王正廷由徐州电沪李组绅、钱新之、赵晋卿等,报告"在徐晤冯总司令,得悉郑州伤兵有一万余人,急需救济,请沪上各界援助",遂决定成立该会。(同上)

5月7日　上海总商会开会,推定商品陈列所、商会图书馆、华商道契处、商业夜校各股委员,先生为商业夜校委员会委员。(《申报》1928 年 5 月 8 日)

5月9日　上海各界举行反抗日军暴行委员会会议。公推陈德辉主席。开会前静默三分钟,为济南殉难同胞志哀。推定常务主席委员三人;拟订组织大纲;确定办公费。先生被推为设计委员。通过各界代表会名义通告,"自即日起各商店停进日货,如有奸商私进日货者,市民得报告本会予以严厉之处分。"(《申报》1928 年 5 月 10 日)

5月10日　出席美艺油画照像公司开幕式。该公司专营放大油画照像事业,参观者济济一堂,颇及一时之盛。虞洽卿与先生等当场各将自己照相向该公司定制,"并闻该公司再附设迅速冲晒部,当日交件,故各界莅临该公司者尤为踊跃也。"(《申报》1928 年 5 月 11)

同日　冯玉祥致电先生转救护伤兵协济会,对先生组织救护团赴开封、郑州表示感谢。云:"顷由徐州王督办转电称、前电请沪绅协助救护汴郑伤兵事宜,昨得复电,'已于鱼日组织上海救护伤兵协济会,推定主席委员、干事、会计分别担任募集经费五万元,聘雇医生看护,携带药品,拟三日内备齐出发'等语。公等组织贵会,捐募巨款,救济伤兵,热心慈善,无任欢佩。汴、郑两处受伤兵士同深感激。特先电复谢,掬诚欢迎。"(《申报》1928年5月15日)

5月13日 出席救护伤兵协济会第三次会议,并认捐一万元。出席委员有宋美龄、宋子良、郭秉文、李祖绅、徐新六、凌济东、王晓籁等。毕云程报告,"现在已认捐者为孔庸之氏五千元,李组绅氏五千元,刘鸿生氏五千元,钱新之氏五千元,穆藕初氏一万元,共三万元。照预算尚短二万元,应请各委员协力设法。关于筹备组织救护队事,自五月七日登报招请医师看护以后,连日报名者甚多。经庞委员详加考验,选择最优秀者酌量录取。现已选定医师兼医务主任一人,月薪四百元。医师三人,月薪各三百元。又医师五人,月薪各二百元。短期助理医师二人,薪金酌送。队长则由本会聘请庞委员担任,共专门医师十二人均系著名医大毕业,富有学识经验者。……现头批药品及应用器械等等、连日尽力设法购办。共装箱或打包合成一百四十七件,约计价银一万二千元以外。因各药房细账尚未开来,货款亦未全付,故未得确实细数。关于免费车辆运送一事,第二次开会时曾面请交通部长王伯群委员,通知各路局照办当蒙面允。其后又电冯总司令驻京代表熊总参议哲民,就近函交通部饬各路局照办,亦蒙电允。陇海督办王儒堂委员亦有电来,除饬陇海赶为准备外,并电津浦路局请其预为设法。……所有今晚全体救护队出发需用之头二等车一辆,又篷车一辆均已由李局长备妥应用。穆总干事、庞救护队长决定亲自率领全体人员于今晚乘沪宁夜车出发,一切均已准备齐全,不致再有延误。经费一项,预算至少须五万元,已认捐者三万元,内已缴者一万五千元,因购办医药用品及医师看护薪金,均已用罄。各药房账款尚未全付,故目下关于经费问题应请各委员协力扶助。已认者速交,未认者速认,而能热心加认者尤为欢迎。"次由先生报告云:"惟此次组织本会救护队,费时仅六日,非庞队长艰苦耐劳迅速进行,成立决无如是之速。且上海方面,各医师看护以为河南尚在军事区域范围之内,起初不无疑虑,经庞队长详细说明,并愿亲自同往,众始释然。庞队长既如此热心,鄙人更不能奉陪一行。还有一事,各医师看护出发后均恐经费不继,薪金无着致不能安心工作、群向庞队长询问。庞队长力为担保,谓薪金决无问题。故鄙意在救护队今夜出发以后,上海各委员对于继续筹费经费一事必须特别偏劳。关于一切接洽、如催款筹募种种不能无人主持,拟请公推委员一人、代表总干事以总其成。倘能筹得多数经费,不但已出发之救护队经费有着,且可继续组织第三队出发津浦线。"继讨论议案,议决"电告冯总司令,本会救护队即晚出发赴豫,拟驻郑州。"晚,救护队全体已经出发。冯玉祥代表第二集团军总参议熊哲民到车站送行,并赠罐头食品多种。(《申报》1928年5月15日)庞京周《救护北伐期中伤兵》一文云:"当戊辰北伐时,冯将军玉祥，兵次开封，前部正指石家庄，而伤兵退养者二三千，呻吟待毙，随军医药缺乏，乞援于沪。君以有纱厂事业在郑州，对豫省形势素悉，而又义关休戚，急斥资五万商予，星夜购器材药品，招致医员护士凡三十余人。予忝主其事，偕同人专车驰往。驻治三月，活人无算，不特冯将军麾下员佐，咸相称道，当时目击者如孔公庸之、王君儒堂，皆以君之热诚为不可及，而处事迅速未敢自伐，实君之慷慨输资，有以督成之。"（手稿，今藏苏州中国昆曲博物馆）穆伯华《先德追怀录》云："救护北伐伤兵事，我父委托庞京周医生办理，星夜购买应用各物。器材中独缺专用撬开头骨，穿凿脑壳的工具。乃遍访上海经营进口医疗手术工具之大小外商洋行数十家，访得两家有此产品，悉数购下，由救护队携去。"（手稿）

5 月 14 日 河南省政府致电先生，感谢捐募巨款并派员前往救济伤兵。云："商会穆藕初同志转救护伤兵协会诸先生公鉴：顷由徐州王督办转电称，前电请沪绅协助救护汴、郑伤兵事宜。昨得复电，已于鱼日组织上海救护伤兵协济会，推定主席委员、干事、会计分别担任募集经费五万元，聘雇医生、看护，携带药品，拟三日内准齐出发等语。公等组织贵会，捐募巨款、救济伤兵、仁心慈善，无任欢佩。汴、郑两处，受伤兵士，同深感激，特先电复谢，掬诚欢迎，伏维亮鉴。河南省政府。"（《申报》1928 年 5 月 15 日）

同日 《申报》刊登沈吉诚《新乐府留影记》一文，报道"传"字辈行踪与演剧情形。云："新乐府昆戏院自停演①迄今半月于兹，全体佳角，离沪赴苏亦有半月。吾人每一念及，斗忆顾传玠、朱传茗、张传芳、施传镇诸子之一举一动，今虽斥资千金，一时亦未能得睹。退而求其次，于是而吾友何伯章兄之《乐府留影》乃得聊胜于无矣。伯章，前共事于乐府，任会计首席，待朋友以义，视艺员若亲，任事克尽厥职，数月如一日。迨乐府解散，伯章怃焉忧之，因斥三百余金，商于跑马厅汇芳像馆，为诸子一一留影。三日间，摄成四十余种。其中生、旦、净、丑莫不俱全。而身段戏容，更能跃然纸上，盖伯章穷一昼夜之力始草成。所摄各剧也，其中若传玠、传茗之《螯变》、《惊梦》、《跪池》、《刺婶娘》，传芳之《思凡》、《学堂》、传镇之《搜山》、《议剑》，传锟、传蘅之《花鼓》，传湄、传苹之《别兄》，传浩之《访友》，传淞之《说亲》等，尤为神采焕发。伯章集诸影成一册，翻阅再三，不禁浩叹不止。盖此辈名角，以七载之心血，无数之金钱，乃得今日之成绩。自昆曲保存社而传习所而新乐府。去载乐府成立，吾人方欢欣相告语，从此昆剧得传，令人扬眉吐气于一旦，不禁企望甚殷，初不料昙花一现，竟夭折于一旦也。今睹斯集，深景伯章之有心，钦佩不止。伯章复谓，是集

---

① 因笑舞台投资过大，经营不善，卖座不佳，亏蚀颇多，故合同期满后，新乐府不再与场方续约。1927 年 4 月 5 日夜场演出后，新乐府全班人马返苏。1928 年 6 月，新乐府重回上海演出于"大世界"。

将广恳名家题辞,以珂罗版精印成帙,分赠爱好昆剧诸君藉留纪念。近已在筹划之中,为期尚费久远。愚更言于伯章,将择其最有精彩者,一一恳各报发表以广流传。伯章允为考虑,不日或能实现是举也。"(同日《申报》)

5月15日 冯玉祥致先生电,感谢捐款并送医上前线。电云:"上海总商会转穆藕初先生大鉴:顷接王儒堂督办蒸电,教悉先生暨宋、钱、李、赵、宋、钱、李、赵、宋诸公垂念我军医缺乏,特筹巨款,聘雇医生、看护多员,由先生偕同来郑工作,高谊薄云,盛情如海,谨率全军将士恳切致谢。台端何日启发,尚请电示,此间当热烈欢迎接也。冯玉祥叩。"(《申报》1928年5月16日)

5月19日 召开纱布交易所理事会会议。"前为防止抵货风潮,特议决棉纱交易每包增加证据金三两,连前六两共九两。"因情势复杂,开会议决除原定九两外,再增收特别证据金现金十二两。共计每包收二十一两。(《申报》1928年5月20日)

5月20日 召开纱布交易所理事会会议,讨论日纱问题。因外面现纱行情与上日相仿,决定次日起一律停止新买卖。(《申报》1928年5月21日)

6月16日 宋子文提议"北伐已告成功,训政亟需筹备,军事既平,自当以整理财政为推行庶政之根本",南京政府财政部决定召开经济会议,先生被推为财政部聘任经济会议上海实业界代表。(《申报》1928年6月17日)

同日 上海各界为赈济鲁灾筹款,于功德林举行征求物品茶话会。王一亭主席,除发起人外,推举秦润卿、穆藕初、陆伯鸿、许秋帆等数十人为委员。通过征求物品助赈会简章,议定发行福果券,每张售洋五元。征求物品助赈会组织缘起云:"古人说得好,'朱门酒肉臭,道旁有死骨。'此言世乱年荒,饿殍载道,而膏粱醉饱之家,不一为之援手也。本年鲁省大灾,上海急公好义之士,投袂而起,踊跃助赈,此与古人所述朱门状况迥乎不同。惟是赈款不丰,而灾情奇重,据上海临时义赈会派赴鲁省查赈人员,先后电告兖沂各县,年来历遇大荒,饥饿荐臻,又罹锋镝,卖妻鬻子,遍地皆然,草根树皮,搜罗迨尽。欲谋流亡之安集,而庐舍多已成墟;欲图补救于秋成,而牛种无从措办。死者弃尸于路侧,而莫为之收;生者待毙于室中,而莫为之救。此亦人类也,而何为惨痛苦,此义赈会所募赈款,业已继续汇至灾区,实地散放,而车薪杯水,支配维艰。同人等一再筹商,谋所以达救人救济之旨,适有松山堂慈善家,以精美汽车约值数千元,捐入义赈会,嘱为变价助赈,而中华佛教粤鲁赈灾协会本已募集价值二万余元之贵重物品,若金石书画,若珠玉玩好,以为变价助赈之预备。思之思之,触类而旁通之,上海之大,物品之丰,乐善人士之多,如能广出其途以征集之,发行一种所谓赠品券者,足可以为筹集赈款之一助。不自量度,发起征求物品助赈会,先行征集会员,并拟定会章暨征求会员简章各一通,各界士女有与此举表同情者乎？请协助之。"末列发起人王一亭、虞洽卿等三十四人及先生在内加推之委员五十九人名单。(《申报》1928年6月17日)

6月20日 下午二时，出席国民政府财政部于中央银行议事厅召开的全国经济会议开幕礼。由财政部长宋子文、次长张寿镛主持会议，到会委员六十一人。宋、张及委员代表张公权发言，通过大会议程、提交议案办法等事项。下设金融股(主任钱新之)、公债股(主任李馥荪)、税务股(主任贾士毅)、贸易股(主任虞洽卿)、国用股(主任张公权)和禁烟特组。先生被编入贸易股。(《申报》1928年6月20日、21日)

6月23日 下午三时，出席全国经济会议贸易股第一次小组会议。虞洽卿主持，云："现在北伐告成，政府甚注意于实业之发展。各位都是实业界重要分子，对于实业与国家之关系，谅所深悉。而交通、金融、关税，尤与实业有深切关系。对于此层应如何筹商善法，使实业得能充分发展，俾政府化兵为工计划得能实现，此固本会应有之责。"王晓籁提议规定提案办法案(议决)。先生提议常务委员会开审查会及下次小组会议日期案(议决)。先生又提议确定本股提案大纲案，议决由常务委员起草关于贸易之具体计划提交大会，内容包括：①关税问题。②金融问题。③交通问题。④劳资问题。⑤保护产业问题。⑥提倡国货问题。虞洽卿、穆藕初、林康侯与顾馨一四人被推为常务委员。(《全国经济会议专刊》)

6月24日 出席全国经济会议贸易股第一次常务委员会议。议决第二次大会先将本股之整个大纲办法意见书提出，其委员交到之各提案，先行逐一报告，提案目录及提案人姓名仍逐案详细审查，提交下次大会。(同上)

6月25日 晚，于大华饭店邀集金融界、实业界及总商会、县商会、闸北商会各重要人设宴欢迎汉总商会领袖周星棠，到者四十余人。先生演说云："自前年秋间，国民革命军达到汉口，因有恶化份子把持操纵，工佣为其所愚，跋扈情形达于极点。全埠人心大为恐慌，一般较有身家者相率逃避。惟周先生鉴于汉口商务之不可无人主持，独任其难，在艰难困苦之中始终勉力支撑，未尝离汉一日，于汉口商务保全实多。上年三四月间，因禁止兑现之故，商业中人更形岌岌可危，倒闭之祸朝不保夕，周先生乃尽变卖个人所有财产为维持市面之举，毁家纾难，高义如云，虽以共产党之残忍亦感其义气而不敢加害。此种情形在周先生行之若素，以为牺牲一已而保全一埠，于未来建设上所获已多。而在我人观之，实属难能可贵。祝汉沪商业从此更进一步，为亲爱精诚之合作，更希望周先生公而忘私之精神充满全国，藉以造成伟大之新中国。"继周星棠演说。(《申报》1928年6月27日)

6月26日 下午三时，出席全国经济会议贸易股第二次会议。通过由虞洽卿、周星棠、顾馨一、林康侯与先生五人署名的贸易股总提案《请实行保护贸易以裕税源案》。先生说明起草本案原由。王晓籁、王介安等对该案文字提出若干修正意见。最后先生提议关于本股各提案之处置，于星期四上午开常务委员会审查之，于星期五下午开小组会议讨论之，然后再行提交星期六之全体大会（议决）。（《申报》1928 年 6 月 27 日；《全国经济会议专刊》）贸易股总提案"请实行保护贸易以裕税源案"，就保护关税、整理金融、整理交通、保护商民财产、整理劳资纠纷、实行保护及提倡国货等问题提出建议。全文如下：

　　窃维一国之财政，以经济为背景。而一国之经济，则以贸易为背景。是故善理财者，恒以全力助本国贸易之发展，以求国民经济之增进。如是则不言理财，而税源日辟。岁收日裕，一切建设事业，皆得从容进行，而无司农仰屋之嗟，此理财之上策也。反乎此者，惟日以掊克聚敛为务，竭泽而渔，不顾民生之憔悴，终致税源日枯，而度支亦受其影响。民国以来，军阀官僚，迭主政柄，外有列强之侵略，内有土匪之骚扰，敲骨吸髓，商民之被困于虐政也，久矣！今幸国民政府完成北伐，救民水火，首创经济会议于沪上，将出其整理金融、公债、税务、贸易、国用诸端之伟划，以与国民更始。和德等以商人资格，躬逢其盛，务本身受之痛苦，略述大纲数端如左，以备大会之采择。其缓急救济之方法，容当详定办法，俾得实行。一曰实行保护关税也。吾通商以来，我国民经济之受损最巨者，厥惟片面的协定关税之束缚。本来世界各国之关税政策，有两大别。惟工业最发达之国，采自由关税，其他则不论工业国农业国，多采用保护关税。良以蒸汽机发明以来，世界各国交通日便，国际贸易日益发达。惟保护关税，可以维持国内外贸易之均衡，而在工业幼稚之国尤为必要。否则门户洞开，各工业先进国之货物，必将以此为尾闾，而永无工业发展之一日。我国在通商以前，尚在手工业时代，一切日用必需品，皆由手工制造，而其无机器工业。其时闭关自守，税之轻重，对外不生关系。及中英首订通商之约，以清政府之糊涂，关税大权，拱手让人。自是以后，列强群起援例，遂致值百抽五之片面协定，成为国际贸易之普遍条件。而我国工业，遂永无振兴之望矣！夫华货出洋，何以必须受各国任意征税之压迫？而洋货运华，何以必须受一律轻税之优待？在此种不平等条约压迫之下，试问有何方术，可以增加出口，减少进口，维持国内外贸易之平衡？我国通商以后，年年进口超过出口。自清同治三年迄今，据海关报告，入超已有五十余万万海关两之巨额，而实际上年来物价飞涨，海关估价不过占实价十分之六七，故此所谓入超五十余万万海关两，实际尚在七十万万海关两左右，即合通行银币一百万万元之谱。若清政府早见及此，坚持关税权而不放弃，则不必侈言出超。即进出贸易相等，我国已可保留此一百万万元于国内，而不致有今日之穷困。试问国民在对外贸易上有此巨大之损失，国民经济安得不窘？国家财政安得不穷？故不论在贸易上、经济上、财政上着眼，故非从速收回关税主权，实行保护关税不可。先总理取消不平等条约之主张，实以收回关税主权为骨干。想我国民政府对此主张，应如何积极进行，必早在高明筹计之中。惟和德等有不能已于言者。全国商民感受片面协定关税之痛苦，至为深切，其希望恢复关税主权，如大旱之望云霓。拟请政府早日实行，以慰民望。至于洋商在内地办货，有三联单之利益，而华商独无。洋商在内地贸易，不受苛捐杂税之压迫，而华商独有。外国政府则保护本国商民，惟恐不力。而以前中国政府则保护外国商人，而压迫本国商民，亦惟恐不力。我国商民在此种不良政府之下，久已含屈莫伸。今幸国民政府，以造福全民为己任，拟请通饬于最短期间，一矫从前之弊，而苏我商民，则我国贸易之发展，又操券而待矣。二曰实行整理金融也。金融与贸易有息息相通之关系，未有金融活泼而贸易衰落者，亦未有金融枯滞而贸易兴盛者。是以洋商之对华贸易，无不以雄厚之金融机关为后盾，而华商则否。我国金融事业之发展，本后于各国。加以连年政局不定，政府对于金融机关，只有诛求而无援助，金融业自身亦常在困难之中。对于工商业之援助，自难放手进行。惟在今日国民政府统一以后，则从前之困难悉解，此后如何提高公债信用，保障营业安全，统一全国币制等等，本会议必有相当办法切实进行。其于全国贸易之无形利益，亦当然之结果。惟和德等从事贸易，深知本国利息之高，及货物押汇之难，实为全国商民所同受之痛苦。此后政府对于金融既有适当之保护，亦宜有适当之指导。减低息率，推广押汇，与贸易关系最切。拟请政府注意此二事，而督促金融机关实行之，实与全国贸易以莫大之便利。三曰实行整理交通也。我国贸易之不易发达，交通阻滞，亦为其一大原因。军兴以来，以军运关系，而毁损之车辆船只，统全国计之，其数必极可惊。而现有未损毁之车辆，又多为沿途军队所扣留，或以之为居住之所，或竟以为牟利之具，商运之困难百倍曩昔。甚至非出重价购车辆，则货物无法起运。军政长官鞭长莫及，虽三令五申，商民仍不能沾实惠。为今之计，先总经理建造十万英里之铁路，虽不能立时实现，而至少限度，亦必就现有之铁路，加以整顿。整顿路政，不但可以便利商运，同时又可增加收入。故为欲国便民起见，拟请政府立即通饬全国军队，不得干预路政，所有从前因战事关系，不得已而扣留之车辆，应立即如数发还路局。以后关于车运，应由路局全权支配。即有军运，亦应由高级军事长官通知路局备车运送。此外无论何人不得干涉，此为目前救急办法，非实行不可者。至于严剿土匪及海盗，以保障车运及海运之安全，则又政府所已计及者矣。四曰实行保护商人财产也。前者在军事时期，武装同志方牺牲生命，以破除革命之障碍,求革命之完成,故一般商民虽身受莫大之损失,亦忍受而不言。今者军事告终,训政开始,必须政府对于商民有安全之保护,而后商民始得安心于贸易,所有从前为军事上之便利,而扣留之船只,征收之车辆,以及暂由军人保管之面粉厂、煤矿等等,凡此皆商民血汗之资,拟请政府立即通饬全国军队,如有前项情事,应即如数发还原主。如其中有从前军阀官僚投资在内,则应将军阀官僚所有之一部分,没收充公。而商民所有之一部分,仍与以安全之保障。如是则足以表示政府注意,而商民亦可解除不必有之疑虑而安心从事于贸易矣。五曰实行整理劳资纠纷也。劳资纠纷,在今日之中国,实为一最棘手之问题。农工占全国人民之最多数。欲求中国民族之发展,自必以扶助农工为基础,使人人有工做,人人有饭吃,人人有受相当之教育,人人有相当之享受,此固为我人所望。而达到此目的之方法,则在于先总理实业计划之实行。而阶级斗争之谬说,则不经不辟,否则无谓牺牲,流毒无穷。不但为发展工业之障碍,且将致真正农工于死地,而永无民生安乐之一日。最近上海全体丝厂工人之罢工,即出于误用罢工之武器,而干涉法院之独立。故为真正农工计,拟请政府从速制定《劳工法》《工会法》,以正其本。限制非农工之人,把持农会、工会,且须规定一切农会、工会经费必须公开,受公家之监督,以免少数人之渔利。不合法律之罢工,则资方不负罢工期内工资之责。如是则寓保护农工于法律之中,劳资两方皆须以法律为范围,自无偏颇不平之弊,而劳资均可相安从事于生产事业之发展矣。六曰实行保护及提倡国货也。我国工业幼稚,未能充分利用机器。手工制品,尚属不少。处此过渡时代,一面当以国家资本,建设大规模之生产事业,一面当以政治力量,对于国货为充分之保护及提倡。除收回关税主权及实行保护关税外,请政府免除国货之苛捐杂税,及国有铁道减费运之利益,使国货贸易有充分发展之机会。并拟请政府从速设立理化实业研究所,养成专门人才,为指导建设新工业之准备。总之,革命之目的为建设,为民众利益而建设。关于建设专业之推进,先总理言之綦详。今后全国商民所仰望于政府者,惟在实现先总理之建设计划,交通辟,物产增,贸易繁盛,经济发展,国家财政日裕,凡一切育幼养老、扶助疾病残废之费皆有所出,民生安乐而无所用其争,此先总理之所谓王道也。大同世界之实现,将由此而植其始基。岂仅有利于区区贸易而已哉!和德等忍痛已深,望治心切,爰贡其一得之愚,而为刍荛之献。是否有当,尚祈公决。提议人:贸易股委员虞和德、周星棠、顾馨一、林康侯、穆湘玥。

(《申报》1928年6月27日;《文集》第212页)

6月27日 　上午,出席全国经济会议各股联席会议。宋子文、张寿镛主持,决定下午大会先将国用股提出关于裁兵、税务股提出关于统一财政和税改办法、贸易股提出关于保护贸易三大纲提案四件，付诸讨论。先生提议："各委员提议应先印发各股常务委员，以资接洽。"（《申报》1928 年 6 月 28 日）

同日　下午，于中央银行二楼出席全国经济会议第二次大会。宋子文、张寿镛主持会议。张公权代表国用股说明裁兵议案，虞洽卿与先生等对此案发表意见。贸易股虞洽卿报告该股提案情况（共十七件），兹先由本股提出整个大纲案于大会，以备采纳。先生发言说明贸易股总提案内容及审查经过。继由杨铨委员起言，认为该案原则甚是，可否请主席付表决，如无反对，即可通过，由财政部呈请国民政府执行，并主张原案由"贸易"两字改为"实业"，以附原案内容。是日该案未经表决。（《申报》1928 年 6 月 28 日；《全国经济会议专刊》）

6 月 28 日　上午十一时，出席全国经济会议贸易股第三次小组会议。虞洽卿主持，逐一讨论通过十六件提案。内涉及建议、棉业、交通、维护基本工业、保护农工商业、统一全国度量衡、对外贸易、颁行工商法规等内容。先生提出《救济棉业计划案》一件。（《全国经济会议专刊》）《救济棉业计划案》分为：①引言，②棉业与中国之关系，③中国棉业之危机，④整理中国棉业之方法，⑤结论。摘录如下：

引言

立国于大地，非充实内力，决不足以御外侮。此事理之当然，而无所用其侥幸。故孙中山先生之三民主义，虽以国民革命实现国际上、政治上之平等为先着，而实以实业计划、物质建设，实现经济上之平等为归宿。实行民族革命、政治革命而不继以经济革命，则三民主义之革命，犹未得谓为完成。而中华民国之基础，犹未得谓为稳固也。今当北伐完成，一切建设开始之时，经济会议适于是时召集。列席会议者，皆一时之选。其所以谋全国经济之发展，求民生主义之实现者，当大有人在。湘玥不才，从事棉业最久，而感觉棉业之痛苦亦最深。衣服既占衣食住行之首位，而棉织物又属我国衣料之最大宗。中外通商以来数十年，外国棉货之输入，又永居进口洋货之第一位。在欧战时期，我国棉纺织业在形式上，虽曾略有发展，而华商各厂多外强中干，在实际上远不及在华日厂之猛进。最近数年，华商纱厂之售于日商者，已数见不鲜。而外国棉货之进口，仍每年有二万万海关两以上之巨额。无论从国家经济上或国民经济上观察，皆有从速救济棉业之必要。对内力求棉货自给，对外力避经济压迫，以达我国人经济自立之目的。此救济棉业之所以不可一日或缓也！

整理中国棉业之方法

（甲）关于原棉事项。

① 植棉委员会之组织。湘玥自民国三年归国以后，鉴于植棉事业之重

要,首创植棉试验场于上海,研究改良推广之方法,并刊行改良植棉浅说,及植棉试验场报告,以传播植棉改良之常识。无如个人之能力有限,又以全力注重厂务,精力未能专注。民国七年,华商纱厂联合会成立,即有植棉委员会之组织。湘玥被举为委员长,设立棉场,从事改良及推广。其后,又与国立东南大学农科特约,由会补助经费,广设棉场,由东大延请植棉专家,指导一切。徒以经费有限,人才不能集中,虽有相当成绩,然仍不能收普遍之效果及纱厂营业不振,经费不继,而推广棉场之议,遂因以中辍。故湘玥本于过去之试验,以为要求此后中国植棉事业之发展,必须集中全国研究植棉之专门人才,组织植棉委员会,聘请专任植棉技师,担任研究指导改良推广之职务。

②全国遍设植棉试验场。植棉委员会之任务,为筹划、设立植棉试验场于全国各地。其第一步手续为调查。不论其地产棉与否,只须该地土质宜于植棉,而又有推广之可能性者,皆在计划之中。宜就交通设备之难易,决先后设立之标准。其原系棉产区域,则注重改良该地棉场,当以选种为主要职务,选择最宜于该地之棉种,试为播种。择有成效者,尤其是有经济的价值者,介绍于附近、于该场之棉农,并指导其作法。以渐进之方法,务使该地棉农对于棉场发生信用,逐渐舍弃原有之旧法劣种,而采用棉场之新法良种,逐渐推广改良,以达到尽用新法良种为目的。其原非产棉区域,而宜于植棉者,则由棉场为实物之宣传。选择宜于该地之棉种,试验有效,则举行棉作展览会,以引起该地农民植棉之兴趣,然后可以逐渐推广纯良之棉种,以增进棉花之生产额。总之,棉场之设立,以实用为主。关于选种留良,改良作法,指导棉农采用新肥料及新耕具,皆宜于可能的范围内,逐渐推行。务必因地制宜,使棉农有利可图,而后植棉之改良及推广可以推行尽利。我国现有植棉地亩,仅限于极小部分。例如江苏,虽为全国产棉省分之第一位,而产棉较多之地,仅三数县,亦大有推广发展之余地。其他各省更不问可知矣。

③棉花检查所之成立。植棉事业之应如何积极发展,已如上述。而在消极方面,革除售卖棉花之种种积弊,亦为必不可少之举。管见所及,以为有设立棉花检查所之必要。择全国棉花贸易繁盛之区,如上海、汉口、郑州、天津各地,先行择要设立,然后依事业之需要,逐渐推广其他各处。其重要职务为订定各项标准及罚则,并实行调查。例如,棉花潮分,应以百分之几为标准,刻下各地并无一定,买卖两方各得以习惯为口实。棉花价涨之时,则卖方率任意加潮,甚或挽和次花,买方虽有验花之名,亦只虚应故事,不便多所计较;若遇棉花跌价,则卖方虽交好花,买方亦多意外挑剔,种种不平,皆易发生纠纷。若设棉花检查所,规定标准,则买卖两方均有所依据,一切皆可持平办理。如有故

意舞弊,与标准不合,则可依据罚则,执法以绳其后。如是则刁狡者有所儆畏,而正当营业有所保障,亦发展棉业之一道也。

(乙)关于纺织事项。

①纺织委员会之组织。我国纱厂初办之时,因向无研究纺织之专门人才,不得不借材异国,故初创时期之雇用外国技师,实亦无可非议。然楚材晋用,原非久计,当局者应如何急起直追,为培植人才之计划。无如清廷既昏愦糊涂,国人亦无人倡导,因循岁月忽忽二十余年,纱厂之用外国技师如故,工人无训练如故。虽有少数自费留学之士,亦不能对于大局有多大之影响。直至欧战发生,外国棉货来源骤减,棉纺织业咸获意外之盈利,于是纺织厂之设立,一时如雨后春笋,风起云涌,有沛然莫御之势。而青年学生得风气之先者,遂多趋于研究纺织之一途。至于今日,棉业虽极困难,而纺织人才之陆续回国者,实已不在少数,或投身工厂,或执教学校,因无适当联合之组织,遂乏公开研究之成绩。为今之计,欲求整理棉业之有效,必须集中全国之人才组织一纺织委员会,而各献其所长,相与切磋琢磨,共谋棉纺织业之进展。

②棉纺织工场之调查与统计。纺织委员会之第一步工作,为调查与统计。我国纺织业之内容非常复杂,其组织之不同,制度之各异,一国之内,参差不齐,有非意想所能及者。资本有华商,日商、英商之异;机器有英国、美国之分;组织有技师制与工头制之别。其他如工人待遇之优劣、技术之良楛、管理之宽严、生产率之高下、出品之美恶、废花之多寡、原料及物料之来源、工作之效率等等,即同一华商纱厂,其内容亦各各不同,何论其他。且以湘玥所知,日商纱厂之精进,远非华商纱厂所可比拟,其组织之精密、研究之热心、技术之猛进,大有日新月异而岁不同之慨。以成绩言,当以日商纱厂为最佳,凡此皆为调查所当注意。语云,他山之石,可以攻玉。何者为他人之所长,何者为我人之所短,皆非详尽调查,编制统计,无以资比较而策进步也。

③棉纺织技术之研究与指导。纺织委员第二步工作,为研究与指导。我国纺织厂之最大缺点,为偏重于机械的工作,只要每日能有若干出产,可以获利,或仅可以维持,即以为已尽办厂之能事。即使营业亏折,亦多诿之于命运,而不知研究之重要,实关系一厂之命脉。有一部分厂家,至今尚墨守旧法,倚赖无知识之工头,而不知聘请技术优良之技师。甚或虽聘有纺织专家,而权仍操于工头之手,无以展其长才。其比较最新之厂已采用技师制度者,亦牺牲全部时间于实际工作之处理,不能得充分余暇,为精密之研究,作改良之准备。不知处兹商战剧烈,科学精进之时,非精密研究与时俱进,则难免天演之淘汰。日商各厂之联合研究,勇猛精进,信足为我人之借鉴。彼日商纱厂之进步,一

日千里,已由标准动作,进而为美化动作,而我国人,尚多不知标准动作为何物者,其工作成绩之佳良,真足以使我人兴望尘莫及之叹。急起直追,聘请专任技师,准备研究室专精研究,以求有成。有所得,则布之各厂,并随时召集各厂技师之为本会委员者,共同研究,并赴各厂为实际工作之指导。期以数年,我国纺织技师前途,庶几有改良之希望。至于纺织专校之设立,则俟纺织委员会成立以后,再行设计进行。

④棉纺织工人地位之增进与训练。棉纺织厂之要素,一曰原棉、二曰技术、三曰工人。原棉之应如何改良,及推广技术之应如何研究及指导,上文已略述及之矣。今请一述关于工人之训练,及其地位之增进。我国以实业不发达、教育不普及故,一般平民之生活,殊为困苦,不但缺乏受教育之机会,甚且缺乏做工作之机会。而办厂之人,又多不注重工人之训练,旧厂之腐败不必说,新厂则多急于开工,滥招工人,多多益善,究竟有无相当训练,概置不问。入厂以后,粗制滥造,自为当然之结果。出品既少,废花又多,沿习既深,虽请优良之技师,亦苦于积重难返。工人根基毫无训练,何从设施?厂之营业既受影响,维持已极费力,增进工人地位、改良工人待遇,更无余暇计及。加以工潮频发,办事更形棘手,各厂当局深感不易应付之痛苦,更无根本改良之远谋。日商纱厂则不然,一举一动无不深思熟虑。其招工也,不求速效,对于报名工人过去之经历,皆详为询问,凡恶习已深之熟手工人,一律不用,专取年轻体健之生手工人,而由技师加以训练。雇一工人,得一工人之用,而无丝毫之妄费。工资虽较高,而工作必须依技师之指导。成绩优美,出品多而废花少,成本轻而获利多,此日商纱厂之优点,而为我人所宜借鉴。诚能逐步改良,注重训练,提高工人之生产能力;一面更依生产能力为标准,使工作较佳者得比较优厚之待遇,以增高其地位,藉以鼓励一般工人之向上。此真发展工业之根本至计,而解决劳资纠纷之不二法门也。

⑤推广棉纺织工场之设计与实行。我国棉纺织业之生产能力,尚不足以供给全国人之需要,观于进口棉货为数之巨,已可知之。此后我人努力之目标,不能以救济现有之棉业为已足,必须放大眼光,积极谋前途之发展。以湘玥之研究,在最近之将来,至少需添纱锭三百万枚,布机十万架。而设置地点,必须择最合于经济的条件者。向来设厂偏于通商大埠,以其交通便利,运输机器及建筑材料较为合算,而对于产棉及销货地点,距离较远,统盘筹算,实不经济。此后,宜就全国之产棉区域,及纱布销路为精密之调查,通筹全局,规划一全国棉纺织厂设计图。某处宜专设纱厂、某处宜兼设布厂、某处宜纺粗纱、某处宜纺双线以及各种花包布匹、某处某处宜如何如何,一一详为设计。若网在

纲,使投资者有所遵循。务期于最近期间见之实行,使我全国人士所需要之棉货,不再倚赖外人之供给。必如是,而后我国之棉业,始可自立于不败之地位。至于不平等条约之应如何取消,外人在华设厂之应如何取缔,事涉外交,我政府当局自有整个计划,非此短文所能越俎代谋者也。

结　论

(1)总揽推进棉业机关之设立。我文至此,已近结束。所必需讨论者,即如何使之实行而已。民国四五年间,张謇氏任农商总长,曾有所谓棉铁政策,其说甚佳,而无进行之方法,以促其成结果,徒成空谈。民国六七年间,周学熙氏任全国棉业督办,结果亦一无表见。诚以棉业救国,非空谈所能奏效,更非官僚所能胜任,以湘玥愚见,政府可就全国棉业界富有学识经验之专门人才,选择一人,专任促进全国棉业事务之职。任此职者,当网罗全国植棉专家,组织一植棉委员会;全国纺织专家,组织一纺织委员会,以通力合作。以上均为名誉职,仅就事实上之需要,酌支公费,概无薪水。因救济棉业,为全国棉业界人才共有之义务,政府但予以名义,假以职权,使能一致团结,共同努力,未有不乐于自效者。惟其中一部分人员,需以全副精神专任调查研究、指导、统计等职务者,必须给以相当之生活费。如是则既可收集思广益之效,又有负责进行之人。假以岁月,必能收相当之效果。……

(2)经费之预算及来源。就上所述,督办及委员之不兼专任技师者,均不支薪水外,纺织专任技师,第一年以三人论,月薪二百至四百元,平均以三百元计算,每月共九百元,年需一万零八百元。秘书处秘书及雇员薪水,每月以四百元计,年计四千元四千八百元。房租、伙食、文具、邮电、旅费、杂支等项,每月以八百元计,年共九千六百元。以上共计二万五千二百元。此外,棉场经济项下,第一年先就全国产棉区域之重要地点,设立植棉试验场十二处。每场技术员二人,月薪自四十至八十元,平均以六十元计,每月一百二十元。其余地租、棉种、雇工、伙食、农具、肥料、文具、邮电、旅费、杂支等项,除棉产收获售价所得,可以抵偿一部分外,约计每月需一百三十元。两共二百五十元,年共五千元。十二场共计三万六千元。加以棉作专任技师三人,每人每月薪水三百元,合一万零八百元。以上第一年全部经费预算为七万二千元,约合关平银五万两。拟由财政部指定关税项下照拨。自第二年起,每年增加经济二万两为推广之用,到二十五万两为止。以后察看情形,再定办法。查英国在欧战后,鉴于需用美棉之不利,曾由政府拨英金一百万镑,为推广植棉之用,合华银一千万元。我国棉业之重要,与国家经济关系之密切,前已言之,今若由政府每年拨关银数万两,为救济及发展全国棉业之用,实合于以最小劳费谋最大利益之经济原则。且于孙中山先生民生主义之实现,大有裨益。全会诸公皆高瞻远瞩之士,目光如炬,对于此事之有百利而无一弊,自必洞烛,几先而与以热诚之赞助也。倘蒙全会同意通过,而需要更为详细之说明,则湘玥虽不敏,自当执笔以俟诸公之垂询也。

(《商业月报》第八卷第七期;《文集》第 203 页)

同日 下午,出席全国经济会议第三次大会。张寿镛主持,到会委员七十四人。讨论并通过国用股、公债股、贸易股等提出议案十件。其中有裁兵、维持整理内外公债及募集新公债等案。全体通过《实行保护贸易以裕民生案》。(《申报》1928 年 6 月 29 日)

6 月 29 日 出席全国经济会议第四次大会。宋子文、张寿镛主持,到会委员七十人。通过金融股提出建立国家银行、地方银行、商业银行及设立国际汇兑银行等要案;通过请求裁兵之通电、组织关税自主委员会和经济会议常务会。在讨论建立国家银行案时,先生发言云:"鄙人对于吴委员(指吴蕴斋)所提之案极表赞同,虞委员(指虞洽卿)所言一节亦属实情。惟国行也未尝不可操纵金融,故讲到操纵这一点,国家银行与地方银行初无二效,银行界之权利是在收入支出上得些利息,而维持市面亦为其应尽之义务,故实业界更须为顾全大众利益,减轻人民负担起见,对于利息一项当求特别优待,此层应请规定银行条例时加上一条,即'银行界当负维持市面之责任'。"又谓:"现在所当研究者,并非字面问题而为性质之问题。要求政府拿钱来办,在事实上亦很为难。银行最重要者为信用,种种办法不求高深,但求能做到且有利益,否则亦属有名无实,于事无补。"该次大会讨论议案有先生所提《救济棉业计划案》,但最后未及议,未付表决。(《申报》1928 年 6 月 30 日;《全国经济会议特刊》)

同日 下午七时,上海总商会冯少山与许廷佐于虹口百老汇路益利西饭店联名宴请外交部长王正廷,先生应邀出席。"到者有钱司令、张财政次长及本埠巨商"等。(《申报》1928 年 6 月 28 日)

6 月 30 日 下午,出席全国经济会议第五次大会暨闭会式。宋子文、张寿镛主持,到会委员七十六人。会议通过税务股提议"请从速统一全国财政案"电文。次选举常务委员,先生被选为贸易股常务委员之一。会上潘序伦、虞洽卿动议主张即席组织裁兵促成会筹备委员会,先生被推为十一位筹备委员之一。晚,宋子文公宴全体委员。(《申报》1928 年 7 月 1 日)

7 月 1 日 出席上海急救时疫医院开幕礼。到者有张市长代表胡鸿基、俞宝善、周菊初、牛惠霖等数百余人。由黄磋玖、叶山涛两院长招待各界来宾,该院董事先生、篑延芳、顾竹轩、范和笙等"伴往各处参观,末至四楼休息室进茶点"。该院计共四层，男女病房各一层，可容病人二百数十余人。计分诊察室、男女注射室、调剂室、男女浴室、医师护士办公室、庶务室、男女医师护士等。"布置均甚完善，各界致送之镜框、对联、颂词甚多。五时摄影，以资纪念。"(《申报》1928 年 7 月 2 日)

7 月 7 日 出席上海总商会第五期执行委员会。冯少山主席。议案：①请集救国基金创办原料制造工场案，议决"因其他各工厂未曾表示意见未便办理"。②请添设商事科以谋商业进步案，议决商事科所列各事由设计股会同调查、宣传、统计三股分别办理。(《上海总商会议事录》)

7 月 15 日 下午五时半，出席中华职业教育社新主任江问渔联欢会。到者有黄伯雨、李者卿、章伯寅、张伯苓等八十余人。由主席致开会词，云："江先生之学问道德久为同人所深佩，今一旦主任职社必能将十年辛苦经营之成绩有以发挥而光大之。"继江主任致词，云："职业教育系社会事业，既蒙社中董事评议之推爱，恒源安敢固辞。就职业已三日，觉社中各同志无不努力从事，恒源亦当以不顽皮，不懒惰，追随诸同志之后。一面学一面做，努力前进。"次由黄炎培、李者卿、黄伯雨、邹韬奋等演说。先生唱昆曲《琵琶记》《鸣凤记》，又有杨卫玉之捧技，邹韬奋跳舞，黄炎培、江问渔、潘仰尧之读文章等表演。(《申报》1928 年 7 月 18 日)

7 月 21 日 出席各省商会联合会总事务所第一次执行委员会会议。到者有冯培熹、朱鸿达、陈之英等二十一人。冯培熹主席。议案：①"宝应县氾水商会提议拟统一度量衡及裁厘办法案"，议决通过。②"候补执委乔世德提议提倡国货实行关税自主裁厘加税案"，议决交裁厘委员会讨论。③"监委顾惠人提议拟请撤消煤款特税局仍就矿征税以节糜费而便商民案"，议决照提案呈请财政当局。④执委于树深、吴宇庆提议"通电各省商会一致组织济案外交后援会案"，经众讨论，邬委员志豪提议根据总所前发之通电，再行分函各省商会议决照行。⑤"执委严敬之提议拟将本会上午议决各案条陈中央党部督促政府分别执行案"议决通过。(《申报》1928 年 7 月 22 日)

7 月 22 日 出席救护伤兵协济会第五次会议。先生报告云："本会原拟筹款五万元救护伤兵，现已收到三万一千余元。因北伐完成，军事结束，本会救护伤兵事宜亦可告一段落。照原定期限三个月亦将届满，预算应付薪水等项至少尚须经费六千元。至于救护队医师、看护由汴回申旅费尚不在内。究应如何办理请公决。"次由庞京周报告"本会救护队在汴治疗伤兵，专治重伤，已经二个多月，成绩甚佳。每次重伤兵士治疗后再换一批，先后共计已经治疗伤兵为数甚众。近来因各军医院逐渐结束，受伤稍重者亦移送本队治疗。最近尚有五百余人。"继讨论事件并议决：①"即日起从事结束，函知开封本会救护队阮主任照办"。②"本会救护队原为救护伤兵而设，结束后医用器械及剩余药品应悉数捐赠冯总司令，请其指定机关接收，以便点交"。③"函陇海铁路王督办请拨车二辆，专运本会救护队医师、看护从开封直放浦口"。④"函第二集团军熊总参议、请其向沪宁铁路、接洽免票运送本会救护队医师看护由宁回申"。⑤"不敷经费约六千元、应协力筹募，以资结束"。（《申报》1928年7月23日）

7月27日　于《申报》发表致财政部长宋子文、次长张寿镛函，呼吁撤销江苏省棉类特税。全文如下：

> 子文部长、咏霓次长仁兄勋鉴：弟前在经济会议，备聆宏论，钦佩实深。诚以民国以来，内战频仍，军阀官僚，横行无忌，但求一时之快意，谁顾百年之大计。捐税重重，苛征暴敛，毛细繁复，但饱私囊，全国商民，呻吟憔悴于虐政之下，敢怒而不敢言。其衷心仰望国民革命之早日成功，以拯吾民于水深火热之中，如大旱之望云霓。大部于北伐完成之始，首先召集全国经济会议，议决裁兵制用、经国保商诸大端，皆吾国民历年之所渴望，求之而不得者，今皆一一列之议案，通过大会。全国商民咸翘首企踵，想望丰采，以为而今而后，解除吾商民之痛苦，其庶几乎，其庶几乎。乃正在全国商民殷殷望治之日，忽有所谓江苏省棉类特税者出。既非全国一律之国税，又将操纵市场之洋商，轻轻放过，只将备尝艰苦、奄奄待毙之华商，重为剥削，务使其完全覆灭后已。此诚非所望于大部者也。夫棉纺织业，虽为我国最大之工业，然而历年以来，外受列强经济侵略之压迫，内受军阀重征苛税之剥削，困苦颠连，无可告语，破产者踵接，为日商收买或代售者，近二十万锭之多。我政府于此也，维持保育，惟恐不及，乃忍竭泽而渔，为渊驱鱼，务使此垂尽之棉业，完全断送于号称救国救民之政府之手乎？弟知其不然也。或者以大部度支兴嗟，已非一日，虽有爱国爱民之心，苦无点石成金之术。裁兵之呼声虽高，而筹款之督促仍急。政府需用浩繁，不得不取之于民，固当略迹原情，而不宜加以苛责也。此虽不无几分理由，然而以弟之愚，以为□□亦有其道。大部职掌全国财政，必须统筹全局，从大处落墨，开国税源，殊非难事，正不必枝枝节节，蹈军阀之覆辙，沽商民之伤毒，而所得涓滴，仍无补于大计也。即以棉类特税而论，必须全国一税，通行无阻，不再重征。而且华洋商人，必须一律征收，无所偏枯。如此则国家增加收入，而商民虽略增负担，亦不致束手待毙。否则，是扼华商之吭，而置之死地，徒为洋商造机会耳。弟□素佩两公之为人，亦殊不能为两公恕也。计政出入，民命所关，回忆两公在经济会议时，一言一语，无不洞中窾要，商民疾苦早已烛照数计，无庸弟之喋喋。为今之计，惟有将江苏省棉类特税克日撤销，一面从长计议，务使有益于国，无病于商，而咏公兼长苏财，系铃解铃，尤责无旁贷也。弟性戆直，目睹江苏棉业有覆灭之危险，不敢不言。书云："惟善人能受尽言。"想

两公从善如流,当不以为忤也。时期迫促,书不尽意,诸维朗照,不尽一一。此致,即颂勋安。穆藕初。

(同日《申报》;《文集》第 215 页)

7月29日　下午一时,出席由钮永建、孔祥熙、张之江、宋渊源等发起之国货银行筹备会,发起人于联华总会宴请政商各界。张之江演说云:"历来受外交上一度棘刺,提倡国货之声浪即随之而起,顾不久逐渐消灭,罕有良好之结果者。因乏实力之后援耳。所谓实力之后援者,即今日正在积极筹备之国货银行也。"次虞洽卿演说云:"今日宴客宗旨,乃请诸君加入发起人。查各国实业,咸受国家保障,惟独我国不但无保障,且受种种阻碍。致今日中国实业遂有破产之虞。其最足以为患者,(一)关税,(二)交通,(三)金融。目下关税将可自主,交通亦有办法,惟独金融一项,将惟有国货银行是赖。而国货银行尤须有国家银行为助。"继先生演说云:"企业家受金融界之压迫久矣,今有一线光明而使企业家生满腔热望者,即此国货银行也。国货银行为官商第一次合作事业,非达到目的不可,作为官商第一次联合工作之大成功。"继冯少山、钮永建等相继演说。演说毕,在座诸君先后签名,加入发起人之列。末讨论保障投资者之安全问题、发起人之普遍问题、女界之宣传问题等等。(《申报》1928 年 7 月 30 日)

7月30日　致江苏省主席钮永建函,再次呼吁撤销棉类特税。云:

夫纳税为人民应尽之义务。如政府于筹款之际,同时顾及商民之困难,不使有根本覆灭之危险,则商民虽略增负担,只要在营业上可以过去,亦将仰体政府不能不筹款之苦衷,而踊跃输将,何敢显然违抗政府之命令,而置政府之威信于不顾。无如此次苏省棉类特税之仓卒施行,在事前或未及顾虑周详,以致如断港绝航,并无一路可通。其最大之缺点,则在于棉类特税含有国税性质。今由江苏一省单独举办,则苏省棉业之负担独重。然苏省制造之棉货,如为其他各省所无,或仅敷销于本身,犹不致为致命伤。无如苏省棉纺织工业,虽居全国之首,而其他各省亦有相当之数目。苏省棉华既非完全销于本省,则举行棉类特税之后,势不能推销其他未有棉类特税之省份,而与之竞争。玥闻国际税法有重征进口税,而减免出口税者。今在江苏一省之内,反其道而行之,江苏棉业之覆灭自可计日百待!不但如是,苏省棉纺织工业,日商占有九十四万余锭,英商占有二十一万锭,华商亦不过一百十四万余锭。刻下不平等条约尚未完全废除,洋商在苏省设厂制造,占有极大势力。若置操纵棉业市场之洋商于不问,而独税憔悴可怜之华商,是不特于理论上为不可通,即在实际上亦必将苏省仅有之大工业完全断送。且江苏在中央政府直辖之下,而强办属于国税性质之棉类特税,则将来各省起而效尤,财政永无统一之望。是人将以江苏为破坏财政统一之罪魁矣！是以玥之间愚见，棉类特税非不可办，特必办到全国一律、华洋一律为原则。若在江苏一省内独税华商，此惟在军阀横行时代，始有竭泽而渔、为丛殴爵之自杀政策耳！舍此以外，虽有苏秦、张仪之辩，亦将无一是处。玥苏人，而公亦苏人。为苏省保留仅有工业之一线生机，不得不惟公是望。玥国民，而公亦国民。为全国保留财政统一之一线萌芽，亦不得不惟公是望。

（《申报》1928年7月31日）

同日 下午八时，出席由沪、汉实业家举办的讨论组织全国实业联合会会议。到者有汉口总商会会长周星棠，汉口水电公司代表刘少岩，上海、无锡、汉口申新纱厂、茂新、福新面粉厂代表荣宗敬，申大、立大面粉厂代表顾馨一，永安纱厂代表郭顺，开滦煤矿代表刘鸿生，新民铁工厂代表胡厥文等数十人。先生致开会词云："近数年来办理实业之人咸感觉非常痛苦，同时感觉实业对于社会关系又非常重大。现在国民政府北伐完成，正是千载一时之机会，一方面如何解除自身之痛苦，一方面如何发展推广，以适应社会之需要，在在均有互相联络组织团体之必要。现在政府当局确有为国民兴利除弊之诚意，但无代表实业之团体贡献意见于政府，则一切均不免隔膜。按照孙中山先生民生主义实业计划，我国实业前途大有发展希望，现在乘周星棠、刘少岩两先生在沪之便，大家可以联合发起组织一全国实业联合会，将来尚须派人向广东、天津、浙江等实业界接洽联合起来，务使全国实业界有一坚固团体，以为发展实业之准备。"次周星棠演说云："办事须有团体，我国实业界因为以前没有团体，常受他人摧残压迫。此后倘能团结起来，则一切事均可联合进行。譬如经营实业，每苦利息太高，束缚太甚，倘能由实业界联合办一银行，贷以长期低利借款，则有益实业甚巨。"刘少岩、胡厥文、陈万运、毕云程等各有演说。末议决：①到会诸氏均为发起人。②推举周星棠、刘少岩、穆藕初、陈万运、毕云程五人为起草员，起草宣言及章程。③筹备期内经费由周星棠、刘少岩、穆藕初三人负责。

（《申报》1928年8月1日）

7月 为贾韶中《纱布交易所书报室书报目录》一书作《序》，全文如下：

庄子曰："我生也有涯，而知也无涯，以有涯随无涯，殆矣。"洵是说也。吾人日与社会相周旋，将虑其殆而不欲求知耶？抑将虑有涯之生，而不必求无涯之知耶？曰："非也。"知者行之母，行者知之果。知而后行，行必中矩；行其所知，知乃有本。人之与知，要当视为第二生命，安可以其无涯而不必求知乎？且行非所知，奚以立足于社会。本所同人，均以身有职务，粟六终日，曾无余暇，供其求知之时。余诵岳武穆"莫等闲白了少年头，空悲切"之词，心滋戚焉。因思求知工具，惟兴文是赖。古今艺文，乃知识之府，吾人当有读书机会，方不负此少年头耳。虽然,居今日而言读书,则甚难。以言国学,则茫茫学海,四库尚多未收;以言科学,则移译东来,几如汗牛充栋。虽埋首终年,尤不能得其概略,何论深造。然则处此物质昌明百科竞争之际,欲求知以证其行,果何道之是从?以余之见,惟有采集简要之书,与夫有益于身心之学,辟一室以储之,备不时之浏览,作为馈贫之粮,不亦可乎!此室也,虽不能如邺架牙签,与各图书馆相抗衡,然亦足以入古涵今,略识学术之门径。乃由贾君韶中,仿杜威氏之法,分为十大类,将所有典籍按类分编,其法甚简。今而后,为本所同人计,应于职务之余,宝贵此分寸光阴,常手一编以自遣,勿以为知难而有所惮,亦勿以为行易而有所忽,即知即行,即行即知,将来自有胜任愉快之时。余于本所书报室成立伊始,因志其缘起云尔。民国十七年七月穆湘玥。

（原书）

7月 为方显廷解决回国路费。《方显廷回忆录》云:"现在要说到我的回国路费。从纽约到上海再从上海北上去天津——南开大学所在地,那可是一笔昂贵的费用!作为筹措旅费的最后一着棋,我给我的恩师穆先生写信求援。他很快就给我回信,要我担任中国商业银行旅行团(又称棉花交易所研究团)的秘书。""我陪同他们一道乘头等舱位,做环球旅行。一切费用由旅行团为我支付,但没有工资。我那时财政状况正处于低谷,由于我的学业已经完成,且决定离美返国。我的所有奖学金和研究生奖学金全部到期,而我的所有积蓄除了购置4 000册图书之外,所剩无几,已在我等候归国期间花费殆尽。"(第57页)此次系华商纱布交易所前任副理事长吴麟书与现任副理事长胡筠庵于7月20日启程赴美,"含有考察各国交易事业之任务。因交易所为吾国新兴事业,与金融实业咸有重大关系,有研究考察藉以改良整顿之必要。二氏到美后,先赴纽约及奥灵斯,然后渡大西洋到英国之利物浦尔,再到德国,最后到印度,而回中国。期约四个月至六个月。至纽约后,有穆藕初氏前数年资遣赴美留学之方显廷氏,今夏已在耶鲁大学得经济学博士学位,可以偕同二氏考察一切。将来回国想必有重要之贡献也。"(《申报》1928年7月22日)

8月1日 南京政府财政部次长张寿镛就江苏省棉类特税事发表复先生函,说明征收此税为一"过渡办法"。函云:"藕初先生大鉴:读执事致宋部长及寿镛函,正思奉复,今日又见报载执事致钮主席函,崇论宏议,钦佩莫名。立于三民主义之下,诚宜以此为当头棒喝。寿镛纵不孝,一年以来,苦心维护东南经济之经过,执事亦所深悉,况于纱厂事业,相知匡略,诚如大函所云,'维持保育,惟恐不及',断无渊鱼丛雀之理。日前,闻兰亭、徐庆云两先生过寓,已掬诚相告,想已转述,当可释执事之疑团,亦可免纱业之恐慌矣。窃思税法以公平为原则,关税增加以后,凡国费之连带被增加者,岂能再征内地之税,此稍明经济原理者,皆应知之。将来宜联合各商业于举办消费税时,详细调查,不特纱业为然。目前税尚未加,厘尚未裁,不能不筹一种过渡办法,先就大函所谓但饱私囊者一洗涤之。而于税率则较曩者有减无增,耿耿此心,如此而已。苏省处于首都之下,常为各省模范,现在裁厘实行,必由苏省为之倡。裁厘抵补之原则,已经裁厘委员会决议,八月十五日,苏省设立裁厘委员会分会,更当邀苏省各商领袖逐次讨论,以期推行尽善。执事谓必以办到全国一律、华洋一律为原则,当可如执事所期,苏省决不致有所偏重,此尤可预告者也。寿镛因求治之心太急,以为裁厘不筹抵补,将来必蹈上年覆辙,抵补不得其法,且将变本加厉。三个月以前,即与浙皖诸君司财政者讨论,欲去物物课税之恶习,而先办大宗产销税。今之设立各种专税局,系本诸三个月以前之计划,而尤谆谆以不收通过税为原则,以为裁厘之初步。各税所及向之认捐商人因去其中饱,视为不便,从而思设法破坏者,实繁有徒。又有不明此中经过者,以为将永久如此,于是以整顿之苦心诬为病商之罪魁,此尤望全省父老洞鉴者也。执事闻望素著,属在相知,于公于私,尚乞督教,并宣告之,是为至盼,诸惟受照。弟张寿镛启。"(同日《申报》)

8月2日 赴北西藏路急救时疫医院,慰问上海救护伤兵协会救护队,"并设法垫款、将全体医师、看护第三个月薪水四千六百余元一律发清,以资结束。""该队在汴救护伤兵成绩甚佳,现因军事结束,于上月三十日离汴。乘陇海铁路特备免费专车二辆东行,所有该队一切医用器械及剩余药品,悉遵该会第五次会议议决案点交第二集团军冯总司令所派该军军医司,缴司长接收。该队专车到徐州后,因徐浦一段客车暂停,商挂第一军遣散军队专军到浦口,即渡江乘交通部所派免费专车,附挂本月一日夜快车于二日清晨到沪。(《申报》1928年8月3日)

同日 交通部开部务会议,议定召开交通会议,讨论改组交通,先生为聘任专家之一。(《申报》1928年8月3日)

同日 中华国货展览会召开第三次常委会,议决干部组织,举定分组委员。先生被推为财务组委员。(《申报》1928年8月3日)

8月4日 中午十二时,上海总商会、县商会、闸北商会、银行公会、钱业公会、日报公会等六团体于总商会宴请美国新闻业先进威廉博士,先生应邀出席。到者有沈联芳、汪伯奇、刘湛恩、许建屏等七十余人。由徐可升、葛天豪、金雄白等分别招待。"座位预由主人排定,博士一席居最中,菜用中式。"冯少山致欢迎辞。(《申报》1928年8月5日)

8月5日 下午,主持华商纱布交易所第十三届、十四届股东常会,股东到会者计四万一千余权。先生致开会词,张则民报告状况及两届账略,均表决通过。本届股东应得利息定于八月八日起核发。(《申报》1928年8月6日)

8月6日 下午三时,于总商会出席上海总商会、县商会、闸北商会联席会议。到者有各业代表一百余人。冯少山主席,报告开会宗旨。讨论沪北五区商业联合会废除苛捐杂税案。先生云:"今日因商业问题而开会,该会提出之议案如公益捐及反越界筑路等项限于上海一部分事,应留在相当时机内再讨论。"众皆赞成。次讨论虞洽卿提议赴南京请愿案,虞洽卿云:"现在局势非常危险,幸有五中全会将开幕,商民得一线曙光。但委员不明商困者大有人在。革命军抵沪时,我民众帮忙政府,不遗余力,岂知现在政府于商业不顾,各业凋零不堪,兄弟所提议请愿者有二:(一)请五中各委员协力同志完成开会;(二)希望裁兵早日实现,并发表关税、交通、利息等意见。"次邬志豪发言,要求"国民党政策废除苛捐杂税,一切新税须征求各省各商业团体会议意见,否则惟有反对而已。"继王介安、王晓籁、聂潞生、林康侯等相继发表意见。先生报告"纱业种种痛苦"及贝淞荪报告"金融界受种种隐痛"。虞洽卿云:"现在局势危险,五中全会恐仅讨论党事,忽却商事,故组织请愿团,名为请愿,实为监督。盖革命军来沪时,商界曾竭力协助,苟事成而不顾商民痛苦,是违反革命意旨。"先生云:"能言者必赢。以诉讼言,能言者能以曲为直,不能言者唯有叫冤之一法。商业而全靠政府亦不能发展,政府人多言杂,商民近亦议论多而事实少。此次请愿应提纲挈领。五卅以后,国内工界生产力日减,因进出工人,厂方不能自主之故,损失天物殊为可惜。此次希望不必太大,起死回生,既在此举,除整个计划外,各就相知分投接洽,言语不必太多,只要询其如何能使工界生产力与所得工资适当,并请详示群众运动利益所在。"议决:①组织商业请愿团。②每一团体推定一人至三人为代表。③代表旅费由各该团体自行担负。④各个团体报名至本星期三中午十二时截止。次工商部司长赵晋卿报告工商部长意见,云:"中山先生之三民主义中有民生一条,我国向以工商为立国,工商亡民生亦亡,民族、民权更无从说起,"末云:"孔部长愿尽工商部长之责,解除民众痛苦。"末虞洽卿提议发表宣言,议决"待五中会议有相当时机再行发表,并发表请愿书,分致五中会议与孔部长。先生与虞洽卿、冯少山、林康侯、贝淞荪、王晓籁等十一人被请愿团推为发言人。(《上海总商会议事录》;《申报》1928 年 8 月 7 日)

同日 晚,出席王正廷于交涉署外交大楼宴请商学政军新闻各界会。到者有钱大钧、黄伯樵、虞洽卿、冯少山、王一亭、孔祥熙、郭泰祺等。王正廷"对废除不平等条约,作强有力之演说"。(《申报》1928 年 8 月 7 日)

8月8日 出席上海商业请愿团第一次代表会议,到者各业代表五十余人。冯少山主席,曹慕管宣读请愿书,王晓籁、闻兰亭、王介安等相继发表意见。议决:①"赵晋卿提议举五人为审查请愿书案"。推王晓籁、穆藕初、成燮春、徐侠钧、陶乐勤等五人为审查请愿书委员,曹慕管为原起草人,襄理一切。②"代表团出发案"。

经众讨论,自由晋京,十一日(星期六)在南京总商会聚集,先到者须先至南京总商会签到。③代表团未赴京前派员先往,以便照料。(《申报》1928年8月9日)

同日 于《申报》发表《穆藕初致五中全会函》,陈述工商界所受种种痛苦,呼吁政府保护工商为国家根本要图。全文如下:

中央执行委员会第五次全体会议委员诸公钧鉴:中央执行委员会第五次全体会议委员诸公钧鉴:革命告成,军事结束,中央应时势之需要,乃举行五中全会于首都,以议定一切大政进行方针,谋有以慰全国喁喁之望。而全国民众,亦正延颈翘足,以深蕲在会诸公之能轸念民艰,真有以解吾民之厄也。盖自革命军兴,义旗北指,吾民众以切齿军阀之暴虐,咸愿尽心竭力,以助改革大业之成功。故忍痛经年,未敢一诉,而论及牺牲之重,吾实业界其尤著焉。财赋之供给,国民义务所在,吾实业界不敢辞也。然果为有源之水则虽取汲频数,尚属无伤。无如年来军事倥偬,交通处处梗塞,金融则时时停滞,社会如此剧变、业务自无从进行。夫货物运输、资金周转,原为工商各业根本命脉所关,今不幸至于断港绝航,则枯涸情形,宁可言喻。益以劳资纠纷,层见叠出,思想乍经解放,藩篱荡决无存,服务精神涣散,工作效能大减。当事欲图事业之支持,惟有茹苦以就彼范围,更不能有所整顿。开支剧增,而出品剧减,损失巨大,惟有忍受,如此情形,岂能持久?不仅此也,一厂工友数逾千人,每至原料无继,炭斤告竭,不得已而停工,而对于工人生计,仍多方维持,良以事关社会安宁、平民生活,虽至财殚力痡,犹不惜举重息之债,以暂维现状。若不改弦易辙,势必同归于尽。皮之不存,毛将焉附。资方固然失败,劳方岂能独存?五中全会济济诸公,皆党国柱石,一时人望,热心救国,素所钦迟。不惟于吾国实业界枯涸情形早经洞悉,即于其他民众之疾苦,当亦夙所深知。前此军事未经结束,犹得曰戎马仓皇,吾民虽苦,无如何也。而今则非其时矣。深愿在会诸公,一秉拯民水火之赤心,专注于民生疾苦一点,从容讨论,妥具方案。关于轻微问题,如不属党国大计,意见虽有参差,亦宜各自捐弃。诸公能专心一致救民,则亿兆民众咸受厚赐。若逞意气之争,则国家元气疲敝已深,再事听丧,覆亡立见。至救济民生,以培养国家元气,则消极积极,允宜并重,而积极以保护工商诸业,尤为国家根本要图。此则吾全国实业界,更当掬万分至诚以切望于诸公者也。窃尝论之,一国家能自立于世界,实赖有三种势力以为之干:富力一也,武力二也,智力三也。吾国人试取此三力以与外人较,其相去几何?五十年来,外人挟其经济势力压迫吾国,输入超过,与年俱增,一核其数,令人惊骇。盖富力之衰,亦已久矣。此中山先生所以痛心疾首,大声警告吾民众,而于全国实业计划尤为特别注意也。中国制造工业本不发达,国内规模较大之厂,仅有此数,而无一不呈困苦凋敝之象,欲持此以与取精用宏之外人相角逐,焉得而不败。抑知一国富力之消长,岂仅工商业家自身利害之所系。此少数工厂,果能努力奋斗,使每岁生产之额增加若干,则国家输入超过之数,即可减少若干,为国家恢复已丧失之元气,为社会养活千万贫困之平民,则所以报国家、报社会者,又岂无些须可纪之价值哉。惟必如何始可排除实业界之困难,如何始可扶助实业界之进展,是皆有赖于在会诸公之硕画荩筹。吾实业界同人,惟有随同全国久困水深火热之民众,引领以望之耳。谨布区区,伏希察鉴为幸。专此即颂公安。穆藕初,八月八日。

(同日《申报》;《文集》第 216 页)

8 月 9 日 下午三时,出席上海商业请愿团第二次代表会议,到会代表五十余人。冯少山主席,各代表略有意见发表,孙筹成报告晚间同时出发代表及抵京后之程序。推定虞洽卿、冯少山、林康侯、贝淞荪、聂潞生、穆藕初等十一人为请愿团代表团,于晚间九时三十分在北站聚集,乘特别快车晋京。(《申报》1928 年 8 月 10 日)

8 月 10 日 下午三时,在南京出席全国交通会议开幕典礼。到者有中央党部代表李烈钧、国民政府代表宋渊源、内务部长薛笃弼、工商部长孔祥熙、海军总司令部陈绍宽等百余人。王伯群主席,致词云:"就建设而言,交通事业实居首要地位。其壅塞畅达,关系一国的兴衰存亡;其流注贯输的工作,有如人身的脉络。我国兴办交通事业已有五十多年的历史,路电、邮航等政迄今尚仅略具雏形。比之东西各国实瞠乎其后,考其原因虽有多端,而已往当局之有意摧残,实属无可讳言。今后措施的方针均详为述及,现状已明,方针即定,即依照预定步骤逐渐前进。但欲期其见诸实行,则先决问题略有四端:一为事权统一。二为交通财政应确立特别会计制度。三为减免苛捐。四为肃清匪患。"次李烈钧、宋渊源等致训词。晚,王伯群邀到会各代表来宾会员至食堂聚餐。王伯群演说云:"诸君不辞远道莅会,招待诸多不周,略备菲酌,藉祝健康。"至七时散会。(《申报》1928 年 8 月 11 日)

8 月 11 日 在南京。上午十一时,与冯少山、苏民生、虞洽卿等请愿团代表百余人赴中央党部向五次全会请愿,提出诉求:(甲)关于根本者:颁布约法;监督财政;永保安宁。(乙)关于治标者:裁减兵额;财政统一;整饬党纪;关税自主;免除杂税;劳资合作;恢复交通。李烈钧委员接见请愿团,云:"现在革命整个事业虽尚未完成,但初步工作已有可观,这种结果固为武装同志与民众牺牲奋斗所得来,同时商界方面之赞助革命打破难关,亦系一最大原因。饮水思源,不能不感激商界各同志伟大接济革命之功。此次全会八日大会后,即分三组审查,截至昨日各组已审查完毕。今日开第二次会议,接收各组报告,现在对第一组审查,已有圆满解决。下午或接开会议,讨论第二组审查报告。此次全会不但表示融和,意见一致,将来结果定能圆满。本党为全民政治革命,基础在民众身上,向以人民意思为意思,所以欲使社会安全,必须向三民主义道路走去,使全民政治可以实现。欲实现全民政治,首要者须先解决民生问题,始可知破难关。欲解决民生,则须尊重民权,始克底于成。现在中央对此点颇为注意,从前因军事时期发生许多痛苦,此次会议以后,最低限制当先解决人民痛苦,遵照总理遗教,实现三民主义。各位今日所请求各事,中央愿以诚意接收,提出大会讨论一种办法,以求实行。"次虞洽卿发言云:"务恳体念商艰,对请愿呈文充分容纳。至劳工问题,亦求政府早予规定。我国绝无大资本家,故劳工往往错认题目,政府对劳资纠纷,若早为措置,则一切纠纷可免。"继由贝淞荪、王晓籁及先生等发言。末李烈钧答云:"对请愿意见当诚意接受,在所递呈文上所无之意见亦请另草一文,俾得提出讨论。"请愿团代表满意而归。下午,南京市长刘纪文、工商部长孔祥熙分别接见沪商请愿团。(《申报》1928 年 8 月 12 日)

8 月 12 日　在南京与冯玉祥长谈,商议开发西北利源、振兴实业事。(《申报》1928 年 8 月 13 日)

8 月 13 日　在南京与虞洽卿、林康侯列席国民党五中全会,预备会议咨询。(《申报》1928 年 8 月 15 日)

8 月 14 日　在南京出席国货银行筹备委员会。到者有冯少山、周作民、胡笔江、林康侯等。该行由蒋介石、冯玉祥加入发起人后,谭延闿、张静江、李济深、蔡元培等亦相继加入发起。"闻该行即呈请国府保护,以昭信用。"(《申报》1928 年 8 月 15 日)

8 月 17 日　上午八时,在南京出席全国交通会议第四次大会。王伯群主席,讨论运输类、工机类议案。先生云:"因为运输不便,所以商界所受的损失很大。从前在军事时代,要整顿也无从整顿。这种情形我知道交通部所感受的痛苦比商人还厉害,所以商人所受损失不敢说是要归交通部负责,但是现在军事结束,训政开始,交通当局当然可以切实整顿,解除人民的痛苦。本席就商人的立场,极希望当局以后能充分予商人以运输上的便利,维持商人的血本,这运输的事情,路长、站长要负完全的责任。如果运输上有什么障碍,当然要同他们办交涉。今天本席特别请求部长对于路长、站长切实加以考成,严定奖惩的办法,否则商人的损失就不能归路长、站长负责,这是我们商人的请求。"王伯群云:"运输的事情对于商人有很密切的关系,现在应该有运输的章程。以前一两年因为军事匆忙,各路的运输各有不同的情形,这实在是非常困难的事。现在军事告终,我们交通部方面也想把交通事业着手整顿。最近发表的方案有许多都可供我们的采择。"结果:运输类原审查报告通过;工机类照原审查报告通过;次讨论招商局问题,先生发言云:"鄙人既无一股,更无私人感情,今立于客观地位上发言。招商局商有国办,实系世界上独创制,开有官督商办,未闻商人为主人,而国家拿去办。退一步言,如官办得当,吾人何必竞竞计较。往常四月份收入最多卅四万,最少廿六万,经官办后今年四月十八万。往常五月最多卅五万,最少廿五万,今年官办该月仅十余万。往常六月份收入最多四十九万,最少廿一万,今年官办该月仅十万有余,一此比较,不难知何者优劣。"并手指《商办招商局泣告书》云:"此书有十人负责,如有嫌言,不妨处罚。开支从前为二千四百万,现在竟多至三千二百余万。"赵铁桥、石芝坤等相继发言,均表示坚持国有,"今日招商局除官商合办外,就断言无方法解决。"（《申报》1928 年 8 月 18 日;《全国交通会议》1928 年）此次交通会议至 8 月 18 日闭幕,先生有提出《整理现有铁路案》。（《申报》1928 年 8 月 11 日）

8 月 19 日　与虞洽卿、王晓籁、石芝坤、沈叔玉等五人于清晨七时由宁返沪。（《申报》1928 年 8 月 20 日）

8 月 24 日　出席上海总商会会议。冯少山主席。虞洽卿报告请愿情形,"结果甚为圆满,国民政府允为照办。对于各处党部意见不一,国民政府及中央党部深悉其情,请愿逐渐改善。关于财政方面所陈意见,宋部长极愿采纳。"次讨论"上海七工会发表宣言对请愿团大加反对应如何办理案",先生云:"对于七工会之宣言已拟就广告稿,俾使释疑,业经印分,请先将此稿讨论后再研究其他问题。"叶惠钧云:"应以忍耐为主,此次请愿自问未尝开罪工会,将来商界安居乐业,工界亦有利益,届时渠等激发天良,当深悔所发宣言之非。"议决以商业请愿团四十八团体名义发表公启辩诬。（《上海总商会议事录》）

8 月 26 日　晚,出席上海总商会、县商会、闸北商会于总商会欢迎国货银行筹备委员宴会。到者有宋渊源、孔祥熙等九十余人。冯少山致欢迎词,宋渊源详述"迄今之经过情形,请各界竭力帮忙"。张市长"劝沪人省酬应费,以购该行股票,并允竭力提倡"。次虞洽卿、赵晋卿、钱新之、王晓籁、先生、邬志豪等相继演说。"结果主上海方面最少须认十分之三(三百万),由三商会向各业分投劝募,俾底于成。"（《申报》1928 年 8 月 28 日）

8 月 30 日　晚、出席吴山于大西洋西餐社招待本埠各界宴会。到者有邵力子、叶惠钧、冯少山、林康侯、蒋百里、陆文中及报界共百余人。"席间并不备烟酒,盖遵冯总司令禁令也"。吴山报告"冯总司令为国为党坚苦工作之实况",又申述"冯总司令服从中央及蒋总司令之诚意",云:"蒋总司令、李总司令、阎总司令及冯总司令已联成一体,任何谣传不能离间挑拨之。此后共同努力于建设事业,国是前途极可乐观。冯总司令痛连年兵祸,民生凋敝,已达极点。甚愿以兵权归诸中央,而以所余精力为国家谋建设,得便且拟亲自来沪,与各界人士把晤。并参观各工厂,以增识见。"吴山又分赠来宾《冯总司令演说词择要汇》、《行政精神》诸刊物。次叶惠钧报告"前次商界请愿团晋京晤冯玉祥总司令之经过,深赞其忠诚为国,而处处注重民生之表示。"末蒋百里致词。(《申报》1928 年 8 月 31 日)

9 月 2 日　上海特别市党务指委会召集上海各实业团体,举行国定税研究委员会会议。① 讨论"收回海关管理权"、"请废除苛捐杂税及变相厘金之新税案"等议案。决定成立中华实业团体国定税则研究委员会,先生被选为二十五委员之一。(《申报》1928 年 9 月 3 日)

9 月 4 日　下午四时,于总商会出席国定税则研究委员会第二次会议。陈德征主席。推举陈德征、王延松、穆藕初、邬志豪、聂潞生五人为常务委员,议定"致财政部、商部外、交部祈展缓决定国定税则电稿案"、"本会经费案"等。致财政、工商、外交三部电云:"承上海特别市党务指导委员会鉴于国定税则为解除八十年来协议关税束缚之初步,编制稍一不慎,关系中华实业命脉,非常重大,非博采实业团体意见参加审定,难期完密而行保护。因于二日召集实业团体代表组成本会,当场一致议决电请钧部国定税则,于未得实业团体代表共同审定之前推迟决定,迫切电陈。竚候明教。"(《申报》1928 年 9 月 5 日)

同日　出席国定税则研究委员会第一次常务会议。陈德征主席,议决"各常务轮流到会办公,时间下午一点半至三点"。(同上)

同日　晚,赴中央西菜设出席上海特别市商民协会常务委员邬志豪宴请各界会。邬志豪报告欢宴各界宗旨,冯少山、穆藕初、王介安、陈德征、陆清华等相继演说,"对国定税则事发表极为详尽。"(同上)

9 月 5 日　次孙女清昭②出生。

9 月 10 日　下午七时,出席王宠惠、蒋百器等于香港路四号银行俱乐部举行的宴请商业、金融两界领袖,讨论招商局事。到者有虞洽卿、冯少山、赵晋卿、秦润卿、沈联芳等三十余人。蒋百器主席报告云:"招商局问题有主张官办者,有主张官督商办者,有主张商有官办者,有主张商办者,就鄙人观之则商办实为最当。盖招商局本为商办公司,其主权当属于全体股东。"次冯少山、虞洽卿等发言。(《申报》1928 年 9 月 12 日)

9 月 20 日　出席国定税则研究委员会第三次委员会议,到者有沈叔瑜、陈德征、董文卿、黄耕伯、聂潞生等四十余人。陈德征主席,讨论"请审查各纳税则意见

---

① 南京国民政府成立后,先后与美英日等国政府进行关税谈判,上海工商界高度关注关税问题,遂成立该委员会,研究确定合理税则,支持政府在对外关税谈判中取得有利地位。

② 穆清昭(1928—　),穆伯华、沈国菁之女。中国科学院上海分院任职。

及税率情形案"、"各业续送税则意见及理由书案"等。(《申报》1928 年 9 月 21 日)

9 月 21 日　下午二时,出席国定税则研究会、上海总商会及各省商会联合会等团体联席会议。冯少山主席,通过邬志豪提出"加征外货进口税,减轻华商出厂税"。议决:①请愿代表案,推定穆藕初、苏民生、陈绍武、陈才宝等为代表。②文件案,公决推总商会、各省商联会秘书处会同拟稿,呈国民政府财政部、工商部、外交部。③出发日期案,公决赴京请愿代表定下星期二出发。④税则审查案,依总审查报告修正。(《申报》1928 年 9 月 22 日)

9 月 24 日　下午四时,出席于总商会举行的国定税则研究会请愿代表会议,讨论进行办法。(《申报》1928 年 9 月 24 日)

9 月 25 日　与陈德征、邬志豪、沈叔瑜、王介安等各业代表乘夜车赴南京,向政府请求采纳国定税则意见。(同上)

9 月 26 日　浙江水灾筹赈委员会开会,推出筹赈委员六十四人,先生列名其内。(《申报》1928 年 9 月 29 日)

9 月　捐资出版《护生画集册》。此书系丰子恺等为弘一法师贺五十寿而刊行,由丰子恺作画,弘一题词。全书诗书画合一,以"人道主义为宗旨,以画说法",提倡护生,反对杀生。由上海佛学书局出版,在国内外影响广泛。(林子青《弘一法师年谱》)

10 月 1 日　出席大集成皮货局开幕礼。到者有叶惠钧、冯少山等数百人。参观货品,布置均甚赞美。"共售洋一万五千余元、颇见热闹"。晚,大集成皮货局于中央菜社宴请商、学、报各界知名之士。该局经理毛逢知致辞云:"本局乘时产生,首以薄利推销国货为己任,冀皮裘一业发扬光大,则不仅敝局之幸,亦国家之荣。"(《申报》1928 年 10 月 3 日)

10 月 6 日　郑州市赵市长邀集市党部、警备司令部及豫丰纱厂代表开改善豫丰纱厂工人生活费会议。议决四项:"(一)厂方筹备消费合作社,以谋工人消费之便利;(二)厂方筹备款项,采购大宗粮食,补助市县办理平粜;(三)厂方改善扩充医院之设备,并于工人病假期间不扣工资;(四)整顿工厂管理法,关于增资减时问题,由厂方妥拟办法。以上四条,促该厂克日筹划实现。"(《市政月刊》第二期,1928 年 10 月)

10 月 8 日　出席中国国货银行第七次会议。到者有宋渊源、许世英等十一人。宋渊源主席,通过国货银行修改章程草案。(《申报》1928 年 10 月 10 日)

10 月 9 日　出席上海总商会第十一期执行委员会会议。冯少山主席。议案:①市政府请停止华商道契案,议决"交道契股委员会与土地局面洽后再夺"。②报告全国商会临时代表大会已推定代表案,冯少山推举先生为代表,先生云:"请主席收回成命,本席不久是欲出门。"林康侯云:"穆君河南有纱厂,对于开封情形甚为熟悉,请其加入为代表。"众皆赞成。③推举委员检查兵工厂契据案,议决赵晋卿、裴云卿二人担任前往清查。(《上海总商会议事录》)

10月10日　下午一时,出席九福公司迁移新厂开幕礼。黄楚九、吴虞公等殷勤招待,"并引导参观制造百龄机,并生丹机器,以及二、三层楼各部布置。观者对于该公司出品之精良,机器之完备,公认为中国制药界中设备完备之药厂"。(《申报》1928年10月12日)

10月13日　下午三时,出席于总商会举行之全国商会临时代表大会开幕式。工商部长孔祥熙、国货银行筹办处宋渊源及上海特别市市长张定璠等来宾到会祝贺。冯少山致开会辞。孔祥熙致辞。(《申报》1928年10月14日)

10月15日　出席全国商会临时代表大会第一次会议。讨论通过大会议事细则草案。在讨论主席团成员缺席而空置席位问题时产生分歧,先生主张补推,并云:"本会顾名思义为全国的商会代表,主席任选应普遍以示大公。请主席团酌定人选标准,报告会众后决定,较为简捷。主席所提人选,会当认为不当,应予重推。"附议者众。主席遂将此议付表决,一致通过。经讨论选举日本大阪中华总商会代表陈日平、奉天总商会代表卢广积、广州总商会代表邹殿邦当选主席团成员。(《申报》1928年10月16日)

10月16日　上午十时,出席全国商会临时代表大会第二次会议,议决分组审查议案、计分总务、法规、交通、商务、劳资、税务、金融等七组。先生为交通组主任。(《申报》1928年10月17日)

10月23日　出席全国商会临时代表大会第六次会议。讨论法规组"拟请中央党部改正商人组织原则及系统案"。议决修正方案,推举起草呈文委员三人。另推定冯少山、苏民生、穆藕初、邹殿邦、陈日平等五人为赴南京修正方案请愿代表。(《申报》1928年10月24日)

10月24日　下午六时,出席九福有限公司于一品香西菜社欢宴全国商会代表。到者有冯少山、王晓籁、赵晋卿等二百余人。该公司董事庞京周、周邦俊、马炳勋及总理黄楚九等招待。周梦白代表主席黄楚九致欢迎词。次庞京周演说百龄机之原理及功效等。继冯少山、先生等代表答谢,"并演说提倡国货,各人均须以身作则。"八时京剧开场,有得天居士登场串演《五台会兄》。(《申报》1928年10月25日)

10月25日　下午六时半,出席全国商会临时代表大会答宴各界会。到者有熊司令、张市长、海军司令部陈志及各界代表二百余人。冯少山致答谢词:"诚以全国统一,训政开始,同人等所负实业建设、贸易建设,以谋国民经济建设,助国家经济建设,此其责任既极重,其事机又极急,故召集全国商会代表开大会于上海。同商所以宏济艰难,克胜负荷之道,幸各省区同人同具此心,同襄此举,到者十六省二特别市侨日、侨韩二区代表一百六十八人,所提议案一百九十二件。又奉孔部长交下提案四件,均经决议,虽为材力智识所限,恐不足以宏济艰难,克胜负荷,然炯炯此心则不敢不助也。尚望各官长各机关各团体诸位嘉宾时时赐教训诲、指以南针,则同人等之幸,亦全国之幸也。"次先生演唱昆曲《牡丹亭》《长生殿》,王晓籁、陈伯初之京剧,沈易书之三弦拉戏等,颇极一时之盛。(《申报》1928 年 10 月 26 日)

10 月 27 日　上午,出席全国商会临时代表大会第十三次会议。报告各项文电、工商部长孔祥熙来电等,宣布工商法规研究委员会委员十三人、捐税研究委员会委员十五人名单等事项。先生被推为上述二研究会委员。下午,出席全国商会临时代表大会第十四次会议暨闭会式。通过组织全国统一的商业银行和创办全国商联会日报等决议。(《申报》1928 年 10 月 28 日)

10 月 28 日　与孔祥熙、张定璠、虞洽卿、林康侯、李拔可等参观工商部中华国货展览会。"与会各厂家陈列布置极具艺术化之精神",参观者"亦均认为国货界空前之大竞赛"。该会于十一月一日正式开幕。(《申报》1928 年 10 月 28 日)

10 月 31 日　出席全国商会联合会工商法规研究委员会第一次会议。陈日平主席,方椒伯报告工商部法规讨论委员会讨论商会法经过,谓五项意见都可包括在内,惟总商会一"总"字,待须工商部解决。各委员讨论结果,议决:电请工商部保留。议决先将各省联合会组织完全,并催各商会积极进行,以固根本。通过议决,请工商部将工商法规讨论委员会议决之草案已经呈请批准者,寄本会一全份。(《申报》1928 年 11 月 1 日)

10 月　工商部中华国货展览会筹备委员会成立,与王一亭、王晓籁、方椒伯、朱吟江、林康侯、虞洽卿、钱新之、史量才等被聘为财务组委员。(《工商部中华国货展览会实录》)

11 月 6 日　国民政府行政院第二次会议在南京召开,谭延闿主席报告任命事项:冯玉祥任军政部长,孙科任铁道部长,薛笃弼任卫生部长,赵戴文任内政部次长,郑洪年为工商部政务次长,穆湘玥署工商部常务次长。(《申报》1928 年 11 月 7 日)

同日　下午四时,上海社会局局长潘公展,中华国货公司筹备处主席钱新之、王延松等邀请本埠各厂经理茶话会,先生应邀出席。到会各工厂百余家代表。由聂潞生、叶惠钧等分任招待。潘公展致词,钱新之报告筹备经过情形。先生演说云:"中国实业之不发达,虽办实业者之少,然大半则国人不知国内自有出品可供应用者之多。目下市上店铺除少数纯粹土货商店外,余则无有不用洋货属杂其。问以国人之商店,而为外国人作推销外国国货之市场,言之痛心。庆云先生所言纱厂联合会各同业认股事,鄙人当竭力赞助。"次叶惠钧及各工厂代表演说。末潘公展致谢词。(《申报》1928 年 11 月 8 日)

11 月 7 日 访黄炎培,长谈。"至职教社。藕初新任工商次长,来长谈。"(《黄炎培日记》)

同日 中华民国全国商会联合会致贺电,云:"本日阅报,得公任工商部次长,共庆得人。从此本工商合作之精神,成劳资互惠之团结,工商前途,来苏有日。喜电传来,雀跃三百。特此电达,藉伸贺忱。"(《申报》1928 年 11 月 8 日)

11 月 8 日 冯少山致贺函云:"久订兰交,常承教益,为幸奚似。昨闻报载中央嘉命,任兄为工商部次长。喜电遥传,莫名欣忭。当此训政时期,发展工商业务,奖励对外贸易,极关重要。我兄长材远驭,何施不可,惟商界素托拼懆,再获仁宇庇荫,将来种种事务,悉仗扶持,则欣喜之私,尤有加无已耳。谨此申贺,并祝荣陞,伏维荃鉴不宣。"(《申报》1928 年 11 月 12 日)

同日 镇江商会陆锡庚、于树深、胡容、吴宇庆致电云:"公本工商之学问经验佐掌工商部务,全国收赖,岂惟吾苏。仁望新猷,谨伸贺悃。"(同上)

11 月 9 日 国民政府第六次国务会议讨论"谭延闿呈:为据孔祥熙提议,以郑洪年为工商部政务次长、穆湘玥署常任次长,请分别任命案"。决议,照任命。(《申报》1928 年 11 月 10 日)

同日 复全国商会联合会谢电,云:"虞电诵悉,玥本商人,何敢从政,重以孔部长推举,贵会敦促,用效驰驱,俾副期望,承贺滋惭,特电鸣谢。"(《申报》1928 年 11 月 11 日)

11 月 10 日 晚,于中央西菜社出席上海中华棉业联合会暨南北市棉业商人公饯会。联合会主席刘屏孙代表全体致颂辞云:"英英穆君,卓荦之杰。亿中多才、驾以儒术。政局聿新,千旄孑孑。惠工通商,宏献不续。覃沛泽濡,光我棉业。祝君前程,利民富国。荣名休戚,万手加额。"先生致答辞云:"鄙人今日蒙诸位宠召,赐以盛馔,节以奖词,业得与诸位相聚一堂,荣感奚似。鄙人一商人耳,向来为工商界服务,未谙政治。是以距今三四月前,蒙孔部长不弃,以次长征同意,而鄙人未敢担任,竭诚辞谢。今日政府已至建设时代,在建设时代之工商业,实与政府有互动之必要。而政府与工商间,必须有人为之沟通。适孔部长虚怀若谷,再提前议,鄙人不自揣量,贸然应命。在鄙人之目的,以自从此可将鄙人平日承教于工商界者,进而献诸政府,以谋工商业之改进。孔部长自长工商以来,成绩为国人所共见。部长贤明,正欲扶助工商,励行建设,而鄙人又深感我国工商落后之痛苦,确知此后工商业之发展,有赖于政府之匡扶协助者甚多,非通力合作,不足以收发展工商业之美满效果。鄙人虽无行政经验，而工商业实况，知之甚悉，是以供政府之参考。是以不揣冒昧，欲以一身为政府与工商界互助之贸介。此允为工商次长之最大原因也。至于鄙人与棉业，尤有密切之关系。幼年即为棉花行学徒，我祖我父亦世以棉业自给。自卒业归国，以迄今兹，未尝一日离工商界，更未尝一日离棉业界。棉业现居吾国基本工业之首位，较之其他各业为更为重要。鄙人与棉业界诸君更为亲近，在座诸君皆棉业先进，此后棉业之应如何改进，万望诸君随时指教。鄙人愚见，为棉业界全体着想，以为此后发展棉业之要着，兴利与除弊二者，应当兼程并进。上次全国经济会议开会时，鄙人曾提出一救济棉业计划，其主要目的为推广植棉。查现在全国棉产，每年不过一千万担。而全国宜于植棉之地尚多，倘政府能指拨的款，作为推广植棉经费，按照预定计划，逐年推广。预计自民国二十一年起，每年可增加棉产一百万担。至民国三十年，棉产可增至二千万担，即比较现在增加一千万担。现在我国棉花除少数进口外，全国纱厂有三百五十万锭，需用棉花时觉不敷，每年购用美国棉花、印度棉花，平均在二百万担以上，利权外溢甚巨。今若努力推广植棉，能增加至一千万担，则不但足以供给本国纱厂之需要，且可增加出口。即以原棉本身价值而言，每担至少以三十元计算，合全国计之，增加生产三万万元。而以棉花生产增加，基价低廉，又足以促进棉纺织工业之繁荣，其利益之巨，自不待言。其他因受棉业发展之影响，而同时发展者，其利益更难数计。此仅就推广植棉一端而言，为利之溥已经如此。至于革除积弊，亦为时势所必需。数十年来棉花贸易之陈陈相因，弊端百出，为诸君之所熟知。即以搀水一端而论，亦非从速设法积极改革不可。此事在政府方面，□业发动，深望棉业界诸君与以极大助力，使此数十年之积弊得于最近的将来铲除净尽，利国利民，实在可以说造福无穷。今日鄙人躬逢嘉会，匆促未能尽言，敬献一筋，用表谢忱，并祝诸君进步。”末棉业同人赠先生银盾一尊，上刻“衣被群商”，以为纪念。（《申报》1928 年 11 月 13 日）

11 月 11 日　中午，于大东旅馆出席上海华商纱布交易所同人公饯会，到会者二百余人。徐庆云致辞。先生演说云：“鄙人留学归国已十五载，历来服务此会，愧无多大建树。此次奉国府部人不莘菲，任工商部常任次长，自惟识陋，曷克当此。第以建设方始，工商事业日新月异，尤愈待整理而发展之。鄙人一入工商界有年，天职所在，不敢固辞。顷蒙庆云先生勖勉，谨当奉为圭臬。至本所情形，历来诸理事、诸同人尽力合作，克有今日，非鄙人一人之力。而庆云先生每逢离开，尤多助力。以后进行，当然亟利。况吴、胡二君，现在欧美实地调查交易所事业，不久回国，使本所发挥光大，与欧美各大交易所并驾齐驱，自可预期。惟对于所员诸君，敢进一言。盖自分工制创行以来，个人能力专而不博。例如以前设一肆，自开门挂牌，至应客记账，均须一人兼治之。今之公司则否。即以本所论，营业科职员不兼治会计,总务科职员不兼治计算,平时固可各专其责,一有更调,即非所长。此于个人及公司均不相宜。希望诸位随时留心研究,增进办事能力,以便不论何时,遇有升调,均可胜任愉快,不致茫无头绪。至于研究国学、锻炼身体,尤为根本要着。本所已办有国学科及拳术科,诸位公余勉力学习,于自身大有利益。将来如有志研究西文,亦可设法酌办。谨赠数言,以当赠别。"(同上)

同日 《申报》刊登《穆藕初辞纱布理事长》消息。云:"工商部穆藕初次长自受命后,即具函于华商纱布交易所辞理事长职。开经理事会,佥谓该所为穆君手创,所务正在发展。穆君荣任次长,自属未遑兼顾,当经议决在下届股东会未选举以前,先由该所副理事长兼代职务,俾穆君得专心于工商行政。"(同日《申报》)

11月12日 上海华商纱布交易所经纪人公会为先生举行饯别会。会长诸广成演说云:"藕初先生自任本所理事长,八年于兹,高掌远蹠,久承教益。本所经过困难,得先生指导,因而转危为安。我工商界之疾苦,先生洞悉已久,今幸荣任工商次长,去除疾苦,力谋建设,增进工商业之发展,幸快何如,敬进一觞,以为工商界贺。"先生致答辞云:"海上交易所事业,风起云涌,曾几何时,一落千丈,迄今硕果仅存者六所而已。本所成立八年矣。中间艰苦备尝,原因复杂。鄙人此次辱承孔部长不弃,重以次长相托,不获推辞,勉效驰驱,敢以承教于工商界者进献政府,用谋工商业之改进。我交易所事业难点,绵力所及,力谋解脱,以期进展,然而临别依依,有不能已于言者,诸君之经纪人本身地位,希望力谋稳固,勿使少有残缺。他日吴、胡二位理事,自欧美考察交易所事业归来,新猷宏筹,相互合作,改进发展,前途无量,愿与诸君共勉之。辱承宠召,复荷奖饰,感愧弥殷,谨述数语,籍志纪念。"(《申报》1928年11月14日)

同日 晚,出席职教社饯行宴会。《黄炎培日记》记:"夜,社为藕初饯行,兼招晋卿、可升、毅成、秉文、彬彦、志莘餐,为征求事。"(手稿)

同日 晚,与司法院长王宠惠、外交部长王正廷、铁道部长孙科、财政部长宋子文、工商部长孔祥熙、教育部长蒋梦麟等同车离沪赴南京。(《申报》1928年11月13日)

同日 市民提倡国货会致贺电云:"中央任先生为工商部次长,嘉命遥临,易胜欣忭。先生久汇工商,经验丰富,荣膺次长,众望久孚。值此训政伊始,吾工商业之发展,可操胜算。敝会为工商业切身关系,种种设施,托庇良多。欣喜之余,特此电贺。"(《申报》1928年11月13日)

11月15日 上海磁业公所发表致贺电云:"欣悉先生荣任工商次长,商民胪欢,磁器为国产大宗,素蒙扶植,尚乞本提倡国货之旨,加以维护。敝公所谨代表全国磁业,驰电敬贺。"(同日《申报》)

同日 上海纱布经纪人公会发表致先生贺电,云:"先生为实业界泰斗,而又深悉民间疾苦者,幸任工商次长,行见展施宏猷,培补民生。肃电道贺,不尽神驰。"(同日《申报》)

同日 中华国货维持会致先生电,"请其建议政府,定民国十八年一月一日起,仿照泰东西各国自卫成例,颁布明令,通饬民众,一体切实服用国货,务使全国人民实行遵守,以救国难而保民生。"(《申报》1928 年 11 月 16 日)

同日 江浙丝绸机织联合会致先生电,"声称白洋外货呢绒运销以来,丝绸销路被剥夺殆尽。近复各地捐税迭加,工资倍增,停业倒闭者踵相接,请力予救济,切实提倡,以挽狂澜。"(《申报》1928 年 11 月 16 日)

11 月 17 日 上海特别市商民协会铜铁机器业会因关税税率事,推代表胡厥文、严庆祥、叶友才、张子廉四人晋京,向政府请愿。抵京后,由先生"陪同遍谒中央党部国民政府暨行政院、外交部、内政部、工商部、财政部、卫生部呈递呈文,均蒙各委员部长接见,并允纳胡君等请求,及嘉许中国机器业近年之发展,暨办机器业之努力。"胡厥文等对"结果均甚满意"。胡等于 11 月 21 日返沪。(《申报》1928 年 11 月 22 日)

同日 豫、陕、甘三省赈灾委员会召开第二次会议。议决推刘治洲为事务长,李元鼎为执行处长,许世英为监察处长。聘请冯少山、穆藕初、李济深、孔祥熙等为委员。(《申报》1928 年 11 月 18 日)

11 月 18 日 致上海劝工银行刘聘三等谢电,云:"辱承电贺,惭感莫名。玥本商人,安敢从政,重以孔部长推举,各方面敦促,辞不获命,勉效驰驱。诸公商业先觉,素讬神交,尚祈时锡良箴,俾资矜式。特电申谢。"(原件,上海劝工银行档案)

11 月 20 日 丝绸联合会发表致先生电,陈述丝绸业痛苦,请求救济。云:"伏思我江浙两省农工,向恃蚕桑丝绸为出产大宗,仰以为活者何止千百万人。而自洋货呢绒运销以来,市场充斥,绸缎销路被夺殆尽。近复各地捐税迭加,如杭州绸业税率大前五倍,他处亦有加无已。且工资倍增,因之成本大重,销路顿绝。各厂存货山积,过问无人,迫得停业倒闭者踵趾相接。幸而仅存亦属风雨飘摇,岌岌可危。查各国擅长毛织,故外国人民爱用本国货,莫不均用彼国自出之呢绒。乃我国向善丝织品,何竟反而不用,竟趋向呢绒为衣服。财安得不尽,民安得不贫,近虽提倡国货工作不懈,然南辕北辙,于事无补。此中利害,关系綦切。敝会为江浙两省丝绸业之总枢,对此现象不但痛苦万分,且农工商界均有无形消灭之虞,危险之状,达于极点。蒿目时艰,难安缄默,迫不得已,于沥忱伸贺之时,作据情直陈之诉。凤仰我公望高泰斗,学识俱优,伏恳俯予维持,立加救济,并祈明令切实提倡,力挽狂澜,则万家生佛,感戴无穷。"(同日《申报》)

11月24日 豫陕甘赈灾委员会召开谈话会,决定推王一亭、穆藕初担任上海募款事宜。(《申报》1928年11月25日)

11月25日 下午一时,孔祥熙宴请远东商品展览筹备委员,先生出席。到者有郑韶觉、赵晋卿、林康侯、冯少山、陆费伯鸿、许建屏、寿景伟等,商讨进行办法。(《申报》1928年11月26日)

11月29日 出席于工商部内举行的孔祥熙邀国际劳工局长汤麦谈话会。汤麦发言云:"国际劳局之宗旨在于改善劳工生活,制定国际劳动法规,但国际劳动法律属原则,仍以各国之劳动法为依据。"次由工商部劳工司长朱懋澄"略述现在我国劳工状况,及劳动法拟订情形。"并云:"现部内正在草拟或审查中者有《工厂法》、《消费合作社条例》《工厂监察条例》等。并将现拟之工厂法内容逐章概为说明。"(《申报》1928年12月3日)

同日 上海县商会王震(一亭)、顾馨一等发表贺电,云:"五院创立,政治刷新。我公以实业专家荣膺工商次长,学优则仕有自来也。从此展布经纶,阆沐昭苏之赐,丰衡机轴,劳资收调剂之功,凡属苍生,靡不仰望。矧在旧雨,更切观摩,咸翘首以盼新献。"(同日《申报》)

同日 发表复上海县商会王一亭等谢电,云:"养电祗悉,辱贺滋惭。玥本商人,安敢从政。重以孔部长推举,各方面敦促,用是勉效驰驱,敢云满而复惭,诸公望重邻邦,对玥尤承过爱,尚希良箴时赐,俾有遵循。"(同上)

11月30日 上午,继续与国际劳工局长汤麦等于工商部开会讨论。汤麦发言,约三点:①希望工商部呈请国民政府将国际劳工大会议决各案予以批准。②希望中国政府选派代表出席明年召开的国际劳工大会。③现在世界各国之合作运动,日见发展,中国政府益欲为劳工谋幸福,对此种事业,须竭力提倡鼓励,以减少劳工经济方面所受之困苦。次由孔部长、穆藕初、朱懋澄一一致答,"略谓工商部对于劳动法规现已着手起草一部分,其余亦正在计划进行中。国际劳工大会所议决各案,在昔日军阀统治下之北京政府实难望其批准实行,然现在之国民政府定能予以相当考虑。如其实在对于中国之社会经济情形有所裨益,且可实行,工商部自当呈请国民政府予以批准。一经国府批准,工商部即当促其实行。且吾人须郑重声明者,国民党对于制定劳动法规,及劳工行政等事非常注重,先总理早已列为国民党政纲之一。其规划详尽,实与国际劳工大会所议决各案不谋而合。至于国际劳工通讯机关如有设立之必要时,当设法组织。关于选派代表出席于明年之国际劳工大会,当呈请国民政府选派专任代表,及通告劳工、雇主两方面亦同时选派代表出席该会,以冀该会所议决各案。至于现在运动,国民政府正在积极提倡。各种合作社条例有已草定者,有正在起草者,上海、开封等处已办有消费合作社,南京亦办有小规模之信用合作社，吾人深信各种合作乃救济劳工生计之唯一组织，提倡鼓励，自不待言。想数年后中国之合作事业虽不能与欧美各国齐驱并驾，然结果亦必甚可观。"（《申报》1928 年 12 月 3 日）

11 月　发表《科学教育与国货前途》一文，述我国商业界、工业界种种落后现状，指出"提倡国货之根本，在科学教育"。全文如下：

中华国货展览会，将于本年 11 月 1 日开幕，《职业与教育》杂志特刊专号，征文于余。余在工商界服务较久，深感提倡国货之根本，在科学教育，而以人事匆匆，未常一摅胸臆，兹试为一言，以引其绪。

二十年前，南洋劝业会举行于南京，未尝不以提倡国货为号召，然试问所得之结果安在？当其开会也，未尝不极一时之盛，五光十色，车水马龙，洋洋乎大观也。然以国民教育之幼稚，科学教育之毫无根基，一般商业中人，皆墨守故旧，而制造工业，尤多未脱手工业之本色，若语以如何应用科学，以促进工业之发展，则人将瞠目结舌，而不知所答。于此情况之下，而欲以物品展览之方法，而求得比较改良之结果，戛戛乎其难矣。此非余之好为苛论也。试问南洋劝业会开会，迄今已二十年矣，我国工业界之进步安在？除在欧战时期模仿几种粗制品外，究有多大贡献，诚不能无疑。试观二十年来，世界各国科学工业之进步，大有一日千里之势。工业界之新发明多如牛毛，不可胜数，各大工厂之研究室，无不延请多数之科学专家，穷年累月，孜孜矻矻于研究室中，而其发明制造之方法，造福达于全人类。凡此事实，彰彰在人耳目。回顾我国所谓新式工厂，寥若晨星，而其设备之幼稚，尤足惊人。全国工厂无一研究室，且多数工厂，尚采用工头制，而不知延请工程师，毫无研究，毫无设计，发明更不必论。至于出品之恶劣，机械之损坏，暗耗之巨大，虽有巧历，亦无从计算其损失之确数，呜呼悲夫！

今又以开国货展览会闻矣，当局者提倡国货之苦心，诚不可没，而其效果若何，则可以烛照而数计也。夫展览会之效用，在乎百品荟萃，足以供工商业界之比较、参考、研究、改良，然必其人有科学的头脑，平日有相当的研究，而后在参观会场之时，可以发见各种优劣不同之点，而引起其注意，促进其改良。非然者，既无科学素养，又无相当研究，其到会参观也，无非如走马看花，研究云乎哉？改良更不必望。试问二十年来，科学教育之进步安在？工商界之人才有以异乎二十年前乎？无以异也。试将社会中所谓人才，一为分析，上焉者不过能识蟹行文字，粗知科学大意而已。此等人才，固略多于二十年前，然以较之各国之科学工业专家，则不如远甚，此则吾人固当有自知之明也。以今日以前未能确认科学教育之重要，未为注重科学教育之积极设备，未尝养成科学工业之专门人才,则今日虽有提倡国货盛意之展览会,其效果如何? 固已可不言而喻矣。

余在我国工商业中,不无痛苦之经验,故深感提倡国货之根本,在科学教育。是故在今日不言提倡国货则已,一言提倡国货,即感科学人才之缺乏。若普通职业教育,仅能造就普通中下级之备用人才,决不足以担负振兴科学工业之重任。故余以为国人对此,诚能为明确之认识,深信提倡国货之根本在科学教育。一面努力提倡科学教育,积极扩充科学教育之各种设备,在各大学设极完备之研究室,务以与各国大学研究室设备相等为目标,而努力进行。一面提高科学教育之程度,务使在校学生,不仅以略知科学大意为满足,务必进求深造,以创造为己任。一面再择本国大学教授及毕业生之有专长者,资送外国,专精研究,俾在本国设备未完之时,先造就可以应用之人才。如是集中全国力量,全国人才于科学教育,而后国货前途,始有确实发展之希望。二十年后之国货展览会,或不致再如今日之贫薄可笑,其庶几乎? 余日望之矣!

(《教育与职业》第九十九期;《文集》第217页)

11月 发表《国定税则草案第一稿审查意见书》一文,云:"吾人受协定关税之压迫也久矣,今幸国民政府统一南北,关税自主,为期在即。"指出"国定税则最重大之功用,为维护本国之幼稚工业及农产品之利益。故国定税则之实施,无不采用差等税率。以为国货之保障。此等原则,国定税则委员会固早已见及之矣,故于本国幼稚工业之竞争品,多已采用比较略重之税率,然试以他国税率相比较,犹感其轻微,恐不足以收保护之效。虽因在关税协定与关税国定之过渡时期,因事实上之障碍,不能采用他国同比例之税率,似尚有酌量增加之余地。"先生以大宗丝制品为例,指出"唯以丝织工业太形幼稚,不但对外贸易出口销路逐年减少,而在本国市场,外国丝织物亦有逐年增加之趋势,是本国丝织业受舶来品之压迫,已为彰明昭著之事实,若非力为保护,恐不免有淘汰之危险。国定关税之初步,虽不能仿效美国,骤增重税,似亦不能过轻。"对《国定税则草案第一稿》中丝及丝织品类、石料及泥土制品"均嫌轻微"。"至于农产品类,国定税则委员会草案第一稿,似欠注意。……推其原意,似以为食为民天,免税或轻税,即所以维持民食。其实只见其一而未知其二。民食固为重要,然其根本办法,在于奖进农产,而不应专重进口。岂不知谷贱伤农,古有明训,向来遏粜政策,实有乖于奖进农产之旨。农产之不能尽量发展,此亦其原因之一。近来数年,洋米洋麦进口之多,年有增加,为额每年有数千万元之巨。夫以农立国著称之中国,而依赖外国米麦为生活,即不以金钱漏卮为念,亦非长治久安之计。今当建设开始之时,开辟交通,使内地农产物能源源流出,以供人口繁密各地之需要,实为两利之道。同时对于外国米麦之进口,亦必须酌量征税,以维持全国农民之生计。否则,一方面以现金购进洋米洋麦,而一方内地农产物，则以无人购买，而不能偿其生产费。农民困苦不堪，而地利亦荒，此岂吾人所希望于今后之政府者。故在关税自主之始，拟征进口米麦税各百分之七点五，将来尚可酌增，以保护本国农民之利益。至于面粉占本国新兴工业之第二位，亦非酌加保护不可。兹拟改原拟征税百分之五为百分之十二点似亦不为过高。"又对烟酒、药材、汽车等税率提出建议。先生强调修正关税估价刻不容缓，云："民国七年以前，海关估价，悉仍数十年前之旧。……直至民国七年，始为第一次之修正。然格于当时情势，列强代表争持之列，各为其本国货物力争，估价不得照当时实价计算，而尤以日本代表为最。故直到现在，我国国税名为值百抽五，在实际上不过百分之三左右。""举草案所列棉纱股绳估价为例，……就以上趸售市价与海关估价比较，可知在事实上，我国实征纱线关税不足百分之二。其他各种进口洋货之关税，虽不一定完全相同，然海关估价至多不过占趸售市价三分之二。如能即行改正估价，则每年税收，按原定税率，已可增收三四千万两。若按照国定税率征收，则其增收之数，至少每年可达七八千万两。即此可以证明修正关税估价之刻不容缓，实与关税自主有同时进行之必要。"（《商业月报》第 8 卷第 11 期；《文集》第 218 页）

11 月　与刘质平、经亨颐、周承德、夏丏尊、朱稣典、丰子恺等聚资为弘一法师于上虞白马湖建"晚晴山房"。并联名发表《募捐启》，云："弘一法师，以世家门第，绝世才华，发心出家，已十余年。披剃以来，刻意苦修，不就安养；云水行脚，迄无定居，卓志净行，缁素叹仰。同人等于师素有师友之雅，常以俗眼，愍其辛劳。屡思共集资材，筑室迎养，终以未得师之允诺而止。师今年五十，近以因缘，乐应前请，爰拟遵循师意，就浙江上虞白马湖觅地数弓，结庐三椽，为师栖息净修之所，并供养其终身。事关福缘，法应广施，裒赖腋集，端资众擎。世不乏善男信女，及与师有缘之人。如蒙喜舍净财，共成斯善，功德无量。"屋宇于 1929 年春末落成。（引自林子青《弘一法师年谱》）

12 月 1 日　因华丝出口贸易步趋疲滞、厂丝出品良莠不齐，难以取信于欧美丝绸商。工商部决定筹设国立生丝检查所，"仿照美、法、日等国生丝办法，出口必须由检查所检验给予证书，以固信誉而谋进展"。是日上午十一时，先生偕秘书毕云程等由南京至沪，会同上海丝厂协会主席会员沈骅臣等共赴中美丝商合办之万国生丝检查所。"由缪钟秀主任陪赴各部、详细视察，将各种验丝机器及功用等分别笔记于书。继与缪主任面商收归国立办法，结果甚为圆满。"（《申报》1928 年 12 月 2 日）

12 月 7 日、8 日　连续两日与丝厂协会沈骅臣晤商设立国立生丝检查所事，"决定由部筹拟经费银三十万两购办验丝机器，并建造房屋。所有检查所中内部设置及工作绘图等，均须丝商协助办理。现已择定相当地址积极进行。"华丝商对此

均甚赞成。(《申报》1928 年 12 月 10 日)

12 月 8 日 《申报》刊登《工商部增派筹备马尼拉展览会委员》消息,先生为筹备委员。云:"斐律滨政府定于明年一月在马尼拉举行远东商品展览会,国民政府工商部准备参与。该会前派顾问薛敏老、李清泉、陈光甫,暨上海总商会主席委员冯少山、工商部驻沪办事处处长赵晋卿、秘书许建屏为筹备委员,筹备出品,已在上海江西路五十八号申新纺织公司设立事务所。孔部长为慎重出品与会,业经拟具办法,届时并拟代表政府亲往一行。上星期二行政会议经提出议案,通过各情已志本报。兹悉孔部长为策进会务,又加派该部次长穆藕初驻沪,办事处帮办寿景伟暨工商界李拔可、戴耕莘、荣宗敬、欧伟国、王显华、朱成章、冼冠生、蒋靖梵、黄汉梁、王汉良、潘公展、林康侯、陈万运等十五人为筹备委员。"(同日《申报》)

12 月 12 日 访黄炎培。(《黄炎培日记》)

12 月 16 日 晚,出席于东亚酒楼召开之国货银行第二次发起人会,到者有宋渊源、吴铁城、赵晋卿等四十余人。宋渊源报告最近募股情况,及各项重要问题。经各发起人详细讨论、议决:①公推陈炳谦等为总行筹备员。②发起人未缴之股款应速缴交,以资表率。③新加坡分行问题及优先股与股东创立大会延期问题,均由总行筹备员商定。(《申报》1928 年 12 月 18 日)

12 月 22 日 下午,上海总商会、县商会、闸北商会于总商会欢迎卫生部部长薛笃弼,并讨论豫、陕、甘赈灾事,先生出席。到者有各机关团体代表数十人。冯少山主席致欢迎词,次薛笃弼答词,孙东报告三省灾状,"在座者莫不动容"。先生演说,阐明赈灾捐款与发展生产之关系,云:"此次聚会之主要目的为募捐,似乎专门向诸位要钱。但是鄙人愚见却别有所见,以为赈灾的捐款,不但是含有慈善性质,而且含有经济性质。不但对于遇灾的难民有利益,而且对于工商业均有利益,而对于上海工商业尤有利益。如此说话,似乎觉得太玄妙,实在只要稍为解释,便可恍然大悟。因为现在交通便利,立商业之交易,不但与国内有往来,而且国际贸易,不论是生产或者是消费的地方,一旦发生天灾,则其生产力或消费力,必然大为减少,世界市场均须受其影响。惟受灾地方,小则影响不大,以致不甚感觉,然不能谓为无影响也。鄙人凤为工商业一份子,每每感觉田稻丰收则商业发达,交易兴旺,内地收账,尤感便利。一遇凶年,内地交易减少,则通商大埠亦受影响。所以美国对于中国水旱天灾,往往捐集巨款,汇到中国来救灾。一方固为人类相爱相助之同情心,一方亦为从速恢复中国之购买力,使美国货在中国之销路可以维持常态。上海为我国第一通商大埠,工商业之交易并不专恃本地,全国各省均有关系。农产原料则由内地运来,工业制造品则运销内地,与年岁丰歉大有关系。必须内地各省岁岁丰登,则上海贸易亦随以发达。若遇荒灾,即不免减色。此理固至明白,工商界诸君，无不知之。故鄙人深盼诸位慷慨解囊，捐助豫、陕、甘赈灾，不但乐善好施，功德无量，即在商业方面言之，豫、陕、甘三省灾民，得诸位热心救济，则其生产力、购买力必可从速恢复，仍可以原料供给上海，同时，并向上海购买工业品。一转移间，无形之中财源仍得恢复，故鄙人敢说捐款赈灾于商业亦有利益。想诸位高明，必不河汉斯言。"先生当场代表甘、豫、陕赈灾委员会推定王一亭、陆伯鸿二人为驻沪办事处正副主任。最后薛部长请上海各慈善格外努力筹款。（《申报》1928年12月23日；《文集》第221页）报道又云，"新任工商部次长穆藕初君自荣膺要职以来，仆仆沪宁，疲乏上备极忙碌。是日开会之前一天尚在宁公干，至次日又来沪与此盛会欢迎薛部长，其公务之忙与足步之勤，不得不令人叹服也。日在席上发表豫、陕、甘赈灾意见之前，向众大叹苦况一节，语颇滑稽，闻者均为捧腹不止。其大意谓：'今日并不是兄弟做了官，在此地向大众装穷。因为国民政府的财政实在穷得很，不要说工商部如此，就是财政部亦然。像本部长月做个八百元，次长六百七十元。虽则拿了六百多元的月做个，可是时常要打折头，不好结果总晚人的拿不到居多，何况南京的东西比上海来得昂贵。记得我到上海来一次总要自己贴一地用款，否则真不够用。恐怕今天在座的薛部长也穷得与我同病相怜吗？'穆君谈至此，已引起全场大笑。""自薛、穆二氏先后令各人为豫、陕、甘灾民设法募款后，有一二人竟在席上顿现局促不安之状，意欲立时离席为佳，盖各人之心理深恐当场破钞。后幸穆君大谓，请各位回家设法一语，始各释然也。"（《申报》1928年12月26日）

12月28日　抵郑州调查灾况。（《申报》1929年1月4日）

本年　冯玉祥向豫丰纱厂借款八十万元。1929年2月11日，李立三《目前政治形势的分析与我们的中心任务》一文提到此事。云："就是中国民族工业能得到相当的资本积累，但因为政府财政困难，强迫购买内国公债，或借款，也就很难有余款来扩大营业。国民政府成立到现在仅一年多，而发行的内国公债，已有二万三千余万了"。"这样大的巨款，落叶归根还是取之于一般的劳苦群众，但是起先出款的还是所谓工商业家，一债未缴，一债又来，各工厂就是赚钱，也只能供给这些债款了。至于内地的工厂更是要遭受无穷的强迫借款，据说河南豫丰纱厂在去年一年，就被冯玉祥借去八十万，那么，还有甚么余资来扩大营业？"（中央档案馆编《中共中央文件选集》(五)，中共中央党校出版社1983年）

本年　为人文社[①]捐款。黄炎培《人文小史》云："至十六年，国民革命军抵沪，(人文社)社务几停顿，以沈信卿、周静涵之力，勉获维护。十七年稍复振。任经费

---

① 人文社：初名甲子社，一九二四年黄炎培等创设。一九三一年更名人文社并发展为人文图书馆。一九三二年改为鸿英图书馆。

者张公权、钱新之、周静涵、穆藕初。任编辑及其他事务者沈信卿、黄炎培、陈怀圃、张野愚。"(《人文月刊》第四卷第一期，1933 年 2 月)

本年　无锡国学专修馆改制为国学专修学院(次年改为无锡国学专科学校)。①成立校董会，唐保谦为董事长。下设经济股与教育股，先生与荣宗敬、刘鸿生、杨翰西等为经济股校董，丁福保、高践四、钮永建、吴稚晖等为教育股校董。经济股校董主要承担学校经常费和基本建设费用，每年每人承担学校经费五百元，于每年开始时送交本校会计处。(吴湉南《无锡国专与现代国学教育》，安徽教育出版社 2010 年)

本年　于南京大石桥居安里建寓所一座，又为附近修路。穆恂如《回忆录》云："父亲在南京从政时，在南京造屋一幢。该屋本可以造在南京的住宅区，而父亲不如是作，把屋子造在大石桥居安里靠近点的住宅，原因是靠近吴梅，可以随时随地请教，即使晚上也可以到吴家相聚，不劳吴老进出奔波了。……后来，我们离京赴渝后，该屋无人看守，有汽车一辆为日军拉去，屋子则渐渐为人拆卸殆尽。(手稿)"穆伯华《先德追怀录》云："南京寓所处于一支路旁，离干路有数十公尺。支路路面不平，多坎坷，天雨汽车驰其上，积水四溅，污及行人衣裤。我父内心不安，立招工匠议修筑事，说明出私费。经丈量估计须八百多元。我父不待开工，即行付清。此乃到任后所做利民之事第一声。……其实，一页申请书到京都工程局定可及时解决之。"(同上)

本年　《联谊之友》第一零九期刊登黄丁南《昆曲传习所之人才》一文，评论传习所各生艺术水平，批评"苏州人的心理自私自利的多"。云："苏州是昆曲发源之地，走出来的爷们公子大都会唱上两句，拍这么几板。但是近年以来皮黄乱弹盛极一时，好时髦的哥儿们以为非哼几句京腔，谈谈谭老板，说说时小福，够不上称懂戏的人，于是衰败。……于是一班真正研究音韵的人，鉴于京剧的短处，恐怕来正音的昆曲若黄钟大吕成为绝响，使后人竟只知道有乱弹，不知道有昆曲，于是各人费金钱耗精神，设立一个昆曲传习所，教导一班子弟，以为中流砥柱，不致使昆曲沦于灭亡。但是苏州人的心理自私自利的多。现在的昆曲又在衰败时代，知音的能有几个？要造就一般人才谈何容易，传习所的一般人才总算是各项角色都有，各俱一艺。平心考量起来，其中朱传茗与顾传玠名最大。朱传茗的五旦确乎是不差，然而要登峰造极，亦尚未能。顾传玠的艺术，一意摹仿俞振飞，一举一动，难免火气，即较之阿掌、施金、沈月泉相去甚远。两个人靠脸蛋子生的漂亮，很得一般人的欢迎。

---

① 无锡国学专修馆创办于 1920 年，1928 年改名为无锡国学专修学院，次年定名为无锡专修学校，唐文治任校长。办学宗旨为研究本国历史文化，明体达用，发扬光大，期于世界文化有所贡献。

实不过据我观察，好的是要算姚传芗的旦，口齿清晰，扮相稳重而流利，唱演如初写黄庭，有恰到好处之妙，将来早就，未可限量。余如倪传钺的外，施传镇的生，王传淞的付，姚传湄的丑，各有□□，浑脱自然。施传镇的功荣老到，王传淞的发音□道，俱是可取之处。惜乎教导的人有时不尽心力，致施传镇的《白访》下场不若李桂泉的飘洒。王传淞之《拆书》未能得沈斌泉之阴沉，觉得有些美中不足。然而在瓦釜雷阳之时，有这一班比较齐全的人才，不能不算是凤毛麟角，难能可贵的了。"(原刊)

1929 年(民国十八年,己巳) 五十四岁

1 月　上海总商会改名为上海特别市总商会。

3 月　蒋桂战争爆发。

国民党第三次代表大会在宁召开,上海代表陈德征、潘公展提出请解散各级商会以统一商民组织案。

5 月　国民党中常委通过统一上海特别市商人团体组织案,令上海总商会等一律停止活动,指派虞洽卿等 34 人组织上海市商人团体整理委员会。同时"缉惩"冯少山。

6 月　西湖博览会于杭州举行。

10 月　蒋冯中原大战爆发。

10 月至 12 月　国民政府立法院相继通过并公布《交易所法》、《特种工业奖励法》、《商会法》、《工会法》及《工厂法》。

1 月 4 日　在郑州致电王一亭等,报告豫甘两省灾况,恳请筹垫二十万元救济灾区。电云:"豫丰纱厂驻沪办事处分转王一亭、陆伯鸿、许俊人、虞洽卿、冯少山、林康侯诸先生钧鉴:弟俭(二十八日)到郑,即赴豫西实地调查,目睹哀鸿遍野,衣食住三者,俱感缺乏。际此严冬,啼饥号寒,辗转沟壑,阅《郑侠流民图》尚恐无此惨痛。其他陕甘二省,近据客商来述,灾情之重,亦觉惨不忍闻。目下各省当局,虽已尽力援救,只以灾区至难,哀此灾黎,痛心无极,为特奉电,恳请先生筹垫二十万元,迅交京处拨付。一面由处电饬豫当局迅拨车辆,流通商货,先将日用必需之品运赴灾区,平价出售,事机急迫,刻不容缓,万恳先生推己饥己溺之怀,发利物利人之愿,勉为其难,热忱施救,俾万万生民,苟全性命,此则弟所馨香以求。九顿首以请者也。穆湘玥叩。"(同日《申报》)

1 月 18 日　上海纳税华人会虞洽卿、冯少山为保护国产酒类,致电工商部部长、次长,云:"南京国民政府行政院工商部孔部长、郑次长、穆次长公鉴:查外国进口火酒,酒店利其价廉,冒充国产高粱等烧酒混售,以图厚利,而以国产酒类销路日缩,几有灭绝之虞。泰兴酒业公所驻沪代表前以该项情势甚为严峻,除别筹取缔方法外,经江苏交涉公署转函职会,嘱向租当局交涉取缔,乃以该项火酒如不饮区分,与一般酒

类同属无害卫生,取缔理由殊欠充分,无从置议。至于保护国内酒业,则责在钧部,用特电请咨行财政部训令各机关,对于外国进口火酒须加以臭味,或特种颜色,使不易混充饮料,只限于工业工使用,并请钧部筹奖该项火酒制造厂,以塞漏卮,而挽利权。仰乞察照施行,实为公感。上海租界纳税华人会主席虞洽卿、冯少山叩。"(《申报》1929年1月19日)

1 月 20 日　《申报》刊登《沪汉民业航空公司开始招股》消息,先生为筹备委员之一。云:该公司发起人为谭延闿、何应钦、郑洪年、易培基、张龄愚、凌鄂苏、缪斌、虞和德、冯少山、林康侯等四十余人,筹备委员为穆藕初、郑洪年、冯少山、虞洽卿、陈德征、林康侯、缪斌、陈诚、张静愚、王晓籁等十六人。"汉口、广东二处民用航空公司发起在该公司之后,而汉方飞机已到,粤方亦盛传招股定机矣。故该公司亦拟于最短期内,商定购飞机办法也。据该公司职员云:中国航空事业方在发轫,由政府为之维护奖励,无异保障其成功。现训政建设伊始,如经营顺适,无意外阻碍而业务发达,则数年后,股票价格将涨过原价数倍,故近日争向该公司认股者已络绎不绝云。""该公司资本总额百万元,完全招收华股,分三期收足,每股五十元,计二万股。第一期收二十万元,定三月底截止,其二、三期招股时,第一期股东有优先股之权。股票为记名式,分一股、十股、五十股、一百股四种。股息按月五厘,自股款收到之日起算。凡入股或代招股款一万元以上者,得被选为董事,凡入股五千元以上者得被选为监察人。"(同日《申报》)

1 月 26 日　《申报》刊登《国府代表月杪赴菲》消息,报道先生等将启程赴菲律宾出席嘉年华会议。[1] 文云:"穆藕初、吴承洛、许建屏定于本月三十日乘克利勿兰总统号轮船赴菲,代表政府参与嘉年华会。穆等已于昨晚抵沪。"(同日《申报》)

1 月 28 日　中午,于福州路一枝香餐馆出席中华职教社及中华职业学校董事会。到者有王一亭、钱新之、朱吟江、穆恕再等十八人。黄伯雨主席。主任江问渔报告社务近况,赵师复报告校务状况。"一、议决本年度预算不敷之款请各董事筹垫,每董以百元为度。二、整理书报售价,以裕来源。议决选派著有劳绩之办事员赴国外留学。三、议决置社所,推张云溥、穆恕再前往勘估,仍请钱新之主持。四、

---

[1] 菲律宾嘉年华会定于 1929 年 1 月 26 日至 2 月 10 日,在马尼拉举行远东商品展览会。1928 年 10 月,菲律宾华侨代表薛敏老、嘉年华会总干事陆士、参议院议长寇松先后致电国民政府工商部、外交部、上海总商会等,邀请中国组团参加展览。11 月行政院批准参加嘉年华会计划,遂由工商部聘请菲岛华商薛敏老、李清泉及上海工商界领袖陈光甫、荣宗敬、朱成章、工商部秘书许建屏等组成筹备委员会,在上海设立筹备处,筹备出品赴会。1929 年 1 月,薛敏老等菲岛华商代表又亲来祖国迎接代表团和展品赴菲。原定工商部长孔祥熙率团参加菲律宾嘉年华会,因正逢孙中山"奉安大典",不能分身,遂委派先生代表政府与会。本次展览出品,除上海中华国货展览会一部分出品外,上海、福州、天津等数百家厂商均有产品展出。

议决黄董事提出社务进行意见,应备参考。"(《申报》1929年1月30日)

1月30日 率政府代表团启程赴马尼拉,出席菲律宾嘉年华会暨远东商品展览会。同行者有国货银行总裁宋渊源、工商部秘书许建屏、技正吴承洛等二十余人。(《申报》1929年1月31日;《工商半月刊》第1卷第9号)

国民政府对此次菲律宾嘉年华会暨远东商品展览会甚为重视。《中国要人团体代表到者甚多》一文云:"嘉年华会经已开幕矣。因前总商会曾派薛敏老君回国,鼓吹各处国货来此陈列。盖际此反日风潮紧张之时,为国货销售于南洋之绝好机会。计上海、天津、福州各处载到国货六百余箱;而广州方面则因海种种阻碍,不克出口。计最出色者为福州之漆器、天津之地毯、江浙之丝制品及赣省之瓷器等,皆辉煌夺目,大得观者之赞许。惟会场中所得地位只有方三百米突之地,所与陈列者不及十分之一,余则另赁商市繁盛之区。为排列与推销之计,不获使大宗南来物品汇集一起,映见于中外观客之眼帘,为可惜耳。国货而外,还有国府、省府要人及各埠商界巨子,皆联袂来此参与,计国府代表为工商次长穆藕初。本孔祥熙部长自己要到,因部务甚忙,且为奉安委员会长,故以穆次长代之。国货银行代表宋渊源,广州中大教育参观团,上海国货代表欧国伟,天津国货代表范旭东、尹任先,福建省政府代表黄孟圭、陈明,福州国货代表孙世华,厦门巨商黄奕住等五十余人。菲政府与华侨各社团各巨商欢迎酬酢,几无暇日。此番盛举,不特可以沟通华侨感情,而中菲邦交亦可增一重亲善焉。""在此嘉年华会期中,菲岛政界、经济界有两事堪为记载者:一、现任总督史琛生将于此三月去职,应新任胡佛总统国务卿之聘,自去年史君莅任,与菲政客大唱合作重要政策,在开发本岛经济,菲人固不愿其去也。一、为以政界名义召集全菲第一次商业大会,所有提案皆从巩固与推广菲人商业上设想,首当其冲者即为我华商,想其结果于我华侨商业上必又有许多限制政策也。"(《申报》1929年2月16日)

2月4日 抵达马尼拉。先生与宋渊渊源致电工商部驻沪办事处及国货银行筹备委员会,云:"玥等均于冬日平安抵斐。此地人士欢迎至为热烈,特电慰闻。玥、渊叩。"(《申报》1929年2月5日)

同日 晚,出席侨商薛敏老等于大同俱乐部宴请。先生演说,介绍祖国现状,歌颂华侨之功勋。末云:"华人与外人日相接触,其足资国内考镜者正多。希望各省参加展览者,带华侨之新精神归去。现在全国统一,建设开始,工商业之发展,尤为重要,希望华侨与国内一致合作。"次日,当地华侨报纸以《华侨之新精神在哪里》为题报道说:"细味穆次长之言,不特希望把华侨之新精神归去,还希望华侨实地参加国内工作,或开设工厂,或垦辟荒地,或运输技术人才,或投资银行方面,并在海外扩充商场,推销国货。所谓与国内一致合作者在此,所谓华侨之新精神亦在此。

侨胞们! 果能受穆次长之称颂而无愧,当选以上之工作,赞助政府之设施,否则海外商务,虽甚发达,徒为外人作牛马,于祖国毫无裨益,所谓新精神者,又何在乎? 愿华侨有以自勉也。"菲华侨报又刊有《欢迎穆次长之真义》一文,云:"不平等条约取消,关税自主,斯何时也,正我华侨回国振兴实业,推销国货于海外之大好时机也。今值著名实业家、现任国府工商次长穆藕初先生来菲,参加嘉年华会,并考察菲岛商场,指导吾侨工商事业,吾侨岂可不热烈以欢迎之乎?""虽然,欢迎虚文耳,空语耳,必也实力赞助政府设施,与国内工商界合作,如何而可以改良国内工厂? 如何而可以推广海外商场? 如何而可以栽培工商界人才? 如何而可以鼓励人民投资,开陈具体计划,与穆次长一共商榷之,以期实行? 是则吾侨所应有事也。""穆次长为第一次奉国府命正式来菲交聘之人员,于参加嘉年华会任务而外,当然可以代吾侨设法解除此间之痛苦,吾侨亦不可不将此间情形,向穆次长陈述,俾穆次长据以向菲督请求。"(吴承洛编《菲律宾工商业考察记》)

2月6日 上午,拜访菲宾总督史琛生(美国人)。拜访两院议长寇松和路沙、海军司令白烈斯德等。中午,出席菲岛华侨国货团欢迎会并演讲。晚,参议院议长寇松设宴欢迎先生等一行。(《大公报》1929年2月7日)

2月8日 参观菲律宾馨泉酒厂并摄影。(《工商公报》第十三期)

2月16日 在马尼拉出席各华侨团体招待会并讲演,全文如下:

湘玥等承蒙驻菲总支部教育会、总商会暨各途商会、各华侨团体等招待,谨以至诚代表全体来菲代表道谢。孔部长对于侨胞,素抱十二分热诚,此次原定亲自来菲,后以总理奉安期迫,留任主持,委湘玥代表前来。前日抵岷,本拟即行拜谒总支部及侨商各团体等,并躬与嘉年国货展览一切布置。乃登陆之后,即叠蒙菲督及议院等定期招待,酬酢无虚日,为我国国际地位起见,亦不得不尔。余因部务殷繁,已定于本星期六回国,才聚首,便谈分袂,怅触奚似,惟希望将来有机缘可以再来,并希望最短期间,得在都门为诸位略表微忱则幸甚。

今日之会,虽属各团体代表,而侨胞中却多为商界中人,湘玥亦向为商界中人,拟以商人资格,与诸位谈谈生意经。用何种方法做生意? 今天又适逢全菲菲商大会开幕之日,吾人不能无所感动。自美人入菲以来,三十年间,侨胞与菲人素以友谊著。菲人与华人好相往来,华侨在此间营业,亦觉一切顺利,而菲人得华人之助,得以长足进展者,亦多有之。惟美人治菲,以发展经济能力为主要任务,自史琛生任菲督以后,对于菲人政治独立之要求,常以经济独立为先决之条件以劝勉,菲人亦颇多深信不疑者。故今后美人治菲之方法,当然与三十年来有所不同,即菲人今后之脑筋思想,亦当大有变动。菲人今后,亦知自行推广商务,他们苟自己起来推广商务,从事商业,似与我侨胞之事业不免有冲突之处。惟菲岛地方逐渐发达,需要当然可以增加,生意增加,则侨胞之商务,当更有发展之可能性。菲岛之商业,一九二六年为五万万一千万元,一九二七年为五万万四千二百万元。一年间增加三千万元,于此可见,菲人程度日高,消费日增,需要亦因之增加。菲人现在之消耗生产能力比二三十年前,较大两三倍,此为经济学之原理。菲人为吾人之好友,吾人惟希望其文明程度日高,则商业进展愈宏,我们应有远大之眼光。现在重要问题,即华菲联络。湘玥此次来菲,与菲岛领袖相见之下,知菲岛前程远大,竭力表示亲善,吾人在菲人生活程度之演进,决不可故步自封,必具新精神,求新花样,以与之周旋。盖生意者,时时有新意思发生之谓也。生意并持感情为先驱,故吾人一面研究如何以新法推广工商业,一面研究如何与菲人交情可以日深而日密。故湘玥此次来菲,不仅为参加华会,其主要任务,在国民政府之委托,实为调查华侨之情况,与华侨所感受之痛苦,而设法补救。国府之关怀侨胞实甚切,而湘玥忝任工商次长,受其禄应办其事,设法推广商务,乃余之天职所在。惟中国工业发轫伊始,现在制造品尚未充分,我国国货,来菲陈列,希望一年比一年好。兹事体大,非一时所能毕举,吾人应合力注重工商业,推广出产品。菲人从前不注重工商业,自史氏督菲以来,力谋经济发展,吾人正宜殚精竭力,作正当之竞争。盖菲人知识日高,不如是不足以图存,所谓商战者是也。

刚才主席郑焕彩先生说及三种要点:第一,以此次中华国货参加嘉年华会工商展览,足之引起各国对中华国货之注意。第二,此次运来之展览国货,虽多精美,希望更能精益求精。第三,此次展览最要之点,在促进华侨对国货之注意,此间华侨自"五卅惨案"发生后,积极抵制日货,乃系治标办法,惟有提倡国货以治本。湘玥闻之,至为欣佩。现在吾人所当研究之问题,在知己知彼,近数年来,菲岛出口之增加甚骤,而进口则反有减少之势,原因〔为〕岛内工业农业日渐发达之故。若布匹,若食粮,若糖,若其他农工产品,均大有变迁。即布匹之进口,一九二七年比一九二六年亦减少一千万元。菲岛地属热带,不宜棉花,故不能开设纱厂。十八年前余曾与陈嘉庚君研究在新加坡设立纱厂问题,终未成议,故只就此项而论,我们已有绝大希望。提倡国产,无论在国内或国外,总宜坚持到底,要使日人屈服才好。吾人并应子子孙孙相继承,但吾人要真正实行,不在口说。我们自己来提倡自己的货物,谁也不能说什么。但国内及国外,应有永远联络之机关。现在湘玥有两个提议,欲与诸位讨论者:(一)为组织海外国货团(National Association for Overseas Distribution)。设总团于上海,支团于海外各埠,为岷尼拉、爪哇、新加坡等,专为研究推销改良并联络制造家与经纪家，使能互助。（二）为设立商务参赞（Trade Commission）。外交事务归领事办理，商业事务归商赞办理，工商部曾经研究，所以尚未实行者，非人的问题，乃经济问题。如海外各埠，设立十个商务参赞，年需二三十万元，亦可办到。湘玥回部，必当请求孔部长提出国府，希早日可以实行。惟驻菲支部方面，亦祈向中央党部有所表示，则更易成功。今日菲人开商业大会，而吾人亦在此讨论提倡国货，是菲人之推广商务为菲人应有正当之事，而吾人谋推广商务，亦吾人应有正当之事也。今日盛会，希望诸位多多发表意见，以国府之力量，如何可以协助诸位侨胞？如何可以解除诸位所受痛苦？政府方面，必竭力以赴之，不仅所以报效四十年来华侨协助总理革命成功之盛德，亦国民政府责任所在也。

　　　　　　　　　　　　　《菲律宾工商业考察记》，1929年9月版;《文集》第221页）

2月17日　离马尼拉启程回国。先生在菲期间，除参加嘉年华会及远东商品展览会各项活动外，还率随员考察侨务及参观游览。并出席"花会"，与总督及当选菲律宾"花皇"等合影。《申报》报道云："花会中最饶兴趣者，为选举菲律宾女士（兼该会'花皇'，近二届初选之权由各报馆移于中等以上各男女校），今年中选为菲大二年级女生MisspakdoLosReges,（其外祖父为中国人），二九年华，芳姿绰约，诚不愧群芳中花皇。加冕之夜，采用希腊'东海明珠'故事。总督代表及上下议长、各部长、驻在地各国领事皆到观礼。大跳舞中，万盏电炬齐明，士女如云，岁虽属游戏之举，其典礼之隆重，因与真者无异也。"（《申报》1929年2月16日）

　　归国返沪途中，先生等至广东考察工商。事毕，复至港，乘麦迪孙总统号船于2月22日抵沪。（《申报》1929年2月22日）

2月23日　于东亚酒楼设宴为上海纱布交易所理事吴麟书等自欧、美、印度各国考察归国洗尘。"席间畅叙一切，甚为欣快。"（《申报》1926年2月26日）

2月25日　到部向孔祥熙详述赴菲与会情形。孔祥熙《呈报参与远东商品展览会经过情形》一文云：穆次长"认为有良好影响，综其大要，约分四端。菲岛虽近在南洋，而隶属于美，与吾国向少接近。今因吾国政府派遣代表与会，会上自政府首领，下至民众团体，无不为盛大热烈之欢迎，以表示其引而亲之之诚意。此系于敦睦邻邦交者一。参众两院为代表民意之机关，参议院议员劳赖尔演说，主张中菲亲善，全体赞同。并以吾国民族运动之成功，为菲人在政治上解放过程中之胜利，足征菲岛全体民众对于吾党所标三民主义中之民族主义，已有深切之认识。此关于发扬党义者二。自先总理提倡革命，以迄于现在，菲岛侨胞于经济上多所援助，其渴望祖国革命之成功，与内地民众，初无少异。今于侨胞集合场所，报告祖国近况，使全岛侨胞咸晓然于革命经过情形，与夫现在设施之方略，而增进其爱护祖国之热诚,与夫发展业务之兴味。此关于宣慰侨情者三。内地商家,于海外商情,固多隔膜,而海外侨胞对于内地商情,亦未甚明了,必须彼此沟通,互相联络,然后海外贸易,始有发展之希望。该次长劝导当地侨胞,组织海外国货团,设总团于上海,设分团于南洋各埠,俾内地商家与海外侨胞联为一体,共同研究商品改良之方法,与其推销之地域,以期供求之相应。此关于推广国货者四。""并据该次长面称,我国此次应征运赴该会展览各品,实为东方各国之冠,亦且切其实用。菲民与侨商之赴会者,莫不极口称道等情,足见此次派员代表参加该会之举,实于中菲邦交关系,商务前途及侨胞对于祖国之观念,均属至深且巨。"(《工商半月刊》第一卷第九号)

2 月 应《申报》记者之约,谈访菲感想。先生云:"此次赴会,适当国民政府统一全国之后,全菲人士,均表示热烈欢迎。嘉年华会亦较前更为兴盛,尤以中国出品多而且佳,引起各方面之盛大注意,比较以前出品寥寥、敷衍从事者,大不相同。菲岛华侨甚多,对于祖国非常热心,华侨不但有资本,而且有思想,对于工商业之发展亦十分注意。华侨在菲商业甚多,在菲岛商业上,颇握有一部分势力。本人在菲,对华侨屡次演说,告以国内现已安定,一切建设事业,均在进行之中,工商业前途,大有希望,深愿菲岛华侨,随时与祖国联络,共同发展祖国之实业。华侨闻此,皆大欢喜,表示愿为祖国效力'云云。闻菲列滨人士,对于中国之国民革命,凤表同情。最近见我国革命成功,尤为欣跃,以穆氏代表统一之中国前往赴会,格外欢迎,谈话时一种亲善之意,溢于言表。菲岛参议员特别通过一议案,表示中菲亲交,并开会欢迎中国代表,以示联络之诚意。此为自有菲列滨历史以来所未有。菲岛总督史蒂姆孙君,为美国有名政治家,对于菲岛感情极佳,关于发展菲岛种种事业,无不竭诚帮助,对于中国感情,亦极良好。闻美国新总统胡佛君,有聘史蒂姆孙君为新国务卿之说,不日将返美国。此后中美邦交,当日益臻善亲密。"(《申报》1929 年 2 月 26 日)

3 月 9 日 由宁赴沪调查丝厂停业风波。去冬以来,上海各丝厂资金亏折,无力维持,由丝厂协会呈准财政部借款救济。"嗣因某项关系,借款致未成立,致年终丝厂宣告停业者计共十家左右。现下全沪丝厂开车虽已达十之八,然所有该厂商去岁年关如何安度,以及今岁营业进行计划,将来收茧款项如何筹借,亟欲明瞭此中状况,藉以预筹一切。"工商部派先生"调查以前经过情形,并与沈骅臣、黄摺臣两主席筹商此后维护办法。""就请求政府借拨官款,在沪宁路线自丹阳起至龙潭止之江岸旷地,招集垦户,栽桑养蚕,增加茧产,藉以发展华丝国际贸易等事",与各方磋商。(同日《申报》);《工商半月刊》第一卷第七号)

3 月 19 日 《申报》刊登德大纱厂账款诉讼案,"苏穆藕初与穆恕再因账款涉

讼抗告一案，原裁决放弃，本件诉讼程序应予中止。"（同日《申报》）

3月22日 中午，于大华饭店出席宴请菲律宾议长奎松及菲议员一行等十人。外交部驻沪办事处长陈世光代表王部长、工商部驻沪办事处长赵晋卿代表孔部长欢迎菲议员一行。到者有熊式辉、张定璠、冯少山、林康侯、钱新之等。（同日《申报》）

3月23日 张元济致函先生，云："前奉本月十三日手书，展诵敬悉。承介绍令亲秦女士至敝厂工作，极为感幸，惟弟已于三年前辞去商务印书馆职务，鲍君咸昌近因抱病，去腊亦将印刷所所长兼职辞卸，继任者为鲍世兄庆林。遵将尊旨转达，恳其设法位置。兹据复称，厂中现仍无添用女工机会，且近年男女工待遇平等之后，添加工作大都均用男工，以致需用女工之处较少，一时不克报命等语。所述亦系实情。效力不周，甚为愧歉，尚祈鉴谅为荷。"（《张元济全集·第三卷·书信》）

3月24日 出席光裕营业公司大隆铁厂于戈登路底制造厂内举行的宴请党政各界人士会。到者男女来宾约二百余人。光裕代表严庆祥致欢迎词。先生演说云："提倡实业，首重机器。国内有此巨大机器制造厂，前途未可限量。所出布机，颇多改良，应即呈请专利，受政府保护。而在各纱厂方面，应不再故步自封，迷信外货，并宜各办数架，以验成绩，亦为提倡机器应有之责任。"次徐珮璜演说，"谓以工程学者眼光观察大隆出品，原料与外表均极满意。"席间有暨南大学西乐团之音乐。临行由该厂分赠出品说明书各一本，内容颇为精美。（《申报》1929 年 3 月 25 日）

同日 晚，与王正廷、宋子文、孔祥熙等乘夜车离沪赴南京。（《申报》1929 年 3 月 25 日）

3月29日 《申报》刊登《工商新闻》第三百期纪念特刊明日出版消息，内有孔祥熙、胡庶华、穆藕初、魏颂唐等名著及祝词照片等。（同日《申报》）

3月 方还题先生所藏《灵岩寺宋贤题记》，云："碑版著录繁于汉魏六朝，及唐而赵宋寥寥，盖年近而石

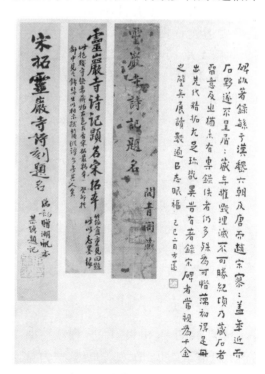

方还《灵岩寺宋贤题记》题跋

夥,遂不皇屑屑,藏弃摧毁埋灭不可胜纪,顷乃藏石者留意及之,尤未有专录佚者仍多,殊为可惜。藕初得是册,出先代精拓,尤足珍玩,异常有著录宋碑者当视为千金之璧矣。展读数遍,以志眼福。已巳二月,方还。"(原件)

4月初 孔祥熙患胃病,赴西湖静养四五日,由先生代理工商部部务。(《申报》1929年4月5日)

4月8日 4月6日,中国国货银行召开股东会,选举孔祥熙为首席董事。本日,先生代孔祥熙出席中国国货银行股东谈话会并演说,"声明一切,良以国货银行关系吾国经济前途,至深且钜,一切进行事宜,务须再三审慎。所有招股章程,前既呈准国府在案,现在该行章程尚在起草,自亦俟呈奉国府核准后,方可照章选举,若草率从事,殊与国府竭力提倡之本旨大相背谬。故此次选举,实不能认为有效,就职业一层,更谈不到。承宋委员子靖来访,亦已以此意告之。总之,鄙人对于国货银行,极望其早日成立,以扶助国内工商业之发展。但办理银行事业,务须脚踏实地,稳健进行,法律手续尤丝毫不能违背。""至正式选举,尚须俟筹备委员会将章程呈奉国府核准后方可举行。"(《申报》1929年4月9日)

4月14日 赴全国美展会会场参观,"并定购工艺美术品数种,以为提倡。"本日为美展第五日,来宾到者约计六千余人,会场组因谋来宾便利起见,在各要道设置白布横匾,在会场附近马路旁设置木牌,指示路径。(《申报》1929年4月15日)

4月22日 致函黄撝臣、沈骅臣,请丝绸业推派代表参与纽约生丝会议。原函如下:

> 撝臣、骅臣先生大鉴:阅报悉本年十月十五日在纽约开会,研究统一生丝检验方法、生丝分结法及发展丝业情形,此事关系我国丝业颇觉重大。弟迭次参加国外盛会,深知会议情形。对于此项会议,我国实应预先决定遣派代表与会,俾得预备论文贡献于大会之中。至于对内之如何发展,对外之如何贸易,尤关重要,更应提前委为计议,使时间上稍有从容,则计议可望周密。用敢函请我兄对此问题在丝业大会上提出,迅速推举相当人员预备出席。至被推人员一经推定,如须本部加以委任之处,亦可商酌,务希赶速进行,至以为盼。专此即颂公安。

> 弟穆湘玥拜启,四,二二

> (原件,上海丝绸公所档案,上海档案馆藏)

4月24日 《申报》刊登《穆藕初捐资开办贫儿院》消息。云:"工商部次长穆藕初,以前第二集团军艰苦卓绝,努力党国,而军费困难,特捐赠银三万元,以资钦佩。冯玉祥因国家军队不当受私人馈赠,即令将穆氏捐赠之款在潼关开办'藕初贫

儿院'，俾资纪念。"（同日《申报》）

4月27日 黄揩臣、沈骅臣复函，云："接奉大函，为美国于本年十月十五日开会，研究统一生丝问题，关系世界丝业之发展，于我国丝业所关重大。嘱即预为决定遣派代表与会，并许与委任各等因，具征关怀丝业，莫名感佩。同时又接到美国丝业公会来函，嘱派代表事同前因。〇等彼此商榷，以为此事确关丝业前途，断难放弃。但人选问题最关紧要，而赴美津经费尤觉为难。因总公所历年均患入不敷出，而同业又连年凋敝，有勉维持现状而不能者，则分筹亦不能。然此事当以经费为第一步，经费有着，次及人选，筹思再三，惟有恳由大部核拨赴美经费贰万元，以壮行包。查民国十年中国丝业团体参与美国丝业展览会，总公所即推拨代表丁汝霖等赴美参加，呈农商部核拨给经费贰万两，方得起程。事有先例，在大部有案可检，必可援□设法。我公关垂挚切，又深知我国丝业之穷困，务乞鼎力维持，玉成此行。一面容再备具呈文，正式呈请。"（底稿，上海丝绸公所档案）

4月30日 复黄揩臣、沈骅臣函，原函如下：

> 揩臣、骅臣先生大鉴：十七日惠示祗悉。贵业推举代表参与会议，请拨经费两万两，重以雅命，一俟公牍到部，自当尽力设法。报载缪、□两君被推，尤属得人称庆。专复即颂公安。

> 弟穆湘玥拜启，四，三〇
> （原件，上海丝绸公所档案）

4月下旬 与江苏省主席钮永建商谈购美棉种转运陕西、河南播种事宜。媒体报道云："陕豫两省，产棉颇多。每年皆由水路运出潼关，集中郑州，转运津、沪、汉出售，数额甚巨，且其质地颇佳，素为国内各纱厂所欢迎。日前穆次长藕初、王善士一亭以豫陕荒旱，正可及时改良农棉，施给籽种，特商请江苏省钮主席暨上海实业大家荣宗敬君，捐助巨款，特由美购到棉种二百吨，交由河南派来棉种委员会代表，及在沪办理陕西赈务之陕西省赈务会常务委员孙维栋君，运往该二省播植，以为改良西北棉业地步，刻该棉籽业已运赴郑州矣。""至陕西宋主席、河南韩主席均有电复孙君，对于所述四条办法，极表赞同，待棉籽运到，即分配各产棉区域，依法播种。"（《申报》1929 年 4 月 26 日）

5月初 到沪与各丝厂商救济办法，表示"工商部近将颁行统一权度器具，不久即将实行"。（《申报》1929 年 5 月 28 日）

5月9日 致函黄揩臣、沈骅臣，原函如下：

> 晋绅、骅臣先生大鉴：前阅报知贵业推举代表赴美，以吴申伯、缪钟秀两君被推，而来示并未提及，不审现已推定否？盼速进行，正式呈部以凭加委。无锡方面弟亦有函去，请其公推并希望唐星海、薛寿萱两君躬往；浙省方面倘周

延鼎君能往最佳,尚乞函促;外交部方面以季善述君,见询季君正在国外,自是良选。以上诸君共同赴会则结果优良,当可预卜。所需经费贰万元正在进行之中,知念特达。祗颂公安。

弟穆湘玥拜启,五,九
(原件,上海丝绸公所档案)

5月11日 致函徐新六,云:"惠示及节略均已诵悉,遵即转呈孔部长,奉嘱补具正式公文,即希照办,封发时并求示知,以便转知。"(上海浙江信业银行档案)

5月12日 黄揩臣、沈骅臣复函云:"请拨经费一节,承荷鼎立,力图进行,实深祷祝。此事在呈请以前虽开委员会一次,当时会议仅提到经费之为难,却未商人选。呈稿中措词确系实情,并非故意脱略,报纸所传吴、缪两君尚非事实也。丝业以沪锡两处为大宗,敝会业经函致无锡丝厂协会,共同进行,拟开一联席会议,尚未得复,所以迟迟者,或彼方亦在盼望经费之下落,以图筹备耳。承示各节为人选方面着想,敬谢南针,深佩卓识。一俟经费有着,奉批准拨,即当筹议人选,急促进行。前函未提系事实如此,并不敢有所阒也。倘孔部长注意及此,并恳代为陈明。"(底稿,上海丝绸公所档案)

5月19日 夜车回南京。宋美龄、宋太夫人及张静江等同车。(《申报》1929年5月20日)

5月20日 为浙江兴业银行注册事致函徐新六,云:"奉示及件均已拜悉,尊牍遵即代递。请辞廛系。所谓须保者循例如是,所以昭慎重也。"(上海浙江信业银行档案)

5月 由先生组织筹备之汉口商检局成立。(《汉口商检局筹备成立经过情形》)

春

任中山陵陵园计划委员会委员,并建议建造花房一所。媒体云:"首都中山陵园包括紫金山全部山田平地,约五万余亩,环山暨各名胜地,广道四通,车马通行。数月前聘请中外美术、园艺、农林、教育专家二十余人开会数次,分头计划,因规模宏大,全部计划尚未完成。园中现有苗圃三百余区,今年可出苗四五百万株,园庭果树蔬菜一千余亩,征集中外花卉名贵果苗,广为培植。农田一百六十余亩,广殖改良棉稻麦种子,推广界内农民。其余农田仍租由佃户耕种。又设中心小学七所,教育界内农家子弟为办理新农村之先声。此次奉安大典,全国二十八行省、海外侨胞、友邦政府所献各地方物、纪念花木六千六百七十四本,以山东、广东两省最多。侨胞赠赠陵园纪念建筑款项者,数量极巨。江苏、四川省政府各预备现款五千元以上,在陵园布置独立花木纪念区;广东省党部预备在陵园仿照总理广东中山县翠亨乡故居,建筑房屋;汉口总商会代表周星棠、刘少岩于来京参加奉安大典趋陵览胜之期,景仰万分,欲于先总理奉安恭献永久纪念物,以表敬意。适为陵园计划委员、工商部次长穆藕初闻之,当以纪念先总理恭献物品,以永久性质为贵,陵园垂万世景仰,建筑系远近观瞻,商诸陵园傅主任,悉园中急须花房一所,以培养暖地花木。周、刘二君即代表汉商献资二万元,为此项建筑之需。上海商会代表亦将筹集巨款,献一重要之建筑。历届国民革命,工作多得各地商人精神及物质之助力。今总理陵园建设,国内商家之热心赞助,亦不后于侨胞及党国同志也。"(《中山陵园建设事业》,《申报》1929 年 6 月 8 日)

6 月 1 日　中华职教社董事会改选,按章程名额九人,黄炎培、钱新之、王正廷、沈信卿、史量才、穆藕初、陈光甫、徐静仁、袁观澜当选。(《上海中华职业教育社志》第 115 页)

6 月 9 日　与谭延闿、孔祥熙、王正廷、张群、蒋梦麟等乘沪宁夜车晋京。到站欢送者有褚民谊、陈世光、吴凯声等。(《申报》1929 年 6 月 10 日)

6 月 10 日　西湖博览会公布聘请先生、张秩欧、陆梦熊、赵晋卿、刘荫莆、关傅、徐善祥、茅以升、杨卓茂等为高等顾问。(《申报》1929 年 6 月 11 日)

6 月 15 日　中国红十字会成立筹赈委员会,委员长为李伟侯,先生被聘为委员之一。(《申报》1929 年 6 月 25 日)

6 月 27 日　于工商部接见吴淞商会委员董梦一。董报告"该会改组经过及所属城市高桥、江湾、殷行、真如、大唱等各分事务所情形,详述一番。穆次长答谓:数日内即可批复,请阁下先行返沪,新钤记制就后,亦可同时颁发。"(《申报》1929 年 7 月 1 日)

6 月　发表为《西湖博览会筹备特刊》题词:"励工惠商"。(原刊,1929 年 6 月)

7 月 5 日　致函徐新六,云:"尊件昨已照递,收条附呈。股款实收数目册,尊处既不便逐一分列,自以不递为宜,原件附还。至主管方面另由弟口头说明矣。惟董监事姓名必须在股东名簿即出资人姓名册内,有名且须两相符合。据称来件董监共十四人,除我兄外,余均与股东名簿不符,应请迅速查明,列单见覆。例如某某,指股东名簿内之姓名,即某某,指来件之董事或监察人姓名,并注明其某某之股数若干,以便凭单在簿内代注或即由尊处自行注明,亦注明其股数,见寄。将原有出资人姓名册换回,亦无不可,统希示复为盼。"(上海浙江信业银行档案)

7 月 5 日　慎昌洋行诉穆杼斋、陈子壎诈财案宣判,陈子壎无罪,穆杼斋另结。1923 年先生曾与恒隆钱庄经理陈子壎等跟恒大纱厂穆杼斋订立抵押合同,因而此次案件开庭前,法院向先生此讯其事经过。媒体报道云:"慎昌洋行因恒大纱厂事,在临时法院诉穆杼斋、陈子壎共同诈财一案,经陈恩普推事开庭审理至八次之多,被告陈子壎历次均到庭候质,而穆杼斋以管辖问题提起抗告,卒未到案审理。结果已于本月五日宣判。主文谓:'陈子壎无罪,穆杼斋获日另结。'兹将是案判决全文,其释明陈子壎无罪之理由,因不能证明其有勾串情事,即不负刑事责任。'判决文:事实。缘陈子壎系恒隆钱庄经理,该庄与恒大纱厂有款项往来,迄中华民该十二年(即癸亥年)阴历三月止,恒大结欠恒隆银一万一千余两,恒大纱厂总理穆杼斋因负债甚多,一时无力清偿,邀集各债权人,以恒大所有地产房屋机器等项为各项欠款之保证品,由债权人德大纱厂、恒隆钱庄代表其他债权人华成保险公司等三十七户与恒大纱厂,于是年阴历四月二十四日经潘士敦律师证明,签订抵押合同。先是穆杼斋于中华民国八年间,向美商慎昌洋行购买纺织等器,货价并未付清,该行于十二年六月间诉由前会审公廨,判令清偿,并谕令不得将纱厂财产处分抵押。十五年间,恒隆钱庄陈子壎代表华成保险公司三十七户,以穆杼斋押款逾期不偿,根据所订合同,诉由前上海地方审判厅,判令将恒大纱厂全部地基房屋机器等移交恒隆钱庄,并宣示假执行。本年二月间,慎昌洋行得悉前情,以陈子壎与穆杼斋订立抵押合同,勾通向前上海地方审判厅起诉,损害本行债权等情告诉到院,本院拘传穆杼斋无着,就所诉陈子壎部分先予审判,是为本案事实。理由:查中华民国十二年(即癸亥年)阴历四月二十四日,德大纱厂协理穆藕初、恒隆钱庄经理陈子壎代表华成保险公司等三十七户与恒大纱厂总理穆杼斋订立抵押合同,经当时证明律师潘士敦到庭证明属实,即告诉人代理人樊克令亦称,询之穆藕初,抵押合同当时确经签字,是此项合同并非倒填日月串通伪造,至为明显。上年七月间,何允梅向恒隆钱庄租借恒大纱厂全部,组织隆记纱厂营业,曾由恒隆钱庄征询各债权人意见,除金城银行外其他债权人均经盖章,有陈子壎呈出盖章名单可证。本院传讯金城银行会计主任殷纪常,对于恒隆代表起诉事,虽含糊其词,惟据前上海地方审判厅推事郑式康调查笔录,内载据金城银行经理方巨川面称,恒大积欠行内款银三万两,立有借据为凭,初行内知恒大亏空,不允商借,后因穆杼斋个人之担保,始允其请。迨恒大倒闭后,向穆索债,由穆将信大窑货厂全部财产作抵,故此项借款除由恒隆钱庄代表起诉外,复由金城银行独立起诉,向穆杼斋个人追偿等语,是陈子壎在前上海地方审判厅起诉确受各债权人之委托,亦属无款。债权人义成、裕复豫二户在癸亥年三月前,债额各为一万两,耀记一户为五万两,均经本院询问明白,核阅账据,与抵押合同所载数目相符。其后或由穆杼斋偿还欠款若干,要于抵押合同并无丝毫抵牾。至告诉人所称利息计算之不符,穆杼斋之商请告诉人经理恒大各节,均经陈子壎逐项辩明。总之,穆杼斋以未经付清价值之机器,抵押于人,固有不是。而受抵之陈子壎不能证明其有勾串情事,即不负刑事责任。爰依刑事诉讼法第三百十六条,谕知陈子壎无罪,穆杼斋在逃,俟拘获另结。判决如主文。中华民国十八

年七月五日。"(《申报》1929 年 7 月 29 日)

7 月 13 日　出席工商部部务会议。议决：①关于各附属机关事务及技术人员之保障、年功加俸、储蓄养老、保险等项由穆次长召集参事、司长、技监，会同博考式规，妥订章程，提付讨论。②即派技监徐善祥、技正熊传飞、科员张兴祚前往浙江等省调查丝织业状况。另派张受和、赵永思赴湘鄂，调查桐油状况，周蓄源、周敬天赴皖浙，调查茶业状况，并请穆次长拟定调查方法及范围。(《工商半月刊》第一卷第十四号)

7 月 15 日　发表《菲律宾工商业考察记序》①一文。云："政府何物乎？少数学者之理想与多数人民之愿望之凝合物而已。理想与愿望，均有类于行空之天马，有时见障于事实则少退，而以二者之富有潜在的弹力也。运其力以战胜事实则复进，儳退儳进，终于演进不已之中，造成一部人群政治史。是故政治之为物，其所采途径，谓无日不在革命之过程中可也，谓无日不在试验之过程中亦可也。惟是政府为物，含有甚大之危险性，一举指间，不唯关于千万人之苦乐，乃至于千万人之生死。故虽革命与试验，不可避免乎，要当以郑重又郑重的态度行之。"先生阐述中菲两国的历史渊源及其交往后，云："吾尝谓世界有两大障碍物，足为人群进化之梗，厥为国界与种族界也。中华自孔子始，即以大同为理想的政府极轨。先总理中山先生且以天下为公，悬之梦想，而其所揭示之主义，曰三民主义，其所采之方法，曰联合世界以平等待我之民族共同奋斗。美利坚之于我，既为世界最友好国家之一，而菲律宾之于我也，复有不可复分之血统关系如前述。意者世界诚有一日消灭人群进化之大障碍物以达大同鹄的乎，其将自中美两国间与中菲两族间始也已。……菲政府与社会一切设施，既随处昭著其可惊之成绩，具如本册，而我同胞所经营之教育实业，亦复日新月异，灿然可观，顾我对之，乃重有感焉。试验菲岛出入口货价统计，由菲入华者，一九一七年四百三十二万余元，越十年得五百二十三万余元；其由华入菲者，一九一七年八百五十一万余元，越十年得一千二百九十一万余元，不可谓无相当之进步。而试更检其入口国别，则来自中华者仅占百分之五点五八，而来自日本者竟占百分之九点五七，相差几及一倍。此则有待于我政府与人民上下内外鼓其更大之勇气，并力一心，以从事于消极的排除障碍，与积极的建设工商百业者已。"(同日《申报》，《文集》第 325 页)

7 月 26 日　于工商部接见全国民营电业请愿代表汪画城、郭志成、王瑞裕等。先生向代表陈述民营电业收回官办意见。"略谓我国经济落后，各种工商业政

---

① 《菲律宾工商业考察记》，吴承洛编，孔祥熙题签，中华书局 1929 年 12 月出版。

府竭力保护尚恐不发达,岂能再事摧残? 最近各省有的民营电业公司收回官办者,殊觉未妥,无怪全国电业界不能安心营业。且公用事业,非不可收回官办,但政府应先具体计划,不论赚钱亏本,须一律用合法手续收回,方为公允。并谓本人亦系商人之一,历经许多困难,对诸君请求保护民营电业及解释监理范围各节,自当转达部长注意。"(《申报》1929 年 7 月 27 日)

8 月 6 日 法属越南政府违反中法关税条约及各项照会,于 7 月 16 日起对我国输往越南丝绸突增重税。我国各丝绸团体异常愤激,叠经电呈中央党部、国民政府外交、工商等部请求抗议交涉,要求取销此项苛税。江浙各丝织团体开会推举蔡声白、程干卿、邱椿珊、吴星槎四代表,于本月 5 日携带节略入京向各最高机关请愿。四代表到京后、先后在中央党部、国民政府咸承派员接见,均允转令外交部抗议。本日,先生与工商司长张轶欧于工商部接见四请愿代表,"允咨转外部办理"。四代表后至外交部,由国际司长稽镜代见,稽司长答称:"前接贵团体报告加税电后,业已发出抗议,向法使交涉,尚未有复到。""四代表均告满意,业于八月七日乘车离京。"(《申报》1929 年 8 月 9 日)

8 月 11 日 上海国货工厂联合会召开全员大会,先生有"组织海外国货贸易团"提议。申梦世主席报告杭州国货商场情形及关于呈请中央豁免国货广告税等事。谈论各项事宜内有"张子廉提议、李颂夫附议工商部次长穆藕初先生请组织海外国货贸易团,供侨胞之采购,藉挽外溢之利,……议决:先行成立筹备委员会,一面招请各团体自由加入;一面呈报中央。"(《申报》1929 年 8 月 13 日)

8 月 被聘为国产绸缎上海救济会委员。报道云:"中华国产绸缎上海救济会自成立以来,对于各项工作努力前进,颇能引起各界同声之应。兹以该会鉴于济之责任十分重大,一方固应致力于消极的宣传;一方尤应注意于积极的改良。但上项工作,苟非各界通力合作难奏奇效。该会为广集贤才、共图挽救起见,特于第一次常务会议决议,聘请市长张岳军为名誉委员长,褚民谊、虞洽卿为副委员长,钱新之、潘公展、叶惠钧、王晓籁、汪伯奇、陈德徵、叶琢堂、梅梅堂、方椒伯、严谔声、史量才、袁履登、陆凤竹、顾馨一、贝淞荪、徐寄庼、陈福士、王云五、诸文绮、秦润卿、穆藕初、赵晋卿、褚慧僧、黄磋玖、项茂松等数十人为委员。闻聘请书已在印发中,他日国产绸缎之突飞猛进胥于此卜之矣。"(《申报》1929 年 8 月 16 日)

9 月 4 日 为纽约生丝会议加派代表事致函黄揖臣、沈骅臣,原函如下:

揖臣、骅臣先生大鉴:此次参加美国纽约国际生丝会议,派定代表除李君国钦尚在美国外,其余六人均经函请,外交部给发护照准备启程,原领经费贰万元已有不敷支配之虑。贵所呈部拟请加派许、邹两君一节,事实上殊感困难。惟所需川旅等费倘贵所能设法另筹,当由本部一律给予代表名义,并向外交部请领护照送交转洽,俾获成行也。专此布复,顺颂筹祺。

穆湘玥启,十八年九月四日
(原件,上海丝绸公所档案)

9月12日　晚,工商部长孔祥熙招待美国丝业公会会长满列门等在沪华安餐厅举行宴会,先生应邀出席。到者有中外丝商夫美加利、叔谷、卜山松、白纳克、莱恩及黄擂臣、沈骅臣、朱静庵、沈田莘等四十余人,工商部有徐凤石、许建屏、刘曼若、赵晋卿、邹秉文等十余人。孔部长致词,满列门致答辞,黄擂臣等先后演说。(《申报》1929 年 9 月 13 日)

9月17日　下午四时,孔祥熙于觉林举行欢迎参加工商部国货陈列馆各厂商宴会,到者有陈翊廷、林质茂、张传畴、包钦华等六十余人。先生及陈列馆杨铎、唐奇等作陪。孔祥熙致欢迎词,"训勉大家在提倡国货线上共同合作,解除列强经济压迫,使工商界奋勉发达。更望捐税一项极力设法减轻,使国货普及国内外。"末茶点摄影散会。(《申报》1929 年 9 月 20 日)

9月20日　被国民政府第四十三次会议任命为外洋筹募公债委员之一。同时被任命的有马超俊、周启刚、丁超五、郑螺生、张道藩、肖吉珊、黄展云等。(《申报》1929 年 9 月 21 日)

9月24日　在沪出席度量衡推行委员会成立会。到各部会代表数十人。孔祥熙主席,致开会词。吴承洛"报告拟定度量衡标准方案理由及呈奉国府核准公布经过"。陈儆庸报告制造标准器情形。先生与苏民生等演说。(《申报》1929 年 9 月 25 日)

10月14日　工商部组织国货陈列馆第一次国货展览会,"审查出品委员会聘委陈郁、穆湘玥等二十一人为委员,并指定穆湘玥为主席委员。"(《申报》1929 年 10 月 14 日)

10月21日　被任命为视察侨务专员。同日国民政府颁令:"派周启刚、丁超五、郑螺生、张道藩、肖吉珊、黄展云、穆湘玥、谭赞、黄锦添、邓祖荫为视察侨务专员。"(《申报》1929 年 10 月 22 日)

同日　下午五时,上海市商会、银行公会、钱业公会、茶叶会馆、纳税华人会等五团体于市商会举行欢迎美国旧金山商业旅行团茶话会,先生应邀出席。到团员约三百余人。席间主席王晓籁致欢迎词。该团主席、前旧金山商会会长马耶君致答词,云:"敝团此行目的在促进太平洋各国之邦交,为人类谋幸福。今日在华见闻所及,与夫贵团体之招待热忱,极表满意。惜有少数团员,因贪恋上海景物,未能出席为戚耳。"继该团旧金山商会副会长林煦致答词云:"上海与旧金山之合作,其悠久历史非自今日始。以贵国近来进步之速,必能贯彻其取销灵石裁判权及取销不平等条约等主张。外人侨居贵国者为其生命财产,得相当之保障,则以上之特殊权利固极愿放弃者也。苟贵国而不能富强,则全世界不能享受安乐,深愿两国间有进一步的合作,贵国前称大帝国,今后将称大共和国,为太平洋放一异彩。"末先生演说云:"今后国际间之结合系经济的。欧战以来世界经济重心已由大西洋而迁至太平洋,敝国乃旧国家而新共和国,贵国乃新国家而旧共和国,深愿两国间以经济力量团结之,则比较政治力量之团结必益巩固。"演说闭,全体摄影。(《申报》1929 年 10 月 22 日)

10 月 27 日 下午三时,上海劳工医院筹备委员会招待各大工厂、慈善机构负责人,于上海市商会举行谈话会,先生应邀出席。到者还有秦润卿、徐寄庼、诸文绮、汤德民、王延松、范守渊、俞松筠等二十余人。"褚民谊、潘公展等先后说明筹备医院经过,与上海劳工达八十万而疾病医治无免费诊治医院之痛苦,及本院应从速设立之必要。惟经费不敷甚巨,应请与劳工最有关系之各厂负责人员作强有力之帮助。"该院"经市党部委定筹备委员后进行甚为迅速,其预算均经市党部核准,并定十一月五日开幕。工友患病者不特可至院门诊,重症亦可住院医治"。(《申报》1929 年 10 月 28 日)

10 月 在沪与陆竹坪、杨习贤合作收购日资东华第一纱厂。媒体报道云:"本埠杨树浦高郎桥东华第一纱厂自民十工停厂后,屡拟开机,皆因抵制风潮不果。近来东华总公司以该厂创设虽早,较之新设之两厂规模则具体而微,经济又受人钳制,议决将该厂及在日本之一厂同时出售。事为花纱业巨子陆君竹坪、杨君习贤所知,就商于杨君业师、现任农商次长、纱厂先进穆藕初君,穆君以为该厂锭虽只一万,机件虽已陈旧,而规模美备,地位事宜,组织精密倘整理得当,目前措置已可裕如,日后增改新机,扩充布厂,亦无尾大不掉之弊。此虽人弃我取,而所以止塞漏卮,为效甚伟。爱力予赞成招集股本,得王一亭君介绍,以二十二万两购定该厂全部房屋基地机件,改名隆茂纺织股份有限公司。由穆、陆、杨三君主理其事。现正赶工修理,不日开机。杨君系德大纱厂实习多年,并在厚生纱厂专管花纱营业事务,久历商场,劲健有声。该厂将来发达,自在意中。此为国人购买外厂之第一声,倘有继起者乎,不禁拭目候之。"(《华商购买日厂之第一声——东华第一纱厂改名隆茂公司》,《申报》1929 年 10 月 23 日)

11 月 1 日 中国国货银行召开股东创立会。唐寿民、孔祥熙、胡文虎、宋子文等当选商股董事,先生与徐新六、贝淞荪、黄汉梁、刘鸿生等当选常驻监察人,总经理朱成章。15 日,国货银行开幕,行址上海汉口路 3 号。宋子文、孔祥熙等出席并演说。(《申报》1929 年 11 月 2 日、16 日)

11月10日　德配金夫人五十正寿。社会各界皆制寿文、寿诗、寿联等祝贺。穆伯华《母夫人金夫人五十双庆征诗文启》云："人情之思，所以娱其亲也，虽明知为世俗之恒例。凡古所谓立身行道，以遂显扬之志者，且什伯重大，于是而心所耿耿，若必欲一致敬焉，而后快者，则父母康强之家庆是已。吾母少吾父四岁，为外祖父树田金公季女。年二十一来归吾父，二十五生家菁。时伯父甫举于乡，锐志进取，期有以自效于国家社会，未暇事生产。吾父供职海关，以月薪支门户。吾母秉承先祖母掌理家政，巨细靡遗，姒娣间怡怡如也。年二十八生弟家骥，吾父既感关政之权操外人，非青年努力自振，无以维国权，乃弃关职而从事

金夫人于寓所留影

教育。又慨念国内工商业之幼稚，非有高等智识及科学方式之组织，未足与列强抗，以是毅然赴美留学。吾父力赞成之，费绌则典饰物以助。时吾母年正三十也。在吾父留美六年间，吾母艰苦备尝，无几微怨色；中婴笃疾经年，赖外祖母朝夕护视，幸保平安。洎吾父得农学硕士学位归国，先后鸠赀成纱厂三、交易所一、银行一，于事业渐有发展，而吾母因之大慰矣。方纱厂极盛时，吾父资遣留学欧美生凡十四人，费十余万元。此外补助教育机关者，数亦甚巨，以是家无余蓄。吾母念吾父求学之不易，及学成后所建设，独心然之，谓用财不当如是耶！吾母年三十六、三十七生妹怡如、恂如。既逾四十，吾父以吾母操劳甚，体气渐虚弱，纳庶母许氏佐之。时庶母年才十八，吾父爱之也挚。吾父方致力实业，为远大之企图，日不暇给，罕问家庭琐事。吾母出私蓄为庶母置衣饰，虽重价不吝。而自奉则弥俭，每日晨五时即起，数十年如一日。秉性慈祥，接物以和，对仆婢亦从无疾言遽色，故齿日增而体健于前。吾父之年五十也，方居先祖母忧，与吾母衔哀茹痛，日以勿忘先祖母遗德为念。服阕后，新政府将任吾父以工商次长。吾父素澹仕进，考虑再四，谓可藉是以通政府与商民之情愫，始决然就职。此一年来，吾母持家政益勤，而年亦五十矣！戚友知吾母年者，将以新历之十一月十日为吾母寿，并寿吾父。吾父既峻却之，而儿女之以私情庆于家也，则意在稍答慈恩于万一，亦吾父之所许也。现家骥弟尚留美哈佛大学，习政治经济。怡、恂二妹均在就学期。庶母已生弟家麟及四妹。家菁娶于沈，亦生二女矣。孟子所称三乐之一，家菁何幸而遇之。倘荷大雅宏达，锡一言以彰吾母之懿行，则感戴隆情，曷其有既！"兹摘录如下：

恭介藕初先生五十晋四暨德配金夫人五十双寿

民国十八年，藕初先生既登寿五十有四。德配金夫人乃以十一月十日偕登五十寿。同人以先生游学海外，以商成业，施于有政，声施烂然，不可以无述，以为侑觞之辞。祥熙惟先生志事经纬，励学之勤劬，创业之甘苦，其详已见于先生所为《五十自述》，既详且备，足为国人慕望瞻崇久矣。独夫人以名门清胄，相先生以成其事业，甘苦忧乐，容有非人所尽知者，请扬榷而陈之。盖先生早岁困厄甚矣！执事海关以支持门户，夫人掌家政，独能以俭约自饬，和妯娌无间言。及先生感于关政操外人手，非所以自立，然非学彼长以补吾短，则不足以抗。于是毅然弃职，学于美者六年。夫人既力赞，先生行费绌，则典质饰物以助。虽极艰苦困厄，而无几微怨色。其后先生以硕士归，先后鸠赀创纱厂、交易所、银行，事业炳蔚，誉昭国内外。先生乃以其赢资遣游学欧美凡十四人，费十余万金，而助教育费数亦不赀。人或有以为奇而言于夫人者，夫人曰："国无学不立，学非资不成。方今国势阽厄，吾以为能者当效其才，富者当竭其赀，以求益家国。子顾谓用财不当如是耶！"比岁，先生被任出席太平洋商务会义首席代表、上海总商会主席、全国经济、财政、交通诸会议委员。客岁被命任工商常任次长，今岁又出席菲列滨嘉年华会。名位日以崇，声施日以广，而夫人无改常度，居约持俭，一如先生困厄时，而督子女学问不少假借。今长公子既足绍箕裘，而次公子又游学习政治、经济，学骎骎成矣。其幼者亦皆嶷岐异常儿，人以卜穆氏之将益大，即先生、夫人之为乐可知已。夫世界演进，其变至繁赜也；格物制器之方术，将万变而不穷。至修已持世进德之道，盖有历万禩而其道终不可变者，在由其道，则身安而常乐；失其道，则身危而常苦。安危苦乐之际，至易辨也，而昧者惑焉。盖所谓妇道，至今日而弥苦矣。务逸乐，则不知共甘苦矣；习骄纵，则不知为柔顺矣；尚奢侈，则不知躬节俭矣；主放任，则不知教督子女矣；慕荣利，则不知所谓名节矣。相悦而合，恶而离者，比比也。其始固足以自豪其究也，身与世两不相属，而后悔昔之非，而已晚矣！然则吾先哲所谓妇道，载之简编，殆非唐大无稽之言，而本贤妻良母之教，以致家庭之乐者，意必有必不可废者在欤！观夫人生平，所以相先生以相与有成，所致子孙之众多，名位之崇高，而耄耋期颐之可操券，以俟之也。其亦知所法式也乎？而先生、夫人之寿乃益无纪极矣！是为序。

工商部部长愚弟孔祥熙顿首拜撰，工商部次长愚弟郑洪年顿首拜书，工商部参事陈匪石、汪汉滔，秘书李毓万、许建屏、鲁佩璋、宋沅、徐履盛、曾克崸，司长高秉坊、成嶙、张轶欧、朱懋澄，技监徐善祥，科长郭公授、王世鼐、鲍植、施行如、陈钟声、祝世康、富纲侯、张凤梧、吴鹤、王钟、金秉时、韩有刚、苏寄尘、陈炳权、杨卓茂、黄祖培,技正吴承洛、刘荫茀、程瀛章、蒋琪、熊传飞、陈徵庸,科员辛子文、胡寄南、何锡康、瞿宝祚、种化民、翟作堂、茅征和、汪成美、万邦、李祖龄、赵增礼、汪蓉第、孙伦鉴、何德显、常蕴春、俞蕃丰、江世沆、谭哲、屈彦韬、张光嗣、沈之准、员行三、陈光熺、许同范、孔庆平、茅子椿、陆桐生、孔祥仁、俞汝谐、王世昌、李文斌、稽树屏、杨祖琛、饶华柱、王继盛、宋则夷、叶震坤、谢公博、张兴祚、金天禄、王光辉,薛正清、王家骧、黄醒、谢忽迁、唐启贤、徐荫昌、张政和、谭赞、张月溪、张复、赵守恒,卞同和、林士警、孙引源、沈国瑾、瞿衡庄、袁锡瑀、许修之、李四荣、邓昭袁、钟澄光,张沧萍、屠哲隐、刘恩成、王莹、司徒勋、陈任天、沈时济、刘巨鏊、吴湘浦、李建安、沈达、陈寿康、任重、印水心、黄馨、陈联芳、吴思和、骆达、傅哲民、查慎舆、陈祝南、谢学序、萧国驺、王瑞锦、程瑞谦、章万生、陆逢世、冀海晏、杜孟陵、裘祖华、徐德充、康来文,技士刘铨、侯国昌、龙宗藩、汪家采、宋彭年、严正、贺之贤、陆锡章,办事员朱坦、曹启庚、闵季康、阮性炜、张彩澄、老荣耀、梁志谦、徐晋莹、刘语希,法规委员会委员陈端、孙璞、沈宗濂、王果、金轺章,国货陈列馆馆长杨铎,上海商品检验局局长邹秉文,委员缪钟秀,主任陈舜耘、叶元鼎,副主任程幼甫,课员李仲霞、黄宗勋,文牍张企文、黄蒲仲,技士张伟如,兽医罗清生,汉口商品检验局局长吴健,副局长张履鳌,主任沈晙、王彦祖、林天骥,朱成厚,副主任黄观洛,课员许亮、青岛商品检验局局长牟钧惠,副局长王斌兴,主任潘澂寰,课员吴家振,天津商品检验局局长费起鹤,副局长李荣凯,主任周维廉、潘玉山,副主任陈天敬,商标局局长温万庆同顿首拜祝。

中华民国十八年十一月谷旦

穆嫂金夫人五旬双寿言并颂

且夫干元资始,以刚健为自强之基;坤道有成,以柔顺为承天之助。是以倡随允协,陶渊明奏绩于耦耕;娩婉无违,桓少君承奉而共作。惟德门多盛事,故奚斯作颂,令妻与寿母同称。惟美意能延年,故束皙补诗,朱萼与白华并咏。吾于穆藕初先生之德配穆嫂金夫人五旬双寿,既征福祜之骈集,益觉贤德之足多焉!金夫人绸直表躬,庄姝协度,禀成淑质教本习夫。敬姜生自名门,人竞称为尹姞珩璜,是饬无待公宫嫕静,自然岂烦傅母。固宜戚党称其淑德,闺阃着其能声焉。迨其归于藕初先生也,年方二一,礼谙三千。无非无仪,惟酒食之是议;宜家宜室,乃琴瑟之克谐。恪谨以奉威姑,率履不越;温恭以相夫子,井臼亲操。筐筥苹蘩,风诗载咏,滫瀡免薨,内则祗遵。缉缉多男,乃渐蕃夫子姓;怡怡一室,无不逊于后。先是金夫人之经营家政,其贤能有如此者。方藕初先生之供职榷关也,慨政权之旁落,乃学识之不充;欲恢拓夫国权,惟力谋夫教育。且以工商之不振,亦繇科学之不明;将图董理于国中,必先孯求于海外。

于是金夫人乃心韪其议,力赞其成。为筹螯属之资,至撤簪环之饰。远游万里,小别六年。承色笑于堂前,惟扶鸠之无失;盼音书于海上,愿飞鸿之频来;感迁变于岁时,咏居诸于日月。秋霜春露,无限辛勤;夏葛冬裘,几经寒暑。况又微疴曾染,劳汤药于慈亲,乃至艰苦备尝,无怨尤于暗室。是金夫人之助夫成志,其贤才有如此者。至于藕初先生学毕农科,名成硕士,怀奇琛以归国,抒环宝以兴邦。谓以国殖所关,在以学识组农工商之业,而民生所重,则以服御居食住行之先。况地土既良吉,贝古终之产斯富;惟日用最切,简中阿锡之品尤多。乃于是辟广厦以万间,鸠工徒以千耦。经纶大展,溥衣被于无穷。杼轴载兴,俾工作以弗辍。盖设纱厂者三焉。又谓工事既已革新,商业亦必相辅。苟无汇集懋迁之所,则品物之良窳畴厘;苟无评量校核之场,则价值之盈亏莫辨。故五都之市,悉依驵侩之所指挥;百物之情,必视互郎之所上下。于是日中有市,风动无方。集上客之多金,招鸿商于远埠。归移得利,尽操赢制。余之能废,着因时合,立候建标之制。且也金融挹注,非综括无以观汇通;财物取携,非交通莫能利周转。盖设交易所及银行者各一焉。惟藕初先生宏才卓识,所以展布者既多,而金夫人至愿深心,所以告慰者愈大。若夫教育为万事之本,人才为一国之源。声光化电之科,惟深造乃克增进夫物质;寄象译鞮之地,非厚赀莫繇探讨夫文明。于是藕初先生以营业所赢余,为后生培学问计,资遣留学欧美者,人十四,银十余万。联骈载行,英髦悉荟,腴秀争撷,世用孔多。而金夫人当时非惟无吝惜之情,转觉得用财之当,其贤明有如此者。至于民之秉懿,刚柔有异;性之毗附,缓急不同。或以卞急贻讥,或以纡迟致误,天之所赋,势或宜然。惟金夫人则温和有德,淑媛多慈,非徒樛木歌下逮之仁,并见荔枝表侧生之瑞。持躬以俭,而被妾媵以丽都之衣;与物以宽,虽在臧获无谴诃之责。惟家门有肃雍之象,故身心得颐养之和,其贤惠有如此者。综其才能,加之明惠,皆大德之襮箸,宜福履之骈臻。今者藕初先生职膺部长,志在民生,输智识于百工,斯鋈金粹彩之方益妙,倡信诚于三贾,将伪价诒资之弊胥捐。体恤商艰,乃审定夫税课;消除工困,并调协夫劳资。瞻焜耀之簪缨,交游被其光宠;加辉煌之翟茀,闺阃播其德音。是金夫人之福祐有如此者。况复芝兰满室,皆光风霁月之才;珠玉充庭,尽东箭南琛之美。义方有教,信堂构之相承;科学多能,跨欧美而益上。是诸公子之学力,日进无疆,则金夫人之福褆,方兴未艾也。同人等久奉藕初先生之宏教,夙闻仁嫂金夫人之贤声,共仰女宗林下风,未足称道,群钦妇德闺中秀,何可与京?兹值双寿之佳辰,应庆百年之式好,为春酒以介寿,不妨徇儿女之乌私,开夏屋以延宾,何莫非家人之燕会?木公金母,欣看莱彩以腾欢;笔舞墨歌,聊仿閟宫而作颂。颂曰:

温温夫人,惟德之华。才完女则,仪美梁家。宽仁慈蔼,淑慎柔嘉。秉心维惠,介福维遐。(其一)

文兰有馨,良玉有度。四德聿修,百行并着。筓珈允臧,琴瑟在御。猗维夫人,诚贤内助。(其二)

洸洋学海,君子出征。毅贞伟志,夫人翊成。政新工贾,位重公卿。远张国力,近播家声。(其三)

实业勃兴,烝民是式。教育恢闳,诸生是则。君子之施,夫人之识。溥矣称仁,休哉诵德。(其四)

振振公子,蔚起充间。涵泳道议,讽味诗书。寝门祗肃,梓舍欢娱。椿萱菶茂,兰芷芳腴。(其五)

日临南极,春永北堂。惟德致福,俾寿而康。载升歌吹,载酌酒浆。黎收作赋,滧萃称觥。(其六)

古朱方柳诒征荜撰,赵宗忭拜书,上海华商纱布交易所理事会张雩春、贾璜、吴兆曾、吴慰曾、柳斌元、荣宗敬、吴毓曾、徐国安、徐维训、潘作楫、顾炳奎、陆懋德、杜镛、董曾材、胡筠庵、薛焕章、叶瑜、张彝同顿首拜祝

中华民国十有八年十一月谷旦

穆嫂金夫人五十寿颂并序

余友穆君藕初之淑配金夫人年五十。其长君家菁述其母夫人之懿行,来征言曰:"自吾母之来归吾父,家无积储,犹儒素也。吾父晨而受事,夕而求学,膏火不继,则吾母阴佽之。迨吾父鉴时变之亟,国之不振,民生之日困,非发奋求学,无以图斯民之生存。于是浩然渡重洋,游学美国者六年。时吾母年三十,仰而事,俯而蓄,有无黾勉,而不以为劳。一日归国,吾父方开发实业,张皇山川,如气上蒸,如水下注。未及数年,岁丰月赢,慨斥巨金,分助游学,而吾母相与油油。积而能散,而不以为过。比吾父婴时事之靡甯,所营业率感艰阻,屡仆屡起,吾母时慰藉之,而不以为屯。今吾父受当路之要官京师,国家向新,将重苏民困,群生喁喁,海内腾跃。而吾父五十有四,吾母年五十。吴之俗率五十为寿,为人子者无以报万一,欲集亲故而觞之,苟得一言以为之侑,家菁之荣也。"方还曰:有是哉! 人生艰难困厄之中,其身世所遭巉严礁石,阴雨晦暗,四愿浑芒,同舟之人,前篙后舵,性命相依。及夫天豁地开,诞登厓岸,云风相从,命酒而酌,不忘共济之人情也。知非独家菁之乐寿其母,即藕初今日亦必乐为妇寿也。矧其内德之茂在,约而泰丰,厚而有施于人,慈俭为宝。宜其寿考未艾欤! 昔归震川为朱太常寿郑夫人,张啸山居曾湘乡幕,亦曾寿欧阳夫人于两江任所。谨援斯例以为颂。曰:

媖媖夫人,为予友之嫔。少而能贫,姻不失亲。深能识大体,克成夫志。不为怀安,有如姜氏。劝学四方,有如乐羊。门户无枢,而夫人是匡夫也。令闻宪宪垓埌,夫人愉愉,阴相其仁。昔陷重坎,今途坦坦;昔茹荼蓼,今禄陶陶。樛木逮下,鸤鸠均一。举室太和,邦家之式。梅岭有芬,海天有春。献梅为寿,人与岁新。

方　还拜撰敬祝
中华民国十有八年十一月谷旦

德星聚彩,门施行马之初;璧月交辉,家庆扶鸠之始。共山河而偕老,值玄黄之更新。如我藕初先生德配金夫人眉寿之喜,可得载笔而乐为介觞已。夫人淞水华宗,彭城上族。铭椒赋鞠,翔芬蕙于绮里;说礼敦诗,着贤声于珂里。爰以金妃之再世,归我穆叔之多文,耦固如仙配。原称德妇姑棋罢,晨昏兼治,颖羹娣姒。袆联进退,恪守郝法。当夫子壮游之岁,正室人代匮之时。虽充陆贾之装,未餍班生之志。夫人屏当纤悉,空杼柚而无辞。补葺绸缪,撒环填而弗恤。是则山公伟度,早邀品藻于中闺。房相高名,实赖劻襄于内政也。至若助蓬氏之篁,恩棣藟樛;成谢庭之名,财轻簠簋。坼起居乎?八座在福,则冲歌生佛者,万家善心为窈。备兹徽德,曷罄揄扬,洵彤管所难名,亦金闺所仅见。今者年登大衍,序届小春,烂中天之婺辉,舞两行之莱彩。好催梅信,先开岭上之花;愿祝萱荣,合奏房中之曲。

己巳十月侍生朱振曾拜撰,吴湖帆拜书,待生程文龙、潘起鹏、张钟来、冯超然、陈承俦、赵文俊、朱祖浚、谢兆基、徐骏烈、王怀忠、庞国镐、陈巨来同顿首拜祝

恭祝河南师母金夫人五旬寿序

新纪元之十八年十月,欣逢河南师母夫人五十设帨之辰。时值统一成功,实施训政,我师藕初夫子以实业巨子、硕士荣名,荷党国特达之知,膺工商次长之任。我师母六珈象服,在昔有命妇之尊称;四德芳型,于今为伟人之佳侣。郎君官贵,门施行马之初;寿者相成,家庆扶鸠之始。当我夫子悬弧之岁,适太师母弃养之年,抚枢柰之仅存,霞觞未进,倏春秋之迭换,宝婺增辉。熙绩等凤荷甄陶,时承提命诵诗颂君子之偕老,稽历逢大衍之登年。不有文辞,曷彰懿媺?抒及门之蚁悃,乃授简于鳞生,敢就我师之生平,藉着闻仪之卓越,博夫子之莞尔。敢事捵张,固坤道所宜。然何庸脁饰?我师家世食贫,髫龄劬学,当强台之未上,曾故纸之久钻。甫及成童,改习商业,经营吉贝,绍世德之箕裘。研究良窳,慨国产之衰落。乃乘时而思奋,因易辙以改弦,佉卢文字为科学之梯阶,榷税机关实财政之命脉。我师终朝服务,博蝇头供甘旨之需;方夜读书,

藉莹火收寸阴之效。于斯时也,我师母孝奉姑嫜,辑睦妯娌,媞媞善下,踖踖忘劳。效兰尸之有斋,师葛罿之无斁。支分菜把,则黾勉冬储;采掇溪毛,则恪将春荐。以效内职,以修女功固己。戚里钦其渊量,婢媪感其惠心也已。迨夫梦征天使,送有释迦,石麟既接踵而来,银鹿亦比肩而至。正充闾之有庆,忽折柳以兴思。盖我师当在总角之年,即抱凌云之志。况值寰宇棣通之会,国事蜩螗之秋,欲济民生,必先实业。美利坚为文明先进之邦,伊立诺乃农业专精之校。夙殷向往,遂赋长征。鼓箧而涉重洋,负笈而登新陆。行矣夫子,黯然离情于斯时也。师母妇以代子,母更兼师。慰倚闾之白头,则萝牵岁晚;抚成行之黄口,则夔折霄深。女布男钱,出入胥理,往还馈问,岁时无亏。万里通书,不涉米盐琐屑;二竖肆虐,犹教门户支持。遂使骐骥之步,驰骋夫康庄;鹍鹏之游,扶摇夫渤澥。数岁星兮五易,喜征人之远归。甫息尘鞅,不遑席暖。我师声华既盛,怀抱未抒,学富五车,家无担石。然而银手如断,金友同心。惟有志之竟成,斯无往而不利。创纱厂者三,建银行者一,交易得所,名实兼赅。元首前席而咨询,干旄载道;异族闻风而景仰,函荡宣猷。于斯时也,我师母身处华滋,心安淡泊。簪珥勿华于饰首,机杼尝顾乎中霄;履綦既无改平时,识见每加人一等。自来妇贵顺从,既统乎所,主坤为吝啬;又限于所,锺其能广赠佩之风。嗣馈飧之雅者,求之晚近,几等凤麟。矧夫我师高掌远跖,四达八膓,义有重于嵩衡,财可轻于篝箨。尝推育物之量,宏爱才之心,计树人于百年,斥金钱之十万,使械朴菁莪之妙选,受欧风美雨之裁成。凡斯铄今震古之猷为,莫非弋雁鸣鸡所赞助。今夫丹以九还而见宝,剑因万灌而称神。运会当否泰之交,天将玉汝;事业有隆替之异,人固奡尤。五角六张,入室不闻夫交谪;一弹再鼓,登场快试夫新声。我师之处世也如此,师母之所以相夫者又如彼。是知琴瑟在御,治国以齐家为先,福禄攸同,嘉耦乃幸运之最。且也凤毛斐尾于池上,犀角瞵扁于眼中。槐荫方浓,桐荪又长,备门庭之乐事,增鞶帨之光华。喆嗣伯华世兄昆仲,禀命严亲诹吉介寿。熙绩等久亲绛帐,未展丹忱,仰眷属之如仙,春风咸被;卜期颐之益算,如日方中。则因美意以延年,含福星而度世者,事所必至,理有固然已已。梅开岭上,桃熟筵前。陟华堂而庆洽,林壬海屋,筹长无异,尊开北海。俟函丈之龄周,花甲域中,春满重教,颂献南山。

　　受业门人徐熙绩百拜谨撰,受业门人杨习贤百拜谨书,受业门人胡　鳌、方显廷、陈聚之、徐祖熙、李汝栋、倪葆宽、范先知、金思萱、封永康、张友声、莫佑苍、莫树声、陈少康、董孟衡、朱达甫、毕元章、王燮祥、韩子英、唐镜初、徐菊如、林明海、凌志香、徐季苏、徐琴轩百拜谨祝

　　中华民国十有八年岁在屠维大芒落律中应锺之月上浣谷旦

己巳之年乙亥之月,为工商次长藕初先生德配金氏夫人设帨之辰,松柏冈陵,芝兰庭户,双庆同赓,五旬初度。莲并头而写照,瑞纪华苹;花洗手而迎秋,略传梗概。夫人素舒,仵德轩曜。怀光女史,箴传家藻。斧寿人曲,乐府范经。鸿案齐眉,必恭必敬。鹿车手挽,克俭克勤。礼始纮绖,义终绵絿。采苹蘩而相夫子,中馈心虔;荫樛木而恤姬姜,下施恩厚。宫居忉利,原无离别之时;府入清虚,常有团圞之夜。德彰燕婉,教洽鲤庭。三凤阶蹲,八鸾巷遇。诵倡随之,美绛树双。声志题咏之多,笔花五色;恍入众香之国,花咀英含;严登群玉之山,瑜怀瑾握;惠钧技惭刻鹄,情愧续貂。既抱乐观,讵容岁拙。爰乃效秋实展芜词,酌兕觥歌燕喜。登北堂而趋跄,晋南山之庆祝。

惠钧叶增铭敬颂

　　杰出有贤郎,继尊翁欧美豪游,想见平日义方垂训;
　　内助得良配,相夫子辛勤创业,长祝此生强健延年。

钱崇澍鞠躬敬祝

时则绛云庭艳梅,号仙姝澹月楼辉。鞠称寿客玟瑶之屏,几曲刻翠飞青芙蓉之锦。十重缕金错采,则有岳岳神君,觥觥贤母。挈谷神而游戏,粲玉齿以轩渠。人跻戏彩之堂,百龄日永;客侑祈年之斝,二老新辉。矧复伯歌季舞,梓舍镫传,鹤峙鸾骞,孙枝玉映。备人间之福泽,作海上之神仙。允宜燕喜赓歌,鹤飞献曲,芳伶介祉,有遏云阁之流风;词客挥毫,继玉茗堂而按拍。

愚弟徐增祥谨祝

天开寿寓,极婺齐光。人间佳耦,福泽绵长。谁克堪之,维贤孟梁。奕奕先生,金玉其相。恢宏实业,声名溢洋。当轴虚左,延赞工商。通商惠工,大业方张。谁实佐之,彼美孟姜。脱簪助学,风高乐羊。整齐家政,孝养姑章。仁惠逮下,樛木葛荒。内外交正,备致嘉祥。一门雍穆,龙凤满堂。百年方半,后福未央。敢倾菊酿,为侑一觞。介尔丕祉,眉寿无疆。

愚弟徐新六拜祝

相夫成名,逮下以惠。讵惟家范,允为世则。岭梅初萼,淞波不尘。觞此华月,侑以长春。

渐盦沈恩孚

女媊星耀，天姥峰崇。名门淑范，配我穆公。六珈象服，环珮雍容。桓车挽鹿，梁案庄鸿。公怀大志，实业扩充。殚心农学，留美羁踪。效忠党国，惠及商工。翳维夫人，聿相厥功。劬劳家政，勤俭持躬。性情和厚，气度宽宏。葛藟樛木，绰有遗风。子孙宜尔，泽衍斯鑫。凡诸盛德，不愧女宗。五旬双庆，祝叶华封。百季慈寿，如日方中。称觞介眉，嘉会忻逢。夫人曰止，戒弗从同。国家多故，外侮内讧。抚怀时局，忧心忡忡。贤哉哲嗣，愿馨私悰。酒卮晋碧，彩服裁红。一堂家庆，其乐融融。跻堂有幸，聊献愚衷。椿萱并茂，颂祷无穷。

世侍生童世亨鞠躬敬祝

梅开二庚，候应小春。日行北陆，历纪从新。月维十一，时周初旬。木公金母，会此芳辰。大衍双庆，于沪之滨。兕觥大斝，珠履春申。兰陔旧咏，乐府新声。工商辐辏，欢洽同人。寿诸无极，国基三民。于铄美哉，此其端因。

愚弟罗轶臣拜祝

照颜范滂传，髯苏母所督。汉宋两贤媛，先后耀嘉淑。
渊渊夫人穆，与以分鼎足。相夫一片心，相偕挽车鹿。
脱簪添膏火，学成举芳躅。倾囊育英才，天启后来福。
有子况范苏，舆台视潘陆。白头两伉俪，堂上灯花卜。
今日进一辞，更为期颐祝。

徐志摩敬撰祝、陆小曼敬书祝

海西壮岁探奇返，创业名声早绝伦。百变涛澜几支柱，万家衣被见经纶。
同心黻珮看愈健，过眼沧桑事又新。一笑从容与观化，愿持杯酒祝申辰。

郑洪年撰祝

博望方归海上槎，早梅又发岭南花。明农大业今为贵，主壶徽音古所嘉。
独往豪怀期活国，中庸至德总宜家。蟠桃正熟宾筵设，绕砌森森玉树夸。

恭绰敬祝

五秩诞辰正小春，德门设帨祝慈亲。莱衣舞彩颜开笑，菊酒称觞醉醽醇。
湛露萱花堂北树，汎风兰叶陔南循。宾延嘉客吹腰笛，有鹤来飞曲奏新。

王 震敬祝

百年上寿正中央,松柏冈陵岁月长。家法即今数韩穆,门楣从古重金张。
齐眉梁孟双修福,绕膝芝兰共举觞。博得琳琅盈四壁,莱衣献舞不寻常。

虞和德拜稿

一曲阳春十月天,跻堂介寿祝华年。相庄鸿案征嘉耦,同咏霓裳会众仙。
子舍声光初焕发,夫容颜色倍鲜妍。婺星照耀申江上,中岁修成福慧全。
尽多乐事叙天伦,起舞莱衣不厌频。夫子服官勖廉洁,儿曹入世展经纶。
中闺惟德方称寿,内助能贤大有人。我进卮言成一笑,戈戈翰墨亦前因。

愚弟荣宗敬拜祝

详修内则慕慈颜,系出名门姆训娴。律己任劳操井臼,助夫留学脱簪环。
比肩艾服欣偕老,绕膝莱衣喜列班。春届小阳称寿酒,梅花香里颂南山。

姻愚侄陈乐山拜祝

箕帚年余得所天,此随彼唱订鸾笺。承欢亲意勤操作,恪尽闺箴不斗妍。
举案相庄时戒旦,脱簪助学足称贤。重洋归棹经纶展,实业金融猛着鞭。
乐育英材善用财,竭诚赞许具心裁。相夫克遂凌云志,有子无惭倚马才。
知命筹添长似菊,称觞喜溢暖舒梅。齐眉偕劳鸠行健,满座春深戏彩莱。

愚弟顾履桂鞠躬敬祝

喜闻王母降瑶池,复旦卿云盛一时。百岁同赓偕老什,双星辉映合欢卮。
传经早列瀛洲选,讲学还资绛幔师。难得三千珠履客,齐眉介祝妙题词。
巖野求贤上国光,况逢醴酒合称觞。陶猗旧业施新政,梁孟高风式故乡。
东阁梅开春早到,西池桃熟日方长。木公金母神仙侣,家庆蝉嫣聚一堂。

李国杰拜稿

手散黄金培国士,躬调红粉饰家姬。堂堂豪举惊流俗,琐琐珍闻亦出奇。
况有佳儿传绝学,更无余蓄负明时。如君伉俪诚难得,载入彤奁岂溢辞。

弟吴梅

穆如天半起清风,金鉴珠花淑气充。凤吹双声筹引鹤,娥眉齐彩案铺红。
赞成学业欧兼亚,襄组经纶商与工。誉满螽斯及麟趾,花开并蒂日方中。
十月芙蓉焕锦章,百年益引藕丝长。宅边扬柳诗情系,雪里芭蕉画本藏。

黼黻黄裳接云盖,联翩珠履晋霞觞。怡情海上偕流辈,桂子桐孙萃一堂。

弟耿道冲

藕初兄长余二岁,过五十矣。为其夫人五十寿,质之曰:"五十不足言寿。今之时,不忍言寿。服高官,尤不宜奔走僚友也。"曰:"是有说。二十八岁时,欲习英国文字,苦无资。夫人售其钗珥,得金以给,不可忘也。请为诗以纪。"曰:"诺"。顾不善谀其亮我。

各从寡过求无过,五十平头又数年。学易试参长寿诀,健行不息道如天。

公子有德宜自忘,有德公子宜心藏。撒环廿五年前事,肯为夫人劝一觞。

黄炎培

藕初吾兄先生数十年益友也。处世才长,治家有道,心焉敬之。德配金嫂夫人相夫以礼,教子有方,足为女界模范。今值五旬双庆,公子等为母夫人寿,并以博封翁欢。其得亲顺亲之挚忱,为青年中凤毛麟角,至难得也。敬赋四章,藉申景仰。

高才夫婿人中凤,膝下郎君池畔龙。福第佛临无量寿,夫人身是后彫松。

贤母良妻两不惭,暮年蔗境味尤甘。群推陆地神仙侣,福慧双全迥不凡。

彩舞莱衣聚一堂,儿孙绕膝粲成行。试摹一幅慈云象,供向观音大士旁。

诸郎风骨各清华,满树荣开富贵花。不匮孝思堪风世,绵绵纯嘏锡无涯。

云间陆规亮

瑶天极婺耀双星,大衍同登寿百龄。裕国丝纶堪济世,篝灯机杼助传经。

群材手植看成荫,丛桂姿荣发异馨。争羡神仙谐眷属,联翩珠履祝华庭。

弟许世英敬祝

婺彩长同南极耀;

寿樽今为北堂开。

王正廷拜祝

通商惠工成六府;

齐眉比目合百龄。

愚弟张寿镛拜祝

室有芝兰春不老；
门多桃李岁长新。

林　彬恭祝

仙山桃熟寿无极；
庚岭梅开春早回。

江恒源敬祝

脱簪为助良人学；
舞彩争看公子贤。

中华职业教育社同人敬祝

南极辉腾，彤云瑞霭；
西池宴会，绛雪香芬。

方椒伯敬祝

十月为阳，庆逢五秩；
百年偕老，愿进重觥。

马叙伦拜祝

鸿案齐眉，凤毛济美；
经纶辅国，桃李盈庭。

愚弟张一麟、张一鹏率侄、男伟如敬祝

汉镜斑琏，檀乐好寿；
玉钩璀粲，宛转长生。

龙丁费砚顿首

百岁寿图，咸庆半幅；
千祥福履，遥颂九洲。

马寅初敬祝

爱日绵长,天伦叙乐;

华堂凝瑞,寿宇宏开。

后学邹恩润、杨卫玉敬祝

鸿案齐眉,百龄半度;

政声载道,群祝千秋。

中华职业学校敬贺

大衍添筹,欢谐绿醑;

长才棒檄,彩舞黄花。

赵师复敬祝

（穆家菁辑《穆嫂金夫人五十双庆寿言录》,1930 年 6 月）

11 月 15 日 出席中国国货银行开幕典礼。该行董事长孔祥熙,常务董事钱新之、陈行、唐寿民、陈光甫,董事许世英、宋子靖、宋子良、徐堪、胡文虎、刘奎度、叶琢堂、陈家栋、张学曾、郑莱,先生与徐新六、贝淞孙、黄汉梁、陈绍妫、温嗣康、李清泉、刘鸿生、黄浴沂等为监察人。（《申报》1929 年 11 月 16 日）

11 月 19 日 在南京出席劳工卫生委员会筹备会。该会由工商、卫生两部合组而成。议定章程及办事细则,并推选专门委员,俟章程核准后即正式成立。该会"专调查全国工人卫生状况,并提倡工人健康保险等事"。工商部派定委员为先生、朱懋澄、祝世康、富纲侯,卫生部为刘瑞恒、黄子方、金宝善、林几等。（《申报》1929 年 11 月 20 日）

12 月 5 日 在南京召集火腿同业代表讨论专制特权及外销等问题。我国江浙两省所制火腿为牲畜产品出口大宗之一。工商部上海商品检验局成立后,鉴于火腿外销之特产及已往之覆辙,屡次晓谕商人应力革弊端,并注重宰前宰后之合法检验,遂有以前经营四维、联兴等之出口商泰丰、志成、合昌等六家集资三十万元,组织中国制腿公司,建筑大规模之新式屠宰场。具呈工商部,力陈困难,请求专制特权及美属独销权,工商部以制腿非新发明,不能准予专利。故只批准独销美属五年,以示保护。有向不经营对斐出口贸易之广丰、茂生和等制腿商接踵而起,援例要求,请求工商部撤销中国制腿公司运销美属小吕宋五年独销权。本日,先生召集火腿同业代表李昌国、汪楚琪等开会讨论,"先由穆次长报告中国公司组织之原意,并称核准五年独销案是由部批准,非检验局之事。李君当即说明制腿业同人具有数百年之历史与经验,出口商向系向本业购买,现在核准该商独销,不啻变相专利。如今岁成本每百斤须洋五十元,而中国公司肯出四十元左右,庄票延至九十天,不售则货色搁置,金融不能周转,该商家向不制腿,今许以独销,且准其购地造厂制腿,而不许腿业同人自运出品,实非事理之平,而足以绝吾业生路,务请次长持平准许同业受同等检验,装运出口,庶不致因垄断而影响对外贸易。""继中国方面代表报告谓美属曾派员调查该商养宰场,认为合格。""穆次长当询邹检验局长曾否看过?邹局长谓只看过一家,其余均由兽医往验。李代表即询邹局长该场所养猪数及制腿情形,邹局长答谓未见。李代表即谓如此可见该商历年所装,均系由我同业售与,实未有养宰场,事实昭彰,若谓历年均有该商装运,即应由该商专利,亦无是理。因火腿并非新发明之物,且该公司中和合、合昌二家即已非原主,系由他人顶替。""继穆次长谓请双方不必争执,关于购货期票,仍照向例十天,彼可担保。""末李代表又将要点申述一遍,请求主持公道,顾全全国腿商生计。"(《申报》1929 年 12 月 10 日、12 月 14 日)

12 月 8 日　在南京再次召集火腿同业开会讨论中国制腿公司运销美属小吕宋五年独销权事。"据广丰、茂生和等意见,谓六家联合独销,市面必被操纵,将来不免有抑价收买远期支票等情事,腿商将束手待毙。当经穆次长多方解释,并谓中国公司如有操纵抑价及发远期支票等事,尽可向部呈控,当予严办。中国公司亦表示承认。末后穆次长并云本部对于工商业决无任何偏见,况华腿销菲,每年仅十万只,不到江浙总额八分之一,暂归从前努力打通此路之出口商独家运销,于理当然。如其他腿商亦愿组织公司,建筑合法屠宰场,在英属新加坡等处另辟销场,部中亦可准予独销权。"(《申报》1929 年 12 月 10 日)

12 月 16 日　是日农历十一月十六日,三孙女清芬[①]出生。

12 月下旬　到沪参加新税则讨论。媒体报道云:"本年海关实行之新税则,原定以一年为期,明年须另定税则。现在此项工作已在从速进行之中,工商部方面现并派次长穆藕初、参事刘曼若等三人到沪,参加新税则之洽商。"(《申报》1929 年 12 月 27 日)

12 月 31 日　豫丰纱厂(以下简称纱厂)与慎昌洋行(以下简称公司)在 1921 年12 月 1 日抵押合同基础上,订立新合同(草案)。合同云:"兹因纱厂鉴于政治及经济上之影响,商请公司予以实质上之协助,以资整理。该厂经济地位,公司因切意维持,并愿增进中国工业之发达,愿为协助。"新合同共六条。其第一条:"按照一九二一年十二月一日所订立之抵押合同,纱厂现在所欠公司之债权为美金一百二十五万九千叁百叁拾捌元贰角叁分。兹公司自愿减让美金贰拾捌万七千三百三十八元二角三分,计由一九三○年一月一日起,纱厂共应欠公司美金九拾七万二千元,即为欠款之本额。"其他各条规定利率、结算兑换率、纱厂余利分配、1924 年 2 月

---

① 穆清芬:(1929—2011)穆伯华、沈国菁之女。上海华山医院护士长。

4日所订经理合同条款变更、担任抵押品动用等有关事项。（合同抄件，《上海商业储蓄银行关于郑州豫丰纱厂借款及该厂劳资纠纷事项与郑州行来往文书》）

12月 为工商部商标局周年纪念题词："建标立候"。（《工商部商标局周年纪念特刊》所刊手迹）

本年 主持制订工商法规。倪大恩《实业家穆藕初先生传略》云："在工商部任内，他的努力也可使人敬佩，一切的工商法规，都是出之于穆先生的手笔，而这许多法规，并不是单为政府着想，忽略了工商界本身的利害，非但如此，同时工商界有了这种法规，既得保护，又可以纳于正轨。"（《教育与职业》第一百八十一期，1937年1月）又据1930年6月出版的《工商法规汇编》一书记，两年来对工商法规之修正者，计有工厂法、工会法、劳资争议处理法、商会法、工商同业工会法、公司法、特种工业奖励法、票据法、保险法、违禁罚法以及各种章程、细则、条文、条例、办法、须知、程序、通例、解释、标准等四十余份。（原书）

为商标局周年纪念题词手迹

1930 年(民国十九年，庚午) 五十五岁

2 月　工商部公布统一度量衡标准。

3 月　国民政府立法院公布《劳资争议处理法》。

　　　中日关税交涉在沪开议并签订草案。全国商会联合会等团体致电行政院、外交部、财政部、工商部，呼吁拒绝与日关税互惠。

4 月　中国纺织学会在沪成立，朱仙舫任会长。

5 月　国民政府立法院公布《商标法》。蒋、冯、阎大战全面爆发。

6 月　上海市商会成立，市商人团体整理委员会撤销。次月，市商会执委、检察宣誓就职。徐寄庼当选主席。8 月，徐辞职，王晓籁任主席。

11 月　全国工商会议在南京召开。

12 月　日商上海纺织株式会社第五厂开工。至此，该系统在上海拥有纺锭193 720 枚，织机 3 048 台，位居上海日商纱厂第三位。

1 月初　出席工商部会议，讨论东三省大豆免税问题。时因"吾国豆油、豆饼素以东三省出产为大宗，前以中俄事件发生，销路停滞，该业大起恐慌，爰特呈请工商部，准予免税。该部当即召集会议，对于豆油、豆饼免税问题，可允减轻。"并派先生与刘曼若参事赴沪，参加国定税则委员会会议。(《申报》1930 年 1 月 8 日)

1 月 7 日　在沪与刘曼若参事出席国定税则委员会会议，讨论大豆等免税问题。"结果对油饼税可予减低，大豆税非但不减，反决略事增加。"(同上)

1 月 11 日　与黄炎培同至职教社。(《黄炎培日记》)

1 月 25 日　下午四时，于豫丰纱厂驻沪办事处出席豫丰纱厂临时董事会。到会董事有薛宝润、刘星耀、冯燮之；监察人王云甫、吴鹤琴。通过 1929 年 12 月 31 日与慎昌洋行订立新合同草案，并公推先生代表本厂签字。(《豫丰纱厂董事会记录》抄件，上海市档案馆藏)

同日　工商、交通法规委员钱承绪发表呈孔部长与郑、穆次长及各司长文，报告全国工业濒临绝境状况。云："全国工业，时在今日，已至绝食时期，特陈情况，谨请鉴核。(一)丝业。民国十八年度，在六月以后，茧价即渐高涨，其时茧商见有利可图，即纷纷脱货，向外洋输出。恰九十月间，市面原料即见缺乏。在十月、十一月

之间、每做生丝一担，须亏本六十两有余。上海丝厂共有一百零六家，在十一、十二月两月中闭厂者已有五十余家，遂半数以上。而今年春茧仍无把握，倘产额减少，则预料结果必全部崩溃，再无恢复旧状之一日。（日本生丝出口已达四十万担，中国不到九万担）查现在每年丝茧两项输出关税收入达四百三十万两余，如一朝全部销灭，不惟农工生计受期影响，而国家税收亦必蒙其绝大损害。（二）纱业。中国全国产棉数量约九百万至一千万担，以原料不敷，每年尚须购入印度棉约一百六十至二百万担，平日外汇平稳，尚可购买。民国十八年度产区缩小，国内原料即感缺乏，今则金价一高，原料存货至多只敷二个月之用，届时新棉未经登场，外货又无力购买，势必重演民国十四、五、六三年时之景象，纱业无异根本破产。（三）面粉业。国内产麦，向只敷六个月之用，每年其他之六个月常购坎拿大麦以济其穷。今年金价突涨，除在内地面粉厂因有积存少数料勉强维持外，其在上海面粉厂已有三分之二以上停止工作。查小麦登场约在国历六月左右，在此半载期内几处无可维持地位。（四）绸业。甲、本机。生丝价昂且缺货不能制造。现在杭州等地机户已大半停制。乙、电机。向用生丝与人造丝夹织，今年越南与朝鲜及南洋一带均因各该国政府颁布新税率，课税极重，华绸已不能再去。同时生丝、人造丝均奇昂，每做绸一尺，须亏本由二分至一角半以上。（五）卷烟业。我国较大之烟公司仅南洋、华成等数家，近年来以受外货排挤，已处落伍之地位。因外商购贷，均于金价极贱之际为大批制办，足敷十余年之需用。华商则缺乏现金，向来零星购买，其中已吃亏非细。最近金价一涨，而存货无几，故势必停止工作。据该业接近烟厂者言，刻下所存原料只能最多用至本年三月底，过此如金价不落即无法维持。（六）丝光棉织业。我国无细纱厂，所有棉织细纱原料均来自外邦，现在金价飞涨，细纱业商均以定贷到原埠不能出贷（贷均由押复来），纷纷倒闭。而同时外国之细纱商因目睹我国棉织工厂行善倒闭，兼以贷价过高，无巨大利益可得，遂相率停止办贷，而原料恐慌状态毕现。现在各工厂仅制粗纱之布及各种杂件，藉维现状，形势殊属危殆。（七）针织业。以制袜为大宗，工厂均集中于上海，其袜线大半均由日本舶来，最近亦受金价影响难以维持，该业较大工厂于去年七八月间见金价渐涨稍购存货，故尚可勉强工作，但多亦只能维持至本年三月间。其他小厂则以资本缺少，停厂日有所闻。（八）皂业。较大皂厂仅固本等二三家，其出品堪与祥茂、日光等外货相□，自四大公司联合改组为中国肥皂公司（四英国公司合并）后，常将市价狂跌，以冀打倒华商。最近金价突涨，国内皂厂所存原料为数无几，即就洋碱一项而论已足制中国皂厂于死命。（九）火柴业。自瑞典火柴公司与日本磷寸株式会社合并以后，同时又取得德国全国火柴专利，权势力遂日益雄厚，冀以屯并货消灭我国火柴全业。但昔时原料价贱，工资不高，有此利便尚能存在。今则原料合算，以金价关系，已超过一倍有余,而国内并无燐寸及主要原料出品,故瞬息亦将覆灭。总计以上各业情形以资观察,不外乎两种困难:一原料缺乏、二金价突涨,而两者之中彼此有牵连关系,非同时解决不能以回自存,非特别妥筹方法不能以言补救。及时设法,有四百万之现金已能收效,倘迟至本年三月以后,即有三千万之数额恐亦难渡过难关,此为照各业资本约略上之预计,在事实上或不止此数也。在承绪管见之所及,本月二十三日本部所颁布之《金融救济办法五项》固为当务之急,亦为国家工业建设上所必取之程途。俱以现在之情形而论,全国工业已是大难,当头必须于急切之中将第二、第四两项关于补助特产输出及停止附加贷捐等先行举办,同时筹足现款补救金融及原料供给,并开全国工业会议,使人民与政府间协定其范围,庶现在突杌不安之现象方能因此消除。时届青黄不接之期,亦得安然而过渡,若仅令所属地方分别缓急轻重,酌量停缴,是仍非根本补救,在国家方面,仍为不肯牺牲也。承绪鉴于年来我国工业自身组织之不善,工人技能之退步,平心而言政府与人民当共负其责。而时在今日,一切整理改良在数月以内断谈不到,只能于无可如何之中先苟延其寿命之不绝,斯为上矣。"(同日《申报》)

为《电业季刊》题词手迹

1月 为《电业季刊》第一期题词:"离光耀彩。穆湘玥谨题。"(原刊)

2月5日 与黄炎培等聚餐。后至人文社。黄炎培记云:"午,周寄梅来。刘廷芳来。同餐。藕初同来。偕藕初、寄梅至人文社。"(《黄炎培日记》)

2月9日 与黄炎培等聚餐。《黄炎培日记》云:"与藕初、卫玉餐于功德林。"(手稿)

2月11日 出席工商部商品检验会议第一日。晨七时,郑洪年与先生率全体会员恭谒孙中山陵寝。九时,于工商部会议厅举行开幕礼。出席人员陈天敬、邹秉文、张凤梧、吴承洛、高秉坊等数十人。郑洪年主席。孔部长秘书陈端代表出席致训词云:"(一)商品检验局非税收机关,应名实相符,重检验而不重收入;(二)应重在研究,以谋货品标准之改良,促出口贸易之进步;(三)应商业化而不可官僚化;(四)应报定'勤慎廉洁'四字为服务之精神。"郑次长演说:"中国过去不重视商品检验,致有出口货品历次之信用失败","本部实施商品检验,为恢复国际贸易信用及恢复民族固有这'信实通商'道德","希望本一年来之经验,在会议中各抒伟论"。次先生演说开会意义。(《申报》1930 年 2 月 12 日、2 月 13 日)

2 月 12 日 工商部上海商品检验局定 2 月 1 日起实行出口生丝公量检验,经工商部核准展缓一月。黄白灰各丝商以辑里白丝与灰丝及黄丝等均属土丝,不便烘验。推举艾戛鸣、郁颖芙等九代表赴京请愿。是日,先生赴工商部接见请愿代表,"代表等面递呈文,并历陈困难情形。当蒙穆次长曲加览谅,允予察核示遵,各代表认为满意。"(《申报》1930 年 2 月 14 日)

2 月 15 日 下午二时,在沪主持劝工银行第十五届股东会。楼恫如报告营业状况,先生"复将董事会议决之利益分配方法详细具告,请求追认。当经在场各全体举手表示承认"。(《上海中华劝工银行议事录》)

2 月 28 日 邹秉文偕同丝业请愿代表黄摺臣、沈骅臣、朱静庵、黄锦帆等同赴工商部中请愿。先生"以生丝检验细则三月一日实行,万难再缓,未允所请。惟对各领袖于同业间为难情形,颇能谅解。且各领袖曾一再声明,至四月一日无论如何必可遵章办理。遂允在四月一日以前出口生丝,准予发给免验公量证书,俾丝商得以准备一切。"又细则关于主要品质检验费大为减低,比三月一日以前之旧章,仅及四分之一。(《申报》1930 年 3 月 2 日)

2 月 被推为人文社永久社员并任常年经费者。黄炎培《人文小史》云:"十八年(1929)三月,得钱新之、徐静仁之助,计划复兴。史料而外,兼辑杂志日报要目索引。十九年(1930)二月,更编行《人文月刊》及丛书。是事为永久社员任常年经费钱新之、徐静仁、周静涵……穆藕初……"(《人文月刊》第四卷第一期,1933 年 2 月)《人文社创始及图书馆筹备改名之经过》一文记,1927 年至 1932 年间捐款名单,穆藕初为三千元。(《人文月刊》第四卷第十期,1933 年 10 月)

3 月 26 日 《申报》刊登于杭州举行全国运动大会《各方参加大会代表》名单:立法院马寅初、司法院苏希洵、建设会林士谟、教育部蒋梦麟、工商部穆藕初、江苏教育厅陈和铣、上海市教育局陈德征、湖北刘亚平、汉口董修甲,等等。(同日《申报》)

3 月 31 日 抵杭州。(《申报》1930 年 4 月 1 日)

3 月 工商部商检局由美国运到上海一百吨未经消毒之棉籽,准备发往西北赈区种植。因主事者邹秉文一无经费,二无检疫机构和消毒设备而无法进行。先生得知后即出资为棉籽消毒提供经费。(《吴福桢》,金善宝编著《中国现代农学家传》)

4 月 1 日 于杭州梅东高桥运动场出席全国运动会开幕典礼。国府主席蒋介石偕夫人宋美龄,外长王正廷,财长宋子文,海军次长陈绍宽,中委邵力子、吴稚晖、褚民谊、陈果文,以及浙江省主席张静江、大会会长戴季陶、筹备主席朱家骅等出席。男女运动员一千八百余人及观众八千余人到会。蒋介石、戴季陶、朱家骅、邵元冲、吴稚晖、王正廷等演说。开幕典礼后由杭州市小学生进行团体表演。(《申报》1930 年 4 月 1 日、2 日)

同日 晚,应马寅初等之招,在杭州聚丰园聚餐。邵元冲记云:"晚马寅初、赵文锐在聚丰园约餐,同席有穆藕初、李超英等。"(《邵元冲日记》第 618 页)

4 月 2 日 与邵元冲、马寅初等游览杭州。邵元冲记云:"上午偕穆藕初、马寅初等游湖及三潭印月。午间餐于楼外楼。下午游黄龙洞、紫霞洞。"(同上)

4 月 12 日 在沪访黄炎培。(《黄炎培日记》)

4 月 16 日 在南京,出席工商部奖励工业审委会成立会。先生主席,"报告成立经过情形。次讨论执照审查意见书报告书及呈文各种格式,继即审查案件。"(《申报》1930 年 4 月 17 日)

4 月 于《海光》月刊发表重要经济论文《中国工业化之必要》。云:"世界各国,有以农立国者,有以工立国者,有以商立国者。以商立国之国家,首推英国;以工立国之国家,首推德国;以农立国之国家,当推中国与俄国。而美国则农、工、商三者兼程并进,均有称雄之势。大抵岛国习于商,山国习于工,而平原大陆之国家,则习于农。……直至八十年前,我国由闭关自守政策,变而为开放门户政策,国际贸易,于以进展,所以商战世界,我国亦不能逃其侵略。……辛亥革命,民国成立,而'工业'、'工业'之呼声,至今日益见澎湃,中国之工业,实自此始。自是一再抵制外货,提倡国产,二十年来,虽常在军阀专横、土匪骚扰之中,而工业之进展,固未始无相当之效果。国民革命,以先总理之三民主义,战胜一切障碍,现在破坏可称成功,而建设正在开始,完成民生主义,非图谋物质建设不可,即心理建设或称精神建设之完成。……物质既为精神之所寄,又复为民生之基础,然则物质建设,与民生主义之实行,非将以农立国之中国,进而讲求工业化不为功。当此训政时期,工业建设固为凡百建设之基础也。"先生指出煤铁为工业发展基础之母,述我国煤铁储藏量、开采现状云:"发展工业,亦有工业之基础。工业之基础为何?即煤铁是已。故'煤铁号称为工业之母'。……中国煤之储藏量,至少在九千万万以上,苟就目前需要,利用经济原则,善为调剂,二三千年以后,不愁供给不足也。现在所急应进行者,则开采是。……煤矿开采之开采权,国家所当特别保护,毋使工业动力之基本旁落于外人也。……除煤以外,当首推铁。概自欧西汽机发明,工业革命以来,机力替代人工,生产力量增加无已,所恃为替代人工之机力,则钢铁是。……考吾国数十年来铁业之现状,其发达固远不若煤业之速。至铁之储量,湖北、河北、辽宁、山东、河南、山西、安徽、浙江、福建诸省较为丰富，不下七万万吨矿砂，其开采量约在二万万左右吨之生铁，……全国总计产铁能力，每年约一百万吨左右。苟更能由铁炼钢，由钢炼成钢材，更由钢铁制成机器，用机器以生产，用煤炭为燃料，则工作与发动，均有所恃而无恐。无论何种工业，如化学工业、土木工业、建筑工业、机械工业、电器工业、纺织工业、煤冶工业等等，固无在而不以煤铁为源，故曰'煤铁为发展工业之母'。但煤铁之发展，就煤而言，现在一半操诸外人之手。就铁而言，大冶、汉阳，亦因日本借款关系，任其操纵。合本溪湖而计算，其为外人把持者，亦在百分之五十以上，诚为可慨！此我政府与工商界，所应合力集资，妥为收回整理，更谋发展者。"针对我国每年入超漏卮五万万两以上现状，先生指出："直接间接，均由于中国工业之不发达，即使有资本者，无处投资复使有技术者无从工作，漏卮既若是其大，而无业者于是遍国中。"分析工业发达之要素，强调科学管理重要性："（一）原料、（二）人工、（三）制造、（四）市场，之四者，缺一不可。原料与人工，前者可以培植而开采，后者既有无数之人民，则加之以训练，教之以责任心，俾不怠工罢工，教之技术，不使安于粗陋。中国所谓工人过剩，实非工人过剩，乃游民过甚。盖非经训练，决不能称为工人，从未工作者，亦未能称为工人也。中国所谓失业问题，实非失业，乃无业也。苟工业发展，则无业变为有业，不能工作之游民，胥可训练而为有技术、有责任心之工人，劳工问题自然可解决矣。至于原料，苟农业发展，矿业发展，除最小数为地理气候所限，而不能供给者外，其他均不成问题。……中国地大物博，原料之独立，决不成为问题。既有原料与人工，然则制造方面，我国之现状，就过去观察，大抵技术缺乏，而管理更为难能。欧战以后，国内纱厂、面粉厂，多相继失败者，岂技术之不精乎，亦管理之不得其法也。官办工厂之失败，固完全为管理问题，而公司工厂之倒闭，亦十九皆为管理问题也。今世工业之管理，有专门之学科，而工业管理，尤非有工业之学识不可。大抵精于科学工程之技能者，为技术人才，国内不足，不难借材异地。而管理为主权所在，非本国之人民不可，是工业管理人才之训练，诚不可缓。无论国营、民营工业，非施以严密之科学管理法，又乌能望其成功乎？"先生以棉业、丝也状况为例，指出"我国国际贸易上，漏卮最大者，莫若棉业，……苟能完全自制，即能使入超变为出超。再就我国现有工业而言，棉纱织工业，实居全国工业之首位。……现在日本垄断中国棉业之野心，完全暴露。彼厂组织完备，公积甚厚，技术研究，不惜工本，精益求精，加以日本政府之保障，日本社会事业之发达，如轮船、银行、保险等等，皆互相联络援助。吾国根本救济，应自植棉指导机关，与场所之设立，并规划全国棉纺织厂之设计。某处宜专设纱厂，某处宜兼设布厂，某处宜纺粗纱，某处宜纺双线，以及各种花色布匹，一一谋为设计。若网在纲，使投资者有所遵循，务期于一定期间见诸实行，使我全国人士所需要之棉货不再倚赖外人之供给,必如是而后我国之棉业始可立于不败之地位焉。譬如关于植棉一层,全国各设试验场所,同时举行,则三年之后,每年可增加棉花一百万担。预算至民国三十年,可比现在产量增加一倍,约一千万担。苟每担以三十元计算,可值三万万元左右,即此一项,已能补塞一大部分之漏卮。棉业如此,他种工业事同一律,均可从此发展矣。……世界上丝业状况,我国向居第一。……至于今日,日本出口达七十余万担,而中国则仍只十万担,连黄丝灰丝亦不过十五万担,何彼进我退,相差之巨耶? 查我国丝业失败原因,(一)由于未受科学指导,茧种多病,丝经不匀;(二)由于工厂管理散漫,且厂自为政,以致出口参差,不能使主顾满意;(三)由于工人从未加以训练,技术不精,而复为工潮所左右;(四)由于人造丝大宗入口之竞争,真丝销路受其影响。以上四种原因,互为表里,而失败到底。不仅生丝出口业为然,即江浙丝织业,亦相继倒闭者累累,至于本年,可谓已达劫运! 此吾丝业同人,所当群策群力,合谋研究改良,而政府指导机关之设立,为不容缓也。”并指出“其他大多数工业,何独不然!”先生认为“至于主持工业重心之工商部,对于尽工业上之责任,尤为重大。工商部之目的,可分为两种”如下:

(一)在积极方面,指导及奖励工业。

(二)在消极方面,提倡及检验国货。

关于积极方面,工商部以工业品制造改良之不易,而须奖励也,故有工业品奖励之条例;以创办工业确著成绩之不易,而须奖励制度也,故有特种工业奖励法,均已呈准颁布施行。复以工业制造应有标准,故标准制度特为重视。除度量衡标准业已呈准公布外,其他种种标准均将次第订定。至于工业发明改良之指导,则正在设附试验工场。基本工业之实行,则拟设酸碱、钢铁、细纱机器之工厂,以立全国工业之基础。此心此志,惟以促进生产为急务。至于消极方面,亦有足述者。即提倡国货,曾经呈奉中央,设立国货调查委员会,并设流动性质之国货陈列馆、各种国货展览会,如中华国货展览会等等。若消极的使国货商品有一定之标准,而有商品检验局之设立于商品集中之地,如上海、汉口、天津、广州、青岛,先办出口,棉花、油类、畜牲、生丝出口为入手,将来并拟从事进口货物,逐渐扩充范围。不特可以维持,而开拓国际信用,并可使本国工业品制造精良,俾能与外货充斥之市场,为最后之竞争也。工商部孔部长于去年春间,接受部命之始,即经发表施政方针公布中外,以资信守。一年半以来,所有设施均依照宣言,积极进行。鄙人从事工商业有年,对于我国工商业之困难情形,尚能了解,惟有设法解除困难,图谋改良,以期进展,而尽量工业生产。惟希全国工商业者,以及工程师、科学家,尽量投资于工业,以各尽其一份之义务。即如毛巾、手帕、线袜、牙刷、牙粉,此种小小经营,十年以前犹是外货充斥，今则大部分国货矣。小工业如是，大工业何独不然？是在吾国民好自为之耳。

总之，中国虽以农立国，苟不将农产及其他原料品，从事加工制造，变为工业品，则提倡国货必无效果，外货充斥无由抵制，入超不能变为出超，则地大物博，终为外人之原料出产场，五万万之岁出漏卮，民穷财尽，将何救济？此尽量工业生产之所以必要。而中国工业化认为必须成为事实，政府与人民责任在此。希望全国同胞，尽量投资工业。无论农、工、商、学、政、军各界人士，虽不能以工业生产为专业者，亦应于公务之暇，向工业化之康庄大道努力进行。愿同志勉之！

（《海光》月刊第二卷第四期；《文集》第 228 页）

4 月　于《经济学季刊》发表论文《劳资协调与生产》。阐明立国之本首要在民生，立国要道首在经济自立，强调发展生产、开辟税源之重要，而解决青年就业、达到劳资协调，则是发展生产之关键所在。文章还就俄国革命后农产品大减，目前不得不实行新经济政策作为反证，进一步说明发展生产中劳资协调重要性。全文如下：

民国缔造，十有八载，连年兵燹，盖藏枯竭。兵多则匪多，匪多则农民不能安于耕作。小康者迁居城镇，富有者迁住租界。此种趋势，近今尤甚，而农人之生产力因之锐减。昔者军阀执政，为图私利计，视铁路如己物，把持车辆，任意勒索，农民与商民直接受其害。军需浩繁，财政当局，知有财而不知有政，种种苛捐杂税，接踵而起，工商交苦之。不但直接生利之农工商受其害，而全国人民亦苦于物价之昂贵，而度日维艰。一有灾害，人民之痛苦益深。青年学子每年中学以上毕业者，何止数万人，因工商业之不振，谋事维艰，生计日高，自立益不易，误入歧途者有之，志气颓唐、自甘暴弃者亦有之。以地广人众，物产丰富之我国，而有此现象，实以以前政治不良有以致之。自我国民政府成立以来，气象本已一新，第人民乘军事之后，休养生息，在所必要。今后补救之道，端在政府督促全国人民尽量生产。

立国之首要在民生，此先总理最宝贵之遗训也。旷观历史上之大乱，无不在民不聊生之时。诚以要求生存，为人生之第一要素。无论何人，苟在不能生活之时，势必铤而走险，再加以魁杰者利用此机会，以造成有利于彼之局势，大乱即从此起矣。当此国基初定之时，首在以政治力量扶助生产，使各项生产事业得充分之发展，使全国人民亦得有相当之机会，从事相当之工作，享受相当之生活，使无一人不得其所。然后国民生活得以安定，民族经济得以发展，国家基础得以巩固。必须如此，而后革命建国之大业得以完成。所谓以政治力量扶助生产者,即革命的建设也。在革命的破坏之后,人民流离失所者甚多,即足以自谋生活者,亦多绪不宁,深恐有飞来之横祸袭于其后,故在政府当局,必须集中力量,从事于革命的建设,使人民可以得到安居乐业,而后国内之和平始可以永久。英国失业人数有一百二十余万,工党内阁即引为己责。现在我国之失业人数虽无正确统计,然在实际上欲求工作而不得者,必数十倍于英国。故在目前时局之下,惟有集中政治力量,以扶助生产,是一条活路,此在政治上立论,不能不注重增进生产者一也。

再就经济上言之。立国要道,首在经济自立。世未有经济上不能自立之国家,而可以永久卓立于国际竞争之林者。所谓打倒帝国主义及废除不平等条约,简言之,即打倒外人之经济侵略而已。语云"空穴来风",本国之生产不足以供给本国人之需要,则外货之侵入,实为自然之结果。本国之经济能力,因生产之不发达,未能尽发展生产之能事,则外资之侵入,亦为自然之结果。故在今日不欲打倒外人之经济侵略则已,如不甘永久做外人侵略下之奴隶,而欲对于帝国资本主义加以反抗,则决非贴标语、喊口号所能奏效。必须上下一心,集中全力,以求生产事业之发展,以谋本国经济上之独立。必本国所生产之货物,足以供给本国人之需要,本国人之经济能力,足以发展本国之生产事业。而后外货外资之侵入,均可不言打倒而自然绝迹,或虽不绝迹,亦必减至极小数目、极小范围,决不致如今日之外国货物可以垄断我市,外国资本可以操纵我金融也。故在先总理之《建国方略》中,《实业计画》实为其重心。先总理目光如炬,在民众尚未知觉之时,早已鉴及我国之贫弱,由于生产事业之不振,故全部《实业计画》所注重者,完全在发展生产。其主张兴办衣食住行各种工业,其目的固在增加生产之数量,使人民得享受相当之生活。其主张筑路开港,发展交通,其目的亦在于促进生产事业之普遍的发展。故在经济上言,不能不注重增加生产者二也。

再就财政上言之。竭泽而渔,决非理财之最善方法。善理财者,必注重开辟税源,而增加生产,实为开辟税源之最好方法。古语有云:"百姓足,君孰与不足。"君主之一名词,虽因时代进化而不适用,然若取其意而易其词曰"国民足,国孰与不足",则仍为正确之真理。今日我国民穷财尽,已臻极点。职长度支者,设或仍以聚敛为能事,不顾国民之负担能力,而但注意于收入之增加,虽曰环境使然,然此种情形固不可久也。在政府当局,惟有以远大眼光,集中政治力量以增加生产为目的。能如此培本开源,则虽多取之,而民有余力,否则不数年后,必有财政破产之一日。此就财政上研究,不能不注重增加生产者三也。

尤有一事,关系极为重要,而迄无妥善解决之方法,即所谓青年问题是也。今日之中国以生产落后之故,百业萧条,人浮于事,而一般青年希望又甚高。其初由学校毕业也,无不志高气扬,希望得一适当位置,以发展其所长。无如生产事业既不发达,一切机关亦人多事少,谋事之难,全国皆然,非但适当位置不易得,即欲求一吃饭之地,亦甚难。因此之故,良懦者颓丧其志气,狡黠者则希图侥幸。夫青年者,一国之元气也。国家年费教育经费数千万,而其结果徒为恶化分子造工具,若无善法以救济之,国基安能有巩固之一日? 此固事实,决非好为危言以耸听也。为今之计,政府而不欲为百年长治之策则已,否则,惟有集中全力,以增加生产。生产事业多,则需要人才众,人人有相当之职业,而无事外求,则社会安宁。即有恶化分子,亦无所施其技。此就青年问题而立论,不能不注重增加生产者四也。

总之,我国今日贫弱极矣。弱亦由乎贫。故救国至计,惟有增加生产。当兹经济竞争最烈之时,若一国之生产而不足以供给其本国之需要,则其国家地位决不能永久维持其独立。今再就德、俄两国之事证之。大战之后,德国民生凋敝,财源枯竭,而协约国藉战胜之余威,种种压迫,尤无所不用其极,分割其工地,占据其实业区域,凿沉其军舰,限制其军备,而对于赔款一层,尤贪得无厌,年需数万万金,收括现金不足,则又收括其货物,创巨痛深,至矣尽矣。然而德国之政府与人民不自馁也,集中全国人民之力量,以增加生产。科学家则发明各种方法,以减轻成本,普通职工则自愿增加工作时间,以扶助国家,茹辛含苦,坚决奋斗。时仅十年,而民间各种事业,次第恢复,虽国家经济未能脱协约国之羁扼,而以生产能力发达之故,赔款则如期照付。军事则寓兵于民,莱因流域之外兵,不久行将尽数撤退。德虽战败,仍能维持其独立国之地位,虽受协约国之种种压迫,而不为稍屈,则以其政府人民能集中全力于生产故也。

返观俄国,自共党执政后,无论其为农工商矿各种日用所需之物,悉归公有,而人民之生产能力骤减。向之农人耕田百亩者,则以政府将其收获所得除自食外收归公有之故,突然减为十亩,情愿将其余九十亩抛荒,以十亩所得,已足供一家之食用。若多耕田亩,徒为政府收归公有,而于农民无所利,故全国农民无不减少其耕田之数量,以致共产革命后,全俄农业生产物突然大减。向之以农产物为出口大宗者,至是竟不足以供给其本国其他人民之需要。全国大饥荒之惨剧,几使政府无法维持。共党不得已,乃采取新经济政策,准许农民出售其有余之农产物,惟在数量上加以限制。以是之故,至于今日,俄国农产物尚不能恢复战前之旧额。不仅农民如是,全俄工人自共产革命后,工作效能大减,生产品减少,而费用激增,遂使对外贸易,日形退步,经济因而发生恐慌。最近苏俄当道,为恢复工人纪律及增高工业生产起见,有恢复经理制之说,不准工人干涉厂务,经理命令,有绝对束缚工人之效力。苏俄其或有悔心乎?然而十年来所发生经济上之恐慌,已足为共产革命失败之明证。

以上所述,均所以阐明生产与国家之关系。生产多,则国兴。生产少,则国弱。事实彰彰,可不多赘。今请进而一谈我国之生产事业。我国原以农业国著称,农民占全国人民百分之八十以上,在生产事业中,原处极重要之地位。惟农民知识、经济两俱幼稚,西北富源亦未开发,为增加农业生产计,增进农民智识,扶助农民经济,及移垦西北,均为必要之方法。惟现当物质文明发展之时,一国之经济,不能仅以农业生产为自足,因农业生产有天时地理之限制,不能为几何级数之增加。况在我国对外贸易,出口多原料,而进口多熟货,欲求本国生产事业之足以自给,自不能不有求于工业之发展。一言及此,即令人不能不念及近数年来所发生之劳资问题。

在欧战以前,我国几无所谓工业,工厂寥寥,且多半为外人所经营。其来厂工作也,非有熟练技能,徒为糊口计,以劳力换衣食。既经训练,稍知机械,然以人多厂少,咸谨守范围,从事工作,故能力虽薄弱,而风潮亦极鲜。迨欧战既兴,外货之来源缺,本国工厂一时如雨后春笋,勃然兴起,需要工人既多,良莠亦渐不齐。及俄国共产革命,希图以主义推行全世界,既失败于欧洲,遂集中于东亚。我国于是适当其冲,幼稚之工业,因受赤俄之煽惑,而劳资问题以起。

我国以生产事业之不发达,生活程度,原不及欧美日本之高。一般人之生活,多在水平线以下。故欲为劳工谋幸福,当以增加生产为首要,有生产而后有分配。若生产不增加,而鼓动劳工为一阶级之利益而争斗,则在事实上,势必夺甲予乙,夺乙予丙。不但于民族经济有害,且因其足以摧残幼稚之工业,而劳工自身亦不免失业之危险。不幸我国现象,数年以来,恰如上述。言工运者,每以打倒资本家为口号,不知我国今日实无所谓资本家。就国际地位论,则欧美日本均为资本家,而我国实为劳动者。从民族地位论,欧美日本均为压迫阶级,而我国实为被压迫阶级。无如工人知识幼稚,见不及此,一旦闻煽动者甘言诱惑,即信以为真,怠工罢工之说,深印脑筋,要求不嫌其多,工作务求其少。有时名为上工,而对于工作,亦不甚注意,以致工作效能大形退化,生产日减。厂中职员,以为潮流如此,高级者惟事叹息,中下者且乘机谋利,一厂营业之失败,原不在彼等意计之中,而厂事遂无可为矣。

虽然,若只有一厂如此,则其影响犹小。即使营业失败,亦于国计民生无大关系。乃事实则不如是。自民国十五年以来,全国工业均在风雨飘摇之中,劳资纠纷,层见叠出,当事者虽忍痛让步,而鼓动者犹未餍所欲,得寸进尺,条件则愈提愈苛，以致厂务不能维持，而关闭者累累。此其情势，已非一厂之事，而实有关于国民生活之根本摇动。幸其后政局转机，此风亦稍杀。然其流毒至今，生产效率，仍未恢复以前之原状，而蠢蠢思动者，犹复危机四伏，足以为我国工业之致命伤。所以近来全国现金集中都市，银根之宽，利率之低，久所未见，而投资工业者寥寥，岂人民乐于如此耶？无乃鉴于现状之不安定，及投资之危险，而望尘却步耳！现状如此，而欲求发展工业，增加生产，是南辕而北辙耳。此实目前我国经济问题上之最重要问题也。

上所云云，仅敷陈事实，并非对于扶助劳工有所怀疑。切实言之，劳工最大多数，实为我国最良善之平民，而彼等生活之困苦，亦属无庸讳言之事实。政府对于人民之困苦，当然有救济之必要，特须放大眼光，为全民族作一打算，必如何而后全国人民均可出水火而登衽席，是诚不能不有赖于集中力量以增加生产也。劳资问题之在我国，仅有偏面的发展，即劳方有所要求，而厂方只有屈服。不知天下之事，惟两利可以持久，厂方压迫劳工，固足以引起劳工方面之反动，而劳工压迫厂方，亦足以酿成工业之衰落。故为双方计，惟有劳资协调，始足以维持于永久，亦惟有劳资协调，我国工业始有发展之机会。

劳资协调之道如何？扼要言之，则增进工作能率与改善劳工生活必须兼筹并顾而已。向者工运几全为恶化分子所把持，工人中之败类，受其保护，可以不事工作，而坐领工资，多数工人亦受其影响，而自然懈怠，以致生产能率锐减，厂方无法管理。如此情形，等于自杀。愚见以为工运方针，当以扶助良善工人为目的，其勤于工作者，应得提升奖励，而害群之马，在所必去。当此训政时期，政府实处于父兄地位，而劳工与厂方均为其子弟。改良劳工生活，固为厂方应负之责任，而增进工作能率，亦为工人应尽之义务。如厂方有不合理之虐待，或劳方有不合理之要求，双方均可呈请政府，为之持平解决。必如是，劳资始能协调，工业始有保障，劳工始得享受永久确实之利益，而生产事业亦得在政府保护之下，随需要之扩张而发展。

善夫立法院拟定之工会法原则第二项有云："工会应以增进智识技能，发达生产，改善其同一职业或同一产业工人之生活及劳动条件为目的。"夫以增进智识技能，发达生产，与改善生活，对等并举，实为扶助劳工之唯一方法。必如是，而后劳工运动始上正轨，而于发展工业，增加生产，亦不致发生阻碍。立法院诸委员能明鉴及此，实国家之福。然其如何推行尽善，则又不能不有望于各经济专家为之研究讨论，使政府扶助生产之善政得以见诸事实，则全国同胞咸受其赐，不仅工业界之幸而已。

《经济学季刊》第一卷第一期;《文集》第 224 页)

4月　先后于南京中央政治学校和上海暨南大学演讲《世界与中国棉业之状况》。云："现在训政时期,不但党政当局,担负极重要之责任,即全国知识分子,尤其是大学生,同样担负一部分极重要之责任。唤起民众,对于主义之认识,对于政治之认识,养成宪政时期运用四权之基本能力,同时须顾到人民生活所需要之种种,使能得到充分之供给。"衣食足而后知荣辱。"必也人民有相当之生活,而后对于政治始能发生兴味。故训政时期之重要工作,在一方面,须增加人民知识;在又一方面,必须增加人民生产。增加知识,可以认识主义;增加生产,则可以造福民生。此为一事之两方面,必须同时并进,而后训政工作,可以完成;宪政时期,可以实现。诸君对于训练民众,增加知识方面,在今日以前,谅必已有相当之注意与努力;而对于督促民众增加生产之事,在今日以后,亦希望有相当之注意与努力。因为中国生产落后,藏富于地,现在全国人民,生活上所必需者,多为舶来品,此实为全国人民之奇耻大辱!以中国土地之广、物产之多,而衣食所需,尚不能自给自足。万一国际上发生问题,进口断绝,则全国人民将有冻馁之忧。"先生罗列中国棉业不发达原因,指出真正"致命伤"在于不平等条约、关税不自主、国内苛税繁重、政府难以保护工商业。"吾人欲振兴棉业,以求达到中国经济上之自立,不可不先知中国棉业本身之弱点。第一,资本浅薄。往往以较小资本,而办较大之厂,开办之始,已做押款。第二,公积太少。吾国人目光太近,每遇营业获利,即尽数分派,不知多提公积,以致营业不利时,无法支持。第三,利息过巨。因华商纱厂之资本浅薄,公积太少,遂使活动资本,不能不仰求于银行钱庄。中国利息,本来较欧美日本为大,加以厂方资本不足,金融界投资不无冒险,则更多取利息,以为保障,然而工厂方面之痛苦更深。第四,组织欠善,管理失宜。吾国人习于旧式商业,对于大公司大工厂之组织管理素欠研究,加以专门教育之不发达,研究组织管理之专门人才,亦极缺乏。欲与欧美日本竞争,自不免相形见绌。第五,技术幼稚。吾国人素无办厂经验,起初技术方面,悉请洋工程司主持,而洋工程司不明中国情形,对于工人毫无训练。欧战以后,研究纺织工程者,虽渐增多,其中虽有少数杰出者,然仅习理论,不务实际者,亦不乏其人。故在技术方面,与日本相比较,亦觉远逊。第六,积弊太深。吾国人因缺乏教育之故,无论办理何事,均容易发生弊端。而在组织不善,管理不严之棉业,亦不能独外。种种积弊,一言难尽。而其中尤以卖买花纱一事,弊端百出。第七,原棉不足。中国棉产不敷全国纱厂之用,以致每年买进美印棉花,为数甚多。第八,棉质退化。中国农人无受教育之机会,对于种植棉花,陈陈相因,不知改良,以致棉质退化,凡较细棉纱所需用之原料,皆须向美国采办。凡此种种,皆中国棉业不易发达之原因也。然此犹非中国棉业之致命伤也。假使中国棉业而无不平等条约之压迫,则对于进口棉货,可以采取保护关税,对于洋商在华设厂制造,可以法令禁止。如此则数十年来之中国棉业,其进步当倍蓰于今日。无如通商以来,中国一切行动,皆为不平等条约所束缚,而以棉业所受之打击为最巨。……自民国七年修正海关估价,日本即以全力反对,良以日本在棉纺织业为后进,虽其进步甚速,然世界各地之销路,大半为先进国所占有,故日本棉业唯一之野心,厥在占领中国市场而垄断之。……然而中国关税估价之修正,虽以日本之努力反对而迁就,以致实征关税,仍不足百分之五。然而日本棉业,已引为莫大之痛苦。从此以后,努力在华设厂,以避免关税之担负。日商之设纱厂于中国,不但可以就地采办廉价之棉花,及雇用廉价之人工,与华商争利,且以外交力量为后盾,避免内地之苛税。不但此也,日本纱厂之设在中国者,大半均由其本国分设而来,其背后有极大援助,不但资金雄厚,技术熟练,且有日本之银行为之汇兑;日本之轮船,为之装运;日本之保险公司为之保险;凡日本国内纱厂所有之利益,在华日商纱厂均得享受。故同样在中国境内设厂,日商纱厂之购买美国棉花或印度棉花,比较华商特为便利。……此实中国棉业上心腹之患也。"先生强调华商之经营棉业者,其前途之危险尚多,"必须工商界与政府共同努力,以求中国棉业之自立。摘录如下:

关于工商界者,必须双方觉悟。中国当前之大敌,为帝国主义之经济侵略,中国棉业之大敌,则为日本棉业之对华压迫,故劳资两方,实处于共存共荣之地位,有诚意合作之必要。厂商方面,必须觉悟社会进化之大势,劳工同为人类之一分子,必须尽其力之所能,对于改良待遇,增加工资,减少工作时间,实施补习教育,注重卫生等等,积极实施。务使所有劳工,咸得愉快而舒适之生活。劳工方面,必须觉悟中国为生产落后之国家,诚如先总理所言,中国人只有大贫小贫之分,所有阶级斗争,打倒资本,在现在中国极不适用。唯有互助合作,增加生产,始为吾国人唯一之活路。同时必须注重求技术上之进步,增进工作效能,凡技术进步效能增高之劳工,必可得更优美之待遇。将来国营实业,日渐增多,则彼等之前途,更有希望矣。

以上所述,皆关于工商方面者。不过吾人必须明了中国棉业最大之痛苦,在于以前政府之不负责任。在一方面,固由于不平等条约之束缚。在另一方面,实由于以前政府人员,对于社会实在情形不甚明了。一切设施,皆属于敷衍性质,而不切于社会之需要。棉业既为现在中国唯一之大工业,棉货又为数十年来进口洋货之第一位,政府对于棉业之提倡与推广,自有应尽之责任。借箸代筹,条述如下:

第一,由政府罗致全国植棉专家,筹划设立植棉试验场于全国各地,聘请技师,专任其事。第一步手续为调查,不论其地产棉与否,只须该地土质宜于植棉,而又有推广之可能性者,皆在计划之中。宜就交通设备之难易,定先后设立之标准。其原系棉产区域,则注重改良,该地棉场,当以选种为主要职务,选择最宜于该地之棉种,试为播种,择有成效者,尤其是有经济的价值者,介绍于附近于该场之棉农,并指导其作法,以渐进之方法,务使该地棉农对于棉场发生信用。逐渐舍弃原有之旧法劣种,而采用棉场之新法良种。逐渐推广改良,以达到尽用新法良种为目的。其原非产棉区域而宜于植棉者,则由棉场为实物之宣传。选择宜于该地之棉种,试验有效,则举行棉作展览会,以引起该地农民植棉之兴趣。然后可以逐渐推广纯良之棉种,以增进棉花之生产额。……推广植棉增加棉产,即所以减少进口挽回利权,实为吾国目前刻不容缓之要图也。

第二,由政府饬令主管机关,厉行棉花检验,剔除积弊。棉花卖买,积弊甚深,上文已略有述及。刻下工商部已在上海、汉口、天津各地,设立商品检验局。棉花之检验,亦已着手办理。然各地棉花商人,狃于习惯,棉花价涨时,则卖方任意加潮,或搀和次花;若棉花跌价,买方亦多意外挑剔,种种不平,仍属难免。应由政府通饬各机关,根据订定各项标准及罚则,严格执行,不得稍有畸轻畸重。如有故意舞弊与标准不合,则可依据罚则,执法以绳其后。如是则刁狡者有所儆畏;而正当营业有所保障,亦发展棉业之一道也。

第三,由政府罗致全国纺织专家,调查研究,并规划全国纺织厂之进行。刻下纺织专门人才之散处各地者,实不在少数,或投身工厂,或执教学校,因无政府确定之组织,遂乏统筹全局之计划。以中国人口之众,需要棉布之多,若刻下纺织工厂集中于少数商埠,实为最不经济。原料之采购,及制造品之推销,皆在内地。故必须选择内地各省之产棉区域,就地设厂制造,以供内地人民之需要,实为发展棉业抵制外货最根本之办法。……

第四,由政府对于棉业规定保护与奖励之方法。上文所述中国棉业本身之弱点,关于原料者,可由各地植棉场之努力以为之助;关于管理及技术者,可由纺织专家之研究指导以为之助;其关于资金薄弱及对外竞争者,则不能不有赖于政府之保护与奖励。刻下国定关税正在拟订,倘政府当局能确实认识棉业对于中国关系之重要,对于进口棉货,酌量采取保护关税,使国内棉业有充分发展之机会,此策之最上者也。然以中国对于各国解除关税协定之束缚,为时未久,在无形中对于各国不无有所牵制。况洋商在华设厂,其势力已极雄厚,保护关税,不但易招各国之反对,且在实际上对于洋商在华各厂,仍不发生影响。故为政府计,为棉业计,只有采取奖励政策,对于进口棉货,只须酌量增加关税,务使无害于国内棉业之发展,对于国内华洋各厂,就厂征税,只有一律待遇,惟税率不妨略高。对于华商各厂,特别规定,予以奖励金。即在各厂应交之捐税内退还一部分,作为奖励。如此则无保护关税之名,而举保护关税之实,政府而有意扶助棉业之发展者,莫善于此。此策之最切实可行者也。

(《世界与中国棉业之状况》单行本;《文集》第 237 页)

5月初 南京市政府特派顾荫亭赴日考察教育,同行有胡叔异。先生于寓所设宴为胡宴饯行。(《申报》1930 年 5 月 20 日)

5 月 24 日 上午十时,陪同孔祥熙视察上海商品检验局。邹局长致辞,各主任报告检验工作状况,孔祥熙训话云:"上海商品检验局成立年余,进步甚为迅速。其所以有此成绩者,固由邹局长调度得宜,而亦由各职员共同努力。余今日到此有四种感想:第一、要革命化。举凡国际贸易上之一切弊病均须完全革除净尽。第二、要建设化。使局中成绩务日新月异,而岁有不同。第三、要科学化。不但检验商品须合于科学方法,且须以坚忍耐久研究科学之精神去研究检政,使有所发明,有所改良。第四、要商务化。与商人接洽诸事宜视同一体,使不觉为官吏。此外并以努力事功,维持信用,沟通商情,力求进步。"孔复至生丝检验处丝栈,召集全体职员百余人训话,"将前说各点尽量发挥、辞极恳切",并云:"上海为万国通商之埠,商品检验局所处地位,与所负责任较他处检验局更为重要。诸君来此服务非仅为检验局而工作,亦非仅为工商部而工作,实为中华民国而工作。诸君抱此精神,努力前进。对于发展国际贸易,必有所贡献。"各职员甚为感动。次先生"有极恳切之训话"。该局为工商部附属机关,成立一年有二月,其宗旨在提高国际贸易信用,增进输出商品价值。(《申报》1930 年 5 月 25 日)

5 月 26 日 下午四时,赴上海银行公所出席沪上实业家、经济学家讨论会,讨论组织工商管理协会事宜,出席者八十五人。孔祥熙演说云:"我国工业幼稚,生产落后,推厥原因,由于管理方法之未尽得当者有之;由于技术人才之过于缺乏者有之;由于企业组织之未臻健全者有之;由于人事行政之素无研究者有之。欲谋改进,自当以养成技术人才,励行科学管理为一致努力之共同目标。……科学管理之关系重要,凡研究工商行政者,类能言之,处此工业时代,倡导进行,奚容稍缓。本部行政纲要,早经列入,正拟召集实业领袖、工商专家共策进行。适接日内瓦国际科学管理协会来函,请为发起组织中国工商管理协会,以备加入其间,藉谋充分合作,共同发展。"次刘鸿生、顾馨一、杨杏佛、钱新之等演说,"对孔部长提议组织工商管理协会一事均表示赞同。并一致承认中国工商业之不振,因我缺乏科学的管理方法。"末决定下星期一下午四时仍假银行俱乐部举行第一次筹备委员会议,起草各项章程。先生与潘公展、杨杏佛、聂潞生、刘鸿生、荣宗敬等二十九人任筹备委

员。(《工商半月刊》第二卷第十号;《申报》1930年5月27日)

5月28日 黄炎培与徐诗瘦、穆伯华谈穆杼斋与先生德大纱厂诉讼事。(《黄炎培日记》)

同日 陈巨来为先生刻印(对章):①"穆湘玥印",边款"藕初老伯大人正之,庚午五月一日刻于安持精舍,巨来"。②"藕初",边款"庚午夏日,巨来治印"。(原件)

6月2日 中午,招黄炎培聚餐,谈诉讼事。黄炎培记云:"午,藕初招餐,为其兄弟讼事。"(《黄炎培日记》)

同日 下午四时,出席工商管理协会第二次筹备委员会议,先生主席。寿景伟报告起草章程经过,并将日内瓦工商管理协会及英法诸国协会章程大要略加说明,到会委员均主张要逐条讨论,刘鸿生、潘公展等十二人发表意见。公决将中国工商管理协会名称改为中国科学管理协会,"以期唤起社会对于科学管理化及合理化之重要加以注意"。并议定6月29日下午三时开成立大会,刘鸿生、潘序伦、陆费伯鸿、钱承绪、寿景伟等五人负责筹备大会事宜。(《申报》1930年6月4日)

同日 上海《纺织时报》第七百零一期刊登"棉业家传记"(一)《穆藕初先生》,配有照片。

6月4日 访黄炎培。(《黄炎培日记》)

6月5日 与穆杼斋就德大纱厂花款诉讼事,经黄炎培近两年调解最终解决。黄炎培记云:"午,再餐于吟江家,为恕再、藕初兄弟讼事,余调解几及二年,不知费尽多少唇舌,到此完全解决。至其内容复杂太甚。总之,此不祥事不欲污吾笔墨矣。"(同上)

6月24日 上午,与工商部张轶欧司长接见卷烟业代表郎挺生、沈星德等,以及粤会参加代表刘成龙。"各代表痛陈烟业目前困难情形,及证明不能维持之实况,请求迅予援助"。先生与张司长答云:"华烟业所受痛苦,本部早有所闻。呈电所称不无理由。既据拟有请求目的,自当会同财政部妥为办法,切实救济。但希望华烟业应具远大目光,团结实力,以谋业务利益。盖历来忽视团体力量者,其业务终至失败,深愿有以借鉴。"(《申报》1930年6月26日)

6月26日 签署并发布工商部令:"为厉行工商政策,促进生产事业,发展对外贸易,增益国民经济起见,特召集工商会议。"会议定于本年11月1日至8日在南京召开,工商部部长、次长任正副主席。(《全国工商会议汇编》第一编)

6月28日 与黄炎培长谈。(《黄炎培日记》)

6月29日 下午三时,赴上海银行公会出席中国工商管理协会成立大会,到会者计有一百四十余人。先生在会上报告筹备经过,谓:"藕初等前承工商部孔部长邀请,参加发起中国工商管理协会,后被推为本会筹备委员会委员,当经开会拟具章程草案，定于六月二十九日开成立大会，又以筹备大会头绪颇繁，互推刘委员鸿生、潘委员序伦、陆费委员伯鸿、钱委员承褚、寿景伟等五人负责筹备大会事宜，克日观成。现在工商界各团体暨经济、会计、工程各专家均踊跃加入，多方赞助，爰将准期成立，共策进行，务祈诸同志群策群力，研究讨论，不厌求详，庶工商界之管理，可日趋于科学化，本会幸甚，企业前途幸甚。"次孔祥熙致开幕词云："本会创设，既以研究科学管理方法，增进生产效率，实现民生主义为主旨，而事业范围又在征集科学管理及产业合理化问题之研究资料，与夫讨论发表及实施改良工商管理之方法两大端。故本会此后办理方针，自当注意左列三点：（一）改良人事行政，增进管理者及被管理者之服务道德与合作精神；（二）改进生产技术，排除各种浪费；（三）发展国产事业，增进民众福利。"次选举孔祥熙、穆藕初、刘鸿生、寿景伟、潘序伦、杨杏佛、胡庶华、陆费伯鸿、李权时、荣宗敬、王云五、潘公展、赵晋卿、徐寄顾、钱新之等十五人为理事。参加成立大会各团体代表有：全国商会联合会林康侯、陈晞、陈之英，上海市商会叶惠钧、王延松、王晓籁、徐寄顾，上海市社会局局长潘公展，工商部驻沪办事处处长赵晋卿，中国工程学会胡庶华，中国经济学会马寅初、刘大钧，国货银行总理朱成章，商务印书馆王云五，中华书局陆费伯鸿，工商部商品检验局局长邹秉文，浙江大学工商学院院长朱熙谋，华商纱布联合会荣宗敬、聂潞生、张则民，天厨味精厂、天原电化厂、炽昌新胶厂吴蕴初，华成烟草公司戴耕萃，江苏火柴联合会刘鸿生，中华职教社潘仰尧，丝光棉织业公会诸文绮，复旦大学商学会会长李权时，上海面粉厂同业公会王尧臣，大夏大学商学院院长孙田，上海青年会陈立廷，北平仁利公司史攸明，久大精盐公司范旭东、陈沧来，九福公司黄楚九，江苏农民银行经理王志莘，中华工业总联合会钱承绪，上海沪江大学刘湛恩等。（《纺织时报》第 710 期，1930 年 7 月 3 日；《申报》1930 年 6 月 30 日）

同日 于《申报》发表《上海民智中小学五周纪念特刊》颂词云：

牖民瀹智，迪绩启新。时阅五载，誉满春申。前途或或，学子莘莘。宏兹纪念，郁为轮囷。

6 月 携王原祁《山水图》访冯超然。[1] 冯超然《仿王原祁山水图》题云："董文敏云：'画忌笔滑，欲其觚棱转折不为笔使'。余谓临抚古迹，尤宜谨慎，先欲无我，方能脱去本家积习，须冥搜研索，庶几形神俱似。譬之演剧登场，务使观者洞心骇目，情移乎中，要知无我中自有我在也。庚午初夏，藕初老友出示司农真迹，悬之草堂，日与古人神交眉语，喜不自胜，遂临一遍以存之。晋陵冯超然并识。"（引自郑

---

[1] 先生曾购藏明清书画家真迹多种，现存董其昌《仿米芾杂录》书法手卷、查士标《溪山村酤》山水立轴、张若霭《兰竹灵石》立轴三种，均钤印"穆藕初珍藏印"。

《穆嫂金夫人五十寿言录》封面

威、冯天虹编著《冯超然年谱》第 146 页）

6 月 穆伯华将上年社会各界所赠母夫人五十寿辰寿文、寿诗等辑编成《穆嫂金夫人五十寿言录》一书，自费排印出版。方还题签。内载先生与金夫人合影，吴湖帆题云："穆藕初先生暨德配金夫人合照。庚午五月吴湖帆。"吴梅序云："吾友穆君藕初，有贤妇曰金夫人。归藕初三十年，始约而继泰，怡怡然如一日也。藕初固贫，少时从事海关，得微赀自给，而夫人不以为苦。及自瀛海归，以商业雄沪上，踔厉风发，名日益振，而夫人亦不以为荣。藕初好栽植后进，尝以巨赀十万，派遣游学欧美生十四人，夫人复力赞之。又为藕初纳箧室许氏，躬为治妆。有樛木螽斯之风。论妇德之美，无如夫人者矣。去年十月为夫人五十寿辰，宗族亲旧皆制诗文，为夫人冈陵之颂，于是藕初汇录成册，而征序于余。

余尝谓古者妇人之职，不过治丝茧、议酒食、供祭祀耳，一若无关于大政者。不知一国之盛衰，视乎一家之良窳；而一家之良窳，又视乎妇人之劳逸。古今贤妇若鲍宣妻、若王良妻，皆能辅翼其夫为一时闻人。今夫人之行又何愧夫前哲？宜朋旧中称道不弗置，而又非世俗谀辞可拟也。辱承谣诼，因就所知者述之如此，吾知藕初必蹶然笑曰：有是哉！有是哉！"（原书）

7 月 7 日 在沪出席中国工商管理协会第一次理事会。选举孔祥熙为理事长，刘鸿生、荣宗敬、陆费伯鸿、徐寄顾为常务理事，潘序伦为经济理事。次讨论"干事部及专门委员会组织规程及进行方针。"（《工商半月刊》第二卷第十三号；《申报》1930 年 7 月 7 日）

7 月 14 日 下午四时，在沪出席中国工商管理协会第二次理事会。刘鸿生主席，讨论试办期内概算，并拟定专门委员，分经营组、人事组、理财组、会计组、事务组、推销组、设计组等。先生为经营组副主任。（《申报》1930 年 7 月 15 日）

7 月 15 日 在南京出席工商部度量衡检定人员养成所第一期毕业式，先生授凭。此次毕业学员三十六人，分别咨询原省市任用。（《申报》1930 年 7 月 16 日）

7 月 17 日 《申报》刊登《暑期速成国语晨夜馆消息》云："北平云作丞君，精研注意符号及国语，教法新颖，发音准确。近如宋子良、宋子安、汪仲韦、冯建雄、卢炜

昌、陈公哲、穆藕初、余大雄、俞鸿钧、马崇淦、岑德彰等无不出其门下。"(同日《申报》)

7 月 21 日　上午十时，在宁出席国民政府总理纪念周集会，到者有国民政府文官参军两处以上职员共二百余人。谭延闿主席，秘书钱昌照作政治报告。(《申报》1930 年 7 月 22 日)

7 月 26 日　在沪与黄炎培长谈。(《黄炎培日记》)

同日　工商部制定诉愿审理委会规则，并决定先生与成嶙、张轶欧、汪汉浣、许建屏、徐善祥、黄祖培为诉愿审理委员。(《申报》1930 年 7 月 27 日)

7 月　为方显廷《天津地毯工业》一书作《序》。文云："国民政府成立以来，提倡生产事业，不遗余力，欲使一般国民，咸晓然于增加生产之重要，而力谋所以发展之道。盖振兴产业，实目前经国之要图也。吾国生产落后，人皆知之。今后欲求国家之自由平等，须先促进国民之经济独立；而促进之法，则在吾国人民共同努力于生产之增加，以能自供国人之需要，为专心致力之目标。能如此，则吾国之经济独立，将必有达到之一日，其迟速缓急，不过为时间问题耳。惟此事之重要，近虽已为政府与民众所认识，而如何达到之方，则能知者殊少，尚有待于专门学者之研究提倡也。大凡经济事业之研究，以必实地调查为前提。盖有实地调查，始可得精确之统计。昔时我国朝野上下，对于调查统计，讲究甚少；故从事于生产事业者，常苦无准确之调查统计，以为经营事业之根据。今中央各机关，已渐知注意矣。对于民间事业之调查统计，已有着手进行者。然幅员广阔，不易遍及，民之情伪，未能尽悉。尚赖有学术团体从事各地各业之个别研究，为之辅助。昔苏子曰：'天下之祸，莫大于上作而下不应；上作而下不应，则上亦将穷而自止。'处今日之中国，倘能上下一心，继续努力实地研究之工作，以为改革建设之准备，助振兴实业，增加生产，特指顾问事耳。其为贡献，岂可胜言哉！天津南开大学社会经济研究委员会，从事于实地研究已经数载，工作成绩蜚声中外。现拟梓行工业丛刊，其第一种为《天津之地毯工业》。付印之始，来书索序。窃以此举为增加生产之必要步骤，故乐述余意，以弁其端。使他日国内各学术团体，群起研究，蔚为利国福民之盛举，则尤余所深望也！"(天津南开大学社会经济委员会《工业丛书》第一种，方显廷编《天津地毯工业》，1930 年 8 月版；《文集》第 232 页)

8 月 2 日　在沪赴人文社，与黄炎培、马叔昂、丁仲宣、贾季英等谈话。(《黄炎培日记》)

8 月 4 日　上午十时，出席国民政府总理纪念周集会，到者共三百余人。谭延闿主席。文书局长杨熙绩作政治报告，痛斥汪精卫"卖党求荣，罔顾廉耻"。(《申报》1930 年 8 月 5 日)

8月18日　上午十时,出席国民政府总理纪念周集会,到者共二百余人。古应芬主席,秘书钱昌照作政治报告。(《申报》1930年8月19日)

8月25日　上午十时,出席国民政府总理纪念周集会,到者共二百余人。谭延闿主席,秘书钱昌照作政治报告。(《申报》1930年8月26日)

8月30日　在沪赴职教社,与黄炎培聚餐。(《黄炎培日记》)

8月31日　招黄炎培于"觉林餐,与樊潜之商一切"。(同上)

9月1日　上午十时,国民政府举行总理纪念周,到者共二百余人。谭延闿主席,秘书钱昌照作政治报告。(《申报》1930年9月2日)

同日　下午七时,出席中国工商管理协会第三次理事会及各组正副主任联络会议。会议进程:①"呈报成立经过并请政府拨款补助案"。②"讨论加入国际工商管理协会案"。③"改聘辞职委员及添聘专家加入各组案"。④"报告收支款项并讨论筹备及开办费案"。⑤"讨论理财组提议添设法制组案"。⑥"雇用秘书由本人担任,付薪请干事部委任案"。⑦"讨论借用会场案"。⑧"准备科学管理定期讲演进行办法案"。(《申报》1930年9月2日)

9月6日　访黄炎培。(《黄炎培日记》)

9月8日　上午十时,出席国民政府总理纪念周集会,到者共二百余人。谭延闿主席,秘书钱昌照作政治报告。(《申报》1930年9月9日)

9月15日　上午十时,出席国民政府总理纪念周集会,到者共二百余人。谭延闿主席,秘书钱昌照作政治报告。(《申报》1930年9月16日)

9月27日　访黄炎培。(《黄炎培日记》)

9月28日　出席职教社董事会及评议员联席会议。到者钱新之、潘序伦、王云五、蔡元培、王一亭、王志莘、黄炎培等二十余人。钱新之主席,杨卫玉报告社务近况,赵师复报告校务近况。次提议重要事项:①审查十八年度社校收支决算案,杨卫玉报告收入增加支出减少情形,议决请穆藕初、钱新之审查。②审查新社员资格案,议决推刘湛恩、陈鹤琴审查。③改选评议会主席案,蔡元培以七票当选为评议会主席。④改选百年基金保管委员案,议决公推王志莘连任。⑤学校进行方针案,赵师复报告学校有继续扩充之必要,惟教室宿舍,均极拥挤,学生如再增加,无法可容,宜如何添建房屋扩充设备;又校务日繁,能否添聘一人为助理。议决关于第一点,请赵校长拟具计划,交社审定。关于第二点,可请秘书一人助理校务。(《申报》1930年9月30日)

9月29日　上午十时,出席国民政府总理纪念周集会,到者共二百余人。古应芬主席,秘书钱昌照作政治报告。(《申报》1930年9月9日)

9月30日　因恒大纱厂向慎昌洋行订购机器款未清,慎昌洋行对陈子馨提起诉讼，经先生等调解，慎昌撤回诉讼。本日，慎昌洋行代表佛伦趣发表对陈子馨书面道歉信云："查慎昌洋行与恒大纱厂诉讼一案，现经谢蘅牕、穆藕初、吴麟书、姚慕莲、陆伯鸿、袁履登诸君以商言友谊关系，出任调解，已达圆满之结果，诚堪欣慰。现敝行业已明了该案之起因完全由穆抒斋向阁下为谬误之表示，及债权人公推阁下为彼等代理人，以致敝行不得已向临时法院以刑事起诉，加阁下为被告之一，实属异常抱歉。敝行委任代理律师已向各法院将本案民刑诉及上诉各部分分别声请撤回，和平了结。深愿此后双方友谊仍得恢复如初，是所企盼。"（同日《申报》）

9 月　作《麟书先生像赞》，以志哀悼。文云：

惟早岁之卓荦，更中岁之勤劬。历皋絮之籀讨，读万国之宝书。航海归来，其心益虚。长谢簪绂，独任艰虞。廿年订交，若前喁而。后于十年共事，乃我瘠而君腴。幸肝胆之有讬，鉴激尚之区区。感知音之契合，忽中道而分殊。君病在室，我方入都。灵床一恸，人天异途。式瞻遗貌，涕泣涟如。

麟书先生象赞，穆湘玥敬题。

（《吴麟书讣告》，1930 年）

《麟书先生像赞》手迹

10 月 6 日　上午十时，出席国民政府总理纪念周集会，到者共二百余人。古应芬主席，秘书钱昌照作政治报告。（《申报》1930 年 9 月 9 日）

10月12日 上午八时,于宁波同乡出席会招商局赵铁桥代专员祭奠式。到者吴稚晖、于右任、邵力子、褚慧僧、潘公展等。"车水马龙,极一时之盛"。先由逝者家族致祭,次上海航业公会、上海市党部及各社会团体先后公祭。(《申报》1930年10月13日)

10月14日 列席行政院第九十次会议,到者有宋子文、钮永建、蒋梦麟、刘瑞恒、孙科、易培基等。宋子文主席,报告事项十件,讨论事项十四件。(《申报》1930年10月15日)

10月20日 上午十时,出席国民政府总理纪念周集会,到者共三百余人。蒋介石主席,并演说。(《申报》1930年10月21日)

10月22日 与黄炎培长谈。(《黄炎培日记》)

10月25日 访黄炎培。(同上)

10月31日 致函吴蕴初,云:"顷接函示,欣谂贵厂①开工在即。本月十四日荷蒙柬召,极拟趋陪,适以要公羁身,未克来沪聆教,至为抱歉。用先函复,并鸣谢忱。"(《吴蕴初企业史料》"天原化工厂卷")

10月 于《农业周报》杂志发表《今后农业之管见》一文,从农业在国民经济中的重要地位说起,阐明当前振兴农业"一在专家之研讨,一在长官之振作";又举先总理所论吃饭问题在于增加生产的遗训,指出农学为增进生产之根源,农政为保卫国基之方略。摘录如下:

> 国于天地,必有所以自存之道。所谓自存者,一由民众之团结,二由长官之督教。民众不力,则货弃于地,而莫知开浚之方;长官不职,则政日益偷,而渐启窳败之习。民国成立,凡所造作,官与民交相为美,不可全赖长官,亦不可专责细民也。吾国以农立国,垂二千年矣;昔人撰述,皆以藏富于民为旨,此意固不可行于今日。然而农民竭汗血之力,除急供赋税外,又益以附加等等杂项,其担负已非如前日;而为之长官者,曾不尽保护之任,如越人视秦人之肥瘠,此亦非相当之道也。夫富之道,在乎农业,此世界各国所公认也。顾今世所谓农业,较昔范围为广,举凡枲絮、蚕桑、渔牧、林垦诸大端,无一不赅括于其间,则直接间接于社会者至巨,其攸赖于长官者亦至繁;长官而不指导或培养,彼沾体涂足者又将何所赖耶?

> 先总理民生主义中,注重于衣食住行,此四项皆赖于农业之进展也。今环顾国中,凡属此四项之所需,几几乎无一不仰给于外人,如棉也、糖也、材木也、

---

① 指天原电化厂。该厂设于沪西白利南路(今长宁路),专制盐酸烧碱等工业原料。1930年11月10日举行开工礼。原信署"九月十日",当为农历日期。

自外洋输入者居多。而年来国内主要之粮食如米、面等类，亦有来自海外者；至素以出口大宗为名如丝茶两类，近年为日本人操持，销数锐减，而外来棉丝织品进口之数，见于关册者乃至巨。夫吾国固以农立国也，以农立国，而所业曾无进展之可言，且反为他国输出农产之尾闾。长此以往，则国民经济安得不日就穷蹙哉！今忧国者号于众人，动以拒绝舶来品为言，其意固甚正大也；抑知我国所有出产品，其良窳较他国何若，其价值较他国又何若，以至低之品物，售至高之价格，又安怪人民之掉首不顾，而趋用外货也！然则整理国产，挽回利权，非空言可以收效也；一在专家之研讨，一在长官之振作而已。

　　或谓专家学说，往往陈义过高，不切于农民周身之实用，余谓不然。吾国智愚之阶级，相差固不可以道里计，顾细民智力所及，不在远大，而在寻常耳目之所及，循是涂轨，为之利导，民又无不乐也。以吾所见，有二事焉：往岁苏松田亩，高区苦旱，低区苦潦，农民恃桔槔之力，以进退水程，其劳剧有不可胜言者。有农学家某，劝乡民用戽水机，则进退旋转，不过一举手之劳，而一岁之雨赐可不计也。乡人大哗，以为万无是理。某乃自用水机，灌溉耕垄，用力少而收成丰，于是乡之人皆效用之。彼佃户贫瘠，无力购置者，又多出资租赁，而所入益大。今则苏松两处，负郭田家，无不用此机矣。此其一也。又农佃莳秧之际，辄喜密布籽种，以为多得升斗，及秋熟雾起，遂生虫灾。有农学专家，令各户疏种，两茎相隔，宽至尺许，诸佃无不匿笑之。及秋深雾起，群佃所种，各受虫灾，独此专家所植诸亩，不生一虫，且粒颗硕大，畚及四石。于是诸佃皆知疏种之善，稍稍有取法者矣。此又其一也。夫乡农目不识丁，骤语以树艺新法，无怪其惊骇却走也；及所事既成，功效渐著，若辈又急急焉思所以学之，然则专家学说，又何患其扞格不通乎？若袖手旁观，不事宣导，斯真负吾农民矣。

　　或又谓民智愈浅，则希望弥奢，其责上也亦弥重；苟农佃进展，利尽水陆，固无烦当局之擘画也。今子云长官振作，其以吾民智慧永不加进乎，抑别有说乎？不知又非也！吾国民智之薄弱，固无庸讳言，微论生处乡僻者，不知世界之大；即通都大邑，自命俊髦，其识见未必高出庸众；见一事当兴，则悍然责政府曰：奈何不图是以福我？及征调烦苛，官吏冗杂，则又謷謷语人曰：初不知流弊至此！其出尔反尔，令人失笑！况在农民，本乏高远之识见，而欲应付此繁剧之世界，又无大有力者之提命，则日坐瓮天，唯有供他人之鱼肉而已！吾国自后稷教民稼穑，是为最古之农官，农民只守古法，不思变通，遂无特别之发展。苟得农官之指导，则荒地辟，山泽治，货弃于地者少矣。且夫水土草莱，固取之不竭也，别土地之宜，化瘠土为良田，则非土壤学、化学不可矣。察种类之生机,分结实之厚薄,明六畜之生理,则非明生物学不可矣。他如考日光之强弱,酌风雨之多寡,蠹蚀宜防,疫疠宜避,凡此种种,皆长官所宜竭力从事也。而又能明列强之形势,俾生产诸物,运输海外,得吸收外邦之利益,以挽吾旧日之漏厄,此又非贤长官不办矣。是故今日之农官,必须具科学之智识,负力行之决心,使人尽其力,地尽其利,货尽共通,而后为不负所职也。而子以为无足轻重,不亦傎乎?即子所谓农佃进展,利益水陆者,苟无当局之擘画,又孰能兴之乎!

吾于是又念先总理所论吃饭问题矣!中述增加生产方法,为道有七:一为机器问题,二为肥料问题,三为换种问题,四为除害问题,五为制造问题,六为运送问题,七为防灾问题。此七项办法,先总理已一一释明,无俟余之疏证,窃念此七问题,在在须长官之提调,非农家可自为之也。即如机器一项,总理拟自己制造,挽回外溢之利权,试思设厂开炉,无长官筹算,事曷由济?迨厂肆成立,兴工鼓铸,尤非专家学者不能;他若肥料问题中所论人力制硝,水力制电;换种问题中所论湖广籼种,蜀中谷子;除害问题中所论利用枇草,销除虫蚀;制造问题中所论装置铅罐,分配全国,无一项可少长官,亦无一项可少专家,其互相维系之理,不待智者而后知也。至于运送,防灾二问题,则范围更大。合南北之才彦,筹调剂之方法,此又需才孔亟,非熟悉河渠、土木、地理、昆虫等科,更无从将事。是故长官而兼专家也,则一切措施皆事半而功倍,否则未有不偾事者矣。

顾犹有所虑也。前清农工商矿诸大政,亦尝畀长官矣,其成效为何如?处今日之世,而犹仰赖长官,窃恐思念有所未周也。抑知今日之势,与前清不同乎?前清方镇大员,尝一人而兼路电农矿诸政,事务繁冗,耳目容有所不及,故为政未必有效。今则工商有部,农矿有部,各司其职,不相蒙溷;责任既专,成绩易见,鳃鳃过虑,非所以待君子也。总之农学为增进生产之根源,农政为保卫国基之方略,农学在专家之研讨,农政在长官之振作,鄙见所及,如是而已。

(《农业周报》第五十三期,五十四期,五十五期;《文集》第 233 页)

11月1日 上午,于南京励志社出席全国工商会议开幕礼。[①] 各省政府、有关各部会、工商部以及工商界人士、专家、华侨代表二百余人出席。此次召开全国工商会议是以"工商部厉行工商政策,促进生产事业,发展对外贸易,增益国民经济"为主旨。孔祥熙任主席,郑洪年与先生任副主席。孔祥熙致开幕词,强调工商政策

---

① 按工商部六年训政计划,"拟于第三年(1931年——编者注)召开全国工商会议",因国民政府在战事上取得全面胜利而提前召开。

重要,"世界任何国家工商企业基础之确立及其继长增高之程度,莫不视其政府所决定之工商政策为转移。而任何政府所采取之工商政策,又莫不视其国内之工商团体是否能与政府切实合作,已定其成败。……实为国民政府成立后之第一次工商要会。中央政府对我工商界既下扶植决心,更为除旧布新之计,与人民通力合作,以谋全国经济建设之繁荣,亦开政府与工商界积极协作之先声。"蒋介石发表书面训词,中央党部代表孙科致词云:"这一两年来,国家兴兵讨逆,所以对于建设方面极少实行,现在,逆敌已是肃清,国是已经安定,当然是要慢慢的建设起来。"次国民政府代表王宠惠等致词。(《申报》1930 年 11 月 1 日、2 日;*实业部总务、商业司编《全国工商会议汇编》,1931 年*)

中午,大会聚餐。先生报告本会已将各议案分配为六组,并指定审查委员,请对于分组次序及审查议案范围,加以注意。议案分组情况为:第一组关于工商政策及行政法规事项,计六十二案;第二组关于国际贸易及运输事业,计三十案;第三组关于劳工福利、劳工纠纷及科学管理事项,计二十七案;第四组关于工商金融及捐税事宜,计六十三案;第五组关于发展工业及国货之提倡保护改良事项,计七十案;第六组关于国民失业与工商业救济及其他事业,计二十五案,共计二百七十七案。下午,第一次大会,推定六组主席,并分组审议提案。(《申报》1930 年 11 月 2 日、11 月 3 日)

11 月 2 日　全国工商会议继续分组审议提案。(《申报》1930 年 11 月 3 日)

同日　于南京寓所会见张子廉、叶惠钧、任矜蘋。任矜蘋拟有《建设国货营业计划》,请先生予以扶助。出席工商会议各方会员"皆极表同情","任君对大会之建议书及计划书俱予注意,业已印列议程,并于三日补请任君为会员,列席大会。"(《申报》1930 年 11 月 7 日)

11 月 3 日　上午,全国工商会议继续分组审议提案。下午,孔祥熙主持第二次大会。第一组审查会主席张新吾报告审查情形。大会通过《国内工商业联合进行案》、《禁止厂砂矿铁出口案》,再付审查《取缔外人在华企业以抵制经济侵略案》等提案。(《申报》1930 年 11 月 4 日)

同日　出席于工商部举行的棉业国货陈列馆开幕礼。政府机关、各商业团体代表二百余人出席。先生代表工商部致词云:"今日棉业展览会开会,承各界莅临,非常荣幸。展览会之目的是为提倡国货。日本居留中国的人都还是用日本货,可见提倡国货是今日一件最要的事。中国人不是不爱国货,因为国货不精,时尚奢华,所以喜用外货。现在国货已经改良进步了,大家都应效英美德日各国爱用国货的热忱,来提倡国货,来服用国货,那末,中国经济方有挽回希望。还有一事,如印度绸是国货绸厂的出品,因为中国人喜用外货,故造此绸名。此后希望社会服用国货绸厂,勿以外国名词来名中国绸货。"展览分棉作部、花纱部、服用品部、棉织疋头部等,展出包括厚生纺织有限公司在内的全国数十家大学、厂家之研究成果及其产品。全国工商会议第二次与会代表亦参观了该展览会。(同上)

11月4日　下午,出席全国工商会议第三次大会,郑洪年主持,并宣布由杨杏佛、寿景伟、王云五等六人组成宣言起草小组。讨论第二、第三组审查报告,通过国际贸易、商品检验、运输事项有关部门提案三十一案。在讨论工商部交议《实现劳资协作方案》时,辩论一小时之久。首由刘鸿生发言:原案忽略劳工责任,应加补充。次陆伯鸿发言:本席不知该案系法律抑系命令或仅为一种条陈,若贸然通过,劳资双方将更加纠纷,实根本不能成立,应请大会注意。主席郑洪年称实现劳资协作方案,并非法律亦非命令,系谋补充政府所定法规,用意至善。孔祥熙起立谓,提案命意系征集多方意见,俾政府之采择,谋劳资真正之协作,并非决议后必须照议执行或与劳资两方有所利于不利,请勿误会。工商部于最近期间,拟请立法院颁布工商法规,为力谋法规之社会实际化,故在制定前,多方采集工商界意见。若在法规已颁之后,只有照法执行,即有意见,恐亦难以置辩矣。张子廉发言:提案中有关于劳资问题者,均并移交工商管理协会审酌情形,分别办理。另由工商部通电,关于劳资纠纷或罢工等情事,仲裁人员应一秉大公,方能济事。随后由先生发言:本部提出本案讨论,原冀收集思广益之效,冀减少今后工潮,即无助资方压迫劳工之意思,亦无偏袒劳方压抑资方之意思,其目的全在劳资双方共同幸福。请主席停止讨论,即付表决。主席停止讨论,以重付审查提议付表决,多数赞成,遂通过。(《申报》1930年11月5日)

同日　接见汉口棉业出口商会主席委员梅焕侯。梅陈述"因该埠商品检验局检验棉花,未臻妥善"。先生"对于所请求之点表示接受"。(《申报》1930年11月5日)

11月5日　下午二时,全国工商会议召开第四次大会,到会委员一百三十五人,先生任主席。报告大会提案截至五日止,共四百零五案,已有审查报告者,共二百二十一案,未经审查者共一百零五案,已通过者七十九案。现距闭会期只有三日,希望大家将全部议案如期通过,大会通过包括《实现劳资协作方案》在内的第二、三、四、五组审查提案。大会前,孔祥熙、郑洪年及先生率全体会员赴南京第一公园,参加已故行政院院长谭延闿公祭仪式。(《申报》1930年11月6日)

同日　《申报》发表先生为该报"全国工商会议特刊"题词"集思广益"手迹。(同日《申报》)

11月6日　全国工商会议召开第五次大会。孔祥熙主席。讨论第一、五、六组审查报告。通过提倡国货、失业救济、工商业救济等要案。在讨论同业公会案时,意见分歧。潘公展、王延松、王云五、王介安等竭力主张通过,呈请立法院列入同业公会法；部分会员认为各地业规不同，如列入法规，有损小本经营者利益。先生报告，工商部前接沪百余同业公会及社会局之呈请备案，曾与主管司迭经商量，觉业规确系事实，但与法律有所抵触，故予批驳。最后，该案原则通过，请工商部采择施行。①（《申报》1930 年 11 月 7 日）

11 月 7 日 全国工商会议召开第六次大会，到会委员一百四十二人，先生任主席。讨论第二、三、四、五组审查报告，通过筹设人造丝厂、救济茶业、提倡丝业、集资组织银团、提倡科学管理、增加进口成货税等有关提案。（《申报》1930 年 11 月 8 日）

11 月 8 日 全国工商会议召开第七次大会暨闭幕式。郑洪年任主席并致闭幕词。吴稚晖、王正廷及会员代表胡庶华、张子廉演说。大会通过《全国工商会议宣言》，阐述会议讨论议案有四百零八件，共计十大问题；希望中央及地方政府顾虑民生之疾苦；排除障碍，促成和平民生，发展国际平等。大会决议组织国际贸易协会，会员八十九人由工商部聘定。张公权、陈光甫为召集人，先生为会员之一。（《申报》1930 年 11 月 9 日）

11 月 15 日 中午十二时三十分，出席全国度量衡第二次大会，"将第二次各组审查报告全部议决"。正午行闭幕礼，先生致闭会词。下午全体会员齐赴度量局，参观内部设备。（《申报》1930 年 11 月 16 日）先生致闭会词如下：

> 诸位先生：此次本部开度量衡会议，承各院部、各省市代表专家踊跃参与，本部甚觉荣幸。惟会场狭隘，似嫌局促，又因本部部长及兄弟在全国工商会议开会后有要事赴沪，未得逐日招待，甚觉抱歉。本会议关系至为重要，诸位有的是地方长官，有的是专家，平日对于此事研究有素，较之兄弟更为明暸，可以

---

① 该案由上海社会局提出"各业业规呈准主管官署核准者同业应一体遵守案"，要求政府明文规定无论各业公司、行号是否加入同业公会，都必须遵守同业业规。理由：查同业公会拟订之业规经主管官署核准后，设不能强制非会员以遵守则狡黠者得任意扩张其私利，彼入会会员徒有强迫捐负之义务而无同业之轨范，以致咸有悔心，竞谋脱离，则公会必等于虚设。办法：①各业拟订之业规须呈经当地主管工商之行政官署核准备案；②一经核准备案则视为同一章程，誓共遵守。无论会员非会员，如有破坏者得呈请官厅究办；③业规在事实上发生窒碍时得由官厅增删。是否有当，敬请公决。本日讨论会上，原提案人上海社会局局长潘公展说明动机，工商部代表牛载坤、先生对此表示疑问。牛载坤认为，同业业规固然非常重要，但良莠不齐，"如有不良分子借同业公会来规定许多恶业规，岂能强制同业一体遵守？"先生认为，1929 年颁布的《工商同业公会法》并无强制加入公会规定，入会人所定的业规强制不入会业者人去遵守，在法理上说不通。即使工商部批准行规由主管官署核准备案，但法院在审定时是根据法律还是行业习惯，由此势必会造成无谓的纠纷。上海市商会王晓籁、王延松等认为法律应当依据事实与习惯，要求修改工商同业公会法，将提案意旨加入法律之中。王介安认为亟应着重规定一体遵守业规，以团结同业、振兴国货经济。刘鸿生、王云五、方椒柏、胡庶华等也基本倾向于赞同上海社会局的提案。（《全国共工商会议汇编》第一编）

不说。至于度量衡标准方案及各种法规经立法院审定,国民政府及工商部分别颁布,可以说对于立法方面工作非常完备。讲到推行方面,亦由本部于去年召集度量衡推行委员会敦请各院部会代表详加讨论,厘定了全国划一程序,亦已陆续由各省市政府拟具咨送本部备案。复于今年开办度量衡检定人员养成所,养成检定专材,使推行方面中央及各省市不感人材缺乏之苦,可以说法规、人材都已具备,故此会之目的即在讨论如何促进实施。开会时,中委邵元冲先生曾说"贵在实行",今天即以此语奉告诸位,希望政府之政策及各专家之研究得以贯彻。总理说"知之维艰,行之匪艰",现我等既已深知各种实行之办法,尚希望大家本革命精神,以完成此伟大之工作。

（实业部工业司编《工商部全国度量衡会议汇编》,1931 年 5 月）

11 月 17 日　上午十时,出席国民政府总理纪念周集会,到者共三百余人。贺耀祖主席,钱昌照作政治报告。（《申报》1930 年 11 月 18 日）

11 月 20 日　主持国货陈列馆棉织品展览会出品审查委员会会议。议决：①"审查分两组,以棉织服用品为第一组,棉织疋头为第二组"。②委员分二组。③"审查定分标准。分质地、颜色、花样、用途、价格五种"。④"审查等第分特等、优等、一等、二等四级。当日由各委员分赴陈列室开始审查"。（《申报》1930 年 11 月21 日）

同日　发表为徐重道国药总号开幕题词"寿人寿世"。（同日《申报》）

11 月 27 日　《申报》刊登《龙门校友为袁观澜募捐建像》消息云："宝山袁观澜先生,毕生尽瘁教育事业,人咸钦佩。其邑人已为公葬立谥,其故旧门生,以袁公于清季创办龙门师范学堂,培养师资,功在乡邦。兹由该校教职员姚子让、郑通和、穆藕初、朱香晚、林康侯、贾季英、马群超等,及毕业同学李墨飞、顾荫亭、狄君武、程石生、王德昌、赵侣青、朱春生等发起募捐于龙门师范旧址(上海中学初中部)造像立碑,以资纪念。收款处：上海四马路中华书局李墨飞君。"（同日《申报》）

11 月 28 日　发表贺张之江任江苏绥靖督办函,云："顷承府令,荣任巡方。建牙维扬,控制水降。凡在覆幡,同功云霓。窃念长淮南北,大江东西,属国家多事之秋,有蔓草难图之患。弟苏人也,苏匪不清,民

为徐重道国药总号题词手迹

生奚望。得公做镇，谈笑枚平。六月为期，万家同庆。取人于葅蒲之泽，公不过举手之劳。树绩在檾梓之乡，我更拜沧肌之惠。从此河清海晏，阖闾兴五袴之谣。通商惠工，百辟上千秋之鉴。"（同日《申报》）

11 月 张子廉为推广国货，拟定《国货营业计划》，先生慨允列名赞助。《各部长赞助国货商场》一文云："本埠南京路国货商场，为国内推广国货营业之大集合。其创办人张子廉君乘上次出席工商会议之机会，对进行计划广为宣传，颇得各方之注意。最近因四中全会在京开会，张君又派该场设计部主任任矜蘋君，携带所拟建设国产营业计划各项印件，重行入京，请求赞助。首都各方对于张君热心提倡国货，俱表同情。国府军政部长何应钦、内政部长钮永建、教育部长蒋梦麟、工商次长郑洪年、穆藕初俱分别函复奖勉，慨允列名赞助。国府大员对于提倡国货，已确示官民合作之精神。该场营业前途，极可乐观。"（《申报》1930 年 11 月 27 日）

11 月 发表《全国工商会议之回顾及其希望》一文，对于经济建设之前景抱有期望。文云："最近全国工商会议在国民政府统一完成之时开会于首都，会员二百二十人，大半为工商业领袖及学术专家。海外华侨、中央各部会、各省市政府代表及工商部主管人员，亦都与会。提议案四百零四件，临时动议八件，共四百十二件。均经分别审查，提出大会讨论。其中有通过者，有原则通过、办法修正者，否决者为数最少。到会各会员，为全国各方面之优秀分子。讨论各案，均关于经济建设之重要问题。讨论时之态度，均能以整个的民族利益为前提。自十一月一日开会，至八日闭幕，精神贯彻始终如一。此工商会议之精神，实足以表示我整个民族之精神。不但可以钦佩，且可使一般国民对于经济建设之前途，发生无限乐观之希望。"先生将众提案归纳为十项，云："其中，应由政府执行者有五。（一）实行保护关税，（二）实行裁厘及废除苛捐杂税，（三）实行统一币制，废两改元，（四）实行建设基本工业，（五）实行救济失业。以上五项均为经济建设之必要的基础工作。其第五项，注重保护中外投资利益，为救济失业之方法，实为最公平、最扼要之一点。良以近数年来，正值革命破坏之时，有不少青年，不知建设为革命之目的，但知尽量发挥破坏之一方面，种种手段，无所不用其极。遂致人心恐慌，工商停滞。人人但以苟延残喘为得计，而一般生产事业遂日形衰落，新兴者更无希望。中央当局者，虽屡以增加生产为言，然在以前军事未定之时，对于保护生产事业，亦未有切实之办法。此次工商会议，对于政府实有不少之贡献，足备采择。而最要一点，尤在于保护中外投资利益，为救济失业之必要办法，藉以安定人心，促进生产，为经济建设开一活路。吾知中央当局者，必有以慰我全国工商界之希望也。会议中通过之决议案，其中应由工商界努力者，亦有五。（一）集中资本、联合经营，（二）实行科学的管理法，（三）改进技术、增加生产，（四）注意劳工福利、促进劳资合作，（五）推广对外贸易。

以上五项,亦为经济建设之必要条件。非集中资本、联合经营,虽有保护关税、实行裁厘、统一币制等等,政府方面之设施,仍不足以谋生产事业之发展,并抵抗帝国资本主义之压迫。因政府与人民今后之共同目标为生产,为大规模之生产。政府所处之地位,仅能铲除障碍,保障安全,而实行发展各项生产事业之进行,仍有赖于人民之自动的努力。或者有人以为,集中资本、联合经营,有使现社会愈趋于资本主义化之危险。实则不然,要知民生主义与资本主义之不同,不在于发展生产程序上有何差别,而在于中央当局对于资本有相当之节制,使生产事业之发展,不为少数人之利益,而使一般社会有共同之享受。所以,注意劳工福利,促进劳资合作,为同时必须注意之重要条件。如资本家方面,而忽于此种应尽之责任,则政府可以正当方法,为适法之制裁。总之,中国今日最大之痛苦,为生产不足。必须集中力量于增加生产,同时应用民生主义之原则,对于资本有相当之节制。务使生产事业之发展,适合于公众之利益。此为本届会议议决案共同注意之一点,有关于经济建设之前途者甚巨。至于实行科学管理、改进技术、推广对外贸易,皆为题中应有之义,同为经济建设所必需,固毋庸为之辞费者也。此次会议在大体上,关于种种经济建设等议案,皆有相当之决定,适合于现在国情,足以备政府之采择。唯遍查各议案,大半在议论上之发挥,缺少一种数字上之指示。所谓数字上之指示者,即国内工商各业一种精密之统计也。此种精密的统计,应由全国各业自动的调查,在政府不过总其大成,为全国各业尽指导与保护而已。吾国工商各业向无此种工作,即有人提议此事,各业方且秘而不宣,虽有智者,无能为力也。抑知此时工商各业,不独对内贸易随处宜加注意,并须深明各国工商业之趋势,以为本国左右迎拒之地。苟无精密的统计,则政府无从尽指导与保护之责。此次会议中,明知有许多议案需要精密的统计,为考核研究之根据,因苦乏正确的材料,无从着手。凡此次与会参议者,皆抱此同情也。但调查统计究应如何办法,亦当加以研讨。今姑设一棉业调查法于下:(一)种植地点及数量;(二)品质高下;(三)收买方法;(四)运输情形;(五)集中地点;(六)各项捐税;(七)输出口岸;(八)积弊及铲除方法;(九)外国情形;(十)竞争状况;(十一)发展本业方法。以上各种调查,皆宜就本业中富于经验者,力任其事,作一精密的统计。尤重在外国情形及竞争状况两点。此项统计,全国各业皆当竭力从事。又如火柴工业,一切原料,如磷、如木、如制造盒子及印刷纸张;其原料本国有无生产;如有相当产额,各产地之价格几何;运费捐税几何;品质较舶来品优劣如何;成本较舶来品高低如何;各地生产额若干;各地制造厂若干;各地销数若干;均须有精确之表示,以为研究发达之根据。……鄙意吾国工商各业,本有同业公会之组织,所以谋本业发展及集会、议事之地,其法至善。今可扩大此法,由各本业集合全国各地同业,组织各本业联合会,聘任专家,切实调查,最为简捷而又完备。近年，如纱厂联合会，已确有成效。希望各工业仿行之者也。此次会议提案中，若陈宗城先生之劳工调查统计、卞寿孙先生救济实业案中第三项、本部工商访问局请办全国工商事业分区调查案，皆注意在实业统计中。如劳工统计一项，在政府已着手进行，兹可不论。卞寿孙及访问局所提议，皆请求政府调查。一为促进全国生产，一为分区调查全国工商事业。筹划至当，唯专责政府办理，尚有困难数点。（一）则，经济无从措办，盖有大规模之举动，非分区设局不可。处此财政支绌之际，何从设施？（二）则，政府中无相当之人才，工商各业各有专门，丝业不知糖业之道，米业不知茶业之理，设使政府经办，则各业专家如何延请？且其事琐细，易于蒙蔽。（三）则，吾国工商事业一切习惯，不许外人探知底蕴，即有相当人才，在各业未必尽言。（四）则，吾国地大业广，工商各业如上所列二十三组，恐未必尽能赅括。苟专责政府调查，或至反有遗漏。凡此数点，皆当注意者也。愚意全国工商调查事业，各业分任其劳，政府独总其成。故必先有本业详细之统计，而后政府有切实之标准。其有妨于本业者，政府可设法消弭之；其有利于本业者，政府复尽力发展之。对内对外各有依据，则处此商战世界，方得占一席地。此吾对于全国工商业统计，应由本业自动调查者，职是故也。此工商会议以后所希望于全国工商者，亦即在此举也。"（《全国工商会议汇编》第一编；《文集》第 235 页）

12 月 13 日　于上海市商会出席全体监委员会，讨论组织绥靖善后分会。王晓籁主席。先生报告，就救灾、地方治安、面临之春耕春种等问题阐述己见。文云："本人今日以江苏公民资格出席，对江苏绥靖问题有所报告。苏省苦匪患已久，此次军事奠定后，政府决心剿匪。江苏部分特派张之江为绥靖督办。江苏旅京同乡自此项命令发表后，曾推定吴稚晖、钮永建、狄膺、高凌百、朱文中与鄙人等代表，向张督办致欢迎之意。并表示在人民方面愿切实与政府合作。至绥靖善后，消极方面为举办清乡保甲；积极方面为：（一）拟募集巨款购买籽种，以及农具、耕牛，就江北受灾各地分给农户；（二）拟咨请农民银行及上海各银行，各携资本就江北受灾各乡镇设立农民抵借机关，俾农民不感竭蹶。一方面建议省政府就太湖原筑马路，速成环河大马路，一利剿匪进行，一利农品输出。江北则建筑万公堤，匪患便可减少。但筑路、筑堤为政府方面责任，筹款发籽分设银行，则端赖商界协助。因地方治安与工商业之发展关系最大，现在苏省本年麦子已不及种，赶种春麦当于一二月内下种。此时如不预为准备，届期又恐不及。现南京方面已拟组有江苏绥靖善后会，希望各地将来遍设分会，藉收指臂之效。上海为商业中枢，市商会尤有登高一呼之能力，同时亦当有尽力协助绥靖之愿力，因此极希望上海分会即由市商会诸君设法组织。一面并设法筹办捐款，购买籽种，及分设银行等事，庶各尽其力，则自易成功。"次王晓籁、王延松、邬志豪"详细讨论，并一致表示对于苏省绥靖，市商会自当尽其能力协助政府办理。""至对组织绥靖善后分会,应俟南京方面拟就各项章则办法后,再行筹议召集。"(《申报》1930 年 12 月 14 日)

同日 接见上海工商界请愿代表。因各业维护行规委员会昨奉工商部第一四四三八号批示,"行规一案业将上海市社会局在全国工商会议案内提出三项办法呈请行政院核夺",本日下午四时,各业同业公会乘先生于上海市商会召集组织绥靖善后分会会议之际,派代表骆清华、叶家兴、葛言卿、丘良玉等请愿。华商皂业、煤业、木业、绸缎业、油漆业、酱园业、中国呢绒工厂业、运输业、药材业等一百六十余公会代表毛春圃、罗正、陈蔚文、陆文竹等三百余人,"手持请愿旗帜,场内满贴标语,一时空气甚为紧张"。各业代表报告工商部批驳行规之经过及用意。先生云:"以工商部业已奉命结束,本人今日又出席绥靖会议,自未便出面大众报告。"各代表"遂痛陈行规关系之重要,穆次长是上海商人出身,应该替商业上讲保障。而行规批驳适在穆次长任内,殊抱遗憾。希望以后多予维持,并请出席向各业代表一述批驳经过。"先生答云:"本人以后无论地位如何,当代请孔实业部长及主管各司设法维持,勿使各业代表有所失望。"市商会常务委员王延松云:"行规为商人命脉,市商会当为力争。况穆次长既已允为转请,各代表自可静待好消息。"各代表辞出后,推骆清华报告,向穆次长请愿情形,并议决临时提案二项:①"函请市商会转呈社会局,凡同业必须加入同业公会,同业公会必须加入市商会"。②"电请行政院迅予督促执行全国工商会议通过之各业行规,无论已未入会同业,均须一律遵守案"。(《申报》1930 年 12 月 14 日)

12 月 18 日 于《申报》发表致孔祥熙函,辞工商部次长职。云:"部长勋鉴:湘玥猥以轻材,谬膺重任,荷邀甄拔之雅,时懔冰渊之思。就职以还,秉励精圆治之心,冀通商惠工之效,自惭简陋、未副斯言。窃维工商行政,专长与经验固贵两全,而其大要则在应付得宜而已。回念去岁检验政策幸观厥成,而国营计昼,只以基金无着,未克举行。既鲜外界之发挥,爰图内部之整理,于是有各业统计之组织。费时六月,成绩难言,此非同人之无能,实由湘玥之不敏。又以各业素无统计,创始之难,古今一例,斯固部长所洞悉也。今春本拟告休,以让贤路。适值政躬不豫,国事多艰,不得不勉为厥难,自贡其丑,顾检理常牍,已觉丛脞。退食自公更感萧瑟,日惟陈书黯然顾影而已。兹者大局统一,政治刷新,本部又奉令改组实业部,除原有工商外,益以农林、矿业,诸大政展富国之经纶,公有成算。论专家之学业,我乏长才。况农林为各业之本,十余年来习斯业者,未闻以科学方法整理之,此亦农林不振之一大原因。今得我公主持,当逐渐施行,用收实效。惟事业艰巨,需才孔殷。即就农业一项而论,其中支派纷繁,约可得二三十类。如农艺、畜牧、土壤、昆虫、蚕桑、经济、教育等等,各项咸属专长,未容易位。且既有专长,又须具力行之精神,庶有发展之希望。各国实业行政，专门人才必慎选于始，一经任用，不复更易，所以重专长也。湘玥虽称习农，实鲜心得，苟任繁剧，恐负明时，竭平昔之长，不过袜线招一时之彦，要在千旄。矧两载滥竽，未有建树，抚衷自问，惭愧良多。正拟乘此时机，自营旧业。与其贻误邦国，作无谓之牺牲，孰若还我愍迁，报太平之德化。用披肝胆，上达清听。俯鉴愚忱，毋辱盛命。"（同日《申报》）

同日 下午五时，于上海中央饭店出席江苏绥靖善后会第二次筹备会，到者三十余人。钮永建主席，先生"报告赴沪与银行界及市商会接洽经过决定"。推张轶欧等三人为起草员，起草章程；推吴稚晖、穆湘玥、钮永建等十一人为筹备委员。（《申报》1930年12月19日）

12月25日 黄炎培"为藕初代拟致孔庸之书"。（《黄炎培日记》）

12月31日 江苏绥靖善会致上海市商会函，推派先生赴沪筹组江苏绥靖善后分会，协商进行有关事宜。函云："同人等以苏省连年遭受匪患，农民颠沛流离，现经国府任命张之江先生为本省绥靖督办，从事剿匪。消极方面之祸患将有肃清之望，而积极方面之工作，应由我苏人起而担负，作绥靖善后之设施，因而组织敝会，冀竭绵薄，为我苏人谋解倒悬。上海为中国工商巨埠，急应组织分会，协助进行。兹推敝会筹备委员穆藕初先生来沪，会同贵会诸君子协商进行，务祈予以充分赞助，俾得早观厥成，不胜公感。"（《申报》1931年1月1日）

同日 出席成章追悼会。黄炎培记云："三时半，藕初来，同至胶州路万国殡仪馆送成章殓，纠思同行。如此好人，横逆以死，为之恸哭。殓毕坐郭秉文车送至虹桥路万国公墓。"（《黄炎培日记》）

冬 俞振飞赴北京拜程继先为师，正式"下海"，先生颇感惊讶和伤感。穆恂如《回忆录》云："父亲和俞振飞的关系是比较密切的。俞振飞在纱布交易所内还挂了一个职务，那时叫'挂正'，事实上乃是秘书。还在杨树浦的时候，我记起了一件事，有一晚上母亲和我们姊妹等坐在饭桌边，父亲这时才来，父亲坐下后就直视对面的母亲说：'俞振飞下海了。'母亲听了，偏着头对父亲注视了一下不作声，母亲一般不做这样的动作的。我感到奇怪，我坐在父亲左手，而看不见他的正面，我只觉得父亲好像心事重重，好像很不愉快的样子，吃饭时吃的很慢，一句话也不说，我就觉得奇怪，我想俞振飞下海有什么不好呢？父亲为什么要伤感呢？是不是自己没有把俞振飞照顾好而伤感？我想的很简单，俞振飞是大人了，他自己愿意干什么就干什么好了，你何必为他担忧呢？我实到现在不理解父亲的心理。"（手稿）

本年 为《同德年刊》题词："发金匮之闳藏，穆湘玥题。"（原刊）

本年 豫丰纱厂有盈利。穆伯华《先德追怀录》云："一九三零年没有战争、工潮，有安定生产之机遇，豫丰获利，还去三成债务，厂中员工年终分花红每人九个月

穆湘玥题

为《同德年刊》题词手迹

工资,皆大欢喜。是年夏,豫丰荷花缸中婷婷玉立挺出莲花一支,群众皆谓吉祥之兆,豫丰从此否极泰来,翻身有日。但是此好景不长,明年静久思动之风潮又起,影响生产,使得豫丰穷于应付,无利可图矣。"(手稿)

本年 某日,吴梅来访,请先生帮助其学生万云骏①介绍职业,以解决万读大学学费。先生遂推荐万云骏去工商部所属汉口商品检验局任职。一年后,万到上海进光华大学读书,经济仍不宽裕。先生请万课余任家庭教师,辅导女儿怡如、恂如语文。万结婚时,先生还亲自参加其婚礼。万晚年回忆起六十年前这段往事,感慨万千,一再说,没有穆先生的提携和帮助,就不会有今天的万云骏。他特别提到1937年5月7日,先生参加其婚礼一事,说这是先生对青年一辈的关怀和爱护。(穆家修访问万云骏记录,参见柳和城《穆藕初散尽千金育人才》,《上海滩》2000年第6期)

---

① 万云骏(1910—1994),江苏南汇人,著名词曲研究专家,后任华东师范大学中文系教授。

1931 年(民国二十年,辛未)　五十六岁

2月　国民政府宣布纱布等五项商品统税税则,规定粗纱重税,细纱轻税,使生产细支纱为主的日商纱厂大获其利。

5月　国民会议在南京召开,通过《训政时期约法》,规定此时期内由国民党中央执行委员会行使中央统治权。

宁粤分裂,广州成立国民政府。蒋介石对中央苏区第二次"围剿"失败。

7月　中国政府收回上海租界会审公廨,成立地方法院及高等法院分院。

8月　长江下游发生特大水灾,灾民达一亿。

9月　"九一八"事变发生,日本帝国主义侵占东三省。上海成立抗日救国会等抗日团体。

10月　蒋、汪宁粤和谈在沪举行。

12月　蒋介石下野。林森代理国民政府主席。各地学生请愿,遭军警镇压。

1月9日　国民政府第五次国务会议决议:"特派邵元冲为考试复核委员会委员长,并派饶炎、郭心崧、黄序鹓、谢健、戴修骏、马寅初、史尚宽、张我华、穆湘玥、秦汾、赵乃传为委员"。(《申报》1931年1月11日)

1月10日　上海商业储蓄银行代表参观郑州豫丰纱厂。陈光甫记云:"午至豫丰纺织厂参观,并晤童侣青。斯厂可收陕西所产之棉,制纱销售本地,苟无战事,可以开工制作,较之沪上之厂,易于获利。不幸郑为军事要地,致去年九个月不能开工,损失甚巨,此亦枪尖下之横祸也。……郑地堆栈房屋,大都为兵所据,盖大军云集,无可栖止,遂以栈房为营房,停战之后,尚未能尽还之于民,此颇足阻滞工商业之发展也。"(《陈光甫日记》)

1月11日　下午五时,在沪赴一品香社大厅出席中国纺织学会新年联欢会。出席会员暨来宾凡三百余人,由主席委员宋仙舫主席。先生演说,指出"办厂首当管理"、"应知延揽人才"、"政府应有全盘计划",云:"在三十五年前,中国办纱厂者至少为一候补道,无所谓工程技术,但知责成工头多少棉花进厂,要出多少棉纱。鄙人民国三年回国,彼时各厂依然为候补道与工头所办。兄弟当时也贸然加入于纺织界来,自知无相当学识,不料经过十六七年之后,纺织厂情况已综然大变。今

日在座者均为纺织家,上海一隅,已有二三百人,可见进步之速,实可欣喜。纺织家结会联络,极不可少,亟应扩大组织,巩固团结。要知现在办厂全部责任均在纺织家。鄙人希望三点。办厂首当管理。现所谓科学管理法,已非常进步。鄙人此前出版一书,向来销路不好,现已大增,可见有人注意。管理非仅管人,要先管理自己,目的有三,要节省时间,节省精神,节省物质,均应从自己入手。有经验无学问尚可勉为维持,有学问无经验即不能一日为厂,此希望于纺织家者一。现在办厂,非从前可比,应知延揽人才,精神贯注从事,此希望纺织家者二。纺织为国家最大实业,政府应有全盘计划。譬如植棉一项,鄙人曾有建议,每年能扩充棉花一百万担,并非难事,则十年之间即可增加千万担,聊可供给自用。"(《纺织时报》第764号,1931年1月15日;《文集》第244页)

1月12日　在沪出席江苏绥靖善后会第一次筹备会议,到者有王晓籁、林康侯、高凤池、张慰如、严谔声等二十余人。先生为临时主席,"报告江苏绥靖善后会发起经过及上海分会所负之任务,在能使上海银钱业协助江苏省农民银行放款接济农民,今日所须讨论者:(一)分会是否即须成立;(二)进行方法如何?"次王晓籁、林康侯等发表意见。议决:推王晓籁、王延松、徐寄庼、袁履登、叶惠钧、穆藕初、林康侯为分会章程起草委员。(《申报》1931年1月13日)

同日　与《纺织时报》记者谈昨日新年联欢会所感,希望工厂主多为社会公益服务。云"我甚奇怪,昨日这样一个盛大的集会,厂主方面出席者何以竟只有二三位?我初以为今天大可以与几位好久不见的老友畅谈一番。我的意思中国纺织业应该有整个的结合,自厂主以至各方面,都可以包括在中,我不知道现在的学会组织怎么样?(遂由记者说明会章,规定有特别会员一种,欢迎厂主参加,所以不敢请耳。)厂主们在商言商,人人均求自利,无庸为讳,但同时要抽出一部分时间与精神,为公益服务,否则人人自私,社会事业便无人去干了。但中国的事一切都是幼稚,各种良法美意,施于中国,即嫌过早。所谓社会事业,不是一定非私的,不过不完全为自己着想,自己不过为其中的一个。所以服务于社会事业,还是为自己谋利益,不过这利益可以遍及多数人或全体罢了。但是现在一般人思想是这样,你愈是声望高,身价高,就愈不敢去过问社会事业。不出头去管闲事,这是中国社会旧观念中之美德。虽有少数人声嘶力竭地去奋斗,而弛懈的社会实在无法振作,中国政治上不能迅速改进,这也是最大阻力。"(《纺织时报》七百六十四号,1931年1月15日)

1月15日　下午三时,于南京出席江苏绥靖善后协会第三次筹备会。钮永建主席,先生报告赴沪组织分会经过。议决:①"省府速在江北增设农民银行四区,不必以亩捐为标准"。②"向省府建议建筑太湖环湖马路,及江北枢要路线,并请通令地方水陆文武长官切实负治安之责"。③"本会名称改为江苏绥靖善后协会,定下星三召集大会,讨论章程,并公推职员"。(《申报》1931 年 1 月 16 日)

1 月 17 日 下午二时,赴上海银行公会出席中国国际贸易协会成立大会,实业部部长孔祥熙任主席。张公权报告成立经过。通过章程。次选举理事,张公权、陈光甫、郭秉文、刘鸿生与先生等十七人被选为理事。次林康侯临时提案我国商人加入国际商会问题,各委员均赞成,主席允将该案交付理事会研讨。(《申报》1931 年 2 月 1 日)

1 月 18 日 访黄炎培,长谈。(《黄炎培日记》)

1 月 20 日 与黄炎培、陈彬龢谈。(同上)

1 月 22 日 上午八时半,赴报馆访黄炎培。晚,黄炎培"至职教社,招郭、邹两秉文、毅成、藕初、茂如夜餐"。(同上)

1 月 23 日 晚,英国经济考察团于华懋饭店招待各界,先生出席。到者有工部局总董麦克新及虞洽卿等二百人。该团团长汤姆生致别辞,海军部次长陈绍宽、潘迪致答辞。(《申报》1931 年 1 月 25 日)

1 月 25 日 下午,于大东旅社出席冯炳南之子冯振铎与翁寅初之女翁珊珍结婚式。介绍人为乐俊宝、袁履敦。到者有虞洽卿、王晓籁、秦润卿、陈炳谦等二千余人。晚间有堂会助兴。(《申报》1931 年 1 月 26 日)

1 月 26 日 钱贯一于《纺织时报》发表《欢迎穆藕初先生》一文,欢迎先生加入中国纺织学会,"做我们的领导","向光明前途去干"。文云:"我现在代表中国纺织学会欢迎穆藕初先生加入学会来做一个会员。""现在事业界的主宰者,实在太不满我们的期望了。他们私利观念实在太重,他们对于国家整个实业的计划,实在太没有了主张。他们的眼光、手腕,以及一切都是同床各梦,步伐凌乱地去等待幸运,不知道去改造时势,有计划有作为的。又是去世的去世,失败的失败了。我们放眼看来,现在还有谁是可以当此重任,谁可以做我们的领导的。所以全国纺织家应该联合起来去担负这最大的使命。这断然不是空言,不是夸大,我要请全国纺织家都振作起精神,不要妄自菲薄,我们要相信事业的主权都拿在我们手里,那中国纺织工业就有救药。这种希望也决不是空言,不是夸大,现在至少可以说已经走上这条路来。这个意思我不敢求别人谅解,但是穆先生是完全同意并且属望最激的。现在穆先生到我们队伍里来,不但是可以增厚我们的力量,还可以来做我们的领导,这明明表示着我们的目标是对的,我们的使命更要进一步去承担,要鼓起我们勇气向光明前途去干,我们也希望穆先生共同努力来做这个工作。""诸位不要忘了我们的最大使命。我们为这个最大使命欢迎穆先生来加入中国纺织学会。"(《纺织时报》七百六十七号,1931 年 1 月 26 日)

1月31日　国民政府发布任命令四十一条。其中第二十九条"任命穆湘玥"为实业部常务次长。(《申报》1931年2月1日)

1月　应《纺织周刊》创刊,应约发表《我国棉纺织业之前途》一文。云:"在吾国之棉纺织业,有一最特殊之现象,即为喧宾夺主。棉纺织工场在中国之发展已有四十年之历史。至于今日,华商在棉纺织业之地位反不如洋商之优越。所谓洋商除英商占一小部分外,其余均为日商,其突飞猛进,实为吾华商最大之劲敌。"指出"华商各厂失败累累,停工者有之,出售者有之。同在中国境内经营纱厂,日商何其盛、华商何其衰,一盛一衰",其原因如下:

以予所知,在华日厂之优点,第一为工作精良。其工作所以能精良之原因,在于精选人才,专心任事。全厂员司自经理以至小工,在任用之始,无一不经过精密之挑选。无论职员工人,皆高其薪水、优其待遇。在未任用以前,必须考查其过去之成绩,以为录用与否之标准。既任用以后,则严其考成,督察其工作效能,以为进退升降赏罚之标准。故全厂员工无论职位之高下,人人专心服务,以表现其最大最高之工作效能。其出品之佳、生产之高、成本之轻,实为全厂员工一心一德专心服务所应有之结果。华厂则如何,最高职员之任用以势力;中下级职员之任用以情面;至于工人则由工头任意招呼。对于以前之成绩如何,既无严密之考查;对于任用以后之工作效能,又置诸不问。虽有一二励精图治之人,欲以工作效能之优劣为进退升降及赏罚之标准,亦复形格势禁而无所用其长。此日厂华厂一盛一衰之原因一也。

第二,为营业稳健。日商各厂用实业方法办理,进花销纱均用最经济之计算。原料几何、工缴几何,每包共计成本若干,均有精密之计算。只要售纱有薄利可图,即尽量出售,以不存积为第一义。华厂则不然,颇有以投机方法经营纱厂者。纱价高则努力囤积以求纱价之再涨;纱价低则乘机买进以俟纱价之上腾。购买洋花,则不结汇票以图意外之利益。因此种种,日厂则营业活动,纱销速,存纱少,经济活动,原棉充足。而华厂则反是,或以存纱过多而经济困难,甚至投机失败而全厂倒闭。此日厂华厂一盛一衰之原因又一也。

第三,为互助合作。日厂之经营不但一厂之内有合作,不但同业之内有互助,即其他银行、轮船、保险公司以及政府对于日商所经营之纱厂,亦各尽所能,予以极大之助力。运费、保险费均有团体合同特别减价,而利息与汇费之低廉,尤足以促进在华日厂之发展。华商各厂既有上述之缺点,又无外力之扶助。自身资本既小,而银行方面对于华商各厂又不若日人之休戚相关,如有借款,利息之巨、条件之苛,在在与人以难堪。而尤以内地各厂为最痛苦,借款年息有高至一分五六厘者。此为日厂华厂一盛一衰之原因又一也。

以上所述,并非有意扬日而抑华,事实固如此也。若讳疾忌医,则病终不起。忠言虽逆耳,实有利于行。当知棉纺织业在吾国之地位,不仅一业之利害关系,实与全国国民经济有共同之休戚!故予甚希望全国上下,共同注意。政府与人民当各尽所能,以纠正原有之缺点,以共谋棉纺织业之发展,则国民经济全体实利赖之矣!

（《纺织周刊》第一卷第一期;《文集》第 244 页）

1 月　全国棉纱改征统税,财政部派定各地统税征收员,"河南豫丰纱厂且已派兵驻厂施征。"棉纱统税分三级征税,十七支以下为一级,十七支以上至二十三支为一级,二十三支以上为一级,税额分二元、三元、四元三种。（《申报》1931 年 1 月 13 日）

2 月 2 日　访黄炎培。（《黄炎培日记》）

2 月 4 日　在无锡,访无锡国学专修学校校长唐文治。有人询国府任命事,先生答云:"曾与孔部长言明,无论如何决计不干。以河南战事现平,厂亦开工,而上海事业,百端待理,且于此一月内,亦不赴京,以示坚决"。（《晶报》1931 年 2 月 6 日）

同日　黄炎培为先生"代撰实业部常务次长告假呈文。"（《黄炎培日记》）

2 月 6 日　江苏绥靖善后协会开第一次会议,推吴敬恒、钮永建、穆藕初、孙伯文、朱文中为常委。（《申报》1931 年 2 月 7 日）

2 月 7 日　赴香港路银行俱乐部出席中国国际贸易协会理事会第一次会议。孔祥熙到会并发表创设本会趣旨。选举陈光甫为理事长。续由林康侯提议本会加入国际商会,经讨论通过,公推陈光甫、郭秉文为国际商会中国分会正副会长。又推定郭秉文、贝淞荪等为出席五月在美国纽约召开之第六届国际商会大会代表。（《申报》1931 年 2 月 8 日）

2 月 11 日　中午,应黄炎培之邀于功德林聚餐。同席黄伯雨、钱新之、沈信卿、江问渔、杨卫玉、王志薪。商旅行事,"商定暂后出发,将款六,六三〇交志薪存新华银行。"（黄炎培后于四月二日出发赴朝鲜、日本——编者注）（《黄炎培日记》）

2 月 13 日　与《申报》记者谈辞实业部次长事。云:"对于次长职务,因本人商业方面事务纷繁,不克兼顾,已向孔部长面辞。虽由孔部长坚留,但本人决计不就,在申勾留一星期后,即欲赴京,对于考试委员事尚欲接洽"。（《申报》1931 年 2 月 14 日）

2 月 17 日　本日农历正月初一日,为自书书法册页题签:"自强不息。辛未元旦书以自勉,藕初。"（原件）

2 月 25 日　孔祥熙批令,准先生辞次长职,委任赵晋卿继任。（《申报》1931 年 2 月 26 日）

3月5日　本日农历正月十七日,女宁欣①出生。

3月6日　访黄炎培。(《黄炎培日记》)

3月12日　于华联总会出席中国工商管理协会第七次理事会。到者有刘鸿生、徐寄顾、胡庶华、李权时、寿毅成、钱承绪等。"讨论实业部令饬工商会议提案,研究问题。"公决:"由各理事分头研究。至第八次理事会再行讨论。"次讨论与浙江、山东两省分会合作问题。决议:"候两省分会正式成立时再议"。继加推徐寄顾为经济理事,如潘序伦理事赴京时可由徐理事在一切收支凭据上加盖印章。末讨论出版物问题。议决:"先在《工商半月刊》内特辟数栏,专载关于科学管理与实业合理化之名作,及会务消息。然后再出《工商管理月刊》。"(《申报》1931年3月14日)

3月14日　至厚生纱厂,阻止该厂售于日商。厚生纱厂自去年12月20日停工后,迄未复工。股东贝润生、薛宝润无意经营,将所有工人,一律发给退职金,脱离雇佣关系,并欲将该厂出售于日商纱厂。本日,实业部派先生会同上海社会局局长潘公展至厚生厂,禁止该厂售于日商。(《申报》1931年3月8日)厚生纱厂欲将出售于日商消息传出后,引起社会各方强烈反对。1931年3月17日《申报》刊登《禁售厚生纱厂》报道云:"本埠厚生纱厂自出售与日人消息传出后,业已引起各方面之注意与反对。实业部长孔祥熙氏特派穆藕初就近会同本市政府查询阻止。兹闻市府决派社会局长潘公展与穆氏于日内会同前往,详查一切,实行禁止出售,并设法协议救济办法。"同年十月,该厂以三百四十万两价格售于申新纺织公司,改为申新六厂。穆伯华《先德追怀录》云:"先君辞去厚生纱厂经理职之后,数年中该厂经营亏损颇巨,于是该厂董事会回想先君办事公正,公私账目绝对分清,素为人所钦佩,决定敦请先君返厂重整厂务。先君允其请,乃先向厂外各有关方面探索清楚,一时颇为忙碌,经十多天,有杜月笙者,沪上知名人士也,使人转言于先君曰:'接管厚生纱厂之前,请先投一帖子与杜某。'先君当场拒绝,并立即用电话通知该厂董事会,说明停止进行接管之原因。盖杜某在数日前曾向该厂董事会表示有垂涎此职之意图。于是董事会左右为难,不得不搁置其事。不久该厂以易手闻。"(手稿)

3月15日　于上海华商纱布交易所出席全国棉产改进统计会议开幕典礼。

书"自强不息"自勉手迹

---

① 穆宁欣(1931年—　),因出生于南京,故名宁欣。上海市南汇县机关干部。

实业部及中央推广委员会张宗城等一百余人到会。荣宗敬主席致词，筹备员蒋迪先报告筹备经过云："最初因敝纱厂联合会举办棉产统计已十二年，殊少进步。其最大原因固在经济不足，而各地情形不甚熟悉亦一原因。即各省调查员亦苦于办法之不能明瞭，因拟邀各省调查员来沪互商一切，而有棉产统计会议计划。后来以近年各省调查棉产，多由省棉场代理各方意见，乘此机会，互相联络讨论改进问题。改进问题范围甚大，初不敢加入会议，卒以各省多表同意。因此改为棉产改进统计会议。"次市党部致词代表潘公展、上海张市长代表冯柳堂、商品检验局长邹秉文致词。先生代表孔祥熙致训词后另致词，谆谆告诚在座诸位专家"以科学方法改进棉产，以经济方法推广棉产"。先生云："查我国一切事业不发达的原因，由于农工商学不能联合贯通。从事农工商业者，往往不知学问；从事学问者，往往不知农工商业，殊不知欲求工业之发展，其根本基础在于学问。欧、美、日本各国，政治进化，实业发达，其基础完全在于高深之科学。由科学发明，而产生工业革命，由工业革命，而影响及于社会组织、政治组织，其结果为工业科学化、政治科学化。不但工业国家如是，即农业国家，亦因科学发明，工业革命，而一切农业亦从而受科学上之洗礼，其结果则成为农业科学化。所以概括起来，欧、美、日本各国一切工业之发达，其基础在于高深之科学。而我国则不然。我国旧有文化向来偏向于文学、哲学，而缺少科学，所以一般国民不但无科学上的发明，且极缺乏科学上之素养。以如此缺乏科学基础之国民，又值世界交通之时会，欧、美、日本各国挟其科学发明，工业革命以后之大量产品，如狂潮怒涛一般到中国来，使我国完全无法抵抗，不能不屈服于此种世界大势之下，被迫通商。所以几十年来之华洋通商，我国商业虽是空前之发展，而是全出于被动。我国之农工业仍在幼稚时代，而未臻发达之境。所谓商业发达，并非由于本国之农工业之发达而发达，从实际上说起来，大宗商业，完全套贩洋货，为外人推扩销路。所以商业愈发达，国民经济愈窘迫，国民生计愈困苦。其唯一原因，完全在于我国之农工业无高深科学为之基础，而一切商业之发展出于被动。百业然，棉业亦然。湘玥有鉴及此，深知农学之重要，及棉产对于我国之关系，致力于此二十年，徒以人众我寡，未易见效。今幸大势所趋，国人对此已有深刻之认识。吾知棉纺织工业为发展工业之先锋，改进棉产又为推广棉纺织工业之必要的基础。又值国民政府训政伊始，注重建设，奖进人才，而诸君子适于此时举行此空前之大会，以切实研究其谋棉业之改进与推广。到会诸君子皆棉业专家，对于棉产问题之各方面均有深切研究，无用湘玥赘述。此次会议结束，对于棉产前途一定有极良好影响。湘玥欣喜之余，深望诸君子以科学方法改进棉产，以经济方法推广棉产，使我国棉产前途日臻发达，可与北美合众国之棉产并驾齐驱，以造福于棉农者，以造福于国民经济全体。"（《申报》1931 年 3 月 16 日；《文集》第 245 页）此次会议由十一省农棉场及棉业机关发起,会期至三月二十一日结束。决议各案:①组织中华棉产改进会。②全国农场指导农民组织棉花运销合作社,提高良棉价格,以利农产改进。③培植棉业专门人才,资送出洋留学。(《申报》1931 年 3 月 16 日)

3 月 18 日 出席江苏绥靖善后协会第七次会议。先生主席,"报告与沪银行接洽借款经过"。叶楚伧"报告对苏农民银行向沪行借款贷与被灾农民意见"。次推定调查员三人。(《申报》1931 年 3 月 20 日)

3 月 发表《全国工商会议之回顾及其希望》一文。文章总结 1930 年 11 月全国工商会议通过或原则通过办法修正之议案,虽有四百十二件之多,合并分类约有十项。"其中,应有政府执行者五:(一)实行保护关税,(二)实行裁厘及废除苛捐杂税,(三)实行统一货币,废两改元,(四)实行建设基本工业,(五)实行救济失业。以上五项均为经济建设之必要的基础工作。其第五项,注意保护中外投资利益,为救济失业之方法,实为最公平、最扼要之一点。""其中应有工商界努力者,亦有五:(一)集中资本、联合经营,(二)实行科学的管理法,(三)改进技术、增加生产,(四)注意劳工福利、促进劳资合作,(五)推广对外贸易。以上五项,亦为经济建设之必要条件。……总之,中国今日最大之痛苦,为生产不足。必须集中力量于增加生产,同时应用民生主义之原则,对于资本有相当之节制。务使生产事业之发展,适合于公众之利益。"并就全国各业缺乏调查统计提出看法:"此次会议在大体上,关于种种经济建设等议案,皆有相当之决定,适合于现在国情,足以备政府之采择。唯遍查各议案,大半在议论上之发挥,缺少一种数字上之指示。所谓数字上之指示者,即国内工商各业一种精密之统计也。""吾国工商各业向无此种工作,即有人提议此事,各业方且秘而不宣,虽有智者,无能为力也。抑知此时工商各业,不独对内贸易随处宜加注意,并须深明各国工商业之趋势,以为本国左右迎拒之地。苟无精密的统计,则政府无从尽指导与保护之责。此次会议中,明知有许多议案需要精密的统计,为考核研究之根据,因苦乏正确的材料,无从着手。"又例举棉业统计和工商业研究会分组表,进一步说明调查统计的方法及其重要性。末,先生总结云:"愚意全国工商调查事业,各业分任其劳,政府独总其成。故必先有本业详细之统计,而后政府切实之标准。其有妨于本业者,政府可设法消弭之;其有利于本业者,政府复尽力发展之。对内对外各有依据,则处此商战世界,方得占一席地。此吾对于全国工商业统计,应由本业自动调查者,职是故也。此工商会议以后所希望于全国工商者,亦即在此举也。"(《全国工商会议汇编》第一编;《文集》第 235 页)

4 月 2 日 中午,出席职教社董事常会。到者有钱新之、王一亭、朱吟江、王志莘、沈信卿等十人。钱新之主席。杨卫玉报告最近三月来工作状况,及上届百年基金本息细数。讨论专家会议,并提出二十年度新事业大纲草案。议决:各项事业须有适当之人才,确定之经费分别举办。次通过二十年度预算,计不足银一万余元,由会设法筹集。又议决派江问渔、潘仰尧二人赴日本考察职业教育,以一个月为期,经费以六百元为度。又提出王云五等十人为本届评议员候选人。(《申报》1931年4月3日)

4月16日 下午,华商纱布交易所评议会开成立大会,先生代表理事会致词。荣宗敬被推选为评议会会长。(《纺织时报》第七九零号,1931年4月20日)

4月18日 下午七时,出席实业部于华安大厦欢迎世界著名农作物专家美国洛夫博士宴请。到者有三十余人。先生代表孔部长主席并致词云:"今日承洛夫博士惠临,欢聚一堂,极为快幸,博士前于一九二五年来华,办理农业改良事宜,卓有成绩。今复来华,继续从前事业,有裨与我国农业之改进者,前途尤抱无穷希望。吾华虽以农立国,而最近于米、麦、面粉等食品,尚有大宗输入,言之至惭。以博士大资格、经验、学识,与吾人合作,将来于我国农业建设上,当有不少贡献。今日藉此机会,特表示感谢合作之诚意。"(《申报》1931年4月19日)

4月21日 晚,赴威海卫路中社出席由交通大学校长黎照寰欢迎金兰博士宴会。到者有实业部访问局长郭秉文、上海特区地方法院刑庭长胡贻毂、美国驻沪商务参赞安诺尔、美国经济学教授雷默、交通大学铁路管理学院院长钟伟成等教授及学生代表作陪。黎校长致欢迎词,郭秉文及金兰博士演说。金兰博士曾任美国伊里诺大学校长十余年。今次携眷游历远东,经历马尼拉、广州、南京、天津、北平而抵沪。黎照寰以金兰博士为世界大教育家,交通大学与伊里诺大学且有密切之关系,特设宴为金兰博士洗尘。(《申报》1931年4月22日)

4月25日 国民政府决定设立中央农业研究所。[①] 是日,实业部令派先生与钱天鹤、邹秉文、蔡无忌、谢家声、沈宗瀚、洛夫等十六人人为中央农业研究所筹备委员会委员。(江苏省农科院内部材料)

4月28日 行政院召开二十二次国务会议。决议照准先生辞去实业部次长职务呈请,遗缺任命赵晋卿(锡恩)署理。(《申报》1931年4月29日)

5月2日 实业部宣布任命先生为中央农业研究所筹备主任,钱天鹤为副主任。(同日《申报》)

5月3日 在南京,于实业部出席中央农业研究所筹备委员会第一次筹备会

[①] 江苏省农科院内部材料云:1931年4月,国民政府提倡复兴农村运动,以挽救农业衰落。实业部曾拟办中央农业试验场、中央蚕丝试验场、蚕种制造所及模范缫丝厂等机关,以从事农业改进的研究实验工作。不久,认为农业改进应有整个计划,通盘筹算,于是议设中央农业研究所,总理全国农业改进工作,并将上述机关事业归并。

议。(《申报》1931年5月3日)5月28日,决议下设蚕丝、农民经济、水产、畜牧、森林、农业推广等六科,派先生为所长,聘美国人洛夫为顾问。(《申报》1931年5月29日)8月29日,拟定草案,暨救济甘、青、宁三省,及开发西北农田、水利等项法案,提请国民务会议核定。(《申报》1931年8月30日)10月6日,第四十六次国务会议通过该项草案。(《申报》1931年10月7日)10月16日,国民政府第十六次常会议决修正名称为中央农业试验所,准予备案。①(《申报》1931年10月17日)

5月20日　国民政府财政部、实业部施行丝业公债八百万元。本日起江海关对于江浙两省黄白丝出口时,每担代征特税洋三十元,以备拨充江浙丝业公债基金。财、实两部并委派穆藕初、邹秉文、宋子良等为支配债额及保管基金委员,预备会同江浙沪三区丝厂业及金融界所举之委员,组织专门委员会从事进行。(《申报》1931年5月29日)

5月22日　赴职教社访黄炎培,同看地。(《黄炎培日记》)

5月23日　请卞白眉午餐。(《卞白眉日记》卷二第144页)

5月24日　下午二时,于纱布交易所主持隆茂纱厂股东会。经理杨习贤报告"营业经过,尚称顺利,盈余本万两之谱。但因厂屋尚宽,决增添纱锭三千枚,即日装置。"决定加选姚欣之、朱镜波为董事,监察人仍由郝通伯、张巩衡连任。自即日起发给第一届股利。"该厂由日商处收买,经杨君惨淡经营,在棉贵纱贱声中尚能获利,并扩充增锭,实亦我国实业之幸也。"(《申报》1931年5月27日)

同日　晚,赴一贯轩主人王伯元宅,出席冯超然五十寿辰暨嵩山草堂画集第一次雅集聚餐会。先生致奖词,主人演幻术以娱嘉宾。冯超然弟子到者有孙琼华、周淑娟、张琰华、郑琪华、毛璱华、沈琇华、席瑾华、谢瑶华、于瑛华、李德华诸女士,及邢鸣盛、张毅年、袁安圃、曹君健、张亚庸、郑慕康、陆俨少等。来宾有吴湖帆、谢绳祖、朱企亭、朱镜波、李尊庸等。(《申报》1931年6月2日)

5月30日　招吴湖帆于一枝香聚餐。(《醜簃日记》,《吴湖帆文稿》第10页)

5月　新乐府昆班因内部矛盾解散后。倪传钺、郑传鉴等二十八名"传"字辈

---

① 江苏省农科院内部材料云,中央农业研究所经多次会议筹议,遂拟定二十年度经常费为五十二万三千元,临时费为一百一十二万五千元,草拟组织章程,在南京中山陵外、孝陵卫之东,勘定半荒熟地一区为所址及试验场地,又组织购地委员会,进行征收测量此项土地。嗣后,戴季陶在中央政治会议上提议中央农业研究所宜将"研究"改为"实验",以表示注重实用的试验,而不仅是理论的研究。遂于10月改名为中央农业实验所。10月31日,实业部公布《中央农科实验所章程》;12月24日,筹备委员会工作结束,由实业部指令撤销。

演员组织仙霓社昆班，①派倪传钺到沪联系演出场地，先生介绍倪通过小世界小报编辑孙玉声，又通过浦东银行陈经理，与大世界经理唐嘉鹏签订了一年的演出合同。倪传钺云："为了使仙霓社获得场方照顾，穆先生出了一百元礼金，我写大红帖子，向唐嘉鹏投了门生帖子。（穆伟杰采访倪传钺记录稿）郑传鉴《昆剧传习所纪事》"忘不了穆藕初"一节云："穆先生是给倪传字辈艺术生命的人，没有俚就没有昆剧传习所，没有传习所就没有倪传字辈。……后来倪实习帮唱时期，俚的企业受日本人的打击，渐渐败落下来。中央政府要俚去做官，临走前将倪交给俚学生张某良、杨习贤，又叮嘱俞振飞照顾。……之后倪与严惠宇发生矛盾，又想起穆藕初：'穆先生一定不会这样对待倪。'有一天我见到穆先生，我对俚说：'我要读书，也要读到大学毕业。'穆反问我：'读书怎么样？大学毕业了又怎么样？'我回答说：'读书大学毕业后可以做官，做生意。'穆又问：'做官又怎样？'我说：'地位高，钞票多，不受人欺负。'穆说：'现在社会谁也说不清楚，不读书也可做官，读了书未必能做官，有的人做官发财，有的人做官不一定发财。这里边有许多复杂的原因，一时很难讲清楚。我儿子大学毕业，出国留学归来，学问不算错，也没有做官。'俚劝我：'勿要将眼光放在做官上。行行出状元，戏演好了也会出人头地的。梅兰芳、程砚秋，伊拉唱戏唱出了名，全国人民都知道。侬天赋不错，还是安心唱戏吧。'听了俚的话，我心服口服，一辈子唱昆剧，几十年如一日，没有改过行，这是穆先生的话深深地印在我的脑子里的缘故。"（蒋锡武主编《艺坛》第一卷）

6月2日 上午，在南京出席江浙丝业公债支配委员会成立会。会议推举执行委员及主席，以便进行支配债额等问题。（《申报》1931 年 6 月 1 日）

6月6日 上午九时，在南京赴三马路实业部工商访问局，出席江浙丝业公债支配委员会第二次会议。到者有实业部次长郑洪年及邹秉文、沈骅臣、陆树堂、褚慧僧等十一人。郑洪年主席，讨论关于公债支配事。"丝厂方面沈、褚、钱三君提出意见，以为二年来丝业情况日见萎顿，而尤以今年为最甚。最近沪上各厂几于全部停止。故欲救济丝业，治标之法当先以维持现状为前提。至于改良丝业虽亦急要，但先须俟丝业有站稳之时方可谈判。故要求将改良机器之二百万元暂备作救济丝业之用，以为救急之法"。议决：①"推出葛敬中、褚慧僧、穆藕初三人为常务委员"。②"通讯处决定为实业部工商访问局办事员，与邹秉文接洽"。③"办事细则由穆藕初委员起草，常务委员会讨论"。④"公债分配办法按照公债条例第三条规定之分配标准，由委员会讨论办法，拟具方案呈部核定"。（《申报》1931 年 6 月 7 日）

---

① 同年 10 月 1 日，仙霓社在沪首次公演。仙霓社是集体经营性质昆班，由倪传钺、郑传鉴主持社务，参加成员中"传"字辈演员达三十余人。1942 年 2 月解散。

同日　访黄炎培，"携带吴子玉所撰电文去"。(《黄炎培日记》)

6月7日　陇海铁路工会工人俱乐部派员访问豫丰纱厂，调查该厂工人、工时、劳工学校及其设施、生产经营等真实情形。《访问豫丰纱厂的一点钟》一文云："我们觉得真确的知识是事实本身，因此对于实地视察和调查似乎是探求事实的初步。六月七日，本会有九位同志经郑州豫丰纱厂工会负责者的介绍，访问了一点钟。现在将所得节述如下：这些问题都是由每个访问同志分担询问，同时得了工会负责者的发表同意。一、工人的数量？全厂共约四千五百人。二、女工童的人数？女工共约七百余人，童工约三百余人。三、工人籍贯的比例？河南约占70%，安徽、湖北、湖南约占30%。四、工作时间？十小时。五、夜工？有夜工，系分班做的，比如这周做日工，下周便做夜工，女工童工也同样做夜工。六、最高最低工资？最高每日约四角余，系占少数，最低约二角五分。七、童工年龄的限制？照规定须在十四岁以上，但是有些为谋生活，要求工作，所以有十三岁即已入厂。工会的会员数？工会会员共有四千五百余人，即每个工人都一定要加入工会；同时厂方需要工人时，也一定由工会介绍。凡遇开除会籍之工人，厂方同时停止工作。九、会费征收情形？会费每月约有七百余元，征收标准系每人每月缴费所入六十分之一，即每月收取半日之工资，俱能按数收齐。十、每日工人受教育之时间？劳工学校因教室太少，工人班只能容留千余人，此受教育的千余人每人每日受教育两点半钟。十一、劳工学校之情形？劳工学校分为工人子弟班和工人班，子弟班学生百余人，上课时间上午八时至十一时，下午一时至三时，与普通学校略异；工人班上课时间分两班，下午三时至五时半，六时至八时半。十二、工人设备？有俱乐部、体育场和阅报室、浴室一所，约六十人。十三、厂内锭子数？五万五千。十四、设厂时间？民国七年开始筹备。十五、原料来源？西路采购陕县灵宝，及以西各地的棉花，北路采购彰德一带的，货色以西路的为优。十六、日出货若干？平均日出五六十包，有时可出百余包，每包重三百二十斤，出货多寡视销路为转移。十七、推销的所在？南至许昌，北至保定，东至徐州，徐州方面近来销路大减，因为受他处工厂竞争之故。十八、出货牌号？飞艇牌、三阳牌。十九、粗细纱有几种？二十支、十六支。二十、营业情形？以民十七最佳，约赚二百万，民十八约赚百万，近来厂方称每包须损失十余元，但据工人云，则每包约赚二十元。"(《陇海旬刊》，1931年第2期)

6月8日　在南京，赴实业部工商访问局出席江浙丝业公债支配委员会第三次会议。到者有褚慧僧、沈骅臣、邹秉文、钱凤、葛敬中、周君美、郑群疆、程振钧等九人。先生主席，讨论"二百万元之改良机器问题"。实业部工业司司长程振钧主张"照昨报披露相同"。丝业专家周君美、郑群疆、葛敬中三人主张"希望乘此机会改良丝业，机器以为治本之图，庶将来可以与外商日丝相竞争，并举出以该项改良公债之二百万元,以一百五十万元作为改良机器之用,五十万元作为训练人工之用,使机器人工得以病进"。丝业方面褚、沈、钱"仍主张先须治标,俾延丝业生命。第二步再从事改良机器,以培结果"。决定由各方再提书面意见。议决:①办事处设博物院路实业商品检验局。②预算问题函复江浙丝业公债基金保管委员会,不再另造。③执行委员办事细则、会议细则俟修正后再付讨论。④沈委员提议修正执行委员章程第七条之一,呈部核准。改为一备案一案,通过。(《申报》1931 年6 月9 日)

同日 《纺织时报》第八〇四号报道豫丰纱厂消息,云"郑州豫丰纱厂前因修理锅炉,停工一部分纱锭,现将修竣,即将全部开工"。(原刊)

同日 下午,赴于博物院路实业部商品检验局出席丝业公债支配委员会会议。到者有邹秉文、褚慧僧、沈骅臣等九人。先生主席,讨论"对于奖励生丝出品,救济丝业之四百万经各代表发表意见后,由沈骅臣提出支配办法。"次议救济丝业治本办法之改良茧桑、改良机器两问题,一致主张请丝业专家周廷鼎、葛敬中、郑群疆等三人拟具详细方案后再行讨论。通过决议:①"江浙丝业公债奖励生丝出口救济丝业支配案。决议以一包丝两部车为单位,每一单位支配公债票面洋一百六十元,由丝商代表执行支配之"。②"改良机器,改良茧桑两案。决议交丝业专家拟具方案再付讨论"。③通过江浙丝业公债执行委员会会议细则。(《申报》1931 年 6 月 10日)

6 月 12 日 晚,在沪招黄炎培、杜重远、陈彬龢、邹韬奋、江问渔、杨卫玉等于觉林聚餐。"商东北青年团结事。"(《黄炎培日记》)

6 月 22 日 与黄炎培、张公权、史量才、杜重远、冷御秋等二十人"商大题——救国"。(同上)

6 月 24 日 教育部、实业部拟组织劳工设计委员会,聘先生为资方委员,□大椿为劳工委员,高扬为劳工教育专家委员,定下月召集第一次设计会议。(《申报》1931 年 6 月 25 日)

6 月 25 日 出席黄炎培长女黄路与张信一结婚典礼。先生为介绍人。(黄路口述)

6 月 26 日 赴苏州,于车中遇吴湖帆。《醜簃日记》云:"返苏,晤穆藕初于车中。遇一粲者,明眸皓齿,淡妆不脂,约二十许,大似张子野制《碧牡丹》词中人。(《吴湖帆文稿》第 11 页)

6 月 27 日 出席苏州振华女学校毕业礼。高初中暨小学毕业生共一百二十人左右,家属来宾与会者约三四百人。校长"报告行政及经济情形,又已往毕业生出路分升学、服务两项。升学者占十分之七八,大都考入中央及清华、燕京、金陵、沪江、东吴诸大学;服务者类能胜任愉快"。先生演讲《今后女子之责任》,"大旨为从事教育,从推广、增进、提倡三项入手"。中央大学商学院主任徐叔钊及各界代表,训育主任俞庆棠致训辞。(《申报》1931 年 6 月 29 日)

同日 与吴梅、张紫东在苏州吴湖帆家便饭。(《醜簃日记》,《吴湖帆文稿》第11 页)

6 月 29 日 在南京,于实业部商品检验局出席江浙丝业公债第四次执行委员会会议。到者有褚慧僧、沈骅臣、邹秉文、钱凤高、陆树棠、郑辟疆、周廷鼎、葛敬中、程振钧等十人。先生主席,讨论丝业治本问题。由专家提出改良机器,改良茧桑等草案。"经长时间之讨论,咸认为该项问题关系甚大,议决俟各会详细研究后于星期六(七月四日)再行讨论。至于财、实两部电催,于七月二日将全部支配方案呈报到部审核,现以时期不及,当议决呈请展限"。实业、财政两部电催支配方案云:"查修正江浙丝业公债条例第三条规定,丝业公债用途系分治本标两项。现当进行支配时期,治本、治标二点允宜同时并进。兹据电称,该会第三次会议议决,'拟将治标四百万元先予派发'等情,关于治本,一届尚未议有具体办法。仰该会迅将治本办法,详细拟具方案,呈部候核为要。至治标办法,虽据该会议决以丝车两部存丝一包为一单位,但现在江浙各厂详细情形如何,函应详细调查,以为公债支配之标准,并仰负责制订详表,将(一)厂名,(二)地址,(三)机数,(四)自设或租用,(五)丝包数,(六)应领债票额,(七)负责人印鉴各一一查明填注,连同治本方案,限文到十日内送部察核。"(《申报》1931 年 6 月 30 日)

6 月 与马相伯、吴铁城、王云五、胡庶华、刘湛恩、史量才及辽宁阎宝航、卢洒赓、徐箴、杜重远等人联名发起组织东北文化编辑社。"其宗旨为唤起国人,使都知东北之富,亟须开发,并使知东北之危,共谋抗御。工作则拟暂致力于翻译日俄两国出版关于东北问题之图书;特约专家,实地调查;并编辑关于东北问题之专书,编辑中小学东北史地教材,襄助各界团体;组织东北考察团;征集各国关于东北文化之出版物等五项。"社址暂设上海地丰路地丰里六号。凡有志研究东北问题及往东北实地考察人士,该社愿负咨介之责,并可予以旅行上种种之便利。(《申报》1931年 6 月 15 日)

7 月 1 日 上午十时,主持华商纱布交易所十周年纪念会。沪上各机关、各团体馈赠器皿及文词、联幛四壁琳琅。先生致开会词,阐述交易所之性质、责任及十年来经历之风潮,激励同人今后格外努力,做好工作,"免除外人之垄断"。云:"敝所成立于民国十年七月一日,今日恰为整整十周年纪念之日。在此十年中间,承政府长官指导,各界主顾爱护,经纪人之合作,及本所同人之共同努力,始得有今日纪念。今日鄙人代表本所,以十分诚意,欢迎诸君。并感谢诸君十年来之指导、爱护、合作与努力。在本所成立之初,鄙人曾与诸君,谈交易所之性质、责任及其功效。交易所之性质,为代客买卖。其最重要之一点,在代客买卖之外,交易所之自身及其全体雇员,均不得做丝毫买卖。代客买卖,买主卖主,均有保证金。无论市价涨跌若何,在交易所本身,可不发生丝毫风险。交易所之责任,在保管存款,及谨慎放款。交易所之巨大资本,专为保证买卖双方之信用,除营业设备外,概不动用。加以保证金、追证金、特别追证金收入甚巨,保管责任,非常重大。必须存放于殷实可靠之银行与钱庄,不得以私人感情,移作别用。交易所之功效,为平准市价,保障信用。无论何人,只须照交保证金,均可买卖,以免垄断市价。如有上下,则又有追证金及特别追证金。所以保障营业之安全者,非常周到。万一有人不能履行契约,则根据营业细则,履行违约处分。经纪人自身,亦有身份保证金。故交易所之保障信用,除当事人不守章程外,真可谓万无一失。回顾十年来,上海交易所之风潮,最多之时,有一百四十七个交易所。现尚存在者,只有六个,不足百分之五,其余均已淘汰。本所在此十年中,日日以遵守章程保全信用自勉。故虽遇剧烈之风潮,严重之淘汰,仍能卓然自立,以有今日之十周年纪念,此可以告慰于诸君者。然而世界交通日益迅速,商业竞争日益猛烈,本所之花纱市场,不但为上海一埠之标准,因电信交通之便利,全中国之花纱买卖,咸以本所市价之高低,而有所变动。汉口棉业公会,每日专电,报告本所上下午开盘收盘之市价,以为谈判交易之标准,即为一好例。所以本所同人,不能不格外自勉,格外努力,遵守政府颁布之法律,及本所之章程,以为日常营业之准绳。直接足以使本所信用格外稳固,以保障营业之安全;间接足以督促花纱交易之正规的发展,以免除外人之垄断。今日为本所十周年纪念之日,承蒙各界光顾,非常荣幸。敬述本所过去十年及将来之所引以自勉者,以为本所同人警策,并请诸君指教。"实业部长孔祥熙代表郭秉文、上海市长代表秦君、交易所许监理员致训词,来宾王晓籁代表市商会演说,经纪人公会代表及代理人代表先后致颂词。由先生答谢,茶点散会。(《申报》1931 年 7 月 2 日;《文集》第 349 页)下午,华商纱布交易所于大东酒楼客串昆、平戏剧。入夜宴请来宾,"极一时之盛"。(《申报》1931 年 7 月 2 日)

7 月 7 日　在南京出席劳工教育设计委员会第二次会议。议决:①拟制推行劳工教育方案。②通过本会办事细则。③推后大椿赴沪接洽劳工教育试验区。(《申报》1931 年 7 月 8 日)

7 月 10 日　出席中华职业学校校董会会议,讨论建造新校舍收买校址西北面顾姓地块,推先生负责与业主接洽。(唐威主编《中华职业学校校史》(1918—2013)第 31 页,上海社科院出版社 2013 年 9 月)8 月 19 日,校董会讨论购地建筑新校舍办法,推先生与业主重商地价,复推朱吟江、钱新之、方椒伯、张效良等十五人组织购地建筑委员会,主持一切。10月7日,校董会通过抵押透支合同章程,决定向新华银行透支数暂以四万六千元为限。1933年2月4日,校董会决议,校董每人负责筹募一千元以上,在同年4月底结束,并分托新华及上海两银行代为收款。同年8月,新校舍开始施工。①(同上)

7月22日 中央农业研究所因筹备经费困难,决定于江浙丝业公债内划出二百万元为筹备费,"俾早日观成。"(《申报》1931年7月23日)

7月23日 下午,赴职教社访黄炎培,"商职校事"。(《黄炎培日记》)

同日 下午七时,于华安大夏八楼出席组织浦东旅沪同乡会发起人会。到者有杜月笙、王一亭、叶惠钧、黄炎培、张尚义、杨清源、潘鸿鼎等七十七人。先生主席。(一)推定杜月笙、穆藕初、陈子馨、江倬云、瞿绍伊、陆文韶等二十五人为筹备委员筹,负责进行,并推定吕岳泉为筹备委员召集人;(二)经费由筹备委员先行认垫;(三)筹备处地址暂假爱多亚路修德里律和票房原址;(四)大会成立日期定于本年十月十日;(五)定本月二十九日仍假华安大厦开筹备员会议,商定一切进行事宜。(《申报》1931年7月24日)

7月26日 中华职业教育社第二届董事会改选部分董事,穆藕初、沈信卿、史量才、陈光甫继续当选,与原为改选五人组成董事会。(《上海中华职业教育社志》第11页)

7月28日 豫丰纱厂因汉口棉花不能运输到郑,几次减锭,至本日而全部停工。所有工友照前例每月发维持费。(《纺织时报》820号,1931年8月6日)

7月29日 主持浦东旅沪同乡会第一次筹备委员会会议。到者有杜月笙、吕岳泉、杨清源、江倬云、陆文韶、黄炎培等二十余人。"经众详细讨论会章及征求会员等进行事项。继定会名为浦东旅沪同乡会筹备处,并进行备案事宜"。推举杜月笙、穆藕初、吕岳泉、杨清源、沈梦莲五人为常务委员。又公举黄炎培、瞿绍伊、张伯初为同乡会章程等起草员。议定临时办事分为五部,并推举正副主任,总务:江倬云、陆文韶,宣传:杨清源、黄炎培、叶汉丞,文牍:瞿绍伊、龚汇百,征求:谢秉衡、张效良,会计:陈子馨、潘鸿鼎。到者当场认捐,共得四千数百元,暂定为筹备费。(《申报》1931年7月30日)

8月2日 主持华商纱布交易所第二十届股东常会。先生致开会词。张监察人报告账略,张理事报告营业情况,高理事报告其他各项毕。议决本届结账支配纯益金案一件。股东应得利息,定于八月五日补发。(《纺织时报》八二零

---

① 先生对中华职业学校提供许多帮助。"30年代的中华职校实习工场所接的最大一笔订单,就来自其开设的郑州豫丰纱厂"。(《中华职业学校校史》(1918—2013)第28页)

号,1931 年 8 月 6 日)

8 月 4 日 宋母倪太夫人治丧处前登报启示,将各界奠金移送中华慈幼协济会,筹备纪念,"与宋府交谊素笃之人士均仰体遗意,纷纷以奠敬捐助该会。"本日该会收到先生捐款四十元。(《申报》1931 年 8 月 5 日)

8 月 5 日 下午五时,主持浦东同乡会第二次筹备会。到者二十余人。讨论同乡会章程草案,逐步修正后通过,并预备日内印就,分发各界普遍宣传。次江倬云提议双十节成立大会地点问题,尚须俟各委员于日内向各方面商洽后再行确定。继议征求部分,"咸主赶速进行,期于双十节边,得有大规模之绩效实现。自即日起赶办征求手续,并拟定分县为队,及分业为组,以期广征会员。并举陆文韶、龚汇百为筹备征求干事,以专责成"。末推黄炎培、瞿绍伊、张伯初三人起草征求宣言。(《申报》1931 年 8 月 8 日)

8 月 6 日 浦东旅沪同乡会①成立并发表《宣言》,云:"本会以联络情谊,交换知识,对于旅沪同乡力谋互助,对于本乡事业图建设为宗旨。"并公布《章程》。为扩大实力,该会进行一次大规模征集会员活动,成立征集会员总队,杜月笙任总队长,先生与吕岳泉任总参谋长,下设七十二队。此次共征集入会会员一万九千一百九十六人。(《民国日报》1931 年 8 月 15 日)

8 月 18 日 下午五时,在南京出席江浙丝业公债第八次执行委员会会议。到者有沈骅臣、褚慧僧、钱凤高、郑紫卿等。先生主席,报告"财政、实业两部领衔训令一件,修改公债条例第九条删去'特税'字样;财政、实业两部指令一件,核准所征收双宫丝公债基金办法,并已转饬海关及商品检验局知照"。议案:①"上海丝业公会函称,日商瑞丰丝厂请求分派公债应如何办理案。议决函复上海丝业公会,该日商丝厂如已遵照政府所颁工商同业公会法,正式加入为会员者即可照例分领公债,否则不得享此权利"。②"基金保管委员会函称,无锡贵德兴源丰丝厂因债务问题,润德代表律师来函请求扣留源丰应领公债案。议决函复基金会,此系私人交涉,听其自行解决"。③财政、实业两部队本会所呈治标治本办法指令已到,应如何进行办理案。议决改良机器及茧桑部分,留待下次讨论。治标四百万派发办法手续,推举褚、沈、钱三委员代表与基金保管委员会面洽。(《申报》1931 年 8 月 20 日)

8 月 21 日 国民政府鉴于各省水灾急待救济,组织成立水灾救济委员会,派宋子文、许世英、刘尚清、孔祥熙、朱庆澜五人为政府委员。下设调查、财务、会计、稽核、卫生、防疫、运输、联络及灾区工作等七组。孔祥熙任联络组主任,厘定规程,

---

① 同年 10 月上海特别市审批该会申请时,要求删去"旅沪"二字,遂定名浦东同乡会。

计分总务股(主任许建屏)、文书股(主任刘奎度)、协作股(主任郭秉文)、访查股(主任穆湘玥)、宣传股(主任邹秉文),并聘定鲁佩璋、赵叔通、朱义农等六十余人为干事。办事处设于工商访问局,开始办公。(《申报》1931 年 8 月 22 日)

8 月 24 日 上午十时,偕丝业公债执行委员会基金保管委员会刘曼若谒实业部长孔祥熙,请示债券派发办法。8 月 25 日,"得实业部复电,闻该项公债早已印就,存在上海中央银行,由公债基金保管委员会正式备呈前往领收,俟领到后再开始给厂商具领"。(《申报》1931 年 8 月 26 日)

8 月 27 日 出席实业、教育两部劳工教育设计委员会第三次会议。李蒸主席,"决议事项由高委员践四,参照前工商部之工人教育计划纲要,及教育委员提出之劳工教育设施办法大纲草案,草拟《劳工教育设施规程》,交由实业、教育两部委员补充后,提出下次会议讨论"。(《申报》1931 年 8 月 31 日)

8 月 28 日 晚,招黄炎培等于职教社聚餐。"商吴子玉问题。"(《黄炎培日记》手稿)

8 月 31 日 下午七时,出席于大西洋菜社召开之浦东同乡会第一次征求会员宴会。到者有杜月笙、黄炎培、沈梦莲、吕岳泉、张文彬、叶汉丞、瞿绍伊、江倬云、陆文韶、陈子馨等百数十人。先生生席,"演述征求办法、奖励简章及其他勖勉之词。在座均鼓掌相和,异常踊跃热烈"。"该会现正向市党部民训会及社会局备案,对于筹备工作兼程并进。虽草创伊始,该乡旅沪人士已纷纷要求入会,期望正股,预料本年双十节正式成立时之盛况,当更有可观也"。(《申报》1931 年 9 月 1 日)

9 月 1 日 于宁波出席中国经济学会第八届年会。社长马寅初及蔡元培等到会,讨论提出论文多种。会期至 7 日止。期间,有奉化雪窦、天童、育王、普陀等名胜之游览。程志政《穆藕初之诙谐》一文云:"前工商次长穆藕初氏雅善谐谑。犹忆今年中国经济学社在甬举行年会时,某日与愚同餐于雪窦寺。座有朱通九氏,穆氏偶询朱君年几何矣,朱氏以英文应曰:'Thirtytwo'(意即三十二岁)。穆氏笑曰:'予思得一笑话矣,德人学习英文,往往咭屈聱牙,音不易准。某年予游欧洲。^① 在车中逢德籍夫妇二人,旅中无俚,乃与德男子畅谈一切。询其年龄,则曰 I am dirty,盖 Thirty 误读为 Dirty(意为龌龊)也。予为轩渠不止。嗣又顾其妻曰:'夫人芳龄几何?'其夫急代答曰:'She is dirty too.'同车者皆笑不可仰。一音之偏,便成妙语矣。'穆氏又谓彼之一生常以两语自持,即'失意时耐心,得意时当心'是也。每当烦恼不堪时务以乐观为怀,抽弦度曲,力持忍耐。得意时则处处当心,不以利

---

① 先生何时到过欧洲,不详。疑为"美洲"之排误。

多而怵然自得。良以祸福相因,不可不防也。予愿持此语以告世人。"(《申报》1931年 9 月 17 日)

9 月 2 日 孔祥熙任命先生组织江浙农作物改良委员会。实业部农字第八一一号令云:"令中央农业研究所筹备主任穆湘玥呈一件为组织江浙农作物改良委员会并将组织规则及预算书请鉴核备案转咨办理由,呈暨附件均悉,当将所呈组织规则转请行政院鉴核备案,将所呈预算书咨商江苏、浙江两省政府察酌去后,关于预算部分经先后准江苏省政府咨复,自二十年度起该省部分三千元,与中央大学各担任一千五百元;准浙江省咨复自二十年度起由省担任三千元各等语,关于规则部分经先后奉行政院指令准予备案。又训令转国民政府指令已悉,令仰知照各等因在案,除公布该项规则并令案组织该项委员会外,合行令仰知照。此令。中华民国二十年九月二日,部长孔祥熙。"(《实业公报》第三十五期)

9 月 11 日 晚,于大西洋菜社出席浦东同乡会第四次筹备会议。到者有杜月笙、黄炎培、吕岳泉、叶汉丞、杨清源等。讨论大会地点问题,并其他进行事项。次报告公用局长黄伯樵来函,磋商修筑海塘问题。"函中缕述海塘坍毁,祸悬眉睫,急宜集众讨论,赶速抢修,及利用灾民以工代赈等情。在座者咸以险象已呈,万分震骇,议决结果公推杜月笙、穆藕初、杨清源三君为代表,相约于十二日午后赴公用局洽商抢修办法"。末由潘鸿鼎报告征求队踊跃情形,及报告筹备经费出纳概况等。(《申报》1931 年 9 月 13 日)

9 月 12 日 下午三时,钱新之、杜月笙、张啸林等于逸园举行各省水灾急赈会招待各界茶话会,先生出席。到者有张群、王晓籁、郑毓秀、史量才、张竹坪、汪伯奇、李祖绅、黄伯樵、俞鸿钧、褚民谊等数百余人。张群主席,报告"此次水灾遍十六省,灾民数千万人。沪上各界尽力援助,然募助迄今仅得七十余万,殊不敷分配。故女界已由茶会及跳舞之筹备,而张啸林、杜月笙诸君亦已计划发行香槟票"。次张啸林云:"香槟票之发行,计共十万号。头奖四十四万八千元,二奖十二万八千元。以历届香槟之发行成绩而论,当可立即销脱。在座诸位尚希提倡,每人至少销售一百张"。继王晓籁、林康侯发表意见,李祖绅报告灾情等。会上,当场分认者计共五万余号,所余四万余号恐发售时将立即售罄。并决定《申报》、《新闻报》、《时报》、《时事新报》等六报馆代为分售。(《申报》1931 年 9 月 13 日)

9 月 14 日 下午七时,赴大西洋西菜社出席浦东旅沪同乡会筹备委员会会议,讨论塘工问题。到者有杜月笙、黄炎培、叶汉丞、江倬云及黄、沈两局长、水利专家等二十余人。先生主席,"述沿海塘工之危险万状,令人心悸。倘再如前次之暴风大潮,势必全沪陆沉。非但事关全国,抑且发生世界问题。盖整理扬子江口四围之海塘,实为远东首要之巨题。现在国内各地之纷告水灾,要亦人谋之不臧,惟有群策群力,联合市省政府及其他各县负责机关,奋起图谋,务须官民合作,全力以赴,则巨祸之来,庶可幸免。"次黄炎培报告:"目前市范围以外的塘工(如宝山、浏河等处)更属万分险迫,其治标办法,约共三要点:(一)组织问题。本会方面应联络宝、太士绅后,再往江南塘工事务局磋商联合进行办法。(二)施工方针及范围之大小,须请工程专家确定。现在修筑一丈塘工,约须银五百元,市范围地段,以旧法修筑,约共须七十万元,市范围与川境方面已需数百万之巨,以七县沿海塘工全部计算,非二千万元不办,而实不可能。倘扩大区域之后,竟漫无办法矣。似此准有分县办理为妥;一方面尤须通力合作,兼程并进。(三)时期问题。须防废历中秋前后大潮汛之意外变化(上海方面海塘最怕涨潮时东北风之肆暴),惟有先其所急,及研究如何可以出险之办法,赶速准败。经费、材料及人夫等要项。"继阮介蕃报告:"宝山、太仓、金山现有一千多工人正在赶做最险工程。虽希望于废历十八大潮汛前完竣,但终属临时抱佛脚之办法。归纳一句,尤须注意于平日的防御工程为一劳永逸之谋,庶获安全。"议决:①仍推杜月笙、穆藕初、杨清源赴宝山、太仓方面塘工事务局洽商,混合组织塘工委员会后,呈请主管机关协助进行。②公推杜月笙(潘鸿鼎代)穆藕初、杨清源亲赴宝山、太仓、浏河、高桥、金山嘴等处各海塘实地调查险状,以期贡献当局。③公举穆藕初每日下午(六时至七时)常驻同乡会筹备处,主持种切。(《申报》1931 年 9 月 17 日)

9 月 17 日 偕孔祥熙代表潘仰鼎及施文冉、陆镜清等赴宝山察看海塘。连日履勘后,先生等深感海塘"攸关全沪及沿海各县数千万生命财产,万一大汛期内风潮陡至,以目前海塘工程之草率,时殷溃毁之虞。并查乾隆时,浏河道堂庙塘身冲毁、海潮奔腾,泛滥至无锡一带,沿海各邑尽成泽国。明末时、浏河城及甘草镇均遭冲沉。以上载之史籍,至今犹有余悸。"(《申报》1931 年 9 月 20 日)

9 月 19 日 下午二时,于北京路联华总会出席该总会第一届年会。会员到者六十余人。由郭秉文主席,曹干事长报告会务,国际劳工局外交股长波恩演说。次改选理事,刘鸿生、孔祥熙、陆费伯鸿、胡庶华、荣宗敬与先生等十五人当选。(《申报》1931 年 9 月 20 日)

同日 与杜月笙联名致江苏省主席叶楚伧等电,请火速派员抢修吴淞等处海塘。云:

叶主席、孙厅长勋鉴:上宝海塘,自经八月二十五日暴风入潮冲蚀,大有朝保夕之险象,群情惶骇,咸谓是日暴风如再延长二小时,势必全沪陆沉,幸而风向骤转,获免巨祸。但自海塘冲蚀,险象日增。九月十四日,沪人士集议,金以情形危迫,公推镛、湘玥、清源等实地视察,于十七日由湘玥偕同镛之代表潘鸿鼎,及施君文冉、陆君镜清亲赴宝山察看,查见宝塘陈华浜第五段、张家宅第四段及尾段,均岌岌可危,而以薛家滩第三段尤为险恶,以上各处乃附近之塘身下层,均蚀成无数大小窟窿,行人过此,咸怀限阱之危,其空隙处,海水时虞冲入。而粗莽之工人竟填塞浮面以掩饰之,深怪监工人员之失察。且薛家滩尾段塘身,祇隙尺余之阔。路人往来,祇可鱼贯而行,尤为奇险。又查顾隆墩第一段等处,竟连椿木而无,此外险要各处多有略,置椿木而未填泥土者,即在进行施工。各处察看,亦未见有新添之石块,以坚实塘身。而新打椿木,概为丈五简木料,太嫌短小,而不适防御,如用丈八简木料,庶免险事。关于工程一层,曾旁询工人方面,声称每一英方,薛所长只给一元一角,(江南塘工事务所给),连装袋打平挑泥等,一切手续均其内等语,以是工人多有不愿工作而散去者。综观抢修工程,日前完成竣工只属危险部分十之一二耳。乃据主持工程者所报告,谓已修竣十之七八云云,殊与事实不符甚远。此外,进行需滞、措置乖方、亦在在可见。中秋大汛在即,办抢险之工程,而乏抢险之精神,万一大潮期内,暴风突至,立成江汉之巨祸。沿海各县及上海何堪设想?窃等处此危境,万难缄默。用是据实缕陈,吁请主席、厅长飞饬薛所长,火速完竣此追抢险工程,以防巨灾。而全数千万生灵,不胜迫切待命之至。至应否另派干员协同限期赶办,此项抢险工程,以免奇祸于万一。悉候钧裁。杜镛、穆湘玥。皓。

(《申报》1931 年 9 月 20 日)

9 月 21 日 下午二时半,赴职教社访黄炎培。(《黄炎培日记》)

9 月 26 日 晚,赴大西洋西菜社出席浦东旅沪同乡会第六次筹备会。到者有杜月笙、张文彬、黄炎培、沈梦莲、吕岳泉、瞿绍伊等。先生主席,"报告视察塘工之详情,说明症结所在及讨论嗣后组织塘工委员会之进行办法等,颇中肯綮。并报告'皓电'去后,省府已到复电,声称'已派技师督促限期完工'等语。末又附述抗日救国之办法,第一须以身作则,不购日货,又望父诏兄勉,推而之于家庭亲族以外,此志勿懈,务使家喻户晓,历久不渝。偕亡之痛,情见乎词(并拟预备志愿书、徽章等,以示永矢勿谖之意)。"次潘鸿鼎报告"视察经过,险状概略等,并述浏河、宝邑各海塘之施工草率及进行迂缓,在在堪虞。惟高桥区塘工粗告完竣,尚可人意。"议决"由本会致函沿海各县商组委员会,共筹经费,以为积极之进行。"次议同乡会进行事项:"(一)本会章程草案应添加'会员缴费满百元以上得为永久会员'一条;(二)本会筹备委员现在所垫筹备经费概作特捐,应列入征求分数之内;(三)本会征求会员定于本月三十日晚上八时截止,对于本届征求暂告结束,倘逾期缴到者不在比较分数奖励之列;(四)拟定十月九日开征求队正副队长庆功宴,并开征求结束会议,征求分数之总揭晓定于双十节前后《申》、《新》各报公布之;(五)前定大会日期满拟准日而行,际兹国难正殷,群情蜩沸,咸以事出非常,方某救国只有暂告延期,再定

办法。"(《申报》1931 年 9 月 28 日)

9 月 27 日 下午七时,于威海卫路出席中社创立一周年聚餐大会。席间,先生演说。餐后有中华口琴会合奏及吴舰泉国技表演等。(《申报》1931 年 9 月 26 日)

9 月 日本研究社新设理事会,先生被聘为理事之一。《申报》刊登《日本研究社扩大组织》消息云:"日本研究社自创办迄今已近三年,出版有《日本研究月刊》一种,中小学生补充读本多种,为国内最先研究日本问题之机关。自日人暴力犯我东北事件发生,该社深感研究日本问题工作之倍益加重,亟宜发展组织,推进社务,加紧研究。特新设立理事会,由马相伯、蔡子民两氏任正副理事长,朱庆澜、史量才、张蕴和、穆藕初、林康侯等十余人任理事,拟即日开始征求社员。特编《日军侵犯东北专号》,并将田中义一计划侵略我东北之奏稿,详加注释,附刊地图,俾国人一读是书即可了然于日人北进之全盘计划。该书定十月十五出版,凡定阅《日本研究月刊》一份者,都赠送一份。该社社址在上海地丰路地丰里六号。并闻凡以关于日本各种问题之质疑者,该社皆可义务解答"。(《申报》1931 年 9 月 28 日)

10 月 1 日 为《人钟月刊》创刊而作《我国棉纺织业今后之出路》一文发表,指出"一国工业之发达,多以棉纺织业为先驱",通过中日"纱锭与布机数量"、"进口棉货棉纱"对比,强调"迅速增加布机之必要"。全文如下:

棉纺织业,为粗工业。一国工业之发达,多以棉纺织业为先驱。若一国之棉纺织业,其生产数量尚不足以供给其本国人民之需要,则此国家必为在世界工业上落伍之国家,殆无疑义。我中国不幸即为在世界工业上落伍国家之一。在本国方面统计上,棉纺织工业,在各种工业中,尚为比较差强人意之工业。在我国幼稚工业中,棉纺织工业尚占第一位,然与世界各工业先进国一为比较,及试一观察每年海关报告棉货进口之巨,则足以使我国人惭汗无地,而吾辈棉纺织业中人,当更觉惭愧无地。英美各国姑置不论,即以日本而言,有纱锭八百万。比较我国仅有纱锭四百二十万者,(其中且有日商在华纱厂一百六十万锭在内)相差已有一倍之巨。若以布机论,则相差更甚。根据日本东京工商局报告,在一九二四年,日本共有力织机二十四万一千台。至一九二九年,则增至二十七万七千台。反观我国全国华洋各厂,共有力织机仅三万三千台,不及日本所有布机八分之一,已属可惊。然此三万三千台之力织机,华商仅有一万七千台。日商在华各厂,则有一万四千台,其余则为英商在华各厂所有。此就纱锭与布机数量而言,吾人必须深自警觉者一。

更就海关报告一为观察。每年棉货进口,为数甚巨。在欧战以前,英国棉货占我国市场之大宗。欧战以后,日本棉货取而代之。现在外国棉货进口者,日本棉货占十之六七。根据民国十八年海关报告，日本棉货输入中国者，值海关银一亿八千八百五十七万余两之巨。然此尚为海关估价，其实际价值，犹不止此。是我国人一年中所用日本棉货，贡献金钱与日本者，当有国币三万万元之多。此就进口棉货而言，吾人必须深自警觉者又一。

　　语有之："前事之不忘，后事之师也。"吾人试再检查进口棉货之内容。实包含棉纱、棉布两项。然此两项之进口数量，在此二十年有极大之变迁。棉纱进口数量，以民国三年进口九十万包为最巨，嗣后我国纱锭渐增，棉纱进口渐减。至民国十九年，棉纱进口不足四万包，连双股线、三股线及各色丝光纱线约一万三千包，并计尚不足五万三千包。棉纱进口之大减特减，不可谓非我国纱锭增加之效果。至于棉布进口，则以我国布机增加之数量太少，远不足以适合本国人民之需要，故外国棉布之进口，仍占大宗进口货之第一位。故吾人必须痛自鞭策，努力求我国棉纺织业之进步，对于增加布机，尤为重要。今后无论为国民经济打算，或为棉业前途打算，皆有迅速增加布机之必要。此就外国棉货进口数量之变迁言，吾人必须深自警觉者三。

　　现在值纱价低落，外布滞销之时，正为提倡增加布机之极好机会。申新纱厂荣宗敬先生，为吾业巨子。近有《人钟月刊》之创刊，征文及余，爰进一言。深愿荣君及吾同业，猛着先鞭，勿让日人专美于前也。

　　　　　　　　　　　（《人钟月刊》第一卷第二期；《文集》第 247 页）

10 月 6 日　招黄炎培等于职教社聚餐，"谈时局"。（《黄炎培日记》）

10 月 9 日　下午七时，赴大西洋菜社出席浦东同乡会征求会员庆功宴及筹备会议。到者有杜月笙、吕岳泉、黄炎培等百数十人。先生主席，"述本届征求成绩之优异，攸赖诸乡丈之热忱毅力，方克臻此。现在综核征求分数之结果，以本月八日为止共计五万数千分，会员人数已征得一万六千数百名之多（超越沪上各同乡会之上），实为本会一切进行事项发轫之基。第二步满拟于最短时间内尚须建筑五六层高之巨厦，容纳四五千人之大礼堂，地位须约三五亩之广，斯为观瞻所系，正在计划之中。瞻望前途，亟愿与同乡父老黾勉以图，乐观厥成。前次预拟双十节之成立大会，实国势际阽危，势必稍缓时日，迨成立大会时拟附设一商品殿展览会，一以资观感，而便采购。凡我浦东同乡经营的事业，如银行、保险、建筑、地产各业，及所办工厂，如呢绒、纱袜、被服、毛巾、花边、火柴、香烟各工厂之出品，以及各县特著之土产手工品等，概应广征陈列，扩大宣传。将来对于同乡所办事业，尤应竭力互助，希图改进。似此可以发展梓乡的经济力，振兴各种新事业，间接即可增厚一省一国之富力，岂不懿钦。盱衡宇内，惟有经济之势力最为伟大强固。自民元以来，我华历次之内乱，概与樱岛中人有经济上之牵连，历来对于抵货抵日之运动，前后不下七八次,结果每贻蛇尾之讥。慨自辽阳剧变,已觉燕处辽堂,不可终日。思挽回于末路,惟有从永久不用日货上着手,作消极之救亡。因不购日货,实属人各有权,尚希同乡方面当此危急存亡之秋,尤应实行毋怠。"次宣布本届各征求队分数之优胜者,第一、二、三名为潘志文、金鸿翔、杨嘉荪各分队长。个人分数之最多者第一、二、三名为陈子馨、瞿九皋、王心安。末先生附述"塘工委员会之进行办法及讨论将来旅沪同乡各团体之合并问题等"。会场上顾文生"赠送张裕公司之名酒,在座咸啧啧称赏"。又有浦东银行将纪念笺等分赠来宾,并由先生"叙述该银行之基金充裕,投资稳妥,利息优厚。对于同乡另订逾格优待之办法,将来与我同乡会计划之事业有密切关系,可同庆发展。"(《申报》1931 年 10 月 13 日)

10 月 20 日 《申报》刊登狄建庵《过郑州杂记》(下)一文,介绍当地名胜、古迹、物产。该文介绍豫丰纱厂云:"纱厂有豫丰纱厂,在车站之东,曾去参观。有纱锭五万五千只,该厂停工已久,于本月二日开工。现开锭子二万,此后将陆续开齐。有喷水池,颇为可观。其故因机器必须用水,而郑地无河流,故特筑一池以容水,置喷水管无数。盖从喷水管喷出之后,容而变冷,而复有所用也。"(同日《申报》)

11 月 7 日 晚十一时四十五分,与虞洽卿、王晓籁、李观森、刘鸿生、郭标、王云五、史量才、钱新之、陈光甫、林康侯、汪伯奇、戈公振、黄炎培、余日章、刘湛恩等各界领袖,及东北民众代表阎玉衡,应国民政府主席蒋介石之邀,乘京沪特快夜车赴南京。(《申报》1931 年 11 月 10 日)

11 月 8 日 上午七时二十分抵南京。励志社总干事黄仁霖招待,乘汽车至励志社休息。上午十时,蒋介石于该社接见,"对于东北问题,讨论甚详,并合摄一影。及至上午十二时三十分始散。"下午二时,虞洽卿、王晓籁、林康侯、黄炎培、余日章、刘湛恩、戈公振等由黄仁霖招待,分乘汽车谒总理陵墓,并参观首都各项新建筑。下午七时三十分,出席蒋介石于总司令部设宴款待各界领袖。"席间亦曾谈及改良币制、发展交通及舆论公开各事项。蒋氏诚恳表示接受。"十时半,各界领袖始告辞而出。乘汽车赴下关,搭十一时四十五分京沪夜快车附挂之原车返沪。(《申报》1931 年 11 月 10 日)

11 月 12 日 出席上海中国企业银行开幕典礼。到者有虞洽卿、王晓籁、张啸林、钱新之、贝淞荪、叶惠钧等约五百人。"所有来宾及顾客均由该行分送赠品,以资纪念"。该行为刘鸿生、马竹亭、陆荫孚等所创办,行址四川路六号,为刘鸿生自建。资本总额为国币二百万元,分期缴纳,现已收足一百万元,开始营业。董事长刘鸿生,常务董事马竹亭、陆荫孚,董事张公权、徐新六、胡孟嘉、吴启鼎等。除经营一切银行业务外,兼营储蓄。尤以星期存款、展期加利存款、乐业储蓄存款及养老

储金等为该行所始创。(《申报》1931 年 11 月 13 日)

11 月 14 日 晚,与黄炎培、史量才、任矜蘋会餐,"商十人团事。"(《黄炎培日记》)

11 月 15 日 与朱庆澜、虞洽卿、杜月笙、张啸林、史量才、王晓籁、林康侯、汪伯奇、黄炎培、江恒源(问渔)、秦润卿、叶惠钧等以上海各公团名义汇款一万元,慰问东北抗日各军,并致黑龙江省主席马占山电,云:"齐齐哈尔马代主席勋鉴:绝塞孤军,奋勇杀敌,为国家争回人格,为民众唤起忠魂。遽听义声,喜极威涕。先由中国银行汇奉国币万元,联作三军之气。以后源源接济,藉壮声援。愿继续奋斗,作最后胜利。"(《申报》1931 年 11 月 16 日)

11 月 18 日 郑州豫丰纱厂经理赵桂芬致慎昌洋行会计法兰枢函,谈押款事。云:"至本月十三号止,豫丰厂在浙江兴业银行所做押款抵押品,除各项物料外,花纱一项,已增至值价念三万二千零四十七元之货品。此后花纱抵押品将继续增加,以符合借款合同之条件"。(引自同日慎昌洋行法兰枢致浙江兴业银行函译文)

11 月 20 日 招黄炎培于职教社聚餐。(《黄炎培日记》)

11 月 23 日 在南京寓所宴请吴梅,言"超然盼望吾诗甚切"。"席间度曲,尽欢而散。"(《吴梅全集》"日记卷"上册,第 47 页)

11 月 24 日 吴梅为先生代作《挽徐志摩》云:"行路本来难,况上青天,孤注全身轻一掷;作诗在通俗,雅近白傅,别裁伪体倘千秋。"又作《相逢行赠冯超然》,内云:"穆君设醴供新蔬,腋笛按拍歌吴愉。""以宣纸工写,并加印章,亲交藕初带申。"(同上,第 48 页)

11 月 25 日 下午五时,主持浦东同乡会第七次筹备会。潘鸿鼎报告"近月以来筹备工作情形及筹备费用概略"。次先生提议讨论事项:①本会费用之摊认与追认问题。②选举方式及大会日期。③迁移本会会所之商榷。议决:①"本会各筹委所垫筹备费,早经决议归入特捐。前已登报公布,所有筹备期内费用由会费项下开支"。②"议决明年国历一月三日假市商会开成立大会,采用通信选举";③"选举名册上附印本会筹备员名单,及征求队正副队长名单"。④"公推潘志文、陈子馨、潘鸿鼎三君等觅新会所"。⑤"公推翟绍伊先生为会务主任"。⑥"自即日起本会支付款项满十元以上,须由会务主任及两会计员三人中之二人签字为凭"。(《申报》1931 年 11 月 27 日)

同日 偕黄炎培访罗隆基。(《黄炎培日记》)

11 月 《天津棉鉴》发表《郑州豫丰纱厂绿飞艇纱出品特良》一文,报道豫丰纱厂出品。云:"郑州豫丰纱厂连年受军事影响,颇有损失。去年上半年更感棉贵纱贱之苦,曾以原料不足,停工三月。自新花上市后,已全部复工。得协理郝通伯,总工程师沈稚木积极整顿,并全厂职工之努力,成效大著。该厂现时日夜两班二十小时,而平均十六支出数在一磅零三左右,拉力95,二十支亦在0.92磅上下,拉力80。原用飞艇为红色,自整理后改用绿飞艇,颇为用户欢迎,在徐州一带十六支绿艇售价已高过金城、大发等纱"。(《天津棉鉴》第二卷第三期,1931年11月)

12月1日　与朱庆澜、褚辅成、黄炎培联名致外交总长顾维钧电,询问报载满州交涉问题。云:"对日交涉,忽呈变化,兹有三事奉询:(一)报载'美政府确信满洲问题之解决,系于中日直接交涉,现双方行动温和'云云。同时日使重光赴部,谒端锦州及天津问题,北方亦有日外交官与当局接洽之说,确否?(二)报载'我国政府已训令施公使赞同国联理事会提议,锦州设中立区,并已训令锦州军事长官与各国军事视察员接洽,各国武官已在锦州筹商划界'云云,确否?(三)我国如竟承认锦州设中立区,图中日两国之兵不致直接冲突。然则锦州以东将驻何国之兵?归何国管理?以上三问题关系非常重大,敬求一一赐示,以释群疑。鹄候电复。"(《申报》1931年12月2日)

12月3日　下午,出席江苏省国难会成立会。该会由马相伯、张仲仁、赵竹君、王清穆(丹揆)、董绥经、唐文治(蔚芝)、韩正石、冷御秋等,"以国难日急,邀集在苏人士发起组织国难救济会"。除发起人外,到有秦锡田、诸青来、杜月笙、高践四、俞庆棠、潘仰尧等一百数十人。朱绍文代表发起人报告筹备经过,公推赵竹君、张仲仁、沈信卿、穆藕初、高践四、廖茂如、杜月笙七人为主席团。次讨论宣言、简章,并推理事三十七人。临时议决电致国民政府及汪精卫、胡汉民(展堂),反对外交妥洽。并另电施肇基,坚持勿屈。《宣言》草案云:"寇深矣!祸亟矣!国民披发缨冠,剑及履及,以赴国难,义无可辞矣!惟是当局之官吏,现已处于负责任之地位,在党之国民,亦已具备有组织的基础。而我大多数的国民,既未预闻政事,以稍尽天职。又未普遍入党,以参加组织。若仍消极旁观,自承为被训的人民,坐视栋折榱崩,不负责任,可乎?不可乎?天下兴亡,匹夫匹妇,皆与有责。同人等爰就江苏发起本会,非限一隅,请自隗始。国难弭平之日,即本会解散之时,人同此心,心同此理。愿我在苏民众,无老无少,无男无女,一致参加,共图救济,不胜大幸。"(《申报》1931年12月4日)

同日　顾维钧复电云:"接奉尊电。重荷关怀,感佩无似。承约三点关系綦重,经提出特种外交委员会,兹特奉复如下。美政府确信'东案'解决,系于中日直接交涉一节,仅见报载上月三十日重光来京道贺,乘便提及日政府对于锦州设立中立之意思,当经声明锦州问题中国政府已接受国际建议,并告以此次谈话绝非直接交涉。至张副司令与矢野会谈一事,已经张副司令切实声明,并无何种约定或谅解,一切仍听中央决定。上月宥日国联行政院提议中立国派往锦州之视察员,应即相互商洽研究,能否于中日两军间划分一缓冲界线,或采定其他办法,以避免两军之接触。又视察员协力谋与中日军队司令长官互相联系之方法,以便作必要之处置。吾方对于上项办法当即表示赞同,一面并电令驻锦军事长官与视察员随时接洽,但日方对于国联建议迄未承认。锦州以东被占各地近来日军出没无定,即中国要求日军应即时撤退,并由中国接收失地。至撤军办法正由施代表与国联通盘洽商,另行央议。际此国难方殷,尚祈时赐南针,俾有遵循。"(《申报》1931 年 12 月 5 日)

12 月 4 日 以江苏省国难会议名义联名致南京国民政府及各方电,反对国联提议设锦州为中立区,呼吁政府"悬崖勒马,实践历次宣布不丧权不失地主旨","速筹战备,以图自决。"全文如下:

南京中央党部、国民政府、外交部、汪精卫、胡展堂,暨全国父老兄弟姊妹公鉴:近世保持国家生存两大原则,一曰国民经济抵抗,二曰国际武装防御。是以国联章程制裁国际强暴方法,亦有经济封锁与武力压迫之两项。吾国对日交涉,据最近各报所载对于撤兵限期已向国联声明放弃,对于国联提议划锦州为中立区域,虽尚未至接受之时,然已有预行协商之趋势。而河北省府当局且有业已'取缔民众抗日运动之对日答复'等语,查日本在南满铁道驻兵本无条约,根据曾由顾部长维钧前在巴黎和会提出说帖,今交涉之始,要求日军撤退满铁区域已属放弃主权。今报载又复如此,由前之说辽、吉、黑三省所占将为无限期之延长,吾国军警不得越锦州一步,是放弃武装防御,以坐失三省也。由后之说,国民经济绝交之自由悉被剥夺,是消灭经济抵抗也。而日人方面得步进步,且公然要求剿匪自由。查日人造匪手段已成惯技,果如此说必将随时随地自造之,而自剿之,是日本田中内阁第一步侵略吾满洲政策,已于九月十八日数小时而实现者。其第二步侵略吾全国政策,至多亦不过数日数月间耳。诸公以党治国,于今五年,日以民族主义废除不平等条约为号召,一旦有事不期尽反前言,改为不抵抗主义,已令民众富有勇于内争,怯于外侮之感想。然民众犹复努力经济绝交,冀争于万一之生存。若诸公不自爱惜,铸成失地,丧权之大错,并举国民经济抵抗之自由而亦剥夺之,使东省方数万里膏腴之壤不亡于逊清,不亡于洪宪,不亡于军阀,而亡于以党治国之今日。诸公将谓之何耶?溯自党军北伐,至于统一,以力征者寥寥数省,其余则民众信赖三民主义,求其实地试验,而助成统一之局者也。乃五年以来,吏治失修,内争不息,以训政而酿成专制,以建设而事多侵渔,岂惟政权被夺,即人权亦丧失净尽。然人民犹复相忍为国,愿以全力为政府后盾,乃自东省难作事前,既前预防,临时又不抵抗。事后又无筹备,一听国联主张,已非国民所愿。若并国联所不肯为不忍为者,而自让之,吾恐政府签约之日,即中华亡国之时。国之不存,党将焉附？诸公熟思审处,勒马悬崖,实践历次宣布不丧权不失地主旨,以永久继续的努力坚持无条件之撤兵。一面彻底更张,速筹战备,以图自决。我全国父老兄弟姊妹亦宜团结一致,共赴国难而救危亡民国,存亡胥在于此。敢申公意,乞加省察。江苏省国难救济会马良、张一麟、赵凤昌、王清穆、唐文治、庄蕴宽、李根源、韩国钧、沈恩孚、徐鼎康、穆湘玥、冷遹、朱绍文、黄炎培、姚文枬等同叩。

（同日《申报》）

12月6日 与马相伯、冯嘉锡、赵凤昌、韩国钧、黄以霖、姚文枬、王清穆、黄炎培、朱绍文、冷遹等以江苏省国难救济会名义,发表致顾惟钧电,云:"公以外交专家,临危受任,全国国民均以最善折冲之策望公。近见报载'施代表在国联赞成锦州为中立区,天津交各国共管',想公事前当有闻知。此事无论久暂,实开国际恶例,敢以乡谊率劝,公如坚持国际正义,对政府损害国权之议,以去就争,国人必为后盾设经,依违铸成大错,公何以归慰乡人尊旨。如何？敬盼电复。"（同日《申报》）

12月8日 晚,应中央特别外交委员会正副委员戴季陶、宋子文邀请,乘京沪夜车赴南京。同行有虞洽卿、王晓籁、黄炎培、张竹平、汪伯奇、王云五、徐寄庼、叶惠钧、沈信卿、刘湛恩、董显光、戈公振等共四十九人。（《申报》1931年12月9日、10日）

12月9日 上午八时半抵南京,励志社总干事黄仁霖在车站欢迎,并招待早餐。餐后即赴中央党部。戴季陶、宋子文及于右任、陈布雷招待,顾维钧列席。"席间戴、宋、于三氏报告外交近况后,由戴氏款待午餐。餐后又举行茶会,由沪来诸人先后发表意见,并询问下列各项:（一）国联所议决日方撤兵问题如何促其实行；（二）锦州问题之经过；（三）日方在国联提议剿匪权问题之应付；（四）外传日使有与我外交当局接洽说确否；（五）国联盟约第十六条之制裁我国曾否提议。经戴、宋、顾三氏分别解答甚详,并负责表示:（一）坚持撤兵条件。日不撤兵决不交涉；（二）日再来犯,决备抵抗；（三）剿匪权问题正在力争。末又论及政治公开、人才集中问题。据称决于最短期间成立国难会议。晚,宋财长宴待。宴毕,各人即乘夜快车返沪。"（《申报》1931年12月9日、10日）

12月12日 出席江苏省国难救济会会议。张耀曾《求不得斋日记》云:"午后四时赴华安公司八楼,应江苏国难救济会之约,李协和、赵炎午、穆藕初等约三十余人,合十一省。余有演说,大旨谓此种组织,余颇赞成。盖以救济国难,第一项团结内部,现在对内虽应力主政治公开,但须力避内争形式,勿紊秩序；第二,对外虽应力主抵抗,但须顾及自国实力,世界情势,从国家百年长计,谋最善方法,不作快意之谈,为无责任之论。而此二项目的,非稳健坚实之组织,不易达到也。"（杨琥编《宪政救国之梦——张耀曾先生文存》第309页,法律出版社2004年11月版）

12月17日 赴江西路新会所出席浦东同乡会第八次筹备会。到者有杜月笙(潘鸿鼎代表)、吕岳泉、沈梦莲、瞿绍伊等。先生主席,"述本会进行之现状及将来发展之计划等"。次会务主任报告市党部批改本会章程概略等。议案:①"本部慈善团现有大境路关帝庙余地约十亩可以出让,公推陈子馨、潘志文、阮介藩三君前往察看并接洽"。②"秦砚畦、雷汲韩二君来函请救济桑梓贫农,并举行春赈。议决推举张伯初、陈子馨二君调查实况,并由本会具复,请开示办法,复交付大会讨论进行"。③"大会时决定推举检票八人,唱票四人,记票八人,会场记录二人,招待会员由全体正副队长担任"。(《申报》1931年12月19日)

12月18日 招黄炎培于功德林聚餐,"同席陶遗、御秋。"(《黄炎培日记》)

12月19日 以江苏省国难救济会名义联名发表致金融界暨国民电,痛斥政府巨额公债不用于国家建设,惟用以内战,呼吁国民在此次政府改组后从速设立人民参政机关,实行财政公开,"实行监督政府职权,俾政治速上轨道"。电云:

全国金融界暨全国国民公鉴:国民党以党治国,五载于兹。凡所设施在道德上文化上受何影响,达何程度,共见共闻,讵容□□。即就全国金融而论,除田赋关税盐余统税以及一切尽最搜括之苛捐杂税不计外,即公债一项,此五年间所发行除已发还外,本息合计已达十一万万余元。此巨额公债之用途不但全国之建设毫未措施,即数千万之灾黎亦未曾沾溉。惟用以构成内战、荼毒生灵、拥护独裁、诛锄异己、钳制舆论、剥夺自由。驯至今日,勇于私斗,怯于公战,禹域茫茫,日蹙万里,国命危于累卵,民命惨于倒县,呜呼,谁实为之,而竟至于斯。苟不获经济之后援,何至陷国家于末路,此我全国金融界及诸同胞所宜于惨痛之余,固然自反者也。每次公债发行,金融界慑于淫威,代为经售,其情固当曲谅。惟其歆于近利,而未究用途,滥于吸收,而不加限制,事实昭著,亦复无可讳言。至国人之承受公债者,营营逐逐,不计其他,以财政之绝未公开,致债额之从无过问,直至金融停滞,百业恐慌,乃始恍然觉悟,亦可怜矣。查此十一万万余元之公债大都发行于上海一隅,其散在苏省民间当居绝大多数,人民汗血之资,国家命脉所系,设或公私崩溃,全局动摇,何堪设想。同人为维护公债执持人权利计,为挽救全体国民经济计,惩前毖后,苦虑焦思,值此外侮凭陵,政局改组,敢掬至诚,请求全国金融界及全国国民注意三事:(一)自此次政府改组后、无论何人组织新政府,必须从速设立正式的人民参政机关,励行预算决算制度,实行财政公开。即在预算范围以内发行新公债,亦必须将发行之理由数量用途一一说明,否则吾金融界吾全国国民誓不承受。(二)自此次政府改组后,无论何人组织新政府必须式承认前政府所发一切公债本息,悉照原定条件办理,在旧公债未得新政府正式承认以前拒绝派销任何名目之新公债。（三）今后吾全国金融界及全国国民，不惟注意监督内国公债之发行，设有希国发行国际间巨额公债，巧立名目断送国权者，亦当征实举发，正式否认，以绝政府罪恶之源，万勿蹈从前漠视纵容之覆辙。自救之道在此，救国之道亦即在此，吾全国金融界及全国国民经此创巨痛深，必须翻然改计，实行监督政府职权，俾政治速上轨道，结束二十年来种种纠纷，为中华民国造成新生命。存亡生死，视此关头，敬布区区，诸希公鉴。江苏省国难救济会马良、赵凤昌、沈恩孚、张一麐、董康、李根源、黄炎培、穆湘玥、朱绍文、冷遹、贾丰臻、赵平、袁希洛、陆规亮等叩。

（同日《申报》）

12月20日 下午一时，出席棉作展览会开幕礼。该展览会由浦东杨思区市政委员陈子馨为宣传棉作事业起见，联合中央大学农学院暨上海市社会局举行。上南轮渡火车备券接送，与会各团体暨私人均款以中膳，并分发《杨思区改良植棉概况》《选择美棉的方法》《种棉浅说》等多种。"莅场观众约有万人，车水马龙，蔚为一时之盛"。参加团体有本市各区市政委员办事处、商品检验局、中华棉业联合会、上海纱厂联合会、火机扎花业联合会、本区各学校、上海市花纱业、义勇军等数十团体。陈子馨主席，报告开会宗旨。次先生与刘运筹、吴桓如、叶元鼎、冯肇传等相继演讲。继由先生分别给奖。此次展览物品共计一千六百余件，分为棉业大势、棉运形态、棉之育种、棉之培养、棉之病虫害、棉之作物、棉作推广、棉作其他、农业副产九种。"观众参观后咸赞许该会提倡棉作事业之精神不置"。（《申报》1931年12月21日）

同日 以江苏省国难救济会名义再次联名致南京政府电，质询不抵抗政策。电云：

> 南京国民政府林代主席、行政院陈代院长、特种外交委员会戴委员长、宋副委员长、外交部顾部长均鉴：报载日本将对锦州进兵，反迫我军限期撤退，人心大愤。政府是否仍取不抵抗主义，抑或决心并力御敌，应请明白表示。江苏省国难救济会马良、冯嘉锡、赵凤昌、韩国钧、姚文枬、王清穆、沈恩孚、李根源、张一麐、庄蕴宽、朱绍文、穆湘玥、黄炎培、赵正平等叩。

（《申报》1931年12月21日）

12月24日 实业部撤销中央农业研究所。先生云："半年以来，经费没有着落，功亏一篑。后来，政潮迭起，孔部长辞职，我也引退，费了许多人心血筹备的农业实验所，我不见其成，是我所引以为憾的。"（《中国农村衰落的原因和救济方法》，《申报月刊》第一卷第四号）

12月25日 赴徐家汇马相伯寓所，出席江苏省国难会理事会议。到者有陈陶遗、沈信卿、金侯城、朱德轩、蒋维乔、黄炎培、赵厚生、朱志尧等二十余人。马相伯演说历一小时余，极为激昂，痛诋新老军阀敲剥人民、丧权辱国。云："此地有徐文定公故迹，当时徐文定公提倡科学，研究科学，不料隔了三百年，我中国人还不能用自家原料制一只表，造一支枪。吸吸纸烟，又是几千万金钱流到外国！黑土以外，还有红丸。吾一般国民还不觉悟，快快奋起救国，怕将来懊悔也来不及！诸君都在壮年，切须努力研究政治，参与政治，监督政治，丝毫不必客气！""目前青年救国运动，吾们应表示同情，导之为切实抵制日货之工作。国民人人秉着良心从事救国，国家方有希望"。到会者推定沈信卿答谢，表示竭诚领受。（《申报》1931年12月26日）

12月26日 黑龙江代主席马占山收到王晓籁与先生等转交巴达维亚华侨慰问东北义军捐款，致谢电云："王晓籁、杜月笙、史量才、穆藕初诸先生均鉴：前承分神接洽，收存沪中行巴达维亚侨胞惠助敝军之款，计沪洋七万元，刻经该行如数汇到。除填发印收并另电侨胞致谢外，特电奉闻，并致谢忱。马占山叩。"（《大汉公报》1932年12月27日）

12月28日 邀黄炎培、陈陶遗、冷御秋等于功德林聚餐。（《黄炎培日记》）

冬 赠吴湖帆所藏《灵岩寺宋贤题记》。跋云："丁卯之春，坊友持此拓本来。余见其斑驳零落，以为何足存者。时陈君淮生在座，独许精品，怂恿余购之。后示湖帆吴君，大加称许，赏为画《灵岩山图》，并以篆额。冯君超然亦绘一幅《三绝》。既具，因付潢治，装缀一新，精神毕显，始叹余前之盲于目也。湖帆复将题名诸贤一一考其生平行谊，于是此本遂为一方之掌故。每过敝斋，爱玩终日，且定为海内孤本，若有不忍释者。夫以区区一纸，湮晦于屠沽负贩之手者，不知几经百年。非得淮生之怂恿，余未必购；非得湖帆之考订，虽购亦未必显。是湖帆之与此本，殆佛氏所谓有缘法者耶。因即举以赠之，并志其颠末于后。辛未冬月湘玥书。"（原件，南京市图书馆藏；《文集》第248页）

《灵岩寺宋贤题记》跋文手迹

本年 介绍冯超然外甥张毂年入工商部商品检验局担任文书。楚国仁《体弱意坚艺事坚，传古开今性情真——张毂年，两岸流连各半生》一文云："1931年，张毂年在当了十年的职业画家后，因为身体较为孱弱，冯超然怕他因终日伏案鬻画影响健康，希望他能有一份较为轻松地工作，因此，这年便在冯氏好友、财政部次长（误，应为工商部常务次长——编者注）穆藕初的介绍下，进入国民政府工商部商品检验局担任文书。"（引自郑威、冯天虬《冯超然年谱》第173页）

1932 年(民国二十一年,壬申)　五十七岁

1 月　汪精卫出任行政院长。

日军攻占锦州,中国东北全部沦陷。

淞沪抗战爆发。

2 月　上海市民地方维持会成立。

国民政府通告迁移洛阳。

3 月　国联特别会议通过中日立即停战决议案。

伪满洲国在长春成立,溥仪就任伪执政。

4 月　"国难会议"在洛阳举行,出席仅一百四十余人。

5 月　中日《淞沪停战协定》在沪签字。

6 月　蒋介石在庐山召集鄂、豫、皖、赣、湘五省"剿匪"会议,宣布"攘外必先安内"政策。

7 月　日军突袭热河。

8 月　东北义勇军占沈海路营盘。9 月,攻沈阳、袭击抚顺、包围长春、进攻吉林。

9 月　日商内外棉纺织株式会社第二工厂开工投产,漂、染、印、整设备完善,日产印染棉布一万匹。有"远东第一"之称。

10 月　国联调查团报告书发表。

1 月 1 日　于《纺织周刊》发表《我国纺织业之两大责任》一文。归纳我国纺织工业不振原因是政府不良与人民未尽责任。指出全国人民均有改良政治与改良本身业务之两大责任。强调"非改良政治不足以抵抗帝国主义列强之侵略,不足以保护我尚在幼稚时期之纺织工业。"号召实业界参与政治及监督政府。全文如下:

《纺织周刊》出版迄今已三十余期,对于我纺织业颇能言人所不言,振聩发聋,令人有暮鼓晨钟之感,实为我纺织业之良友。今以二十一年新年将届,特发刊新年号,征稿于予。以予服务纺织业将近有二十年之经验,或可为识途之老马。实则今日我国之纺织业,究应如何改良,已由言论问题进而为事实问题。在二十年前,我国纺织业专门人才甚少,所有华商各厂皆由工头管理机械,即有一二工程师,亦属借材异国。今则人才辈出,不乏富有学识经验之工

程师。在言论上久已有相当之贡献。即以纺织周刊而论，出版虽仅三十余期，在言论上确已有不少之贡献。其中尤以五、六、七、八、九期署名"无名小卒"之纱厂闲话，及十一、十三、十五、十八、二十三各期所载旁观、诸窦三、傅翰声、寿诸君之言论最能鞭辟入里，说得淋漓痛快，能揭出华商各厂之短处而加以针砭。所可惜者言者谆谆，听者藐藐，言论尽管言论，事实仍是事实。故予以为如何改良华商各厂，言论可取者甚多，今后应该再进一步，努力于事实上之进行。

虽然一言事实，则障碍重重，诚如无名小卒君所言：（一）外商压迫；（二）国家多难；（三）民生凋敝；（四）交通不便；（五）经济拮据；（六）技术幼稚；（七）工潮勃兴；（八）营业失策。无名小卒君基此数因，推论我国纺织业不振之原因应负责任者；（一）帝国主义者；（二）政府；（三）厂当局；（四）工务主持者，均属切中核要。唯予以为再加归纳，则可分为政府及人民两方面。因为帝国主义者之压迫，及政府之剥削摧残，均由于政治不良。故对于全国最重要之纺织工业，无切实之保护，而厂当局及工务主持者，未能恪尽责任，则属于人民自己之事。且予以为再进一步，归纳帝国主义者之压迫由于政府不良，不能尽保护之责任。而政府不良，则又由于人民自身无组织，无主张，不能监督政府，实由于人民自己放弃责任。故予之意见，我国纺织业之不振原因，虽极复杂，然而归纳起来，则以人民自身未尽责任，为唯一大原因。既然明了人民自身不尽责任，为我国纺织业不振之唯一大原因，则如何挽救，如何改良之方法，始可得而言矣。

予个人意见，现在全中国人民均有两大责任，一为改良政治，一为改良本身业务。我纺织业中人，同为中国国民，故同样负此两大责任。我同业中人必须明了今日之中国，正值环球交通，非改良政治不足以抵抗帝国主义列强之侵略，不足以保护我尚在幼稚时期之纺织工业。同时必须明了非改良本身业务，

《纺织周刊》刊登《我国纺织业之两大责任》一文书影

则无论如何，终必受天然竞争之淘汰。二者同样重要，非改良政治与改良本身业务同时并进，不足以谋我纺织业之充分发展。无名小卒君有云："我们论事不必苛责他人，苛责他人即是宽恕自己。宽恕自己，即是懒惰不长进的表现。天下事绝非懒惰不长进者所能成功。"予个人对此数语，极表赞同。深愿我同业中人，共同努力，同时肩负改良政治与改良本身业务两大责任，以百折不挠之精神，力求我纺织业之改良与发展。天下事，唯有自己努力最靠得住，我同业中人其勉之。

（《纺织周刊》第二卷第一期；《文集》第 248 页）

同日　马相伯、冯嘉锡、赵凤昌、韩国钧、黄以霖、姚文枬、王清穆、沈信卿、唐文治与先生等，以江苏国难救济会名义分别发表致北平于孝侯军长、王以哲旅长，暨东北各军将领电与致南京国民政府特种外交委员会外交部电。前电云："日占东省，不战而退，国格丧亡，千古奇耻。近复锦州告急，寇益深入，主帅是否决意作战，殊难悬揣。诸君皆爱国男儿，自问天良，将何以自处。夫万民竭膏血以养兵，一人为地位而让敌，究竟万民与一人孰重？诸君乃国家干城，绝非私人奴隶。国势阽危至此，似应即早觉悟，立下决心，奋起团结，一致对外，为国家谋生存，为军人全名誉，慎勿令马占山将军专美于前也。北望旗麾，挥泪电告，务希鉴察。"后电云："改组期间，国难加剧。国人忍泪，引领新猷。乃日寇大举进逼，锦军纷纷撤退，抵抗之实未见，应付之计未闻。犹忆东省初陷，国人对于部长赴日，群滋疑虑。前政府并有责言，曾经部长两度声明经过，谓东游正为图救东省。今新政府待兴，自应有挽救方针，以杜口实。否则甘自暴弃，政府对于国民应负重大责任。当此国势阽危，民心惶惑，究竟国防如何配备，外交如何抗争，图救东省，其道何由。应请确定大计，宣示国人，以慰民望。"（同日《申报》）

1 月 3 日　下午二时，赴市商会出席浦东同乡会成立大会。到会会员二千余人。杜月笙、穆藕初、杨清源、瞿绍伊、沈梦莲、黄炎培、顾文生等为主席团成员。先生报告云："本会于去年七月十三日发起，迄今五月，始告成立。此后吾浦东同乡可藉此团结，逐谋故乡之进步。"筹备委员潘鸿鼎报告筹备经过。会议讨论会章，决定选举职员日期和监察人，通过筹建会所案、呈请省政府免加冬漕案、本会应筹春赈案等提案。（《申报》1932 年 1 月 7 日）

1 月 4 日　与黄炎培、江问渔于银行公会宴请冯玉祥，张耀曾作陪。席间，先生云："今天只预备一盆汤、两盆菜和一盆点心，非常菲薄，在此地确为破天荒。不过在刻苦自励的冯先生食之，已经是破天荒了。"冯玉祥"演说其政见以后，又谓彼在山中，早起必喝清水二杯，走三千步，然后吃小米稀饭四碗，和以咸菜一碟，视为常课。因复连缀一对联，朗诵之曰：'两杯清水三千步，一碟咸菜四碗饭。'"（《申报》1932 年 1 月 8 日）张耀曾《求不得斋日记》云："旋赴银行公会穆藕初之约，亦陪冯也。

客约七八十人，沪绅商甚多。穆演说尚佳。冯谓在山西，渠之生活有两句诗说明：'两碗凉水三千步，一碟咸菜四碗粥。'甚有趣。"(《宪政救国之梦——张耀曾先生文存》第312页)

1月4日至6日 浦东同乡会于江西路五马路该会会所投票选举职员。杜月笙、王一亭、黄炎培、穆藕初、沈梦莲、瞿绍伊、闵采章、张效良、吕岳泉、潘鸿鼎、叶惠钧等四十一人当选理事；王伯芹等十一人当选候补理事；杜月笙、王一亭、黄炎培、穆藕初、吕岳泉、瞿绍伊、沈梦莲、叶惠钧、张效良等九人当选监事；潘鸿鼎等五人当选候补监事。(《申报》1932年1月8日)

1月5日 赴职教社，与冯玉祥、黄炎培、江问渔谈话。(《黄炎培日记》)

同日 离沪，经南京转赴郑州。豫丰纱厂代复中华劝工银行函云："穆藕初先生于本月五日晋京后转赴郑州一行，故今日贵行第四期第六届董事会未能出席，特代奉复，至希詧洽为荷。"(底稿，上海中华劝工银行档案)约同月中旬返沪。

1月7日 马相伯、冯嘉锡、赵凤昌、韩国钧、黄以霖、姚文枏、王清穆、沈信卿、唐文治与先生等代表江苏国难救济会发表致全国国民及各公团电，云："顷电国民政府文曰：'暴日违背撤兵诺言，逼迫不已。张学良擅自撤防，锦州不守，日军已迫山海关。传闻政府与日本间密使往来，进行妥洽。如有损害领土主权及妨碍行政完整之文约，我国民誓不承认'等语。事机危迫，应请一致主张。"(同日《申报》)

1月9日 吴湖帆题先生所赠《灵岩寺宋贤题记》云："辛未岁暮，余返里度年，藕初先生将去郑，留此名拓见贻，惊愧交并。百朋之赐，诚此志感云。壬申一月九日吴湖帆记。"[①]吴湖帆后请叶恭绰题签云："宋拓灵岩寺诗刻题名。藕初赠湖帆本，恭绰题记。"(原件)

1月13日 随着日军在闸北等地加剧挑衅，时局日趋严重，上海工商、教育、新闻各界人士本日起，以"壬申俱乐部"名义在银行公会、企业银行大楼频频集会。大家"发于内心激励，不约而集，不谋而合"，酝酿组织一团体。"同人几于无日不有集会，尤严重时一日数会"。先生为常参加者之一。(《上海市民地方维持会报告书》)

1月17日 中午，招黄炎培等于职教社聚餐。(《黄炎培日记》)

1月18日 南京国民政府颁布国难会议召集令，决定延聘全国各界"富有学识经验资望人士"，"共谋自立之道"。先生亦在相邀之列。(《申报》1932年1月19日)

1月24日 下午二时，赴江西路浦东银行出席浦东同乡会第一次理监事联席

---

① 《醜簃日记》1932年1月9日记："到申已晚"。(《吴湖帆文稿》第13页)日记用公历记日。同年8月12日，褚德彝题云："壬申岁秋七月十一日访湖帆于四欧堂，获观因题。"

会议。出席理监事三十五人,秦砚畦主席,翟绍伊报告。次讨论建筑会所等要案多件。又通过议事细则。并选举杜月笙、穆藕初、黄炎培、吕岳泉、沈梦莲五人为常务理事。(《申报》1932 年 1 月 25 日)

1 月 28 日 晚十一时,日军第一舰队司令盐泽幸一致函上海市政府强令中国军队退出闸北。次日凌晨一时三十分,日军向闸北宝山路、天通庵路等地进攻,驻防闸北的十九路军在总指挥蒋光鼐、军长蔡廷锴率领下奋起反击,"一·二八"战役开始。1 月 29 日,日机轰炸闸北,位于宝山路的商务印书馆总厂、编译所等处,全部被毁,附近大片民居同时遭难。(《现代上海大事记》第 504 页)

"一·二八"爆发后,先生积极支持抗战工作,主要有以下几方面:①参与发起并组织上海市民地方维持会。②数次上前线慰问十九路军将士。③联名致电致函国府当局或发表文章,请求当局及全社会支援前方抗战。④参与往访外国领事与国际友人,揭露日本阴谋。⑤赴南京与当政者直接交涉,要求"结束党治,实行宪政"。⑥战后考察上海及附近地区战争灾情。⑦为东北义勇军集资,等等。(参见相关各条)

1 月 29 日 上午六时,与中华职业教育社、江苏国难救济会、生活周刊社同人共四十一人,不期而集于华龙路(今雁荡路)八十号中华职业教育社。鉴于"一·二八"沪变突发,会商成立上海市临时救济会,并决定派员赴前线劳军。上午九时,先生与许克诚、黄朴奇、姚惠泉四人被推为代表,乘车去真如十九路军总部,晤蒋光鼐总指挥与蔡廷锴军长。"略谈之后,坚询所需,方知给养、交通、防御等等,无一不感缺乏。"先生等返回报告,"决定尽力之所至,予以充分接洽"。市商会王晓籁提供资金,购集慰劳品,姚惠泉租借卡车十数辆,"早去夕返,以输运军队"。(《上海市民地方维持会报告书》)

1 月 30 日 上午十一时,与张啸林、许克诚、张子廉"携带犒劳品四卡车(猪、羊、酒、面包、饼干、罐头食品、纸烟等),医师庞京周偕同医师、护士三十人携带药品等三卡车,同赴真如十九路军总部",见蔡廷锴军长、区师长、戴戟司令等将领,表示"上海全体人民对于十九路军卫国抗敌捍卫上海最诚恳之敬意,及上海全体人民愿作后盾,同心御侮,以达到救国之目的。"蔡军长答词甚谦,云:"卫国卫民,本是军人之天职。上海为通商巨埠,今为敌人所逼迫,不得已而用兵抵抗,颇不利于商业,正深抱歉。乃蒙商界各团体领袖特派代表,携带许多犒劳物品到前敌慰劳,本人及全体军士均深为感动,愿努力抵抗,不失尺土寸地,以报答诸君厚意。"先生等问:"贵军到申约两月,财政部已发军饷若干?"蔡答:"三万元。"先生等又问:"贵军有三万多人,区区三万元如何支持?目下开火需用更多,何以持久?"蔡笑而不答。张啸林、先生向蔡军长郑重声明:"上海为全中国人之上海,同人来此犒军,不但代表上海各大团体慰劳贵军,其最重要之意义,在表示上海各界对于贵军同心一致,抵抗暴日,表示全体中国人为一整个民族,决不为暴日挑拨离间、种种毒计而分散其力量。今后贵军只须尽力作战,可无后顾之忧。凡前线需用各种物品,上海各界均愿尽力设法供应。"蔡军长告以最需要者为每日白米三百石及若干咸菜。先生等返回报告前方情况,决定筹集军米七千担,由先生出面以上海临时救济会名义致电昆山徐公桥乡村改进区委员会主席蔡望之,立即在昆山、安亭等处设立购米办事处,就近购买大米,按日点交后方兵站,以供军用。(同上)

同日 下午三时,工商、教育、新闻各界代表会于银行公会,晚九时复会于企业银行大楼,商议成立组织事宜,决定分设金融、外交、给养、救济四组。(同上)

同日 与朱庆澜、黄炎培、许克诚等联名致国民政府电,呼吁政府增兵支援上海前线。云:"沪战日军大败,万众欢胜。惟闻日本援军行将抵沪,我军亟待增援,阅报载路透电'飞机四十架将来沪,惟政府不肯下令'等语。情万分愤激。上海全市民众已下决心,牺牲救国。如果报载属实,是政府甘心弃民误国,度诸公决不出此。万乞迅令飞机及高射炮来沪助战,以厚军力,而慰民望。"(《申报》1932年1月31日)

1月31日 上海实业界、银行界人士"以上海地方受日军蹂躏,焚烧枪杀,全市悲愤,危险情形从来所未有"。[1] 本日下午四时四十分,先生与虞洽卿、王晓籁、秦润卿、张啸林、杜月笙、史量才、陈光甫等发起成立上海地方维持会,以"维持商业秩序,调剂金融,救济难民"。出席者当场认捐二万余元,充救济难民之用。推定会章起草员,起草会章。(《申报》1932年2月1日;《上海市民地方维持会报告书》)

同日 晚九时三十分,出席上海地方维持会第二次大会。推举史量才为会长,王晓籁为副会长,虞洽卿、杜月笙、张啸林、秦润卿、林康侯、朱吟江、刘鸿生、徐新六、钱新之九人为理事。设事务所于圣母院路(今瑞金一路)二号旧梵王宫。[2](《上海市民地方维持会报告书》)

1月 与王造时、史量才、沈钧儒、黄炎培、虞洽卿、刘鸿生等六十二人签署国难会议上海委员提案。提案"要求:(一)以武力自卫为主、国际折冲为辅,不惜任何牺牲,维护国家及主权完整;(二)确保人民言论、出版、集会、结社自由,废止与此抵触的有关党部决议和法令,开放党禁,不再用公款支付国民党党务费,实行地方自治,集中全国人才,成立有力政府,并由民选的国民参政会监督政府;(三)筹备宪政,限八个月内公布民主主义宪法。"(原载《民宪运动的初步》,转引自朱华《一·二

---

① 本日,日本援军抵达上海,有巡洋舰四艘、驱逐舰四艘、航空母舰二艘及海军陆战队七千余人。
② 3月1日起迁往巨籁达路(今巨鹿路)敦丰里隔壁。

八战争期间上海民族资产阶级对国民党政权态度的转变》，《档案与历史》1988 年第 2 期）

1 月 郑超逸编《Nieuw Hollands / Chiness Woordenboek》由上海建发行出版。先生为书名题签："新荷华字典穆湘玥"。（原书）

2 月 1 日 晨，偕许克诚重赴真如，再晤蒋总指挥、蔡军长等将领，面奉上海地图若干份，并问悉军中缺少汽车、卡车及防御上所需木材、铁丝网及麻袋等，"蔡军长面告前线危险，请不再来。嗣后本军需用物品，请与本军驻沪办事处接洽，较为稳妥等语。"上海市民地方维持会得此报告后，即委派先生与杨志雄、陈松源于每日上下午到十九路军驻沪办事处接洽两次。"凡前线需用各种物品，均由该处尽量设法采办，运往前方，以资应用。"（《上海市民地方维持会报告书》）

为《新荷华字典》题签手迹

同日 晚，于巨籁达路刘吉生寓所出席地方维持会第三次大会。决定改会名为上海市民地方维持会。次日，第四次大会，决定外交组改称交际组，给养组改称慰劳组，先生被推为慰劳组十一名委员之一。（同上）

2 月 3 日 向银行公会领取现洋二万元。一万元托蔡望之购置第一批米粮，一万元购置五金物料。[①]（上海市银行商业同业公会《抗日慰劳金收支报告》）

2 月 4 日 代表上海市临时救济会与上海市运货汽车同业公会订立租车合同。先后租借卡车一百十余辆、调用司机六十余人，"送供军用，并完全受军队支配。"（《上海市民地方维持会报告书》）

2 月 5 日 下午六时三刻，出席地方维持会第七次大会。市长吴铁城及孔祥熙列席并报告军用药库及租界当局难以制止日军在租界登陆情形。史量才请张啸林、杜月笙及先生等协助市商会办理慰劳事宜。议决：电请张学良出关收复失地；并电天津《大公报》、《庸报》及北方各将领催促出兵。（同上）

同日 由会长史量才领衔，先生在内上海地方维持会全体理事致电国民政府，

---

① 《上海市商会征集捐款第一办事处收支账》记，"一·二八"事变期间，市商会征集救济慰劳捐款物品办事处（即银行公会）共收到捐款三十三万六千三百余元。所交款项大部分由先生经手派用，计购粮款八万三千九百元（购米七千零十石，合五百六十点八吨），购五金、慰劳品款一万七千元，购汽油柴油一万五千八百元，借卡车一万元，等等。

要求国民政府支援十九路军抗战。云:"十九路军连日血战,各公团迭电请援,迄未见复。全市惶恐,究竟政府通令各军抵抗以后,对于悬沪孤军,有何援应方法?上海三百万市民,现几濒于绝境。无上海即无全国,置十九路军而不援,岂特弃我三百万市民。试问全国失此经济中心,今后将何以自立?急盼电复!"①(同日《申报》)

2月7日 下午六时,出席地方维持会第九次大会。王彬彦、黄炎培、查良钊、王晓籁、郭秉文等报告情况。孔祥熙列席并报告军情、日本国内及国际情势。议决登报募集救国捐,由金融组拟稿。史量才与先生介绍杨习贤入会,任救济组委员、总务组庶务股副股长及交通委员会委员。(《上海市民地方维持会报告书》)

同日 与马相伯、唐文治、赵凤昌、沈信卿、董康、黄炎培、李根源等以江苏省国难会名义发表宣言,呼吁国人一致对外,抵御日寇侵略,采取武力抵抗、经济绝交、节费输饷、认清敌人办法,以救国难。文云:

> 全国父老兄弟诸姑姊妹公鉴:日人芥拾我东三省,意犹未尽。复以盛气凭陵,上海当局不惜贬损国格遏抑民心,以求幸免。乃屈服之条件甫签,而威胁之炮火即至。我十九路军忍无可忍,奋起自卫,大挫日军,是彼以趾高气扬而不固,我以操心虑患而能存,理有固然,并非幸致,此为骄兵必败哀兵必胜之定律。所望怯于公战之当局,憬然觉悟者一也。东省难作,军事当局,节节退让,以为宁失国土,毋损实力。计非不巧,乃爱国将士,毅然脱离,另组义军,奋勇杀敌。若马占山将军固已声振全球,名垂不朽。即锦西义勇军,哈埠自卫军,亦皆积壤为山,聚流成海,厚植势力,蔚为雄师。十九路军方在忧虑畏葸之时,一跃而为腹心干城之寄,是弃国土而保实力、不过偷生苟活之举。爱国土而成实力,乃真众志成城之劲旅,此为得道多助失道寡助之定律。所望拥兵自卫之军人,憬然觉悟者二也。辽吉以不抵抗而亡,锦州以不抵抗而失,国联议决,日人不理;美国警告,日人不从。正义不申,公理灭绝,政府当局,胆怯心寒,签定屈服条件,倾向直接交涉。爱国民众,垂首丧气,以为国亡无日矣。迨沪上一战,突然改观,政府以迁洛而示抵抗之决心,国际因沪变而起断然之倾向,举国民众,争相援助,转忧为喜。驻沪领事,君请休战,努力弭兵。倘使再接再厉,旬月之间,其功效必数倍于今日。是正义必以对抗而伸张,公理必以均势而确立,此为能自助而后能互助,有代价而后有成功之定律,所望信赖国联之人士,憬然觉悟者三也。自国民党执政,历时五载,一切措置未餍人心,党内时启纷争,外侮因而踵至,以致国内其他党派,各有不平表示,激烈者且有破坏希图,

---

① "一·二八"战役爆发后,南京中央政府屡次发电,要求十九路军不得抵抗,撤到二线阵地。后迫于各界压力,2月16日,张治中率领第五军加入上海作战。

此诚无可为讳。但目前强敌压境,国势危于累卵,国若不存,党于何有。现政府虽为国民党所组成,处此情势之下,当能憬然于国非一党所专有,势非集合全民之力,作长期奋斗,无以拯救危亡乃者。政府对外主张,既已宣示于我国人矣,再进一步应即为取消一党专政之表示,以期厚集国力,无复再分彼我。国内从前反国民党各党派,亦应以救亡为急,即日宣示捐弃成见,消除恩怨,停止一切对内政争,共急国家大难。待至敌兵出境,国基不摇,尽可会合一堂,从容商定国是,择善而从。兹事所关异常重要,朝鲜以党争亡国,前车不远,可为寒心,此为合则势坚,分则力散之定律,所望国内各党派憬然觉悟者四也。政府宣言之目的曰:保持国家人格,尊重国际信义。而其手段曰:一面督励军警,从事自卫,决不以尺土寸地授人;一面仍运用外交方法,要求各国履行其条约上之责任。前者为决心正当防卫,后者为付诸国际公判,则从前国人所请愿之整军御侮。然疑虑之直接交涉,所反对之屈服外交,均可换所冰释。政府既明白表示宗旨,又以迁洛办公谋行动之自由,与吾国人立于同一战线,则吾国人自今日起亟应变更以往怀疑政府、怨望政府、仇视政府之一切态度,转而一致对外。本会同人依此意旨,决定办法,昭告国人切实执行如次列:(甲)武力抵抗。吾国沿海口岸甚多,日人可以军舰装载陆战队随时随地登岸骚扰,除政府当局已有得力军队在沿海各口严密布防外,凡吾沿海各省人民均应依照现行之保卫团法,凡二十岁以上四十岁以下之壮丁,一律训练枪械射击及短兵肉搏诸技术。一旦有事,编成义勇军,辅助所在军队与之决战。查东省日军因军队不抵抗,长驱直进,如入无人之境。近来各地人民组织义勇军与之对敌,大获胜利,使日军不敢深入,地方得以安宁。盖日人以军舰远道运来之军队究属少数,吾国民众十百倍于日军,一经训练,自卫地方,到处皆成劲旅,足以制日人死命;(乙)经济绝交。日人以工业立国,所有出品如纱、布、海货、糖类皆在吾国销售,从前抵制日货不到三月,已能使日本工厂闭歇、轮船停班、钞票停兑。观此次日人以军队压迫上海当局取销抗日运动,足见抵制日货为日人最怕之事。吾国所以能制日人死命者,亦在于此。倘能继续抵制一年,则其国内失业工人,必将穷极生乱,焉有余力侵略我国?所恨当局。懦弱竟接受其要求,取消抗日团体工作,幸而日人自毁信用,首启衅端,则以往当局被屈服之签字当然无效。吾国人民亟应振起精神,努力抵制日货,坚持到底,并由青年智识分子扩大宣传能力,使其普及而且持久;(丙)节费输饷。此次对日战争系保持国家民族之生存,吾国之为存为亡,吾民之为主为奴皆取决于此一举,与从前内战迥不相同。战事既起,何时结束,殊不可知,则需费必巨,仅持关税地税必不数用。作战将士既为吾国吾民而牺牲,则吾人更不应惜此区区金钱,不肯尽量捐助。况在抵制日货之时必须专用国货,不嫌粗劣,惟有极力节俭省下金钱,捐助军饷,不独不可浪费,即衣食住必要之用亦应得省便省,于接济军用,抵制日货,两有裨益;(丁)认清敌人。我中华民族酷爱和平,早为欧美各友邦所熟审。此次日人以灭绝公理惨无人道之手段,一再施之于我,我全国人民为自求生存,势不能不崛起反抗,此种苦衷,当为各友邦所共谅。在我认清敌人只有日本,只日有本之军阀,其他在华欧美人士皆为我之好友。虽值激烈作战,仍当妥为保护。吾国人既认清敌人只有一个,应时时本清明理智,以支配热烈感情,所有知识分子并应一致切实宣传,俾国人共明其真象。右述办法敬希全国父老兄弟诸姑姊妹互相诏勉,一致进行,以救国难。国家幸甚!国民幸甚!

(同日《申报》)

2月8日 浦东同乡会因市公用局轮渡增加渡资事,曾数度前往交涉。因战事爆发,延未论及。最近轮渡又忽然缩短路线,停止驶往高桥,致高桥来往民众殊感不便。徐佐勋等联名致函浦东同乡会,要求向市政府力争恢复。本日,先生与杜月笙、黄炎培联名致函上海市政府,"详叙反对缩短路线之理由,并表示民众之决心,呈府核准恢复原有航线"。(《申报》1932年2月9日)

2月9日 下午六时三十分,出席地方维持会第十一次大会,先生与胡笔江介绍陈伯权入会。杨志雄报告救济难民情形。王晓籁报告开市尚须复议,广告缓登。议决:由本会委托会计师与律师公会办理此次战事损失登记,以便将来要求负责者赔偿。(《上海市民地方维持会报告》)

2月11日 下午七时,出席地方维持会第十三次大会。先生报告"经办货物款项,及托昆山蔡望之购办米粮情形";虞洽卿报告"有难民数船约千人,经交涉得上岸";市府秘书长俞鸿钧列席,报告"丰田厂内有便衣日军在屋上装置武器情形。"决议:请虞洽卿、王晓籁、杜月笙加入金融组;请朱子桥、王晓籁、虞洽卿等以本会名义慰劳伤兵,每名给慰劳金一元。(同上)

2月12日 下午六时三刻,出席地方维持会第十四次大会。救济组主任胡筠秋报告收容所难民情况;褚惠僧报告日厂工人方面情形及救国联合会开会情形;褚民谊报告与法公使晤谈情形;朱凤千报告与意大利代办接洽情形;郭秉文报告交际组之意见;先生报告与潘公展、顾馨一等接洽虹口米粮情形;王晓籁报告慰劳情形。俞洪钧报告市政府讨论救济失业工人情形。议决委派虞洽卿、王晓籁、李馥荪、秦润卿及先生等为代表,往见各国领事。(同上)

2月13日 与王晓籁、虞洽卿、徐新六、秦润卿等往访法国、意大利领事。(《申报》1932年2月14日;《上海市民地方维持会报告书》)先生等代表商人立场,请注意日人之暴行。"闸北损失在一万万元以上,其在苏州河以北虹口一带之居民,原信工部局之保护为可靠,故多未逃避。后为日人虐待残杀,无从申诉。至于和战问题,关系太大,应由政府主持,故未提及。"(《申报》1932 年 2 月 16 日)

同日 下午七时,出席地方维持会第十五次大会。王晓籁报告往访情况。会上有人报告前方运输不甚灵便,吴淞军队闻有两日两夜未得进食。沪太长途汽车公司经理朱恺侗报告该公司汽车二十一辆被各旅团取用不还,运输益觉呆滞。先生"以为交通为作战之命脉,临时救济会及市商会供给卡车、汽车已有六十余辆,加以沪太汽车公司二十一辆,共有八十余辆,苟调度得宜,当可敷用。"随即约定朱恺侗明晨同赴真如实地调查。(《上海市民地方维持会报告书》)

2 月 14 日 晨,与许克诚(朱恺侗因中途汽车损坏未能成行——编者注)赴真如十九路军军部,因蔡军长等已赴前线,面晤交通处处长唐德煌,"询以车辆是否敷用?运输有无不便?"唐答:"卡车勉强敷用,惟有时因运载过重,时有损坏,颇感不便。调度车辆,系由余主持,尚能迅赴事机,不致误事。惟吴淞火线内运输较为困难。""正谈话间,日军飞机在屋顶翱翔甚低,机关枪时时射击,情势甚为紧张",先生等不及多谈,返回市区。次日,上海市临时救济会装载食品及军用品九卡车,直送吴淞前线。2 月 16 日,又装去七卡车。翁照垣旅长感谢上海市民的援助。(同上)

同日 下午七时,出席地方维持会第十六次大会。先生与黄炎培介绍楼恂如入会。王晓籁报告当日与英、美领事会晤情况;吴铁城市长列席,报告外交情形与日军现状;孔祥熙列席,报告毒弹一事应请注意。会议通过黄炎培草拟募集救国捐启稿。议决金融组改称经济组(先生分别任经济组劝募股、研究股股员),通过本会会费每人一百元。(同上)

2 月 15 日 下午七时,出席地方维持会第十七次大会。社会局长曾纯默列席,报告应付日厂失业工人情形;徐新六报告工部局总办对于失业工人之情形及办法;杨习贤报告陈调元所助车辆均已送去;陈松源报告掩埋阵亡烈士情形;颜福庆报告检查达姆弹情形;先生报告交通组情形。史量才请朱子桥、黄炎培、张啸林、陈松源与先生等商议运送物资方法。(同上)

同日 联名签署《上海市民地方维持会募集救国捐启》,云:"暴日既席卷东三省,复欲伸势力于长江。首犯上海,凭其陆海空军之武力,不顾公理公法图占我土地,恣杀我民众,纵毁我公私建筑。淞沪一带,市廛化为丘墟,老弱转乎沟壑,毁室于子,存者无以为家,绝脰捶胸,死者不堪迫视,直疑地狱竟在人间。乌乎惨已! 我十九路等诸军将士,忠勇奋发,舍命抵抗。旬日以来,浴血苦战,屡奏捷音。苟无此奋斗之孤军,将使敌长驱直入。此全国人民所为万众一心欢呼而奋起者也。同人当事变初生,组织本会,从事于维持地方诸务。念前方将士之舍生杀敌,设慰劳组,聊壶浆箪食之诚；念劫余民众之载道流离，设救济组藉供医药之用；而尤念上海处全国经济之中心，交通之总纽，其胜其败，国之存亡系焉。彼军人既舍弃身家，死守一隅，以保全国，吾民众何可不闻风兴起，各竭绵力以答孤忠？各地仁人义士，以现金以物品委托代致者，亦既踵趾相接，始信疏财纾难人有同心，岂惟救死扶伤，责无旁贷。军民必须合作，兴亡端在匹夫。在莒无忘自隗请始。用是草成小启，普告同胞。正名救国与寻常募款不同，与子同仇，其慷慨解囊以助。吾海内外热诚爱国诸君子幸共鉴之。"下列上海市民地方维持协会全体八十一人姓名，及收款银行、钱庄名。（同上）

2月17日 下午六时半，出席地方维持会第十九次大会。史量才报告救济组收到捐款数；先生报告交通及前方情况，报告租车、购米款项使用、为失业工人救济问题与社会局接洽等情形；陈松源报告送往前方物品情形；方液仙报告防毒面罩及钢帽事件；徐寄庼报告经济组开会情形；俞鸿钧列席，报告丰田厂已无日兵；郭秉文报告被难工人及妇女被奸情形，并报告日军用达姆达姆弹事已经发表。（同上）

2月18日 下午六时半，出席地方维持会第二十次大会。史量才报告各界意见书；冯炳南报告电报局炸弹事件及捕房意见；胡筠安报告救济组经济状况，并报告遣送江北人回籍办法；张啸林报告往见前方情形；先生报告已经收到大米二千零六十七石，已由后方邓瑞人副主任（十九路军沪办——编者注）证明；杨志雄报告日军对便衣队仍在注意，凡门上有白圈者如再回家必遭杀戮。又因日军增兵两万，据闻有冲破我军江湾阵线之企图，而前方缺少军粮，上海兵工厂缺少款项。决议委派张啸林、先生、俞叶封、钱志翔等四人次日赴十九路军军部接洽一切。（同上）

2月19日 晨，与张啸林、俞叶封、钱志翔四人赴真如，晤蔡廷锴军长及戴戟司令，"详询种种风闻情事"。蔡军长云："后方粮食甚足，各界馈赠食品亦堆积甚多。吴淞方面虽感运输困难，然我军特别注意，应用食品及军用品并不缺乏；江湾方面我军阵地甚为坚固。即使日军猛攻亦不足畏。请转告同仁，可以安心。"同时并缮一亲笔信，请先生等面交财政部长宋子文，"请其源源接济兵工厂款项"。返沪后，张啸林与先生见宋子文，面交蔡军长亲笔信，"蒙允对于兵工厂款项尽量接济。"（同上）

同日 下午七时，出席地方维持会第二十一次大会。史量才报告救济组收到捐款总额。先生报告车、米及交通情形；又报告与社会局接洽救济失业工人情况。杨志雄报告办理钢帽三万顶之情形，及十九路军之经济状况；张啸林报告李鸣钟、刘郁芬捐款四千元系指定捐助将士者；胡筠秋报告各收容所之困难情形。议决：助社会局米六百担，请先生再与之接洽。史量才提名杜月笙为副会长，增推张公权、胡孟森、唐寿民、穆藕初、朱子桥、胡筠秋、郭顺为理事。黄炎培任坐办。（同上）

2 月 20 日 由史量才领衔、包括先生在内全体上海市民地方维持会理事联名公布《呈上海市政府募集救国捐请准予备案由》,云:"自一月二十八日晚间日军开衅以来,淞沪居民,横遭浩劫,市廛化为丘墟,老弱转乎沟壑,死亡枕藉,载道流离,惨莫言状! 幸我十九路军等诸军将士,忠勇奋发,舍命抵抗,屡奏捷音,凡我市民,一致感奋。量才等当事变初生,集合同志,组织上海市民地方维持会。愿就市民地位,从事于救济难民,调剂金融,及维持商业秩序等各项工作。订立简章七条,推举职员,择定会所,逐日开会,各认捐款,分组进行。兼旬以来,努力从公,未敢遐逸。各地闻风兴起,以现金或物品,委托代致,日繁有徒。爰经公议,正式发起募集救国捐,俾海内外热诚爱国者,得遂其输财纾难之诚。本会一切收支,公开报告,在地方宜效微劳,在国家或不无小补。"(同上)

2 月 21 日 下午四时二十分,出席地方维持会第二十三次大会。第五军司令部杜秘书代表张军长报告军事情形;黄炎培报告昨今两日战事情形;王晓籁报告大场等处人民与军队合作情形;先生报告蔡望办米粮经过及致十九路军沪办邓瑞人函稿;贾延芳报告修车费需三千余两。孔祥熙列席,报告日本不景气情形。(同上)

2 月 22 日 下午六时半,出席地方维持会第二十四次大会。先生报告采办米粮情形;邓瑞人列席报告米粮事宜。先生又报告经手米、车、油等大宗物品及款项收支情形;黄炎培报告军情;陈松源报告运米粮情形及大场方面作战情形;林康侯报告劝募组开会情形;朱吟江报告购办木料情形。(同上)

2 月 23 日 下午三时五十分,出席地方维持会第二十五次大会。黄炎培报告与杨习贤等慰劳第五军情形。王晓籁报告同业公会供给车辆情形。先生报告车辆情形。虞洽卿报告遣回江北人数约八千。褚惠僧报告上海失业工人约三万,每天每人约三角始能维持生活。褚又报告嘉兴军方所办军米约二万担。(同上)

2 月 25 日 下午六时,出席地方维持会第二十七次大会,黄炎培报告军事情形。先生报告慰劳组情形;又报告陈伯权又助车三辆,已送去取得收据。胡筠庄报告与宋子文接洽抚恤美飞机师孝脱事。李馥荪报告天津、济南、青岛日货畅销情形。杜月笙与先生介绍庞京周入会。(同上)

2 月 26 日 下午六时,出席地方维持会第二十八次大会。胡筠庄报告救济组新收捐款。胡筠秋报告伤兵众多,须在内地疗养。先生报告调查某医院情形,并发表改良意见云:"(一)须集中,(二)分别病与伤之轻重,(三)视院之大小分别收容。"郭秉文报告交际组收集日军暴行照片。李祖夔报告天津、青岛日商已复常态。先生又报告租车情形,并云:"可否由会再租二十辆?"议决由先生、黄炎培、贾延芳办理。孔祥熙报告援军情形。议决:去电政府请增援军。先生再报告购米需六百担一天,并询可否再帮忙。议决:请穆藕初接洽,继负责帮忙。朱吟江报告经济情形。

何尚平报告防毒具与风镜需要情形。会议通过修正会章草案。(同上)

2月27日 偕黄炎培访王晓籁、张公权,为上海地方维持会设立"交通及粮食事。"(《黄炎培日记》)

同日 下午六时三刻,出席地方维持会第二十九次大会。史量才报告理事会议决案:总务组分股情形及设立交通、粮食、地方后援三个委员会及其负责人名单。先生分别任交通委员会主席及粮食委员会委员。会上,先生与虞洽卿分别报告红十字会救护伤兵情形。徐玉书报告救国捐收到数目。李馥荪报告北方交易所情形。(《上海市民地方维持会报告书》)

2月28日 下午五时,出席中国红十字会常议会,讨论伤兵事宜。列席议员袁仲慰、哈少甫、狄楚青、王培元、闻兰亭、王晓籁、朱吟江。王一亭主席。先生提议,"本会收容伤兵伤民应先集中一处,然后支配。请求热心慈善家慨助捐款。"通过。朱吟江提议,"本会所设救护队医院,应将经过情形及收支账目在报上公开、以昭大信。"通过。闻兰亭提议,"组织医务委员会,修订章程,视察各医院,评判优劣以资改进"。当即公推卫生署刘署长、军医司蒋司长、上海市卫生局胡局长等为当然委员外,又推举刁信德、牛惠生等诸医师为委员。(《申报》1932年2月29日)

2月29日 下午六时四十分,出席地方维持会第三十一次大会。陈蔗青报告经济组开会情形。林康侯报告经济组劝募股着手劝募情形。胡筠秋报告救济组遣回江北等处难民情形。黄炎培报告总务组办理情形,并请穆藕初、陈松源、杨习贤、徐振东四人加入交通委员会。通过。先生报告交通会议情形,"谓真如与上海均定一接洽处,由每军个各派一人互相联络;且谓真翔路①三日已筑成。"张公权报告与宋子文接洽设立兵站事。(《上海市民地方维持会报告书》)

同日 致函《申报》云:"报载红十字会常议会鄙人提议一节,尚有遗漏。鄙意:(一)伤兵宜有集中地地点,与各伤兵医院时通消息。有空位若干即送若干,俾免伤兵沿途逗留误事;(二)由十九路军派高级军官每日调查各医院,遇有将愈之伤兵即转送后方医院,俾空位较多,治疗更有效力。至于请求热心慈善家慨助捐款一节,非鄙人提议。用特更正,以昭实在。"(《申报》1932年3月1日)

2月 由史量才领衔、包括先生在内全体上海市民地方维持会理事联名致函上海法租界警务总监费沃礼云:"同人自一月二十八日晚,日军开衅以来,鉴于时局之严重,愿就市民地位从事于救济难民,调剂金融,维持商业秩序等各项工作。因以公意发起上海市民地方维持会,设会所于巨籁达路敦丰里,定期开会,分组办公。

---

① 真如与南翔间原无公路,由先生主持的交通委员会与市工务局会商,动员筑路工人千余名,仅六天筑成长达二十一华里的公路。后继筑南翔至莘庄公路,亦成大半,因我军西退,遂告停顿。

值此非常时期，事关公益，合行备函声请贵局察照，随时保护，以利进行，至纫公谊。"（《上海市民地方维持会报告书》）

2 月　与黄炎培等发起成立"铁社"，作为策划上海市民地方协会推动抗日救国工作参谋本部。姚惠泉《我在上海孤岛从事的抗日救亡工作》一文云："'一·二八'淞沪抗战，上海各界成立了上海市地方协会，黄炎培任总秘书。黄炎培还发起组织'铁社'，作为策划地方协会推动抗日救国工作的参谋本部。参加铁社者有黄炎培、穆藕初、刘湛恩、黄延芳、黄伯樵、项康元、江问渔、杨卫玉、贾佛如和我共 10 人。我在黄炎培指引下，发动职教社同仁，积极开展捐献物资，支援前方将士活动，还几次承担交通运输工作，在敌机轰炸扫射下，随军护送军需物资去前线，置生死于度外。"（引自，唐国良主编《民主革命时期浦东统战史料汇编》，上海市浦东新区文史学会编 2013 年 10 月）

3 月 1 日　偕黄炎培、许克诚、蔡望之、王晓籁至中国银行。（《黄炎培日记》）

3 月 2 日　出席地方维持会召开第三十三次大会。十九路军驻沪办事处主任范其务报告一月以来抗日战事经过。[①]"言时泪下，会场均感泣"。"因三月一日我军已奉命西撤，交通委员会即函告运货汽车同业公会停付车租，调查失车，估计赔偿。战事剧烈及大军退至苏昆之时，交通委员会接受十九路军交通处委托，除调用汽车司机六十余人外，还推荐电务人员九人，办理交通、公用事业人员及花纱业义勇军五十六人。为帮助大军顺利西撤，交通委员会还与上海、苏州两轮业公会联络，租用小火轮十五艘、民船八十七只，提供军用。并派员赴苏州、昆山勘察航线，筹划沿途设立兵站及电台。"沪昆交通，始告完成"。（《上海市民地方维持会报告书》）

3 月 3 日　下午六时四十分，出席地方维持会第三十四次大会。俞鸿钧列席，报告维持闸北治安情形。徐玉书报告救国捐收到数目。先生报告军队使用卡车尚有四十八辆未收回。史量才请先生从速设法收回，[②]以免损失。俞寰澄提议，请市政府定一月二十八日为上海抗日战事纪念日。通过。（同上）

3 月 10 日　下午六时半，出席地方维持会第三十九次大会。胡筠秋报告救济

---

① 2 月 27 日起，上海日军又得到陆军第十一、第十四师的增援，总兵力增至九万人、军舰八十艘、飞机三百架，战斗力骤增。而中国守军总兵力不足五万，装备差，且经一月苦战，伤亡严重，3 月 1 日，淞沪守军腹背受敌，被迫退守嘉定、太仓一线。2 日日军攻占上海，3 日战事结束。5 月 5 日，中日在英、美、法、意各国调停之下签署《淞沪停战协定》。

② 各车行主都能深明大义，对毁损汽车未作计较，但也有个别车行主为生计所迫，集众向交通委员会发难。先生被围者一次，姚惠泉被围者三次。至四月初，证实有三十九辆车确已毁损，经先生等与十九路军沪办接洽，由军队酌量赔偿车行损失。

组预备再遣送难民一船回籍。先生报告交通会议情形。何德奎报告工部局未得市政府允许,决不往市府管辖下战区办理卫生事项,现同仁辅元堂等已往办理掩埋死亡等工作。张恪惟列席,报告北方救国运动状况。(同上)

同日 由史量才领衔、包括先生在内全体理事联名公布《上海市民地方维持会募集救国捐续启》,云:"伟哉!吾忠勇卫国之将士。既尽其天职,以其血和肉抵抗暴日陆海空军无情之刀和弹,为我中华民国和民族争回一线之生命与人格矣!我全国同胞,其何以慰之?惨矣哉!吾战地无辜之民众,破家丧身,断肢剖腹,死者长已矣。生者无以为家,并无以为生。吾全国同胞其何以救之?同人请蘸战士之血和灾黎之泪,为书普劝我海内外同胞,各解义囊,纾此国难。"下列收款银行、钱庄名。(同上)

3月15日 赴史量才宅,商议张耀曾草拟《国难会议提案》。《求不得斋日记》云:"晚至史量才家商议案,与议者膺白、量才、新之、任之、藕初,惟藕初意嫌迁缓,新之不甚热心,他皆赞成。"(《宪政救国之梦——张耀曾先生文存》第322页)

3月16日 在冯超然家,遇吴梅自南京来沪避难,约定明日午饭。《吴梅日记》云:"藕初在京时,彼此往还,时吐肝膈。余此次来申,尚须求其说项,明日之叙,只有叨扰而已。"(《吴梅全集·日记卷》上册,第105页)

3月17日 招吴梅等于杭州饭店午餐。《吴梅日记》云:"午赴藕初之召,偕汸儿行,先至超然处,藕初已先在,略坐即至杭州饭店,看核颇可口,酒亦陈绍,余虽饮不多,亦薄醒矣。在座共十人:王伯元、吴舜石、朱镜波、冯超然、庞京周、张亚庸、吴湖帆,余与汸儿。"(同上,第106页)

3月18日 下午六时二十分,出席地方维持会第四十三次大会。史量才报告各地捐款、捐物情形。决定药品等交救济组,钱款交林康侯划入救国捐。先生报告代办汽车问题,业经解决,由十九路军直接负责。贾延芳报告各收容所举行联席会议情形。(《上海市民地方维持会报告书)

3月20日 下午七时,地方维持会召开第四十四次大会。陈立廷报告招待国联调查团情形,并接洽个人谈话经过。交际组曾推张公权、陈光甫、王云五、刘鸿生及先生等分组前往晤谈。(同上)

3月22日 上午十时,出席国难会议干事会。推先生与褚惠僧、王造时、冯少山赴宁,"向当局陈说"。会后,黄炎培与先生商赴宁行程,决定当晚出发。(《黄炎培日记》)

同日 下午三时,于中社出席江苏国难救济会招待驻沪国难会员及各团体代表聚会,讨论时局。沈信卿主席,"说明招待意义,并请各方发表救国意见"。次江问渔代表马相伯表示意见:①国人应一致团结,共赴国难。②政府应广纳民意,容许国人共赴国难。③各国难会员应共同担负监督政府,早日实现宪政之责任。继黄炎培"报告华北提案及与褚民谊交涉经过,谓所表示对于取消党治意见,政府或可容纳"。褚辅成、许克诚、陈定远、诸青来等相继演说,"其大体主张皆以缩短训政时期,早日观成宪政为准的"。(《申报》1932 年 3 月 23 日)

同日 下午六时三刻,出席地方维持会第四十五次大会。黄延芳报告武定路收容所给米后决定结束。江问渔报告地方后援会开会情形。先生报告与王云五、刘鸿生、聂潞生等往见国联调查团代表情形。(《上海市民地方维持会报告书》)

同日 晚,偕黄炎培赴南京。(《黄炎培日记》)

3 月 26 日 在南京,由国难会议秘书主任陪同,与平汉津沪国难会员代表熊希龄、王造时、谷钟秀、李璜、褚辅成、冯少山、罗隆基等谒见汪精卫,"交换关于国难会议提案及开会地点意见。汪允下次会议时逐次具体答复。""复谒林森,林对该代表等所请限期结束党治,实行宪政表示赞成。"(《申报》1932 年 3 月 27 日)何碧辉《王造时在"七君子事件"前后》一文云:"当时上海、北平、天津三地的'国难会议'会员选举王造时、熊希龄、褚辅成、穆藕初、冯少山、李璜、左舜生、罗隆基等组成代表团前往南京,与政府谈判结束'训政',实行'民主宪政'和抵抗日本侵略问题。时任行政院院长的汪精卫晤见了他们。汪对王造时等提出的意见大为不满,甚至扬言:'诸位如果不满政府的办法,去革命好了。'"

4 月 4 日 温宗尧、孙洪伊、张耀曾、陶家瑶、王晓籁、徐元诰与先生等致各报馆转全国国民公电,云:"上海停战会议,日本除要求驻兵于吴淞、引翔、江湾、闸北四重要区域外,并不允规定撤退时期。近闻吾国政府对驻兵地点,完全让步。对撤兵时期,亦有交圆桌会议讨论,仅由日方单独声明了事之意。如此果确,则显系违反国际联盟决议,并政治问题与军事问题为一谈。陷上列四重要区域于长期被占领之绝地,在敌兵压境之下,举行会议,去城下之盟有几。凡我国民宜急起反对,监督政府,非使恢复一月二十八日以前之状态,不开圆桌会议。临电不胜迫切之至。"(同日《申报》)

4 月 5 日 与张耀曾、黄炎培、史量才、张公权等六十六人联名致国民政府"歌电",陈述不赴洛阳出席国难会议之理由。电云:"国难会议,辱承敦聘。读组织大纲,'集中全国意志,共定救国大计'等语,念匹夫之有责,虽汤火其敢辞。顾同人深信,凡民族争存于世界,以合作为最要条件,盛衰存亡,胥系于此。我中华民族,所以积弱至今濒于危亡者,唯一症结,确在不能合作。民国二十余年,内讧之频繁激烈,人所共见。近数年来,更立一党专政之制,杜绝多数民众政治上合作之途。以致党员斗争于内,民众睽离于外,全国嚣然,戾气充溢,日人乘之,乃有'九一八'以来之奇辱。此而不变,沦亡可待,遑论御侮。同人参与国难会议,方拟开陈所信,化除杜绝合作之党治,实现全民协力之宪政。对此救亡大计,努力解决,以答政府相邀之雅,而副人民望治之殷。乃政府忽有限制会议议事之规条,经推代表赴京晋谒,奉询真意。复承汪院长函复,会议讨论,以御侮、救灾、绥靖为范围等语,诵悉之下,不胜惶恐。以为遵召赴会,如严守制限,置救亡大计不提,则对国家为不忠,对政府为不诚。而政府既已严定制限,则此实施宪政之案,又无提出会议余地。思维再四,与其徒劳往返,无补艰危,不如谢绝征车,稍明素志,用特电陈不能赴会理由,幸乞鉴谅。至于救济国难,重在实际工作,不以赴会与否而有异同。宪政为救亡大计,同人天职所在,既有确见,仍当次第开陈。所愿党政诸公,念国命之垂危,察症结之有在,破除成见,与民合作,中国幸甚。临电无任悚惶迫切之至!"(《申报》1932年4月6日)

4月7日 由行政院院长汪精卫主持的国难会议于洛阳召开。因被邀的上海代表多数不出席,国难会议致电上海市政府转未赴国难会议会员代表王大桢、王造时及先生等云:"今晨国难会议,业经开幕。下午举行预备会议,产生主席团王晓籁、张伯苓、高一涵、刘蘅静、童冠贤等五人。在到会同人,金以国离日亟,急待各地会员集思广益,共同研讨。本会虽以御侮救灾绥靖为范围,但凡关于救国大计,尽可提案讨论,切盼沪地同人,即日莅临,至深遥企。国难会议到会会员一百四十八人同叩。"(《申报》1932年4月9日)

同日 下午六时三十分,出席地方维持会第五十三次大会。吴铁城市长列席,报告市政府应付闸北伪组织情形。先生报告纱厂联合会、油厂公会等三团体决议筹集棉种一万担,备太仓、嘉定、宝山三县之用。黄炎培报告江苏国难救济会组成嘉、太、宝三县战区救济会,拟筹款购种子、肥料,援助恢复因战争而荒废之两千万亩良田生产。(《上海市民地方维持会报告书》)

4月8日 与黄炎培长谈。(《黄炎培日记》)

4月10日 张耀曾、黄炎培、史量才、张公权及先生等六十一人联名致电洛阳国难会议,陈述不赴会理由,提出对外方针原则及一系列民主政治措施。电云:"惠电敬悉,同人不赴会议之理由,已于歌电陈明,谅蒙察及。顷复仰荷电促赴会,同人身承敦聘,拟贡愚忱,对于国难根本救济主张,对内对外曾草有两项提案。其概略如下:其一,同人痛愤日本非法无道之暴力侵略,彻悟拥护民族生存国家独立之严重责任;同时并顾念世界维护和平之信约及努力;主张以左列大方针对付外患,一、中华民国领土及主权之完全无缺,为全国人民神圣不可侵犯之主张,不辞任何牺牲,必拥护到底。二、为贯彻前项主张,应以武力为主,以国际折冲为辅。三、对外任何条约及协定非经临时民选参政机关或宪法上之有权机关同意,不生效力。其二,同人深感挽救国难,非举国一致不为功;又切念应付畏难,非政府健全有力不可;更确信永久防止国难,非实行民主政治不能彻底奏效;主张在宪政未实施以前,由国民政府立即实行左列各项,一、确保人民之言论、出版、集会、结社各自由,凡限制上述各自由之党部决议及一切法令,除普通刑事及警察法规外,均废止之。二、承认各政党得并立自由活动,不得再用公款支给任何一党党费。三、实行地方自治,予人民以自由参与地方政治之机会。四、集中全国人才,组织有力政府。五、设立民选国民参政会,监督政府,限二个月内成立。六、筹备宪政,限八个月内制定民主主义之宪法宣布之等语。强寇在门,国命如线,倘荷大会赞同,政府采纳施行,一新全国视听,藉以团结人心,消弭大难。则同人虽不及赴会,其效与赴会无殊。道远时迫,尚希鉴谅,附件另达。"(《申报》1932 年 4 月 11 日)

同日 与黄炎培长谈。(《黄炎培日记》)

4 月 11 日 下午三时,于市府出席江苏省政府与上海市政府组织江南塘工善后委员会第一次会议。到者有张公权及建设厅长董修甲、市府秘书长俞鸿钧、工务局长沈怡,讨论关于塘工工程及塘工经费甚详。该会委员长为钮惕生,副委员长穆藕初,委员叶楚伧、张公权、陈光甫、杜月笙、黄涵之等。(《申报》1932 年 4 月 12 日)因委员长钮惕生在洛阳,一时未能返沪,吴铁城与董修甲商定,先借枫林桥市政府房屋一部分为办事处,即日起开始办公。加聘导淮委员沈昌为塘工委员兼秘书长,随时同先生办理宝山、松江、太仓、川沙、南汇、金山六县,及上海市区塘工事宜,俾于大汛之前将塘工修理完竣。(《申报》1932 年 4 月 15 日)

4 月 27 日 4 月中旬赴天津。本日,与何廉等聚餐。"何醉帘约穆藕初晚饭,往陪。"(《卞白眉日记》卷二第 183 页)

4 月 29 日 鉴于"苏省府以抗日军兴,宝山、太仓、嘉定等县,沦于战区地方,惨受浩劫,人民死伤流离。附近站区各县,间接所受军事之损失,亦至重大,政府亟应设法救济。但库空如洗,经济能力薄弱,目前救济与将来善后,及复兴等问题,必须集全省财力人力,始克有济。"江苏省政府组织成立江苏省战区救济委员会。"推定史量才、朱子桥、朱吟江、穆藕初、唐蔚芝、张公权、陈光甫、张仲仁等为常委,并推朱子桥、张公权、史量才主持沪办事处。(《申报》1932 年 4 月 30 日,1932 年 5 月 4 日)

5 月 2 日 上海华商纱布交易所开市。《纱布市场揭示》第一千五百十三号通告云:"查本所前因日军开衅,本市战区扩大,迭经遵照上海市商会、银行业公会、钱业公会、交易所联合会、航业公会等团体议决,公告停止营业,俟秩序稍复,再行通告开市,一再揭示在案。兹以交易所联合会会议议决,现在时局渐趋平静,各业已多开业,现未开市各所预备五月一日复业等情。本所准定五月二日(即星期一)重行开市,照常营业。"(《工商半月刊》第四卷第九号,1932 年 5 月 1 日)

5月3日　出席上海市民地方维持会例会,讨论十九路军蒋光鼐、蔡廷锴辞职事,一派主张致电政府并于报上公布,先生为"此案主张最烈者"。陈光甫记云:"黄任之提出十九路军蒋光鼐、蔡廷锴辞职事,拟有一电要打送南京,并报上公布。讨论时间甚为长久,议论可分为三派:一、反政府派,主张打电,报上公开。二、面上不反政府,心中反政府,主张不打电,派人去问。三、宋子文派,此派乃买办阶级之人,主张不问不打电,最好不理会,惟会议席上说话不可太露骨,亦主张派人,但不派人至南京,而派人与宋子文谈谈。结果第一派得胜利。首次用投票法,全场举手赞成打电公布者十七人,多数通过。此案主张最烈者为穆藕初。十七人虽属小多数,而有心中为然但不举手者,大概全场除买办阶级皆可算为反政府者也。"(《陈光甫日记》)

5月5日　下午二时,主持江南塘工善后委员会第一次临时会议,到者有董修甲、舒石父、沈怡及林康侯、杜月笙、王一亭、陈光甫等。讨论筹款办法及各项议案。(《申报》1932年5月6日)

5月6日　上午九时,赴职工教育馆出席中华职业教育社成立十五周年纪念式。"时值国难时期,故不铺张,除编行《职业教育之理论与实际》一书为纪念外,仅召集各部职员及在沪社员。到会社员有郑通和、何玉书、胡庶华、黄郛、沈怡、刘湛恩等,及各附属机关职员学生近二千人。蔡元培、江问渔致开会词。黄炎培、杨卫玉报告立社经过,"对于该社缔造艰难及立社主旨间发甚详"。职业学校校长贾佛如报告"该校近况及校舍捐款实数"。次董事史量才、沈信卿及社员黄郛、黄伯樵等演说,"述该社过去工作与国家社会之关系,将来努力之目标"。先生"报告该社最近救国工作,并赠送纪念品于出力人员姚惠泉、祝唯一"。潘序伦提议筹设大规模职业补习学校为十五周纪念事业。张云溥提议发起俭约救国运动,均经一致通过。末由董事会主席钱新之致答词。(《申报》1932年5月8日)

同日　下午四时,于中华职业教育社出席江苏省战区救济委员会第一次常务委员会,到者有史量才、董修甲、舒石父、吴蕴斋、张公权、杜月笙等。史量才主席。议案:①上海办事处简则草案。议决修正通过。②黄炎培请改推救济组主任案。议决请黄炎培另函大会,请求先推姚惠泉为救济组组员。③提议办事处预算案。议决请省政府先行拨付一部分以资应用,将来实报实销。④张公权请加推林康侯伟财政组主任案。议决通过,请大会追认。⑤公推史量才为本处主席。⑥请推代表向中央请愿案。议决公推张云溥、史量才、冷御秋三人于明日下午四时,向宋子文部长先行接洽。⑦本会常会日期案。议决五月十四日星期六下午四时在上海地方维持会举行。⑧请杨卫玉拟具视察战区计划案。议决通过,交下次常会讨论。(同上)

同日　吴铁城邀膳,商讨塘工委员会借款事。陈光甫记云:"市区塘工,去秋已被水冲,今春又遭炮击,若不亟行修理,秋汛一届,为患不堪设想。经省市两府组织塘工委员会,于第二次常会中推定杜月笙、赵晋卿、林康侯三君筹拟市区塘工借款办法,亦于本月六日由市长吴铁城君等具柬邀膳,先为市方向银行界筹借二十五万元,为市府区域之浦东高桥等处塘工经费。余等入席后,先由陈委员长演说,继由董修甲君、舒石父君、穆藕初君等演说,大略谓省市塘工筹款,共分三部分:一部分为市区塘工,借款二十五万元,请银行界承借,期限三十六个月,以市府收入之码头捐为担保,由市府函知税务司,每三个月拨交银团指定之银行核收,摊还本息一次。一部分为省区塘工经费,计须银四十五万元,为太仓一带至常熟等处之塘工费。一部分由江苏财政厅筹借,计银二十万元,为太仓、嘉定及各战区难民之救济费,以一种抵纳券为担保品,可以抵交各种税款。以上共计九十万元云云。银行界中人,余与张公权君均未演说,共推林康侯出面致词。盖此项借款,应由各银行全体分摊认借,余与公权皆为个人,例不能代表银行全体,康侯则为银行公会之书记,故推彼演说也。康侯演说后,穆藕初复谓银行界中人,遇事恒推一银行公会之雇用员出面演说,作不负责任之谈,希望迅速推出代表之人,与吾辈为负责之接洽,俾吾辈亦可伺候代表诸公。穆公此语,或为有激之谈,固不能訾其失当,但银行界亦有苦衷,穆君尚未能明了。"(《陈光甫日记》)

5月10日　下午七时,出席地方维持会第六十五次大会,先生报告损失卡车赔偿清理经过。公推先生与陈松源、李祖夔、杨习贤等四人代表本会参加本月二十日十九路军在苏州举行的抗日阵亡将士追悼会。史量才请各组十日内将账目送交总务组,以便交会计、律师审查。先生报告卡车费已结束,尚少七百六十六元九角六分,请会支付。议决:请先垫付,由会归垫。(《上海市民地方维持会报告书》)

5月14日　偕沈立孙赴钱业公会,与秦润卿等谈塘工经费募款事。林康侯等到会表示"银行界竭诚协助"。江南塘工善后委员会工程专门组委员审查会议于5月13日、5月14日连续两天开会,通过"工程办法,审定先行兴工之各段。""(一)三桩三石标准图样及施工细则;(二)二桩二石标准图样及施工细则;(三)钢骨水泥海塘护塘工程做法;(四)大石塘工程做法等。"通过先行兴工各段:"(一)高桥遐迩段工程,九十三丈余,用钢骨水泥加做护塘工程;(二)高桥戎字段一百零六丈余,做法同前;(三)宝山狮子林炮台脚一百卅丈,用二桩二石工程;(四)宝山薛家滩三百三十六丈,做法同前;(五)宝山午头泾八十丈,做法同前;(六)宝山石洞北王庙二百五十丈,洋灰塘外添抛塘石;(七)宝山五岳墩一百零五十丈,用二桩二石;(八)太仓阅兵台南北共一百十三丈,用二桩二石;(九)太仓道堂庙南北段一百三十丈,做法同前;(十)道堂庙中段九十二丈,水泥墙外培土抛石;(十一)方堰家一百零五丈,水泥墙外添抛石块;(十二)杨林口北二十丈,用三桩二石;(十三)杨林口南六十丈,做法同前;(十四)常熟徐六泾口东五十丈,用二桩二石;(十五)松江第二段三十一丈,做法同前;(十六)宝山海塘,军事善后整理工程……(十九)太仓海塘,军事善后整理工程……(二十一)松江海塘,军事善后整理工程。"工程总计二十一段,工料合计至少需九十万元。除已由省市方提出抵押品,向银钱业抵借六十五万元外,尚缺二十五万元,正向各方劝募。不足部分暂时由塘工委员会筹垫。(《申报》1932年5月15日)

同日 下午四时,于地方维持协会出席江苏省战区救济委员会第二次常务委员会会议。到者有史量才、林康侯、朱吟江及各县代表施文冉、潘孟魁、冯福声、洪景平、蒋育仁等。史量才主席,报告与宋子文部长接洽情形。江问渔报告上海办事处工作情形。议案:①省府一百万元抵借券拨到后如何抵押现款案。②向上海市政府接洽救济站区合作办法案。③请太、嘉、宝兵灾救济将已办救济工作及款项支配情形用书面报告本会案。④应否请原推请愿代表,即日赴京接洽筹款案。⑤推定战区各县联络员案。⑥杨卫玉交到视察战区计划请讨论案。⑦办事处提出救济办法实施大纲草案。⑧上海办事处办事细则草案。⑨战区内耕牛缺乏应如何设法收买案。⑩推姚惠泉兼任上海办事处总干事。⑪加推杨习贤为救济组组员。⑫加推朱德轩为总务组组员。⑬加推邹秉文为统计组副主任。(《申报》1932年5月16日)

同日 吴梅为先生代拟十九路军阵亡将士追悼会用挽联:"听鼓鼙思将帅之臣,光我邦族;执干戈为社稷以死,哀此国殇。"(《吴梅全集·日记卷》上册,第150页)

5月15日 与吴梅、王伯元赴谢绳祖家,为其父谢泗亭逝世开吊"点主"。又与吴梅谈为其子介绍工作事。《吴梅日记》记:"藕初为沆儿事,曾与市政局黄伯樵言之,伯樵应诺,因将志愿书付藕初转交,藕即付余。余告沆儿今日返苏,须略迟数日缴去,藕亦允。"(同上,第151页)

5月18日 上海市民地方维持会发表《定期截止收受救国捐通告》。据该会救国捐会计清算,共收入国内外各界踊跃认捐共计九十五万一千五百元,支出九十三万一百万元,存二万一千四百元。"各会员经募救国捐明细账"穆藕初名下为七千六百九十元。(《救国捐报告书》)

5月19日 访吴梅,为其子职业事。《吴梅日记》云:"藕初来,并持黄伯樵函,略谓沆儿事,公务局中复职人员,尚未安置,无从设法。""藕初又允与陇海路上设法,其热忱可佩也。"吴梅又为先生代拟挽方还联云:"哦诗作字,掉臂艺林,谁定敬礼遗文;传之通都,是为不朽,曲突徙薪乡国。"(《吴梅全集·日记卷》上册,第153页)

5月21日 中午,出席地方维持会全体会员叙餐会并摄影。(《上海市民地方

维持会报告书》）

同日　下午五时，出席江苏省战区救济会常务委员会议。到者有史量才、张公权、吴蕴斋、朱吟江及各县代表蒋育仁、洪景平、夏琅云等。决定"将先筹急赈费一百万元，由省市救济会与财务组开联席会议商决之。"并推定穆藕初、邹秉文、杨卫玉、姚惠泉为调查委员。并聘请蔡文之、吴选开等三人会同以上五委于 5 月 23 日上午六时出发，同赴昆山、太仓、嘉定、青浦等地调查。（《申报》1932 年 5 月 22 日）

5 月 22 日　晨，吴梅为汸儿事访先生，"商酌公用局事。"（《吴梅全集·日记卷》上册，第 154 页）

5 月 23 日　与江问渔、姚惠泉、邹秉文赴宝山、太仓、嘉定等战区视察灾情。先生与江问渔、邹秉文、姚惠泉《勘查灾情第一次报告》云："（一）顾家宅。该处房屋被炸十数处，居民炸毙二人；（二）罗店。未入本镇，仅在汽车站略略勾留。见车站办事室空无所有，而该处居民被抢劫者颇多；（以上属宝山县）（三）浏河。该处民房、庙宇、学校炸毁卅三处，死者八人。日军在此占领颇久，人数亦众多。凡经过日兵占住之户，均惨毁不堪；（四）茜泾。烧去房屋二十七处，死者十余人；（五）浮桥。桥南、桥北烧去民房一百余家，居民死者七十余人，耕牛损失三十余头。此处为日军登陆后入浏河孔道，故损失较重；（六）七丫口。因日军有一部分由此登陆，故残破特甚。该处地名第一村，居民一百七十五户，被烧毁者竟达一百六十八户，死者约七十人，耕牛损失三十余头；（以上属太仓县）（七）嘉定。东门外烧毁四十余家，北门外烧毁四十八家，城内十室九空，被炸毁者七八处；（八）娄塘。地在嘉定城北，距城十里、属该县第五区。全区共七千户，被烧毁者二百七十四户，死一百二十五人。娄塘本镇七百户，被炸炸毁者百户。镇东一带，残破最甚；（九）朱家桥。烧毁四十一户，死七人。闻在朱家桥北十里有一村名中宅，十余户竟悉数被烧毁；（十）南翔。市内大桥被炸毁，附近民房因震撼倒破者数处，其他民房被炸毁烧毁者亦有二十余处。（以上属嘉定县）此外应有附带报告者：（一）由中山路经大场，沿途电杆多被日军砍倒，破坏之汽车、卡车弃置道旁者约有二十辆；（二）嘉定城内及浏河，日人贴有标语，大都含有挑拨及鼓吹上海自由市语气；（三）南翔各户门上间有贴'检索济'三字之纸条，此为日人所书。而其傍则写有'临时善后维持会'之小字一行，并盖印章。"（《申报》1932 年 5 月 30 日）

5 月 24 日　与江问渔、姚惠泉、邹秉文乘车抵昆山。下午一时，县政府王科长、第一区晏区长等陪同四委员往被灾最重之青阳港、严村、庙墩、大虞等村察勘。晚，于大东旅社与各机关代表谈话，"询问被灾情形颇详"。（同上）

5 月 25 日　上午，赴常熟视察灾情。第九区长王兆槐陪往常熟塘养、秀泾一带察勘灾情。（《申报》1932 年 5 月 30 日）先生与江问渔、邹秉文、姚惠泉撰《勘查灾情第二次报告》云："(一)昆山。昆山沿青阳港达吴淞江两岸,均为我十九路军重要防地。且因县城距离太仓极近(两县城相去仅二十七里),故城北城东沿河一带布防尤为周密。凡临河防军所及之地,皆一岸深筑战壕,上覆木板。一岸密布铁网,并引水灌入农田,以阻敌兵前进。其在铁网以外,濒河农家房屋,认为足以障碍军事行动者,多被摧毁烧焚。至于因筑壕而取用农家门扉、桌凳,斫伐树木竹竿,因运驶而用农家船只,更属所在皆是。考察时沿途所见,如县城北门外北门街,拆毁七家,县城东北烧毁二家,计屋十四间;青阳港桥北首俞家村烧毁十五家,计屋二十七间;吴包村烧毁十一家,计屋七十余间;大西门外小河村,拆毁民房五间;蒋泾拆毁七家,计屋二十五件。瓦砾成堆,凄惨万状。农民无屋可居,有一家七八口,蜷伏于小牛棚中者,食粮既极感困乏,稻种更无从购买。且因防御工程,未经撤销,取水出水,均无道路,即欲植秧,亦无由着手。据该县调查报告,全县被灾被拆之屋,共计八百余间;被灌水之田,共计十五万六千亩。乡民有麦之田,极居少数,春熟殆已完全绝望。并闻县之北境,田圩破坏,至今未筑。雨水稍大,即有泛滥之忧,其势尤为岌岌;(二)常熟。该县驻军,纵横掘壕,长达八十二里。并因所掘之壕,时常更改,故所损农田范围颇广,约计总数在五万三千亩以上。至于农家船只、门板、器物、粮食,业已取用殆尽。农民目前既无隔宿之粮,更无植秧之稻。虽得重返故乡,大都不能维持生计,竟有取野草合面皮或棉子以充饥者。县政府及地方公团,因供应军需,悉索敝赋,已再无余力以谋救济。日前勉强恳商农民银行借得万六千元,分贷全县十五区,每区所得为数极微,杯水车薪,于事无济。考察时经过各地,如东唐市、城北区、五渠、苏家浍等处情形大致相同。"(同上)

5月26日 下午三时,主持江南善后委员会第五次常务会议,到者有施同人、金候成、朱恺涛、许伯明、许贯三、王一亭等。先生报告该会进行状况。次讨论议案,议决:电促建设厅从速登报招标,及在塘工善后期内请三段处长以全副精神办理,并于9月10日前一律完工。(《申报》1932年5月28日)

同日 吴鼎昌、刘湛恩、张公权、陈光甫等十八人通电包括先生在内全国各界领袖,倡议发起废止内战大同盟会。云:"鉴于内忧外患之严重,特发起废止内战大同盟会,以期安内对外,其章程已另有公电发表,想荷鉴及。除各团体发起外、希望各界名人共同加入、如荷赞同,即希广为接洽,将加信人名,汇集电示,不胜盼祷之至。"(《申报》1932年5月27日)

5月27日 与张嘉璈、吴蕴斋、林康侯、杜月笙、许沅、王一亭等联名致江苏省建设厅厅长董修甲电,催索塘工招标事回复。电云:"省区塘工计划预算招标购料细则等件,经本会于本月十七日大会及审查会分别修正通过,并与贵厅代表徐科长约定,收到本会通知之次日即登报招标。复于本月十八日上午,派本会委员沈立孙备函连同各件正本送交徐科长,迄已逾八日,未见贵厅登报招标,亦未得贵厅复函。惟念时机已迫,若不急于动工,未免延误,究竟贵厅如何主持进行,敬希电复。"(《申报》1932 年 5 月 28 日)

同日 下午七时十分,出席地方维持会第七十次大会,通过上海地方协会草章,决定 6 月 3 日下午举行闭会式。(《上海市民地方维持会报告书》)

5 月 28 日 与李祖夔、陈松源、杨习贤代表上海市民地方维持协会,携带祭文、挽联、花圈等物赴苏州出席淞沪阵亡将士追悼大会。会上代表上海地方维持会提案云:"本会同人念一·二八沪淞之役,我军以少击众,以弱抗强,苦战亘三十四日之久,为人类扶正气,为民族争人格,实占中华民国至光荣历史之一页,凡吾民众不可不为殉国将士立永久纪念。敬以公意提三事如下:(一)在淞沪血战区域内择地建立一·二八抗日阵亡将士公墓;(二)在淞沪区域内择地建立一·二八抗日卫国纪念碑;(三)每年以一·二八为淞沪抗日阵亡将士纪念日,举行公祭。以上三事如获通过,其一、二两事本会愿偕淞沪及各地公团共同筹备。"(《申报》1932 年 5 月27 日)

5 月 30 日 与江问渔、邹秉文、姚惠泉联名发表《勘查灾情报告》及《实施救济办法》。《办法》云:"(一)对于各战区依其性质范围,拟分为次列三种。第一类:太仓、嘉定、宝山。以上三县,大部分曾为敌兵占据,是为直接被灾区域;第二类:青浦。敌兵仅占据一小部分,被灾区域不大;第三类:昆山、常熟。以上两县因我军于此布防,农民大受损失,是为间接受灾区域。(二)前条所列六县,均经先后亲往视察。同时并据各该县人士口头及书面报告,认为被灾状况有次列十一种:(甲)主要人口伤亡;(太仓、嘉定、宝山)(乙)房屋被烧毁或拆毁;(太仓、嘉定、宝山、昆山、青浦)(丙)农家耕牛、船只、器具遭损失;(太仓、嘉定、宝山、昆山、常熟)(丁)农田被水灌入春熟损失;(昆山)(戊)农田因掘壕春熟损失;(太仓、昆山、常熟)(己)农田圩岸损坏;(昆山、常熟)(庚)农村桥梁毁坏;(太仓、嘉定、宝山、昆山、常熟)(辛)农民食粮缺乏;(六县均有)(壬)农民无力购买稻种;(六县均有)(癸)小工小商无力营业;(太仓、嘉定、宝山)(子)小学教员失业穷困;(太仓、嘉定、宝山)(三)对于前条所列灾况,加以救济,拟分为第一、第二两步。第一步救急,第二步复兴。除太、嘉、宝三县为直接受灾区域已由省政府拨款十万元救济外,兹拟统合六县,再行拨款三十万元作为第一步救济。其第二步复兴救济,则俟政府拨到大宗款项,再行办理,并应预定第二步复兴款项,太、嘉、宝三县所得成分,应比他县特多;(四)第一步救济款项应以借贷为原则,以施放为例外;(五)依据前列各条加以酌察,认定目前应急切加以救济者,有次列数种:(甲)借款建临时茅屋以期安身;(乙)接济粮食以免困饥,或用平粜或施放,依实际情形定之;(丙)借款购置稻种,可组织互助社行之;(丁)借款补筑圩岸,由县政府或地方团体承借;(六)依据前条所列,约略拟定各县第一步救济款项数目及用途如次:(甲)太仓建筑临时房屋三万五千元,购稻种一万元,借小工、小商业一万五千元,共六万元;(乙)嘉定建筑临时房屋三万元,购稻种一万元,接济小工小商一万元,接济小学教员教费一万元,共六万元;(丙)宝山建筑临时房屋四万元;(丁)昆山购稻种四万元,筑圩一万元,建筑临时房屋及接济食粮一万元,共六万元;(戊)常熟购稻种二万元,筑圩二万元,接济粮食一万四千元,共五万四千元;(已)青浦被灾区域较小,拟拨六千元。(七)前条所列各款除极小部分施放外,凡借给农民及小工小商小学教员者,应参照华洋义赈会在皖、赣两省所办互助社方法行之,分五年摊还。筑圩之款则由各县公家承借,可取偿于地方田税附加,应分三年摊还,将来偿还之款,永作各县地方农村合作事业基金;(八)战区各县应趁此时迅速组成农村救济会,专司筹办互助社,贷款于农民等一切事宜。关于此项详细办法,应另由本会推定专家切实研究,拟具切实易行之方案,以便各县采用;(九)此项救急款项三十万元刻不容缓,如政府能在五日内拨到最好。否则应由本会设法筹借,俟政府赈款到时再行拨还;(十)此项赈款三十万,应规定百分之八十五以上用于借贷,应由本会通知六县分会各推代表一人到会,公共议定联络互助及统一办法。并希望各县即日就各分会内,推员组成农村救济会,以便筹办借款事宜。"(同日《申报》)

5 月 与黄炎培、江问渔等筹创位育小学。李楚材《创造和生长》一文云:"位育小学产生在国难时期,正因为国家有难,几位忧心国事的先生就有了创办一所理想的小学的念头。民国二十一年一月二十八日中日战事在沪爆发,三月战事结束,穆藕初、黄任之、江问渔、杨卫玉、姚惠泉诸先生考察上海邻近受灾各县,目击心伤,觉得消极的救国和积极的复兴应该立刻做起。几位先生挤在车里和船里就谈到从教育入手的良法。回到上海,分头向各方面接洽,决定创办位育小学,推请杨卫玉、姚惠泉两先生为筹备主任。"(《十五年之位育小学》,1947 年)李楚材《位育中小学的创建和发展》一文云:"当时因沪杭、京汉铁路及长途汽车路均未修复,只得雇小轮经内河出发。"先生与黄炎培、杨卫玉、江问渔、姚惠泉等在"旅途中,目击日军残暴侵略的罪行,痛感国家积弱,必须根本改图,巩固国本,谈到了经济建设,更谈到了教育事业",共同的结论是"消极的救济和积极的复兴,应同时并重"。"有鉴于当时'党化教育'的落后、凝固、腐败的情况,培养不出多少优秀人才,而我国从废科举兴学校以来,教育要求和学校设施,可以说是传统教育和洋化教育的混合,与国情不合,与时代距离甚远,因此教育质量低下,教育效果不显著"。于是决定创办一所试验性小学校,校名取自《中庸》的"天地位焉,万物育焉"两句话里"位育"两字。返沪后,位育小学组成董事会,公推穆藕初为董事长。董事由黄延芳、黄炎培、江问渔、杨卫玉、刘鸿生、王志莘、潘序伦、杨志雄、潘仰尧、姚惠泉、项绳武、徐济华、刘星耀等。杨卫玉、姚惠泉为筹备主任。董事会中"实业界人士各出百元至五百元为开办费,教育界人士负责聘请教师,厘订学校规划"。据《位育校刊》第四期大事记云:1932 年 7 月,位育小学发布《创办缘起》。8 月,租旧法租界吕班路一七一号洋房三幢为校舍,开始筹备。(《位育校刊》第一期,1948年 3 月;李楚材《位育中小学的创建和发展》)

5 月 吴湖帆为先生作仿古山水四屏。其第四幅题款云:"曹云西寒溪竹树。麓台司农,师法子久、云林,此仿云西笔,盖偶然仅有作也。吴湖帆临麓台,小册之一。"又题云:"壬申四月,仿古四帧奉藕初道长兄先生,吴湖帆"。①(原件)

6 月 1 日 中国红十字会分别于闸北新民路、梅克格路设立第一、第二时疫医院,定 6 月 20 日同时开幕。该二院院长王一亭、王晓籁、闻兰亭、虞洽卿、王培元联名发布通告,公推颜惠庆、王正廷、钱新之与先生等四十七人为院董,"监督协助,以期日臻完善"。(《申报》1932 年 6 月 16 日至 20 日)

吴湖帆画赠穆藕初山水四屏之《曹云西寒溪竹树》图

6 月 3 日 下午六时,于巨籁达路出席上海市地方维持会闭会式。到者有史量才、王晓籁、杜月笙、虞洽卿、张啸林、郭顺等六十余人。史量才主席,吴铁城市长致训词云:"在危难之中,贵会集合以应付一切地方事件,关于治安之维持及军事之供应,均能措置裕如,实以贵会分子都属社会中坚之故。当时政府毫无准备,贵会出而辅助,俾军事得有月余之持久。而难民之救济,将士之慰劳,更见条理井然,成效卓著,使社会之活动力各得充分发挥。其收效之宏速,比政府所作为者尤大。现代表政府,敬谢贵会诸公之努力于社会国家,且尤希望贵会在形式上虽已结束,而此后努力须比以前尤为光大。盖以社会国家之需要贵会诸公正切,未可从此息肩,不独政府之仰赖已也。"先生代表会员致答辞云:"本会于炮火之下,避难之中,仓卒

---

① 吴湖帆曾赠先生书画多种,现存篆书对联:"宝枕垂云选春梦,玉笙吹月和松声。藕初道长先生正,吴湖帆。"(原件)

成立,辛苦艰难,可谓备尝。幸经吴市长之协助与指导,以致无甚损越。同人初时希望甚巨,卒以力薄能鲜,为环境所不许,未能彻底进行,此足为痛心者也。惟是同人作事,为功为罪,听之社会公评。而所足为安慰者,精神之充足,实为历来会议所少见。本来此次非常祸变,所有办理之事大都应由政府所当办理者,本会勉为应付,亦以吴市长主张官民合作,有以促成之。至于此次协助军人,实体全国人民公意,我人不过追随其后,于官民合作之外勉求军民合作耳。本会已结束矣,同人救国工程不过为初步,国难到此地步,同人自当当仁不让,任何牺牲在所不惜。盖救国工作,实非异人任也。"末黄炎培宣读闭会宣言。(《申报》1932 年 6 月 4 日)

同日 吴梅接先生来函云:"已将汸儿介绍塘工委员会,兼帮办秘书事,月薪百元,嘱其即日赴申到差,并托舜石指点一切也。"(《吴梅全集·日记卷》上册,第 158 页)

6 月 4 日 下午,赴中华职业教育社出席江苏省战区救济委员会常务会议。到者有顾祝同、舒石父、陈光甫、史量才、杜月笙、朱吟江等。顾祝同主席,报告办事处本周工作情形。(《申报》1932 年 6 月 6 日)

6 月 6 日 上午,赴圆明园路出席上海各银行所设立之中国征信所开幕典礼。金融、实业两界来宾到者二百余人,"济济一堂,颇极一时之盛"。征信社代表章乃器等及经理潘仰尧、秘书金慕尧、调查任天树等殷勤招待,导往各部参观。"该所办理调查工商信用,传布市场消息等业务,负沟通金融、工商二界之使命,在经济界地位颇关重要。现除发起参加之各银行外,其他银行工厂商号或个人志愿加入为会员者已属不少。"(《申报》1932 年 6 月 7 日)

6 月 7 日 下午六时,出席上海市地方维持协会成立会。到者有史量才、王晓籁、虞洽聊、王彬彦、杨习贤、徐静仁、陆伯鸿、叶扶霄、刘伟军、颜福庆等六十余人。史量才主席,报告云:"同人当念本会前途责任重大,应本过去地方维持会之奋斗精神,继续努力"。次先生、王晓籁先后发言。通过章程,"本会由上海市民地方维持会发起,以协力图谋,本市市民之福利与各项地方事业之改进为宗旨,定名上海市地方协会",设总务、会计、交际、统计四组,会员会费每人每年八百元,即日办公。选史量才为会长,杜月笙、王晓籁为副会长,先生与陈光甫、虞洽卿、刘鸿生等十五人为理事。(《申报》1932 年 6 月 9 日)

6 月 10 日 上午九时,在南京于教部会议室出席教育部职业教育设计委员会第二次会议。到者有中华职业教育社代表江问渔、实业部代表刘海萍、交通部代表谢劲键、大夏大学代表陈选善、教育部代表顾树森等十余人。顾树森主席,议案:①报告职业学校组织法草案并讨论。②通过职业教育设施原则二十案。③通过职业学校学生实习标准。④职业学校学生训练标准,通过三分之一(通过品格上之训练、体力上及职业上之训练尚待研究)。⑤职业学校设施标准通过三分之二(如职

业学校设置步骤及师资训练等通过)。(《申报》1932 年 6 月 12 日)

6 月 13 日　晚,赴王伯元宅祝寿。(《吴梅全集·日记卷》上册,第 163 页)

6 月 15 日　下午二时,赴香港路银行公会出席参加芝加哥博览会第一次筹备会会议。到者有实业部长陈公博、国际贸易局长何炳贤、商业司司长张秩欧、交通部许锡清、许龄筠及郭秉文、邹秉文、刘鸿生、赵晋卿等七十余人。陈公博主席,并致词。该博览会定明年 6 月 1 日开幕,11 月 1 日闭幕。(《申报》1932 年 6 月 16 日)

同日　于《申报》发表《中国经济上的危机》一文,指出中国经济危机的最大原因"在于帝国主义列强之侵略",呼吁国人铲除生产障碍,努力增加生产;管理对外贸易,节制洋货进口;唤起国家思想,努力推广国货。摘录如下:

> 中国经济上的危机不自今日始,而以今日为最甚。其原因甚复杂,而其最大原因,则在于帝国主义列强之侵略。经济侵略与政治侵略不同。政治侵略以武力,如暴日之侵略我东北,攻击我淞沪,其危害虽巨,然显而易见,足以使我全国人民痛心疾首,永矢不忘。经济侵略则不然,以商战代兵战。帝国主义列强挟工业先进国之利器,以机器生产压迫我手工生产,其势力深深侵入我内地,虽穷乡僻壤,无不有洋货。即无帝国主义列强之势力,在无形中吸收我金钱,以制我死命。年深日久,使我国经济日趋于破产,而我国人虽深受其痛苦,尚有不知其原因之何在者。政治侵略,如急性传染病,尚可以用防疫方法,为显著之抵抗。经济侵略如慢性肺痨,使人在不知不觉中渐渐瘦损,以致于死命。故我国今日经济上的危机,其来也非一朝一夕,利权外溢,已数十年。唯至今日而病状渐显,经济痛苦日深一日,展望前途,诚有令人不寒而栗者。……不但金钱外溢为可惧,万一世界发生战争,交通阻滞,洋货不能进口或减少进口,则我国人之衣食,岂不发生缺少供给或断绝供给之危险?至于生产工具之机器,同年进口数量,仅值四千四百余万两,在十三万零九百余万两进口总额之中仅占百分之三点三八。可知进口洋货百分之九十以上为消耗品,一年复一年,消耗复消耗,势必穷困日甚。此我国人所不能不觉悟者也。

> 中国经济上之病象,最近已渐渐显露。内地金融,日益枯竭,出口货日少,进口货日多,使内地现金集中于上海。因现金集中上海之故,使上海现金过剩,洋厘缩小,银拆低廉,用途毫无。而内地各省,因金融枯竭,缺少现金购买上海汇票,以致上海汇票价格飞涨。最近江西方面,因洋货进口均由上海而来,不能不购上海汇票以资应付。同时因为出口土货太少,无可取之款以相抵,以致汇水飞涨,在江西购买上海汇票一千两需用国币一千四百三十八元,比较平时高出五十元之多。结果不但洋货在内地售价增高百分之五以上,即他省土货,经由上海而运至江西者,亦大受汇水高涨之累。此不过举以为例,

其实经济恐慌遍地皆是,不仅江西一省为然。其总因在于内地各省,兵匪交哄,捐税繁苛,交通不便,运费高昂,以致土货不能出口或不易出口,农工无利可获,生计日窘,以致生活必需,仰赖洋货。而内地金融,遂致陷入穷途,几至无可挽救。夫中国素称以农立国,今年麦、棉花、木材、烟叶均为农产品之进口大宗,其中尤以棉布进口数量为最巨。此皆衣食住所必需,万不能仰赖洋货。故在今日,我全国人士,必须集中力量厉行三点:第一,铲除生产障碍,努力增加生产;第二,管理对外贸易,节制洋货进口;第三,唤起国家思想,努力推广国货。凡此三事,均有联带关系,果能共同努力,着著实行,则中国经济上之危机,庶不致日陷日深,而有出危险登康庄之一日。此余所馨香祷祝者也。

(同日《申报》;《文集》第 252 页)

6 月 16 日　出席浦东同乡会第五次理监事联合会议。杜月笙主席,先生报告江南塘工情形云:"本会在筹备期内,对于塘工抢险等事,已极注意,曾推代表三人从事实地视察,以谋补救。兹据工程专家详细勘察之结果,若以治本办法,需款要二千万左右,若就治标而论,估计需款三百万,极力撙节,至少八十万元。现拟发行一种塘工借券,可得六十五万元,尚缺二十万元未有着落。工程方面计分四段,全塘长三千数百丈,月九月初十日前完工。"又报告为东北义勇军募款事云:"东北义勇军苦战抗敌,争中国之生存,其牺牲之重大,处境之困难,与十九路军在沪抵死抗拒同一伟大。全国同胞自应一致赞助,极力救济。闻国难救济会捐洋二千元,本会应否响应此举,酌量捐助现款,以坚义军抗敌之心。"次议决救济沿浦失业工人、呈请免征冬漕等提案。(《浦东同乡会理监事会会议记录》,上海市档案馆藏)

同日　晚,于台拉斯脱路新居宴请,同座王同愈,并饬车接吴梅来寓。(《吴梅全集·日记卷》上册,第 165 页)

6 月 18 日　出席江苏省战区救济委员会驻沪常务委员会第八次会议。到者有史量才、舒石父、何玉书等。史量才主席,报告上届会议记录及执行情形,以及宝山分会、青浦县兵灾救济会、淞沪战区善后委员会、江苏省实业厅、江苏省政府、常熟分会等来往函电。议决本处及各分会办公经费概算案、常熟分会函请暂移账款为贫农种本借款案。(《申报》1932 年 6 月 20 日)

6 月 19 日　出席新中国建设学会成立大会。(会议签到簿原件,上海市档案馆藏)该会由黄郛、张公权、张耀曾等发起,以研究"广义的国防中心建设计划"。会址设于福履理路五百七十号,会员分成八组:政制、财制、经济、外交、交通、教育、社会、技术。黄郛任理事长。

6 月 23 日　为东北义勇军募捐启事致函瞿绍伊,云:"承示本会为东北义勇军募捐启稿壹件阅过,甚佩,弟已在稿尾签字,请即从速进行,弟愿负完全责任。稿中战'陈'之'陈'字是否与战'阵'之'阵'字相通,乞查核。本会对于此事有捐款以为提倡,弟意如果本会自捐若干,应否在捐启中述及,一切均请酌夺办理,因弟即日有莫干山送内人去养病之行也。"（浦东同乡会档案）

同日 与黄炎培、贾延芳、胡筠秋、朱吟江等于银行公会聚餐,"商协会事。"（《黄炎培日记》手稿）

6月24日 为东北义勇军募捐事再致函瞿绍伊,云:"昨日尊拟为东北义勇军募捐启,弟已表示赞成。惟今日又想到两点,(一)收款最好委托浦东银行代收,以免本会经手种种困难,倘蒙赞成,则来条所云'如有人舞弊,依法办理一节可以取消。'(二)指名经各理事通过后,除登报外可另印数千份分送比较有能力之会员,请其量力捐助。以上两点是否可行,至希酌夺办理。弟因家人有病,日内赴杭,一切偏劳无任感荷。"（浦东同乡会档案）

6月25日 联名签署刊印《发起筹建上海图书馆公启》。签署者有蔡元培、史量才、沈钧儒、唐文治、马相伯、马寅初、黄炎培、舒新城、何炳松、杨杏佛、王云五、王晓籁、徐新六、叶景葵、何德奎、孙科、黄郛等一百二十三人。《公启》云:"上海为东方一大市场,物质之奢靡,建筑之巍峨,交通之便利,学校之林立,商旅之辐辏,市场之繁荣,以观世界各大都市,其相去盖亦极仅,独于文化则瞠乎人后,文盲载道,而关于文化之建设尤不为人所注意。举例而言,以如此繁盛,市民多至三百余万之通商大埠,竟无一大规模之图书馆。以供市民之阅览,而歌台舞榭,栉比林立,唯此深关民智之文化设备,则付阙如,此诚为上海市民之大耻,亦即我国家之大耻也。曩者商务印书馆于清末建立涵芬楼于闸北,蜕化而成东方图书馆。二十年来苦心经营,藏书逾五十万册,其在上海,尤为硕果晨星,弥足珍贵。惜自一·二八祸变突起,此一大文化机关及江湾吴淞一带公私立大学及私家所藏图籍,竟全部牺牲,其可悲可痛,诚无可以言宣。同人等认恢复上海文化机关,实为目前急务,而创设一规模较大之图书馆,尤为首要。顾以力量绵薄,莫克促其实现,抑且兹事体大,非群策群力,决难望其成功。爰敢征求发起,尚恳社会各方共促其成。涓滴之水,可成江河,尘埃之粒,可成泰岳。果能共起进行,则他日黄浦江头,崇楼高耸,琅玕罗列,汗牛充栋,要自可期,是则不仅为上海市民之福利,实即我国家之荣光也。素仰台端热心文化事业,务恳加入发起,鼎力提倡,不胜盼祷之至。"（原件）

6月 杨树浦兰路七百二十四号住宅出售,全家迁入法租界台拉斯脱路（今太原路）一百十号新宅。[①] 穆恂如《回忆录》云:"到了1932年,我们移家至台拉斯脱

_____

① 该住宅于1946年出售。今为永嘉路地段医院。

女怡如、恂如，子家麟、家修等于寓所花园合影

路，而出售杨树浦旧居时，房价已经高涨。父亲把旧居卖给一经纪人，售价五万两银子。（手稿）"穆伯华《先德追怀录》云："后来筑新宅于台拉斯托路西爱咸斯路转角（即今之太原路永嘉路），占地一亩五分，由南洋建筑公司督造。木料选上品洋松，地层填满细沙，以免日久地板动摇。正房是三层楼，下房为二层楼。男仆住底层，女仆住二层楼，此女佣二层楼之进出，必须经过正房之扶梯，转入天桥，跨过后天井，如此凡进出之人们，皆一目了然于旁人眼底。此乃我告我父建议造此特别结构。其时我家弟妹人数已多，年龄渐大，每日日用品所需繁多，因之家中各房男女仆人常去对门或旁边店铺买点心，零星小食品，量米，进燃料，理发，修理水电，铅皮用具等，所以我家各主人之品性、言语、行为、个性外传最多之时也。邻居称吾家是西爱咸斯路上的三大亨。因为孔宅在东，宋宅在西，相距皆极近。再者有一次邻居预闻将有海上闻人到我家赴进宅宴会，环伺于大门外，一睹黄金荣、杜月笙为快。"（同上）

7月5日 浙江兴业银行赴豫代表陈聘丞致总经理徐新六函，附呈《豫丰纱厂视察报告》，详述豫丰厂址、管理层、生产、慎昌洋行经管以及中国银行、上海银行与浙江兴业银行借款抵押等情形。认为"此项投资所感不便者，就近无机关可资监视，若为此而设分支，则揆诸目下形势亦不相宜。窃以为此类放款，如欲做，则须放开手面应付；如不做，则完全收束为佳。不大不小、不上不下之地位，较难应付也。"（原件，浙江兴业银行档案）

7月6日 上午九时，于汉口路六十四号上海绸业银行新屋出席开幕典礼。来宾到者有吴铁城、宋汉章、胡孟嘉及各业同业公会代表、全市绸缎局经副理等人四千五百有余。该行董事长兼总经理为王延松，常务董事鲁正炳、姜麟书，董事潘公展、张澹如、胡熙生等。（《申报》1932年7月7日）

同日 晚，邀张耀曾聚餐，谈民宪筹款。《求不得斋日记》云："晚，穆藕初约在其家便饭，有熊秉三等，皆民宪协进会人也。藕初家中西书籍尚不少，可见其尚知好学也。饭后，穆报告民宪筹款，已约杜月笙、张啸林商量，允为设法云云。余心中叫苦，而又不便反对。此系出于意料事。穆既出口，若余反对，则事必大僵，只好忍

耐,徐图转圈[圜]。"(《宪政救国之梦——张耀曾先生文存》第 335 页)

7月7日 《申报》刊登第一特区地方法院判决:"章九达诉穆藕初妨害自由案本件不受理。"①(同日《申报》)

7月8日 下午四时,赴北京路三号联华总会俱乐部出席中国工商管理协会会员大会。曹云祥主席,报告会务及经济状况。"(一)本会因经济支绌,以致会务未能进展,应如何改善案。议决本会现以经济关系,范围暂时紧缩,待国府之补助费能如数拨发再徐图进展。(二)本会理事照章应一年一改选,现各理事已届期满,是否须改选案。议决仍由孔祥熙为理事长,刘鸿生、徐寄庼、李权时、陆费伯鸿、潘序伦、赵晋卿、荣宗敬、郭秉文、胡庶华、王云五、钱承绪、杨杏佛、潘公展、穆藕初等十四人继任为理事。"(《申报》1932 年 7 月 9 日)

7月13日 为塘工筹款困难事致顾祝同电,云:"塘工会成立以来,瞬将三月。所幸我公督率有方,诸同人勤勉从事,工程进行,尚称迅速。如无特别变故,大汛之前已开工各项工程,当可完成。惟是沪地经战争之后,民穷财尽。前承拨忙漕抵借券票面七十万元,经向银行业再三接洽,仅押洋三十一万元。近日幸得邮政储金汇业局,及钱业公会担任七万元,去预定四十万元之数,尚缺二万元,当可勉力筹足,以报台命。然已开工各段工程工料各款,连同各项必要事务费预备费,实非五十五万元不办。除去押借之款四十万元,尚缺十五万元,市方所缺数亦相垺。虽经迭向中央呼吁,迄今未需分文实惠。至于社会方面押借四十万元,业已劝说再四,尚未足额,凭空捐募,委实无从着手。玥念政府责望之殷,桑梓关系之切,中夜彷徨,不知所可。乃迭据各段工务处长报告,尚未开工而急应续修之工程,约有一千五百丈。(清单另附)估计工料各价实需六十万元。经玥会同张委员效良、沈委员立孙等亲往勘查,所报均属实在。若置之不顾,此修彼坍,国家之巨款虚掷,地方之隐忧仍在。若继续兴修,则经费无着。玥迫不得已,遂于青日会同本会各委员,联名电呈汪院长,叙述实情,请拨巨款。但中央近来财政情形,久在洞鉴之中,万一空言无补,何以善后。玥办事向主实事求是,既已目击危状,并深悉地方经济困迫,无从劝募。各实在情形,不敢不缕陈左右,伫候明教。再本年工程,虽已修筑一部分,未修之处尚多。现在江水已涨,秋汛必然吃紧,抢险设备,必需先事筹措。本会职在善后,于此项岁修抢险工程无权顾问。玥与诸同人经营商业,亦未能专心会事,并恳令饬主管所处,妥为筹备,以免届时匆迫,坐致两误,临函不胜主臣。"(《申报》1932 年 7 月 14 日)

---

① 此事具体不详。

7月15日 于中社屋顶花园参加《申报》"东北问题与世界大战"讲谈会,演讲《Evolution—Revolution(改良——革命)》一文,痛斥政府对外不抵抗,对内发动内战,呼吁国人督促政府援助东北义勇军。全文如下:

在这样局势之下,实在没有话好说。东北是拱手让给诸人,既让给了人,而又舍不得,捞又捞不回,于是不长进的中国人,不作积极的行动而只作消极的期望。期望什么?期望日本人的不景气加甚,而自动地趋于崩溃,让中国人不费丝毫气力而就夺回东省。天下事哪有这么容易。到了今日如何?不错,日本不景气加甚;不错,日本经济上没有办法。但总不至于崩溃,而让中国人来不费气力收回东三省。中国人这种希望,真是痴人说梦。

最初日本侵入东省,中国政府以为有太上政府的国联,可有恃而无恐。今天也希望国联来干涉日本的军事行动,明天也希望国联出来干涉日本军事行动。政府自己呢?一天到晚只在那儿作梦,做了几个月的梦,日本人还是那般横蛮,并且横蛮的程度反天天加甚。国联还是国联,中国政府没有办法还是没有办法。这可以看出中国政府除开呼吁国联外,简直毫无能力。近来政府的设施有没有进步呢?政府的态度有没有变更呢?恐怕还是依然故态呢!我们对于政府已根本绝望。

东省之不能收回,政府之没有决心,已昭然若揭。我们于"一·二八"事件发生以后,政府之不积极援助十九路军,根本可以看出,在沪战中,抵御日军的只有十九路军和八十八师,孤军奋斗将近三月。今天也听到政府派军队援助十九路军的消息,明天也听见政府援助十九路军的消息,结果不见政府一兵一卒!沪战十九路军之失败,谁之过?言之痛心!

在这样内乱外患交迫之下,毫无心肝的军人,既不奋起抵御外侮,反而大家内讧,以争夺地盘,而我们这一批不识时务的老百姓怵于战祸之烈,起来发起废止内乱运动。内战是不是我们这一批人大声疾呼所能废止呢?我想政府的一切设施没有根本的改变,内战是废除不了的。也许有人要替政府辩护说中国地方太大,根本的改革不是短时期所能办到,也不是一蹴可几及的事。其实政府如果有决心逐渐改革,由小而至大,先从一省一省的着手,好好的设计起来,整顿起来,推而广之,有一省而及于一国,未始不可有为。国人不务此,而专事内讧,奈何!奈何!

政府既如此,我们再看看我们民众视为唯一武器的排货运动又如何。民众在抵制,而听说某某机关已下令各级机关取消抵制日货运动。并且近来抵货的呼声也消沉下去。以前抵制的成绩已如彼,而现在的抵货的命运又如此,我们还有什么话好说呢?

总之,没有好政府,什么都没有办法。有人对我说:"穆先生现在在这抵货期间,你的事业可以扩张一些了。"我对他说:"扩张什么,在这样状况之下,我们的事业没有希望,我们自身也不保,我们儿孙的幸福根本也不保,恐怕即连我们祖宗的坟墓也不能保,还有什么事业好扩张!"没有好政府,我们做不了好人。所以我认为政府是好的,Evolution;政府是不好的,Revolution。

现在中国已到了危急存亡之秋。东三省沦入日人之手,华北必危险。好在东省还有义勇军树反抗的旗帜,抵御强邻的侵入,但也在日军压迫之下危险万分了。我们要救东北,要救平津,只有督促政府帮助义勇军。日本的破产不破产,是系于中国人民扶助义勇军到如何的程度。我们能维持现在的局势,日本将来在东省必定是失败的。如果我们不去援助义勇军,让日人们扑灭,就能一劳永逸,而我们中国的外患就不堪设想了。

当然中日问题,总有一个解决,但必须靠自己的力量。世界大战牵动也好,没有大战牵动也好,中国人只要能够励精图治,一二年虽不能收回,将来一定能收回!

最后一句话,中国人归根结底还得要政府上轨道!

(《申报月刊》第一卷第二号;《文集》第 254 页)

7 月 18 日　与杜月笙、张嘉璈、陈光甫、林康侯等联名发表致行政院院长汪精卫电,再次呼吁尽快下拨塘工经费。电云:"本会因江南塘工待款完成,于青日电请令饬铁道部在客票赈灾附加项下,指拨三十万元协助,并请饬知该部先在积存项下提拨十五万元,以免工程停顿。肃电至今,已及旬日,未蒙赐复。近闻此款有移作别用之说,如果属实,政府信用何存?伏念自国府建都南京,上海各界应募国债,数及亿万。即各省赈灾捐输,数亦綦巨。今以关系上海全埠安全之海塘,请求中央协助之款不过三十万元。且又出自赈灾专款,无损国库,亦不妨碍其他事业。而迭电请求,未荷明示,万一出险,全埠泛滥,使吾国最重要之工商区荡然无遗。在政府责任攸归,而工商农业均万劫不复矣。专电奉询,敬候电示。"(同日《申报》)

7 月 21 日　《申报》刊登先生等创办位育小学消息,云:"本埠教育、实业两界名流穆藕初、潘序伦、黄任之、邹秉文、杨习贤诸君,暨黄膺白夫人沈亦云女士等,以上海号称文化发达之之,学校林立,而欲求一完善之优良小学,实不多得,尤以租界为甚。因集资创办一试验小学,关于学科之设备力求完全,教授之方法必期圆满。而于儿童生活、训练、管理方面更有最合理之方法,力矫时下小学之通病。其地点在法租界公园附近,并办寄宿。特委托中华职业教育社副主任杨卫玉君及姚惠泉君筹备。杨君二十年前手创苏州女子师范学校附属小学,美国杜威、孟禄两博士考察中国教育,许为全国之冠。姚君创办市立飞虹小学,亦卓著声誉。现正在积极准

备,不久当正式公告招生。"(同日《申报》)

7月23日 出席江南塘工善后委员会常会。先生说明"除现已兴修塘工之外,尚有必须续修之工程一千五百余丈,约需七十余万元。迭向中央呼吁,迄未得复"。"金主择其急中尤急者一百七十余丈,约需八万余元,先行垫款兴修。计属于宝山陈华浜者一百二十余丈,属于太仓阅兵台者五十余丈",决定明晨分别动工。"高桥一带,旧日港务局所筑水泥工程,设计舛误,脚底走动。塘工会亦议定于明日请张效良、金丹仪二君前往详细勘估后再定办法。"(《申报》1932年7月24日)

7月26日 于寓所招黄炎培聚餐,"同席子桥、勉仲、郝君等。"(《黄炎培日记》)

7月30日 晚,出席职教社于功德林宴请,同席有黄炎培、任鸿隽(叔永)、邹秉文、谢无量、梁漱溟、张耀曾等。(同上)

7月 为设立位育小学事致上海市教育局徐局长函,云:"湘玥以上海号称文化发达之区,学校林立,弦歌比户。但除钧局直属之小学外,欲求一适中绳墨切合原理,而又不背时代潮流者,实不多得。湘玥窃不自量,爰集教育实业两界同志若干人,集资创一小学,定名'位育'。规模不求其大而设备不能不全,课程不务其多而教学必求切实。兹拟订校董会章程连同表式一份,遵章呈请钧局鉴核,准予设立。一面自当遵照规程依序呈请立案。"8月3日,教育局指令"准予设立校董会"。(位育小学档案,上海市档案馆藏)

8月4日 下午五时,主持浦东同乡会第六次理监事联合会。到会理监事共二十七人。会务主任瞿绍伊报告本会代募捐助上海律师公会抗日英文宣传品印刷费、本会捐助南汇海塘区域等处灾民赈款、本会聘请会计师、推派本会参加旅沪各同乡会代表等事。先生临时报告修理江南海塘情形云:"江南塘工年久失修,经去年淫雨狂风,坍塘成灾。是塘工之重要,凡我浦东人士咸能谙悉利害。不过塘工治本之计需款约三千万元,此次修理,考量政府及地方财力之拮据,治标之中又复抢险修葺,然需款且在八十万元以上。除该行债券等筹有的款外,尚少二十五万元,本拟向财政部请求指拨,已经宋部长允为划拨,目前尚未领到。但工程方面不因款绌稍现[显]停滞。各段修理工程极快,拟于日内约地方重要人物实地察看,请求指导。本席并以塘工办理善良与否为浦东凡百事业之基础,深知本会同人素所关心,故略述其工程之概况。"①次讨论本会代募东北义勇军捐款应如何努力劝募请讨论问题,先生云:"东北义勇军苦战抗日,其救国之精神坚贞伟大,表演[现]我民族争

---

① 《浦东同乡会第二次会员大会特刊》记:江南海塘抢险工程于1932年6月15日开始至同年9月15日竣工。修筑海塘堤九千九百二十四公尺,耗资七十六万六千六百五十元。黄炎培《追忆穆藕初先生》一文云:"先生一度督修吴淞口抵松江间海塘工程,恃其致力之勤,工坚而费转省。"

存价值,但历时愈久,困苦亦愈深。凡我同胞于万分钦佩之余,亟宜予以物质上之援助,使义军长期抵抗,得到最后胜利。况暴日近复进犯热河为进一步之侵略。义军处此强敌压迫之下,凡我同胞捐款接济尤为刻不容缓。故前经本会印发捐启,唤起同情。目前尚未得到多量之捐款,应否组织募捐队从事劝募。"理监事决8月11日下午六时在威海卫路中社邀请各业领袖及各界要人,着手劝募。[①]（《浦东同乡会理监事会会议记录》)

8月8日　《申报》刊登《穆家骥研究高深学问》一文,介绍先生次子家骥,并配近影一幅。云:"穆君家骥,江苏上海人,年二十六岁,为著名实业家穆藕初先生之第二公子,家学渊源,中英文均极有根底,毕业于上海交通大学附中后即赴美留学。今夏毕业于哈佛大学政治经济科,得政治学士学位,成绩优良,为师长所器重。穆君并不以此为已足,今秋升学哥伦比亚大学研究院,以研究高深学问,预计明年夏可得博士学位。届时当赴欧考察后返国,出其所学,以为祖国服务。我国政治经济学界又多一人才矣。"(同日《申报》)

8月11日　杜月笙致函黄炎培与先生、吕岳泉、沈梦莲,云:"本晚之约极拟趋前,刻日临时另有要事,不克如愿,歉疚无似,一切即请费神代表,不胜拜祷。"(浦东同乡会档案)

8月12日　下午六时,出席浦东同乡会于威海卫路中社邀请各业领袖聚餐会,共商援助东北义勇军及救济东北难民方法。到者有黄炎培、吕岳泉等。一致议决"募捐接济东北义勇军,凡到会者无论自捐或经募,至少限度须纳洋一百元,未到会员则致函随同捐册劝募。对于救济东北难民则暂行助五千元,捐款先由浦东银行垫付,请朱子桥蒋军转交"。(《申报》1932年8月14日)

8月13日　致瞿绍伊函,告杜月笙愿意捐款,但对召集各同乡会会议以为"不便"。函云:"昨晤杜月笙先生,谈及援助东北义勇军,杜先生慨助贰千元,直接送交浦东银行代收。关于召集各同乡会联合会一事,杜先生以为不便,可由本会代表顺便在联合会开会时向会代表接洽较为妥善。"(原件,浦东同乡会档案)

8月15日　下午六时,出席于威海卫路中社召开的申报馆"中国农村衰落的原因和救济方法"讲谈会。到者有叶恭绰、王志莘、俞庆棠、吴觉农、周宪文、祝百英等。该社俞颂华、黄幼雄、吴景崧、胡师柳等殷勤招待。与会者相继发言,"讨论关于农村之行政、经济、教育诸问题,发挥周详,畅论无遗"。先生演讲《谈谈对于改进农业的希望》一文,全文如下:

---

① 《浦东同乡会第二次会员大会特刊》记:浦东同乡会为东北义勇军及被难灾民募捐,自1932年7月16日起至12月28日止,共募集到一万二千七百元,分六次汇缴东北难民救济会。

　　农村问题的范围很广大,它包括着农业、经济、教育、交通、治安、卫生、风俗等许多问题。所以整个的农村问题,断非片时片刻就能讲得详晰的。现在以我之经验和学力所及,只谈谈农村问题中的农业问题。我国数千年以来,是以农立国的;可是到了现在,凡国民衣食住行所需要的农产品,差不多无一外不来自外洋。因此,漏卮日增,元气日损!虽则政府近来已想到此事,知道农业的重要,竭欲设法改良,但结果除了几道纸上命令以外,并无其他成绩。我想我国的农业要达到真正改良的目的,恐怕不知要在何年何月。这是什么缘故?要知研究农业,重在务实,如果光是纸上空谈,那是无补于事的。譬如研究政治、经济、外交、法律、教育等问题,则必须有学识经验者,才能认识清楚。至于农业,则为人生所必需,如农产品质的优劣,量的多寡,即无知识者,也能立辨。所以主持农业者,须求实际;欲求实际,必须专于其事,而持之以恒。有精密的计划,才能有条不紊,有学识经验并富的人才,才能推进有方。我们要达到真正改良的目的,除了合乎上面的几个标准以外,尚需具备下列几个先决条件:一、人民能安居乐业,二、金融能调剂,三、人民负担的赋税能减轻,四、交通便利,运费低廉。这四个先决条件若不能具备,就是叫欧美的农业专家来干,恐怕也未必能够发展他们的伎俩吧!

　　我现在再谈谈我个人对于农业方面的经历。我曾留美五年,所学的什九是农学,什一是纺织。自民国三年回国后,就创办一个植棉试验场。过了四年,我因为办纱厂,事情很忙,不能兼顾植棉试验场的事情;我和华商纱厂联合会,联络同志,筹集巨款,公请东南大学农科主任邹秉文先生主持场务,每年的经常费增加到三万元。邹先生办了五六年,颇著成效,同时各省也纷纷效仿,先后设立的植棉场共有十二处。到民国十三四年间,我国纺纱业突然衰落,从此巨款就不容易筹,植棉场的经费因而发生问题;后来又因东南大学改组,邹先生所主持的植棉试验场就寿终正寝。这是我回国后,经营农业的第一个时期。自革命告成,南京国府成立后,工商部长孔庸之先生,委我做次长,我在任内自愧毫无建树。后来工商、农矿两部合并为实业部,我又任次长。在这个时候,中央更命我筹备中央农业实验所,和各筹备委员从事进行,不到两个月,即将计划拟定,设所办事。不料半年以来,经费没有着落,功亏一篑。后来政潮突起,孔部长辞职,我也隐退。费了许多心血所筹备的农业实验所,我不克见其成,是我所引以为憾的。这是我回国后,经营农业的第二个时期。

　　讲到改良农业的方法,我以为我国最高的农业机关,当然是中央农业实验场,它是隶属于实业部的。假使实业部肯实事求是,遴选专门人才,授以事权,假以时日,从科学与实际两方面同时并进,可以收事半功倍之效。全国除总场

外，以气候、土质的不同，分为若干区，每区设分场，受总场的指导，专事研究各
区的农产物的质和量及改良的方法。把各专家研求所得，尽量推广到各县立
的农林场，并使农民同他们发生直接关系。假使总场、分场、县场，都主持得
人，研究结果一定良好。然后各地农林场及农业专家，都能够为农民所信仰。
信仰既坚，推广就容易，如水之就下，毫不费力了。但苟若主持不得其人，而农
业家又非用其所长，那么，不会有效果的。因为农业范围颇广，专门的门类很
多，故得一未必赅其余。专家各有所长，所以研究的时候，须各秉所长，分配
得当，才可以有条不紊，得到良好效果。假使专家研究的时候，事权不一，互相
牵制，或分立门户，彼此猜忌，也是得不到效果的。总之，农业的重要，在求质
美量多，欲求质美而量多，非实行上面所说的几个条件不可。个人或一团体从
事于农业的改良，固未尝不可得到相当的效果，但范围狭小，不免事倍而功半。
我国政局如此动荡不定，专门的农学家既如凤毛麟角，而失业者又如恒河沙
数。在这种生活不安定的现象之下，欲求各农学家各尽所长，放手做去，真是
很难的一回事啊！"蚩蚩者氓"，衣食住行，不可缺一；金钱外溢，终有尽时。所
谓穷则变，变则通。我敢告我们热心改良农业的同志：既然明知责任艰巨，我
们就不能不继续奋斗，以促我国农业的改进！

（《申报月刊》第一卷第四号；《文集》第 255 页）

8 月 16 日　应先生等邀请，韩国科学家孙昌植抵沪。《申报》刊登《韩工艺界发
明家孙昌植昨到沪》消息。云："工艺界青年发明家孙昌植氏，原籍朝鲜咸平郡人，现
年二十七岁。因富有特殊发明天才，于十三岁时即能以研究所得，制造发动机及手枪
等件，比因私造违禁品被捕。得日本某律师之援助，始释出。声誉大振，旋入大阪飞
行学校、韩京汽车学校、东京商等工艺学校，力图深造。去春毕业，即被聘为东京帝国
发明协会会员，共计发明工艺用品有七十二种之多，日人誉为东方之安迪生。此次经
上海闻人穆藕初、孙洪伊、温宗尧、严直方、李次山、殷芝龄等之招待，特于昨日（十六）乘
轮到沪。并拟将各种艺术界用品在沪试办，于我国艺术界、教育界必有相当裨益。闻上
海各团体联合会并将定期欢迎，请各界予以实力之赞助。"（《申报》1932 年 8 月 17 日）

8 月 17 日　晚，招黄炎培"于其家，同席薛子良、凌勉之等"。（《黄炎培日记》）

8 月 19 日　为位育小学设立董事会事致上海市教育局徐局长函，云："呈为设
立校董会，恳请准予立案事，前因设立位育小学，曾依据贵局颁布私立中小学校呈
请立案手续第二种程序，以设立人名义备具第一呈文附送校董会用表之一，暨校董
会章程陈请核准，嗣奉贵局指令第七九一八号，指令内开：'呈件均悉，准予设立校董
会，件存此令'等因，奉此合再备具第二呈文，附送校董会用表之二，陈请察核，准予立
案，实为公便。"末署位育小学校董穆藕初、潘序伦、邹秉文、杨习贤、黄沈亦云、江问

渔、黄炎培、吴湖帆、王志莘、胡筠庵、黄延芳、杨卫玉、姚惠泉。（原件，位育小学档案）

8月22日 为接济东北义勇军事致瞿绍伊函，云："本会为东北义勇军募捐已有成数若干，请兄向浦东银行查明，除已划付外，尚有多少，最好即行汇出，以应急需。再本会通函各处劝募成绩如何？亦祈查明示复为盼。"（原件）

8月24日 为东北义勇军募捐事再致瞿绍伊函，云："弟经募援助东北义勇军捐款五百元，弟原嘱于廿日以前送去，兹经查明该款于昨日送交浦东银行代收无误。特此函达，至希台洽为荷。"（原件）

8月25日 晚，与黄炎培、黄延芳、杨志雄、李祖夔等聚餐，"商协会前途"。（《黄炎培日记》）

8月26日 黄炎培约先生、黄延芳、胡筠秋、胡筠安、杨志雄、李祖夔、李松源、刘鸿生、杨习贤等"商协会前途"。（同上）

8月27日 上午八时，于玉佛寺出席前司法行政部长、南京市长魏道明博士之太夫人公祭会，到者有上海市市长吴铁城、行政院秘书长褚民谊及孔祥熙、杜月笙、张啸林、王晓籁、虞洽卿、钱新之、赵晋卿等。（《申报》1932年8月28日）

8月 发表为《纺织之友》第二期题词："衣被群生，穆湘玥题。"该书由南通学员纺织科学友会编，题词者还有马相伯、韩国钧、潘公展等。该刊原定上年秋出版，因"九一八"事变，成书、锌版均毁于日军炮火中。学友会同同仁怀着隐痛和对日寇的仇恨，夜以继日地工作，使该刊第二期得以出版问世。（原刊；引自王磊《为〈纺织之友〉题词的民国政要》，《中国商报·收藏拍卖导报》2013年10月23日）

9月1日 位育小学正式开学。首任校长张曼筠。在学校草创期间，学校经费非常困难，先生与各校董筹措弥补，勉强渡过。①李楚材《创造和生长》一文云："位育小学初期的情形是艰苦的，也是顺利的。所谓艰苦是经费上非常拮据。开办之初，几位校董各出一二百元，只够制备简单的校具和租借一座楼房作为校舍。所谓顺利就是学校的《章程》发布后，虽然所收学杂费较普通学校高过两三倍，但是赞成本校办学方针的、注意子女教育的，都愿把孩子送进学校来。第一学期就设了三

---

① 《位育校刊》第一期云：在学校早创期间，学校经济非常困难，先生与各校董筹措弥补，勉强渡过。《位育校刊》第四期大事记云：首任校长为张曼筠（李公朴夫人）。1933年1月，校董杨卫玉接任校长，负责指导，教导主任沈世璟负实际工作之责。1934年1月，因学生渐增，校舍不够应用，改租辣斐德路561号为校舍。8月，增辟马思南路91号为校舍。1936年1月起，实施非常时期教育。另据《上海通史》第10卷"民国文化"记载：该校于1936年向新华银行贷款5万元，在拉都路（今襄阳南路）兴建教学楼、图书馆、教工宿舍以及容纳800人的大礼堂，成为当时华商私立学校中规模最大的小学，招收学生达800人，附设幼儿园。1943年起，内设位育初中部，聘李楚材为校长。有校刊《位育》。该校以教育质量高而素享盛誉。1949年后被评为上海市重点小学，改名向阳小学。

个班级,有六十余人入学。在初期,支持学校经济的是前故董事长穆藕初先生。学校开办后,经常费除学杂费收入外,每学期总是不敷的,穆先生在学期结束时,或是召开校董会由校董认捐弥补,或是向银行接洽透支。穆先生对初创的位育小学尽着很多力量。……在吕班路的小小校舍弥漫着融合的空气,吴研因先生为初期的位育小学作过一首校歌,可以反映出当时的情景:小小门庭小小楼,颜色绿油油。小桌小椅小图书,布置在上头。别说地方小,许多问题供研究。啊!研究,研究,对面是谁的花园,路上有何人巡守。小手小脑小朋友,会想会寻求。做小工人读小书,还玩小皮球。别说年纪小,打起精神齐奋斗。啊!奋斗,奋斗,幼时在校中活动,长大为国家奔走。"(《十五年之位育小学》,1947 年)《本校三年来进展状况》一文云:学校"初赁法租界吕班路一七一号顾家宅公园左首三层楼有园地之洋房三幢。开办时学生数只有六十二人,教职员九人,编成幼稚园一班,教室凡二。居室之最下层初小、低中两级,复式学级教室二,图书娱乐室一,均布置于一楼、三楼一室,亭子间二同为宿舍,寄宿生十有二人,教师住校者凡五人。廿二年春季学生数增至九十六人,幼稚园分成甲、乙两班,初小则仍分为两班,复式学级添聘幼稚园教师一人,寄宿学生十四人,多辟宿舍一间。二月起校长张曼筠先生辞职,由董校会互推杨卫玉先生继任。四五月举行大单元设计活动,生气盎然。夏六月幼稚园学生毕业十四人,初小学生毕业八人。廿二年秋添聘刘鸿生先生为校董,增设高小一级,由复式学级而改为单式之学级五级,新生报名者异常踊跃,学生数增至一百廿八人,原有校舍不敷应用,由校董会设法于比邻添租洋房两幢为学生宿舍,及四五年级教室。原有校舍则为一二三年级教室,教员数增至十四人,住校者十人,寄宿生亦十六人。九月开始组织自治区,训练儿童自治能力及公民常识。十月举行大单元设计,全校一律参加。冬季曾毕业幼稚生九人。"(《三年之位育》,1935 年)

同日 下午,与王晓籁、杜月笙、张啸林、刘鸿生、陈光甫、张公权等四百余人乘专车一列赴无锡为荣宗敬夫妇六十双庆祝寿。先生七律贺诗云:"商场事业孰如君,果敢精神矫不群。余力推拖唯好善,及身功迹独张军。陶朱再起关灵秀,息曜持家并俭勤。春酒介眉谋一醉,梅园花事正欣欣。"(《大晚报》1932 年 9 月 4 日)

9 月 2 日 晚,与郑洪年、王正廷等二十余人赴吴淞口码头欢送孔祥熙赴欧考察实业。(《大晚报》1932 年 9 月 3 日)

同日 为吴淞、谈家浜等塘工工程款绌未能兴修事发表致唐承宗函,强调"在善后工程之外,别筹的款数万元,并预备木石等料,以为抢修之用"。函云:"接沁日代电内开,'近日连朝风潮澎湃,吴淞沿江堤岸被日军炮击之处已成侵圮之象。谈家浜一代亦日就坍塌,如遇秋潮大汛势必发生重大危险。委员目睹现状,引为杞边。维特电达,务祈迅照原定计划,从速实施,以防万一,不胜迫切之至'等语。并阅报载,先生发表新闻有'决议在案,迄未实行'等语。查江南塘工险象环生,前据各段海塘工务处及工务局勘查报告,治标工程实需三百万元,始能勉力完成。无如沪战以后,经济恐慌,库款□绌,而劝募亦无从着手。是以不得不就可筹的款八十一万元范围之内,酌办最急之工,均经工程专门委员审定方案,逐一提会公决,详查纪录,吴淞、谈家浜工程,实不在现有款项举办工程范围之内。且弟为慎重起见,曾偕张委员效良、沈委员玄孙亲莅勘查,认为谈家浜海塘塘身虽薄而高,水流随湾未当溜冲,苟不遇非常顶头大风,不致出险。且比较其他各段,离沪最近交通亦便,万一有警,抢修工料可以立达。是以急其所急,未能兼顾。然弟亦时刻在念,只因力不从心,徒滋惭恧。所幸先生亦为塘工委员,每次开会亦均荷列席,所有困难情形,当蒙亮鉴耳。更有为先生陈者,本届秋汛起后、迭有风暴,弟深悉各段海塘关系重要,因款绌未能兴修,如谈家浜之类者甚多,万一出险,无以对地方无以对良心,是以在善后工程之外,别筹的款数万元,并预备木石等料,以为抢修之用,譬如用兵不得不于防力单薄之中酌抽游击之师。现在差地方有福,八月份内尚无大误。然九月十八以前仍时时有出险之危。弟战战兢兢、寝馈不安。敬请先生顾念同舟,随时巡察,一有警报,飞电告知,俾即督工抢救,是所深幸。"(同日《申报》)

9月6日 出席中华劝工银行董事会会议。李咏裳主席,"对于楼总经理之病故,一致悼惜。"公推刘聘三继任总经理,"刘君久任行务自该行开创以来,夙著劳绩,并经公推陈尔梅君为经理,严春亭、袁孟琴二君为副经理,陈培生、向潜园、孙同钧三君为襄理,均就原有职员劳绩卓著者推升"。(《申报》1932年9月7日)

同日 浦东同乡会常务理事杜月笙与先生、黄炎培、沈梦莲、吕岳泉联名致函上海市长吴铁城,呼吁市政府保留高桥市政委员办事处。云:"属会据会员马宝森、沈桢、谢秉衡、周瑞庭、李诚夫、殷士杰、黄士希等函略称,'高桥市政委员钟人杰匆尔辞职,奉将市政委员办事处即行裁撤,深恐自治行政,顿易旧规,推测前途,不胜惶骇,恳代陈清,仍予设置,俾以辅佐官厅而资维护地方'等情到会。窃高桥一区,旧隶宝山,位在浦东北部。东濒海,西濒吴淞江,北控扬子江口,与吴淞对峙,形势重要,为浦东各区冠。夙闻钧府有力谋发达高桥之议,诚以高桥虽居浦东,而交通便利,洋商势力,时有侵及之虞。故不谋市政发达则已,如谋市政发达,应以该区始。往日筹备自治,高桥划为区,其事实上当然有认为必要者也。兹钟委员人杰与毗连租界之法华区杨洪钧先后辞职,而遽将各该市政委员办事处一同裁撤,在钟委员等或以办事艰难,退让贤者,在钧府自应为地择人,似不可因噎废食。查上海市原为十九市乡,后划为四十自治区。其沪南、闸北不设市政委员会者,曰就近有主管各局也。其次如引翔乡于十八年度撤销市政委员者,曰以规定为市中心区也。兹高桥远隔引翔,且在浦东之陆行、高行以北,设置市政委员,以树地方自治之先声，将为吾上海市作一模范区，此固属会等所日夜仰望于钧府者也。若一朝裁撤，所有市政事宜收归主管各局办理，使地方人民遇有极琐细之事务，必分赴各局，化整为散，不便孰甚。乃高桥、法华两区，各于委员辞职之际，概予裁撤办事处，局外不将误以市政办事处之存亡，一随委员个人而为之进退耶？抑惩儆该委员之办事不力，并撤此办事处以逞快耶？属会据马宝森等函称各节，自难缄默，兹只就高桥区而言，为地方计，为市政计，此高桥区远在陆行、高行以外。换言之，亦可谓较为僻远之地。在全市各区，尚有市政委员办事处以前，似未可独异先予裁撤。为陈请鉴核，迅赐提交市政会议复议，将高桥市政委员办事处早日恢复。至委员人选，应否慰留钟人杰，或另就地方人士中遴选委派，出自钧裁，未敢妄参末议。率臆上陈，统祈垂鉴。"（底稿，浦东同乡会档案；《申报》1932 年 9 月 12 日）

9 月 8 日　上午七时，与黄炎培、江问渔、姚惠泉、胡筠庄夫妇、胡筠秋、邹秉文、杨志雄、黄延芳、王志莘、许秋帆、薛笃弼、傅汝霖、李公朴等同赴徐公桥考察。（《黄炎培日记》）

9 月 10 日　晚，浦东同乡会于觉林邀宴南汇、奉贤、川沙三县孔、沈、李三县长。先生与王一亭、杜月笙、黄炎培、吕岳泉、傅佐衡、江倬云、朱少沂、顾文生等出席招待，宾主尽欢，九时许始散。（《申报》1932 年 9 月 11 日）

9 月 16 日　发表《挽救国难的我见》一文。指出"积极抵抗，是一条活路"，呼吁政府"彻底刷新政治"；惩治贪官污吏。"集中全国人之心力、物力，从事抵抗。"全文如下：

自去年"九·一八"东北事变发生以来，忽忽一年。我政府，我国民，在此国难期中，对于救国工作有何成绩，言之痛心！但又不能不言，《新社会半月刊》编印"国难周年纪念专号"，征文及余，爰述管见如左。

我国国难始于鸦片战争，迄今已数十年，但以敷衍和平，不自振作之故，国难愈积愈深。直至"九·一八"东北事变爆发，而更不易收拾。然我人必须认清楚"九·一八"事变之爆发，正为国难加重之起点，非全国上下彻底觉悟，无以挽救国难。国难之来，有其种种原因，而以数十年来政治不上轨道为其总原因。政治无办法，则一切教育、实业、经济建设等等，均无从进行，而对于国难亦即无力抵御。故在此急难时期，我政府当局必须彻底觉悟：我不抵抗，敌人不以我不抵抗而停止进攻，且正以我不抵抗而愈肆其野心。证之事实：失辽吉不抵抗，则敌人又进攻黑省；失锦州不抵抗，则敌又进攻淞沪。故在今日，惟有积极抵抗，是一条活路。而积极抵抗之大前提，又在于彻底刷新政治；对于贪官污吏则治以严刑，对于任贤与能，则天下为公。集全国人之心力、物力，以与敌人相周旋，此为积极抵抗之必要办法。惟刷新政治，而后可以集中全国人之心力、物力,从事抵抗。否则国亡以后,现政府当局亦必身受亡国奴之痛苦,此我政府当局所当彻底觉悟者也!

国民方面,亦必须彻底觉悟,必须认清今日之敌人,为我全民族之敌人,而同心协力以从事于抵抗。近来国内稍有知识者,每喜高谈科学,夸言敌人之兵精粮足;尤喜夸言敌人之器械犀利。殊不知今日之敌人,正蹈骄兵必败之危机,虽坚甲利兵,而士无斗志,一遇我忠勇奋发之十九路军及东北义勇军,即不能不暴露其战斗力之薄弱;在淞沪既无所获得,在东北亦不能安居。如能以持久战之方法,渐渐消灭敌人之实力,最后胜利当可属我。此外,我国中又有高谈经济而希望敌人破产者,亦属拙于自谋之空谈。敌人经济方面自"九·一八"事变以后,临时军费支出逾二万万。南满铁路运输停顿,经济损失亦巨。国内农民经济恐慌,农村借贷无法清偿。对外则以金再禁汇兑日落,一年以前日金每元值美金四角五分以上,现跌至二角二分五,外债二十万万元,即利息一项,因汇兑不利,损失达一万二千万元以上。加以对外信用受损,到期外债,必须归还,而续借新款,完全无望。因此种种,本年敌人财政上预算,不敷达七万万元以上。凡此虽皆为敌人经济上之弱点,然以视我国之百孔千疮,犹属彼善于此。除非我国民彻底觉悟,实行以下两事:一面尽力抵制敌货,以促进敌人经济上之崩溃;一面尽力接济东北义勇军,以逐渐消减敌人之实力。一年半载以后,必有成效可见,此则必须我全国人民努力实行者也。

(《新社会》第三卷第六号;《文集》第258页)

9月17日 浙江衢县第九区县政督察专员汪汉滔邀请沪上各慈善家暨旅沪赣籍士绅于功德林素食,先生应邀出席。到者有王一亭、赵晋卿、屈文六、王晓籁等。"浙江衢县位处闽赣交界……赣东各县如广丰、上饶、贵溪、弋阳等地难民……已达数千人。始而尚有携出细软可资典质,近则坐吃山空,面呈菜色……颗粒无收。家有数子毕业大学者,到此亦均埋首破庙,由其妻妾媳女乞食为生。妻妾媳女久惯娇养,腼颜不前,往往踯躅终朝,不获一饱。种种惨状,目不忍睹。该县县长吴伯匡氏鉴于难民之饥寒交迫,固属可怜,而不妥为安置,难免不因饥寒所驱。碍及地方治安,为特商请第九区县政督察专员汪汉滔氏,持册向各方乞赈。"席间,王一亭、先生代表交易所联合会慨捐银一千元,赵晋卿代表中国体育协进会捐银一百元,当场付讫。"其余各善士并允竭力劝募"。(《申报》1932年9月18日)

同日 下午三时半,与黄炎培、江问渔、陈陶遗等赴镇江。宿城中饭店。(《黄炎培日记》)

9月18日 上午七时半,在镇江与黄炎培、许秋帆、江问渔等游中冷新村,"应秋帆之托,计划改进农村"。下午二时,出席江苏省保卫委员会第三次大会。晚,于

许秋帆家聚餐。(同上)

9 月 19 日　上午十时,继续在镇江建设厅出席江苏省保卫委员会会议。下午一时半,偕黄炎培、许秋帆、姚惠泉,应唐寿民之托,坐人力车行十五里至丹徒镇,"为之计划改进农村。观其立养正小学,校长王君招待。"晚,与黄炎培坐夜车返沪。(同上)

同日　发表致中华职业教育社函,表示每月节省膳费三十元接济东北义勇军。云:"本社发起之二种办法,[①]本人极表赞同。并已分别实行外,自即日起并于家间膳食项下,每月节省三十元、以为接济东北义军之用,至收复失地为止。"《申报》报道云:"国人尽如穆氏之节衣缩食,予以积极接济,则收回失地,非难事也。"(同日《申报》)穆恂如《回忆录》云:"父亲一生勤俭节约,无论饮食与衣着,均不奢侈。我家饮食方面,父亲规定每天五元(1930 年),由大司伙统一安排,规定每天开六桌饭菜,其中包括男女佣人两桌,伙食与我们一样。父亲与我们同食时,从不添菜,我等习以为常。"(手稿)

9 月 21 日　江南塘工竣工。《申报》刊登《江南海塘善后工程记》一文,介绍江南海塘善后工程经过情形。文云:"江南塘工善后委员会于本年四月十一日成立、迄今将及半载,现在善后工程业已办理就绪,定于本月二十四日、二十五日招待各界参观塘工。记者特先往该会访问,记录所闻于后:海塘形势:江苏境内之江南海塘起于常熟,经太仓、宝山、上海、川沙、南汇、奉贤、松江,至金山与浙江海塘相接。而以太仓、宝山、松江及上海市辖境内之海塘最为紧要,盖其他各县塘外尚有浅沙为护,而此数县海塘则处处与巨浪直接冲突。太湖流域本系一长江口之三角形大冲积地,故地形至为卑湿。清季海塘破时,海水曾直冲至苏州一带,甚至浙江省内河水均带碱味。就上海市而论,每年大潮汛时、潮水经过黄浦江,多次曲折,减却高度,尤时在浦滩一带上岸。去年大水时各银行仓库均为水没,若海塘一破海水奔腾而入,则全市不难见去年汉口景象也。江南海塘之在浙江境内者,即所谓钱塘,系吴越钱武肃王所姑筑,根基极好,历朝均经入修。清乾隆朝即曾用三百万两大修一次,且近在浙江省会。民国以来,当局亦能注意。惟江苏境内之一段,则根基既不良,近年益废弛。国民政府成立以来,则形式上专管之机关且无之,岁修之款,虚列预算,从不实发,以致坦坡大半倾圮,基石几同豁齿。去秋八月二十五六两日之大风潮,为多年所未有,出险者多处,所幸因风向由东北转成东南一线,危塘得以保存。否则必将全部崩溃,为祸之烈、未知所止。塘工会之组织:去年塘工既出险,浦

---

① 为东北义勇军筹款,中华职业教育社发起"各就薪水项下按月认捐接济东北义军",并于"九一八"中午禁食,所节膳费救济东北被难同胞。

东同乡会以切身利害关系，推穆藕初、杜月笙等前往勘查，并通电呼吁，而银行界及商会等鉴于汉口水灾之惨，亦群起要求政府切实修建塘工，于是江苏省政府及上海市政府合组江南塘工善后委员会、聘钮永建为委员长，穆藕初为副委员长，沈昌为秘书长，华楚伧、杜月笙、王一亨、张公权、林康侯、吴蕴斋等四十余人为委员。上海战事停止后即组织成立，并由委员会公推沈昌为工程专门委员会主任，张效良、宋恺传、施文冉等为委员，负核计搪工之全责；一面由省政府派董开甲为宝山段工务处长，邱锡爵为常太段工务处长，徐百揆为松江段工务处长，市政府派张丹如为高桥工务处主任，戴两竟为吴淞工务处主任，分别详勘，设计招商投标，于六月一日起分段开工。工程计划：考中国海塘以用大条石砌成石塘，名为条石工者最为坚固。如华亭、宝山石塘，历久不坏。新式塘工则用钢筋混凝土筑成之岸墙，外筑石坦坡，本有条石之固，惜设计欠当，而又多偷工减料，反不若旧式搪石之坚固耐久。桩石工者于土塘之外围，砌大块石，再于石块之外打一丈八尺长之密桩一排，桩外再砌石块，石外再打桩、欲其坚则可以多至四层。此次限于经费，仅筑二层，惟选料极为慎重，桩木则一律福建产之杉木，石料则一律宁波产之大块石，间用苏州金山石，原有钢骨水泥岸墙，一律加用拉桩、拉铁、铛梁，并筑封头墙，外抛大石。工程预算及筹款：江南海塘彻底修建非二三千万元不可，该会建议在江海关附征特捐，核于部议，未能实现。因拟先有治标计划，计三百万元。又以限于经费，仓促之间不能集此巨款，而时间迫促，不能久待。于是择念中尤急者先行兴办。预算八十万元，计（一）高桥补救铁筋混凝土新式工五十七丈；（二）高桥新筑二桩二石及摆水坝工五百五十一丈；（三）宝山狮子林南段二桩二石工六十七丈五尺；（四）宝山陈华浜二桩二石工一百二十二文；（五）宝山五岳塾二桩工石工一百四十五丈；（六）宝山薛家滩二桩二石工三百三十六丈；（七）宝山牛头泾二桩二石工八十丈；（八）宝山北王庙二桩二石工二百五十五丈；（九）宝山军事善后整理工程；（十）太仓阅兵台南北二桩三石工一百二十八丈二尺；（十一）太仓道堂庙水泥墙南北段二桩三石工一百三十七丈；（十二）太仓道堂庙水泥墙外添抛块石九十二丈；（十三）太仓道堂庙修筑包头浇砌块石墙十二丈；（十四）太仓方家堰水泥墙南外整理坦坡添抛块石一百另五丈；（十五）太仓杨林口北二桩二石工二十丈；（十六）太仓军事善后整理工程；（十七）松江第二段二石工三十一丈一尺；（十八）松江第三段新工补充工程二百十丈；（十九）松江第四段坦坡添抛块石一百五十五文；（二十）松江军事善后整理工程；（二十一）常熟徐六泾口东二桩三石工五十丈；（二十二）常熟徐六泾口西二桩三石工三丈；（二十三）常熟军事善后整理工程；（二十四）杨林口南二桩二石工六十五丈。然既此八十万元，亦系虚拟，并无的款。所幸政府贤明，省方特拨忙漕抵借券七十万元，市方特拨码头捐，每月一万元，由该会穆副委员长及杜月笙、杜康侯、吴蕴斋、沈立孙诸委员分头向银钱业抵借,而银钱业亦深明大义、量力担任,集足六十五万元。复由张公权、杜月笙、金侯城、沈立孙诸君向中央再三奔走,由铁道部拨到补助费十五万元,赈务委员会协助八千元,中国红十字会亦拨二千元,遂集合八十一万元,较预算超过一万元。而工程用费因事事公开,遂得较预算为廉,结果余洋五万三千余元。适届秋汛,省市金库均无款可拨,而防汛抢修需料甚殷,遂以余款悉数购料,而此项购料价格尤廉,较之例价低百分三十左右。工程之督察:省市政府对于本届塘工均极注意,建设厅厅长董修甲每月亲到各县视察,工务局沈局长亦不时莅工督查。委员会方面除特派稽查十人驻工常川稽察外,并由穆副委员长、沈秘书长、吴总稽查等轮流到工督查,故工程进行极为迅速,三个月得以完成,照例则至少须三年始得完工云。塘工之将来。塘工善后委员会已定本月底结束,各工务处则继续存在。受主管官厅之指挥监督塘工,能得巨款,继续兴修,固为上策。否则能年筹二三十万元款项以事修补,则二十年内不出巨险。若仍照往年泄沓之状,责巨汛来时,仍难免危险云。塘工委员会之办公经费:塘工委员会因系义务性质,故每月办公经费预算仅一千二百元。而该会特别撙节,一切开办结束费用均在经常费内开支,不另请款。故该会六个月来办公经费所用不足七千元云。"(同日《申报》)

9月23日 下午二时,出席东北难民救济会发起人第一次会议,到者有贝淞荪、王延松、黄炎培、俞佐庭等。先生主席,报告各项函件,通过该会缘起,推定骆清华、严谔声两人织起草组织草案。先生提议进行办法,经贝淞荪、黄炎培等发表意见,稍有修正,最后决定俟组织草案及具体办法拟定后,再定期召集各界大会,积极进行。该会"系各界领袖王晓籁、史量才、杜月笙等四十余人发起,其目的在于慈善事业之外、兼顾民族意识"。(《申报》1932年9月24日)

同日 偕黄炎培赴金谷村三十九号访薛子良,"晤芮君"。(《黄炎培日记》)

9月24日 下午一时,赴外滩铜人码头,出席江南塘工善后委员会招待各界参观浦东高桥塘工。各界参观者登轮出发,由先生、金侯城、许贯之、唐承宗、钟人杰、施文丹及市府工务局长沈怡等陪同。"至二时许抵高桥登岸,乃乘汽车至汽车站,再雇人力车赴塘工处视察"。下午五时,由浦东塘工管理处主任张丹如招待,各界至塘工处休息。沈怡报告云:"此次塘工于六月十五日动工,至九月中旬完工,计约三月,均赖地方人士及塘工委员会穆副委员长等成功之。"次先生报告云:"塘工修葺经费由市府出一十五万,省府出四十万,铁道部出二十五万,水灾捐款中拨了一万,共计八十一万,只能治标。如曰治本,非数百万之巨数不可。故此项工程告竣,可谓治标中之极小一部分,至多能苟安半年,危险仍不可免。深望国民政府能于无办法之中,酌提数百万,根本修筑,俾得一劳永逸。"至六时余登轮而返。(《申报》1932年9月25日)

9月25日　上午八时，与金侯城、唐承宗、许贯三等邀省府建设厅庄思厚、宝山县长孙熙文、县建设局科长凌志斌、县公安局科长高希天、护塘委员会袁炳彝、县党部周锦堂及各报馆、各通讯社记者等各界代表六十余人，赴宝山段视察。上午九时，"宝山段工务处长董开甲引导参观人赴宝山段视察，先经陈华浜，次狮子林，又次薛家滩、牛头泾、石洞北、王庙、五岳墩、大川沙等各处塘工，至一时乃返。塘工局款待参观者以佳宴，午后乃各散去。"先生与新声社记者发表谈话云："关于全部塘工，若治本办法须二千万，治标办法亦需三百万。此次所得省府四十万，市府二十五万，铁部十五万，水灾捐款一万，共八十一万。所筑塘工仅系治标中之最重要部分，其余今岁发现海塘之次要处，均以限于经费，任之敝窳，危险殊甚。惟目下所修筑之工程，均甚巩固，当可无碍。所可虑者，如修筑以外之旧工程，甚望各界对此均予注意，务使次第筑成，俾滨海居民，又得高枕。"（《申报》1932年9月26日）

9月27日　下午四时，于中社出席上海东北义勇军后援会第三次会员大会，到者有褚慧僧、徐梦岩、王志圣、殷铸夫、罗吟圃、胡凤翔、沈钧儒、张鹍声等八十余人。褚慧僧主席，俞希稷、潘序伦报告会务情形。次张佩年、刘丕光、田秀翘等报告东北情形。议案：①本会今后办理义军接济须由最高直辖总机关，或有直接关系之抗日团体负责请领案。议决交理事会办理。②本会组织大纲第十二条之后增一条"本会事务经费不动用义勇军捐款，以在左列各款充：一、会员入会费（每人至少三十元），二、特别捐，三、指定筹募会费之各种收入"。③本会组织大纲第九条原有"交际"组之设立，拟请取消，改设"接洽"组，主持义军接济事宜案。议决通过。④本会理事未足额应否加推案。公决加选八人，加足四十五人之额数。⑤扩大劝募捐款案。公决照原拟计划十三条通过如下：①发行援助东北义勇军彩票。②组织劝募队，实地劝募捐。③设募捐箱，置放茶楼、酒馆、旅馆、电影院、游艺场、各大商店及各交通机关，请其代为募集。④接洽妇女团体卖花募捐。⑤函请各厂供给货物，由本会设临时百货商场售卖，以原本归还，以利益捐助。⑥函请殷富捐助。⑦函请各公司各商店行号各自捐集。⑧请各游艺场所增加入场券价格，而将其所增加者捐助。⑨请各业增加相当货价捐助。⑩请艺术家捐赠字画于展览会中，发售捐助。⑪发售所征得之文艺作品。⑫请热心人士各自发起组织十六元团，以满十六元为一单位。⑬向华侨劝募，加选理事。当场以记名投票式加选穆藕初、钱新之、赵恒惕、杜重远、魏伯桢、俞寰澄、严直才、任矜蘋八人为理事。（《申报》1932年9月28日）

同日　下午七时，于地方协会出席东北难民接济会发起人会议，到者有王晓籁、史量才、王延松、杜月笙、诸文绮等五十余人。王晓籁、史量才先后致词，略云"东北三省人民自上年'九一八'以来，所受兵灾、水灾，种种痛苦日深一日。筹谋救济,刻不容缓。"先生报告初次发起人会议经过。许克诚报告东北难民救济协会成立情形。议决:①定名为上海东北难民救济会月捐运动会。②发起人及特约诸君皆为干事。③由干事互推理事十五人至二十一人,内主席团五人,理事会以下设干事部,分为总务、捐务、保管、支给、审核、宣传六组。定虞洽卿、张啸林、杜月笙、史量才、王晓籁五人为理事会主席团,穆藕初、贝淞荪、王延松、俞佐廷、黄延芳等为理事会理事。先生提出"劝告人民及各业节食月捐办法",贝淞荪提出"劝告本会会员凡遇喜庆等事改良送礼、认作捐数"。(《申报》1932 年 9 月 29 日)

9 月 29 日 下午,出席东北难民救济会月捐运动理事会第一次会议。史量才主席,议决:①推定各组正副主任。总务组正穆藕初,副王延松、江问渔,捐务组正王晓籁,副骆清华、簣延芳,保管组正贝淞荪,副胡孟嘉、吴蕴斋,支给组正史量才,副徐寄庼、俞佐廷,审核组正胡筠庵,副徐玉书、潘序伦,宣传组正林康侯,副严谔声、黄炎培。②决定借绸业银行(三马路)二楼为办事处,由总务组接洽。③下次会议决定九月三十日午后五时,请全体理事及各组正副主任出席。(《申报》1932 年9 月 30 日)经数次集议,议定办公费用统由发起人担负,并发表《宣言》云:"嗟乎!自去年'九一八'以来,我东北同胞受暴日荼毒亦已极矣。报纸之所记载,画册之所形容,入关者之所传述,凡有血气有不呼天长号,椎心而裂眦者乎?夫弱者宛转挣扎于刀锯惨戮之下,求生而无路,求死而无所,斯亦酷矣。乃若强者不忍家国之沦亡,与兄弟姊妹之横遭淫杀,宁掷其万死不顾一生之性命,为中华民族争垂绝之人格,前者仆,后者继,不恤以肉以血,膏涂渲染此残破之河山,士可杀而不可辱,国土可据而决不许护一日之安宁;国宝可攫而决不许从容满载以去。一年以来,为此爱乡爱国一念的驱迫以就死不知凡几,其未死者饥不得食,寒不得衣,昼则浴血而长驱,夜则枕戈而露宿,凉秋绝塞,鸟尽风号,此真非人类之生活也。彼何人斯,谓之义民也可,谓之难民也亦无不可。夫中华者,吾四万万人共有之国家也,东北既为吾中华之一隅,东北之得失既为吾全民族生死存亡之绝大关键。我内地,我上海民众忍熟视而若无睹耶?忍充耳而若不闻耶?晓籁、量才、月笙、啸林洽、卿等恻然以悲,悚然以惧,悲则悲夫东北水深火热,非扩大援救不可;惧则惧夫国难方兴未已、非长期接济不可。用集各界同志举行月捐运动,有力者移消闲游宴之资,固多多而益善。无力者节日常衣食之用,虽少许亦何妨;其在机关由领袖以率同僚;其在公团合群众以征同意;其在工厂、商店,或斥辛金之一部,或分营业之有余;其在家庭,父母兄姊倡于前,子女弟妹率于后,问欲买饼果乎?曰:否,吾以捐助东北。问欲观戏剧电影乎?曰:否,吾以捐助东北。问欲美衣美食乎?曰:否,吾以捐助东北。此岂寻常慈善行为,真是绝好儿童教育,积月成岁,积少成多,各发天良,各完天职。嗟乎! 人而不欲行善则已,苟欲行善,救死扶伤,此是最大之行善;人而不欲报国则已,苟欲报国,国破家亡,此是最后之报国。吾全国同胞共起任之,吾上海同胞率先任之。"末署名先生在内全体发起人名单。(《申报》1932 年 10 月 10 日)

同日 黄炎培来访。(《黄炎培日记》)

9 月 发表《最后之胜利属谁》一文,云:"日本破坏各种国际公约,攘夺我东北,荼毒我人民,……且也预定计划得寸进尺,由三省而进窥热河,由平津而扰及东南,若任其蹂躏,不图救国良策,恐吾人从此无噍类矣,言之实堪痛心。"针对一部分国民的悲观心理,揭露日本自身种种弱点,呼吁国人积极辅助东北义勇军、实行抵制日货。云:

> 日本以岛国之故,其大部分制造品之原料,不能不仰仗于各国。当欧战之时,其工业为之特兴,唯如昙花一现,年来受国内之不景气,及全球经济事业之衰落,固已外强中干。因此农业衰败、外汇惨落、失业人数日增、学龄儿童之营养不足者,达二十余万人。虽此中消息,讳莫如深,然工业界不振之情形,已可概见。以工业立国之日本不能维持者,此其一。

> 日本以工业立国,其航线达全球,密如蛛网,尽量吸收原料,并推销其制造品。及工业不振,航业随之而衰落,工商业如此,向来出超者,自东北事起一变而入超甚巨,经济破产,即在目前。日本之不能自救者,此其二。

> 九一八事变以后,国人本同仇敌忾之心,作积极之抵抗,东三省虽被日人所占,然义勇军奋勇杀敌,全境混乱,农工商矿之凋散,几于完全停顿。日本人之在中国东北经营事业者,无论工业、商业、铁道、航业以及其余事业,莫不一落千丈。日本国内金融既如此竭蹶,欲吸中国之金钱,又大受打击。日本之身受致命伤者,此其三。

> 日本在东三省,投资近二十万万元,自义勇军奋起,铁路运输,时受破坏,各种农林商矿,无一不受其影响。义勇军之计划,在尽量破坏,而所破坏者,什九以上为日本人之产业。加以日侨之流离困顿,军事上节节损失,以及日军死伤后,种种费用,为数甚巨,虽俘获三省官吏遗下之军需财产,不在少数,究属得不偿失。日本之不能久占者,此其四。

> 东三省之输出,以农产品为大宗,自战事发生后,运输停顿,是项农产品,无从输出,义勇军奋力抗日,正需饷粮,得此乃足以资生养。至日人所把持者,仅沿铁路一带而已,于农业无关系,而日侨苦矣,金融界之投资于事业者更苦矣。日本之行暴以自毙者,此其五。

> 吾人观上述诸项,日本所受之痛苦,较我国为尤甚,国内军阀专横,刺财阀,杀首相,种种暴行,层见叠出。加以经济上之压迫,民何以堪,不但失业青年,思想左倾,恐全国人民万世一系之心理,亦将更变。况朝鲜爱国青年,屡谋

独立,台湾及其他各殖民地,不堪威力压迫时思蠢动。日本之祸生不测者,此其六。

日本冒天下之大不韪,对于以前各国所订之国际公约,视如弁髦敝屣,虽遣派代表,四出游说,各国外交专家,明如观火,安能受其所欺,徒以各国因经济衰落,各有苦衷,尚未加以干涉。且中国之事,须吾人自谋之,各国苟无直接权利冲突,讵肯耗费金钱,牺牲生命,以从事于战争,然对于日本之蛮横行为,早已不表同情,是其外交上已处于孤立地位。日本之已成独夫者,此其七。

东三省虽近日本,然而遣师远征,筹划军需运输等,日须巨款,东省义军,人自为战,避实就虚,以野战之精神,随处袭击,使敌疲于奔命。日本之格于形势者,此其八。

科学虽关重要,而与人事接触,则科学亦有时而穷。日本于入寇之前,对于东省将领,无不洞烛肺腑,行军要塞,亦无一不明了,举凡人民财富,地下宝藏,以及种种应行注意之处,莫不了如指掌。不料义军奋臂而起,日人竟束手无策。"一·二八"沪变之前,日本亦有种种计划,且以东省陷落之易,故日军司令扬言于四小时内即可垂手而得淞沪,乃苦战至三十余日,苟有援兵,何至退让。准此以视,科学用之不当,亦非万能,吾人不应自馁。必共同努力,作最后之奋斗,为求民族生存计,为保全个人之生命财产祖茔后嗣计,唯有人民本自身大无畏之精神,作努力之奋斗。奋斗之法若何,则全神注意下列之二点,(一)积极辅助义勇军及东北被难人民;(二)各本良心,在法律范围内,实行抵制仇货。是说确有至理,盖日本种种弱点,既尽暴露,是日本之险状,较我国为尤甚,如能依上述二点,切实行之,则日本崩溃之迟速,当以我人实行之力量为比例。

或曰:上述种种,均属人事,其如中国之经济,不久将破产何?应之曰:不尽然。我国经济状况,虽因各业凋敝,以及连年水旱兵匪,日就衰落,但中国之习惯,重情谊,尚互助,亲属朋友之间,失业者砍助之,老病被难者救济之,事业上发生困难者,往往不因债权关系,而强人破产,能维持者,无不尽力维持。唯此特点,与欧美各国绝然不同,故日用艰难,则可以撙节,而大量之破产倒闭不大发生。况抵制仇货,可以省却金钱之外溢,发达实业,则可以源源接济义勇军,情有必至,理所当然,群策群力,事更易为。所最要者,必须持之以不挠之精神耳。愿与全国同胞共勉之。

《纺织周刊》第二卷第三十七期;《文集》第 256 页)

10 月 2 日 出席上海市地方协会会员大会。讨论米贱救济问题,决定组织粮食委员会,定王晓籁、张公权、胡孟嘉、秦润卿、顾馨一、穆藕初、刘鸿生、杜月笙、张啸林等十五人为委员。后经委员会数次开会研究,"以本年米价低贱,并非产量过剩所致"。其病源:①在金融不能流通,②在舟车交通阻滞,③在捐税繁重。决议:①请财政部减免米粮交通捐税,②请铁道部减轻米粮运费,③请政府通令切实恢复积严,④接洽运米至闽、广各地,⑤劝阻洋麦入口,待提出政府粮食会议等项,而实施救济方法。先就江苏着手,择产米较多之常熟、吴县、无锡、武进、江都、徐州各县倡设临时米仓,由当地农民银行收购屯储。力有不足,再请上海银钱业设法帮助。并推定穆藕初、林康侯、黄炎培、江问渔、王志莘五人函请实业厅何厅长,暨常熟、吴县、无锡、武进、江都等县地方领袖商会米业代表,订期十七日在无锡农民举行集议具体办法,迅速进行,欲使苏省农村经济免于破产,以次推行及于各省。(《申报》1932 年 10 月 15 日)

10 月 4 日 《申报》刊登《义勇军后援会成立接济组》消息。云:"上海东北义勇军后援会根据第三次会员大会议决案,将交际组取消,另行成立接济组,以主持购办接剂等事宜。业经推定冯少山为该组主任委员,并聘请穆藕初、陈松源、郭仲良、郭顺为接济组委员。即日送发聘书,开始工作。"(同日《申报》)

10 月 10 日 发表《如何使暴日屈服》一文,该文系应曾虚白之约,为《大晚报》国庆特刊而作。指出"本年国庆日,为中华民国成立以还空前未有之惨痛纪念日","生存死亡之极重要之关键",呼吁国人积极抗日,"使暴日屈服"。云:"自九一八东北惨变以后,我中华全国,直接间接,均在暴日铁蹄蹂躏之下,不但实业界感受痛苦,凡中国人民无不感受痛苦。此一年中,不但实业上无发展,即其他事业亦均在风雨飘摇之中,勉强支持一种极痛苦的可怜生活,而尤以一·二八淞沪惨变以还,痛苦更深。至于今日暴日不顾全世界之正义,安然承认其自身一手包办之伪组织,称之为独立国,同时以所谓日伪议定书,假借伪国名义,援暴日以驻屯军队共守伪防之全权,极尽惨酷滑稽之能事。故此一年间,不但无实业可言,我东北三千万同胞一部分义勇军奋斗苦守之区域外,所有居住暴日势力范围以内之同胞,已无庆祝国庆之自由。故本年国庆日,为中华民国成立以还空前未有之惨痛纪念日。一念及东北同胞身受暴日蹂躏之种种痛苦,即恍然于本年国庆之无可庆,不但无可庆而已,我全国人民必须彻底觉悟自身责任之重大,必须尽其所有之能力与暴日相周旋,以恢复东北土地,以援救东北同胞,使东北同胞仍有自由庆祝园庆之一日。届时国庆方为真正之国庆,否则不但今日东北同胞无庆祝之自由,以暴日之贪欲无厌,得寸进尺,以征服东北为手段,而以征服中国为目的,我全国同胞若不于此时尽其所有之能力抵抗暴日,将来必有一日全国人民完全失去庆祝国庆之自由,而中华民国之国庆日成为历史上之名词,即欲庆祝,亦即今日之东北同胞在暴日钳制之下,不能自由举行庆祝。呜呼痛哉!本年国庆,为我国生死存亡之极重要关键,我国人而能痛彻觉悟,彻底明了东北同胞所受之痛苦,为我们自身之痛苦,必须乘此暴日能力未充,东北义勇军浴血苦战之时,尽其所有能力,抵抗暴日,惩创暴日,使暴日力有所屈,则还我东北,必有成为事实之一日。同胞乎,事急矣,势迫矣。有暴日即无正义,我国人必须以四万万人之力,护正义,使暴日屈服,此为本年国庆,我们应尽之责任。其方法甚为简单:第一,勿以金钱买日货;第二,以金钱援助东北义勇军。我同胞倘能尽其所有能力,实行此二事,则暴日必有一日为正义所屈服。敬祝中华民国万岁,东北义勇军万岁!"(同日《大晚报》双十节纪念增刊;《文集》第259 页)

10 月 11 日　下午,出席上海筹募豫鄂皖灾区临时义赈会发起人大会。许世英报告开会宗旨,通过宣言、简章草案。会址设集南路仁济善堂。推许世英、王一亭、王晓籁、郑洪年、杜月笙、张啸林、闻兰亭、陈藕士、穆藕初等为报名委员会委员。(《申报》1932 年 10 月 12 日)

10 月 14 日　为东北义勇军募捐事致瞿绍伊函,云:"本会为东北义勇军募捐壹万余元,成绩甚佳。现在征求会员之期将近,大约在正月初,请兄顺便与各委员接洽并筹备进行。"(原件,浦东同乡会档案)

10 月 17 日　与黄炎培、王志莘赴无锡。(《黄炎培日记》)下午五时,出席苏省食粮救济会议,讨论米价问题。各处代表到者有苏州张仲仁、常熟张公权,常州钱也振,无锡赵子新、钱孙卿等二十余人。钱孙卿主席,上海代表黄炎培报告召集本会议之动机及经过,继苏州、常熟、武进、无锡、上海暨农民银行等各代表先后发表意见,由何厅长归纳众意数点:(甲)关于中央者。①请明定食粮政策,②蠲免食粮各项杂捐,俾国内得以自由流通。(乙)关于省方者,①拟订条例奖励及保障农民囤积食粮,②组织食粮调节会及管理机关,③督同各县实行仓备及抵押办法。(丙)关于地方者,由地方组织食粮委员会,专办调节粮食事宜。至八时半散会。遂由无锡商会招待各代表晚餐。(《申报》1932 年 10 月 18 日、10 月 19 日)

10 月 18 日　上午九时,在无锡出席苏省食粮救济会议。钱孙卿主席,黄炎培提出办法七点。决定:①组织江苏省民食粮调节协会。②由上海、无锡、苏州、镇江、扬州、武进、常熟、昆山、松江、吴江、青浦、如皋各县共同发起组织之。③推定顾述之、江问渔起草组织简章。④本月底在镇江开成立会。⑤会所在无锡。⑥本届会议推无锡通告各县。(《申报》1932 年 10 月 19 日)

10 月 21 日　华商纱布交易所客户沙唯一、傅子东等因契约纠葛不服该所理事会议决揭示之全部扯价了结,上告该所于特区第一法院,经判决纱布交易所败诉。先生与高砚耘、胡慰曾、张彬炜不服,提起上诉。本日下午一时半,仍由胡治穀庭长"亲自审讯,双方律师开始辩论,甚为剧烈。上诉人纱布交易所高寿田、穆湘玥、胡慰曾、张彬炜、代理律师刘崇佑、章士钊、王麟裳、陈忠荫出庭。被上诉人傅子东、沙唯一、王君白、明敬恒、陈荣才、王笙孙及参加人王关先等十余人,由代理律师石颖、陶嘉春、姚希琛、张正学出庭、首由原告代表刘崇佑起立辩论,申述当时沪战发生,不可抗力,期货卖买,不能履行,势非了结不可,并提出政府及各军队各团体长久抵抗之宣言及通电。次王麟裳对于第一审判决书多所指摘,认纱布交易所理事会有代客户了结之权。次由章士钊律师发言,对于中外文学法学颇多引据,大意二十世纪英美之个人主义已不能存在,我国偏于大陆政策之行政性,殊非所宜。本案第一审绝对为个人主义甚关于国家道德,且当时交易所如不能停市,则十目所视十手所指,人人得而诛之矣,故斟情酌理,势非了结不可。且实业部既无紧急处置,而交易所自动处置之,反而获罪于社会,实为文明国家之耻辱云云。次由被告律师石颖分项辩驳一过。各律师次第发言,辩论至七时余,经胡庭长宣示辩论终结。定期十一月二日宣判。"(《申报》1932 年 10 月 23 日)

同日 与苏省食粮救济会议全体出席代表联名致江苏省政府暨民、财、实业各厅电,要求"开放米禁"、实行"洋米进口抽税"等保护我国产米措施。电云:"沪苏各地以米价过贱,农商交困,当由上海市地方协会发起,特行邀集苏省产米较多各县地方负责人士于本月十七、十八等日在无锡县南会开联席会议。经两日长时间之讨论,归纳书面提案:会场旨趣。佥以在苏言苏,应速开放米禁,须先从苏、浙两省实行流通;一面通令各县政府、水路公安随时切实保护,不得稍有留难。并陈请中央从速实行洋米进口抽税,暨通饬各省取消米照等,妨碍国内流通之苛捐。而对以洋麦借款,尤望俯徇众意,中止谈判,取消进行。惟如有偷漏影射,私运出洋,仍应注意严禁,尽法惩处。会场意见一致,用特代电驰陈,伏祈鉴核。采择施行,不胜企待命之至。"(《申报》1932 年 10 月 22 日)

10 月 23 日 出席国货公司大商场宴请各界及国货厂商会。到者有王晓籁、陆文韶、傅筱庵、姚慕莲、王彬彦及各厂商代表三百余人。该公司总经理邬志豪申述创办宗旨及方针,云"我国洋货进口年多,一年金钱流出不可数计,全国经济市场为舶来品侵占殆尽。查上海为全国商埠冲要,而南京路尤为上海市场之中心点,所设商店多数以舶来品相号召,欲觅一完全国或商店,极感困难。同人等有鉴及此,是以集资组织上海国货公司,搜罗各地名厂出品,划分绸缎、花边、呢绒、布匹、新装首饰、细毛皮货、五金杂货、烟酒食品、针织用品、化妆药品、橡胶皮件、各地土产等二十余部,凡属国货应有尽有"。次王晓籁、陈翊廷、王介安等演说,"发挥贡献种种计划"。(《申报》1932 年 10 月 25 日)

10 月 27 日 下午四时,出席浦东同乡会第八次理监事联席会议。到者有张伯初、蔡钧徒、瞿绍伊等二十余人。张伯初主席,报告制送南、奉、川县水陆公安大运动会纪念章一千枚经过,及东北难民救济会先后复函代募巨款,并掣给收据。又报告征收会员费委员会进行状况。议案:①周志仁等八十七人函请制止上南汽车公司加增票价以惠贫民案。议决:据情婉达。②再呈市党部请求发给健全证。③将本会发给赈米及代募东北义勇军经过填送上海市通信局。④《新南汇日报》社函请津贴,婉辞答复。⑤俟会所确定,视征收会费成绩再定征收会员办法。⑥登报征求会所地基,以西藏路之东,同孚路、苏州河南辣斐德路二亩至三亩为限。⑦精勤学社教员吴夏峰等向该校索薪请求协助案。议决:应函复已经起诉,应静候法律解决。⑧会员凌建南被暴徒惨杀致死,拘获凶手陈土根解法院审理中。另有花会案犯陈土根被法院误释,暗杀凶手陈土根请求协助案。议决:俟该家属呈报后再行查核,代请义务律师向法院进行办理。(《申报》1932 年 10 月 28 日)

同日　邀黄炎培"餐于其家"。(《黄炎培日记》)

10 月 28 日　偕黄炎培、江问渔乘早车赴镇江。(《黄炎培日记》)下午四时,于镇江县商会出席江苏京沪民食调节协会成立大会,各地代表到者四十余人。钱孙卿主席,黄炎培报告在锡开筹备会经过。继江问渔宣读协会简章草案,逐条修正通过。推定苏省商联辉、上海地方协会等七团体组织委员会,负责办理会务。(《申报》1932 年 10 月 29 日)晚,出席镇江商会宴请。宿城中饭店。(《黄炎培日记》)

10 月 29 日　上午七时,在镇江偕黄炎培到女职校参观。(《黄炎培日记》)九时半,出席江苏京沪民食第一次委员会会议。钱孙卿主席。推黄炎培、穆藕初、江问渔、陆小波、于小川、杨翰西、钱孙卿为常委。(《申报》10 月 30 日)中午,乘车返沪。(《黄炎培日记》)

11 月 1 日　国防设计委员会在南京成立。先生为委员之一。《国防设计委员会条例》规定:国防设计委员会直隶国民政府参谋本部。该会的职责是:①拟定全国国防之具体方案。②计划以国防为中心之建设事业。③筹拟关于国防之临时处。蒋介石任国防设计委员会委员长,翁文灏任秘书长,钱昌照任副秘书长,委员共三十九人是翁文灏、钱昌照、黄慕松、杨杰、陈仪、周亚衡、林蔚、丁文江、陈立夫、王宠佑、刘鸿声、穆藕初、曾兆伦、赵石民、陶孟和、刘大钧、吴鼎昌、徐新六、唐有壬、杨端六、万国鼎、沈宗瀚、胡石青、陈伯庄、顾振、沈怡、颜任光、钱昌祚、周鲠生、钱泰、徐淑西、俞大维、谢冠生、裴复植、王世杰、蒋梦麟、护士、杨振声、周炳琳。国防设计委员一切活动不公开,办公地点设于国民革命军总司令部三元巷二号,对外称"三元巷二号"。委员会隶属国民政府参谋本部,经费由蒋介石从军事委员会委员长的秘密经费里支出,每月十万元,委员每月支付二百元研究费。委员会下设三处八组,秘书处负责处理各类杂务、起草有关信函、收发文件、编制预决算、购买设备、编纂本会刊物、翻译外文资料等。调查处:负责有关方面的调查工作。统计处:负责将各种调查结果制成统计报表;负责整理中国海关 1926 至 1932 年间未公布的统计报告资料,并将世界各国贸易报告中关涉及中国的内容汇编成册。军事组:对陆、海、空三军力量,防御工事与设防区域,兵工厂及其辅助设施进行全面考察,密切注视国际军事进展情况,收集军事情报,制定抵御外敌入侵计划,并对现有兵工厂之整理与扩充、新厂设立,国内兵器、弹药种类及数量,还有战时军队编制、装备、海空防、江防等均必须提出计划安排。国际关系组:负责中国对外关系中有关国防的事务,外交、军事、经济、文化诸方面,重点在日本、苏联、美国,特别是有关日本的国内政治及对华政策,蒋介石又建议"于调查之外,应负责建议计划外交策略之责"。经济及财政组:调查财政现状,筹划战时维持财政支持的管理办法,参照国外先进经验,为国家货币改革提出意见。原料与制造组:对于国防主要原材料的国内蕴藏量作全面调查,并就特种矿产利用、兵工用钢制造、煤和石油的开采、冶金工业发展等制定具体计划和实施方案。运输及交通组:国内运输能力、铁路、公路、航运实际情况以及沿路经济情况做出详细报告,并提出满足战争需要而必须的扩充及数量的可行计划,对全国通讯设备、材料、人员予以普查,计划"国防通信网",加紧对落后器材的改造及新器材的试制与购买,尤其注重新式军用通信器材的研制和引进。文化组:奠定国防建设所必须奠定的文化基础,推广科学和技术,修订教科书,普及国防教育和军训,制定精确地图。土地、粮食组:调查全国农业及粮食、农村金融状况,制定战时粮食供应计划,对全国人口数量与分布作出最接近准确的查核。调查组:对全国各地中专以上文化程度的人才的状况进行调查,了解他们是否学用一致、是否专业对口,以便于在战争期间合理调配。[①](《钱昌照回忆录》第 38 页,中国文史出版社 1998 年 8 月)

11 月 14 日 下午五时,出席东北难民救济会宣传组会议,到者有任矜蘋、何德奎、陶乐勤、项远村、黄炎培、江问渔等。黄炎培主席。议案:①接洽各报月出特刊案。议决定名《东北月捐特刊》,登载言论图画,以及小品文字。②请名人无线电播音案。议决每星期播音一次,请马相伯、张公权、王晓籁、杜重远等轮流演讲。③编撰歌曲小品文字案。议决请严谔声君征求,以供游艺场所演唱。④接洽电影灯片案。议决电

---

① 钱昌照(时任国民政府秘书兼教育部次长)云:1931 年冬季,我向蒋介石提出了创办一个国防设计机构,以达到富国强兵、抵御外侮和巩固统治的目的。当时提出这个计划的主要是基于以下三个方面的考虑:(一)我是痛恨日本帝国主义的,同时我总认为总有一天日本帝国主义会大举侵略中国;(二)我一向高唱中国工业化,对蒋介石存有幻想,认为蒋介石大权在握,如果他能支持工业建设,事半功倍;(三)我在政治上是有野心的,想想拉拢一大批银行家、实业家、名流、学者作为政治资本,在蒋介石旁边独树一帜。(同上,第 36 页)1935 年 4 月,国防设计设计委员会与兵工署资源司合并易名资源委员会,隶属军事委员会。1938 年 3 月改隶经济部。

影灯片用图画及标语两种，俟材料征集后由任矜蘋君接洽。（《申报》1932 年 11 月 17 日）

11 月 15 日 发表译文《日本之饥荒及经济恐慌》一文。前言阐明日本必败、中国必然取得"最后之胜利"经济上之原因。云："近接美国《活的世纪》杂志九月号，内有转译巴黎《环球周报》所载《日本之饥荒及经济恐慌》一文，系《环球周报》在日本之实地调查，内容详述日本农村饥荒及各城市之经济恐慌，均有数字为之证明。日本一般平民之痛苦及少数军阀之肆虐，跃然纸上！于此可知日本军阀之侵略我国，更足以加重日本经济恐慌之深刻化。如我国人民能坚持经济绝交，及扶助东北义勇军，勿使东北利源及中国金钱为日本经济恐慌之续命汤，则日本军阀之强暴行为，适足以促进日本国内经济上之崩溃，而将日本军阀自身之命运，早日断送，此固所势必至者也。我国人正不必自馁，只须以坚壁清野之持久工作，以求得最后之胜利耳。"（《申报月刊》第一卷第五号；《文集》第 260 页）

同日 东北难民救济会与上海会计师公会、市商会、律师公会、总工会合组主办救济东北难民游艺大会于新世界举行。推定王晓籁、杜月笙、史量才、虞洽卿、王延松、林康侯、黄金荣、穆藕初等筹备。新世界原有游艺一律停止，由非职业艺术团参加该会游艺，计平剧、话剧、歌舞、音乐、电影、运动、国术、杂耍、名花、舞星十组，门票一元，由上海市童子军挨户劝购。一面各组分推代表向各号劝认月捐。（《申报》1932 年 11 月 27 日）"而尤可重视者，为现代名家书画展览会。该项书画分三部征集。一由穆藕初先生、江小鹣先生等以友谊请求所得，一由中国画会征集会员作品，一由三友善会拨捐，共计名贵作品百数十件。其中最难得者如冯超然、吴湖帆、陈小蝶、李祖韩、孙雪泥、钱瘦铁、汪星伯、张聿光、刘海粟、汪亚尘等。或以工力独胜，或以超逸见长，皆堪称名世之作。而叶恭绰、王同愈先生等书件，亦为难能可贵。此外更有闺秀作品多件，尤足珍异。"此次游艺活动至 12 月底结束。（《申报》1932 年 12 月 28 日）

11 月 18 日 与黄炎培宴请曾慕韩、张子柱等。《求不得斋日记》云："午黄任之、穆藕初请在地方协会便饭，宴曾慕韩、张子柱等。"（《宪政救国之梦——张耀曾先生文存》第 345 页）

11 月 26 日 东北难民救济会发表致先生函，云："本会成立于一·二八事变之顷，从事接济十九路军队。现以此款仍用于抗日，与原旨仍相符也。"（同日《申报》）

11 月 27 日 上午十时，于湖社出席上海市前卫生局局长胡鸿基追悼会，市政府暨各局处及本市各医学团体、学校参加者达千余人。先生挽联云："卫生术富，博士名扬，市政频年宏建树；教泽涵濡，死生俄顷，楚歌□阁倍凄凉。"（《申报》1932 年

11月28日)

同日 马占山致王晓籁、杜月笙、史量才与先生等电,谢各方捐款。电云:"前承分神接洽,收存沪中行巴达维亚侨胞惠助敝军之款计沪洋七万元,刻经该行如数汇到。除填发印收并另电侨胞致谢外,特电奉闻,并致谢忱。"(同日《申报》)

11月29日 签署《上海东北难民救济会启示》,呼吁市民速加入月捐运动,救东北、救热河、救中国。文云:"世界人类之苦未有苦于为难民者矣。难民之遭难者,则居无室,饥无食,寒无衣,流散奔走,以求生存。慈善之士常竭人类互助之爱,以救之今日东北之难民,不独居无室,饥无食,寒无衣而已,亦且欲流散奔走以求生存而不可得。盖人祸之患胜于天灾,飞机枪炮之追逐无停时,无止境。流散奔走之人尤多,则其追逐为祸之范围亦尤大。于是勇于赴义之东北难民遂不得不舍其九死一生之生命,以与追逐之飞机枪炮相决斗,为国家尽保土之责任;为人类尽救世之义务。今日人祸之为患已遍及于东三省,倘无赴义之难民以当之,则甚于洪水猛兽之人祸已早入岌岌可危之热河,而波及于全中国,或且疯行狂奔而使其他各国同受其祸。吾人欲使热河不为东三省之续,欲使全国同胞他国人类不为东北难民之续,惟有尽力接济东北赴义之难民,长期援助东北赴义之难民,尽力接济东北赴义之难民,即可阻止人祸范围之扩大,人祸为患之能力。换言之,即所以救东北,救热河,救中国,并救世界各国之人类。上海之同胞乎! 全国之同胞乎! 海外之同胞乎! 勿坐令东北赴义之难民独负保国之责任,独尽救死之义务,应共同奋起,认定月捐,以增长期援助之实力。"末署先生在内的上海东北难民救济会全体理事及各组正副主任名单。(同日《申报》)

12月2日 联名发表上海东北难民救济会月捐运动《紧急启事》,公布月捐办法。文云:"东北沦亡,瞬逾一年,全国沈寂,独仗义军舍命奋斗,死者横尸绝塞,生者浴血泳天,若不扩大援救,长期接济,义军灭而东北亡,而中国亦亡。爰本救人自救之旨,公议月捐办法。(一)此项月捐以六个月为限。(二)北平设有东北难民救济协会,为救济东北中心机关,由朱子桥将军主持,本会捐款悉数汇交支配。(三)办公费统由发起人负担,绝不动用捐款分文。(四)收款机关:1.本埠各大银行,2.恒巽、福源、同春、庆成、怡大五钱庄。3.上海市商会。主席理事王晓籁、史量才、杜月笙、张啸林、虞洽卿。总务组主任穆藕初,副主任王延松、江问渔,捐务组主任王晓籁,副主任骆清华、黄延芳,宣传组主任林康侯,副主任严谔声、黄任之,保管组主任贝淞荪,副主任胡孟嘉、吴蕴斋,支给组主任史量才,副主任徐寄庼、俞佐廷,审核组主任胡筠庄,副主任徐永祚、潘序伦。"(同日《申报》)

12月4日 就《申报》读者顾问栏刊登刘学来函询问安徽同乡会控告赈灾委员会查勉仲等事,致函《申报》,发表意见。云:"第二点:'假使所控非实,对于诬告应如何处罚？'第三点：'假定所控是实，则对于查勉仲等应如何处罚？'其后附贵报记者意见，请大家参加讨论。鄙意此案既已诉诸法律，应该依法解决。现此案正在法律程序进行之中，为尊重法律起见，无论原告、被告及第三者均当静待法庭依法审判。凡处于第三者地位之人，应该注意两点：（一）报纸记载该案依法审判情形之经过及双方口供，各报是否一律以客观态度记录刊载？（二）法庭是否能为公平合法之判决？及法官对于此案之态度是否公正无私？此外为养成法治精神起见，似乎无讨论之必要。"（《申报》1932 年 12 月 5 日）

12 月 5 日　与黄炎培、杜重远"商取消爱国奖券事"。（《黄炎培日记》）

12 月 14 日　下午四时，在镇江于镇江商会出席江苏京沪民食调剂协会第四次委员会议，到者有镇江商会陆小波、于小川及农民银行、苏省商联会、吴县商会、无锡商会代表。陆小波主席，于小川报告"本省米麦业经省府议决，准予流通"。黄炎培报告晋见宋代院长请求开放米禁经过。决议：①议决订本月十九日在上海开第五次委员会，再向上海各银行接洽借款。②将本会成立后工作拟成报告，分发各地有关系各团体。（《申报》1932 年 12 月 16 日）

12 月 17 日　与浦东同乡会常务理事杜月笙、黄炎培、沈梦莲、吕岳泉等为反对苏省加征漕粮事，发表致南京财政部部长宋子文电。云："苏省漕粮，每石加征二元，奉钧令自二十一年起实行免征。乃本年漕粮，仍加二元。上远部令，下拂民情，实属大伤政体。请电饬苏财厅立予取销，并分行各县停止征收，至祷至感。"又发表致江省政府主席电云："苏省漕粮，每石加征二元。本年六月奉财政部令，自二十一年起实行免征，乃财厅蔑视部令，仍饬微加，威信丧失，民力难胜。除分电财部外，请严令财厅，立即分行各县停止征收。"（同日《申报》）

12 月 19 日　就林康侯交来期票事致函刘聘三。函云："兹由精勤厂、律成风琴厂托林康侯先生交下廿九期票元玖百两，送请察收，作为了结。请掣付收条连同保单一并迳送银行公会林康侯先生收为荷。弟因事赴京，约三四日后返沪，顺以附闻。"（原件，上海中华劝工银行档案）

同日　发表《论政府急宜救济棉业》一文，阐述棉业在国民经济及财政上之重要地位以及我国棉业各种弱点：①原棉不足，②棉质粗劣，③棉花积弊太深，④棉花偷漏，⑤纺织技术太幼稚，⑥工人难于管理，⑦工作能力薄弱，⑧生产数量较低，⑨工缴成本较大。"以上就原料、技术及工缴成本而言，我国棉业已难与日厂竞争，但我国棉业在金融运输等方面，尚有其他种种缺点：第一，缺乏公积。在华日厂，均系支厂，历年营业获利，多有巨大公积，各厂合计，所有公积在资本一倍以上，故根深蒂固，而华商各厂，多数无公积，即有亦为数不巨。第二，资本薄弱。华商各厂，往往事业大于资本，金融周转，极为困难。第三，利息太昂。因为缺少活动资本，不能不向银行钱庄借款,月息常在一分以上,有高至月息一分四五厘者,实有不胜负担之苦。第四,运输太慢。日商购运美国及印度棉花,与日商轮船公司订有特约,尽先装运,即在中国各地运输纱布,亦有日本商轮尽速为之装运。华商各厂,不但无对外航业,即国内交通,亦障碍重重,在运输上,比较日商大为逊色。第五,苛捐繁重。日商购花卖纱,有条约保护,一税之后,即可通行全国,而华商各厂,则不能享此利益,内地各厂之苛捐杂税,至今存在者尚多。第六,内地纱厂为人鱼肉。在通商大埠工厂林立,且多有洋商设立者,意外之事较少。至于内地各厂,因为交通不便,消息不灵,常受意外之摧残,而无法伸诉。第七,纱厂当局眼光短浅不能固结团体。日本棉纺织工业,有坚固团体,用其全力压迫我国棉业,向我国棉业进攻,欲以日本棉业垄断中国市场。数年以来,着着进步,日本棉货输入中国,已占中国进口货之第一位,而日商在华各厂,比较华厂又占优越地位。而我国各厂当局,尚不能固结团体,以御外侮,此亦我国棉业不易发展之一大原因也。"呼吁政府"增加棉货进口税",积极筹划发展棉业计划。云:"棉业对于国民经济,及国家财政,既处于极重要之地位,而其自身之百孔千疮,又如上述。为今之计,不能不希望政府积极救济,最重要者有二。第一,增加进口棉货关税。我国进口棉货,以日货为最多,因有民国十九年中日关税互惠协定之束缚,不能自由加税。唯该协定将于民国廿二年五月六日满期,距今不足五个月,深望政府早日注意及此,预为准备,一俟该协定满期,即行宣布进口棉货增税之具体办法,以保护本国棉业。第二,积极筹划发展棉业之整个计划。我国棉业之缺点,有种种方面,必须统盘筹算,成立积极发展棉业之整个计划,同时并进,不能枝枝节节从事解决。政府而有积极发展棉业之决心,不患无办法,鄙人不敏,将为我政府续陈其意见。"

（同日《申报》;《纺织周刊》第二卷第五十期;《文集》第 260 页）

12 月 25 日　出席浦东同乡会购置会所委员会会议。议决:"本会购置会所基地应积极进行,该爱多亚路口基地一段其地点与价值均属相宜。即推潘志文君与现业主洽浃磋商,所需地价除本会存有现款外,请杜君月笙、张君效良首先提倡并分队募捐,自易凑集。至将来建筑会所时,谢君秉衡愿担任设计工作,可省费而工程巩固。图样送交谢君秉衡一阅,所有该地私路一条,将来有无划作公路之处,应予考量,推举谢秉衡、潘志文、顾文生前往。杜月笙、张效良二先生电报告所议情形,征求同意。现业主王金仁处以杜君名义具函,托潘志文前往接洽定夺。"（《浦东同乡会购置会所委员会会议记录》)

12 月 28 日　中午,救济水灾委员会委员长宋子文于中央银行宴请察勘团各委员,先生出席。宋子文报告水灾会救灾治水述要,次闻兰亭报告察勘经过,《字林西报》记者芬区及扬子江水道整理委员会工程师史笃培,讲关于水利堤工之意见。

先生致词云:"政府不徒要做大事,应上下各尽其力,始能巨细毕备。而恢复农业经济,尤非政府之力不办。且农业为工商业繁荣生长之所赖,亦既立国之命脉也。去年长堤告成,保护田亩,为数甚多,有裨农业,固已不尠。尤望政府继续努力,救济农村。"(《申报》1932 年 12 月 29 日)

同日 《申报》刊登《现代书画名家救济东北难民》消息,报道救济东北难民游艺会展览名家书画。"该项书画分三部征集,一由穆藕初先生、江小鹣先生等以友谊请求所得;一由中国画会征集会员作品;一由三友善会拨捐,共计名贵作品百数十件。"(同日《申报》)

12 月 29 日 下午八时,宴请河南省主席刘峙,黄炎培作陪。(《黄炎培日记》)

12 月 刊印《上海市私立位育小学校创办缘起》,修订章程。办校宗旨为"以充实人民生活,扶植社会生存,发展国民生计,发挥民族精神为目的。因之定本校的教育目标如左:甲、培养高尚人格;乙、培养博爱精神;丙、培养勤劳习惯;丁、培养健康体格;戊、培养生活智能;己、培养科学思想。"编制自幼稚园起至高级小学毕业为止。幼稚园课程包括音乐、故事和儿歌、游戏、社会和自然、工作、静息、餐点作法、识字。小学部分包括公民、国语、体育、社会、自然、算术、劳作、美术、音乐。"每天晨起有朝会,施以公民训练及体育训练半小时。午后户外运动及音乐半小时。故公民、音乐、体育,不另占授课时间。另设英语、国文选修科,三年级以上学生得选习之。"所署创办人十五位,除八月十九日呈市教育局文中所列十三位校董外,增加吴瑞元和穆伯华二人。(位育小学档案)

12 月 豫丰纱厂向股东报告一九三二年营业情形:"二十年份美棉丰收,花价迭见低峰。豫陕棉产量既增,品质亦佳。故以去冬国内纱花情形及本厂机器改革后之出现观之,二十一年份之营业,当可大有起色。不意'一·二八'沪变发生,上海金融顿紧,内地购买力亦大受影响,致使虽有良好机会,不能如愿以偿。上半年营业尚属不除,除一、六两月外,各月均有盈余,为十八年上半年以后最美满之一期。迨新花登场,产额与棉质均较上年逊色,花价于是常逞坚稳之象。而纱市则受日纱倾销影响,反形萎疲。华厂纷纷贬价竞售,互相挤轧,晋冀各纱,且时有大批倾销,豫鄂境内售价远在成本以下。加之东北事件延不解决,内地各业日见收缩。故除八、九两月稍有余利外,各月收入仅敷开支。迨至岁暮,情形更恶,实销停顿,市面黯无生气,厂家莫不赔累,本厂当难独免。所幸上半年稍有余储,统计之余,全年营业尚不至有何亏蚀耳。统计全年出纱四万五千九百八十六件,销纱四万七千二百八十一件,均为开厂以来未有之数目,聊足以慰我股东者也。布厂仍未开织。"下列表报告本年收支情况。(原书)

本年 送吴大榕赴美国留学。穆恂如《回忆录》云:"于诸多莘莘学子之中,吴大榕亦为父亲所瞩目者之一，且进一步而为其婿矣。大榕苏州人，幼聪明好学，读书不倦，努力上进。自小学至高中，年年得奖，非但没有付过学费，且年年有奖品。高中读书由族中亲戚支援。父亲见其聪慧，嘉其努力，乃极力资助其自费留学。于是大榕于交大毕业后，于 1932 年渡洋至美国 M. I. T（麻省理工学院）攻读硕士学位。至 1936 年回国，为罗家伦校长聘为旧中央大学电机系教授。"（手稿）

　　本年　出席张毅年与陈书蓁结婚典礼，先生与费砚①为介绍人。楚国仁《体弱意坚艺事坚，传古开今性情真——张毅年两岸流连各半生》云："1932 年，张毅年与陈书蓁女士在上海结婚，证婚人是国文老师王同愈，由陈书蓁的养父徐锡之和冯超然主婚，介绍人则为穆藕初和费砚"。**（引自郑威、冯天虬《冯超然年谱》第 180 页）**

———————————

①　费砚（1879—1937），字龙丁，松江人。吴昌硕弟子，工诗，能书善画，精篆刻。曾为先生刻牙章一方："穆湘玥印"。边款："藕初先生正刻，龙丁制。"（原件）

1933 年(民国二十二年,癸酉) 五十八岁

1 月　日军进攻热河,与东北军展开激战。

2 月　张学良抵热河,与热河省主席汤玉麟联名发表抗日通电。

国联宣布中日争案调解失败。24 日,国联大会通过十九国报告书,不承认"满洲国"。日本声明退出国联。

国民政府财政部公布《废两改元令》,以规元七钱一分五厘合银元一元为兑换率。

3 月　日军攻占承德。

4 月　受世界经济衰落、外纱倾销及日本侵华战争影响,上海等地华商纱厂被迫实行减工。上海华商纱厂联合会派代表晋京请愿。

5 月　中日签订"塘沽协定"。

6 月　《中美棉麦借款》合同签订。

河南豫丰纱厂建立党支部,张治平任书记。

7 月　豫丰纱厂数千工人在纱厂党支部领导下,进行长达半年之久的反内战、反饥饿,要求发放迁厂遣散生活费的大示威请愿斗争,最后取得了胜利。

11 月　福建事变发生。福建人民政府与中华苏维埃临时政府签订抗日停战协定。

1 月 1 日　发表为《东方杂志》"未来中国"、"未来的个人生活"元旦专栏①而作《新年的梦想》二文。前文云:"政治上必须实行法治。全国上下必须同样守法,选

---

① 1932 年 11 月,上海商务印书馆《东方杂志》举办"新年的梦想"专栏征文活动,向全国各界知名人士发出问卷 400 余封,第一、梦想中的未来中国是怎样?(描写一个轮廓或叙述未来中国的一方面。)第二、个人生活中有什么梦想? 至 12 月 5 日截止,共收到 160 余封回信,其中上海 78 篇,南京 17 篇,北平 12 篇,杭州 8 篇,广州 4 篇,天津 2 篇,以及济南、武汉、西安、青海、日本、新加坡等。作者中最年长者为 94 岁的马相伯,最年轻的是日本大阪商科大学留学生周伯棣(32 岁)。最多的是学者教授共 38 人,有陈翰笙、陶孟和、杨杏佛、郑振铎、俞平伯、顾颉刚、周予同、周谷城、范寿康、张申府、周作人、诸青来、曹聚仁、漆淇生等。其次是作家、编辑,共 39 人,有巴金、茅盾、郁达夫、老舍、李青崖、傅东华、谢冰莹、邹韬奋、金仲华、夏丏尊、宋云彬、施蛰存、周宪文、林语堂等。教育家 9 人,有叶圣陶、孙伏园等。记者 12 人,有楼适夷等。艺术家 3 人,有洪深、徐悲鸿、钱君匋等。政府官员 12 人,有柳亚子(中央监察委员)、曾仲鸣(铁道部次长)、武育干(上海市政府参议)等。实业家 3 人,有穆藕初、毕云程等。银行家 2 人,为章乃器、俞寰澄。另外还有律师、职员、学生、普通读者等。

三十年代时期的穆藕初

拔真才，澄清政治。官吏有贪污不法者，必须依法严惩，以肃官方。经济上必须保障实业（工人当然包括在内），以促进生产事业之发展。合而言之，政治清明，实业发达，人民可以安居乐业，便是我个人梦想中的未来中国。"后文云："在事业上可以按照计划逐步推广，以造福于平民生计。在生活上可以稍有余暇，继续研究一种专门学问。尤希望在职业以外，能有余力为社会服务，为大众谋幸福。（《东方杂志》第三十卷第一号，1933年1月；《文集》第262页）

1月3日 下午三时，赴青年会出席由孙哲生、叶恭绰、吴铁城、伍朝枢、张定璠等五人发起的中山文化教育馆邀请各界茶话会。到者有史量才、王晓籁、杜月笙、张啸林、林康侯、郑洪年等一百余人。孙哲生主席，致开会辞云："鉴于外侮日亟，内忧未已，挽此沉疴，端在心理建设，乃征之以总理之主义，征之以总理之学说，以恢复中华固有文化为经，以吸收现代新兴文明为纬，培养民族生命，造成核心信仰。将数年来萦迴于脑际，而未克成功之中山文化教育馆作一具体计划。适以首都召集三中全会，遂以缘启章程，刊印传观，签名发起者达百余人。佥谓百年大计，舍此末由，不特发扬光大总理之主义与学说而已。惟是一计划之实行，端赖群力并举。本馆之地点既在上海，上海又为全国人文荟萃之处，故乘兹年假邀请诸位，尚望不吝教益。"次叶恭绰、吴铁城、史量才、黄炎培等演说。（《申报》1933年1月7日）

1月8日 下午二时，赴上海市商会出席浦东同乡会第二次会员大会，全体理监事及会员二百三十九人出席。杜月笙（潘鸿鼎代）、先生、秦砚畦（张伯初代）（以上理监事推出）、江倬云、顾文生、黄炎培、瞿绍伊（以上大会推出）七人为主席团。先生报告云："本会成立之初，即逢'一•二八'沪变发生，本会在非常困苦艰难中救济同乡，维持地方。迨沪战告终，始致力于会中建设事业之进行，因值兹国难当头，会务无多大发展，此应请诸同乡予以原谅。今后惟有希望秉坚毅精神，继续努力。"会务主任瞿绍伊报告征收会员及会员特捐情况。[①] 继黄炎培演说，"大意在勉励同乡会三件事：

---

① 《浦东同乡会征信录》记，此次特捐共征得9 904元。杜月笙捐款1 000千元为最高者。先生捐款200元。

一、武力自肃;二、普及教育;三、增加生产。"先生向上届征求会员分数最多者金鸿翔等九人颁发名人书画奖品,又报告经济收支状况。议案:①购置会所。②市轮渡迭次加价。③理监事会办事及会计细则。④浦东医院经费劝募。⑤浦东交通机关等补助公益捐。均交理监会办理。又通过临时动议案:①通电鼓励前敌抗日将士。②电请中央即日抽调劲旅赴前敌抗日。③分函浦东各县商会坚持抵制仇货。(《浦东同乡会第一、二、三、四次会员大会记录》,上海市档案馆藏;《申报》1933 年 1 月 9 日)

同日　杜月笙、先生、黄炎培、沈梦莲、吕岳泉五常务理事署名公布《浦东同乡会章程》,规定"本会以黄浦左方之宝山、上海、川沙、奉贤、金山、松江七县原区域内之同乡组织而成,故名浦东同乡会。"本会会务为:"一、发展生产事业;二、筹办互助事业;三、促进文化事业;四、调解纠纷事项;五、举办慈善事业;六、策励会员储蓄;七、改良风俗事业;八、督促自治建设;九、职业介绍事业;十、扶助善良昭雪冤抑;十一、其他有益于本乡地方或本会员之事项。"(《浦东同乡会第二次会员大会特刊》)

同日　慎昌洋行与天津中国银行、豫丰纱厂董事会商定《债权让渡办法大纲》。大纲规定:

(一)慎昌洋行对于郑县豫丰纱厂债权上之优先权让渡与银行直接承受;

(二)慎昌洋行对于豫丰纱厂之经理权,经豫丰纱厂董事会承认由银行继承;

(三)豫丰纱厂除按照抵押与慎昌洋行之全部纱厂机器,由慎昌移转外,再由豫丰董事会将厂房、货栈、办公室、工房、职员住宅,连同基地(永租地除外)一并向银行抵押洋贰百万元(此项押款为厂基抵押);

(四)花纱物料抵押透支总额洋二百万元,花纱以九折作抵,物料以八折作抵;

(五)前项厂基抵押借款,花纱物料抵押透支均以周息壹分计算,纱厂于每年度决算时除折旧外,如有盈余提净利百分之十五作银行酬劳金,但总数不超过全年借款总额按月壹分之息金;

(六)厂基抵押借款以十分之七还慎昌,以十分之三作纱厂活动资本与花纱折旧之用;

(七)豫丰纱厂所欠慎昌洋行债务于让渡优先权及经理权时,先付还慎昌洋行壹百肆拾万元外,其余欠数如何分期拨还,由银行与慎昌及豫丰董事长三方共同商定之;

(八)申、汉债券团之欠款依照前慎昌合同办理之;

(九)兴业银行借款及郑州三银号期票如何分还,其颁发另商定之;

(十)纱厂于每包纱加成本六元为拨还银行厂基借款之用,其营业各年终决算获有盈余时,提十分之六作为厂基抵押之现金担保,以十分之四分别匀偿各债权,倘纱厂不幸破产时,银行与慎昌洋行同享有优先清偿权;

（十一）银行援照慎昌办法,委托　　为郑县豫丰纱厂经理;

（十二）驻厂经理及工务、业务、事务三处主任及其他重要职员概由银行保荐,经总经理同意聘任之,但会计主任由银行直接派充,各员并受银行监督,其办事方针须得银行之洽意;

（十三）纱厂每年无论盈亏,送银行经理费一万贰千元,至银行派在纱厂办事人员之薪膳由纱厂支给之,其待遇与纱厂职员同;

（十四）纱厂之一切保险由银行之保险行,以最公道价目代承保之;

（十五）物料购办由银行派人办理之。"

同时,中国银行天津分行另订有《关于慎昌借款事由细则》。同年9月,豫丰纱厂移交天津中国银行接管,历时十年由慎昌洋行经营历史结束。次年5月,豫丰纱厂改组,改名"豫丰和记纱厂",先生仍任董事长,聘严庆祥为经理。（合同底稿,浙江兴业银行档案;《豫丰和记纱厂第一届报告》,1935年5月）

1月15日　主持华商纱布交易所第二十三届股东常会。到会股东一百五十六人,三万一千余权。先生致开会词。张监察报告账略,高理事报告业务。议决纯益金分配案,定1月17日起核发。（《申报》1933年1月16日）

同日　上海职业教育社第十五届纪念征求社员结束。此次征求由总队长史量才、钱新之、杜月笙竭力提倡,队长中有吴蕴斋、朱吟江、胡笔江、穆藕初、潘公展等,征求成绩甚佳。（《申报》1933年1月8日）

1月16日　下午五时,主持浦东同乡会第十一次理监事联合会议,到者二十余人。先生报告各项事件。议案:①第一届大会交办购置会所仍交专门委员会原办人办理。②浦东交通机关辅助本会经费以便办理公益案,暂行保留。③理监事会办事细则交下次会议决定。④对于浦东各报要求扶助,只付广告费,不给扶助。⑤追认前捐垫十九路军内衣费一百三十二元。⑥函致浦东各商会迅予抵止仇货。（《浦东同乡会理监事会议记录》;《申报》1933年1月18日）

1月18日　发表致吴佩孚电,请吴警惕日寇阴谋。电云:"北平吴子玉先生鉴:暴日既吞东北,复占榆关,节节进迫,举国同忾。凡有血气,靡不枕戈以待,誓与周旋。近闻日方在平津一带,极意蛊惑在野名流,提倡国民携手,以反对军阀专横为名,阴行分裂神州计划。设惑偶与委蛇,即坠狡计。我公深明大义,必能洞烛奸谋,倘有日人求见,宜即拒而不纳。并盼激励旧部,一致同仇,指导国民,抗日抵货,庶内坚同胞敬仰,外杜强寇阴谋。敬贡刍言,当蒙鉴纳。穆湘玥叩。篠。"（同日《申报》）

1月21日　吴佩孚复电云:"市商会主席王晓籁,并请转穆藕初先生及上海市地方协会、交易所联合会诸先生均鉴:先后承两兄暨诸先生惠电,义正词严,具征见爱之深,感幸无已。同仇敌忾,身虽在野,自问尚未敢后人。平日心期关、岳文史,并皆奉为楷式。春秋内外之义,尤所兢兢而弗敢失者。以故旧京寄迹,讲道德悉为海内知交,殊服异族之宾,从未一入门庭,此可以共示国人也。昔禄山造反,河北二十四郡,惟平原起义。玄宗叹为不讥,真卿作何状?抚今追昔,岂胜慨念。承晓兄以常山相勉,遂不禁连想及之矣。至诱励袍泽,同遵业轨,陈言往说,罔不如期,抑又不自今日如斯也。聊述硁硁,尚希亮察。吴佩孚叩。皓。"(《申报》1933年1月22日)

1月22日　位育小学成绩展览会是日开幕。《申报》报道云:"法租界吕班路位育小学,为教育、实业两界闻人穆藕初、潘序伦、簠延芳、刘鸿生、黄任之、江问渔、杨卫玉诸君创办。半年以来,成绩甚著。昨日上午举行成绩展览会,家属到者如胡筠庄、杨德昭、朱经农、吴开先、童行白、邹秉文诸夫人等四十余人。由江问渔君主席,

位育小学

报告办学方针。黄膺白夫人沈女士演说并给奖。开会毕,由校长张曼筠女士等引导来宾参观学校设备及各科成绩,来宾均极赞美。而于该校之环境及教训方法,尤为满意。该校将于二月三日招考新生。"(《申报》1933年1月23日)

1月26日　于冯超然处晤吴湖帆。吴湖帆记云:"夜饭后晤穆藕初、张亚庸于超然处。"(《吴湖帆文稿·丑簃日记》第19页,中国美术学院出版社2004年版)

1月28日　晚,在谢绳祖处作"骰子戏"。吴湖帆记云:"晚间在谢绳祖处夜饭,与藕初、超然骰子戏,胜六元。归已夜半三时矣。"(同上)

1月30日　下午三时,于银行同业公会出席中国国货股份有限公司创立会。到者股东及代表人数二百二十五人,股数三千九百五十六股。潘仰尧主席,报告开会宗旨云:"本公司经数月之筹备,现已收足股本。今日开创立会,到会人数、股数均足法定数,创立当然成立。"次社会局代表吴桓如科长致词云:"今日参加中国国货股份有限公司创立会,甚觉愉快,因国货公司在中国尚属首创。近年本人在社会局服务,主管农工商业,深觉提倡国货之重要。曾数次拟利用庙产公地,建筑一大

规模市场,均以种种困难不果,可见提倡国货政府虽有极大决心,仍须工商界自身努力,方有力量。"继选举董事、监察人。方液仙、蔡声白、叶友才、潘仰尧、史量才、张惠康、黄首民、王伯元、穆藕初当选董事。(《申报》1933 年 2 月 2 日)

同日 国民党上海市党部召集各团体于市商会开会,讨论慰劳抗日将士办法。决定成立上海市各界慰劳抗日将士委员会,聘请各界名人王晓籁、虞洽卿、史量才、杜月笙、张啸林、穆藕初、吴开先等担任委员。(《申报》1933 年 1 月 31 日)

1 月 隆茂纱厂因总经理杨习贤无法清偿债务而倒闭,各债权人纷纷向先生索赔,后诉讼解决。《张秉钧之谈话》一文记云:"隆茂纱厂倒闭后,总经理兼厂长杨习贤已委托李祖虞律师,徐永祚会计师共同清算。闻总计负债有五十余万之巨。杨因连带而倒之天隆花钞号,及个人私欠颇巨,无法应付。自美安洋行控案宣告无罪后,即已不明去向。现在花商债权人以董事中之张秉钧颇颇有资力,曾委托吴麟坤、王黼裳等律师一以刑事自诉。而张亦委、查人伟、单毓华、唐慎培等律师提出反诉,业经开庭数次。现悉已于九日辩论终结,定下星期一宣判。记者昨晤张秉钧谈及本案原告,对于本人意欲其向各董事疏通,分别出资津贴,其所控完全系手段而非目的。余虽名董事,并不执行业务,且经辞职。而依照呈部章程规定,均由总经理主持一切,即董事会之开会,亦规定由总经理召集。实际股份杨占极大多数,故股东信任其独断独行。念一年六月间,据其在股东会报告账略,尚有盈余。不料其受环境影响,数月来竟亏耗如此之巨,股东间殊万想不到也。"(《申报》1933 年 1 月 13 日)穆伯华《先德追怀录》云:"民国十七年戊辰一九二八年,我父五十三岁。有受业门生杨习贤向在纱布交易所开设经纪人字号,获大利,年才三十外。向日商纱厂业盘进一万锭子之旧纱厂,取名'隆茂',敦请我父做董事长。我父在上海已无有纱厂事业,又为喜爱浮名心所驱使,允其所请,但无股本加入。乃签一万元借据一纸,易隆茂股份一万元之股票,一切联系及交换手续皆命我为之。该厂机器陈旧不堪,纺成之纱卷而不直,不能织布,连年失利,支持为难。我获悉此内情,一而再再而三力劝我父不必顶董事长虚名,速速退股,收回借据,跳出将来或许有之是非门,最后得我父允许。我立即与杨某声明退股事,经十多次交涉,历时二个多月,方得杨某勉强同意,然后由账房徐典文交出借据,我退回股票,手续交割清楚,在我们心中自然与该厂已断关系。不料半年后,该厂搁浅。该厂系无限公司性质,当此之时,政府颁布一条民法,无限公司破产者所欠债款由董事长负责全部赔偿责任云。隆茂共拖欠各行庄三十万元,于是各行庄三十余家联名为原告,我父一人为被告,追还全部债款三十万元。杨某是经理,反不在被告之列。我父对此案颇大意,请徐诗廎律师出当地初审庭。我父败诉,方起恐惧之心,加请薛笃弼律师办理此案,进行二审。薛律师刚才辞去内务部部长显缺,来上海执行律师业务,案件悉归佐理律师办理。我父又不放心。一日,我父挈我与徐诗廑律师到刘崇佑律师家。此人为北京素负盛名之大律师,到上海执行律师业务尚未满半年,年已七旬外,绺长须,精神饱满。我父备陈案情经过,刘律师听毕,顾视于我,声色俱厉说:'你速向隆茂厂杨某处取回以前之股票拿来交给吾,若取不会,只有预备巨款赔出'云云。我父遂告辞,我与徐律师随之同出。我探知杨某为避祸计,已秘密离开上海远走高飞,不知去向。又探悉杨某委托其账房徐典文留守该厂。徐某为生活计,已另有他就。每天一早离宿舍,深夜而归。我深知此事甚棘手,盖要在别人手中拿回自己所立之借据,利己而无利于他也。然而此案对我父之关系至为巨大,我不能不尽力为之。于是在一个清晨寻到徐某宿舍处,他睡床未起。坐等他梳洗毕,我将来意告之。他以不能擅自作主为辞拒之,我说你把杨某隐匿之地点告我,我不与你为难。他颇有难色。二小时舌□唇焦,他方许用告借方式要我立据,书明'借到原股票三天内必须归还'。我出立借条借到已经该厂注废之穆姓藕初原股票一纸,及该厂股东名册一本,写明穆某股票于年月日让渡与杨某等字样。我持此二证件交于我父,我父看后命我送到刘律师处。刘律师亦观看一遍,谓我曰:'对你令尊说请宽心罢,没有事了。'又说:'证件留下须摄照片,后天来取'云云。到了第四天我再去取回证件送交徐某。此项折冲经过时间虽不长,实则煞费脑筋,一言难尽,无须细述。刘律师凭此铁证答辩状,在苏州二审第一庭上驳回初审原判,讼事遂告平息。后来刘律师对徐律师说:'这件事你不能做到的,我对伯华兄用猛言以激之,方得此证件'云,盖徐律师是纱布交易所之常年法律顾问,对我是客气的。后来上海出版一本名为《上海名律师诉讼状稿》,此案亦收集在内。""我父对于别人之事,尚喜排难解纷,于杨习贤属师生兼有亲戚之谊。对于此事幸得脱身事外,但是不忍作旁观想。过数个月后,我父出面设宴邀请隆茂之债权人代表十余人于我父家中,杨某及我都在座。他们商议出让该厂之价格及摊还借款问题等等,得以解决。"(手稿)1934 年,严裕棠收购隆茂纱厂,改名为仁德纱厂。

2 月 1 日 《申报》刊登东北难民救济会第十一次月捐报告,先生捐款二十元。(同日《申报》)

2 月 3 日 下午四时,赴青年会出席东北协会成立大会。与会者有蔡元培、许世英、王一亭、褚辅成、章士钊、吴铁城、林康侯、史量才及各界领袖、报社记者百余人。吴铁成主席,报告该会发起缘起云:"东三省有三十六万方里面积之土地与三千万人口,及无数宝藏物品,日本视之为生命线,而我国则以之为生命。盖无东北,即中国无生路。兹东三省失去已年余,我政府用尽和平方法,与义勇军之武力奋斗,尚无收回之希望。东北同胞来关内各地呼号求助者,不绝于道。国内同胞亦踊跃援助。有沪上之救济东北难民,与辽、吉、黑义军后援团体之组织。然仅以救济援助为限,尚无统一之组织。盖欲救东北,不仅限于救济,此外犹有重要之责任在也。故同人等发起东北协会,以为救东北之统一永久组织。除目前努力于收回东北运动外,复为将来开发东北富源树始基,此则较其他仅以救济为务者之范围为大,而责任亦较重也。"次蔡元培演说。继通过章程,定名为东北协会,以研究东北问题,救济东北同胞为宗旨。理事会下设总务、组织、调查、救济、宣传五组。选举史量才等二十七人为理事。(《申报》1933 年 2 月 4 日)

2 月 5 日　晚,访黄炎培。谈"东北日捐运动。假定行期","商行后问题。"(《黄炎培日记》)

2 月 6 日　与黄炎培等于上海市民地方协会聚餐,"到协会。王洛成来,藕初、克诚共餐。"(《黄炎培日记》)

2 月 7 日　下午五时,于银行俱乐部出席国际问题研究会会员大会。与会者有陈立廷、邹秉文、张绚伯、吴任之、陈彬龢、朱义农等十余人。邹秉文主席,介绍来宾徐淑希为研究东北问题及国际政治之权威学者。次徐淑希"演讲国际对东北问题之情形,与我国应取之外交策略"。先生问:"(一)如日人占领热河后是否继续进占平津?(二)如日占热河后,美、俄态度是否改变?(三)东北倘无义勇军之奋勇抗日,国际间形势若何?"徐淑希一一回答:"(一)如日人占领热河,平津本为其目的物。惟视国际间表示,及我军抵抗之力量为断。如我抵抗能力薄弱,日人决然进占也。(二)美、俄态度须视我国抵抗力量而定。如我不自振作,决不能望他人助我。(三)东北如无义勇军之抵抗,国际间形势当益不利于我。以现在可证明满洲国之成立,并非出于人民自愿。"徐淑希复述热河形势之重要云:"以热河地势居高临下,东北对辽黑,西南对河北,均为建瓴之势,得之可守可战。并力举秦汉唐元明清各朝经营辽东之得失,均以热河为转移。故日人决以全力夺取,我国亦应以全力保守。盖东北之收回,不能不用武力。如热河一失,东北即永无收回之望也。"先生又云:"我国经济组织较古,可以持久作战,不虑破产。"邹秉文"述希望国人各尽其力,以赴国难。并望徐氏贯其专研之卓见于当局。"(《申报》1933 年 2 月 8 日)

同日　上海市民地方协会开会,讨论"平津地方人士为应付华北事变,电请上海市地方协会推员北上赞助。决定推请黄炎培、穆藕初、杜重远、颜福庆、杨志雄、胡筠庄六人北上,赞助办理救济救护各事宜。并向五洲药房廉价购到大宗药棉纱布机器,以资应用。"黄炎培等定 2 月 8 日出发。(《申报》1933 年 2 月 8 日)先生于当晚先赴南京。(《黄炎培日记》)

同日　浦东同乡会为建筑会所购地合同事,致函本会常务理事杜月笙、黄炎培、先生等及购置委员会,云:"本会购置爱多亚路南成都路口房地一案,业与对方代表磋商就绪。兹订九日下午七时假静安寺路华安公司八楼拟定合同,所有交付定银数目及过户交屋期限、分期拨付地价均与合同内逐项规定,对方亦有代表出席。事关重要,务祈准时莅临为幸。"(《浦东同乡会理监事会议记录》)

2 月 8 日　晚,偕周象贤、梅贻琳由南京上车北上,与黄炎培等会合。(《黄炎培日记》)

2 月 10 日　上午十一时半,抵北平。黄炎培记云:"午十一时半到(津)(平),多人到站来迎(中有朱邵云、周作民)。定长安饭店。""午刻,王化一等后援会诸君东安饭店邀餐。同人外,斌甫、乃赓、回波、玉衡、仁绂、孙云僧、李孟兴、米瑞峰。"(同上)

2 月 11 日　中午,赴北平清河机场迎接宋子文。黄炎培记云:"午,偕藕初、重远、志雄、福庆等至清河机场,迎筠庄偕宋子文自宁航空来。四时,平地方协会欢迎会,余报告来意。五时,偕藕、克、筠,与子文长谈。晚餐于正阳楼。"(同上)

2 月 13 日　上午,在北平与黄炎培、杨志雄商进行方针。九时半,同至外交大楼,与"子桥、勉仲商热河后援会人选。"十一时半,同访吴佩孚,"谈甚奇丽,此是过去人物。"中午,与李祖绅等聚餐。下午三时,出席辽、吉、黑民众后援会谈话会。朱庆澜主席,黄炎培"报告来意"。(同上)

2 月 15 日　上午,与黄炎培等至北平中央公园,"共子文、在君、作民、筠庄商组织,定名东北热河后援会,①草拟章程。"中午,热河财政厅厅长李芎浦邀餐于东兴楼。(同上)

2 月 16 日　于北平外交大楼出席东北热河后援会成立会。宋子文、张学良、朱庆澜、张伯苓、蒋梦麟、周作民及平津各界领袖,上海地方协会代表,义军代表百余人到会。张伯苓主席。黄炎培报告筹办经过。继宋子文演说云:"日占东省,复寇热河,热河为华被屏障,亦为全国屏障,地位自极重要,本人此次来平,张表示决死一拼,但抗日必须绝大牺牲,自须全国团结,上下一致,方克有济。且国联形势,我方已得道德上之胜利,倘能本身振作,则最后胜利,终究属我云。"次张学良、张伯苓等演说。会议通过章程,并推丁文江、王克敏、胡适、周启钤、蒋梦麟、于凤至、朱春霖、周作民、熊希龄、胡政之等四十五人为理事。分总务、财务、特务、救济、给养、交通、医务、宣传八组。通电政府及全国各界,合作抗日。(《申报》1933 年 2 月 18 日)

2 月 17 日　与黄炎培等会同天津人民自卫会代表六人,由天津出发赴热河前方慰劳抗日将士。"此行携有咸菜二万斤、手套三千七百双、香烟五百元、载重汽车一辆、电动自行车二辆"。(《申报》1933 年 2 月 14 日)黄炎培记云:"上午四时顷,从

---

① 该会由朱庆澜、熊希龄、杜重远、黄炎培与先生等发起。

后援会先后出发。同行者宋子文、张汉卿、张甫丞、杨耿光、朱子桥及随员,余等六人。重远则携所招中央战地宣传队三十人,从余与藕初、福庆同车。从一沟残月下出后门东北行。所行皆土路,甚不平。天微明,过顺义县,见孙殿英兵方向北行。八时过密云县,乃上山路,益崎岖。至十一时顷,至古北口,地势极高。小憩于招待所进食,遇招待者,民六全国教联会会员也。登长城,下临潮河,山近者水成岩,远者火成岩。地无特产,民皆当兵,商店多为军用骑用具。出关,路更不平,颠簸更甚。时从云间过。午过关爷岭、青石岭、双塔岭,经滦平县。四时顷,至广仁岭,去承德二十里。汤玉麟率文武百官、军队、学生以迎入承德,宿于盐务局。"(《黄炎培日记》)

2月18日　于承德出席热河省主席汤玉麟及当地驻军四十一军军长孙殿英等举行的盛大欢迎宴会。宋子文等慷慨陈词,表示抗战决心。(《申报》1933年2月19日)黄炎培记云:"十一时,欢迎会在省政府,故避暑山庄之一部也。主人四十,武自旅长以上,文则厅长、局长以及各机关各公团领袖。席间,汤致欢迎词,宋致词,张汉卿致词。杜重远代表六人致词。"下午,游承德山庄后,返北平。"余等游八大处。承德地势,避暑山庄占高地,周为平原,以外则又为高山,八大处在焉。棒追山极奇。三时回,九时过古北口,小憩关帝庙。"(《黄炎培日记》)

同日　朱庆澜致电各报馆,电云:"庆澜于篠(十七)日偕上海地方协会代表黄任之、穆藕初、颜福庆、杨志雄、胡筠庄、杜重远六君,并率辽、吉、黑民众后援会各同志前来热河、承德,与当地民众团体共商救济东北被难同胞及后援爱国忠勇将士各项办法。当此国难日紧一日,正同舟共济之时,现值行政院宋代院长暨华北军事当局,及将领张学良、张作相、汤玉麟诸公亦在热河,共商御侮大计。于掌固边防,收复失地,同具决心。热河民众、前方将士聆此佳音,无不鼓舞奋勉。今后全国各方,一致兴起,精诚团结,共赴国难,救国前途实深利赖。务望我各地民众,输财效力,共作后援,俾我东北三千万同胞早出水深火热之中。"(《申报》1933年2月20日)

2月19日　凌晨三时,返抵北平,宿长安饭店。上午九时,访宋子文。游中南海、北海。黄炎培记云:"九时,访宋。同游中南海、北海,冒险踏水过海。子文、藕初、筠庄、志雄偕。饭于宋寓所,即顾问端纳家。谈悉路透电。"下午三时,出席东北热河后援会会议。宋子文报告赴热经过。黄炎培报告"热、沪概况,并陈意见"。(《申报》1933年2月20日)

2月20日　中午,在北平出席欧美同学会聚餐。黄炎培记云:"午,欧美同学会会餐,后援协会即席举行,提出卢乃赓为热河办事处主任,通过。"(《黄炎培日记》)

2月22日 下午五时，与黄炎培乘火车离平返沪。黄炎培记云："送者杨耿光、安瑞山、子老、勉仲、玉衡、乃赓、后援会诸君、孟材。电沪，原定赴济、赴开封，今俱不留。八时半抵津，何醉帘、杨豹灵、王蕴章来。瞿兑之、张锐来。努生来。秉老同车南行。"（同上）

同日 宋子文接见记者，谈组织东北热河后援会意义，肯定上海地方协会代表作用。云："华北各地民众，爱国团体极多，惜无联络，缺乏集中力量。盖团体多而无联络，则一般捐款者每无所适从，此点须立即改革。故本人曾与平津各界名流，及上海地方协会代表黄任之、杜重远、穆藕初、杨志雄等集商统一组织，已决组织东北热河后援协会，各界踊跃参加，集中组织，定可获得极大有效之协助。"（《申报》1933 年 2 月 23 日）

2月23日 《申报》刊登市民捐款救济热河消息。云："浦东同乡会以常务理事黄炎培、穆藕初前往热河办理救济事务"消息后，上海市民朱兆圻"以报载感动，即输银币三百元，送至浦东同乡会，请迅汇东北，作物质上援助，情颇热烈。"（《申报》1933 年 2 月 24 日）

2月24日 上午八时，抵浦口。下火车。胡筠庄、杨志雄来迎接，同过江赴南京参政部访宋子文，略谈。中午，与黄炎培上车返沪，晚十时半抵沪。（《黄炎培日记》）

2月25日 上午十一时半，与黄炎培到车站迎接胡筠庄、杨志雄。黄炎培记云："午十一时半，偕藕初赴车站接筠庄、志雄自宁归。述子文飞赴南昌见蒋情形。四人至协会畅谈，一时始散。"（同上）

2月26日 下午四时，上海筹募豫皖鄂灾区临时义赈会董事长徐静仁、上海中国赛马会总董张啸林、杜月笙于逸园跑狗场邀请各界领袖，筹商销券事，先生应邀出席。与会者有吴铁城、熊希龄、黄涵之、赵晋卿等约百余人。徐静仁报告开会宗旨云："今日为救济豫皖鄂灾区筹办慈善香宾事，欢迎诸君光降。诸君向抱慈善宗旨，救灾恤邻，当仁不让。兹承张、杜两公将本届金樽大赛让助本会。""灾民待赈之切，本会受时局影响，赈款收数寥寥。而三省各灾区灾民至众，待赈孔殷。且赣、陕两省各灾区团体又有加入本会，兼筹分赈之请。灾民之水深火热如被，本会之心余力绌如此，若不设法迅筹巨款，恐劫后遗黎，将无唯类。所谓不救固死，迟救亦死也。此不特有辜三省灾民之渴望，抑亦非诸公乐善救灾之初衷。"次吴铁城市长演说三省灾区之现状。继由王彬彦等亲持赈簿，分请各人签认销券数目。当场计售三万九千四百张，占总数三分之一以上。（《申报》1933 年 2 月 27 日）

2月27日 下午四时，赴中社出席东北义勇军后援会第五次理事会，并欢迎熊希龄。与会者有褚辅成、许世英、冯少山等二十余人。褚辅成主席，云："九一八事变以后,东北负责将领张学良素抱不抵抗主义。而热河主席汤玉麟亦态度不明、至今日均未能明白表示抗日,均赖熊秉三先生一年余在北方努力之成绩。而去年四月间,熊先生亲赴热河,汤氏始转变态度。而义军亦始能在热边得相当之援助接济,与关内发生联系,其功尤巨。今熊先生南下,与沪同人士接洽,援助华北抗日作战将士,同人除表示钦仰欢迎之忱,并乞指示吾人以努力之方。"次熊希龄报告"东三省义勇军情形,及最近热边急需救济物品。"继许世英报告"救济东北难民会施赈情形,希望在极短时期内,作一维持热河民食之整个计划。"议决:①电请军事委员会蒋委员长,赴日北上督师,以统一指挥,振作士气。②公推熊希龄、褚辅成二代表晋谒军政部长何应钦,促定华北军事规划。③电关内前线各将领出关杀敌,以分攻热敌势。④派吴山、陈培德、冯少山、殷芝龄、胡凤翔、沈钧儒六人人分向本市各团体接洽,联电促张学良坚决抗战。(《申报》1933 年 2 月 28 日)

2 月 中国航空协会征求会员,吴铁城为会员征求队总队长,会同航空协会各常务理事,商议进行办法,决定组织征求队二百五十队至三百队,每队至少筹募一万元。先生为队长之一。(《申报》1933 年 2 月 24 日)

3 月 1 日 中午,与黄炎培等于银行俱乐部宴请熊希龄。(《黄炎培日记》)

3 月 3 日 主持浦东同乡会募捐会所委员会第一次筹建会所设计委员会会议。议决:"本会购置基地及建筑会所约须银肆拾万元。遴选募捐队长及分队长,由常务理事于二星期内函邀宴会,组织募捐队壹百队"。另就募捐额、会所图样、首期工程款、基地道契过户等事宜讨论通过。(《浦东同乡会理监事会议记录》)

3 月 4 日 与黄炎培联名致孙殿英赤峰快捷贺电。云:"赤峰孙军长勋鉴:承德相晤,获闻伟论,至深钦仰。旋于途中遇见贵部,军容整肃,益信为精锐之师。甫抵赤峰,即奏奇勋,闻之痛快,尚祈努力直前,恢复疆土。弟等愿扬威武,力谋后援。特电慰劳,惟希伟鉴。弟穆湘玥、黄炎培同叩。"(《申报》1933 年 3 月 5 日)

3 月 7 日 下午四时,赴静安寺路一千一百三十八号上海市民地方协会出席第二次各团体联席会议。与会者有熊希龄、史量才、林康侯、王正廷、许世英等数十人。史量才主席,"报告第一次联系会议讨论各点,现因热河失守,平津紧张,已经情移势易,请各位再行发表高见。"次徐景德报告"华北军事变化情形"。继"讨论对于华北大局问题应取之态度,历时甚久。"(《申报》1933 年 3 月 8 日)

3 月 10 日 中午,于北京路联华总会出席中国工商管理协会聚餐会,欢迎理事长孔祥熙自国外考察实业归来。到者有潘序伦、潘仰尧、陈济成、何德奎、张子廉、陈立廷、吴蕴初、黎照寰、曹雪祥、徐永祚、李祖范、刘鸿生、赵晋卿、方液仙等四十余人。孔祥熙演讲欧美经济现状及感想,此后中国发展实业之意见。(《申报》1933 年 3 月 11 日)

同日　出席中华产销协会国货介绍所开幕礼。到者有孔祥熙、赵晋卿、王晓籁、徐新六、孙祖基、李文杰等数百人。介绍所经理谢芸庭等殷勤招待，济济一堂。先生演说云："近年以来，国货进步一日千里，其发达之状诚非意料所及。观今日介绍所陈列各厂出品，非但品质优良，且式样亦至美观，可断言不待介绍，必能畅行一时。惟于此我有一言，国货制造家切不能以此为足，而忽视出品之改良。须精益求精，努力不懈。量的增加固然重要，质的研究尤须注意。因国货非一行一业之事，乃关系国家之整个事业。须时时刻刻，不忘改良，以增进人民信仰国货之心理，为国本民脉争此最后一着。此次中国银行能直接投身工商界，实行携手合作，为产销两方之探索，可谓扶助工商之先导，尤足钦佩。"次孙祖基、黄竹铭等演说，"语多警惕，听者动容"。此次该所特辟三大间为国货出品陈列室，陈列会员出品不下数百种，琳琅满目，美不胜收。（《申报》1933 年 3 月 11 日）

3 月 11 日　正午，出席浦东同乡会募捐会所委员会第二次筹建会所设计委员会会议。讨论"组织募捐队名单。审查并添加数人，先由常务理事具名分函通知，告以购地情形，急待筹付地价及应需建筑费用，请共同组织。募捐队另再订期叙商洽进行。又讨论队数及每队应募款数暨劝募方法。"下午八时三十分，继续开会讨论募捐纪念办法。"以厅堂室分别题额，假定若干万元为大厅，其次若干万元亦为厅，满一万元为堂，满五千元为室。酌拟劝募名单。其余为普通队，分为四级标准数，甲级四全院，乙级三千元，丙级二千元，丁级一千元。"（《浦东同乡会理监事会议记录》）

3 月 12 日　下午六时，与史量才、王晓籁、黄炎培、徐克诚等设宴邀请东北义勇军各领袖代表吴焕章、臧启芳、刘丕光、段少伯、徐景德、徐子鹤等，"席间对东北事宜，多所磋商"。（《申报》1933 年 3 月 13 日）

3 月 14 日　上午十一时半，偕黄炎培、吕岳泉、瞿绍伊、陈子馨"为浦东同乡会募建会所事"访杜月笙。（《黄炎培日记》）"报告经过情形，所拟厅堂室队名称办法均得其赞同，并承扶助比募得最多数之一队加倍任费。"下午八时半，出席浦东同乡会募捐会所设计委员会会议。推张伯初于明晨亲赴张效良理事处，请其于是日下午六时准时到地方协会面洽。"又议所拟厅堂室各队之名单，先于本星期六（十八日）正午在华安宴叙，接洽由常务理事具名柬请，其中四人由杜常务理事单独具柬。"（《浦东同乡会理监事会议记录》）

3 月 15 日　孙殿英发表复电，云："穆先生湘玥、黄先生炎培兄勋鉴：支电敬悉。守土御侮，军人天职。谬蒙奖饰，感愧交集。只以承德、凌源不守，敌军主力均向赤西进攻。我刘旅在围场以东与敌激战数回，夜，赤峰西北大庙已交丁旅长指挥。弟本日下午二时回锥子山，昨夜十二时，我刘旅任营长会合，率奋勇百倍，在围场东抄袭敌人后路。该营长阵亡,营副王西平获敌钢甲车两辆,机枪四挺长短枪三十余支,毙敌百余名。我军阵亡营长一员士兵一名,受伤十四名。天明刘旅长率队击敌,稍向后退。弟孙殿英叩。"(同日《申报》)

同日 下午六时,出席浦东同乡会募捐会所设计委员会会议。张效良允任厅队,"并对于本外埠之营造业、同乡人通盘计算劝募。"次讨论普通队以每队定二千元标准为宜。"连日所议厅队组织及其纪念名称,由杜常务理事担任第一厅队,以其姓为纪念,称杜厅;张会计理事效良担任第二厅队,以其名为纪念,称毅厅;黄常务理事等川沙人共同担任第三厅队,以川沙原为厅治纪念旧名,称川沙厅。"(《浦东同乡会理监事会议记录》)

3月18日 中午,浦东同乡会募捐会所委员会在华安大厦宴请认捐建会所队长,先生出席。席间,先生起言"说明本会募建会所及购地经过情形,估计购地建筑两项需银四十万元。迭次讨论募捐办法,分厅、堂、室及普通四队,厅五万元,堂一万元,室五千元,普通一千至二千元。先由同乡中分别承认,将来即以其姓名题本会厅、堂、室额,以志纪念。"继由黄炎培演说。是日认定第一厅队为杜月笙,第二厅队为张效良,第三厅一堂队为沈梦莲,第二堂队为先生,第三堂队为吕岳泉等。(《浦东同乡会理监事会议记录》)

3月20日 曾任穆公馆家庭教师的胡情鸿女士刊登《求职广告》云:"北平女子大学美术系毕业,办事干练,有辩才,……著有诗集《楚萍未是草》一卷及童话一册,曾任某女子中学教务长及国文教员,司法部职员……穆藕初及庞京周公馆教授。"(同日《申报》)

3月23日 下午四时,出席浦东同乡会第十三次理监事联席会议。与会者有王一亭、黄炎培、张伯初等二十余人。黄炎培主席,张伯初报告募建会所设计委员会开会经过暨募捐并征求会费通则,及杜月笙、穆藕初等分别担任募捐厅、队、堂队、室队、特别队、普通队等。议案:①定募捐办法七条。②组织建筑会所专门委员会,推张效良为主任。③发会员证。④暂刻浦东同乡会章篆文图章一颗。⑤推顾文生、奚孟溪、俞振辉调查浦东中学。⑥理监事办事细则待下次会议讨论。(《申报》1933年3月25日)

3月24日 晚,黄炎培应先生之嘱,招陈剑如谈"东北难民救济会职员王侃如事"。(《黄炎培日记》)

3月31日 是日农历三月初六日,长孙千圻①出生。

---

① 穆千圻(1933—1984)穆伯华、沈国菁之子。南京工学院毕业。上海广播器材厂高级工程师。

4 月 3 日　中午,赴霞飞路叶鸿英宅出席鸿英教育基金董事会成立会。上海实业家叶鸿英"发愿将一生辛苦勤劳所得之资产,除业已分给子孙,并提出别有规定部分外,悉数捐充公益之用,特设鸿英教育基金董事会,专办图书馆及乡村小学两项。"延聘蔡元培、钱新之、穆藕初、沈信卿、黄炎培、朱吟江、黄金荣、杜月笙、江问渔、王宝仑、朱孔嘉、高砚耘、许秋帆、魏文翰,连本人共十五人为董事。叶鸿英报告捐金缘起,及呈奉教部许可之经过。蔡元培致词,"极端表示佩仰推崇之意,并引叶澄衷、杨斯盛、陈嘉庚三人相比,谓其影响所及,于国家社会教育文化前途固有莫大之贡献。即叶君子孙受此非常影响,传之无穷,较之贻财产于子孙不可同日而语。且谓叶君指定办理图书馆及乡村教育,尤可救国急务。"次叶鸿英提请钱新之、黄金荣、杜月笙、黄炎培、高砚耘五人为常务理事,朱孔嘉、朱吟江、王宝仑三人为基金保管委员,蔡元培为董事会主席,沈信卿、穆藕初二人为副主席,沈信卿、许秋帆、魏文翰三人为各项文件细则起草原。成立会通过缘起及规则,通过该会与中华职业教育社所属人文图书馆筹备处合并办法。人文图书馆将全部图书,归入本会所拟办之鸿英图书馆。(《申报》1933 年 4 月 4 日;胡道静《上海图书馆史》)

4 月 13 日　下午,于叶鸿英宅出席鸿英教育基金第一次董事会。到者有蔡元培、朱孔嘉、高砚耘、钱新之,及市教育局长潘公展。蔡元培主席,致词云:"今日第二次董事会,重在讨论各项细则文件,并因成立会时教育局潘局长公出,今日特请出席指导。"次由教育局长潘公展致词。次细则文件起草员沈信卿、魏文翰、许秋帆报告董事会细则、常务董事办事细则、保管委员会办事细则,经讨论,略有修正后通过。(《申报》1933 年 4 月 15 日)

4 月 14 日　赴上海方协会出席浦东同乡会讨论募捐会所事宜。通过募捐文件八种。确定浦东、中汇、通和三银行代收捐款;定 4 月 30 日下午六时假大西洋菜社宴请募捐队长。(《浦东同乡会理监事会议记录》)

4 月 15 日　招黄炎培等聚餐。"辛酉聚餐会在藕初家,藕初、信卿、伯华为主人。"(《黄炎培日记》)

4 月 17 日　上海市商会、地方协会、银行公会等七团体欢送宋子文赴美国参加世界经济会议举行茶话会,先生出席。到会各界代表百余人,王晓籁主席并致词,李馥荪、虞洽卿、贝淞荪等致词,宋子文致答辞。宋于次日登轮赴美。(《申报》1933 年 4 月 18 日)

4 月 22 日　在苏州。吴梅访先生于张紫东处,"往谈一小时"。(《吴梅全集·日记卷》上册,第 290 页)

4 月 24 日　赴上海市民地方协会,与黄炎培、魏文瀚谈叶鸿英事。(《黄炎培日记》)

4月27日　下午六时,出席浦东同乡会第十四次理监事会议。与会者有吕岳泉、王一亭、黄炎培、胡卓人等二十余人。黄炎培主席。议案:①推请瞿绍伊、杨清源、张舍我三律师援助会员凌中和为法捕房探捕无故侵入凌家,出枪示威,凌父坠楼毙命案。②本会建筑图样及计划等交张效良办理。③定本月三十日下午六时假四马路大西洋菜社宴征募队长,由全体理事、职员为招待。④各会员将借出款本及利息捐作建筑费,由瞿绍伊、杨清源、张舍我三律师理清手续接受。(《申报》1933年4月29日)

4月28日　下午三时,国际贸易局李泽晋等陪同菲律宾考察团赴爱多亚路纱布交易所参观。先生致欢迎词,考察团陆勒致答词。(同上)

4月30日　上午,出席梁士诒公祭会。到者有伍廷芳、钱新之、徐寄顾、李馥荪等数百人。(《申报》1933年5月1日)

同日　应邀赴某处演讲《服务的要素》。从自己的人生经历谈起,强调人们要把社会看作"储蓄银行",而非"金矿",为社会服务必须"识人"、"读人",并提出"服务的要素"五点。摘录如下:

> 讲到服务的要素,什么勤力啊,什么俭朴啊,讲过的人想已很多,大家都知道。今天把我的一种心得来讲给诸位听。人们读书大家都读过的,而读人恐没有人读过吧。中国有一句老话,说:"一个人不识字可以吃饭,不识人不可以吃饭。"要识人就是要读人,不要读死书。至于人的意义,聚族而居就成了一个人的社会。我们把社会看做一个什么东西,我们可以当它是一个储蓄银行,也可以当它是一个金矿。不过当它是金矿,那么金子要采完的,所以我们要当社会是一个储蓄银行,大家加一点东西进去。倘大家当社会是一个金矿,那么只有到社会里来享权利的人,没有为社会服务的人了。当社会是一个储蓄银行,我有能力的,应尽我的一分能力,为社会做一种有益的工作。我有财力的,应尽我的一分财力,创造一种社会需要的事业。我们中国人向来对于社会上组织不知道的,只于家族组织知道的。中国一般人到此刻多数还不知道社会是什么东西,须知社会不健全是国家不健全的原因。我在社会里,我有一分子的义务来把社会做好它,人们为社会服务是走在一条正的路上,一班在社会上只想自私自利的人,已走上邪路了。
>
> 讲到怎样读人的方法。我们大多是在商店里服务的,店铺小一点的,终有三五个同事,你就可把他们来研究。倘在大公司里,同事有数百人,那么你可拿职位最大的几个人来研究。观察他的学问、道德、能力和品性。他于公司危急的时候,能怎样应付。他对于小事情仔细,对大的事忽略了怎么样,要用旁观的眼光去看。他交接的人如何,这人的品性就看出来了。外国人读人都有

很深切的研究。例如一班洋货匹头进口行的大班,对于上海社会里做洋货匹头的几个人,他有一张单子。你去问他姓张的怎么样,他能告诉你,姓张之资产有多少,学问怎么样,品性怎么样。这虽是一种 Salesmanship 推销技巧,不能不注意,但我们在社会上做人也不能不注意到这一点。不过要读人,决不是一朝一夕可以做得到的,至少要下三年的功夫,习惯了之后,这个人跑来和我谈三分钟,我就可以知道这个人是怎么样的人,于我自己的发展有大大的帮助。譬如有一个人给了你几十万两银子,叫你去开一爿店,这也不是一件容易的事,你往往把几十万两银子化去了,事业没有成功,这就是因为你用人不识人。所以到社会上来做人,学问还在其次,倒是识人是要紧。读人的原则知道了,不要写,要身体力行。不过在服务要素里面,有几点人们要注意:

第一点,说话要谨慎。应多看、多听、少开口。不要对人谈论某人怎么样,某人怎么样。你讲了出去将来传到了他的耳朵里,就要和你发生恶感。无论在家人父子面前,也不要说人家的好坏。他好,我可以和他做朋友;他坏,我只要留心他就是了。这样对自己可以帮助我发展。人要看得清楚,他无论是一个坏到极点的家伙,只要他不来害到我,千万不要讲他,倘他要危害到本人、公司的前途了,因为我也是公司之一员,既知道了,不得不报告公司的当局,但也要万分的谨慎。

第二点,要接榫。我们在商业上服务的人,每天银钱货物出出进进,不知要办了多少的事,所以能够丝毫不乱,应付裕如,全在能接榫。这桩事在我手上。我终要做到,应该向经理报告,或和别人接洽。商界里面最重要的事是接榫。不注意接榫,就难免有许多危险出来。譬如今天有一桩事在你手里办了,你要回复我,这就叫做接榫。

第三点,要廉洁。在我一个人指挥之下的同事有五百个人,每年终有几个人停职,就是因为他们不廉洁。我在做商务次长任内,曾对属员们说过:"我决不私自受人家的钱,我自己不廉洁,这个部我管不下去了。"我的话是弦外有音。一个公司里在上做领袖的不廉洁,这公司也管不下去了,非关门不可。至于公家的钱,马马虎虎用了也是不应该的。中国政府已建设了六年,是在报纸上的建设,这种事本来不需要建设的,不过我的袋袋要建设(要饱私囊)。总之事业之成败,要看你服务的精神、服务的道德、服务的能力到什么地方。

第四点,要互相帮助,不要互相倾轧。中国的商界往往有同行嫉妒的毛病。中国一切事业的不发达,其原因就在于此。在这二十年表面,连年内战,中国物质上的毁损不说,道德上的损失又不知有多少。两个人相碰必有一个受伤,因柄政而渔利,因利而引起嫉妒。于是一党分成了几派,一派又分了几党,纷争无已时了。中国人能集合十几个人谈谈,一桩事情成功的没有? 就因为大家嫉妒而不能合作。一个人在社会里就是一分的资本。一个人就是一个人才。我爱惜之不暇,还怎可忍心摧残呢? 因国家(原件破损,以下缺十三字)自己也不知爱惜自己的人才,二十年来中国最大的损失就是人的损失。

第五点,要有强健的体魄。一个人到了老年思想成熟了,这时是人的黄金时代,所以六十岁七十岁的人,实在是国家最重要的人才。一个人在四十五岁以下,还是在瞎撞。我在四十六岁那年病了四个月,知道人要死的,不能只管今年开一纱厂,明年开一纱厂,不顾自己的身体的精力不继,觉我以前做事都错了。知道身体不好要练,没有练不好的,从此锻炼到现在,我的身体仍旧很好。每见有许多店铺的经理,赚了钱眉开眼笑,一蚀了本遂双眉皱紧。其实这种双眉皱紧的经理不曾(原件破损,以下缺六字)要双眉皱紧? 因为他的才具不兴,体力不兴。须知愈是在艰难困苦的时候,愈要摆出精神来,要想法应付。失败为成功之母。一个人做生意,决不会几十年都是一往顺利,终有失败的时候,双眉皱紧有什么用? 反使身体坏了,失败更翻不转来。一个人要有强健的体魄,然后做事有充足的精神。拍球、游泳我都会的,不过我想这都是贵族的运动,一定要有相当的设备。我今天告诉你们一个秘诀,要有强健的体魄,终要学一样运动,成功之后,吃起饭也有味道,做事也有精神。(张书庚记)

(《千秋》第一期,上海千秋出版社;《文集》第 263 页)

同日　晚六时,赴大西洋西菜社出席浦东同乡会宴请募捐队长聚餐会。到者有浦东电气公司经理童世亨等二百余人。先生主席并致词云:"今天是本会募金建筑会所在这里开会,讨论进行一切。至会所基地,已购定在爱多亚路成都路口,诸位均认为十分满意。现预计造五层楼,将来也许增至七层,图样已请三位同乡工程师绘就。"旋报告募捐队组织情形。次黄炎培演说云:"同乡会是为谋同乡福利的集团,我们应该努力。"继瞿绍伊、陆仲芳等相继发表意见,至十时尽欢而散。(《申报》1933 年 5 月 1 日)

4 月　临赵孟𬲗书法,署"三月朔临《宝云寺记》"。(原件)

5 月 4 日　晚十一时半,乘快车赴南京出席农村复兴委员会会议。(《申报》1933 年 5 月 5 日)

5 月 5 日　在南京与蒉延芳邀黄炎培等人聚餐,"商对政府建议。"(《黄炎培日记》)

同日　就行政院本日召开农村复兴委员会会议,于《申报》发表《行政院农村复兴委员会提议案》一文,指出复兴农村"在于环境过于恶劣",呼吁政府保障农民安全、统一辅币、整顿交通、废除苛捐杂税。云:

第一,内地农民不能安居乐业,其原因由于各种剥削太多,农民有一二十元现金者,即有被人敲诈勒索之危险。即如保安队,原为保护地方起见,但以经费无着,不能不就地筹款,种种苛索,即由此发生。警察亦以保民为职志,但以经费太少之故,往往藉端苛罚,鱼肉乡民,亦为常见不鲜之事。至于土匪苛扰,更属遍地皆是。农民之稍能维持生活者,即由乡而镇,由镇而城市,此为农村凋敝原因之一。

第二,内地货币制度不良,农民受害甚巨。即以交通便利之某省而论,银元一枚可换铜元九百枚;而鸡蛋一个,仅售铜元三枚。农民售鸡蛋三百个,仅能售银元一枚,而米价需银二十元一担。其原因由于内地各省,滥发铜元,当二十,当五十,当一百,当二百,当五百之铜元,充斥市上。铜元价格低落,使农民售物所得铜元购买力大减,此为农村凋敝原因之二。

第三,内地运输不便及运费过昂,亦有害于农业,即以上述交通便利之某省而论,虽有铁道四达,而农产物之运输,几成绝迹。因为在正式运费之外,种种意外苛索,成为习惯。故内地鸡蛋虽廉,而蛋厂仍不易得廉价之原料。甚至内地农产品运至上海,其运费高昂,超过由美国芝加哥运至上海之数。因此在通商大埠,则购入大宗外国农产品;而内地农产品反因运输不便,其运费高昂,而无法销售。此为农村凋敝原因之三。

第四,内地苛捐杂税之繁多,亦大有害于农产品之输出。各省厘金虽经政府明令废除,而等于厘金之各种苛捐杂税,层出不穷。剥削农民,为害至巨。此为农村凋敝原因之四。

根据以上所述,湘玥敬提议如次:

(一)保障农民安全,严禁就地筹款,非法勒索及苛罚。(二)统一辅币,严令各省按照市价收回一切滥发之铜元劣币。如各省财力不足,则由中央政府设法收回,并严禁以后不得再行滥发。(三)整理铁道运输,严禁一切非法勒索。(四)废除各种苛捐杂税,及一切不正当需索。

以上管见,是否有当,敬请公决。

(同日《申报》;《文集》第 265 页)

5月10日　下午七时,出席浦东同乡会募建会所设计委员会会议。瞿绍伊任主席,报告"本会建筑会所自本月一日起开始募金,兹届十日揭晓之期。除第一、二厅队另计外,所有川沙厅队及吕君岳泉、穆君藕初、沈君梦莲、陈君子馨、潘君志文等募得已缴及认捐两项共十万元之谱,当即嘱稿登报宣布。惟著某队字样暂不列捐户姓名,盖其认捐数目尚无限度也。至金君鸿翔经募已认捐款,各户须先登报奉扬,以

资鼓励。"①(《浦东同乡会理监事会议记录》)

　　同日　《申报》刊登东北难民救济会第二十五次月捐报告,先生捐款二十元。(同日《申报》)

　　5月12日　与黄炎培、箕延芳"商发电事"。(《黄炎培日记》)

　　5月15日　上午八时半,于南市陆家浜出席中华职业学校十五周纪念会,来宾有数千人之多。江问渔主席。黄炎培、王伯樵、潘仰尧及校长贾佛如报告该校十五年来艰难缔造之经过与校中现状。次上海市吴市长代表、教育局长潘公展与教育部钟芷修致训词。继中央研究院院长蔡元培、前四川大学校长张表方、同济大学校长翁之龙、上海中学校长郑西谷及校董王正廷、先生、沈信卿相继演说,"对于该校成绩均大加赞美"。来宾参观后,"无不引为满意"。(《申报》1933年5月16日)

　　同日　中午,与黄炎培、卢作孚等会餐。黄炎培记云:"午,招卢(作孚)、(表方)、筠庄等餐。同席镕西、厚生、问渔、藕初。"(《黄炎培日记》)

　　同日　上海各大学教职员联合会教费独立委员会会议,先生被添聘为该委员会委员之一。郑洪年报告发起教费独立运动原因,提请各大学教职员联合会添聘李石曾、林康侯、陈光甫、穆藕初、孔祥熙等十二人为委员。(《申报》1933年5月17日)

　　5月16日　中午,与黄炎培共邀曹润田、张丹荣、王稚虹、陈子馨于地方协会会餐。(《黄炎培日记》)

　　5月20日　致王晓籁函,对西人假借航空救国奖券网罗钱财事提出质疑。函云:"顷阅报载,航空救国奖委员会办事处成立,推定吾兄等七人为常委,初以为国人救国之热心,发起此事。迨细阅之后,方知主动者为一西人,弟不知此西人为何等样人? 惟闻其以销售军火起家,姑不问其动机如何,果能慷慨捐输,亦足以鼓励我国人之爱财不舍者,无如缘起中所述,即有语病,其始则云'慨然愿以其价值一百五十万之房屋地皮暨其珍藏古玩之售价,悉以捐购飞机及各项军用品。'其后又云'除发还原价及一切开支。'夫既云悉以捐购,又云发还原价,前后矛盾,显然不无令人可疑,然此成系文字上之错误。迨将诸后文办法第五项所云'愿以最廉价估计收回价值之半七十五万元,'则缘起中所谓悉以捐购飞机等一语,显属一种欺骗性质,殊为可怪。大西路地皮八亩四分七厘一毫,值价几何? 四层楼洋房一所,价值几何? 非经公正估计,均有疑问。至于地皮二亩四分一厘,坐落何处不明,其价格更无从估计,家藏古玩,值价几何? 尤有疑问。弟以为此事有三不'解',第一,奖券系

---

① 据《浦东同乡会会所购地建筑落成纪念特捐征信汇刊》所载,先生个人捐款三千五百元。

彩票之变相,为害平民甚烈,曾经政府明令禁之,虽政府为促进航空公路建设,而发行奖券,已属一时权宜之计,若为一普通西人因市况不佳,地皮房产及古玩等难于销售,而假借爱国之名发行奖券,以得善价,此风一开,以后如有人继起采例,将何以应付,此不可解者一也。第二,社会名人原为社会所矜式,其一举一动均足以影响社会,今乃为一西人销售地皮房产古玩等物,大张旗鼓,利用人民弱点,发行奖券,如此为人作嫁,似与名人声誉不无妨碍,此不可解者二也。第三,假定地皮房产以及古玩确值七十五万元,然当此民穷财尽之时,五十万元以发还原价名义,既入西人之手,其余所谓捐款二十五万元,指购飞机及各项军用品,亦必流入外人之手,在西人以不动产及古玩易得现金,为计甚得,而在我国人则须耗一百二十万元,以购买不能生产之房地古玩,此不可解者三也。弟对于上述种种,既有怀疑,叨在知己,故敢直言奉陈,请吾兄对于此事,再加研究,以昭慎重,无任企盼之至。"(《申报》1933 年5 月 23 日)

5 月 21 日 赴职教社,与黄炎培、江问渔"商某事"。(《黄炎培日记》)

5 月 23 日 赴职教社,偕黄炎培、江问渔访宋子良。(同上)

同日 王晓籁于《申报》发表复先生函,为其赞助航空救国奖事辩解。函云:"自京返沪,得读惠书。为航空救国奖事,有所指教,为公为私均有所感荷。惟信而有'密'字样,而全函竟在报纸披露,事关公案,原不妨付之公众讨论,况以鄙人万事主张公开,更无不可告人之事与不可告人之言。惟所虑者,则或有人以慷慨互助之热忱,转而为误会所消沮,则所影响者,为极巨耳。航空救国奖事,主动于航空协会征求队办事处同人,鄙人仅以其用意可取,为之赞助。至一切办法,原属草案,既非鄙人提出之主张,更必有待于发起人正式决定。首次茶会,鄙人仅属主人之一,而東上亦仅表明鉴赏古玩。当时演词,惜未尽录。至事之当否,如何进行,统待愿意署名发起者之研讨。房产古玩应值何价,非特须付公估,且以鄙人意见尤主张应先公告招卖,评得真值,方始确定,决不肯以美名实利任意予人。惟成人之美,向所乐为也。'九一八'以后,呼号满国中,而真爱国者能有几人。台端亦曾任东北难民救济会总务组主任矣,数月辛劳,成绩如何,除各业月捐外,所谓殷富者,仍优游于花园大厦之中,摩挲于古玩珍宝之上,欲其拔一毛,且不可得,为此捐助若干分之好事,亦为西人所专美。言念及此,实不愧汗。鄙人行能无似,而謷謼之论,坚贞之操,犹堪自信,人熟无名,硁硁之愚,但求为人而已,名人之称,还以奉璧,憨直奉复。爱吾者当能谅我。"(同日《申报》)

5 月 24 日 晚,浦东同乡会于大西洋西菜社宴请募捐各队长,先生出席。到九十九人。先生报告云:"前二次揭晓,所有认定及已缴到会者得二十万六千七百元有奇,较之假定额不过半数,请诸君努力。至月底结束时,果能满额,殊为我同乡无上荣幸。"次张效良、黄炎培、瞿绍伊等相继演说,"并引证本埠天主教友陆伯鸿为某慈善机关向西人劝捐,屏息立三小时,不厌不倦,卒感动西人,至今传为美谈。"各队长表示"愿效陆君任劳劝募,以冀如期满额"。(《申报》1933 年 5 月 26 日)

5 月 25 日 出席浦东同乡会第十五次理监事联合会。先生主席,讨论补助浦东医院经费、会员入会、会所募集捐款等项事宜。又,"穆君恕再存浦东银行寿礼洋贰千五百二十六元,托送朱子桥将军救济东北义军旅,奉收据及谢函。"(《浦东同乡会理监事会议记录》)

5 月 26 日 黄炎培来访。(《黄炎培日记》)

5 月 29 日 上午十一时,邀黄炎培、朱庆澜于寓所谈事。(同上)

5 月 发表为中华职业学校十五周年纪念刊题词:"双手万能"。(原刊,1933 年 5 月)

5 月 吴梅题赠自著《霜厓三剧》新刊红印本。题款:"藕初道兄先生惠存,霜厓持赠"。(原书,现藏苏州中国昆曲博物馆)

吴梅题赠穆藕初《霜厓三剧》手迹

6 月 2 日 黄炎培来访。(《黄炎培日记》)

同日 致浙江兴业银行函,告以"找洋"账收豫丰厂户。云:"六月一日大函敬悉。找洋叁佰四拾九元六角五分,亦照收无误,并已函告郑州敝厂收入尊户矣。"(原件,浙江兴业银行档案)

6 月 7 日 赴人文社与黄炎培等谈鸿英教育基金事。黄炎培记云:"到人文社,藕初、文瀚、砚耘以鸿英董事会之公推来接收此事,得一解决办法。"(《黄炎培日记》)

6 月 9 日 赴地方协会,与黄炎培、张伯初等"商浦东同乡会募捐事"。(同上)

6 月 15 日 于上海《自由言论》杂志发表政论《和与战》。《自由言论》①编者按语云:"穆先生此稿,在塘沽停战协定②签字之前夜寄到,不及赶上本刊第九期。但文中所提出的主张,并不因协定而减色。"文章痛斥国民政府"攘外必先安内"政策,

---

① 《自由言论》,半月刊,王造时主编,1933 年 2 月 4 日创刊。系《主张与批评》半月刊被查禁后改出。

② 1933 年 5 月 31 日,由北平军分会参议熊斌与日本关东军副参谋长冈村宁次签订的《塘沽协定》,实际上默认日本对东三省和热河的占领,并规定中国军队撤出冀东地区,建立非武装区。黄郛(时被委任为行政院驻北平政务整理委员会委员长)曾参与谈判与协定签定事宜。

要求政府废除一党专政、实施宪政，争取民主自由等。全文如下：

　　近日报载北平来电，中日两方正在停战谈判，紧张之空气顿为和缓。沪人士之对于此项消息，显分两种观念。其一以为我国军人虽众多，而军备甚窳劣，军事长官多身拥巨资，下级官兵虽富有民族精神与敌死拼，然政府当局无真实抵抗决心，故一切无准备，枝枝节节，临渴掘井，以兹应战，决难幸胜，不如隐忍求和，保国有之民族精神，免目前之经济破产，姑待来兹，再图报复，此主和派之论调点也。其二以为有可爱之士气，有可用之民气，战线延长至数千里，日本师出无名，窥我弱点，横肆侵犯，外不见容于国际，内不见谅于财阀，外交孤立，内争剧烈，经济恐慌，日益深刻，我国如果抱宁为玉碎之决心，坚决抵抗，不难得最后之胜利，此继续主战派之意见也。二者之心理虽不同，见解虽各异，而谋国之深，爱国之切，则一。夫国有外患，无古今中外，主战主和，各因其见解不同，而常分两派。即使主战，其结果必议和。故和之一字，实条件问题，时间问题耳。"九一八"以前，东三省之政治事姑不具论，即事变以后，张学良之怯懦无能不足责，而数百万方里之土地、三千万之人民、无尽藏之富源，不兼旬而沦亡于敌人，训政当局，徒有空言搪塞，不闻有收复失地之通盘计划。迫榆关、热河相继失守，张学良不得不去，而易之以军政部长坐镇故都。报纸屡载政府已有具体救亡计划，但证之事实，渺不可见。内战有兵站，对外有兵站否？义勇军接济姑不谈，编入正规军者最低限度之衣食器械，有充分供给否？抵抗工事有严密布置否？交通有相当设备否？养兵二百万之国家，而不敢实行抵抗，现时尚有八万万子弹，而早已命令退走，不闻有数小时之战斗。内战时，飞机翱翔，掷炸弹，伤兵民，成绩卓著。一旦对外，则无声无臭。我国飞机之究有若干，我民亦未知悉，仅藉报纸传闻，由广东飞至浙江，由浙江飞至洛阳，而未闻飞至战地。此何故耶？总之，事变之后，政府仅乞哀于国联，而日以空言昭示民众，誓死抵抗，长期抵抗，希望民众忍痛须臾，政府必有办法，种种口是心非之言，徒以欺骗民众而已。若言战，即到此百孔千疮之今日，尚可一战。集全国军事人才及全国物质，与敌死拼，容或有收复失地之一日。若无整个计划，巨大决心应付之，即使各军皆如十九路军及八七、八八两师之淞沪战争、二十九路军之喜峰口战争、徐庭瑶军之古北口战争，牺牲壮烈，有光乘史，然而于大局亦无裨益。因此为整个中国之对外问题，非局部军事所能解决也。黄氏膺白，不顾国人论列，出任和议，当然奉命而行，决非黄氏个人之主张，为功为罪，政府当局实负其责。一部分人以为议和以后，可以苟安，此真亡国之心理，必须痛辟。国难到此地步，被敌人之欺侮玩弄至矣！极矣！人民之倒悬，数十年于兹，而于今为烈。工商百业之倒闭，经济之破产，岌岌可危。议和以后,即使日人非拱手退还东四省,然照近年来之政治、军事及种种训政之设施,人民亦未必有生路,国难亦未必能减少,坐待亡国而已。即使条件等于凡尔赛和约之酷烈,政府人民果能如德国之上下一心,努力建设,前途亦未必绝望。故鄙意此时并非不可言和,惟在言和以后,政府之措施如何。必须澄清政治,而后可以内清土匪,外御强暴。最扼要之办法:一、废除一党专政;二、准许人民言论、出版、集会、结社等种种自由;三、实行贤能政治;四、厉行法治;五、废除苛捐杂税,及制止一切等于欺诈取财之非法勒索。

治国之道,千头万绪,而以足食、足兵、得民信用为最要。古人有言:以马上得天下,不能以马上治天下。言和而后,若仍泄沓如故,敲骨吸髓如故,剥夺人民之自由如故,人民生命财产之毫无保障如故,我恐覆亡之祸不在外患,而在萧墙之内也。政府当局其念之哉!

(《自由言论》第一卷第十期;《文集》第 266 页)

同日 与黄炎培、张伯初、潘志文、张效良等"商浦东同乡会所建筑图样"。(《黄炎培日记》)

6 月 18 日 前驻芬代办公使、朝鲜总领事、外交部司长张维城(名廷珍)等律师所组织维城法律事务所开业,先生与许世英、王一亭等各界人士数百人或送礼或致函祝贺。(《申报》1933 年 6 月 20 日)

6 月 22 日 主持浦东同乡会第十六次理监事联合会。(《浦东同乡会理监事会议记录》)

同日 招黄炎培、汤柴纯、白建民等于地方协会会餐。(《黄炎培日记》)

6 月 26 日 实业部奖励工业技术审查委员会经二次审查,通过先生与朱锡昌共同发明穆朱式大牵隙缝罗拉。认为该项隙缝,能使纱经过不致受压太紧,容易通过,又增加生产,其构造部分准专利五年。(《纺织时报》第九九八号,1933 年 6 月26 日)

6 月 27 日 下午五时,出席上海市地方协会常年大会。到者八十余人。史量才会长主席,报告开会宗旨及一年以来重要工作。次秘书黄炎培报告一年间会务概况。贲延芳报告国货委员会进行状况,并述中国国货公司成立后营业甚为发达。朱亚强报告农村改进委员会情形、拟在浦东高桥及陆行择地试办改进事宜。胡筠秋报告闸北平民教养院进行情形。史量才报告与闵行苦儿院改组淞沪纪念广慈院情形。江问渔报告救国通讯编辑宗旨及发行情形。黄炎培报告下半年度本会预算案。先生报告捐款事宜云:"东北难民救济会募到捐款三十一万余元,均交朱子老查收支配。至办公费用,有动支捐款分文,另由职员担任。现在编印收支报告,俟出版后分送。"继修改章程,增列专门会员一项,照草案通过。提议本会第二年度重要工作计划案,注重三大事项:(甲)提倡国货;(乙)扩充平民教养事项;(丙)在浦东择定一区实行改进农村。其余仍照旧进行。末朱庆澜报告"华北战区惨状及亟须救济情形",史量才报告"现悉政府对于华北救济事项,先拨现款一百万元,发行公债四百万元,已在积极进行之中。上海有数慈善团体联合组织华北救济协会,本会应再分函全体会员,量力捐募"。(《申报》1933 年 6 月 28 日)

6 月 28 日 吴梅接先生函,"嘱我早赴太原馆。即作书告以近状。(辞颇愤慨,且不愿就云)"(《吴梅全集·日记卷》上册,第 311 页)

6 月 位育小学利用暑期办补习科。《申报》报道云:"本市法租界吕班路位育小学,为海上名流穆藕初、刘鸿生、吴瑞元、黄任之、潘序伦、江问渔、黄延芳、姚惠泉诸君所创办。主校事者为中华职业教育社副主任杨卫玉君。环境设备,训育教学,均有特色。现为利用暑期补习主要功课,及指导适当活动起见,特开办暑期补习科。除幼稚生一年级生不收外,二、三、四、五、六年级均可入学,并可寄宿。科目为国文、英文、算术三项。此外有园游、沐浴、谈话等种种活动。"(《申报》1933 年 6 月 12 日)

6 月 苍生发表《读〈农村复兴会穆湘玥提案〉有感》一文。云:"读穆湘玥君在农村复兴委员会提案文,不禁喟然而叹曰:'民隐之不能上达也久矣。'报纸宣传每不足执政者一盼也。地方官吏又因循苟且,民隐壅于上闻,虽有求治之政府,庸知田野之苦况,竟至于此哉。穆君在此农村破产,上下惶惶之际,提出四项原因为农民请命,诚足多焉,惜其不早言之耳。穆君称'保安队以经费无着,不能不就地筹款,种种苛索即由此发生,'以记者所知,我浙省之保卫团基干队其筹款方法由村里委员分派之于镇长、闾长,再由镇闾长分派于各民户,层层转递,人民无所逃隐。有一农民仅破屋一间,屋内仅有稻草一堆,某日负筹款之责者向之征保卫捐,该农民曰:'我仅有此破屋稻草,不虞意外,何用保卫? 更何出保卫捐?'查保卫团款项须视需要保卫之程度高下,而分出捐之等级方为正当,在政府令各省办理基干队之本旨谅不至有令贫无立锥,不需要保卫之人纳捐之理。今各省奉行之人,每以小民为可欺,竟逼榨极贫苦人之金钱以为富有者保卫之用,事之不平,莫此为甚,是所望于政府当轴之有以改善之者也。穆君又谓'即以交通之某省而论,虽有铁路四达,而农产物之运输几形绝迹。因为在运费之外,种种意外苛索成为习惯。'查运费之大是有限的,而意外苛索是无限的,而且有意外之苛索对于运费上又有不尽不实之处是可以断言的。故意外苛索不特以病民,抑且上以病国,国与民两受其弊。此种现象如不革除,则我中华民国也者,只可称为中华弊国而已。弊不除,利安兴,宜其日就衰落而来严重之外侮也。"(《钱业月报》第十三卷第六期,1933 年 6 月)

6 月 与徐凌云、王晓籁等发起重组昆剧保存社,为仙霓社集资。"邀同名流闺秀,粉墨登场,公演酿资。"(昆剧仙霓社致各界谢函影印件)此次共筹款二千二百元,先生捐款五十元。(《昆剧保存社第一次筹款收支报告》,1933 年 6 月 12 日)如是《谈昆剧保存社》一文云:"昆曲为我国国粹,而名家多出自江浙缙绅先生、贵家子弟,亦往往缓拍红牙,曼歌一折,于是有爷台之称,故凡组织昆曲班者,俱冠以'江浙爷台'字样,盖竟袭当年客串之名。然在近十数年,北方昆剧著名之角,如韩世昌益隆悲崛起,但究声调,纯然与江浙不同,所谓腔口硬而字音不准也。近沪上巨商王晓籁、徐凌云、穆藕初、俞寰澄诸君发起昆剧保存社,地址暂设于牯岭路普益代办所,定本月底开成立大会,并拟装置无线电波音。闻男女社员加入者近百余人,而伶界大王梅兰芳与姜妙香、程砚秋亦同为会员,而名票俞振飞、袁安圃、翁瑞午等亦在罗致之列。"(《晶报》1933 年 7 月 15 日)

7 月 3 日　出席位育小学首届休业式。家属到者有朱义农、吴开先、杨德昭等及其夫人,共七十余人。校长杨卫玉报告一年间经过云:"辟此小园地,为上海小学界作一新试验"。次先生、黄炎培、邹秉文相继演说。家属朱义农致谢词。后由学生表演歌舞及故事等。"该校下学期添招各级新生,每级至多二十人,于班级制之下兼重个别教学,其设备与环境均甚完美。"(《申报》1933 年 7 月 5 日)

7 月 10 日　下午七时,出席于静安寺路地方协会草场举行的新任湖北省政府主席张群饯行会。到者有王晓籁、史量才、吴铁城、杜月笙。王晓籁、史量才致欢送词。吴铁城演说,张群致答词。(《申报》1933 年 7 月 11 日)

7 月 18 日　为保留西渡码头事,与浦东同乡会常务理事杜月笙、黄炎培、沈蒙莲、吕岳泉联名发表呈上海市政府文。云:"窃属会选据会员蔡益康、俞鹤云等先后牒称,'公民等世居洋泾镇东北,务农为业。近三十年来,洋商之在我浦东沿江购建厂栈者,亘十数里,几无隙地。而我华商欲在其间建筑一面积宽广可以直达江边之码头,反不可得。此乃无知地贩,贪一时巨价,如鱼吞饵,酿此无法挽回之痛苦,而不知伊于胡底者也。前塘工局故董朱日宣等,几度与洋商力争,宽放西渡码头,惨淡经营,不为强夺,不为利诱,争此一着,功在地方,成案具在。当地人民,视此码头之不可断,犹如人身之有咽喉而不可扼。今市工务局议在该码头之西辟筑路线,名歇浦路。但一面辟筑歇浦路,一面有舍弃该码头之行动。查新定之歇浦路,原有出浦码头,不过较为狭窄。现在工务局呈准宽放丈尺,改筑码头,固为地方民众所欢迎,深感工务局此举之深仁厚泽。至西渡码头,为朱故董等功绩所在,不独便行旅,且大有利于居民。今道路传闻,谓洋商又在作祟,利用工务局欲将该码头堵塞,民等深信工务局不致受外人愚弄,以害我民。惟世事常有出人意料之外,万一果成事实,则堵塞码头,不啻堵塞民等之咽喉,致民等于死地,民等誓死反对。恳祈转呈市政府恩准查卷履勘,下顾民情,以便交通而利民众'等语。属会综核西渡码头之历史与交通、民情三项,均有保存之必要。所有蔡益康等要求保存西渡码头之处,理合备文,吁请鉴核,迅赐批示,准予永久保存,以利交通而解群惑,无任公感。"(同日《申报》)

7 月 20 日　出席浦东同乡会第十七次理监事联合会。(《浦东同乡会理监事会议记录》)

7 月 28 日　晚,赴银行公会主持留美同学会第二次大会。"到者座为之满"。聚餐后,由各委员会报告增加会员计划及收支状况。次由新自加拿大回国的江元虎演说,首言留美学生地位之重要,并谓今后中国之有无办法,要看留学回国者之有无办法。最后报告加拿大情形以作此次赴太平洋国际学会代表之参考。次此赴太平洋代表刘湛恩演讲,"此次出席将注重如何做到国际合作,而不致有国际共管。"另一代表陈衡哲女士演说,"此次出席预备说老实话,而以中国妇女之状况及贡献报告与各国。"(《申报》1933 年 7 月 29 日)

7 月 29 日　晚七时,赴银行俱乐部出席中国经济学社上海分社年会。与会者有黎照寰、李权时、杨汝梅、金侣琴等三十余人。何德奎主席,致开会辞。次讨论棉麦借款等问题。选举蔡正雅、金侣琴、李权时、潘序伦、王志莘等五人为下届理事。(《申报》1933 年 7 月 30 日)

同日　豫丰纱厂因棉花原料短缺,本日上午六时起停工,并发布《豫丰纱厂董事会布告》云:"本厂因为缺乏棉花,及过去六个月营业上之重大亏损,自本年七月二十九日上午六时起停止工作。本厂在如此困难环境之下,根据《工厂法》第三十条,得终止契约之规定,自即日起对于全厂工人工作契约完全终止。所有以前本厂与本厂工人及工会所订条件,亦完全取消。根据《工厂法》第二十九条之规定,本厂除发给工人应得工资以外,并加给同法第二十七条所定预告期间之工资如下:(一)在厂继续工作三个月以上未满一年者,加给工资十日;(二)在厂继续工作一年以上未满二年者,加给工资二十日;(三)在厂继续工作三年以上者,加给工资三十日。此外特别费用,如浴室及学校津贴等,自即日起一律停止。本厂希望在营业及经济之可能范围内早日复业,但必须预为声明者,开支逾巨,实为本厂重大亏损之一原因。今后工作计划必须完全改组,以增加工作效能,及减少耗费。若非如此不能恢复工作,及达到继续维持本厂之希望。以后工资及工作数量,俟改组时另定之。特此布告。"(《申报》1933 年 8 月 2 日)

停工宣布后,工友五千人包围工会请谋救济,又向当地党政军请愿呼吁。豫丰纱厂工会通电全国,请求援助,并电蒋委员长、汪院长,请求"转饬厂方履行协定,免致数万人立陷绝境。"(《纺织时报》第 1010 号,1933 年 8 月 7 日;《申报》1933 年 8 月 1 日)经郑州政府组织调解委员会协商,于 8 月 16 日签定《决定书》。其中第四项规定资方在一部或全部停工期间,所有停工工人须按日发给工人维持费,以六个月为限,但满三个月后,资方如仍不能复工,依法宣告破产时,维持费停止。(《纺织时报》第一零一零号,1933 年 8 月 7 日及 1044 号,12 月 7 日)

7 月 应《纺织周刊》之约,发表《对于中美棉麦借款之希望》一文。全文如下:

最近国民政府财政部长宋子文氏,在美签订五千万美金大借款购买棉麦一案,电讯简略,不知详细条件及棉麦价格究属如何,未便加以任何批评。适《纺织周刊》征求关于此事之意见,该报为纺织业之喉舌,余以棉纺织业一分子之资格,对于该报又不能无一言,爰述其对于此事之希望,条述于下:

第一,据电讯所传美国财政善后银公司允以五千万美金之款,贷与中国政府作为中国购买美国棉花及小麦之用。此项借款利息五厘,三年还本。其五分之四购买美棉,五分之一购买美麦及面粉。照目下市价计算,可购美棉九十万包以上,可购美麦一千二百五十万英斛。在可能范围以内,统由美国轮船装运。所有运费及杂费均由中国担任,中国购买棉麦应在六个月以内自由办理。然银公司亦有权购联邦农业理事会所存之货,用公平价值售与中国,由中国指定统税为担保品。此为我人所知之大概情形。当此美国农产过剩,中国政府需款甚切之时,成立此项借款,表面上似乎双方有利。唯政府代替商人购买货物,其经验必较浅,代价必较高。且闻所购美棉均系前年陈花,品质较次。运沪以后,若按成本出售,必无人承售。惟以今日之环境,中国政府而欲发行内债,至高价格不能在六折以上,或仅得票面五五折之实收。(根据《银行周报》八百零三号耿爱德氏之估计)假定政府此项美棉麦照成本七折或七五折售与华商各厂,比较发行公债,政府可得羡余二成,同时又可获得救济华商各厂之美名。此我人所希望于政府者一也。

第二,倘政府能采用上述办法,将美国棉麦按成本七折或七五折售与华商各厂。此处有一重要条件,即必须按照全国各厂平均分配,不能仅由一部分厂商承购。因为此时华商各厂同苦缺乏原料,而对于政府所纳统税,亦平均担负。最近政府对于华商各厂之困难,早极明了而有设法救济之意。报纸宣传,为时已久。今既购有此项大批棉麦,自应按照全国各厂平均分配,以表示大公。即使内地厂家因交通不便,或其他原因,亦应照比例分受一部分,由其自由处置。此我人所希望于政府者二也。

第三,此项大批棉麦价值美金五千万元之巨,合国币约二万万元。虽分期装运,然限期在六个月以内。若须全付现款,恐华商各厂未必有此巨大财力。为便于实行起见,有分期付款之必要。由政府与厂商预先商妥第一期付款若干,以后共分几期,全数清偿。总期在此项借款还本以前,厂商将应付之款,悉数还清。此为我人所希望于政府者三也。

第四,政府将棉麦售与厂商后所得之款,用度如何支配,关系至关重要。若悉数销耗于军政费之应急支出,实为最不经济之办法。值此全国农村经济破产之时,甚之衣食所需之棉麦等原料,亦须购自外国,此为万不得已之应急办法。此项借款既合国币有二万万元之巨,无论财政上如何困难,至少必须拨出一部分,专款存储,作为推广植棉及发展农业之用。最小限度必须以增加棉麦产量,至足以供给本国需要为目的。此我人所希望于政府者四也。

以上所述均就事实方面立论,作最低限度之希望。政府必须承认一国之财政基础,建筑于人民经济能力之上。故救济华商工业,推广植棉,发展农业等等,均为培养税源之必要办法。未有人民完全破产,而政府财政能有办法者。此不能不希望政府当局深切注意者也。

(《纺织周刊》第三卷第二十八期;《文集》第 267 页)

8月2日　下午七时,赴静安寺路地方协会草场,出席上海市商会等三团体举行的警备司令戴戢公饯会,到有参谋长张襄、秘书徐义衡及史量才、杜月笙、顾馨一、黄炎培等。陆文韶、史量才、裴云卿致欢送词。虞洽卿与先生演说。先生"正待启齿颂扬戴司令时,适遇天雨,即请希望戴司令长、福建民厅长时亦霖雨苍生"。

(《申报》1933 年 8 月 3 日)

同日　于《申报》发表致中英庚款委员会函,建议报送留学科目应增农科。函云:"顷阅报载贵会第十七次董事会议,决以庚款考送学生二十名送英留学,其留学科目为英国文学、西洋史、法律、政治、数学、地理、大地测量、医学及公共卫生、土木工程等学科,而农科独付缺如。窃以近来社会对于复兴农村之声浪甚嚣尘上,政府且有具体之组织,以资倡导,较任何学科为重要。若将农科竟付缺如,则揆情度势似有未可。况我国农村复兴事业,异常紧张,人才不敷分配。查英国农事试验场在各国中为先进,以中英庚款送学生至英学农,其收效当比其他学科为宏大。敬祈贵会务将农科二名列入办法之中。事关全国公益,未敢缄默,即希查照施行,至纫公谊。"中英庚款委员会复函云:"接准台函,以本会此次考送留英学生一案,请添列农科二名等由,具征先生等关心学术,提倡农业,钦佩之至。查本会此次考送学生,关于学科之分配业已确定。关于农科,诚为吾国目前发需要之学科。本会于分配学科时,曾经讨论及此。第念英国乃一工业国家,故当时金主对于农业一科暂缓选派。重承台命,自应提出下次董事会议报告。倘明年本会继续考选学生,当参照台函办理,藉副雅意,特此函复,敬希查照。并转知列衔诸同仁,恕不一一。"(同上)

8月6日　主持华商纱布交易所第二十四届股东常会。到会股东四万余权。先生致开会词。常务理事报告业务概况,张监察人报告账略。议决纯益金分配案,

定 8 月 8 日起核发。(《申报》1933 年 8 月 7 日)

8 月 18 日　黄炎培偕子万里来访。(《黄炎培日记》)

8 月 24 日　出席浦东同乡会第十八次理监事联合会。(《浦东同乡会理监事会议记录》)

8 月 26 日　与浦东同乡会常务理事杜月笙、黄炎培、沈梦莲、吕岳泉合署致南京国民政府行政院电,再次呈请冬漕永免加征。电云:当局"年复一年失信于民","国以民为本,爱惜一分民力,即所以培养一分元气,果有展现加征之议,请弗再予核准,无任追切,待命之至。"[①](《浦东同乡会年报》1933 年)

8 月 30 日　庄俊为浦东同乡会会所图样事复函先生,云:"关于奚君福泉所设计之贵会会所图样,已于八月二十九日下午四时由俊召集金君丹仪、李君锦沛、薛君次莘并奚君福泉,在敝事务所共同讨论,所有意见书除奚君赞同改正之后,再行呈送审核外,兹决定之点开列附呈察备,尚希审核是荷。"(原件,浦东同乡会档案)

8 月　于《天津棉鉴》发表《补救纱厂业之唯一办法》一文,分析纱厂业面临危险状况的远因与近因,强调改良植棉、革除苛捐杂税之重要性。全文如下:

纱厂业之危险,不自今日始。业中人之奔走呼号,亦不自今日始。维持奋斗至今日,迫不得已而减工一部分,于是始邀政府及社会之注意。我国以农立国,而棉产不丰,国人之衣料最大多数为棉织品,然而本国纱布乃因受舶来品及国内外商纱厂之挤轧,竟致无立足地,此岂一朝一夕之故哉。

(甲)远因

一、我国纱厂,大多资本薄弱,负债繁重;二、银行欠息过昂;三、厂家缺少公积;四、技术欠精良;五、花纱布缺乏直接卖买;六、运输上欠便利。

(乙)近因

一、连年内战及日本侵占东北,促进农村破产,使农民购买力更薄弱;二、花纱上之苛税繁多;三、花纱运费过昂;四、年来管理工人更不易;五、内地纱厂常被视为肥肉;六、金价过昂,舶来物料大贵;七、工人数太多,(在华日厂,近来多雇用日工,每万锭只用工人一百八十至二百四十人,而内地华厂,每万锭竟有用工人七百五十人者);八、全世界不景气,日本棉货大倾销。

以上二因,本国纱厂犯此病者居大多数,事势急迫至此,政府中若空言研

---

① 1932 年 2 月,国民政府财政部曾承诺不再加征江苏省田赋,而实际仍予以征收。浦东同乡会于 1933 年 1 月 15 日致电行政院,揭露当局肆意搜括,言而无信,请求行政院迅电苏省,"永免加征,毋在食言"。经浦东同乡会两次电呈后,江苏省政府不得不于 1933 年 9 月宣布"冬漕每石加征之两元,自二十二年度起即行取消"。

究,调查,劝导,实属于事无补。果欲救济国内唯一之实业者,则舍下列办法无他道焉。

(甲)积极的

速办全国有计划、有系统的推广及改良植棉。因中国每年缺棉约三百万担,约值价一万万三千万元以上,因缺棉而不得不购外棉。因金贵银贱,外棉贵,华棉亦贵,棉纱因销路不畅而贬价。花贵纱贱,实系纱厂业最大之危险。非积极推广植棉,至自给自足地位,不能在根本上挽此危局。

(乙)消极的

一、革除花纱上之各种苛捐杂税;二、增订统税等级,拨还华厂统税几分之几,作为奖金;三、酌减花纱运费;四、减低借款息金;五、实行整理机器,训练工人,减轻成本,淘汰不力之职工。

上述诸项,如能一一实行,则虽在全世界不景气之状态下,我国纱厂业或能维持,否则,岂仅减工十分之二三已也。

《天津棉鉴》刊登《补救纱厂业之惟一办法》一文书影

年来金贵银贱,国内现金流出殆尽。自美国放弃金本位后,银价渐昂,而银亦渐渐流出。我恐在短时期内,若不设法预防,国内现银亦将悉数外流,则纸币行将充斥,物价势必飞腾,欧战后德国之经济状况,不久将重见于我国。环顾全国工商百业,皆岌岌可危,政府之大政方针,在此时期实不能不有所改变,否则直接蒙其害者固工商业中人,而间接蒙其害者为全中国。政府亟宜积极励行造产主义。无论何种事业,凡直接间接有利于全民者,当尽种种力量以保护之;若有摧残破坏有利于全民之事业者,应竭力铲除之。否则虽有亚丹施密斯其人在今日之中国,亦将无以善其后也。愿政府诸公,亟起图之。

(《天津棉鉴》第三卷第十一、十二期合刊;《文集》第268页)

8月 因学生增多,位育小学扩充校舍寄宿部。《申报》刊登《位育小学新讯》云:"吕班路辣斐德路位育小学,本学期扩充校舍,添办高级,报名者甚形踊跃。惟该校因注重个别教学,每级学额只有二十八人,后来者每有向隅之憾。校董会特议决于原有校舍后面再辟第二部,专容高级学生及寄宿生之用。校长仍由校董杨卫玉君兼任,所请教员皆曾任著名学校教员,富有经验。闻定于二十九日招考,九月

一日开学。"(《申报》1933 年 8 月 23 日)

9 月 2 日 出席沪绅胡寄梅氏原配张夫人举殡。各界领袖前往执绋者不下七百余人。仪式简洁而隆重。上海地方协会史量才、杜镛、王晓籁、钱永铭、虞洽卿、徐新六、张寅、刘鸿生与先生等联名发表祭文云:"谨以香花清酒,致献于胡母张太夫人之灵而言曰:翳维太君,德与古俦,俭而中礼,安不忘忧。备钟郝之二难,宜架矩于千秋,方以筹龄来嫔于安定也。王氏巾箱,梁家荆布,不闻闾里有闲言,乃使夫君无内顾。惟却缺之耦相敬如宾,致朱公之门,散财复聚。乃寄梅先生之见背也,呼天有泪,叩帝无乡。拚二十年之心血,导后昆于义方,人第羡兄弟峥嵘而竞爽,而未识太君擘画之周详。今者哲嗣舰舷,贤孙跻跻,留佳语于申江,指连云之申地。伯歌季舞,不出一门夕膳晨馐,相其百岁。奈之何爱日难留,罡风陡作,一笑而拈华,仰寥天而控鹤,撒手婆安,往生极乐。同人等或叨世谊,或列周亲,悲灵一护而有□。信般管之常新,如玉之刍一束,盈尊之酒三巡。天乎鉴德,魂兮归真。伏维尚飨。"(《申报》1933 年 9 月 3 日)

同日 晚,招黄炎培、陈陶遗、陆规亮、张伯初于寓所聚餐,"饮至醉。同席有冯超然、谢绳祖。"(《黄炎培日记》)

9 月 10 日 于宁波同乡会主持豫丰纱厂临时股东会。(《纺织时报》第一零一八号,1933 年 9 月 4 日)

9 月 11 日 《申报》刊登《发明工业需用品,实部准予专利五年》消息云:"穆湘玥、朱锡昌近发明工业需用品,实业部已准予专利五年。"(同日《申报》)

9 月 12 日 晚七时,赴大东酒楼出席中华产销公司宴请金融、实业及各界名流。到者有薛笃弼、朱庆澜、曹云祥、李祖绅、郭乐、吴蕴斋等二百余人。主席报告本公司筹备经过,"加入发起者已达一百六十六人,加入赞助者已达七十五人。已认股者计共洋念四万五千一百元,希望各发起人签定认股数额,准备进行立案手续"等。次王晓籁、林康侯、邬志豪、曹云祥等相继演说。(《申报》1933 年 9 月 13 日)

9 月 16 日 与杜月笙、黄炎培、沈梦莲、吕岳泉、秦砚畦、王一亭、江倬云、张效良、傅佐衡等联名发表《浦东同乡会川南风潮协赈委员会宣言》,呼吁当局采取切实措施赈济浦东风灾灾民。云:"渡黄浦而东,行尽上海市区,北为川沙,南为南汇。川沙县境,有较大之沙洲三,曰横沙、曰高墩沙、曰圆圆沙。合计人口万余。自筑圩成田,村落相望,鸡犬相闻。地宜棉麦,每年有不少的产量供全社会之食用。今年九月二号夜,飓风猛袭,潮水陡涨,居民从晖梦中惊醒,洪流滔天,登屋屋倾,爬树树折,男女老幼,哭声震野。一刹那间,几于全沙。陆沈、川沙李子韩县长并元善堂陆问梅　娱济诸君,得报亟往勘视,则诸圩皆破。有全家不知所向者,有九十余岁老人子身濒死而未死者，有三四龄幼孩哀号觅母者，大都漂泊饥家，腹饥鸣而不得食，身出水寒战而不得衣，葬身鱼腹者不可以数计。芦丛之中，人畜累累以死，秽臭薰天，掩鼻不得过。有一农妇，升屋顶力不能支，攫得一木，紧抱至死，随狂流飘荡一昼夜，至宁波海岸，获救得苏而归外，此全家毁灭死亡者不知凡几。事后估计被灾殆在七千人以上。秋收绝望，非至来年春熟，不能自活。嗟嗟！此死亡枕藉与流离偷息于凄风苦雨丛芦断港间者、非吾中华民国同胞乎？非吾安分爱国富于生产力之纯洁良民乎？吾人所衣之衣所食之食，考其来源皆出若辈终年血汗辛劳之所获。今平时衣食，我以生者死矣，其未死者亦濒死矣。而吾人衣其衣食其食，乃熟视彼惨状而若无睹乎？哀音充耳而若不闻乎？吾政府吾社会有心人士方盛唱复兴农村、救济农民、舍此生产力最丰富之农村，受灾最严重，需救最迫切之农民，而不为筹救济，在德为丧良，在政为失策，川沙官吏与地方公团领袖，已以全力办急赈。求食之人口姑以五千计，每人月食两元，合一万元，迄于明岁春收，八个月需八万元。无家可归之户姑以二千计、助款建屋每户千元，须二万元，共十万元。目前应急亦需半数，而大陆沿海救济之需尚不在此。大陆沿海，若南汇一、二、四各区圩塘奎溃决，淹没良田三万余亩，房屋被吹倒冲毁者二百余家，泛没粮食一千余石，登屋避水者千余人，迤北若川沙之四、五区大率类是，尚在继续调查中。本会同人不敢私其乡谊，为人道计，敢求当世仁人义士，公私法团、源源慨助。多救活一个灾黎，即多保全一个良农生命，亦即多维持一分生产来源。浩浩洪波，飘飘白骨，生为夏畦之劳农，死作秋潮之流殍。用挥哀泪，乞解仁囊。"（《申报》1933 年 9 月 18 日）

9 月 17 日　黄炎培来访。（《黄炎培日记》）

9 月 19 日　主持浦东同乡会筹建会所设计委员会会议。①讨论采用奚福康君之图样案。议决即予采定此项图样筹备建筑。②已采定之图样应随时改善斟酌案。议决所有应行改善之处，请奚福康君随时与庄、李、金等顾问工程师商洽办理。③对于未采用之凌云洲等所设计图样应如何处置案。议决凌、杨、赵、徐四君与另聘之庄达卿、李锦沛、金丹仪、薛次莘四君以顾问工程师名义题名于会所，以资纪念。至凌等四君之图样应各酬送纸笔费洋三百元，备函送达。（《浦东同乡会理监事会议记录》）

9 月 20 日　晚七时，赴四川路青年会大礼堂出席银行学会演讲会。邀请盐业银行经理吴达铨演讲统制经济问题。到会听讲者有各银行男女职员等共六百余人，浙江兴业银行总经理徐新六主席。吴氏演讲，"分析统治经济之要素及历史意义之不同，历一小时许。"（《申报》1933 年 9 月 22 日）

9 月 21 日　因豫丰纱厂劳资纠纷日益严重，董事会决定准备 9 月底破产。河南省主席刘峙派建设厅技正高紫桐赴郑调解。《申报》刊登《郑豫丰纱厂劳资纠纷相持》云："郑豫丰纱厂劳资纠风日趋严重，厂方忽提延长工作至十二小时，及裁减工人千二百人,并减少工资三项件后,经工会向各方请愿,并通电各院部请援,厂方二十一日接沪董事会电令,准备破产。约于三十一日正式宣告关闭。倘果实现,工人五千余即失业。间接两万余贫民均有饥毙之虞。郑市社会将严重化,经济及治安颇可虞。又张继、刘守中电刘峙,派大员来郑,解决豫丰纱厂劳资纠纷。二十一日,刘峙派建厅技正高紫桐来郑,相机处理。"(同日《申报》)

9月22日 与朱锡昌为推广"穆朱氏罗拉",于四马路大西洋餐社招待中国纺织学会会员二十余人。先生致词云:"吾业衰败,每况愈下,挽救危机,应有整个计划,负其责者,厥为全国纱厂之总经理。近宋财长自海外归来,亦有统制全国纱厂之议。然如何而后能统制,则颇可玩味。吾人回溯过去政迹,尤不能无疑。使统制而有效,吾业犹有苟延残喘之可能,否则惟有闭厂之一途。增加生产为第一要端。然以我国纺织机之旧,即厂屋亦且多不合用,如果彻底改良,非巨资莫办。余办豫丰有年,豫丰处于军事重心之郑州,负担税银特重。在民八时每纱一包,征税二角,至民十四年而增为一元,至民十七年由增为三元,全年产纱四万包,须增税八万元。而工作只限十小时,出数不增,负担加重,何以支持?于是余有谋改良机器之动机,以冀现有机件之能增加出数,减轻负担。与敝厂工程师朱文焕君潜心研究,始仿大牵伸制,减去粗纱一道,继于中上罗拉,加以改良,结果甚佳。就十六支纱言,出数能约增加十分之一。拉力亦佳,条干亦匀。去年成绩,每十小时出纱可一.一磅。改制之费,每锭不过一元,较之采用加萨卜兰客氏大牵伸每锭须费六元者,便宜殊多。因定名'穆朱氏罗拉',今虽得专利权,然不敢谓为若何巨大贡献。惟此项改良,是否值得大家研究,故邀请诸位一叙,甚望藉此研究而共谋团结,巩固吾业,使其确有价值,拟请各厂采用。由采用之厂,负担百分之几之捐款,充作学会基金。余为学会会员,即为余对学会所尽义务,在学会方面,亦请予以相当之助力。"(《天津棉鉴》第四卷第一、二、三期;《文集》第269页)9月25日中国纺织学会通告全体会员:"穆朱共同发明之大牵伸精纺隙缝罗拉,对于吾国纺织贡献甚大,凡我会员,自应提倡试用"。(《纺织时报》第一零三四号,1933年10月2日)

9月26日 赴云南路仁济堂出席浦东水灾救济会成立会。与会者有王晓籁、陆文韶、李子裁、邹秉文、闻兰亭等百余人。杜月笙主席,报告本月二日晚及十八日晚两次大风潮,浦东川沙、南汇沿海为海潮冲击成灾情况,"代灾民求在座诸君援助救济"。次王晓籁、史量才、川沙县长李冷先后报告。通过议案:①电请国府、行政院、内政部、财政部、苏省府、民政厅、财政厅拨赈。②推杜月笙、张公权、王晓籁、穆藕初、史量才、黄涵之等六人面见宋财长请赈。③派南汇、川沙代表王良仲、江倬云、陆同梅、张艺新等四人备文向苏省府请愿。④派视察股穆藕初、邹秉文等前往灾区调查视察。继选举杜月笙为委员长,王晓籁、王一亭为副委员长,名誉会长许世英,常务委员计顾吉生、陆伯鸿、虞洽卿、闻兰亭、穆藕初、陆文韶等十九人。(《浦东同乡会理监事会议记录》;《申报》1933 年 9 月 27 日)

9 月 29 日　川沙县县长兼筹赈委员会主席李泠发表致先生、邹秉文、徐季爽电,感谢先生等一行视察风潮灾区。电云:"川邑不幸,半月之中两遭潮灾,滨海八九两团,顿成泽国。横沙、高墩沙、园园沙三岛竟遭陆沉。目前灾民遍野,扶老携幼,号寒啼饥,于幕天席地之中,岌岌不可终日。侧闻先生本恤灾邻之义,行已饥已溺之仁,不辞劳瘁,莅勘灾区。同人等逖听之余,忭感交并。如行期有日,乞先示知,俾便追随,以备垂询。临电神驰,无任翘企。"(同日《申报》)

同日　上午十时,偕邹秉文(叶元鼎代表)、徐季爽、沈子坚赴浦东视察灾情。从南汇到川沙,由县长李泠、筹赈会委员崔锡麟陪往视察四、五区沿海灾情。先生云:"川邑灾情,确较南汇为重。返会报告后,定将衣米等赈物设法源源接济。"横沙等处、因先生等另有要事,不及视察。次日上午九时,先生一行趁长途汽车返沪。(《申报》1933 年 10 月 7 日)

9 月 30 日　下午五时,浦东川南风潮水灾救济会及崇(明)、宝(山)、启(东)水灾救济会于云南路仁济堂召开联席大会,先生应邀出席。到代表七十余人。杜月笙主席,议决定名为江苏川南崇宝启五县水灾救济会。(《申报》1933 年 10 月 1 日)

9 月　发表重要经济论文《统制经济与中国》。《纺织周刊》编者按:"藕初先生以政府对于棉业将实施统制,此统制两字或未必为一般人所了解,特将'何谓统制'与'如何统制'各点发为文字,布之文章,此篇为第一篇,以后当续有著作也。"文章指出统制经济目的在于改进经济组织,改善国计民生。针对我国当前经济紊乱状况,先生认为若不准备实施统制经济,"长此以往,国脉民生,断难延续,其结果终必沦于列强经济共管之惨局。"全文如下:

所谓计划经济,一言以蔽之,即为对于某一大单位之经济活动之有计划的统制。在社会主义国家称之为"计划经济",而在欧美各国则通称之为"统制经济"。统制之谓,非为就私人之意见,任意予以管理与支配。乃为一种至公至正、有组织、有计划之合理的控制与指挥。其目的在于改进经济组织,并以改善国计民生。洛克士(Loucks)曾谓"计划经济乃使个人及团体之经济活动,限于形成团体规定之行动范围。而此行动范围则又为依理性划成,如剪贴细工之由部分合为协合的整体,以达到理性所假定之社会普遍目的"。罗文(Lorwin)亦谓"计划经济乃一经济组织之系统。在此系统中各个个别工场企业及产业,均视为一个整体中之协合单位。以便通用所有可用之资本,使某一民族之需要,在某期间获得最大之满足。而其最主要之点,则为每个生产单位,必须凭藉此整个系统,俾生产与消费均衡"。盖统制经济之反面,即为自由竞争主义之经济。自由竞争主义之经济,固已推使资本主义经济达到繁荣之极巅,但在今日则已弊窦百出,反变为形成整个世界日趋凋敝之症结。所以然者,则以在自由竞争主义之经济范畴内,无论其为工业、为农业之生产,皆为无计划生产,初不求其与消费相适合。故统制经济之意义,即为演进放任主义之经济,为统制主义之经济,演进自由竞争主义之经济,为协同动作主义之经济。

今日世界各国,莫不厉行统制经济运动。盖目前世界经济恐慌方深,列强正都努力图谋纾解当前之困厄。故在政治上既多重返于独裁,在经济上亦趋向于自给自足之经济的国家主义。自由竞争主义之经济,既已显呈百孔千疮,统制经济自必然代之而作。至于统制经济之方法,则大抵不外乎三类:一为行使强力之统治权,收一切产业为国有,以国家力量统制全部经济,并以有计划的行动,推进全部经济的活动,此以苏联之计划经济为其典型。次为同业联合,即各个企业家因感于环境之压迫,以联合之方式,分别控制各部门之生产事业,作有计划之活动。甚且将企业家及被雇者强迫组成一同业团体,构成一社会之诸级体,下级受上级之全权统制与支配。此一方式,实即为一种"加迭尔"或"托辣斯"之内部合理化运动,其缺点正复至多,并不能视为纯粹之统制经济运动。复次为政府运用其政治上之管理权,对于人民之经济活动,作有计划的统制,此既异于苏联之革命方式,复较同业联合之方式为强而有力,易收效果。故此一方式,目前欧美列强多采用之。德、法、英、意、日,无不以此一方式为原则,藉谋经济恐慌之打开。即当前美总统罗斯福之经济复兴运动,亦即以此为其骨干也。

不仅此也,今日此种统制经济之运动,且已演进为几个国家或某一联邦之经济联盟。如大不列颠帝国、如美利坚联邦、如德意志,都为集合其联邦,实施统制经济,形成为坚强有力之经济联盟。有名之大不列颠帝国之渥太华会议,即其显例。其次如日"满"亦有所谓经济联盟之酝酿。于此,吾人益可以审知列强今正如何集其全力,以谋日趋深重之经济恐慌之难局之打开。同时吾人更可以审知在今日一国而不能实施统制经济,则匪特其国家经济将陷于紊乱状态,无由振拔,抑即根本不能列为世界经济成员之一。

我国今日国家经济,已濒于全部破产之状态。言工业则各个产业部门皆奄奄一息,言农业则农村整个凋敝不堪,民生涂炭,国本动摇,而由于经济恐慌狂潮之激荡,列强且正耽耽虎视,无不欲以其庞大之经济力量,控制我国,使我国实际沦入次殖民地之地狱。故今日我国实已处于最艰难之时期。若此时我国而尚不准备实施统制经济,以有计划之行动,打破当前经济之紊乱状态,则长此以往,国脉民生,断难延续,其结果终必沦于列强经济共管之惨局。故最近宋子文氏出席世界经济会议归来以后,所发表实施统制经济之主张,以及中央最近扩大经济委员会组织之举,要亦视为适应时势需要,一种具有刷新气象之措置。

言及实施统制经济,吾人则亦应先明了其先决条件。先决条件为何? 即(一)应有一坚强有力之中枢政府;(二)应为一能自立自主之独立国家;(三)于资源人口以及产业之生产数字,都有精确调查与统计;(四)有可供运用之资本与技术人材;(五)适合国情之精密计划。此五者,盖为万不可缺之先决条件,而尤以第一点更为重要。

职是之故,而我国今言实施统制经济,艰难亦特多。其一,我国今日中央政令,尚不能遍及各省。僻远之区,尚多恣意自为者。全国不能打成一片,则一旦实施统制经济,阻力自多。此其障碍一也。其二,我国经济,较之欧美列强,本自落后。正以落后之故,近年来乃几于完全为欧美列强所控制。以言金融事业,则全部为纽约、伦敦、巴黎、东京之银行家所操持,则不啻为宰制我国整个国民经济生活之总枢纽。以言交通,则陆而铁路,水而航路,空而航空路,几都为列强所垄断,交通命脉,我竟大权旁落。以言工业,则重工业与轻工业亦都为列强之资本势力所把持,我国工业在其高压之下,都奄奄一息。其尤甚者,今日世界各国,无不竭力提高其关税壁垒,以杜绝外国货品之侵入,而保护其国内之产业。独有我国,关税尚未能实施保护政策。因之外货涌入,利权外溢,列强之经济势力,伸入我穷乡僻壤。我国生产事业,都无力与之抗衡,不为附庸,即归倒闭。若一旦而言实施统制经济,则此种外国资本势力,必作有力之反动,此其障碍二也。其三,过去我国国营企业,大抵腐败不堪,号曰国营,实则大都操于官僚之手。其用人行政,一无计划,且率皆毫无企业常识,徒以侵蚀公帑中饱私囊为能事。故举凡国营企业内容之糟,都不堪问。至于民营企业,又(一)以苦于资本之微薄;(二)以苦于捐税之繁重;(三)苦于战争之纷扰;(四)以苦于外国资本势力之高压,亦甚少比较规模宏伟、组织严密、足以有为者。故今日而言统制经济,则资本之短绌,以至人才之缺乏,要亦为莫大之障滞,此其三也。其四,我国社会,今日尚未完全脱离农业经济之范畴,农民之意识,大抵为散漫无组织。此种散漫无组织之人民,于统制经济之实施,亦不无障碍,此其四也。综上四点,可征我国固急有待于实施统制经济,但在环境上则障碍至多,正未容轻易忽视也。

然则,我人其遂安坐于此种礁石之前,长此因循畏缩乎? 是则又断断不可。唯畏难者,仍终为艰难所障碍。反之,在勇敢坚决肯牺牲奋斗者之字典中,则绝无"难"字。我国资源丰富,宝藏山积,自然贻我者,至丰且厚。则吾人如肯以最大之决心,与最大之牺牲精神,致力于经济之改造,即从事于统制经济之实施,抑亦何难收获莫大之效果。抑且我国之统制经济运动,在孙中山先生之实业计划中,如开发实业、如借用外国资本与技术人材,都早已计及。吾人要当秉承其遗规,审视当前之环境,研究精密之计划,以至公至大之诚意,披荆斩棘,践实做去。事在人为,吾人断不可以艰难自限。

本文所言,为一梗概之论述,后当于其理论与实施方案,分别贡其所见。同时切盼我政府,我国人,于此一问题,都共起作切实之探讨。

(《银行周报》第十七卷第三十七期;《文集》第 270 页)

此文还刊于《纺织周刊》、《申报》1933 年 9 月 23 日。《自由言论》第一卷第十七期(1933 年 10 月 1 日)载时改题为《中国经济的路线》,并加编者按云:"穆先生寄来此文,与本刊上期王造时先生之文,有密切关系,请参看"。《华安》第二卷第二期(1933 年 12 月 10 日)转载时改题为《中国实施统制经济问题》。(原刊、原报)

9 月 仙霓社于大千世界演出,为扩大影响,张慰如、王晓籁、徐凌云、先生等联名以昆剧保存社名义发表介绍仙霓社昆剧堂会广告,云:"喜庆堂会以奏演昆剧最为堂皇高雅。现隶大千世界之仙霓社,由昆剧传习所训练而成,久已脍炙人口。我沪上人士如有喜庆盛典及亲友公份,唯斯社最为适宜。其价目十二出至十四出为八十元至一百元,唯星期六及星期日须酌加。八出以下至四出亦可面议,车力饭资酌给。"(原件,苏州中国昆曲博物馆藏)

10 月 1 日 《申报》刊登《豫丰纱厂劳资纠纷情形》报道,详述该厂劳资纠纷经过及困难经营情况。云:"据熟悉郑州豫丰纱厂情形者云,该厂于本年七月二十九日因营业受亏,及缺乏棉花而停工。当时该厂依照《工厂法》第三十条,布告终工人契约,并依照同法规定照发预告期间工资。如此办理本可经结束以前一切经过,以后复工时可以放手办理,彻底改组,以求得一新生命。不料官厅方面依据工会一方请求出而调解,主张在停工期内发工人维持费,虽在调解办法内规定厂方有增减及自由雇用工人之权,但最近该厂筹备复工实行改组时又遭工会方面之反对,以致重行发生纠纷。近见各报新闻栏所载关于该厂劳资纠纷之新闻大都一面之辞,与事实不尽相符,特再述其真相如下:豫丰纱厂为发展内地实业起见,设于河南郑州。于民国十六年起,因地点及潮流关系,即为工会所把持。六七年来,种种要求不下二十次,动辄以手枪要挟。前任该厂协理某君曾为武装工人所劫,几遭不测。该厂因为在不可抗力之下每月开支工资一项,即自三万元陆续增至五万余元,全年增加支出约三十万元。工作时间自每班十二小时减为十小时,每日停工四小时,损失不赀,而工人又不能减少,以致成本巨大。历年营业亏损,几于无法维持。该厂以厂务如此困难,断难持久,尽力研究改良机器,于民国二十年秋发明穆朱式大牵伸,即行将全部机器改良,以增出数而减损失。不料工会方面又因此攘为己功,要求巨额奖金，虽是年结账仍有亏损，然因官厅方面压迫，厂方仍付奖金四万三千元。次年再提出要求，相持数月，最后结果又因官厅调解，仍付奖金六万元。本年该厂因花纱损失更巨，不得已而停工。原拟依据《工厂法》给资遣散，以便彻底整理。又因官厅偏听工会一面之辞，主张发维持费，以致未达目的。但工厂系营业性质，继续亏本，决难支持。该厂因六七年来每日停工四小时，及每万锭雇用工人七百五十人不能减少，以致成本大于售价。此次该厂依据全国各纱厂通例，工作时间每班定为十二小时，（倘政府能使全国各厂一律改为每班十小时，该厂亦极宜遵办）每万锭雇用工人减为五百四十余人，比较日商在华纱厂每万锭雇用二百四十人相差仍巨，实为最低限度之改革。倘不能办到，该厂即无法维持。近年来上海存银甚多，所以不敢投资到内地开发实业者，因为在内地办实业不能得到政治之保障。政府而镇欲增加生产，不能不从保障内地实业为入手。该厂已因时代关系受极大牺牲，不知以增加生产为政策之政府，能否为内地实业辟一生路，将于该厂纠纷如何解决而知之。"（同日《申报》）

10 月 6 日 上午八时，出席中国垦业银行总行乔迁新屋典礼。到者有虞洽卿、陈光甫、林康侯、贝淞荪、徐圣禅、潘公展及外滩各洋商银行大班等。全体行员齐集新厦二楼议事厅，董事长兼总经理秦润卿、常务董事王伯元等相继训话，次举行升旗典礼后开门营业。秦润卿、王伯元、梁晨风、何谷声、王仲允等"殷勤招待，导至各楼办公处所分别参观。来宾对于发行库建筑之伟大，保管库构造之坚固，业务部布置之宏丽，交相赞美"。（《申报》1933 年 10 月 7 日）

同日 国民政府明令发表全国经济委员会棉业统制委员会委员二十一人名单，先生名列其中。主任委员陈光甫，委员荣宗敬、穆藕初、聂潞生、邹秉文、杜月笙、陈立夫、吴醒亚等。（《纺织时报》第一零二七号，1933 年 10 月 9 日）

10 月 8 日 晚，赴大西洋西菜社出席上海市总工会招待各界人士宴会，听取电力工潮情形报告。到者有王晓籁、郑澄清、陶乐勤、邬志豪、褚慧僧、刘鸿生及新闻界等五十余人。总工会朱学范报告云："电力工潮现已日益严重，当此工潮爆发之初，已有党政关处，暨工部局总办钟思调停。因公司态度坚持，无法解决。查电力公司自接班以来，迭次开除工友，已达四百余人之多。回顾过去工部局时代，绝少有开除工人之举，今则不然，工友动辄被公司解雇。最近又连续开除工友薛阿宝等三人，以致酿成怠工。更因公司态度坚硬，酿成今日之严重局势。"次各代表发表对电力工潮之意见，邬志豪云："现时世界乃力的问题，非团体无以图存，专依赖人是靠不住的事。希望各团体一致团结，为被压迫之华工作有力之声援"。张子康、褚慧僧、陶乐勤等演说，"表示全力援助工人"。（《申报》1933 年 10 月 9 日）

10 月 10 日 赴上海银行会议室出席棉业统制委员会在沪委员会议。讨论工

作分配等重要问题，会址设于二马路大陆银行六楼。(《纺织时报》第一零二八号，1933 年 10 月 12 日)

10 月 12 日　徐新六为豫丰纱厂押款三十五万元逾期未还事致函先生，云："贵厂花纱押款银元三十五万元已于九月一日到期，业经逾期月余，即请早日划还为荷。"(底稿，浙江兴业银行档案)经过协商，双方签订合同如下：甲方：上海浙江兴业银行，乙方：豫丰纱厂。"(一)借款金额：计国币叁拾伍万元整。(二)借款期限：自签订合同之日起，一年为期。期内按照后开第五条办法分批取赎。(三)借款利息：自二十二年九月份起至二十三年三月十五日止，未付利息仍照旧率月息壹分壹厘计算，于合同成立时一次付清。三月十五日以后利息改按月息九厘半计算，每半年付息一次。惟年终结账，乙方如有盈余，仍须补足月息壹分之数。(四)借款抵押品：本系花、纱作押，乙方因亏耗过巨，于慎昌洋行经理期内将花、纱售去，暂以厂内物料抵补。此项物料，乙方账上原作价肆拾伍万元即为本借款之抵押品。(五)取赎办法：乙方允将上开抵押品，俟开工以后侭先取赎应用，用去若干即还借款若干，有余交还乙方，不足由乙方及保证人连带负责清偿。(六)押品保管：上开抵押品由甲方委托乙方经理人天津中国银行代为保管，不另派人占有。"(合同抄件，浙江兴业银行档案)

10 月 13 日　中午，前江苏省政府主席顾祝同邀请旅沪苏省绅耆及金融界巨子宴叙话别，先生应邀出席。到者还有杜月笙、张公权、史量才、林康侯、黄炎培、陈陶遗等三十余人。"席间，顾表示在苏两年适值江北水灾、江南兵灾之际，一切建树未尽万一。今后虽离苏赴赣，仍顾遥随乡邦父老，共图福利。"史量才致祝词。(《申报》1933 年 10 月 15 日)

同日　下午五时，赴云南路仁济堂出席江苏川南崇宝启五县水灾救济会第二次常务委员会议。与会者有许世英、杜月笙、王晓籁等三十余人。许世英主席。通过各组办事细则，及收发赈款赈品办法。(《申报》1933 年 10 月 14 日)

同日　徐新六致函先生，催还花纱押款。云："查贵厂花纱押款银元叁拾伍万元已于九月一日到期。业经逾期月余，即请早日划还为荷。"(底稿，浙江兴业银行档案)

10 月 16 日　上午十时，赴大陆大楼出席全国经济委员会棉业统制委员会成立会。到者有宋子文、陈光甫、聂潞生、贝淞荪等。宋子文主席，致词云："中央深知现在世界纷扰争夺，称雄道霸，不出一经济问题。中国今日的衰弱被侮，不克振拔，也是经济问题。国家能生存，民族能自强，非先发展国家经济实力不可。政府因此成立全国经济委员会，今后将以全副精神致力于此。希望全国人民都要提起精神，一致来工作，这才是救国救业的大事业。经济委员会预定设置各种统制委员会，要用国家力量来帮助各种重要实业,向前进取。今日棉业统制委员会首先观成,这是值得我们引为最愉快的一事。""从此来用国家人民各个所有的力量变成一个总力量,设法去图挽救,将来还有望,这是政府要用统制手段来复兴经济实业的意义。"次主任委员陈光甫发表就职演说,今后主要任务为推广及改良植棉,整理纱厂及添设制造纺织机械之铁工厂等。棉业统制委员会下设技术股、总务股等,先生列原料组首位。(《申报》1933 年 10 月 17 日;《工商半月刊》第五卷第二十二号)

同日 复徐新六函,婉商续订押款。云:"贵行十月十三日大函敬悉,敝厂现正积极整理贵行押款,拟稍缓再行面商续订。先此函复,至希台洽为荷。"(原件,浙江兴业银行档案)

10 月 23 日 下午四时,出席棉业统制委员会第二次委员常会。当即通过发表就职通电,并讨论稳定纱价、增加生产等重要问题。会议时间甚长,历二小时始散。此会成立引起日方嫉视,讥讽谓劳而无功。(《纺织时报》第一○三二号,1933 年 10 月 26 日)

10 月 25 日 偕刚留学回国的次子家骥招黄炎培会餐。(《黄炎培日记》)

10 月 26 日 出席浦东同乡会第二十次理监事联合会议。议定同意国货运动展览会商租本会新址空地作临时场所。(《浦东同乡会理监事会议记录》)

10 月 27 日 龙门师范学校开第一次理监会议,推定顾树森、周斐成、陈济成、吴开先及先生等二十一人为筹募龙门同学会建筑基金委员会委员。(《申报》1933 年 10 月 28 日)

10 月 28 日 吴梅得先生函,"嘱九组次子于明年在所中设法,本年且安心读书云。余即以此书寄申。"(《吴梅全集·日记卷》上册,第 358 页)

10 月 29 日、30 日 于《申报》发表经济论文《统制经济上之两大原则》,指出所谓统治经济与计划经济之叫嚣,无非是一种要求经济安定,要实现安定组织之形成,在于"知悉原则"和"不变原则",是为统治经济中的两大原则。全文如下:

人生而有群,亦即生而有社会生活。在人群开始经营社会生活之时,"分工"亦即由此而发生。

分工为增加生产能力之最重要之手段,亦即为足以发挥无穷伟大之生产能力之手段,盖为毫无可疑之事实。美汽车大王亨利·福特曾有言曰:"分工再分工为增加生产之要谛"。经济学者亚丹·史密斯在其有名之《国富论》中,亦以分工为增加国富之第一要素。彼举制针一业之分工为例,谓分工足以增加一人之生产力至四千八百倍,而最近且有人谓分工足以增加人力至数万倍以至数百万倍。

在古代大家族制度之下,依男女性别而举行之分工,已为经济史家所证实。不过此种分工为由于人类生活之自然必要而发生,故其生产力之增大,仅为有限,而不能为无限。至于较为具体之最初分工,乃为以职业为准绳,即首将从来都须一人动手所作之工作,分为木匠,铁匠,商人等,而成为一种专门职业。经济愈发达,则此种职业别之分工亦愈繁。

此种分工之方式,大概可分为二类:一为同一职业,但由于其所从事制造之物品各各不同,遂各以其所从事制造者为其专门之工作。如同为木匠,则有造屋之木匠,造船之木匠,以及作细工之木匠之分是。另一则为将从来为一人所从事之一个生产过程,分为若干制造过程,而各从事其一部分之工作。如纺纱,织布,染色等是。更由此进而分化,则为每一人仅作其中之一部分工作,集数十人或数百人各个不同之工作,乃能完成一个整体之经营。

为使其易于明了计,兹将分工之进步及其分化之方式,图示如下:

生活——无分业的劳动

职业别分业

职业别分业专门的职业技术的分业

技术的分业

生产的分业技术的分业

技术的分业今更请以一例为之说明:以住宅一事而言,吾人欲建一住宅,首必有普通包工工人,次又必集合木匠、泥水匠,以及其他种种之工人,而木匠中则除普通之木匠外,又尚有专门细工之木匠;若再就财货一方面而言,则木匠所加工之木材,考其来源,又须有伐木者,与搬运者,火车轮船以及将此木材锯为木板之制材公司,与搬运木板之运输公司,以至其他各种各色之商人。而在火车、轮船、制材公司内,更有各种各式之专门工人,且此种火车、轮船、制材公司,又皆无不为综集数千人各种专门之劳动而成。住宅如是,其他如衣服食事,盖无不如是。唯其如是而每　　一生产,乃能合乎经济的原则而进行,而又由此种生产物之积累,吾人之文化生活,乃日见进步。故分工实为人类文化生活之基础也。

虽然分工固为人类文化生活之基础,但另有一重要之条件在,吾人尤不容稍忽此一条件,即为各部之调整。换言之,即吾人于分工之后,如何使此支离破碎之各别工作之相互间无矛盾无冲突,而予以最合理,最合目的之联络。此一问题最为重要,今日世人所倡导之科学管理法,产业合理化,以至所谓统制经济等等,要都不外于对此一问题之解决方法之推进耳。吾人兹请就各部之调整一问题,作更进一步之阐述。

先以一事为喻:人为一自然之有机体也;在此有机体中,其组织,其构造,实至为严密。每一器官,各有所司守,但在一种目的之下,则能各司其事,相辅并进。譬之胃告饥饿,眼即开始搜觅食物,足即开始向有食物之方向前进,手即开始攫取食物而纳之口中,齿即开始咀嚼,各各顺序以进行其工作,相互之间,绝不冲突矛盾,而后腹乃能果,彼此都蒙其利;若胃既告饥,而手足则欲休息,眼即欲赏玩风景,此有机体之人,势必终且饿毙。分工亦正如是,一个整体之工作,于分为各个工作之后,尤必使其各部相互之间,不仅在时间上与空间上,不致发生冲突,而且必须更进而藉最经济之方法,在协力之状态下,作成最理想之内部调整。正如有机体人之配置调整其五官四肢然,若仅有分工而不能互相调整或其配置不能适当,则其各部之间,必互相牵掣,不能发挥其全力,是则又正有类于健行者之以苦于腹痛而不良于行,此之谓劳动组织之技术的连带性。

基于是理,故吾人如欲使各部分之工作,能得适当之配置,无论在时间上,或空间上,其相互间不至发生任何矛盾与冲突,则决不容仅对某一部工作,作孤立之设计与计划,以进行其整个之工作;而必须相互明了各部之情势,使其互相适应,庶能顺利进行。

更进一步言之:凡上述之种种,虽都为极易明了之事实,然更具体言之,吾人若欲各部分工作,互相调和,绝无矛盾,则不仅在于人及其工作设备之场所,与时间之配置,及其能力之调和而已;其他,如使用材料之分量、重量、尺度、密度、硬度、弹力、温度,以及化学反应等,无不应注意使其互相调和。盖一个作业之能率,非就此一作业之本身所可判断,而必须基于其全体,或终结之观察上始可判断。换言之,即无论任何一个作业,其能率实依存于对其本身有关之多数要素,及各种要素之能率之系数中,而不能单独就此"分工"之本身为之决定;故考虑各部工作,及其相互间至为复杂之情形,而予以合理之结局与组织,是为增大分工能率之核心问题;亦即为今日之经营组织与经济组织之中心问题。在此一意义上,则今日之所谓科学管理法,产业合理化,以至统制经济,究其根底,亦无非归结于组织问题,与人的组织能力问题二点而已。

不仅此也,分工之成效,不仅依存于其各个互相关联之要素之组合,即其最终之消费者之需要,亦至为重要。换言之,即吾人在技术上虽有若何之效果,而世人对此毫无欲求,或不为市场社会中所需,则在现实之利用量中,效果不能不为之减低,从而经济之最良之效果程度,亦不得不因而减低。

在此,吾人则又从而发现技术之最高与经济之最大之区别。自经济之立场上观之,吾人终极之目的,绝非技术之最高;而在于经济之最良,即所谓经济之能率。

在吾人之经验中,常见有规模宏大之工厂,具有伟大之设备,与最新式之机械,然而其结果终常不免于失败。所以然者,即由于其仅有最高之技术能力之分工,而并未伴随经济之能率之故。故分工如欲在经济上能成立,必对于因分工而显著增加之生产物先有充分之需要存在。例如,此处有一万货品,而市场仅需千数,则此种货品之价格,即非常低落。故在某一个社会中,其始为某种产品需要量之增加,迨其增加量达至一定限度时,从而将某一发明与技术开始利用,夫然后此一发明与技术之被利用,乃亦为实际而有益。例如,在乡村中,当人口稀薄之时代,每一铁工可以从事制造农具、刀刃、锁钥,以及其他金属加工之一切劳动,而并无专门之职业之区别是。盖由于当时乡村中之需要量过少,不能维持由各个分工之专门铁工之故。同时,吾人虽已发明伟大之机械与交通工具,但若利用此机械与工具之需要,尚未达到一定之分量,则实际亦即无法利用。准此,故分工而欲充分发挥其技术上之能率,即必须先有充分能利用其产品之需要存在,必须有此需要而分工,乃能发挥其经济之能率。

然而一个经营内,经济之最良度之发现,固亦不易也。盖若市场消费力为一未知数时,经营家即不得不从大体上测定此一消费力之数值,此种"测定"即正为经济社会中投机事业之根源。

此一消费力之数值之发现愈难,则基于计划而统制经济之工作亦愈难。假如在自由竞争之下,多数经营又散在各地,则其统制至为艰难,消费力之数尤极难决定。吾人若欲将其统制而使之入于计划之范围中,是盖为绝对不可能之事。

吾人欲将一个经营完全置之于一种计划统制之下,而完成其经济之效果,则消费力须为一绝对定数。然而消费力之不易决定,常须依赖于推测,上文亦已言之。此种推测愈正确,则经济安定之度数亦愈大;反之,则其危险之度数亦愈增。当前所谓产业合理化,所谓统制经济与计划经济之叫嚣,亦无非为一种要求经济安定之声而已。

基于上理,故今日而言统制经济,则必须先明了其禁物:

第一,统制经济,必先将一切要素置之于计划者直接支配之下。一切要素,计划者必了如指掌,且必全部在其支配之下,"不知"与"无知",乃为统制上之绝对禁物。

第二,一切要素虽已置之于计划者支配之下,若为消费货物,则消费之个别统制,在目前小家庭制度之下,亦至为困难。盖统制对象物之数,为数甚多,亦为统制上之禁物。

第三,适应趣味嗜好与刺激欲望之物品,特别是流行品之统制亦至为困难，以其多变化也。此一变化，亦即为统制上之禁物。

以此，故经济指导者如欲认识构成经济全部之要素，及此要素之组织如何，特别是消费力之确定性，则必须（一）有正确之全面认识；（二）消灭其在任意支配之下之投机性，增大其技术之管理性，从变动而步向安定，具有投机性之经营体，即为经济经营中之所谓生产经营无变动之经营体，则可称为管理经营。

总之，一个安定组织之形成，在于（一）全部明了其有关之一切事情；（二）要求其全部安定而无变动。前者，吾人可称为经济经营中之"知悉原则"；而后者，则可称为"不变原则"。是为经济统制中之二大原则。

统制经济之界石，即在于"从动摇到安定"，"从经营到管理"，"从不知到已知"，此为经济发展之主流，亦即为一切经济人所不断努力之点；且亦即为统制经济之前路。

（同日《申报》；《文集》第 272 页）

1933 年 11 月《复兴月刊》第二卷第三期转载此文。（原刊）

10 月 胡厥文、张子廉、任矜蘋等为抵制"日本经济侵略，仇货进口"，联合同志筹备中华国产棉布市场股份有限公司。先生与史量才、杜月笙、王晓籁、李祖绅等积极赞助，"已筹备就绪各种手续，不日即可先行开业。"（《申报》1933 年 10 月 26 日）

11 月 4 日 于华商纱布交易所召集临时紧急理事会议，讨论实业部上海交易所监理员理字第一二一四号公函。该项命令限经纪人于本年十一月起至本年十二月底止，拒绝收受客户厂商新交入之棉纱。讨论甚久，决定请实业部收回成命，予以变通办法；期纱市场遂亦停拍三日。当日五时收盘后，理事会贴出布告云："本所顷奉上海交易所监理员公函理字第一二四号内开，'倾奉实业部东电开，准棉业统制委员会函请稳定纱价起见，应责令华商纱所交易所自本年十一月起至十二月底止，拒绝收受客户厂商新交入之纱等由，仰即令饬该所确实遵照本年七月八日华商纱厂联合会会员大会之决议案办理'等因，奉此相应函达，即希查照办理，等因。奉此查棉业统制委员会近以纱价频跌，以致全国华商厂处于困难地位。当兹非常状况之下，不得不谋救济，遂有函请实业令饬本所拒绝收受新交入之纱之花。本所自奉到上项令文，即于本日提出第四届第二十六次理事会慎重讨论，佥以政府对于棉纱事业方采统制政策，以图拯救本国纱业。在此举世不景气情况之下，凡属国民理应一德一心，予以协助。且棉业统制委员会之主张，对于纱业之救济，不无相当理由。爰即根据《营业细则》第一百六十九条之规定，议决自即日起至本年十二月底止，凡交货经纪人提供交割之棉纱，除已执有本所所发给之仓库栈单及检查证书者仍得提供交割外,应将该交割棉纱先向上海华商纱厂联合会领取许可,交入本所自备或指定仓库以供交割之证书,再凭同该许可证书,按照《营业细则》第九十九条之规定提交奉所。否则本所即拒绝收受,俾符部令。除将此项议决案函报交易所监理员转呈实业部并揭示外,合行函达,即希查照。"(《申报》1933 年 11 月 7 日)

11 月 6 日 偕棉业统制会常务委员邹秉文赶赴南京,与国民政府实业部部长陈公博"面商一切"。实业部派农业司长刘荫荫、邹秉文赴沪调解。(《申报》1933 年 11 月 10 日)

11 月 8 日 上午,先生等十余人赴棉业统制委员会,与邹秉文、谢作楷等互商补救办法。金以实部令已难收回,遂决定九日先行开市,至限收新纱,另行设法。(《纺织时报》第一零二九号、一零三六号,1933 年 10 月 16 日,11 月 9 日)

同日 下午,与实业部农业司司长刘荫荫及各纱厂商重要人物开会,"经双方缜密商讨,结果甚为圆满。"(《申报》1933 年 11 月 10 日)下午四时,出席华商纱布交易所理事临时会议,到者有叶琢堂、李馥荪、林康侯、顾子磐、吴仲篯等。先生主席,"报告邹秉文等晋京与实业部长陈公博协商经过,乃决定对于十一月起至十二月底止,拒绝收受各厂商新交入之纱之变通办法"。议决 11 月 9 日起恢复开拍棉纱。散会后,先生与《新声社》记者云:"决定九日起照常开拍棉纱,拒收新纱已定变通办法,大致已无多大文题。惟办法须俟开拍后再发表。"(《申报》1933 年 11 月 9 日)11 月 10 日,《申报》刊登《新声社》记者报道华商纱布交易所恢复棉纱交易云:"昨晨(11 月 9 日——编者注)特趋该所得悉棉纱市场业已恢复。惟以外闻对变通办法,即所谓以新纱掉换陈纱,刻尚未尽明瞭。记者爰向经纪人公会探询,据称所谓变通办法,如开拍棉纱时对与遵照实部命令,拒绝收受各客户新交入之纱,而另由棉业统制会将此项新纱以存纱掉换,此事恐非如是之简单。最好希望实部能收回成命,另筹妥善办法,俾资双方兼顾。"①(《申报》1933 年 11 月 10 日)

11 月 10 日 偕黄炎培访宋子文。(《黄炎培日记》)

11 月 13 日 偕黄炎培、陈鼎芳、杜重远、王芝"赴漕河泾看农学团。至闵行,看苦儿院,菊花会演剧。夜十时归。"(同上)

11 月 18 日 徐仲衡编《梦园曲谱》由上海晓星书店出版,先生为该书题辞:"乐府津梁,穆湘玥。"其他题辞者有王晓籁("学而时习之不亦说乎")、冯叔鸾("霓

---

① 《纺织时报》第 1036 号(1933 年 11 月 9 日)刊登云:通知经纪人公会于九日照常开拍,并自九日起所做本年十一月、十二月期棉纱买卖两方,每包加收特别证据金二十二元;新做两存买卖收取一方,至实业部命令限客户厂商交割之新纱,由棉业统制会另行设法补救。会后即向纱布交易所经纪人公会通报。各经纪人当场一致议决,接受理事会通知,九日起照常开拍,并通告市场一体遵照。此案纠纷,遂告圆满解决。

裳余韵")、徐朗卤("曲高和寡")、徐凌云("国有艺范")、俞振飞("嘉惠后学")、程砚秋("正始元音")、顾传玠("吾道之光")、徐子权("集艺溢箎")、朱传茗("高山流水")、贺啸寰("韵人韵事")、施传镇("人间那有几回闻")等。苏少卿、高汉声撰序。该书收录《佳期拷红》、《刺虎》、《春香闹学》、《游园惊梦》、《琴挑》、《扫花三醉》、《思凡》、《梳妆跪池》、《昭君和番》、《絮阁闻铃》等十出昆曲折子戏。书页注"改良昆剧本"。书后附工尺谱简谱比较表,书后"改良昆剧本出版预告"广告记,该套丛书还有二十种:《赠剑斩巴》、《单刀训子》、《相梁刺梁》、《挑帘裁衣》、《醉打山门》、《疯僧扫秦》、《活捉三郎》、《独占花魁》、《化子拾金》、《闹庄救青》、《送客》、《乔醋》、《折柳》、《凤仪亭》、《弹词》、《玩笺》、《安天会》、《伏虎》、《藏舟》、《南浦》。(原书;《申报》1933 年 11 月 22 日)

11 月中旬 豫丰纱厂经理赵桂芬返郑州,与国民党中央党部民众运动指导委员会刘仰山等会同地方当局,继续调解豫丰纱厂劳资纠纷。因厂方无法拨给停工期间工人维持费,11 月 29 日谈判决裂。(《纺织时报》第一〇四四号,1933 年 12 月 7 日)听道《中国纱厂失败之一页》一文云:"豫丰创办自穆藕初先生。穆习于美,故采用美国机械,卒以营业不振,积欠慎昌洋行债务甚多,乃以厂作抵,营业之权亦归之,亦如以前常州纱厂股票竟成废纸矣。慎昌接办,工潮迭兴,党部调停,属日予工人每人银元二角作生活费,暂许停工。积数月,以达二千之工人,款额较巨。欲迁机械则霸阻未能,欲再行开工则条件苛刻,不得已乃以厂屋供我军人住宿,生活费亦停,自此似无续开之望。资本家已矣,而我神圣劳工失业不知凡几,何利可言哉!"(《晶报》1933 年 11 月 17 日)

11 月 22 日 下午二时,与杜月笙、张伯初、潘志文于浦东同乡会接见浦东西渡乡民请愿代表蔡友祥、黄云龙、顾明海、姜杏卿等。各代表等述来会请愿意见,因老西渡出浦码头路被市工务局与亚细亚公司阻断,交通不便,虽"数次警民冲突,结果仍被阻断"。"该处乡民,日来仍继续进行交涉"。杜月笙、先生等慨允尽力办理,"各代表以为满意而返"。(《申报》1933 年 11 月 23 日)

11 月 29 日 下午,代表豫丰纱厂出席全国华商纱厂临时大会,到者有各厂代表聂璐生、薛润生、荣尔仁、董仲生、陈子馨、郭顺、徐采丞、张孝若等六十余人。蔡缄三、聂璐生、郭顺为主席,蔡缄三致开会词云:"现值棉统会成立,对于棉业如何改进,如何革新,应共同协商"。次李叔伯报告棉业统制委员会之计划,云:"现有计划可分三大端:(一)原料方面,(二)制造方面,(三)运销方面。""此外附属工作有六:(一)工厂法之研究,(二)订棉纺织业业归,(三)组织棉业信托公司,(四)办纺织机械厂,(五)办纺织染研究院,(六)办棉业职业学校。"继讨论更改会名案,议决仍用华商纱厂联合会。(《申报》1933 年 11 月 30 日)

会议至 12 月 2 日结束。先生提交《合组银团救济纱厂及其他改进案》，提议"拟请棉业统制委员会集政府与金融界之力量，合组一大银团"，以救济棉业。全文如下：

我国纱厂业营业上之困难，不始于今日，而以今日为最甚。不但内部组织管理未尽完善，又迫于环境，使整理益感困难，尤以日本在华纱厂之严重压迫，几使我国纱厂渐入于不能立足之地位。政府有鉴于此，而有棉业统制委员会之组织，其职务虽有推广及改良植棉，整理纱厂，及添设制造纺织机械之铁工厂等种种计划，然在目前我国纱厂业万分不振之时，不能不于最短时期内，首先从救济各纱厂着手，积极进行，使不致为日商纱厂所淘汰，使我国纱厂在竞争上能由此而渐入于比较安全之地位，尤为目前情形所急需。救济纱厂目前最急迫之需要，实为经济上之扶助。因为日商各厂，资本及公积均比较雄厚，即使借款，亦不过年息四五厘。我国各纱厂，大半资本薄弱，公积金尤少。其活动资本，大抵向金融界押借而来，因时局之不安定，金融界放款取息较高，在上海各厂，借款亦须年息九厘至一分，内地各厂，除保兵险外，尚须年息一分三四厘，实为纺织成本不能与日商竞争之一大原因。鄙人愚见，纱厂为我国最大之工业，倘使纱厂失败，不但纱厂业本身大受损失，即金融界亦有摇动之危险，而政府税收之损失，更不言而喻。故政府金融界与纱厂业，实有极密切之共同利害关系。非共同设法，无以渡此难关。鄙意拟请棉业统制委员会集政府与金融界之力量，合组一大银团，基金最少须五千万元，专事低利放款救济纱厂。华商纱厂共有二百五十万锭，平均每锭可得二十元以为活动资金，此为目前最急迫需要之救济办法。倘能办到，再加以下列各项之积极整顿，我国纱厂业，方能进而与日商纱厂竞争，而不致处于劣败之地位。关于纱厂本身者，第一必须清除积弊，买花、卖纱、买物料等项各种经手人之回佣，必须一律革除，即俗例通行之废花下脚公开分派者，应在一律革除之列；第二改良机器，增加生产。刻下日商纱厂，均采用新式机器，技术上之进步，日新月异，我国各纱厂经济虽然困难，但最低限度之部分的改良，如改装大牵伸以求增加出数者，必须迅速进行。无论如何我国最优良之厂，改装以后至少可以增加出数十分之一，除统税及物料外，每包成本，全厂统扯至少可减轻四元。关于环境者，第一为解决劳工问题。近数年来，我国各种劳工法令，次第颁布。原则上固无可非议，但日商各厂，既无工会，华商各厂之设于租界区域内者，亦都有名无实。惟内地各厂，工会势力甚大，几于把持一切，以致工作不良，开支增加，厂方主权损失殆尽。而营业亏折，几至不能维持，此为内地工业不能发展之最大原因。应呈请政府在全国华洋各厂未能一律办理之前，所有内地各厂工会，应暂令停止活动，以维实业；第二严格检查棉花品质，近来各大埠检验棉花潮份，渐有成绩，但对于品质检验,尚未注意,以致郑州、汉口各地棉商,任意拼凑,将次花混入好花,甚至将粗绒拼入细绒。种种弊端,因此各厂暗亏甚巨,应商请实业部在棉花贸易集中之地,添设商品检验局,并通令各商品检验局严格检查棉花品质。以上所述,均极简单明瞭,卑之无甚高论。但如能见之实行,则各厂纺纱成本,可以减轻不少。假定减轻利息,减轻每包成本三元,清除积弊减轻每包成本二元,增加出数减轻每包成本四元,解决劳工问题、节省开支减轻每包成本三元,合计可减轻每包成本十二元,其有利于推销,自无疑义。此次全国华商纱厂联合大会,实负有救济纱厂之唯一责任,特此拟具议案,提出讨论,以求得一最切实之救济办法。是否有当,敬请公决。

(《天津棉鉴》第四卷第四号,1933 年 11 月;《文集》第 275 页)

同日 晚,出席棉业统制委员会宴请全国华商纱厂联合会代表。(《申报》1933 年 11 月 30 日)

12 月 2 日 下午二时,出席全国华商纱厂联合会第二次大会。会议通过"关于组织棉纱信托社"等重要提案。"惟因关系国际棉纱问题,在未有实现前暂不发表"。次选举本届执监委员,郭顺、聂潞生、黄首民、苏汰余、荣宗敬、刘孟靖、严裕棠、穆藕初等当选。(《申报》1933 年 12 月 3 日)

12 月 5 日 豫丰纱厂工人在调解会代表及官厅代表目睹之下,毁坏厂门,擅自取去棉纱三百六十九件,价值七万余元。12 月 6 日,豫丰纱厂致函华商纱厂联合会云:"敝厂因营业不振宣告停业。少数不良工人假借全体名义,相起纠纷。本月五日,工人竟在调解会代表及官厅代表目睹之下,毁坏敝厂栈房门锁,擅自取去棉纱三百六十九件,价值七万余元。该项棉纱系敝厂交于银行保管之抵押品,并非敝厂自有之物。该工人等如此非法行为,不但有损内地纱厂营业上之安全,且对于银行界投资内地纱厂,失其保障。"(《申报》1933 年 12 月 6 日)

12 月 6 日 豫丰工人的极端举动引起上海商业界强烈反响,上海市商会、银行公会、华商纱厂联合会纷纷致电当局,要求制止豫丰工人违法行为。上海市商会致行政院及财、实两部电云:"中国、上海、浙江兴业三银行收受郑州豫丰纱厂花纱押款,存该厂仓库。兹以发给工人维持费,经工会协同调解委员会强将该三行受押存纱三百六十九件提去,并拟变价出售。是因工人及厂方关系,损及第三者抵押权,实属违反法律。此后债权一无保障,谁敢贷款? 不啻断送实业命脉,乞立予纠正。"上海市银行业公会分致中央党部、行政院蒋委员长、实业部、财政部、经济委员会、棉业统制会、河南刘主席电云:"兹据敝会会员中国、上海、浙江兴业三银行函称,'郑州豫丰纱厂欠敝三行借款甚巨,其押品花纱向存豫丰仓库。兹厂前因亏累停工,久未解决。兹据郑州敝行等电告,忽有工会协同调解委员会强提敝行等押品存纱三百六十九件,拟变售发给工人维持费,敝行等债权失所保障,请为设法制止前来'。查豫丰劳资纠纷自有解决途径,该工会等强提银行押品,地方当局未予制止。不但该地银行以后无法营业,且当此政府与各省当局正在努力提倡建设及发展实业之际,将何以策励各银行尽力协助。此种违法举动,我政府若不迅予制止,在银行既失保障,惟有停止一切实业放款,其影响于国家实业前途,何堪设想? 为此吁请转饬郑州地方当局,迅予制止。将该工会等所提棉纱如数送还,是所感盼。"(《申报》1933 年 12 月 6、12 月 7 日)华商纱厂联合会致蒋委员长、河南省刘主席、中央党部、行政院、财政部、实业部电云:"豫丰纱厂营业不振,无法维持,乃始终不得工人谅解,竟在官厅代表目睹之下毁坏厂门,擅取棉纱。此种行为若不严加取缔,将使全国工业尽失保障。为此据情恳请钧座迅赐饬令当地官署,对于豫丰纱厂工人行动迅加裁制。并将取出之棉纱,即行全数送还,以保厂业而维法纪。"(《申报》1933 年 12 月 7 日)次日,河南省政府刘主席复华商纱厂联合会电云:"查该厂因违背八月十六日之《调解决定书》,欠发工人维持费甚巨,故有变卖存纱之举,且该项存纱,系出于该厂经理赵桂芬亲自签字点交,工方承受,双方协意,履行契约,政府自未便加以制止。"(《纺织时报》第 1044 号,1933 年 12 月 7 日)

同日 慎昌洋行致先生函,要求豫丰纱厂归还洋二百零五万五千四百五十五元欠款,并拟定办法两条:(一)立即归还洋一百四十万,(二)余额分期拨还。原函如下:

Mr. H. Y. Moh, Presidnt

Board of Directors,

Yufoong Cotton Mill Company

Present,

Dear Sir,

We hereby confirm that the principal owing to us by the Yufoong cotton Mill, under the terms of our mortgage cated December 1, 1931, is css $2,045,455, and that we are prepared to transfer all our right, title and interests in the said mortgage to the Banking Group at Tientsin under the following conditions:

(a) css $1,400,000 is to be paid us in cash

(b) The balance of css $645,455, plus the amount owing us by the mill in Current Account is to be paid us in instalments, pursuant to arrangements to be mutually agreed upon at the time the mortgage is transferred.

It is understood that this offer does not prevent us from disposing of our interests in this mortgage to others, but we agree that before doing so we will give you an opportunity to acquire the mortgage on the same terms as offered us by others.

　　Yours very truly,

ANDERSEN MEYER & CO., LTD.

(sga) C. H. French

Treasurer

CHF/r p. s. The current account as of this cate approximately $286,000

（原件，浙江兴业银行档案）

12 月 8 日　就豫丰工人极端行动事件分别致函上海商业储蓄银行与浙江兴业银行，声明强迫签字"不能认为合法"。函云："兹据敝厂债权人慎昌洋行驻厂代表史汀培君函告，本月五日敝厂工人在调解会代表及官厅代表目睹之下，擅毁敝厂栈房门锁，恃强取去敝厂交与银行抵押品之棉纱，并强迫赵桂芬君签字。查赵君系前任敝厂经理，此次赴郑系受慎昌委托，专任协助史君传译接洽事宜。赵君曾将慎昌委托书面交官厅阅看，证明身分。此次工人等虽强迫赵君签字，无论如何不能认为合法。特此专函声明，以明真相。"（原件，浙江兴业银行档案）

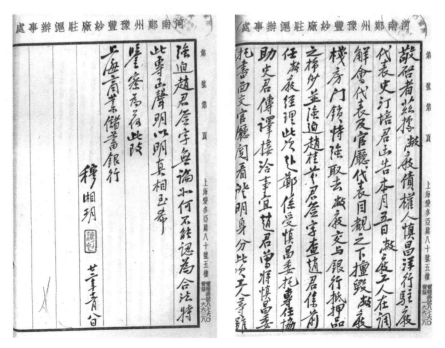

1933 年 12 月 8 日穆藕初致上海商业储蓄银行函

12月11日 徐新六致函先生,催还豫丰纱厂欠息。函云:"贵厂押款九、十两月欠息,迭经向郑催收,延不给付。查此项利息逾期已久,现值年关,势难再延,务希早日拨下,以清账面。"(底稿,同上)

12月12日 致法租界公董局督办魏廷荣(华董)函,请求补助位育小学经费。函云:"敝校设立于吕班路一七一号及一六九号弄二号洋房,有小学、幼稚园二部分,专以试验最有效率之教育方法以造就身心健全之儿童为目的。开办以来,为期虽只一年又半,因办理切实,颇得各方之信仰,学生由二十余名而增至一百二十名。上海市教育局亦认为成绩优良,准予立案。惟以限于地位,困于经费,致有多数学生报名而不得入学,使敝校同人极抱不安。查敝校经费除所收学费外,每年不敷达四千元,均由各校董捐垫。近以时局不靖,各校董经济状况亦感艰窘,敝校前途恐难于发展,不得不有求于公共机关之补助。兹悉贵局有补助界内优良私立学校之议决,为敬备具正式请求公函,至希准予迅派专员莅校调查后,每年特别补助经费五千元,以备扩充而维不足。将来界内多一善良之小学,以为贵局注意华人教育之表现,想亦贵局所同情也。常年经费预算书倘蒙通知,即行补送。附上章程及报告书、计划书各一份,并请察阅为荷。"(原件,上海位育小学档案)

同日 上海浙江兴业银行郑州分行致函总行,报告豫丰纱厂工人强提银行押品后各方调解情况。云:"惟现在官方与工方皆一致行动,认为系该厂经理赵桂芬因欠工方维持费,原将存纱抵给工友以维生计,并签有字据,手续至为完备。工方遂坚持卖纱势成骑虎更难收拾,乃由全市各银行出任调解筹备维持费二万六千元,将纱送回藉可了事,早日开工。此种办法银行及官工各方均认为至善,而该厂赵桂芬坚不欲为,是以又成僵局。昨夜银行会议由沪方解决,遂由上海银行发出公公电一通,文曰'转中国浙江兴业豫丰事,工会决即卖纱,官方因抬纱得该厂经理签字认为手续完备,虽经沪郑两方分电呼吁势难制止。刻经其他银行出任调解,要求将纱如数送还,各行共筹备维持费二万六千,请转慎昌及穆藕初,急电郑厂出立借据以凭办理。穆等倘有异议,请向其切商保障押品办法。如何之处盼急电示下。'"(原件,浙江兴业银行档案)

12月13日 上海市银行公会致函棉业统制委员会,商请派员调查豫丰纱厂抵押事。函云:"顷奉实业部佳电开,电悉。'查郑州豫丰纱厂劳资纠纷,久延未决。迭据河南建设厅呈以厂方既违背决定书于前,复拒绝调解于后,负责人员避面不见,该厂董事长穆湘玥电称已将纱厂抵押于慎昌洋行,并由该行驻厂员史汀培接管'等语,调解无法进行。惟数千工人生机绝望,饥寒交迫,虽素日受有极良好之训练,恐亦难免有反动者挑拨于其间,前途至为可虑等情,前来当经令饬该厅秉公处理,免酿事端在案。据电前情除再行令饬该厅外,特此电复等因。查本案现就实部来电而论,其内幕甚觉复杂,殊非片言可以调解。是该中国等三行被夺押品将有损失之虞,为此函请贵会可否遴派能员,迳赴该地调查真相,并设法补救,以期该项押品不致擅被出售。"棉业统制委员会复函云:"当经派定本会技术专员童侣青赳日前往郑州,调查真相,协助解决。"(《申报》1933 年 12 月 20 日)

12 月 15 日　在南京访吴梅,"谈及今年商业凋敝,不禁太息。郑州豫丰纱厂亏空至五十万之巨,振兴实业,嘎乎其难。"(《吴梅全集·日记卷》上册,第 375 页)

12 月 16 日　吴梅招餐于老万全,同坐有马衡、王晓湘、卢前等。(同上)

12 月 18 日　与黄炎培等谈"胡汉民宣言","藕初、勉仲、克诚共餐。有人寄到胡汉民宣言。"(《黄炎培日记》)

12 月 20 日　经河南建设厅厅长张静愚连日召集豫丰纱厂劳资双方举行调解会议,由张借二万六千元为工人维持费,工人接受调解办法,签订《调解决定书》,并决定明年 1 月 5 日开工。《调解决定书》规定:

(一)兹经劳资双方同意,本年八月十六日劳资所订之调解决定经此次修正,归纳于本决定以内。自本决定签订之日起,所有劳资双方从前成立之任何契约一概无效。

(二)除本决定条文所规定外,以后劳资双方均须依照《工厂法》、《工会法》及同法施行细则办理。此外不得别生枝节,永绝纠葛。

(三)按照《工厂法》第十条之规定,工作时间每班延长至十二小时,每一工人按照其实在工作时间给资。其不满每班所规定之工作实践者,按照比例结算。

(四)厂方于民国二十三年一月五日恢复全部工作。雇用工人三千五百八十二人,照此工人数目(即三千五百八十二人)日夜两班,工资总数定为洋一千七百卅三元,包括赏工夜饭资及延长时间之加资在内。(工资细表由厂编制)按照下列条文,规定厂方得裁减上述工人及减少每日工资总额。

(甲)工人死亡及告退之遗额,在厂方斟酌情形之下得不抵补,即不抵补。而每日工资总额洋一千七百三十三元自当照减。

(乙)兹为决定在厂工作剩余之工人数目起见,成立一委员会,以七人组织之内。由河南建设厅长委派三人,中国棉业统制委员会主席委派三人,并豫丰纱厂经理一人,共同考察。于民国二十三年六月十五日以前缮具报告三份,一份呈河南建设厅长,一份交厂经理,一份交工会。该委员会通过后,载明于报告上,双方均应接受。在本决定有效期间,绝无更改。厂方于民国二十三年六月三十日得将决定项下剩余工人一概裁撤,并于同年七月一日将留厂工人每日工资表修改,以被裁剩余工人每日工资所节省三分之一加给留厂工人,剩余被裁之工人各发给本决定第五条所规定预告期间之工资。

(五)将来厂方裁减工人时发给下列所规定预告期间之工资,此外不给付其他任何费用:

(甲)在厂继续工作三个月以上未满一年者,于十日前预告之;

(乙)在厂继续工作一年以上未满三年者,于二十日前预告之;

(丙)在厂继续工作三年以上者,于三十日前预告之。

(六)自民国二十三年一月五日起,以后实行将所有在厂方停工期间发给维持费或别项津贴等习惯一律取消,以下列规定替代之。将来厂方如再停工时,在厂工作之工人继续停工期间付给下列之维持费:

(甲)由停工之日起至第十五日内,不发维持费;

(乙)第十六日起至三十日内,每名发给维持费总数洋二元;

(丙)第三十一天起,每名每天发给维持费一角;

(七)赏工及夜饭资(均载明于第四条内)、学校经费、澡堂经费、医院给药办法、死亡抚恤及纪念日等均照旧例给付,惟在工作时间不到者一律照旧扣资。此种办法系按照本年七月二十九日未停工以前旧例办理,女工得享《工厂法》第三十七条所载之利益;

(八)按照《工厂法》第四十条之规定,厂方于每年年终由净利项下提十五分之二发给工人作为奖金;

(九)当厂方雇用工人时,对于工会所介绍之工人予以相当考虑,但厂方得自由去取,并得雇用非工会所介绍之工人;

(十)此决定自签订之日起,至民国二十五年十二月三十一日实行有效,双方均应遵守。中华民国二十二年十二月二十日签订。工方代表王自立、牛宋兴,厂方代表董楚生,警备司令部李季烈,建设厅长张静愚,一区行政专员阮藩侪,县党部干事鲁彦,商会会长张波岑,公安局局长许非由,地方法院代表校云程、韩庆文。

(《申报》1933 年 12 月 25 日)

12 月 21 日 豫丰纱厂向工人发放维持费。次日,厂方取回工人抬去棉纱三百六十九件,豫丰纱厂工会开招待记者会,"报告该纠纷解决之经过"。(《申报》1933 年 12 月 24 日)

冬 溥侗、徐凌云等来访,并摄影留念。(照片原件)

本年 发表为实业部商标局编《东亚之部·商标汇刊》题词:"明察秋毫"。该书汇集了自商标局设立起,迄 1932 年 12 月 31 日止,举凡呈准注册登记在案的所

穆藕初、金夫人、许夫人与徐凌云、傅侗等合影

有中日两国商标,并附《旧商标法及施行细则》、《现行商标法及施行细则》、《部令更改项类表》、《注册须知》、《各种呈请书式样》等文件。题词者还有林森、于右任、孙科、宋子文、朱家骅、柳亚子、李宗仁、白崇禧、王震、叶恭绰、章衣萍、刘海粟、郎静山等一百多人。(原书,中华书局1933年初版)

1934年(民国二十三年,甲戌)　五十九岁

1月　棉业统制委员会组织调查团,赴华东、华北、华中调查全国棉纺业。

2月　《新生》周刊创刊,发起人兼总编辑杜重远。

　　　国民党发动"新生活运动"。

3月　伪满执政溥仪在日本导演下僭位称"帝"。

5月　全国纺织工业陷入危境,本月起大减工。

11月　史量才遇刺被害。12月23日各界举行追悼史量才大会。

本年　全国受旱、水、蝗及风雹灾害达十余省、二三百个县。上海各业破产倒闭者近千户。

1月14日　下午二时,于上海市商会主持浦东同乡会第三届会员大会,到者有千余人。杜月笙(潘鼎新代)、黄炎培、吕岳泉、沈梦莲与先生五人为主席团。先生报告开会宗旨及建筑会所经费,云:"新会所预定建筑费三十万,现因各种预算之下需洋六十万元,与预定之费相差三十万元。而截至去年年底止,共收到捐款洋十万八千余元,缺少之数应请各位努力捐助与劝募"。次由市党部代表毛云演说。继由杜重远代表来宾致词,报告东北问题,云:"兄弟是东北人,现在已没有乡了,我同哪一个人去开会?""今天兄弟与诸位来谈谈东北问题。在'九一八'没有发生以前,大家都认为东北没有问题,其实正是有问题。在塘沽协定签字以前,大家也认为没有问题,其实日本正在利用政治、经济、文化来侵略我国。""一、在'九一八'以前,东北各省有许许多多的日本商业机关。在表面上有的是当铺、有的是药店,好像是买卖商品,其实贩运鸦片,并且借卖药的名义,到处秘密调查风土人情,作军事上的准备。二、日本在东北有许多银行,他许多银行都用朝鲜银行一家的钞票,并没有基本金,只是发钞票,这种不兑现的纸币等于发废纸,他拿这种不兑现的纸币来换取东北的土产、现金,在东北办实业,并利用交易所,操纵金融。这种经济侵略,比大炮飞机来打我还厉害。三、日本在东北办许多学堂,因为我们自己教育不普及,只有到他们的学校里读书,他就利用学堂来麻醉中国青年,使得一般的中国青年信仰日本,非但不要学费、书籍费,并代谋职业,因此就看不起自己的国家。'九一八'事变便有不少中国人帮助他,这是日本人文化侵略结果。东北已经亡了,但是日本还

在侵略华北,就是全个中国,他们也并吞,所以东北问题也就是全国的问题。中国地大人多,要报国也是容易的事,只要我们实行三件事:一、要提倡体育;二、要有服务的精神;三、要有专门的能力。"末由会务主任张伯初、会计主任傅佐衡报告二十二年度会务情况,张效良报告新会所建筑设计。(《浦东同乡会第三届大会记录稿》)议案:①本会大会筹备会提议继续筹募建筑捐案,通过。②提议确定主持浦东医院案,通过。③提议浦东装设电话收费独昂,应力请与上海南市电话费一律案,议决函请扩展区域减轻费用。④提议浦东大道应给迁移费及拆屋费,分别函请土地局工务局赶紧发清案。⑤团体会员浦东电气公司提议催促工务局迅将浦东路桥梁建筑完成以利交通案,议决以上两案并案转请市政府核办。⑥张钟秀会员等提议,浦东自来水应即转请市政府从速拨款,饬公用局早日动工案,议决照转。⑦张功全会员提议本会应发行周报案,议决缓议。⑧沈芝九会员提议应施给医药案,议决归浦东医院酌办。⑨俞振辉会员提议请市当局于浦东建筑公用码头,以利行旅及货物起落案,议决照转。临时动议:①轮渡专门委员会提议市轮渡改官营为地方公营案,通过,并交理监事会详核办理。②本会大会期日应改于总结账后相近之期间内举行案,通过。③陶钦文等提议浦东各义冢浮厝,应函各市县设法掩埋案,议决照函各市县政府核办。④褚廷洲提议婚嫁应加改良,以次节俭而求简便案。议决由会设法宣传。⑤蔡钧徒提议叶惠钧先生功在党国应留纪念案。议决由会采访其他著名乡先辈交理监事会妥议办法,陈列图样,该会并为各会员明了会址建筑内容起见,在会场内陈列新会所建筑图样全份及建筑捐纪念章。各种会员证书、以资日后识别。(《申报》1934 年 1 月 15 日)

1 月 25 日　下午四时,于中华工业联合社代表华商纱厂联合会出席全国生产会议召集人第一次会议,到者有永安纱厂郭顺、章华毛织厂刘鸿生、商务印书馆王云五、茂华食品公司钱承绪、糖业郑泽南、天厨味精厂吴蕴初、市民联合会陈炳辉、亚浦耳电气厂胡西国、机业钢铁胡厥文、工业安全会田和卿、华生电扇公司叶友才、中华书局陆费伯鸿、提倡国货会陈鹏及青岛面粉业代表吴怕生之代表吕香泉等十六人。议案:①由主席指定郭顺、穆藕初、王云五、钱新之、吴蕴初、蔡声白、胡西园七人为筹备委员。②大会开幕日期定四月二十五日,会期假定为三日。③大会地点暂定南京。④大会提案限于三月底以前交筹委会,各地出席代表名单亦须同时交齐。⑤筹备经费假定为三百元,由筹备委员筹措。此次全国生产会议由实业部指定召集人共九十三人,上海召集人计二十九人。(《申报》1934 年 1 月 26 日)

1 月 29 日　出席昆剧保存社第二次公演筹备会。推定王晓籁、吴梅、先生、徐凌云、殷震贤为筹备主任。值社员梅兰芳在沪,拟邀梅登场。"定二月六、七两日为公演日期,地点犹待接洽。闻梅君预定剧目为《金雀记》之《乔醋》、《醉圆》、与《牡丹亭》之《游园惊梦》。前剧起潘岳者为张慰如君,后剧起柳梦梅者为俞振飞君。其余剧目俟决定后再行公布。闻筹备会接洽地址在白克路登贤里八号。"(《申报》1934年1月30日)

1月30日 下午七时,于汉口路益友俱乐部出席全国生产会议筹备委员欢宴实业部工业司长刘荫茀。到者有郭顺、王云五、吴蕴初、钱新之、胡西园、荣宗敬等二十余人,就提案范围及大会经费等交换意见。刘司长与《新声社》记者云:"此次生产会议之召集原系根据三中全会时孙哲生、伍朝枢等各中委提案,以挽救我国生产衰落之危机。此次各省市之召集人名单,完全依照各省市之工业发达状况如何而定其多寡,所聘者均属工业界有声望者。此次会议希望能多顾到环境及事实方面,力避空言无补之泛案,冀将来能易于推行实施。就本人意见,此次会议讨论范围之概括要点可分为二:(甲)关于经济方面者。如(一)如何请金融界投资本国生产事业。(二)实施关税保护政策,及减轻生产品之税率。(三)属于运输方面之交通问题。(乙)关于厂商本身者。如(一)属于组织方面之管理制度之改良,会计制度之改革,推销方法之改进。(二)属于技术方面之出品改良。(三)如何开发本国原料品等。盖我国年来事实衰落,不能有长足进展之原因,一方面固因政治上之种种关系,一方面厂商自身组织上之未能健全,亦属一大原因。观外商在华工业之发达,虽有情形不同地方,惟关于一切组织上技术上均属优良于我者。故此次会议之结果如何,但实业部方面总希望厂商能致力于此也。"(《申报》1934年1月31日)

1月 位育小学扩充,迁至辣斐德路新校舍。《申报》刊登《位育小学扩充校舍》消息云:"本市位育小学为名实业家穆藕初、刘鸿生、贾延芳、邹秉文、潘伦序、王志莘诸君创办,请杨卫玉君兼任校长。教管严密,课程切实,并施行能力编制,注重个别教学,颇受社会好评。今以原租校舍不敷展布,已迁至吕班路西首辣斐德路五六一号新校舍。建筑精致,场地宽大,其设备之完全为私立小学中不可多得者。现定二月二日招生,三日开学,并招寄宿生。"(《申报》1934年1月25日)《本校三年来进展状况》一文云:"廿三年春,原赁校舍将改造,因迁校于辣斐德路五六一号内。园地比原舍增加三倍,园内有花草树木之点缀,空气较前更佳。因幼稚生、低级儿童居楼不便,特自建平房四间为低幼级教室。学生人数全校计一百六十四人,寄宿生廿人,宿舍五间,师生共处。学级编制除冬季毕业之幼稚生编入二年级成一班复式学级外,余均同前。五月举行第一届运动会。夏六月幼稚园毕业学生廿四人,初小毕业学生十四人。"(《三年之位育》,1935年)

2月1日 下午二时,出席全国生产会议筹备委员会第一次筹备委员会议,到者有刘荫茀、郭顺(郑益之代)、钱新之、吴蕴初、胡西园等七人。钱新之主席,报告开会宗旨。议案:①胡西园提议应先将全国生产会议章规及筹备处组织章程,先由主席宣读案。议决交下次委员会讨论。②实业部代表刘荫茀建议全国生产会议名称应在全国下加工业二字以资鉴别案。通过。③郭顺提议对于经济预算问题由全体筹委赴京与实业部长陈公博先行协商案。通过。④推举郭顺为委员长,钱新之为秘书长案。通过。(《申报》1934 年 2 月 2 日)

　　同日　吴梅接先生快函,"云昆剧保存社为筹款计,邀梅兰芳演剧,拟印刷品发行,嘱余一序,即为动笔寄去"。(《吴梅全集·日记卷》上册,第 390 页)

　　2 月 4 日　华商纱布交易所举行第二十五届股东会,改选理事、监察,先生与闻兰亭等十一人当选理事。2 月 8 日开第五届理事会,先生连任理事长,吴凤如、张庭章、高砚耘、闻兰亭为常务理事。(《申报》1934 年 2 月 9 日;《纺织时报》一零六一号,1934 年 2 月 12 日)

　　2 月 6 日　致浙江兴业银行总经理徐新六函,商请继续借款归还豫丰纱厂旧债。函云:"兹因敝厂处于经济逼迫地位,蒙贵银行赐以援助并代为整理厂务,而慎昌洋行亦愿意让步,归还经理权,使敝厂日后有复兴之机会,敝厂股东深为感谢。现银团方面允出资壹百叁拾万元以料理新欠不还旧债的原则,而慎昌方面以条件过苛未予接受。此事磋商数月,束云翁来申后屡经讨论,双方未能接近。敝董事会同人深滋惶惑,恐一旦破裂,将来蒙其不利者厥为敝厂。故鄙人不避越俎之讥,聊作刍荛之献,谨拟下列四条以供采择。(一)请银团出资壹百五拾万元除新欠外酌还慎昌旧欠贰拾四万五千四百五拾贰元五角。(二)慎昌旧欠壹百捌拾万元常年八厘起息,银团之壹百五拾万元息率如前或酌加若干亦可。(三)将来付息还本同等待遇。(四)敝董事会将以前付与慎昌之经理权收回后完全交与银团全权处理。"(原件,浙江兴业银行档案)

　　2 月 17 日　与黄炎培、顾季高、俞寰澄、徐秉丞等于地方协会聚餐,"商银价问题","顾、俞二君甚有计划,不愧专家。"(《黄炎培日记》)

　　2 月 20 日　上海市社会局主持筹办本市农产品展览大会正式开幕。分别在陆行、杨思、漕河、殷行、真如举行,每地两日,每隔三日迁移一地,以资普遍。并聘定农业专家邹秉文、黄炎培、穆藕初、沈鹏等十余人,按日赴各地向农民演讲改良农事智识。并印就大批标语,如《看了农产品展览会要改善你们的种田的方法》、《农友们大家一致起来改良农事》等多种。(《申报》1934 年 2 月 19 日)

　　2 月 22 日　出席并主持浦东同乡会第二十四次理监事会联合会。讨论建筑会所、浦东大道迁移坟墓、兴办浦东自来水厂及沿浦码头、公用局函复减低市轮渡票价等事。(《浦东同乡会理监事会记录》)

　　2 月 23 日、24 日　昆剧保存社于宁波路新光大戏院举行第二次公演。梅兰芳、俞振飞主演《游园惊梦》、《断桥》,庞京周、顾传玠主演《问探》,殷震贤、项馨吾主演《佳期》和《乔醋》,以及姚轩宇《别母乱箭》、秦王洁《刺虎》等。演出两天,反应热烈。亭亭《记昆剧保存社之串演》一文云:"昆剧在从前曾盛行一时,近来渐次衰微了。但是苏沪各处还有很多曲家,很关心研究,如穆藕初、徐凌云、吴瞿安诸君,曾组织了一个昆剧保存社,保存昆剧这一种艺术,不至如广陵散的绝响人间,以前曾经串演过一次,至今是第二次了。恰逢梅兰芳在上海,借他的号召力,所以为第二次的串演计廿三、廿四两日,借新光大戏院,白天仍旧开映它的电影,晚上演昆剧,两夜的租金是一千八百元。是日散座售五元、三元、一元,对票入座,此外包厢每间售洋百元,可坐十人,概不分售。这百元的包厢,大概情面为多,海上巨公豪贾,区区一厢,不算什么。闻这个昆剧保存社从前为了'昆剧'与'昆曲'颇有一番讨论,后来到底用'昆剧'两字,第一次串演所余之钱补助小班(即现在大千世界所演之昆剧班)已用去了。此次串演,大概除去开销,可得数千元,未识如何开支,必有益于'昆剧保存'四字,想不久必有报告。"(《晶报》1934 年 2 月 27 日、28 日)

2 月 26 日 下午,出席棉统会第十八次常会,先生提议利用美棉借款,并改革棉纱统税及规定奖金办法,以扶助华商纱厂。决议:关于棉纱统税加分等级事,由本会备函说明不利于华商理由,请全经会核转财部饬税务署另订税则。(《纺织时报》一零六七号,1934 年 3 月 12 日)

同日 为美国提高银价事致上海银行公会函,建议先筹划组织一研究会,拟定切实办法,并强调关键在于政府必须有适当政策,保护并促进生产之发展。函云:"顷见报载,贵会为美国提高银价问题,特电美总统罗斯福氏陈述利害,请求对于银价采取稳健步骤。具见贵会关怀国计民生,甚为感佩。惟此事在美国方面,曾经许多经济专家研究及国会中一百数十议员之拥护,似有事在必行之势。在罗斯福总统方面,似亦不致因贵会之一电而改变其政策。假使美国一旦实行提高银价,对于我国之利害及如何应付,均为亟需研究之问题。我国为入超国,即使美国不提高银价,因为国际借贷关系,必须输出现金。近数年来,国内黄金已经完全输出,而去年白银输出,亦有数千万两之巨。今若加以美国提高银价,则输出白银势必更加迅速。国内存银本属无多,且有一大部分存在外国银行之手,若再源源流出,则因存银减少而发生之影响,有可虑者三事:第一,存户因恐惧存银减少而提存;第二,持有钞票者因恐惧存银减少而挤兑;第三,因银行需要现款而影响公债跌价。目前国内存银集中于银行之手,故银行信用尚属稳固,若因存银减少而发生上述之影响,则全国破产之祸立至。此非危言耸听,在事实上确有可能。银行界与政府关系密切,金融与财政息息相通。假使银行方面果有因存银减少而发生破产之危险,政府财政岂能不受影响?况提高银价足以增加进口,减少出口,使我国工商业大受其害。但实业界正在困难之时,对政府说话未必动听,银行界对于此事同有切身利害关第。为今之计，与其求人，不如求己。鄙意当此紧要关头，贵会为全国金融领袖，似宜秘密筹划组织一研究会，邀集具有远见之银行家及各界人士，七八十人或十余人，悉心研究，拟定切实办法，请求政府实行，以保障全国金融者，保障全国实业。鄙意此事关键在于政府必须有适当政策，以保护及促进生产事业之发展。我国生产落后，痛苦极深，非谋积极发展不足以谋经济上之自给自足。倘贵会对于鄙意表示同意而集会研究，自当继续贡献意见。特此奉函，至希察夺示复为荷。再，此系密函，请勿在报纸上发表，是为至要。"（原件，上海银行公会档案，上海市档案馆藏）

2 月 27 日 赴上海市民地方协会，与黄炎培等聚餐。"协会招顾季高、俞寰澄、徐采丞、任吟苹、穆藕初餐，商银价问题。顾、俞二君甚有计划，不愧专家。"（《黄炎培日记》）

3 月 2 日 赴职业教育社，与黄炎培、杨卫玉、钱新之、贾佛如"商职校事"。（《黄炎培日记》）

3 月 3 日 中国国际贸易协会召开会员大会，议决用通信方法改选新理事。经分函各会员选举，陈光甫、林康侯、贝淞荪、张公权、郭秉文、邹秉文、徐寄庼、刘鸿生、徐新六、钱新之、穆藕初等十七人得票最多，均得当选为第二届理事。并定本月 28 日开新理事会，讨论会务。（《申报》1934 年 3 月 27 日）

3 月 6 日 3 月初赴天津，与天津中国银行商接管郑州豫丰纱厂事。是日与慎昌洋行佛伦趣访卞白眉，谈天津中国银行经理豫丰纱厂事。卞白眉记云："穆藕初、佛伦趣等来洽谈。林斐成来研究慎昌所拟合同，总处来电嘱凤苞不必赴沪。"（《卞白眉日记》卷二第 251 页）

同日 上海银行公会陈光甫、贝祖诒、唐寿民、徐寄庼复函云："接展二月二十六日惠教，诵悉执事对于提高银价问题开示要点三项，嘱为组织研究会共同商榷等情。语重心长，实业切要之图，敝会同人至深佩仰。惟兹事体大，敝会亦正在考虑集议之中，容有端倪，当再就正有道。"（原件，上海银行公会档案，上海市档案馆藏）

3 月 9 日 在天津，与卞白眉等聚餐。"约佛伦趣及穆藕初等在美国饭店一聚。"（《卞白眉日记》卷二第 251 页）

3 月 11 日 《卞白眉日记》云："往拜佛伦趣及穆藕初，在穆处略坐谈。"（同上）

3 月 14 日 中共中央致函河南工委，内有总结去年豫丰纱厂工人罢工得失。云：党在领导工人斗争中，缺乏具体的策略与步骤。这在你们对豫丰纱厂工人斗争的领导上完全可以看出，你们提出的策略'反对资本家进攻用工人自己力量和资本家直接对垒，反对黄色们的出卖斗争提出的拍卖条件，提出工人自己的条件'。这是很空洞的，究竟怎样与资本家对垒，和反对黄色官僚们的条件呢？你们没有提出具体方法与步骤，又如'反对向国民党机关请愿，变请愿为示威行动'这自然是对的,但如何去'变'呢?你们又没有提出具体工作的步骤与布置,因而当数千工人三番两次去包围工厂的时候,没有能够把他们真正变为示威行动。在'动员三千人及家属占据两条铁路不准开车,要求条件胜利'上表现你们对当时工人一般情绪与要求缺乏深切了解。这个口号,很明显的你们不是根据当时工人实际的情绪与要求提出来,当时我们应该在下层统一战线上团结全厂工人在他们那些迫切要求条件下,举行坚持的罢工斗争揭破黄色领袖出卖斗争行为,尽量发动各业工人同情与援助斗争,争取条件的胜利。但是你们不在这方面用大力争取我们的成功,而是到铁路上企图用'不准开车,以争取条件的胜利',这自然不能动员与团结群众,甚至你们提出'组织吃饭团,要街上乱吃,不给钱',这是很危险的口号,这样'乱吃'的结果,一定会吃到一般小贩城市贫民的头上,使一般城市贫民与工人对立,使工人斗争失掉同情者。正因为我们工作上存在着这些缺点与错误,所以不能抓住工人的要求与情绪在许多具体方法上进行我们的厂务活动,团结大多数工人在党领导之下,也正因为如此,才使黄色工会更易于欺骗工人,出卖工人利益与斗争。"(中共中央档案馆编《中共中央文件选集》(十),中共中央党校出版社1983年9月)

3月16日 就豫丰纱厂欠浙江兴业银行三十五万元事致函天津中国银行,商请担保。函云:"顷商草合同及管理合同间关于敝公司旧欠浙江兴业银行银元三十五万元,现以厂中积存材料及配件作为担保。对于此款,贵行曾表示应由敝公司及慎昌洋行自行另案清理,鄙人兹负责向贵行担保:一、该款决不由浙江兴业向贵行请求代敝公司清偿;二、其作质存料另库存储,遇管理期内需用时,视所用之量准据各料时值及所用部分担之债本由贵行于厂存资金项下陆续付款赎取;三、该款利息按照草合同,贵行透支利率加入产品开支计算,但仍依各债权担保之先后于所得款内每半年偿付一次;四、俟本息还清后,其余料归入贵行透支第二担保物之一部;五、因该欠款所生之纠葛或致妨及管理,贵行受有任何损失时,由鄙人以个人资格负担全责。除以上个人保证外,鄙人必取得浙江兴业银行与以上五项同旨之协议,由敝董事会决议,并由敝董事会向贵行声明负责,并照抄决议录送,请贵行存查。"(抄件,浙江兴业银行档案)

3月20日 与浙江兴业银行徐新六谈豫丰纱厂改由天津中国银行经理事。(见1934年3月21日致徐新六函)

3月21日 致徐新六函二件,一为公函,一为私函。公函云:"敝厂于民国十三年与贵行订立押款四十万两合国币五拾五万余元,除陆续拔还外,结至最近为止,尚结欠贵行叁拾五万元。敝厂因事实上之困难,蒙天津中国银行允为维持,续借巨款。敝厂各项账目均结至三月十五日为止。三月十五日以后则由天津中国银行代为经理所有。敝厂结欠贵行押款利息以三月十五日为止仍照旧率付给,自三月十五日以后之利息务请顾全敝厂困难情让若干,即将利率酌量减轻以资维持。至于押款本金如何拨还,还应请明示办法为感。想敝厂与贵行往来已有十年之久,当蒙鉴其苦衷而乐为扶助也。专此函恳。"(原件,浙江兴业银行档案)私函云:"昨日趋晤,畅谈甚快。敝厂事屡蒙爱护,深为感激。所有敝厂对于贵行结欠押款叁拾五万元,此后陆续归还及减轻利息均经面洽,已蒙鉴谅。其办法两条:(一)抵押物料尽先用,每月用去物料若干约照八折付款;(二)利率改为年息壹分,倘敝厂年终结账有盈余时则补足月息壹分之数。所有第一条物料侭先用之,侭先字样尚未得天津中行同意,惟束云章兄个人表示一定可以帮忙。至于一年内还清之说,最好不加入,如贵行认为必须加入,务请酌用活动字样,因弟必须将贵行之函转交天津中行,免得另生波折也。除另备公函外,特再具私函说明。至希鉴察。"(同上)

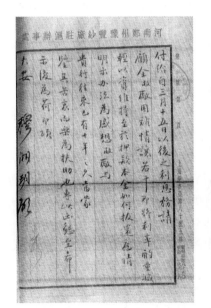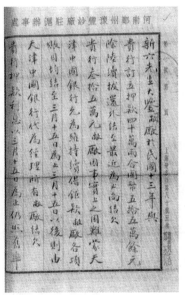

1934年3月21日穆藕初致徐新六函

同日 幼子家修①出生。微妙《穆老爷新生小老鼠》一文云:"穆藕初先生今年五十有九,乃于上月又获一麟儿,以穆之精神硕灿,螽斯之庆,方兴未艾也。彼等曾组织有一丙子同庚会,每月一聚餐,先有誓言曰:'有老当益壮,努力制造小老鼠者有赏,(按丙子同庚会中均属鼠,又称之为老鼠会,故新生者曰小老鼠)倘生而不报者须罚。因是穆遂报告于某日聚餐会上,同庚会中遂酿资公送一银鼎于穆老爷,会

① 穆家修(1934—),吉林省从事气象工作。

员中倘欲问鼎者,其各效法于穆次长之努力生产也。"(《晶报》1934 年 4 月 4 日)

3 月 22 日 下午五时,出席浦东同乡会第二十五次理监事会。黄炎培主席。讨论"所设职业介绍部殊鲜效能,应如何改进案"。"名誉会董穆恕再先生函,送信大窑厂红砖样及化验证书嘱为知照承包建筑会所之作头采用,按市价减低五元,其所减之数结算作为捐于本会等由,已函复,并将原函抄送建筑专门委员会主任张效良先生查照"。(上海浦东同乡会档案)

3 月 23 日 徐新六复函,同意减轻利率。函云:"顷奉廿一日惠书,敬聆一一。承示三月十五日以后,贵厂已由天津中国银行代为经理,原欠敝行卅五万元一款嘱为减轻利率,并拟拨还一节,感洽。查敝行与贵厂往来多年,交谊素笃。既承尊嘱减轻利率,自当勉为遵办。自三月十五日以后,即照月息九厘半计算,所有三月十五日以前利息照旧月息壹分壹厘计算,务请即日还清。至于押款本金,敝行希望早日清偿。贵厂如有困难,改为每月拨还亦可,但请于一年以内还清。抵押物料每月尽先取赎,按账上计价八折付款。此项押品,敝行原托慎昌代为管理,现在贵厂既由天津中国银行代为经理,敝行自当改托津中行保管,不另派人接管。以上各节即请贵厂商得津中行同意示复为荷。"(底稿,浙江兴业银行档案)

3 月 26 日 出席浦东商业储蓄银行于爱多亚路新行址举行的开幕礼。到者有徐伯熊、祝善宝、傅品圭、赵叔馨、杨渔笙、张则民、高砚耘等四百余人。"门面壮丽,规模宏敞,华商银行中当首屈一指"。该行董事、监察杜月笙、吴凤如、沈梦莲、潘志文、陈子馨等"殷勤招待,款以茶点,济济一堂,极称盛况。是日各界存款储蓄等甚为踊跃,其新设之优利储金,以定章优厚尤为存户所欢迎。各界赠送礼品均陈设二楼礼堂,殊属琳琅满目"。(《申报》1934 年 3 月 27 日)

同日 下午七时,于一枝香西菜馆出席中华职业教育社校董联席会议,到者有秦砚畦、黄炎培、潘序伦、许秋帆、史量才、陈光甫、邹秉文、杨卫玉等。钱新之主席,杨卫玉报告该社最近社务状况。议案:①周静涵特捐为其太夫人纪念方法案。议决将此款专充职业学校家事科设备之用。②本社二十三年度收支预算案,通过。③中华职业学校二十三年度收支预算案,通过。④本社二十三年度事业大纲案,通过。⑤决定下届评议员候选人员单案,议决票选蔡元培、刘湛恩、朱经农、陶行知等二十人为下届评议员候选人。⑥办事部主任江问渔、杨卫玉任满请改选案,议决连任。并函请评议员会同意。⑦办事部主任江问渔请病假三星期案,议决照准。并推黄炎培、穆藕初慰问。⑧中华职业学校请议地价税应如何支出案,议决再向市府请求豁免。⑨欠款应如何偿还案,议决该校负债过巨,仍请校长逐年撙节归还。⑩校中增添设备案。议决另订详细计划再行核议。⑪增加教职员待遇案,议决由校长商承办事部主任规定待遇标准,可能范内酌量增加。(《申报》1934 年 3 月 27 日)

3 月 27 日 与黄炎培、张效良"商定浦东同乡会建筑计划"。（《黄炎培日记》）

3 月 29 日 与杜月笙、黄炎培等浦东同乡会常务理事联名致国民党上海市党部函，为董家渡船户自办轮渡事请命。函云："案据董家渡船户代表赵顺祥、张根良、陈金标、朱泉根等五十人来会声称：'决计由渡船原业自办董家渡轮渡，刻日组织改良轮渡筹备处，誓不甘受兴业信托社①之压迫，剥夺生计，致数百家千余人陷于失业之惨痛，请求援助'等情，附送宣言书，详陈四项理由。本会当以兹事体大，特于本月十七日召集临时职员会议，并邀请董家渡、浦东西有关系绅商列席，共同讨论，经议决'既据该代表等所称决计自办轮渡并组织改良轮渡筹备处，刻日进行等语，认为确有理由，应备文呈请上海市党部转咨上海市政府，收回准由兴业信托社办理之成命，改由该渡船户遵照市定计划改良办理，以利交通'等语纪录在案。并查（以下五字缺）第二项云：'市政会议决议整理浦东交通条例内有各口轮渡以市办为原则，商办亦能允可'的一条等语，按之现在兴业信托社名义亦属商行为性质，商办当然不以指定某一团体为限。况前年有商人黄子鹤请办董家渡轮渡，公用局即于批准有案可为明证。在上海市政府原定办事主旨，但求渡客安全便利，是以有整顿改良之计划，至前之许商办与令之公用局之市办改为商办矣。而同一商业团体承办与其偏归信托社经营，虽可连行计划，同时即夺数百年世守之营业，数百家托命之生计，不若仍由渡户原业即速实行改办，既能遵照市府之改良计划，并即保持各该原户多数人之生计，此中利害得失，依民生主义论，尤为地方大局计，似以舍彼取此为宜。议据前情，合备文附钞宣言转呈，仰祈鉴核，转咨上海市政府所有董家渡轮渡准予原该渡船户集资自办，以顺舆情而利民生。至深企祷。"（上海浦东同乡会档案）

3 月 31 日 下午七时，出席由上海青年会、国际问题研究会、国际文化中国协会三团体发起，于青年会举行的欢迎中国驻苏联大使颜惠庆宴请。到者有唐海安、颜德庆、刘大钧、刘鸿生、鲍乃德等三百余人。聚餐后、颜大使演讲，摄影散会。（《申报》1934 年 4 月 1 日）

3 月 所购无锡龟山山地入讼。《穆稽争龟记》一文云："听说穆藕初先生在无锡龟山购得墓地一方，面积约二亩，价值二百元，便立石为界。不想被稽涤生先生知道了，说这是稽姓祖产，其祖在清初为大学士拜相，全靠这龟山的风水好，出面反对。但穆藕初方面说这地是我以合法的买卖手续得来，不允废弃契约。于是稽氏合族提出诉讼，控告买产族人稽健安及穆藕初。按稽涤生为日本留学生，前为日本

---

① 1928 年，上海特别市政府公用局拟建市办轮渡。1933 年 11 月，上海市兴业信托社重拟辟建董家渡轮渡计划，投资 20 万元，添双叶两端行驶的钢壳柴油机渡轮两艘。

领事有年,今任职外交部,与穆亦相识,或者有和事老出面调解,何必争此一龟也。"(《晶报》1934年3月17日)穆伯华《先德追怀录》云:"我家受风水之害极大,金钱损失亦巨。初则介绍来历不清之山地,以致入讼。谈某做两面手,从中取利。"(手稿)

3月 为防痨协会募款。《申报》刊登消息云:"自发起募捐以来,各方捐助者异常踊跃。自该会名誉会长吴铁城宴客,即席认捐五千元后,又有萧智吉夫人经募五百元,闻兰亭、王一亭、徐补孙、孙慰如、顾馨一、穆藕初诸君经募交易所联合会二千元,又最近丁淑静女士经募近百元"。"计该会三年计划,前后需款二十余万元,方能进行全国防痨教育及建设疗养院、预防院、儿童夏令营、免费诊所等工作。是国内外之有心救己救人者,尚希注意是项事业,踊跃输将"。(《申报》1934年3月29日)

4月11日 4月上旬,卞白眉自天津来沪。是日,卞于豫丰纱厂借款合同上签字。卞白眉记云:"为豫丰纱厂与慎昌所定合同,由我今日签字,下午并拨慎昌五十万元。"(《卞白眉日记》卷二第253页)

4月13日 访卞白眉,"穆藕初来拜谈。"(同上)

4月14日 与卞白眉等聚餐。"晚,在寓约佛伦趣、穆藕初、严庆祥等一聚。亚民、映侬等来作陪。"(同上)

4月15日 于南市关帝庙出席姚子让"领帖",到各团体各机关代表及各界人士千余人。"素车白马、备极哀荣。"(《申报》1934年4月16日)

4月16日 卞白眉来访,"至穆藕初处,略周旋。"(《卞白眉日记》卷二第253页)

4月17日 为豫丰纱厂减轻欠款月息等事再致函徐新六,云:"前奉三月二十三日大函,敬悉一一。敝厂与贵行交往十年,感情极佳。此次改由中国银行经理,对于敝厂过去情形极为谅解,所存物料可尽先用去,如能于一年内将款还清,固所愿也。惟利息一节务恳特别情让,改为月息八厘,如厂中经后获有盈余则可增至月息一分。刻下务正在尽力筹划,大加整顿,前途极有希望。现敝厂正在将整个厂业移交中国银行,惟仅有地契壹纸存在贵行。兹嘱毕云程君持函晋谒,务恳将该地契检交毕君带下,以免中国银行发生误会,另生枝节。高谊感情,永矢勿谖。专此函恳。"(原件,浙江兴业银行档案)

同日 与杜月笙、黄炎培、沈梦莲、吕岳泉等浦东同乡会常务理事,为浦东电话费事联名发表呈上海市政府、交通部文,提议"浦东电话费宜减与南市闸北一律"。文云:

> 窃属会选据浦东沿浦一带商民来会称,上海电话局自浦东接通电话以装置水线关系,征费独昂。其住户月十二元,店商月十五元,较之闸北与南市之

住户月七元,店商月十元者加至二分之一以上。不知此项水线为隔江通话必需之设备,亦即电话局应有之资产,不能藉为口实,以增用户之负担。纵谓平日防护营养,因而开支增加,不得不酌量取偿。但估计所需甚微,而逐月增收话费甚巨,远过成本以上,显系借端苛敛,此不合者一。该局设置水线,浦东用户固可通话于浦西,而浦西用户亦可藉以通话至浦东,双方均感便利。故不特浦东居民乐于装用,即浦西方面之电话业务,亦可因而日臻发展。该局所费无几,而收益倍蓰,乃竟见不及此,反责浦东用户独增慴额之话费,殊非事理之平,此不合者二。电话为公用事业,所定价格以划一为原则,不应分区互异。本市电话为国家所经营,尤应以便利民众为前提,作一般民营公用事业之模范。乃同一上海电话局,在同一上海市区域内收费,显分轩轾,所订营业价目未经正式修正公布,竟对浦东用户任意增收,实属逾越常轨,此不合者三。若以上海之洋商电话公司,亦以水线通至浦东,征费较昂为例,不知该电话公司之在浦东有电话者只洋商为限,不啻私人装置,非我电话局之通话于浦东,为国家交通事业之可比。再上海电话局规定浦东营业,地界以西至黄浦江,东至浦东路,北至洋泾港,南至白莲泾为限。此外如厂栈林立,商业繁盛之南之杨思桥,北之高桥等镇,视为区域以外。如欲装置电话者,需费更巨,致一般厂商俱存观望,而上海电话局之规定区域如是狭隘,在不知者几疑为故示限制,以为垄断矣。总之浦东电话费宜减与南市闸北一律,至电话区域最低限度宜推广至南自杨思桥,北至高桥,庶几上可以发展交通事业,下可以便利多数商民等语。属会考察浦东现状,该商民等希冀减低电话费,暨推广营业地界各节,确于上少电话局与当地商民两有裨益。所有据情转呈吁请之处,除分呈交通部、上海市政府外,理合备文呈请钧府部鉴核,准予令饬核减遵办,无任感德。

(同日《申报》)

交通部采纳浦东同乡会建议,复函云:"案查浦东电话推广营业区域一案、前据该同乡会呈请到部,当以事关繁荣浦东市面,令饬上海电话局妥拟办法,呈核并批示知照在案。兹据上海电话局呈复,经局务会议议定,拟沿浦东路向东放宽五百公尺,北由洋泾港放至马家浜,南由白莲泾放至周家渡,所有原作乡线用户拟改为普通用户,并将范围以外,如高桥、杨思桥等处拆装用户,应贴本局杆线等费,照章减低,以轻用户负担。请核示等情,除指令准予如拟办理外,合行令仰知照。此令。"
(《申报》1934 年 5 月 9 日)

4 月 18 日 为棉业统制会令饬华商纱布交易所拒收新纱事表呈实业部文表示不服,先生代表交易所提出诉愿。同日,实业部发布批驳文云:"稳定纱价为维持棉业治标之一法。近来纱价跌落,其主要原因实由于交易所存货太多,及质量低劣,证以自实行拒收新纱以后事实,如纱价增高,人心大定,销路日多,即为明证。又政府对于棉业采取统制政策,实谋以国家力量,辅助全国纱业发展,自应以大多数之利益为前提。此次令饬该所拒收新纱,以图稳定纱价,即本此旨。设仍任其自然,不加限制,则纱价势必日趋跌落,其妨害公共利益,诚非浅鲜。依上论断,本部根据棉业统制会,并请求令饬该所遵照办理,于法于情,均属正当。诉愿人等所具理由,殊难成立。"(《申报》1934 年 4 月 19 日)

4 月 19 日　卞白眉与慎昌洋行佛伦趣谈豫丰改组事。"据云其在郑州豫丰纱厂之经理为工人胁迫。"(《卞白眉日记》卷二第 254 页)

4 月 20 日　访黄炎培,"长谈"。(《黄炎培日记》)

4 月 23 日　严庆祥电卞白眉,谈豫丰纱厂改组、解雇旧工人事。"严庆祥来电,谓豫丰停办,解雇呈文慎昌代表签发,嘱交涉。"(《卞白眉日记》卷二第 254 页)

4 月 25 日　豫丰纱厂由中国银行等债权团所组织"豫丰和记纱厂"接管,撤销工会,解雇原豫丰纱厂全体工人。5 月 17 日,豫丰和记纱厂为撤销工会事致省、县政府《呈为呈请撤销豫丰纱厂工会名义并饬令交还房屋以重产权而便移交》文云:"窃商厂前因损失过巨无法继续营业,不得已于四月二十五日正式宣告全部歇业及终止契约行为,同时为债务上之关系将全部财产归由中国银行等债权团组织之豫丰和记纱厂接管,所有商厂职工亦于五月七八两日遵照河南第一区行政督察专员公署命令,暨商厂厂章给费解雇在案。全部财产早于四月二十五日起开始交与豫丰和记纱厂管理,仅余厂外房屋一所。前为商厂工会借作会所,迄今未能收还移交。窃查商厂既已歇业,工人亦尽解雇,则豫丰纱厂工会之名义自属不能再行存在,如职员工会之撤销足为明证。且查《工会法》第三十七条规定'存立之基本要件不具备者主管官署得解散之',今该屋尚被一部分业经解雇之工人(实已失去工人之身份)住居在内。且尤时聚众开会为事,不特使商厂移交不能结束,且足使新厂开工发生阻扰。用特呈请钧府撤销该会名义,并饬令住居该屋之人即日离去,交还房屋,以便移交。"(《豫丰和记纱厂第一届报告》,1935 年 5 月)

5 月 1 日　豫丰纱厂改组,正式改名为豫丰和记纱厂,先生仍任董事长,聘严庆祥为经理。《豫丰和记纱厂第一届报告》"弁言"云:"郑州豫丰纱厂自二十三年五月改组,加称和记,由管理委员会聘请严庆祥君接办以来,迄二十四年终历时二十阅月,是为该厂改组后之第一届,始则办理旧工解散之善后,与夫筹策环境人事之适应。继则整理机械及建筑物,隙者修之,缺者配之,不适于用者则重装而改良之,即废置多年之旧式布机亦加以整顿,使可运用同时鉴于昔者工制之非,宜按照南方同业办理较善者之制度,彻底训练新工。凡轻便之工作,悉教女工充任。终乃纱布产量随机械制整理与新工之养成逐月增加。至二十四年十月始告全部机械开齐。"(原书,1935年5月)穆伯华《先德追怀录》云:"一九三四年,美国慎昌洋行第二次谋求提高生产率,请华人严庆祥氏为豫丰工程师抓生产。严氏带一批助手同去,先父设宴于家中欢送,历历在目前。严氏在厂努力了几个月未见成效乃还。"(手稿)

5月3日 浙江兴业银行郑州分行马孝高致上海总行总经理徐新六函,建议豫丰欠款折价让与慎昌洋行。云:"豫丰押品日来正在点收。新任厂方及中行虽口头允许开工之后债先赎用,但其中应考虑之点甚多:(一)开工无期。(二)即如开工,在最短时间何能清了。(三)慎昌所开物价太高,用时必有抵扣之要求。(四)且有陈腐而不能用者。(五)又须承让利息。综以上各点,预计拖延日久,损失尤巨。鄙意最好忍痛打折让与慎昌或中国。闻中行于接收完之后,即拨还慎昌壹百万元。在此时期可切实向慎昌交涉让出,虽目前吃亏,以免日后之累。缘中行现金拿出卅万元活动资金,今日遣散员工一切开支用已过半,由中行再出资金五拾万元。至此为止如再无办法即拍卖厂基,宣布破产。些许之数,何能后望,且每包纱出厂须给慎昌六元,厂方赔剩慎昌不问,此最有益于慎昌者也,预测决难办法。慎昌利益半经收足,所累者中行。故我行押款似不如半了了之为妙。愚见如此未知公以为如何? 上海银行已派人驻厂,闻张公权仍拉陈光甫入局,未知确否。""中行潘仰山云,上海金城对于此次豫丰改组均有拨资若干,而上海蔡屏向恳切声明觉无此事,并对于豫丰前途不抱乐观。彼言语支吾,殊属可笑。束云章一时负气,一误再误。"(原件,同上)

5月4日 《申报》刊登《豫丰纱厂之纠纷》文,报道劳资纠纷事。文云:"一区专员阮藩侪召豫丰纱厂劳资两方谈话,对工方前提八条件,在法律范围内将予保障。又新厂方布告旧厂职员'投效'二字均不愿登记。闻新厂方刻正派员解释误会。"(同日《申报》)

5月5日 徐新六为豫丰纱厂三十五万元借款归还事致毕云程函,嘱将合同转先生。云:"兹送上合同草稿一份,即请詧阅,并祈转达藕初先生,与慎昌早日商妥签订。"①(原件,浙江兴业银行档案)5月8日,毕云程复函云:"顷已面呈藕初先生阅过,奉嘱致函先生,请将草合同内关于利息时期原来空白者酌量规定填入,以便持向天津中国银行及慎昌洋行磋商。"(原件,同上)经双方磋商,签订合同内容如下:

---

① 5月7日,徐新六致函郑州分理处马菊年:"豫丰能力薄弱,双方签订合同,事实上未必履行,故必须拉住中行或慎昌以为后援,但中行只允口头帮忙,不允签字。慎昌尚未表明态度。敝处拟将物料仍托中行代管,藉以发生关系,能否办到,尚未可知。"

今因纱厂在慎昌洋行经理期内结欠银行花纱押款洋三十五万元早经到期，未能归还。现在纱厂改由天津中国银行管理，加用'和记'字样，特将此款商定整理归还办法如左：

（一）此项借款计申洋三十五万元，自民国二十三年三月十六日起改按年息一分计算，半年付息一次；

（二）此项借款自和记开工时起每月分批拨还，其数目以和记尽先赎用抵押与银行之物料市价为准，但两年以内至少拨还二十万元，下余十五万元限于二十七年十二月底如数拨还，银行得于期前随时催告；

（三）此项借款之抵押品本系花纱，在慎昌洋行经理期内改以厂存物料（附物料清册）价值四十五万元按八折作抵，以后和记分批取赎，应照市价计算，照付现款，在借款本息未偿清以前，所有余存物料仍属银行之抵押品；

（四）前项作抵押之物料由和记尽先赎用，银行得随时派员检查，所有余存物料由银行委托慎昌洋行驻厂代表代为管理；

（五）物料由纱厂照进价出费，保足火险，其保险单及保费收据用银行户名，并交银行收执，如原已保足火险，其保险单及收据均须过入银行户名，交银行收执。"

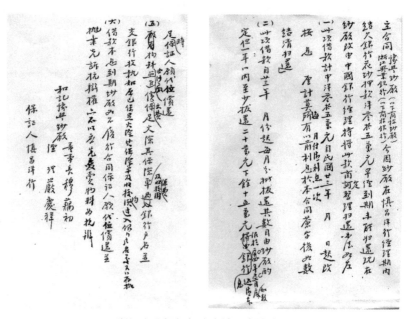

浙江兴业银行与豫丰纱厂合同底稿

(六)借款本息到期,纱厂不履行合同,保证人愿代位(为)偿还,并抛弃先诉抗辩权,亦不以应先变卖物料为抗辩。

(合同底稿,同上)

5 月 11 日,徐新六致函郑行马孝高云:"豫丰押款敝处正在与穆藕初君交涉,合同底稿已经送去,渠允与津中行及慎昌商妥后再告。至于押品管理问题,业已商得津中行卞、束二君之同意,允为兼管。""尊处所派之任只须助员可矣。平日办事全部应听中行指挥,即请洽办。"(底稿,同上)

5 月 6 日　与王胜之、叶恭绰、陈陶遗联名发起孙琼华个人画展,发表启示云:"琼华女士为青浦盛君祖江之夫人,故孝廉诸暨孙先生蔼人之女公子,间清太史公之女侄。幼承家学,诗礼余暇,雅好挥翰。禀蔼人先生命,师事老友冯子涤,画艺益进,清健苍秀,不为凡艳,书法亦娟秀有致。兹出所作,陈列首都,非以问世,实供赏评。女士不为物役,寄情笔砚,贞静之操,得自庭教,以艺博名,非女士志,亦非同人公意也。本月十二日起,南京中央饭店开个人展览会,展览七日,非卖品。"(同日《申报》)

5 月 7 日　《申报》刊登郑州豫丰纱厂解雇工人报道,云:"豫丰纱厂四月二十四日宣布歇业,解雇职工后,当经该厂工会呈请当地党政当局提八项条件,请厂方依法办理解雇手续,并给工人应得利益。经第一区专员阮藩侪考查事实,拟具办法,呈建厅核准照办,特于六月分谕劳资双方遵照。除职员另定办法外,工友每人发给十八元。"(同日《申报》)同日,"严庆祥来电,报告豫丰解雇遣散费等均办妥。"(《卞白眉日记》卷二第 255 页)

5 月 11 日　在南京访吴梅,约晚餐。"穆藕初在寓,邀余夜餐。盖超然女弟子孙琼华开展览会要我捧场也。""五时半,应展览会之召,见琼华之夫盛祖江,四壁悬琼华画七十余幅,推陈立夫、穆藕初、顾荫亭、徐叔谟与余上座,各进演说,遂至十一时方散席。"(《吴梅全集·日记卷》上册,第 419 页)

5 月 12 日　邀吴梅游览南京。晚,应钱昌照之邀聚餐度曲。"早起藕初来,即与老姨太及大儿坐藕初汽车出游,先至陵园,次至谭墓,芍药已开,灿烂若锦。又至灵谷,游览一周,即归午饭。""晚,偕藕初赴钱乙藜(昌照)之召,其夫人亦能度曲也。席间晤顾荫亭、傅西园,严季约,各唱一曲。"(同上)

5 月 13 日　在南京,访吴梅,"略谈去"。(同上,第 420 页)

同日　于《申报》联名发表《私立上海中学、上海小学、上海幼稚师范、上海幼儿园立校十周纪念征诗文书画启》,云:"易着发蒙,书称主善。明庠序之义,诗赓棫朴之章。诚以兴学育材,君子所乐,化民成俗,大道是由。况我私立上海中学,上海幼稚师范,上海小学,上海幼儿园四校,创设已届十年,奖进不下百辈。校舍峨峨,骈

· 997 ·

列五院,多士济济,数逾三千,可谓化雨同沾,春风广被者矣。惟是桃李盈门,当莫忘夫树木,芝兰满院,正有待于扬芬。爰定于五月十三日举行立校十周纪念大会,先期广征诗文书画,藉资润饰。尚蕲燕许鸿儒,班扬硕彦,或擅道子之笔,或怀逸少之才,不吝金玉之音,锡以琼瑶之什。庶几雅奏弦歌,增马帐儒生之乐,辉腾蓬荜,博杜厦寒士之欢。"校董于右任、江一平、杜月笙、陈德征、褚民谊、潘守仁、王伯群、吴铁城、李石岑及先生等具名。(同日《申报》)

5月16日　棉统会与江苏省建设厅组织江苏省棉产改进所,先生与陈光甫、冷御秋、李升伯等被聘为该所管理委员会委员。是日,出席在镇江江苏省建设厅召开的第一次会议。(《纺织时报》一零九零号,1934年6月4日)

5月26日　赴市府出席上海市长吴铁城夫妇召开的茶话会。到者有意大利公使勃斯脱、古巴公使维特拉、波兰公使魏登涛、瑞士代办拉第、智利代办斯拉太、英海军总司令极来耶、美陆战队司令墺门、日本代理公使堀内参赞、海军司令今村、法国防军司令腊蓬,公共租界、法租界两工部局全体高级职员及李石曾、陈绍宽、陈策、陈季良、虞洽卿、王晓籁等,与各报社记者共计二千余人。秘书长俞鸿钧,秘书耿嘉基、唐士煊等分别招待。四时以后,市长夫妇立于礼堂东首门口,与来宾一一握手。四时三刻,杨啸天偕班禅及其秘书长刘家驹等到,"各外宾咸欲一瞻此佛教教主趋与为礼"班禅伫立接见,历三刻钟。五时半,"音乐声中中外男女来宾之嗜舞者,相继觅伴起舞"。(《申报》1934年5月27日)

5月29日　浦东英美烟厂发生罢工风潮,原定上午由社会局出面调解罢工风潮,因厂方态度强硬,资方未派代表出席,无法解决。本日下午三时,先生出席于八仙桥青年会举行的浦东英美烟厂五区卷烟工会招待会。到者有浦东同乡会全体理监事,及浦东各界领袖等四十余人。首由陈培德报告英美烟厂开办历史及减工纠纷、闭厂经过。潘志文、杨清源等相继演说,表示援助。最后决定由浦东同乡会即日召开临时理监事会议,讨论援助办法。(《申报》1934年5月30日)

5月30日　《申报》刊登建筑克银汉夫人纪念堂募款消息,先生名列募款者名单。文云:"中华慈幼协会已故执委克银汉夫人,以其热心慈幼,建树独多。为欲垂表其过去功绩,完成其未竟慈志起见,该会特联合上海医事事业董事会会总干事颜福庆,选择江湾菓园之南角,为夫人建筑纪念堂,充慈幼疗养院院所,以志永思。""该堂建筑动工有日,限七月间全部完工,故各方致送纪念金,甚形踊跃。计日来收到者有杜月笙五百元,朱家骅三百元,……钱永铭、穆藕初、薛笃弼、俞佐廷、赵晋卿、许世英、卢春芳各二十元。"(同日《申报》)

6月1日　赴杜月笙宅,出席浦东同乡会部分理监事谈话会。决议向市政府力争在建董家渡轮渡时,"维持渡船户原业生计",并由杜与先生向兴业信托社常务董事吴蕴斋商洽建码头、购渡轮等事宜。次讨论新会所内设医院,"应以门诊为原则,病房只住轻病及临时暂住者,重病则另觅僻静地点建设病房,即通知建筑所奚福泉君向工部局接洽营造执照,以便赶速动工。"(上海浦东同乡会档案)

6 月 6 日　下午三时半,赴上海银行代表浦东同乡会与兴业信托社吴蕴斋、市财政局及市轮渡管理处代表蔡局长、谭伯英商谈董家渡轮渡新建码头几项原则问题。谭伯英报告轮渡各码头办理经过情形。商定三项原则:"(甲)市轮董家渡轮东西两岸均另建新码头,其旧有民渡码头不占一尺一寸;(乙)各轮渡码头凡建设新码头者,其旧有码头均仍维持,以便商民起卸货物及停靠其他船只之用;(丙)市轮渡票价高等舱位较昂,而平民渡资决从低廉标准,其有为公众便利,需添轮渡之处,虽或亏本亦当推广行驶。"(同上)

6 月 16 日　上午十时,出席上海各界于国民党市党部举行的孙总理广州蒙难第十二周年纪念会。到者有史量才、杜月笙、王晓籁、俞佐庭、秦润卿、张公权等一百余人。史量才主席,报告"两会成立之历史,所负使命之特别重大及联合开会之缘由。希望会员负起责任,促进全民族团结一致,并与国际谋联络,以应付严重之大局。"继主席报告两年间会务概况及工作报告,通过地方协会下半年度预算,并修正地方协会会章。次讨论提案,改选地方协会会长、副会长及理事,与国际问题研究会理事。末由会员陈蔗清演讲《伪满洲国政治经济农业交通状况》,陈彬龢演讲《华北前途之危险》,张公权演讲《四川旅行感想》。(《申报》1934 年 6 月 17 日)

6 月 17 日　招黄炎培聚餐。"夜,藕初招餐于其家,为其次公子订婚。藕初为其次公子文定,招饮,纵谈。方及学校餐事,关系青年营养,座有仙人掌花顷刻盛开,举杯相贺,赋呈二绝:顷刻仙人掌上花,聪明冰雪满堂夸;麻姑有约云轩到,先遣花鬟降蔡家。会得兰言洒满卮,商量餐卫与时益;青年一片珍怜意,要乞春阴护弱枝。"(《黄炎培日记》)

6 月 19 日　与浦东同乡会部分理监事于杜月笙宅举行谈话会,先生报告与市财政局及市轮渡管理处代表就董家渡轮渡新建码头交涉情形,议决"照录原则函送兴业信托社请其核议。"(上海浦东同乡会档案)

6 月 20 日　致浦东同乡会张伯初函,嘱寄兴业信托社信稿。云:"六月十九日大函及附来兴业信托社信稿均悉。兹将该信稿送还,请即以本会名义具名盖章送去可也。"(同上)

6 月 22 日　访黄炎培,"商量月笙辞职事"。(《黄炎培日记》)

6 月　联名发表《上海市私立位育小学校创办缘起》,誓为初等教育界新辟一块试验场。文云:

上海号称文化发达之区,学校林立,弦歌比户,规模宏大,学生众多之校,所在皆有。然求一适中绳墨,切合原理,又不背时代潮流之小学,实不多得。盖或则以经济关系,不能不有迁就之处,或则以囿于部章形式转重于精神。同人服务社会已久,窃不自量,爰集资创一小学,规模不求其宏大,而关于科学之设备不能不全。课程不务其多,而教学之方法必求圆满。训练管理不能不严,而身心发育定须十分注意。誓以全副精神,为初等教育界辟一新试验区,毁誉在所不计,成功期以十年。试办以来已越两年余,黾勉从事,幸无陨越。兹又新订简章及计画,就教有道。

校董穆藕初、贾延芳、刘鸿生、黄任之、邹秉文、胡筠庵、潘序伦、江问渔、王志莘、项绳武、吴瑞元、黄沈亦云、穆伯华、姚惠泉、杨卫玉。

(上海位育小学档案)

7月4日 针对学校"只知上课、教育、考试、记分、毕业给证"之现象,发表《致全国函》,呼吁教育当局重视学生体育、卫生、膳食。原函如下:

全国父老兄弟诸姑姊妹公鉴:

窃尝闻之,教育有三大目标焉:曰体育、曰德育、曰智育,此诚中外古今所莫能外也。三者务求其平衡发达,当然无疑义。而论及根本所在,似乎体育一端,尤为重要矣。盖人苟无健全之体质,虽有美德,何由养成?虽有智慧,何从运用?惜乎今之施教育者,竟未注意及此!此岂非一人一家之荣枯所关,实全国全民族之盛衰所系也。上海号称文化要津,学校林立,凡儿童及青年,负笈从师,食宿庠序,既脱家庭之保育,纯赖师长之提携,平日关于善良品行之养成,必要智能之传授,固极其重要矣。而如何使身心得圆满之发达,健康得显著之增进,实无在而不与品行智能相关。或可迳认身心健康,为人生德业之大本,其彼此重要程度之相较,不已显然不同乎?优良之校,对于学生食品之检查研究,起息运动之调节指导,固有之矣。然而视学校为贩卖知识之顾客,只知上课、教育、考试、记分、毕业给证,其他一切不顾,对于留校寄宿学生,但求起居动作,秩序无扰,学校之责任已尽,若身体之发育如何,认为与学校无关,竟至直言而不讳。如此情形,亦复所在皆,举是其较者,有如次列:

(一)无论新旧各生,此学期入学伊始,身体检查,多不举行,虽或举行亦不究其进步何若,至假期放学以前检查健康情况,用证本学期体育之成绩如何,且为学生之家长作报告者,可云绝少绝少。

(二)学生膳食,由厨房自由处办,学校当局,不加检查。

(三)学生在学校附近自由膳食,学校不加过问。

(四)学校厨役为图私利起见,菜量既不求丰,菜质尤不求美(指适于营养而言),卫生清洁,更非所计,甚且校内不肖庶务,从中加以剥削,而厨役为补偿所失计，只有克扣菜价，于是学生乃独受其害。

（五）学校教职员不与学生同食，或同食而异桌，是以师生虽同处，而学生甘苦，犹未能详知，甚且不求详知。

（六）学生因饭菜太少而同桌甚多，又无师长同食，故常有赶快吃饭，以抢夺饭菜之举，大有捷手先得非快不可之势，吃饭慢者常有无彩之苦，实为一种普通现象，不但使学生不能细细咀嚼，帮助消化，且养成抢饭之习惯，以影响于别种行为有不正当之争夺。

（七）学生往往在光线不足之处，或卧在床上看书，教室内课桌座次依照学生目力以分定前后者，更为数绝少。

既有以上诸因，乃产生次列各果：

（一）学生身体发育不完全。

（二）面黄肌瘦，举动迟钝，精神不活泼，如系用功学生，此等现象尤为易见。

（三）在幼年青年时期，其害或未显明，但衰弱之根已伏，一过中年，便觉精力衰颓，难任繁剧。

（四）年来青年，多患精神衰弱之症，烦恼、怯弱、猜忌、懒惰，其原因固多，而十五岁左右，身体正值发育之时，未能得充分适当营养，不能不谓为重要原因之一。

（五）学生十七八岁以后，往往成近视眼。

昔德人俾士麦有言，"国家的命运，系于青年"。今在校青年，已如此矣，其为国家民族前途之隐忧如何乎？一处如此，他处未必不然。同人等深觉此项问题，万分严重，用敢掬其至诚，略抒所见，敬为全国数千万在校儿童及青年，向学校当局请命，并愿与同人等具有同感诸君，尽量发表意见，共图救济，以便汇集办法，向各级教育行政当局建议。兹就同人等一时所见到，且认为目前即可以实行者，胪陈如次：

（一）各校检查学生体格，此学期两次，于学期开始后及学期终了前行之，应将一学期间，学生身体发育及健康情状，分别告于各生家长，如须家长特别者，并于报告书内说明之。

（二）各校对于厨役食品的购办、储藏、烹饪，及一切清洁情形，时常检查，并于厨役，施以相当的训练。

（三）由地方教育机关，延请富有经验，及明悉本地生活情形之卫生专家就不同年龄之儿童拟定营养不可少而又适合于经济原则之每日食品单，此项食品单，亦可分出甲乙丙各类，任各校各就环境所宜，自由采办。

（四）学校庶务，不准收受厨役关于物质的馈赠，由地方教育行政机关令行各校。

（五）学校先生与学生一桌同食，先生少于学生多者，先生桌位不必固定。

（六）地方教育行政机关，对于各校卫生设备，每年派专家到校检查一次或二次，随时予以指导。

（七）地方教育行政机关，就所辖各校，学生身体发育及健康状况，每一学年终了，举行总检查一次，根据报告制成统计表。

凡纵横两方，如区域、学校、学生、年别、检查期间均可互相比较，藉此以定改进方案。

同人所见，大略如此，是否有当，不敢自信，务希海内贤达，不吝赐教。

穆藕初、沈信卿、沈叔逵、黄任之、杨卫玉、姚惠泉、江问渔等谨启，二三.七.四.

（《广西卫生旬刊》第二期，1934 年 7 月）

7 月 5 日　与徐凤石宅聚餐。"夜，高乃依路 17 徐凤石家餐，同席卢作孚、范崇实（刘湘代表）、陈○○（范旭东代表）、陈聘丞、藕初、蕴初。"（《黄炎培日记》）

7 月 11 日　上海浙江兴业银行委派原豫丰纱厂职员史丰殷，至豫丰纱厂点交押品。7 月 14 日，史致函总行总经理、经理云："遵嘱已于十一日至豫丰纱厂视事。该厂定八月一日开工，一部分行中押品因该厂开工须用已将一小部分点交，当由豫丰出具收条，该项收条交郑行收存，日来仍在点交。计当填存栈房拾间，由职封锁，当由慎昌管理，并使其早日点清，以便结束也。惟栈内各物或多或少一部分，数目不能与前豫丰所开计数簿相符。"（原件，浙江兴业银行档案）

7 月 30 日　下午五时，于新亚酒楼出席环球中国学生会与上海市教育局共同发起之欢送出洋学生大会筹备会议。到者有市教育会黄造雄、中教联徐则嚷、中华职业教育社施舍、中山文化教育馆李邦栋、市教育局马崇淦，及寰球学生朱少屏、叶心安、清华同学会白乃进等三十余人。朱少屏主席。议决"定八月十二日下午五时，在北四川路新亚酒楼大厅举行欢送大会。请潘公展、黎照寰、穆藕初等演讲，并由清华同学会担任接洽余兴。欢送经费暂定每团体二十元，于十日前送交筹备处。招待事宜由每团体推出二人担任。"（《申报》1934 年 7 月 31 日）

7 月　为股东会改期事致华商纱布交易所诸理监事会函。函云："顷奉中央政治委员会张秘书长来函略开，奉汪主席、蒋委员长之命，邀弟赴牯岭一游，其日期定七月廿五日至八月二日。但本所股东会已定八月一日举行，现拟改为八月八日。除常务理事业已同意外，特函奉达。"（底稿，上海华商纱布交易所档案）赴牯岭日期后改为 8 月 21 日。

7 月 联名发表《建筑董渡公议公共码头募捐启》。云:"上海为通商大埠,与浦东有一衣带水之隔,而浦东西每日渡客往来何可胜数,向赖八长渡以为之济。而董家渡者,八长渡中最冲要,而经由最繁盛之地也。考董家渡码头,初由天主堂建设,前清光绪年间复经各商业集捐修筑。至民国六年,浚浦局施工于南市,将沿浦各码头尽毁无遗。虽董家渡为出入最繁峙码头,亦不免同遭拆废。然往来行旅日益增加,泊岸渡船攀援上下,寸步维艰,老弱妇孺时闻失足灭顶之惨,同人悯焉。尝凑赀筑一阔五尺,长十余丈之码头以济渡客,后又为浚浦局毁去泰半。虽即设法,究以码头狭小人多,不足回旋。窃谓谋地方之发展必先求交通之便利,董家渡既为浦东西交通最关重要之点,公共码头奚可不力求完善。同人等再四集议,拟就原址改建一长五十英尺阔六十英尺之码头,其平面及桩柱均用铁骨、水门汀,外托护木,上面加盖木屋为休息室,以憩行人,两侧并添设木水桥,估计工料需银七千八百七十七两七钱。并拟将公义码头旁阔加高,又需银六百两左右。议先由发起人认捐、认垫,呈请官厅立案,即行开工。同人等心余力绌,为敢略陈颠末,且呼将伯用集众擎。"末列黄炎培、王一亭、姚紫若、沈润挹、先生、穆杼斋等发起人及赞助人等名单。①(**上海浦东同乡会档案**)

7 月 位育小学扩充校舍。《申报》消息云:"本市辣斐德路位育小学,课程切实,设备完全,成绩之佳为社会所赞许。故学额虽规定极少,而来学者仍甚众,都为实业、教育两界领袖之子女。校舍本甚宽敞,校园操场均有。且邻近法租界公园,环境尤佳。今悉该校又就原有校舍前面推广校舍一所,为极优美之洋房一座,并有草地及花木,将来拟供宿舍之用。现定八月二十日招考,二十二日开学。"(《申报》1934 年 8 月 2 日)

8 月 2 日 中华职业教育社评议员选举,沈信卿与先生为监票人。(《上海中华职业教育社志》第 114 页)

8 月 11 日 与黄炎培"长谈"。(《黄炎培日记》)

8 月 12 日 下午四时,于新亚酒楼大厅出席环球中国学生会、上海市教育局等三十四团体欢送本届出洋学生大会。到者有吴铁城、颜惠庆、潘公展、黎照寰、刘湛恩及寰球学生会、《申报》、《新闻报》等代表三百余人。外宾招待朱少屏、杨干,留学生招待吴德寅、叶心安等。吴铁城主席,致开会词云:"第一是求学,第二是考察。求学是要致用,应迎头赶上去。欧美各国有许多地方可以效法,但要一个区别,而对于欧美各国的经济、政治、教育等何以有神速之进步,何以进步如是之快,也是各

---

① 董家渡公共码头于 1936 年 3 月 1 日建成开航。浦西码头建外马路董家渡街南首,岸线长 39 米,浦东码头建塘桥路口,岸线长 18.25 米。渡轮每班江面行驶 6 分钟,上下分道,渡资铜元 5 枚。兼运汽车过江。

位应该知道的。所以在求学问之外,同时还要考察。过去有许多留学生归来是失败的,其原因是在留学时忘记了考察。今天兄弟代表各团体对有志的青年贡献一点意见,希望各位将祖宗文化的伟大精神来创造中国,复兴民族,建设强盛的中华民国。"次颜惠庆、黎照寰、潘公展等相继演说。先生演说,"分(一)要有观察力,(二)不要悲观,要乐观,(三)注重体育训练"。继蔡绍序、江定仙等独唱、钢琴等表演。(《申报》1934 年 8 月 13 日)

8 月 21 日 上午四时,偕徐新六、刘鸿生奉蒋介石电召,乘招商局江天轮赴九江。换乘汽车至牯岭。"小住几日,藉资修养"。(《申报》1934 年 8 月 22 日)在牯岭期间,蒋介石曾向先生等询问有关禁止工人罢工、怠工及厂主虐待工人等问题。(《纺织周报》四卷三十四期;《中央日报》1934 年 8 月 21 日)此行为出席蒋介石召开的国防设计委员会全会。《钱昌照回忆录》云:"1934 年夏曾由蒋介石出面在庐山召开了一次委员会议。这也是国防设计委员会直到结束举行过的唯一一次全会。委员几乎全都出席,由蒋介石亲自主政,致了一篇冠冕堂皇的开幕词,讨论了国家总动员计划、粮食统制计划,以及机械化、化工、棉纺品统制计划,接着又拟具了交通运输的战事动员统制计划。"(中国文史出版社 1998 年 8 月版,第 40 页)

8 月 位育小学于马斯南路新增校舍后,添设高级一班,至此成为七级单式完全小学。《申报》刊登《位育小学添办宿舍》消息云:"本市辣斐德路马斯南路东首位育小学,教学切实,设备完全,来学者日众。兹悉该校为便利远道就学起见,添置宿舍一所,为三层西式楼房。前有草地,旁植花木,浴室、厕所、盥洗室等一应俱全。惟寄宿者每学期须加费二十元,定于本月二十日上午招考,二十二日上课。"(原报,1934 年 8 月 15 日)《本校三年来进展状况》一文云:"廿三年秋,校长杨卫玉先生因职教社事忙不能常川驻校。自八月起一部分校务聘请教导主任沈世璟先生代理。本期又添设高级一班,改编春季始业一年级为单式学级,至此小学部始成七级单式之完全小学。幼稚园仍设甲乙两班。本学期学生人数激增,男女计二百七十一人,寄宿生亦由廿人增至廿七人,因辟通马斯南路九十一号之同样洋房一幢为新校舍,将中高级教室、木工室、图书馆、教员办公室及中高级学生宿舍迁入新舍,低级教室、低级学生宿舍、娱乐部等移于旧舍楼上,而幼稚园、应接室、膳室、厨房、事务室、办公室等仍在旧舍楼下,添聘新教员四人,均为富有教学经验者。举行家事、校事、社会等习作活动,以训练儿童手脑并用身体力行为目的。十月下旬,教育局准予立案并颁发立案证书。同月添聘张翼枢先生为校董。"(《三年之位育》,1935 年)

9 月 2 日 次子穆家骥与陈洛如于大东酒楼举行结婚典礼。"各界人士前往道贺者甚众,结婚仪式简单而极郑重。介绍人为徐旭瀛、陈萃子二君,证婚人系沈信卿先生。来宾致词,庄谐百出"。先生致训辞云:"古人云'遗子满金,何如教一经'。余幼年失学，三十岁后始得机会出洋。虽于西学稍得皮毛，而对于本国经史则无所师承。遗经之举，自愧不能。当纱业发皇之际，曾稍有积蓄，只以社会急需，早经散尽。年来纱厂业衰敝已极，挖肉补疮，犹虞不继。虽欲效世俗之所为，遗金与子孙，亦势所不能。汉疏广以年老致仕，帝赏赐甚厚，广归乡里日，令其家卖金供具，请族人故旧宾客，与相娱乐。或劝广以其金为子孙辈立产业者，广曰：'吾岂老悖不念子孙哉？顾自有旧田庐，令子孙勤力，其中足以供衣食，与凡人齐。今复增益之，以为赢余，但教子孙怠情耳。贤而多财，则损其志。愚而多财，则益其过。且夫富者，众之怨也。吾既无以教化子孙，不欲益其过而生怨。'余深韪斯言，愿躬行实践。故经与金两无所传，然亦已尽我责任，俾汝游

《好述新声》封面

学欧美六年，求得近代学术之归矣。但汝之学问尚不过初入门径，欲求升堂入室，切实效用于匡家社会间，则必须随时随地努力不懈，而研究探讨，汝其勉之。再我人服务社会必自家庭和睦始，俗家庭和睦，必克己修养始。陈女士为吴门望族，凤秉庭训，必能助汝组织亲爱和悦之家庭，使汝身心舒泰，赓续致力于学问，俾得贡献于社会匡家，是则余所厚望焉。"（《申报》1934 年 9 月 3 日）晚七时，仙霓社全班人员演唱昆剧堂会。微妙《穆宴观剧记》一文云："晚七点钟，昆剧堂会始开锣，以藕初先生好昆曲，其对于此仙霓社精神、物质补助甚多。是日所演均精选之剧，而临时且则赠送来宾每人曲文底本一册，名曰《好述新声》。观剧者得此一册，可以按图索骥，剧目自《长生殿》之《鹊桥密誓》始，直至《双官诰》之《荣归诰圆》终，最合于喜庆堂会也。仙霓社之各剧员，均以传字为班行，如唱旦之朱传茗，前有昆剧梅兰芳之号，惟今亦见憔悴矣。其他新人物亦不多，然昆剧之广陵散，亦仅此一仙霓社而已。贴近剧台之一席，均为韶年之女郎，年不过十五六至二十许，为藕初先生之女公子及戚属等。藕公笑谓我曰，此席上之小姐均于昆剧有深造，非但能度曲，且皆能在红氍毹上串演者也。观《荆钗记》之男角，形容绝倒，余观至《武松打店》以后即归，《西厢记》之跳着不及寓目也。"（《晶报》1934 年 9 月 5 日）《好述新声》由寿泉题端，先生识云："民国二十三年九月二日为次男家骥授室，婚礼告成，仙霓社奏演昆剧，爰备录曲文科白印订成帙，以供嘉宾者览并资纪念。穆湘玥谨识。"（原书）

9月3日 下午五时,于上海市民地方协会出席上海市高桥农村改进会第一次筹备会。到者有潘鸿鼎、钟玉量、史量才、瞿绍伊、杜月笙等。杜月笙致开会词,史量才报告筹备经过及进行立案之手续,黄炎培宣读组织大纲。推选杜月笙为会长,兼理事会主席。由会长提出丁凤山、张维、黄炎培、穆藕初、瞿绍伊等十一人为理事,并指定丁凤山为经济保管委员。通过办事处组织系统,经常预算。总干事王撰生介绍农村教育部干事刘菓繁、农村教育部干事连友三。又简单报告办事日程及第一年分期进行计划。"该筹备会已借定高桥镇救火会楼上为临时办事处,干部人员住宅亦已租定,不久即可迁移该处办公。俟杜祠医院落成后,该办事处即可正式假济群医院办公。"(《申报》1934年9月5日)

9月4日 《申报》刊登《难民贫病待救》消息,报道先生等地方维持会成员捐助难民医药事。文云:"陆续……逃出之难民已有五千余名之多,均已收容在广昌、石城各处。此项难民以给养缺乏,均鸠形鹄面,病魔缠身,尤以疟、痢二病为最多。困顿陋室,凄凉万状。前由本市地方协会史量才、穆藕初等购备大批药品,专派医生六名,前往救治。但以病多医少,且药料缺乏,不能尽量供应。希望各地资本家慈善家以普渡众生为怀,多送此项药品寄往广昌行政督察专员邵鸿基转交,俾救难民生命。"(同日《申报》)

9月5日 出席浦东同乡会于大西洋西菜社宴请,集议会所募捐。到者有杜月笙、黄炎培、沈梦莲、吕岳泉、林康侯等一百二十余人。杜月笙举杯敬同乡各饮一杯。先生发言云:"今日宴会宗旨,详宣言书,无俟赘述。同乡会建筑会所,连购置基地逾五十万。上年募捐已交到者只十万有奇,对于建筑事务有专门委员会郑重考虑,至上月间始克就绪。惟动工期须续捐募到二十万元为准。除第一、二两厅队捐外,其余各队非募到十万元不可。希望诸同乡努力尽此。""浦东同乡会建筑会所于爱多亚路成都路口,前经奚福泉建筑师设计图样。上月招标,为新升记营造厂张志良得标承造,计标三十万弱。"(《申报》1934年9月7日)

9月6日 偕黄炎培"访杨耿光初自欧洲回"。(《黄炎培日记》)

9月10日 访黄炎培,"商浦东同乡会建筑募捐事。"(同上)

9月28日 中国红十字会全国代表大会闭幕,第一届当选理监事名单揭晓。王晓籁、虞洽卿、关炯之等十五人当选理事。劳敬修、汪伯奇、黄涵之、穆藕初等十五人当选监事。该会致函各当选理事、监事云:"本会第一次全国会员代表大会业于九月二十八日晚十二时闭幕。所有总会第一届理事会理事,监事会监事亦已分别依法选定。查执事当选为理(监)事,足征众望所归,深为本会同人庆。除分函外,相应函送当选通知书、选举暂行规则、全体理监事名单各一份,即希察收。务祈顾念红会为国际慈善团体,俯允就职。并请于接到通知书一星期内书面表示就职,

以便呈请政府加聘。"（《申报》1934 年 9 月 30 日）

9 月 21 日 主持浦东同乡会第三十次理监事会联合会。讨论疏浚吴淞江与兴业信托合办浦江轮渡等案。（《浦东同乡会理监事会记录》）

9 月

临董其昌《舞鹤赋》、《文赋》。署"甲戌八月临元宰《舞鹤赋》"、"同日临玄宰《文赋》"。（原件）

10 月 1 日 上午八时，出席天津路十九号大弄银行开幕礼，到者有贝润生、宋汉章、秦润卿、俞佐庭等，"冠盖盈门，济济跄跄，不下千余人"。董事长尤菊荪，暨董事杜月笙、朱斗文、朱如山等"率各招待，殷勤延接，款以茗点，各致精美赠品，以作纪念"。"该行全日所收各种存款计达七百余万元之巨，将来营业蒸蒸日上，可操券卜"。（《申报》1934 年 10 月 2 日）

同日 中午十二时，于银行公会出席中国红十字会理监事联席会议，到者有王正廷、史量才、钱新之、赵晋卿、林康侯等二十余人。王正廷任主席，报告开会宗旨。公推蒋委员长为名誉会长，内政部长黄绍雄、上海市长吴铁城为名誉副会长，王正廷为正会长，史量才、刘鸿生为副会长。（《申报》1934 年 10 月 2 日）

10 月 6 日 下午二时，出席浦东同乡会会所奠基典礼。到者有会员来宾等共七八百人。顾文生司仪，普益习艺所军乐队奏乐。杜月笙与先生等五常务理事为

1934 年 10 月 6 日浦东同乡会会所奠基式（前排左二弯身者穆藕初）

主席团。全体肃立,向国党旗及总理遗像行最敬礼。先生恭读总理遗嘱,杜月笙致开会词,全体行奠基礼三鞠躬。继张伯初宣读奠基石文。"杜常务理事等向东南方破土,燃放鞭炮,霹拍之声,响彻云霄,一时门外集而观者如堵。"浦东同乡会会所建于公共租界爱多亚路(光华影戏院西隔壁),基地二亩九分有奇。(《申报》1934年10月7日)

10月8日 招黄炎培、陆伯鸿、朱炎之、沈仲骏等于陶乐春聚餐。(《黄炎培日记》)

10月9日 为位育小学申请补助经费事致法租界公董局总办函,云:"敝校创办于公历一九三二年七月,早经呈报钧局暨上海市教育局准予开办在案。现在共有小学生七级,幼稚生二级,学生二百七十余人。训练教授务求切实,科学及卫生设备亦力求完全。校址在法租界辣斐德路五百六十一号,占地三亩有半,运动场及草地均有。所聘教师为大学或师范学校毕业而有经验之士,自信在法租界内比较为优良之小学。现以推广校舍、增加设备,关系经费不敷甚巨。前年呈请钧局每年补助银叁千元以资维持,而昭奖劝,蒙复谓已不及列入预算,现在一九三五年预算编造在即,用敢继续呈请钧局俯念敝校成绩尚优,特别予以奖勉,无任感祷之至。"(原件,上海位育小学档案)

10月10日 夜,招黄炎培、陈彬龢于寓所"商组织事。"(《黄炎培日记》)

10月12日 下午五时,国际问题研究会于银行俱乐举办"国难之外交"演讲会,先生应邀出席。到者有郭秉文、曹云祥、刘湛恩、林康侯、陈彬龢、朱少屏等二十余人。陈蔗青主席,驻意大利公使刘长岛演讲,"历举普法战争之法外交,暨欧战后德士外交情形,与我国当前情形相比较。复述最近国际情形及外交应取之方针,暨国民应一致努力之准则。历二小时,语极恳切,阖座均深受感动。"(《申报》1934年10月14日)

穆藕初与朱少屏合影

10月14日 下午四时,赴南京路东亚酒楼出席朱少屏子朱鸿杰与黄红英女士结婚典礼。汪精卫、孙科、居正、孔祥熙、吴铁城、张人杰、吴稚晖、顾维钧、王宠惠及先生等数百人均赠有喜幛、喜联。本埠绅、商、学、报各界人士前往道贺者有三百余人、颇极一时之盛。(《申报》1934年10月16日)

10月15日 出席棉统会设立之中央棉花搀水搀杂取缔所成立

大会,到者有陈光甫、张公权、贝淞孙、刘维炽、叶元新、郭顺等。陈光甫代表棉统会致词,刘维炽所长致答辞,叶副所长报告筹备经过。先生演说云:"棉花搀水搀杂恶习,在我国已有数十年的历史。棉业界疾首痛恨,总希望早日根本铲除,至今始能达到目的,甚觉欣幸。此次政府所布取缔条例,内容甚宽,颇适于实行,而实业部亦甚重视此事,特由次长兼任中央棉花搀水搀杂取缔所所长。而叶副所长是棉产专家,故可谓法令、人事双方俱臻完美,前途结果,自可于此预卜。"(《申报》1934 年10 月 16 日)

10 月 17 日 下午四时,赴云南路仁济堂出席各省旱灾义赈会第一次委员会议,到者有沈田莘、邬志豪、徐永祚、陈志皋等百余人。许世英主席,报告各地乞赈电文,计有安徽省政府、安徽省灾区筹赈会、全浙公会等三百余县。议案:①决定募劝办法案。②决定捐募奖励办法案。③电请政府实施浚河筑路,藉工代赈,以利建设而图根本救济案。④电请政府厉行植林减少水旱灾案。⑤电请中央令各省市实行查明将各被灾地方分别减免田赋、并将附税实行免收案。又推定褚民谊、杜月笙、闻兰亭等为常务理事,王丹揆、虞洽卿、黄金荣、穆藕初、朱吟江等为常务监事。(《申报》1934 年 10 月 18 日)

10 月 18 日 邀黄炎培聚餐。"夜,藕初邀餐,同席文瀚、彬龢,有所商榷。"(《黄炎培日记》)

10 月 22 日 招黄炎培及薛子良父子聚餐。(《黄炎培日记》)

10 月 27 日 晚,招黄炎培、杜重远、江问渔、魏文瀚、陈彬龢等人于寓所聚餐。(同上)

10 月 30 日 与黄炎培等谈人文社结束事。"午,为结束人文社,觉林聚餐。到者新之、静仁、静涵、耆卿、藕初、诗瘦、问渔、公权(侯城代表),议定将余款五千五百余元移赠中华职业教育社,但《人文月刊》必须继续维持,藉为人文社纪念,将来设遇必要,应由职教社从该款项下设法维持。"(《黄炎培日记》)

11 月 5 日 下午五时,出席上海市民地方协会欢迎朱庆澜将军抵沪茶话会,到者有市商会、银行公会、钱业公会及慈善团体代表五十五人。杜月笙、王晓籁致词欢迎,云:"朱氏历年致力社会救济事业,任劳任怨,为同人等素所敬佩。客岁因积劳所患疝气始发于奔走陕赈,而渐剧于救济水灾及东北诸事,遂赴北平协和医院割治,同人等莫不悬系。今幸厥疾少瘳,暂莅沪上。遵医嘱尚须继续疗养,不能久住。同人等因有今日之欢迎,藉表微忱,共慰离衷"。"称朱将军有三不,(一)不爱钱,(二)不惜命,(三)真金不怕火。"朱庆澜致答词。末全体起立,祝朱将军健康。(《申报》1934 年 11 月 6 日)

11 月 6 日 夜,赴魏文瀚家聚餐,到者黄炎培及"侯城、问渔、西谷、彬龢。"

（《黄炎培日记》）

11月8日 下午三时,出席各团体欢迎胡文虎大会,各机关团体代表有胡叔异、江问渔、林众可、邬志豪、朱少屏、潘公展、林美衍等四千余人。(《申报》1934年11月9日)

11月13日 与暨南大学工学院院长董修甲、教授张素民、商学院院长裴复桓、交通大学工学院长裘维裕等于蓬莱市场,为社会局组织之第六届国货运动大会作"专家讲演"。(《申报》1934年11月10日)

同日 《申报》刊登金鱼展览消息,报道11月18日上海市动物园举办金鱼展览会,先生等为评判员。云:"上海市立动物园定本月十八日在该园举行金鱼展览大会,各界饲养名贵品种前往登记者甚为踊跃,评判委员亦经聘定。""截至昨日上午,向该团登记出品者,计有冠生园农场、鱼乐国金鱼园、中华第一针织厂及华剑级、陈兀升、殷善闻、徐十富、张继山等十余户,名贵出品数十种。现定本月十五日截止登记、现距截止日期尚有二天。各界如愿参加此项展览者从速向该园登记。聘定评判。该会为奖励优良品种起见,聘请鉴别金鱼经验丰富者担任评判委员,业已聘定周瘦鹃、穆藕初、谢天寥、冼冠生、徐石禅、袁小白、张梦周、邱良玉、孙礼仲等九人为评判员。其评判类为龙种、蛋种、文种、草种四大类。评判结果以每类得分较多者四名给奖。"(同日《申报》)

11月14日 下午,赴史良才宅吊唁,到者有吴铁城、王正廷、陈陶遗、朱庆澜及《申报馆》全体职员。"瞻仰遗容,无不潸然泪下。均在灵前鞠躬致敬"。(《申报》1934年11月15日)

11月15日 下午六时,上海妇女旱区冬赈会开成立大会。本市妇女筹备旱区冬赈会,系沪地名媛淑女所组织。发起人有吴铁城夫人、顾维钧夫人、褚民谊夫人、杜月笙夫人、张啸林夫人、张慰如夫人、陈英士夫人、陈蔼士夫人、穆藕初夫人、潘公展夫人等四十余人。同时举行游艺会,假座兰心大戏院串演昆剧二日,敦请红豆馆主、梅兰芳及苏郡各曲家登台彩串,票价所得将来悉数充赈。(《大晚报》1934年11月16日;《申报》1934年11月17日)

11月18日 上午九时,出席上海市动物园金鱼展览会开幕式。上午十时,与张梦同、周瘦鹃、袁小白、邱良玉为参展金鱼评判。"所征集之金鱼,均置于该园东部,一律放于较大之玻璃缸内,并于缸之前面悬以类别品名之产地。缸中各种金鱼五光十色,极为美丽。""展览之金鱼共计为龙种类二十九对,蛋种三十八对,文种类十八对,草种类三对,珍珠种类十一对,共计九十九对,一百九十八只。分装八十七缸,每一类中尚包括同类之他种金鱼,名目极繁。""据该园主任沈祥瑞氏云:'此次所征集展览之金鱼均为名种,于十时由穆藕初等诸公加以评判,标准以满足百分为最佳。计品类三十分，体态三十分，色泽二十分，精神二十分。结果今日可揭晓，拟分超等、特等、优等或分甲、乙、丙三等，以示区别。'"（《申报》1934 年 11 月 19 日）

11 月 25 日　沪江大学美术系主任滕白也与侯亚辉女士于沪江大学大礼堂举行结婚礼。"吴铁城、潘公展、穆藕初、黄炎培等均有喜幛、喜联祝贺。"（《申报》1934 年 11 月 28 日）

11 月　发表为闵行淞沪纪念广慈院①《广慈年刊》创刊号题词："慈幼福音"。（《广慈年刊》1934 年 11 月）

12 月 5 日　与顾馨一等坐夜车赴南京，请求政府收回财政部自明年 2 月 1 日起征收交易税决定。经数次交涉，财政部决定实行原则不变，唯为体验商人心情特予减低税率。（《纺织时报》1143 号，1934 年 12 月 10 日；《大晚报》1935 年 1 月 13 日）

12 月 6 日　在南京与记者谈财部开征交易税事。云："交易所及经纪人希望不举办，以免商人增加负担与市场减少营业。否则亦望减低税率，俾轻负担。查此次交易税率平均一万元交易、以买卖双方论，征收至三元。请求于立法院财政商法两组审查时由各交易所理事长参加列席，俾得陈述意见。请愿结果对于将来参加立法院审查会一点，政府似有松动之意。"（《申报》1934 年 12 月 17 日）

同日　天津中国银行为豫丰纱厂地契事致先生函，因应办手续未办妥，通知暂停物料提取。函云："查敝行接管贵公司移交押款合同案内应行接收之不动产契据，尚缺买契一纸。据四月十一日贵公司董事会函称：'内买契一纸计地四亩一分零七五尚存浙江兴业银行，俟取回后再行送上。'又慎昌移交管理权之协定事项第七条载称慎昌应将其所执四十段地契送交银行，其存浙江兴业银行一纸地契亦应向兴业取回送交银行等因，兹查上项应交敝行保管之买契一纸迄今未荷交来。贵公司应办手续既未办妥，所有本年三月十六日贵公司董事会来函所订兴业借款利息每半年偿付一次，及由厂酌照需用数量提取物料办法，亦应暂行停止。"（原函抄件，浙江兴业银行档案）

12 月 11 日　为豫丰纱厂地契事致浙江兴业银行徐新六函，云："顷接天津中国银行十二月六日专字第二五五号函，兹将原函抄奉，至希台察。查该函内称，应交该行保管之买契一纸迄今未交，认为敝厂应办手续尚未办妥。所有本年三月十

---

① 原名广慈苦儿院，由沈梦莲等创办于 1916 年。1933 年，史量才、黄炎培等将上海地方协会淞沪战争时所募救济难民款余额之一部分十万多元移作该院基金，并着力收养战后流离失所的儿童。遂更名淞沪纪念广慈院。同时改组董事会为理事会，史量才为正会长，沈梦莲、杜月笙为副会长。陶啸冬女士为院长。先生为三十九名理事之一。

六日敝厂董事会去函所订应付贵行借款利息每半年偿付一次,及由厂酌照需用数量提取物料办法亦应暂行停止一节,不无误会,该项系敝厂前向贵行借款时之一条件,此款尚未清偿,敝厂应负责任。惟为维持敝厂营业起见,本年向天津中国银行借款,允将敝厂所有地契全数交该行保管,亦确为借款合同条件之一,故敝厂曾经屡次情商贵行先将该地契一纸赐还,早蒙鉴察。弟明知吾兄亦有为难,以致延迟,但为顾全敝厂免生枝节起见,恳兄商允贵行诸先生通融办理,先将该地契一纸交还。至于赎用物料一节,弟无不尽力办理也。"(原件,同上)

同日 赴魏文瀚家,与黄炎培、江问渔、陈彬龢等聚餐。(《黄炎培日记》)

12月15日 徐新六复函云:"顷奉十二月十一日大函,敬聆一是。查贵厂结欠敝行之款早经过期,屡请商订借款展期及还本付息办法,迄今未荷允办。因此敝行对于贵厂所存地契无从交付。本年四月间毕云程先生来谈,弟亦以此见告。在敝行极愿早办手续,早还地契,以便借款问题整个解决,无如贵厂既不将本息交来,复不将手续办妥,以致久悬不决。此实非敝行之责任也。现在敝行静待贵厂签订合同,一俟订定即可将地契奉还。尚祈台洽并鉴原为荷。"(底稿,浙江兴业银行档案)

12月19日 致函徐新六,索取还款草合同。云:"前上一函,原为情商性质。敝厂结欠贵行款项未能早日清偿,深为抱歉。惟现在弟之地位对于贵行商订借款展期及还本付息办法,不能不征求天津中国银行之同意,既承尊示签订合同后即可将地契交还,拟恳贵行拟就草合同赐下,以便转函天津中国银行征求同意。祇须贵行与天津中国银行双方同意,弟无有不遵办也。"(原件)

12月20日 下午十一时,与顾馨一代表交易所联合会,搭乘夜车赴南京,请求中央政府暂缓征收交易税。随行携带《交易所的三大职能》呈文,云:"夫交易所在近代经济组织中有三大职能焉:曰构成价格,曰转嫁危险,曰流通物资。……交易所有期货之买卖,于是甲乙两地之间,近远两时之中供求若有参差,市价因而相异,则供多之处购进,求多之处售出,奏截长补短之功,收注彼挹此之效,而异时异地之供求,可以调剂异时异地之物价,亦可以平准矣。此交易所在现代经济组织中之所以为价格构成机关,而我交易所法第十九条之所以有'交易所应决定公布市价而公告之'之规定也。考现代经济组织之中,除劳力者与资本家二者之外,复有企业界之存在。企业家乃以自己之计划而经营事业者,同时亦即自己负担企业经营之危险者也。故企业欲求其发达,则因企业所受之危险,不得不设法以求其减低为最小限度。近代交易所之运用有大量需给之存在,有定期交易之方法,有投机买卖者之参考,于是企业家因生产而发生之未来危机,即可以藉海琴 Heging 买卖、(套做买卖)而转嫁之于投机者,……此交易所在现代经济组织中之所以为危险转嫁机

关也。今日市场之生产，大都皆为股份之累积，故一生产品之买卖、一公司股份之
募集必须有一集中机关以聚其需供，否则买卖散居四方，资本往来无定，投合既不
易，成交尤困难，拥巨资者不知从何购进，不知从何投资，即幸有媒介人之周旋，而
价格之商订，质量信用之鉴别，契约条件之履行，亦未必确实可恃。交易所成立，大
量之需给集中，买卖担保之制度确立，随时可以行随量之成交，价格公平，等级分
明，信用昭著，手续既极简单，交易因以便利，物财之授受易，而资本之流通顺矣。
此交易所在现代经济组织中之所以为物资流通机关也。交易所在现代社会中既具
有如是之经济职能，而在我国现状之下尤不可漠视。今日我国大量之产品，如棉、
如纱、如粮食，受外人倾轧，而销路短缩者不一而足。各业有交易所之组织，则本业
之主人，主本业之事，消息灵通，时机不致坐失，规划周密，市况得以保持，实权在各
本业手中，即不致为外人所操纵矣。此交易所在中国现状之下又一职能。故交易
所在我国之目前，为经济发展计，为挽救不景气计，为与外人竞争计，实有扶植其日
趋滋长之必要。……交易所一旦征税，经纪人为自身之利益计，必出下列二途：其
一、经纪人为目前之利益计，转嫁其负担于委托者，而提高买卖经手费；其二、经纪
人为未来利益计，自忍一时负担，维持原有经手费率，以延揽买卖之委托。此二者
之中，必居其一。兹先自经纪人提高买卖经手费之结果、以推论其应虑之点。买卖
经手费提高以后，其直接之结果必影响及于买卖之减退，在商业萧条，市况衰沉之
今日，此买卖之减退、尤为必然发生之事实，交易所亦必将因此而导入于停滞状态
之中。夫交易所之职能已如前述，其现代经济组织之作用，正如人体之心脏，全身
血脉入于心，然后周流全体，发而为力。今若心脏减少效能，则全身将受其害，交易
所停滞之结果，其弊正同于此，而使萧条之商况，将愈形沉闷，停滞之物资，将益形
停滞矣，此不可不虑者一也。今日我证券市场中最大之交易厥为国债，近数年来财
政支绌，故国库调度端赖募债，如国债买卖亦征收交易税，则今后之结果必至于旧
债停滞，而新债之发行尤难，此不可不虑者二也。且国难期间，百端待举、年来各省
方努力于建设，而建设之物资又端赖募债券以充当，而此种公债之募集，最善莫若
于证券市场中举行之，各省之地方债以今后之趋势而言，在最近将来必有开拍之一
日。今交易所买卖经费增加则买卖不易，间接所以杜塞省债发行之路，此不可不虑
者三也。我国证券市场向少股票之上场，近一二年来在上海虽有一二十种已开始
买卖，但为数尚属有限，今日中国之企业虽因种种内在之原因未见发达、但今后中
国之经济究属方兴未艾，企业之发达自为意料中事。今交易所买卖上多一种障碍，
则股票之授受即多一种困难，于是已成之企业难期发展，未成之企业难期产生矣，
此不可不虑者四也。我国国产工业兴于欧战方酣之际，就中最著者厥为棉纱、面
粉，而此两者之产品皆为我民生上所一日不可缺乏者。讵知世界经济恐慌发生以

后，各国过剩产品潮涌而来，东邻日本其势尤猛，诸如纱布、面粉之属，莫不以最低廉之价格与我国产相竞争，资力薄者已相继倾覆，资力稍厚者亦已陷入最后之一息。今若流通物财之商品交易所再增一重障碍，则此最后一息之厂家恐亦将不终朝而消减，而予国产工业以极大之打击，此不可不虑者五也。经纪人提高买卖经手费之结果，一如上述，兹再自经纪人维持目前经手费推论其可虑之点，今日事实上各交易所经纪人对委托者所收之经手费，以市况萧条，往往已较定额为低。今若再多一层交易税之负担，必将随之而发生。最可虑者，恐因此而促起交易所内不法之'外转'买卖也。外转买卖者，即不经过交易所市场而私自以交易所市价举行之买卖。外转有二种，其一为甲经纪人对乙经纪人之外转，其二为甲乙两委托者在同一经纪人处之外转。外转为不法之行为而被严禁于交易所法'第三十八条'；然而利之所在，又以损失加多之不得已原因，枉法亦所难免。外转之结果不特买卖失交易所之保障，而买卖既不经交易所，交易所亦无以知经纪人之买卖额，于是一方面可以漏交易，他方面外转过多，则交易所收佣金额减低，盈利减低，于是交易所原有按盈利缴纳之营业税亦将因以大减，而害及于国库之收入。至此，政府得于此交易税而失于彼营业税、岂非仍无补于财政耶？此不可不虑者一也。退一步言，即令经纪人忍受损失，则在目前之暂时或可勉强勾延，然而日久以后损失日积，必将影响于交易所之生存问题，不幸而不受我法律统制之日人取引所又乘机崛起，故意扰乱，则我国交易所势非全部停业不可。若竟至此地步，则我国产品之价格自又不能不听命于外人，十余年争得之交易所复再拱手让人，天下最痛心者，宁有逾于此耶！此不可不虑者又一也。综上所述，交易税之征收在理论上虽无可訾议，但施行上恐多困难。惟求税率郑重研究，务使前述之弊害可以减低至最小限度，否则征税之成效未见，经济之危机即发，此非我政府原有征税之用意，故与其败于终，毋宁慎于始。商人等不敏，仅陈所见，以为我政府施政之一助、断不敢故作危辞、以耸听闻也。"（《申报》1934 年 12 月 21 日；《交易所周刊》第一期，1935 年 1 月 5 日）

同日 徐新六复函云："兹特遵嘱，拟就草合同一纸附呈左右，至希与各方洽商，俾得早日签订以清手续。"（原件，浙江兴业银行档案）所附草合同规定：

立合同浙江兴业银行（以下简称甲

华商纱布交易所股票

方）、郑州豫丰纱厂（以下简称乙方）。兹因乙方前于民国十三年与甲方订立押款肆拾万两合国币伍拾伍万余元，除陆续归还外，尚结欠国币叁拾伍万元整。该项押款业于二十二年九月一日到期，乙方一时未能偿还，特商得甲方同意，另行订定借款续约，并开列条件如左：

（一）借款金额：计国币叁拾伍万元整。

（二）借款期限：自签订合同之日起一年为期，其内按照后开第五条办法分批赎。

（三）借款利息：自二十二年九月份起至二十三年三月十五日止未付利息仍照旧率月息壹分壹厘计算，于合同成立时一次付清。三月十五日以后利息改按月息玖厘半计算，每半年付息一次。惟年终结账乙方如有盈余，仍须补足月息壹分之数。

（四）借款抵押品：本系花纱作押，乙方因亏耗过巨，于慎昌洋行经理期内将花纱售去，暂以厂存物料抵补此项物料。乙方账上原作价肆拾伍万元即为本借款之抵押品。

（五）取赎办法：乙方允将上开抵押品俟开工以后尽先取赎应用，用去若干即还款若干，有余交还乙方，不足由乙方及保证人连带负责清偿。

（六）押品保管：上开抵押品由甲方委托乙方经理人天津中国银行代为保管，不另派人占有。

中华民国二十三年十二月　日。

甲方浙江兴业银行总经理
乙方郑州豫丰纱厂董事长
保证人慎昌洋行
（合同抄件，浙江兴业银行档案）

12月23日　下午四时，于云南路仁济堂出席上海筹募各省旱灾义赈会第四次常委会议，到者有许世英、王一亭、黄涵之、杜月笙、王晓籁、俞佐庭、褚慧僧等四十余人。许世英主席报告，"（一）收入捐款至昨日止十八万六千八百五十九元二角二分；（二）各项开支九万零二百元零零五角八分，结存九万六千六百五十八元六角四分；（三）收到赈品面粉二千包，新旧棉衣裤四千六百十六件，鞋袜帽三十二件旧账子一顶，保安水六千瓶及收发文件统计"。次李大超报告"此次沿街捐募一万余元，学生捐及工人捐须下月十号左右可结束，约有十万元。"议案：①请叶楚伧商请中央续拨赈款三十万元，得复允许应如何分配案。决议浙赣皖湘鄂各六万元，苏四万元，冀豫各三万元。不足之数由本会筹拨。②建议银行组织银行团农村信托公司大纲草案。决议推许世英、赵夷午、褚慧僧、王晓籁、林康侯、王涤斋六君先修正草案,再行提交常会讨论。③本会查放细则。决议修正通过。④陕西省振务会来电,天气严寒灾民无衣无食,祈速赐拨款救济案。决议交常务委员核办。⑤中国制油厂为推销国货肥皂愿牺牲五千箱,函请本会代为推销,每箱提助一元案。决议转函甲戌全浙救灾会核办。⑥杨啸天处长来函,故乡宁国灾情奇重甲于他处,请特予援救案。决议转函安徽查放主任提前酌放。⑦吴铁城市长对于本会非常热心,此次筹募普捐全仗主持,拟请推为本会副会长。决议全体赞成。(《申报》1934 年 12月 24 日)

同日 发表《李馥荪君重农说之再进一解》一文,就《申报》12 月 15 日社论《广李馥荪氏之重农说》一文提出农村秩序之安靖、农村金融之调剂、交通与运输之便利为复兴农村之先决条件三点主张,先生进一步指出:①"农业建设农业于振兴之道,首宜少发空言,实事求是。"②"今后欲办理农业,应罗致专门之人才。有专才宜于某省某县或农业中某种细作者,则设立农场,以供其试验传播,并由其主持。"③"主持农村,宜求统盘筹划,将全国可耕可垦之地,分为若干区域,制定植物畜牧之具体计划,从事设施,不但人才经济,均可节省,而收效亦宏。"④"农业为科学之专门学问,……农业研究,非一旦一夕所能生效。而农政之施设,亦在于能恒久如一。"又强调重农亦宜兼及于重工。云:

> 上述四项,一一见诸实行,农村即有复苏之望乎!然而未也。盖农产增加,挹注合度,固能自给自足。然而如今日各国关税之壁垒森严,农产物之竞卖倾销,苟遇丰年,农产价格低落,则农民仍无以为生。故本国之工业不振,即使农产丰收,仍难得其实效。苏联本为一农业国,近年来经济日趋繁荣,所以为世界各国所不及者,盖以其农业工业化,以工业之兴旺,而辅助农业之发展,由是而农业益繁荣,相得益彰。农工俱兴,则商务繁盛,国力充实。国民经济亦因之而充裕矣。故重农亦宜兼及于重工。

> 我国农民散布全国,占全国人口之最大多数,因迫于经济,拙于知能,处处居于被动地位。有水旱天灾而不能避,遇苛捐杂税而莫敢言,近年以来,益以世界农业恐慌之影响,致农民痛苦日益加甚,辗转填于沟壑之中,而无地诉苦,尚不若工商各界之尚能婉转呼吁也。我国本以农立国,而农民之苦痛如此,宁非痛事。故今日欲拯救农村,尤须修明内政,苟政治导入正轨,则农业自能振兴矣。"

(同日《申报》;《文集》第页 276 页)

12 月 27 日 中午,与陈陶遗、江问渔等于银行公会设宴欢迎江西绥靖主任顾祝同,并请陕西省主席邵力子、前苏民厅长赵次骅、前苏财厅长舒石父等作陪。计出席者三十余人。由张公权氏致欢迎词,顾祝同致答词。(《申报》1934 年 12 月 28

日)

同日 出席苏州信孚商业储蓄银行上海分行开幕典礼。该行创于民国十八年,"近为扩充业务,便利沪人士起见,特在上海河南路五百号创设上海分行。"来宾由该行全体董事监及经副理等殷勤招待,并领导参观各部。(《申报》1934 年 12 月 28 日)

12 月 31 日 徐新六就清理抵押物品及借款展期等事致先生函。云:"兹接敝郑行来函据称押品物料业经点交厂方,分已收、未收二部。其已收者,和记方面估价共达十四万余元。未收者复多属破旧及不合制度不能适用之物云云。查贵厂物料向来作价在四十五万元左右,现在相差甚巨,应如何补充之处,尚希裁复。至展期合同何时签订,亦祈惠示为荷。"(底稿,浙江兴业银行档案)

本年 与蒋百里等研究国防经济问题。《蒋百里年谱》云:"农商银行在上海复业,百里当选为常务董事,经济上稍宽裕。常与徐新六、张公权、钱新之、陈光甫、穆藕初、胡笔江、丁文江、陈仪等往来,研究国防经济问题。"(许逸云《蒋百里年谱》)

本年 与许夫人、长子穆伯华、长媳沈国菁于昆山合影。(照片原件)

本年 卖空金子损失三万多元。穆伯华《先德追怀录》云:"民国廿三年甲戌一九三四年,我父五十九岁做金子卖空损失三万多元,是托金业交易经纪人赵仲英代做,明知故犯也。盖我父在晚上有暇之时辄至画家冯超然家中闲谈,冯某有芙蓉癖,昼夜颠倒,常到之客有银行家、画家、金业交易所之经纪人及上面提到过的慎昌洋行之谢绳祖等许多人,独无棉纱厂商及棉花业中人可以谈谈自己本行之业务情者。"(手稿)

穆藕初与许夫人、长子穆伯华、长媳沈国菁于昆山合影

1935 年(民国二十四年,乙亥) 六十岁

2月　中日"何梅协定"签字,中国政府在河北省主权大部丧失。

上海申新五厂、二厂先后因纱业不振宣布停车;申新七厂被债权人汇丰银行拍卖。

6月　上海发生《新生》事件。次月,杜重远被判徒刑。

7月　日本关东军、满铁和伪满财政部、实业部在长春召开联席会议,制定了掠夺华北资源的具体大纲。9月24日,日本驻屯军新任司令官多田骏少将公然宣称华北应自治。

8月　全国大水灾,灾民达千余万。

9月　意大利侵略阿比西尼亚,次年并吞该国。

11月　财政部布告改革币制,推行法币。

国民党五大召开。中共发布《抗日救国宣言》。

12月　"一二·九"爱国运动爆发。

1月5日　在南京约吴梅等晚餐。"藕初约晚间六华春聚餐,下午课罢,冒雨往,见江政卿、覃孝方,皆喜狎歌女,而徐公肃、杨千里尤为熟悉,钗飞钿动,与旧时花酒无异也。"(《吴梅日记》下卷第513页)

同日　《交易所周刊》创刊特大号出版。先生任主编兼发行人。该刊为当时有影响的金融刊物之一。主要刊登国内外经济贸易等问题论文、国内各地经济调查资料及对外贸易情况、交易所一周行情、国内国外重大经济新闻等。先后刊出"华北经济"、"水灾"、"罗斯来华"、"国内经济建设运动"、"世界经济情况"等特辑和"新货币专号"。第一卷(1935年)出版五十期,第二卷(1936年)出版三十期,后因经济困难等原因而停刊。

该刊第一年与第二年部分,实际编辑为陈彬龢。① 穆伯华《先德追怀录》云:"某

---

① 陈彬龢(1897—1970),江苏吴县人。杭州之江大学半工半读毕业,先后任上海启秀女中、北京平民女中、天津南开中学教职,后任北京中俄大学教务长。1926年返沪从事撰述,以《苏俄经济组织和实业政策》与译著《中国美术史》二书享誉文坛。1931年曾主编《日本月刊》,该刊有《暴日犯我东北专号》,以揭露日军侵华行径而闻名于世。1932年应史量才之聘任《申报》总编辑。因主张抗日反蒋为当局所忌, (转下页)

年，有某失业文人（指陈彬龢——编者注）怂恿我父办《交易所周刊》，无投稿者，二期（卷）而停刊。继则我父代为设法请得内政部批准，办《早报》，并嘱亲友四处争取定户，无效，未第二期（卷）即停止。"（手稿）

《发刊词》云："我国近年以来，研究经济问题之定期刊物，日益增多；最著者如《中央银行月报》、《中行月刊》、《社会经济月报》、《国际贸易导报》以及各种关于农村经济问题之定期刊物，均能切实注意中国经济问题，已足证此问题之迫切，而非少数人无病之呻吟。或者谓：中国国产工业之如此屡弱不振，农村经济又复日益崩溃，而此等研究经济刊物反呈异常活跃之状，实属矛盾，其说误矣。一，中国国产工业虽屡弱不振，而列国在华之经济势力，则实有惊人之发展，日本在华经营之工业其最著者

《交易所周刊》创刊号

也。故不能因中国国产工业之不振，遂忽视中国全部工业之畸形发展；盖今日中国已成列强角逐之地，彼辈经济势力已由都市而深入中国农村。二，列强工业既由我城市而深入我农村，则我国之经济命脉，即不得不完全操之于人，一切皆听客之所为。吾人日处水深火热之中，不能不思有以自救，譬彼病者之不能不求医药，亦理之常也。上述各种经济刊物，虽其注意点各有不同；然其对于我国今日之贫困衰沉之源有所探讨，对于我国今日兴利除弊，去旧布新之谋有所商榷则同。此等刊物宁谓之太少，不宜谓之太多；其产生也宁谓之过迟，不得谓之过早。然而亡羊补牢，犹未为晚，此亦即本刊今日出版之唯一动机也。"

本期要目：中国交易所之历史及其价值（穆藕初）、最有希望的国家（卢作孚）、中国民族工业的前瞻（章乃器）、交易所论（吴力生）、中国之银恐慌与日货输入（汤斐然）、一九三四年中国经济的回顾（穆藕初）、伪组织金融市场之概况（长春通讯）。

（接上页）被迫离开《申报》总编职位。约 1934 年秋赴香港，并于沪港间奔走，行动神秘。在港曾为报业家陈孝威主编《港报》、《天文台报》与《太平洋文摘（英文月刊）》。太平洋战争爆发后突返上海，出任伪申报社长。抗战胜利后隐身香港而终。在沪在港时期，陈与中共方面人士有各种联系。（参见陈正卿《伪申报社长陈彬龢之谜》，《上海滩》2012 年第 6 期）

《编辑后记》云："一、本刊第二期起正文规定为十六页。二、国内经济消息自第二期起开始刊载。三、国际经济情报自第三期起开始刊载。四、本刊拟搜集国内各地商界之实况,读者诸君如能以此项实际资料见赐,十分欢迎,并致特别酬金。五、希望读者对于本刊随时指正批评。"《投稿规约》云："一、与本刊性质不合之稿,概不刊登。二、来稿概须缮写清楚并将通讯地址注明稿端。三、编辑人对于来稿有删改之权。四、来稿一经刊登酌酬现金或本刊,稿费文字暂定每千字五元起,每月底发出。五、来稿非经特别声明,并附相当邮资,概不退还。六、来稿请寄上海爱多亚路二六零号四楼本刊编辑部。"

《中国交易所之历史及其价值》一文叙述欧美、日本与我国交易所历史变迁,并指出交易所任务与作用,云："向来论交易所者,往往多论其弊,而忽略存在之价值。实则交易所在现代之经济社会中,自有其极重大之经济的职分。约言之,即:(一)交易所为调和货物需给之中心也;(二)交易所可使物价适应经济市场之状态也。盖交易所为大量需给之集中中心地,有大量之需要者,可以于交易所中求得之,有大量之供给者,可以于交易所中脱售之,无论于时间上、精力上皆得以有莫大之节约。且交易所之价格,乃以每日公表为原则,故价格若于卖方为有利,则卖方群起脱售;若是买方为有利,则买方群起购求,结果,藉自由之竞争,而物价可以正确反映市场之实况,而货物需给亦可以得适当之调和矣。在我国今日之情形下,外人藉不平等条约之护符,掌握我经济之大权,而又藉其雄厚之资力,随时压迫我各业之产品销路。各业如无交易所之组织,则不特各业无以谋自身之联络,而产品之实际的需给状况,亦无由以探悉。于是标准之价格,亦无由以确定。售价过昂,则销路日蹙,售价过低,则营业日亏,而此时徒予外人以进袭我各产品之大好机会。更进一步,则徒予外人以操纵我产品价格之大好机会。……今各业有交易所之组织,则大量之需给,皆集中于各自之交易所,适应经济市场之物价可以决定,而需给遂可以得适当之调和,且外人之操纵亦可因以免矣。不特此也,交易所有定期买卖之方法,使远在数月或半年后之货物,即得预为买卖;是以同一货物,异地间、异时间供求如有不同,则定期买卖即有调剂之可能。例如甲地供多于求,乙地求多于供,即可于乙地交易所卖出期货,嗣由甲地运到货物后实行交割。或于时间上目前供多于求,未来求多于供,即可以卖出未来之期货,购入现货以待将来之交割。如是则异地间、异时间供求可以调剂,而市价亦可以平准矣。且定期买卖之存在,对于商业者、工业者,农业者,可以生保险之作用。兹分述如次:(一)对商业者之保险作用。今日世界各国,尚未普遍的采用金本位制度,金币、银币、纸币、国币间,币值瞬息万变,经营对外贸易者偶一不慎,即致造成莫大之损失。今若有货币交易所,或金银交易所之存在,而交易所中有定期买卖之存在,则经营对外贸易者,买卖契约缔结之同时,即可以于交易所之期货交易中套卖或套买同额之货币或金银。如是则将来货到之日,失之于此者,可以得之于彼;失之于彼者,可以得之于此,收互相补偿之功,奏注彼挹此之效,而经营对外贸易者亦可安心从事于商业矣。(二)对工业者之保险作用。凡工业者购进原料与制出产品之间,大都相距若干时日;而此相距时日之中,供求当有变化,市价不无涨落。唯知原料价格与制造价格大都成一致之腾跌,故于原料购进之同时,即可以在交易所预为出货同月期之原料之抛售或制品之抛售,如是,若此后市价下落,则失之于原料进货上者,可以得之于交易者补之;若今后市价上腾,则失之于交易所者,可以得于原料上者偿之,而经营工业者可以从容于其生产矣。(三)对农业者之保险作用。交易所为大量需给之中心,又为每日定时集会之继续市场,故谷物或其他物产之所有者,随时得脱售而为现金。反之,在谷物或其他物产之需要者,亦因有交易所继续市场之存在,可使银行家安心为资金之通融;此时,但须以栈单作抵即可。而谷物或其他物产之购得者,并可以藉交易所之套做买卖,以避免其未来市价变动上之损失矣。在今日我国之情形下,货币犹停滞于银本位制度,对外币值,常依金银比价而变动不已,上海金业交易最大之作用,即可以防止此汇兑及对外贸易结价上之不利者也。至于今日国内国产工业,方在草创时期,而年来商业又极萧条,若无商品物产交易所以为其负担危险,则草创之工业,即将归于崩溃,而萧条之商业,即将转化为恐慌矣。抑又有进者,今日我全国有证券交易所四家,其中大部分之买卖,皆为国家债券,此种债券买卖,不特对于国家财政之调度有莫大之助力,关于金融之周转上,亦有其特殊之任务。异日中国经济发达,一切企业资金之征集,亦不得不有赖于交易所之股票买卖,而使资金有适当之流通也。综上所论,可知一国交易所之存在,自有其存在之价值;而在我国之现状下,更有使交易所基础日臻巩固之必要。往日挫折奋斗之历史,更可以证明交易所在中国成立之不易。吾人对今日奋斗而仅存之交易所,对此有利于中国经济社会之交易所,自当尽其最大之努力,以爱护之,以使其日趋于发扬滋长也。然则吾人固亦非不认交易所有附随之弊害,诸如投机心之助长也、物价不当之变动也、买卖者行为之不正也。但此要皆为人为之结果,交易所如有严密之组织,适宜之监督,此种弊害要亦皆能以人力弭除之者。夫天下事有利者必有弊,吾人必须权衡其利害轻重,以为取舍,若徒见其一弊而即抹杀其百利,是诚无以异于因噎而废食也。"(原刊,《文集》第 278 页)

《一九三四年中国经济的回顾》一文云:"记得前年年底与去年年头,各种杂志报章登载许多学者名人对于一九三四年中国经济的预测,各人的分析虽不同,而推断中国经济的危机将更趋于严重,则都大同小异的。然而一九三四年终于过去了,中国经济的发展,到底是怎样呢?我们看了各种实际的资料,不仅不能给那些不祥的预测以谬误的辩正,反而有'不幸而言中'的惊异。一年来的经验,实为我们证明中国不仅不是与世界隔绝的孤岛,而且是世界经济最主要之一环。五年来世界经济恐慌的严重,结果,中国更成为列强'转嫁'其危机的对象。列强为着要解决其国内政治的经济的危机,第一是向外扩张殖民地,第二是独占各地的市场。前者因受民族主义高潮的障碍,不容易达到目的;故后者乃成为近来列强侵略弱小国家的手段。然而我国却两者兼受。从日本强夺东四省以来,列强对华的活动,更积极活跃,中国不仅失掉局部的领土,而整个的国土也莫不成为列强争夺的市场。这可以从(一)对外贸易,(二)外商企业在华势力的发展,(三)外资流入的增加等得到证明。"文章列举对我国外贸易进出口主要减少商品及数字,指出:"这样巨大入超的数目,虽不能说是中国经济被列强控制的唯一原因,然而以入超额之巨大,加以外商企业在华的发展,与中国产业相比较,则谁也不能否认中国经济的命脉,操在列强之手了。本年美国在无线电信和航空事业方面与英国在铁路投资方面的活跃,非常明显,而日本的活动,尤为惊人。就煤业说,抚顺煤以外,河北的开平,山东的淄川、博山,甚至陕西、山西等煤矿,都成为日本包办的对象。(《新中华》二卷十七期一百二十二页)大阪兴业公司在河北迁安,昌黎,临榆等十余县,设立植棉分会,三菱公司和满铁会社企图在河北、河南等省发展植棉,都是日本想垄断中国棉花的计划。(纺织周刊四卷十八期二十页)英、美、日以外,如法、德、意三国也企图在中国铁路、航空等建设事业中插足。""纺织业为我国重要工业之一,中国所有的数字,虽不怎样小,而其实力则远在外商之下;其他工业,不言可知。至于市场尤为外商所独占,如本年四月间棉纱交易在汉口占到五分之四,国产仅占五分之一;棉布销售,日商占百分之九十。(中山文化教育馆季刊创刊号三百七十九页)由此可见外商企业在华之优势,怎样威胁我国的产业了。"文章以详实数据分析棉织业、缫丝业、面粉业困顿情形,及各地灾情对农村经济影响。又指出"本年值得记述的,只有金融业的膨胀,与交通事业的发达。就上海一处来说,银行非常活跃,……中国产业正在破烂之中,而银行反常地增加,这就是证明正当投资既极困难,故不得不凭藉非生产的扩展而推广其资金活动的范围,从而增殖其高度的投机利润。末先生云:"最后我要提出本年我政府方面确是为了充实国力,和救济目前经济的危机而努力于有益于民生的工作,例如:(1)实施废除苛捐杂税,以减少人民的负担。(2)推广农民银行,征收洋米进口税,以及实行铁路联运,完成公路大干线等,以苏民困。上面所说的,可说是把中国经济破烂的情形尽量的揭发了。好比一个病人,已不自隐瞒,而将他的严重的病状告诉出来,希望医生能对症下药,我写这篇文章,也就是这个用意。我希望从一九三五年起,全国上下都能认定中国经济的危机,坚决地努力国民经济的建设,尤其是每一个国民,都应以最有力而有效的方法,促进

和帮助政府完成建设国民经济的任务。"(原刊;《文集》第 281 页)

1 月 6 日　在南京与吴梅等度曲聚餐。吴梅记云:"早与藕初至吴园食面,遂往云间同乡会度曲。""四儿与藕初合唱《琵琶·盘夫》折,余则专配零角。为溥西园唱《访普》,则饰赵普,为程禹年唱《楼会》,则饰鸨母。""晚,则江政卿请正社诸子在中央饭店四楼,又邀作陪,席间有歌女。藕初唱[古轮台]一支,诸女皆粲然。百耐,恭甫大开拇战,余独离席与藕初、千里谈。藕初今夜返申,即送至大门云。"(《吴梅日记》下卷第 513 页)

1 月 9 日　下午四时,出席于上海纱布交易所举行之金业、证券、纱布、面粉、杂粮等五交易所联席会议,到者有徐波荪、张慰如、王一亭、顾馨一等。先生主席,"报告历次晋京请愿结果"。次讨论:"(一)立法院原定召集之经济、财政两组审查会议,兹因第四届新委于本月十四日在京就职之故改期,各代表可暂缓晋京。(二)请电催立法院迅即召集审查会议,以便列席。(三)请求免征交易所税,送经联名呈请,再请各所理事长补充意见备具节略,俾列席审会时作充分陈述。"(《申报》1935年 1 月 10 日)

1 月 12 日　《交易所周刊》第二期出版。本期要目:一九三四年世界经济的回顾(穆藕初)如何利用交易所(袁泅一)、交易所论(吴力生)、中国与经济恐慌(沙尔德)、最近日本的经济情况(东京通讯)、民国二十三年海关收入。《编辑后记》云:"一、本期正文原定十六页,因介绍沙尔德的《中国与经济恐慌》全文,特增加若干页。二、国内经济消息与国际经济情报都从第三期开始刊登。三、袁泅一先生,四川人,对我国工商业各种问题,均有丰富经验。《如何利用交易所》一文,说理极明,怀疑交易所的颇有一读的必要。"

《一九三四年世界经济的回顾》一文指出:"一九三四年世界经济最大的特色,是在于各国一致的奉行经济国家主义。经济国家主义,严密地说,是充分带着闭关自守的色彩。因为禁止输入,奖励输出等关系,故在各国看来,容有部分的恢复,而在整个的世界看来,则经济复兴实仍在渺茫之中。且各国经济恢复的内容,完全是发展军需工业与厉行通货膨胀政策的结果,而此两者,都为应付战争的准备。故我们以为现在经济国家主义的流行,国内经济部分的恢复,实包藏着爆发第二次世界大战的危机。一九三四年世界经济的实况,告诉我们的尽是不容乐观的材料。"文章列举各主要工业国生产指数、生产额,以及原材料、工业品等进出口额数据分析各国从"工业、农业、财政金融,争夺市场,以及失业与工资等状况"。工业、农业方面:先生指出"德、法、意三国输出的减少,实为金本位国维持通货价值的牺牲,而英、美、日实行通货膨胀的国家,输出入都逐见增加。因此使金本位国更为自危。同时,我们可看到列强间的对立的尖锐化。这个尖锐化就是第二次世界大战的导火线。经济恐慌的发展,不仅使农业与工业同时发生恐慌,而且两者互相交错,更使恐慌进入险恶之境。一九二九年所发生的恐慌,就是两者交错的序幕;此种恐慌直到一九三四年依然还是继续不息。一九三四年农业生产没有起色,虽与气候不顺等有很大的关系,然而大半还是因为农业恐慌之故。"指出"在这种物价指数的变动中,我们当亦可看出一年来世界恐慌之大概了。"财政金融方面:先生指出"恐慌的深入,各国自难免发生财政的危机与金融的纷扰。这种现象,在一九三四年,表现更为显明。因为世界各国备战的迫切,不管财政如何困难,仍不惜支付庞大的军费。我们试一看各国军费的数目,便可知战机的危急了。""一九三四年军费的增加,是各国普通的现象,其占岁出的比率之大,例如日本几占二分之一,实堪惊异。美国的军费在数字上虽较上年略为减少,但对岁出的比率,仍然是增加。因为军费上的增加,各国的预算,便发生所谓'赤字',于是就不得不募集公债以为补救了。一九三四年各国所募集的公债,为数之巨,实开了空前的纪录,这也就是一九三四年世界经济的一个特色。"争夺市场方面:先生指出"恐慌的基础是建筑在生产过剩上面,我们不敢说一九三四年的世界经济已脱离恐慌之境的原因,就是因为生产过剩仍然继续存在着。各种商品的'限制生产'和'减产协定'即是明证。然而'限制生产',既非合理的经济法则,而且有如理乱麻越弄越乱的危险。加以各国的预算,赤字很大,更非有迫切的克服经济危机的方法不可,所以夺取推广过剩商品的新市场,便成为列强唯一的手段了。因此若干国家,利用机会,劫夺别国的领土,以为殖民地,如日本强夺我东四省即为一例。若干国家因地理的关系,为要扩充市场,则不得不运用其经济力以征服世界,如美国的放弃金本位,实行通货膨胀,汇兑贬价等。当然采取政治和军事的力量,以扩充其市场的,同时也没有忘却其经济力的运用。关于用政治和军事掠夺世界市场的事情,我们暂且不说。在这里我们只说一说用经济力争夺市场的一般情势,列强利用其优越的经济力以掠夺世界市场的事实,在一九三四年表现得最为明显。"并列举各国通货膨胀、金利低下、提高银价重要事实,云:"从上列三点,可知一九三四年列强争夺市场之如何迫切,然而到底归谁胜利呢? 在这里我们很难下一较适切的断语;不过以一年来国际情势如此紧张,军需工业如此发达,似乎最后的决定,有待于战场上吧!"失业与工资方面,先生指出:"所谓失业减少,也不过极微的数字,而且对此数字,是否确实,还是怀疑,假定调查是确实的,而是一部分失业者转以从事制造武器,却是不能否认的事实。退一步说,我们就承认失业人数,确已减少,但仍不能说是生活好转。""审查会工资可说丝毫没有变动,这不能说是维持原状,因为通货膨胀后,物价高涨了。虽名义上所得工资如故,而实质的工资,已大为减少了。"末特别提到苏联经济"新浪潮",指出"前面所说的是一幅世界经济疮痍满目的图画,啊! 一九三四年世界经济的确是疮痍满目呀！最后我们要谈到苏联来了。苏联的经济为世界经济之另一体系。究竟在一九三四年的世界经济恐慌中,苏联的经济是怎样一个情形呢?""苏联的岁出中军事费之额数与日本等国,一为比较,实有天渊之别,唯其能以建设国民经济为前提,故各业均能向上发展。本年一月一日《申报》载塔斯社消息有关于苏联的如次的纪事,兹录之如下,以为本文结论。'苏联上年(一九三四年)重工业生产计划已经超过,计总产值在二千零二十万万卢布以上,计划预定上年产额超过一九三三年百分之二十三,唯实际上则超过百分之二十六又七,劳动生产率较一九三三年增加百分之十六,生产费约减少百分之四又五。……不仅主要重工业部门已超过计划的预定,农业生产力亦已彻底再造……一九三四年之工业,总生产量共达三百九十万万卢布,农业方面上年虽以气候不佳,南部若干主要区域都告歉收。唯全国产量仍较一九三三年超过二十三万万甫特。苏联贸易总量大为增加,计达六百十万万卢布,较前年增加百分之二十四。千百万工人之创造动机与热诚急激增加,此事得为未来成就之主要保障。……一九三四年苏联之成就,实足以唤起热情的新浪潮云云。'"《申报》1月10日至12日连载该文。(《文集》第290页)

1月14日　下午七时,赴一枝香菜馆出席本市各交易所经纪人公会举行的宴请五交易所理事长会,到者有经纪人代表三十余人。纱布交易所经纪人代表边馥堂主席,"报告财部开征交易所税对营业上之影响,及邀请各所理事长商讨应付办法。"次由先生、顾馨一、王一亭、徐波荪、张慰如等相继发表意见。决议:"(一)各所经纪人因财部征税与所有利害相关,决为各交易所当局后盾,必须达到取消征税拟议。(二)联名呈请市商会,转呈国民政府、中政会、行政院、立法院、财政部、实业部等各机关,值兹经济不景气中为维持商业计,暂为缓征。"(《申报》1935年1月15日)

1月16日　晚,于大西洋西餐社出席各交易所联席会议,讨论财政部决定2月1日起征收交易(所)税。推定由先生与王一亭、徐波荪、张慰如、顾馨一等十人(后增至十六人)晋京请愿。(《大晚报》1935年1月17日)

1月17日　与王一亭、徐波荪、顾馨一、张慰如五交易所理事长及交易所经纪人公会代表联名致上海市商会函,陈述政府征收交易税之弊害,吁请市商会主持公道,转请政府将征收交易税原案撤销。函云:"我国正式交易所之成立始自民七以后。经民十之风潮,基础始渐臻稳固。十余年来惨淡经营,遂成今日之局面,而尽其构成价格,转嫁危险,流通物资之职能。今我政府对交易所征收交易税,其问题不在法意之是否,惟事实上在今日我国商界现状之下,实行征收交易税实须顾虑其附随之弊害。一旦征收交易税,经纪人为自身之利益计,不转嫁其负担于委托者而提高买卖经手费,则惟自忍一时之负担维持原有经手费率,然上者之弊害皆属甚巨。如买卖经手费提高以后，其直接结果必影响于全部买卖之减退，交易所必将因此而入于停滞状态之中，必使萧条之商况愈形沉闷。停滞之物资，益难活动，则交易所原有按盈利缴纳之营业税亦将因之大减，而害及国库之收入。此可虑者一。如公债买卖，亦征收交易税（日本免税），则今后之结果必致旧债停滞，而新债尤难发行。此可虑者二。交易所买卖上多一种阻碍，则企业股票之授受即多一种困难，于是已成之企业难期发展，未成之企业难期产生。此可虑者三。经纪人之损失日久必将影响交易所之生存问题，不幸而不受我法律统制之，外人取引所又乘机复活，故意扰乱市场，则我国交易所势非全部停业不可，而我国货品之价格自又不能不听命于外人。十余年来，争得交易所，复因此而拱手让人。此可虑者四。是故就今日之事实言，为挽救沉滞下商况计，交易税有暂缓征收之必要者一也。近数年来，外以世界经济恐慌之侵袭，内以水旱匪乱灾害之交迫，以农村破产逃荒之现象日增，工商业衰沉，物财之流通益隘，中国整个经济活动每况愈下，前途危机，言之战栗。经济既如是其不振，故其表示于交易所者，具为买卖之日趋衰落，抑且最近沪地金融市场时有突变，人心惶惶，不可终日。国历年关，工商界宣告停业者一日数见，报章上触目皆是。而阴历年关又复接踵而至，自财部征收交易税之拟议，人心恐慌，一切交易顿形缩减。若于此时再使征收交易税，则不振之商况恐将愈趋于消沉，凋敝之经济即将转化为恐慌。设不幸而至此，则征税之成效未见，而经济之危机已具，殊背原有征税之用意。为和缓目前之经济危机计，为安定人心计，交易税实有暂缓征收之必要者二也。再者，查今日交易税尚为民十六时所公布而未实行者，则彼时之税率比现在税率为低，而彼时之商况则较现在为兴旺，当时以敝会等呈请而未实施。今日工商界情形远不如彼时，两者相距之远不可以道里计，而税率则反为加重，抑且财部此次所拟之税率，关于物品核算似均以交易所与经纪人毛佣金之十分之一为标准。惟对于标金税率征收特大，次表所示，可为明证。（表略）就上表各项税率之比率而言，标金税率比之交易所与经纪人之毛佣金，竟大一倍又二，实出情理之外。他如各种杂粮以作价而论，税率竟达万分之六七，较他种物品为独高，均欠公允，更易使今日动摇之金融市场愈益不振。十六年犹以种种关系未见施行，则今日为维持商业之不振，顾恤商艰起见，交易税更有暂缓征收之必要。三也。总之，今日交易税之征收，在实施上尚有极大之困难。万一勉强施行，则成效未可逆睹，而险象已逼临眉睫。上述种种，想早在贵会洞悉之中。素仰贵会保障商人利益，不遗余力，特此恳请贵会主持公道，赐予迅速转呈行政院、立法院、财政部，将征收交易税原案撤销，以维大局，而恤商艰。"（《申报》1935 年 1 月 18 日）

1 月 21 日 《交易所周刊》第三期出版。本期要目：学生国货年的真实意义（穆藕初）、交易所论（吴力生）、马寅初：中国经济改造（潘明）、世界经济情报（张审之)、最近一年来之花纱概况(陈济成)、一周中之证券概况(恽艺超)。《编辑后记》云:"一、最近本刊接到许多读者来函,希望每期国内经济消息一栏不必列入;其理由是:每天日报和《中行月报》《中央银行月报》等都有详细的记载,似不必重复了。本刊极愿采纳,所以本期仅发表了《世界经济情报》。一、本刊原定每星期六出版,现在因为审查往返费时,改为每星期一出版了。"

《学生国货年的真实意义》一文指出,战争的胜负绝不是取决于直接参战的两方军队,而是两方的国民总动员的各种力量的总合来决定的。希望全国开展制造国货、使用国货运动,建议"全国中学以上的学校工业化","全国中等以上学校尽力地军事科学化",以适应"将来的第二次大战"。摘录如下:

我们手工业的中国,农村的生活日用品完全被列强的机器工业的商品所驱逐,于是农村破产,整个的中国经济陷于衰败,纵有微弱的国产工业,就种种方面说,都不能与外国工业竞争;外货反客为主,国货经营相继零落,于是而有提倡国货的呼声,于是而有"国货年"的提倡。……但是这种失败的原因很多,最主要的是关税不能完全自主,而列强在华就地投资的工业已成附骨之疽、心腹之患,我们绝不能完全责备中国的妇女。然则学生国货年岂不是又要和妇女国货年遭同等的运命吗?这是可能的,然而我们却不能因此便不努力奋斗。所以我对于学生国货年,不能不竭诚对全国青年学生诸君致如下之热烈的希望!

(一)对于消费方面的希望。……一千余万的青年男女学生,假使平均计算,除学膳费不计外,所有教育用品,书籍、衣服、鞋帽等等:每人每年二十元,则至少要消费两万万元以上的国货。而且每个学生都有家庭,假使他们能鼓励他们的父母都用国货,便有一千余万户购买国货,每年至少又是几万万元。再由这些学生推之于亲戚朋友,邻里乡党,一方面宣传,一方面督促,或许也有相当的效验。就城市说,商店不乏青年热心之士,青年学生可以有组织地与他们联络,使商店的青年店员加入这种运动,渐渐影响他们的店主人及高级职员,使他们一方面自己要用国货,一方面要卖国货,同时就不卖非国货。这样学生的国货年一定会收获良好的结果。

(二)对于生产方面的希望。我们知道上述的只是学生国货年之一方面的责任,还有另一方面的责任,就是青年学生不但要消费国货,并且要生产国货。人类的物质生活只有一部分,而且是极小的部分是可以强制取舍的,但是有些必需品是不能用伦理的观念来抑制的。……假使拘于"国货"的名义,摒弃不用,那不是因噎废食吗?况且第二次大战爆发即在目前,届时海运多梗,商船裹足,舶来货品断绝来源,则我们平时所仰给于人的货品,马上便无从取得，或则只有所谓"东洋货"可用，那我们才叫做"哑子吃黄连，有苦说不出"咧！我说这话，绝对不是故意地来和大家所提倡的学生国货年开玩笑，恰恰相反，而是要从根本上给学生国货年想一个具体而彻底的解决方案。就是说，我们全国青年学生不但要用国货，或带着大部分强制的心理来用国货；并且还要积极普遍地行制造国货的运动，对于生活日常所用的舶来品，我们的国货也应当应有尽有，不但有，而且在量上足以充分的供给全国人民之需要，在质上足以满足我们的要求。必须做到这一层，而后学生国货年方不致随着妇女国货年而惨遭失败。自然上述的办法不是一蹴而就，更不是仅此一年半载可以咄嗟立办的。然而我们的青年学生必须在这一年中立下永久而坚固的基础。然则此种办法究从何处下手呢！

最要而急切的是下述两个步骤：

（一）全国中等以上的学校工业化。全国的中等以上的学校各就其地理上经济上的关系，尽可能地改组成各式各种的工厂，把他们的学科完全列入实际工作之中，务于五年十年之内，完全足以自给。

（二）全国中等以上学校尽力地军事科学化与军事工业化。第二次大战中我们最恐慌的即是军用化学用品、医药品，与军用机械。我们中国是第二次大战中的战场，我们自然无中立的可能，逼着要走上战场；但是，我们闭目一想，假使敌人的飞机进攻我们的大都市，譬如上海罢，只要由数架飞机带着毒气散布下来，三百万人所居住的上海，只需几小时，便完全成了鬼世界；就是说，我们三百万人都要被敌人毒杀，因为我们没有充分的防御工具，而这种工具绝对又不是仓促之间所能准备的。纵能办到，可是我们素无此等知识与训练，也是一点用处没有，只有坐以待毙。我这种说话绝对不是无病呻吟，假使我们不迎头赶上去，遭受敌人的屠杀，乃是我们必然的悲惨的命运啊！在将来的第二次大战中死得最惨而最多的，就是我们中国人！若果是我们做学生国货年运动的人忽略了这一层，那末，于国货前途奚益？于国家前途又奚益？我晓得一定有人要说，军事工业的进行与防空的准备是政府的专责，所谓军国大事，绝不是我们青年学生可以越俎代谋的，实则不然，大大地不然！

近代的国际战争的胜负，绝不是取决于直接参战的两方的军队，而是由两方的国民的总动员的各种力量（组织的、技术的、物质的与政治的）的总合来决定的。若是那一国的国民或政府不懂得这一层，那他将来的命运是如何地可怜啊！而且我们从欧洲大战中可以得到许多宝贵的教训。德国因为粮食缺乏，于是政府就命令全国人民在每一块空地上，例如各家庭的天井或后园中种稻麦，以给军食，他们甚至用人造的麦子做面包，这种事业大半担负在全国国民的双肩上。又如法国在大战时期,每天耗去无量数的子弹,他们几十年经营的军事工业到了此时皆有应接不暇之势,而前线弹药时时有缺乏之虞;于是法国政府就定下一个计划,令全国学生都从事于弹药的制造。譬如,每一个学生星期六回家时,由学校当局把他们从陆军部领来的弹药材料,分发给他们以一定的数量,他们带了回去,趁一天两晚的工夫,把材料都造成弹子,到了下星期一上学的时候,交给学校。因此给法国增加了很大的支持力,终久得到了胜利。法国的青年学生对于普通工艺的技术,都有相当的训练,所以临时还来得及;我们中国的青年学生自然很少这种训练,那末就应该及时努力准备起来。即从现在拼命地做起,已经是"临时抱佛脚"了,若果一定非要等到人家的刀压着头颈,方去张皇,那真是不可救药啊!

不但此也,我们要晓得学生国货年应该如何进行,……我们除了诉之于国民的爱国心,在此地即青年学生的爱国心外,还有很重的必要政策与之相辅而行。这种必要政策,第一就是关税完全自主。我说关税完全自主,不仅自由增高进口商品的税率,并且对于在华就地设厂的外国商品,也同样地有照进口的商品,自由增加其税率之权。因为近时给中国国产工业以打击的,不仅是进口的商品,并且是在华设厂的外国商品。他们有优秀的技术与工厂的管理法,有伟大的组织的力量与雄厚的资本,又有他们政府在政治上、经济上种种的援助,所以他们对于中国的国产工业站在绝对的优势,我们的商品(国货)的质既没有他们的优良,我们的商品的价格又往往比他们的昂贵,怎么能专靠着国民的爱国心和他们竞争呢?而且我们既谈到国民经济,就不能以伦理观念做我们的骨干。就是说国民的爱国心是相对的,不是绝对的。……想使国民(青年学生自然包括其中)充分地发挥其爱国心,购买国货,我们应该准备各种必要的条件:第一件,就是用关税政策,提高外货的价格,使之不能与国货竞争。……我之所以絮絮叨叨地作此不祥之言者,非故为惊奇之论,以耸人听闻,实在因为要根本救济中国工业使学生国货年成为极有意义与极有作用的一个年头,必须要彻底的了解,国货之所以不能竞争的原因。"讳疾忌医",自速其亡,是徒令俾士麦笑人于地下也!

(原刊:《文集》第 305 页)

1月23日 晚,先生等五交易所理事长乘夜车赴南京。(《申报》1935 年 1 月 20 日)

1月24日 上午,南京立法院财政、经济两委联席会,审查征收交易税条例及税率。由马寅初报告经过,财部代表徐堪发表意见。"多数主不必征交易税。因公债为政府发行,承销系国民义务,原则上可不征税。财部代表亦金赞同。"(《申报》

1935 年 1 月 25 日)下午,继续开会。先生等上海各交易所理事长及经纪人代表十余人列席。马寅初主席,首由先生与顾馨一"陈述交易所请求缓征及减轻税率之意见,经纪人代表亦纷纷陈述",大意为"政府此次对交易所内买卖往来征收交易税,系间接取缔交易所投机买卖。交易所自身认为并无投机行为,有之似属于客户往来。惟对政府征收行为税亦属应当,并不反对。所虑者际此经济穷困,商业凋零,农村破产之时,工厂之停闭,商店之倒歇,前后相继。近来集成药房、通易银行等已有数十起,各该商号前者均属资本雄厚者尚未能支持,其他内部空虚勉力挣扎者当不在少数。故代表等之意见,请俟各业稍有恢复,再行征收,亦无不可。若此时开征,影响甚巨,似非其时。"各代表陈述后退席。"经联席会详细研究,认各方意见尚待调查。当场推定陈长蘅、陈剑如、郑洪年、张志韩、刘振东五人初步审查,并向财部及交易所双方调查各项营业情形,及已征之交易所税过去情形,上海市场状况等。"先生与记者云:"余等对征交易税原则上不反对。但以农村破产,工商凋敝,拟力请缓征。至谓政府征交易税,在防止投机,此点应加声明。投机者非交易所而为大主顾,政府惩罚投机,交易所不能代人受过。余等要求免征缓征,如难办到,则征税以从价为定。"(同上)

同日 浦东同乡会举行第三十四次理监事会,讨论并修正合办浦江轮渡计划大纲,决议请先生与黄炎培参照计划大纲,"迳与兴业信托社洽商办理"。(《浦东同乡会理监事会记录》)

1 月 27 日 《申报》刊登《位育小学添办宿舍》报道,云:"本市辣斐德路马斯南路东首位育小学,教学切实,设备完全,来学者日众。兹悉该校为便利远道就学起见,添置宿舍一所,为三层西式楼房。前有草地,旁植花木,浴室、厕所、盥洗室等一应俱全。惟寄宿者每学期须加费二十元。定于本月二十日上午招考,二十二日上课。"(同日《申报》)

1 月 28 日 《交易所周刊》第四期出版。本期要目:投机买卖与抑压投机买卖论(孙怀仁)、上海之商业(潘仰尧)、如何决定上海汇往英美日的汇价(张审之)、交易所论(续)(吴力生)、世界的经济情报(张审之)、一周间之纱布(陈济成)、一周间之债市(恽艺超)、一周间之金市(王绥之)、一周间杂粮之(徐香严)。《编辑后记》云:"一、本期因附件较多,特增加十四页,关于附件中华商纱厂代表主张取缔棉业投机呈文,希望读者参阅本期孙怀仁先生《投机买卖与抑压投机买卖论》,以明交易所之职能与投机之真谛。一、《中国经济之改造》一文,本期因稿件拥挤,下期续登。一、孙怀仁先生现任上海法学院沪江大学商科校教授,其文章常见《申报月刊》,为近时吾国经济学研究权威之一。一、张审之先生前在日本东京帝国大学专攻经济学,曾仕中公教授,现专事著述。"(原刊)

1 月 29 日 浦东同乡会就筹办轮渡事致先生与黄炎培函,云:"董家渡筹办轮渡一案,按渡船户代表五人来会声称内部已团结一致,请求代向兴业信托社交涉。经询其意见,按答称:一、愿与信托社合作办理;二、原渡业四十八份抵作股本四万八千元;三、总股额若干,信托社与原渡业各半分认,总数十万元,原渡业找现一万二千元,合成五万元,如十二万元则找现二万二千元等语。查此事先由张企文君拟具计划大纲一份交到本会,兹于本月二十四日开第三十四次理监事会,提出此项计划大纲并报告原渡业代表五人之意见。经即议决,请穆、黄两常务理事参照张君所拟计划大纲迳与兴业信托社洽商办理等语记录在案。除分函外,相应照录计划大纲全文,函请詧照办理。"(底稿,浦东同乡会档案)

同日 浦东同乡会致函杜月笙、先生等常务理事及会计理事,"报告建筑工程椿脚已打齐,并经奚工程师证明第一期款壹万元已付讫。"(浦东同乡会档案)

1 月 作七律《挽曾朴》。诗云:

度支莞领著勋劳,大隐无分市与朝,健绝江郎一枝笔,眼看孽海起新潮。

举世咸知崇美善,多君认识十分真,年年价贵洛阳纸,展卷依然对古人。

(时萌著《曾朴研究》附录,上海古籍出版社 1982 年 6 月版)

1 月 吴湖帆赠宋梁楷《睡猿图》影印件,吴题款云:"藕初先生"。冯天虬《也说〈睡猿图〉》云:"《睡猿图》影印后,湖帆当然不会忘记赠送穆藕初。但此影印件为何又留在超然的崇山草堂?原来穆氏得此件后去超然处谈湖帆之奇迹,想来超然会叙述此画不真的观点,之后也许就发生了冯让先[1]所说的:这次穆藕初也许是偏听了父亲之言,故对此件不以为然,把它弃置在父亲寓所了。"(引自冯天虬《艺林双供》第 40 页,上海书画出版社 2011 年 1 月版)

2 月 4 日 《交易所周刊》第五期出版。本期要目:吾人对于工业化应有之认识(方显廷)、关于中国的通货问题(吉田政治)、世界经济情报(张审之)、交易所论(续)(吴力生)、马寅初:中国经济之改造(潘明)、一周间之纱布(陈济成)、一周间之债市(恽艺超)、一周间之金市(王绥之)、一周间杂粮(徐香严)。《编辑后记》云:"中国工业化问题目前我国'非常时'之最迫切问题之一,近年来国人讨论此一问题之文字极多。方显廷先生现任天津南开大学经济学院教授,为我国工业问题研究之权威者,其论文常用中西文字发表于中外著名刊物。本文为本刊特撰,对今后我国工业化应采取之途径,具有卓绝加见解,希望读者细读之。"(原刊)

---

[1] 冯让先为冯超然子。冯让先 2008 年 4 月 5 日致函穆伟杰云:"您的曾祖藕初先生每遇星期假日,藕初先生携家麟兄与我及我的表弟胡季昂一同去餐厅饮茶、吃点心、吃午餐或晚餐,还一同观赏武术表演,与一同玩斗蟋蟀。此情此景,弥久不忘。"

2月9日　吴梅得先生函,"问及四儿事,欲再向乙藜(指钱昌照——编著者注)设法,心中大乐,于此可知老藕非酒肉朋友矣。"(《吴梅日记》下卷,第529页)

2月11日　《交易所周刊》第六期出版。本期要目:民族经济的自救运动(章渊若)、世界各国的银产额(张舍予)、世界经济情报(张审之)、马寅初《中国经济改造》(潘明)、日币汇兑跌价的原因及其前途(日本通讯)、交易所论(续)(吴力生)、一周间之金市(王绥之)。(原刊)

2月13日　与黄炎培、张伯初、谭伯项、周岩辛等"共商轮渡事"。(《黄炎培日记》)

2月14日　致函徐新六,索要豫丰纱厂押品动用明细账目。函云:"据闻敝厂押与贵行之物料,已经陆续用去价值十四万余元,不知确否?且不知赎用物料之款,贵行已经收到若干,拟恳查明示复。再闻已经用去之物料,作价比较市价为低,拟恳致函郑州贵分行,请其开一细账赐下,以便参照市价作一比较。种种费神,无任感谢。"(原件,浙江兴业银行档案)

同日　《申报》刊登先生等参与发起之赈灾义演消息,云:"江浙旱灾筹赈会与中华慈幼协会所主持之名家戏剧表演将于本月十四日(旧历正月十一日)开始,连续举行四夜。由蜚声中外之艺人梅兰芳氏,连同其他著名国内票友艺员表演空前绝艺,即以所得之款,移作办理赈务与救济孤苦儿童之用。"发起者为孔祥熙、张静江、王一亭、王正廷及穆藕初等四十三人。(同日《申报》)

2月15日　徐新六复函,云:"查和记新厂成立后,敝行即将原有物料点交新厂接收,据该厂估价祇值十四万零八百三十二元三角二分,比较原价四十三万七千五百元零零一角(根据廿三年三月十五日最后报告)相去甚远。敝行曾于去岁十二月三十一日函达尊处在案,查贵厂结欠敝行借款原为三十五万元,除于廿三年十月四日收到赎煤款九千元外,尚欠三十四万一千元。又自廿二年十二月卅一日以后利息分文无着,迭经函请商定还款办法并补充押品未荷赐复,尚祈早日解决,勿再迟延为幸。至新索押品细账现已饬抄,因篇幅颇繁,当于抄就后再行奉上。"(底稿,浙江兴业银行档案)2月24日,浙江兴业银行复慎昌洋行函,嘱迅与先生商酌豫丰纱厂物料动用办法。函云:"查豫丰纱厂因负债过巨无法维持,已归中国银行办理,其牌号亦已添上'和记'二字,故现在急需开工者并非敝行之债务人。敝行之欠款系豫丰纱厂,乃穆藕初君签字,贵行为押品保管人。现在押品不足系贵行未经敝行同意迳将押品更换所致,故敝行不得不向贵行声明。应如何设法了结之处,务希迅与穆藕初君商酌办法见示。再押品物料之已移交部分倘贵行认为价值在二十万元以上,贵行代售亦可。"(同上)

同日　与黄炎培、张伯初、瞿绍伊、张志文、陈子馨等"共商董家渡航渡事"。

(《黄炎培日记》)

2月17日　下午三时,主持浦东同乡会第四届会员大会。先生云:"过去一年之会务状况已有书面报告。只有建筑会所一项有特别提出之必要,因为建筑经费尚有四分之一尚未交下,我们在一年后即有明光灿烂之新会所,但须群策群力方克有成,请诸位尚须继续努力,完成新会所。并希望此种共同合作,团结一致之精神发扬而光大之,则于民族国家之光,处此全世界不景气之秋,我们更应奋勇迈进。今天我们在此广大之市商会会场开会,一年后可在本会新会所开会,我们更应积极完成之明光灿烂之新会所,希望诸位努力。"建筑师奚福泉报告新会所进行情形。黄炎培演说云:"宁波同乡会是只为旅沪同乡谋利益,而我浦东同乡会则不然,须替上、南、川等七县以及旅沪同乡造福,其责任綦重。我浦东一切事业虽较进步。不能就此自满,须续谋进步,下列三项是最重要者:1.举办学校;2.改进农业;3.充实自卫。简言之,即教、养、卫,望诸位在此三点上努力。"末由瞿绍伊报告法律专门委员会组织经过并说明其作用。本次大会共收到提案十四项,临时动议三项,均原则通过,交下届理监事会详细讨论,切实进行。(《浦东同乡会第四届会员大会记录》)

2月18日　浦东同乡会第二届选举开票,杜月笙、穆藕初、黄炎培、王一亭、瞿绍伊、张效良、顾文生、沈梦莲等当选理事。(《浦东同乡会第四届会员大会记录》)

同日　《交易所周刊》第七期出版。本期要目:上海底金融(章乃器)、一九三三年与一九三四年上海对外贸易之比较(曾明群)、世界经济情报(张审之)、一月份之纱市状况(陈济成)大结束前之债市(恽艺超)、一周间之杂粮(徐香严)、一周间之金市(王绥之)。(原刊)

2月21日　国民政府立法院于2月8日会议通过《交易所税条例》,自公布日起实施。本日,先生赴南京,再次"向财、实两部接洽缓征交易税一年,并商取缔棉纱投机买卖问题。穆谈请求缓征事已可办到"。(《申报》1935年2月22日)

同日　晨,吴梅访先生未遇,"留字于中央饭店"。(《吴梅日记》下卷第529页)

2月23日　晨,吴梅访先生"于中央饭店,与四儿偕同食点心。"(同上,第530页)

同日　《纺织周刊》刊登先生关于"我国纱业不能发达原因"的谈话,云:我国纱业不能发达原因有三:①纱厂原料成本过高。②人民购买力薄弱。③日货纱布倾销。"如谓由于交易所内花纱两项同时开拍,殊非是。近有人呈政府,请命交易所停止开拍棉花,本人已呈主管机关,请慎加考虑施行。"(《纺织周刊》第五卷第七期)

2月24日　与丰子恺、巴金、叶圣陶、朱自清、叶放、老舍、李公朴、胡愈之、郁达夫、夏丏尊、高梦旦、陶行知、蔡元培、潘公弼等一百九十九人联名发表《推行手头字缘起》,云:"我们日常有许多便当的字,手头上大家都这么写,可是书本上并不这么印,识一个字须得认两种以上的形体,何等不便。现在我们主张把手头字用到印刷上去,省掉读书人记忆几种字体的麻烦,使得文字比较容易识,容易写,更能够普及到大众。这种主张从前也有人提出过,可是他们没有实在做,所以没有什么影响。现在我们决定把手头字铸成铜模浇出铅字来,拿来排印书本,先选出手头常用的三百个字来,作为第一期推行的字汇,以后再逐渐加添,直到手头字跟印刷体一样为止,希望关心文化的先生们,赞同我们的主张,并且尽量采用这个字汇。"(《申报》1935年2月24日)

2月25日 《交易所周刊》第八期出版。本期要目:今年中国民族经济之展望(漆琪生)、一九三四年中国对外贸易与一九三三年之比较(曾明群)、世界经情报(张审之)、论交易所论(续)(吴力生)、一周间之纱花(陈济成)、一周间之债市(恽艺超)、一周间之金市(王绥之)。(原刊)

3月4日 《交易所周刊》第九期出版。本期要目:中日经济提携之商榷(穆藕初)、中国的通胀危机(吴忠三)、世界经济情报(张审之)、一周间之纱花(陈济成)、一周间之债市(恽艺超)、一周间之金市(王绥之)。

《中日经济提携之商榷》一文,云:"最近日本各报,盛传中日经济提携,我们以为中日过去关系如此其恶,遽言提携,未免离事实尚远。虽然调整,乃提携的先声,但我们总觉得以现在的中日关系,与其说是提携,不若说是调整,较为适切。"先生指出日本在这时期,高唱中日经济提携,值得我们注意:"(一)近一二年来日货到处受各国排挤,(二)中国市场与日本经济关系的重要性二点来说明之。日本整个经济的生存,完全建筑在输出贸易之上,要是各国排挤日货,而中国市场又不能为日本任意运用,则日本的经济自将陷入于崩溃之途。然而所谓经济国家主义,现在几为各国所奉行,日货在这经济国家主义的盛行之际,遂无活动余地。各国排挤日货的手段,或采取提高关税,管理汇兑;或限制输入;或输入比率制;甚或有严厉禁止日货输入;征收日货的倾消税等等方法,藉以阻止日货而保护自国产业的发展。……世界各地这样普遍地排挤日货,并不是因为日本强占我东北四省,退出国联,而主持公道;乃是各国不能与低工资,低汇兑,而成本较轻的日货相竞争,各国为保护自己的产业,不得不排挤日货,乃极自然的结果。日本的输出贸易既为其经济的命脉,今日日货到处遭遇排挤,于是就不得不转向中国活动;而且中国市场,本来与日本有着极密切的关系。"以中日两国的进出口贸易互相比较,指出"我国之输入,并非日本之所能输出,日本之输出亦非我国必须输入,由此可知中日经济提携,实在大有商榷的余地。"揭露日本"大亚细亚集团经济"其本质"就是要使中国和伪组织同样的受日本支配",为准备第二次世界大战建立大亚细亚集团经济。云:

因为中日两国的经济机构有着如上的复杂关系,加以国际地位之不同,故我们总觉得所谓中日经济提携,将免不了形成日本所高唱的大亚细亚集团经济吧。因此,在这中日经济调整的呼声甚嚣尘上的时候,对于二月二十二日《天津大公报》所提之根本义,实在是值得注意的。

《大公报》主张中日经济调整之根本义,有两个前提和五个原则。兹摘要如次,两个前提为:

第一:须双方在经济关系以外之其他方面,处于不侵胁不畏忌的关系之下。

第二:须双方俱有对于两国经济发展关系的真正认识,并须双方俱有共同使经济调整发展之诚意。

五大根本原则为:

(一)消极的不得以经济"提携"或调整之美名,暗行以强大御弱小的统制经济之实际;同时积极的应以平等互惠的报偿主义为原则。

(二)消极的不得利用经济调整之名,而行对中国的政治运动,或中国以外之国家的政治运动之手段;同时积极的应发挥经济的互利性,及经营技术乃至生产技术的互助性。

(三)消极的不得包含任何现金形式之借款及信用设定,并上述输出入货价差额借款;同时积极的应在中日经济调整上所发生之新合议或合办的经济或金融组织中,中日双方能完全权利平等,机会平等。

(四)消极的不得以所谓"排日'或"排日货"(其实是国货运动)之绝灭与中日经济调整联关并论;同时积极的应由日方尊重中方之国货奖励运动。

(五)消极的不得宣传中国今日经济界之萧条,系由于排斥日货;同时应认中日经济调整,只系中日双方救济各自的国难之一种方法。

这两前提与五原则,虽不是中日经济调整的条件之全部,但可说是最低的要求。日方如能奉行,则中日经济调整之前途是有光明的。然而我们一听到,日本所高唱的大亚细亚集团经济就不禁提心吊胆;换一句话说,如果在日本领导之下实行中日"满"的集团经济,便不能不加以慎审的注意。且这个集团经济,就是要使中国和伪组织同样的受日本支配。而且在现在复杂的国际情势之下,日本为着打开它的生路,为着准备第二次世界大战,正急迫地需要组成大亚细亚集团经济。假如我们不明此点,徒附和中日经济调整的空言,无异自愿加入日本的中日"满"集团经济,而受日本肆意的支配。我们并非反对中日经济调整,要是中日经济调整,确于中国的国计民生有益,我们实赞成之不暇。否则,决非我们所敢赞成的了。我们认为中日经济调整问题是一个极严重的而非可忽略的政治问题,而且是关系中国存亡的重大问题,因此在这里敢以至诚唤起全国人士对此问题切实研究和注意!

（原刊；《文集》第 309 页）

《上海晨报》、《时事新报》、《申报》、《天津大公报》及上海日本报纸先后转载。

3 月 5 日　黄炎培访先生。（《黄炎培日记》）

3 月 6 日　邀蔡元培等聚餐。《蔡元培日记》云："晚七时，穆藕初招饮于其法租界台拉斯脱路一百十号（西爱咸斯路南首），座上刘崧生、江竞庵、陈陶遗、冯超然及超然女弟子四人。"（《蔡元培全集》第 16 卷，第 393 页）

3 月 11 日　《交易所周刊》第十期出版。本期要目：中国棉纱底前途（陈翰笙）、本年一月份之上海贸易（高志翔）、世界经济情报（张审之）、交易所论（续）（吴力生）、一周间之纱花（陈济成）、一周间之债市（恽艺超）、一周间之金市（王绥之）、关于申新七厂事件之舆论。（原刊）

3 月 23 日　与杜月笙、王一亭、顾馨一等四交易所理事长联名发表《呈财政部请缓征交易税文》，云："窃查交易税条例案，已经二月八日立法院第四次会议，决议修正通过在案。此次荷蒙钧部体念商艰，各项税率格外通融减轻，属所等万分感激。惟自阴历开市以来，论纱布业，则不仅继承去年之不景气，抑且变本加厉。复以在华日纱厂之倾销，华商纱厂营业每况愈下。最近如申新七厂事件，足证华商纱厂之一斑。其他步继申新覆辙者，尚难预卜其数。论金业，则因市面萧条，金融凋敝，营业日趋清淡，仅能维持现状而已。论面粉，则以外国面粉之倾销，复以国内市场之缩减（东四省被占后，本国市场消失大半），销路呆滞，营业大都亏累。论杂粮，虽为全国人民生活必需之品。然以农村破产，灾害洊至，复加国外粮食之竞争，杂粮商之困苦，更有岌岌可危终日之势。综照上述各业情况，属所等再三筹思，不得不重申前情，恳请缓征，以挽救目前之经济危机。况民十六曾一度公布征收交易税，当时以属所等呈请而未实施。今日之工商界情形，已远不如彼时。抑且最近自日本片面高唱中日经济提携以来，日本向我经济界积极图谋活动，甚为猛进，颇有日本取引所随时复活之可能。为维持沉滞之商况计，交易税实有缓征之必要。一俟将来商况转好，再行征收，庶几政府与工商界两蒙其利。"（《申报》1935 年 3 月 23 日）

3 月 25 日　《交易所周刊》第十一期、十二期合刊《中日经济提携专号》出版。本期要目：日本名流所见的中日经济提携之前途（小岛清一等二十一人）、中日提携问题（稻原胜治）、中日亲善之提携（伊藤正德）、极端不景气的中国与中日提携之要件（松村信卫）、远东经济集团与日本（金原贤之助）、中日经济提携的新出发点（国际经济周报）、检讨中日经济提携的背景（国际经济周报）、中国好尊之政治的内容及效果（经济情报）、中日关系的新局面（经济杂志）、论中日经济提携（经济杂志）、中日经济提携的基础条件(经济杂志)、日本各大报纸对中日经济提携问题的评论。

《卷头语》云:"自从日本高唱'中日经济提携'以来,不但引起了我国朝野的注意,而且更引起了欧美列强的重视。在本刊第九期上,编者曾发表《中日经济提携之商榷》一文(又在《上海晨报》、《时事新报》、《申报》、《天津大公报》刊载)。上海日本报纸即移译转载,足见日方如何重视我们的意见。同时本刊收到许多读者的来信,要求对此一问题作进一步的探讨。所以决定出这一期专号。孙武子说得好:'知己知彼,百战百胜。'我们为知彼起见,对于日本朝野上下的意见,不能不先加以介绍,以为国人研究此一问题的参考。本期专号所发表的,大都选自日本重要的报章和杂志,可以说足以代表日本各方面的意见。为了明了他们的真面目起见,除了谩骂我国的话稍些删节外,其他虽是日本方面的偏见,但都保全着,这是应当请读者特别注意的。本刊谨以至诚提供这些材料,以冀唤起国人普遍的注意。"(原刊;《文集》第315页)

4月1日 《交易所周刊》第十三期出版。本期要目:上海之工业(刘大钧)、本年一月份之中国贸易(高志翔)、中日贸易概观(长濑虎五郎)、论交易所之地位与扶植之必要(柳侠)、一周间之纱花(陈济成)、一周间之债市(恽艺超)、一周间之金市(王绥之)、一周间之杂粮(徐香严)。(原刊)

4月8日 《交易所周刊》第十四期出版。本期要目:沙逊计划的检讨(漆琪生)、世界经济情报——世界经济的近状(张审之)、一周间之纱花(陈济成)、一周间之债市(恽艺超)、一周间之金市(王绥之)、一周间之杂粮(徐香严)。(同上)

同日 吴梅评《交易所周刊》特刊云:"穆藕初为中日经济提携,就《交易所周刊》内出一特刊,专载日本各报关于中日互助议论,译示我国人民,其意甚善也。拟作短文寄去。"(《吴梅日记》下卷,第547页)

4月14日 上午,于南京路大东酒楼参加丙子同庚会"花甲庆祝同乐会"。晚仙霓社演出昆剧。微妙《丙子同庚团祝寿》记云:"此次集团祝寿,在去岁即加筹议。不宴宾朋,不受礼物,不发请帖,不悬幛联,所到者皆同庚会会员之家属。是日共设有酒筵二十桌,计二百人,其实连是日到会之儿童在内,不止二百人也。会员之分担经济用售券方法,每券一人,纳费五圆,以家属到会之多寡为分券之准则。大约多则十券,少亦五券也。十一点钟齐集大东酒楼举行团拜,相对立作三鞠躬,即互相庆祝之意。继即为团体摄影,乃在大东酒楼午餐。""下午五时,仙霓社昆剧开场,而各会员家属均扶老携幼来矣。是日昆剧,由穆藕初先生为戏提调,故所演皆精采之作。自五点钟开罗,直演至十二点钟始休。如《狮吼记》之跪池、《风筝误》之后亲,各眷属皆笑逐颜开。而尤爱朱传茗之《双奇会》,绮丽风流不弱于梅畹华也。开此次集团祝寿,所费不过千元,以二十五人分担之,平均每人不过四十元,而檀板金樽,引觞顾曲,得欢畅融合之趣,大可为后来者效法。"(《晶报》1935年4月17日)包天笑记云:"这次我们集团做寿,为仙霓社这班同人所知","他们一向受惠于穆先生的,拟尽义务,贡献一台戏,以为祝寿。藕初说,那是不可以的,这是你们的职业所在,未可牺牲,于是送了他们一百元,还另开了一席,请他们吃了一顿。"(《钏影楼回忆录续编》)

4月15日 《交易所周刊》第十五期出版。本期要目:国民经济建设问题的商榷(章家肇)、本年二月份之上海贸易(高志翔)、世界经济情报(张审之)、一周间之纱花(陈济成)、一周间之债市(恽艺超)、一周间之金市(王绥之)。(原刊)

4月20日 嘱吴梅代题画像,"适邓孝先寄到藕初托书联,因拟并寄之。"吴梅代题像七律云:"壮岁思居第一流,瀛寰归辔骋骅骝。大东杼轴开新格,四海桑麻失远谋。无力回天乘下泽,有时斫地对中州。夕阳牛背闲横笛,黍梦匆匆甲子周。"(《吴梅日记》下卷,第555页)

4月22日 《交易所周刊》第十六期出版。本期要目:中日经济合作论(漆琪生)、本年二月份的中国贸易(曾明群)、世界经济情报——比币贬价与欧洲金集团的危机(张审之)、中日经济新提携案(刘之惠)、一周间之纱花(陈济成)、一周间之债市(恽艺超)、一周间之金市(王绥之)、一周间之杂粮(徐香严)。(原刊)

4月29日 《交易所周刊》第十七期出版。本期要目:中美经济关系的解剖(穆藕初)、本年三月份之上海贸易(高志翔)、中国经济的组织强弱(长冈克晓)、一周间之纱花(陈济成)、一周间之债市(恽艺超)、一周间之金市(王绥之)、一周间之杂粮(徐香严)。

《中美经济关系的解剖》一文,云:"欧战以后,美国在中国的经济势力,发展之速,实足惊人。中美两国的经济关系,因之日益密切。即如最近美国的白银政策,致使中国的白银不断外流,中国遂发生了空前的金融恐慌,这虽然是整个世界经济变动的问题,然中美经济关系之密切,于此更为明显。自从日本片面高唱中日经济提携以来,美英两国都十分重视,因之国际对华借款的呼声,甚嚣尘上,列强对于中国市场的竞争,最近又展开了新的局面。……美国现在虽是工业最发达的国家,然其历史却远不若英国的长久,所以英国在华的势力,比之美国不仅强大而且根深蒂固。又因地理上的关系,日本亦较美国有捷足先登中国市场的机会。在欧战前,美国在华的经济势力,远不若英、日之雄厚,即战后直至一九三一年,仍不及英、日,这从投资于事业界的数字上,可见一斑。……可是在此,我们须十分注意的,即是美国在华的势力,相对的薄弱,而增加的程度,却非常猛进,为英日所望尘莫及,这正是说明美国对华经济的进展,实有充分的可能性。……美国对华经济势力已逐渐进展,而且在投资额中,又有一大部分系属于政治的借款,当然美国对中国问题是不容处在旁观地位的。"先生分析中美两国进出口贸易，进口"以棉花价值为最巨，其次为烟叶，再次为煤油、小麦，他如汽车、铜铁、机器等类，去年比上年都有增加；而面粉、染料、纸、木材等则略见减少。去年主要对美出口商品，多数较上年减少，其间有一二增加者，但为数极微，……美国对华输入的商品，除了少数棉麦等，与中国的农产品相冲突，又烟叶增加中国浪费外，其他如机器、飞机、汽车等都是中国目前的需用品。而且中国工业发展的前途，必须经过重工业的阶段，至于重工业的发展，有赖于美国的援助实多。所以我认为如果能依照以下两个最低限度的原则做去，则我敢说我国与美国的经济合作，比较他国为有效、有利，是毫无疑虑的。"先生指出中美经济合作两项原则，强调要建立在政治、经济平等基础之上，否则将加速中国的殖民化，使列强斗争日益尖锐，远东危机与人类浩劫不可避免。云：

一、希望于美国具有远大眼光的政府当局与经济界人士的：中国近百年来感受列强政治、经济两种的压迫，苦痛极深。唯自一九二九年经济恐慌侵袭世界以来，列强都陷入苦闷的深渊中，各欲以中国市场来解救本身的困难；可是最重要的，应该先要扶助中国国力的充实，和增加一般中国国民的购买力。譬如有一种国家表面上虽高唱共存共荣经济提携，但是暗中仍是运用从前经济侵略的方式，诚如中国的俗语所云"又要马儿跑，又要马儿不吃草"，结果，不仅失了中国国民的友谊，而且是两败俱伤。所以此后友邦政府当局人士与经济界人士，如欲解决本身的经济困难甚至整个世界经济问题，首先应该与中国从政治、经济两方面站在绝对平等的地位，放弃从前的侵略方式，否则不特无补于中国经济的发展，而且加速中国的殖民地化，使列强为中国市场问题的斗争日益尖锐，那末远东的危险与人类的浩劫就无可避免了。

二、希望于国人的：美国为世界上工业最发达的国家，颇有充分供给中国以机器等促成中国工业化的能力，这就是我们觉得中美的经济关系比较容易造成互惠条约的原因。不过要希望其能以平等待我；我国朝野更应树立自力更生的决心，都向着国民经济建设运动而迈进，否则人家虽不以经济侵略方式对我，结果还是无形中受了人家的经济的支配，而无以自拔。

（原刊：《文集》第 315 页）

5 月 2 日 为张一凡、潘文安主编《财政金融大辞典》作序，云：

经济问题为一切问题之基础，亦即为立国命脉。而金融财政尤为经济之主要现象。是以如何研究此一问题，如何求得正确之知识，实为刻不容缓之工作。欧美、日本关于金融财政问题之著作与杂志，诚如'汗牛充栋'。而研究此一问题之基本工具尤为完备。如英国之有 W. Jhomson, Dictionary of Banking，德国之有 M. Palyi, Handworterbuch Des Bankwesens，美国之有

G. Munn, Eneyclopaedia of Banking and Finance, 日本之有桥爪明男之《金融大辞典》等。凡此类多详尽信实,足为研究此一问题之导师,供给正确知识之宝库。盖以工欲善其事,必先利其器。有良好之参考书,始能有完善之研究也。顾吾国坊间,欲觅一比较完善之经济辞书,尚不可得。凡研究经济者,每须假助于他国书籍。此非仅不习外国文者深感不便。抑且为吾国学术界之奇耻大辱。今日国际之联系既日臻密切,金融财政之研究范围亦日广。内外政治经济编译社鉴于此种需要,已完成《财政金融大辞典》一书,洋洋巨著,精华咸集;编辑之详尽,内容之丰富,颇足媲美上举诸书。其有助于中国经济之研究,自可断言。余于该书付梓之日,深佩编者之苦心,而又为国人研究金融财政者庆幸。故乐为之序。

(张一凡、潘文安主编《财政金融大辞典》,1937 年 4 月世界书局初版;《文集》第 319 页)

5月5日 位育小学举办春季运动会。《申报》刊登《位育小学运动会》消息云:"本埠位育小学开办以来仅阅三年,而声誉雀起,学额已满,后至者竟有向隅之虑。最近第二区教育会举行全区算术比赛,锦标亦为该校所得,可见其教学之一般。今日该校举行春季运动会,招待家属参观,各种田径赛球艺团体操均有,并有五洲大药房、上海银行、企业银行、钟山书店及各校董之奖品甚多。"(同日《申报》)

5月6日 下午一时,出席孔祥熙、宋子文等于静安寺路国际饭店宴请江西光大瓷厂各认股人,到者二十余人。该厂"自去岁由赣省府拨款二十万元作为提倡股本,其余八十万元由杜重远君担任招募。"因"上海方面股款前以沪商金融奇紧,虽已募到商股四十万元,但一时未能全数缴齐。"杜重远"以厂务事宜安排就绪,日前由赣再来上海与各发起人等笺商催收股款问题。"议决所认股款限本月底前如数缴齐,定 6 月 8 日召开创立会。上海方面认股者有:孔祥熙四万元,宋子文一万元,吴铁城一万元,李石曾四万元,张公权四万元,周作民四万元,胡笔江二万元,钱新之一万元,杜月笙二万元,张啸林二万元、徐寄顾一万元,穆藕初二万元,蔡香泉五千元,金廷荪五千元等。(《申报》1935 年 5 月 7 日)

同日 《交易所周刊》第十八期出版。本期要目:中国农村建设这条路果真走不通吗?(漆琪生)、论日本银行(徐渊若)、世界经济情报——最近美国经济绝无好转的征兆(张审之)、中国之机械输入问题(高志翔)、一周间之纱花(陈济成)、一周间之债市(恽艺超)、一周间之金市(王绥之)、一周间之杂粮(徐香严)、一周间之面粉(徐起)。(原刊)

5月13日 《交易所周刊》第十九期出版。本期要目:美国银行政策及其对国际的影响(张振先)、一九三五年第一季之中国贸易(高志翔)、世界经济情报——英镑跌价之必然性(张审之)、美国为什么要提高银价(伍剑秋)、我们不要忘记银价提高的危险(澄)、一周间之纱花(陈济成)、一周间之债市(恽艺超)、一周间之金市(王绥之)、一周间之杂粮(徐香严)。一周间之面粉(徐起)(同上)

5月15日 在南京访吴梅。吴梅记云："藕初来长谈，汸儿亦出见，言两钟，汉皋经过情状，藕亦深契重之。"(《吴梅日记》下卷，第563页)

5月16日 作《史量才像赞》，哀悼史公遇害。文云：

> 呜呼！以旷代之逸才，遭飞来之横祸。行蜀道兮信难，逐冤禽兮谁诉。溯君行谊，宜邀笃祜，而竟掷身命于道路。秋水庄寒，一别千古。天耶？人耶？莫测其故。
>
> 量才先生遗像。穆湘玥敬题。
>
> (《史量才先生讣告》)

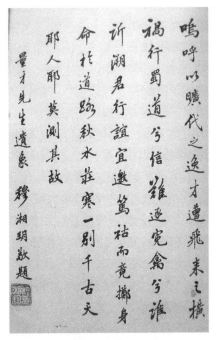

《量才先生遗像》手迹

同日 与虞洽卿、朱庆澜、许静仁、吴铁城、王一亭、杜月笙等二十人为发起王晓籁旅沪三十周纪念致各界函，云："夏正乙亥为剡溪王君晓籁先生旅沪三十周纪念暨五十初度大庆。同人等佥谋庆祝，藉伸友谊。王君谦德为怀，疴□在抱，以国难期间，且商业凋敝，坚却勿纳。旋以东湖为越中风景之最，久圮失修，已斥资购为己有，拟创办怀婴托儿所，以资纪念。公议酿金移助该所经费，俾民胞物与湖由并寿为请，始承勉诺。同人等爰假英租界爱多亚路广西路口中华俱乐部组织筹备处，并择吉于国历六月十日即夏历五月初十日假座贵州路湖社举行纪念会。凡与王君交好亲朋，如荷赞同参加，致送礼物，请悉现金送交筹备处代收，掣给收条。盖所以寿王君者，即所以寿怀婴托儿所也。其余礼物，一概璧谢，恳乞恕原。序文附后，专肃奉达。"(《申报》1935年3月16日)

5月17日 出席上海市临时参议会、上海市地方协会、新中国建设学会等公团公祭史量才大会。各界吊唁者六百余人，下午举行公祭仪式。次日专车运柩赴杭。(《申报》1935年5月18日)

5月20日 《交易所周刊》第二十期出版。本期要目：财政报告书之检讨与中国财政之展望(汪敬斋)、世界市场与中国问题(张审之)、美国通货膨胀及其在中国的反应（顾立契夫）、纽约白银市价之上涨与中国财界的动向（徐渊若）、一周间之纱花（陈济成）、一周间之债市（恽艺超）、一周间之金市（王绥之）、一周间之杂粮（徐香严）、一周间之面粉（徐起）。（原刊）

5月21日 在家会餐。"晚，藕初家会餐（金铁会）。余报告二省旅行所得。"（《黄炎培日记》）

5月22日 中午，出席职教社校董联席会议。到者有张云溥、沈信卿、许秋帆、潘序伦、黄炎培、江问渔等。钱新之主席。①江问渔报告本社最近事业。②贾佛如报告职业学校近况。③潘仰尧报告指导所近状。④杨卫玉报告本社最近经济状况。⑤黄炎培报告考察豫、陕、赣、鄂职教情形。⑥杨卫玉报告本年会筹备情形。次讨论事项：①请核定下年度本社预算案。议决通过。②请核定下年度职业学校预算案。议决通过。③文化基金中断，下年度不敷经费应如何补救案。议决由各董事负责劝募。④请核定下年度工作大纲案。议决通过。⑤校董有出缺者，有远行不能兼顾者应否添推案。议决添推史咏赓、严咏棠、方液仙、吴慈初、金侣琴、项绳武、吴瑞元为新校董。（《申报》1935年5月23日）

5月25日 《申报》刊登《位育小学举行国货展览会》消息，云："今日为该校举行恳亲会之期，同时商得学生国货年联合会之赞助在该校举行国货样品展览会，共搜罗一千余种。并有商标数百种，琳琅满目，使学生对于国货更有深切之同情也。"（同日《申报》）

5月26日 下午七时，出席上海市商会、中华工业总联合会、中国国际贸易协会等十六团体于静安寺路万国体育会举行的欢迎美经济考察团全体成员及眷属宴会。到者有孔祥熙、宋子文、宋子良、顾少川、虞洽卿、丁文江、王晓籁、杜月笙及美国远东舰队总司令埃布尔汉上将，美国总领事克宁瀚，美按察使哈尔密，美陆战队司令巴门，美国领事台维斯及各国领事等三百余人。由招待处全体委员招待，大同乐会出席演奏古乐助兴。（《申报》1935年5月28日）

5月27日 《交易所周刊》第二十一期出版。本期要目：论中国统制问题（漆琪生）、银价飞涨及其影响（吴家民）、美国通货膨胀及其在中国的反应（续）（顾立契夫）、美国施行白银政策后之中美关系（汤澄波）、一周间之纱花（陈济成）、一周间之债市（恽艺超）、一周间之金市（王绥之）、一周间之杂粮（徐香严）、一周间之面粉（徐起）。（原刊）

5月29日 龙门同学会于全家福举行年会，选举理监事，当选者有吴开先、贾季英、沈信卿、俞庆棠、穆藕初、林康侯、狄君武等十一人。（《申报》1935年5月30日）

5月30日 在北平访胡适。胡适记云："下午，穆藕初先生来谈。他谈及一九二零年送北大学生六人出洋的故事,又谈及他如何发现方显廷先生的事,很有趣。"
(《胡适日记全编》第 6 卷,第 480 页)

6 月 2 日 在北平。胡适与虞振镛、严鹤龄邀餐。胡适记云:"虞振镛、严鹤龄邀陪穆藕初吃饭。"(同上,第 482 页)

6 月 3 日 《交易所周刊》第二十二期出版。本期要目:由此次银行风潮说到中国金融的病态(漆琪生)、四月份的上海贸易(高志翔)、日本银行续论(徐渊若)、世界经济情报(荷兰、瑞士的经济形势)(张审之)、一周间之纱花(陈济成)、一周间之债市(恽艺超)、一周间之金市(王绥之)、一周间之杂粮(徐香严)、一周间之面粉(徐起)。

6 月 10 日 《早报》在沪创刊。[①] 报名题字马相伯。日报,每日四版。先生任董事会主席。常务董事潘公展,董事林康侯、徐新六等,监察人俞佐庭、李大超等。主编陈彬龢。《本报主要方针》云:"内容:中外重要新闻应有尽有外,海淫海盗之社会新闻一概不登。态度:不造谣,不诋毁

《早报》报头

任何个人之私人行为。广告:不忠实或与社会有害之广告,虽出重资亦不为刊登。"
(《上海图书馆馆藏中文报纸目录(1862—1949)》及部分原报)

6 月 11 日 《交易所周刊》第二十三期出版。本期要目:救济中国民族工业的基本原则(鲁夷)、世界经济情报(法国势必放弃金本位制)(张审之)、请国人注意银问题并对美国经济考察团进一忠告(马寅初)、一周间之纱花(陈济成)、一周间之债市(恽艺超)、一周间之金市(王绥之)、一周间之杂粮(徐香严)、一周间之面粉(徐起)。(原刊)

6 月 12 日 下午四时,于纱布交易所出席五交易所理事长联席会议。"缜密讨论、历二小时之久,始行散会。"议决呈请财部,并经推定金业理事长杜月笙为全权代表,于日内带同呈文,面谒孔部长商恳。先生与记者云:"关于会议内容,专系讨论设法请实、财部体念商艰,准予缓征该项新税事。并无其他讨论。"(《申报》

---

① 原报创刊号未见。今存 1935 年 7 月 28 日第四十九号至同年 11 月 11 日第一百五十四号《早报》三十余份。约本年底停刊。

1935 年 6 月 13 日）

同日 招黄炎培聚餐，"商穆氏文社事"。（《黄炎培日记》，详见本年 6 月）

6 月 13 日 上午十一时，与黄炎培、张效良、陈子馨、潘志文、张伯初、潘鸿鼎、瞿绍伊等商建筑会所。①"议建筑改变计划：甲，门面照原样而后面三层为止，除已付过，应需费若干；乙，前后统以三层为止，除以付过外，应需费若干。"②"议水汀不装，惟电气扑落仍需预备，无论造若干层，其最高一层仍定借与医院。"（浦东同乡会档案）

6 月 15 日 作《三年之位育序》，云："慨自东北被占，沪变继之，国难之重，有加无已，民族生机，危如垒卵。国人若不奋起图存，则神明华胄，沦胥可待。顾救亡之道，头绪万端，揆其首要，厥维教育。而初等教育尤为教育之基，国家盛衰系焉。同人有鉴于斯，爰于'一·二八'之后，谋稍稍尽国民之责任，乃有位育小学之组织。经之营之，亦既三年有兹矣。湘玥自愧于教育为门外，初未能悉校务之措施是否适当。惟每至校，必见校中诸先生兢兢业业，未尝有一丝一刻之怠，而对于学生尤教之抚之，噢之咻之，窃谓虽慈母亦不过如此耳，因是之诸先生之用心苦而用力瘁矣。虽然，百密不免一疏，旁观清于自察，吾位育小学亦难免有种种不周不妥之处，是则限于力，非出于心也。吾愿我位育同人，本百折不回之毅力，幼幼及人之热诚，努力迈进，十年三十年以后，必有知吾位育同人之不负社会国家也。中华民国二十四年六月十五日穆湘玥谨识。"该书由黄炎培题签，潘公展题词，先生、杨卫玉撰序。（原书）

6 月 16 日 吴梅为先生代作《六十自寿诗》，云："瀛海归存已溺心，绸缪牖户比商霖。壮怀甘作蚕桑计，瘏口谁听药石箴。方早圆卿人事改，寸丝尺布隐忧深。天元周甲鱼龙沸，青眼高歌孰赏音。"（《吴梅日记》下卷，第 573 页）

6 月 17 日 《交易所周刊》第二十四期出版。本期要目：中国银荒救济应有的态度（漆琪生）、四月份的中国对外贸易（高志翔）、世界经济情报（国社党无法解决德国经济的矛盾）（张审之）、一周间之纱花（陈济成）、一周间之债市（恽艺超）、一周间之金市（王绥之）、一周间之杂粮（徐香严）、一周间之面粉（徐起）。（原刊）

6 月 18 日 《申报》刊登《交易所将开拍日纱》消息，称日商已与先生商洽，将恢复日纱交易。文云："日本厂商自九一八事变后，即中止加入华商纱布交易所共同买卖。兹日商方面感觉不便，特由该国旅沪纱厂业会长船津数度与华商纱布交易所理事长穆藕初商洽，现已渐近事实。上星期二，交易所曾召开全体理事会，闻对日商要求原则表示接受。现将于本年八月一日起恢复以前市场交易，现在只为划分标准问题有所讨论云。查现在沪市之日纱厂共计三十厂，若加入交易后，华商纱布自多一种压迫，日纱则又多一处倾销地。"（同日《申报》）

6 月 24 日　《交易所周刊》第二十五期出版。本期要目：交易税亟应缓征（林本立）、中国纺织工业的危机及其对策（鲁夷）、我国银本位不宜放弃乎？（赵兰坪）、世界经济情报（美国最近的经济状况）（张审之）、一周间之纱花（陈济成）、一周间之债市（恽艺超）、一周间之金市（王绥之）、一周间之杂粮（徐香严）、一周间之面粉（徐起）。（原刊）

6 月 25 日　下午六时，出席上海市地方协会第四届会员大会。到者有黄炎培、沈联芳、颜福庆、王晓籁、杜月笙等数十人。杜月笙致开会词，黄炎培报告一年间会务概况，江问渔报告会中所办之闵行广慈院、闸北平民教养院最近教养状况，陈蔗青报告会中经济状况。改选任期已届三年之理事，虞洽卿、刘鸿生、穆藕初、张公权、郭公权等五人均联任。通过本会下半年工作计划案、设粮食委员会调查粮食案。次讨论刘湛恩提议四案：①努力推行识字教育。②举办博览会繁荣大上海市。③上海市各区应添设卫生事务所。④上海市各区应筹办简单公园与体育场，由刘一一说明理由。议决第二案交理事会讨论，一、三、四案通过。（《申报》1935 年 6 月 26 日）

6 月 26 日　上午十一时，与黄炎培、张效良、陈子馨、潘志文、瞿绍伊、奚福泉等商建筑会所。"拟请杜常务理事一人具名致函王伯元，根据在地方协会谈定三星期后借款五万元"。（浦东同乡会档案）

6 月 28 日　下午四时半，出席五交易所联席会议。因财政部 6 月 27 日准暂予缓征交易税，"仅议决由交易所联合会将财政部批复转致各交易所查照"。（《申报》1935 年 6 月 29 日）财政部"钱字第六零七一号批示"云："批上海华商纱布、金业、面粉、杂粮交易所理事长穆藕初、杜月笙、王一亭、顾馨一呈一件，呈请缓征交易税由，据呈以经济恐慌，市面萧条，恳请展期征收等情，应准予缓征，以示体恤。除呈明行政院并分电外，仰即知照，此批。中华民国六月二十七日，部长孔祥熙。"（《交易所周刊》第一卷第二十六期，1935 年 7 月 1 日）倪大恩《实业家穆藕初先生传略》一文云："政府要征交易税，上海的交易所就起了一阵恐慌，决定派代表到南京去请愿，要求免征，当然的，穆先生又被推为代表之一，经过他一番慷慨激昂的陈述，这种据理力争的结果，听的人不得不因之动容。同时呢，一辈中央各机关的长官们，又都是他的老友，所以很满意的回到上海，交易所税收免征，穆先生是有着极大的功勋。"（《长城杂志》（北平），1937 年 1 月 1 日）

6 月 29 日　与黄炎培、杜月笙、钱新之谈《新生》周刊案，"商办法"。（《黄炎培日记》）

6 月　创办穆氏文社。《申报》报道云："穆氏文社为实业家穆藕初氏鉴于职业界青年国文程度之低落，及有志研究国文者而无进修之机会，特斥资创设穆氏文社，专事对于青年作文之修改与阅书之指导。除聘前世界书局编辑陆伯羽君主持其事外,特约国学界名宿及教育界先进沈信卿、贾季英、黄任之、江问渔、严谔声、杨卫玉、潘仰尧担任导师,切实指示学文途径。入社者只须缴纳社费四元,即可享受修改作文与指导阅书等权利。社地设上海华龙路八十号中华职业教育社一楼。自开始征求社员以来,入社者异常踊跃,实为业余有志研习国立之青年不可多得之良师。"(《申报》1935 年 8 月 7 日)江问渔《穆氏文社社员中一个特殊人物》一文云:"穆先生不仅是经营实业,大有造于国家社会,而三十年来扶植文化,赞助教育厥功之伟,尤值得教人称赞,值得教人敬仰。在距今二十年前,他曾斥资数万金选送大学毕业生出洋留学,陆陆续续有好几位。现在国立中央大学校长罗家伦先生、教育部次长段锡朋先生皆是当时穆先生选送的。穆先生尝说:'助人是文化人的天职。有钱帮人求学,原是平常的事。'因此他平常绝口不谈这一些事,所以世人知之者不多。今穆先生年已六十二岁矣,为善之心老而弥切。当前年(他)六十岁时,忽然有一天约中华职业教育社同人吃便饭(穆先生是职教社的董事,当然该社也是他扶植的机关之一)谈起要办一个文社。他要办文社的动机,是为着职业界一班不能入补习学校的青年,求知欲很旺,而写作发表力较差,要替他们谋一个救济办法。因此一夕之谈,就把文社办法决定,由这位老先生(所以说老者就其年而言之也。实则穆先生并不觉老,望之仍如四十岁人)拿出钱来,委托职教社代办。于是职教社也就代为聘定一位专任职员,几位助理职员,拟好章则,发布广告,招收社员,按期命题该作。"(《国讯》第一百五十八期,1937 年 3 月 21 日)穆伯华《先德追怀录》云:"一九三五年先君六十正寿,不允余兄弟为上寿之请,我父曰:'二十年后来庆八十可允之。'有受业门生二十余人请为业师上寿,则婉言辞之。在此同时,亲自袖二千元去捐于中华职业学校作为补助减免学生之基金。同时又请中华职业教育社代办设立中文函授班,每月资助五十元。该社正副主任黄任之、杨卫玉特设酒肴二席,邀我全家至某酒楼举行家庆宴,黄、杨二位亲来陪席。"(手稿)

6 月 为冯炳南向冯超然索画。冯超然《临王晋卿题壁图》款识云:"宋人墨迹渺如星凤,此图数年前为余所获,笔墨拙朴,古趣盎然,六法渊澂,尽于是矣。去冬偶兴对抚研索,几半月始得蒇事,自视尚有会古之处,拟留之箧笥,藉为副本。今夏藕初吾兄为炳南先生索画,时值梅雨,懒于握管,又未敢草草涂雅,遂检此幅为报,鉴者得毋笑余自矜否乎。乙亥夏五月,晋陵冯超然。"(原件)

6 月 徐邦达画寿先生《江山胜览》图,署款云:"江山胜览,仿佛贞素、叔明之间,奉寿藕初尊丈六旬荣庆。徐旁。"(原件)

7 月 1 日 《交易所周刊》第二十六期出版。本期要目:二十四年度总预算之展望(余炳文)、全国应速起预防灾荒(李庆麐)、世界经济情报(英国的军备与财政状态(张审之)、上海金融形势(泽民)、一周间之纱花(陈济成)、一周间之债市(恽艺

徐邦达画赠穆藕初《江山胜览》图

超）、一周间之金市（王绥之）、一周间之杂粮（徐香严）、一周间之面粉（徐起）。（原刊）

7月4日 在天津，与严庆祥同访卞白眉。（《卞白眉日记》卷二第293页）日内返沪。

7月5日 与王一亭、张慰如、杜月笙、顾馨一等就财政部缓征交易税事发表致孔祥熙谢函，云："藕初等前以经济恐慌，百业萧条，不得已一再呈请钧部缓征交易税。辱承吾公体念商艰，爱护工商业，于此国家财政万分困难之时，竟蒙准予缓征，此则不仅维持数家交易所之营业，间接即所以救济与交易所有关之各业，掖助与交易所有关之商人，咸戴大德，铭感无涯矣。"（《申报》1935年7月5日）

7月7日 晚，邀黄炎培聚餐。（《黄炎培日记》）

同日 四孙女丽莲①出生。

7月8日 下午三时，与许克诚、陈彬龢访黄炎培。（《黄炎培日记》）

同日 《交易所周刊》第二十七期出版。本期要目：二十四年度中国工商业经济前瞻（俞博生）、金融与财政（马寅初）、世界经济情报（苏联政策的发展）（张审之）、一周间之纱花（陈济成）、一周间之债市（恽艺超）、一周间之金市（王绥之）、一周间之杂粮（徐香严）、一周间之面粉（徐起）。（原刊）

7月11日 《申报》刊登召开全国职业讨论会消息云："中华职业教育社召开之全国职业教育讨论会，定本月十九日在青岛举行。同时该社第十四届年会开幕，

---

① 穆丽莲（1935—2002），穆家骥、陈洛如之女。

报到社员计有五市十七省共约六百余人，以青年职业训练为中心讨论问题。沪社员蔡元培、穆藕初、钱永铭、江恒源、黄炎培、刘湛恩、何清儒、杨卫玉、潘文安、姚惠泉等数十人定十三日乘招商太古轮船赴青出席。"①（同日申报）

7月14日 上午十一时，与杜月笙、张效良、陈子馨、瞿绍伊等开谈话会，商浦东同乡会"建筑会所前后方针"。先生云："如照现在情形以三层为止，完成工作需款约二十万元。如不进行，就此中止，则还通和押款及偿新鼎记已用之费，亦需二十万元。前者为积极的，后者为消极的，应从积极着想。"议定"由张伯初开具资产负债单送杜宅备考。"（浦东同乡会档案）

7月15日 《交易所周刊》第二十八期出版。本期要目：正告吉田政治君（郭永祥）、致美考察团论美白银政策与中国金融界之关系书（吉田政治、小岛精一）、本年的世界经济（张审之译）、一周间之纱花（陈济成）、一周间之债市（恽艺超）、一周间之金市（王绥之）、一周间之杂粮（徐香严）、一周间之面粉（徐起）。（原刊）

7月19日 为《新生周刊》事件②杜重远被判入狱致函上海市商会，呼吁纠正此次违法判决。云："迭据本月九日本埠晚报、十日日报刊载江苏高等第二分院审判《新生周刊》一案纪事，并十六日各报刊载该院判决书。内容，宣判该刊编辑兼发行人杜重远有期徒刑一年二月，并九日当庭宣告，不准上诉，即日扣押执行等情。湘玥对法律本非谙习，窃查新旧刑法，对该院所宣判者颇有出入，兹谨将鄙见缕陈如次。（一）宣告不准上诉，为违法。窃按刑事诉讼法第三六七条'不服高等法院之第二审或第一审判决而上诉者，应向最高级法院为之'，又'最高级法院审判不服高等法院第一审判决之上诉，亦适用第三审程序。'第三六八条，'刑法第六十一条所列各罪之案件，经第二审判决者，不得上诉于第三审法院，'明文为'经第二审'非为'经高等法院'，则此次本案只经高等法院第一审，该院又何能强制被告为必服，今宣告不准上诉，显为剥夺被告之上诉权，而违背法律明文。（二）不采用较轻刑法，为故意加重行为人之损害。窃按《闲话皇帝》一文，作者为易水，愿负徒刑之责任，亦为易水其人。杜君为编辑及发行人，该文发刊之日，杜君适在外埠（有种种事实

---

① 先生是否出席此次职教社年会，待考。

② 1935年5月4日，上海《新生》周刊第二卷第十五期上，发表了艾寒松化名"易水"《闲话皇帝》一文，云："日本的天皇，是个生物学家，对于做皇帝，因为世袭的关系他不得不做，一切的事虽也奉天皇之名义而行，其实早就做不得主，接见外宾的时候用着天皇，阅兵的时候用得着天皇，举行什么大典的时候用得着天皇，此外天皇便被人民所忘记了；日本的军部、资产阶级，是日本的真正统治者，天皇实际是日本资产阶级的傀儡。"该文登出后，引起日方强烈抗议，日本驻上海领事以"侮辱天皇，妨害邦交"为由，向国民政府提出封禁《新生》周刊、没收第二卷第十五期《新生》、严办《新生》主持人杜重远和《闲话皇帝》作者易水、惩办上海中央图书杂志审查委员会、向日本道歉等。7月9日，江苏高等第二分院勒令《新生》停刊，杜重远判刑一年零两个月。

证明），未曾过目。因该刊另一编辑人之疏忽而发刊此文，并不能证明杜君出于共同行为。情节较轻，自应处以旧刑法三二五条、新刑法三一零条一千元以下之罚金。盖刑法上规定，罚金之用意，亦正为此。今该院舍其应有之轻者，而判决不应有之重者，非故意加重行为人损害而何？（三）不予缓刑为不合人情。窃按新刑法第七十条'受二年以下有期徒刑拘役或罚金之宣告，而有左列情形之一，认为暂不执行为适当者，得宣告二年以上五年以下之缓刑，其期间自裁判确定之日起算，①未曾受有期徒刑之宣告者，②前受有期徒刑以上刑之宣告，执行完毕，或赦免后五年以内，未曾受有期徒刑以上之宣告者。'杜君本为洁身自好之士，而又符合上述两项情形。抑且作者易水，亦未拘获归案，尽可"宣告二年以上五年以下之缓刑。"抑且杜君近年奔走实业不遗余力，今正负荷改良江西国瓷之重大任务，盖法律原不外乎人情。今该院不予'缓刑'，此种不合人情之裁判，令人实难容忍。上述三点，非为杜重远君一人，争取正义实为今后我上海市三百万市民之福利，而不敢缄默。回忆民十六年以前，我市民苦于外人操纵之会审公堂，几经奋斗呼号，遂有十六年一月一日取回会审公堂，改组为临时法院，更进而十九年四月一日改设今日正式法院之成果。不意在新刑法实施之初，即发生剥夺上诉权之裁判，并故意剥夺法律上所许可之权利。此而容忍，此而不加纠正，则今后我三百万市民之财产生命，毫无保障，将来推及全国，后患之深，更何堪设想。贵会对本案想必十分注意，湘玥之所以不惮陈述者，仅欲贡献贵会研究时之参考耳。如蒙主持公道，明示纠正办法，市民幸甚。"（《申报》1935 年 7 月 22 日）次日，上海市商会接函后，"以事涉法律范围，研究不厌求详，已据情转函律师公会，请具详加研究。"（《申报》1935 年 7 月 23 日）

7 月 22 日　《交易所周刊》第二十九期出版。本期要目：取缔买卖非法组织之呼吁（林寄声）、五月份上海对外贸易（高志翔）、世界经济情报（日本膨胀景气的衰退与工人生活的恶化）（张审之）、一周间之纱花（陈济成）、一周间之债市（恽艺超）、一周间之金市（王绥之）、一周间之杂粮（徐香严）、一周间之面粉（徐起）。（原刊）

7 月 29 日　《交易所周刊》第三十期出版。本期要目：敬向工商复兴委员会进一言（黄麓山）、论日本正金银行（徐渊若）、世界经济情报（日本经济上的难关）（张审之）、本年首五个月的中国贸易（高志翔）、一周间之纱花（陈济成）、一周间之债市（恽艺超）、一周间之金市（王绥之）、一周间之杂粮（徐香严）、一周间之面粉（徐起）。（同上）

7 月下旬　《早报》因未向有关机关登记遭检举。芳菲《国讯与早报》一文云："《早报》为陈彬龢主编，虽小小一四开报，而有董事会之组织。董事长为穆藕初，常务董事潘公展，董事林康侯、徐新六等，监察人俞佐庭、李大超等。均为上海之闻人。所谓'麻雀虽小，五脏俱全'也。……上海人之所谓有面子者，然卒以未登记而

被检举也。"(《晶报》1935 年 7 月 28 日)

7 月 书"大时异好，不录入怜。乙亥午月临石鼓文，时正六十初度。"(原件)

8 月 3 日 "到协会。共藕初访月笙。""藕初邀餐其家，商文社事。"(《黄炎培日记》)

8 月 4 日 《申报》刊登位育小学招考消息，云："该校在辣斐德路马斯南路东首，为穆藕初、黄任之、邹秉文、江问渔诸君创办。校舍设备，教学管理均具特色。此次毕业生之投考各著名中学者无一人落选。惟学额限制极严，每年只招考一次，男女兼收，可以寄宿。现在主持校务者为校长杨卫玉君，教导主任沈世璟女士，定本月二十日招考。"(同日《申报》)

8 月 5 日 出席五交易所联合会联席会议。商讨近来"境内发现一种类似交易所买买之非法商业组织，影响各所信誉及营业颇巨"应付办法。经"决议呈请中央当局，依法严予取缔，藉维营业。"(《申报》1935 年 8 月 8 日)

同日 与杜月笙、张慰如、王一亭、顾馨一联名致财政、实业两部函，呈请依法取缔类似交易所买卖之非法商业组织。函云："窃查近有少数贪利无压之徒，利用治外法权之庇护，纷纷设立类似交易所买卖之非法商业组织，公然买卖，居间获利，其为害之甚，实有不堪设想者。此等非法组织迎合一般生活艰难者之投机心理，以少数额之单位引诱非正式商人之委托买卖，故凡囊有五元十元甚至二三元者，亦得从事于多空之买卖，结果无有不为佣金之剥削，市价涨落之变动，而遭过惨败者也。此等非法组织既无固定之资金，又不受交易所法之裁制，苟遇有非常时期，则被入□之客户毫无法律之保障，人之为此被累而无以自抚者，不知凡几。而同时正式交易所营业因之破坏，市场亦因之捣乱。更有甚者，年来国人从事美国交易所证券与物品买卖者日多，均由此等非法组织代为办理，因损失而流出之资金年达数千百万。此不仅巨额现金流出之可惊，抑且国内证券与物品之流动力亦大为减少，以致社会经济更入停滞之境。藉查交易所法第十六条明文规定，'无论何人，不得以代办介绍或传达交易所买卖为营业'，则此等非法商业组织如任其存在，则国家立法谓何？理应依法加以严厉之取缔，一以维持我政府之威信，一以保护正式交易所之营业，实为公便。"(《申报》1935 年 8 月 9 日)

8 月 8 日 下午四时，赴云南路仁济堂出席上海筹募各省水灾义赈会成立大会。到者有本市各界领袖百余人。通过会内人选，组织简章及宣言，并议决筹募水灾义赈重要案多件。推定会长孔祥熙，副会长许世英、王正廷、王震、吴铁城。其中筹募组主任杜月笙，副主任黄延芳、张慰如、穆藕初、张寿镛。常务监事王清穆、朱吟江、吴凯声、吴醒亚、周守良、徐永祚、高一涵、张啸林、张兰坪、黄金荣、黄瑞生、杨虎、虞洽卿、潘公展、潘序伦、熊希龄、穆藕初。(《申报》1935 年 8 月 9 日)

8 月上旬 为豫丰纱厂押款未付息事赴浙江兴业银行，面述天津中国银行不愿履行合同规定原因。8 月 7 日，致函徐新六，抄奉天津中行来函等件，云："兹遵嘱，抄奉去年十二月六日天津中国银行来函及同月十一日敝厂致贵行函各一份，至希台察为荷。"（原件，浙江兴业银行档案）同日，徐新六致函天津中国银行卞白眉、束云章云："据穆君藕初来敝行面述贵行不愿履行二十三年三月十六日该厂所订每半年拨付敝行押款利息一次，酌照需用数量提取物料之办法，定以敝行未将该厂买契一纸移交贵行为症结所在。窃思此项买契存在敝行原无用处，惟以该厂办事向极濡滞，敝行押款既未确定办法，似不得不于此促其解决。至于对贵行素承关爱，借助良多，方感激之不遑，又安敢存违。其间凡此当为二公谅解。现在长此迁延，终非久计，而我两行以利害关系亦未便听其自然。鄙意该厂邸契由敝行送交贵行收存，敝行利息及提用物料仍照去年三月十六日该厂与贵行所订办法处理。此事逐渐清理，而高见以为何如？尚乞裁酌示复。"（底稿，同上）

8 月 16 日 徐新六复函云："旬前辱荷枉顾，并承于七日惠示抄附去年十二月六日天津中国银行致贵厂函，及同月十一日贵厂致敝行函各一件，均敬收洽。当经函致津中行卞白眉、束云章两兄说明敝行之立场，并询其不付利息之症结是否因地契未交。顷得卞、束二君复函，略谓豫丰地契与此事无相互关系，不必介怀，该契目下不妨仍旧暂存贵行云。是该契交否实无关碍。而贵厂与敝行所订借款合同则早经逾期，屡请续订，终不兑遂。荏苒经年，几成悬案。我兄为原合同负责签字人，尚祈裁夺示复。究竟该合同能否早日续订，俾于行方有所交代，至于利息及提用押品物料问题，并希早谋解决途径，以免为日愈久，积累愈重，终至两蒙其咎。"（底稿，同上）

8 月 19 日 《交易所周刊》第三十一、第三十二、第三十三期合刊"水灾特辑"出版。封面印有"节约救灾"醒目标题。本期要目：水灾善后与国民经济建设（蒋中正）、安徽、江西、湖北、湖南四省水灾查勘报告书（许世英）、救灾管见（穆藕初）、长江视察报告（秦汾等）、长江防堵情形（秦汾）、长江水灾报告（朱士俊）、武汉水灾记（《武汉日报》）、汉口水的恐慌（《大公报》）、武汉大水速写（《大公报》）、鲁西勘灾记（北平《晨报》）、东北水灾（《时事新报》）、鄂省水灾统计（北平《晨报》）、湘灾统计（《时事新报》）、皖省水灾统计（《申报》）、赣灾现状（熊遂）、豫省灾况（上海《晨报》）、陕省水灾（《闻报》）、沿江水患记（《大公报》）、长江水灾之善后与救济（《大公报》）、江河灾情视察记（陈赓雅）、黄河水灾记（李仪祉）、黄河防汛报告（秦汾）、视察黄河决口报告（郑肇经）、黄河决口经过（韩多峰）、黄沁雨河防务近况（《大公报》）、惊心触目之鲁水灾（天津《益世报》）、晋省水灾（北平《晨报》）、浙省灾情（《申报》）、福州水灾（《申报》）、粤省灾况（北平《晨报》）、桂省水灾（《中央日报》）、江河各水决口情形及抢护经过(经济委员会)、本年江河防汛经过(经济委员会)、长江及襄河干决口堵筑情形(经济委员会)、国人节约拯救水灾书(马相伯)。

《救灾管见》一文针对本年夏全国各地先后发生严重水灾,而受灾人口达二千万之众之状况,指出"仅此水灾一端,既足促我国灭亡,制我民族死命而有余,此吾人不能不认为民族国家之最大危机,而有严重注意之必要者也。……吾人正宜发挥此历史的伟大力量,与自然争存……每一中华民国之国民,均应抱先天下之忧而忧的精神,不苟且、不因循、不懈怠、不悲观、以主宰宇宙之自信,寄己溺己饥之同情,应不分朝野、不分职业、不分老幼,通力合作,筹积极之匡救。且此等赈灾工作,不当仅视为消极的慈善事,须援同舟共济之义。救灾即所以自救,防水亦即所以自防,未被灾之区与被灾之区,其缓急情形,为一尚可以资生,一则已经绝粒,死生呼吸之际,不过先后之间而已。……民族之或兴或亡,国家之或盛或衰,全视救灾运动能否完成,为一大试金石也。"先生提出防水救灾之方案如下:

关于治标者:(一)当局对于沿江沿河之驻军警察,宜全体动员,参加抢险工程,实行军民合作。(二)号召与组织灾区民众,分段设防,轮流抢险,实施联防联坐,汛丁相互监督。(三)被灾各地,应即时减发政费,所有从政人员,均应按俸给比率,依等级扣薪助赈,俾使官民共同担负水灾之损害。(四)召集失业平民,征调灾区黎庶,强迫服役,以工代赈。(五)扩大救灾宣传,进行普遍募捐,并就若干消费与娱乐事业,代征急赈普捐。(六)对于淹毙之人畜,迅速打捞掩埋,以防传染疠疫,遗害社会。(七)减免灾区田赋,以苏民困。(八)监视放赈,务使灾民得受实惠,赈款不致虚糜。(九)保存灾区农民之耕牛、农具。(十)防止灾区奸商之垄断谷价。(十一)遏制灾区高利贷之活跃。(十二)检核灾区之土质,俾于水退之后,易种他种农产。(十三)劝募赈款人员,宜放弃历来抽象的呼吁、夸大的数字,而宜多列事实,诉之中外同情。(十四)不必以要价还价之形式,向政府提出不易办到之要求,而宜以脚踏实地之具体救济办法,宣示公众,求社会之援助。(十五)宜招致办赈有经验、社会有信用之人士,请往灾区查勘,代定赈济计划,即可利其信用发表报告,以征公众共信,又可资其经验,监督放赈,以坚社会信仰。(十六)募捐不可名目太多,多则人或疑为假名敛钱矣;不可繁苛,繁苛则近于勒捐矣;不可为人利用作宣传,一经利用,人或恐其非正当矣;募捐机关之人选宜慎,款项捐册之审核宜明,否则弊将丛生,信誉扫地。(十七)即时发行巨额水灾公债,集中巨款,从事于防水施赈。

关于治本者:以言治本,更为重要。姑先就长江言之,江面阻碍太多,沙滩时起,河床渐高,水道日窄,一也。沿江居民,最好与水争地,围筑民圩,但顾目前,固填沙淤,只图私利,致令泄水之地日阻,容水之地日促,二也。洞庭、鄱阳等湖,夙为长江调剂水流之所,近年亦因扩张湖田,面积日小,贮水量减,水无含蓄之处,益易促下游潦灾,三也。自以上三点研究,根本救治,自须测量全江,通盘计划,彻底疏浚藉令苦于财政,至少亦须清理旧道。恢复固有河身,将以前与水争地之许多滩田,酌令还之长江,俾得通畅水流,无复阻滞,此其一。择定湘赣山间,多筑水坝,建造蓄水池,随时启闭,调节水量,此其二。考察沿江民圩,权其利害轻重,若有妨碍,历行制止,此其三。以上三种工作,非有相当之经费,充分之权力,公正执行,积极负责,难收实效,但欲求防止江灾,舍此更别无较简较速之办法。若如近年治江积习,于水害到来之时,一味加高堤岸,苟保一隅,而不知水高过岸,在在有洪流倒灌之险象。吾人诚知上述三种工作,殊非今日政府之力所能办,然试问三五年一次大灾,公私损失,不可数计,与其长受无代价之苦痛,何若勉为其难,早为治水根本之图。目凡事病在不办耳。万里之程,起于一步,锲而不舍,终能成功。如因畏难永久因循,何异自甘暴弃乎?

关于黄灾问题,……民国以来,河官尽废,在黄河流域者,仅设河务局,位微权小,……每年遇灾患迭起之时,各种会议,无不召集讨论,意见多于决议,决议多于实行。迫灾患既遇,则寂然无声,前之所议所决者,皆束之高阁,如此情形,岂可仅视为水灾已哉?近许世英氏有以六万万元经费疏浚黄河于十年内完成之提案。既有专家切实计划,一劳永逸,即用六十万万元之经费,亦须设法实行,何况为数仅六万万元哉?此其一。又黄河之大病,在于夹带泥沙太多,以致河身易于淤窄。此泥沙之来源,因黄河两岸,大都为黄土层构成,每一条道路,在晴天满布灰尘,一经阴雨,每条道路皆为泥浆。而此泥浆,即直接流入黄河,使黄河有极多之沉淀。黄河两岸各省之道路,不下千万条,竟成为黄河之泥浆制造所。倘欲黄河减少水害,此种害黄河之弊病,当先除去,而整个治黄河计划,尚属其次。因长此以往,黄河唯有日见其坏,日见其难治。如何除去此泥浆制造所乎,唯有修浚沟渠,使阴雨之时,道路上之泥浆,流入沟渠,不直接注入黄河。在农家捞起沟渠中之泥土,犹可以肥田,一举而有两利,又何乐而不为乎?此其二。

又急赈诚为应时之图,善后宜为永久之计,譬如有灾民二千万,在此二千万中,其曾受教育者若干?已达学龄之儿童若干?负有工事上之技能者若干?均当调查明晰,分别为之处置。其无可安插之剩余人员,正不妨利用之作进行治水之基本队,以赈款为资本,用灾民之劳力,从而谋疏浚工程之起点,创痛方殷,前事不忘,论时与力,均易收效。且以此号召于众,则赈款为有两重之意义,而解囊者亦必倍形其踊跃。

他如植林，大汛时可以防止水灾，亢旱时可以防止旱灾，已成普通常识，不必深论。至植林办法，则由中央督促各省政府，复由各省政府督促各县政府，无偿贷付树苗，广令人民于农忙以前种植，于人民既无直接负担，而各级政府为植林而支出之款项，亦可基于分散作用，不致多感拮据。

总之，我国目前经济状况，已不堪再敷衍、因循、畏难、苟安而一误再误，我国民经济力量，若日趋衰弱，则窥伺吾国之旁者，更增进展之机会，殷鉴未远，印象犹新，当此国势凌夷，内外交困之时，吾人原感处境之苦，唯事机迫切，丞盼举国上下，以大无畏之魄力，沉毅之英断，为国家百年计，为民族生存计，均应于艰难危殆中觅取彻底改造途径，于积习沉沉下，寻出振奋淬厉方法，则民族非不足自救，国事非不可为也！

（原刊；《文集》第 320 页）

8 月 21 日　复函徐新六，告豫丰纱厂物押款料已催促慎昌洋行估价。函云："接奉八月十六日大函敬悉，敝厂地契必须全数交天津中国银行保管，系在押款合同内规定。因其中一纸存贵行，故上年十二月六日津中行致敝厂函，认为应办手续尚未办妥，该函亦已抄奉台察。目前敝厂对于贵行之押款因抵押品物料先后市价不同，最近八月十三日津中行致函慎昌洋行嘱将原存物料迅速照市价估计，以便转嘱厂中充分使用，用去若干即可还款若干。故弟正在催促慎昌迅速估价以便早日动用，早日还款，此为解决本押款之唯一办法。至于存贵行之地契一纸，津中行因地位关系不便向贵行直接索取。但弟仍希望贵行通融办理，先将地契交还，则弟可尽力催促津中行转嘱厂中早日提用物料，早日还款，则多年纠纷自可迎刃而解也。特再奉函，务希亮詧为幸。"（原件，浙江兴业银行档案）

8 月 26 日　《交易所周刊》第三十四期"'华北'经济特辑（1）"出版。本期要目：卷头语（编者）、"华北"经济现况与其重要性（农业、矿业、工业、贸易）、"开发华北"最先着手之三大项目（棉花、煤矿、交通）、一周间之纱花（陈济成）、一周间之债市（恽艺超）、一周间之金市（王绥之）、一周间之杂粮（徐香严）、一周间之面粉（徐起）。

《卷头语》云："我们在五年前的今日（民十九年九月间），读过一本汤尔和先生译的（满铁农事试验场出版）关于我东北农业方面的一种资料《到田间去》，颇觉得日人对于我东北的资料调查研究的非常详细。又在该书卷首读到蔡子民先生的序文。序文上说：'最近传闻，甲军阀与乙军阀相遇，甲问："若有兵若干？"乙答："不知道。"甲问："若有钱若干？"乙也说："不知道。"甲又问："若有妾若干？"乙仍说："不知道。"'这自然是笑话，然而乙军阀几可为我们全国同胞的代表。我们中国常常以地大、物博、民众自夸，然而地有怎么大？自己还没有精密的测量与图记，往往在边界上，凭着外国的地图，把我们的地轻轻的划给外国了。人有这么多？也没有确实的计算，或混说四万万，或说不及此数，或说远过此数，至今还没有定论。至于物产，自己更没有什么统计，专待外国人来开发，例如北方的矿产，是德国人先行测绘的；东三省的农产又偏劳日本人了。'我们真太嫩，不但自己不能去调查，并别人调查所得的报告，也不去读一读。'当时我们很惭愧地读了这本书，哪里想到五年后的今日，竟要迫着我们不得不再读一读日本调查'华北'的资料与'开发华北'的计划了！今年春间，日人不是高唱'中日经济提携'吗？现在已一变而为单独的'开发华北'了。日本关东军、天津驻屯军和满铁的调查人员，也已络绎于途，分赴我北方各省作更进一步的调查研究工作了。那末日本在我北方各省（一）所欲开发的是什么？（二）又以何种方式着手开发呢？（三）它的计划的轮廓如何？今日已不容我们再贪嫩而漠不关心的了。本刊鉴于现在日本各种著名杂志报纸上，关于华北经济的资料很多，希望国人都能注意到上述三个问题；故选译经济方面的重要文章，并将我国报纸上已发表的此类文章，汇刊特辑数期，以供爱国者之参考。更希望能进一步获得'我们究将如何应付'的答案。"（原刊）

8 月 27 日　黄炎培连日寒热，先生赴黄宅探望。（《黄炎培日记》）

8 月　与潘仰尧、江问渔、杨卫玉、吴蕴初、王延松、王志莘等创办苏民职业补习学校。"鉴于本埠北市一带缺少职业补习学校，特与中华职业教育社合作，在浙江路海宁路群益女子职业学校内创设苏民职业补习学校一所，以便该地失学青年得一求学机会。"由潘仰尧任名誉校长。并请大夏大学教育学士，现任苏民职业学校校长陆麟勋为校长，复旦大学商学士周传扬为教导主任，上海法学院法学士顾兆文为总务主任。（《申报》1935 年 9 月 3 日）

8 月　海上漱石生（孙玉声）于本年 2 月至 8 月，在《金刚钻》杂志连载《退醒庐余墨》史料性笔札一百余则，内涉及昆剧两则，谓"昆剧当有复兴之望，实为传习所之功"，对传习所作了高度评价如下：

昆剧传习所

　　自京徽班莅沪，昆剧失败，元音不作，几有只应天上，难得人间之感。曲家穆藕初、徐凌云诸君，因斥资创设一昆剧传习所于苏州，聘请教员，招罗吴中聪秀子弟，使之专心学习，以作一线之延，三年余而艺成，由名士王雪公为诸人命名，一贯皆以传字为行，而下一字则暗分生旦净丑，如生净取其金声玉振，故皆用金字旁，旦则取其花叶交辉，故概用草字头。小生取温其如玉，故悉用玉字旁。丑则取其流利活泼，故俱用三点水旁。可谓殊见巧思。第一次至沪奏艺，在汕头路笑舞台，其时戏尚不多，诸伶亦年犹幼稚，未足与昔之大章、大雅抗衡，且以前台开支浩繁，乃致亏耗甚巨而止。第二次在大世界演唱，易名为仙霓社,剧艺既精,且多全部新编之《翡翠园》《永团圆》《南楼传》等戏,并有武剧登台,声誉因之鹊起。逮后第三、四次到沪,献艺于新世界、小世界、大千世界,则能戏及本戏愈多,武剧几足与京班并驾,而较旧日之昆班,且或过之。说者谓昆剧当有复兴之望,实为传习所之功。亦诸伶之能争自濯磨,乃得有此一日也。

仙霓社中之人才

仙霓昆剧社人才,昔时之群推杰出者,为小生顾传玠、周传瑛、旦角朱传茗、张传芳、姚传芗,老生倪传钺、施传镇,丑角王传淞、顾传澜等。然以近日观之,淹博如正旦沈传芷,清朗如纱帽生邵传珺,勇猛如武生汪传钤,流利如丑角华传浩,明媚如花旦华传苹、陈传薲,英秀如武旦方传芸,泼辣如刺杀旦刘传蘅,庄严如净角沈传锟,雄浑如副净邵传镛,沉着如老生郑传鉴等,亦何一非重要人物。聚此种种人才于一台,每配演一戏,如五雀六燕,铢两悉称,宜乎诸剧之皆斐然可观。益之以叠编连台之《三笑》《奈何天》《一棒雪》《玉搔头》各剧,当然能博观众之欢迎,而可立于不败之地。惟是基础既定,团体宜坚,处此社会间经济恐慌时代,剧界在风雨飘摇之中,昆剧知音者稀,更为岌岌。窃愿诸演员各加之意耳。

(引自熊月之主编《稀见上海史志资料丛书》第2册第380—381页,李婉清整理)

9月4日 下午四时,赴仁济堂出席上海筹募各省水灾义赈会第二次常务理监事联席会议,到者有许世英、王一亭、屈文六等三十余人。许世英主席,报告至九月三日止共收赈款国币六万七千四百四十一元一角二分,杂钞九角,又俭德会储金单票面一千元。陆伯鸿报告与各银行接洽借款情形。次讨论议案,通过急赈实施大纲及各省查赈办事处组织大纲;推定各省查放急赈负责人员即日出发迅予救济;推定穆藕初、李大超、黄延芳三人负责定期召集有关系机关及团体筹商捐款有效办法。(《申报》1935年9月5日)

9月6日 与杜月笙、张寿镛、黄延芳、张慰如等为赈灾募款事分函本市各公团及工商各业。函云:"本年入夏以来,江河水灾严重,惨酷较之民二十年长江水患尤有过之。迩来黄河上游水涨,灾区扩大,尚无底止。据最近被灾地域已达一百四五十县,公私损失何止四五万万元,其中以鄂、鲁灾情为最重。鄂省被灾区域几占全境三分之二,鲁西已等沉沦,鲁南亦极危急。他如冀、陕、豫、湘、赣、皖、苏、粤、桂、苏都成灾,急待救济者有数千万众。而天气秋凉,待救益急。吾人苟安粗饱,举以相较,诚有地狱天堂之差,岂忍坐视此千百万被难同胞淹死饿死冻死,或铤而走险犯法以死乎?惟救灾首须得其时,彼为汹涛险浪所席卷以俱去。身外无长物之同胞,其望救之切与待赈之殷,自非一时一刻所能耐。吾人无论如何为难,要须于无可设法之中,多方负责,人人尽力,节衣缩食。除党政机关已由当局切实筹募外,凡社会上各公团及工商百业都应竭其精神财力,急起直追,尽量捐募。凤仰先生急公好义,当仁不让,敬希领导群伦,矢志救灾,附呈筹募办法若干条,请希卓裁采用。谨代表千百万垂危哀鸿泥首请命。"(《申报》1935 年 9 月 6 日)

9 月 9 日 《交易所周刊》第三十五、第三十六期合刊"'华北'经济特辑(2)"出版。本期要目:"华北"经济视察记(樋口弘)、"开发华北"之主体(《经济旬刊》)、满铁使命与"华北开发"(小岛精一)、日本对华经济策(《满州日报》)、中日"满"集团经济的基调之探讨(日本《经济杂志》)、以图表来说明"华北"的资源大(美经济调查科)、一周间之纱花(陈济成)、一周间之债市(恽艺超)、一周间之金市(王绶之)、一周间之杂粮(徐香严)、一周间之面粉(徐起)。(原刊)

9 月 14 日 出席上海筹募各省水灾义振会筹募组于八仙桥青年会九楼召集各界谈话会。到者有许世英、薯延芳、李大超、黄伯度、屈文六等八十余人。吴铁城代表李大超主席。先生报告云:"本会成立后因鉴于今年水灾严重,亟思筹集赈款。但以灾区救济需款孔殷,爰经本会与银行先行商请借垫祯款,以济眉急。今日邀请诸君,即将本会所拟筹募办法与诸君商榷。现在政府方面已决定捐款办法,此事非只政府独力负担,亦非只本会独立负担,乃系大众之事。故本会拟由各界领袖分别负责组织起来,规定捐募办法,则当可得良好结果。本组方面已分发各界捐募函件达一千余件,现已有回复者不在少数,但仍望诸君共同努力,以观厥成。"次各界代表发表意见,至六时半散会。"据黄伯度谓本会自八月十六日至九月十三日止,共计收至捐款洋八万六千一百卅四元四角八分。又俭德储单一千元,杂钞四十元,王一亭氏向辛未会捐到一零一百一十八元五角八分。"(《申报》1935 年 9 月 15 日)

9 月 16 日 上海筹募各省水灾义赈会收到"上海华商纱布交易所函送捐洋二千四百十五元七角、暨穆藕初公馆及佣人捐洋四十元零五角。"(《申报》1935 年 9 月 17 日)

9 月 19 日 《申报》刊登《穆氏文社征求截止》消息,云:"穆藕初先生斥资创设之穆氏文社,系专为辅助职业界青年研习国文之机关,所聘特约导师为陈陶遗、沈信卿、贾季英、江问渔、叶圣陶、夏丏尊、严谔声、潘仰尧诸君。自开始征求社员以来,国内各地报名加入者异常踊跃,刻定于本月底征求截止。凡欲加入该社者,可即日至本埠华龙路八十号中华职业教育社内报名,外埠亦可通函报名。"(同日《申报》)

9 月 23 日 《交易所周刊》第三十七、第三十八期合刊"水灾特辑(二)"出版。本期要目:论水灾与中国国民经济(漆琪生)、政府的救灾策——纵论河患(李仪祉)、江河水患标本治法(孔祥熙)、勘察灾区经过及意见(贝克)、水患的原因和预防

（贝克）、灾情视察报告（山东、河南、河北三省水灾查勘报告（许世英）、江汉水灾视察报告（全国经济委员会）、长江襄河视察报告（李书城、程其保）、苏北最近水情视察记（律鸿起）、江河灾情视察记（陈赓雅）、各省灾情汇报（福建、云南、山东、湖北、湖南、河南、绥远）。

9月28日　晚，出席孔祥熙私邸盛大茶会。与会者有外交、银行、工商界及英方人士百余人。孔介绍英国经济专家、特使罗斯与各方会见。（《早报》1935年9月29日）

同日　蔡元培复叶鸿英、王宝纶、黄炎培与先生等鸿英基金董事会全体董事函，辞该会董事职务。函云："接奉惠函，承垂爱，至深感纫。元培衰老，不能兼任多务，具述前函中。虽承格外原谅，许以委托代劳；然与其虚挂名称，不若明白引退。自愧多年来对于会务甚少贡献，此今之无从尽力可知，确实不能继续担任。特再函辞，有负盛意，歉悚奚似，惟希鉴谅。"（《蔡元培年谱长编》第4卷）

10月1日　上午，出席中央信托局开业典礼。理事长孔祥熙致词，谓该局为中央银行组织下之信托事业，办理各种信托、保险及储蓄。时设中央储蓄会、保险专部，总部设于上海，南京设分局。（《早报》1935年10月2日）

10月2日　9月末为豫丰纱厂物料押款事赴天津，与天津中国银行方面商谈。是日访卞白眉。（《卞白眉日记》卷二第300页）

10月7日　《交易所周刊》第三十九、第四十期合刊"罗斯来华特辑"出版。本期要目：英国在华经济势力的演进（穆藕初）、东京通讯（罗斯来华之意义、罗斯在日与日本态度、李滋罗斯至日之谜）、李滋罗斯来华与中英经济关系之前途（陈振之）、李滋罗斯之来华国际意义（日本《外交时报》）、对华经济势力的再建（日本大阪《每日新闻》）、舆论一斑。

《英国在华经济势力的演进》一文，首先分析列强在华经济势力的变化，指出"'九一八'事变后，日本在华势力，飞跃突进，列强在华均势的局面，因之破坏。然而英美也不肯罢休的，因此所谓国际对华投资与日本'开发华北'的呼声，甚嚣尘上。美国所以坚持不放弃白银政策，便是企图使中国成为金元的附庸，英国力诱中国加入英镑集团，日本则高唱中日提携，三国勾心斗角，其结果如何，不仅影响整个世界经济，而且中国的存亡亦将由此决定，这是负有复兴中国的民族的国民，所不容忽视的。"文章分析英美日三国在华经济势力发展各个时期的变化后云："英国与我国发生关系，远在二百年之前，鸦片战争的结果，缔结南京条约，五口通商，割让香港，从此英国的势力日益伸张，中国整个的经济命脉，几全握在英人之手，在欧战前，英国在华的经济力与政治力的强大，都是其他列强所望尘莫及的。然而战后美国与日本的勃兴，正是说明国际资本主义，已经踏进更新的阶段。列强在中国的势力,因此亦不得不发生变化,换句话说,战后英国在华的优越地位,已为美日取而均分了。我们看了英美日三国在华投资势力的变化,即为明证。英国在华的投资,绝对的仍然保持增加的趋势,相对的则落后了。此项绝对与相对间的矛盾,不仅是投资一项,几乎是英国在华势力一般的倾向。长此以往,英国的势力,将有为其他列强尤其是为日本所代替的危险。这是英帝国所认为最大隐忧的,因此,英国对华的外交政策,始终以维持现状为唯一手段,英国资本主义发展最早,经济势力远及各方,能维持现状,就是眼见的胜利。然而'维持现状',这是后进的资本主义国家所不能赞同的,日本的独占于是便与英国发生冲突。英国一方面因为资本主义的危机益迫,另一方面又因欧洲多事,自信不能用强硬手段,在这个冲突中得到胜利,故极力采取'妥协'的方法,以期达保持现状的目的。此次罗斯来华,就是负着此项使命的。"文章认为罗斯来华使命是"企图与日本会谈关于中国的经济问题,进而解决世界市场的分配。虽然罗斯屡言'此行除了调查中国经济,别无其他任务',但在'国防对华共同借款'与'四国举行经济会议'的提案为日本所拒绝,开发'华北'的呼声,又甚嚣尘上的今日,罗斯正式代表英政府前来远东,其任务之重大,决不止'调查而已'的。九月十日罗斯在东京会见广田时,谓'对华问题,非有日本援助不可,本人到华实地调查后,当再与日本政府作充分的联络……',这样看来,罗斯此行,目的为了与日本会谈中国的经济问题,非常明显。罗斯现已在我国朝野热烈表示欢迎中抵沪了!我觉得罗斯此行与中国前途有莫大的关系,特将英国在华经济势力的演进,略述如次,以供国人的参考。英国在华经济势力的发展,可分为三个时期:第一期自十九世纪开始至一九零零年;第二期自一九零一年至一九一四年;第三期自一九一四年至一九三零年。"文章列举英国历年对华事业投资、政府债务统计数据,总结英国对华经济势力现状,"第一,英国在华的势力(包含各部门),逐年增加,但相对的却减少了。第二,虽然相对的减少,但英国在华的势力,仍不失其优越的地位,如投资、船舶等尚占为庞大的数字。第三,英国在华势力相对的减退,乃受日本竞争的结果。自然还有其他各种现象,正因为英国过去在华有绝大的势力,现在还占着优越的地位,在目前世界经济恐慌日渐深刻,而世界市场又日益缩小的今日,当然不肯放弃对华的经营,至少也必坚持保存现在占有的权益与力量,这就是罗斯此次来华的主要任务。不过以现在的客观形势看来,谁都知道,英国要保持此项势力,非得日本的谅解与协力不可了。罗斯未抵中国以前,在日的活动,来华调查后,又决再往日本与其当局接洽,其使命就在这里。但是英日的冲突是不易调和的,因此我敢希望国人注意罗斯的行动外,并望能站在公正的立场上,为国家民族的利益打算,而决定所应采取的相应方针。"(原刊;《文集》第 323 页)

同日　与杜月笙、李大超等请梅兰芳于黄金大戏院演剧助赈,王晓籁、尤菊荪、金少山、杜夫人、姜妙香等同台串演。梅兰芳演《宇宙锋》,"为梅氏负盛誉之一剧。演来丝丝入扣,一气呵成,非梅氏修养有素者实难得此。"黄金戏院负责人龚骧良与记者云:"本日戏码甫经排定公布,而座位则已于数日前订定无空。即外籍人士,久慕盛名,每日前来观看者亦不在少数。"(《申报》1935年10月8日)

10月11日　在南京与吴梅等听曲。吴梅记云:"藕初、舜石至,共晚餐。与吾妇及儿媳同往仙霓听曲,《惊变》、《埋玉》尚佳。《呆中福》大坏。"(《吴梅日记》下卷,第626页)

同日　为位育小学经费事致法租界公董局函,云:"敝校创办三年,对于训育教学非常注意,设备方面亦力求完善,早在贵局洞鉴之中。本年蒙特准豁免房捐并予补助银叁百元,敝校同人尤为感奋,益加努力,以期造成法租界优良小学。现在来学者日多,已达三百二十人,均系上等人家子弟。但因增加设备关系经费不敷甚巨,拟恳贵局于下半年度内除免房捐外,增加补助费为壹千元,使敝校在贵局领导之下之下成一全市优良小学,想为贵局所赞许也。"(原件,上海位育小学档案)

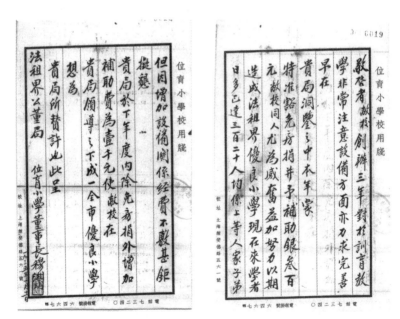

1935年10月11日穆藕初致法租界工公董局函

10月13日　吴梅作《穆藕初六旬寿曲》,倚[太师引]调。词如下:

海天归,尽力农桑利,为宗邦绸缪合宜。奈蒿目蜩螗鼎沸,更惊心岁月翰飞。论寸丝尺布关国计,不信的挽回无地。今日里六旬正齐,待奋云衢,做唱晓天鸡。

(《吴梅日记》下卷,第 627 页)

10 月 14 日 《交易所周刊》第四十一、第四十二期同时出版。第四十一期要目:国民经济建设运动之意义及其实施(蒋中正)、中国之经济建设(马寅初)、中国如何增进对外贸易(若兰受尔欧)、一九三五年前半年的海外贸易(高志翔)、过去半年的上海对外贸易(高志翔)、一周间之纱花(陈济成)、一周间之债市(恽艺超)、一周间之金市(王绥之)、一周间之杂粮(徐香严)、一周间之面粉(徐起)。第四十二期要目:英日在华市场之争夺(何铭)、战时动员下意大利的经济(有泽广已)、日人对李滋罗斯来华之观察(姜天铎)、上海贸易(高志翔)、七月份之上海对外贸易(高志翔)、本年内过去七月之中国贸易(高志翔)、一周间之纱花(陈济成)、一周间之债市(恽艺超)、一周间之金市(王绥之)、一周间之杂粮(徐香严)、一周间之面粉(徐起)。(原刊)

10 月 20 日 作《〈中国棉花业问题〉序》。[①] 全文如下:

近代科学昌明,棉花用途,非仅关系人民衣被所需,抑且为军需工业之主要原料。环顾世界大局,意阿战争已行爆发,日苏冲突,屡见不一见,第二次世界大战之霾云密布。列强整军经武,争夺军需工业原料市场之企图日臻迫切,而世界落后民族之拥有未开发富源者将供其牺牲,乌可断言也! 中国棉产量占世界第三位,据本书统计,民国二十三年冀、豫、鲁、晋、陕、鄂、湘、赣、皖、苏、浙十一省及上海、天津二市,合计棉田共有四千四百九十七万余亩,其棉产额达一千一百余万担之巨,欲求其不为强邻所垂涎者,乌可得哉! 自“九一八”事变后,东北四省富源相继沦亡,迫及今年,拥有上述棉花产量约百分之四十之冀、晋、陕、察、绥五省产棉之区,形势亦甚危急。更以目前中国金融情况极度衰落,农村经济崩溃,使农民无力从事于合理之植棉工作,全国工厂亦均为外货倾销所压迫。又加以流动资金之缺乏,减工倒闭者踵趾相接,中国棉纺织业之危机,至此已达极度,实未容讳饰者也!

此种黯淡景象之由来,归咎于列强之压迫者过半。如各国货币战之破坏中国金融现状、棉产地之掠夺、关税之被束缚、货物之倾销以及其他与棉业有连带关系之列强经济侵略,使中国人民购买力低弱,皆为中国棉业之致命伤。然国内苛捐杂税之剥削,内战时运输之阻碍,水旱灾害之袭击,以致国内纺织厂资金薄弱,组织宽弛,技术不能求进,驯至国民爱用外货,中国棉业乃一蹶而

---

① 《中国棉花业问题》,金国宝著,商务印书馆“现代问题丛书”之一,1936 年 5 月初版,12 月再版。

· 1061 ·

不可复振，是则应归咎于自身者殆亦半。

惟棉业为人民主要之工业，良以人民衣被所需，一日不可或缺。棉业发展之前途，实较其他各业为优良，是则中国棉业虽遭遇目下极度衰落之惨境，顾其未来之发展，实可操左券，而毫无疑义。故如何复兴中国棉业，乃为当前之最大问题。吾人以为过去中国棉业失败之素因，既得详为检讨，则惩前毖后，何往而非复兴中国棉业之圭臬哉！

方今北方五省产棉地，岌岌可危，其予中国棉业前途之压迫，已入于一更新之阶段。湘玥服务于中国棉业界者，历有年所。昔日自海外归来，即抱有发展中国棉业之决心，辗转二十年，捐拨美国棉种，创办各地棉纺织工厂，介绍国外技术书籍，心力交瘁，其间环境日趋恶劣，而奋斗之心，未尝稍渝。今更目击中国棉业危机之更加急迫，不自觉其奋斗之心益亟也！

中国幅员辽阔，蕴藏饶厚，过去因知识缺乏，技术落后，瞠然不知开发，坐视东西强邻相率越俎代谋，经之营之，以致我民族经济被人掠夺，反客为主，鹊巢鸠占。言念及此，能不感伤？

现在世界各资本主义国家，以市场瓜分已尽，拥有少数殖民地者，发出重分世界殖民地之惶急呼声，以致第二次世界大战迫在眉睫。中国处此严重环境，果不能以自力开发所有之天然富源，则势必为人所开发，棉业亦何能幸免！吾人若再事蹉跎自误，则最近之将来，虽欲保此衰残之棉业，恐亦不可得矣！

金侣琴先生为中国屈指可数之经济学家，其片言只字，莫不为国内关心研究经济问题者所珍视，良以金先生所发言论，不务空谈。今金先生感于复兴中国棉业之迫切，特将其研究所得，供之国人，诚盛事也。

本书关于中国棉业问题，皆作有系统之叙述，共分九章。第一章为绪论，叙述棉业之一般状况，棉产统计与中国棉纺织厂沿革及现状；第二章叙述中国棉花之检验；第三章叙述中国棉花之分级；第四章叙述中国棉纺织厂之资本；第五章叙述中国棉纱业之成本效率等；第六章叙述中国之纱花市价；第七章叙述中国对于棉业之捐税；第八章叙述中国棉纺织厂之劳工状况；第九章更以精确之结论为殿。

余得金君此书，浏览一过，不自觉其体之疲。盖此书之切合复兴中国棉业前途，实为最有价值之著作。今于金君付梓之前，敢为之序，以为国人介绍，并愿国人无忘此民族工业之复兴也。二十四年十月二十日上海穆湘玥

（原书；《文集》第 330 页）

10月22日 在苏州。是日下午，与张紫东听评弹。晚，与吴梅等聚餐。吴梅记云："午后访紫东，知藕初在彼家也。谈移时出，渠欲听会书，余无此兴，遂约鱼郎桥晚餐。""又至道和，藕初与紫东已先在，遂至鱼郎桥，菜不佳，而藕初颇赞美，可见

味之不同矣。"(《吴梅日记》下卷,第 668 页)

10 月 23 日 《申报》刊登《位育小学体格检查》报道,云:"本市辣斐德路位育小学开办仅逾三年,成绩优良,故入学者甚踊跃,有限于学额,向隅者尚复不少。近为注意儿童健康起见,除本有校医陆霞君女士常用驻校外,复敦聘汤汤蟲舟医师为主任校医,并由汤医师特约各科专家,如陈陈卓人医师等举行全校儿童体格精密检查,请东南医学院教授及高级学生赞助其事。闻该校俟此项体格检查完竣以后,特编成专册,报告学生家长及教育界云。"(同日《申报》)

10 月 24 日 下午三时,赴中国殡仪馆出席戈公振大殓。吊奠者除治丧处全体职员潘公展、汪伯奇、邹韬奋等外,戈氏生前友好顾少川、黄炎培、江小鹣、邹秉文、刘海粟、梅兰芳等,以及复旦大学新闻学系、同文书院、天津《大公报》、《益世报》、《庸报》、南京《中央日报》等代表二百余人。吴市长等均致送花圈派代表致祭。(《申报》1935 年 10 月 25 日)

同日 下午四时,出席上海筹募各省水灾义赈会第四次常务理监事联合会议,到者有许世英、吴铁城、杜月笙、张啸林、王一亭等五十余人。许世英主席,报告收支赈款数额、收发赈品件数、山东查赈主任陆伯鸿办理鲁赈情形。次筹募组报告进行情形。讨论议案:①宿迁决口水势激增,请募垫五六十万元提前赶办冬期急赈案。决议转送中央赈务委员会,迅向中央吁请充分拨给赈款救济。②闽南各县水灾惨重请拨赈济案。决议请中央赈务委员会拨款捐赈。③绥西包头五原临河沿河各县黄水泛滥,被灾极重,请拨款救济案。决议转中央赈务委员会酌量补助赈济。④皖北旱灾惨重请将请即将二万五千元移赈案。决议由本会推员前往调查。⑤上海市公安局函请设法救济过境灾民,以全生命而维公安案。决议函请市政府办理。⑥旱灾义赈会安徽查放副主任张泽溥因赈务受伤殒命案。决议给一次恤金三百元。⑦上海孤儿院等请发给赈米免税护照以备收购救济案。决议交常务理事会核办。(同上)

10 月 25 日 访黄炎培。(《黄炎培日记》)

11 月 2 日 《交易所周刊》第四十三期、第四十四期同时出版。第四十三期要目:申论国民经济建设运动(锡圭)、日人所谓"开发华北经济"与中日经济提携新策(林国材)、英国与远东(鞠子明)、本年过去八个月之上海对外贸易(高志翔)、一周间之纱花(陈济成)、一周间之债市(恽艺超)、一周间之金市(王绥之)、一周间之杂粮(徐香严)、一周间之面粉(徐起)。第四十四期要目:本年中国对外贸易之展望(余霖)、不景气下之储蓄问题(刘秉麟)、日本财政为何转换?(高钦)、意亚战争中义国财政怎样安排?(尹伯端)、本年开始八个月内的中国对外贸易(高志翔)、一周间之纱花(陈济成)、一周间之债市(恽艺超)、一周间之金市(王绥之)、一周间之杂

粮(徐香严)、一周间之面粉(徐起)。(原刊)

11月5日 下午四时,于纱布交易所出席五交易所联席会议。先生主席。议案:①财政部公布之六项办法案。议决遵照实行。②各交易所今后买卖结账问题案。议决以财部规定之中央、中国、交通三银行法币收解。(《申报》1935年11月6日)

11月5日 访黄炎培。(《黄炎培日记》)

11月9日 与黄炎培聚餐。(同上)

11月17日 偕江问渔赴南京。(同上)

11月19日 在寓所与黄炎培、"侯城谈白银前途问题"。(同上)

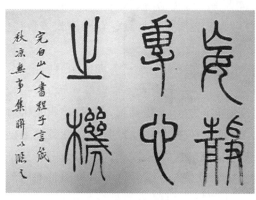

穆藕初书法册页手迹之一

秋 书"安静专心之机。完白山人书程子言箴,秋凉无事集联以临之。"(原件)

12月2日 上午十时,出席邮政储金汇业局简易人寿保险业务开幕礼。各界前往道贺者有总税务司梅乐和,关务署长郑莱,审计处长林襟宇,两路局长黄伯樵,及唐寿民、陈光甫、徐新六等三百余人。该局局长沈淑玉,副局长麦伦达、周守良作陪,"招待室内跻跻跄跄,颇极一时之盛。"加入投保以资提倡者有林康侯、陈光甫、徐新六、宋子良、穆藕初、黄伯樵、吴启鼎等。"此项为有利社会之国营事业,其特点有四种:(一)投保手续简单,(二)保费低微,(三)免验体格,(四)派人收费。"(《申报》1935年12月3日)

12月7日 周文炽为捐赈灾款致先生函,云:"弟今岁六十初度,小儿增奎,小女增圭欲为称觞举庆。弟以际此时艰,灾患频仍,哀鸿满目,殊属不忍言庆。乃儿辈固请不已,嘱当以与其为无谓之虚糜,不若移作解赈之义举,爰将渠等拟用于称觞之费,凑集千元,捐作水灾赈款,以效壤流之助,而安若辈之心。兹将该款送请台端代转水灾义赈会掣收。用特专达,即祈察照是荷。"先生"接到该款一千元后,当即赶汇灾区施放,并即登报鸣谢。"(《申报》1935年12月8日)

同日 毕云程(时任生活书店总经理)因传送方志敏《可爱的中国》一书,被国民政府以共产党嫌疑犯逮捕入狱,由先生出面保释。毕云程《韬奋和生活书店》一文云:"一九三五年,上海的白色恐怖更严重。有一次,有一个女青年到生活书店来找我。她说:'从江西来,带来了方志敏将军的五封信和一包稿子。一封给李公朴的信已经送去，但没有遇到人，还有四封，一封是给你的，其余三封是宋庆龄、鲁迅和矛盾的，找不到地址，没办法送。'我问：'稿子呢？'她说在旅馆里。我说：这样吧，四封信都给我，我帮你想办法。你把旅馆名称地址留下来，我会托人到旅馆里来找你取稿子。她留下地址去了。我立刻携信到××（原文如此——编著者注）家里去。方志敏将军的来件都是没有字迹的白纸，用碘酒一浸就显出字来，大意是说，在狱中写了一部稿子，希望想办法转送党中央，四封信都是一样。方志敏将军这一部稿子，就是《可爱的中国》由××转送鲁迅。后来由鲁迅转送党中央。……谁知我在十二月七日被捕了。时隔不久，即由穆藕初为我安排了交保，被释放回来。释放的那一天，我到外面看到严长衍等在那里，他是带了穆藕初的图章来办交保手续的，他已等了半天了。她对我说：'韬奋、愈之等都在一个饭店里等你。'于是他带我到那家约定的饭店里，大家都很高兴地和我握手。"（原载上海《文史资料选辑》第1辑，1979年3月，引自《韬奋挚友毕云程》第135页）胡子婴云："1935年夏天，记不得是我自己到生活书店，还是胡愈之同志叫我去的，因我是经常去访友、买书的。我到时，看到胡愈之和毕云程正在焦急，说有一年轻女子送来4封信，是分送鲁迅、孙夫人、李公朴和邹韬奋的。他们接下了致邹韬奋的信（当时邹在国外），内容是叫人到宝隆医院门口取方志敏托交的纸包。那女青年只说方是共产党员，在敌人的监狱中，是别人转托她的。信中还说，请给送信人一百元治病。我们当时还不清楚方志敏是谁，又怕中了敌人的圈套，但又怕如果是真的不去取要误大事。我们商谈结果，决定由我去取。我是作了各种可能发生危险的准备的。我盛装扮成一个阔太太，到了宝隆医院门口，确见一位约十七八岁的姑娘，坐在台阶上。她问我姓名，因我母亲姓宋，就自称姓宋，她听了很高兴，大概她以为我就是宋庆龄了。她说她正在焦急中，说着就把一个纸包交给了我。我当时是问了她的姓名的，可早忘了。我根据来信，从生活书店带去一百元，要交给她，她说，"杭州已解决了"，没有收。我急忙把纸包送回生活书店，由胡愈之交给毕云程。我们是打开纸包看了的，信中说过，前四张是白纸，以后才是密写，需要显形，所以，我取来的只是一包白纸。以后是如何处理的，我就不知道了。事后不久，胡愈之出国，一年后回来，我曾问起这事，他只是含糊其辞，以后就没有再提了。"（《人民日报》1982年12月17日）不久，生活书店理事会派毕云程赴香港筹办安生书店。（毕云程《韬奋与生活书店》）

12月8日　下午四时，于仁济堂出席上海筹募各省水灾义赈会第五次常务理监事会议，到者有许世英、王一亭、陆伯鸿、屈文六等二十余人。许世英主席，报告收发电文件数及振品收支数额。次筹募组李大超等报告筹募工作。讨论议案：①成翊青主任条陈冬振意见，分配各省冬赈仍由募款陆续归还案。议决公推许世英、王一亭、杜月笙、王晓籁、赵晋卿、穆藕初、李大超、关炯之、屈文六、黄涵之等十人计划筹募冬赈事宜。由王一亭负责召集之。②淮海两区请加拨救济案。议决并前案。③江苏邳县秦县长杰人等请拨款救济案。议决函复。(《申报》1935年12月9日)

12月13日 上午十时,赴中汇银行与杜月笙、黄炎培张效良、龚汇百、陈子馨、潘志文、张伯初等商建筑会所。"谈话结果:借款已有着者计三十二万元,与所拟借之数尚不敷八万元。如果建筑减少层数可省费若干,请由列席之奚福泉工程师于即日下午详细核算,并于翌日上午十时在纱布交易所理事长室面洽。"(浦东同乡会档案)

同日 黄炎培"偕问渔、卫玉访藕初"。(《黄炎培日记》)

12月14日 上午十时,与张效良、陈子馨、潘志文、张伯初、奚福泉商建筑会所。奚福泉"报告建筑减少后面三层而面样仍照原图造至八层,连同大厅及俱乐部设备在内,可减七万贰千元,需费则除支付四万八千元外,连划还通和借款本息及建筑设备共三十六万五千元。"(浦东同乡会档案)

同日 以上海交易所联合会名义,与张慰如、杜月笙、王一亭、顾馨一联名电贺吴鼎昌出任实业部长。函云:"顷悉中央任命我公出长实部,值此国民经济极度凋敝,端赖救济现状,倡导百业。我公文章道德,海内共钦。湘玥等深庆中央得人,挽救国内经济危机,早苏民困。尚盼克日命驾,以慰群情。特电驰祝贺。"(《申报》1935年12月14日)

同日 《交易所周刊》第四十五、四十六、四十七、四十八、四十九期合刊"新货币制度问题专号"出版。本期要目:卷头语(编者)、新货币制度说明书(财政部)、论我国新货币政策(顾季高、朱杰)、放弃银本位以后(陶继侃)、管理货币之机构(季廉)、放弃银本位与停止银本位(赵兰坪)、对金融整理政策之意见(何廉)、改革币制法案意见(程绍德)、法币准备充足(杨荫傅)、论我国改革币制事(京津《泰晤士报》)、打破经济难关(陈志远)、制币改革以后的几点(陈君慧、余捷京)、评财政币制新令(侯树彤)、新货币政策实行后的外债问题(刘大钧)、新货币政策法律问题(居正)、改善金融的紧急命令(《大公报》)、管理货币之世界的趋势(《大公报》)、中国币制改革与日本(《大公报》)、停用现金紧急命令(《益世报》)、再论停用现金法令(《益世报》)、望财部乘势统一各省币制《益世报》)、币制改革中之辅币问题(《益世报》)、禁止用银以后(北平《晨报》)、铜元问题与统制物价(北平《晨报》)、货币紧急法令(《世界日报》)、通货管理之效果(《世界日报》)、法币准备问题(《世界日报》)、新货币政策阻力(《世界日报》)、新货币政策(《时事新报》)、外汇安定之基础》(《时事新报》)、香港管理通货与华南经济(《时事新报》)、读孔财长宣言(《中华日报》)、防止物价高涨(《中华日报》)、新货币政策与国民经济(《中华日报》)、管理通货之展望

《申报》)、币制改革之英断(《新闻报》)、稳定法币之后果(《新闻报》)、金汇兑本位制之实行(上海《晨报》)、财部新币制之因果(上海《晨报》)、救济金融之唯一善策(《武汉日报》)、停止硬币流通(《朝报》)、现银国有之经过及其反响。

《卷头语》云:"我们为什么要编辑这一册专刊? 第一、十一月四日财政部的改革币制法令,实为中国经济史上的空前重大事件,影响到国际贸易、国内财政金融制度、工商业经济、农村经济,都非常重大。换句话说,对于整个的中国经济,没一处不连带地发生变动。这样重大的事件,实在每一个国民应该认识的;然而自改革币制令颁布后,以至于最近为止,凡是有关系的法令,改革币制的经济,国际上对这件事的动态,对外贸易的变动,各地金融工商业和农业的影响,以至于国内外舆论和专家的评判,都散见各报,在研究这中国经济重大变动事件的人,汇集起来是非常不易,而且看起来无系统,本刊为适应此种需要起见,故特编辑这一专刊。第二、列强的侵略,莫不以经济的榨取为最大目标,近年来在中国市场上剧烈的争斗,实造成我国经济极度凋敝的唯一的原因。这一次改革币制,一方面固可说中国财政当局,对于国内经济恐慌和白银流出下了最大的决心。同时运用国际斗争激化的机会,把中国民族经济打出解放的道路。然而这是须费巨大的精神,和全国一致的努力,决非能侥幸所致。如何使我们中国民族经济得到解放? 最重要的,莫过于运用整个民族经济的力量,来建设经济国防,那末,我们对于这次的改革制币事件,抱有最大的希望。"(原刊)

12 月 16 日　出席上海市地方协会第三十五次大会。杜月笙宣布开会,对新会员王延松、诸文绮、张继光、金润庠等致词欢迎。次讨论通过拟迁会所至中汇银行四楼,及二十五年上半年支出预算标准等要案多起。潘仰尧临时提议"提倡国货问题",推林康侯、黄炎培、潘仰尧三人筹商进行。继由陈澜生讲演《币制问题》,"陈君为经济专家,现任币制委员会委员长。于改革币制之原委,通货胀缩之损益,说来十分详尽。"张啸林子张法尧讲演《经济问题》。张法尧"留法八年,得有政治经济博士学位。"(《申报》1935 年 12 月 19 日)

本年　上海通志馆编印《关于上海的书目提要》,内收录《藕初五十自述》。(原书)

1936 年(民国二十五年,丙子)　六十一岁

1 月　上海各界救国会成立,沈钧儒任主席。

5 月　全国各界救国联合会在沪成立。

6 月　国民经济建设运动委员会颁布总章,动员各界人士参与经济建设运动。

8 月　日本内阁决定《对中国实施的策略》及处理华北问题纲要。提出把华北"作为防共、亲日满的特殊地带"、"华北连省自治。"以及对华南、西南和华北等地进行经济侵略等。

11 月　国民党当局逮捕救国会领袖沈钧儒、邹韬奋等七人。

12 月　西安事变发生。

本年　上海共有纺锭 2 667 156 枚,织机 30 058 台。其中华商纺锭 1 114 408 枚,织机 8 754 台,分别占全市总数的 41.8％和 29.1％;日商纺锭 1 331 412 枚,织机 17 283 台;英商纺锭 221 336 枚,织机 4 021 台。

1 月 1 日　发表《一九三五年世界经济与中国经济之检讨》一文。阐明世界与中国一切问题之症结在于经济,云:"昔太史公作《史记》,采春秋战国秦汉农工商贩致富之佚闻与其所以为人生灾祸幸福之大本大原者,成货殖列传,余尝谓为千古创见,即此一端,迁史已足不朽。盖其于社会人群之治乱与衰独,能洞见幽渺,不托空言以妄事褒贬,其言曰:……故待农而食之,虞而出之,工而成之,商而通之,此宁有政教发征期会哉? 人各任其能,竭其力,以得所欲。故物贱之征贵,贵之征贱,各劝其业,乐其事,若水之趋下,日夜无休时,不召而自来,不求而民出之,岂非道之所附,而自然之验耶? 由是言之,则人民'谣俗被服饮食奉生送死之具',必待农虞工商之力以济之,而不可以独力求一也;农虞工商,经济之事,贵贱征逐,日夜无休,不可以人力而逆泥之二也;此等现象不唯非老子所谓'至治之极,邻国相望,鸡狗之声相闻,民各甘其食,美其服,安其俗,乐其业,而老死不相往来'所能范围,且以之符于道而验于自然三也。夫人既各任其能,竭其力以得所欲,则由近而之远,由简而之繁,由质而之文,如水之就下,故老死不相往来之乌托邦终不可得,而今日之轮铁海空,通五洲若户庭,联万国于一室,人之所欲既什伯于往昔,而其所能,竭力以求之也,亦什伯于往昔,于是盈绌之竞,利害之争,益樊然并起,其演为争夺,流为攻

战，为祸之烈，至今而极？今者我国国势凌替，胡马纵横，巨人不武，佚儒跳梁，述往事以思将来，则一九三六年，中国与世界前途，将于一九三五年之中国与世界已事卜之，而其症结尤在于经济。且就今岁中外经济变动之荦荦大者，提玄钩要，间以己意解剖而综合之，献诸国人，聊当新岁不腆之敬。"指出 1935 年世界经济三个特点，揭露日本帝国经济集团的侵略本性：

百数十年来，世界各工业强国竞以殖民为其操奇计赢之尾闾，攻城略地，杀人盈野，弱者抑之为保护国，尤弱者，则夷之为殖民地，迩者经济恐慌，关税壁垒，日益高筑，世界三数列强，各以其保护国与殖民地为维持其贸易之必要范围，自建藩篱，自成体系，而与其他列强之同等势力相竞，即世所谓集团经济也。英以金镑统制其帝国各殖民地各属邦，故隶属此势力范围之内者曰金镑集团；法则以欧洲藏金最富之国，其支配东欧小国也则以金力。故隶属此势力范围者，曰金集团；美则以金元支配拉丁美洲，近且伸入澳洲与加拿大，骎骎乎有取英帝国势力而代之势，隶属此势力范围者，曰金元集团。太平洋西岸有强国曰日本，雄心勃发，见猎而喜，亦效颦英美，加紧制造一日本帝国经济集团，以高丽、台湾及所谓"满洲国"者为其卫星，而尤垂涎于整个中国，故不惜百计操纵之，劫夺之，鲸吞蚕食，"日夜无休时"，此则东京政府所梦寐以求之者也。意大利立于地中海，力争经营，劳师远袭，而欲夷阿比西尼亚于保护国者，亦此物此志也。然则集团经济之后果如何？余则曰：集团经济为兼并之结果，本身又为后此兼并与夫大战之因素。此其一。东方美人，拥多金而无所发挥，阴血周作，张脉偾兴，故金元匝地，狗肉臭于朱门，膏粱满仓，饿莩塞夫道途，人事不平，莫此为甚，于是四野骚然，怨嗟滋起。罗斯福氏欲有以救济之，故施行社会政策，一则使生产勿再过剩；一则使富者稍事撙节以济赤贫，其意固在维持现代工业之制于不坠也。贫者未尝蒙其惠，而富者已大感不便，楚歌四面，阻力横生，罗斯福氏虽贾其余勇，百般挣扎，终不获效，而轰动一时之蓝鹰运动遂不得不于此时"寿终正寝"，呜呼！工于货殖之美人？补苴罅漏。张皇幽渺如国，其劳而无功也如此！此其二。日英美之逐鹿中国，日益激烈，美则以门户开放为矛，以制日本之独占，日本则以"大亚细亚主义"与"中国自力更生"为盾，以排斥美国及其他列强，英则徘徊于日美之间左右望而以保持己之利益为得计。以三国投资之额计之。英第一，日次之，美又次之；然以三国投资中国增加速度衡之，则美为首，日次之，英又次之，美日在华经济冲突之遽如此，职是之由，而英之对日，既不愿其独有中国，亦无力足以制之，而东菲风云，关系帝国目前利益，视远东为尤甚，其必用全力以周旋，宜也。日本得此千载一时机会，侵略中国更加紧迫，于是不折一兵，不费一矢而掩有我半壁江山，而犹美其辞曰"经济合作"！此其三。此外则苏联经济之特殊繁荣，异军突起，使旧世界各工业列强尤其是日本惴惴不自安，日苏冲突之暴发，最近益有岌岌不可终日之势。德则虽精于制作，而贩路艰涩，经济困穷，民生凋敝，本已不堪加之军备平等恢复旧贯，苛征无已，国力耗竭，更不得不谋伸其爪牙于世界弱小民族，不获则攫之于另一强敌手，以偿所欲，固所愿也。法因是而日昕兢兢，不遑寝处，而英京海会矛盾百出，识者已早卜其不终，此皆一九三五年蜡鼓中频频传来之警号也。

文章指出 1935 年中国农村破产、工业凋敝、交通虽有进步，但对广大人民并未起到有益作用。批评政府"囿于经济复兴而忽于国家独立与领土完整政策"，呼吁国人作最后牺牲准备，迅速从事完成中国经济"自给自足"。云：

反观中国，尤令余不寒而栗！然近年来建设之可观者，如航空之扩充也、公路之建设也、铁道之增筑也、都市之改造也，然而"夕阳无限好，只是近黄昏"，此种建设就寻常事态言之，固皆必要之图，然而当此内忧未已，外患日亟之秋，仅恃此种按部就班政策，绝不足以图存。盖强邻相逼，若无非常力以应之，即欲苟安一隅亦万不可得，谓予不信，请证明以下数事。吾国朝野所竞相自诩者，曰中国自古以农立国，吾侪一意振兴农业，先使国家自给自足，至少天然物品，不假外求，夫然后再并力以图振兴工业，追踪列强而迈进之，庶几本可立而未易达。然以近事证之，则殊未然。农业品之最重要者非米与麦乎？而吾国之米与麦皆须仰给外人，……所谓"以农立国"与"振兴农业"，其意果安在乎？且农业中食粮而外，为吾国出产大宗者非棉产乎？……本年棉田废去几三分之一，而产棉减少亦四分之一而强，此固多由于天灾，然而天灾之荐至，盖亦人事之不臧有以致之，然则所谓"以农立国"与"振兴农业"，其意又果安在乎？……再请言工业，吾国工业之主力为纱业，而本年之纱业情况，吾人窃闻之矣。《益世报》记者之言曰"我人尝统计今年我国停工及清理之纱厂，合最近之申新一、八两厂，计已有十八家之多……全国华厂合共不过九十二。今乃七个月内倒闭及停营者竟十八厂，约占全数三分之一弱，……长此以往，则两年之内，我国之纺织工业，岂不将倒闭殆尽，我国民族工业之前途，尚堪闻问乎。且本年下半年之纱业未卜其如何结算，然而以金融界之情形卜之，其必视前大恶无疑，然则所谓"自给自足"，其意又安在乎？自将由何道以达之乎？或则又曰："振兴工业，交通为先，故数年以来，建筑公路可谓不遗余力，民国十三年底，全国可通路线计共一十一万一千公里，比之民国十九年已增加一倍有奇，而川湘黔公路各省县公路，在本年亦多先后竣工，一二年内，我国公路网必可完成。完成之后，统一可期，盖便利军事运输，沟通经济，传播文化，在在均赖公路之力,是则埋头苦干,固未可厚非也。"余应之曰,唯唯否否,虽然现在之公路便利军事运输固矣,其于沟通经济传播文化,则犹未也。在人民不唯未睹其利,实则先受其害,盖公路至某处,即外国经济势力侵入某处。所谓汽车也,汽油也,漏卮之数,与年俱增,而欧美日英之货而亦随之而如水银泄地,无孔不入,且也,筑路有费,保路有费,在在取之于终身勤劳之民,而农民反不得利用公路(如牛车、马车等等)以为交通,然则所谓"自给自足",其意又果安在乎?又将由何道以达之乎?总之国家为政,本身既无术以立,而金融恐慌,又随内而农村破产,工业凋敝,外而美国收买白银,现金外流,信用制度,渐即破产。政府难断然施行货币统制政策,冀以挽回末运,然而东京政府首先反对,斥为英伦阴谋,美国政府始而怀疑,继而降低银价,中国对外汇兑致无力保持其平衡,盖在弱国欲仅于经济范围,与列强较一日短长,识者已早知其不可矣!至于物价昂贵,百业停滞,犹其余事!

今日国事蹉跎,其所以臻此者,即在囿于经济复兴而忽于国家独立与领土完整政策。"九·一八"之役不战而退,或有人曰:姑舍是,而与我强邻相安,加我数年以安内,内安而经济复兴,外攘庶几乎?然而曾几何时,而锦州失,而榆关之烽烟又起,又有人曰:姑舍是,敌其可以无它求矣,十年生聚,十年教养,吾父老兄弟再庶几一雪此耻也。于是而热河失,而塘沽协定成;方冀有喘息之安,然而口血未干,又欲攫吾华北以去,神州北顾,半壁江山,已非我有,又奚止日蹙百里而已哉!然窃读最近蒋委员长之言矣!其言曰:"苟国际演变,不斩绝我国家生存,民族复兴之路,吾人应以整个的国家与民族之利害为主要对象,一切枝节问题,当为最大之忍耐,复以不侵犯主权为限度,谋各友邦之政治协调,以互惠平等为原则,谋各友邦之经济合作,否则即当听命党国,下最后决心。中正既不敢自大,亦决不敢自逸,质言之,和平未到完全绝望时期,决不敢放弃和平,牺牲未到最后关头,亦不轻言牺牲!"旨哉仁勇之言乎,余雪涕百读而心胆益壮,盖在中国目下之环境,唯有如蒋委员长之主张,以沉着态度应付当前危局。否则,将见治丝益棼,徒增中国民族之牺牲而已。虽然蒋委员长所谓"和平未到完全绝望时期,决不敢放弃和平,牺牲未到最后关头,亦不轻言牺牲",固足以代表中国民族爱好和平之伟大精神;然吾国人瞻望目前远东大局,一种暗云密布形势,已使和平希望极形淡薄,而无人敢为保证中国不卷入恐怖怒潮,是则,吾人之准备最后牺牲,实无可容缓者。尤有进者,吾人准备最后之牺牲,必有先决之条件。不然,徒为牺牲而已,仍未得于危亡中,得一挣扎之希望。何谓先决条件:吾人以为迅速从事完成中国"自给自足"经济外,实无他图。愚曾引太史公不朽之言,觉今日犹不能不图"待农而食,虞而出之,工而成之,商而通之"之道,盖物力足而民力足,然后可以角逐于世界变乱之间,若以目前中国经济情形而论,米麦棉铁,大半莫不资于国外,工商业经济,莫不困于凋敝,果一旦世界有非常之事变,中国至最后之关头,其不土崩瓦解,束手待毙者,亦未尝有,而中国民族前途,不堪设想矣。世界各国以经济恐慌之剧烈,对榨取弱小民族经济,侵略弱小民族土地之心亦日亟,以中国与各国关系如此深切,是中国民族非下最大之决心不可。然国家与民族之存亡问题,不能仅恃政府之努力得为解决,吾侪国民,必须一致奋起,作政府有力之后援,以御外侮,以应非常。而农村经济之复兴,工商业生产之培养,皆为立国基础,当此外侮日亟,国民经济恐慌,尤不能不先事为元气之培养,以建设"自给自足"之国民经济。吾人固知在强邻侵迫之下,丝毫未容吾人从事于埋头建设工作,而土地之日蹙,更足使国民经济以严重之损失,故须上下同心戮力,一方面政府极力从事农村经济之建设,极力维护工商业之复兴;一方面权衡国际情势,国内资力,为国家争取领土之完整,主权之独立,吾人对于蒋委员长之言,实不胜致其同情焉!

(《申报》、《新闻报》1936 年 1 月 1 日;《文集》331 页)

该文又载于 1936 年 1 月 23 日出版的《交易所周刊》第二卷第一期。

1 月 7 日 下午五时,出席上海市地方协会新年茶话会。到者有杜月笙、秦润卿、杨志雄、江问渔等四十余人。杜月笙云:"本会迁移新址,并值新年举行第一决集会,敬祝诸君健康。本会所在四层楼,而顾视全市大多数民众之痛苦,今后工作须从下层入手,以谋民众之福利。"钱新之云:"前闻吴市长曾言'在市公债下拨出数十万元,建筑平民村借给平民居住,黄包车夫的有十五万人,要造车辆若干廉价放租与车夫,使之日后能自有车辆'等语,本会自应力助其成。"来宾冷御秋云:"地方协会是由地方维持会改组,忽忽四年,国难更比前严重。日闻各地痛苦呻吟之声,要图挽救就要全国人民共同努力奋斗,仍希望贵会诸君之努力。"先生云:"吾人为大众服务,应先使自己精神充满,体格强健,茹苦耐劳,以达到能说即行之境界。"继杜月笙宣布组织二十五年工作计划委员会。(《申报》1935 年 1 月 8 日)

1 月 11 日 《申报》刊登位育小学消息,云:"本市法租界位育小学为穆藕初、黄炎培等诸君所创办,由杨卫玉君主持。开办以来已逾三载,声誉卓著,学额规定极严。本学期并不招生,惟如有诚意愿入该校者可先期登记,俟考试及格亦得酌量插班,但每级余额仅三四人而已。闻该校最近曾得东南医院之赞助,请各科专家详细检查学生体格,其精密为国内学校所少有。不日将有报告公布。"(同日《申报》)

1 月 13 日 在南京。吴梅来访。吴梅记云:"晚,访藕初于中央饭店,见巴润生,为汸儿事,而托藕初设法。藕以巴与津浦局长杨仁训善,托其一询究竟,如汸要更动,请其调部,或调他课,以人才难得也。巴允于明日一往。藕于后要至苏,可一探问矣。"(《吴梅日记》下卷,第 668 页)

1 月 17 日 在苏州与吴梅聚餐。吴梅记云:"晚招藕初小酌,又阅曲藏,十时散。"(《吴梅日记》下卷,第 669 页)约次日返沪。

1 月 18 日 《交易所周刊》第一卷第五十期"新货币制度专号(二)"出版。封面刊登《本刊紧要启事》云:"本期出版及第二卷新年号发排之际,不幸印刷所偶遭火患,所有两期稿件,尽被焚毁。除次期新年号另行征稿外,本期临时将上期'新货币制度专号'未收资料汇印续集,以观全貌。今以另换印刷所,以致延期出版,特此致歉。"

本期要目:本刊一年来工作检讨(编者)、新货币政策与经济复兴(孔祥熙)、中国晚近改革币制方案之总检阅(丁洪范)、管理通货膨胀应注意的问题(俞寰澄)、币制改革与金融安定(赵兰坪)、我国新货币政策之本体及应用(瞿荆洲)、中国币制改革与中日经济合作(张素民)、新货币政策与土地问题(漆琪生)、新货币政策与今后之钱庄(葛成章)、财政部实施之新货币制度(高秉坊)。

编者《本刊一年来工作之检讨》一文,综述一年来国内国际经济发展变化总形势,以及本刊各次专号特点。文云:

吾人于本刊创始之初,已将创办宗旨,详为宣布。韶光易逝,忽忽届年,值兹五十期出版之时,吾人检讨一年来工作,有可告于诸君者:(一)社会经济年来每况愈下,影响所及,经营交易所事业亦日感艰难。更值政府锐意整顿岁收,拟定税率,征收交易税,而本刊适于此际呱呱堕地,乃列举社会经济环境,交易所与工商业关系等理由,积极呼吁,幸政府体恤商艰,顾念舆情,终得宣告缓征。(二)曩昔海上交易所怒潮风起,各业设置交易所,达百余种,以基础之薄弱,组织之失当,曾几何时,相继宣告倒闭,而硕果仅存者,仅目下属于交易所联合会之五家,资力雄厚,组织严密,然交易所经此次风潮后,一般社会人士,即莫不认为赌博场所,积习相沿,至今未改。本刊最初若干期即著专论,凡交易所与国际贸易、国际汇兑,及调剂国内金融、物价,与夫整个社会之关系,莫不有极详尽之阐明,以期改变一般社会人士之错误观念,而使其对交易所事业,有深切正确之认识。(三)今年来因国民智识之进展,坊间为适应需求起见,各种杂志之出版,有如风起云涌,然类多属于普通性质者,对于专门性质之经济杂志,实不多见。吾人以为经济为立国之本,且近年来更以国势凌夷,民生日形困苦,一般人士,莫不趋向于经济问题之探讨,故本刊为适应社会需要,对于各国经济现况、国际经济关系、国内经济问题,皆欲有所贡献也。(四)自世界经济恐慌爆发后,中国经济因与息息相关,此响彼应,有如洛钟铜山,而其间变动之迅速,内幕之混乱,实非仓卒所能理解。更以自满清鼎革后,因列强侵略势力深入,使国内经济建设,无法推进,于是天灾之摧残,亦无力相抵御,瞻念前途,实令人不寒而栗。本刊为负起此种责任起见,每加以详细之探讨,特出专刊,以期资料集中,增加读者之便利与理解力,一年来本刊所出版之专刊有六:(甲)《"中日经济提携"》专号。日本在"大亚细主义"之烟幕下,高唱"中日经济提携",因此不但引起我国朝野注意,抑复引起欧美列强之重视,本刊为知己知彼起见,特将日本朝野意见,遍加搜罗,特辑此专刊,以期唤醒国人之省觉。(乙)《水灾》两次特辑。中国在列强深刻侵略之下,农村经济,日形崩溃,兵燹匪祸,相继侵凌,更以无力从事科学之农村建设工程,致使每遇水旱天灾,即呈不可收拾之状,去年一年中,水灾遍及全国,农村洗荡,农民经济损失,奚止千百万。本刊以我国向来以农立国,至今尤以农业为国民经济之主干,鉴于损失之奇重,前途之危机迫切,特两次发刊《水灾特辑》,将各省损失,详加报告,并为灾胞呼吁全国人士节约救灾。(丙)《华北经济》两次特辑。自东四省被占后,日人为完成其控制中国之第二步计划,其目标移于我华北。本刊在华北事件初发时,有鉴于北方数省在中国经济上之巨大重要性,特出两次专刊,将华北经济情况,调查统计,并将日方对华北之谬论,一一介绍,以期唤起国人,速起自图救亡。(丁)《罗斯来华特辑》。"九一八"事变后,日本在华势力,突飞猛进。列强在华之均势局面,因之破碎。殆日本企图踏进北方数省,英美在远东利益之危机益迫,因此所谓国际对华投资呼声,甚嚣尘上。英国方面,特派与美国甘末尔齐名之"经济医国手"罗斯爵士,授以商洽解决英日在世界市场之最后决定权,继春间白纳倍爵士而来远东,以罗斯在日之会谈失败,乃来中国,未几而我政府现银国有令下矣。然因此更使日本对华侵略益亟。本刊当时以罗斯此行之关系中国前途,非常重大,特将罗斯此行之真意,罗斯在日本行动,与英日在华经济势力,一一详为分析,俾国人明瞭中国在列强暗斗下危机之迫切。(戊)《新货币制度》两次专刊。十一月四日财政部之现银国有令,实为我国经济史上之空前大事,其影响国际贸易、国内财政、金融制度、工商业经济,非常重大。更以列强之侵略主义,莫不以经济榨取为其最大目标,近年来在中国市场上剧烈之争斗,实造成我国经济极度凋敝之唯一原因,而中国此次改革币制之动因,一方面因由于国内之财政极度恐慌,一方面由于列强暗斗之局面上,带有被动性质。此种重大事件,实为每一个国民应深切认识者。故本刊特将自改革币制令颁布后,以至于最近为止,凡是有关系之法令,改革币制之经济,国际上对此事之动态,对外贸易之变动,各地金融工商业及农业之反响,以至于国内外舆论界及专家之意见,加以极精密之搜集,而贡献于国人。上列数事,关系我国民族前途至巨,此为任何人所深悉。而本刊区区之努力,得不致于浪费,此可告慰于读者诸君者也。(五)自海禁开放以来,数十年尤未脱离农业经济之主题,而使工业生产有适应世界经济环境之发展,以致我国农村日形凋敝,工商业岌岌垂危。故国际贸易之如何改善,实为吾国目前最重要之问题,本刊有鉴于此,特将每月上海与全国贸易情况,逐一刊载,以期经济界人士,知结症所在,而努力改进也。(六)在目下之中国环境,以缺乏资力从事于科学之经济探讨,致使外人对中国一切财富之蕴藏,各地工商业之实际情况,反较国人为明瞭。故本刊特别注意搜集各国专家对我国之经济论文、调查等资料,选择刊登。此种工作,实为极重要者也。吾人认为我国现已危机四伏,埋头从事于实际研究复兴中国国民经济工作,以为非常时"自给自足"之准备,实已为亟不待缓之工作。兹者,民国二十五年开始矣,吾人检讨一年来之工作,认为除充实本刊已做各工作外,并以下列数端为今后努力之之鹄的,以期有所贡献:(一)搜集重要日报经济评论。(二)详细探讨列强在我国市场之经济战。(三)从事分析我国与列强之经济关系。(四)调查国内农林与工商之疾苦。(五)研究开展我国国民经济之光明前途。今后以吾人与读者意见之所及,随时改进,务期贯彻创办《交易所周刊》之初旨。兹值第一卷第五十期出版之时,爰述一年来工作情况,以请益于读者之前。

(原刊)

1月23日　《交易所周刊》第二卷第一期"一九三六年世界经济动向"特辑出版。本期要目:一九三五年世界与中国经济之检讨(穆藕初)、一九三六年之展望(潘明)、一年来之我国经济界(《晨报》)、世界资源分布状况(赵静)、交易所一周间。(原刊)

2月4日　下午五时,出席日大使有吉夫妇于毕勋路官邸举行的盛大茶会。到者有吴铁城、俞鸿钧、吴醒亚、蔡劲军等,及在沪各国大使四百余人。"至七时许,宾主始尽欢而散。"(《申报》1936 年 2 月 5 日)

2月6日　《申报》刊登《穆氏文社第二届征求社员开始》消息,云:"实业家穆藕初氏斥资设立穆氏文社,自去年创办以来第一届加入之社员达一百五十余人,类多为职业界有志向上之青年,利用业余时间,从事写作之练习。该社导师如沈信卿、陈陶遗、贾季英、江问渔、黄任之、夏丐尊、叶圣陶、严谔声、杨卫王、潘仰尧、李肖白、姚惠泉、陆伯羽等均为国学界文学界知名之士。第一期结束在即,即日起举行第二届征求。凡认识文字而感写作维艰者均可报名加入,每半年只取张邮寄等费四元,如成绩优良者且得享受奖金。"(同日《申报》)

2月7日　为复兴公债减息事,与杜月笙、王一亭、顾馨一、张文焕以交易所联合会名义致南京政府电,云:"南京中央会议主席、立法院院长、行政院财政部部长钧鉴:本日报载中政会议将此次财政部提出之六厘复兴公债,减利一厘,已提交立法院审查云云。属所等不胜疑惧,请将利害为钧会、院、部陈之。现时市面凋敝已极,人民竭忠拥护,政府统一旧债之余,增拨三万四千万之复兴公债,流通本非易事,年利六厘,利率非常甚高,财部前与持票人代表约定此事,持票人以诚意提供政府,政府以大信保持持票人,双方互谅,致成曩议,天下之人实共闻知。乃越不及三日,中央忽拟减去一厘,在钧会厉行节流政策,未必有何成见,诚恐市场浮动,易受神经支配,误会一启,枝节横生,驯至本公债发行时人民购买不甚踊跃,而且牵动旧债,使一般市价日趋下游,比时曲意解释,或用力取缔,终虑元气过伤,难期回复。窃思减息一厘,每年所省不过三四百万元,度支艰难,此区区者,当非无法弥补;反之国信一失,不逞之徒,从而推波助澜,影响所至,后患何堪设想。属所等深为此惧,不敢嘿尔而息,敬陈管见,用备钧裁。总之,政府年筹三四百万元之支应,其事小;遽翻成议,不恤信用,摇动国债根本政策,遮蔽法币整理前途,其事大。此番政府发两债,数涉十八万万元之巨,属所等奉命之下,维护无所不至,亦何至惜此年息数百万元之细,断断争持;惟以一穴之溃,可酿大浸,一篑之功,不可使亏,此种愚诚,谅为当轴诸公所洞悉。上陈各节,如荷采纳,伏乞力法院熟筹兼顾,勿遽通过本案,以立民信,而安群心,无任屏营待命之至。"2月14日,立法院会议通过仍为六厘。(《交易所周刊》第二卷第三期,1936年2月21日)

2月8日 为无名英雄墓捐款。据报道,上海市各公团暨各界领袖为纪念"一·二八"殉难将士起见,于江湾庙行镇创建无名英雄墓,以资后人景仰。"该会制发一元、五元、十元纪念章,函请全市各界领袖、各机关工作人员认购,各界交款踊跃。"本日,收到李大超、蔡劲军、穆藕初等数十人,及公安局各局所、各机关职员,经该委员掣给收据及纪念章。2月9日上午十时,"在该墓举葬阵亡将士遗骸石棺,其路由租界出发,经宝山路、西宝兴路、北赛兴路、粤秀路、江湾路、岭南路至无名英雄墓。2月16日举行揭幕典礼。(《申报》1936年2月9日)

同日 于静安寺路国际饭店二楼出席蔡元培七秩上寿宴会。报道称,祝寿会由中华职业教育社、上海美术专科学校校董会、中华艺术教育社、中华美术协会等各团体代表潘公展、刘海粟、褚民谊、黄炎培、钱永铭、江恒源、杨卫玉、王云五、柳亚子、吴经熊、黄伯樵、穆藕初、马公愚、潘公弼、沈恩孚、王一亭、陆费逵、王志莘、潘仰尧、王济远、向培良、李大超等四十余人发起,"与蔡先生相识之新知故旧踊跃参加,如携带眷属尤为欢迎。惟参加时每人随带餐费三元。"(同上)

2月12日 《交易所周刊》第二卷第二期出版。本期要目:冀北伪自治区轮廓及其与日本经济关系、中国币元的出路(司菲克斯)、中国战时的经济问题(经济舆论)(丁洪范)、去年一月至十月的中国对外贸易(《金融商业报》)、去年一月至十月的上海对外贸易(《金融商业报》)、交易所一周间。

《冀北伪自治区轮廓及其与日本经济关系》一文编者附识语云:"这段文字是日人写的,发表在日本杂志《Economist》上。所以立场口吻,自然为着日本,我们由这点上可以看出日本塑成第二号傀儡组织的居心何在。当然,所谓'自治区'的若干县份,其经济的富源是无以餍日本高度欲望的,所以在本文中,处处流露着不满足的情绪,然而我们如果便因此认为冀北之失,与国家前途损失甚微,那便是极大的错误。谁都知道日本帝国主义的侵占冀北,其目的并不只在冀北一地,是在我国广大富藏所在北方诸省,是在我四万余万大众赖为生命之源的全部国土,冀北的被侵占,不是事情的终了,而是事情的处发。这是我们应该彻底认识的。此外,最少在目前,所谓'自治区',在完成其作伪'满'卫星这一任务上,是有绝大意义的。本文中无意义的各段,经删去,特此附言。"(原刊)

2 月 14 日 谈养吾赴苏州下乡、蟂山等地察看风水。择得一地,作为先生寿茔。谈养吾《玄空本义》云:"复至善山山顶,一察形势,至顶见一墓,据上人云,曾出状元一名,察其形势,确乎可行,本山连起连伏,名曰之鳝,(即善与船)名实相符,复至过峡处,起顶开坞,犹船之舱位,石脉连连,似起非起,似眠非眠处,下开石坞,面积约一方丈有余,顶龙开窝,确为真结,经云急来缓受,缓来急受,阳中取阴,阴中取阳,即此意也。本山满山皆土,惟此石脉一点,有踪可觅,左右抱绕,朝山相称,惟内堂水无蓄聚之处,务用人工略事改造,事极简易,此局系坐戌向辰兼乾巽,大水自右消左,亦合于中下两元之气,不过此向出入奇特,非子午卯酉四正之比。(此地即今穆藕初先生千古之所)"(原书)

2 月 21 日 《交易所周刊》第二卷第三期出版。本期要目:对于复兴公债减息说意见(交易所联合会)、一九三六年世界经济与各国景气政策(小岛精一)、推进经济建设(经济舆论)(天津《益世报》)、经济日志(去年一月至十一月的中国对外贸易(《金融商业报》)、去年一月至十一月的上海对外贸易(《金融商业报》)、一九三五年度上海对美输出(《金融商业报》)、交易所一周间(陈济成等)。(原刊)

2 月 26 日 下午二时,赴仁济堂出席上海筹募各省水灾义赈会第六次常务理监事联席会议。到者有许世英、陈良玉等五十余人。朱庆澜主席。通过上海物品助赈会章程,发行福果券所得捐款助赈。推定朱庆澜为物品助赈会主席,王一亭、黄涵之、屈文六、穆藕初等为常务委员。(《申报》1936 年 2 月 27 日)

2 月 28 日 《交易所周刊》第二卷第四期出版。本期要目:跃进中的苏联经济(余昭)、经济日志(去年十二月中国贸易之突增(志翔)、我国输入贸易上的四主要国(高洁)、交易所一周间(陈济成)。(原刊)

2月　书"出幽入明，为学日益；自晨及昃，秉德不违。殷墟文集联，丙子元月临。"（原件）

3月1日　广西第四集团军总司令李宗仁致王志莘、钱承绪并转先生等电，邀先生等赴西南考察。云："王志莘、钱承绪两先生并转郭顺、钱新之、王云五、刘鸿生、穆藕初、项康元、蔡声白、李祖绅、吴蕴初、胡西园、戴耕莘诸位先生钧鉴：沪上工商同仁组织西南考察团，惠临粤桂，无任欢迎，并请诸先生一同命驾，以便候教。何时起程到港，祈先电知。李宗仁。"（《申报》1936年3月2日）

3月10日　中国航空协会常务理事会发起为蒋委员长五十寿辰购机祝寿，并分电请各省市政府及各分会筹募进行。本日，出席吴市长于市府举行的宴请各界午餐会，会商筹募捐款

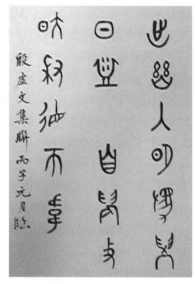

穆藕初书法册页手迹之二

购机祝寿进行办法。吴市长报告，"决定上海筹募捐款一百万元，购机一队计九架，补充一架，定名为中正队。募足捐款时期自本月起至八月底止。推定王晓籁、吴铁城、潘公展、俞佐廷、张寿镛为常务委员。"（《申报》1936年3月11日）

3月13日　为调换收据事致中华劝工银行函，云："兹送上鄙人名下十三年份董事保证股贰百股收据一纸，即希换洽新收据。"（原件，上海劝工银行档案）

3月16日　上午，出席中央储蓄会开业典礼。到者有财部次长徐堪、邹琳、贝淞荪等千余人。财政部长孔祥熙致训词。监理委员就职，并开首次会议。（《申报》1936年3月17日）

3月16日　《交易所周刊》第二卷第五期出版。本期要目：日本本年度预算的真相（王英）、从速举办遗产税（舆论）（《益士报》）、经济日志（华北的民食问题）（王子建）、交易所一周间（恽艺超等）。（原刊）

3月30日　《交易所周刊》第二卷第六期出版。本期要目：减低放款利息之重要性（何忆）、中国贸易出超（舆论）（丁洪范）、广西邕宁的农村经济（雷宾文）、廿四年度上海对外贸易（志翔）、本年一月份上海对外贸易（恽艺超等）。（原刊）

3月　慎昌洋行与天津中国银行商洽转让豫丰纱厂债务事。1936年3月31日卞白眉记云："二弟来电话，谓慎昌有致子文先生一函，交由淞生示我一读，到行看信知道系慎昌拟出售在豫丰债权，索价一百三十万，后与贝、宋分别一谈，咸以为在六、七十万之间或可商量，我意见亦同。"（《卞白眉日记》卷二第319页）

4月5日 下午三时,于青年会出席余日章追悼会。参加追悼者有孔祥熙、吴铁城、王正廷、王晓籁等中西士女五百余人。追悼会场设青年会大礼堂,"主席台正中悬余日章博士遗像,两旁燃白烛二行,四周遍悬诔词挽联及花圈等。亲致诔词者列坐主席台上,来宾列坐台前。"(《申报》1936 年 4 月 6 日)

4月8日 《申报》曾刊载消息,称华商纱布交易所"自去年八月一日起公告开拍日纱以来……在市场交易已占十之七八以上,……恐华纱无法保持其地位"等等。华商纱布交易所认为报道与事实不符,本日发表致《申报》函,云:"查敝所市场交易棉纱,俱为统益厂华商纱布交易所就之'金鸡'标准,到期须照本所棉纱等级表交割,至现存本仓库之交割棉纱,俱为二十支'红魁星'纱……华厂棉纱,显而有征,贵报所载,不特毫无根据,且与事实不符,未免误传听闻,用特函布,务祈亟赐更正,以昭详实,是所至盼。"(《交易所周刊》第二卷第七期,1936 年 4 月 15 日)

4月9日 下午二时,以商股股东身份出席中国国货银行第六届股东常会。计到官股、商股股东二万余权。徐堪主席。总经理宋子良报告二十四年度营业状况云:"民国二十四年度一年之中国内经济金融状况,承上年衰敝之余,未见起色。上海为全国百业中心,关系尤巨。迨至冬季,政府毅然颁布紧急法令,实施法币政策,金融始得安定,工商业亦呈欣欣向荣之势。本行以使命所在,仍本历来稳健之旨,对于各种业务,维持常态,凡足以维护工商及提倡国货各端,无不于可能范围之内,勉力进行。惟州款则多注重抵押,开支则力求撙节而已,年终结算,幸得薄具成绩,此堪为诸股东告慰者也。"次修改章程第二章第六条条文,一致通过。末改选三届商股董事及七届商股监察人,孔祥熙、钱新之等九人当选商股董事,周作民、荣宗敬、穆藕初等为候补董事,宋子安、刘鸿生、卞白眉、周守良等四人当选商股监察人。另有应改选之官司股董事六人、监察人五人则直接由财政部委派。(《申报》1936 年 4 月 10 日)

4月15日 《交易所周刊》第二卷第七期出版。本期要目:上海"投机市场新转变"之商榷(何胜齐)、江苏、常熟农村经济现状(钱志超)、本年二月份的全国贸易(志翔)、本年二月份的上海贸易(高洁)、交易所一周间(恽艺超等)。(原刊)

4月23日 上午十一时,赴中汇银行与杜月笙、张效良、陈子馨、潘志文、张伯初、奚福泉商建筑会所。张效良"报告冷气设备尽于两星期内与奚工程师研究省费办法,水费合用即签字本会,由常务理事签字。对于建筑付款自下期起按八五折扣还上届透付之款。"(浦东同乡会档案)

4月28日 下午四时,赴青年会九楼出席中国航空协会上海市募款购机为蒋介石五十寿辰纪念委员会第二次会议。李大超总干事报告现已收到各团体缴交捐款极多。继由吴市长报告"此种运动有意义、有价值,非少数人能力所及,希望大家努力。蒋委员长本人不欲为己祝寿,吾人为扩大航空救国运动,充实国防及表示拥戴,急应努力推动。"(《申报》1936 年 4 月 29 日)

5 月 10 日　上午,出席位育小学于第一草场举行的第三届春季运动会。到校参观家属甚多。奏军乐开幕,先生及校长杨卫玉致开会词。"上午计有团体操十六节、下午田径赛,有赛跑、跳远、跳高、掷铅球、掷垒球等十八节。由张石方、顾耀堃、翁六雄、张锡池诸君评判。末由王志莘、穆伯华两夫人给奖。"奖品除教职员及学校奖品外,有先生、穆伯华、邹秉文、黄炎培、江问渔、潘仰尧、杨崇皋、陈彬龢等及九州药房、中华书局、东新书局、企业银行、俭益号、生生牧场等所赠,教育局潘局长亦特赠书券,以资鼓励。"琳琅满目,真有美不胜收之慨。"(《申报》1936 年 5 月 11 日)

同日　黄炎培来访。(《黄炎培日记》)

5 月 13 日　招黄炎培于寓所聚餐。(同上)

5 月 15 日　《交易所周刊》第二卷第八期出版。本期要目:一个美国刊物对于中国废除银本位之观察(敏译)、名词解释(所得税)(筑人)、交易所之概念及其分类(吴德培)、德国对华输入贸易的猛进及其与英国的竞争(高洁)、交易所一周间(恽艺超等)。(原刊)

5 月 16 日　晚,出席合作五金公司总经理胡厥文于一枝香菜馆举行的宴请本埠纱业巨子。到者有新裕纱厂厂长朱公权,纺织实验馆聂光垲、徐宽甫、任尚武等,棉业统制会王子宿、严仲简、傅铭九,永安纱厂工程师郭用章,振泰纱厂厂长蒋柯亭,南通大学纺织科诸等。席间,胡厥文"略述机械工业之重要,及国制机械低廉,不但减轻用者负担,且可塞漏卮,增国富。又及仿制卡式大牵伸之经过,并日本国内纱厂已皆采用卡式大牵伸,因而获得非常效果等情形。"次先生"起立痛述我国纱业现状之险恶,推其原故,皆由于政治及受外贷之侵挤。在此种朝不保夕之情状下,国人尚能努力于机械方面的改进,实属可喜。尝忆二十年前我国纱业,欲聘一国人工程师,尚不可得。十年以后,国营纱业尽在华人工程师之掌握。洎乎今日,复能于机械方面探求原理,能仿制、能发明,故中国工业殊有希望。深愿银行界对国内工业予以切实之援助,应以民族福利为前提,勿仅以年息债权之优厚为援助投资之目标。"继朱公权、徐宽甫、王子宿等演说,"俱以机械发达即民族工业发达之预兆,希望机械业能与各业工厂合作,以收督促互助之实效。"胡厥文还印就说明书一种,以备函索。(《申报》1936 年 5 月 18 日)

5 月 18 日　下午四时,出席交易所联合会会议。议定组织为蒋介石购机祝寿委员会,推举先生与张慰如、杜月笙、王一亭、顾馨一、徐补孙及纱布、金业、证券、面粉、杂粮五交易所经纪人公会会长共十一人为委员。5 月 22 日,中国航空协会致函道谢云:"请努力进行,担任购机一架,并随时见告情形。"(《申报》1936 年 5 月 23 日)

同日 致浦东同乡会张伯初函,介绍乔世德等任浦东同乡会水利厅队队副等职。函云:"顷与子馨弟谈及水利厅队由拟再添聘副队长一人、队员若干人。子馨弟并自愿退居副参谋一职。兹令钞名单一纸附上,即希台洽办理为荷。此数君者均为丙子同庚会会友,每月相叙,弟知之甚深,当能收指臂之助。"(原件,上海浦东同乡会档案)

5月19日 下午六时,赴中汇大楼出席上海市地方协会第三十八次会员大会。到者有俞佐庭、黄炎培、杜月笙、黄延芳等四十余人。杜月笙主席,报告廿五年春季工作情形。次黄炎培报告赴川考察经过,"深望到会诸公,联合一致,开发川省富源,以救目前之国难。"继讨论提案:①二十五年上半年本会支出预算草案,议决通过。②二十四年份本会决算账据请推员审查案,议决推潘序伦、徐永祚会同审查。③闸北平民教养院合同二年将届满应早定办法案,议决仍请慈幼协会续办。④航空协会来函五件为蒋委员长五十寿辰募款购机作寿礼案,议决交理事会讨论。(《申报》1936年5月20日)

5月22日 中美贸易协会与上海美国商会于5月17日至5月23日止,举行中美贸易纪念周,本日为最后一日。下午七时半,出席于美国总会举行的盛大庆祝宴会。国内人士到者有市长吴铁城、实业部政务次长刘维炽、财政部关务署长郑莱及各界领袖八十余人。美国方面有驻沪总领事戈士、商务参赞安诺德、驻沪海军第四路站队司令派拉斯,及所有沪上美工商、银行各界领袖一百五十余人,共计到二百余人,"济济一堂"。八时正式入席,九时一刻起开始放映电影助兴,一为美国侦探新闻片《林白案件审判》,一为我国建设新闻片《粤汉铁路工程》。至十一时,收听美国全国商会会长薛白莱,及美国商务部远东司司长毛萨特为庆祝中美贸易周,于华盛顿作对华无线电广播演说。十一时十五分,我国由吴市长及贝淞荪先后向美国作无线电广播答词。(《申报》1936年5月23日)

5月28日 龙门师范学校于致美酒楼举行年会。议决于一年内完成会所及建立袁观澜先生铜像。选举吴开先、狄膺、穆藕初、沈信卿为监事,顾树森、陈公素、周斐成、陈济成、张咏春、孙祖基为理事。(《申报》1936年6月3日)

春 与谈养吾赴苏州蟢山察看谈所择山地,先生对该地"极为赏识",遂兴建寿茔。① 谈养吾复穆伯华函云:"按地理形势理气,实为吾人应知之常识。凡有学识经验者,人人能辨之。溯自癸亥冬,得社员尤惜阴先生之介绍,得识令尊藕初老先生,迄今二十余年,相交如一日,莫逆中可称首屈一指,即苏州善人桥福地,当年于无意

---

① 寿茔占地二十亩。今属苏州市藏书镇天池村。2000年6月,编者访问当时参加建造穆坟的天池村十一组冯林宝(时年83岁),她说:"坟地是穆藕初先生生前请人所看中的,……他还出资为当地兴办学校,故当地人都称之为'穆老爷'。建造坟地的石匠作头叫潘伟丰。"

穆藕初与长子穆伯华合影

中得之,贡之尊府。令尊到地察看,极为赏识,作为寿域,此民国二十五年春季之事也。概而鸠工兴筑,为时数月,既告成。翌年中日事变发生,令尊避难内地,阔别十余年,不料自此永别,古云'人生如大梦',诚不诬也。"(《玄空本义》第九卷《复本市穆伯华函》,戊子年七月二十八日)穆伯华《先德追怀录》云:"民国二十五年秋,偶得蟠山之阳地基一处,在姑苏阊门外善人桥北,旺山桥迤西里许,兴筑寿茔,曾谓'但求避蚊水而已。若欲得牛眠之地,龙耳之穴,以为子孙荣华计,谬矣! 祸福在心,非在地也。'是年冬,茔成。"(手稿)

6月10日 上午十一时,与杜月笙、黄炎培、吕岳泉、陈子馨、潘志文、瞿绍伊等开谈话会。商鱼市场复车溺毙之王永奎等人之家属请求杜月笙援助抚恤等事。(浦东同乡会档案)后开浦东同乡会理事会,继续讨论同仁昌渔行溺毙同乡抚恤事,及理事张某良追悼会、以及新会所落成委员会组成人选。(同上)

6月12日 黄炎培"偕又玄访藕初"。(《黄炎培日记》)

6月16日 与黄炎培、江问渔、杨卫玉于寓所长谈。(同上)

6月19日 赴地方协会,与黄炎培、杜月笙谈。晚,应蒋介石之招,与秦润卿、王云五、张寿镛、汪伯奇、潘公弼、郭顺、黄炎培等乘夜车赴南京。(同上)

6月20日 晨,抵南京。黄炎培记云:"晨到下关,军事委员会以车迎入中央饭店。来迎者赵一琴(世鼎,松江交际科长)、罗亚雄(东藩,交际副官)。陈布雷来。游陵园、农场温室,同行者俱谈家庭身世,吾提二句,无人而不自得,知其不可为而为之。午,将院长招餐于其家,(陵园新村遗族学校对面孔宅),谈西南问题。兼及爱惜民力、壮丁训练、学生军训、教师训练、走私。余力主避免武力解决。到中央农事试验场(孝陵卫)参观,见钱天鹤、钱家孙、沈宗翰夫人(麦作专家),参观陵园农场。"(同上)《申报》报道云:"十一时三刻谒蒋院长,并由蒋氏招待午餐。闻蒋氏对时局表示以整个国家为重,冀以诚信相见、弭患无形。① 盼各界领袖转达各方,并

---

① 1936年6月11日,陈济棠、白崇禧等电蒋介石以动员抗日为名,组成"抗日救国西南联军"并以进军逼近衡阳,与蒋介石军队发生战事,并连日继续向北推进。

垂询沪各业情形。下午分访实长吴鼎昌、矿长张嘉璈等。除穆氏因私事留京外,余均于当晚车返沪。"(《申报》1936 年 6 月 21 日)

7 月 1 日 赴职业教育社,与黄炎培"商定社预算。"(《黄炎培日记》)

同日 《交易所周刊》第二卷第九、第十、第十一、第十二、第十三、第十四期合刊"华北走私特辑"出版。本期要目:华北私运真相与检讨(潘明)、走私与中国国民经济之关系(何敬斋)、华北走私问题严重性(方培性)、走私实况、华北走私税收损失统计(海关统计公布)、中央通讯社对于造谣日本报之反驳、日本商界对走私之调查。(原刊)

7 月 2 日 下午五时,出席市参议会、市商会及地方协会于国际饭店举行的欢送日驻沪领事石射猪太郎茶话会。王晓籁、杜月笙主席,市长吴铁城、淞沪警备司令杨虎、外交部驻沪办事处主任周珏、市教育局长潘公展、日使馆秘书中田、领事杉原、副领事川畑等六十余人出席。王晓籁致词欢送。石射定五日乘日邮"浅间丸"启程回国。(《申报》1936 年 7 月 3 日)

7 月 4 日 在南京。上午九时,赴实业部大礼堂出席国民经济建设运动委员会成立大会。国民政府要员及各委员、专员约二百余人与会。会长蒋介石主席并致词。主任筹委吴鼎昌报告筹备经过,"末陈述其个人关国民经济建设之感想,以为在积极方面固应建设各种重要之事业,消极方面并可由衣食住行做去。"次孙科致词。国民经济建设委员会组织人选由党部、院部会、学校校长、实业界、华侨各界知名人士组成。先生以棉业统制委员会委员身份加入。(《交易所周刊》第二卷第十七期)

7 月 7 日 出席位育小学第二届、高小第四届、初小、幼稚园毕业典礼。"同时展览全校儿童国防研究的成绩,全体师生暨来宾约七八百人,济济一堂,颇极一时之盛。"校长杨卫玉报告,先生、江问渔训话,蔡元培夫人演说,并给凭给奖。继由毕业生答辞,"殿之以各级游艺活泼泼的表演,博得掌声不少。"(《申报》1936 年 7 月 8 日)

同日 与黄炎培、钱新之、王晓籁"到月笙处报告西南状况。"(《黄炎培日记》)

7 月 9 日 中午,于国际饭店出席正始中学校董会。董事长杜月笙致开会词,校长陈人鹤报告开校五年经过,并述建筑新校舍及今后发展计划。次由吴市长沟、虞洽卿、钱新之、唐新民、先生、黄炎培、王晓籁诸校董相继发言,"决定成立正始中学建筑校舍基金募捐委员会,当场公定认捐五十万元,日内即行登报招标建筑新校舍,限本年底全部竣工。"(《申报》1936 年 7 月 10 日)

7 月 10 日 上海市商会举行第二次执行委员会议。决议组织各股委员会,先生被聘为公断委员。(《申报》1936 年 7 月 11 日)

7月11日　与黄炎培联名致蒋介石函,"报告走私问题进行状况。托陈布雷代陈。"(《黄炎培日记》)

同日　《交易所周刊》第二卷第十五、第十六期合刊出版。本期要目:世界经济及其动向(杨林)、我国外商银行之现势(吉迪)、本年第一季之全国对外贸易(高洁)、四月份的全国对外贸易(志翔)、四月份的上海对外贸易(志翔)、交易所一周间(陈济成等)。(原刊)

7月21日　下午五时,出席上海市地方协会第四届年会。到者有郭秉文、杜月笙、江问渔、任矜蘋、潘志文等五十余人。杜月笙主席,黄炎培报告一年度会务经过,议决下半年预算,及推进农村事业等各项要案。次改选,杜月笙、钱新之连任正副会长。(《申报》1936年7月22日)

同日　《交易所周刊》第二卷第十七期"国民经济建设运动特辑"出版。本期要目:国民经济建设运动委员会的全貌(成立大会记详)、国民经济建设运动之意义及其实施(蒋中正)、国民经济建设运动之意义(吴鼎昌)、国民经济建设实施方案之商榷(祝平)、国民经济建设运动会(舆论选辑《大公报》)、交易所一周间(陈济成等)。(原刊)

7月25日　陈济成长子一冰与著名矿商何甘棠孙女琼瑛女士结婚嘉礼于胶州路潘园举行,先生应邀出席并证婚。"仪式颇为隆重。晚间六时起,更由沪上名票王晓籁等相继表演名剧,节目精彩,备极盛况。"(《申报》1936年7月26日)

7月30日　《交易所周刊》第二卷第十八期"罗斯特辑"出版。本期要目:李滋罗斯第二次赴日与回国(澄观)、时论特选(罗斯赴日《申报》)、英日在华经济提携问题(《大公报》)、李滋罗斯由日本回沪(《大公报》)、本年五月份之中国对外贸易(高洁)、交易所一周间(陈济成等)。

《编辑之话》(署名编者)指出日本侵略中国得寸进尺之野心及与英国的矛盾。云:

> 据七月二十二日路透社东京电,日本外、陆、海三相会议后,曾发表半官式宣言,说"中国政府如忽视日本的特殊地位,则日本对华北的政策将更趋强硬。"其政策究竟将"强硬"到何种程度,现在当然不得而知。可是无论如何,这些充分带有威胁性的话,是有所指而发的。从天羽声明直到现在,国际与中国的局面虽一变再变,但日本独吞中国的野心,却一日没有放松,反之并且着着在推进中。本刊历次所出的"走私"、"罗斯"以至上期的"国民经济建设运动"等等特辑,用意变在说明日本侵略中国的现阶段——日本怎样得寸进尺,列强怎样谋与日本和平解决(瓜分),中国怎样自己起来挣扎,求存。试一细心辨别本刊所贡献的这些不加雕琢底材料,对于当前的国难,大概不难得到一个轮廓

的概念吧！谁都知道从东京制造出来的"中德密约"、"中美借款"等等空气,已不攻自破了。日本也充分知道,在吞并中国的过程中所首先遇到的敌手,将是英国。那末负英国政府重大使命来华的罗斯爵士,其行动自极值得我们注意,更因为七月廿二日路透社的电讯,使我们益感觉有续出这"罗斯特辑"的必要。匆匆收集资料付梓,容有遗漏,但希望读者们能以观察的细心,来补救我们的疏忽。

（原刊）

8 月 2 日　下午五时,出席环球学生会举行的各团体欢送出洋学生筹备会议。到者有环球学生会朱少屏、吴德寅,市教育局史维聪,地方协会郭秉文、邹秉文,市商会王晓籁,市教育会黄造雄,职业教育社施舍及院校、报社等二十余团体代表三十余人。朱少屏主席,定本月十六日下午四时假市府大礼堂举,请唐绍仪演说。此次欢送会由市教育局发起。(《申报》1936 年 8 月 3 日)

8 月 5 日　访黄炎培,"500 转江希明"。(《黄炎培日记》)

8 月 6 日　《交易所周刊》第二卷第十九期出版。本期要目:世界经济情报(德国统制经济概况(上)(澄观)、我国银行业的新趋向(舆论)、我国仓库业述略(慕柳)、五月份之上海对外贸易(高志翔)、交易所一周间(恽艺超等)。(原刊)

8 月 10 日　为浦东同乡会会所募捐,与黄炎培、吕岳泉、顾道生"招餐大西洋"。(《黄炎培日记》)

8 月 13 日　《交易所周刊》第二卷第二十期出版。本期要目:最近物价的趋向及其前途(予琼)、调查资料(四川的农村经济(志超)、晚近各银行储蓄存款比较)、中国的工业化(廉如)、经济消息(法币政策实施后我国的金融)、附录(实业部通知交易所联合会文件、交易所一周间(恽艺超等)。(原刊)

8 月 14 日　毛泽东致函冯雪峰,[①]希望与虞洽卿、穆藕初联络。云:"宋孔欧美派,冯玉祥派,覃振派,特别是黄埔系中之陈诚、胡宗南,须多方设法直接间接找人接洽,一有端绪,即行告我。你的通信方法务要改得十分机密。董牧师要他专管接洽欧美派并与我处直接联络,不经过你,以免生事。各种上层接洽之事,望写一报告来。刘子清关系要弄得十分好,使他专心为我们奔走华北,旅费我处供给。虞洽卿、穆藕初有联络希望否?"(《新文学史料》1992 年第 4 期)

8 月 16 日　下午四时,出席市教育局二十三团体举行的联合欢送出洋学生大

---

① 1935 年 2 月,中共中央在瓦窑堡政治局会议上,提出了抗日民族统一战线的主张。1936 年 4 月派冯雪峰作为中共中央来沪特派员重建党组织,更重要的使命就是做国民党上层以及各个方面的抗日统一战线工作。冯是否与先生联系过,不详。

会。到者有市长吴铁城、警备司令杨啸天、工务局沈怡、公安局蔡劲军、市教育局代表蒋建白、交通大学胡端行、暨南大学杜佐周、光华大学秦勉庵、沪江大学刘湛恩、市商会王晓籁、地方协会杜月笙、市教育会黄造雄、职业教育社施养男、国际四题研究会徐新六、德与瑞同学会何震亚、《申报》马崇淦、《新闻报》汪伯奇、《民报》朱翊新、《中华日报》黄折衡、《教育日报》陈东白、《上海新闻社》朱志鸣、《大陆报》董显光、商务印书馆黄警顽、中华书局程石笙、世界书局赵侣青及各出洋学生等五百余人。吴市长致欢送词，云："国家今日的青年，如能真心真意为我们的国家，为我们的民众而去留学，则我们当为国家庆幸。希望各位此去留学，不但要求书本上的学问，并且要居留国多多的考察欧美各国富强之道。"次张法尧演说，"报告欧美各国生活状况"。王晓籁演说，"其演词除勖勉出洋学生在学问上用功夫外，并希望环球学生会于留学生回国以后的情形作一报告。先生（地方协会代表）、刘湛恩等相继演说。末学生代表沈世致答词。（《申报》1936 年 8 月 17 日）

8 月 22 日　招蔡元培聚餐。《蔡元培日记》云："晚，穆藕初招饮，谢之。"（《蔡元培全集》第 16 卷，第 487 页）

同日　《交易所周刊》第二卷第二十一期出版。本期要目：异动前广东临时地税及其批评（建昌）、调查资料（日人统制下之华北纺织业、日本合作事业之五年计划、日人统制下积极发展中之热河经济）、交易所一周间。（原刊）

杜重远赠穆藕初王大凡
所作《白居易诗意》花瓶

8 月 29 日　下午二时，赴马浪路通惠小学，出席本市营造厂同业公会、建筑协会、木材业同业公会及浦东同乡会举行的张效良追悼会。到各界人士千余人。张继光致开会辞，杜彦耿报告张氏生平事略。继黄炎培、王晓籁演说。张效良姊丈朱吟江及长次子张寿庚、张寿松致谢词。（《申报》1936 年 8 月 30 日）

8 月底　毕云程从香港返沪，先生邀其回豫丰纱厂驻沪办事处工作。毕云程《韬奋与生活书店》一文云："八月底我回到上海，因为留在生活书店有危险，由韬奋和穆藕初商定，邀我再回到豫丰纱厂驻沪办事处工作。（原载上海《文史资料选辑》第 1 辑，1979 年 3 月，引自《韬奋挚友毕云程》第 136 页）

夏　杜重远赠先生王大凡（"珠山八友"之一）所作粉彩白居易诗意人物花瓶。题款："棹遣秃头奴子拨，茶教纤手侍儿煎。时在丙子季夏之月，藕初先生清赏，杜重远敬赠，黟山大凡王埜画于昌江客次"。（原件）

9 月 2 日　致北平冀察政委会及南京国民政府电，痛斥特货新税种种弊端，呼吁废除此税。前电云："北平冀察政委会宋委员长明轩暨各委员钧鉴：报载贵会对于运入冀察之特货将征新税，的合本国关税八分之一，殊深縈燚惑。此举不啻以前海关所认为私货而扣留者，一变为合法输入品，可自由转运国内，各处不受任何留难，是实破坏海关行政之统一，摧残国内实业之复兴，压迫国民经济之发展，捣乱全国财政之预算，经济侵略之惨烈甚于武力。我公支持危局，煞费苦心，爱国赤诚，万方共仰，明达如公，当不出此。惟万一见请实施，则国家命脉，国民生计，完全断送。务恳尽力折冲，废除此举，为国家经济留一线生机，是所至幸。弟与我公有一日之雅，不忍清誉之有玷，冒渎陈辞，至希赐复。穆湘玥。冬印。"后电云："南京行政院蒋院长、财政部孔部长、实业部吴部长勋鉴：顷致北平冀察政委会宋委员长哲元一电，文曰……（文字同上——编著者注），请赐鉴核，恳即予制止，全国幸甚。穆湘玥。冬印。"（《申报》1936 年 9 月 3 日）

同日　《交易所周刊》第二卷第二十二期出版。本期要目：由安定景气转变为军需景气的英国经济（郑世灏）、调查资料（全国农田面积统计、中国经济之现势（田中忠夫）、本年四五两月生气指数、天津棉纱业概况（吉惠）、新辅币发行额）、交易所一周间（陈济成等）。（原刊）

9 月 8 日　上午十一时，与黄炎培、张伯初等"赴杜先生处，商同乡会新会所建筑事。"（《黄炎培日记》）

同日　中华职业教育社评议员选举，沈信卿、黄炎培、先生为监票人。（《上海中华职业教育社志》第 115 页）

9 月 12 日　北平冀察政务委员会复先生电（"财"字第四二一零号快邮代电），为所设新税辩解，并称"三数月后即当停止"。电云："上海市商会穆藕初先生台鉴：冬电诵悉，走私之风，近益猖獗，华北居非常地位，更未便取放任主义，而各地私货屯集，若不设法清理，恐海关有鞭长莫及之虞。是以为俯顺商情，因地制宜计，拟将沧盐海防各口稽查处改为冀察稽查处。对于各种私货，施以稽查。其稽查范围只限于已经上陆偷漏之私货，换言之，即系已越过海关防线，而运输在途或流入内地商人之手者，与海关税收当无影响。此种办法，尚未实行，原系补助缉私性质，一俟稽查就绪，已来之货，既不致积滞扣留，影响商业；未来之货，亦必有所警惕，逐渐减少。三数月后即当停止，并非永久存在之举。至于当日沧盐海防各口稽查处之设立，不过查缉私运，并未征收税款。报载按关税八分之一收税一节，或系传闻之误，殊与事实不符。承询特复。冀察政务委员会。"（《申报》1936 年 9 月 13 日）

9 月 13 日　于天津《大公报》发表《复兴中国国民经济之唯一途径》一文，摘录如下：

一

近十数年间,世界各国因生产率之不均衡,工业先进者以其优厚之经济势力,侵略弱小国家,而生产落后者,备受其蹂躏。第一次争夺殖民地之世界大战血迹未干,第二次世界重分殖民地之战云又密布矣。吾人以为世界之纷乱,人类之惨劫,非缘于生产之过剩,实缘于生产之不足。盖一国之生产不足,对外则形成贸易入超,经济命脉为人控制,以致外患无从抵御。对内则形成工商农业经济枯竭,国民生活困难,国家财政税收低落,驯至匪患蜂起,无力□平,社会经济崩溃,无力挽救,天灾袭击,无力预防,而国家民族危机,若千钧之垂于一发。论者每谓资本主义发展之最高阶段为帝国主义,因生产之过剩,乃不得不求销纳过剩商品之尾闾。然此种生产过剩,事实上极为矛盾,且复究其内容,含有偏重之弊,于许多部门中,仍患生产不足之虑。又以帝国主义国家,一因工业之高度发展,需要丰富之资源;二因农产品之不敷供给,需要向外换取;三因准备战争,需要防止战时之经济封锁;四因失业恐慌,需要设法救济;于是只有向增加生产之方式中求其出路。

职是之故,"生产增加"乃为世之经济学者视世界经济重趋繁荣之唯一标识,而其努力之程度,亦实足惊人,就近来世界工业生产指数之升降而言,据德国国家统计局发表,至一九三五年已几达世界经济恐慌前之一九二九年生产水准,然此种工业生产增加,以军需工业为其主要成分,较之世界经济恐慌前之生产情形,已显然迥异,且有两特点足资陈述者:一为北美一般生产,于一九三三、一九三四两年,均为减少,足征金元王国已趋没落;二为非洲与海洋洲之生产指数,非仅逐渐增加,抑复几超一九二九年之水准,足征帝国主义经营殖民地之努力,此种经营虽完全建筑于经济榨取之关系上,然以殖民地新式产业之发展,逐渐完成其民族自决之物质条件。二目前欧洲帝国主义国家,其于增加生产之最努力者,首推德意两国,良以该两国之内在与外来,人力与天然环境所控制之下,不得不力求增加生产,以挽救国家危机,不若是,国内实力不足,徒以重分世界殖民地呼声,震惊国际;亦何补于事。德国在1929年大恐慌以后,以沙赫特氏之失业救济法案及农产品自给自足政策,至去年已有显著收获,此于其对外输出贸易上在去年已转变为出超一点,可以窥见。

三

吾人将世界生产状况,检讨一周,反顾中国之生产情形,则洵有令人不寒而栗者。中国为民生主义之国家,人民衣食住行解决之条件,莫不建筑于生产基础之上,抑复值此国际霾云密布,外寇深入之时,经济国防,须达自给自足之境,人民资力,须不忧枯竭,国家财政,须措置裕如。是故国民政府成立以还,即努力从事于增加生产工作，徒以国家环境，困于次殖民地经济状态之中，封建势力，根深蒂固，政治实权既未统一，而水旱天灾，相继侵凌，国民经济，于是每况愈下；然十年来努力之结果，亦不无足述，试举实例：一为形成几处大都市之金融集中，一为交通事业迅速之发达；然此乃造成便利帝国主义商品输入之条件，仅为一种次殖民地经济发展之一般状态而已。若言生产，十年来非但未见增加，且反形减缩，此于对外贸易之逐年输出减少上，可见一斑。输入贸易，近年虽亦渐形减少，然减少之最大原因非缘于中国生产力之增加，乃为中国购买力之逐年消沉所致，而最近则巨额走私货物亦未计入，且每年入超数额实际不止此数，因军火输入未尝统计入内也。至出口数量亦逐年低落，且此项输出数额，犹恃各国军需景气之直接或间接关系为之维持，其反映于中国经济凋敝之严重，至属明显。

<h2 style="text-align:center">五</h2>

次就工商业言，近年来中国工商业困于外货倾销，国内购买力低弱，凋敝已达极度。且过去政府目击此种危境，非唯不事设法救济，且反加重苛捐杂税之剥削，而其利润建筑于工商业繁荣之国内金融业，亦复若秦人视越人之肥瘦，苟无利益之可图，从未肯一加援手。然以工商业之不振，都市枯窘之象，日加深重，吾人统计去年一年间上海工商金融等业倒闭停业之数量，可资左证：查去年全年上海各业清理者计 801 家，收束者计 26 家，解散者 1 家，停业者 6 家，停工者 61 家，全年总计达 895 家之多。

<h2 style="text-align:center">六</h2>

工商农业为国家经济命脉所系，中国于此等部门既均破产，非仅人民生活，如处水深火热之中，而政府方面，自亦遭受严重之打击。是故政府筹谋挽救之道，至为亟亟，新政百出，图作艰危之挣扎，然新政推行，需款孔亟，而外患深入，国防建设日迫，内外国债类又相继到期，未可空言搪塞，于是除发行大批公债外，最近又不得不努力推行新税制，以裕收入；增加法币数量，以融通筹码；更统制重要产品之制作与贸易，以资挹注；而于重要工商农业之巍巍欲倒者，且能拨款予以支持焉。虽然，吾人对此有未能已于言者：

1. 一国若不节制其公债生活，不啻自陷入财政自杀之途；

2. 若不详酌国民经济能力，社会工商农业枯荣程度，如过分努力推行新税，适足加重摧残国民经济元气；

3. 法币过分膨胀，影响国内物价、人民生活及国际贸易者甚大，且准备金额流存国外，际此国际政局不宁中，易遭危险；

4. 统制重要产品之制作与贸易，如无通盘计划，易陷与民争利之覆辙，而

对于国民经济,非仅无补,且有大害;

5. 以过去复兴等公债,各种经济专门委员会及国家银行放款支持工商业及救济农业等之工作而言,因第一以人为对象而未尝以产业为对象;第二以间接方式出之而不以直接方式出之。故真实需要救济之工商农业本身,对此项救济工作,无丝毫关系,且因救济款项常被移作他用,救济机关开支浩大,以及中间人之剥削,所谓救济支出实际数额,渺乎其微,况因人之关系,不需救济者,坐领巨额救济费,亟需救济者,对救济费反可望而不可即。

综上所言,以经济手段图解决中国严重之经济难关,实为不可能之事,抑复治丝益棼,徒增加其危机而已。是以吾人以为解决中国严重之经济难关,唯有正本探源,寻求其症结之所在,施以根本之治疗,如是,则舍增加生产方法外,实无他途。

七

生产增加,从国防上言,可达自给自足之目的,从国民生活上言,可臻丰足安定之境地,而工商业之繁荣,农村之复兴,国民购买力之复活,国家财政岁收之兴旺,亦莫不以此为根本之条件。况生产之基础已固,循此以还,生生不息,不若以经济手段期挽救经济困难之仅能刺激于一时也。

虽然,生产方法之推进,自不能不为环境所囿,今幸中央政权,已归统一,故我政府之国民经济建设运动,应时而生,而其计划范围之庞大,人才之广罗,展望前途,自属令人欣喜者。

抑有进者,吾人认为当此国民经济建设运动勃兴之际,自应选择其急要之工作,分别进行,俾得奠定广大之基础。何谓急要之工作,就吾人意见,可分数端:

1. 改变一般人之错误思想:年来中国工业之失败,固由于外货倾销,兵匪蹂躏,赋税苛重以及国民购买力之锐减,然各部门工业内部不合理之劳资斗争,实当负重大责任,良以一般人思想,尝为新学说所洗染,而每忘其国内经济发展之程度及工业生产在民族自决斗争史上之重要,乃斤斤以争取不可能之工资率为务,而适居高楼大厦之自命同情于劳动阶级者,更从旁推波助澜,致使车覆舟沉,同罹巨难。殊不知国内实业家维持其艰危之工业,无利可图而犹苦心挣扎者:(1)为工业乃民族之命脉,有一分力则尽一分力以维持;(2)为对所营工业直接间接赖以生活者,不忍陷之于绝境。是以于国民经济建设之初,首为设法改革一般人之思想,使其有充分之觉悟,而将其内部自杀不合理之努力,转而协同努力于增加生产,共同站立于民族斗争之战线以求独立自决之途。

2. 励行保护政策:实行保护各个人之财产,俾无终日思危之心,而成为生产上直接间接之一成员;对正当之投资银行,须加保护与奖励,毋以其非国家经营之银行而生歧视,俾充实生产手段之资金;对国民之存款及信托款项,尤须制定严厉法制,加以保护,俾扩大国民资金之储蓄力。盖年来中国金融业,多受不景气影响,或存心谋取不正当利益,倒闭时闻,致人民胼手胝足之所存储款或信托款,瞬告消失。且政府事前既无防止办法,事后又不能严厉制裁与救济,以致负责者逍遥法外,储户莫由申诉,于是社会储蓄与信托事业渐失信仰,其影响于国民资力者,至为巨大。复次,对货运之安全,政府亦须切实负责保护,尤须铲除货运上之规弊及各种障碍,以使农工产品,得安然畅运于国境。

3. 安民于农:一般经济学者,以为复兴农村,恃农业技术之改进,已可收大效,但事实上则不然。吾人以为农村以农民为主要成员,农民如不能安于农村,农业生产技术改进,则失其依存之条件。论者每谓农村之苛捐杂税,为中国农民致命之伤,此固事实上所不能否认。然据吾人实地研究,其苦扰农民有较苛捐杂税为烈,且为政府所未尝注意者,即全国农村中之农蠹是也。

此辈农蠹,普遍生殖于全国各乡各村,以经济及人力之条件,造成巨大之特殊势力,无时无地不在摧残农民。此辈对上则婉转伪善,处处可人,对农民则狰狞压迫,猛如恶鬼,以致循吏则为其所欺,莫知黑幕,懦吏则为其所慑,惧不敢究,恶吏则互相勾结,为虎作伥,于是农民茹苦莫申,而上级官员,徒具救济农村之苦心,一以观察之不及,一以阻于此种恶势力,鲜有能收实效者。……

4. 整理及发展工业:立国于近代,工业生产乃为民族经济之命脉所系,国家对此,自应下最大努力。然工业一项,千头万绪,非仅各部门之工业情形不同,即同一部门之工业,设置于同一地域,而其详情细节,自亦迥异。如生产工具之新旧,生产率之强弱,组织之张弛,主要负责人之良窳等等皆是。是故政府应就每一工场,逐个整理,并加以积极之指导,其中如遇账目清楚,经理干练而廉洁,组织较善而有较好之希望者,督促其整理而助其发展,否则,采取断然主张,加以改组。盖若不分优劣,一律加以"维持",此仅可称为"赈济"而不可称为"救济",且需款巨而于工业前途仍无补也。

十二

凡上所述之棉、丝、桐油、茶等,皆为中国国民经济上最大之财源,且以天然条件秉赋独优,基础早奠,故先行从事努力增加生产运动,然后将其他各业,逐渐推行,以达国际贸易出入超平衡之第一步目的,则工商业自趋繁荣,而国民经济之日裕,可不待言。

尤重要者,吾人以为国民经济建设运动,增加生产之道,须探本寻源,先排除各业生产之障碍,而后计划方能畅行无阻,否则,徒事亟亟虚浮之统制及所谓改良技术,适足以增重各业之危机,于增加生产之实际工作,殊恐无补于事也。

(同日天津《大公报》;《文集》第 335 页)

9 月 19 日 《交易所周刊》第二卷第二十三期出版。本期要目:最近世界贸易战的总检讨(郑世灏)、我国所得税开征的搜讨(文平)、我国米业现势(吉惠)、交易所一周间(陈济成等)。(原刊)

9 月 20 日 穆氏文社征求第三届社员开始。《穆氏文社征社员》消息云:"实业家穆藕初氏为扶助职业界青年进修国文起见,于去年斥资创设穆氏文社,特的国学界名宿与教育界先进陈陶遗、沈信卿、贾季英、黄任之、江问渔、叶圣陶、夏丏尊、严鄂声、杨卫玉、李肖白、潘仰尧、姚惠泉诸君为导师,并聘陆伯羽君主持其事。凡入社者每学期只须纳费四元即可享受修改作文与指导读书之权利,作文成绩有特殊进步者并得享受奖金。社址设上海华龙路中华职业教育内,业已举行两届。刻第三届征求社员二百人,已九月二十日开始。有志研习国文者,希勿失良机,印有《章程》,函索附邮一分即寄。"(《申报》1936 年 10 月 3 日)

9 月 26 日 下午五时,与杜月笙、黄炎培、钱新之、王晓籁、卢作孚、张伯初、沈信卿、李公朴、赵君迈、邹秉文、林康侯、王造时、杨卫玉等会商时局。"藕初报告,推月笙、新之、晓籁向市长请示,召集各界开会。"(《黄炎培日记》)

9 月 27 日 上午九时,于青年会出席中国经济学社第十届年会开幕式。计到社员及各界来宾二百余人。黎照寰社长主席,致词云:"我们对于当前的经济问题,常常没有一定的方针,假使有了,也是一人一省或一个区域的,而不是全国的。所以我们除非能够明白目前的处境,又能够了解将来的趋向,而共明定。更且共守一个国家的政策,然后国难或非常两个字才不致毫无意义,而仅仅变成一个空洞的名词。我们在这里所讨论的,虽或不能尽是具体化,然与我国所应当采取的农、矿、工商、运输、财政以及银行等各种经济政策,必有关系。这各种经济的活动和当前的难关,实在是纠缠不清,所以我们讨论,不能不照一定的步骤,各人的见解或有不同,又因为限于时间,不能议论透辟详尽,但鄙人极望这次会议能够得到若干结论,至少可以引起更进一步的研究。"次由市党部代表何元明、财政部长孔祥熙、市长吴铁城代表章渊若、社会局潘局长代表孙咏沂等相继演说。立法院孙院长临时因要公不克来沪参加,昨晨特以长途电话祝中国经济学社前途成功。中午,先生等上海社员于青年会设宴招待全体社员,唐庆增致欢迎词,陈其采代表社员答谢。下午二时,中国经济学社开辩论会,题为《中国施行新金融政策应求内价稳定乎? 抑求外

汇稳定乎?》。此次年会会期五天。(《申报》1936 年 9 月 28 日)

同日 下午七时,市商会暨工商各社团于银行公会举行欢迎中国经济学社全体社员宴会,先生应邀出席。到者有王晓籁、杜月笙、徐寄顾、金润庠、贾延芳、马寅初、吴肖园、周仲千、李云良、徐素君等一百二十余人。王晓籁致词。马寅初演说,"略谓本社组织与其他学术团体稍有不同之处,即本社分子以罗致学者及事业家为依归。学者研究学理,事业家有实际经验,互相印证,彼此参考,以求经济事业之进展,而奠定国计民生。"继由社长黎照寰致词答谢,及钱新之、黄炎培、先生等演说。(同上)

9 月 28 日 下午七时,出席中央银行于陆家路行员俱乐部举行的公宴中国经济学社社员。到者有李权时、马寅初、黎照寰、程绍德、潘仰尧等一百二十余人。孔祥熙代表傅汝霖主席,致欢迎词。次由经济学前辈陈锦涛及孙总理老友郑照相继演说。末由马寅初、穆藕初、李权时等各说笑话一则。至九时余始尽欢而散。(《申报》1936 年 9 月 29 日)

9 月 29 日 中午,出席上海市长吴铁城于市府大礼堂举行的欢迎中国经济学社全体社员会宴会。秘书长俞鸿钧、秘书张廷荣等作陪。吴市长致欢迎词。先生致谢词云:"今天承蒙吴市长欢宴、特代表全体社员谢谢。上海各项建设之猛进,实现大上海计划,此为市长之功也。市中心区伟大之建设,各位社员均已目睹,所以希望各位社员将上海建设印象向内地宣传,以上海为范围,仿照从事建设。上海工商业之不景气,虽经市长竭力设法谋救济,奈因环境恶劣,致未达到目的。预料再三五年后,市长之大上海计划,可以完成。市长之愿望,可以达到。"(《申报》1936 年 9 月 30 日)

10 月 1 日 上午十一时半,赴宁波同乡会出席各界为纪念虞洽卿旅沪五十五年纪念,暨发起将西藏路改名虞洽卿路庆祝大会。到者有工部局总董安诺德、总办费利溥、总裁费信惇、会办信尔、美总领戈土、税务司梅乐和、吴市长及各界名人。王晓籁主席,报告庆祝意义。工部局总董安诺德致祝词。末由虞洽卿致词答谢。仪式极为隆重。(《申报》1936 年 10 月 2 日)

同日 下午五时,于国际饭店二楼出席中国经济学社第十三届年会闭幕式。同时举办盛大茶会,答谢各界。马寅初致闭幕词。胡庆荣、奚玉书、傅汝霖、朱少屏、卜凯等相继演说,"对于该社此次年会,于目前中国社会经济上之重要问题有伟大之贡献,国家经济问题已为一般人所公认为社会国家之重要问题,而经济学社同人,能本其学术上及事业上所得者,以贡献于社会国家,实有莫大利益,今后希望能本此精神为国家社会努力。"(同上)

10 月 5 日 夜,招黄炎培、沈信卿、夏颂来饮。黄"为藕初题生圹联:可乐几曾输爽垲,无生得此亦菀裘。朋来每获论文乐,书拙还须造句新。雨余容毂穿云林,村外邻钟当晓鸡。晴窗更喜连宵鱼,……(手稿仅有上联——编著者注)"(《黄炎培日记》)

10月6日 下午五时,于中汇大楼出席上海市地方协会秋季大会。到者有江问渔、王揆生、项康元、陶百川、刘湛恩、李公朴、秦润卿等四十余人。会长杜月笙致开会词。总秘书黄炎培报告本年度秋季工作,分"时事研究""调宣专门人才"、"国货运动"、"农村改进"、"平民教养"、"上海市统计"、"赞助事项"等。末由陶白川讲演《欧美环游所见》、庞京周讲演《西游记》、朱学范讲演《意德劳工状况》。(《申报》1936年10月7日)

10月10日 《交易所周刊》第二卷第二十四期出版。本期要目:金集团的现状及其前途(张华)、新年度的世界原棉(汤澄观)、交易所经纪人或会员(吴德培)、交易所一周间(陈济成等)。(原刊)

10月11日 于《生活星期刊》发表《中国棉纺织业的挣扎》一文。云:"棉纺织业是中国最大的民族工业,而且在国内轻工业中的投资,要算它最巨"。先生阐述棉纺织工业、棉花两面严峻现状,先生指出:"英日在华设厂的雄厚势力……给予方在萌芽期的中国棉纺织业,不啻是致命之伤。""日商纱厂在中国的势力更大了,不但中国纱厂受其严重的压迫,而且历年被吸收去的国民经济,真是无从计算。……现在日商纱厂,更藉着军事的势力,对中国华北的各纱厂,大肆压迫。在钟纺、大日本纺、金藤纺、东洋纺等会社合作之下,一方面积极扩充青津各地的纱线锭,一方面收买天津六大华商纱厂。现在裕大、裕元、华新、宝成,已相继入于日人掌握,即北洋、恒源两厂,虽尚在中国银团诚孚信托公司之手,努力支持,然因日方势力的压迫,亦非常危险。……中国是一个大陆农业国家,气候和土质又非常宜于植棉,其生产量现在已次于北美印度,而居世界产棉国之第三位。但是因为历年农村的破产,兵灾匪患的袭击,棉纺织业界虽努力从事植棉工作,而生产量非但没有增加,反形减少。全国棉花生产总额,在民国十一年为八百三十万余担,到了民国二十四年反少了十六万万八千余担。中国棉花生产量的停滞,使不敷供给消费量的增加问题,愈趋严重;又以历年大批美印棉的输入,漏卮真是不小。而且中国棉花的价格涨落,因此反常常被外棉控制,实足令人痛心。中国棉花生产的危机,且已随日本积极侵略中国的程度而激进。占全国棉地面积的百分之三十的冀晋鲁三省棉田一千七百余万亩,事实上已为日本在'开发华北经济'口号下而遭夺取,由满铁公司来经营。"先生指出必须由政府的力量来挽救中国棉纺织业的危机,云:

综说到中国棉纺织业,因为深受到(一)全国经济恐慌,(二)国家保障毫无,(三)外国棉纺织品喧宾夺主,(四)帝国主义的武力侵略;已经达到危机的最高峰。但是我们就让它自然地没落吗? 不! 因为我们这时不努力设法挽救它,则非但中国这项民族工业被人完全夺取,抑且中国民族要永沉海底!

在中国的棉纺织业,有天赋的广大的原料产地,有低廉的工资成本,更有广大的国民需要市场,我们必须要自己来利用它,我们绝对不能被别个民族来利用和夺取。在我的意见,以为挽救中国棉纺织业的危机,必须由政府的力量,把全国垂危的、零乱的、分散的棉纺织业,集中起来,增厚它的经济实力,在一个有系统的组织下经营。这样才可以一方面去抵御外商纱厂的压迫,一方面健全和发展中国棉纺织业的本体,而奠定了中国国民衣被的基础。

(《生活星期刊》第一卷第十九期;《文集》第 344 页)

10 月 20 日　棉纺织染实验馆于万国总会邀宴沪上棉纺织界人士,先生出席并致词。(《纺织日报》1326 号,1936 年 10 月 22 日)

10 月 21 日　与上海教育、实业界人士王培孙、褚辅成、沙彦楷、方液仙、沈信卿等一百二十四人,就时局紧迫联名发表致国民党政府主席林森等通电。云:"中日交涉已到严重关头,同人深信政府必能根据历次宣言,在决不丧权辱国原则之下坚毅折冲。惟窃有虑者,对方阴谋百出,以前之侵吾主权,略吾土地,无一不是用非法手段,造成事实,诱我默认。现在交涉尚未开始,而察绥接济匪军,汉(口)宜(昌)增兵设警,冀沪越界演习,丰台藉端占据。凡此种种,俱系越出国交常规,包藏祸心,妇孺皆知,应请我政府一面迅提抗议,一面严令所属,苟有轨外行动,立以武力制止,遏未来之萌孽,收已失之桑榆,万勿存投鼠忌器之心,贻噬脐莫及之悔。"(《国讯》第一百四十四期)

10 月 26 日　下午四时,出席黄金荣次子黄源焘结婚嘉礼。党政要人、在野名流齐送礼祝贺。来宾数千人"济济跄抢,盛极一时。仪仗彩舆于午后四时抵达黄氏花园礼堂、旋即举行结婚典礼,仪式悉遵古制。当行礼时,航空协会特派之飞机师驾驶飞机,翱翔天半,表演各种飞行技术,以伸庆贺。并散发标语传单,一时彩屑缤纷,欢声雷动。晚间开演平剧,以娱来宾。"(《申报》1936 年 10 月 27 日)

10 月 28 日　《交易所周刊》第二卷第二十五期出版。本期要目:利用交易所以缓和丰灾议(同人)、苏联所得税制度的演变(井廉)、国民经济建设中调协劳资关系的心理建设(吴知)、冀察征消费税之得失(惊石)、交易所一周间(陈济成等)。(原刊)

10 月 29 日　日前,有甲乙两商人于华商纱布交易所交易棉花十余万包,乙商人认为所交之花不合标准,甲乙两商人自行谈判无效,由乙向第一特区法院起诉。法院令华商纱布交易所"对甲之棉花栈单予以假扣押、以资打样试验质量。"嗣经华商纱布交易所调查,并无甲乙两户名,据情呈复法院。本日,第一特区法院令,"仍遵前令办理"。本日下午二时，与闻兰亭赴第一特区法院谒郭院长，"陈述假扣押事实上困难之理由，请求收回成命。由承办书官代见，至下午三时许始辞出。"晚，新新社记者向该交易所探悉，第一特区法院已允予以变通办理，所以明日交易所之交割可无问题。(《申报》1936 年 10 月 30 日)

10 月 30 日　穆氏文社第三届征求社员截至。《穆氏文社征求讯》报道云："上海华龙路八十号穆氏文社，系实业家穆藕初专为指导职业界青年修养国文而设，特聘国学专家及教育先进为导师，业已办理两届，成绩甚佳。此次征求第三届社员，自九月二十日起至十月三十一日截止，十一月一日起开始寄发习题。此次征求社员二百名，报名者异常踊跃，至本日止所余名额不多，业定准期结束。惟远道学者，会寄自述文，业由该社评定程度。寄发入社通知者，该社特准延期数日，办理入社手续、以免向隅。"(同日《申报》)

同日　华商纱布交易所复实业部部长吴鼎昌文，就实业部第四八九六八号通知规定花商四项办法，提出质疑。云："以上四项办法，大体均系根据原具呈人之请求，……大部对于此事鉴空衡平，毫无成见，不过因原具呈人攻击属所，有放任过分投机志在营利等语，为此危词所动，遂有此举。……又按原具呈人此次所主张纠正各点，其中或已为属所所早经施行者，……至其余一二节，自表面观之似乎足使投机者有所戒心，但自实际言之，不特不足遏抑投机者之活跃，且反使正当花纱商人无从套做买卖，失其圆滑资金之效能，企业、金融两界，交受其困，固不仅属所之区区利害而已。原呈对于属所营业方针、管理方法、颇涉误会，而于立法之原旨，以及近代经济社会之机构，亦多隔阂，故虽繁征博引，吹求多端，而归根结蒂，仍系一味周内，用意何在，殊难索解。不幸属所未有机会趋前申述，致原具呈人指摘各点，朦邀采纳。而所决定三四项纠正办法，除属所早经施行者外，其余各端，衡诸事实，固多窒碍，即证诸行现法律，亦殊扞格难通。事关全国花纱业之荣瘁与全国企业金融之安危，属所职责所在，未敢缄默。迫得沥陈下情，伏乞俯赐鉴核，准予再度咨请财政部及棉业统制委员会派员会商，并令知属所派员列席面陈实际情形，俾于法律事实兼顾之下，别谋妥善办法，以宏实效，实为公便。"(同日《申报》)

10 月 31 日　与杜月笙等以浦东同乡会常务理事暨全体会员名义，电贺蒋介石五十寿辰。云："南京蒋委员长勋鉴：十月三十一日，欣逢钧座五秩揽揆之辰，正全国统一完成之日。卧薪尝胆，转危为安，奠民族以复兴，措国祚于□石。寿比岗高。欢闹海曲，敬此电祝。伏乞垂察。浦东同乡会常务理事杜镛、穆湘玥、黄炎培、沈葆义、吕岳泉暨全体会员同叩。"(底稿，浦东同乡会档案)

10 月下旬　刘少奇(时任中共中央北方局书记)就北平各大学教授发表《教授界对时局意见书》致电中共中央，并报告先生等积极响应情况。云：北平各大学教授徐炳昶、顾颉刚、张荫麟、杨秀峰等,包括左倾者、蓝衣社分子、国民党自由主义者在内的各派人士,联名发表《教授界对时局意见书》,向政府提出八项要求:①政府立即集中全国力量,在不丧国土不辱主权之原则下,对日交涉。②中日外交绝对公开,政府应将交涉情形随时公布。③反对日人干涉中国内政,及在华有非法军事行动与设置特务机关情事。④反对在中国领土内以任何名义成立由外力策动之特殊行政组织。⑤根本反对日本在华北有任何所谓特殊地位。⑥反对以外力开发华北,侵夺国家处理资源之主权。⑦政府应立即以武力制止走私活动。⑧政府应立即出兵绥东,协助原驻军队,剿伐借外力以作乱之土匪。文化教育界已发起签名运动,签名者已百余人。"沪黄炎培、穆藕初、津罗隆基等已从事响应,颇有扩大到各地各省之势"。同时,电告中共中央白区工作部负责人周恩来:"平津教授对外交宣言发表后,在广征签名,张东荪、罗隆基、陶希圣等已联合参加救亡。"(*中共中央文献研究室编《刘少奇年谱》(上)第93页*)

10月 浦东同乡会新会所开幕在即,全体理监事于某照相馆合影纪念。(照片原件)

浦东同乡会理监事合影(前排右七穆藕初)

11月4日 下午一时,赴四马路一枝香出席中华职教社董事会评议会暨中华职业学校校董会联席会议。到者有钱新之、欧元怀、廖茂如、朱吟江、王志莘、王云五等四十余人。"钱新之主席,由社办事部主任江问渔、杨卫玉,职校校长贾佛如报告社校两方近况。通过上年度决算,暨本年工作大纲。各董、评异常兴奋。因近来社内各事业如职业指导补习教育、农村改进均有特殊进展。尤以职校毕业生出路顺利为最大特色,计今年暑假毕业生一百四十六人,均得有相当工作,无一人赋闲,因之本年新生投考异常踊跃,现有学生一千五百余人,又附设工业补习班学生五百余人。该校现正努力于教材教法之研究,并谋指导及推广事业之发展。当由各董事议定筹划,增加免费学额及购地建筑各办法。方君椒伯即席认捐学额一名,添推

杜月笙君及姚鑫之君为校董。"(《申报》1936 年 11 月 5 日)

11 月 5 日　五孙女清芳①出生。

11 月 6 日　就 11 月 5 日实业部令纱布交易所自 6 日起停止开拍四月份花纱事,本日晨,先生乘欧亚航空公司沪新线机飞南京,向实业部长吴鼎昌请示。报告"十一月二日起至五日止总计四天已成之买卖交易,四月期纱一万八千六百五十包,花三万一千四百担,决另筹善后办法处置",及奉令停拍经过,"并要求对于已拍之四月份期纱花,准予通融。"(《申报》1936 年 11 月 8 日)

同日　纱布交易所常务理事闻兰亭等致函先生,报告交易所经纪人等就停拍四月份花纱反响。云:"弟等今早七时集所商量,为避重就轻计,议决先行揭示停止四月期新买卖,不料开拍至四月期,经纪人多不赞同,适余监理员电来询问市场情形,兰亭以电话语而不详,约即亲往面谈,而监理员以部令如是严重,断不能再有价格,嘱令停拍。兰亭即回所,适经纪人晚时开会,商议办法,即邀列席,有此机会已将揭示口头取消,静祈当系解决,今日共约长途电话两次,第一次敬悉我公安抵南京为慰;第二次始知已与部长面洽,得有生机,益嘱本所先用公函呈复实部。当即讬炳南先生撰稿电部,兹将电稿附呈请詧阅。此刻上海一方面暂告一段落,深为安静,请释怀。专祈我公佳音。为恐邮函航误时间,特着谢鸣时兄专程前来,如有回音可付带回。嘱约七八于星期日在冯宅谈话,已约定,专此布告。"(底稿,华商纱布交易所档案)

11 月 8 日　晨,由南京返沪。先生与记者云:"关于四月份已成交之期纱花处置办法,因最近涨落甚微,由买卖各户双方自动磋商解决,已无问题。"(《申报》1936 年11 月 9 日)

11 月 14 日　下午四时,与黄炎培、杜月笙、王晓籁、钱新之、陈光甫、林康侯、江问渔"共商绥远剿匪军慰劳问题"。②(《黄炎培日记》)

同日　《交易所周刊》第二卷第二十六期出版。本期要目:银价变动与中国贸易之利害关系(张华)、法郎贬值后的货币问题(洁生)、卷烟纸进口、日本经济拟向南洋发展、交易所一周间。(原刊)

11 月 17 日　下午五时,出席由上海市商会主席王晓籁、上海市地方协会会长杜月笙为慰劳救护绥远剿匪将士事召开的各团体联席谈话会。到者有虞洽卿、钱新之、江问渔、黄炎培、裴云卿、秦润卿、庞京周等。王晓主席,报告开会主旨。议

---

① 穆清芳(1936—　)穆伯华、沈国菁之女。陕西省平利县副食品公司任职。

② 1936 年 11 月 12 日,日本唆使察哈尔境内伪蒙军进犯绥远。傅作义率部抵抗。13 日,日军轰炸平地泉。19 日,伪蒙军分三路进犯兴和、陶林。24 日,中国军队攻克百灵庙,伪蒙军及日军死伤千余人。

决:①由上海市商会、地方协会、红十字会三团体合组绥远剿匪慰劳救护委员会。②推定徐寄顾、刘鸿生、王正廷、颜福庆、李馥荪等二十五人为委员会委员。③推定金润庠为委员会总干事,杨管北为副总干事。④筹垫巨款,慰劳前线将士。⑤指定中国、交通、浙江兴业、浙江实业等十银行,四行诸蓄会,及福源、同裕、同康三钱庄代收各界慰劳救护捐款。⑥推陈光甫、杜月笙等七人为经济委员。(《申报》1936年 11 月 18 日)11 月 18 日,绥远剿匪慰劳救护委员会发布《募捐公告》云:"绥远居国防前钱为西北屏障,关系至为重大。此次匪伪进犯,经傅主席督率全体将士,迎头痛剿,全国人心,莫不振奋。惟是冰天雪地苦战为难,将士亟应慰劳,同胞亦待救护,用特发起本会广募款项。念国难严重已达极点,民族生命,系于一线,救国自救,在此须臾。务希各界人士,慷慨输将,踊跃捐纳,坚将士卫国之心,作同胞将伯之助。仁心义举,胥在于此,掬诚公告,诸希鉴察。"末署先生在内三十二委员及收款机关名单。(《申报》1936 年 11 月 19 日)

11 月 18 日 《申报》刊登《位育小学为绥远义军捐款》消息。云:"本市法租界私立位育小学全体师生公决,鉴于绥远将士之抗敌御侮,非常感奋,于纪念周时学生自动发起每人捐银二角,有一年级小学生张平治并将节省饼果钱一元一并捐赠,校工亦为感动,每人捐五分一角不等,共得九十三元四角五分。当场推出代表缮就一信,航空寄呈傅作义将军。虽出幼童之笔,而词极悲愤恳挚,全沪各重要团体一致奋起援绥,组慰劳会公告募捐,百廿四同业会电慰积极协进救护事业。"(同日《申报》)

11 月 19 日 下午五时,出席由上海市商会、地方协会、红十字会三团体合组之绥远慰劳救护委员会第一次委员会议。到者委员三十二人。王晓籁主席。议决:①推王晓籁杜月笙、刘鸿生为主席委员,陈光甫、邵燕山、钱新之、穆藕初、林康侯、庞京周,为常务委员。②推黄炎培、严谔声两委员兼任本会秘书。③加推黄金荣、张啸林、金廷荪、张蔚如、顾馨一、杨管北、陆子冬、骆清华、陈水鲤、王天申等十人为委员。④加请中兴、华侨、国华等八银行,及中一信托公司代收捐款。⑤捐款收据推李馥荪、秦润卿、裴云卿三委员签名。⑥聘请徐永祚、潘序伦两会计师办理审核及会计事宜。⑦委员会会址设于上海市商会内。⑧组织干事会,由总干事副总干事提名后交常务委员会通过聘请。⑨委员会经费应撙节开支,由三团体各捐助一千元,所收慰劳救济捐款绝对不得支用。(《申报》1936 年 11 月 20 日)11 月 21 日,王晓籁、林康侯等出发赴前方慰劳绥远将士,11 月 23 日,慰劳救护款十万元亦汇出。(《申报》1936 年 11 月 25 日)

11 月 21 日 出席浦东同乡会新会所落成纪念及第五届会员大会。仪式隆重,盛况空前。会员先后到者达二万余人。由张起飏投钥,杜月笙启门,先生与黄炎培、吕岳泉升旗,市长吴铁城揭幕。上海市政府要员及海上知名人士王晓籁、虞洽卿、杜重远、沈钧儒等到会祝贺。杜月笙致词云:"今天浦东同乡会落成典礼,有许多各界来宾来参加,我们浦东人感激得很,浦东人在上海的很多,到今天才有同乡会地址,说起来浦东人实在惭愧。现在浦东人既有同乡会的会所,以后对于浦东同乡会的情感联络,以及对浦东地方上的事业应该努力。我们中国人对于同乡特别有好的感情,各省各处都有同乡会,有同乡的组织,以后同乡方不至同散沙一样,才能够团结。现在中国国难紧急,如果各省各地的同乡会能够联络起来,成一个大大联合的组织,就是中华民国一个大的同乡会,一致抵御外侮,不受人家的欺侮。今天浦东同乡会开会,各界来宾到此,非常谢谢。招待不周到,简慢得很。"吴市长致词云:"今天浦东同乡会新会所举行落成典礼,兄弟得参加盛典,并举行揭幕,深感荣幸。浦东同乡会新会落成,可说是上海事业的奠基,也可以说是上海未来繁荣的基础。因为浦东是上海重要区域之一,而且人才辈出,社会领袖很多是浦东人,对于公益事业,莫不争先恐后,急公好义,所以浦东人在上海的事业,功绩极大。今浦东同乡会新会所落成、从此团结更臻巩固,对地方事业,当更见推进,故兄弟说是上海事业的奠基,也是未来繁荣的基础。同乡会的组织是表示精诚团结,互助精神,在今日社会决不能鸡犬不相闻,决不能自扫门前雪。"陶百川致词,"略谓同乡会之组织要义不外联络感情,谋地方福利数端。而浦东同乡会之成立,足征浦东人团结精神之伟大。"张秉辉代表潘局长致词,"略谓同乡会极多,而浦东同乡会尤见健全,有此基础将来可以负起安定国家之责任。"王晓籁演说,"略谓以前同乡会是会馆公所等,但大都偏重消极办理慈善公益,浦东同乡会竟是一个后起之秀,洵可敬佩。"江问渔演说,"略谓浦东同乡会有伟大的精神,有崭新的建设,贻物质精神于一,实缘有优良分子领导于前,健全分子辅助于后,其尤可敬佩者,则能由同乡而推及全人类,真可谓有服务社会之真精神矣。"黄炎培致谢词,"先向党政代表及来宾表示谢忱。继复浦东人自勉四点:(一)我浦东人要不断地求增进智识和能力;(二)我浦东人要脚踏实地干本分内事;(三)我浦东人要放弃私见和私利,大家团结起来,为大众服务、为国家服务、为全人类服务。(四)我浦东人要努力前进,来发挥日新又新的精神。""是日到会者人数极多,幸八层大厦,来宾会员可分别游观,故秩序尚觉整齐。午后二时,游艺开始,其节目'杜厅'为邓国庆之惊人技术,童子飞轩团新奇艺术,张樵农、徐玲玲笑话滑稽、国术表演,六楼'毅厅'等有丝竹、话剧等,精神饱满,观者倍增兴趣。入晚八时平剧,均为沪上名票友及士女等,亦极精采,十二时并有川剧。该会以来宾会员众多,特由翟君组救护队,由生生医院实习生及生生学校学生担任职务,午餐膳由浦东友谊叙餐会举行叙餐,会员咸称便利。"(《申报》1936年11月22日)新会所凡"捐金五千,以君名名此室",有"杜(月笙)厅"、"穆恕

再厅"等。"悬像纪念"者中有先生之父琢庵先生暨德配朱太夫人(后增穆恕再)。(《浦东同乡会年报》1936 年)

同日 五洲大药房为便利顾客,特在爱多亚路福煦路口浦东同乡会大厦设立第六支店。黄炎培、杜月笙与先生等亲往道贺。门市部顾客纷至沓来,景况热闹。"该支店除各种货物一律廉价外,并加赠品,购满五角即赠香皂或牙膏;购一元赠玻璃文镇,以及香水精生发油等。"(《申报》1936 年 11 月 22 日)

同日 出席浦东银行福煦路分行(浦东同乡会大厦内)开幕礼。董事长吴凤如启门。各界纷纷往贺。该行董监杜月笙、裴云卿、陈子馨、潘志文及总经理裴正庸等殷勤招待,款以茶点,一时冠盖盈门。"该分行除优待存款加息一厘,并分赠赠品,以为纪念。并推广服务范围,凡对该分行开户者可为义务代付各种学费、房捐、水电等费,以是顾客尤为拥挤。"(同上)

11 月 23 日 下午四时半,出席绥远剿匪慰劳救护第二次会议。到者二十余人。杜月笙主席,报告各项情形。议决:①慰劳救护捐款十万元即托中国银行汇出。②加请国信、通商、中华劝工银行代收捐款。(《申报》1936 年 11 月 25 日)

11 月 26 日 下午四时,出席绥远慰劳救护委员会开慰劳赴绥代表会议。到者委员二十六人。杜月笙主席致词慰劳代表,全体委员起立向代表致敬。总干事金润庠报告会务。议案:"(一)关于医药救护事宜,由救护事业协进会会同红十字会救护委员办理。(二)关于御寒品征集。(甲)邀集各界妇女开会,请分任征募;(乙)由市商会召集有关各业商议征集。(三)支款印鉴案,交常务会议讨论。"(《申报》1936 年 11 月 27 日)

同日 《交易所周刊》第二卷第二十七期出版。本期要目:资本主义列强之国债政策(秉)、中国土地整理之检讨(董浩)、冀鲁晋三省棉作状况、最近中国财政之分析(怀仁)、交易所一周间(恽艺超等)。(原刊)

11 月 30 日 下午三时,出席仁济堂各慈善团体联合救灾会成立会。到者有孔祥熙(陈立廷代)、吴铁城(李大超代)、杜月笙、王晓籁、王一亭、张啸林、屈文六、俞佐廷、毛云、潘公展等,及中国佛教会圆瑛、中华慈幼协会陈铁生、中华麻风救济会陈桩葆、中国救济妇孺会王侠甫、中国红十字会张兰坪、仁义善会王同章、中国济生会冯仰山等百余人。发表《缘起》,通过《简章》,推定委员长孔祥熙,副委员长吴铁城、熊秉三、王一亭、朱子桥等及包括先生在内的职员名单。《缘起》云:"近来国难情形,日趋严重。绥远为吾西北边防之重镇,战事已经接触,幸赖前钱将士,本保国卫民之责,忠勇奋发,捷报频传。惟念彼处地本苦寒,现届严冬,遭斯惨劫,冰天雪地,弹雨枪林,人民之流离死亡者,正已不知凡几。上海各慈善团体历来对于救灾事业,无不踊跃从事,现在战地同胞,呼号于兵刃锋镝之下,岂忍坐视不顾,自应协力同心,竭诚救护之责,救国救人,亦即所以自救。同人等窃本斯旨,组织此会,深冀集合伟大之精神与力量,为公同救济之事业,视其事变之所向,尽吾力量之所及,以振民气,而张国威。各界人士,义愤所激,自有同情,尚希热忱赞导,慷慨输捐,戮力前趋,踊跃服务,同舟共济,众志成城,掬诚陈词,伏乞公鉴。"末署全体委员名单。(《申报》1936年12月1日)

同日 下午四时,出席绥远慰劳救护会第二次常务会议。王晓籁主席,报告会务。议案:"(一)本会征收前钱应用之御寒及医药用品如何办法案。议决即日起开始征收,(地点在上海市商会)推王晓籁、杜月笙、林康侯三常委会同总干事金润庠负责签收。(二)医药用品由本会经收后,即送新闸路红十字会救护委员会。(三)捐款支付办法案。议决传票由两常委签字,支票由经济委员李馥荪、秦润卿、裴云卿三人中两人签发。(四)本会经费支付办法案。议决传票由两常委签字,支票由金总干事润庠会同徐永祚会计师签发。"末报告捐助物品情况,除物品外,第八次续收捐款收到六千三百七十二元六角八分。(《申报》1936年12月2日)

11月下旬 河南省财政厅长常志箴来访。"河南省本年旱灾奇重,灾民数百万,亟待救济。而省款有限、不敷支配,乃派由该省财政厅长兼赈务会主席常志箴南下,向中央及各界请求救济。""并分访慈善团体领袖王一亭、穆藕初等,亦允助赈。"12月3日,常志箴再偕该省委员第二十路军总指挥张钫同行来沪,向各慈善团体接洽助振办法。(《申报》1936年11月27日)

11月 就浦东同乡会大厦落成发表《我对于浦东同乡会之八大希望》一文,摘录如下:

当此举行落成典礼之日,我父老兄弟之欢欣喜悦,自可不言而喻。但我父老兄弟,必须认明此大厦落成之日,正为一切事业发轫之始,必须人人有百尺竿头更进一步之精神,庶足以保持今日之光荣以垂永久。况购地建筑一应经费,共费六十余万元,而捐款所得,仅占三分之一,其向金融机关借用者,占三之二,今后我父老兄弟应如何同心协力,以清偿债务、发展事业者,在今日实应有相当之决定也。故乘此举行大厦落成典礼之机会,略贡意见,以供我父老兄弟之采择。

第一,严密组织。今日之时代,完全以集体主义代替个人主义之时代也。集体之力量,在于组织,组织愈严密,则集体之力量愈大,而集体之事业愈发达。个人为集体之一分子,集体之利益,亦即个人之利益。我浦东同乡会之发起组织,亦即以团结我父老兄弟之力量而为一集体,凡个人之力所不能为者,得以集体之力量,为公众谋幸福。从今日起,大厦已经落成,必须进一步更严密其组织,以巩固本会之基础,使全体会员如手臂之相联,而益增加其服务社会之效能也。

第二，账目清楚。我浦东同乡会之经费，皆我父老兄弟血汗之所积也。故不论收入或支出，数目之大小，均必须经过一定之手续，务使账册分明，单据完备，任何时候检查，均可一目了然，毫无疑问，此实为保持集体精神之一要着也。

第三，清偿借款。大厦之建筑费用，借自金融机关者占三分之二，达四十余万元之巨，此项借款一日不清偿，则此巍巍大厦之抵押权尚属于借款之金融机关，而尚非完全为本会所有也。故我全体会员对于此事，不能不共负责任，努力设法，务期最短期内全数清偿。假定分五年拨还，则每年须归还八万余元，此款应何如何筹集，实我全体会员共有之责任。……

第四，推进事业。我浦东同乡会固以造福公众而发起者，第一次宣告即明白叙述本会之积极性，对于本会应办之事业，亦一一列举无遗。计其要端，分为十一项：一、展生产事业；二、筹办互助事业；三、促进文化事业；四、调解纠纷事项；五、举办慈善事业；六、策励会员储蓄；七、改良风俗事项；八、督促自治建设；九、职业介绍事项；十、扶助善良，昭雪冤抑；十一、其他有益于本乡地方或本会会员之事项。此后自当本创始之精神，就本会人才经济能力之所及，逐步推进，以贯彻本会造福公众之目的也。

第五，公而忘私。集体主义与个人主义之不同，完全在于立场之相异。集体主义以公众幸福为主体，而个人主义则以私人利益为主体。向来办团体事业者，往往有假公济私之弊病，以图谋私人利益为目的，而以公众幸福为牺牲，此团体事业往往失败之原因也。我浦东同乡会原以造福公众为目的，一切当以公众福利为标准，为戒假公济私之弊病，而以公而忘私之精神代之，则本会之事业，自可日益发展，而本会之精神，亦可垂之永久也。

第六，人格修养。本会之事业，不但需在物质上努力，而且需在精神上努力。伟大之建筑，必须有伟大之人格以充实之，而后一切事业，始可日趋发展而无中道而废之忧。一家之人无人格，其家必败；一国之人无人格，其国必亡。欲为公众谋幸福，必须同时注重人格之修养。人格修养愈高，则其牺牲精神愈大，不但无假公济私之弊病，而且有公而忘私之精神，古今来牺牲一己以为公众谋幸福者，皆人格修养之力有以养成之也。团体事业之成功，不能不以健全之人格为基点，我全体会员所必须特别努力者也。

第七，汲引后进。事业之发展，往往与人才之多寡成正比例。一个人之精力有限，而应办之事业无穷，欲以有限之精力，而办无穷之事业，则群策群力尚矣。……今大厦已落成矣，希望我全体会员，随时到会，视会务为己事，对于会务,随时贡献意见,并在可能范围内,帮助会中办事人,办理一切,如此则青年有为之士皆可随时为本会努力也。

第八,爱惜房屋。美轮美奂之大夏今落成矣,但保持整洁和爱惜公物,必须共同努力。常见各巨大建筑物之内容,其由西人管理者,多内容整洁,而由我国人管理者,多比较的不整洁。……我国现正由农业社会以进于工商业社会,一般教育程度,甚为参差不齐。教育程度较高者,必较为整洁,教育程度较次或未受教育者,必较为不整洁。同时,教育程度较高者,其爱护公物之心亦较高。近年来,我国人之游公园者,已无随意攀折花木之恶习,可见国民进步之一斑。我浦东同乡会之会员,比较一般游园者,必更为整洁,其爱惜公物与保持整洁之程度,自当高人一筹,以显示我会员人格之高尚,可无疑也。

以上八端,类皆老生常谈,平淡无奇。但最重要一点,在于能实行。兹当本会大厦举行落成典礼之期,敬述此数语以勉我全体会员,并以自勉。果能一一实行,则不但可为浦东百万民众造福,且影响所及,亦我整个中华民族之利也。

（《浦东同乡会会所落成纪念册》;《文集》第 345 页）

12 月 5 日 出席由浦东同乡会、中华职业教育社发起组织之沪东南农村合作事业促进会成立会。先生被推为该会主席。(《浦东同乡会理监事会记录》)

12 月 8 日 下午四时,出席绥远慰劳会第三次常务委员会议。王晓籁主席。总干事报告收到捐款及物品数目情况。议案:"(一)慰劳物品运输案。议决御寒物品应将首批即日起运,推金润庠接洽。(二)办理救护事业办法案。议决救护事业由红十字会救护委员会会同救护事业协进会积极办理,本会收到关于药品部分随时转送红十字会救护委员会,即速起运。至于征集之药包,亦将已收到者先运。"此次征收御寒物品以后,"各方捐助丝绵马夹、手套、绒线衫等件,非常踊跃。"(《申报》1936 年 12 月 10 日)

12 月 9 日 《交易所周刊》第二卷第二十八期出版。本期要目:农业贸易与合作运销(文彬)、本年度第二次全国棉产估计、英日在亚洲市场上的经济冲突(少秋)、浙省合作事业之计划、日荷海运协定成立及其贸易(勉之)、赣省造纸业的复兴与改良、华北五省产业概况(蔚)、天津棉花市场之组织(谦吉)、交易所一周间(恽艺超等)。(原刊)

12 月 13 日 "西安事变"消息传至上海。本日下午三时,出席市地方协会紧急会议。到者有杜月笙、钱新之、王晓籁、金侣琴、冯炳南等二十余人。杜月笙主席,讨论时局问题,历时甚久。各会员对大局前途非常关怀,议定将所得消息随时通知本会。在此数日内,每日下午三时至四时,理事及会员均可莅会询问,或交换

意见。（《申报》1936 年 12 月 14 日）

　　同日　晚，招黄炎培于家聚餐。（《黄炎培日记》）

　　12 月 14 日　徐新六为豫丰纱厂事致天津中国银行束云章函，云："豫丰物料事九月间虽蒙赐复，稍缓时日，力谋适当解决。""近来纱价上腾，各地纱厂均有昭苏之象，豫丰情形谅有进境。拟恳鼎力匡助，设法解决，或就已用物料先行拨付一部分。如何之处，敬候裁示。"（底稿，浙江兴业银行档案）

　　12 月 15 日　下午五时，出席上海市地方协会冬季大会。到者有会员四十余人。杜月笙主席，报告"西安事变"经过。次钱新之、王晓籁相继报告，"并申述对慰劳绥远剿匪军决照预定计划继续进行，以坚将士抗敌守土之旨。"总秘书黄炎培报告重要会务：①第二届上海市统计补充编已出版。②通过新会员。③副主任一人、推定王揆生君担任。④上海市杂粮油饼业公会、豆米业公会迭次来函陈述浙江江苏两省政府禁米出省，及浙之乐清、平阳、镇海；苏之青浦、金山、嘉定各县政府扣留米船，影响沪市米食等语，即经分别电请浙苏两省政府饬县放行，现在苏省政府已经取销禁米出省之令。⑤国民政府行政院于十一月三日会议通过公务机关购用国货暂行办法七条，现奉行政院实业部先后批复参酌办理。⑥会员章荣初君捐出红木家具男女皮衣、书画银器等五百余件约价三万零零八十八元二角，悉数绥远剿匪慰劳费用，已经商借浦东同乡会三楼陈列。⑦报告西安事变。议案：①理事会提出二十六年上半年本会支出预算草案。②会员章荣初捐助援绥纪念赠品标卖办法草案。末由绥远剿匪慰劳救护委员会留绥代表罗又玄报告在绥远劳军状况。（《申报》1936 年 12 月 16 日）

　　12 月 17 日　出席浦东同乡会第五十五次理监事会。议案：①本会抵押借款原定四十万元。公推杜月笙与先生、黄炎培三人为续借款四万元代表人。②会同中华职业教育社发起组织沪东南农村合作事宜，公推穆藕初、黄炎培、张伯初为出席代表。③组设对外专门委员会，推蔡福棠为主任。（浦东同乡会档案）

　　12 月 20 日　《交易所周刊》第二卷第二十九期出版。本期要目：景气恢复声中世界经济的危机（郑世灏）、中国合作运动之本质及其所负之使命（仲明）、交易所之组织（吴德培）、附录（纱布交易所呈实业部文，其一、其二）、交易所一周间（陈济成等）。（原刊）

　　12 月 22 日　前上海市国医分馆馆长冯炳南第四子振威于 12 月 24 日授室。冯炳南因时事多艰不欲铺张、亲友礼物、拟一概璧谢。并请亲友所馈礼物，一律折为现金，捐助首都国医院，作为建筑之用。本日，先生与司法行政部部长王用宾、立法院委员彭养光、监察院委员姚雨平、司法院秘书长谢冠生，商业界人士张啸林、杜月笙、秦润卿、闻兰亭、陈炳谦、唐海安，及上海市国医分馆长丁仲英等数十人共同发起,"分柬冯氏之亲友,如欲数送冯氏礼物者请一律折为现金,径送宁波路永大银行代收,俾以宾主酬酢之资,为弘扬医学之用。"(同日《申报》)

12月26日 杜月笙与先生、黄炎培等浦东同乡会常务理事电庆蒋介石于"西安事变"后平安返京。电云:"南京蒋委员长勋鉴:昨闻钧座从陕抵洛,顷番安抵京师。全国民众,爱国爱公,欢声雷动。谨电驰,伏乞钧鉴。浦东同乡会常务理事杜镛、穆湘玥、黄炎培、沈葆义、吕岳泉叩。"(浦东同乡会档案)

12月31日 《交易所周刊》第二卷第三十期(停刊号)出版。因经费困难等原因,本期出版后停刊。本期要目:停刊词、经济建设之着眼点与重工业建设之可能性(尚林)、浙省本年棉产丰收、国家及地方财政划分之理论与实际(华德)、本年全国棉产最后估计、近年我国之土地改革与土地整理(君煌)、两浙盐运署整理盐场、交易所一周间(陈济成等)。

《停刊词》云:"本刊发刊迄今,已届两载,深蒙读者诸君爱护,至为感谢。交易所事业有平准物价调剂金融之功用,对于国家社会,两有裨益,在现代经济组织之下,实有尽力发展之必要。本刊之刊行,原欲藉此小小刊物,阐扬其机能,供给读者以正确之研究,真实之认识,俾读者均有明瞭交易所之正当功用,而交易所事业亦可对于社会有更大之贡献。二年来之工作,已将交易所事业之原则效益,尽量陈述,使读者明瞭其真相,此固本刊之使命,而亦已有相当成就者也。交易所之为交易所,其真相既已大白,读者对于交易所之正当功用,亦已有正确之认识,关于交易所之论述,亦已大致具备,此后如欲继续刊行,对于阐述交易所之材料,颇有缺乏之虞。至于关于交易所市场交易之叙述纪录,一般报纸亦尤为之,在本刊亦不能有特殊贡献。良以商业原则,完全为供求律所支配,求过于供则价涨,供过于求则价跌,百业皆然,交易所亦不能例外。若欲勉强多所推测,预为宣述,则等于画蛇添足矣。此就关于此后材料之缺乏而言,本刊不能不暂时停刊者一也。或者以为关于经济事业之材料,皆可为本刊所采,在过去已不乏其例。此后倘能专注其力量于经济上之研究,而使本刊成为一般经济性质之刊物,则自有继续刊行之价值。此意甚善,而非所语于本刊。因本刊不但定名为《交易所周刊》,且原来宗旨,亦以阐述交易所之真相为主,今既已反复详陈大致略备矣。至于一般经济性质之刊物,既有许多经济学专家所主持之刊物,足以供给一般之需要,殊无使本刊改变性质继续刊行之必要。此本刊不能不暂时宣告停刊者二也。此外尚有一原因,不能不为读者诸君告者。即本刊之经费,亦有难乎为继之情形是也。本刊发刊之始,承热心交易所事业诸君子,协力相协,迄于今日,所费已属不赀。前此乐于赞助者,亦因本刊已完成相当使命而主张暂时停刊,俟将来有需要时,不妨再作重振旗鼓之计。此本刊不能不暂时停刊之原因三也。方今国蜩螳,危机日迫,同是国民,匹夫有责,节省一分可节之精力,即增加一份报国之机缘。本刊之暂时停刊,仅为此小小暂告一段落之措置,而同人对于国家社会应尽之义务,自当百尺竿头更进一步,以稍尽国民之天职,决不以本刊之暂时停刊而有所自馁,此则可以告慰于读者诸君者也。"(原刊)

本年 《长城杂志》(北平)发表陈野云《记穆藕初先生》一文。云:"我们生长在上海的人,或是在商界服务的人,大概都是知道记者现在要记的这位穆藕初先生罢。穆先生是生长在上海的,穆先生今年六十岁,精神还是那末奕奕的。并不因为年纪大而归林下享清福,还是像少年一样的勇谋进取。文章介绍先生早期及留美经历。"末云:"穆先生归国后,接连主办三家大纱厂,最著名的就是近因罢工而暂停的郑州豫丰纱厂。穆先生归国后,从赤手空拳办这许多实业,而他的苦学和一生经过更值得我们青年永志不忘。为了觉得中国的小学制度不好,所以斥资办了一所位育小学,里面情形之好,为任何小学所不及。可是创办费虽由他设法筹措,但是因为设备好,开支大,所以时虑经费不足,最近穆先生六十大寿,他设法拿出五千元,以三千元资助位育小学,以二千元创办穆氏文社于中华职业教育社,为有心人向学的失业青年造福。"(原刊)

本年 为庆贺蔡元培七十寿辰,社会各界贤达利用寿仪和捐赠为基金,发起创设孑民美育研究院。孙科任筹备委员会委员长,吴铁城、钱新之任副委员长,孔祥熙等十六人任常务委员,丁燮林与先生等五十六人为筹备委员。《蔡孑民先生七秩大庆创设孑民美育研究院启》云:"兹院之设,纪念先生,不过私人之景仰,然在国家文化,关系甚巨,非规划宏远,不足以垂永久。是以同人集议基本工作,先筹基金十万元。其筹集方法,令定祝寿金及募捐办法,以馈仪移助基金。初无悖先生寿世之念,仰维先生曩者讲学北大,及迭次主持学政。"(《档案与史学》)

本年 浦东同乡会设立诊疗所筹备委员会。先生与杜月笙、黄炎培、沈梦莲、吕岳泉等二十一人被推为筹备委员。(《浦东同乡会年报》1936 年)

本年 张紫东次子张问清[①]赴美国留学深造,先生为其担保。

---

① 张问清,名德源,1910 年生。上海圣约翰大学木工系毕业。后任圣约翰及同济大学教授、系主任。据张紫东孙女张岫云《补园旧事》云:张、穆友谊深厚,"二老一直想子女联姻,未成。特把当时唯一的孙子张毓川过继给穆氏长子穆伯华为寄子,由此好友又成了寄亲,来往更密。穆氏曾给寄孙一枚金图章,结构精巧,上面有只狮子,像颗官印,最妙的是揿下去,两个活门打开,就盖下了图章……"

1937 年(民国二十六年,丁丑) 六十二岁

6 月　日本近卫内阁上台。

　　　　上海发生"纱交风潮"。

6 月至 7 月　日本在沪数次举行巷战演习。

7 月　卢沟桥事变发生。

8 月　"八一三"事变,淞沪抗战爆发。

11 月　上海沦陷,租界成为"孤岛"。

12 月　国民政府迁都重庆。南京陷落。

1 月 1 日　《教育与职业》第一百八十一期刊登倪大恩著《实业家穆藕初先生传略》一文,阐述个人事业成功之后个人利益与大众之关系,肯定先生在实业界的贡献。文云:"在实业界的领域里,要是你提起了穆藕初先生,我想谁都知道罢。他之所以能够成为一个有名望有地位的人物,当然不是一朝一夕的功夫,也是经过了许多的努力,方始会有今天。他的成功,不能说完全是为了他个人的利益,尤其在产业落后的中国,所以一辈年青的人,当你要踏进社会,开始事业的时候,一定要想一想绝不能为了个人的利益而不顾到大众关系。到你成功之后,人家也不能完全说你个人的成功,同时更将颂扬你所做的事业。穆藕初先生就是这样一个人。讲到棉纱事业也决不会不讲着穆先生,而棉纱事业为何重要? 在中国是怎样的需要提倡,今日之纱布交易所所以能够在市场里如此活跃,内部的经营擘画,全是穆先生的勤劳。他自己的豫丰纱厂,虽在极困难的环境中,仍能支持到现在,不像别的厂家那样,因为受到原棉价格昂贵的关系,以致纱销停滞,维持困难,这种地方不能不佩服他能力的伟大。"文章分"穆先生的家世和初期事业"、"艰难困苦的出国留学"、"创办三个纱厂致力于种棉的改良"、"受任实业顾问开设交易所组织银行"、"出席太平洋商务会议脱离第二纱厂"、"踏上政治舞台至就任交易所理事长"各节。(原刊)

1 月 5 日　下午五时,于中汇大楼会所出席上海地方协会新年茗谈会。到者有王正廷、熊式一、杜月笙、钱新之、黄炎培等数十人。王正廷致词云:"本人常想政治和人民接触最多,但中央政府和市民的接触远不如地方政府,因为任何一种市政

设施、清洁、安全行路等就是呼吸的空气,也和市民息息相关,所以总理政治主张是以地方自治为基础。实因市与市民,县与县民,关系甚大。……现在对本会再贡献数点:一、按年纳交会费。二、扩充会员,愈多愈有力。三、组织应分门别类,研究各种地方事件。四、由本会领导市民,协助市政进行,必有大进步。如其中国有二千个地方协会、中国之复兴可立而待。"次由熊式一报告在欧美宣扬中国交艺情形。末由钱新之报告赴京慰问蒋委员长及会务经过。(《申报》1937 年 1 月 6 日)

1 月 6 日 子民美育研究院筹备委员会(先生为筹备委员之一)致各高等学院院长函,询问募捐进行情况。云:"蔡子民先生七秩大庆发起组织子民美育研究院以志先生素志,并树立文化基础,进行以来,于兹数月,赖四方时贤匡助,成效甚著。关于筹备基金一举,前曾专函奉上捐册二本,必蒙台端积极进行。顾征募期限原定十一月底止,刻已届满。现各方报交捐款者颇为踊跃,不审尊处进行情形如何? 务希鼎力提倡,从长劝募,俾获早观厥成,则嘉惠莫大焉。"(原件)

1 月 10 日 于天津《大公报》发表经济论文《建设真谛》。文章分"建设在民族生存上之重要"、"半殖民地建设及其障碍"、"建设之人才"三节,指出应极力避免"口头建设"、"纷乱建设"、"浪费建设"、"点缀建设"、"模仿建设"、"虚伪建设"。强调中国实行生产建设先决条件即对内应铲除建设之各种障碍,对外应解除帝国主义对中国之束缚。摘录如下:

半殖民地建设及其障碍

建设在民族存亡关键上之重要,既如上言;然中国为尽人皆知之半殖民地,故举凡一切建设,莫不遭受各帝国主义之阻碍。盖各帝国主义视中国为最大之商品市场及原料供给地,雅不欲中国有新式之生产建设,与其作经济上之斗争,更不欲中国有新式之国防建设,以妨碍帝国主义海陆空军之对华控制,此近数十年来之历史,昭示于吾人者,至为明显。

虽然,近数十年来中国之新式建设,未尝无之,但此种建设,皆含有深重之半殖民地性质,而非真有利于中国民族也。如铁路,自最初之淞沪路以至最近建设之浙赣、江南等铁路,十九有外债之借入,方能蒇事。此种外债有足为吾人注意者:(1)除报酬外,年利至少五厘,如满铁等年利更达八厘之巨,且有九五点六之回扣,此中损失已属不赀;(2)铁路附近地带矿权之丧失;(3)一切建筑铁路之材料及机车,均由债权团供给,故除借款仍在国外消费外,而国内所筹一部分资金,除付给工人工资,亦均流出国外。且也因中国生产之落后,此等铁路,皆为外国商品深入内地之媒介,中国国民之膏血,胥由此外流。……

上述情形,乃帝国主义各国,为便利其商品之运输,军队之调遣及商情之迅速,根据各自利益,对中国交通建设,特为努力,以造成势力范围。此种半殖民地性质之建设事业,果我国今后能埋头于有计划之各项建设工作,以解除各帝国主义对于我国之束缚为目的,则亦未尝不可利用,观于日本之维新,土耳其、阿富汗之复兴,可以借鉴也。虽然,建设岂得易言,吾人惩前毖后,对建设类别,有如下之观感:

(一)口头建设。口头建设乃口头大唱建设,实际上无一建设也。此中又可分别为二:

(甲)机关吾人常见报载,有某某机关,长篇巨幅,皇皇宣传其对某项事业之计划,如何如何,历历如绘,其实则仅一纸空文而已,事实上之建设无有也,倘有人进而询问之,则必以缺乏经费为藉口矣。

(乙)个人。个人任一事,就一职,往往大事宣传,言其进行方针之如何良好,决心之如何坚毅,使国民对之,有"此人不出,如苍生何"之感;但事过情迁,其所谓决心、方针,有如石沉大海,彼等之信口雌黄,不过为维持一己之地位而已。

(二)纷乱建设。纷乱建设者,乃无计划,无程序,任性而行之建设也。例如某某铁路某某段之另造路基,改换重轨,此因事前无确定计划,致造一条铁路,而费二条铁路之建筑费。又如一城市有两个同一性质之公共建设如电厂等,又如正在建筑某公路时,因附近其他公路完成,而停止建筑等等,皆为国内习见之事实也。

(三)浪费建设。浪费建设者,即所建设之用途,毫无利益于实际,而所投下此种建设之资金,实为一种浪费也。例如政府各机关,巨大而无用之房屋,学校堂皇富丽之礼堂,工厂广大华丽之会客厅,皆非为我国困难严重刻苦建设之国家所应有也。

(四)点缀建设。点缀建设云者,专为表面观瞻之建设也。例如亭台楼阁,粉饰门面,东筑一台,西筑一亭,但求表面上之美观,而不计及实际上之效用者,亦比比皆是。吾人观夫苏联没收沙皇时代之点缀建设以改作实际用途者,当如何节省实力以免除此弊哉。

(五)模仿建设。中国国民经济损失于模仿建设者,历年来亦不可胜计。一般大小负责者,往往喜为形式上之模仿,而未顾及国内之是否需要。例如若干年前,首都当局在通衢大道,遍筑小便亭,据云此完全模仿法国巴黎者,然不久而又全数拆除。此一筑一拆之间,已不知费去国民几许膏血矣。

(六)虚伪建设。虚伪建设者,乃骗人并骗自己之建设也。此种建设,往往有良好之名义,但按之实际,则内部无所事事,而主管者之亲戚故旧,占据其中,于国家人民,除消耗外,毫无补益。如遇去官办之农场、工场等,吾人固未见其有如何指导农民于增加生产之成绩也。

(七)生产建设。生产建设,乃为建设事务之真髓,国民经济之富裕,国家财政之充实,莫不基于是。良以此种建设,其所投下之资金,皆为生产而建设,而生产所得之利润,足为再生产之用。如此循环不已,生产率及其范围愈益膨大,利益愈益普遍,一切文化事业,亦得赖以发展,不但国家富源得以开拓;人民生计得以充裕,即一国之文化及保护领土主权之军备,亦得以充实发挥矣。

上述七种建设,吾人认为除生产建设外,其他非仅不需要,抑当极力避免,此因值兹中国国民经济极度凋敝,国家财力艰难之时,其支付虽仅一元之微,亦必须先事考虑此一元所得之效果,若随意耗费,适足以伤国家之元气也。

建设之人才

谚云:"事在人为",吾人深信欲挽救中国民族危机,唯有集中全力于生产建设之一途,则建设之人才尚矣。我国今日,不患无人才,而患在不得其用,此不能不注意也。

(甲)因缘时会者此辈攀缘权势,得厕身其中,既不知稼穑之艰难,更不知金钱之价值,以人民之膏血,随意挥霍,以为用之不尽,取之不竭。此种人负担建设,往往有建设之名,无建设之实,即使稍有成绩,所费亦复不赀。

(乙)事业界有成绩者此种人才,其经验丰富,能惜物力,其学有专长者尤佳,处事有条理,目光敏捷,至公无私,实为目下中国建设事业中最宝贵之人才。若付以建设之责,不论事之大小,除办事负责易收成效外,又能以最小之劳费,获最大之成绩,故不但成绩优良,且建设经费亦得大事节缩也。

上述二种人才,负建设责任者,必须避免引用前者,而尽量引用后者,如此则建设之方针及计划与人才皆备,而后可得言中国之建设也。

结论

就中国近二十余年来之建设历史而论,当北京政府时代,军阀忙于争夺地盘,人民困于兵匪侵害,除建筑若干半殖民地性质而复百孔千疮之铁路外,实无可纪述者。迨国府奠定南京,当局鉴于建设事业在民族生存上之重要,于内忧外患之中,尚能积极从事,如国民经济建设运动之提倡,殊足令吾人同情。然实际上每多陷于上述一至六项之建设,而未能集中全力于真正之生产建设,若不急起早图改革,则国家元气难于恢复,而吾民之膏血尽矣。

吾人当读中山先生实业计划,其对于中国之建设事业,言必备有四重要条件,即:(一)必选最有利之途以吸外资,(二)必应国民之所最需要,(三)必期抵抗之至少,(四)必择地位之适宜。旨哉斯言,吾人以为言中国建设事业者,不必他求,若能实际遵照中山先生此四大要旨,努力执行,则三数年后,其所获之结果,殊足惊人矣。

　　抑复有进者,中国必须实行生产建设,方得福利民生而固国防,固矣;然尚有先决之条件,即对内急应铲除建设之各种障碍,对外则应解除帝国主义对中国之束缚是也。

(同日天津《大公报》;《文集》第347页)

　　1月12日　下午六时,赴大东酒楼局出席中国红十字会欢送会长王正廷新任驻美大使宴会。到者有林康侯、虞洽卿、王一亭、闻兰亭、屈文六、关炯之、陆伯鸿等全体理监事及救护委员会、经济委员会全体职员六七十人。林康侯主席,致词欢送云:"中国红十字会经王会长整理以来,稍有头绪。今王先生奉令出使,同人等不胜依依,故特聚此欢送。""现王大使行将出国,虽身在外国,努力外交,并仍盼对本会随时加以协助指示,俾有遵循,以期我国红十字会事业得日臻发达。"继由王正廷答谢。(《申报》1937年1月13日)

　　1月13日　出席浦东同乡会常务理事会议。杜月笙与先生主席。讨论并修改通过工作委员会简章,推定各专门委员会主任人选,先生被推为沪东南农村合作事业促进会主席。(《浦东同乡会常务理事会议》)

　　1月20日　出席浦东同乡会理事会议。议定组织房屋招租委员会,议推杜月笙、穆藕初与黄炎培等为委员,提交第五十六次理监会通过。(同上)

　　1月21日　主持浦东同乡会第五十六次理监事联合会。讨论本年预算,拟定第六届会员大会日期,修正通过各专门委员会通则草案及各专门委员会主任人选等。(同上)

穆杼斋晚年留影

　　1月24日　上海华商纱布交易所召开股东大会,选举理事暨监察人,先生继续当选理事,继连任理事长。(上海华商纱布交易所档案)

　　1月30日　胞兄穆杼斋在沪去世,享年六十四岁。次日《申报》刊登穆氏堂构务滋堂署名《报丧》启示及《沪南耆绅穆恕再昨逝世》消息。穆家文(穆杼斋次子)云:"父亲临终时告诫子女,中日必有一战。"(穆伟杰访问穆家文谈话记录)

　　1月31日　下午二时,赴胶州路万国殡仪馆参加胞兄穆杼斋大殓。各方吊唁者有黄炎培、顾馨一、谭伯英等百余人。"礼节简单肃静"。先生报告乃兄患病及医治经过。略云"乃兄体质魁伟,精力过人,凡地方公益,无不亲服其劳。晚年血压增高,医生及亲友屡劝其摒繁静疗,无如生性急公

· 1112 ·

好义，未加注意，故自上月廿三日患脑冲血症。虽用尽各种方法，均不能挽救。"词毕，"亲友行礼，并瞻遗容。此次卧病，未受痛苦，是以其面貌如生。其生前兑己厚人，坚嘱死后火葬。浦东杨思乡虽有厝地，不肯占用，以为社会提倡。兹定二日晨八时半，自万国殡仪馆经康脑脱路赫德路转入静安寺路至工部局火葬场，九时半举行火葬。各界人士及沪南暨公共租界、法租界等救火会各重要职员均前往执绋。"（《申报》1937 年 2 月 1 日）

同日　许建屏为《大陆报》欠中华劝工银行五千元事致先生函，商请将此欠款改作股本。函云："《大陆报》在未改组前，曾欠劝工银行透支款伍千元正，已于本年年底满期，该行叠函催索，业经《大陆报》代董事长徐新六及总理杨光□先后函恳该行总经理刘聘三先生准将欠款及利息改作股本，未蒙允许。查该报为国人自办唯一英文日刊，自前岁改组后，竭力整顿，营业日佳，销路与广告激增，前途发达至未可限量。所有前欠如中央、中国、交通、惠中等行款项均蒙次第改作股本。用特函恳先生鼎力玉成，准将该项欠款本息如数改作股本，以资臂助。"（原件，上海中华劝工银行档案）

1 月　发表《远东国际势力与中国自力更生》一文。云："吾人顷得前美国胡佛总统时代之国务卿史汀生氏新著《远东之危机》一书，不禁废然者久之，盖英美帝国主义者对弱小民族之榨取，经营老谋深算，而其于远东开头之畏缩失机，坐□□□成思，□至岌岌可危不可自保者，良可叹也。"分析'九一八'、'一·二八'之后远东国际形势，"印度、澳洲等地，皆为英国之重要生命线，一旦赤化势力南下，英国之远东殖民地，即将不复为其所有。而中国如再为赤化势力包围，则英国在华利益，亦复无法支持，于是乃欲重温英日同盟之梦，使日本势力膨胀，完成防止苏联赤色恐怖之大堤，则英国在远东利权，可以高枕无忧。且英日在华合作，亦足压制中国之民族运动，其当时一种帝国主义之猥鄙心理，吾人深信不出此种估计也。然事有出于英伦绅士之意外者，则日本帝国主义之所谓反苏联政策，乃完全为一种侵略中国之烟幕，在其出预定之东亚大陆门罗主义下，英美在华势力皆为排斥之外列。是故，中国之东四省沦亡，而英国在'满洲'一切投资及贸易，不旋踵而不得不退却。然英伦绅士固尤不忘英日在华合作之好梦之甜蜜，故前年白纳培博士东渡之后，继以去年罗斯氏之两度方日，奈日本帝国主义虎翼已成，非仅以幽默态度，讥英此举为不自谅；抑复乘英国在欧洲多事之秋，进一步夺取中国华北各省，再将英国势力，驱出于华北市场。……次就美国言，年来此金元王国已□□□□，经济恐慌之势击，在国内则农工运动风暴，工潮迭起，在国外则南北美两洲□及菲律宾等外币市场之稳，……美国海军力虽强，若□□以离日本战场太平洋上，实为美海军当局所未肯试验也。"先生强调当前形势下，中国只有自力更生才是图存基础，"英美现为老大之帝国矣,如一旦□□战争爆发,则国内政局之轰动,殖民地之乘机崛起,势必瓦解无疑,故其对意大利、德国、日本,只有取容忍迁延态度,此乃为其万不得已之苦衷。故在日本积极侵略中国之形势下,中国民族之图存,若抱依赖英美合作主持正义,实亦梦想而已。反之,此适足促使中国之早趋灭亡也。中国民族前途依赖英美势力如此之不可恃,故吾人必有一种自力更生之信心,以中国民族伟大之力量,利用天然之地利富源,广大之人口消费力,同时增加农工业生产,开发水利交通,充实国防军备之途迈进,如此则非无可挽救今日中国民族之危机,且亦是我国图存之基础也。"(某杂志"论坛",1937年1月)

1月 发表《敬告中学生诸君》一文。指出"毕业"即"失业","不但是一个教育问题,而且是一个严重的社会问题。……第一是社会问题,第二是个人问题。譬如美国在一九二九年以前,每个学校毕业出来的学生都可以找到职业,所谓'出路'问题,根本不会发生。自从全世界的经济恐慌发生以来,美国当然逃不出'不景气'恶势力的侵袭,因此使得工商百业减工裁员,原有职业的尚有失业的危险,新毕业的当然不容易找到职业了。这是社会问题的一个例子。但是,中国情形稍与美国不同。一则因为教育尚未普及,受教育的人较少,一则因为近年来努力经济建设,需要人才较多。近来办实业的人,很感到人才的不够用,而学校毕业生,则又缺乏经验,因为现在各种新事业,发展得很快,需要新人才很多,这是一个很好的机会。但是机会好,责任也重,现在一般社会都感觉到学校生活与社会不太接近,学生初到社会服务,往往感到格格不相入。"先生根据"自己平日的观察与经验",忠告青年:

第一,我要告诉诸位的,是要虚心。对于一般年龄大、有经验、少学识的人,不要看不起,这就是要虚心学习的意思。英文中有一个字,叫做"Commencement day",中文译做"毕业典礼",其实这个字的原义是"开始"的意思。我以为"Commencement day"这一个字,最好译为"始业日"。因为在学校毕业之日,正是开始为社会服务之日,有了相当常识,再加以对于经验,能够虚心学习,自然能够得到最大的进步。这一种人才正是现在实业界中极需用的人才。

第二,诸位青年投身社会的第一件事,必须先研究"人"。在学校里物理及化学先生常叫你们研究物理及化学等各种定律,听见了我的话恐怕以为我与他们抢生意,不知道变些什么戏法。其实我不过叫你们要养成一种锐敏的"观察力"罢了。社会上的人,五花八门,良莠不齐,必须细细留心研究,对人比对事还要紧。事是死的,人是活的,对事只要按部就班、切切实实的去做,就可以一步一步做上去,对人那就复杂得多了。青年学生初到社会上做事,往往就为了不知道研究人而吃亏。第二,我要奉劝诸君的,便是学会了研究人的本领,便要时时刻刻的多观察,多研究,少说话,少批评,细细的把一个一个的人,一步一步的分析得清清楚楚,好的要学习,坏的要预防。这又是一个重要条件。

第三,在各种繁杂的功课中,我要劝你们特别注意统计。凡是创办事业,必先把各种情形调查得清清楚楚,方有头绪着手进行。譬如原料的来源,制造品的销路,人工的多少,运输的便否,都有密切的关系。而尤其重要一点,便是销路是否有继续推广的可能。假使没有的话,则其他条件虽好,也不能昧昧然的冒险创办。中国人向来不大注意统计,近年来已渐渐知道统计的必要。青年诸君,投身社会,须首先养成注意统计的习惯,在职务上养成一种精密的研究,无论什么职业,都是用得着的。

第四,要注意服务精神。往往有一种人,对于自己的私事,十分认真,对于职务上的事情,便模模糊糊的了。这是万万要不得的!人是社会了〔的〕动物,而与职业尤其是有密切的关系。从前美国的钢铁大王卡内基氏曾经有一句至理名言:"一个青年在扫地的时候,而认为是自己的事,力尽本分的干他的工作,这个人一定有成功的希望。"为什么呢!因为扫地虽是小事,尚且认为自己的事而认认真真的扫得干干净净,则对于其他应做的事,必然也做得好。这就是一种服务精神,也就是责任心,正是成功事业的一个最重要的秘诀。

第五,要公私分明,账目清楚。这一些看来很少,而实际上关系却很大。公私不分明,账目不清楚,别人的钱,当作自己的一样,随便乱用,结果必然是信用破产,使人家不敢相信他。诸位想一想:这样的人,还能得到发展的机会吗?当然要失败的,这还是就个人方面说,就事业方面说,就公务方面说,这些劣根性不除掉,则什么事都办不好。因此我要奉劝诸位注意公私分明,账目清楚,养成一种公正廉洁的精神。

第六,要注意锻炼体格。我们中国人到外国去留学,在功课上,很可以和外国学生竞争,但在体格上,总是相形见绌,这是一个不可忽视的非常严重问题。健全的体格是一切学问、事业的基础,有健全的体格,方才有健全的事业。倘然是一个多病的人,无论学问怎样好,也不能做什么事业。因此我要奉劝诸君,注重锻炼体格,养成一种习惯,不但在学校时候要运动,尤其是在离校以后,也要继续不断的练习,避免一切不良嗜好的引诱,始终保持或改进健全的体格。这是成功事业又一个重要条件。

以上所说,都是脱不了一些老生常谈,毫无新奇高深之论,也许不容易引起诸君的注意。但我要忠告诸君:做人的成功,就在这些平凡的条件上。不但就个人说,应该这样做,就是救国,也必须这样做。救国是一个总名词,必须全体国民,尤其是受过中等教育的人,更应该负起责任来,在各方面分头努力,促进经济建设,文化建设,国防建设,以完成中华民国的建设。从大处着眼,从小处着手,积千百万个人的努力,便可以造成一切伟大的事业,希望求业的青年诸君,能接受我这一些忠告。

(《月报》第一卷第六期;《文集》第 350 页)

该文后又发表于同年 2 月《青年之友》第一期,改名为《对于求业青年的忠告》。

1 月　自费印行夏丏尊、叶圣陶合著《阅读与写作》一书。先生题签,编者穆氏文社教务处,上海中央印书馆印刷,印数一千五百册。该书为穆氏文社社员参考资料之一。全书分"写作什么"(叶圣陶)、"怎样写作"(叶圣陶)、"阅读什么"(夏丏尊)、"怎样阅读"(夏丏尊)、"学习国文的着眼点"(夏丏尊)五部分,系"夏、叶应教育部的嘱托,担任中等教育播音演讲,从二十四年度到二十五年度,先后向全国中等学校学生作过八次关于国文科学习的谈话"汇编。(原书)该书 1943 年 2 月由开明书店出版,增加"中学生课外读物的商讨"等内容,1947 年 2 月、1948 年 4 月再版。全衡《阅读与写作》一文云:"在学校里读书的时候,国文教师把《阅读与写作》这本书指定了作为我们课外读物的一种,并且郑重的声明看此书可以对我们有不少好处。好处在什么地方呢? 就在于它指示了要阅读要写作的中学生们或者一般青年人们应该阅读些什么,写作些什么和更进一步的怎样阅读及怎样写作的方法。"(《读书月报》第一期,1938 年 3 月)

2 月 1 日　就《大陆报》欠款转中华劝工银行股本事复许建屏函,云"重以尊嘱,本当如命。只以该行范围狭小,且为定章限制,碍难照办。即付董事会讨论亦难通过。特将未能效劳之处,专诚奉复,方命之愆,务祈亮詧为幸。"(底稿,上海中华劝工银行档案)又致函刘聘三云:"许建屏君来函一件,弟已迳行致复。兹将许函及弟复函稿送上,至希詧洽为荷。"(原件,上海中华劝工银行档案)

2 月 3 日　《申报》刊登《市党部社会服务各处总管理处组织就绪》消息。云:"本市市党部为领导党员发挥劳动服务精神,办理社会服防事业起见,计划在本市各处设立社会服务处。总管理处业经组织就绪,推林委员美衍为主任,邢委员琬为副主任,并聘任唐天恩为总务股股长"。吴铁城、杜月笙、王云五及先生等六十八人为董事。(同日《申报》)

2 月 17 日　浙江兴业银行徐新六为豫丰纱厂欠款事致先生函,云:"豫丰纱厂结欠敝行之款三十四万余元,早经过期,荏苒多年,迄未清偿,亦未荷商定办法。长此迁延,徒增贵厂负担,拟请台端俾谋早日解决。"(底稿,浙江兴业银行档案)

同日　浙江兴业银行为豫丰纱厂押品事致函慎昌洋行,要求慎昌洋行与先生"商酌办法"。函云:"豫丰纱厂物料估价经敝行与天津中国银行一再磋商,该行已允出价二十万元。惟豫丰对敝行欠款尚有三十四万余元,除物料价款有二十万元可以收回外,尚差十四万余元,连同历年利息为数甚巨,均无着落。查敝行押品本系花纱,并非物料,因贵行史汀培君未得敝行同意,将花纱换成物料,使敝行蒙此损失,贵行实有相当责任,应请会同穆藕初君商酌办法,早日见示为荷。"(**译文底稿,同上**)

2月22日 赴银行公会俱乐部出席全国商联、工联联席会议。讨论实业部通知全国商联联合会、中华工业联合会推选出席国际纺织大会大会,"呈部核办,同时并商筹代表出国费用。"(**同日《申报》**)

同日 就豫丰押品事复徐新六函,云:"查敝厂现由天津中国银行经理已将尊函转寄天津中国银行接洽。俟得复后当再奉函。"(**原件,浙江兴业银行档案**)

2月24日 浙江兴业银行为豫丰欠款事再致先生函,云:"奉二月廿二日大函敬悉。贵厂欠款合同系由台端签署,与津中行无涉。应如何设法解决,务请驾临敝行与敝徐总经理新六一谈为盼。"(**底稿,同上**)

2月25日 主持浦东同乡会第五十七次理监事联合会。(**《浦东同乡会理监事会记录》**)

2月27日 主持中华劝工银行第十七届股东会。先生致词云:"今日为本行第十七届股东会,若以营业年度计之,则本届适满十六年。例以十六成年之说,似本行以前尚属孩提时代,自今以后则入于成人时代矣。惟在孩提时代,期间因时局之俶扰,市面之栗六,曾经备尝艰巨,然在此盘根错节之中,不特毫不削弱,反崭然露其头角,此无他,实赖总经副理提之携之,不躁进,不侥求,抱定稳健主义之力也。现在抚字业已成立,尚望总经副理继续护持,使本行由强壮而达于全盛。此不独鄙人一人之所期待,想在座各股东同此属望也。"继由刘聘三总经理报告营业状况。(**《上海中华劝工银行股东会记录》**)

2月28日 出席浦东同乡会第六届会员大会。到者有市党部代表毛霞轩,社会局代表孙咏沂及会员一千余人。主席团:杜月笙、黄炎培、穆藕初、沈梦莲(潘志文代)、吕岳泉(龚百汇代)。杜月笙致词云:"今日本同乡会开第六届会员大会。而在自建之新会所开会,落成时为第一次,今日是第二次。本会自组织成立之日起,即努力于筹建会所,幸得全体同乡之同心协力,成此最新式之大厦。今后全体会员共谋会务之发达,会中理监事各尽心力,并设各项委员会共同筹划一切进行。"继由会务主任张伯初报告一年间办事经过,次由会计理事龚汇百报告收支概况。市党部代表毛霞轩演说云:"上海是全国模范,而贵会是全国同乡会之模范,为同乡谋幸福,为国家增光荣,希望贵会秉此精神继续努力。"社会局代表孙咏沂及沈戟仪、黄炎培等相继演说。先生演说云:"会所幸得落成,所望同乡协力同心,劝导同乡,次第加入本会,以厚力量,而期久远。"大会通过理监事会提出修改会章草案,其余各案议决由理监事会分交各委员会讨论办理。散会时"已钟鸣六下矣。"(《申报》1937年3月1日;《浦东同乡会关于会所落成开幕礼和第五、六届会员大会》)

2月 于《中学生》杂志发表《民族解放和经济建设》一文,痛斥不抵抗主义不但断送领土主权,而且也断送了一切民族工业和经济命脉。指出只有在"抵抗敌人"的大前提之下,中国的经济建设和民族解放才能解决。摘录如下:

一个国家,一个民族,要想独立在世界上,一天一天的发展,一天一天的繁荣,使全民族中每一个人,都能得到水平线以上的生活,都能得到教育、工作和娱乐的平等机会,她的基础完全建筑在经济上。一个国家,一个民族,必须有了相当的经济建设,足以供给自己的一切需要,或者至少足以得到交换一切需要品,不至于缺乏,不至于无物足以交换,或得不到交换,才能立足在这个竞争剧烈的世界上,她的地位才可以说是相当巩固,才可以说是一个真正独立国家。她的领土主权,才可以得到确实的保障,才可以拒绝他人一切无理的干涉。

……到了今日,全国上下,除了最少数真正丧心病狂愿意做亡国奴的汉奸以外,已经大家一致的认识清楚我们的历史任务,必须集中一切力量来抵抗我们最大最主要的敌人,中国只有从抗敌救亡最艰苦的实践中,才能得到真正的民族解放和经济建设。

在过去,在不久的过去,我们中国人有一个很大的争论,就是怎样救亡。在一八九四年中日战争失败以后,有的主张停科举,办学校,可以救亡;有的主张办工厂,兴实业,可以救亡;有的主张废绿营,练新兵,可以救亡;有的主张立宪,有的主张革命,可以救亡;结果什么事都敷敷衍衍的做了一部分,都没有做得彻底。因此整个国家民族,只有继续衰落,只有一步步的衰落! 同时我们的敌人,却一步步加紧向着我们中国进攻!

现在,大家都渐渐明白了。因为这数十年来的痛苦经验,才使我们大家得到一种共同的觉悟,就是整个国家民族,整个领土主权,有整个性,有不可分割性,凡是一个国家的教育、实业、国防种种都有极密切的联系,正好像一部伟大的机器的整个活动,整个存在! 假使把一部伟大的机器拆散成为一片片的零件,便不能独立活动,便失去了整个机器的存在!

因此我们要救国,不能靠盲目的瞎撞,不能靠枝枝节节的努力,而必须有整个的统盘筹算的计划。我们看看现在的中国,是不是单靠造几条铁路,办几个工厂,办几个学校,就可以得救呢? 我们只要看看"九·一八"以前东北四省努力所办的铁路、工厂、学校,在炮声一响之后,就完全为我们的敌人武力占领去了。这一种事实便可以完全明白觉悟了。我这样说，并不是不赞成办铁路、工厂、学校等等建设事业，但必须在抵抗敌人这一个大前提之下来办，才能得到良好的效果。否则在不抵抗之下，不但办得没有成绩没有用，即使办得成绩十分良好，只要敌人的大炮轻轻一响，便可以占有一切，在事实上便不啻等于赠盗以粮了。

在我个人，也有同样的痛苦经验。我是主张工业救国的一分子，尤其是实行棉业救国的一分子。数十年的心血，完全耗费在棉纺织工业上，在个人，不能算不尽力了。但是因为国家经济政策上，对外来侵略，完全和对付武力侵略一样，采取不抵抗主义，因此一切民族工业在外力压迫之下，不能抬头，棉纺织工业当然也不能例外！所以我深切的觉悟到不抵抗主义不但断送了领土主权，同时也断送了一切民族工业和经济命脉！因此我对于近年来的铁路、公路、电讯等等建设事业，不能不发生一种怀疑。就是在不抵抗主义之下，这种种经济建设，会不会蹈东北四省铁路公路的覆辙呢？

好了，现在绥远的英勇的抗敌行动，已经给予全国人民一种新的希望，一种新的兴奋，同时我个人也就是最感觉兴奋的一个。绥远抗敌的最重大的意义，在于全国抗敌意志的一致，无论上上下下，老老少少，男男女女，没有一个不是敌忾同仇，尤其是在前线抗敌的战士，在冰天雪地万分艰苦的前线的英勇的抗敌行为，打动了每一个中国人的敌忾心！我相信，在抵抗敌人的这一个大前提之下，中国的经济建设和民族解放，才能同时得到最适当的解决。

（《中学生》1937 年 2 月；《文集》第 352 页）

3 月 2 日　中午十二时半，赴国际饭店出席市长吴铁城招待余汉谋宴请，并介绍沪各界领袖会晤。到者有杜月笙、王晓籁、虞洽卿、张啸林、林康侯、刘鸿生、钱新之等八十四人。首由吴市长致词，"首对余氏于去年在两粤形势极为紧张之际，极力促成统一，打开近十年来之僵局，称扬备至"。次由余主任致词，"余氏态度诚挚恳笃，极为参加之来宾所称道"，云："至九一八事变发生后，国步益艰，本人深觉非全国上下精诚团结统一御侮，不足以挽救危亡。故去岁两粤酝酿事变时，毅然决然服从中央，促成统一。蒋委员长抵粤时，曾勉以应将粤省造成全国之模范省，以粤省地位之重要，自当奋勉，力图建设。惟粤省不仅为粤人之粤省，而为全国之粤省，深望全国人士对粤省之建设能力加协助。"（《申报》1937 年 3 月 3 日）

同日　复中国银行天津分行卞白眉、束云章函，商请将豫丰纱厂物料尚未估价部分一并作价，偿还欠款。函云："关于浙江兴业银行受押物料作价一节，当根据尊函所述再与接洽。据该行徐新六先生云，'所有受押物料，前由和记接管时曾分为两部分，其一部分经和记认为合用者，当时估价作十四万余元，即此次与津中行参酌市情,商定作价二十万元者是也。其另一部分,当时和记认为不甚合用者,未曾估价,拟请转商津中行,该项未估价之物料多少总有用途,请一并作价归还,所有结欠押款,该行亦愿情让一部分作为了结云。'查结欠押款为三十四万一千元,除二十万元已商定外,尚差十四万一千元未有着落。徐君对于本厂向来热心帮忙,此次所谈尤为属双方兼顾,务请于无可设法之中,勉为设法,将未估价部分押款物料,一并作价偿还,以资清结。"(底稿,浙江兴业银行档案)

3月14日 下午五时,于浦东同乡会与朱庆澜、王一亭、杜月笙、王晓籁、钱新之、屈文六等六人主持本市各界名流招待会,协商救济豫省旱灾办法。到者有孔祥熙、吴铁城(李大超代)、许世英、潘序伦及豫省赈务委员会主席张钫等四十余人。首由屈文六报告举行茶会意义,张钫报告豫省灾情,并由到席诸氏发表意见。所有各人意见汇集整理后,由救灾会切实进行。(《申报》1937年3月15日)鉴于上海"各界对豫灾惨重情形亦至关切","当经组成上海市各界救济豫省旱灾委员会进行勘募救济,并先由财部借挚十万元,办理急赈。推定朱庆澜、陆伯鸿、穆藕初等三人亲赴豫省查放。(《申报》1937年3月16日、3月17日)

3月16日 晚十二时,偕朱庆澜、陆伯鸿乘沪平通车,赴开封,"前往豫省查勘实情及放赈。""预定行程先赴开封,会晤豫、皖绥靖主任刘峙,豫省主席商震,商谈施赈办法后再赴豫西各县查赈,转往各地视察。拟在豫勾留二星期左右,即行返沪。"(《申报》1937年3月16日、3月17日)

同日 有人商请吴梅托先生说情回外交部。吴梅记云:"辅良来,托求藕初一信,拟仍回外交部。盖近日王亮畴(宠惠)长部,或有更动也。"(《吴梅日记》下卷,第859页)

3月17日 各慈善团体联合救灾会救济豫省旱灾委员会于仁济堂开成立会。公决:推陈健庵为主任委员,胡笔江、穆藕初为副主任委员,张寿镛为总干事,李大超、江一平为副总干事;借款二十万,办理急赈。除孔部长已准由财部先拨十万元外,推陆伯鸿、俞佐庭、赵晋卿会同救灾会财务组正副主任,向沪银行界商借十万元。救济豫省旱灾委员会向各界捐款通函云:"河南旱灾,区域达九十余县,灾民逾九百万。际此青黄不接春荒严重之时,迭据该省函电,经本会派员查报,惨不忍闻。当经开会议决,根据本会会章第六条另组河南旱灾委员会筹款专赈,记录在卷。除由财部先拨部款十万元,公推本会朱副委员长,暨常务委员穆藕初、陆伯鸿二先生亲往灾区,实地查放外。一年之计在于春,失此不救,后将无及。灾重款征,不胜焦卢,尚望各界人士公同努力,以期救人救济。"(《申报》1937年3月18日)

3月18日 晨,先生等一行抵达开封。朱庆澜与河南各界云:"赈款由孔祥熙、张钫筹有相当数目,此来与省方商讨吃、种两方,同施教济办法。"(《申报》1937

年 3 月 19 日）

同日 与朱庆澜等访河南省主席商震及省振会委员，"询灾情，商办法。定十九晨赴洛。"（《申报》1937 年 3 月 18 日）

同日 致电《申报》、《新闻报》、《大公报》，报告河南灾情及劝募请求。电云："弟等巧晨抵汴，谒见商主席等，深悉豫西旱灾惨状，灾民多食草根树皮，灾重县份迄今无雨，无法下种，痛苦万分。省府确能多方设法尽力施救，赈务会亦能热心任事，惠及灾黎。但灾广人众，省款枯竭，深盼沪上同仁，尽力设法劝募，仁浆义粟，源源而来。多捐一元，即可多救一人。除另电孔部长请拨赈款外，特电为灾民请命，至希公鉴。"（《申报》1937 年 3 月 20 日）

同日 于《申报》发表《黄头竞赛小启》云：

> 慨自蝮蛇肆虐，既尽东封；胡马成群，还窥北塞。已迫鲸吞之境，忍为鱼烂之民。苟惕厉而有资，何妨法下；果观摩以化俗，愿与同群。是故志沼吴宫，式道旁之蛙怒；心存晋室，舞前半之鸡声。从来激越之情，多半感兴于物。粤有黄头小鸟者，紧毛突眼，顾盼生姿，啸侣呼群，樊篱共固。虽仅一拳之大，而具万夫之雄。倘来异族侵凌，不惜空群抵拒。当其振族高翔，众非鸟合，乘风竞越，气壮鹏搏。恃爪喙为戈矛，被羽衣为甲胄。纵使断胸绝腘，不胜无归；几曾铩羽垂头，曳兵而走。同人等痛鹑首之归秦，同仇共赋；盼龟阴之返鲁，我武维扬。趁兹婪尾春浓，恰喜苍头力健，定期竞赛；看谁家壮翮凌空，触目兴怀。冀或有懦夫克立，嗟！嗟！恨海难填，大风已起。点龙晴于画壁，终见升天；市骏骨于金石，卒收失地。会心别有，丧志何曾；觉表同情，惟希赴约。日期：二十六年四月二十五日（即旧历三月十五日）星期日，地点：上海南市半淞园，奖品：扎花，各地同志愿意来申参加竞赛者务请即日向索竞来登记表格，藉免向隅。上海爱多亚路二六〇号穆藕初。

> （《申报》1937 年 3 月 18 日；《晶报》1937 年 3 月 19 日转载）

微妙（包天笑）《穆藕初斗鸟寄意》云："穆藕初先生顷致余一函，谓'上次到锡斗鸟，承《晶报》采登新闻，深感兴趣。斗鸟虽小事，然以区区黄头而富有斗争精神，较之其他无聊之娱乐，实不相同也。'此次藕翁约集饲养黄头之同志数人，组织一斗鸟之会，名曰适存社，定于国历四月二十五日，在上海南市半淞园，举行公开友谊竞赛，胜者赠花，不含金钱赌博性质。""其所以曰适存社者，亦取赫胥黎《天演论》中之优胜劣败、适者生存之意欤！"适存社社长穆藕初，副社长蒋福田、王大镕。（《晶报》1937 年 3 月 19 日）

3 月 19 日 晨，由开封抵洛阳。上午十时，与朱庆澜、陆伯鸿、毕云程"赴伊川视察灾情。下午二时返洛、在东站向万余灾民讲施赈办法。"（《申报》1937 年 3 月

20 日）先生云："三月十九日，赴伊川视察灾况，出洛阳西门，经安乐窝，为宋代名儒邵康节先生故里。邵先生为范阳人，寓洛四十年，精研易学，号安乐先生，卒谥康节，墓在伊川西南。伊川县治，系民国十六年划洛阳、嵩县、伊阳、宜阳、临汝、登封等县边境为自由、平等两县，后于二十一年合并自由、平等两县而改名伊川，以其地为伊水流域，且为宋大儒程伊川先生之故里也。程明道、伊川二先生，并为宋代大儒，洛阳人，世所称二程夫子是也，墓在伊川城西。此外唐贤相姚崇、裴度，宋名相文彦博、范仲淹之墓，均在伊川。可见此荒僻小县，在历史上，实有光荣地位。其所以日趋荒芜者，实以水利不修，伊、洛二水，淤浅异常，仅附近二水者，尚可通渠灌水，离二水较远者，皆成旱灾。伊川无大工商业，全恃农产为活，一遇水旱天灾，农产歉收，即成灾荒。豫西各县，大抵如是，固不仅伊川一县为然也。县绅杨震坤，宋子厚，好善性成，拥地产一二百顷，每顷一百亩，每逢灾荒，辄以私财振饥。目前赖杨氏以活者，不下二三百人。杨氏曾途遇土匪被绑，问其姓名，知为杨氏，即叩首谢罪，拜为老师，护送回家。有子八人，皆供职军政商学各界。某年曾于一年内得孙男九人，人皆以为乐善之报云。由伊川回洛阳，路经龙门及关林，曾停车一看。龙门山以石刻佛像著名，在洛阳城南，两山相对，望之如阙，伊水历其间北流，故又名伊阙。石刻佛像甚多，不下数千，高逾数丈，小仅数寸，皆富有神采，刻工极精。惜近年内战连绵，土匪不绝，地方行政人员，不知保护，佛像被毁坏者甚多，断头折颈，荒凉满目。据游览所及，伟大石刻如宾阳洞之类，尚大体完整。宾阳洞系就整块大石凿成一高约二丈余深阔约三丈之大洞，再就石壁凿成巨大佛像，高约二丈，伟大庄严，确系巨观。虽其间一二石佛，已有斧凿损伤，意在盗窃出售，但因过于伟大，不易完整凿下，故尚保存大体。闻小小一石佛之头，即可售价数元，故必须地方行政人员，迅速设法保护，否则年深月久，将难免全部被毁也。关林俗称关帝冢，地在洛阳与龙门之间，庙经新修，颇整洁。祭殿有二，前殿塑像如王者袍服，后殿塑像则系武装，装塑极工，精神饱满，神采奕奕。第三殿较小无塑像，最后则为陵墓，为关汉寿亭侯埋骨处。相传侯为吕蒙所害，孙权使人献首级于曹操，操令厚葬之，此处即关侯首级埋葬之地。孙权、曹操之墓，今无所闻，而关侯则永受人间纪念，历久不衰，尊为武圣，与孔林并称，以其义也。"（《豫西视灾别记》，《国讯》第一百五十九期；《文集》第 354 页）

同日　与朱庆澜发表致上海市慈善团体联合救灾会筹赈河南旱灾委员会电，呼吁同仁继续劝募。电云："弟等巧晨抵沪，谒见商主席等。深悉汴西旱灾惨状，灾民多食菜根树皮，灾重县份达二十七县之多。迄今无雨，无法下种，痛苦万分。省府确能多方设法，尽力施救。赈务会亦能热心干事，惠及灾黎。但灾广人众，省款枯竭，深盼沪上同仁尽力设法劝募，仁浆义粟，源源而来。多捐一元，即可多救一

人。除另电孔部长请拨赈款外，特电为灾民请命，至希公鉴。"(《申报》1937 年 3 月
21 日)

3 月 20 日 由洛阳抵开封。先生云："三月二十日，由洛阳赴登封。距洛阳城
东不远，有白马寺，为东汉明帝时印度高僧摩腾、竺法兰二人白马驮经入华之纪念
建筑。是为佛经输入中国之始，时在西历纪元前二十八年。洛阳为东汉首都，明帝
为光武之子，信佛，于永平八年，遣使印度求佛法。永平十一年，摩腾、竺法兰白马
驮经入洛阳，舍于鸿胪寺，即于是年启建白马寺，迄今已一千九百六十五年矣。寺
屡毁屡修，继续不废，最近亦有一部修建，头殿天王殿，中殿如来殿，均新修，佛像庄
严，装塑甚工。第三殿为旧大雄殿，已破旧，中间亦供如来佛。后为清凉台，上有毗
卢殿，毗卢殿两侧有高僧殿，东为摩腾，西为竺法兰，所以纪念其白马驮经之功绩
也。摩腾、竺法兰之墓在寺前大门内，左右各一，左为摩腾，右为竺法兰，至今犹存。
登封旧为嵩阳县，唐始改今名，在嵩山之阳。地处高原，多崇山峻岭。嵩山居河洛
之中，故名中岳，建有中岳庙，甚伟大，祀中岳嵩山之神，历代帝皇多祭之。庙在嵩
山之南，占地甚广，自大门至后殿，约二里。进大门后，有神库一，四铁铸神像守之，
高丈余，全身武装，状貌威武。东西两廊甚长，各列神像数十，各异其状貌冠服，均
奕奕有神，佳塑也。惜乎西廊各神像，已毁损甚多，东廊颇完好，但不设法保护，则
此项优秀古代塑像，亦将逐渐毁灭矣。正殿神像王者冠服，甚巨大，后殿神像略小。
两殿建筑甚佳，均用琉璃瓦，规模甚大。最后则有新筑西式楼房一座，颇觉不称。
嵩阳书院，亦在嵩山南麓，五代周时建，原名太室书院，宋改今名，为二程夫子讲学
之地。在中国文化史上，颇有地位，与睢阳、白鹿、岳麓，号四大书院。今已荒芜，中
有汉柏，周围八抱，号大将军。中岳庙亦有古柏甚多，但以此为最古。书院外有巨
碑，为大唐嵩阳观记圣德感应之颂，李林甫撰，徐浩书。书院内有藏书楼，已空无所
有。藏书楼右方隙地，正在辟一巨井，尚未完工。院中正在植小柏树，长尺余，有离
汉柏甚近者，恐伤其根，命工役稍稍移远，不知能听命否。在登封城西北，在嵩山少
室北麓，有少林寺，以技击著名。寺建于后魏太和年，规模宏大，寺右有面壁石，为
达摩祖师面壁九年之处，尤为著名。数年前樊钟秀、石友三曾战于此，大殿尽毁，面
壁石、面壁庵亦同付一炬，可胜叹息。此次由登封返偃师，便道往游，只见头门、法
堂、达摩殿及毗卢殿，尚完好。中间二门天王殿，大雄宝殿及藏经阁等主要伟大建
筑，皆已片瓦无存，颓垣断柱，偶存一二，适足以表示荒凉。寺僧独有七十人，有熟
谙技击者，曾令寺中幼僧试演小红拳等，居然神气完足，犹有前辈风味。中有一幼
僧，年仅九岁，拳脚干净，尤胜其余，舞双木刀，亦虎虎有生气，可造才也。在毗卢殿
左厢，有一村塾，寺中所设，雇一塾师任教。学生十余人，僧俗参半，一幼僧伏桌上
写字，笔画清秀，视之，即在法堂试演小红拳及双刀之九龄僧也。毗卢殿有石碑数

事,皆文人咏面壁石者,写作颇有可观。三面壁上均有壁画,传为吴道子笔,当不可靠。左右偏殿相对,亦有壁画,绘少林拳击故事,色彩鲜妍,惜已有剥落者。住持耀宗,精于拳术,年在四十许,甚壮健,知客僧亦一能者,惜未问其名。洛阳附近各地,胜迹甚多,以时间匆促,便道所经,不及什一。最可惜者,水利不修,树木稀少,以致中原名胜之区,灾荒相继,人民饥饿失所,成为阿鼻地狱。此次视察灾荒,足迹所至,仅三四县,而豫民之痛苦,印刻极深。朱子桥先生,皈依三宝,陆伯鸿先生,信奉天主,皆虔诚信仰,富宗教精神,以振救灾民为己责。然救灾仅一时治标不得已之办法,尤望为民上者,推己饥己溺之心,积极从事水利造林诸建设,弗以救灾为已足,而尤重在使灾荒不再发生,富之教之,使中原文物,重见光荣,是岂仅豫民之幸,实保障民族生存发展之必要工作也。"(《豫西视灾别记》,《国讯》第一百五十九期;《文集》第 354 页)

同日 晚,与朱庆澜等开会,"共同决定组织豫西施赈委员会。推定王专员、巴主教、郭芳五及沪派专员等五人为常务委员。全权主持施赈事宜,由各县公正人士分负协助施赈责任。"(《申报》1937 年 3 月 23 日)

3 月 21 日 晨七时,赴登封。"过偃师渡洛水越萼岭,历程百五十里。"(同上)

同日 《国讯》第一五八期刊登江问渔《穆氏文社社员中一个特殊人物》一文,介绍新入社员胡石冰。胡石冰《自述》第一段云:"余素未向人言余之身世,非恐闻者讥余出身微贱,实感言之有愧内衷。夫出自艰苦之境者多能砥砺励立志,造福人群,书之史册。独余所历苦境,难与彼等同。而行年念二,犹一无所成。或曰:'处之今日子不应抱此英雄思想,然余岂可藉斯言而自恕蹉跎时光之咎,与旷废服务人群之责乎?'"江问渔云:穆氏文社"到如今已办过三届,征到社员近千了,社员中平平常常的人当然甚多,小为杰出的也还有,现在居然发现出一位特殊人物来了。他是新入社的社员,才缴到一篇《自述》文字,同人读了他这篇文字之后,竟不能不十分惊奇,不能不一再感叹,因此便不加思索的,直觉的说出一句:'这是一个特殊人物啊!'""诸位想一想看,一个没人看不起并且自己看不起自己的军队里童夫,只字不识,凶如野兽,而一朝发愤居然能留心认字,留心读书,入学校,入夜校,入正式商校,到现在竟能做出这样斐然可观的文字,怎能说不是具有特殊的秉赋呢? 他今年才二十一岁,所经过的,一、军队童夫,二、街头小贩,三、小店职员,四、小学学生,五、夜校学生,六、中学生,七、合作机关助理员,八、邮局局员,真可说是饱经世变,遍历艰辛了。如是古人所说'艰难困苦,玉汝于成'这一句话是对的哩。那么,这位青年的前途当然是有无穷希望在那里。佛家所说什么'凤根',什么'佛性'这些话,我不大懂,所以也不大相信,可是看到一个人,真是具有特殊觉悟,我们总应该承认他是'别有慧心'罢,总应该说他根性不同于人罢! 他的《自述》内容说'吾兄弟等于哀痛之余,重整父业,如是五年,余性情全变,以往暴躁、单纯、易为虚伪、善辩、机警,与工于心计之纯粹小商人。'""我末了还要说几句感慨的话了,何地无才? 何时无才? 才而不成,教育之责。今日教育的机会,可能普遍的让一般青年获得么? 这位胡君倘不是遇到一个补习夜校,那里有这样成就呢? 我们办教育的人,尤其是办职业教育的人,应该反省罢,应该觉悟罢!"(原刊)

3 月 22 日　与朱庆澜联名发表致慈善团体联合救灾会函,为豫西救灾事再次呼吁。函云:"两日中沿途所见,灾民扶老携幼,跪求救济者不下数万人。多鸠形鹄面,惨不忍睹。登封灾情尤重,人口二十三万余,无食者达十余万。半饥饿者约六万,饿死者日有所闻。灾民食品,草根树皮已尽,食石粉者多患账病而死。人间地狱,何忍目睹,澜等均为之惨然。据调查所得,有一角赈粮,即可掺入他物食之,可维半月生命。恳速筹汇赈款,施放急赈,愈速愈妙。"(《申报》1937 年 3 月 23 日)

同日　由豫返沪。经上海市各慈善团体联合救灾会召集常务理事会,讨论进行办法。决定推屈文六、陆伯鸿、穆藕初三人向行政院副院长兼财政部部长孔祥熙请示一切。(《申报》1937 年 3 月 23 日、3 月 28 日)

3 月 27 日　上午十一时,与屈文六、陆伯鸿赴中央银行向孔祥熙报告视察豫省灾情经过情形,陈明"该省灾情惨重,除在平已购就杂粮一千五百五十吨。该款约定于本月二十九日以前缴付。孔财长对于豫省灾情极为关怀,爰即充由财政部拨付急赈款二十万元,工赈款十二万元,并另由救灾会与银行商借十万元。所有财部救灾款项,即日电汇豫省政府。即由救灾会派员赴豫,会同该省政府支配赈款及办理查放事宜。"救灾会派定陆伯鸿为豫灾查放专员,定下周启程赴豫。(《申报》1937 年 3 月 28 日)

同日　出席浦东同乡会常务理事会会议,讨论押款情况、修正会章上报社会局及四月应付款项筹措报告,提出文化委员会名单。(《浦东同乡会理监事会记录》)

3 月 29 日　出席冯超然女冯佩方与庄俭之婚礼。冯让先云:"在冯佩方结婚宴席上,费龙丁、王季迁、吴湖帆、张紫东、谢绳祖、穆藕初、徐邦达、王伯元以及崇山草堂师兄弟姐妹等也被邀请。"(引自郑威、冯天虹《冯超然年谱》第 205 页)吴湖帆《丑簃日记》同日云:"冯超然女端允出阁,下午在浦东同乡会宴客,偕季迁、程云岑同去,晤张紫东等,熟人不少。"(《吴湖帆文稿》第 65 页)

3 月 31 日　在南京。与吴梅等参观全国第二届美展。常任侠记云:"(同日)下午,赴瞿安师处,同潘博山、穆藕初及瞿安、旭初两师赴全国第二届美展观览出品。今日尚未开幕,系简召来宾参观者。"(《常任侠日记集》"战云纪事"上(1937—1939),秀威咨汛科技股份有限公司 2012 年 4 月)约当日晚返沪。

4 月 1 日　下午五时,赴国际饭店出席行政院代理院长兼外交部部长王宠惠茶话会,欢送赴英国参加英皇加冕典礼中国代表团。到者有孔祥熙特使、陈绍宽副使、翁文灏秘书及全体参赞秘书专员武官外,还有奉命考察实业之萧振瀛、蒋夫人宋美龄、孔夫人宋蔼龄、宋子文、何应钦、王正廷、许世英等各界人士二百余人。王宠惠致欢送词云"英皇之加冕典礼,异常隆重。而中英之邦交,素称敦睦,是故我国参加英皇加冕典礼之代表异常重要。""希望孔副院长此去,对于中英之邦交益谋敦睦,将来归国之后复以此行之所获贡献于国家。"孔祥熙答词后"与各主人握手道谢,即行兴辞。"(《申报》1937 年 4 月 2 日)

同日 天津中国银行"购买慎昌在豫丰债权,交付一百二十万。"(《卞白眉日记》卷二第 364 页)

4 月 3 日 与黄炎培、沈葆义、吕岳泉联名致杜月笙函,请将祝嘏之资建筑石塘。函云:"本会接准监事秦砚畦、理事傅佐衡、永久会员黄星阶等提议文开:浦东滨海,农田保障,专恃圩塘。西起金山县江浙界碑,北抵川沙县上宝界碑,共长三万二千九百六十三丈。惟松江县漴阙,明末清初,筑石塘七千八百六十八丈。其余皆属土塘。人民与水争地,每遇飓风霾雨,昼夜防堵。塘身稍有渗裂,立即备土填塞。幸而风息雨霁,潮水不涨,始庆更生。否则一隙之溃,数十里内汪洋一片,身家性命尽付东流。农民恃塘为命,名曰命塘。当逊清全盛之时,物力充盈,官绅廉正,工料坚实,民庆安澜。近五十年来,公私经济困难,岁修费绌,不能加厚培高。远如光绪三十一年,近如民国二十二年,南汇塘身破溃,冲坏庐舍,湮没棉禾。小民荡析离居,惨不忍睹。于是急赈有费,冬赈春赈有费,终至修塘筑圩,需费尤巨。募捐之广,遍及苏浙两省。其损失之巨几不可数计。而漴阙之石塘,三百年来屹然不动,则为我浦东永久计者,莫若建筑石塘。顾需费至巨,非千余万元不可。似宜择其险要之处,先行试办。查南汇一团以南,塘外涨滩宽阔,海潮不能侵及塘身。惟二团以北,潮猛流急。光绪十年所筑之王公塘,已几完全坍设。似宜于二三团间及川宝交界,旧属宝山县,新属上海市等处,先建石塘一道。因该项海塘,关系之重要,不仅在浦东一隅,不谋根本办法,则海潮横溢,土塘失其保障,恐现为全国经济重心之上海市,亦将成为泽国,其损失无可计算矣。本年欣逢本会理事长杜先生五十生辰,各方筹款建设,以垂永久之纪念。愚窃以为学校医院,皆不如筑塘之事急而泽永。况杜先生亦垂念及此,屡催政府修塘,则石塘之设,亦本杜先生平日之志愿也。可否由本会议决,公请杜先生以各方寿仪,移筑浦东石塘,将来杜先生六十、七十、八十以至无量数寿,皆依此例,以寿仪移筑浦东石塘。俾吾浦东人民,安居乐业,得以分其余力,供给社会要需。则杜先生之厚泽,不仅沾被浦东等语。经于本月二十日,提出第六十次理监事联合会议,全体一致赞成。议决应函请吾公赐予照办等由,纪录在案。查第等前已于四月三十日专函,为体念吾公爱惜物力之意,拟通告

同俦，凡祝寿送物，改送现金。并请移此祝嘏之资，以济要需，乞公表示同意。"（底稿，浦东同乡会档案）

4 月 5 日 徐新六为派员参加豫丰纱厂股东会事致先生函，云："阅报得悉贵厂将于四月十八日召开股东大会，敝行届时拟派员莅会旁听，尚祈俯准示复为感。"（底稿，浙江兴业银行档案）

4 月 9 日 徐新六于汇中饭店晤卞白眉，谈豫丰纱厂欠款解决办法。"（一）商定之廿万元早付；（二）余料尽量尽先作价使用；（三）如有余额作为第三债权。卞表示（一）、（二）允办。（三）则以目下豫丰付与中行于第一、二债权之上尚设定优先债权不止一起，亟待厘正厘正，以后可以办理云云。"（原件，同上）

4 月 13 日 为浙江兴业派员出席豫丰股东会事复函徐新六。云："敝厂股东会两年未开，此次定期开会深恐出席人数过少，不足法定人数，故特别郑重，至于报告不过经济困难情形而已。承示拟派员莅会旁听，当然赞成。特此函复。"（原件，同上）

4 月 17 日 中午，出席华安合群保寿公司欢宴荷属东印度政府东亚专务司司长罗维克。到者有荷兰驻沪总领事卜十范、奚玉书、吕岳泉、陆文韶、潘志文、陈子馨等二十余人。由该公司总经理吕岳泉君致欢迎词。继由罗维克氏致谢词。（《申报》1937 年 4 月 18 日）

4 月 18 日 出席于上海浦东同乡会举行的豫丰纱厂股东会。到会股东计四十余人，计三万余股。王云甫为临时主席。首由先生报告云："本公司从开办以来，经过困难时数甚长，当初因自办亏损，交与慎昌经营，慎昌仍旧亏损，再交与中国银行经营。中行接办两年亦属损失，去年虽有盈余十四万余元，因债务太多，办理仍极困难，经理人中国银行已有干不下去之表示"。董事会报负债情况："除花纱押款外，积欠中国银行特别优先债权五十万元，第一债权一百卅万元；慎昌洋行第一优先债权一百卅万元，第二优先债权五十万元；又欠中国慎昌未

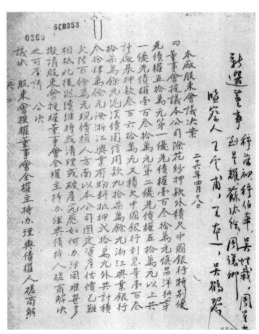

豫丰纱厂董事会记录

付利息一百三十余万元,申汉信用款九十余万元;兴业银行三十余万元。除兴业有物料可以抵还廿万外,共计债务六百余万元,已超过全部资产之估价,债权人方面要求速谋解决办法。究应继续维持,或宣告清理,或破产,应请股东会授权董事会与债权人磋商解决办法。查本公司股份大部分均在董事手中,故董事会可以容纳之办法,必为最有利于公司之办法"。全体无异议。次选举董事监察人,先生与穆伯华、周让卿、周星棠、苏汰余、刘星耀、吴圣栽等七人当选为董事,王云甫、王本一、吴鹤琴三人当选为监察人。(浙江兴业银行旁听代表记录,上海市档案馆藏)

4月19日 下午五时,出席市商会等六十余公团于国际饭店二楼举行的欢送王正廷大使茶话会。到者有王晓籁、钱新之、杜月笙、徐新六及领团领袖领事等外宾,共约五百余人。首由国际问题研究会理事黎照寰代表各团体致欢送词云:"今王大使代表我国赴美,个人方面固足欢欣,而于团体关系吾们之领袖今被派出国,更足庆幸。吾们领袖在国际间之光荣,亦即我们之尤荣。将来我们各团体因王大使之荣任海外,亦可随而向国外发展矣。"王正廷致答词云:"鄙人所欲言者有两点:第一、此种热情盛意无任感激,尤以各团体能联合举行,使余一次与诸位欢众,节省时间不少,更为感谢。第二、适才主席与晓籁先生过于赞誉,鄙人深觉有愧。总理遗教关于废除不平等条约,一部分虽已达目的。但尚多未经做到者,此正须我政府与人民之密切合作,努力从事,以求贯彻。"各团体备银匾一方,镌"为国宣劳"四字,由王晓籁代表赠王正廷。(《申报》1937年4月20日)

4月22日 出席浦东同乡会第五十九次理监事联合会。先生主席,报告各项工作。内有"呈江苏省建设厅为呈报沪东南农村合作事业促进总会成立经过情形,并请令行各县政府合作指导员,积极指导,以利业务而惠农民"等事项。讨论年度预算、上南上川两公司合资铺路接轨、浦东区域试办自治实验区等问题。(《浦东同乡会理监事会记录》)

4月24日 于浦东同乡会主持宴请各乡镇参加黄头竞赛宾客。穆伯华《先德追怀录》云:"民国二十六年丁丑一九三七年春,我父六十二岁,发起'适存社',取名'适者生存'之意,发扬黄头鸟刚毅御侮精神。到沪宁、沪杭两铁路之各乡镇茶馆散发《适存社缘起》文,并邀请各乡镇鸟友一百余人出席'斗花会',即斗黄头鸟代名词。先一日大宴各乡镇鸟友于浦东同乡会,通过成立适存社,分发《缘起》文及徽章。"(手稿)

4月25日 "适存社"于南市半淞园举行黄头竞赛,参加者不下数千人,有鸟三千数百头之众。经费全由适存社六七位社员所解囊。(微妙《半淞园黄头竞赛记》,《晶报》1937年4月26日)比赛前,先生演说云:"斗黄头,是我们家乡的一种民间娱乐,现在我们重新来提倡这种古旧的娱乐,乃是希望大家在此国难日深的时候，应当摒弃赌博、烟酒、跳舞等不良嗜好，学习黄头鸟的合群、团结和战斗精神，以共赴国难。这次比赛，胜的负的，都可以获得奖品，没有赌博的意味在内。只是希望你们看一看这种鸟类，当两者交锋的时候，拼命战斗，绝不中途妥协，更不会见了对方气势稍壮，而就退缩不前，喊'不抵抗'。看了鸟，还应该再来反省反省自己。"（陆诒《悼穆藕初先生》，重庆《新华日报》1943 年 10 月 6 日）穆伯华《先德追怀录》云："清晨开始'斗花'。我在场照料，分九只斗台进行。鸟主人持笼相对，立于台之两侧。两笼靠拢，并置台中，评判员立于台之一边。回忆过去常常发生恶劣争吵，盖鸟主人中有不少各地有势力之辈。鸟之胜负，有关他们颜面也。我于此半天之会场中，心中大起恐怖之心，幸而顺利结束。胜者得'花'一台，负者亦无异言，皆大欢喜。所谓'花'者，从前用泥塑之戏台装于玻璃匣中。此次用彩纸扎花一盆代替泥塑戏台。是役也，上海公安局局长亦在邀请观光之内，有四名公安人员亦在场参观助兴，我父办事魄力之大有如是者。至于前后所费，包括设宴、盆花、徽章、印刷、豫园开支等在一千五百元之上，我父独自负担。"（手稿）

4 月　发表《豫西视灾别记》一文。（《国讯》第一百五十九期，详见本年 3 月 19 日、3 月 20 日各条）

5 月 2 日　4 月末赴天津。本日访卞白眉，谈豫丰股权出让。卞白眉记云："穆藕初自沪来，在起士林约之午饭，关于豫丰结束申汉旧欠以及收买股权事，均有所商榷。股权按三扣，债务约在二、三扣之间清结。"（《卞白眉日记》卷二第 368 页）毕云程云："到了一九三六年，纱厂营业渐渐好转。那时候，中国银行天津分行已成为豫丰纱厂唯一债权人。……该行副经理束云章氏即乘机向该厂提出要求全部欠款立即归还，否则将该厂全部股票照票面百分之十代价，售于该行。……经过了几次董事会的讨论，决议只能向官僚资本屈服，派我代表与该行磋商。经过八个月的磋商、再磋商，总算把收购股票代价由百分之十增加到百分之三十。但附带一个条件：董事会必须负责代为收购，凭股票发款。代为收购股票达到六分之五的时候，八一三的上海战争起来了。该行以郑州为军事必争之地，该厂安全无法保障，立即通知停止收购股票。是年十二月，该厂举行股东大会，中国银行天津分行收购股票以该行高级职员为新股东代表，出席股东大会，选举新董事、监察人，完成新旧交替的必要手续。"（手稿）穆伯华《先德追怀录》云："中国银行天津分行收买豫丰纱厂达成协议，正在收回旧股票之时，该行赠送先父十万元新豫丰纱厂股份之书面凭证一纸，先父谓余曰：'各股东遵守股东会议决议，纷纷拿出股票让渡，而我独领受新股票，见利忘义，我不为也。'八一三抗战之初，余侍亲取道汉口入川，在汉口候船之时，命余持此凭证去郑州托郝通伯氏转交束云章氏，退还股份。此乃一九三七年十二月间事也。"（毕云程《追念穆藕初先生》，手稿）

5月3日　孙筹成①于苏州举行从戎卅周纪念,先生赠《从戎纪念》七律一首。诗云:

从戎慷慨少年时,世变相看鬓有丝。十里虎丘山下路,高歌曾唱好男儿。举目山河兴昔殊,抚来髀肉慨何如。十年一剑君真健,莫便偷闲学小儒。

（《五云日升楼》第一集第十三期,1939年1月）

同日　吴梅拟托先生担保。吴记云:"是日得逸鸿信,为凤叔世叔兄鉴平事,已谋得中央托局一席,但须有切实保人,嘱余转商藕初,此又义不可却,姑向藕兄询也。"（《吴梅日记》下卷,第875页）

5月6日　中华职业教育社举行第十七届年会暨二十周年纪念。上午行开幕礼,下午社员大会。先生与蔡元培、黄炎培、钱新之、江问渔、潘公展等为主席团成员。（《申报》1937年5月7日）

同日　下午四时,出席上海市所得税稽征局招待市商会及各交易所理事长暨各经纪人代表茶话会。到者有王晓籁、张蔚如、顾馨一、徐永祚、金润庠、严谔声等二十余人、由梁和钧氏主席。"关于交易所扣缴客户所得税,曾经各经纪人先将税款汇缴,只因计算手续稍有疑问,故尚未填报送缴。经梁氏与商会及交易所方面开诚商谈,大致均已解决。可于本月十日至十五日完全报缴、茶会席上、王、穆、顾、徐诸君相继发言,历二小时。"（《申报》1937年5月7日）

5月8日　下午七时半,俞鸿钧代市长及华安公司设宴欢迎华侨飞行家许启兴、陈义彦,先生应邀出席。到者有杨啸天、虞洽卿、王晓籁、杜月笙、张啸林、林康侯、宋子良、宋子安等四十余人。由吕岳泉氏致欢迎词云:"二君久居海外,此次回国,与国内同胞相见,无异家人久别相叙。……许君在南洋爪哇经营之事业,极为伟大,实为该地侨商之领袖。……许君既为南洋之殷实侨商而其素志、则对于飞行事业、极有兴趣、故往英国学习航空、与陈君同学,俱得优秀之成绩,此次许君驾驶回国之飞机,即为许君所自己制造,故许君不独对于驾驶飞机之技术甚精,且对于飞机之制造亦甚谙熟。陈君亦具同样之能力,此我国内同胞对于许陈二君极表钦佩者也。……华侨中能自海外驾驶飞机回国者,盖以许陈二君为第一次,鄙人极盼二君此次在祖国之时间内,获睹祖国种种进步之现状,以慰其平素关怀祖国之情绪。此后并能时时飞回祖国,为祖国航空事业赞助一切,此则我国内同胞所极端盼望者也。"次许启兴致答词。（《申报》1937年5月9日）

同日　天津中行在收买豫丰纱厂股份上内部发生分歧,卞白眉同意先生所提三扣。卞记云:"收买豫丰股份,我主张允给三扣,楞伯又不谓然,欲以恐胁行为,迫

---

① 孙筹成（1884—?）名福基。嘉兴人。清末秀才。辛亥革命时参加江浙联军会攻南京。后任上海总商会秘书。

穆藕初等接受二扣,我则以为如此举动,将损害行誉,其所受损失将比一扣之四十余万元不啻倍蓰,且时机一失,将后悔无及。去函嘱其再加考量,并去一电力加陈说。"5 月 13 日,卜"得愣伯信,对于保定购地及豫丰折扣事,已不坚持成见。"(《卜白眉日记》卷二第 369 页)

5 月 10 日 下午五时,出席上海市川灾救济协会于银行俱乐部举行的招待各界茶话会,并报告川灾实况及筹募赈款,到者一百余人。公推张群、徐堪、杨庶堪、吴鼎昌等八人为主席团。张群报告灾况云:"川省灾区占一百四十七县,广约八十万方里,灾民在三千五百万以上。川渝公路素称最富区域,而本年因灾饿死者已有五千余人。此种惨状,不胜缕述,遂致壮者铤而走险,弱者填乎沟壑。虽由川省府募集二百万元办理急赈,而杯水车薪,无济于事。……想今日到会诸君均系各界领袖,慈善为怀,对于救济川灾,当荷同情,务请共抒伟见,筹谋善策,庶几登高一呼,万山皆应,则非独灾民之幸,亦国家社会之福也。"次吴鼎晶、杨庶堪等相继发表意见。决定组织上海各界川灾救济协会,并议戴传贤、张群、吴鼎昌等十一人为当然委员外,并加推杜月笙、王晓籁、宋汉章、俞佐庭、徐新六、屈文六、穆藕初等十二人为委员。会后,全体委员接开谈话会,互相交换意见,决定明日(十二日)举行成立大会,讨论救济具体办法。(《申报》1937 年 5 月 11 日)

同日 上海文献展览会召开发起人会议,通过章程及征品办法,定七月二日在博物馆开幕。推定名誉会长俞鸿钧,名誉副会长钮惕生、潘公展、柳亚子,会长叶恭绰,副会长沈信卿、陈陶遗、秦砚畦,先生为理事之一。(《申报》1937 年 5 月 11 日)

5 月 11 日 下午四时,何应钦于国际饭店召开救济黔省旱灾招待各界茶话会,到者有俞鸿钧、钱大钧、杨虎、蒋鼎文等百余人,先生出席。何应钦主席,报告贵州数十县灾况。继由赈务会委员成静生报告勘灾经过云:"本人奉派赴黔勘灾,黔省自去年三月以来迄今未下滴雨。八十一县中,计成灾县份达六十二,灾民达二百七十六万二千二百七十六人,灾情严重,迄望各界仁人踊跃捐输,俾黔省各工赈农赈早日实现。"黔财政厅长王澄莹、王晓籁、钱新之、屈文六等发表意见。经决定成立上海筹募贵州旱灾义振会,推何应钦为会长,俞鸿钧、杨啸天为副会长。(《申报》1937 年 5 月 12 日)

5 月 13 日 中午十二时,赴国际饭店出席各界川灾救济协会成立大会。到者有杨沧白、张群、王一亭、杜月笙等十余人。由张群主席,报告筹备经过。议案:①修改本会章程案。议决:修正通过。②推定本会职员案。议决:蒋介石、孔祥熙、戴季陶等十人为名誉会长,张群为会长,俞鸿钧、杜月笙、吴鼎昌、穆藕初等十五人为常务理事,陆伯鸿、闻兰亭等九人为常务监察。③推选各正副主任案。议决:总务组推屈文六为正主任,姚应鹏、唐德安为副主任,筹募组推徐可亭为正主任,穆藕初、张慰如为副主任,财务组推吴鼎昌为正主任,钱新之、俞佐廷为副主任,查放组推朱庆澜为正主任,闻兰亭、张树霖为副主任,设计组推王晓籁为正主任,谢驾干、黄涵之为副主任,审核组推张啸林为正主任,徐永祚、潘序伦为副主任。④决定本会会址案。议决:暂假中汇银行为会址。(《申报》1937 年 5 月 14 日)

5 月 14 日　下午五时,赴浦东同乡会出席黔灾义赈会成立大会,到各界代表八十余人。何应钦主席报告筹备经过及灾情。①修改本会简章案。议决:修正通过。②发表缘起案。议决:通过。③灾区待赈迫切应如何办理案。议决:由会商请中央、中国、交通三银行垫借国币十五万元办理急赈。④推选本会负责人员案。议决:推蒋介石、宋子文、孔祥熙等八人为本会名誉会长,推何应钦为会长,推俞鸿钧、杨啸天等为副会长,推叶琢堂、钱新之、赵晋卿、穆藕初等为常务理事。⑤推朱汉章、张寿镛、胡文虎、黄延芳为常务监事。⑥推选理事案。议决:推何应钦等一百五十余人为理事。(《申报》1937 年 5 月 15 日)

5 月 15 日　天津中行卞白眉、束云章为垫还豫丰纱厂积欠浙江兴业银行押款事复先生函,以最多以二十二万元为度。函云:"顷奉十三日手示,祗悉一一。兴业物料押款,当初和记接收部分,原只作价十四万元,后特予通融,始勉为增加百分之三十,合计为十八万余元。嗣兴业方面一再来函谆商,又允其凑足二十万元之数。在敝行对于贵公司固已力为帮忙,即对于兴业亦已极尽同业互助之谊。上次弟在沪时,我兄面商照二十万元之数再加贰万元,将兴业全部押款了清,其余物料统归和记接收。当以该项余料多属废弃之物,殊无用途,即使增加二万元以廿二万之数全部结束,敝行所能否通过尚待疏通。故彼时弟只允设法尽力斡旋,以期各方互让,早日解决。今接来示,谓已磋商增至二十四万元,似此一再增加,敝行实难如命。但贵董事会对于增加之数如另有筹措办法,自不妨照尊意办理。总之,敝行垫还兴业之数最多以二十二万元为度。一切尚祈谅詧为荷。"(抄件,浙江兴业银行档案)

5 月 16 日　于天津《大公报》发表《中日"经济提携"与走私》一文。云:"近两年来,半殖民地之中国正努力于民族复兴,其希望各友邦之经济合作,固甚殷切。以世界各民族所受天然生产力之限制,与夫产业发达之程度不等,故其物质上之所需给,不能不有望于经济上之提携,以求各个民族生活之普遍满足。是以两民族'经济提携'最大之目标,乃求双方经济生活之发展,而其本质固建筑于平等互惠,双方有利之条件上。否则,给以一方为鱼肉,供以他方为侵食,此非'经济提携',乃'经济侵略'也。在此资本帝国主义对其生存作最后之挣扎阶段中,半殖民地状态之中国,在国际关系上,真正之'经济提携'原不易实现,而于近年来日本所高唱之'中日经济提携',尤为名实不符之最著者。"文章揭露日本以"经济提携"为名,实行"经济侵略",其本质是要把中国变为日本之殖民地:"自一九三五年日本冈田内阁积极播送中日经济提携之时，华北事件，察哈尔事件，华北伪自治运动等侵害中国领土主权之阴谋，相继由土肥原出面导演。继之创造冀东傀儡政权，绥东伪蒙军政府。复开始积极以走私袭击中国民族复兴之经济命脉，而企图绝灭中国方在萌芽中之民族工业，使永沦为日本之殖民地。日方循此以进行其所谓'中日经济提携'，非仅公然霸占东北四省，抑复进而攘夺华北富源，加强压迫或收买华北产业，俾在华北（一）发展交通，（二）发展工业，（三）获取原料，（四）垄断市场，（五）控制金融，以为再进而并吞全部中国之根据地。盖日本之东亚大陆政策，侵夺华北固犹未餍足，聆结城藏相以东京商工会议所议长资格招待阁僚时所谓：'日本技术与资本，如与中国劳力及资源相结合，则可开发棉花、石炭、铁矿等等无尽藏之富源，中国五亿之人民，亦得价廉物美之供给。'知日方固亦不讳强化中国为日本之殖民地，而名古屋泛太平洋博览会中将中国货列入殖民地区内，尤其见日方对"中日经济提携"之肺腑。"先生指出"目前日本予中国民族之最大威胁，当以走私一事为最。此为日本有计划的对中国经济侵略之突击队，在走私货物猖獗中，不但吸收中国大批金钱，抑复破坏中国关税主权，剥夺中国国家财政岁收及危害中国产业发展。走私对于中国产业发展之危害，可举一事为例。如中国之火柴业，目下已由华北市场退却，且复被迫与日本火柴业联合营业于华中及华南市场，据刘鸿生氏之语，谓'如不能根绝走私，中国工业生产品即无法与之明争暗斗'，显系身历艰苦者所言。而中国其他各部门产业，何莫非挣扎于此种痛苦环境之下。……日货走私之所以肆无忌惮者，完全凭藉其背后之武力，而中国当局迄今无法根绝走私者，亦因此故。"先生提出防止走私办法：

（一）全国工商界自动防止走私年来中国各地无耻奸商，多有收受廉价走私日货，作饮鸩止渴之举。是虽非为日货走私之直接罪人，但实为造成日货走私猖獗之原素。良以日货走私，□□如无人问之购买，则非仅使走私日货，无法发展，且大批走私日货滞积中国市场，其利息之损失，已足使走私奸商裹足不前。是故吾人以为灭绝走私最有效之办法，莫过于各地同业公会从速一致自动抵制私货，对于无耻奸商则加以法律制裁。

（二）全国工商界督促政府防止走私看来政府对于防止走私，不可谓不努力；然为环境所围，未能充分发挥其效力。吾人以为走私既大损整个民族经济，工商界应严厉督促政府不顾一切，发挥其保护主权防止走私之能力。

（三）政府严格实行缉私，武装缉私人员政府为保护主权及财政收入计，必须严令各省市政府及各海关，严厉执行缉私工作。凡查获私货，必须一律充公，不得补税放行。凡公务人员，不得为私货说情或擅放私货，否则以渎职论罪。同时武装缉私人员，以免浪人持械捣乱，关员等生命无所保障。要知走私原属违法行为,为国际公法所不许,为国际公论所不容,武装缉私,为我国原有主权,浪人等亦决不能因此而向我国开衅也。

吾人更有言者,襄川越大使及李滋罗斯均言走私因中国关税太高之故,是以减低中国关税为日方自动取缔走私之交换条件之声浪,曾轰动一时;然中国关税制度已如上言,原已不能尽其保护国内产业之责任,吾一旦再为减低,其与日货走私之危害程度,相差亦无几矣。况民国二十三年所改订之关税率,在增税物品中,英美日相较,日本仅占百分之七点五为最少,而如日本物品占最重要地位之棉布、鱼介、纸类等税率,平均皆反减低百分之二是左右。因此,吾人以为中国在事实上,有提高关税之必要,万不可再以减低关税,作为停止走私之交换条件。同时,因日方之阴谋百出,走私手段,亦含有压迫中国与之订立协定□□与其他经济利益为停止走私之交换条件之意。故我政府必须严守保护主权之原则,毋为一时之苟安,而贻患于无穷也。

(同日天津《大公报》;《文集》第 356 页)

5 月 18 日 为豫丰纱厂还款事致函徐新六,云:"顷接天津中国银行五月十五日航函,对于贵行受押敝厂物料欠款仍坚持以二十二万元作为全部了结,而总行能否通过尚待疏通云云。其困难之点确属实情,但弟前已面允吾兄再加二万元之数,自难再行缩减,虽中行未肯接受,弟必当设法筹措,以践诺言。务恳吾兄顾全友谊

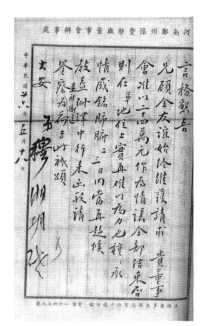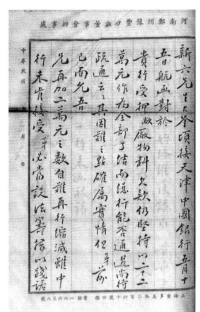

1937 年 5 月 18 日穆藕初致徐新六函

始终维护，请求贵董事会准以二十四万元作为情让，全部结束。否则在弟地位上实再难以为力也。种种承情，感铭肺腑。二三日内当再趋候教益。附津中行来函。敬请鉴察，并祈掷还为荷。"（原件，浙江兴业银行档案）

同日 《申报》报道先生被推选为伊利诺同学会会长。《伊立诺同学会选定会长主任》一文云："伊立诺大学同学会新会所设立于本埠爱多亚路浦东大厦三零七号，已志本报。兹闻该会已举定实业家穆藕初为会长，前沪杭甬局长任筱珊为副会长，两路局化学专家陆次兰为中文书记，律师兼财部参事黄宗勋为英文书记，名建筑家庄俊为会计，全国经委会专员顾心一为驻会干事。并由穆、任两会长推定交大教务主任钟伟成为征求主任，辉光公司总经理黄荣辉为宴会主任，交通银行王恭宽为财务主任，顾心一为管理会所主任，现正积极广征会员，俾会务日益进展。"（同日《申报》）

5 月 20 日 出席浦东同乡会第六十次理监事联合会。先生主席，讨论通过与旅沪各同乡会联名呈请外交部交涉撤废领事裁判权，召开第五届征求会员大会，聘请杜、穆、黄、沈、吕五常务理事等为征求会员筹备委员会等事宜。（《浦东同乡会理监事会记录》）

5 月 22 日 下午四时三十分，与王晓籁、杜月笙、林康侯等假座华安大厦八楼招待市各界人士。到者有唐寿民等百余人。王晓籁、林康侯、先生等相继致词，陈述我国游泳事业极为幼稚，亟应提倡，"报告游泳专业之重要，当场议定假两江体师游泳池各界练习之处，于六月一日起开放。"并订定办法：（一）练习时间依各团体多寡分配；（二）每天晨七时起开放，至下午七时止；（三）由两江体校一部分球场供给应用；（四）参加者须经体格检验后方得入池。（《申报》1937 年 5 月 23 日）

5 月 24 日 经协商，豫丰纱厂积欠浙江兴业银行借款以二十五万元了结。本日，先生致徐新六函，表示感谢。函云："敝厂结欠贵行抵押借款叁拾肆万壹千元及其利息已蒙贵行情让，允以贰拾五万元作为全部清偿了结。该款贰拾五万元已嘱中国银行代解直接拨交贵行，并请将原订抵押合同涂销后，及原存贵行地契一纸一并交中国银行总管理处刘映侬君代收为荷。"（原件，浙江兴业银行档案）

至此，豫丰纱厂正式让渡于天津中国银行。6 月 21 日，徐新六致天津中国银行卞白眉、束云章谢函云："豫丰欠款承藕初先生与贵行商定以二十五万元作为全部了结，多年旧账得以结束，一切仰仗贵行援助，鼎力玉成，高谊云情，钦感靡既。"（底稿，同上）穆伯华《先德追怀录》云："一九三七年民国二十六年丁丑，偶尔与我父谈及与此，我父回说'雄心'。十七年漫长岁月中，我父心灵上内对股东，外对债权人经济方面有负于人之精神痛苦，无一日得以自安，竟饮恨终生矣。"有一日，"我父呼我曰："伯华，今而后无意再兴办工业矣。"（手稿）

5 月 25 日 为赶修高桥海塘事，与杜月笙、黄炎培、沈葆义、吕岳泉联名代电上海市政府俞鸿钧市长,请求"速予拨款"。电云:"案据本会会员顾文藻略称,高桥区海滨浴场至新港一段,海塘坍毁已甚,仅余尺许之堤,潮汐冲击不已,民患其鱼。得蒙市府委勘,筹议兴修。而近见刊物载工务局关于修塘之文,有本局呈奉市府令准拨款办理,一俟经费领到,自当赶速兴工等语。是尚未有确定兴工日期,惟霉季大潮可虑,转瞬秋汛又来。若非及早赶修,深恐噬脐何及。请由本会转电市府,速予拨款动工等情。据经提出,本会第六十次理监事联合会议决,应予据情转陈。合亟电请鉴核,准赐拨款,迅饬修塘,以保民命,无任公感。"(浦东同乡会档案)

5月27日 杜月笙复函先生与沈梦莲、黄炎培、吕岳泉,同意修塘计划,又谢辞为其五十贺寿。函云:"顷奉惠翰,敬悉种切,浦东滨海地方,农田全恃塘为保障,自古如斯。诸公热心公益,殷殷以修塘为当今之急务,根本救患,诚为善策。卓识远见,且钦且佩。鄙人随诸君子之后,亦当尽力襄助也。至于鄙人五十虚度,岁月蹉跎,寡过未能,何敢言寿。盛意关垂,谨铭心版。想诸公爱人以德,必能俯鉴愚忱,加以曲谅。同会诸友,并祈代达鄙意,善为我辞。是所感祷。"(同上)

5月28日 出席龙门同学会年会。本届到会者二百六十余人,推夏琅云、孙祖基、陈济成三人为主席团。由陈济成报告一年中进行事业,筹建会所已有办法,捐款存新华银行,本息共计六——五元。次讨论提案关于建筑方面限期完成。如经费不足,再由各级同学筹募。继改选理监事,吴开先、贾季英、沈信卿、穆藕初、林康侯等十一人当选。晚,在陶乐春叙餐,"旧雨重逢,倍觉欢洽。至十时始散。"(《申报》1937年5月30日)

5月 向新华银行贷款五万元,由位育小学租定拉都路三八八号(今襄阳南路388弄15号)地五亩许,①自建永久校舍。李楚材《创造和生长》一文云:"几位工商实业界的校董看到学校的发达情形,有为位育小学筹建永久校舍之心,经过商讨决定后,一方面是筹募及举借款项;一方面筹拟校址。二十六年五月就在拉都路三八八弄的校址举行奠基典礼,开始动工;八月一部分房屋完竣,就从租借的校舍搬到自建的校舍里来了。建造新舍除掉捐到少些款项外,最大部分的造价是向上海新华信托储蓄银行举借的。那时备了法币五万元,订约十年,分期还款。原须至本年(指1947年——编著者注)方能还清,后因币值累变,学校各方面撙节,就把欠款提前偿付了。在这里,我们不能不感谢新华银行的帮助和这一时期管理经济的穆校

① 李楚材《向穆藕初先生致敬》一文云:"1932年秋,位育小学成立,备受上海各界人士之重视,由于师资优良,教育认真,学生在此乐园中能发展智能,因此学生逐年增加,所租花园洋房校舍,无法容纳,乃于1936年在襄阳南路租地五亩多,自建教室大楼、大礼堂、师生宿舍,需款五万余元,由穆先生担保向新华银行借用,由校分年拨还。现存1937年5月24日位育小学(签约人校董穆伯华)与出租人王尚麒、王富全所订,借租坐落上邑二十七保五图景子圩第四百零六号地一亩三分三厘七毫合同一份,为此五亩多以外扩充部分新订合同。(原件)

董伯华，以及这一时期服务的职员同人。"（《十五年之位育小学》，1947 年）穆伯华《先德追怀录》云："民国二十六年春丁丑一九三七年，我父已六十二岁，用私人出面向新华银行信用贷款五万元正，自建校舍、大礼堂、①办公室。后又扩办位育中学。其培养青年之志愿，不计自己经济境况如何，始终不稍颓。"（手稿）

5 月　段锡朋、罗家伦、汪敬熙、周炳琳、孟寿椿、江绍源、程景康、朱济、张纯明、方显廷等设立穆藕初奖学基金，聘请蒋梦麟、张伯苓、胡适、周炳琳、方显廷等五人为董事，负责保管基金、分配学额及审核成绩等事宜。罗家伦致先生函，报告基金会成立，希望"先生提倡学术、奖掖后进的心愿能够长远维持下去"。全函如下：

　　藕初先生道鉴：先生曾以提倡学术的精神来扶植我们学业的进展，我们历年服务都深愧很少成就，但是先生这种为学、为公的精神长足为社会法式，绝不为我们成就的不多而有所减损。我们在惭愧之余，只能以继续先生这种精神的一个小小方式，来表示我们对于先生的感谢和佩仰，于是集议共筹国币一万元设立"穆藕初先生奖学基金"，并推组董事会处理此款，即以该款利息设置奖学金额数名，奖进国内大学中清寒有志、学行优良的青年，使先生提倡学术、奖掖后进的心愿能够长远维持下去，这点纪念先生的诚意希望先生接受，敬祝先生健康。

（罗久芳提供原函抄件）

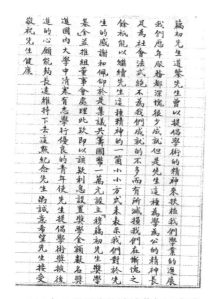
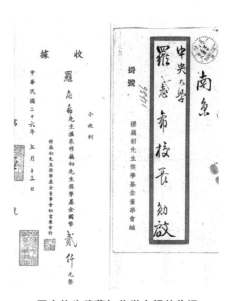

1937 年 5 月罗家伦致穆藕初函底稿　　**罗家伦为穆藕初奖学金捐款收据**

---

① 大礼堂定名藕初堂，二十世纪九十年代被拆除。

5月 弘一法师应湛山寺住持倓虚法师之请赴青岛,"从厦门动身,途经上海时,弘一法师曾经遇到过叶恭绰先生,离沪之前,叶老先生约了穆藕初等人吃过一顿简便的素斋,法师自奉甚俭,奢侈和热闹的事,他是不屑一顾的。"(《湛山寺话弘一》,刘海粟《齐鲁谈艺录》第134页,山东美术出版社1985年9月)

王慕喆题穆藕初寿穴碑文

春 偕长子穆伯华到苏州察看寿坟。穆伯华《先德追怀录》云:"翌年(指1937年——编著者注)春夏之交,两度命家菁随侍往观,回顾笑谓家菁曰:'吾百年后安息于此。'家菁默然不语。此虽府君旷达之言,然为人子者,实不愿闻。"(手稿)寿域入口建石牌坊,两旁有石人、石马及名家题刻,墓碑前有石供桌、石香炉。墓界用青石围成,上刻"生生不息"、"穆界"。现存王慕喆碑刻题词三方云:一、"幽藏布置在生前,海外东坡任误传。倘与山灵谋息环,百年屈指尚中年。"二、"半生踪迹偏重洋,备钗刘伶未是狂。官退名成亦一笑,人间□□□黄粱。"三、"邓尉梅花属比邻,年蜡履此寻春时。艰难□成□蹈一,莫向桃源去□□。"(原碑,今藏上海市浦东新区档案馆)

6月4日 中午,于中华国货产销协会聚餐会上演说《谈生产与推销》,指出生产为国家经济根本中之根本,民族工业又是国家经济的根本命脉,阐述"产销"之间关系与推销员必备条件。全文如下:

中华国货产销协会系由张公权先生发起,联合各国货工厂组织而成。张先生鉴于银行的业务,在扶助工商业,银行业与工商业互相携手,共同努力,我国的经济事业才能够健全发展,这是对的。张先生又想到银行要扶助工商业,单单予以经济上的帮助是不够的。因此,他联合各国货工厂,组织这个中华国货产销协会,使银行业与工商业,有一种密切的联系,这也是对的。因为银行放款与工商业,工商业获利,银行也有利,工商业亏本,银行业也有损。因此要设法帮助工商业,使工商业获利,使工商业不亏本,或设法防止亏本,这就不能不注意到产销方面去。中华国货产销协会就担负了这个使命。

今天中华国货产销协会会员聚餐会,邀兄弟参加,不胜荣幸。聚餐会的宗旨,在联络感情,交换意见,共同研究,以推进国货的产销。兄弟今天就在"产销"这两个字上,贡献些小小意见。

一个国家的根本命脉,就在于经济。所谓经济,虽然包含生产、消费、分配种种,而生产实在是根本中的根本。没有生产,或者缺乏生产,则消费分配一定不够。从前中国,就吃了生产不足的大亏。现在国货工厂,已经渐渐多起来,但就全国消费而论,还是不够。因此希望在座诸君以及所有国货工厂界同仁,群策群力,但负起发展国货生产事业这一个责任来。

发展国货生产事业,说话是一句,简单得很,而事业是非常广泛的。诸君都是国货工厂界的中坚分子,对于各种国货工厂,经验丰富,不必兄弟多说。今天单说一个原则,就是办国货工厂,增加国货生产,不但是为个人谋利益,同时也是为民族国家谋利益。我们必须认识清楚,国货工厂是民族工业。所谓民族工业的意义,就是说说办国货工厂办得好,不但对于股东职工少数人有利,对于整个民族也有利;办得不好,不但股东职工少数人受损,整个民族也受损。因为民族工业是国家有经济的根本命脉,一个独立自由国家的基础建设在经济上,也就是建设在民族工业上,所谓现代的民主政治,也就是民族工业的民主政治。中国的不争气,表面失败在军事上、外交上,而实际失败在经济上,就是民族工业太幼稚,经济力量太薄弱。因此要中国复兴,必须努力经济建设,而国货工厂的国货生产,便是经济建设的中心。必须把国货的生产力增加到足以供给全国人的消费,更有余力足以输出国外,中国在经济上方才足以自立,中国民族才能达到真正复兴。这是我们必须担负的重大任务。

现在再说到销字。有了生产,当然要推销,销与产是分不开的。国货工厂要注重生产,同样也要注意推销,有了好的生产没有好的推销是不行的。西洋的工商业发展得比我们早,因此对于推销,早已有很好的经验。根据他们的经验,推销员有五个条件:

第一,推销员必须衣服整洁,和蔼可亲,这是第一个条件。推销员第一个条件要使人家见了不讨厌,所以必须整洁、和蔼。假使一个推销员衣服污秽,见了买主,常常板起面孔,出言不逊,这样,势必要使买主见了逃避的。中国老牌子的商店的伙计,往往有这种毛病。这是不能不注意改革的。

第二,推销员必须使买主明了货物的优点,这也是一个重要条件。有许多货物,外貌往往差不多,不能使买主一看就明白它的好处。推销员必须用说服的工夫,尽力使买主完全明白某种国货有某某等特色,比较劣货大不相同,以增进买主对于国货的认识。有些老派商店中伙计,对于买主拣选稍久,便出恶声,是必须改革的。

第三,推销员必须使买主感觉需要。单使买主明白国货的好处还不够,还要使买主感觉需要。随时察看买主的情形及时令的关系,把合于买主需要的货物,尽量推销,使买主感觉非买不可。

第四，推销员必须使买主所买货物完全适用。（适）用这一点往往为人疏忽，而在无形中拒绝了买主。因为买卖是双方的，不能单顾卖方。推销员必须时时为买主打算，务必求其所买货物，完全适用而感觉满意，万不可勉强捆卖，使买主不悦。这是特别需要留神的。

第五，推销员必须使买主再来。这一点与以上四点有密切关系的。有许多买主买惯了某种货物，就必须再买。有时甚而至于愿意多跑些路，仍旧要到买惯的商店去买。其原因就在于推销员之整洁、和蔼及货物优良，合于需要而适用也。在推销方面，能够保持并增加许多老主顾，方可以证明推销的成绩。

今天聚餐会，诸君对于国货产销，都是富有经验的，兄弟不过随便想到说这么几句话，请诸君指教。

（中华国货产销协会《每周汇报》第三卷第二十一期）

6月6日　与闻兰亭联名致本市慈善团体联合救灾会函，捐款一万三千元。函云："接奉大函并捐册一本，敬悉。弟等鉴于黔省大旱，民不聊生，特意可悯。兹将募到纱布交易所国币一万元，尚有三千元系捐助甘肃灾款，合行并奉，至希检收。分别转汇灾区，以作杯水之助。捐册一本附赵，亦祈照收为荷。"（《申报》1937年6月7日）

6月9日　穆藕初奖学基金董事会于北平开第一次会议。通过章程，决定中央、北京、南开三大学各设一名学额，学科皆与穆藕初事业有关。章程第六条规定，凡家境清寒、品行纯洁、身体强健、成绩优异者，每年经指定之各大学，依照规定手续，经董事会审查合格后，得受领本奖学金。（《大公报》1937年6月14日）1940年10月，穆藕初奖学金首次公布获得者名单，农科为中大刘有成，理科为联大杨振宁，经济科为联大周大昂，每人每年给奖金国币三百元。1943年又增加中大农学院姚梅娟。（《新华日报》1940年11月3日；中央大学档案）

6月9日　上午九时，出席位育小学自建校舍奠基礼。校董到者有黄炎培、江问渔、黄延芳、贾佛如、穆伯华等，及学生家长、全体学生四百余人。新建校舍"计教室及办公室，一幢礼堂、两操场、一幢寄宿舍二十四间。升旗行礼后，先生立础并报告，黄炎培炎说，大放爆竹全体欢呼。末由校长杨卫玉引导来宾参观工程。（《申报》1937年6月10日）

6月11日　与上海纱布经纪人公会邵文楣等商议，调停纱交风潮所引发的多空双方争执。是年3月至5月下旬，上海纱交所期货纱价递涨，由每包二百三十元、二百四十元涨至二百九十五元。由于吴瑞元、徐懋昌等少数巨额多头及其背后官僚资本操纵，致使四十家空头户亏蚀一千多万元，引起风潮。纱价升腾，影响面粉价格随之上涨，面粉交易所也因多空双方起争执而宣告停市，市面一片混乱。纱布经纪人公会决定请虞洽卿、杜月笙、王晓籁出任调停。本日上午八时半,经纪人公会主席委员邵文楣与先生、闻兰亭等交换意见。九时零五分,"在大礼堂召集全体经纪人举行紧急会议。由主席邵文楣报告杜月笙君出任调停经过毕,空方要求照八日收盘红牌拍价减少十元,而多方只允让步四五元,双方利害相对,会场席上发生激烈争辩,相持不下,会场主席无法控制。一面劝告多空双方经纪人休息五分钟,一面由邵文楣再赴理事室与穆、闻等诸理事商谈后,即再在电话中向杜氏报告情形,并请再为斡旋。直至十时三刻始返会场,向众宣告商妥办法。内容惟少数做多头之经纪人因利益损失太大,仍坚持不让。嗣后,由主席极力解释,为遵从杜氏调停起见,照商妥办法办理。旋即提付大会表决,经全场一致通过。"(《申报》1937 年 6 月 12 日)

6 月 12 日　实业部派政务次长程天固来沪彻查纱交风潮真相。下午二时,与杜月笙、王晓籁晤程天固,"报告纱布交易所棉纱价格飞涨及调停经过。"下午六时,程次长发表谈话云:"实业部此次查办主旨在取缔投机分子之操纵纱价,妨害农工市场。至对于花纱厂商之正当利益,绝对予以保障。此事关系国民生计,市面金融,均极重大。实业部以最高主管机关地位,必须慎重处理。目前先着手切实调查各方真相,俟详加考虑,方能决定具体办法。"(《申报》1937 年 6 月 13 日)平言《豪门与纱交风潮》文云:"实业部先派次长程天固于 6 月 11 日夜车到上海。程在动身之前,给了纱交理事长穆藕初一个电报,穆就当夜通风报信给各经纪人,要他们准备拿得出账册备查。程一到上海,穆藕初盛筵款待,还邀请吴启鼎作陪。次日,程就提出还是多空双方和解的好。但双方僵持如故。"(《旧上海的交易所》第 158 页,**中国人民政治协商会议上海市委员会文史资料委员会编,上海文史资料选辑第七十六辑,上海市政协文史资料编辑部出版,1994 年 12 月**)

同日　晚,实业部次长程天固召集先生等会商纱交风潮处理办法。到者有实业部参事陈郁、科长邝运文、交易所监理员王晓籁、地方协会会长杜月笙。"经长时间之会商,决定俟各方经纪人代表答复后再行核办。"(《申报》1937 年 6 月 14 日)

6 月 14 日　《申报》刊登《多空各执一词》,报道双方不同意见。文云:"昨晨向纱布交易所各经纪人处探悉,关于纱花价格飞涨纠纷,空方认为系有力者之操纵,故盼依照交易营业细则第一五四条第八项之规定不了结交易。不能减少经纪人以及其他有关系之危险时,得以十日半均扯价办理结价。但多方认为纱价之飞涨实为存纱减少,各自畅销应有之趋势,并非投机分子之操纵。"(同日《申报》)

同日　晚,程天固再度召集先生等会商,"对于多方提出之让步办法原则,及空方请求给价办法作交换意见,决定由空多双方自行和解。"(《申报》1937 年 6 月 15 日)

6 月 15 日　上午九时,与实业部参事陈郁,监察院专员雍家源,以及杜月笙、闻兰亭、邹文楣、周少康等在纱交所理事室交换意见。议定即召集经纪人大会,"报告经过情形,当时决定根据六月十一日(星期五)红牌以下开拍。近期回降三元,远期回降四元为标准。多方尽量抛出,使空方抵补了结,双方对此项办法完全谅解。"(《申报》1937年6月16日)

同日 《申报》刊登纱交风潮消息,报道纱交所今晨决定照常开拍。文云:"自实业部次长程天固及地方协会会长杜月笙劝导多空双方自行和解后,今多方已允让步所以和解接近,华商纱布交易所今晨决照常开拍。""多方代表潘守之、吴文淇退出后,旋即返交易所会同经纪人公会邵文楣、周少康两会长召集经纪人及客户磋商,遵照实次劝导意旨,向委托交易之买方客户进行疏通。惟多方经纪人意见,拟按照十一日(上星期五)行市(即红牌)结价一层,未获买方各客户赞同。盖全体空方客户方面意见,则认为此次纱价飞涨,亏损不赀,必须依照纱布交易所营业细则第一五四条第八项不了结交易,'不能减少经纪人以及其他有关系之危险时得以十日前平均扯价办理结价'之规定办理了结,始昭公允。故结价一层,彼此意见一时颇难接近。事实上殊多困难,刻仍在磋商中。外传多头各户已允让步,所谓照十一日红牌结价一点,买卖双方均一致否认。"(同日《申报》)

6月16日 代表浦东同乡会宴客,筹募诊疗所经费。(浦东同乡会档案)

6月21日 实业部部长吴鼎昌来沪彻查纱交风潮,吴致先生电,要求准备核查。电云:"先转知各经纪人将过去账册汇集,于梗(二十三)晨六时携至交易理事会呈核,至实部所拟复行政院之防止交易所投机办法。"(《申报》1937年6月23日)

6月22日 吴鼎昌抵纱交所调查,召见先生与王晓籁、闻兰亭及经纪人公会两会长,"面询纱潮起因及经过。王、穆、闻三氏当一一据实详细陈述一过。复由邵、周两会长报告各经纪人号最近交易所情形,至中午始行退出。随即延见买卖双方全体经纪人六十余人,依次个别问话。同时查阅纱潮发生前后各月份远期近期客户交易列表簿册。迄下午四时,始行竣事。"(《申报》1937年6月23日)6月28日,吴鼎昌向中央社记者谈纱交风潮调查处理,宣布对违反交易所法的纱布交易所理事吴瑞元予以退职处分;三名经纪人吊销注册;一名经纪人暂行停止。对违法的九家商号依法罚款。6月29日,行政院会议通过《取缔上海纱布交易所投机办法》。(《纺织时报》一三九六号,1937年7月1日)

6月29日 实业部长吴鼎昌就纱交生风潮发表谈话,云:"上海华商纱布交易所五月底交割时发生风潮,六月八、九日复停拍停市,情节重大。经本部彻查,据理事长穆湘玥当众面称'风潮起因系有人传说政府已借到外债,将用以归还内债,减轻利息并膨胀通货,因之物价见涨。加以上海存纱五月底只约一万包,遂为投机者利用'等语。是显有人散布流言,或行使诡计。意图查账,据传询关系诸人,惟单册太多,查对不易,欲求精审,断非三五日所能竣事。但经各方同人之努力,已发现违法之事实不少，其可出行政处分者，已由本部分别严予处分。其涉及交易所法第四十九条及第五十二条刑事嫌疑者，应由主管机关依法重办。本部仍当努力继续检查一切账据，如有发现当一一依法分别从严处理。再本人痛感者，代表权利义务之人名，法律上必须限定一人一名，并不得用堂名记名。盖必如此，中国经济组织方能纳入轨范，财政方面亦始有实行遗产所得等累进税率之可能，而便利于查账，更不待言。只以积习未除，法无限制。故此次查账同人，日日埋头昏昏于堂名记名别号之中，向各关系人追索姓名，颇费周折。而其指出者是否顶替，或出于虚构仍苦无从证明，势非假以时日，一一探询，难得真相。况巧于为谋者，即一一详加探询，仍有隐饰规避之余地。盖就目前事实而论，法律即无限制，狡黠者即不难在此范围内以取巧售欺也，曷胜一叹。"(同日《申报》)

同日　实业部发表令纱布交易所理事会文，公布调查结果。文云："此次该所发生风潮经本部详密调查，该所理事吴瑞元有违背交易所法第二十三条第四项及第四十二条情事，应先予以退职处分；第十五号经纪人裕大号、第三十五号经纪人申大号、第三十八号经纪人华懋号，均有违背交易所法第十三条及第四十二条情事，应先予以撤销注册处分；第五十三号经纪人大昌成号有违背交易所法第四十二条情事，应先予以暂行停止营业处分。合行令仰该理事会转行遵照，并饬仍候依法查办，此令。""以上各经纪人、多与吴瑞元、徐懋昌有关系。"(同日《申报》)

6月30日　下午七时半，于浦东同乡会出席第五届征求会员宴请会。到者达二百四五十人。杜月笙致词，赠会所落成征求成绩优胜各队长队员银盾。席间，先生与黄炎培演说，词意在勖励各队努力征求会员，以期团结同乡之精神。次由瞿绍伊、朱少沂等演说。次介绍第五届征求会员各队，总队长杜月笙，副总队长穆藕初、吕岳泉、沈梦莲，总参谋黄炎培，副总参谋陈子馨、潘志文、陆文韶，总干事蔡福棠，副总干事顾文生、张文魁、万墨林，总秘书瞿绍伊为，副总秘书张伯初、潘鸿鼎、张裕良，并分职业及区域为各队队名。推定资望素孚者为队长。"编制较前益为精密，到会队员处此新建大厦之中、情绪热烈、颇极一时之盛。"(《申报》1937年6月30日、7月1日)

7月2日　位育小学拉都路部分新校舍竣工。董事长穆藕初、全体董事及校长杨卫玉等联名发表《上海位育小学招生》启示。(同日《申报》)

7月3日　上午九时，纱布交易所风潮案于上海第一特区地方地方法院开侦察庭。先生作为证人到庭侦讯。涉嫌操纵纱市的现任财政部税务署长吴启鼎、苏浙皖区统税长盛昇颐(盛老七)因当局已将二人移送南京拘押，本日未到。开庭前，有此次风潮损失者印就传单持至法院内散发，传单题为《因纱交风潮受害客户一致起来向该所常务理事闻兰亭算偿损失》，内容措词，颇多不满该所常务理事之语。并引监察院张有伦参事所发表谈话，证实闻兰亭等不能辞咎，难却责任。云："平时他们养尊处优，豢养得肥头壮耳，试问他是职管何事，要这些饭桶何用？受害的同志们快快起来向他们算账去吧"。"九时二十分、宋检察官升座，旁听者颇多。先传穆湘玥，讯明年籍、住址、职业后，即讯以纱花最近涨价情况。据穆称，'涨价始于近两个月。查四月二十四日每包价为二百五十六元，至五月二十日涨至二百七十元，二十五日为二百八十元，六月八日为二百九十五元。前后约历六星期，共涨高四十元。涨价原因一由于谣传通货膨胀，二因市场现货减少，缘以前市场存有现货十余万包，乃五月后，忽减至两万包。关于通货膨胀之消息，大都皆属风传。然涨价之最大原因实由于现货缺乏，销路奇畅。日前中央党部监察院派委暨吴实长至所调查时，亦已以此语详陈。'又讯穆与吴、盛两员之关系及知否吴等投机之确实情形。穆称'彼初不与相识，近因其来调查方与谋面。至其商号在所交易尤不明了，因交易所只承认经纪人，而经纪人中有无为其交易者更不知道。盖我系理事长，非有重要事项不加顾问，经纪人每日交易账目均已报告监理员。此次中央大员来查时业已将账抄去，当时我对吴部长言，盛老七系多头大户，原为风闻之语，但未提及吴启鼎。常务理事闻兰亭亦曾云盛系多头大户，然彼亦言得诸传闻。今经纪人所有关系簿册、均已送呈实部，而经纪人且已有四十余家俱受处分。"次由实业部商业司第一科长邝运文陈述彼随吴部长调查之经过情形云："吴启鼎在元大以'元记甲'名义做买空卖空交易，由戴行骅代表，有元大客户草册为据，显与法令违背。即此一端为证，该员确与各交易所投机买卖。至盛升颐为此次操纵市场最为重要之人，吴部长查询理事及经纪人时，理事长穆湘玥当中央党部查办员、监察员查办员、交易所监理员及本部查办员之前，明白指称有盛老七在内。虽未明举确证，然理事长有主持全所之责，苟非目睹耳闻，熟知其事，岂能透为风传，轻于指述。嗣本部所派调查人员分途调查，及虞洽卿先生陈述对于盛升颐之为此次风潮重要之人，几于众口一词，均有报告可资证明，人证甚多，嫌疑极重。吴、盛皆为政府机关，管理各种税务（纱布统税在内）重要职员，吴即有元大户名草册可凭，无论为经营纱花或为公债，均属买空卖空交易，有违法令。而盛此次以巨金操纵标纱，抬高市价，致使小资本商人顿受亏折，无法挣扎。外纱乘机侵入，国家经济损失，不可数计。其为借职务上之机会，直接或间接图利，事实昭然，情节重大。本部以主管关系，奉令彻查，不得不据实申述，藉备参证。"次传元大号股东杨叔鼎，讯问元大代戴行骅交易经过。杨以"渠不甚明悉"为对。末传戴行骅，"讯据供称在河南路股开三益花号前在江浙银行服务，与吴仅有同事关系。我托元大代做公价交易，由沈介绍。该号于我之户名下填注吴名，系该号所为。我殊不知其用意。"宋检察官"谕令展期，并命各证人如续有证据发现随时送呈检察处，以凭核办。"（《申报》1937 年 7 月 4 日）

同日 下午二时半，财政部次长邹琳偕财部公债司司长蒋履福、秘书谭光、科长宗伯宣及查账员数人至纱布交易所,召见先生与闻兰亭、邵文楣、周少康等四人。"对于此次风潮经过,及有无公务员从中操纵情形作个别问话。旋复逐号传询各经纪人。所询者以有无吴启鼎、盛升颐及其他公务员委托卖买者。如无之则当场具结,并将各经纪人客清簿当场吊查,查毕实时发还。"邹琳与先生谈话大意:"邹(问):吴启鼎、盛升颐投机有无证据? 穆(答):吴、盛二人之证据一概不知,实业部监察院查询时本人当时曾答操纵者为谁完全不知。吴部长谓风闻有谁亦可提出,证据有无可以不管。盖一方面须调查证据,一方面尚须采访舆论。说风闻可以不负责任。本人当答风闻第一为徐懋昌,第二许崇智(因徐常言许崇智到彼家中)第三吴瑞元,第四盛老七(不识官名)。至吴启鼎,以前并不相识,程次长来查时始相遇,今日在法院作证人亦如是说。(问)五、六两月来买进卖出大户为谁? (答)经纪人大户每日均有报告可查,外人向经纪人接洽者,所方不知。(问)风闻大户为谁? (答)亦难查出。(问)盛升颐为多头大户有无证据? (答)所方不能知道。(问)实业部处罚之经纪人中何人与盛有关系? 当可查出? (答)无法查出。(问)此项风闻系何人所说? 何人所闻? (答)无法答复。本人在法院所供亦如是说。(问)盛即为多头,究买进几何? (答)不知。今日实业部商业司第一科邝运文科长在法院所供亦不知。邝为原查人尚不知,我人更不能知。且邝科长声明至现在止,吴盛是否为真正操纵市场者尚不能知。上次吴部长曾向在场人员有无操纵市场者,本人当答公务员操纵市场系日本报所传,我人不可受其利用。(问)然则盛之风传证据何在? (答)原无根据。上次所云系根据吴部长不负责任之一种风传报告。(问)吴启鼎操纵市场有无证据? (答)本所以前不知,阅报始悉吴亦在内。(问)法院所询吴之情形如何? (答)社会局在元大号证券交易所经纪人簿上,查出去年有江浙银行主任戴某买进公债数万元。因元大号不识戴某为谁,向江浙银行董事长吴启鼎询问,知系该行人员,故元大账目上注有'吴启鼎'三字。(问)实业部代表出庭作何说法? (答)邝科长在法院曾声明吴、盛均无证据。(问)风闻财部尚有他人参加投机否? (答)无。(问)他部有人参加否? (答)平时不注意。(问)公务员操纵市场法所不许。此次彻查极关重要,所询各事如果有话不说,理事长应负责任。(答)政府此次彻查本所,极为欢迎。惟本所交易对象为经纪人,至是否有公务员操纵市场向所不问。前实业部曾令本所据实举发,本所曾函问经纪人公会,亦无结果。将据以呈报。(问)平时固如是,惟风潮发生后理事会应查明操纵人为谁? (答)无法查出。"(《申报》1937年7月10日)

同日　下午五时,主持纱布交易所理事会,到者有闻兰亭、叶琢堂、张啸林、杜月笙等十余人。先生"报告此次风潮最近经过及财政部派员彻查该案情形,并临时传由经纪人公会会长邵文楣及副会长周少康,垂询此案在经纪人方面情形。"(《申

报》1937 年 7 月 4 日）

7月6日　下午,出席位育小学第三届高级小学、第四届初级小学、第五届幼儿园毕业典礼。到者校董有江问渔、潘仰尧、黄炎培、穆伯华、张翼枢,家属李允卿、李仲梓等三百余人。杨卫玉主席,先生报告校务,社会局潘局长代表叶视察员致训词。蒋建白给证书,吴蕴初夫人戴仪女士给奖。校董江、潘二人致词。末"殿以余兴。除音乐歌舞外,表现民族英雄故事。内容形式均有精彩,说白均用国语,尤为特长。同时并展览川灾缉私等中心教材之各科成绩,参观者颇为赞美。"该校成立五年来,"声誉极著,近正在西爱咸斯路拉都路已建筑宏大之校会,计有教室二十四间,礼堂,两操场一大间,寄宿舍二十四间,并有校园工场等附属设备,自制校用汽车接送学生,在本市私立小学中可算规模最大之一校。"(《申报》1937 年 7 月 7 日)

7月7日　行政院长蒋介石为彻查"纱交风潮",电召先生与纱交所理事叶琢堂、杜月笙等赴庐山。本日,先生等飞抵庐山。纱布交易所经纪人徐懋昌、吴瑞元、孙煜峰等由水路去庐山。(《申报》1937 年 7 月 8 日)在庐山期间,蒋介石召见先生与徐懋昌、吴瑞元、孙煜峰等谈话。"委座对于商人买卖、关切面谕,顷顾及国民经济,确守商人道德,安分守己,共谋国家复兴为重。该所今后将真正以实现调剂市场,流通纱布为目的,由投机一变而为投资。"(《申报》1937 年 7 月 21 日)先生与记者云:"此次纱潮操纵者不在多头而在空头。彼个人地位系与经纪人关系,经纪人与客户关系无法究明。"(《申报》1937 年 7 月 11 日)孙煜峰《纱交风潮回忆》云:"我们到庐山,被招待住在仙岩旅馆。穆藕初第一个来看我,对洪佐尧和我说:'你们被召而来,是杜先生作成的。'原来洪先前曾经几次触犯过杜月笙,有一次我也有关系。穆叮嘱我们:'讲话要当心些。'不一会儿,有人来找穆,穆介绍与我们相见。这个人就是军统特务头子戴笠。戴说:'我是来招待你们的。'当时我也不知道戴笠是何等样人,等后来穆对我们讲了他的来历,我方晓得他'头寸'不小。这天晚上,戴笠招待我们从上海去的人吃了一顿晚饭。第二天,盘问开始,由戴笠亲自同各人个别谈话。""回到旅馆,穆、吴两人赶着来访我,询问谈话经过。吴似是来探询消息的,穆是怕我'出毛病'。他埋怨我不该把杜月笙同我们之间的矛盾,谈得这样直率。""交了自传之后,接下来是蒋介石的'传见'。吴、徐是某一天上午传见的,洪和我则在同一天下午。传见时,穆藕初已在座。蒋介石对我们说了一些冠冕话,大意叫我们以后不可再做投机。这天晚上,戴笠又在庐山冠生园招待我们,被邀的有穆、吴、徐、洪以及我。戴在席上讲:'这次风潮已经查明,和你们无关,你们就可以回去了。'"(《旧上海的交易所》第 152 页、153 页)

7月8日　为位育小学免除房捐事与杨卫玉联名致上海法租界工部局总办函,云:"敝校校址向在辣斐德路五百六十一号及马斯南路九十一号,业蒙贵局特予免付房捐,具仰提倡教育,无任感佩。现以原校狭小,特于西爱咸斯路拉都路自建校舍,亦经呈奉贵局核准在案。兹定于本年九月全部迁入,所有应纳房捐仍恳从一九三八年起准予全部免缴。本年四个月之房捐拟请将辣斐德路与马斯南路准免之捐抵充。实因本校筹款自建校舍负债已钜,若蒙准免房捐,可以稍节开支,补益教育良匪浅鲜。尚祈俯念敝校为贵治界内比较优良学校,特予允许,无任感荷。"(原件,上海位育小学档案)

同日 华商纱布交易所市场公告本月花纱买卖"克日了结"。该所揭示第二〇三五号云:"查本所奉实业部五七五一〇号通知内开,'查本部概订之取缔该交易所投机办法,业经公布施行,并通饬该所遵办在案。依照该办法第九项规定,凡每个月之期货应于到期前个月月底结清,不得再为本月份期货买卖。到期一个月中卖方可随时交货,其详细手续,由实业部令交易所拟具核定云。该交易所之本月份期货买卖如已开拍,应即停止。其业经成交之买卖应克日清结,并将办理情形具报。嗣后在到期月中,卖方可以随时交货之详细手续,应由该所迅行拟具,呈由交易所监理员转部核定,仰即遵照'等因,奉此查各经纪人所做本月期花纱买卖,应遵令克日了结,并于九日起停止本月期新买卖。除汇案具报,并通知经纪人公会外,特此揭示。"(《申报》1937 年 7 月 9 日)

7 月 9 日 上午九时十五分,上海第一特区法院开纱交风潮第二次侦查庭,先生因赴庐山未出庭。出庭证人有实业部代表参事陈郁,以及闻兰亭、邵文楣,纱交所二十七号经纪人合兴号陈康山、交易所监理员王晓籁,吴启鼎、盛升颐各偕辩护律师童郁文、季晋孚、马寿华、李肇甫律师到庭应讯。宋检察官讯证人闻兰亭,闻答复云:"本人与吴启鼎并不相识,仅于此次吴奉派来所调查时见之。盛升颐为同乡,幼时即相识,但现已久未谋面。交易所直接于经纪人,委托交易之客户则不得而知。某次与穆理事长等谈话时,曾闻多头大户有盛某等多人,但实非我所说,我亦无报告。外传盛升颐为多头大户,我实不知。故上次穆理事长谓系我所说,或系误解。现穆先生已奉召赴庐,约须数日后方能回申。"继传盛升颐,盛供称:"上月廿九日,因外传我与吴署长有涉及纱交操纵投机事,故连夜晋京,电请蒋委员长彻查。嗣奉复电'着财政部会同实业部秉公彻查',故留京候查,是以传票未曾收到。且以奉宋长官命令不敢离京,此为不到之原因。我久居上海,熟人极多,与虞洽卿先生素识。前我任职招商局,因公时与三北轮船公司接洽,故常与虞会面,近则已久不见矣。我自问并无仇人。自于六年前任职财部,二年来复任税局之职,在立场上或有开罪他人之处,但我绝对无在交易所作卖买之事。此次风传不知从何而起,应请庭上彻底详查。惟本案究竟有何根据? 若仅凭传闻似欠公允。"庭上询与徐懋昌相识否? 盛答:"并不相识。仅与其兄中汇银行经理徐懋棠为素识。穆湘玥说我为多头大户,不知有无证据词。"庭上复传吴启鼎,吴供称:"我亦属本次风潮调查人员之一,自闻谣传后,即赴京呈请蒋委员长彻查。我从未在纱布交易所作过买卖,元大号根本不知在于何处。戴行骅系前江浙银行会计主任,我为董事长,故相识。因其办事极佳,故深得全体董事之信任,我从未委托戴作过卖买。元大号账册上在戴行骅名下加我之名不知何故。杨叔鼎、杨元恺均不相识。"继实业部陈郁参事将书面陈述一份及最近实业部与各经纪人谈话之笔录二份呈庭。宋检察官"以本案尚须继续调查证据,故宣告延期。并因案情重大,令盛交二万元现金保,吴启鼎交一万元现金保出外,听候传讯。"实业部代表第二次书面陈述云:"本案关于吴启鼎部分,上次业由本部将元大客户留底备函附送,自无再行中述之必要。至盛升颐部分,除穆理事长湘玥,及虞洽卿先生指述认为确系参加操纵之人,业于前次开庭时说明外,其续得各方证件如本部与财部会派之交易所王监理员晓籁,在京谒吴部长面称'盛为操纵市面主使之重要人物',各经纪人如六十八号经理人诸葆忠则称'市场内常常听见纱价高因盛家买进,纱价落盛家卖出',寥寥数语,足见盛氏在市场操纵力量之巨。三十九号经纪人陈楚江称'傅闻盛老七是这次多头大户',又经纪人公会副会长邵文楣称'在市场内常常听见盛家买进卖出,数目不少,几乎闻者耳熟'。所述与穆理事长、王监理员、虞洽卿先生之言证同。又据各经纪人申述,盛氏买卖多为二十七号、五十七号经纪人经手,而五十七号经纪人代表孙寿熙,则称该号户名中瑾如记、爱记、王如记、康瑾记、瑾记,均为盛七小姐及其夫所做交易,并云'盛老七即有交易,大概托人转做'。又二十七号经纪人陈康山亦承认盛五小姐在该号用盛瑛记、惠记名义久有买卖,并云,'传闻今年五十七、六十八两经纪代盛家做过'。二十七号股东孙邦瑞亦称'一庄镛记是代表盛家,由孙尚乡介绍做过生意,后来由本号电话接洽,盛本装有对讲电话,后因外传盛家生意太大,所以拆了'并云'盛家方面此外还有瑛记、惠记,可见盛家在五十七号、二十七号素有买卖。且二十七号装有对讲电话,其交易来往决非少数,后因怵于物议,拆去对讲电话'。参之各方所闻盛老七操纵市面之盛传,益足证明风声之大。盛氏本人已有戒心,其非虚诬,概可想见。又据经纪人公会副会长邵文楣称,'近来公务员做交易往往辗转他人买卖,本人不签名,不直接付款收款,名叫活法'。又小公司元茂永经理王绥之称,'市场传说二十七、五十七、三十五等号经纪人均代盛老七做买卖',是则二十七号、五十七号所称盛家生意由五小姐、七小姐出面,而以经纪人公会副会长邵文楣所云公务投机之活法例之,其为盛升颐之托名规避,灼然无疑。总之,自交易所法于二十四年四月修正公布后,其四十一条有'经纪人不得受公务员委托为买空卖空交易',及第四十九条有'经纪人及公务员一同处罚'之规定,中更证券纱布迭有风潮,政府屡次查办,公务员投机者规避方法,日益工巧,不独本身不肯显然自承,即经纪人方面亦皆讳莫如深。况历次操纵饶有经验之人,岂肯以真实姓名直接交易,自投罗网。就本部调查所得,盛升颐为此次风潮重要人物,几乎众口一词,徒以经手之经纪人,原有切身利害,不得不挟同隐饰。而其他之经纪人或商号,往往多所顾忌。当本部分别传询之时,各经纪人或嗫嚅畏缩,或余泣吞声,偶于无意中流露数语,复哀求不可见诸笔录,即驱于良心,迫于义愤,勉述一二,亦不得不假偕亲属,托诸传闻,以免受累。凡此神态,历历如绘。本部博采周咨,务祈洞明真相,所得各方陈述,如穆理事长湘玥为综持该所之人,所内情形,最为群悉。王监理晓籁有督促该所之责,且身兼市商会主席,市参议会议长,所闻自必确切。虞洽卿先生旅沪数十年,公正不阿,全市皆知。凡所指述,盖均为全市商人所欲言而不敢言者,参之各经纪人各商号耳闻目睹之官,益可证实,断非无稽。本部奉令经长时间调查,认为盛升颐利用职务机会,操纵市面,实涉有重大嫌疑,特再申述,以供参证。"(《申报》1937 年 7 月 10 日)

同日 上海无名英雄墓董事会召开筹备会,先生被推为董事之一。李大超主席,报告云:"本市各界前为纪念'一·二八'阵亡将士,发起募款建筑无名英雄墓于庙行镇。去年落成之后,即着手筹划经费,并募集基金,以维久远。该墓之建筑系纪念抗战将士,各方非常景仰,中外人士,前往参拜,络绎不绝,足以表现民族精神。关于交通设备管理,自应妥为计划。本席特提议组织董事会,推选各界领袖为董事,筹划基金,并定每年'一·二八'纪念日举行公祭,及办理各种事宜。"推举吴铁城、胡筠秋、杜月笙、王晓籁、林康侯、俞鸿钧、杨虎、李大超、沈怡、何德奎、虞洽卿、顾馨一、郭顺、穆藕初等二十五人为董事。(《申报》1937 年 7 月 10 日)

7 月 14 日 《申报》刊登纱交风潮赴庐山人员已返沪消息,而先生尚在庐。文云:"自奉令将涉有操纵嫌疑之税务署长吴启鼎,苏浙皖区统税局局长盛升颐违反交易所法规及刑法部分,移送第一特区地方法院研究,业经该院宋根山检察官缜密调查,该院已定期于本星期四为第三次之侦讯。近闻法院因故已决延期一日,定于十六日上午九时在该院第五民庭继续侦讯,传票亦已发出。闻此次被传之重要新证人有虞洽卿等四五人,而旧证人重新被传者亦有三四人,共有七八人。被告吴、盛二人亦均将投案。此外,蒋院长为彻底清查起见,前曾电召本市地方协会会长杜月笙,商界元老虞洽卿,中国农民银行总经理叶琢堂,及交易所理事长穆藕初等赴庐咨询,兹杜氏等业已公毕返沪。昨据虞谈,'此次赴庐勾留三日,与蒋院长接谈二次。惟因蒋氏公务纷繁,晤谈时间仅十余分钟,报告本市纱潮经过结果,决注重证据问题,依法全部移送司法机关侦查。惟在值查未毕以前,未便公开发表。'现穆藕初氏尚在庐,报载同行返沪不确。至吴瑞元,徐懋昌等被召赴庐,则为垂询该经纪人等所代理之客户姓名问题。"(同日《申报》)

7 月 19 日 下午五时,与吴瑞元、徐懋昌、洪佐尧、沈煜峰等乘专机返沪。

（《申报》1937 年 7 月 21 日）

7 月 22 日　上午十时,出席上海市各界抗敌后援会成立大会。计到市商会、地方协会、总工会、市农会、市教育会、市妇女会、记者公会、律师公会等五百余团体,共二千余人。首由主席王晓籁任报告云:"今日上海各界举行抗敌后援会成立大会,实因国家已至危急存亡之秋,我们上海三百七十万市民,应一致起来御侮抗敌,成立后援会。宗旨是要统一意志,整齐步骤,集中一切力量来救国。目前的国难与以前不同,敌人步步进逼,非将我亡国灭种不止。所以目前应付国难,不是暂时而是持久的,不是局部而是整个的。各界后援会是包括全市农工商学三百七十万全体同胞,取一致行动,努力于救国工作,并望人人本着自爱爱国、自救救国的精神,以挽救国难。"大会通过组织纲要,并推定王晓籁、杜月笙、钱新之、陶百川、张寿镛、童行白、黄炎培、潘公展等三十五人为执行委员会常务委员,先生与朱文德、朱羲农、黄伯樵、周剑云、李文杰、杭石君等八十六人被推选为执行委员。(《新闻报》1937 年 7 月 23 日)

同日　《申报》刊登《何香凝、宋庆龄等筹组妇女援助抗战团体》报道,先生夫人亦在被邀之列。文云:"中委何香凝女士,鉴于日寇猖獗,大战迫在眉睫,特发起组织大规模救护慰劳会。何卧病两旬,现已稍痊。对此次大会组织,病中即已熟思再三,认为急不可缓,已开始分头接洽,最短期内即可正式成立。神州社记者昨探悉,被邀共同进行者有宋庆龄女士、宋霭龄女士、于凤至女士及孙科夫人、俞市长夫人、杨虎夫人、蔡元培夫人、杜月笙夫人、黄金荣夫人、虞洽卿夫人、钱新之夫人、穆藕初夫人及沈滋九、黄慕兰、王孝英、胡兰畦等诸女士,各大公司各大药房经理夫人及各医师之夫人,男女护士等均在被邀之列。闻此次组织,规模甚大。举凡关于前方救护慰劳,甚至将士信件之代办亦均已包括在内,工作范围极为广泛。何氏组设此会,将先在沪成立,并盼全国各地均有同样团体之急速组织。"(同日《申报》)

7 月 24 日　下午五时,赴中汇大楼出席上海市地方协会全体理事会议。到者五十余人。杜月笙主席,报告时局。"继即讨论际此时局紧迫之非常时期,维护本市地方安宁问题。当经议决通告全体会员,一致准备后援工作,应付非常事变。"(《申报》1937 年 7 月 25 日)

7 月 28 日　下午二时,出席上海市各界抗敌后援会筹募委员会议。到者有杜月笙、吴蕴斋、秦润卿、骆清华、宋汉章、贝淞荪等五十余人。杜月笙任主席。议决即日起征募救国捐,委托银行公会、钱业公会、日报公会之各银行、钱庄、报馆代收。同时通过工作纲要,并联名发表《宣言》,强力呼吁捐款救国,抗战到底。文云:"保卫中华民族之神圣战争已于古都揭其序幕,中央当局宣示决心,全国将士奋勇效命。时至今日,有敌无我,有我无敌。五千年之祖宗庐墓,亿万年之子孙命运,均将于此最后关头决其荣辱。吾人如不甘为奴隶,不甘作牛马,不甘永受鞭挞,不甘长被宰割,则在此千钧一发之时机,当有毁家纾难之精神,捐款救国,救国自救。盖现代战争,除精神条件外,必须具备物质条件,备具物质条件而后可以持久,而后可以决胜。序幕既开,抗战到底。敌人一日不去,抗战一日不停;抗战一日不停,捐款一日不止。凡吾同胞,父诏兄勉,输财节用,各尽能力,共救沦亡,黄帝在天之灵,实式凭之。"(《新闻报》1937年7月29日)

7月　冯超然为先生作兰花册页两幅:①"兰生于幽谷,不以无人而不芳;君子立德,不以困而改节。旨哉斯言!戏为写此,以寿藕初老哥,慎得居士。"②"项孔彰家栽兰独伙,有一兰发一茎数花,花多七瓣者。爱对写一本以志其异云。此图适有人携至草堂,与藕翁同观,遂索余临于册首,以博一叹。丁丑仲夏,冯超然并记。"(原件)

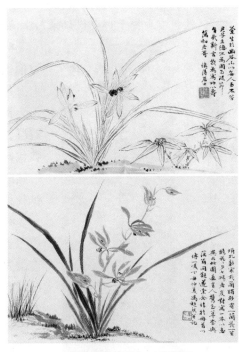

冯超然画赠穆藕初兰花册页

8月4日　为江苏保安队骚扰地方事致钱昌照函,要求转呈蒋介石加以制止。函云:"顷接报告,据云上月底开至昆山、太仓之江苏保安队对于地方颇有骚扰,原件抄奉。查刻下敌人正向沪增兵增械,战事随时可以爆发,后方必须军民一致。倘所报属实,殊与抗战不利,应如何办理之处,请禀承委座,预为布置,勿使牵动后方至为重要。弟意对外抗战必须由有训练之国军负责。我国汽车不多,关于后方运输宜于事前有所布置,勿使保安队临时扣留汽车,以致妨碍运输。"(原件,南京第二历史档案馆藏)

同日　《申报》刊登《认所谓传说风闻,无足资犯罪凭证》消息,纱交风潮至此不了了之,更未触及吴、盛背后的官僚资本。文云:"因纱交风潮被交法院侦查之盛升颐、吴启鼎二人,现经第一特区地方法院检察官决定不起诉处分。"(同日《申报》)

8月5日　钱昌照复先生函,云:"承示抗战必须军民一致,甚佩。卓见颇中,当陈明委座,预为布置也。"(底稿,南京第二历史档案馆藏)

8月6日　下午五时,于浦东同乡会出席上海市民地方协会第五届会员年会。到者有杜月笙、王晓籁、钱新之、黄炎培等一百余人。杜月笙主席,致词云:"本会今日举行年会，适逢极严重国难发生，国人均非常怨愤，此时唯一应付方法，不尚空谈，埋头苦干，拥护政府，贯彻既定方策，竭力维持地方安宁，使人民无流离之苦。政府一心对外，后方秩序无忧，此即吾人应尽天职，亦为同人凤抱之志趣。"继由秘书长报告会务、通过二十六年七月至十二月支出预算草案，并修正会章。（《申报》1937 年 8 月 7 日）

　　同日　下午一时，救护委员会召开第二次干部会议。颜福庆任主席。会上决议"穆藕初先生捐助经费五千元所买之裹伤包发交前线，由颜福庆、庞京周负责接洽。"（《救护委员会干部会议记录》，上海市档案馆藏）

1937 年 8 月 7 日穆藕初致刘聘三函

　　8 月 7 日　致刘聘三函，嘱中华劝工银行核发捐款五千元。函云："前弟交由贵行代收捐助上海各界抗敌后援会前线伤兵医药费五千元，现该会救护委员会主任委员颜福庆，副主任委员许冠群、徐乃礼、庞京周、俞松筠五君以前线缺少急救包，急需购办运赴前线，由五君备具收条向贵行领取该款，请照付为荷。"（原件，上海中华劝工银行档案）

　　8 月 8 日　下午二时，主持华商纱布交易所第三十二届股东常会，到股东计三万七千余股。首由先生致开会词，继由理事闻兰亭报告业务概况，监察张则民报告账略，均经全体通过。议决本届纯益金分配案。至其股东应得利息、定于九日起开始核发。（《申报》1937 年 8 月 9 日）

　　同日　上海市各界抗敌后援会致先生谢函。函云："本会自筹募救国捐以来，承台端慷慨输将，立捐五千元。此种急公好义之精神，足为本市市民之表率，本会同人，殊深欣佩。除由本会呈请国民政府颁发褒状外，先此函达，请烦查照为荷。"（上海各界抗敌后援会档案，上海市档案馆藏；《申报》1937 年 8 月 8 日）

　　8 月 9 日　下午四时，于上海市民地方协会出席上海市救济委员会成立会。到者有潘公展、黄炎培、张秉辉、簀延芳等百余人。潘公展为临时主席，报告开会示旨及筹备经过。次通过简章并推定委员。主席委员潘公展，常务委员钱新之、潘公展、胡筠秋、庞京周等，先生被推为给养组主任。（《大公报》1937 年 8 月 10 日；《申报》1937 年 8 月 10 日）"八一三"后，该委员会于浦东同乡会办公，设立难民收容所一百十余处,收容并遣送难民四万余人。同时设立难民医院多所,以及训导组、警卫组、掩埋组等。(《救济委员会设立两周来工作报告》,上海市档案馆藏)

8 月 10 日　为救济战时难民,浦东同乡会常务理事杜月笙、先生等呈文社会局,"请饬属协同复查沿浦一带户口"。全文如下:

> 案呈本会八月七日为筹战时救济事宜,召开临时理监会议,佥以浦东沿浦一带市民土客处良莠不齐,虽平时户籍登记详明,而现值战局紧张,户口异动,日益纷繁,失业难民尤多混杂。一旦发生战事,非但救济难于着手,即治安方面更属可虑。当经决议应分函浦东各区市政委员办事处及警察机关,并呈钧局,饬属协同复查列表分送各区属同乡会,妥筹救济办法,或遣回原籍等语记录在案,除另分函外,理合呈请鉴核办理,无任公感。谨呈上海社会局。浦东同乡会常务理事杜○○、穆○○、黄○○、沈○○、吕○○同启,卅六、八、十
>
> (底稿,浦东同乡会档案)

8 月 18 日,社会局批示云:"事关户口调查,向归警察局职掌,准予转函查照办理。"(同上)

8 月 12 日　下午五时,出席环球中国学生会、上海市社会局等三十余团体于市府大礼堂举行的出洋学生欢送大会。俞鸿钧、潘公展、杜月笙、王晓籁、黎照寰、何柏丞、张咏霓、史咏赓、汪伯奇、潘公弼、穆藕初、黄造雄、王云五、何清儒、朱少屏等为主席团。(《申报》1937 年 8 月 12 日)

8 月 13 日　《大公报》刊登抗敌后援会举行播音演讲日期,报道筹募宣传员演讲安排。先生定 8 月 22 日下午三时三十分至四时于上海电台演讲。(同日《大公报》)

8 月 20 日　与杜月笙、黄炎培等代表浦东同乡会致函前线抗日国民革命军,原函如下:

> 敬启者:此次抗战我军连日大胜,全赖将士精诚热力,地方之幸,国家之光。我浦东尤仰贵部抗战有方。本会同人谨代表民众,实深感谢。兹推理事顾文生、贾锦芳等带戋戋物品,即请詧收,分赠同袍,聊表慰劳微意。专此敬颂
>
> 勋安。
>
> 浦东同乡会常务理事杜○○、穆○○、黄○○、沈○○、吕○○同启,八月廿日
>
> (底稿,浦东同乡会档案)

8 月 23 日　国民革命军陆军第五十七师副官处复函杜月笙、先生等常务理事,云:"顷奉敝师长交下贵会大函,并送慰劳物品,足见盛情。此次暴日犯我国土,军队守土有责,远慰承注,殊为感谢。特复即请查照为荷。"(原件,浦东同乡会档案)

8月24日 国民革命军第五十五师司令部李松山致函浦东同乡会常务理事，全函如下：

> 月笙、藕初、任之、梦莲、岳泉诸先生大鉴：敬复者，承派代表诸君来师，奉惠函暨犒品多种，拜领之下无任感奋。此次全民族之抗战开始，亦正我军人牺牲报国之时，杀敌守土，责无旁贷。辱承奖饰，愧不敢当，馀将犒品分发并转达盛意外，谨率全师官兵敬致谢意。专此布复，顺颂道绥。
>
> 李松山顿首，八，廿四
>
> （原件，浦东同乡会档案）

8月末 赴杭州韬盦养病。毕云程《穆藕初先生传略》一文云："先生体质素强，民国二十六年'八一三'之变既发，先生出任上海市救济委员会给养组主任，供给难民给养，备极操劳，遂以积劳致疾，八月底赴杭休养。"（原件）穆伯华《先德追怀录》云："'八一三'事变，老百姓皆意为不会持久的。我父适患扁桃腺肿，乃率领家人同至杭州我父所建之韬光寺内之韬盦避暑，预计小住几个星期，事平即可回上海。至韬盦之第三天，寺内知客师来报道杭州市长来拜访，我父下楼在寺之客室接见，略寒暄，市长辞去。翌日，我父下山赴市内回拜。"（手稿）

9月8日 上午十时，访竺可桢，"据云以病来杭，养疴于韬光，为其子穆家麟入蕙兰中学作保人事。"（《竺可桢日记》，《竺可桢全集》第6卷第365页）

9月12日 竺可桢"至韬光晤穆藕初，渠眷属住韬光大门外一洋楼，不值，遂下山。"（同上，第367页）

9月13日 为位育小学免缴房捐及补助费事与杨卫玉联名致法租界公董局函，云："敝校在拉都路自建校舍，迭经报告教育处在案，现已于八月三十日从辣斐德路五六一号迁往新舍，理合呈报钧处备案。关于本校请求继续免缴房捐及补助费，亦经前月（七月）呈请核示在案，尚祈俯念敝校系私立学校，筹款不易，早赐核准，以昭钧处提创华人教育之热诚。"（原件，上海位育小学档案）

9月29日 上海市救济委员会改组为非常时期难民救济委员会上海市分会，先生担任给养组主任。该会下设总务组（主任黄涵之）、外事组（主任胡筠秋）、财务组（主任贾延芳）、收容组（主任徐采丞）、给养组（主任穆藕初）、运送组（主任杨志雄）、训导组（主任张秉辉）、卫生组（主任许晓初）、营救组（主任屈文六）、纠察组（主任姜怀素）、掩埋组（主任陈良玉）、各组副主任由各组主任决定，提交常务委员会通过。（《申报》1937年9月30日）

9月 得悉位育小学向新华银行借款中止，命穆伯华返沪与新华银行交涉。穆伯华《先德追怀录》云："九月间，得悉校舍建筑之工程未半，新华借款忽告中止，先君立即命余驰车取道公路去沪，商诸新华当局履约，照常贷款，幸不辱命。往返

沪杭,时沪战方殷也。位育小学校舍落成时,先君未经目睹,位育扩办中学于自建校舍内,未能致祝词,痛哉!"(手稿)

9 月 由杭州赴湖州。穆恂如《回忆录》云:"到杭州闲居一月左右,感到局势不对,战争不像会结束,看来杭州并不安全,回沪已不可能,乃决定赴湖州暂住。我大嫂为湖州人,由其亲戚代觅住屋一所。我等外出,只有衣服,并无家具,乃在湖州置办必须之家具。"(手稿)

10 月 3 日 浦东棉花运销会开成立会,先生被选为委员之一。潘志文主席,报告筹备经过。通过章程十五条,额定基金国币一百万元由各商代表当场签认,股份七十五万八千元。余当继续募足。"旋选举穆藕初等十五人为委员,杜月笙、陈子馨等五人为常务委员。"(《申报》1937 年 10 月 4 日)

10 月 由湖州到南京。穆恂如《回忆录》云:"在湖州居住一月,眼看战事更坏,湖州亦非久留之地,于是决定举家又西走。沿当时京杭国道直扑南京。南京大石桥居安里有我家住宅一所。一幢为两层楼房,四周为平房。父亲在 1928 年任国民党工商部次长时曾携许夫人及弟妹寓居于此。此乃空屋,于是又照在湖州时置办一番实用家具。"(手稿)

11 月 由方显廷购得船票,先生全家由南京抵达汉口。方显廷记云:"政府放弃南京转赴武汉的命令仅在行动前一天方才发出。准备工作不得不在短短的时间匆匆做出。当我一听到这个消息之后,立即着手通知我的恩师穆湘玥(藕初)。他那时正同他的家人以普通老百姓的身份住在南京。我告诉他:立即准备乘怡和洋行的轮船离开南京去武汉。关于船票,我事先已同轮船公司经理商谈,并已为他的全家购得船上餐厅的临时舱位。至于正式舱房的舱位,早已被大人物们所占据,平头百姓们是无法染指的。我的恩师听到我的建议,意识到,假如他被日军抓住,将被迫担任傀儡政府要员。于是,他接受了我已经作好的一切安排,放弃了一切,包括他的住所和汽车,除了一些珠宝及少量基本生活必需品之外,毅然上路。回想此事,我心中深感庆幸,那时能够于千钧一发之际,当机立断,使我得报师恩于万一。日后在重庆,我总是听见朋友们告诉我:我的恩师如何感激我那及时的帮助,否则他将被日本侵略军的恐吓与侮辱所玷污,直至可能失去生命。"(《方显廷回忆录》第101 页,102 页)穆恂如《回忆录》云:"一日,父亲与大哥行于南京道路上,不期遇见分别已久的方显廷先生。方先生称父亲为穆先生,乃系商业场中之称呼。方先生见我父兄大吃一惊,因问:'穆先生因何到此? 此地危险,日本飞机大轰炸才过,不宜久留。'我父乃将离沪之经过略述一遍,方先生力称南京乃兵家必争之地,远离为要。三人认为此时只有向西走,于是决定走汉口。父亲请方先生代为弄票,方先生一口允诺,自当效劳。方先生有办法,购得轮船的头等舱票约三张,四等舱票有几张。当时外国轮船并不泊江办码头,而停泊在长江口江中心。方先生且租得驳船一只,把我们全家送上驳船直开江中心的大轮船。待上船后,父亲才觉心头一宽。于是在南京又抛弃家具什物一批。我家汽车夫不愿赴汉口,父亲任其携儿回上海。汽车则存屋中汽车房内。日本人入侵南京后,为其拉去。汉口有我家亲戚堂叔及堂妹家瑞,代觅得房屋一所,于是又如法炮制置办全套生活家具。"(手稿)

12月26日 豫丰和记纱厂董事会在沪召集股东大会,选举新董事及监察人,中国银行正式接收该厂。先生未出席,但会上仍被选为七人董事之一。1938年5月14日,新董事会在香港召开成立会,卞白眉(寿孙)、汪楞伯、束云章任常务董事,卞任董事长。同年,该厂机器设备拆运至宜昌、沙市等地,后转运至重庆土湾新厂,定名豫丰和记纱厂重庆分厂。自1938年5月至1940年3月,董事会在港、渝曾召集多次董事会与股东会,先生均未参加。(《豫丰和记纱厂董事会记录》)

12月末 全家抵达重庆。穆恂如《回忆录》云:"到汉口不多日,京沪一带,凡我所经过之地区已全为沦陷区矣!父亲与大哥研究之下,认为战局不是短时期内可以解决,而且看来,汉口亦非安全地带,亦有遭战事之危险。此时乃索性一不做,二不休,只有深入四川。……当时大榕已随中央大学迁移入四川重庆沙坪坝,乃电告大榕令觅房屋一幢,地点在重庆东水门,系杨森旧居。我等一家又浩浩荡荡随船西行矣。在船上,服务员称父亲为'三八'先生,因为我等一行人为8大,8小,8佣人也。[①]抵达重庆,父亲忧思暂息,因为日本要打进川江,是不可能的。当时重庆正在大力挖防空洞。我等如此一路行来,又是旅费、车费,又是一处又一处的家具置备费,而家具又一次又一次的抛弃,所费着重可观。我不禁问大哥曰:'父亲此次出门约带了多少钱?'大哥曰:'大约一百万。'我也不知是真是假,反正记着便是。"(手稿)

12月 译著《军火商人》由商务印书馆初版发行。该书原著者恩格尔比勒黑得(Engelbreht)、汉尼根(Hanighen)。全书分"军火制造商"、"襁褓时代的军火商"、"爱国者与火药制造商——杜庞"、"美国的军火商"、"炮王克虏伯"、"麦克西姆机关枪史"、"军火的高级推销员"、"国会的继母"、"希尼台"、"世界大战前夕——军火商的活动"、"世界大战——美国参战时期"、"大战后情势的变幻"、"军缩的威胁"、"从长矛到霍契克斯枪"、"现状一般"、"前途展望"等十八章。通过军火商人历史的与现实的活动,揭示新的世界大战威胁已迫在眉睫。该书结尾云:"阴霾的战云又已布满天空,四骑士也正预备骑上他们的马,沿途遗下破坏、痛苦与死亡。战

---

① 8大为先生、金夫人、许夫人、穆伯华、沈国菁、穆恂如、穆家麟、穆慧秋。8小为穆丽君、穆宁欣、穆家修、穆清瑶、穆清昭、穆清芬、穆千圻、穆清芳。1938年春,金夫人因水土不服,由穆伯华全家、穆怡如陪同,转道香港返沪。许夫人于1939年重庆大轰炸后,携子女赴香港暂居,1940年夏返沪。(穆恂如《回忆录》)

争是人为的,而未来的和平也是可以人力造成的。战争及军火商的挑战,当然是一切聪明的和文明的人士所应该起来应付的。"该书 1937 年 12 月初版,1938 年 12 长沙再版。三十二开本,共三百零八页。另附照片二十六张。(原书)

《译报周刊》"书报介绍"栏刊登耀鼐《军火商人》一文云:"'一个怪物正在世界徘徊,这个怪物正是军火商人'。在人类第二次大屠杀又将来临的时候,我们来读些关于与战争最有关系的军火商人的书,的确是很需要的。本书一共十八章,一百九十页,这书全部几乎都是叙述军火商人的生成,发展及其活动的历史;它将告诉你们以前所未闻的事实。平时,我们常常听得什么国际,什么国际,其实军火商人们才是真正老牌的国际主义者;他们互相地交换着发明品,但是又在世界上每一个角落里勾心斗角地争取军火定单的主顾。他们不管'祖国'不'祖国';他们简直可以说是世界的公民,譬如希特勒运动金钱的供给者可以是捷克或法国的军火商人,而他们各自的祖国和德国的对立又是不可调和的。什么'正义','人道','公理','和平'这些字眼,在他们看来简直无聊得很可笑;唯一占据他们的心是利润,实际上他们所要求的也正是利润——那巨大的利润! 这些'死'的商人为了获得大批的军火定单,于是竭力制造战谣,贿赂与战谣又是密切相连的;这在战争史上真是数不见鲜的事,这点本书里讲得非常清楚:它告诉我们这些胆大的匪徒是怎样的在那里处心积虑,'用各种方法,藉人类的痛苦和死亡以获巨利的史实,同时诅咒那残酷而有组织的破坏世界和平以为鼓励战争的阴谋。'本书所叙述军火商人的活动真是令人惊异,他们无论与任何一次大大小小的战争都有关系。当然谁亦不敢说战争是由军火商人一手造成的;不过,各国政府与军火商人间有密切的关系却是无用争辩的。他们拥有多数的报纸,在国会里又有代言人,他们在政府中组成一个势力网,为所欲为以左右政府的对内对外政策,这是每研究国际问题的人所应注意的。'和平即是灾祸'这是那些以'死'为利底军火商人的格言,和平和军缩对他们是个大威胁。但他们却很巧妙地使军缩变为军扩;以致拿和平变成战争。欧战底结果好像是还不足以警惕人类似的,当前的局势又已经证明大战是不可避免的了。要知道欧战前后军火商与政治家军人勾结的历史,不要单只去看那枯燥无味的教科书,我们还是来读本书的十一至十四这四章吧,看作者是怎样生动地描画出这些人物的嘴脸。"(《译报周刊》1938 年 1 月 5 日)

本年 孙筹成于嘉兴举行银婚典礼,先生赠七绝《银婚典礼》祝贺。诗云:

嘉禾驿畔燕双飞,我马书生愿未违,二十五年弹指顷,银婚纪念趁芳时。
在天愿作比翼鸟,在地长为连理枝,又向玉台添韵事,五旬人进合欢卮。

(《五云日升楼》第一集第十三期,1939 年 1 月)

1938 年(民国二十七年,丙寅)　六十三岁

1月　国民政府发表宣言,声明维护中国领土主权完整,不承认一切伪组织。

3月　伪维新政府在沪成立。

国民党召开临时全国代表大会通过《抗战建国大纲》决定,"以农立国,以工建国"的原则。

4月　台儿庄战役胜利。

5月　农产促进委员会成立。

6月　当局在郑州花园口决黄河堤,试图阻止日军进攻,淹死、流离失所无数。

7月　国民政府行政院由汉迁渝。

10月　广州、武汉相继失守。

12月　汪精卫在河内发表"艳电",公开投敌。

穆藕初与幼子家修、长孙千圻合影

1月　与幼子家修、长孙千圻于重庆某照相馆合影。(照片原件)

1月至4月　在重庆闲居。5月18日,叶圣陶致徐调孚函谈及先生生活情况,函云:"传玠入川,或可找穆藕初。穆近住巴蜀校内。为免麻烦,不出外应酬,外间鲜有知之者。彼与妻女在一起,打打中觉,吃吃小馆子,又邀巴蜀男女教员数人,教他们唱曲子。"(叶圣陶《我与四川》,第45页)穆恂如《回忆录》云:"我们初到重庆时,其物价之便宜令人羡慕。四川盛产橘柑,1元法币曾买到240只橘子,柑子则1元法币可买40—50只。民间常用的钱币称为币,1角即1币,1币2分钱可享受一小碗老母鸡汤,内有鸡肉5—6块,相比之下,与上海的物价不可同日而语。"(手稿)

2 月 19 日 豫丰纱厂奉国民政府工矿调整委员会命令,决定拆机内迁。两个月内全数付运。4 月底抵汉口,即分运沙市、宜昌,最后选址重庆,重建豫丰。遂成为战时后方重要棉纱供应厂家之一。(《从原料中心迁出的豫丰纱厂》,《新世界月刊》1944 年 6 月号)

3 月 国民政府在武汉召开临时全国大会,大会宣言强调农业是中国经济基础,"中国是农业国,大多数人民皆为农民,故中国的经济基础在农村。抗战期间,首宜谋农村经济的维持,更进而加以奖励,以谋生产力之发展。"通过《抗战建国纲领》,确立战时发展后方农业经济政策,"以全力发展农村经济,奖励合作,调节粮食并开垦土地,疏通水利;尽力维持农村之秩序,安定农民生活;增加有用作物,如米、麦、杂粮之生产,禁止鸦片等有害作物的种植;设立仓库,积存大宗农产品,以调节各地需要"。为实现上述目标,国民政府行政院决定成立农产促进委员会。(《抗战建国纲领》,引自《中国国民党历次代表大会及中央全会资料》下册)

4 月 24 日 与竺可桢等晚餐。竺可桢记云:"晚六点,偕胡博渊至川东师范旁之小园吴青航公馆,应叶元龙、胡玉川及吴之邀晚膳。到安涛、寅初、刘大钧(季陶)、穆藕初、傅孟真等。八点三刻即散。"(《竺可桢日记》,《竺可桢全集》第 6 卷第 510 页)

4 月下旬 应行政院长孔祥熙电邀,由重庆飞抵汉口,组织农产促进委员会。先生义不容辞地答应,认为"这无非是要在抗战时期尽我一分国民的责任。"(《将来之农业》,《文集》第 405 页)《三年来农产促进委员会工作概况》"一、成立经过"一节云:"在抗战建国决策之下,后方物资之供给至关重要,而农业生产之促进,本为我国一切建设之基本。孔院长有鉴于斯,特于二十七年四月下旬,电邀前工商部、实业部次长穆藕初先生由渝飞汉,即于五月成立本会,就任主任委员职务。"(原书,农产促进委员会印行,1941 年 9 月)

5 月 2 日 孔祥熙邀经济部长翁文灏、先生、邹秉文、卜凯、[①]张福运等午餐,商讨"拟组织农产促进机关"事。(《翁文灏日记》第 235 页)

5 月 3 日 翁文灏与先生、邹、卜、张等会商,"拟组织农产促进委员会。"(同上)

5 月 4 日 召集并主持农产促进委员会工作会议,"于赈济委员会下设农产促进委员会。"翁文灏在座。(同上)

5 月 11 日 翁文灏接见先生。(同上,第 236 页)

5 月 14 日 主持农产促进委员会工作会议。"卜凯主张宣传科学方法以促进各省农业增产",先生"主张改进各省农业机构,均获通过"。(《沈宗瀚自传》)

同日 晚,偕卜凯及沈宗瀚见孔祥熙,"报告中农所在各省工作,并谈农业机构

---

① 卜凯(J. L. Buck),美国财政部驻华代表。

改组事,颇蒙赞许。"(同上)

5月中旬 返重庆。5月24日与翁文灏、甘绩庸、何北衡等同机自"渝飞返汉"。(《翁文灏日记》第237页)

5月20日 女恂如与吴大榕结婚。叶圣陶撰喜联祝贺。5月18日,叶圣陶致徐调孚函云:"后天他的女儿出嫁,嫁一个苏州人为中大教育者。弟今天代那几个学曲子的同事撰一幅喜联,曰:'晓起卷珠帘,共看蜀中山水;闲来霏玉屑,应关宇内烟尘。'国文先生难免此等差事也。"(叶圣陶《我与四川》,第45页)

5月29日 在汉口,与黄炎培长谈。(《黄炎培日记》)

5月31日 与黄炎培、江问渔、张仲仁、严欣琪、陈经畲等共餐于普海春,谈"纺织工业筹备之经过"。(同上)

5月 农产促进委员会在汉口正式成立。先生任主任委员,邹秉文、钱天鹤、卜凯、沈宗瀚等二十一人为委员。该委员会负责抗战时期全国农业推广统筹事宜,下设总务、技术两组,分负行政及督导、训练、宣传、计划、调查研究之责。办理事业有辅助经济部,洽商各省政府调整各省农业实验机构,树立各省农业实验机构,树立各县农业推广组织,改进及发展各省的农会和合作社,调整各省农业金融机关,改进农村贷款制度及办法,计划扩充各省耕地面积,推进农业改良工作,改良农田水利,发展乡村交通和改进公共卫生,疏通积滞农业产品,防治兽疫及植物病虫害,提倡及协助乡村工业的经营,办理农村宣传和指导。(《农产促进委员会之任务及希望》,《文集》第360页)《三年来农产促进委员会工作概况》"一、成立经过"一节云"穆主委以受命于国难时期,掌全国农业推广事,责任非常重大。对于本会工作设施,悉遵费小、效速、实惠及于农民之原则,采多方之合作,平稳发展及本标兼施诸方式,尽力推广。"(原书)

农产促进委员会成立后,积极推广边远地区的农业生产,"我国沿海肥沃之地大部沦为战区,开发农村,增进,随抗战而益感迫切需要,于是农业推广工作,不得不改弦更张,转移据点,放大目标,在后方边远贫瘠之区,增强其工作,从事开发"。(蒋杰《抗战四年来的农业推广》,《农业推广通讯》第四卷第七期,1941年7月)同时积极推广手纺织业,改良土纺织机,创制"七七"纺织机,仿制推行。郑云鹤云:"记得廿七年,我们都在汉口,因为棉业的出口告断,纱的来源困难,为供应后方的需要,大家开会讨论应付的方针。个人曾提议推广手工纺织,当时大家不以为然,现成的大型纱机和印度纺机不采用,来提倡手工业,还不是开倒车?然而穆先生高瞻远瞩,预料到战时的种种困难,我们不能专仰外给,必须自力更生,以求工业的进步,于是农产促进委员会成立,穆先生则致力推广七七纺机,数年苦心,居然获得了崭新的成绩。"(《农本副刊》第六期,1942年7月30日)又与中央农业实验所及金陵

大学农学院联系合作,以经济补助各农业改进所,促进农业生产。(沈宗瀚《中华农业史》)

6 月 13 日 翁文灏接见先生。(《翁文灏日记》第 246 页)

6 月 18 日 翁文灏来访,"谈农业工作"。(同上,第 247 页)

6 月 20 日 翁文灏宴请屈文六、先生、徐可亭、陈汝珍、朱镛等。(同上)

6 月 28 日 行政院第三百六十九次会议,决定农产促进委员会隶属于国民总动员设计委员会。翁文灏有不同看法,云:"穆藕初农产促进会亦隶该会。此会原非用人用钱之组织,今如此做,尽失原意矣。"(同上,第 249 页)

6 月 偕许泽初及棉纺专家孟洪诒于汉口搜罗各式土纺机,重价购买十架,分送陕西、湘西、四川等地,设法改良,仿制推行,推广手工纺织。先生云:"余自去年初夏,受命主持促进农产,兼负推动家庭工业之责后,瞻顾事实环境,权衡利害重轻,深知棉纺织事业为当前所最急迫需要,乃为解决棉纺问题而呼吁,⋯⋯余当时深知当局之决心持久抗战,及战时内地棉纺工业建设之重要,与夫机器运输之困难,乃复着意于土纺机之改良,俾得利用内地蕴藏之伟大人力而减少困难。故于是年六月间,借同许泽初及棉纺专家孟洪诒两君,在汉努力搜罗各式土纺机,不惜重价购买十架,分将二架送入陕西,六架交由许孟两君带至湘西,其余二架则于余赴川时携至四川,俾分途设法改良,仿制推行。其入湘西者,由冷御秋先生负责之江苏难民救济会组织难民工场,由许孟两君主持,从事推动。余则赴重庆与黄君任之、江君问渔、贾君佛如,会同四川建设厅何北衡厅长,组织四川省棉纺织推广委员会,由建厅委派棉业专家魏君文元,主持棉纺织推广事宜。"(引自《内地土纱状况》,《文集》第 396 页)

6 月 与乔启明谈农业促进事。乔启明《悼念穆藕初先生》一文云:"二十七年,自蓉飞汉,应邹秉文先生邀约,商讨贸易委员会调查各省特产生产成本工作,便往谒谈,时农产促进委员会已经成立,彼此对农业前途看法,多有同感。而我在飞汉之前,原曾草拟过一个自省县至乡村的一套整个农业建设促进计划办法,先生亦已看到,复示赞许。当时似因旅途辛苦,身体不免劳顿,承畀以四川推广联络专员名义,托于返川后位会方做点事业。"(《农业推广通讯》第五卷第十一期)

5 月、6 月 赴各地考察工业状况。先生云:"自从全面抗战以来,国内重要工业大部为敌人摧毁,我所办事业,当然也不能例外;但我们决不能因一时遭遇而气馁;我们要再接再厉,在艰苦奋斗的环境中,重建我们光明的前途。因此我行踪所至,在苏、浙、湘、鄂各省,曾作实地考察。同时游过粤、桂、陕、甘、滇、贵的许多朋友晤谈,使我最乐观的,全国的精神已经团结一致,中央和各省又能深切认识战时经济各项必要条件,无时不在励精图治之中。"(《敬告企业家》,《新蜀报》,1938 年 8 月

9 日;上海《文汇报》1938 年 8 月 15 日;《文集》第 362 页)

7 月 1 日　偕许泽初到周永顺厂定制生产手纺机。(《黄炎培日记》)

7 月 2 日　翁文灏会见先生、Wail de Havicl 等,"拟研究用水抵御日军方法"。(《翁文灏日记》第 249 页)

7 月 5 日　与黄炎培、江问渔"商位育小学校长事"。[①](《黄炎培日记》)

7 月 17 日　访黄炎培。(同上)

7 月 20 日前后　由汉口返重庆,寓巴蜀学校内张家花园七十二号。(同上)

7 月 22 日　黄炎培来访畅谈。(同上)

7 月 28 日　与黄炎培、刘钟奇等在中华职业教育社重庆办事处"谈手纺机改良问题"。(同上)

7 月 30 日　黄炎培邀请丁鼎丞、吴稚晖与先生等十八人会餐于青年会食堂,"用国产西式素餐"。(同上)

7 月　与上海组织的西南实业考察团谈话,就内地工业生产合理化得出结论:"第一,不容许我们再集中工业于几个通都大邑;第二,各省过去那种地方观念之消除;第三,各省因从前工业生产缺如,一旦非常时期莅临,社会经济莫不险象环生,大家不约而同,欢迎我们企业家去直接投资,为他们建设内地工业生产事业;第四,因战争影响,内地工业品到货寥寥,与需要的胃口相差太巨,致工业品价格飞涨,急待设厂调剂,出品因此易于畅销;第五,因各省努力整饬吏治,虽偏僻之地,治安已非常良好。这种情形,由于我这次和从上海组织的西南实业考察团几位重要团员谈话之下,加以更明确的证实。"(引自《敬告企业家》,《新蜀报》,1938 年 8 月 9 日;上海《文汇报》1938 年 8 月 15 日;《文集》第 362 页)

8 月 3 日　与何北衡(四川省建设厅厅长)、贾佛如、黄炎培共早餐,"商手工纺织进行办法,决定明晨由北衡约有关系人会商组织"。(《黄炎培日记》)

8 月 4 日　到四川水泥公司,与黄炎培、何北衡、张文潜、何遂廉、张心一、江问渔、贾佛如等"商组四川省棉纺织业推广委员会",黄炎培"被推草拟组织大纲"。(同上)四川省棉纺织业推广委员会由农产促进委员会、四川建设厅、经济部、农本局、四川合作委员会,中央、中国、农民三行重庆分行发起组织,先生与何北衡、何廉、潘逸民等为当然委员;并聘黄炎培、江问渔为委员。同年 9 月初正式成立后,即

---

① 1938 年 4 月,位育小学校长杨卫玉离沪赴内地,校董姚惠泉兼代校长;同年 8 月,姚惠泉恳辞,在沪校董改推穆伯华兼代。1941 年 9 月,又聘朱启甲代理校长。1944 年 7 月,朱辞职,由位育中学校长李楚材兼任。(《位育小学十八年大事记》)日本侵略者进占租界后,位育小学因抵制奴化教育,受到日寇迫害,姚惠泉曾"一度被刺,二度被捕",受尽折磨。(姚惠泉《位育在苦难中生长》,《位育校刊》第五期,1949 年 1 月)

着手办理:"一、筹备原料供给。二、改进纺织工具。三、训练纺织技工。四、办理本业广销合作。五、计划推广本业推广实施等项工作。"(《经济动员》1938 年第八期)

8 月 9 日 发表《敬告企业家》一文。云:"我们企业家更须放大眼光,再从国家民族的立场上着想:现在中国对日抗战,只有持久战,才能得到最后的胜利。……最重要的是增加后方生产,建立内地经济国防。工业生产,占最重要地位。第一,工业生产品能畅供内地国民需要,免使金钱外溢。第二,不陷过去工业生产多藉外国原料的覆辙,使工业与原料市场密接,以流畅农产品,而繁荣农村经济。我们企业家,如能一致奋起,直接是寻求自己的出路,复兴事业。间接是有利民生,兼可充实抗战的经济力量,使军事资源能供给不匮。因此我们需要从速动员,努力把战时后方增加工业生产的责任负起,去适应军事的步骤,为中国民族争取生存。"指出"目下未沦陷各省,各方面环境,既都非常适合展开我们的事业;这些地方,又都蕴藏着丰富的原料,适宜的动力资源,和广大的国民购买力,实在供给我们企业家发展的机会太多。……不过所要注意的,我们如大规模的来创办某种工业,非但困难太多,而且需要长期的经营,大资本的集中,都非今日战时环境所宜。现在后方所需要的工业(军需工业除外),我认为有六个主要原则:(一)能普遍散布于内地各城市者,(二)能就近利用各地滞积原料足可繁荣农村经济者,(三)能尽量利用各地人力劳动生产者,(四)生产品极合于大众需要,易于畅销者,(五)生产品可抵去一部分漏卮者,(六)能轻易举办出品迅速者。"呼吁企业家赴内地积极投资,投入小工业生产,报效祖国。云:

我们如欲不致虚糜财力,而确切适合于建设战时后方经济国防,且有利可图者,唯有决定从创办内地小工业着手。

因此我极希望我们企业家,各就本身经验能力,采取上述原则,分别在后方各城市,去创办各种小工业制造厂。

同时我们创办小工业制造厂,因为需要普遍于内地城市,达到小工业网的完成,对于小工业生产工具的机器,须有大量的供给准备。目下各铁工厂,虽有少数迁至内地,实不敷内地普遍的分配。因此对于经营铁工厂有经验者,迅速尽量向内地分区设立小铁工厂,专门制造各种国产燃料的动力机器,翻砂间用的炉子,机器间用的车床钻床刨床等母机。尤应分别区域人口及小工业制造厂的分布情形,使每一分区,须有一个翻砂间及机器间,使小工业有随时发展的机会。

最后关于资本方面,我们应知银行存款,乃是一种呆滞资金,失去经济上的意义。尤其外行的国人存款,更为不智之甚,利息既渺乎其微,而当此国家民族存亡续绝之秋,有待于有钱者出钱之际,大家不可只求坐拥巨资,置自身及子孙为亡国奴之罪于不顾。况且如将这些呆滞资金,投入小工业生产事业,不独于国家民族有益,而于自己亦有利可图。

现在各省既竭诚欢迎我们企业家直接投资,那对于有关小工业生产事业的投资、原料、运输、产销、安全等等,自然予以最大的便利和保障。这真是我们企业家发展事业,报效国家的千载一时之机会,我以万分的热忱,希望我们企业家不要轻易放过。

（同日《新蜀报》；上海《文汇报》1938 年 8 月 15 日；《文集》第 362 页）该文又刊于《商业月报》第十八卷第十期,改名为《企业家应向内地去》。

8 月 召集农业界人士开会,拟订《全国农业推广实施计划纲要》。乔启明《悼念穆藕初先生》一文云："在开会讨论时,如对于农业下层机构,有主张采取学校方式,有主张以合作社,我是认为利用农会为适当的。先生斟酌考虑后,则赞成后者。"（《农业推广通讯》第五卷第十一期）

8 月 农产促进委员会迁重庆办公。[①] 12 月,增设驻成都办事处,聘乔启明为技术组主任。至 1941 年,工作范围由最初川、滇、桂三省,逐渐普及至川、陕、黔、桂、滇、湘、豫、浙、鄂、甘、康、闽、赣、粤、宁等十五省。其工作人员从筹建时三人,增至包括各地主办事业在内三千人以上。（沈宗瀚《中华农业史》；《三年来的农产促进会》,《农业推广通讯》第三卷第十期）

8 月 发表《农产促进委员会之任务及希望》一文。云："中国抗战最后胜利的条件,也是中国民族争生存的条件,在于持久战。怎样可以作持久战呢? 那无疑的必须努力于增加生产事业,稳定抗战经济力量。战争的时期愈长,生产量的需要愈大,所以抗战开始以来,全国总动员,起来从事于生产事业。行政院孔院长现在是抗战期中一个政治和经济的领导者,他为着增厚抗战期间的经济力量,为着关心抗战期间的民瘼。消极方面,令振济委员会办理救济难民,并把难民疏散到安全区域。积极方面,加紧国内生产事业,尤其是农业方面。因此,本会就在这种环境下产生,奉命组织起来,所以本会在抗战期间所负的使命,是非常重大。"指出农产促进委员会的工作范围、路线,云："本会要避免事业的重复,即省人力和物力,先把促进中国农业生产的积极推动工作负担起来。但事实上前面所说的三个机构（指农业行政、农业技术、农业金融——编者注）和本会都有密切的联系,是四位一体的。本会的工作范围,就目下的需要,是辅助经济部,洽商各省政府调整各省农业实验机构,树立各县农业推广组织,改进及发展各省的农会和合作社,调整各省农业金融机关,改进农村贷款制度及办法,计划扩充各省耕地面积,推进农业改良工作,改良农田水利,发展乡村交通和改进公共卫生,疏通积滞农业产品,防治兽疫及植物

① 重庆鸡街江家巷 21 号。

病虫害,提倡及协助乡村工业的经营,办理农村宣传和指导事宜。至于本会的工作路线呢? 我们为便利积极推动起见,把它分为:(一)纵线。是从本会联系中央农业机构,经各省农业机构,转到各县农业机构,一直线的推动起来。(二)横线。是由本会从旁推动各地和农业有关的组织,如省县农业学校、乡村农业学校、各地教会、合作社、农会等和其它种种的新组织。"先生认为"这无疑地是一种艰巨的工作。尤其是各省各县都得派人接洽"。就此提出两点希望如下:

一、统一各省各县的农业机构,集中人才,择要切实工作。现在广西省政府的农业管理处是值得各省效法的。因每个省内的许多农业机构,名虽异而实质同。所以省当局应迅速将这些机构统一起来,把人才集中,就许多专家的专长,分别来从事解决改良本省的农业和推进农产工作。各县的农业机构,也应迅速由省令统一起来,先选择简要迫切的工作,着手进行。

二、各地农业机构只要组织健全,计划切实扼要,本会即可实力援助。我很希望各地的农业机构,或和农业有关的团体,先把自己的组织健全起来,拟定可以实行而且切要的计划,切勿尚空谈,不管是一县,一区,一乡,大或小的区域内,只需以农民大众利益为出发点,不论是改良农业技术,或者是疏通积滞农产品,或者办理农村手工业和小工业,或者是组织合作社事业等等,要是它的计划得合本会的上述宗旨,我们就可以立刻把技术人才来援助,把经济力量来援助。……

最后,本会今后和纵横两线上各农业机构及有关农业的团体的工作联系,我以为本会这个机构,就像全国的一大发电间,我们可以通出电流,去照耀万家光明。但是,假使这一家不来接电线,我们事实上就不能把电流通过去。假使这一家虽接好了电线,电流也通了,然而这一家自己的机关已有损伤,或者临时发生病态,如果不通知发电间,那发电间也无从着手来帮助他修理和调整。这一点,希望各省县的农业机构,或有关农业的团体,深切注意!

现在我相信我们这四个机构,已适应着中国长期抗战期间的需要,把中央的农业政策和政府的期望切实地执行起来,而为全国的农民服务。同时,因为促进农业生产工作的繁重和艰巨,我还极希望各省和各级党部把未有这类组织的迅速组织起来。已有这类组织的,迅速健全其组织,令其和本会发生联系,大家共同来推动这一个繁重和艰巨的工作,争取中国民族抗战建国最后的胜利和成功!

(农促会印行单行本;《文集》第360页)

9月 发表《垦荒和增加农产的捷径》一文。分析当前严峻形势下,垦荒促进农业生产的迫切性。云:"对暴日展开全面抗战以后,已是满目疮痍的中国农村经济,更因在苏、浙、皖、冀、鲁、豫、晋、察、绥九省中,已有占全国耕地面积百分之三十左右的耕地沦于敌手或遭损害。而且这九省拥有全国百分之二十五的人口中,凡不愿在暴敌压迫下偷生的同胞,大量流亡到西北和西南,这所造成的结果是:(一)视为产米麦丰盛的九省,其农产品几全部消失;(二)西北和西南人口增加,而农业生产量并未正比例增加,因之生产者少,耗产者多。(三)因政府征集大量壮丁充实抗战实力,致未沦陷各省的得力农民大量减少,所遗留下而缺乏人力耕种的耕地,较去年更激增。(四)农产品及农村副业生产量的减少,影响对外贸易的收入和平衡性。这样,从国民经济上言,是一个绝大的隐险礁,从长期抗战的军需上言,第一,粮食要发生问题,粮食和战争的关系,任何人都知道,'兵精粮足'是中国历代战争经验所得的一句老话。第二,战争消耗品减少,因农产品中的棉、麻、羊毛、兽皮等都是被服原料,棉更可供制造军火。因此,在长期抗战中,开垦荒地,移垦难民,以促进农业生产,为各方面所迫切呼吁。"指出垦荒有三个最重要点为一般人士所忽视:第一,内战和行政上的缺陷;第二,自然环境的限制;第三,强迫难民移垦。先生强调移垦要办事快捷、费用小收效速为原则,并提出最简单要点:

在长期抗战期间,多一分生产,即增厚一分抗战力量,无谓的消耗一分财力,即减弱一分抗战的力量。所以我们当以前人为借镜,过去已经开垦区域少有成就者,我们不必信像顾棠吉氏所说的"假官办为名,行侵占之实,盲从外人,依附军阀"所致,但普遍失败的原因,总多因为气魄太大,资本少而贪多,以致尾大不掉,徒拥虚名。我以为在这种长期抗战的非常时期,对于国家的公款,大家更宜凭良心撙节! 应以(一)办事快捷、(二)费用小而收效迅速宏大为原则,而尤以整顿治安为前提,治安无虑,然后进行移垦,则非仅进行上顺利,抑且水利、交通等问题均可迎刃而解。

这里我提出两个最简单的移垦要点:

一、近。垦荒地带的选择,首要的切不可太远,一般多主张边疆荒地,大量移垦,这并不能不说是个百年之计。其实,万里迢迢,在富有传统乡土观念的中国人民,恐怕很少愿意去,即使强迫移垦,而交通上的困难,费用上的浩大,时间上的浪费,收获上的不可期,都非今日环境所许,而须有待于承平时期。譬如我们把五千难民由宜昌移到重庆,这段路程并不遥远,并有航路、公路可资运输,然而事实上在今日运输拥挤,舟船缺乏,此五千难民因途中延搁,消耗时间费用,难以预估,待历尽艰难到达重庆,主事者和难民双方的精神,亦已焦头烂额,况且边疆万里,其耗资费时,更不堪设想。

二、肥。土地肥沃则收获量丰富,可事半功倍。否则在瘠薄之地,孜孜勤垦,而终年所获微少,得不偿失,一切岂不皆成浪费,故垦荒必须先选择肥沃的荒地。荒地的肥沃与否,可以看荒地上野草的密茂与否为标准,不必待有专家的费时考察,而且普通各县都曾经调查,选择起来,非常便捷。

至于如何来着手垦荒和难民移垦,以达到增加农产目的,我主张要求时间的经济、费用的节省、收效的迅速和宏大。事实上是最好的办法,由中央去办,不如由省去办,以省为单位,由省督导各县政府负责去办。因为各县的新荒地、老荒地,县长以至保甲长莫不了如指掌,而且各县政府因征收田赋关系,对此特别能深切认识和努力,就近指挥农会及县农业团体,又特别能周详便捷,只需由省令督促实行,由中央酌拨经费,就可迅速实行。

各县荒地的来源,(一)老荒地是原有可垦而未垦的荒地,新荒地是因为农民壮丁被征服兵役后,该农产人力上所不能继续耕种的耕地;(二)我国作物面积每垴平均约二点八市亩,比较各国都小,在耕种方法上,即因之不能使渐趋于科学化的改良,而阡陌纵横,所耗去可垦的耕地面积,合并计算起来,数量非常惊人,如果设法改革,各县农户均有耕地面积可加。

我们开始把各县的荒地,尽先分配各县当地的农户,某农户如耕种十亩土地而尚有余力者,县政府当局应设计就近选择荒地数亩令其负责耕种。这样,可使人力周转平衡,从事增加农产。倘这个县里人力不敷荒地的耕种,那从居留在就近区域内难民中的农民,选择去移垦,而选择难民移垦,应以一个难民能具有一个优良农民耕作能力为水准,使土地不致浪费。

这些拨给农民或难民的荒地,无论其是公产或私产,其佃租办法,或农产品分配办法如何,应就当地佃租率的不同,由各县政府加以酌定;但原则上非地主与佃农的关系可比,应绝对没有榨取剥削性质,而应着重向增加国家农业生产这一最大目标迈进。同时,还需要一方面藉此机会去改良农业技术,各种种籽、农具、耕牛等等,都可由各县农业机构在合作社制度下供给,使科学化的耕种方法逐渐推行。

由各县政府去负责办理垦荒,更有一个意外可惊的成绩。据实地调查所得,各县的荒地,又有公荒、私荒的分别,公荒是公家的荒地,私荒是农户自有的荒地。倘县政府认真着手开垦公荒,则一般拥有私荒的田主,恐他的荒地一旦骤为政府所没收开垦,势必从速自己私自先雇人开垦起来,以杜绝政府此念。这种情形,已经有许多地方发生,为之证实。这样一来,政府可以不费什么,使各县农户的私荒自动迅速开垦起来,达到国家增产的目的。

要长期抗战,期间一切社会经济关系,都发生异状,而政府的施政,也就在配合非常时期条件下进行,所以欲图增加长期抗战的国家农业生产和救济难民,是不容一切平常时期的高深设想和庞大费用,在这种环境,我们要用简捷的办法,叫农民多耕几亩田,很节省的来开垦许多荒地,叫难民发挥其本能的力量谋生,兼为国家增加农业生产,而不是徒有虚名的垦荒者。

因此，由省督导各县政府去从每个小单位上实行，是最切实际的办法，是最合理的捷径。

现在秋耕期迫近了，我极希望赶快去实行起来，各县办理这种工作的成绩优劣，就是作为各县长的考成，务使不令陷于虚应故事的覆辙！

（单行本；《文集》364 页）

9 月 创制"七七棉纺机"试验成功。先生云："我自五月间奉孔院长委以主任农产促进委员会，同时亦即注意棉纺问题，认为内地如棉不缺乏，则织布毛巾等日常用品原料，皆可不成问题。故在湖北时，多方搜集各地土纺机，至重庆后，又得四川建设厅之协助，将川中土纺机一并搜集运渝，分别加以'整理'、'试验'、'添置'，历时四个月，方于最近配成一套，尚堪满意，定其名曰'七七棉纺机'。七七棉纺机共有弹棉机、纺纱机、摇纱机、打包机各一部，此项机器铁件甚少，合于实用，除弹棉机内的锯齿钢皮不易制造外，其余纺纱机、摇纱机，则虽在荒僻棉区，亦甚易仿造，即使无弹棉机，可用弓弦或土弹方法，其所弹出棉花，亦可勉强应用。""本来过去此项未加改进的纺纱机，散布在乡间，为数不少，然而人自为谋，各方又未加注意，所以多搁置起来，甚为可惜。我们应当一方面尽量利用此项原有手工纺机外，一方面迅速由各地普遍利用或组织合作社，采用此项已经改良之'七七棉纺机'。内地各城市乡镇应用'七七棉纺机'最经济配置如下：弹棉机一部，价值约二百元；纺棉机二〇部，每部价值约四十五元（每部每十小时出纱二市斤）；摇棉机四部，每部价值约四十五元；打包机一部，每部价值十余元。出数方面，为的是手工关系，所以全视工人的勤怠，及技术的优劣而定，而且机器价格方面，亦均系约数，其正确造价，须就各处当地情形决定。不过若能管理得宜，技术娴熟，'七七棉纺机'所产的土纱，故很足供给市场及织布的需要。加以'七七棉纺机'本来是一种手工的纺纱机，而且为求便于内地制造，及避免多用铁件起见，机件力求简单，所以条干是直接硬拔的，因此条干的均匀，全恃人工的熟练。至其所纺出的棉纱品质，当然不及厂纱，不过在今日抗战时期，纱厂多被敌人破坏，内地棉纱极感缺乏，国民应力求节省财力物力之际，应注意解决者是'棉纱的有无问题'，而不是'棉纱的精粗问题'；况且如印度的甘地，他每天要手纺几小时的土纱，而印度各地的国民，追随甘地做此项工作者，达数十万人，然而印度人服用土纱的制品，不以为品质不及厂纱，反以为莫大的荣誉，这完全是印度国民的爱国热忱所驱使。反顾我们中国抗战已达年余，民族危机已臻极点，缺少衣被的人也很多，这一种平凡的出品，正适合大众的需要。加以'七七棉纺机'所纺出的纱，也可勉强作经纱用，即退一步来说，'七七棉纺机'所纺出的纱，即使不做经纱，但各地普通需要的纬纱毛巾等日常用品，需要已经很多。"（引自《中国棉纺织业之过去及将来》，《合作月刊》第十四、十五、十六期合刊；

《文集》第 384 页）

10 月 1 日　中华职业教育社总社在桂林办公（1939 年 7 月迁渝），成立本业辅导委员会，先生与吴稚晖等三十人被推为委员。（《教育与职业》第 195 期，1941 年 8 月 1 日）

10 月 5 日　《经济动员》第十期刊发《解决西南棉纱恐慌，七七棉纺机试验成功》报道。云："孔院长为增加后方生产起见，于本年五月间，成立农产促进委员会，特邀请穆藕初为主任。""该会成立后，穆氏即注意战时棉纺问题，在鄂时多方搜集各式土纺机。莅渝后，又得四川建厅协助收集，经穆氏亲自整理试验添置，历时四月，既已成功，定名'七七棉纺机'"。（原刊）

10 月 9 日　应《经济动员》与《战时经济专刊》之邀，出席战时经济问题座谈会。莅会者马寅初、杨汝梅、楼桐生等二十余人。刘大钧主席。先生云："说到推广农业和合作社，自从工商部实业部而经济部，政府所定的合作社章程和办法，向来并没有什么修正，而且都是计划，未必见诸实行，更没有做到下层工作。因此过去的推广农业呀，合作社呀，都只有许多规程，毫无实际工作，至于人才方面，也很有许多的农业学校，还有农业试验机关去从事造就，不过十多年来的进行，实际的工作并未推动，农民本身也就是没有多大的改进。总之要想推广农业，一定要使农民本身得到利益，然后方能收效。而过去的办法，所谓改进与推动，也就是头痛医头的方式，未能彻底进行。就最近重庆纱厂的纱锭看来，共有十五万锭，所以棉花的供给问题，很值得注意，我以为应该在川东划定植棉区，与每一个农民订个合同。假使每亩地可收到估价十二元的稻谷，那么有百亩的农民，就保证他有一千二百元的收成。倘使种棉的结果，收获不及一千二百元，就由政府补助他的亏损，倘使收获超过一千二百元，就给予奖励，不但植棉可以如此，就是旁的也可这样办的。不过政府方面如果每一件事都是需要经过预算决算，或者经费受了限制，那就成了问题，万一成效不显著，又恐怕将要有人批评我了。至于合作社呢？虽然据经济部的统计，全国已有两万几千个合作社。但是我认为只有合作社之名，而无合作之实。农民方面究竟得到多少益处？产量是否收合作的功效而增加了？寿先生对合作是有专门研究的，大概可以知道的。一般合作社的利润，大都为一部分的中间人谋得，而农民所得极微。兄弟关于这一点曾著了一篇文章，最近将要发表出来，届时请诸位指正。同时希望各位从实地研究，要从实际合作的各方面去看，比看起书本来是要好看。否则不从实际方面去参加研究，就是你们要和我合作，也许我不和你们合作了。"（《经济动员》1938 年第十期）

11 月 13 日　发表《从被动的战略到自动的战略》一文，就武汉失陷指出"我国抗日战争，是一种持久的艰苦的长期战争。这一个根本前提，我们必须认识清楚。……我军自动的积极的有计划的退出武汉以后,有些人又动摇起来了。不知这一种撤退,是一种战略的撤退,是自动的,不是被动的,是积极的,不是消极的,是有计划的,而不是无计划的。这样的战略的撤退,实在是对于最后胜利又前进了一步,使敌人要毁灭我军的主力的奸计又大大的失败了。这在我们国民,不但不应该消极,而且应该更积极,不但不应该悲观,而且应该更乐观,不但不应该动摇,而且应该更坚决。但是有些人不认识这些真理,在广州失陷时,已经发生恐慌,在武汉撤退时,自然更恐慌的不得了,这不但在自身心理上发生动摇,而且足以影响对于抗战前途没有认识清楚的人也不免要动摇起来,因此实在有加以说明的必要。"以上海战役、徐州战役及武汉大会战为例,指出我们在军事上不断的改进,"但是武汉大会战便不同了。我们虽在内线作战。但五个月来的战事,完全在武汉的外围,使敌人东奔西突,处处碰壁,不但使敌人不能消灭我们的主力,而且一处一处把敌人的力量局部消灭!在长江战役中,敌人的兵力死伤了四十万,而我们的主力依然无恙。请看,这是多大的进步!我们对战事,不断在改进中,使得敌人手忙脚乱!徐州战役,比上海战役进步。武汉战役,比徐州战役更进步。现在战事还在武汉外围,而我们又自动的积极的有计划的撤退了。使得敌人又扑一个空!使得敌人要毁灭我军主力的阴谋又大大失败!现在我们的作战能力,比较退出时更坚强;使敌人愈深入,便和敌人的最后失败更接近,而我们又向最后胜利,前进了一步!"呼吁国民认清敌人弱点,"我们只有把握住抗战必胜,建国必成这个信念,勇猛前进,这是我们中华民族的唯一生路,我们只有更坚固的团结起来,向着胜利的路途前进。"

(《国讯》第一百八十八期;《文集》第 366 页)

11 月 23 日 《申报》刊登畸人《红白斋剧谈》(七)一文,"关于仙霓社"一节称昆剧传习所学员"造诣甚深",认为仙霓社现状是先生当年缺乏长久计划所致。云:"记得顾志成君(即传玠)曾经告诉我,他在传习所的时候,单是联系摇头这一项工夫,就曾下过六、七个月的苦工,才能摇得合乎所谓'美观'的标准。从这一点上看,便可想见当初昆剧传习所的功课是如何的认真。所中杰出人才朱传茗、张传芳的旦,倪传钺、施传镇、郑传鉴的生外,沈传锟、王传淞的付,华传浩的丑,无论做唱,都可以说'造诣甚深'。而且每个人都有相当的修养,说话和举动也很文绉绉丝毫没有唱戏人有的习气。便是平日的私生活,据我知道,他们至今都还保存着几分传习所的精神。该所初办的时候,穆藕初先生当然可以说是一个最大的支持者。到现在南方还保留着这么一个专演昆剧的小团体,实在不能不归功于穆先生。但是,依我个人的观察,当初穆先生在经济方面所费的力量大概的确不少了,可是在精神方面似乎用的力量还不够。换句话说,就是长久的计划当初似乎并不曾用。不然的话,我相信用了那么多的钱,费了那么长的时间的筹备,仙霓社到现在是决不会象这样偏处一隅,毫无发展的。"①

11 月 24 日　先生高足郑海若在沪病逝。次日《申报》报道云:"浙慈溪人郑海若为穆藕初先生高足于昨日逝世,年仅三十八岁。生平努力提倡国货运动,不遗余力,曾手创上海百货市场、宁波国货商场,并担任市民提倡国货会、上海市百货业同业公会、针织业公会等委员、商报副经理。最近又受难民救济会虞会长之邀请,担任委员要职等,甚著功绩。兹定于今日下午二时在槟榔路中央殡仪馆大殓。噩耗传来,国货界同人莫不同声悲悼。(《申报》1938 年 11 月 25 日)

11 月　发表《加强我们抗战必胜的信念》一文。以台儿庄大捷、广州失陷、武汉撤退为例,再次批驳"速胜论"与"必亡论"。云:自从广州失陷武汉撤退以来,很有一部分人因恐慌而动摇。一个人的动摇不要紧,但一个人的动摇必然要影响到许多认识不清楚的人,却不能不公开的加以说服。我们对于战事的估计,往往容易失之于过于乐观或过于悲观,其原因在于认识不正确。譬如说,在台儿庄大捷以后,就有人以为战事已经转机,我们已经可以改守势为攻势,把敌人驱逐出去,这未免太乐观了。……同样在广州失陷武汉撤退以后,就有人以为是失败了,除了向敌人'屈膝'投降,已没有别的办法,那又未免太过于悲观!……总而言之,太乐观,太悲观,都由于认识不清楚。"先生指出"最要紧一点,在于认识我们的敌人不清楚。……第一,我们应得承认敌人在武力上的确占优势。因为敌人在武力上的确占优势,因此我们不能奢望在很短的时间内把敌人驱逐出境,因此抗战一开始便已先天的决定了这一个持久战。第二,我们应得承认敌人在财政经济上比较的占劣势,但并不是说它在很短时间内便会崩溃,因此我们必须把战事尽力延长,把'空间换取时间',因此这是一个全面战争,同时也是一个持久战。第三,我们应得承认敌人的阴谋是相当毒辣的。敌人知道自身在武力上占优势,在财政经济上比较的占劣势,因此决定'速战速决'和'消灭中国主力'的毒辣的战略。在敌人地位上采取这样战略是对于敌人最有利的。敌人最有利的战略便是最有害于我们的战略!因此我们要打破敌人的毒辣战略,必然要采取'持久战争'和'保存我们主力''争取自动的战略'。我们的国民只要认识清楚了上面所说的简单明白的事实,便可以了解这一次的战争为什么必然是'持久抗战,全面战争,争取自动'的战争;便可以做到'逢胜不骄,遇败不馁';便可以沉着应战,不太乐观,不太悲观,不失望、不动摇,坚忍地继续抗战到最后的胜利。"文章分析"敌人在财政经济上比较的占劣势",第一,敌人财政

---

① 1937 年"八一三"淞沪抗战,日机狂轰乱炸,仙霓社的戏箱行头化为灰烬。1938 年 9 月 5 日,仙霓社代表郑传鉴、沈传芷与东方书场订立演出合同,到年底,参加演出的只剩下十二名"传"字辈演员。1942 年 2 月 7 日至 9 日,在东方第二书场演出三场后,仙霓社即宣告解散。

预算上的非常膨胀,第二,敌人内国公债的非常膨胀,第三,敌人资源的缺乏,第四,敌人的现金已输出四分之三以上,第五,敌人国际收支无法平衡。"因此敌人限制非军用品原料输入,非常严厉,以减少外汇的用途,结果各工厂因为缺乏原料而停止工作者,占百分之五十。因为各工厂停止一半工作,出品减少,及各国民众抵结日货,输出更减少。因此国际收支,更形不敷。"强调坚持抗战,最后胜利一定是我们的。云:

现在一切事实都已很明白了,中日战争的胜败的决定,完全是持久力的比赛。正好像长距离赛跑一样,在比赛的过程中,暂时先先后后,都不是最后的决定。谁的力最长,谁能最持久,就可以得到最后的胜利。因此我们做国民的只有以全力拥护最高领袖的"持久战争,全面战争,争取自动"的最正确的战略,不失望,不动摇,坚持继续抗战以达到驱逐敌人退出我国这个目的。

智利某报记者论中日战争有几句警句,他说:"战事开始时,日本占胜利四分之三;战事延长至一年,中国占胜利百分之三十;战事延长至一年以上,中国可占胜利百分之六十。"越持久,我们得到胜利的成分越多,现在战事已一年四个月,只要我们坚决继续抗战,最后胜利一定是我们的。

（《国讯》第一百八十九、一百九十期;《文集》第 368 页）

11 月 发表《解决棉纺问题》一文。云:"中国这次对暴敌展开全面长期抗战,除了拥着伟大的人力,能充分的补充于军事及生产动员外,无疑地是更要尽量促进和发展我们后方各省所有的物产资源。衣食两项,……不仅是国民经济的大动脉,也是军事给养的主要品。在目前,我们如不能希望拿中国的粮食和棉布,换取国际汇兑;但至低限度,我们是希望能达到自给自足。"指出目前环境下,"唯有普遍来发展棉纺织手工业,才可解决。第一,农村棉纺织手工业本来与原料市场密接;第二,棉纺织手工业为农民熟练之副业,轻而易举;第三,棉纺织手工业普遍散布农村,因为不是集中生产,所以适于战时原则,且就近售给市场,更可减少运输上之消耗;第四,可以补助农民生产,维持难民生计。但是提倡普遍发展棉纺织手工业,必须先解决原棉问题,更必须改良原有农村手工棉纺织机,以达到增加生产,充实后方国民经济目的。"先生认为"欲真正适应后方环境,达到内地棉纺织手工业的普遍发展,和广泛地增加棉纱生产,则只有'七七棉纺机'一种"。由于"七七棉纺机"屡次试验成绩的逐渐满意,作者四个月来的精神,总算没有白费;但是普遍的推行,则还希望一般关心西南棉纺织问题人士,及素来从事此业商人,从速把合作社普遍组织起来,共同来负担解决抗战期间内地的棉纺织品的恐慌,兼为发展后方农村经济。最后,作者以为合作社的组织,须含有真正合作社的意义和精神,否则,"七七棉纺机"的出生,其所增加生产之利润,大部分饱入中间人的私囊,而对于从事农村副业的工人,则孜孜终日,仍仅足以糊口,那真失了作者数月来埋头研究的一番苦心和

意义了。(《纺织染工程》第一卷第三期;《文集》第 390 页)

12 月 24 日   在寓所招宴黄炎培。(《黄炎培日记》)

本年   制订《全国农业推广实施计画纲要草案》。分组织、人才训练、推广业务、推广实验区、人员与工作之支配、推广经费各节。全案如下:

农业推广将农业研究试验所得之优良结果,传达于乡村农民,在技术及经济方面,予以指导帮助,以增进农业生产,发展农村经济并改善农民生活。此项事业在平时已极重要,在战时尤应积极举办。现时为谋促进我国农业推广事业,首需建立合理之推广制度及一贯之系统,以增高其效能,兹将推广实施计划纲要,分述于后。

一、组织

(一)中央推广组织   全国农业推广事务由农产促进委员会督导之。

委员会下设总务、技术二组:

1. 总务组:设主任一人及办事员若干人。

2. 技术组:设主任一人,推广专员及督导员若干人。负责督导各省推广工作,训练推广督导人员,供给宣传材料,计划推广事业,调查推广效果及研究改进推广方法等项。

为增加农业推广效能起见,农产促进委员会应与中央有关机关及其他有关团体密切联络合作,并得商请中央农业实验所派遣各系负责推广之技术人员,兼任该会推广专员及督导员。

组织系统如下(表一)

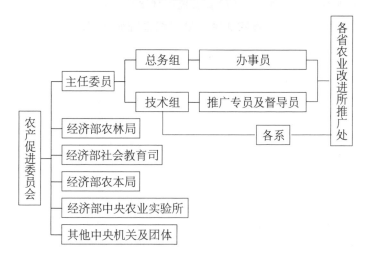

（二）各省推广组织

1. 省农业改进所或农业改进集中组织内分设下列两处：

（1）农业实验处——其下分设若干系组。（2）农业推广处——办理全省农业推广事宜，设主任一人，推广专员督导员各若干人，并得酌设区指导员。

推广专员督导员及区指导员分赴各县指导扶助各县农业推广机关之工作，并担任各县推广人员之训练事宜。

2. 省农业改进所或农业改进集中组织。如有特殊情形一时不能设立农业推广处时，得暂设其他推广组织，专办省农业推广事宜。

3. 各省农业推广计划，由省农业改进所或农业集中组织拟送农产促进委员会备查，如由农业促进委员会补助经费者，须连同概算经审核准后施行。

4. 各省农业改进所或农业集中组织应将每月及每年推广工作报告，编送农产促进委员会备查。

5. 战区各省得由农产促进委员会直接设立农业推广办事处，办理农业推广事宜。

6. 建设厅得会同有关农业推广事业之机关，设立省农业推广协进会，为省农业推广主管机关之咨询机关，商讨全省农业推广事宜，以增加工作效能，其参加之机关如左：（1）建设厅。（2）省党部。（3）大学农学院。（4）省农村合作委员会。（5）农业金融机关（农本局、合作金库及银行等）。（6）省农业改进所或农业改进集中组织。（7）省农民团体。（8）其他。

省农业推广处组织系统如下（表二）

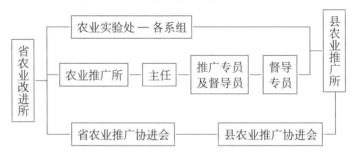

（三）各县推广组织

农业推广之最要阶段，在于各县应集中人力财力建立统一推广组织，以免工作之冲突或散漫。惟各县区域大小及经济情形等不尽相同，故县农业推广之组织，尤须审慎酌定；兹为便于因地制宜，酌量采用，拟就数种不同之方式于左。

甲 由省农业推广主管机关推动设立者:

(1)省农业推广主管机关斟酌各县重要次要情形,分别会同县政府或直接于各县设立农业推广所或农业指导,办事处,办理农业推广事宜。

(2)推广所内设农业指导员及助理指导员若干人,并指定一人兼任主任职务。

(3)农业指导员办事处设农业指导员一人,助理指导员若干人。

(4)各县为促进农业推广业务起见,由县农业推广所或指导员办事处辅导农民组织乡农会,建立农业推广之下层机构;在农会未正式成立以前,暂以其他健全之农民组织为下层推广机构。

(5)各县县政府得会同县农业推广或指导办事处,县党部,合作金库,合作指导人员,地方法团,金融机关,农业学校与农民团体等,组织县农业推广协进会,为推广所或指导员办事处之咨询机关,以便集中力量,协助农业推广业务。

(6)各县农业推广计划,由各县农业推广所或指导员办事处参酌县农业推广改进会之意见拟定,经省农业推广主管机关核准后施行。

(7)各县农业推广所或指导员办事处,应将工作月报及年报分呈县政府及省农业推广主管机关,其年报并应呈转建设厅及农产促进委员会备查。

(8)各县各设有县立农场或其他农事机关,应改组为农业推广所或指导员办事处,其原有农场充示范及繁殖之用,不举行试验工作。

(9)各县农业指导员办事处得按需要扩充为农业推广所。

乙 由县政府推动设立者:

(1)县政府设立县农业推广所或县农业指导员办事处,办理推广事宜,由省农业推广主管机关予以技术上之指导协助,其他各项办法,与甲项相同。

(2)农业推广所或农业指导员办事处未成立以前,得由县政府联络各机关组织农业推广委员会,并商请省农业推广主管机关派员协助办理。委员会设主任委员一人,以县长兼任为原则;总干事一人,以省农业推广主管机关所派指导人员兼任为原则;助理指导员及练习生若干人;得分组办事,其他各项,参照甲项各条办理。

丙 由农民团体等推动设立者:

(1)在未设农业推广机关之县份,得由左列团体或农民推动,设立县农业推广委员会或农业指导员办事处,办理县内农业推广事宜。一、农民团体。

二、农民团体及其他有关系团体。三、农民若干人联合推动。

（2）前项推广机关之设立,应经县政府核准,并由省农业推广主管机关指导协助之。

丁　由中央主管机关直接推动设立者:

在未设县农业推广机关之县份,于必要时,得农产促进委员会直接会同县政府或直接设立县农业推广机关,办理推广事宜。

县农业推广所组织系统如下(表三)

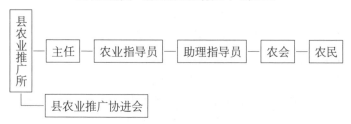

县农业指导员办事处组织系统如下(表四)

县农业推广委员会组织系统如下(表五)

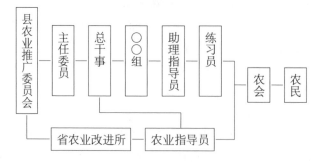

附注:前列表五县农业推广委员会组织系统,系适用于乙项由县政府推动设立之委员会,至于由丙项农民团体等推动设立之委员会,其组织系统,得酌量变更。

二、人才训练

吾国农业推广人员,质与量均感缺乏。治本办法,应由各农业学校努力造就,但为目前急需计,应由中央及省分别举行推广人员之训练。

（一）农业推广督导人员之训练

由农业促进委员会直接或委托相当机关举办农业推广人员之训练,招收农学院或农业专门以上学校之毕业生,并分期召集原有各省推广人员,加以短期训练,然后分派工作,并得于工作较闲时调回本委员会或服务原机关工作。

（二）农业指导人员之训练

由各省农业推广主管机关举办农业指导人员之训练,招选高级农职以上学校之毕业生,并分期召集原有各县农业推广人员,加以短期训练后,分派各县工作,并得于工作较闲时间调回本机关或原服务机关工作。

（三）下级干部训练

由县农业推广机关招收本县籍高小以上之农家子弟为练习生,在实际工作中,予以不断之训练,而为将来升任指导员之准备。

（四）战时农业推广服务团

农产促进委员会得招选战时失学失业青年,农业技术人员,予以短期训练后,分派各县实习,由农产促进委员会供给生活费,在工作较闲时,分期继续训练,以一年为度,然后由各省县农业推广机关酌予任用之。

（五）每一训练班之人数,以合实际需要为度,每班不得超过四十人。

（六）训练班每次时期不得少于六个月,但原有农业推广人员之训练,或有其他特殊情形时,不在此限。

（七）训练课程须切合各省实际需要,课室与实习并重,并应注意各种农业推广问题,至于其他有关系之课程,不得超过三分之一。

（八）凡省县工作人员训练,以招收本省本县籍贯者为原则。

（九）招考时,除笔试口试外,须审查其经历,注意其志愿品格及其生活习惯,训练时兼施精神教育。

（十）受训人员得于受训期间酌予津贴。

三、推广业务

农业推广业务,宜择定实际急需之少数事业,集中力量先行办理。逐渐扩充范围,其材料以在同一农业区域实验确有成效者为限。业务种类得包含左列各项:

（一）农业生产方面

（1）增加食粮及战时所需工艺作物等之面积。

（2）提倡农产改良会,推广优良种畜苗木及棉稻麦等种子。

（3）推行植物病虫害及水旱灾之防治,与家畜防疫。

（4）推广优良农具肥料。

（5）特约农家举办示范。

（6）推广已有成效之农作改良方法。

（7）委托农家繁殖优良种子。

（8）其他。

（二）农业经济方面

（1）辅导各种合作事业。

（2）协助农业仓库。

（3）倡导耕牛保险。

（4）指导农家副业与农产加工，如棉纺织等手工业。

（5）倡导小本借贷。

（6）协助农产运销。

（7）其他。

四、推广实验区

农产促进委员会为实验农业推广方法并倡导推广事业起见，得于适当省份，择一县或数县，办理农业推广实验区，由会直接管理之。

五、人员与工作之支配

（一）各项推广材料及方法，由中央及各省推广专员分别支配，交由县推广机关推行。

（二）各县推广人员按实际需要，在不妨害其所主持之工作范围内，调往他区协助工作。

（三）各县推广人员于较闲时，须随时调省或至中央参加工作。

（四）各级农业推广机关对于所属之推广事业，应实施严密之视察及督导工作。

六、推广经费

全国农业推广经费，应由省县政府视事业之性质及需要分别筹拨，惟左列各项由农产促进委员会担任或补助。

（一）事业费：本会直接管理推广事业之经费。

（二）督导费：本会督导各省之推广人员之旅费与薪金。

（三）训练费：高级推广人员训练员。

（四）补助费：一、补助各省县农业推广事业之经费。二、补助各省推广人员训练费。

（农产促进委员会印行小册子之九）

本年 制订《各级农业推广人员训练纲要》。《纲要》系上述《草案》关于"人才训练"的细化。共六部分:①农业推广人员训练之需要,②中央推广督导员训练纲要,③省推广视导员训练纲要,④省推广辅导员训练纲要,⑤县推广人员训练纲要,⑥县农业推广助理指导员训练班纲要。并附《各省训练农业推广人员办法大纲》。摘录如下:

《各级农业推广人员训练纲要》封面

一、农业推广人员训练之需要

农业推广在我国犹属新兴之事业,其业务之推进,固有赖于机构之灵活,经费之充裕,设备之完善,而关系成败最巨者,莫若人材之选择。缘农业推广有赖于专门之技术,非任何人可以充任,即需具备充分之农业学识,复需富有农事与社会服务经验,任重耐劳,处事干练。在农产促进委员会既需罗致高级人才,设计全国并督导各省推广事业,在各省亦当造就本省高级推广人才,设计并督导各县推广工作。我国幅员辽阔,各省各地农情又彼此殊异,主持全国农业推广既不能分别为一一制定推广实施计划,则中央推广之整个施政方针,又因各省各地人谋之异趣,难能一一符合,是以农业推广之设施,犹难收指臂之效。今后农产保进委员会既综揽全国之农业推广事宜,各级推广实施,均宜制定适当之准范,庶可以免于纷歧。苟欲其一贯推行于各省,必有赖于组织严密之督导系统。过去农业推广人员多由各省分别训练,训练标准,既不尽同,又因各省推广方针之不能划一,缺乏通盘之筹划,遂至实施结果,参差不齐,成效轩轾。今后拟将各级推广督导人员,由中央集中训练;县各级实施工作人员,则由中央制定标准,各省各地方推广当局自行训练,兹将各级推广人员训练机构列举如下:

(一)中央督导员:由农产保进委员会与声望素著之大学、农学院合办训练班训练之。

(二)省高级推广人员。

甲　视导员——由中央考选或各省当局按中央规定标准考选合格人中保送农产保进委员会委托上述机关训练之。

乙　辅导员——由中央考选或各省当局按中央规定标准考选合格人员保

送农产保进委员会委托之农业专科学校训练之。

上述督导员及视导员之训练班属于甲级训练班,辅导员之训练班称为乙方级训练班。

(三)县推广人员

甲　县推广指导员——由各县依照中央规定标准致选合格人员自行训练之。

乙　乡区推广人员——由各县推广组织招收合格人员训练之。

依照上述之训练计划,督导人员及视导员,辅导员俱受中央推广专家之训练,了然于推广之整个计划,分派各省后协助推广当局及专家训练县推广干部人才,则各级推广机构得以连锁,中央推广案得以贯彻推行,嗣后上级推广组织如有何重设施或政策之变更,下级人员必能遵循办理。兹特将各级督导人员训练大纲,拟定如下,至于详细之具体规定,则于实施时由负责机关分别制定之。

二、中央推广督导员训练纲要

(一)训练机构

中央推广督导员由农产促进委员会认为需要时委托办理完善,教学设备充实,并已有推广实验机构之大学农学院代为训练。成立推广督导员训练班,由受委托农学院委主任一人,综理行政,组织力求简单,仅设一指导委员会,由该学院聘请教授三人至五人为指导委员,其任务如下:

甲　关于学员之资格审查录取事项。

乙　关于训练班之课程实习等教学方案之商讨设计事项。

丙　关于学员个别学习及就业之指导事项。

丁　关于学员人格精神方面培养训导事项。

戊　关于经费动用事项。

已　关于学员成绩之考核事项。

庚　关于学员结业后之工作分派建议事项。

(二)学员之招考入学管理与待遇

甲　入学。本训练班每次名额,由农产促进委员会会同训练机构规定之,函请各大学农学院及其他重要农事机关介绍合格人员,索取报名单,填寄训练班。其资格须合于下列诸规定:

1. 大学农学院毕业生并曾在农界服务二年以上著有成绩者。

2. 对于农业推广事业具有浓厚兴趣并志愿努力从事者。

3. 体格强健品性纯正能耐劳苦者。

4. 口音清晰语言普通并易了解各地方言者。

5. 具有办事干练之才能者。

6. 具有创造能力与合作精神者。

训练班于报告截止日,汇集报名单,交指导委员会,根据上列各项标准,分别审查,决定录取学员,通知定期报到入学,已录取之学员,须填具入学志愿书及保证书。

乙　待遇

1. 训练期间待遇。学员训练期间由农产促进委员会每人每月津贴若干元,所有一切膳宿旅杂等费概由学员自理。

2. 毕业后工作与待遇　学员训练期满,经考试及格,并由指导委员会分别审查通过后准予毕业并发给甲级推广人员训练证书,由农产促进委员会择派各省见习,督导任务一年,成绩优良者,期满任为督导员,待遇另订之。学员经录用者,不得藉故推诿,学员在训练中途自请退学或因故被开除学籍者,应追偿在修业期内之津贴费。

3. 学员管理。学员之日常生活管理,由指导委员会指导定专人负责,学员每日作业起讫时间,均须依照规定,平时不得无故请假或缺席,学员参加推广实习工作时,须遵守该推广机关之一切规则,遇有特殊训练之活动事项如参观、劳作等,不得藉故规避。

(三) 训练方式

本班于招收学员时选择即需严密,使录取之学员,在农业学理与经验上具有充分基础。训练班之期限仅四月,注重于推广方法之灌输,故实习较课室教授为重。

甲　训练程序　全部训练分为三阶段:

第一阶段在训练班所在地之大学农学院举行,为时一月。其训练目的在认识该农学院之各部分教学试验工作,推广工作,国内外各地农业推广实施之原则与方法,及各重要农事机关之事业等。

第二阶段时间两个月,在该校所设推广实验区参加推广工作。

第三阶段时间一个月,在训练班所在地或其他指导定地点,从事农业推广问题之研究。

乙　训练方法:

第一阶段以指定阅读参观特约讲演及讨论为主。

(1) 由指导员指定必读及选读书籍,限期缴进札记或加以问题之测验。

(2) 集合指导。由指导员集合全体学员讲授推广问题及技术上之指导。

（3）个别指导。学员个别发生之问题，或研究兴趣，由指导员个别指导之。

（4）举行学术讲演。由指导委员会排定标题及讲演日程，聘请农学及推广专家担任讲师。

（5）参观。由指导员导往各主要农事机关参观。

（6）问题讨论。由指导员规定时间，领导讨论各种问题。

第二阶段以参加实验工作及技术之研究为主。

（1）由指导员率领至实验区参加各种推广工作。

（2）学员将实验工作缮具报告交指导中存阅。

（3）在指导之下，举行各种农事推广技术上之练习及比较试验。

（4）对于该实验区推广机构与方式，作深刻之分析，并加以主观之论断。

第三阶段以讨论问题及专题研究为主。

（1）举行集会由各学员交换工作经验。

（2）讨论工作中之实际问题及解决途径。

（3）学员就商指导人员择定专题作为论文。

（四）经费预算

本班指导讲演人员均由受委托之大学农学院教授兼任，或聘请外间人士担任。一切教学工具如教室桌椅等利用该校原有设备。他项训练费用预计如下：

甲　学员津贴金每人每月津贴数额，由农产促进委员会规定之。

乙　教学材料费由受委托之训练班当局估计之。

丙　教职员薪给由受委托之训练班当局酌量估计之。

丁　指导员旅费同丙条估计之。

上列四项费用由训练班当局拟就预算送交本会核准筹拨之。

三、省推广视导员训练纲要

（一）训练机构

省推广视导员之训练，由农产促进委员会委托教学设备完善、推广事业素著成效之大学农学院办理之，成立训练班，训练班之行政组织如下：

甲　训练班主任一人综理训练事宜。

乙　教务主任一人，掌本班学员入学之手续，各项教学时间之分配，成绩之考核等。教务组得视事实之需要聘用教务员及书记等助理人员，兼负图书保管等事务。

丙　事务主任一人掌本班各项采购，布置，学员膳宿等管理事务，得按事实需要添聘助理人员。

丁　指导委员会由该农学院聘请有关教授若干人组织之，任务与督导员训练班之指导委员会同。

（二）考选保送学员办法及待遇

本训练班学员以由中央考选，或各省考选中央审查合格为原则，其办法如下：

甲　学员资格由中央规定如下：

1. 大学农学院或农业专科以上之毕业生并曾服务于农界二年以上著有成效者。

2. 对于农业推广事业具有浓厚兴趣并志愿努力从事者。

3. 体格强健品性纯正能耐劳苦者。

4. 口音清晰语言普通并易了解各地方言者。

5. 具有办事干练之才能者。

6. 具有创造能力与合作精神者。

乙　各省须以考试方式遴选合格学员。如有本会驻省之督导员，即协助该省招考事宜。

丙　各省考选学员名额由中央另订之。

丁　各省选送学员须送交训练班指导委员审查后决定正式录取。

戊　学员训练期间，由原保养省份主管机关或农产促进委员会每人每月津贴若干元，一切膳宿自理，如由训练班代办，其费用酌量由津贴费中扣除。

已　学员于训练结束后，考试各项作业均及格，并经指导委员会审查通过后，准予毕业，授予甲级推广人员训练证书，返省由推广当局派定见习视导工作半年，期满成绩优良正式任为视导员。其薪给待遇由各省当局另订之。

（三）训练方法

甲　训练期限　本班训练期限订为六个月其分配如下：

1. 课堂讲授。三个月在训练班所在地举行。

2. 参观及参加推广工作。两个半月在推广区举行。

3. 研究推广问题。半个月在训练班所在地举行。

乙　训练方式

1. 第一时期　注重专门学程训练，因学员来自各省，程度难以齐一，故需要短期之专门课程讲授，一则以温习过去所习，一则以补充其不足。课程之编制以实用为主，列举如下：

农场管理——本学程讲授农业特性,农艺方式,生产费用,田场布置,农工管理以及农具等。

农村金融与合作——本学程讲授农村金融之现状,农村金融之正当解决途径,各国农业金融制度及农村信用合作社等。

农业推广——本学程包括农业推广之原则,组织,业务实施技术,各国农业推广制度等。

农村组织——本学程包括各种乡村组织之原理与实际组织办法,及各组织之联系等。

农业推广问题——由教员领导讨论推广上种种实际问题,或由学员选定一问题,负责研究。

植物病理——本学程讲授各种植物之病理性状及其防制办法。

土壤肥料——本学程分析各种土壤之性别及土力改进办法等。

畜牧兽医——本学程注重本地重要家畜之饲养,管理,繁殖,及改良与畜类疾病之防除方法等。

蔬菜园艺——本学程讲习主要果树,蔬菜,花卉之栽培,与改进方法。

2. 第二时期　训练方式如下:(1)于专门课程讲授完毕后,由指导人员率往各主要农事机关参观,以半个月为期限,由学员缮具报告书。(2)参观完毕,由指导人员率往推广实验区参加推广工作,以两个月为期。(3)学员实验区应参加之一切活动,与督导员训练班之规定同。

3. 第三时期　以讨论问题及专题研究为主,训练事项与督导员训练班之规定动作同。

(四)经费

本训练班之教学工具如教室桌椅等,得利用受委托农学院预有之设备。至于专门课程教授则由该校教员或聘请外间人员士担任,其各项经费如下:

甲　学员津贴金由原保送省份主管机关或农产促进委员会每人每月津贴若干元。

乙　教职员薪给由受委托之训练当局酌量估计之。

丙　教学材料费由受委托之训练当局酌量估计之。

丁　指导员旅费由受委托之训练当局酌量估计之。

上列各项费用,由训练班当局拟就预算送交本会核准筹拟之。

附录《各省训练农业推广人员办法大纲》

第一条:凡考试及格农业指导员及副指导员,得由各省主办农业机关或省农业推广机构组设农业推广人员训练班,予以六个月以上之推广训练。

第二条:各省如已设有办理完善之高级农业职业学校或农业专科,得由省农政主管机关会同省教育主管机关共谋充实该校农业推广教学课程与设备,训练农业推广人才。

第三条:本农业推广人材极为缺乏之省,由省农政主管机关会同省教育主管机关筹设农业推广人员养成所,招收高级中学毕业或具有同等学力志愿努力于农业推广事业之学生予以二年以上推广训练。

第四条:训练班或养成所如单独设立时,应设于乡村或与乡村相近之适当地点,并附设相当面积之农场,以供实习。

第五条:训练班或养成所得于附近适当地点,实施农业推广工作,以为全省办理农业推广之试验区,并供学生之实习。

第六条:养成所之老师由所长遴选聘任,以专任为原则。

第七条:训练班之课程除补习适用之农事知识及技术外,应特别注意于所在省农业推广事业及方法之研究。

第八条:养成所之科目如下:

(一)党义,(二)普通农作物,(三)土壤肥料,(四)蔬菜园艺,(五)畜牧兽医,(六)农场管理,(七)植物病理,(八)农业推广,(九)农村组织,(十)农村金融合作,(十一)农业推广问题讨论,(十二)农业仓库,(十三)农业法规,(十四)应用文。

第九条:训练班或养成所关于农业技术方面之课程,应特别注重田园实习工作,养成所学生应于暑假中住乡间或其他农业机关从事田园实习工作。

第十条:训练班或养成所应于训练结束前排定时间与地点,分派学生实习推广工作。

第十一条:训练班或养成所之经费,以由各省筹划为原则,得由省农政主管机关呈请农产促进委员会酌量补助之。

第十二条:训练班或养成所之学生待遇,由各省另订之。

第十三条:训练班或养成所之章则课程经临各费及教师学历新生□学资格及程度,应分别呈报各主管机关及农产促进委员会备核。

第十四条:本大纲如有未尽事宜,由农产促进委员会修正之。

第十五条:本大纲自公布日施行。

(农产促进委员会印行小册子之十)

本年　农产促进委员会大力推广"七七棉纺机"、成立农业推广实验区、训练农业推广人员。《农产促进委员会近况》云:"农产促进委员会成立以来,对于改进农村手工业,极为注意,改良土纺机,已经试验成功,制造七七棉纺机一套,正向各省尽力推广。还复分别于四川、广西、广州等地成立县单位农业推广实验区,协助训练农业推广人员,及指导增进农产各项工作。该会办公费,尽力节省,而以节除之款,完全移作补助各省,作推广农业之用。"(《农林新报》1938 年第十五期)

本年 编写《改良七七棉纺机简易说明书》,印行六千册。(《改良七七棉纺机简易说明书》小册子)

1939年(民国二十八年,己卯) 六十四岁

1月　国民党五届五中全会在渝召开,决定设立国防最高委员会,蒋介石为委员长。大会提出加速开发大后方农业的问题。

5月　日机狂轰滥炸重庆等地。

全国生产会议开幕,会议对大后方农业生产开发建设作了全面规划,确立了农业改良的基本国策。

6月　国民政府颁布《限制异党活动办法》。

8月　汪精卫在沪召开伪国民党六大,旋成立伪中央党部。

9月　德国进攻波兰。英、法对德宣战。第二次世界大战全面爆发。

12月　第一次长沙会战胜利。

1月4日　竺可桢来访,"约六日在穆寓晚膳。穆年64,精神尚矍铄可人也。"(《竺可桢日记》,《竺可桢全集》第7卷第5页)

1月6日　与竺可桢等晚餐。"晚膳到毕云程、祝世康、谢家声、钱安涛、沈宗瀚、傅志章等。"(同上,第6页)

1月15日　与黄炎培、江问渔、贾佛如、冷御秋"商党政委员会秘书长事"。(《黄炎培日记》)

1月22日　黄炎培访先生,"午餐其家"。(同上)

1月27日　晚,招黄炎培于寓所聚餐。(同上)

1月　委托杨显东于湖北制造推广"七七棉纺机"。杨显东《穆藕初先生对抗日工作的一大贡献》一文云:"当时穆先生正想在湖北训练干部,推广制造'七七棉纺机',发展手纺织业。穆先生得知我要到湖北收购棉花,于是找我去商量。委托我任湖北省农业推广专员,在收购棉花的同时,顺手就地发展手纺织业。所以,我与穆先生的直接交往是与'七七棉纺机'分不开的。"1939年初我接受任务时,穆先生除给我讲述情况,提供详细资料外,还派给我五名制造棉纺机的专业技术人员。任务交代的非常简明,所拨一万元经费也很快到手。同时我又向中国农民银行贷款五万元。我回湖北以后,马上花一万元收买了沙市一家倒闭工厂的全部机器,在茨河,盛家康设铁木工厂,着手制造七七棉纺机,所须铁件正好从原有棉业改良场

的轧花机上拆下来用。同时还办起鄂北手纺织训练所,我任所长兼厂长,群众俗称茨河训练所。一方面训练学生推广'七七棉纺机',一方面采用抗大式的方法训练学生发动群众打游击,很快训练出了二百多名学员和技工,再由这些学员技工去各地指导农民学习使用手纺机。由于采用这种多角形的训练推广方式,熟练人员增长很快,机械的数量随之急剧增加,年底全省统计报告达 2 500 架,其实际数字无法统计,因为该机仿造便利,各地均能制造,且大量散布于农村,调查统计很困难。当时战区一带棉花来源断绝,有了'七七棉纺机',既纺纱还织布,不仅解决了军民需要的布,而且农民有相当利润,据统计一个农村妇女在家纺纱每日可得二元多,一个月可收入七十元左右,这是农村一笔很大的收入。所以群起学习,购机生产,无怪其风起云涌,整个鄂北农村都动员起来了。"(赵靖主编《穆藕初文集》附录,北京大学出版社 1995 年 9 月)

2 月 1 日　黄炎培、江问渔代表职教社设宴招待王正廷、戴经尘(社会局长)、蔡百华、王礼锡、康心之、先生、董显光。(《黄炎培日记》)

2 月 9 日　出席"八一三"聚餐会。崔唯吾主席,翁文灏、胡文澜、先生演说。黄炎培提出欢迎赵老太太,①即公决致电欢迎。(同上)翁文灏记云:"'八一三'聚餐会,余讲《中国工业的改进》;胡景伊讲游历港、新、斐、越,汪精卫现住河内海防之三渡;穆藕初讲七七纺机。"(《翁文灏日记》第 309 页)

2 月 13 日　赴青年会出席"八一三"聚餐会设宴欢迎赵老太太。赵老太太演说,介绍东北、华北游击队作战经过,并云:"余系一无知识之老百姓,当东北四省沦亡后,只知我国实应与无法无天之日本小鬼一战,'七七'后始如愿。此次自海外宣传归来,益感抗战必胜,因见我国侨胞皆热爱祖国,出钱出力,且有无数青年男女愿回国参加游击工作。"先生与黄炎培、高玉柱等先后致词,"对赵老太太之英勇报国,备加推崇,认为系前无古人,岳飞之母亦仅鼓励其子精忠报国而已,而赵老太太能以身作则。"(《大公报》1939 年 2 月 14 日)

2 月 24 日　在寓所招黄炎培晚餐,"杂谈甚畅"。(《黄炎培日记》)

2 月 27 日　下午五时,与黄炎培、刘广沛、聂守厚、杭立武、冷御秋、陈裕光等出席小型毛纺织推进委员会在玉川召开第一次会议。黄任主席,推先生、张凌高为委员。(同上)

2 月　作教育部《如何促进农业及手工业生产》播音演讲。阐述农产促进会组织系统、工作要点、工作方法,及促进手工业生产方法。云:"本会以促进农业及手

① 赵老太太,名洪文国,东北义勇军战士赵侗兄妹之母,时被尊为"民族的母亲"。

工业之生产为职务,根据孔院长之训示,工作之要点有五:(一)就有速效之事业与以促进,至网罗专才,须以有实才实学能刻苦耐劳者为准则。(二)利用原有机构,免去重复。(三)一面工作,一面改进,尤须对于各地原有出产予以改进。(四)注重训练,推广人才。(五)注重联系工作。根据本会职务及孔院长训示,本会与各农业机关之工作,分配如下:(一)农业行政:经济部农林司。(二)农业金融:农本局。(三)农业技术:中央农业实验所。(四)农业推广:本会。本会根据农业推广原则,规定工作如下:(一)全国农业推广之督促指导及设计暨人员之训练。(二)协助各省建立县农业推广机构。(三)推广稻麦棉等作物之面积。(四)推广农业优良方法、种子、种畜、肥料农具、防治病虫害及兽疫血清。(五)增进农民知识技能。(六)协助各级农会、合作社、农业仓库之发展及改进。(七)提倡协助乡村手工业之经营。(八)协助调整各地农金融机构,改进农村贷款制度及办法。(九)辅助中央及各级农业行政、农业试验、农业金融及农业教育机关之推进工作。(十)其他农业推广。以上十项,都是促进农业生产的工作。"关于工作方法,先生指出:"原来做工作,不一定要自己做。尤其是像这样促进全国农业生产的工作,范围如此之大,要自己做也做不了。本会工作的主要方法,就是要尽量利用全国各省各地原来有的各式各种农业机关和农业人才,要他们把各省各地关于农业推广的各种详细切实的具体计划送到本会来,由本会技术组加以研究,只要该项计划确实有利于农民大众,而又有刻苦耐劳负责执行的人,本会便可尽力协助。缺少经费的,便赞助他们经费,缺少人才的,便帮助他们人才,务期以最少的钱,最快的时间,收最大的效果。因此本会这一个小小机关,便可以把各省各地的农业推广工作都推动起来了。农业推广是一种很新的专门学问。在二十五年以前,中国几乎没有人研究农业推广。在最近二十五年来,经过各大学农学院、各专门学校以及各中等农校的提倡研究,养成了几百、几千、几万的高等中等的农业人才,散布在各省各地农业机关,埋头工作,已经奠定了农业的初步基础,然而专门研究农业推广的人员,只有金陵大学农学院成绩最著,但质与量还是都感到缺乏。本会各专家对于农业推广都是富有多年的研究,认为真正要实行全国农业推广,必须有整个系统的健全的机构。因此,本会一方面适应目前的急迫需要,努力协助各省各地增加农产;另一方面则努力训练推广人才,协助各省各地调整改进及推广各种农业推广机构。"关于促进手工业生产方法,先生认为应大力推行手纺织,云:"我们中国本来是一个农业国家,手工业原来很发达,但是最近几十年外国工业品像潮水一般涌进中国来。当然手工制品不及机器制品,因此,中国的手工业便为外国工业品的倾销而失败而没落。但是一个国家的生活必需品,最好能够自给。平时依赖外国货,进口容易,不生问题,但在国民经济上已经大受损失。一到战争时候,海口被封锁,外国货不能进口,那更大受影响！现在中国,不但外国货不容易进来,就是沿海各省工厂出品,也因战事关系,不能运到内地来。因此,向来倚赖外国货及沿海各省制品的中部以西各省,都感到来源断绝、物价飞涨的痛苦。因此,我们有提倡手工业的必要。因为要设立大工厂,机器必须向外国订购,不但经济上成问题,而且运输困难,费大而收效迟。只有促进手工业生产,可以暂救目前之急。手工业种类很多,当以需要最大最急者为主。军民需要粮食以外,首推衣被。衣服的原料,虽有丝麻毛棉四种,但丝织品与毛织品都价格昂贵,而麻织品不可能御寒,全国人民大众及全国军人服装需用最多的,可能说完全是棉织品。现在棉织品的供应怎样呢？那就是一个很大的问题。不要说全国人民大众的衣服,也不要说今年冬天的棉衣,单单今年夏天所需要添制的单军服,就要三百万套。试问全国军民衣被必需的棉布需要量多大！但是供给的棉布有多少呢？大规模的布厂,简直没有。向来西部各省,都是棉花运出而纱布运进的。现在棉布固然不能运进,同时棉花也不可能运出,因此纱布价值大涨而棉花价格大跌。因此,现在顶重要的问题就是怎样把棉花纺成棉纱。必须先有了棉纱,然后可以织布织毛巾其他种种需用品,对于这个问题,我在去年本会成立之初已经注意到。曾经条陈当局,把那时候囤积在武汉的棉花预先尽量运到四川,并注意新棉花上市尽量西运。同时采集各地旧有之土纺机,加以研究整理改良配置而成一套七七棉纺机。七七棉纺机并不是我的发明,不过是一种因陋就简的改良,但很适合目前救济纱荒的迫切需要。因为要顾到农村的购买力和制造力,故内容力求简单,铁件力求少用,价格力求低廉。现在正在一面推广一面改良的七七棉纺机,就是以最少的金钱,最快的时间,而产生最大的效果为目的。""有人说,手纺纱不及厂纱,这是当然的。因为手纺纱完用硬拔,当然不及机器纺纱,但最近我们又改良,加大燃度和拉力,已经可以作经纱。况且印度的甘地,他每天要手纺几小时的土纱,而印度各地的国民,追随甘地的此项工作者,达数十万人;然而印度人服用土纱的制品,不以为品质不及厂纱,反以为莫大的荣誉,这完全是印度国民的爱国热忱所驱使。反顾我们中国,抗战已达年余,民族危机已臻极点,缺少衣被的人也很多,这一种平凡的出品,正适合大众的需要。同时为棉纺合作社者必须注意四点:(一)棉价低廉,(二)机器准确,(三)工人熟练,(四)管理严密。倘能办理得法,增加棉纱生产这一个目的,一定可以达到。"(农促会印行单行本;《文集》第 402 页)

2 月　金夫人六十寿辰,在沪亲友合影留念。(照片原件)

3 月 6 日　与黄炎培、张文潜、张凌高、陈裕光等参加小型毛纺织推进委员会会餐。翁文灏任主席。(《黄炎培日记》)

金夫人六十寿辰时与亲友合影

3月7日　长外甥女吴梅洁①出生。

3月10日　招黄炎培于寓所聚餐。（《黄炎培日记》）

3月13日　孔祥熙接见先生，行政院为增进抗战建国时期农业矿业生产，及产品调剂为契机，决定召开全国生产会议，指派经济部、财政部、教育部、农产促进委员会、中国工业合作协会等部门共同筹备，并指定先生为筹备会召集人及大会秘书长。（《申报》（港版）1939年3月19日，引自屈杨扬《抗战时期第一次全国生产会议》）

3月21日　行政院第四〇六次会议决定于5月5日②召集全国生产会议，会期七天，讨论关于抗战建国时期农工矿产之增进，产品之调剂，并检讨过去之工作。由孔院长指派财政、经济、教育三部及中国工业合作协会，农产促进委员会为大会筹备委员。大会除行政院长、副院长，经济、教育、财政各部部长、次长为当然委员外，并由经济部工业司长吴承洛、农林司长钱天鹤、矿业司长李鸣龢、中央农业试验所长谢家声、工矿调整处副处长张兹闿、中央工业试验所长顾毓琇、农本局总经理何廉、教育部社会教育司长陈礼江、财政部贸易委员会副主任委员邹秉文、中国工业合作协会总干事刘广沛、农产促进委员会主任委员穆藕初等为委员。穆任大会秘书长。（《大公报》1939年3月22日）

3月28日　中华职业教育社于四川永川创办振济造纸厂，先生与黄炎培等七

① 吴梅洁（1939—　），吴大榕、穆恂如之女。深圳铁路中学任教。
② 实际于5月7日开幕。

人被推为董事会理事。(《教育与职业》第一九五期)

3月30日、31日　以全国生产会议筹备会召集人及大会秘书长名义发表《全国生产会议的展望》一文。指出此次召开全国生产会议的重要目的是"检讨过去工作,策进将来生产",希望与会者把"有益抗战建国的各部门的增加生产计划来贡献国家"。摘录如下:

行政院孔院长为增强抗战力量,对于全国生产工作,认为非常重要,因此他特设中国工业合作协会和农产促进委员会,用突击的方式,协助各省,促进生产。以加强抗战的持久力量。同时,他认为单单这样做,还是限于局部的工作,必须把全国生产事业作一整个的检讨,同时对于策进将来生产,必须确立整个计划,因此有全国生产会议之召集。

这一次召集的全国生产会议的重要目标,就是"检讨过去工作,策进将来生产"十二个大字,召集一个全国性的重要会议,而有这样一个简单明了的目标,在会前清清楚楚地提出来,这是从前各种会议所没有的。

为了要确立策进将来生产的整个计划,不能不从检讨过去工作入手,凡受中央补助经费的各生产事业,对于过去工作,必须清清楚楚地把数字报告出来:什么事办得好? 什么事尚未办得好? 好的原因在哪里? 务必使人一目了然,然后根据过去工作作检讨,一切成败得失,都明明白白的摆在眼前。什么应该纠正? 什么应该改进? 什么应该革新? 都可以定出一个切实的办法。尤其重要的,对于若干种重要而必须的物品,应该怎样增加生产,以适应目前抗战时期的需要,要定出一个切实可行的计划来;这些都是全国生产会议的重要任务。

目标和任务都确定了,然后再规定出席会议的人选。根据行政院公布的全国生产会议规程,出席会议人选如下:

(一)行政院院长、副院长,经济部、教育部、财政部各部部长、次长为当然会员。(二)中央各有关机关(经济部、教育部、内政部、交通部、财政部、军政部、振济委员会、农产促进委员会、中国工业合作协会、中央农业实验所、农本局、工矿调整处、中央工业试验所、资源委员会、矿冶研究所、贸易委员会)的代表。(三)各省建设厅厅长。(四)各省生产事业机关或团体主管人员或代表,唯以指定之机关或团体为限。(五)各农工学院院长及各农工专校校长。(六)行政院遴聘之专家四十人。

……

为了要达到检讨过去工作这一个目的起见,因此把关于农业和工业的报告项目表,预先规定出来。关于农业的则为:(一)生产机关及性质,(二)机关所在地,(三)主办人姓名出身及履历,(四)工作地址及面积,(五)工作种类,(六)经常费来源及数量,(七)补助经费之机关及数量,(八)工作开始日期及完成时期,(九)最近之工作计划,(十)现在工作状况,(十一)农具等设备,(十二)种籽种类来源及数量,(十三)需用之人力及畜力暨其工资与饲料,(十四)每月开支总数(最近六个月之平均数),(十五)生产品种类及生产数量与价值,(十六)售出生产品数量与价值,(十七)总盈余若干,(十八)过去之困难情形及其原因,(十九)现在改进意见,(二十)对于本事业前途之推测,(二十一)负责报告人衔名,(二十二)报告年月日。这样的报告可以使人一目了然,办理的成绩怎样,显然可以知道得很清楚,使检讨工作得到一个很好的结果。工业报告的项目,也大致相仿,不必一一列举了。

为了要达到策进将来生产这一个目的起见,全国生产会议,特别注重遴聘专家的人选。本来中央和地方各机关已经任用了不少著名专家在那里埋头苦干,但各机关有各机关的组织,各机关有各机关的职权,各机关有各机关的预算,尤其是职权和预算的规定,尤其是这个军事紧急时期,在工作上经费上特别困难,把专家束缚了不能尽其所长,这是一。同时民间有许多著名专家,因为地位的关系,也不能把有益抗战建国的切实可行的计划尽量贡献出来,这是二。因此全国生产会议对于遴聘专家特别郑重,在第三次筹备会讨论专家名单时,有下列的决议:

照农工矿分类印送各筹备员提出该项专家之代表人选,以在专业上有显著成绩,而又能提出切实可行之具体计划,对于促进抗战时期后方生产有重大贡献者为合格。

这一副决议案,特别注重两点:(一)在事业上有显著成绩;(二)能提出切实可行之具体计划,对于抗战时期,后方生产有重大贡献者。

同时必须注意提出计划,并不限于遴聘之专家,在政府各机关之专家,平时为职权及经费所限制,不能尽量贡献其所长者,同样可以在会议中毫无拘束地提出他的切实可行的计划。孔院长曾经说:"只要有真正切实可行的好计划,经费是不生问题的。"不论在政府机关或民间工作的专家,都可以在这一次全国生产会议里,尽其所长的贡献出来,真正要做到"人尽其才",可以不再叹英雄无用武之地了。

这一次全国生产会议,还有一个特点。就是希望以最少的经费,最速的时间,获得最大的效果。行政院公布的全国生产会议规程第九条有如下之规定:

本会议出席会员之舟车膳宿各费,除遴聘之专家(非居住重庆者),得由本会议酌送外,余均由各机关自行担任。

按照此项规定,非但中央及地方机关之代表不送舟车膳宿各费,即遴聘专家之舟车膳宿各费,亦限于"非居住重庆者"方"得由本会议酌送"。希望这一次出席会议的代表和专家,都是抱着一种"为国牺牲"的精神而来。

尤其重要的,在这抗战时期,交通非常不便,各地方机关代表和专家都不远千里而来,不但受尽路途上的辛苦,而且还要绞尽脑汁,把生平的研究和事业上的经验,融会贯通写出一个真正切实可行,有益抗战建国的各部门的增加生产计划来贡献国家,政府一定尽最大可能供给经费,使计划变成事实,这尤是全国生产会议所盼望的最重大的收获。

作者从事工农事业,前后三十余年,但从来没有做过秘书长。这一次有感于全国生产会议的重要,蒙孔院长派充筹备会召集人及大会秘书长,深恐不能胜任,希望各方面都能予以援助,多多指教,使全国生产会议在这样交通不便,时间迫促的情形下,能够有相当的成绩,这是作者所殷切盼望的。

(《文献》第八卷;《文集》第 373 页)

3月　在四川棉纺织推广委员会第一届技工训练班上讲演《推行手工纺纱的六大条件》。云:"推行手纺……就是我们的纱厂受到这次战争的破坏,毁的毁,搬的搬,沿海的口岸,占领的占领,封锁的封锁,以至于虽然有大量棉花,因为没有销路而跌价,棉纱因来源断绝而价格飞涨,已经成为一种纱荒。要救济纱荒,在目前环境条件之下,只有推行手工纺纱一个办法。……现在外国棉纱不能运进来,中国的纱厂又遭着大量破坏,那末我们只有推行手工纺纱来救目前一时之急,品质虽然稍为差些,比较没有总要好得多。这就是要推行手纺的一个简单而扼要的说明。"先生指出推行手纺的六个重要条件:

第一要有廉价的棉花。棉花是棉纱的唯一原料。因为手工纺纱不及机器纺纱来得快,因为手工纺纱完全靠人力,因此手工纺纱所需要的人和时间比较多,因此成本也比较大。又因为手工纺纱条干不及机器纺纱来得匀,拉力不及机器纺纱来得强,因此手工纺纱的卖价比较低。在这样情形之下,必须棉花价格便宜,手工纺纱,方才可以立足,因此我主张在产棉区域存有大量棉花地方棉花价格低廉各地尽力推广手纺,这是可以获利的。假定棉花卖价每市担超过七十元或是很缺乏棉花的地方,那末这些地方还是不要推行手纱。因为勉强做起来是要亏本的。这是第一个条件。

第二要有铁少价廉制造准确的手纺机。手工纺纱,还是需要一些简单纺纱工具,没有工具是不能纺纱的。从前最旧式的单锭纺纱机,每日纺纱太少,而后来比较迟出的各种土纺机,不是用铁过多,成本太大,就是制造不准确,纺纱出品不佳。要用铁少,售价低,制造准确,适合目前推行手纺的需要,七七棉纺机是比较合适的一种。但七七棉纺机几乎全部用木料,当然不及完全用钢铁制成的纺纱机,甚至不及多用铁件售价高昂的其他手纺机。不过七七棉纺机因为铁少价廉的缘故,容易推广,并且欢迎仿造。只要有刻苦耐劳切实负责的人,对于仿造木料,力求干燥,尺寸大小,力求准确。在纺纱时,必须将纺纱机钉牢在地上;勿使摇动,那就可以纺出比较适用的棉纱来。假使办理仿造的人,马马虎虎的粗制滥造,木料不干燥,尺寸不准确,机身不钉牢,那末一定纺不出好纱来,不明白的还要怪怨七七棉纺机不好,那真是代人受过了。

第三管理要严密。七七棉纺机虽然是手工纺纱,但在配置和组织上,已经是一个需要二十多人的一个合作社,或者是一个小工场,因此不能没有严密的管理。在理想上,棉纺合作社最合适,人人是股东,人人是工人,大家都为着自己而工作,但还是需要管理。分配工作要适当,工作时间要一律,待遇要公平,要细心研究设法改良,要爱护公物,精神一致,这样才可以办得好。假使没有严密的管理,不论是合作社组织或工场组织,也很容易失败的。

第四要有适当工资。一个人总须吃饱了才能做工,要人家饿了肚子做工是不能的。要推行手纺,不论是合作社组织也好,工场组织也好,总得使做工的人吃饱。因此工资不能太少。根据现在一般生活状况而言,一个人的伙食一个月大约总得要五六块钱。伙食以外,总还得有些零用,添补些衣服。故大略说起来一个熟练工人每天的工资,不能少于三角。如果是合作社组织,当然还可以分红利。即使是工场组织,只要营业好,也应该有奖金。至于为什么不把工资定得再高一些,那是有一个缘故的。因为有一种人把棉花分别卖与乡村妇女而收买其棉纱,每日纺纱所得不过六七分钱,这当然是一种剥削。但在这种情形之下,工资不能定得过高,以避免竞争上的不利。但每天三角钱的工资,照现在纺纱可以赚钱的情形看起来,还是可以维持的。

第五要有合作社的组织。现在要推行手纺,一方面是要增加棉纱生产,一方面也是要顾全平民生计,要使工作利益,归于共同工作的人,那末合作社组织是比较的最合理。组织合作社,并不需要大资本,只要是诚实可靠工作勤恳而纺纱熟练的人四五个联合起来,便可以组织。资本不够,可以向合作金库借用,利息很低,赚了钱可以陆续归还。还清了,这合作社的全部产业,便属于共同做工的人所有。这样,要大家好好儿做,没有做不好的。即使有一二个不十分好,在大家共同努力和监督之下,也就变好了。至于从前棉纺合作社有些成绩不大好,那是因为造的机子太马虎,出品不佳,以致失败,那并不是合作制度不好。

第六要商业化。因为农民经济能力的薄弱,在开始推行手纺的时候,不能不有政府机关或社会团体为之推动,设立手纺训练所便是推动手纺的一个入手办法。但手纺织训练所只是一个工场，并不是一个学校，更不是一个官厅，组织必须力求简单，只要有一个刻苦耐劳、会得纺纱、能够管理的管理员就够了。本会设在重庆的手纺织训练所便是这样，成绩很不错。曾经有人向本会请求补助设立一个手纺织训练所，拟定设所长一人，会计一人，文书兼庶务一人，技师二人，每人的薪水自四十元至一百元不等。这样的办法，一定要失败，因为只有二十个人的手工纺纱，决计养不活这么多大薪水的人。因此要尽力节省开支，不得有丝毫浪费，账目要清清楚楚，好像一家小商店的组织，除了开办费外，力求自给自足。这样办的训练所，才有经济的价值。这样训练出来的人，才能够组织合作社切切实实的做工，不但用自己力量来养活自己，而且增加了抗战时期后方的生产量。

以上六个条件，都是推广手工纺纱的必要条件，缺少了一个条件便要发生困难，便很容易失败。其实六个条件，归根到底，只是一个条件，就是要有刻苦耐劳细心苦干人。有了人，便可以选择适宜地点、仿造准确机件、严密管理、优给工资、组织合作社、实行商业化，一切都可以办到了。现在抗战时期，我们要救济纱荒，必须造就一般刻苦耐劳细心苦干的实际人才，作为推行手纺的开路先锋，才能办得出良好的成绩贡献于社会国家，这就是我希望于诸位的。

（《纺织染工程》第一卷第三期；《文集》第 371 页）

4 月 19 日 撰《全国生产会议与政治建设》一文。指出生产会议目的是"为生产而会议，为国防而生产"，生产建设必须要达到供给军需、换取外汇、改善人民生活三项任务。全文如下：

在此全中国民族一致奋起，抵抗日本帝国主义侵略战争之二十二个月以来，无容讳言的，中国一切在萌芽中的新式企业被破坏，海陆交通被封锁，农业富庶之地被占据。现在，中国民族伟大的精神已集结于西南各省，于艰苦困难奋斗的环境中，不断地加强我们抗战的力量。这次行政院孔院长召集的全国生产会议，充分表示政府对长期抗战，争取最后胜利的决心，充分表示中国民族维护远东及世界和平的诚意。

中国一向被控制在半殖民地的经济状态下，蕴藏着的财富没有开发，闲置着的人力没有利用，使产业没有重心，资本难于集中。这种情形，在国家经济上固然是一种弱点，而在抗战上却是造成今日能以长期奋斗，期待最后胜利的优点。因为日本既找不到一举毁灭中国抗战力量的中心目标，而中国则随时地可以发动向来潜伏着的人力、物力，来加强有力的抗战。部分的土地虽被暂时占领，并不怎样影响到抗战力量。反之：（一）被占领各省人民的民族意识和游击战争，成为今日日本军阀侵略战争中的一种严重的威胁；（二）未被占领各省所有未开发的物力、未利用的人力，足以供应战争的需要以及后方尽量的使用。

现在我们在后方，需要把第二期抗战的物力，有计划地建设起来，以求适应第二期抗战军事的步骤。全国生产会议的目的，是"为生产而会议，为国防而生产"。"战争是国与国间人力、物力、财力总和之决赛"，由于人力既不虑缺乏，财力又由于物质丰富而不虑匮乏，所以这次生产会议的意义在于增强抗战力量，"检讨过去工作，策进将来生产"，这非但我们希望由于这次会议的成果，把抗战时期所急需的物力有计划地建设起来，而且要奠定在抗战胜利后，一切经济建设的基础。此次全国生产会议罗致全国实业界代表人物聚会一堂，互相策励，共同努力，以协助完成抗战必胜，建国必成的伟大使命。

在目下，因为运输交通、机械工具的限制，除了计划怎样来充分利用我们后方所有的生产条件，以致力于切实的生产事业外，在"军事第一，胜利第一"的神圣口号下，我们的生产建设必须顾到：(一)供给军需，(二)换取外汇，(三)改善人民生活这三大任务。

这次全国生产会议，诚如孔院长所言："对于国营之生产事业则奠基础，速其成效，意在为国造产，而不与民争利。至于民营之生产事业，则予以奖励与辅助。"换言之，即国营与民营的生产事业，同时要使其共同发展到适合今日的大时代，因此将来生产会议之闭幕，正是按照大会所通过计划实际的进行一切新生产事业的开始。

在第二期抗战中，生产事业既有其特殊性，而政治建设也正在一天一天的逐渐完成。我们知道无论在苏联或英美，政治的进步，正是生产建设的一个必要条件。过去中国政治在国际压迫和封建残余势力挣扎中，使国营事业和民营事业都无从发展。今日我们应当怎样来利用这新时代的空前机会，为生产事业辟一个新纪元，为政治建设辟一个新纪元。就是我们政府和人民共同努力的一个总目标！

(《全国生产会议特辑》;《文集》第 376 页)

5月3日　本日起，日军连续二日对重庆大轰炸。5月4日下午六时，日军敌机向重庆市内投下数百枚炸弹，全国生产会议筹备处房屋被震塌，先生立即带领筹备会工作人员抢救清理会议重要文件。(沈元龙主编《全国生产会议规程》，《近代中国史料丛刊》第三编 440 辑，台北文海出版社 1988 年版，引自屈杨扬《抗战时期第一次全国生产会议》)

5月5日　全国生产会议决定次日召开。因担心来不及发布通告，先生亲赴经济部、教育部及各金融机关，分别通知。并派工作人员向印刷所协商，临时召集数人,用洋烛代替电灯,脚踏架代替原动力印刷机,竭一日夜之力,将大会所需一切印件赶齐。(沈元龙主编《全国生产会议规程》,《近代中国史料丛刊》第三编 440 辑,台北文海出版社 1988 年版,引自屈杨扬《抗战时期第一次全国生产会议》)

5 月 6 日 以全国生产会议秘书长名义发表《全国生产会议展期开会通告》。云:"奉院长谕,兹因市上交通不便,本月五日大会展期举行,俟有定期再通告。"(《重庆各报联合版》①第 1 号)

5 月 7 日 上午七时,全国生产会议于重庆军事委员会大礼堂开幕。大会主席孔祥熙,副主席张群、翁文灏、陈立夫,大会委员潘宜之、秦汾、顾毓琇、张道藩、邹琳、徐堪等及各方代表、遴聘专家共一百二十余人到会。中央社报道:"代表大都系来自远方,此次适逢敌人狂炸渝市之后,各代表目睹兽行,极为愤慨,大会之空气因之极为紧张,较预料者更为热烈。"先举行革命纪念仪式,向抗战阵亡将士和革命烈士默哀三分钟。次孔祥熙致开幕词。先生作《全国生产会议筹备经过》报告,并介绍三百六十余件提案分组情况。继召开预备会,讨论报告事项。大会分审查组、农业组、工业组、矿业组、交通组、经济及其他组。5 月 8 日至 5 月 12 日,召开各组审查会。(《重庆各报联合版》1939 年 5 月 7 日、9 日、15 日;香港《大公报》1939 年 5 月 15 日)

5 月 9 日 《申报》刊登杏书《怎样来复兴昆曲?希望梅畹华登高一呼》一文。云:"仙霓社员诸君都系清寒出身,生活尚生问题,何况其他,至于再创办如平剧之科班,多授新弟子,这工作又有谁肯做呢?当初穆藕初先生花费了几万块钱,好容易训练出现在仙霓社这班社员,但是在现在,有力量的,轻而易举,亦是'养不容辞'来做这复杂昆曲的工作,以愚之见,只有梅兰芳梅博士一人了。他是现在中国的戏剧大王,他来提倡中国戏剧之精粹,这不是应当的么?义不容辞的吗?以张传芳之技艺,亦何以不能替畹华配《断桥》呢?如果能得畹华登高一呼,则昆曲复兴有日矣。"(同日《申报》)

5 月 11 日 出席孔祥熙宴请全国生产会议会员会,"孔词冗长杂乱,穆藕初词谀媚卑陋。吴蕴初代表致答。张岳军未到。"(《翁文灏日记》)

5 月 13 日 上午七时,全国生产会议第二次大会。孔祥熙主席,张群、翁文灏、陈立夫,张嘉璈副主席,计一百四十六人到会。先生报告有关事项。大会报告各分组审查提案结果,提案共计三百八十六件,通过八十六件。上午十一时,举行大会闭幕式,蒋介石到会致"训词",孔祥熙致闭幕词,先生作《大轰炸中举行之全国

---

① 因五三、五四大轰炸,水电交通及印刷发生故障后,5 月 3 日、4 日、5 日三天,《中央日报》等报停刊,6 日开始出版《重庆各报联合版》,7 日加入《新华日报》。8 月 13 日起恢复各报自己版面。

生产会议》临时报告。通过《生产会议宣言》。（《重庆各报联合版》1939 年 5 月
7 日、9 日、15 日；香港《大公报》1939 年 5 月 15 日）泌青《全国生产会议回顾与展
望》一文云："大会进行，计分农业、工业、矿业、交通、经济及其他组，可谓抗战开始
阶段国家建设之盛会。""此次关于农业提案设计的方面很广，所有战时农业上重要
问题都尝论及，大体上分析，有下列各项：（一）各省农业机关或学校负责人与其本
省环境，与其需要而拟具的以省为范围的农业改进计划；（二）各农业专家就其精神
造诣与研究所得提出某一事项的专门计划；（三）政府对于有关农业发展的交议事
项等。其性质纵有不同，而大家一致目标，总无外乎加强生产，各项提案的内容，无
以一一列举。特别值得提出者，即大会主张，战时增进农产，必须调整现行农业机
关并简化其机关，从建立而战时农业政策，确定整个生产计划。"（《农业推广通讯》
第六卷第五期）

　　秦威《世纪茶人张天福》一书云："4 月的一天，张天福翻开新到的中央日报，看
到报上刊登了一则国民政府将在重庆召开全国生产会议的新闻稿，他原本以为这
只是一则常见的会议消息而已，但到文章的后半部却发现这篇新闻实际上是一则
会议通知，不但列出了会议报到的时间、地点，还附了参会代表名单，这是一个别开
生面的做法，他很感兴趣的是这份名单，想看看都有那些人被政府召去开会，看着
看着，不禁吃了一惊，在这份有一百多人的名单里写着茶叶界代表张天福"。"年仅
29 岁的张天福被推选为出席在重庆召开的'全国生产会议'的唯一茶叶界代表。
5 月初，张天福到了重庆，由于全国生产会议尚未报到，他就先到中央农业实验所
探望老师，实验所所长谢家声先生曾任金陵大学农学院院长，是张天福的老师，副
所长沈宗瀚也曾任金陵大学农学院的教授，也是他的老师。这两位先生都对张天
福有很深的印象，见面后沈宗瀚就对他说：你既然已经离开了福建，会议结束后就
不必回去了，来中央农业研究所工作，我们会给你安排合适的职务。""过了几天，张
天福来到行政院全国生产会议接待站报到，接待参会人员报到的是一位六十多岁
的农产促进委员会主任委员穆藕初，张天福将心中的一个疑问向他道出，当时国内
茶叶界有几位德高望重的茶人，年龄也比张天福大，如安徽的胡浩昌、浙江的吴觉
农、江西省的方翰周、湖北的冯绍裘，为何不请那几个前辈来参加会议，而叫我来
呢？穆老先生听完张天福的提问，只是笑眯眯地说了一句话：年轻人不一定不好
嘛。这就是回答？但穆老先生已经将话题转到一项任务上去了。穆老先生告诉张
天福：由于来自全国各地的代表还在陆续地赶来，这场大会还要过一个多月才开，
在这之前有一项考察工作要他去做，这就是农业部计划在西南地区办一个茶叶实
验场，地点尚未选定，部里要他在会前去一趟云南、贵州、四川与西康等地找一个适
合办茶叶实验场的地点，为了赶时间可以安排坐飞机来回。接到这个任务，着实让

张天福感到兴奋,于是利用会议前的这段时间,张天福又可以扎扎实实地干一件事了,他是个闲不住的人。在这一个月的考察中,张天福走了好几个地区,分别察看各地的气候条件、地理状况和交通环境等,一路看下,最后来他对贵州湄潭县的条件最为满意,看中了这个县城附近的一块平地,旁边有几百亩的丘陵地,同时湄潭县的县长也特别热心于此事,表示县里一定为建设中国茶叶科学研究所提供各种支持。张天福对他的表态十分满意,并征求中央农业实验所领导的同意,当下约定在重庆会议之后再来详谈。张天福告别湄潭县长返回重庆,参加全国生产会议。会议在位于长江边沙坪坝的嘉陵宾馆召开,一共开了三天的会,张天福在会上提出一个发展西南五省茶叶生产的提案,被会议通过。"(福建科学技术出版社 2007 年 8 月)

5 月 15 日　翁文灏接见先生。(同上)

5 月 30 日　撰《对于出口货物结售外汇办法的意见》。全文如下:

本人对于出口货物结售外汇办法,向无研究。此次承财政部之约,参加研讨,但有关文件仅匆匆一览,即已归卷,殊未能多所参考。兹仅就个人思虑所及,略述意见如次:

此次研讨,由于宋部长来电主张将现行统制出口货物桐油、茶叶、矿产、羊毛、猪鬃、生丝等六种,减去后面三种,列举理由甚详。而根据报告,最早统制出口货物为二十四种,后来减为十三种,最近减为六种,已减去四分之三。有人主张采取折衷办法,将后面三种稍予通融,而收入外汇仍须按法定结价。鄙意财政政策,应先确定原则。我国财政政策有二大原则,必须坚决执行。第一,为维持法币信用;第二,为防止资金逃避。在不损害此二大原则范围之内,似可采取宽大政策,不宜过于苛细。向来财政部受人攻击之处,即因为有与民争利之嫌,以致不利于众口。现为坚决执行上述二大原则起见,似应顾其大者远者,而对于涉及苛细,不妨略示宽大。以前统制出口货物由二十四种减至十三种,又减至六种,必有其原因。原因为何,虽不甚明了,但因为不便于民而酌量减少种类,可无疑义。为今之计,宜从统筹全局着想,究应如何办理,最有利于国家而又无不便于民。原来商人以谋利为目的,非有利可图则不干。限制以后,商人裹足,农产物等向来出口者,因无人购买,价格必然低落,农民因无利可图,亦必减少种植。故限制办法愈涉苛细,在无形中不啻减少生产。

故本人主张,为增加生产计,必须予商人以便利。商人有利可图,始乐于采购,内地农产品等等能尽量输出,价格自高。农民亦有利可图而增加种植,则生产自增。

但最要关键,还在如何维持法币信用与防止资金逃避。要达到这两个目

的,必须有切实可行之具体办法。鄙意以为其办法有三:

第一,出口贸易可以由商人自由办理,惟出口货物售得之外汇必须存于国家银行。

第二,进口贸易必须严格统制,非需要品不得进口。

第三,出口商存于国家银行之外汇,限期三个月或六个月,可以作下列四种用途:一、兼营进口贸易,即以出口货物所得之外汇,作购买进口货需要品之用。二、售与其他进口商。三、需要法币时,可向国家银行抵押借款。四、售与政府作购买军火等项之用。

第一项办法,用意在增加生产,无庸再加说明。第二项办法最重要,统制出口而不统制进口,实属本末倒置。出口必须鼓励,进口必须限制,在国家经济立场上实属根本铁则。本人主张统制进口,其最重要之目的,则在于减少外汇用途。即出口商兼营进口贸易,也同样受限制,非需要品不能自由输入。其他进口商亦然。因此虽然第三项办法好像给出口商以运用外汇的很大自由,实际上则因为进口贸易受统制,而外汇之需要大为减少,仍只有到期售与政府。既可维持法币信用,又可防止资金逃避。否则只统制出口而不统制进口,则外汇之需要大而出口所得之外汇少,两相比较,利害显然,亦无庸再多所说明矣。

总而言之,上述三项办法,以统制进口为关键,而对于出口货,则仅统制外汇已足。此外,政府应采取宽大政策,予出口商人以种种便利。多一分出口,即增多一分外汇准备,减一分进口亦然。深愿政府迅速实行上列三项办法,财政幸甚,国民幸甚。

(原件抄件;《文集》第 377 页)

5月31日 致财政部徐可亭次长函,送呈对于出口结汇问题的意见。原函如下:

可亭次长吾兄勋鉴:

昨晨聆教,甚为快慰。承嘱将《对于出口货物结售外汇办法的意见》写出奉上,兹已写就送上。至希鉴政,倘吾兄认为不无可采之处,即请转呈院座核阅。弟因奉派赴港,今晨启行,不及走辞,特此奉函。并颂勋安。

弟穆藕初谨启,廿八年五月卅一日

(原件)

同日 启程赴香港。(同上)约 7 月中旬返渝。在港期间,晤刘鸿生、刘聘三等。穆伯华《先德追怀录》云:"会后(指全国生产会议),我父与刘鸿生从重庆乘飞机同至香港。我与劝工银行行长刘聘三由上海至香港会晤,聚集于某酒家。刘鸿

生者,我国工业家也,背着我父对我说:'尔令尊不容易的,无一家工业在手,来主持此工业生产会。'"(手稿)

6月6日 徐可亭复先生函,云:"日前已将原《意见》转陈院座核阅矣。特此奉复。"(原件)

6月10日 访卞白眉,未遇。卞白眉记:"穆藕初来拜,适我尚未至办公室,未及见。午后至思豪回拜,也适值其出未晤。"(《卞白眉日记》卷二第456页)

6月13日 访卞白眉,又未遇。卞记云:"穆藕初本约今早十时过晤,候至十一时未见来,我即往总处见文公,而嘱拟定调拨委员会。因开单先与愣伯一商后,面呈汉翁转达。穆藕初十一时后来,未值。"(同上,第456页)

6月17日 卞白眉来访。卞记云:"下午往访穆藕初一谈。"(同上,第457页)

6月 《正风商业经济评论》第九卷第六期"名商行传"栏刊登先生小传。(原刊)

7月3日 位育小学举行毕业典礼。教导主任沈世璟报告校务,代理校长穆伯华及校董潘仰尧、贾延芳等致训词,马崇淦演说。毕业生代表庄省之致谢词。计本届高年级毕业生五十名。(《申报》1939年7月4日)

7月25日 下午五时,偕黄炎培访孔祥熙,"请拨十万元复兴中华职业教育社机械厂(总预算十四万,教育二万,余自筹),适遇空袭警报,略谈辞出。"(《黄炎培日记》)

同日 晚,招黄炎培、冷御秋、江问渔、杨卫玉、毕云程、贾佛如、周勘成、许泽初、孙起孟等会餐于巴蜀学校内寓所。"极畅"。(同上)

7月28日 午,与黄炎培、江问渔、贾佛如等代表中华职业教育社于生生花园宴请胡子移。胡为无偿借屋给职教社者。到者有"刘君、康心如、心之、御秋、隐青、李吉生等"。(同上)

7月 撰《襄东大捷步江问老原韵》,诗如下:

七夕秋光易水寒,弥天兵燹肇无端。名城等处豺狼窟,武士千家骨肉残。
主帅远猷如白起,前军捷报斩楼兰。扶桑指日沦为沼,痛饮黄龙齐国欢。

(《军事杂志》第一期,1940年1月;《文集》第378页)

8月1日 招黄炎培同餐于寓所。(《黄炎培日记》)

8月6日 晨,访黄炎培,"商定介绍程源澄习手纺后回西昌提倡。"(同上)

8月10日 夜,偕黄炎培、江问渔访卫戍总司令刘峙,"商防空洞计划。"(同上)

8月11日 访黄炎培"长谈"。(同上)

8月14日 于重庆中华职业教育社讲演《科学的管理法》。分为科学管理的历史、科学管理的效用、怎样才是一个好经理、八个要素、四种结果、不宜于科学管理的四种地方、不宜于科学管理的三种人、结论八部分。全文如下:

在未讲到本题以前,我先说一个故事:从前有两个学生请假到外面去旅行,在旅途中,大的学生什么也不留心,因此在一座大树林里走着,什么也没有注意到,小的学生,却是什么都注意,这是松树呀! 这是柏树呀! 没有一根树木不为他所留意。因此引起那位大的学生非常讨厌起来,他说:"今天来旅行,又不是来做研究工作。"后来两个学生回校了,先生问他们路上看见了什么? 那大的学生的回答,除了看见了一座大树林外,其余什么也不知道。可是小的学生呢,松树是怎样的,柏树是怎样的,他一一都能说得明白。后来,那大的学生一生默默无闻,而小的学生则为国家做了很大的功业。这就是说明一个人能到处留心,都是学问,这些学问,无往而不能帮助自己事业前途的。

黄任之先生思想精密,三四十年来,努力不懈,他将在本月二十日演讲"治事一得",正如那个小的学生,一定有精彩的贡献。我自己虽也做了二十余年的工作,但如同那个大的学生一样,什么也不知道。今天不过随便谈谈,作为抛砖引玉而已。

一、科学管理的历史

不论处理什么事情,凡是有条理,有秩序的,都可以说是科学管理,科学管理可以说不是新的东西,但在二十余年前是一种新的学问。民国二年我在美国学农毕业后,又想学工,因此我到塔克赛斯,在这里我初次看见戴乐尔先生的科学管理法。过了一年我回国,我想把它译成中文,但是为尊重原著者意思起见,我写信给戴乐尔先生,说我对于他的著作很敬佩,可否允许我把它译成中文。这位老先生回信来了,他表示对于我把这本科学管理法译成中文,非常欢喜,同时,他说这本书已经翻译成三四十国的文字,这个理论已经散布到全世界各地。

我回国来一方面翻译此书,一方面又要创办纱厂,事情很繁剧,仅译了三分之二,已经费了三四个月之久,后来请一个同事相帮才译完。译好后,全部译稿仅售了一百元,而且在这本书出版后的十年之中,只售出八百本,其中有一百本是我自己买来送人的。及至我在工商部做次长时候,这本书忽然走运,因此中华书局在短期间内卖去了三四千本,从此科学管理法为各方面注意起来。

二、科学管理的效用

戴乐尔先生对于科学管理有许多试验,兹就记忆所及,提出三种:第一种是一位工程师,他从事于煤矿工程,他因为每一个工人每天继续不断的采煤平均七吨，已经非常疲倦。他就想法叫工人每次工作三十分钟，就休息五分钟，继续着每次的工作三十分钟，休息五分钟，结果每天能采煤四十吨，工作效率增加了几倍。

其次是试验钢珠，现在钢珠并不希奇，可是在二十余年前则极少。一个轴轮上装有钢珠三十颗或四十颗，假使这些钢珠中有一颗是破裂或坏的，那其余的钢珠皆失其效用。所以那时全凭工人用眼力去拣出破裂或坏的钢珠，但是拣久了眼也花了，非但拣得慢而且拣得不清。因此戴乐尔老先生就叫拣若干分钟，休息若干分钟，继续拣二十分钟，休息十分钟，其结果，非但拣得多而且又拣得周到。

第三种试验是砌墙。这位试验者是一个泥水匠，是一个了不起的人，他认为一个工人的砌墙，要有二十四个动作，他就想把那些不必要的动作免除，据他说只有五个动作是必需的，因此砌墙工作效率无形增加了几倍。

由于这些实际效果的发现，已经没有人不知道这个科学管理法了。后来出了许多新书，原则都是一样。

三、怎样才是一个好经理

科学管理不论在工厂或公司，都有极大的关系和用处。一个工厂或公司的经理，他首先非懂得科学管理法不可。在我的眼光中，一百个经理中没有几个能具有做经理的资格，因为他自己不明了经理的作用在哪里。从前我在郑州开办纱厂，有人也在邻近地方开办一纱厂，而且很明白表示要打倒我这个纱厂。我初听了倒有些不安，我派人调查他是怎样的一个人。后来调查明白：他每天在厂里，拾纱筒管，什么小事他都做。我听了就说这个人不能与我竞争，因为他忘记了自己经理所具的职责，而对于细小事情，事必躬亲，就不配做经理，哪能使厂发达与人竞争。

"经理"两个字，在英文中除了 Manager 以外，还有一个叫 Overseer，把中国话来说，就是监督的意思。假使你是管理着四五十个人的人，那你就得对于每个人的个性能力和工作，都看得很明白，那办起事来，才有良好的效果。

还有一个英文 Director，它的意思，就是指挥者，所以做经理的人，只要指挥人家去办事，而不需凡事都自己去动手。有监督指挥人家的才干，才配做经理。

四、八个要素

怎样才是一个良好经理，我这里特别指出八个要素：

（一）指挥能力 全部的科学管理，就是阐明指挥人的方法。做经理是指挥人的人，这种指挥人的工作，是需要一种天才的。虽然天才是先天的赋予，不能勉强,但是缺乏天才的人,如果能够尽心学习,也可以成为一个极好的经理。要是这个人既有了天才,再能孜孜不倦去钻研,那这个人就更加伟大了。

(二)遵守章程 对于自己公司或工厂的章程,经理必须是第一个遵守。这在办事效力上,能收得极大的效果。如果一个人对于自己公司或工厂的章程,自定自违,那是不能再希望别个人来遵守这章程的。要是别个人有慑于威势,有恋于饭碗而表面上遵守章程,那在办事效力上必定是不会好的。往往一些人在做低级职员时,很能遵守章程,待一做到经理,他就以为自己地位高,不再去遵守。我认为一个经理如自己不遵守章程,而要人家去遵守章程,那简直是做梦呢!

(三)公平 公平是一件很难的事情,但是要是一个经理如拿他的亲疏喜怒做待人的标准,而发生不公平的状况,那必定大大的减少他人办事的效力。本来这种效力表面上是不容易看出的,因为一个人受到不公平的待遇,记在心里敢怒而不敢言,那工作效力会无形低减下来,但是如果一本公平来处理各事,那各人自然心悦诚服。

我办工厂的时候,厂里也有许多亲戚朋友,但是不论那个亲戚朋友如做错了事情,我必首先处罚他,而且处罚得比别人来得重。如果亲戚朋友对我都不尽心,那我又怎样能管理别个人呢?

所以遇到什么问题,大家都应该平心想一想,不要说这个是我的人,这个不是我的人,那中国什么事都好办了。

(四)廉洁 又有一件事,也是做经理的要素,就是自己要廉洁,才能管理人,否则,自己不能廉洁,总有些把柄落在人手里,那你自己话也说不响了。对于那些明知道在公司里营私舞弊的人,亦只好视若无睹。所以大公司里对于在公司里舞弊营私的人,不能停职,可以说大都是由于这种原因。

(五)谦抑 这也是做经理的一种不可少的要素,大凡办理事业,必须集思广益,才能办理得好。所以一个经理必须虚怀若谷,尽量采取各方面的良好意见,在圆桌会议上发言的时候,一个良好的经理必然静听各人发表意见,而后加以适当的决定。

(六)爱才 有一技之长的人才,都是可爱的,我们看社会上的人,必须尽量记着他们的长处。一旦有事,则某人有什么才,可做什么事,如数家珍,一一妥为任用,不论其本领大小,只要支配适当,事业没有办不好的。

(七)才有四种:

1. 第一种是奴才。奴才的名称,是从前清产生。不论什么封疆大臣,满洲人对皇帝都自称奴才。废清二百六七十年,养成奴才甚多,他们把满清断送了,现在还是很多。什么是奴才?凡是奴才,人打他笑笑,人骂他充耳如不闻,像苍蝇一般,赶了又来,驱了又集,寡廉鲜耻,卑鄙龌龊,阴谋诡计,损人利己,这些都是奴才。

2. 第二种是庸才。庸才就是平平常常的人,这样他也做,那样他也做,什么都不能做得十分好。敷衍塞责,因循了事,毫无创造奋斗和自动求进的心,这便是庸才。

3. 第三种是废才。废才并不是说一定没有才,而是对于当时环境没有用处的意思。比如一个西瓜在大热天一元钱一个,有人抢着买,然而天一凉爽,一角钱一个也没人买它,因此这西瓜就废而无用了。所以一个人思想落伍,不能适合时代需要,叫做废才。

4. 真才。狭义的说,天下真才百无一二,所以"真才难得"古今同感。但我所谓真才,并不一定是通文达理的人。在工人里面,我曾发现许多的真才,这就是真才要从广义的说,虽一字不识,但他对于某一件有用的工作能做得有成绩,便是真才。凡是一个人有自动精神,用不着怎样耳提面命,他自己能用自己的方法,自己的脑力去做,而且做得很好,便是真才。

使用真才,要得其当。如果你要做一篇文章,去叫一位仅能办事的人来做,那就用不得其当了。而且一个有真才的人,他另有一种品格,和奴才完全不同。他只会把工作做得好,不会拍马屁,不肯受闷气,受了委屈,他就要辞职。古人说:君子难进而易退,小人易进而难退。这就是真才与奴才的分别。

(八)不浪费。

归纳上面所说的七个要素,并成一句话,就是不浪费,然而我到处看来,各地都是浪费,这是很痛心的。

五、四种结果

因此我们学了科学管理,希望能得着四种结果,就是:

(一)无废才因为量才录用,工作有方,人地相宜,人尽其力,故可以无废才。

(二)无废材因为各种物质的使用,力求经济,减少浪费,故可以无废材。

(三)无废时工作的时候工作,读书的时候读书,休息的时候休息,故可以无废时。

(四)无废力就是不浪费精力的意思。我认为我自己就是一个最懒的人,最要舒服的人。我常说:"有得椅子靠,为什么不靠它,有一小时的休息,为什么不去休息。"要知道一个人的精神,如能有机会节省,就应当节省,把它贮蓄起来,一朝临大事,就把它提出来,专注全力以赴之。曾文正公说"精神愈用愈出",这话虽然不错,但是有用的时候用,不用的时候,就可以节省,不然,不用的时候,也用起全副精神,岂不浪费? 所以一个学科学管理的人,大事自己动手,小事叫人去做,他决不会浪费一些精力于无用或不适当的地方。

这无废才,无废材,无废时,无废力,也就是科学管理法的四大原则。

我们对于上面所述的八个要素,四个原则,应当做到一分是一分,因为做到一分,就有一分的效力。

六、不宜于科学管理的四种地方

一、现时的公务机关现时的公务机关,是不能讲科学管理的。单就用人一项而言,人浮于事,苦乐不均。有些人每月薪水几百元,优哉游哉,无所用心。有些人每天从早忙到晚,而且收入细微,时虑冻馁。这种情形,我不敢说每个机关都这样,但是可说总有几个机关是这样的。不但浪费公帑,而且埋没人才,这是一件值得注意的事。

又比如我这次南行,在某某地方,看见国家费了几千万元购来的汽车,停搁在这里,很久没动,因为装配汽车的工厂,事前毫无准备。所以一面急如星火在等汽车用,一面有了汽车而没有装配不能用。我想如果早些有准备,便可以很快的装配起来,就不致浪费时日了。

二、非有全权经营的商业机关没有经营全权的,是绝对不能讲科学管理的。外国人请一个经理来经营商业,必定以全权付之,而且经理的薪水非常大,有些经理的薪水,比大总统都高。在美国,一个公司经理人的薪水,比罗斯福总统的俸给高的是不少。你想一个经理为你竭尽心力,每年使商业上盈余几百万或几千万,那他每月赚你二三万元的薪水,又有什么希奇。不过外国人有这种气派,而中国人则不行。中国人任用一个经理,薪水甚少,养廉不足,坏的人容易舞弊。而且股东张三李四,你荐人,我借款,使这位经理办事棘手,这样要讲科学管理就不易了。

三、动文墨的人一个动文墨的人,也不能用科学管理。因为写文章,全用脑力,如果叫他写出规定的字数,少了字就扣钱,这样写出来的决没有好文章。现在一般书贾,规定一千字三元或四元,因此使一般倚赖卖文为活的人,把文章拼命拉长,虽没有一些意义,也多凑上几段不知所云的东西,所以现在那些书,读了徒令人耗废时间。

四、人工多的国家因为有许多现代国家人工少,生产要竞争,所以需要科学管理,以增加生产效率。可是在人工多的国家,则不宜于科学管理。当我二十年前办理第一个纱厂的时候,我曾经挑选了四十个精壮女工,试用科学管理。每一个女工的工资,都由四角提高到六角。先前二个人管理一部车的,现在改为一个人管一部车,她们工作很好,而且出品数量和质量均和以前一样,可是三天以后,这些女工都向我来说再做下去要生病,所以不愿这样再做下去。一再另选,都是如此。经我调查后,才恍然大悟。原来其余四百女工不许她们做,因为假使这样从四个人管一部车而改为二个人管一部车,那其余的二百女工,势必失业。因此大家不许这四十女工做,如再做就得吃生活。

这一来,我就废了前项办法,改为每人加给工资,而命她们极力减少废花,以前每车出二磅废花的,隔了一个星期,每车仅出了一磅废花。工钱虽增加了,而废花少了,计算起来还是上算。

因此,我悟出一个真理来,就是人工多的国家,是不宜于科学管理,最要紧的,是要设法如何去减少废材。

七、不宜于科学管理的三种人

(一)自大 要讲科学管理就不能自大。一个人以为我是大好老,别人都比我小,别人都不如我,那这个人就根本不配讲科学管理。一个讲科学管理的人,应当虚怀若谷,到处接纳别人的意见,到处能请教人。过去,我常常到工厂里去征求工人的意见,以备做改良的参考,不要以为他是工人,比我小,比我无学识,我就看不起他。苏联斯泰哈诺夫运动,就是工人斯泰哈诺夫所发明的,对于苏联五年计划的煤矿生产,尽了大的力量。所以讲科学管理,要听取大家的话,因为一个人总有许多为自己所不知道的事情,尤其是一个数千人的工厂,看不到的地方也很多,如果一味以大好老自居,何能求事业的改进。

(二)崇拜外人 崇拜外人的中国人,不配讲科学管理。有些中国人即使见了有学问经验的中国人也是看不起。看见外国人"好!好!"什么都好。所以请起外人,此人月薪三千,那人月薪五千,毫无吝惜,而外国人所做的成绩,并不一定比中国人好。所以对于聘用外国人,应当有分别,并不一定是每一个外国人都是值得崇拜的。

(三)忌才 忌才的人,也不配讲科学管理。科学管理是需要尽量善用人才,遇有真才实学的人,绝对应该用他的长处而不能妒忌他。所以讲科学管理,应不论是不是亲戚或朋友,只要他有才,就都应帮忙,都应一律援用。假使因为这个人有才,你就妒生于心,千方百计破坏他,那根本就办不好事业。

八、结论

科学管理的效果,简单的说,有四大特点,就是:一、无废才,二、无废材,三、无废时,四、无废力。这些效果,原是看不出来,但对于各方面无形的反应力量,则极伟大。

最后,学做科学管理的人,往往失之太清,使人家见了害怕。本来我觉得一个人能看得清,是一件好事,但是处在现在的社会则反而不好。所以古人说:"山至清无鸟,水至清无鱼,人至清无徒。"我在这里说的"徒"字,是指跑跑腿的人,不是指朋友。

太清的补救办法,唯有宅心仁厚,若处处以太清待人,人就要怕,宅心不仁厚,则连犹太人见了也怕。所以一个讲科学管理的人,济之以宅心仁厚,则方能融通事业,以抵于成。有些人因为把人看得太清,而环境上又不许你太清,因此,有抱屈大夫孤高抑郁之感,这也是不对。古人所谓:"穷则独善其身,达则兼善天下。"将来时局好转,得到最后胜利,那时把科学管理应用在各种事业部门,国家民族,一定受福无穷。今天因时间匆促,不能多讲,请诸位原谅!

(《国讯》第二百一十二至二百一十四期;《文集》第 378 页)

8 月 15 日　访黄炎培。(《黄炎培日记》)

8 月 16 日　下午四时,出席江苏难民纺织工业委员会会议。黄炎培代主席,屈文六、胡仲纾、孙亚夫、张文潜、黄伯度及农本局代表孙伯初等出席,通过各项报告。(同上)

8 月 18 日　访黄炎培。(同上)

8 月 19 日　陕甘宁边区政府主席林伯渠为咨呈备案事致先生函,云:

为咨呈事:谨将陕甘宁边区纺织业发展状况及垦荒生产运动情形缮具报告书各一份备文咨呈。请照核示,实为公便。附赉送《陕甘宁边区纺织业概况报告书》及《垦荒生产运动第二次报告书》。

陕甘宁边区政府主席林伯渠

(陕西省档案馆、陕西省社会科学院合编《陕甘宁边区政府文件选编》第一辑,档案出版社 1986 年版)

《陕甘宁边区纺织业概况报告书》云:"陕甘宁边区向以牧畜为农民主要副业,毛绒出产,年以数百万计,棉花也可广泛种植。往昔农民纯以家庭纺织自给,自从洋布输入农村,落后的家庭手工业,便遭价廉物美之外货所破坏无余。随后牧畜事业,棉花出产,又因连年内战以及苛捐杂税和强种鸦片等,致大受摧残,毛棉出产亦就日落千丈。自抗战军兴,国内和平实现以来,边区政府即努力加以提倡,实行禁种鸦片,奖励发展牧畜与种植,及组织纺织工业,于是棉花出产日渐增加。后又蒙中央赈灾委员会之帮助,因此纺织事业已获初步的发展。惟苦于纺织事业毫无基础,既感技术之缺乏,又受财力不及之阻碍,因而还不能达到应有之成绩。对于抗战供给与人民之需要尚不能满足,使外货甚至仇货之侵入尚不能免除,此不能不是国家之重大损失。"边区纺织状况分:政府所经营之纺织厂、各县人民纺织合作事业、边区家庭纺织工业、边区纺织业前途四部分。边区纺织业前途云:"对于人民纺织合作社与发展家庭纺织业,是保证人民自给的良好方法,今后更应当进一步加以提倡。并力求改良生产方发,以增加产量,与改善成品品质,惟改良生产方法必须给人民以相当财力上之帮助。前此对于纺织合作社以及家庭纺织事业,本府还只能尽到组织上与方法上的帮助,财力上之帮助还无可能,以至还未能发展到应有之程度,苟能以十余万元或二十万元投入各人民纺织合作社以及部分家庭纺织事业者,在这些合作社与家庭纺织业中,创造出一部分模范,以影响与推动其他合作社和家庭纺织业者,则边区之纺织事业,当有一日千里之发展希望。"(同上)

《垦荒生产运动第二次报告书》云:"查陕甘宁边区本年垦荒生产运动经于四月二十八日首次报告在案。现届垦荒下种完毕,特再分:(一)垦荒植树与兴修水利部分;(二)发展牧畜部分;(三)边区农业学校与农事试验场部分;(四)垦荒经费及其他部分。"报告附各项统计表。垦荒经费及其他部分云:"查本年度垦荒经费依照原定计划,用于机关、部队、学校者应支出一百三十万元有零,嗣以边区政府经费极端支绌,难于足此巨大之数,故不能不另筹补救办法。首先由各机关自行租办耕牛与农具一部分;无从租借者,既以人口开挖;人力还不足者,才酌量购买。籽种或借用,或节省食粮调换之。在执行上项办法下,经支出之经费为十八万三千余元。同时原决定以五万元作为补助贫苦农民垦荒之用,因本年雨水交迟,贫苦农民不仅需要经费购添农具,且因食粮涨价部分需要买添食粮者,亦须帮助。是以该五万元虽全部支出,但分配尚不敷,于是采取农民中的相互调剂,至此才勉强解决了垦荒中的经费,垦荒任务始告顺利完成与超过。此外兴修水利之经费则由赈济委员会所发给之款项开支二万元,作为发展水利、移殖难民、垦荒之用,故本年度发展水利所支出之经费,则完全归该款拨出。惟开垦荒地所支出之二十三万元,除八路军帮助五万元外,其余极大部分系借自边区银行商人存款,预定秋收后陆续归还,苟天年丰收,自可不虞。另一部分即系从教育经费与保安费中暂时借垫,此款现正急需归还,但目下尚无着落,故拟请求贵会将已蒙准补助之五万三千元全部发下外,尚能再予以补助,则不胜感激之至。"(同上)

同日 招黄炎培于寓所聚餐,"畅谈职教社前途,问渔、佛如、云程俱"。(《黄炎培日记》)

8月21日 中华职业教育社联合各界募集基金十五万元,组织职业互助保证协会,先生与卢作孚、黄炎培、江问渔等十三人被推选为基金保管委员会委员。(《教育与职业》第一百九十五期)

8月 于《农业推广通讯》创刊号上发表《创刊辞》,简述我国农业推广之历史与农促会一年来之工作。该刊农业促进委员会主办。全文如下:

总裁于二十六年十二月昭示国人曰:"中国持久抗战,其最后决胜之中心,不但不在南京,抑且不在各大都市,而实寄于全国之乡村与广大强固之民心。"盖所以提醒国人认识乡村与农民对于抗战建国之重要。良以近代战争为整个国力之争雄,而经济力量尤为决胜之要素。我国为农业国家,乡村为我国人力物力财力主要之泉源,动员开发,期于民族解放战争尽其最大之供献者,则农业推广尚焉。盖农业推广之使命,在辅导农民组织,发展农村经济,促进农业生产,增高农民知识,改善农民生活。以言发展生产经济,则如:推广优良种子、种苗、种畜,防除病虫害,改善农业生产技术,开垦荒地,兴修水利,融通资金。内而求军粮民食供给之充分,战争资源之自给,不虞匮乏,则社会稳定,所以安民心而

《农业推广通讯》创刊词

旺士气;外而扩张外销产品,如桐、油、丝、茶之类,俾能大量运销国外,换取外汇,充实经济力量,平衡国际收支。以言增进农民知识,指导农民组织,则以我国农民保守性成,一盘散沙,频年内外摧残,几濒破产,颠沛困苦,求生不遑,罔知国家民族大义,必赖施以教育,开导思想,辅导组织,训练其能力,培养其基础,俾能自力更生,免除散漫,而踊跃参加抗战。夫而后则生产增加,乡村之繁荣可望,生活改善,则民心之强固可期;抗战必胜,建国必成,实利赖焉。

至若农业推广之实施,首宜树立健全之制度。中央以至省县,皆有专门负责计划农业推广之机关,分别督导推动或实地办理农业推广事务。县推广机关,须辅导农民组织农会,以树立下层推广机构;各级推广组织与事业,应密切联系,建立整个而有系统之督导制度;省推广机关以下,可以联合有关机关组织"农业推广协进会",俾能集中力量,以求事业之发展。次宜加强并充实推广业务,适应军事要求,针对抗战急需,体察农情,审慎规划,切实推进。而推广经费,尤应适当筹措,合理支配,节省浪费,经济动用,俾以最少之财力,获得最大之效果。夫农业推广为一专门技术,从其事者需具充分之农业学识与经验,刻苦耐劳,深入民间,始可胜任。我国此项人才,颇形缺乏,是以各级推广人员之培养训练,亦急需注意也。

考我国之有农业研究机关与试验场所,将达二十年之历史。晚近各省组织,不下八九百处。以言成效,亦有可观,所憾对于农业推广未能充分发展,以致纵有良好结果,优良材料,不克普遍嘉惠于农民,有所裨益于乡村。迨夫民国十八年中央农业推广委员会成立,统筹全国推广事业,顾无充足之经费,可资发展;又无大批曾受严格训练之适用人材,故仍鲜大效。抗战展开,政府深感农业推广之重要,本会乃秉承孔院长之命,于二十七年夏成立,负责综揽全国农业推广事宜,时光荏苒,瞬告一年。一年来本会怵于责任之重大,谨慎筹维,切实促进,并鉴于农业推广与农业技术必须相辅而行,始有成效可期。成立之始,即与中央农业实验所密切联系,竭诚合作,俾将该所历年来研究所得技术上之进步,推而及于农民,以谋农产品之增加与改良。诚以有技术而无推广,则实惠不能直达于农民,有推广而无技术,则推广亦徒托虚言,而不能获得实际上之效果。本会一年之工作,所以能粗有成绩者,实以该所合作之力为多。例如全国防治病虫害之普遍实施,由该所技正吴福桢主持,本会不过尽量予以协助,以加强其力量。一面减少病虫害之损失,一面即所以增加农产之收获量,为益农民至巨。又如广西、贵州两省之农业推广,技士蒋德麒、马鸣琴,对于工作,至为努力,亦均由该所借用而来。凡此情形,不胜枚举。总而言之,双方合作以促进农产,本会与该所实具有同一之精神也。此外复承中央各机关热忱协助,与夫各省当局尽力推行。诸凡制度之建立,业务之实施,人才之训练,兼筹并顾,进展良多,规模粗具。此后益当本此基础,竭力协助各省积极迈进,唯本会力量有限,尤望各省当局对于上列诸端,运用自力,实施建设,按实际之环境,求稳健之发展,则吾国农业推广前途,更可日进无疆矣。

现当各省农业推广以其突飞猛进之姿态,迅速发展之时,为使彼此密切联络,互相借镜,则有需于推广消息之沟通;而我国农业推广系属新兴事业,既无成规可循,于开创进程中,则必随时发现实际问题,其间得失利弊成效之检讨,与新技术之设计发明,新材料之产生,弥足珍贵,是则又需有一工具以资研讨问题,交换经验,编集材料,此本刊所由发行之旨趣也。今当创刊之始,用缀数言,幸各方有以培植爱护焉。

（《农业推广通讯》第一卷第一期;《文集》第389页）

8月　发表《中国棉纺织业之过去及将来》一文。云:"谈到中国棉纺织业过去的情形,是非常令人痛心,但是经过这一次历史上空前的抵抗日本帝国主义侵略的神圣战争后,我对于中国棉纺织业将来的发展,则又感到热烈的兴奋。近十数年来,在世界资本帝国主义经济的特种萧条中,它们为谋转嫁到殖民地半殖民地大众身上去,乃加紧对殖民地半殖民地的经营,以获取廉价的原料和低贱的劳动力。因此资本主义本国的生产指数虽每况愈下,而殖民地及半殖民地的生产指数,则一般的上升。中国是半殖民地的国家,所以中国棉纺织业过去的逐年发展,虽为一般纺织业有心人士的努力,但其艰苦困难,和遭受国际经济势力直接间接的压迫和剥削,则非一言可尽!……日本对我原棉的夺取,谋之有素,现在日人在沦陷区,公然经营我国棉花种植出口等等,固无足异。即在过去日人对我华北产棉区域之原棉,也无时不在阴谋夺取。……在中国一般经济状况畸形的发展下,中国纱厂的发展,也颇为特殊,其间值得注意的:(一)大部分纱厂多集中于几个大都市,致与原料产地及内地消费市场距离过远,常受运输阻滞,运费昂贵的影响;(二)洋商在华设厂,以致棉纱市价,常受洋商之控制,华商纱厂常在洋商经济势力的压迫之下;(三)中国银行界放款利息甚高,使华商纱厂担负甚重,亦为不能与外商纱厂竞争之一原因。"关于战时棉纺织业的急救办法,先生强调只有积极发展手工纺织才能解决,并介绍"七七"棉纺机的推广情况。云:

自从对暴日展开全面抗战后,华商纱厂毁损大半,而国外纱布也不能畅入内地;但纱布的需要,并不减少,后方更因人口的激增,而需要加大。致纱布价格飞涨,因此对于国民衣被,军士服装,已成严重问题,少数纱厂虽迁至内地,但装置费时,运输困难,原棉及原动力皆成问题,迁厂经年,开工仅数千锭,每日纺纱十余包,其不足以供给需要,可想而知。

在如此纱荒情形之下,其临时补救办法,唯有尽力发展手工纺织才可解决:第一,农村棉纺织手工业本来与原料市场密接;第二,棉纺织手工业为农民熟练之副业,轻而易举;第三,棉纺织手工业普遍散布农村,因为不是集中生产,不成轰炸目标,且就近售给市场,更可减少运输上之消耗;第四,可以补助农民生产,维持难民生计。

……

目下"七七棉纺机"经几个月来的推广,各方皆承认极合需要,尤其是产棉区域如河南、湖北、陕西、及四川等省,均在大量制造使用。因为各产棉区域受交通的阻梗,棉花的囤积,无法运出,价格低落,而棉纱来源断绝,价格飞涨。如湖北棉花每担仅售十四元,而棉纱则每包要售到八百元以上,所以各方面组织棉纺合作社推行"七七棉纺机",非但能解决棉纱恐慌,更属有利可图。农产促进委员会为积极推广起见,扶助各省训练"七七棉纺机"或其他纺纱机之手纺工人,每一训练所,可由农产促进委员会酌予补助,现各省设立手纺织训练所者,已有四五十处。

上面所说的推广手纺,不过是没有办法中的办法,不是要将中国的工业生产,退转到手工业生产,而是抗战期中一种救急方法。我相信在抗战胜利以后,政府为要建立新中国的经济基础,必须用最大的努力,来复兴中国的棉纺织工业,以免像过去受每年进口价值数万万元棉货的损失。然而四五百万锭的纱厂,不是很短期间所能建设起来的,至少也需四五年的光阴,因此提倡手工纺纱,不但适合战时需要,而且在战后数年也可以供给一部分的需要,这是在目前值得提倡的一件重要工作。

(《合作月刊》第十四、十五、十六期合刊;《文集》第 384 页)

9月1日 于上海《纺织染工程》季刊①第一卷第二号上发表《七七棉纺机》一文(该刊第一卷第三号续完)。编者按语云:"七七棉纺机,为农产促进委员会主任穆藕初先生所发明,其动机因军兴以后,少数纱厂迁至内地,就数量言,供求方面相差殊巨。另添新厂,资金不易猝筹;机器内运,尤苦周折。几经考虑,认为小型棉织机,在我国尚值得提倡,此项棉纱问题,在内地如能解决,则织布、毛巾、线袜等,原料皆有着落,而小工业可以次第举办。所是在湖北时,先行搜集各地土纺机,至重庆后,得四川建设厅之助,又将川中土纺机,一并搜集运输,分别加以'整理'、'试验'、'添置',历时四月,始集长去短,而成一新型之手纺机,定名曰七七棉纺机。每机一具,值价四十元,每日工作十小时,可出十六支纱一市斤以上。藕初先生尝为内地办小工业者设计,以为最经济办法,应置弹棉机一部(每部价值二百元),纺纱机二十部(每部四十元),摇纱机四部(每部四十元),打包机一部(每部约十余元),成为一组,所需经费不过一千一百七十八十元。……"按语还介绍重庆购置七七棉纺机之公司地址与培训方法。《七七棉纺机》一文与上年 11 月刊于《纺织染工程》第一卷第三期上《解决棉纺问题》一文内容大致相同。(原刊)

9月5日 延安《新中华报》报道农产促进委员会向陕甘宁边区政府捐款五万三千元消息,对先生关心边区生产事业致谢。报道云:

> 中共中央生产运动号召在全边区已获得了伟大的成绩,延安各机关及民众在实际工作中热烈的响应,在大家的艰苦努力之下,开荒播种锄草已经顺利完成。此种艰苦奋斗精神,给予全国很大的兴奋和鼓励,并获得全国各界的资助,全国闻名之工商巨子穆藕初先生特慷慨捐助我生产补助费五万三千元,现已先行汇来二万元,此种关心生产事业,帮助边区克服困难,开发西北之精神,实可敬可佩。

(同日延安《新中华报》)

9月8日 与翁文灏谈,"面论交部人员及各路局长舞弊奢侈,并对张公权不满,太息久之;又商沪交易所对部报账改每月为每六月。"(《翁文灏日记》)

---

① 《纺织染工程》季刊,黄希阁主编,中国纺织染工程研究所出版。1939 年 5 月创刊。

9 月 10 日　长外甥郝慰克①出生。

9 月 23 日　黄炎培将赴成都，先生与杜月笙、王志莘访黄"共谈。藕初以肩舆相送"。（《黄炎培日记》）

9 月 24 日　黄炎培于成都"讯藕初"。（同上）

10 月 1 日　黄炎培得"廿八日藕初信"。（同上）

10 月 3 日　黄炎培在成都复函先生，为之改所作诗。（同上）黄炎培《追忆穆藕初先生》一文云："最近数年，乃学为诗，遍读名家诗集，模拟推敲，遇好友之能诗者，虚心求益，以其流亡入蜀，与少陵放翁身世相类，乃仿为两近家诗，先近体，后古风，进步之猛可惊也。"（重庆《新华日报》1943 年 10 月 6 日）

10 月 9 日　翁文灏接见先生。（《翁文灏日记》）

10 月　边区合作社第一次代表大会召开。② 林森、蒋介石、毛泽东、朱德、孔祥熙、林伯渠、翁文灏、穆藕初、斯诺、奉勉成、卢广绵、艾黎等组成名誉主席团，由曹菊如、刘景范、王士俊、李会友、庞克道、谢申元、井润秀等组成主席团。会议总结以往工作，通过各项议案和合作社章程，选举李会友为边区合作社联合社理事会主席，常荫奎为监事会主席。主要职责是负责贯彻落实既定的方针、任务和法规，开展组织协调和指导服务工作，促进合作事业的进一步发展。（陕甘宁边区合作社档案）

11 月 21 日　联名发表《战时社会事业人才调剂协会缘起》，全文如下：

抗战迄今，晌逾两载，胜利之券，已可立操，苟非聋瞽，应无疑虑。惟胜利之期既经接近，吾人用力更应加紧。"成事在人"洵非虚语。吾人于争取"时"与"地"外，尤当努力于争取"人"。盖自抗战军兴，社会人事，供应不调，有人无事，有事无人，比比皆是。坐使兴办事业者，有四顾茫茫求人不得之慨，而另一方面，不愿为敌人奴役冒险来归之同胞，又有辗转沟壑之惧，事业废弛，才弃于野，患莫大焉。至若有志报国之士，穷途思归，久陷战区之人，脱身不得。此则尤应早图救济，而吾人所宜致力者也。

世英等有鉴于兹，特联合各界人士，发起组织一"战时社会事业调剂协会"，旨在协助社会各方，解决社会人才脱节问题。以期人尽其才，才尽其用，人才适合，效能自著。庶于抗战建国前途，稍有所助力。办法详见会章，兹不复述。切盼热心社会事业人士，俯赐鉴察，踊跃参加，共策进行，成兹善举，曷胜祷幸。

---

① 郝慰克：(1939—　　)郝履端、穆怡如之子。北京市少年宫工作。

② 该会由中国工业合作协会顾问艾黎于 1939 年 4 月提议，设立工合西北区办事处延安事务所（曹菊如任主任），在边区政府领导下主管边区工业生产合作社工作。

发起人陈诚、翁文灏、李济深、陈立夫、许世英、何应钦、张群、张嘉璈、江恒源、黄伯度、穆藕初、温少鹤、魏道明、马超俊、钱昌照、陈郁、刘广沛、寿景伟、孙起孟、顾敦夫、黄炎培、颜耀秋、庞赞臣、刘季洪、李冀中、金祖懋。

（重庆《时事新报》1939 年 11 月 21 日）

同日 出席重庆战时社会事业人才调剂协会成立大会,计到会员一百五十余人。许世英、陈立夫等七人为主席团。许世英报告发起组织本会之意义,江问渔、孙起孟代表报告筹备经过。继由孔院长致训词。何应钦、陈立夫、黄炎培相继演说。通过简章,并电告蒋总裁、林主席致敬;电慰前方将士及各战区同胞。末选举许世英、陈立夫、张群、何应钦及先生等二十六人为理事。(《申报》1939 年 11 月 22 日）

该会选举许世英、陈诚及先生等二十九人为理事,黄炎培、卢作孚、王晓籁等十七人为监事,1940 年 1 月起在重庆三牌坊双巷子一号开始办公。（原档）

11 月下旬 毛泽东在中共中央政治局会议上发言,指出要联合穆藕初等中产阶级。云:"目前的中心问题是组织中产阶级,因大资产阶级已处于动摇麻痹状态中,联共又反共,联苏又反苏。中产阶级包括一部分资产阶级,如穆藕初等。要组织中产阶级,组织工农民众,组织武装力量和政权,这是我们克服投降危险的内部条件。"(《毛泽东年谱》中卷)

秋 农产促进委员会组织森林测勘团,历经川、黔、桂、闽、赣等省,从事调查。(《三年来的农产促进委员会》"三年来农产促进委员会工作概况述要",《农业推广通讯》第三卷第十期)

12 月 30 日 访黄炎培。(《黄炎培日记》)

12 月 31 日 招黄炎培、毕云程、章笃臣等于巴蜀学校内寓所"吃年夜饭"。（同上）

本年 农产促进委员会本年经费一百万元,经常费仅占总额百分之八。"与桂、陕、川三省取得联络,在桂省农业管理处成立农业督导室,川、陕两省农业改进所内相继设农业推进委员会"。病虫害防治方面"与中农所合作协助川、湘、滇、黔、桂、陕、鄂、豫、甘等九省农业改进机关,特别注意棉虫、棉病、稻虫、仓虫、麦病等防治;复助川省防治柑橘红蝇与蔬菜害虫"。在棉毛麻纺织训练及推广方面,"七七棉纺机推广,年来推广方式,系从大量训练工人着手,进谋自动经营可辗转传授。二十八年补助经费直接间接设立之棉纺织训练所六十余处,分布川、康、陕、桂、豫、湘、鄂、浙等八省。"在农业推广实验与调查方面,"在重庆设厂实验造纸技术,粗有成绩。"在人才训练方面,"训练者达七五四人,由本会与其他机关合办者如督导员、视导员、病虫防治人员,委托训练者如川农所兽疫防治人员、省植棉人员"。(《三年来的农产促进委员会》"三年来农产促进委员会工作概况述要",《农业推广通讯》第三卷第十期)另据《二十八年度农产促进委员会主办事业效果报告书》云:本年工作偏重战时军民衣食原料之增加,以农作物推广、棉纺织训练及推广所用经费最多。其中在川、陕、黔、鄂、康、浙、豫、桂等省共设棉毛纺织训练所二百零五个,补助经费十三万二千元,大力推广七七棉纺机。仅重庆推广区已设立合作社及简易工厂一百四十三所,制造七七棉纺机三千五百九十七架。又补助经费一万元(另自筹二万元),在陕甘宁边区保安、神府、庆阳县设纺织工厂三所(包括织毛毯机二架、织布机四十二架、手拉木织机五十七架,织袜机二十二架,织毛巾机五架,织毛衣机二架,弹花马力机七架、七七棉纺机一百零五架,手纺纱车六十架等),容纳学工三百三十人;在延安、延长、延川等县设手纺织合作社一百十四所,社员九百六十七人,内女性为多,"出品颇能供市上急需"。另外,就农作物、兽疫防治、肥料、蚕桑、牲畜等有具体数字代表者计,即增益近九百万元,其不能以数字代表者,如训练人才、研究实验等工作,也取得很大成绩,奠定战时农业推广与发展基础。(原书)

1940 年(民国二十九年,庚辰)　六十五岁

1 月　行政院下设农林部,管理全国农业行政事务。

2 月　日军进攻桂南地区失败。

3 月　全国交通会议在重庆召开。汪伪国民政府在南京成立。

5 月　宜昌争夺战激烈,中日军队在鄂西对峙。

6 月　周恩来抵重庆,参加国共两党谈判。

7 月　英、日签订协定,封锁滇缅公路及香港运输三个月。

9 月　德日意军事同盟条约在柏林签订。

12 月　蒋介石严处农本局协理蔡承新等。翁文灏拟辞经济部长职。蒋及孔祥熙挽留。行政院通过县农业推广所组织大纲。

本年　德意法西斯侵占欧、非大批国家。

1 月 1 日　发表为上海《纺织染工程》题词:"复兴民族工业之南针"。(《纺织染工程》第一卷第四期)

同期发表先生《内地土纱状况》一文。云:"年来敌人阴谋百出,孤岛环境愈益艰难,顾有志之士,其精力曾不因之而少怠。黄君希阁,为纺织业中之翘楚,兹集约同人,创此中国纺织染工程研究所,并刊行纺织染工程季刊,以期供献所得,有所裨益于国家。承索文于余,唯余离乡已久,故乡之状况如何,棉纺织业被摧毁之程度如何,远道传闻,难期正确,更以此业复兴,基于各方关系綦多,凭空悬测,殊难据为定论也。在持久抗战中,军民之衣食两项问题,最为重要,余知一般热心人士,亦极关心于此,就余所知,内地经二年之封锁,食粮充足,刍秣无虑,然'衣'则洵一大问题,今余特作此报告,当亦为读者所乐闻也。余自去年初夏,受命主持促进农产,兼负推动家庭工业之责后,瞻顾事实环境,权衡利害轻重,深知棉纺织事业为当前所最急迫需要,乃为解决棉纺问题而呼吁,幸赖当局贤明,对于存花之内运,花纱布之采购,运输之尽先,及是年秋季之湖北新棉速轧,速运,贷款等项建议,一一采纳,而施诸实行。此与一年来前方军服内地民衣之筹措,不无小补。"文章向"孤岛"同行介绍内地"七七式"、"三一式"、"梁子期式"和"业精式"四种土纺机,以及农产促进会推广手工纺织情况。云:

上列四种,其在产棉区之地位,殊有异别,而其机件,殆皆各就昔日各地土纺机加以相当之改良,因亦未能一律。唯出纱品质,其铁件多车身重者,自略见优。至出数方面,用动力者每十锭十小时可出纱一磅,纱质之良否,亦须视工人技术之熟练与否而定。

……是以余于推广手工棉纺之初,除将"七七式"改良之点,绘图说明公开于内地外,并定一原则,即凡能将棉花纺成棉纱者,不拘何式,皆由本会一律予以经济上之补助,毫无畛域之见。而余则自办公处由汉迁渝,经三月之整理,认为"七七式"值得推广后,即向产棉各地宣传推广,于产棉区组织手纺训练所,训练大批技工广布各地,目下川、陕、豫、鄂、黔、桂、浙各省,已有此项手纺训练所共四十三所。

各产棉区因土纺机推广之故,土纱势力勃兴,然此种势力之勃兴,并不敢认为余等推动之力量,"社会物质条件决定人类意识",余等之力量固甚微,而纱价之高昂,实足使土纱发展于内地。质言之,重庆二十支纱售价最高时达一千八百元,此固交通不便,运费巨大所致,据余所知,一吨纱约五包,最便捷之运输,从海防不经昆明而经由越南同登运达重庆,需越币六百元,外汇昂贵时,合需国币二千四百元之谱,加以由上海至海防之外汇运费,海防之捐税等,因之沪纱来渝,其成本之巨,言之惊人。

以纱价之昂贵,此改良之土纺机,即大受内地人士之欢迎。一般青年男女,前在乡村每日所赚不及一角者,今则每日已可赚七八角。其尤足使余不胜愉快者,以农民均能为自己而生产,向为工业资本家所赚之钱,今皆为农民所得,此于改善农民生活及繁荣农村经济之助力,实甚巨大。更以此项改良纺机之推广,无资本主义新式工业摧毁乡村手工业之恐慌,因一般孱弱之老妪,其体力若有不能参加改良纺机之工作者,亦皆在茅屋土窑中,安纺其一只木锭之土纱,以待价而沽也。

目下纱厂在内地各处,其纱锭总数不及二十万枚,而此二十万枚纱锭,至明年底开工出纱者究有若干,未可预知,为适应现实环境,余之希望在于分工合作,期达到布匹品质之相当水准,倘棉纱不成问题,则棉布亦不成问题矣。总之,余希望于不久之将来,内地纱布之供求,可渐达于自给自足之境,至于毛、麻,各方亦正在着手改进,以期适应大时代之生产计划。

虽然,余所引为憾事者,为现在内地技术人才之缺乏,此非仅对于内地土产事业进展有所阻碍,抑复影响及于抗战力量之增长。观夫英、法、德各国战时技术人才之强制召集,及法国教育总长因此次战事爆发,而不惜自动弃其优渥之地位与生活,以加入兵役。余殊希望各方从事此业之我国技术人员,惕于国家民族之垂危,怀其技术才能,源源来入内地,与我大后方人民,共同为生产事业而努力! 目下中央政权统一,内地政治优良,成绩斐然。复因中央重视技术人员,及内地各种物品,均所需要,殊合于各方技术人员之前来服务,或经营生产事业。更以近来内地防空设备优良,生产事业散布于各安全地点,每次空袭,损伤甚微。此一切内地安全之情况,余深信殊在各方人士悬想之外,凡我同志,盍兴乎来。

(《纺织染工程》第一卷第四期;《文集》第 396 页)

1月7日 邹秉文招餐,同席有黄炎培等。先生与章元善等演唱昆曲。(《黄炎培日记》)

1月19日 沈宗瀚假先生寓所招餐,同席赵祖康(公路处长)、黄炎培等,"谈乐西公路事"。(同上)

1月27日 《大公报》刊出《救济纱荒》报道。云:"农产促进委员会前为救济后方纱荒,提倡改良七七棉纺机,普遍推广各地,业已一年有半,颇著成效。以川省而论,据川省棉纺机推广委员会报告,截止去年十一月底止,四川省八十四县已推行七七棉纺机二万一千余架。农村妇女每人每架工作十小时,可纺纱二磅,获利一元左右。从低额估计,每年可纺纱二万大包,节省资金外流一千数百万元。倘用电力或水力拖动,每日每架可纺纱三磅半。又纺机大部用木料制成,故成本较低,深合农村需求。农产促进委员会现正搜集各方报告,请定专家继续研究,俾资改进。"

2月2日 陶行知为研究防治油桐虫害工作致先生函,商请赞助。原函如下:

藕初先生赐鉴:

久未晤面,曷胜系念! 兹者中国科学社研究防治油桐虫害工作计划,前托毕云程、邹秉文二先生代达愚见,谅蒙接洽。科学社研究此项工作有二优点:第一,苗久棚先生系中国唯一之森林昆虫专家;第二,该社六、七年来所收集之森林昆虫图书最为丰富。兹将该社之计划书奉上,以供参考。倘蒙成全,必有贡献。专此介绍。

陶行知启,二月二日

(陶行知著《行知书信集》,安徽人民出版社 1981 年 10 月版)

2月14日 河南郑县豫丰和记纺织有限股份有限公司为召开董事会事致函宋汉章、汪楞伯、穆藕初、卞白眉、束云章、沈次量。云:"兹订于二十九年三月十日下午三时在香港广东银行二楼另开第四次董事会议,相应函达,即希届时出席。如台端因事不及莅会,并请函托其他董事代表为荷。此致宋董事汉章、汪董事楞伯、穆董事藕初、卞董事长白眉、束董事云章、沈董事次量。"(豫丰纱厂档案)

2月25日 招黄炎培会餐于巴蜀学校内寓所。(《黄炎培日记》)

3月2日 致束云章函,请其代表出席豫丰董事会议,函云:"二月十四日大函及附件均敬收悉。三月十日豫丰董事会、三月十五日股东会,弟均因事不克出席,均请兄代表出席。特此奉函,至希台洽为荷。"(豫丰纱厂档案)

3月3日 上午九时,与黄炎培、贾佛如、冷御秋等渡嘉陵江,视察溉澜西第三工厂印度纺织机,由孟洪治工程师说明。《黄炎培日记》)

3月 为筹设棉毛纺织训练所事,由重庆赴成都。《大公报》报道《农产促进委员会推进棉毛纺织,在蓉设训练所》消息云:"农产促进会为促进后方生产起见,即于蓉筹设棉毛手工纺织训练所十所。该会主任委员穆藕初,已来蓉积极筹备。据谈:棉纺机之铁件多套,正在渝赶制中,木质部分,由蓉仿制,并已采购棉毛甚多,将于五月初开班训练。每月可训练学工千人,对于农民生计,实大有裨益。"(《大公报》1940 年 3 月 30 日)

4月3日 竺可桢"阅蔡邦华寄来农业推广及农业调查计划,拟向农产促进委员会请款。计农业调查四万二千元,湄潭农业推广实验县计划三万五千三百元"。(《竺可桢日记》,《竺可桢全集》第 7 卷第 329 页)4 月 9 日,竺"寄穆藕初函。"(同上,第 333 页)

4月9日 与黄炎培、钱新之、江问渔、杜月笙、魏文瀚等为预防上海鸿英图书馆纠纷事,同具名致鸿英图书馆馆长沈信卿函。(《黄炎培日记》)

4月11日 为补助边区政府农业生产经费事致函董必武。原函如下:

必武先生大鉴:

　　林祖涵先生提出之增加农产计划,已经本会核定补助六万元。兹送上审核报告一纸及规程调查表等四种,请转交林先生查照办理。并请补送详细计划及估计可以增加生产数量若干赐函示知,以便编入本会预期效果报告书。是所至盼,专此即颂大安。

　　　　弟穆藕初谨启,四月十一日

(《陕甘宁边区政府文件选编》第二辑)

同日 草拟《赈济委员会手纺织管理人员养成所、手纺织训练所计划》。"引言"云:"救济有积极、消极两种,而

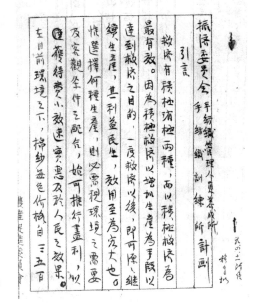

《赈济委员会手纺织管理人员养成所、手纺织训练所计划》底稿

以积极救济为最有效。因为积极救济以增加生产为手段以达到救济之目的,一度救济以后,即可源源继续生产,其利益民生,效用至为宏大也。惟选择何种生产,则必须视环境之需要及客观条件之配合,始可推行尽利,以获得费小效速实惠及于人民之效果。""农产促进委员会成立之始,即注意推行手纺,诚以手纺纱虽不及厂纱之精美,但值此厂棉来源异常缺乏之时,非推行手纺,即无以救济纱荒,故今日之棉纱,乃有无问题,非精粗问题也。据最近调查,成都方面织布工人因缺乏棉纱而停工两个半月以上者,已有六七千人。此问题甚为严重。如何使失业工人变为生产工人,以收救济失业增加生产之效,则惟有推行手纺之一法。盖无纱不能织布,人尽知之,既因厂纱不敷用而停织,则试问除加强增加手纺棉纱以供给织布外,别无其他善法,亦显而易见者。况且按照目前棉花价格,每市担为二百元,即每市斤二元,每一熟练工人每日一二市斤,至少可获利一元以上,则其有益于人民生计者,尤属显而易见者。而且七七棉纺机一机三用,可以纺毛、麻,学会纺纱者,亦可以纺毛纺麻。现在问题,至为简单,就是如何使不会纺纱之人学会纺纱。即此便是一个积极救济问题。因为训练每一个人学会纺纱,约需时一个月,此一个月伙食及其学习时期中所耗损之棉花,越需二三十元,其一切设备费尚不在内。此为推行手纺之一先决问题,即第一步之训练,需要一笔经费,此项经费之意义,即积极救济费也。振济委员会原以救济一切为职责,而近年来之工作,尤注重于积极救济。因鉴于成都方面织布工人之失业,特委托农产促进委员会负责办理训练事宜,使失业工人变为生产工人,以收救济失业增加生产之效。惟根据一年半以来推行手纺之经验,训练纺纱技工以外,有养成一部分管理人员之必要。因为推行手纺,除作为家庭副业外,其组织合作社或小型工场者,皆有赖于管理。管理之得当与否,与出品之多寡优劣,大有关系。过去手纺成绩之优美者,皆得力于管理。此设立手纺训练所及管理工人养成所之原因也。"(原件誊本)

4月12日 竺可桢来访,谈浙江大学蔡邦华农业计划。竺可桢记云:"穆告余谓浙大请款计划已收到,嫌太空泛,故已退回,嘱制一较为具体之计划。余以穆为幼年同窗故,告以此计划乃浙大农学院同人所拟,余阅后即觉其空泛,不切事实。以余个人意见,中国粮食战时与战后均成问题,以贵州之气候地形而论,马铃薯极应提倡。但若以推马铃薯为目标,较易有把握,胜于目前之无所不包也。穆亦以为然。又计划不能太大,如中大邹树文以麻之推广得补助一万二千元云。"(《竺可桢日记》,《竺可桢全集》第7卷第335页)

4月14日 上午十一时,招黄炎培聚餐,"谈国讯同志会问题",同席有谭伯衡及婿吴大榕等。次日,黄炎培等召开国讯同志会第一组会,讨论增补会章,并拟改名国民建国学会。(《黄炎培日记》)

4月17日 陕甘宁边区政府代主席高自立为本年度生产计划事致电林伯渠、董必武并转先生。原电如下:

重庆林、董转呈中央农产促进会委员长穆(藕初)钧鉴:

一、今年垦荒,分配全县分配七十万八千亩。计延安八万一千亩,安塞七万,甘泉二万,安定二万五千,志丹七万,延长三万,延川三万,固林三万,靖边六万,定边六万五千,盐池二万五千,华池五万,曲子六万,环县六万三千,赤水三千,淳耀一万,新正五千,新宁一万,神俯一千。配合机关部队合垦一百万亩。

二、植树今年完全改为造林。计造大林二十五处,十一万九千株;小林三百六十二处,三十六万七千株。大林除延安市造二处,靖边造四处,华池、环县各造二处外,其他各县均造大林一处。小林延安四十六处,安塞三十五处,甘泉十五处,志丹四十处,安定三十处,延长二十处,延川十处,固林十五处,靖边二十处,定边八处,盐池五处,华池三十处,曲子二十处,环县七处,赤水十四处,淳耀二十二处,新正二十处,神俯五千株。

三、全年兴修水利计一万二千八百亩。分配延安一千亩,安塞七千八百,志丹九百,延长一千,靖边六百,华池八百,曲子二百,神俯五百,由建设厅直接协助。延安、安塞现已开工。

四、植棉六万一千亩。分配延安八千零三十亩,安塞六千,甘泉五千,志丹一千,安定一百,延长一万,延川一万五千,固林一万、华池、曲子、赤水、神俯各一千,新正一千五百,淳耀、新宁各五百亩,棉子由建设厅直接分发者计有九万五千三百二十一斤,各县自行购入者不在此数。

五、牛发展五万四千九百五十头。

六、羊发展四十七万三千一百只。他如驴、骡、马、猪等应发展之数均已分配于各县。

七、生产合作社发展二十四处,股金三万七五百元。消费合作社扩大股金,信用合作社发展四处,一万五千元,运输合作社等也加以发展。

八、新办光华农场,实行育畜种、育树苗。

九、扩大边区农校农场。农校今年增一百六十亩耕地,又农场增耕地三百四十亩,试验农作、园艺、扩大苗圃,新华三座山头,现在正在测量中。除书面呈报外,特此电闻。蒙中央协助六万元,谨此致谢。并赐予指示为盼。

高自立,十七。

(《陕甘宁边区政府文件选编》第二辑)

4月19日 访黄炎培。夜,招黄炎培聚餐。(《黄炎培日记》)

4月29日 访黄炎培。夜,招黄会餐于巴蜀学校内寓所,侄穆家康同席。(同上)

5月5日 下午,出席中华职业教育社成立二十三周年纪念会。黄炎培、江问渔、杨卫玉主席。冯玉祥,张群致词。先生代表孔祥熙致词。(同上)

同日 晚,出席中华职业教育社同乐会,与侄女穆家瑞演唱昆曲。"同事演新剧"。(同上)

5月21日 卞白眉得先生函,"探询豫丰日前开股东会情形,谓股东有疑问也。寄请云章代为拟复。"(《卞白眉日记》卷三第19页)

5月22日 束云章拟就致先生函,告豫丰股东会情形。《卞白眉日记》云:"云章来电,谓对穆藕初所询各节,其业拟具答复函稿,俟其寄到再复。"(同上)

5月24日 束云章"代拟复穆藕初信寄到,即嘱骈熹一面缮发,一面照云章所嘱转呈文公。"(同上)

《农业推广通讯》刊登《农业推广人员的修养》一文影印件

5月 在成都农业推广座谈会上讲演《农业推广人员的修养》一文发表。指出推广是一种专门的学问和本领,关键在于推广人员的修养与努力。全文如下:

我对于推广有一种感想,推广乃是一种专门的学问和本领,不是普通人都能做的;推广与技术很难分开,不过推广有推广的要点,技术有技术的要点,单有技术而不能推广,事实上便不能发生效用;反之,单有推广而离开技术,恐亦未能得到好结果,所以推广与技术要有密切的联系。至于怎样切实发挥推广最大效能?重要关键在于推广人员的修养与努力。对于这一方面,据我所见,有几点简略意思,可以供献。

第一,要自动。我认为社会上的人,最难得的是自动力。一个人倘无自动能力,一定难有发展的机会,可惜我们中国人最缺乏此点。要创造一件事业,必须要靠自动精神,再加上环境、能力、以及有关力量,才能有法推动而蕲求其有成,其中尤以自动创造特别紧要。即以社会言,社会上凡能自动的人多,便有兴旺气象。譬如我们涉足乡村,只要看其道路是否平整,就可知道地方上有无适当的领袖领导。所谓领袖,亦即富有自动创造精神的人。推而至于其他亦然。凡到一处,观察一社会发达与否,只要认识负领导责任的人,如无这种精神,进步必是很慢的。

第二,必须以诚来应付人推广的对象是人,在此环境之下,政府是人,社会是人,老百姓是人,总之脱不了人的关系。论到这里,我常有这样一种感触:科学在近百年内进步极快,何以政治进步那样慢? 其症结即因对象不同。前者系谋对付物,物是没有反动的,因此用了多少工夫,即可使科学达到什么程度,同时走到前面即不会落在后头;但是政治却是对人,内容情形便复杂了。历史上固然有不少圣君贤相,尽力为老百姓做事,以谋福利;也有很多所谓专制魔王出世,一味用权势压迫人民,但结果被压迫的人必定有翻身自由的一天。压力存在,反抗即不会消失,因为人总是会反抗的。现在还未臻于大同世界,所以中外政治都不免人事问题。那么人对人既这样难于交往,相处之道,唯有以至诚感人,亦即古书所谓"精诚所至,金石为开"之意。看来,此话似甚迂腐,不过人皆富有感情,我想世界各国如都能去除隔阂,大家以诚的基本态度互待,则国际上当不会这样混乱扰攘,推而及于一国负责者如此,则必永绝干戈,政治易趋进步,一切建设,皆不难走上轨道。谈到农业推广也完全是与人接触,而人既良莠不齐,难于应付,归根结底,仍唯有以诚为出发点,联络辅导,一本精诚,潜移默化,无形中使其心悦诚服,自然乐愿接受推广了。

第三,要有责任心。在学校里上课,今天谁到谁不到,大家都晓得,无法隐瞒;但是农业推广员却分散各县,深入乡村,是否真正工作,只有自己知道。既与学校情形不同,也比不上工厂,因为每个工厂都有考核制度(Check System)。虽然推广也有督导制度,但其意义在积极领导发展事业,而非消极的考查勤惰,故平时工作,根本上毕竟仍靠推广员自身的尽职守分。比仿以四川论,农业推广所有几十县,每一县又有好多乡场市镇,真正尽责任去做的人,还需要长时期才能稍有成绩;敷衍塞责、不努力工作的,岂但无益,而且要有不良影响。所以我去年对于农业界训练人才,曾表示一点意见,即必须要精,而注重品质。此点最重要,否则粗制滥造,人数虽多,仍不见得可以推进事业。

第四,我还有一句向来未对人说过的话,我觉得一个人要有吸引人的力量(Personal magnetism)回忆我到外国留学已经三十四岁,我初认识一位女先生,对我极端礼貌和殷勤,起始我颇感怀疑和不安,后来即连认识第二位,第三位以至第四位等等女朋友,她们都是这样态度。实际上,外国人尤其是女人方面,多有这个特点,对人坐一分钟,谈一句话,都令人感觉舒服,留一好印象。这是什么呢? 即我所谓吸力。我之经营事业,即有我的一分吸力。如办纱厂一人资力不够,必要寻人合股,但要他愿意,则言语举动计划都先要下一番揣摩,以迎合其心理,激发其兴趣。我与人第一次见面谈话,常常注意他的特长,留心他的用处。一次有一位资本家非常傲慢,友人介绍我同他相见,我首次先问他可有多少的谈话时间,他答十分钟,于是我便利用这短促的时间,将全国纱厂事业,加以整个的介绍与说明,他后来对介绍人表示,竟大感满意,因此合作遂无问题。所以对什么人如何应付,言语最要紧。必须先知道自己处在什么一种场合,对方是何种样的人,然后镇静沉着,随机应变,才可恰到好处。

这里,我又想到外国所谓"售货术"(Salesmanship),也有值得注意的几点:(一)态度和蔼亲善,令人喜欢亲近接谈;(二)出售的东西要比他处好;(三)凡是买主可要可不要的物品,要善予介绍解说,使得他感觉需要;(四)结果使买主达到非买不可的程度;(五)最后,还要使买主念念不忘,东西买去,只有满意,不会懊悔。这样,才算得一个成功的推销员。因此,我以为农业推广人员办事,也需要此种精神,农民一般知识浅,头脑笨,讲话更要规矩,指导更须踏实,使农民明白推广的事项,确实比较他原来所有的好,而欣然乐从。实际说来,推广人员的责任,较诸推销商更难,其人除了必须具有丰富的常识,更要有专门的学问和技术,但是推广人员的待遇却很微薄,故投身推广的人,要同信仰宗教一样,须有坚强的信念,抱着牺牲服务的精神,尽本分,成事业。

最后,我还有一点仍应再重复一下。在学校里求学的人,都要读书,离开学校,进身社会,还须有一重要功课,即要读"人"。何以言之? 英谚有云:"识人者是人"(Study of mankind is man)。我国俗语亦云:"不识人不能做人",可见识人为一般所重视。推广人员时常在外面,随时要与人接触,到处有许多好人,也有许多坏人,有许多人对事业能用其所长,也有许多对事业不大相宜的人;故必须要有识人的方法,推行事业才易获有效果。今日社会上一切现象,离开理想还远得很,法律也还不够充分生效。做任何事业,注意人,观察人,读人,皆是最重要的。怎样读"人"? 今天不能详谈,论语有云:"视其所以,察其所由,观其所安,人焉廋哉,人焉廋哉。"我还记得古书上曾经这样说过,即穷时看其有无操守;贱时视其所遇,是否有所不为;有钱的人,视其所友;做官的人,视其所举。我们只要随时留心,冷静观察,总不无所得。至于做人方法,一个人在社会上立身做事,必须恰到好处,不多不少,不远不近,不轻不重。最要者,讲话不要随便乱讲,千万不要说人家闲话,否则将成众矢之的。所以看人法子,第一必须先要不谈人家的坏话。世界上没有完人,用人只有选择人之长处,使其短处不露。牛溲马渤,尚且可以制药,大多数人总是有用处的。木匠做木料,哪样做梁,哪样做家具,皆是凭自己看出来的。我们不论担负什么事业，既然必须先有人手，则读人与用人，最须留意。所用非人，或用而不得其当，必致失败，这是万不可忽视的。

　　农业推广事业本来要靠天才，不过条件还是要能研究，肯实干，只要锲而不舍的做，必能渐渐获得成功。我曾译有一书，书名"科学的管理法"，序上说："凡事有技术，无管理，仍得不到最宏效能。两者相较，毋宁以管理更为重要。"这是指工厂管理而言；谈到农业推广，技术原理要紧，实际苦干也极要紧。

　　以上所讲，都是些老生常谭。今天承贵会盛意要我谈话，所以拉杂的说了这几点，希望能供诸位参考。

　　　　　　　　　　(《农业推广通讯》第二卷第五期；《文集》第 398 页)

　　6 月 1 日　在重庆出席黄浦江聚餐会，参加者有黄炎培、薛明剑、胡厥文等。(《黄炎培日记》)

　　6 月 6 日　上午十时，空袭警报大作，先生与黄炎培、江问渔入防空洞，谈诗。(同上)

　　6 月 8 日　与束云章等商增加酬劳事，"云章来函，谓穆藕初希望其酬劳增至十万，系托徐广迟来说。云章嘱我先代向总处商洽。"(《卞白眉日记》卷三第 21 页)

　　6 月 9 日　上午十一时，黄炎培、梁漱溟来访午餐，适又遇空袭警报，即入防空洞杂谈，又谈诗。(《黄炎培日记》)

　　6 月 10 日　卞白眉等商议增加先生酬劳数目，"关于付给穆藕初现款十万并永断葛藤一节，与愣伯一谈，渠也谓然。"(《卞白眉日记》卷三第 21 页)

　　6 月 11 日　黄炎培偕子敬武、万里来访。午适逢空袭警报，即入洞。(《黄炎培日记》)

　　同日　晚，赴黄炎培宅聚谈，有冷御秋、杨卫玉、金仲华、梁漱溟、黄万里、黄敬武等。黄"述徐培根报告德国复兴经过"。(同上)

　　6 月 12 日　上午十时，空袭警报作，偕黄炎培、江问渔等入防空洞。黄赋诗一首赠先生云："倘羡仙家住洞云，清风写出穆如篪。寰瀛大劫嗟谁造，柰室奇状忍目全。张我天威呼皓月，与君旦誓及黄泉。山钟遮莫东西应，忽报楼船锁瘴烟。"(同上)

　　6 月 13 日　黄炎培又赠诗《防空洞中藕老设风扇以飨众客，报之一绝。限双声迭韵》云："洞送众共用，风同翁送公。君居江峡久，三岁失苏松。"(同上)

　　6 月 15 日　与黄炎培长谈。(同上)

　　6 月 16 日　上午十一时半，警报作，日机空袭，先生与黄炎培、黄敬武、黄万里等入第五防空洞。"到一时半爆炸声甚远，二时半至三时间全洞震撼，沙灰乱飞，大声无数，事后检点，巴蜀全校中弹十六弹，伤一人，死卫队六人，礼堂、课堂、宿舍大都损坏,洞之上洞之左右全是弹,幸工程坚固。其目的在山顶露天设置之自来水管,幸未破坏。"先生定次日赴香港,"将手表及港币三元托交胡叙五付修。"(同上)

6月17日 晨,由重庆飞赴香港。(同上)

6月18日 在港晤汪愣伯,谈豫丰纱厂股份事。卞白眉记云:"穆藕初来港往晤愣伯仍嘱其与我晤谈,因往广东银行二楼,与之接晤,渠约定明早至毕打行详细一谈。"(《卞白眉日记》卷三第22页)

6月19日 与卞白眉谈豫丰纱厂股份转让等事。卞白眉记云:"渠对让股一层,可随其他旧股东按三扣转让。但谓,酬劳金现方可望领到,而法币价格日微,拟请略补损失云云。此项要求颇不合理,微词讽之。后与愣伯一谈,并函知云章。"(同上)

6月20日 致黄炎培函。黄26日得函。(《黄炎培日记》)

6月27日 在香港晤颜惠庆,"穆藕初来访,他说内地发展工业很困难,因为当地人反对。他认为硬压物价是错误的。"(《颜惠庆日记》第三卷第305页)

6月28日 致黄炎培函。黄7月3日得函。(《黄炎培日记》)

6月29日 与卞白眉晤谈。(《卞白眉日记》第三卷第23页)

6月 于《农业推广通讯》发表《我所希望于职业青年的几点》一文。指出职业界的青年们是抗战建国的有力细胞,希望青年业余自修、辨别与判断、实做、量入为出、以诚待人、找寻机会。全文如下:

余年十四习棉业,迄今已逾五十载,其间各色各样的人物都接触过,尤其是在事业上曾经过许多的创造,许多的失败,因之人世间之甘苦,亦经饱尝;不过因为自己对于年来社会上的进步,总觉得是一种表面的,实际上真是有限得很,所以每抱"予欲无言"的宗旨,然而自己对于民族、对社会、对青年,本是蕴蓄着满腔热忱,因之这"无言"之痛,亦仅有自己才了解。

最近孙君起孟要余为"职工生活"写一些职业经验的报告,余思职业界的青年们,都是抗战建国的有力细胞,余虽不敏,但何敢不掬诚以告一二:

(一)业余自修 一般职业界的青年,常常总以为不曾受过高深教育,引为憾事,而余则以为不然。余认为即使一个得过最高学位的博士,回到祖国数年,要是他对于他所研究的那门学问,不加以继续不断的增加新知,那他的学问也是要落后的。假使一个人在社会上三年闭门,不读有益书报,那他对于国内外的情形,也势必茫然,因此所谓"学位"者,不过表示人对此门学问已入门径而已。假使入门而不深造,与不学也相差无几。西谚说:"世界是一个大学校",世界上过去和现在的大政治家、大科学家、大事业家、大文学家,许多是由刻苦自修而成。所以职业界的青年们,能在业余继续披览有益书报,一定能得到无穷的知识。余认为一种专门学问,如能得人指导,自己再每日下一小时的研究功夫,这样继续三年,总可以得到相当成就的。

职业界的青年们!没有机会入大学得学位不是一件憾事,业余而不肯去看有益的书报,那才是一件终身的大憾事呢!

(二)辨别与判断 一个人读书,以能抓住要点为主。在一本书里,可以找出某几页是主要的,在这几页里,又可找出某几段、某几句是最主要的,是全本书的精华。所以读书须要做到能辨别与判断书本内容的好坏,理论的是非,主义的真伪,文字的优劣,久而久之,由一本书及于若干本书,就可养成一种辨别与判断的能力,而且更可以扩展到自己的立身处世,去辨别与判断朋辈的诚伪,事实的是非,宣传的真假。这种能力一经养成,所谓遇事见微知著,左右逢源,入世之道,思过半矣。

(三)实做 一般人的弱点就是"仅图表面",一事未成,锣鼓喧天,早已传遍全国,这样言不顾行,往往为识者所讥笑。不论任何人做什么事,社会似乎不一定对好的表扬,对坏的指摘;然而社会上大众的认识最清楚,批评最严正,"某也贤,某也不肖",真是了如指掌。所谓一手能掩尽天下人耳目者,不过自骗自而已。我相信一个不图表面,刻苦耐劳,拼命实做的青年,必定能得到最后胜利的。

(四)量入为出 现在职业界青年们最感苦闷的,要算"入不敷出,生活艰苦"一事。所以狷介者书空咄咄,徒事兴悲;而狡狯者,则联络、勾结、夤缘、舞弊,无所不用其极,终日营营,总想早发财,早升官。你想一个青年人要是如此,其不堕落者几希!古语说"俭以养廉",因为一个青年人的前程无限,正当"劳其筋骨,饿其体肤,苦其身心,增益其所不能",备受大任的时候,必须以自奉俭朴为保持纯洁的唯一法门,不可因一时之利诱而入歧途,将稀有的机会、终身的幸福葬送净尽。况且中国民族倘不能得到解放,则任何中国人的生活决不会得到出路,现在我们正在艰苦抗战,争取自由独立的时候,更应洁身持己,刻苦耐贫。

(五)以诚待人 社会一般观察力甚强,而有识者的目光更为清晰,所以不论什么人的一举一动,周围都有人注意,大有"十目所视,十手所指"的严密。因之古人有一句"暗室无亏"的话,大可给青年人奉为圭臬。青年人不要以为这件事我可以卖弄小聪明、小机巧、以图自利,以求幸进,应知道你聪明,别人更聪明,一旦西洋镜拆穿,不但何以为情,而且丧失信用。要是你能随时随地待人以诚,即使遇到有些错误,也可为人所体谅。

(六)找寻机会 社会上的机会,恰如清水中的鱼,我要捉这条鱼,必须先问问我的钓竿够坚强否？我的鱼网够牢固否？甚至于我的腕力能控制这条鱼否？假使都不够，或有一够，则这条鱼虽大，也只好让它安然游去。人的找寻机会，又何尝不然。一个机会到来，我自己必须先忖度自己的学识、经验、能力、环境、是否足以胜任愉快，如以为是，则取之，否则，宁可舍却，而不必稍加顾惜。因为这个机会虽好，而你的常识、经验、能力等等都够不上，勉强做了必定失败，也许把你以前一些原有的名誉都丧失了。

要是你的条件都够得上担任此事你还须用全力以赴之，务使所做的事能尽善尽美，那时你的声名鹊起，利亦随之而来矣。

话虽如此，然而旷观目下一般中国人，大多数是利欲熏心，廉耻丧尽，但求地位的肥美，那问自己的力量。因此一朝机会攫着，除了假借地位，捞钱享乐外，对于正当任务，非但"所谋辄左"，而且"手足无措"，弄得国家社会，皆受影响。你想二三吨的小船，装上了一二十吨的货物，小船重载，那得不坏事？职业界的青年们，如果希望自己有一个伟大光明的前程，必须先设法增加自己的学问和能力。

以上种种，原是老生常谈，但言之易而行之难，终身奉行不辍更难。青年人果能看重这些常谈，努力奉行，那非但自己必能在社会上崛起，干一番事业，也可使社会一般人知廉耻，敦风俗，以至于政治因之清明，国家因之兴盛。余愿职业界的青年们，其有以深思而熟虑之，身体而力行之！

（《农业推广通讯》第 2 卷第 6 期;《文集》第 401 页）

7 月 2 日　黄炎培在渝讯先生返渝时间。"均为克诚事"。《黄炎培日记》

同日　卞白眉得香港来信，知先生"所索津贴"事，"云章来信提及穆藕初所索津贴一节，复以一函。"（《卞白眉日记》卷三第 23 页）

7 月 4 日　由港返渝。见黄炎培，"带到(杜)月笙信，二日作"。上午十时半，空袭警报作，偕黄炎培、杨卫玉、毕云程等入防空洞。下午四时警报解除，闻中央大学等处被炸。（《黄炎培日记》）

7 月 6 日　与黄炎培长谈。（同上）

7 月 7 日　黄炎培来访，"长谈大局"。（同上）

7 月 8 日　上午十一时半，警报又作，与黄炎培等入洞，"至三时顷，震声大作，四时解除。门房被烧夷焚毁。"（同上）

7 月 9 日　卞白眉面请汪愣伯将先生豫丰股份转让事"速提常董会"。（《卞白眉日记》卷三第 24 页）

7 月 19 日　卞白眉得先生信，"寄云章"。（同上，第 25 页）

7 月 21 日 次外甥吴秉玮①出生。

7 月 28 日 卞白眉与束云章等商先生津贴事。"为穆藕初十万元事,云章有至汉翁一函。汉翁交阅为签注解决办法。"(《卞白眉日记》卷三第 26 页)

7 月 31 日 致豫丰和记纱厂董事会束云章函,请辞豫丰董事职。函云:"弟年逾花甲,对于各种事业关系,业已先后辞去,以资静养。所有豫丰纱厂董事一职,自应一并辞去。特此函请辞职,务请赐予照准为荷。"8 月 10 日豫丰纱厂第七次董事会准先生辞职请求,并"决议:穆君创办豫丰茕劳备著,为酬答贤劳起见,应即赠送国币拾万元。又穆君历年奔走厂务,旅费交际不无赔累,应另赠津贴国币壹万元,藉资弥补,即由本会名义致函穆君洽照。"(豫丰纱厂档案)

8 月 31 日 访黄炎培。(《黄炎培日记》)

9 月 1 日 中午,携酒食访黄炎培。"餐后,商成都职教社与农产促进会合作办法。"(同上)

9 月 3 日 上午十时,空袭警报作,偕黄炎培、毕云程、章元善等入洞,"谐谈甚得"。(同上)

9 月 6 日 赴成都,为组织高级督导人员赴各省督导农产推广事宜设立培训所。黄炎培来访未遇,"驰书致意,为成都设职教社设分社事。"(同上)

同日 毛泽东就国统区社会调查事致函周恩来、叶剑英、李克农、饶漱石,提到先生等民族资产阶级是主张团结抗日的。函云:"甲、将大资产阶级和民族资产阶级加以区别,以人为单位,每类每省调查数十人至一百人。乙、大资产阶级是带买办性的,与外国资本有联系,大银行、大商业及与外国资本联系的大工业属之,他们是现时主要当权者,如蒋介石、孔祥熙、宋子文、虞洽卿等是。丙、民族资产阶级是受大资产阶级统制,与外国资本联系少,现时还基本上没有政权,主张团结抗战的,如陈光甫、穆藕初、康心如、范旭东等是。丁、将大地主与开明绅士加以区别,亦以人为单位每类调查数十人至一百人。"戊(略)"己、每人为立一小传,要有籍贯、年龄、出身、履历、派别、资产活动、嗜好、政治动向、对我态度等项。"(下略)(《关于调查地主资产阶级和国民党军官的通知》,《毛泽东文集》第 2 卷)

9 月 农产促进委员会"委派高级督导人员出发黔、桂、湘、赣、浙、闽、粤、滇各省考察督导。(《三年来的农产促进委员会》"三年来农产促进委员会工作概况述要",《农业推广通讯》第三卷第十期)

10 月 6 日 黄炎培赴成都农产促进会访先生,谈农业复兴计划。(《黄炎培日

---

① 吴秉玮(1940—),原名吴蕡官。吴大榕、穆恂如之子。南京长江机器厂工作。

记》）

10月14日 毛泽东致函刘少奇、陈毅、叶挺、项英等,指示注意吸收民族资本家及其代表参加根据地建设,再次提到穆藕初。函云:"你们注意吸收陶行知等生活教育社人员去参加苏北文化教育工作是对的,这是主要方面。但同时亦应注意黄炎培、江问渔等所领导的职业教育社在江、浙两省知识分子中有颇大影响,因为黄、江等不仅在文化教育界有地位,而且是经营工商业的民族资本家著名代表,因此,你们也应吸收职业教育社社员及其有关的各方人员,参加我们的文化教育和财政经济事业。同时,你们应经通过韩国钧、李明扬、李长江及地方绅士、文化界等,对苏北以外的江浙民族资本家及其代表如张一麟、黄炎培、江问渔、褚辅成、穆藕初等加以联络,向他们说明苏北事件真相,约请他们派人或介绍人参加苏北之地方政权工作,民意机关工作,及经济、文化、教育建设工作。我们已电周、叶与他们联络,如以后他们介绍人到苏北来时,须加以接纳,与之做事业上的合作,以为拉拢江浙民族资产阶级的具体例证,这对统一战线的发展是有帮助的。"(《注意吸收民族资本家及其代表参加根据地建设》,《毛泽东文集》第2卷)

10月15日 与黄炎培、杨卫玉共商实验区设计。(《黄炎培日记》)

10月16日 与黄炎培商谈实验区计划并话别。次日,先生离蓉返渝。(同上)

10月19日 竺可桢来访,"穆方自成都回,患感冒。"(《竺可桢日记》,《竺可桢全集》第7卷第461页)

10月24日 黄炎培划付先生劝工银行股息款,"划付藕初劝工股息232.75。"(黄炎培日记)

10月25日 黄炎培等来访。"警报作,偕潘序伦及问渔、佛如等至藕初家,十一时顷紧急警报作,入洞,二时警解。"(同上)

10月28日 晚,黄炎培招先生与冷御秋、刘孟侯、江问渔、毕云程、张道宏、张军光、高占非、章元善、郑西谷、田定俺、周勋成、徐子为、贾佛如、贾观菁、贾丽升、蔡仁抱、孙起孟、倪衍昌、许长卿等共二十一人便餐。(同上)

11月2日 与黄炎培等晤谈,"共藕初、叔昂谈。"(同上)

11月5日 晚,招黄炎培聚餐,"同席穆家玖、王希贤、张汝甲、吴舜石、毕云程、江问渔、穆家康、穆家鼎、费福熊。"(同上)

11月13日 上午,访冯玉祥。"九时,薛先生同穆藕初先生来。十二时,梁仲华、梁漱溟、黄炎培、余心清、薛子良、穆籍[藕]初、鹿先生吃饭。"(《冯玉祥日记》第5册第945页,江苏古籍出版社1992年)

11月20日 访黄炎培,"谈诗,出所作古风,颇有家法"。(《黄炎培日记》)

11 月 27 日 访黄炎培长谈。夜，毕云程招餐，同席黄炎培、胡厥文。（同上）

12 月 1 日 黄炎培与杜月笙等来穆宅防空洞躲避日机空袭。"万平来。月笙来，仁抱、叙五偕来。空袭警报作，同到藕初家入防空洞，未投弹，下午一时许解警。"（同上）

12 月 10 日 赴中英庚会出席小型毛纺业推进会第五次会议，到者有黄炎培、冷御秋、张文潜、杭立武、刘广沛、聂光堉等。（同上）

12 月 11 日 访黄炎培，谈"林宗城创毓蒙弹棉机制造公司。三台张光钰推行七七机九千余架，每机出纱一斤半，日得三四元。（同上）

12 月某日 蒋介石召见时刚从香港来渝的刘鸿生，先生应邀作陪。蒋云："鸿生先生，我们盼望你很久了，我已清楚了解你为抗日救国，牺牲上海价值一千多万元的企业，断然来后方办工业，精神实在可嘉，令人钦佩之至。今晚我只请你同穆藕初两个人便饭，穆藕老可作证，我保证偿还你损失的一千万元，只要你能提供机器设备和各种专业人才。你要钱就给钱，你要原料就给原料，这一点穆藕老可作证。"刘表示："我一定竭尽全力，保证完成委员长给我的任务。"（引自 1941 年 1 月 26 日华业和记火柴公司第三次股东会记录，《民国档案》1995 年第 2 期）

本年 拒绝沙市纱厂馈赠。穆伯华《先德追怀录》云："一日，湖北省沙市县沙市纱厂驻沪办事处董事长高君介人招余往曰：'本厂数受尊翁之惠，未有以报，现沪地生活高涨，长安居大不易，聊送五十万元为尊堂寿。'余曰：'此事必须请示家君，不敢受越。'数星期后，得回示云：'我之惠人我所愿也，并不忘报，某厂之言，其殆侮辱我乎？婉言谢之。'余往谢之不受。"（手稿）

本年 农产促进委员会本年经费一百八十万元，经常费百分之六点六，"在黔、甘、闽、鄂、豫五省次第充实设立农业推广委员会或农业推进处。在督导方面，成立一督导团，巡回川省腹地，历经四十一县市。"在病虫防治方面，"开始制造药剂机械。药剂方面，如砒酸铅、砒酸钙、烟草水、面粉糊、硬水植物油乳剂、棉油皂等十二种，共达九千余万斤"。在农业推广实验与调查方面，"选定川康二省之岷江、青衣江、大渡河各流域，黔省清水江及榕江流域，赣省章水、贡水、汶水及上饶江各流域，湘省渠水、巫水、资水及湘水各流域"。在园艺推广方面，"二十八、九年两年补助金大农学院办理园艺指导与示范。二十九年在温江隆镇合办优良种田繁殖场"。在造林方面，"补助陕甘宁边区五千元，造林四十九万三千五百六十一株，增益四万四千三百五十六元"。在棉毛麻纺织训练及推广方面，七七棉纺机推广"四川竟达三万六千余架，陕、豫、鄂、浙、黔、桂、湘、康、甘、滇、青海各省计有万余架。而七七棉毛麻三纺机试验成功，贡献尤宏。""计算全部纺纱约达二千二百余万斤，全年增益在四千五百万元以上。"在农业推广示范方面，"从本年起特拨专款三万二千元，补助各机关倡导进行,如利用隙地栽培经济果木;利用水利创办扎花厂、碾米厂、榨油厂及磨粉厂;利用榨蔗机榨蔗;使用自制抽水机等;并由本会在陇南嘉陵江上游设立成县棉场,举办示范棉田。"在人才训练方面,"分别在川、桂、黔、滇、陕、闽、甘七省进行训练,计农推人员与普通技术人员共二百人,植棉五十人,育□一百七十七人,缲丝六十人,病虫防治十一人,畜牧兽医二十三人,果树高级研究人员四人,总计六百二十五人。"(《三年来的农产促进委员会》《三年来农产促进委员会工作概况述要》,《农业推广通讯》第三卷第十期)

1941 年(民国三十年,辛巳) 六十六岁

1 月　发生"皖南事变"。

国民政府行政院改组农本局。

2 月　豫南战役大捷。

周恩来在渝与各党派代表聚谈。

3 月　全国粮食管理局在制定《重庆市食米统购统销办法》。

中国民主政团同盟在重庆成立,黄炎培任主席。

5 月　日军发动中条山战役,中国军队失败而告结束。

滇缅公路管理委员会成立。

6 月　日机夜袭重庆,校场口发生大隧道窒息惨案,市民死伤 3 万余人。

德军突袭苏联,苏德战争爆发。

9 月　第二次长沙会战歼敌 4 万余人。

10 月　中、美、英代表在香港举行经济财政会议。

12 月　日军偷袭珍珠港,太平洋战争爆发。

1 月 1 日　在农产促进委员会同仁会上讲演《将来之农业》。将我国农业发展过程分为三个时期,第三时期就是从今而后的"将来之农业",阐述今后农业服务原则、现状、希望。摘录如下:

先谈原则:

第一,要生根。我们知道农业的特点,第一就是生根,稻子麦子种在田里,生了根才能生长,不生根就会枯萎而死。改良农业,也是一样。如果办农业不能生根,农业怎样能够发展呢?

第二,要结果。比如农民播下棉种,过了相当时期,棉种渐渐发芽生叶,开花吐絮,可以采下籽棉轧成皮花,用以纺纱织布,这就是棉种"生根"以后所结出来的果。整个的农业也何尝不是这样。倘然办农业而没有结果,又何必多此一举呢?

第三,要经济。农业单是"生根""结果"还是不够,必须还要有经济的价值。……所以除非有特殊的作用,我们改良农业,一方面固然要求质的好,另

一方面还要求量的多和更多的经济价值。

第四，要专门。……因为近代科学的发达，农学家采用科学方法来研究农业，可以改良品种，增加生产，比较一般老农墨守陈法的，其产品更多，更好，更有经济价值。这就是农业专门化的原因。

第五，要适应。农业的改良要同环境需要配合起来。农业经营不能离开自然条件的凭藉。……一切决定却非根据科学不可。有人说，世界上学问最大的是医生；其实无论工厂的经理，农场的场长，或是其他生产部门的主脑，都是学问最大的。譬如方才所讲，一个农场的场长，也得要研究作物所适应的水土与气候等等，才能有所收获。所以农业是要科学化。

第六，要公有。农学家在一个地方做一种专门试验，得出来的结果，非常之好，而且是合乎当地的自然环境。这是因为当地的农业机关供给了经费，当地的社会人士给予了便利，积多少年的时间，农学家才能得到这样的结果，这不是个人的成就，而是社会的成就。……我们的农学家应该持这样态度，……要把试验的结果作为公有，慎重的保存，使社会共享其利益，才算是对的。

第七，要合作。农业里面的各个部门之间，以至于农业与其他各项事业之间，都是有密切关系的。可是现在我们所看见的，往往是彼此倾轧欺诈，闹人事问题。完全不知道一种事业的存在，不但需要和别种事业联系，而且在本身里面的各部门也得要互相联系的。……我认为一个好的农学家是应该胸襟阔大，大公无私，能与有关各方面密切合作的。

第八，要普遍。例如耕田，除非是不能耕的石田没有办法外，不论是平地，是水田，是山地，是砂土，是壤土，是黏土，农学家总能够想法子去改良耕种的。……我们的农业是能够而且应该普遍地发展的。政府与个人都不应该放弃这个责任。

再讲现状。……

我们只要稍稍留心，至少还可以看到如下的几种病态：

第一，是有机关无人才。这几年来各级农业机关纷纷设立，农业学校因为学生毕业出来不愁没有插足的地方，就乘机"粗制滥造"，结果毕业出来的学生愈多，设立的机关也愈多，临时杂凑的人，充满机关；机关就只有空虚的幌子了。

第二，"抢人"。因为机关多，真正的人材少，在各个农业机关之间，就发生了一种"抢人"的现象。这是一种坏的现象。在本会成立的时候，我已经看到了的，当时我认为，既然农业行政已经有经济部农林司（现在是农林部）来做，农业金融已经有中国农民银行、农本局等机关来做,农业技术已经有中央农业实验所来做,为避免工作重复起见,我就选定了农业推广来做,这是一方面。另一方面,本会成立以后,头一件事就是要聘请农业推广的专家来襄助我工作,于是我就找到了乔启明先生。但乔先生在金陵大学方面是不可少的,因此我在重庆本会之外,在成都设一个办事处,以便乔先生一面主持本会的技术工作,一面仍能担任金陵大学方面的教务。这就是不抢人的办法,是完全合理的。……

第三,是重量不重质的训练。这几年,许多农业机关,都自己在设班训练人员,动不动就是几十人,几百人。训练不过几个月,甚至于几个星期,就叫他们出来做事,这样重量而不重质,实在是要不得的。本会训练人员就要竭力避免这个毛病,遵守着"宁缺毋滥"的原则。……

第四,是大计划。想起当初我到汉口筹设本会的时候,看到许多大计划,不是数百万元,就是数千万元,我认为这是不对的。这实在是因为他们完全没有想到政府财政绌支、人才不够的缘故。……

第五,是宣传。最近一年来报章杂志上登载的农业文章,非常之多,但大部分是有宣传作用的。大概这些做文章的农学家,常常都是自己先有了个计划,才做出文章来代他的计划宣传。这种风气坏极了,是不应该有的。要知道农学家做文章,最好是报告性质,把自己研究实验的所得,公之大众。……

最后,讲到希望,就要说到将来的农业了。将来的农业是要政府去发展的。我认为发展将来的农业的最好的办法,是把现在的农业学校,归并起来,充实教学设备,集中地造出好的人才来供国家社会使用。

中国办农业学校也有几十年了,但到今天我们还在这些农业学校可以看到,有造林学这门功课,而没有林场;有养鱼学这门功课,而没有渔业设备等等现象。结果因为不切实际,毕业出来的学生,大多不能实干。必需政府统盘筹划,把最好的人才,集中起来,充实农校,严密训练,方才可以造出好的学生,否则即使有钱,有计划,而没有人才,也是徒然浪费,而不能成事的。当然,这并不是说现在的农学家都是没有用处;相反的,他们都有相当的能力,但是组织不健全,位置不适当,任何人都不能用其所长。必须使能草拟计划,处理例行公事的,能埋头苦干,做实际工作的充分合作,大家配合起来,便可以得到最好的结果。

(《农业推广通讯》第五卷第十一期;《文集》第 405 页)

1 月 22 日 晨,黄炎培、杨卫玉来访,"谈:1. 证券交易所问题;2. 建厦问题"。(《黄炎培日记》)

1 月 23 日 下午三时,赴玉山别业出席小型毛纺业推进会第六次会议,到者黄

炎培、冷御秋、项立武、程文潜等。讨论黄炎培"与文潜、一泉草《组织法》"。(同上)

1月28日　中午，与俞寰澄、潘仰尧、黄炎培、杨卫玉等于莫斯科餐厅会餐。(同上)

1月　发表《促进农业生产之希望》一文。云："吾国为一农业国家，农业经济为国民经济之命脉；抗战期中，诸凡军民食之供应，工业原料之来源，外销特产之增多，以至农民组训之开展，战后复兴之准备，大部有赖于农业生产之促进。关系之重，影响之大，殆为抗战建国中经济建设之要政。"文章回顾农产促进委员会1940年的工作及其成效："军兴以来，中央积极实施总动员计划，对于农业生产之促进，推行不遗余力。以经费言，自中央以至地方农业经费皆大量增加，且与年而俱进。以机构言，抗战初期中央农业机关，计农林行政有经济部农林司，农业研究有中央农业实验所，农业金融有中国农民银行及农本局；本会继于二十七年夏奉行政院孔院长之命而成立，勉负统筹全国农业推广之责。本年初政府复为适应农业增产要求，决定扩大农贷，于中交中农四联总处增设农业金融处；更为提高行政职权，成立农林部。本会工作在政府既定国策与夫农业建设总的目标之下，得以追随各有关机关，密切联系，分工协进；至于今日，推广地域行将普及，推广机构次第建立，推广业务循序发展，推广人才渐臻充实，而与全国扩大农贷如辅车相依，共同迈进矣。以生产事业言，年来本会与中央农业实验所协助各省切实推进，多有成效表现。"阐述食粮作物、工艺作物、外销特产、畜牧兽医、手纺训练与推广方面等方面在各省普及成效，"尤为显著"。"再以本会所举各种事业之全部效果言，如二十八年经费为百万元，其中能以具体数字表示者，计补助各地三十九万余元，连同各省自筹五十九万余元，共增加农民收入达一千五百六十余万元，竟十五倍于该项经费之金额。二十九年经费增至一百八十万元，具体效果可资统计者，计补助经费占六十八万一千五百十九元，各省自筹约达三百三十七万七千六百十四元，合计四百零五十万九千一百三十三元，农民获益共为三千六百九十六万三千零二元，亦达经费总额之九倍。此则差符吾人昕夕所冀费小效宏之理想，实各方热忱赞助之所致，亦足以反映各省对于农业生产之努力精进也。"先生指出今后计划更应把握环境与基础，"益谋有效之供献，以完成抗建大业所课于农业生产之使命；是则任重道远，宜求所以进一步努力奋进之道矣。"就感触所及，提出机构、事业两点，论述如后：

机构方面，余以为农产促进完全为一新兴的实际事业，区域遍及全国，范围等于整个农业之内涵，自中央以至省县，自须建树一有力与健全之机构，以为顺利发展之张本。且前已言之，农产促进工作，因子颇多，方面甚广，须谋有关机关之联系一致，分工迈进，始克有济。本会忝负中央促进战时农业生产之重责，而力量至为微薄，所赖以推动者，唯藉农业研究之成果，农业行政之便利,与夫农业金融之助力等等,而竭尽其协助发扬之功能。而省县为实际推动事业之单位,尤有赖于省县当局之精进努力,无待赘言。近各省中已有集中机构如成立农业改进所或农业管理处者,计有川、康、黔、桂、湘、鄂、陕、甘、豫、浙、闽、宁夏等省;其已成立农业推广机构如农业推广处或委员会等组织者,亦有川、陕、甘、桂、闽、黔、豫、鄂、湘等省;县方机构业在逐渐增设,尤以四川几已普及全省。是则各级系统殆已规模粗备矣。今后在机构方面,所应努力之途径,在中央为联系问题,省县以下则为运用问题。今后中央各机关事业部门日多,甚望对于整个工作计划多求相互之了解,并各就本身力量,随时检讨磋商,以求有机之配合。其次,中央各机关之主要任务乃以全国指导地位,立方针,定计划,协助监督各省贯彻实施,故派赴各省工作人员尤为重要。余尝以为凡各省所应办或能办之事业,概可通过省方机构以进行。本会年来派往各省协助推广工作人员,名义皆由省方加委,而薪金支领、职务调派,亦由省方自主,与各省原有人员一律待遇,职是之故。或云各省机构间有成立伊始,基础未固,一时不易肩负各种事业推动之责,斯则正可藉中央之力,以谋充实健全。再次,县为事业推行之基点,且各省新县制业已普遍实施,建设之首要在民生,则农业关系“养”的建设,自属县政之核心。行政院近于十二月十七日通过县农业推广所组织大纲,今后自应力谋普遍组织,藉以扩大事业推进之效能。他如省县有关农业机关之联系合作,亦极重要。本会年来曾经倡导农业推广协进会之组织,如四川省早于二十八年成立,各县在省方领导下相继成立者为数亦多,所望今后不仅徒有表面形式,参加机关更须各尽责任,在同一目标下,在事业上真正发挥力量,以使名实相符。据闻美国近来正热烈推行地方农业建设一元化运动,自中央以至各州县与乡区皆分别组设农业计划咨询委员会,最大旨趣,即谋一切有关机关计划之协调与集中推进;中央各机关为严密分工,且订立合约,共资确守;中央驻在各州县工作人员对于此种精神,尤为形诸实际行动,堪为借镜也。最后,以吾国幅员广阔,需要繁多,徒赖政府力量,殊有未逮,农民力量之组织发挥,亦属必要。本会年来尽力倡导以乡农会为农业推广之基层机构,良以农会为农民本身之组织,农业推广为农民本身之利益,利害一致。近来各地推行,日臻普遍。此为事业永久基础之所系,亟应加紧辅导农民,用蕲开展也。

事业方面,余以为年来各种生产事业积极推广经营,基础渐具,既如上述;今后事业继续扩大推行,中央各机关宜有整个计划,运用主动策略,辅助各地加速进行与改进,而各自计划截长补短,相互配合,以一贯精神,协同各省通过省方机构,进而与省方事业打成一片,集中力量,辅导县方机构切实办理。每一事业,既经推动,总期深入农村,达于农民,贯彻初衷,收获效果。至于中央所以辅助各省之道,主要者当无过于供给经费人才与材料等;省方虽有良好计划,唯囿于经费,或限于人才,不克自举,则中央从旁辅助,使得圆满推动,以底于成,其间权衡取舍,自可发挥促进之作用。唯经费补助,中央得视本身力量与事业需要,在原则上省方仍应自筹相当成数,而事业本身能直接生利,可得收入者,尤应力图自给,以策久远。此种能直接生利之事业,经营过程中所需经费,殆皆可向农贷机关申请投资,将来于收入盈余中分期归还。夫如此,政府虽以少量经费,而大部分事业皆可顺利推动而无限量矣。本会因感于农业推广事业与农贷关系之密切,故于去年首与四联总处农业金融处签订工作联系办法,并在各种技术办法上研究携手共进之途径。次如人才问题,基本上自须注意训练,培养优秀人才,唯任用方面,同一机构之人员,工作部门偶或有异,而指挥支配则应求其统一。至于材料一端,需要太多,供给有限,战时增产第一,标准不必太高,各地老农积一生经验与历代相传,良种美法未尝无有,徒以文化闭塞,隐而不彰;故适应地方风土,就地取材,大有运用之余地。唯就远处大处着眼,中央方面似应斟酌情形,致力于根本设施,如优良种籽种苗之繁殖、兽疫血清、防治病虫害药剂及工具之制造,农具之改良,与夫肥料之增产;然后材料之供应问题可得彻底解决,而事业发展之永久基础亦能从此奠定矣。

总之,凡所云云,卑无高论,本会今后自应尽其最大之努力,唯力量有限,所有机构树立,事业推行,不过等于砌造房屋,外形虽具,而如何充实设备,布置利用,则不能不寄其愿望于一切农事机关矣。

(《农业推广通讯》第五卷第十一期;《文集》增订本第 402 页)

2月4日　蒋介石就农本局总经理人选面嘱翁文灏。翁记云:"改组后农本局,孔不欲由王文伯主持,而盼用穆藕初,蒋谓可由孔商定。因即与孔会同呈蒋。"(《翁文灏日记》)2 月中旬,孔祥熙提名先生任农本局总经理,获蒋介石同意。张汝砺《农本局的沿革及目前业务动向》一文云:"到了三十年初,农本局便奉到了改组命令,成为专营服用品棉花纱布运销调剂的机构,将原经营事项中的农贷业务交中国农民银行接办,农业仓库业务移交全国粮食管理局接管。农本局便及时调整内部机构,设总务、业务、工务、运输、会计五处,人事研究两室,并将福生总庄撤并本局,由业务处直接指挥外地各庄。"①(《农本月刊》第六十期,1942 年 5 月)

---

① 农本局,国民政府对农业运销的统制机构。1936 年春在南京成立,资本总额 6 000 万元,半数由国库拨足,半数由各大银行按比例分拨。设理事会,孔祥熙任理事长。下设业务、会计、运输、合作指导等处室。通过对农业的金融贷款,包揽粮棉等农产品产销业务。抗战后隶属经济部。1940 年粮食业务划归粮食管理局。1941 年 1 月农本局改组后,以花纱布之购销及增产平价为主要任务。先生出任农本局总经理后仍兼任农产促进委员会主任。

同日 夜,招黄炎培于五福楼用餐。《黄炎培日记》)

2 月 7 日 日本东亚问题调查会编《最新支那要人传》(《最新支那要人伝》)由株式会社朝日新闻社出版。收入先生在内的中国国民党、中国共产党、汪精卫政权、蒙疆联合自治政府等方面领导人以及民主人士和社会知名人士三百四十三人小传及照片。照片右下角有编号。先生编号为 289 号。(原书)

2 月 8 日 与何廉赴资源委员会见翁文灏。《翁文灏日记》)

2 月 14 日 翁文灏致陈布雷函,"询农本局理事会及穆藕初事蒋之意见以为可否。"(同上)

2 月 16 日 招黄炎培午餐,黄"为之修改诗稿"。同席有女婿吴大榕及黄万里。《黄炎培日记》)

2 月 18 日 致函三台中国工业合作协会张光钰。云:"前汇上补助三台手纺织训练所经费壹万元,并函嘱来渝领取七七弹棉机四架,七七纺纱机铁件一百套,加捻度摇纱机铁件二十套,以为推广训练之用,谅先察收。愚现奉孔副院长及经济部翁部长命,继任农本局总经理,定于明日到局接事,对于手工纺织更须尽量推广。三台方面此后可以合作办理,放花收纱,放纱收布,以增进布之生产量,特此函告。倘能因领取棉机等之便,来渝面商合作推广办法最妥。"(原件)

2 月 19 日 上午十一时,赴农本局视事,召集全体职员训示,嘱各安心,继续工作,语极恳切。复与记者云:"农本局自经改组后,今后当专营棉花、棉纱、棉布购销供应等业务,一切仍本原订计划进行。"语中对前任总经理何廉及农本局工作极为褒扬。《新华日报》1941 年 2 月20 日)

先生接任农本局后,就花纱布的购运和销售采取放花收纱,以纱换布办法,并积极推广手工纺织。张汝砺《农本局的沿革及目前业务动向》一文云:"关于农本局花纱布购运销售业务,目的在实现花纱布的合理供应,而推广手工纺织,增加产量,正是今日实现合理供应的主要手段。它所采取的办法和推广过程是这样的:在各地发动农家妇女参加纺织工作。将她们登记编配过后,再以弹成的棉条贷与这些纺手或与

《新华日报》刊登《农本局总经理穆藕初昨视事》报道

他们交换收进土纱。她们利用着原有单锭手纺机,在庄处的推动之下,都广泛地动员起来。收进了土纱,农本局在以一定的比例和机纱配合贷给纺户,织造标准宽幅的机经土纬布,或者以纱和她们交换收进土布。这样布也就是农本局经常供应市面的改良布。所以放花收纱,以花换纱和放纱收布及以纱换布,正是农本局推广手工纺织办法的骨干。"①此外视业务发展的需要,在各地配置各种事业机构:(一)分支庄和各庄所管辖的办事处,绝大多数是推广手工纺织的据点。……(二)为了纺织技术的改进和推广,农本局自设纺织机械制造厂,并创纺织整染各厂。……(三)为了保养并延长自备汽车的寿命,设立修车总厂一所,……(四)成立运输区办事处,将后方运输路线分区管辖,藉得管理指挥的便利,……(五)设有直辖和庄辖的仓库,专为花纱布匹储藏而用。(六)设立电台便利业务管理和行情的通报。"(《农本月刊》第六十期,1942 年 5 月)

2 月 22 日　出席经济部物价谈话会。(《翁文灏日记》)

2 月 24 日　于农本局第一次总理纪念周上演讲《科学管理与成功要素》。要求同人遵守章程、工作艺术化、有亲爱精神、有事业观念。全文如下:

今日为本人到局接事后第一次领导诸位同仁举行总理纪念周,本人心里觉得有两种感想,即古书所谓:"一则以喜,一则以惧",所喜者为本局有如此宏大之规模,有三年来不断创造之精神,又有诸位英俊有为情绪热烈之青年,本

① 张仁寿《穆藕初与经济部农本局》一文云:"穆藕初继任总经理后,将贷款与预付棉款改为棉花统购统销,并进而实行所谓'以花换纱,以纱换布'的办法,即:以棉布控制棉纱,以棉纱控制棉花。在后方各县普遍设立'福生庄'。专门经营以花换纱,以纱换布业务。当时四川各县和各大镇都有福生庄。湖北、河南、陕西、甘肃、贵州各省的县、镇则重点设福生庄,各县、镇福生庄之上则有管辖庄,如'福生陇庄'是甘肃各县福生庄的管辖庄。'福剩渝庄'是川东各县福生庄的管辖庄(以后改为各省办事处,办事处不直接经营业务)。自从实行这个办法以后,棉农生产棉花和出售棉花用以物易物的办法,而不再换回一些不值钱的纸币。同时打击了中间商人,对棉花的生产和出售起了一些刺激作用。对各纱厂的原棉供应则是按各厂出厂成品的数量供应。一方面保证有足够的开工原料,一方面防止厂商以原材料进行投机。照顾了厂商的利益,使工厂不致倒闭,且有利可图。各厂给军勤部门加工的费用都是以棉花的时价计算的,厂商在完成军需部门的加工订货以后,加工所得的原材料织成布可以到市场自由出售,不像过去厂商接受军需部门的贷款以后,由于物价波动买不进原料而吃赔账。这种办法在中国资本主义棉纺织业的经营史上还是一种创举,使中国厂商对棉花能够自给自足有了信心,改变了过去一贯依赖进口外棉的旧习惯。此外,农本局除了调节花纱布的产、运、销、供的关系以外,对棉花棉纱的生产,也作了一些技术上的改进,如大力推广'斯字=B'美棉种,在汉中宝鸡等产棉区设了机器打包厂,组织运输车船,成立了车船队站和修理厂,自设保险,等等。在棉花的质量有了提高以后,各厂的原料便不成问题了。只是因日寇实行经济封锁,机器不能进口,纺织机器只有损耗没有增加,特别是纱锭赶不上需要,农本局因此在各产棉区如川东三台、乐至、射洪等县成立了手纺办事处,推广手纺技术,以棉布收换土纱,把土纱运至纱厂,配搭机纱,织成机经土纬的布(即以机制纱为经,手纺纱为纬)来满足市场用布的需要,另方面也开辟了农村的手工业和副业。这种办法固然是由于当时的客观形式所逼,但如果主持人不当也是办不好的。"(《工商经济史料丛刊》第四辑第 142 页,文史资料出版社 1984 年版)

人得与诸君共事，觉得非常愉快。所惧者本局业务今后虽趋单纯，但职责较前尤为重大，本人年力就衰，原不敢贸然担任，无如固辞不获，勉膺艰巨，不胜惶悚。以本人过去办纱厂及从政之经验，有二事可为诸君告：一为以至诚相见，凡事重商量，本人不喜专断，个人如有问题亦可随时与本人面谈；二为凡忠于职守者皆为本人之亲信，无不推心置腹，本人过去如此，今日及将来亦复如此。对于本局同仁，希望继续工作，不拟更动。过去本人任工商部次长时，仅请一位秘书到部帮忙，此次到局只请一位老朋友毕云程先生来帮忙，因为本人记性不强，需要他帮忙，毕先生从前曾担任过本人所办的豫丰纱厂协理职务。

今日藉此机会，与诸君谈谈科学管理法，本人在美国时，尝研读 TAYLOR 所著科学管理法，极为赞佩，并将该书译成汉文，由中华书局出版。本局为办理业务机关，自应注意科学管理。按科学管理，其要义不外下列四端：第一，遵守章程，本人之意订立章程条文可以从宽，而遵守章程必须从严。自本人起，人人均须遵守章程，不应有例外。所谓民主，其真义亦即在此，否则章程等于具文。第二，人地相宜，各人个性不同，学历不同，工作当按各人性情及能力分配，使每人非徒为生活而工作，亦非徒为工作而工作，而能更进一步，使工作臻于艺术化之境地，在工作时，精神感觉愉快，则工作效能自然增加。第三，亲爱精神，同仁之间如兄如弟，和谐合作，互相联系，则精神自能愉快。第四，事业观念，吾人做事必需有事业观念，一切均以事业为前提，大家的事业成功就是个人的成功。

本人以为青年要达到成功，必须实行下列三事：第一，不浪费精神，做事时做事，休息时休息，精神饱满，事业才有进步。第二，不浪费时间，公余之时，每日读书一小时，三年内可得一千小时，即用以研究一专门问题亦能得到相当成绩。第三，不浪费物质，金钱亦包括在内，用钱须审慎。本人认为应当用的钱虽数百万或数千万不为多，不应当用的钱虽一元二元亦不应浪费。

本局事业的成功，全靠全体同仁能有安定的生活，以后对于公余时间，拟提倡正当的娱乐，及心身上的修养，并且注意到同仁住所的清洁，还要请诸位一起协助。至对于同仁家属居住的问题，本局亦当尽量设法，希望全体同仁，都能安居乐业，为公家服务，每人将全副精神贯注在事业上，这种的团结精神就是本局无形的资本。

最后还要说一句话，过去三年端赖前任总经理、协理苦心孤诣擘划经营，及诸位同仁努力，方有今日之基础与成绩。今后本局业务较前单纯专一，但工作仍极重要。抗战迄今，为时已三年有半，全国上下唯一目标为抗战胜利，今离胜利之期固已不远，唯"行百里者半九十"，一切仍有待吾人继续努力，务求获得最后胜利,则一切都有办法,不但为我们自身之幸,亦为我们的子孙之幸,尤其为我们整个中华民族之大幸。

(《农业推广通讯》第 3 卷第 3 期;《文集》增订本第 410 页)

2 月 徐恩曾派余盖持函见先生,要求成立农本局区党部,遭拒绝。(《毕云程生平简述》,引自《韬奋挚友毕云程》第 253 页)罗昌道《追念毕云程先生》一文云:"在穆、毕主持农本局期间,农本局政治气氛比较开明,工作环境很活跃,我现在知道的中共地下党员有:杜君慧(1927 年入党的老党员,解放后为全国政协委员),毕相辉(任局研究室主任,解放后在沪杭途中遭人杀害),还有不少我不明真实身份的进步分子,一九四七年在昆明西南联大遭国民党军警杀害的学生四烈士之一的潘琰,都曾在农本局短期工作过。一九四一年末珍珠港事件以后,日军一度对我国西南地区大举进攻,曾打到贵州的独山地带,蒋政府为了支撑局面,加强独裁统治,成立了战时物资局,将所有物资部门统同隶属管辖,派黄埔军校出身的何浩若为局长。何曾几次着军装到农本局'训话',不把穆藕初放在眼里。在政策上也有矛盾,某一次,何指名某人是共产党,命农本局派人将其看管起来,因事关机密由总经理办公室直接拟稿答复,大意是我们为业务机构,不是行政机关无权办理此事,顶了回去。"(同上,第 206 页)张仁寿《穆藕初与经济部农本局》一文云:"穆藕初上任后,局的组织规模不断扩充,局内设业务、会计、工务、运输、总务五个处人事、研究两个室,各处室下都设三个科(人事室只有两科),每科之下又有二至四个股,员工总共有四百余人。""用人标榜'用人唯才'和'学以致用'。处长、主任以无党派的工商界人士为多,科长与专员都是毕业多年的专业人员,股长办事员则是毕业不旧的大学毕业生,高中毕业的学生只能当助理员,做做一般工作。国民党各种军事学校和训练班、训练团以及党务人员的学历资历在这里都不能作为定职的资格。"(《工商经济史料丛刊》第四辑第 143 页,文史资料出版社 1984 年版)

3 月 3 日 蒋介石召集孔祥熙、张群、吴国桢、卢作孚、贺耀祖等商谈对参政会报告处理物价办法。商定翁文灏、卢作孚(粮食)、缪秋杰(盐)、穆藕初(日用品)、郑达生(煤炭)、吴闻天(平价购销)自列报告。(《翁文灏日记》)

同日 农本局实行"增加手纺工价"。"决定重庆市收布牌价(即工资)除前月增加壹元外以外,自三月三日起,每疋布再增加一元,其布值特优者仍照前例另给奖金一元,以资嘉惠织户,增加布匹生产。"(《农本月刊》第四十八期、四十九期合刊)

3 月 5 日 陕甘宁边区政府主席林伯渠、副主席高自立咨送先生《咨二十九年度全年农业生产工作总结报告》及《咨三十年度农业生产计划》。《生产工作总结报告》云:"为咨送事:案查陕甘宁边区二十九年上半年农业生产情形及经费开支经咨送在案,兹将全年农业生产工作总结,概略报告于后"。报告分工作概况(开垦荒地、植树造林、兴修水利、推广植棉、发展牧畜、发展纺织、机关生产)、工作经过(领导与检查、考察工作与克服困难)、经费开支三部分,"总结上列三项所述各节,二十九年度农业生产工作之成绩,虽未全部完成原定计划,但以边区人力财力之条件,在灾情严重威胁之情形下,确已尽了最大的努力,其中计划上之不周,工作上之缺点,当亦不少,尚希贵会多予指正,以资改进。三十年度经济建设工作,计划以最大之努力完成自给自足之任务,由于任务之更加繁重,困难之增多,自为意料中事。因此请贵会继续赐以更大之帮助,以发展边区农业经济,以利抗战,不胜翘企之至。此咨全国农业促进会主任穆。"(《陕甘宁边区政府文件选编》第三辑)《农业生产计划》分增加粮食产量与开垦荒地、发展畜牧业、林务工作三部分,末云:"为完成上列各项工作,边区政府拟投资五十万元,但以边区财力有限,一时难以筹措,前曾请求补助水利工程费二万元,购买农具费一万八千元,发展牧畜费五万六千元,移民垦殖费一万五千元,植树造林补助费二万元,共计十二万九千元,已蒙拨发水利工程费一万元,购买农具费一万五千元,发展牧畜费一万九千五百元,补助移民种籽费一万五千元,共计五万九千五百元,按之目前货币购买力,五万余元实不足以解决困难,尚请贵会赐以更大之帮助,以实现计划,而利抗战,不胜翘企之至。此咨全国农业促进会主任穆。"(同上)

3 月 6 日　出席经济部物价审查委员会会议,召集人杨端六、王次荦、张肖梅与先生等。先生报告棉纱,郑达生报告煤炭,吴闻天报告平价购销。会议分发议案十五件。"其中一件为政府提出之三十年度政府对内对外重要方针。(《翁文灏日记》)

3 月 11 日　行政院第五〇六次会议正式通过"农本局由穆藕初继任"。(同上)

3 月 14 日　出席全国农林行政会议第二次大会。先生等被推起草大会宣言。(《中央日报》1941 年 3 月 15 日)

3 月 18 日　出席第十三次经济会议。通过经济部秘书处处务章程。会上,先生"提请院令劝告四川人改长衣为短衣",翁文灏认为先生"迎合孔意"。(《翁文灏日记》)

3 月 22 日　下午三时,出席于经济部平价购销处举行的遏制重庆市纱市场停顿交易会议。到者有钟朴生、吴国桢、李景潞、包局长等。吴闻天处长主席。包局长云:"据社会局知道纱市在两星期前就已步入非常状态。"先生说明各地纱市价格情形,云:"各地纱价悬殊颇大,昆明刚刚四千,重庆就要五千。至于其他各地,如衡阳、贵阳也均不一致,其中最大因素是运输不便有以致之。"次讨论具体提议,先生云："自去岁下半年始，外地来渝采购棉纱者每日三千包，但本地需纱数量为数亦大，例如军需方面，军政部每日收进甚多，如何解决渝地棉纱问题，专门研究本市产销情形是不能解决问题的严重性，非研究大后方整个棉纱的产销运输不成。"继讨论各地囤积日用必需品以致渝市存货空虚问题时，先生认为："1. 统制原因：因目前未能做到全国统制，各地遂有差别。现在是重庆已有最高限价等统制办法，其他地方则无。2. 商运不畅：昆明纱价现在三千，为什么不能运渝销售？因商运不便，商车不能自由运输。"关于解决办法，先生云："近日纱价高涨，也是受棉花涨价影响。农本局有鉴于此，曾提出大量现货供市应用，昨天并分别通知各纱厂，局方愿无限供给，以维纱市。"继讨论是否取消或调整棉纱限价，先生云："取消是困难。"会议"决定一月二十六日前运达重庆的棉纱仍应绝对维持前所规定最高限价，并于下星期五前由社会局查明数量、储户等事后勒令应市出售"。包局长云："市上势有两种价格应如何补救？"先生云："农本局可将底价之纱全部收购，充放纱收布之用，后以织成的布交平价购销处出售。"（经济部平价购销处档案）

同日 重庆棉花市价飞涨至每担五百二十余元，纱价相应腾跃。农本局于即日起按照市价每担三百十二元出售，平定市价。各纱厂向农本局定购大批棉花，为此，经济部拟各纱厂酌量减低棉纱售价。时"各纱厂正会商划一每包纱重量及售价，今后每包纱售价可望减低一二百元。"（《中央日报》1941 年 4 月 14 日）

3 月 30 日 中华职业学校成立二十三周年、渝校二周年纪念日。晨七时三十分，与黄炎培、江问渔等"赴朝天门陵嘉码头坐轮从长江下水至寸滩登陆，步行二里至白沙沱职校机械科及机械工厂，观展览会，旋开会。"黄炎培致词。"述当时立校两大目的：一、矫正学非所用之教育方针；二、欲以实干苦干之精神，为中华树立新风气，同时增进国家生产力。略说困苦艰难之史实与始终一贯之作风。本校校董为国殉难者五人，校友已查得者十七人，致默哀。"次贾佛如校长报告："毕业生3 609 人，沪渝两校在校生 1 857 人。"（《黄炎培日记》）

3 月 为"关怀同仁生活，安心工作起见"，先生特订《农本局员工眷属领购平价米办法》十三条，自 3 月起实行。（《农本月刊》第四十八期、四十九期合刊）

3 月 《农本月刊》第四十八期、四十九期合刊"手工纺织推广专号"出版。"专号前奏"编者云："本期我们特辑手工纺织推广专号，有几点简单的意见：（一）最近本局改组，决定今后专事与棉、纱、布的供销关系及手纺推广。现当局正审思熟虑，积极筹谋，我们至感振奋，丞愿本诸热忱，稍加宣传和提倡。（二）大规模手工棉纺机推广是新兴事业，一切办法尚待根据学理，针对实情，研究创造。而且不用讳言的，以往推广的困难与不合理的现象，未能充分发挥其效能者亦多，今后推行自堪借镜。我们乘此谨供一得之愚，并聊为提供点材料，以备同仁暨有关机关参考。

(三)本局手纺推广工作已历有年所,而外界深切了解者尚不多见。我们特藉本刊篇幅,恳挚介绍和检讨,殷望能促进各方更进一步的认识。"

"专号"刊登先生《土纱机与手纺推行之我见》一文。全文分"改良土纱机之种类"、"土纱机之推行"、"手纺推行的基本条件"三节。该文与上年 3 月先生于四川棉纺织推广委员会第一届技工训练班上所讲《推行手工纺纱的六大条件》一文内容大致相同。

"专号"还登《农产促进委员会廉价推销七七弹棉机》及《七七纺纱机的推广》二文,介绍农产促进委员会改良推广七七纺纱机近况。前文云:"农促会改良七七纺纱机,推行各省已达五万余架,需用弹棉机甚多,特约新民机器厂设计制造七七弹棉机,现已试验完竣。特点有三:(一)锯齿匀;(二)出数多;(三)坚固耐用。并为推广起见,现正绘印图样及说明备索,以便翻造。弹棉机内装有双面锯齿,钢皮三百七十条,不易仿制,故特备锯齿零售,以便就地仿制木架添配之用。售价:弹棉机每架八百四十元,锯齿钢皮每条七角,运费在外,欲购买者,请向成都复兴门外龙江路本会手纺织训练所接洽可也。"后文云:"农促会改良推广七七棉纱机,推广已历两年有余。因进口棉纱日少,纱价日昂,故推广数目,亦日益继长增高。四川一省,已推广至三万六千余架,其他陕西、河南、湖北、浙江、贵州、广西、湖南、西康、甘肃、云南、青海各省,则有一万余架,共计五万余架。每日每架多至一斤半,少至一斤,平均每以一斤半算,每日可纺纱七万千余斤,全年工作以三百日计,即纺纱二千二百余万斤。每斤纱价,最高至九元,最低亦在五元以上,平均六元算,即价值一万万三千余万元。棉花价格最低二元,最高亦不过四元有零,故纺纱一斤,可获利二元,全年增收益在四千五百万元以上。手工纺纱生产数量,因手纺机不断增加,而西南各纱厂因受轰炸影响,开工锭数,反而减少,故手纺纱已超过纱厂生产量,棉花以手纺需要而售价较高,农民授意,棉纱以有手纺供给而售价较廉,用户受益,且可减少外纱之输入,均于后方经济裨益甚巨。"(原刊)

4 月 7 日 向翁文灏抄告棉纱成本组成数据。"每包纱成本如下:(一万锭每廿四小时出十五包);棉花价(一市担)550 元,每包纱用棉 4.4 市担,计每包纱原料成本一五〇元。每包工缴:煤一〇〇元,薪工一六〇,物料二〇〇,统税兵工险一〇〇,折旧一〇〇,迁厂二〇〇,共计八六〇元。以上两共成本二四〇〇元。"(《翁文灏日记》)

4 月 9 日 翁文灏接见穆藕初。(同上)

4 月 13 日 偕刚到重庆的长子穆伯华至黄炎培寓所,谈诗。穆伯华"深谈沪港大局"。(《黄炎培日记》)

4 月 16 日 农本局成立运输设计委员会,先生任主任委员。同日致函会计股佩虞(姓不详)云:"本局运输设计委员会已于今日成立,聘请张登义、章笃臣、黄人玮、何霜梅、潘鼎新、金宝贤诸兄为委员,登义兄兼常务委员,人玮兄兼秘书长,弟自兼任主任委员。请兄按月致送张常务委员公费五百元,黄、何、潘、金四委员公费各三百元,又请送登义兄此次因公来渝往返费壹千元,望嘱会计股照付不误,特此函达,即希查照办理为荷。"(原件)

4月20日 与冷御秋、黄炎培、江问渔、贾佛如等"共商乐西路一带开发实业事"。(《黄炎培日记》)

4月25日 下午二时,召集福生庄业务科主要负责人举行会议,讨论落实行政院经济会议今后四个月之前后方物资统制调剂供应计划,"特令有关方面遵此原则,严格执行。""会后闻本局对于花、纱、布之供销极有把握云。"(《农本月刊》第五十期)

4月29日 黄炎培来访,"午前十时顷,警报作,到藕初处,敌机未到,午后二时解除。"(《黄炎培日记》)

4月30日 与翁文灏谈"农本局事,孔为难情形及吴味经揽权。"(《翁文灏日记》)

4月 农本局实行平抑重庆棉花市价措施取得成效。《农本月刊》刊登消息云:"本市棉花市价,上月中最高价每花担达到五百二十余元。自本局于上月二十二日起按照平价购销处规定平价(即每市担三百十二元,以沙市花为标准)普遍出售以来,迄今月余,市价业已平定。"(《农本月刊》第五十期)

4月 农本局"筹建纱厂,以求大量生产",并派"福生庄桂副理偕喻视察亲往大渡口查勘厂址"。(同上)

4月 农本局积极推行手纺工作,取得成效。《农本月刊》刊登消息云:"本局自改组后,将手纺工作列为本年度主要工作之一。爰本局对手纺之进行,本已积极从事,以实物贷放方式,贷给棉花于农村家庭妇女,而于纺成棉花后,规定一成数,一部归局收回,一部即充劳动者之劳动代价,已有卓著成效。本局今后即将更事扩大,扩展至甘、湘二省。"(同上)

4月 主持筹建农本局图书馆。《农本月刊》刊登消息云:"穆总经理为关怀同仁公余进修读书起见,特饬庶务将原有礼堂旁边业务处办公室,改成读书阅览室,除内部加以装修外,并特制书桌三十二张,现此项整理安置工作约已完竣,不久即可开放供同仁阅读。"(同上)

5月9日 日军对重庆大肆轰炸,很多炸弹落在农本局附近,"结果整个局内的办公室、宿舍、饭厅都受有损害,开了许多天窗。"(《农本月刊》第五十一期)

5月20日 偕黄炎培访孔祥熙,适孔宅"正在演电影、宴客,旋即退出"。(《黄

炎培日记》）

5 月 21 日　黄炎培来访，"归途得警报，至藕初家，一时顷解除。"（同上）

5 月 21 日　晚，在先生主持下农本局成立"晨庐"歌咏队，请沈挺担任指导，队长为李善勖副队长毛贻训，干事姚伯言等七人，有六十七人报名参加。（《农本月刊》第五十一期）

5 月　农本局设立三斗坪福生支庄，抢运沦陷区棉花。《抢运鄂中棉花》一文云："湖北西部有许多县份，原是产棉之区，自沙、宜沦陷后，运输及购买大为困难，但本局为展开对敌经济作战，不辞艰苦，特于近宜昌九十里之三斗坪设立福生支庄，专为抢购及抢输战区棉花，现已派定张采兹君等前往办理，并商请该方面有关政治与军事机关共同协助。"（同上）

5 月　农本局设立湖南省手纺织推广处。《发展湘省手纺》报道云："本局为发展手纺事业，在沅陵设立湖南省手纺织推广处，派傅干臣主持其事……复商请湖南省政府多予协助。将来前途，颇有厚望。"（同上）

5 月　农本局为加强运输，在香港购置大批二吨以下卡车，并派运输办事处工程师潘鼎新驻港办理装配车身事宜。（同上）

5 月　《农本月刊》第五十一期刊登朱仙舫《抗战期中之手工纺织》一文，云："余所主持之厂，曾有一部分采用手纺织机，各种手纺织机均经试用，中以七七纺纱机之推行较为普遍。抗战中游记战为军事上最重要之战术，而手纺织在今日纺织业中与军事上之游记战有同等之重要，已为解决前后方军民衣着之主力军。故其推行，迫不容缓，愿与同业共勉之。"同期刊登《七七纺纱机的要诀》一文，云："手足轻灵，眼光四射，或抢或拈或退，在下层即当审的确，到中层即施行应拈应抢等工作，如法做去，自然纱细匀紧，而适合吾人需要，凡我学者，当熟读紧记，勿忘为要。歌诀：'手足应用宜轻灵，眼光四射要留心，纱到中层审的确，自然纱紧又均匀。'"（原刊）

春　中华职业学校潘文安由沪至渝，访先生于张家花园寓所。"谈二小时无倦容，犹未足，翌日复约同人于酒楼畅谈。席间询及许多老友，并询职校状况，闻校舍被毁大为感叹，继言区区物质之损失不足虑，归当益谋光大之。又询位育近况，言此为基本教育，余毕生以职业学校与位育小学为最得意之教育事业，希望早日光复河山，同归扩大。"（潘文安《余所知之藕初先生》手稿，今藏苏州中国昆曲博物馆）

春　偶遇倪传钺，安排入农本局工作。倪传钺云："抗战期间，我得到了朋友的帮助，到了重庆。1941 年春，一次偶然机会，在路上遇见穆先生坐的轿子（是一种藤椅式两人抬的，与滑杆不同）经过。他一眼认出我，当时简单地谈了几句话，接着叫我在星期天到观音岩张家花园怡园寓所去找他,我如约前往,穆先生问我详细情况后说:'到农本局来工作吧。'我觉得自己能力有限,就说:'恐怕不行吧。'穆先生知道我在仙霓社管理财务四年多,就说:'我看你长大,人也老实,一定能行。'不久我到农本局报到,穆先生安排我在会计处担任出纳股长,把一串保险箱钥匙交给我,保险箱内放着银行空白支票、现钞、美钞等。我自忖穆先生对我这样的信任,应该好好地工作,不辜负穆先生对我的培养。两年后,我升为副科长,科长。""1943年初,穆先生被查出患肠癌,我闻讯后非常难过,只要有空,就去探望。他身患绝症,却依然乐观豁达,对我个人前途仍十分关心,记得穆先生离任时,曾对接任的后改为花纱布管制局局长尹任先说:'倪某是我学生,可以的话,照顾一下。'由此我继续干了一年,才辞职离去。穆先生临终时,我也伺候在侧,看着穆先生安详地闭上眼睛,……此情此景,至今仍历历在目。"(倪传钺《穆藕初先生年谱·序四》,穆家修、柳和城、穆伟杰《穆藕初先生年谱》,上海古籍出版社 2006 年 6 月)

6月7日 夜访黄炎培。(《黄炎培日记》)

6月9日 上午九时,主持农本局第二次总理纪念周。向同人介绍新到局协理赵卓志简历。次演讲《做事与为人》,全文如下:

> 本人记得上次总理纪念周时,曾对诸位同仁讲道,凡忠于职务者皆为本人的亲信。我们对事最要紧的是忠,一件事业,我们不论是赚了钱或是赔了本,都是要求其光明正大。社会是最有监督权力的。如果我们对事不忠,社会在无形中会给我们制裁。这就是所谓信誉一毁,是很难恢复的。在前清末造,做官的做得不好,回到乡里,辄为清议所不容,不过那时还是有许多官吏自私,因此弄得社会恹恹无生气。关于做人这一点,本人常对目前的学校教育抱有一个感想,就是目前的学校教育太偏重教而忽略了育,因此学校常易成为智识的贩卖场所而缺少人格感化的机会。做事与为人,不但重言,尤在重力行,这就是古语所谓"言忠信,行笃敬"。虽在外国也可通行。曾有人问孔子"有一言而可以终身行之者乎"? 孔子说:"其恕乎。"只有一个宽恕的恕字,是无论何时何地都用得着的。现在我介绍几句格言,这几句格言是:"事闲勿荒,事繁勿慌。有言必信,无欲则刚。和如春风,严若秋霜。取象于钱,外圆内方。"我们在工作较闲时,不要把光阴轻轻放过,应该努力进修。在工作繁忙的时候,应该分别缓急轻重去办。有信义的说话才是人的说话。清心寡欲自然无往不适。待人态度和蔼,但对事决不含糊。恕以待人,严以律己。这几句话不是把做事与为人的道理给我们一个很好的参考吗? ……

> 总之,每个人应该时时刻刻力求进步,思想不可落伍。我们不但应该跟着潮流前进,并且还应该有远大的识见,能够看出未来五年十年世界的趋势。我

们不要以应付目前的环境为已足,更要能适应未来的进步的社会。

(《农本月刊》第五十二期;《文集》第 409 页)

6 月 主持筹建农本局纱厂。"厂址设在葛老溪,所需各项材料与机械已有一部运抵重庆,想开工后最低限度本局推广手纺织所需棉纱,可以有一部分自给。"(《农本月刊》第五十二期)

6 月 发起成立农本局文社,发表《农本局文社缘起、办法大纲》。《缘起》云:"人类文明进化,由于思想之演进,而思想之演进,则赖文字以为传达。故思想乃进化之原动力,文字乃思想之传动机。古人云'文以载道',道即思想之准绳。又云'辞取达意',达意即传动之谓。语言亦为传达思想之具,而不能不受时间与空间之限制,于是乎文字尚矣。本局为业务机关,所有从业人员,固不志在研究文学,然最低限度,必求辞能达意,然后欲有所叙述,或有所发挥,始能表而出之。否则必感思想郁结,莫由宣泄之苦。本总经理有鉴于此,爰以组织农本局文社,以为同仁求文字进步之助。"《办法大纲》规定:"一、本局及各附属机关职员,愿参加文社者,每月须作文言文二篇,每篇以四五百字为准。二、阅改文字由本局聘请导师担任。三、每次文题由导师拟定,以期一律,而便观摩。四、文端以书明姓名为原则,其不愿书名者,得自书暗号。五、每次交文期限,于发题时通知。六、每次选最优作品刊登《农本》。穆藕初启。"农本局文社聘请中华职业学校国文教授庞翔勋担任作文指导。(同上)

6 月 农本局发起"晨庐"体育会,并制订章程。(《农本月刊》第五十一期)

7 月 2 日 《大公报》刊登中央社讯《农本局调整花纱布购销》,肯定农本局平抑花纱布市场措施有效。文云:"农本局自改组后,即以调整后方之花纱布购销为中心工作。关于棉花平价,该局悉照平价购销处规定价格发售,迄今为止,棉花市场尚称平稳。最近又有人企图操纵棉花,抬高市价。该局认为目前尚在纱销淡季,各地棉纱市场之昂腾,显系有人从中鼓动。渝市各纱厂每日仍然按照平价购销处规定价格售纱,自不应再有黑市发现。惟贵阳、万县二地,纱价确有昂腾之势,已有该局运纱前往,以较低价格,直接售与织户,以资平抑。该局采购之棉纱,在川省遂宁、璧山、成都、江津、叙府各地购销甚多,新购卡车已陆续运到,今后更可大量运入,后方各地绝无纱荒之虞。"(同日《大公报》)

7 月 11 日 翁文灏"接见穆藕初"。(《翁文灏日记》)

7 月 19 日 翁文灏召见先生,"商谈农本局人事问题"。(同上)

7 月 27 日 招黄炎培用餐谈诗。(《黄炎培日记》)

7 月 31 日 致刘聘三函,因遗失天津裕大纺织有限公司股票及息折,请劝工银行转浙江兴业银行代为保证。函云:"鄙人原持有天津裕大纺织股份有限公司远记户元字拾捌号至贰拾壹号、惠记户元字贰拾叁号至贰拾陆号、公记户元字贰拾柒号至叁拾号、善记户元字叁拾壹号至叁拾肆号股票拾陆纸及息折拾陆扣,共计壹千陆百股,每股国币壹百元,其计票面额国币拾陆万元,业已遗失。除已登报声明作废并经向公司挂失外,特此函恳贵行转烦浙江兴业银行致函北京分行,代为保证。以后如有发生纠葛,概由鄙人负完全责任。兹附奉保证书壹纸,恳请转托浙江兴业银行转致北京东四十一条四十七号向李律阁先生接洽后,偕往前门内新大路陆天津裕大纺织股份有限公司办事处办理保证手续,嗣后该公司分期发还股款时,再由鄙人备具收据,转烦该分行代领股款,亦希预为接洽。诸渎清神,无任感荷。"(原件)

7月 发表《三年来七七棉纺机之推广》一文。总结三年来该机试制、推广经过,详细介绍该机不断改良,逐步提高及目前状况,公布1940年底推广工作各项统计数据。指出七七棉纺机短期内迅速推广之原因,云:"七七棉纺机在短期内推广迅速,其原因可分下述数项言之:第一,抗战时期之各种事业,颇多受交通困难而阻塞者,本会在推广之初,即以多角形之训练推广方式进行,不事集中于一地一隅。使后方各省,同时开始先后设立训练所,训练多数学员及大量技工,更由学员技工直接指导纺手之学习。熟练人员因辗转学习而大量产生,机械之数量亦随之激剧增加。第二,本会三年来均指拨专款供促进手纺事业之用,对于各地创办训练所及设备等费用上之困难,均力加援助,或补助资金,或补助机械,或派技术人员协助,故各地训练所,大都如期设立,迅速办理。第三,七七棉纺机构造简单,仿制便利,盖竹木器材,固为穷乡僻壤所易得,其铜铁件需要甚少,各地旧式工匠多能制造。其制造复杂者,如弹花机钢齿等,可委托本会代购代寄。至此种机械,经历次改良后,对于棉纺上各项必要工程,均已具备。生产棉纱,经过加捻度摇纱机之加捻,可供经纱之用,适合各方需要。第四,作者在推广之初,即抱扩大生产之热忱,故将各机图样,详细绘出,印刷数千份,分送各方,便利仿造。至经营上之方针及技术上之指导,均刊行小册,欢迎各方索阅"。"此外,战局变迁,纱价高昂,亦为促进七七棉纺机迅速推广之大原因。二十七年夏季,即本会开始推动时期,机纱价格每大包尚只四五百元,且各地存纱甚高,虽后迁诸纱厂尚未复工,但机纱在市场既供给充足,土纱之需要自低。时至今日,纱价已十倍于昔,后方各纱厂产量有限,市场存底枯竭,输入路线,大半被阻,因此种种原因,刺激后方生产甚深,故七七棉纺机之推行,自能不胫而走也。工业生产能持久生存之唯一条件,为经营期间必须获得相当利润,是乃经济学上之不易原则。七七棉纺机之推行顺利,实以纺手能获得利益。"可见每纺纱一斤,可获利一元半。七七棉纺机十小时工作,每机可产二十两,故每日可获利润一元八角五分,但实际上农村妇女在家中纺纱时,每自黎明至晚不息,即工作时间常在十小时以上,故其每日收入可得二元余。至于家庭副业中之伙食费,常被忽去，而认为亦属纯利之一部，故在此辈乡村妇女目光中，操作七七棉纺机一日，可得收益五元数角之多。群起学习，购机生产者，无怪其风起云涌也。以工厂方式办理七七棉纺机者，其利润大多不如上述之多，原因颇为明显，工厂开销浩大，为其一；工作时间减短，为其二；纺手责任心较低，出品因而较劣，为其三。唯作者创导此机之目的，本在福利民生，使农村经济，藉此更加充裕，但工厂管理周密，经营得当者，未尝不可获利也。七七棉纺机推广数量，虽达相当数字，而抗战方殷，前后方军民需要正多，作者既已被任为农本局总经理，负有调整花纱布供需之责任。除机纱之生产及内运，亦当尽量提倡协助外，土纱生产，更需作进一步之扩大。本局存棉甚多，适可供应大量手纺之用，而单头纱与其他各式手纺机亦可与七七棉纺机各择所宜，相辅并进，使后方经济及抗建工作，均得补益，此则为作者所深切盼望者也。"(《农业推广通讯》第三卷第七期；《文集》第410页)

7月　于农本局内设立统计科。益《我们的岗位：统计科》一文介绍统计科工作情况，云："去年七月本局改组时在研究室下便诞生了统计科，统筹本局一切统计事宜，统计科成立并在贤明的长官们领导下，一天一天的成长充实，经过一长久的艰难奋斗时期，到现在可以说已粗具规模。可是总不免有许多人不明瞭我们的工作，有的人认为我们不过是研究研究而已，另有一种人认为我们不过汇集点资料，做点数字工作，还有一种人太重视我们，大有农本局少了一件纱都要我们负起责之慨，这种误解，我们都很同情，为其中有的是一般机关统计部门的通病，我们没有将自己介绍给别人，怎能怪人家的误解呢？其实我要向大家解释的，我们的统计是一件极其繁重的工作，我们不仅要尽量供给各部分的需要数字，并且还要和其他的工作部门相配合，因此，我们的统计工作，不是一般性而是站在农本局的立场，来确定我们的统计的对象，用统计的结果所产生的效力来协助本局事业的推动，并用以作对内的审查，与对外的表现。""我们的工作最感困难的，莫过于资料的缺乏与资料的错误，很小的一个单位数字不正确，或是少数资料的延误，能够影响到我们整个的统计数字，因此，我们以至感的热望，尤其希望各分支庄的报表能按时寄来，这一点是要求各分支庄的同仁深切谅解的。本科同人都很年轻，虽然我们在公余充满了活跃和新鲜的朝气，但在办公时间，每个人都埋头苦干。在整个的办公室里有打算盘声、写字声、计算机声，凑成一种严肃的气氛，各个人站在自己的岗位，从事各个人的使命，我们还希望其他部门的同仁时常指教和鼓励呢！"(《农本副刊》第三期，1942年4月15日)

7月　蒋杰发表《抗战四年来的农业推广》一文，分析农产促进委员会在抗战中对推广农业建设所起的作用。云："惟经我农推会同仁四年来的奋勉力行，埋头苦干，幸能按部推进，渐入佳境，而前途的发展，正方兴未艾。按农产促进委员会二十八、二十九、三十三年来主办事业的效果报告,可用数字计算其增益的事业,如农作物推广、病虫害防治等十项,共计动支七百余万元,增加收入几达二万万元。各省推广费用,据估计几居农业经费百分之九十。由此足证抗战四年来推广事业在农业建设中显占最重要的一页,其推行成效固在能大量增进收益,以应抗战需要,而下列各端,尤为设施上的重大收获,足资称述:(一)由局部而全面。过去农事试验研究类皆囿于一隅,纵有推广仅为点缀式的试行,功效难见。及至今日,以需要迫切,诸凡优良品种的繁殖与推广等已由局部而推行至全面。(二)由个别而集体,推广对象,为农民大众,个别推行,散漫寡效,易遭失败。农产促进委员会成立乃力矫此弊,对症发药,倡导农会组织为农业推广对象的下层机构。推广之由个别而导入集体,实为农推事业上的一大贡献。(三)由上层而下层。战前推广的鲜有成效,其最大原因为忽于下层,仅有上层的提倡而无下层的响应,今则除中央与省方有专责机关外,正倾全力于乡县机构的普设与下级干部人员的培养,俾推广工作建于广大的下层而垂于永久。(四)由忽视而重视。以往农推事业,不特为农民所忽视,即各界人士,亦鲜有正确认识,兹经四年来的努力,成效显见,于是风气为之一变,向所怀疑忽视者,莫不日趋重视。(五)由被动而自动。当农产促进会成立之初,往往由会方选择对象协办农推事业,时至今日,不特纷纷拟具计划申请补助,且各省自筹经费数额均按年增列,并进而自筹经费,自办推广。此种由被动而达于自动的现象尤为难能可贵。"(《农业推广通讯》第四卷第七期,1941 年 7 月)

8 月 12 日　黄炎培来函通报高蒙亮在鄂被羁禁情形,"高蒙亮(绍兴人,22,上海人谷城县茨河镇农产促进会手纺训练所技术指导)来,述在鄂被羁禁经过,为写片致藕初、云程,赠 10,00。"(《黄炎培日记》)

8 月 21 日　黄炎培请先生所有纺机保留。黄记云:"电卫玉,并转藕初,所有纺机保留。"(同上)

8 月 24 日　由重庆飞赴昆明,出席昆明统一运务会议,商讨滇缅公路物资进出口事宜。会后,赴滇南视察木棉试植情形。(《新华日报》1941 年 9 月 20 日)

8 月　作《〈三年来农产促进委员会工作概况〉弁言》。全文如下:

我国农业推广事业之萌发,为时甚暂,进步亦缓。洎抗战军兴。滨海沃土,相继撤守,而物资供应,日见浩繁,兼以海口被封,交通阻塞,国外接济感受困难,日常军民衣食及生活一切所需,不得不力谋开发,以求自给。于是积极从事农业推广,大量增加农业生产,益见重要与迫切。

本会成立于民国二十七年五月,统筹全国推广事宜,自维责任重大,工作艰巨,各项设施,莫不谨慎从事,奋力以赴,冀能下慰农民殷望,上符中央旨愿,切实裨益于抗建大业。三年以来，幸赖政府之领导，有关机关之协助，与夫工作人员之努力，尚能按照既定方针，顺利推进。而各省县之因倡导作用，闻风兴起，竞相举办，尤足称道。

本会历年事业成效，均见各年效果报告，谅蒙各界鉴及。兹逢成立三周年之期，爰本鉴往策来之意，综合三年来事业设施、工作成效以及今后改进意见，辑成概况，藉供社会人士之参阅检讨，如承不吝指教，以励来兹，则不胜幸甚矣。穆藕初，民国三十年八月

（《三年来农产促进委员会工作概况》，农产促进委员会印行，1941年9月）

8月　农本局积极提倡土法纺纱，"成绩颇佳"。《中央日报》8月19日刊中央社讯："农本局为加强后方棉纱供给，曾动员各地举行妇女土法纺纱，成绩颇佳。遂宁、广安、三台一带所纺之纱，有达二十支者。据纺织人士谈，倘以洋纱为经、土纱为纬，所织成布质地当更坚固耐用。该局近复联合其他办理农贷金融机关，贷款贫苦农户，并由局贷手纺车积极推动，务期于本年底前扩充现有纺织人数至五十万人，倘以五人可抵纱厂纱锭一枚计算，则土纱生产能力与十万锭之纱厂相同。"（同日《中央日报》）

8月　《农本月刊》第五十三期刊登《川省七七纺纱机统计表》，全省八十七县共计29,797架，"以上是根据廿九年十月《商务日报》所发表：熊百弼先生同年六月之估计。"（原刊）

9月18日　吴味经与翁文灏谈先生长子穆伯华在沪购纱情形。翁文灏记云："彼谈穆藕初托刘国钧、靖基，在沪购纱，刘谦不收佣金，由其子穆伯华购纱，则藕初（恕公）函即发佣金2.5％，数万元。"（《翁文灏日记》）

9月中旬　为解决"棉货布匹来源事项"，先生"飞赴仰光，交涉车辆，俾早运渝。"后又赴陕西，9月30日返渝。（《西南实业通讯》，1941年9月）

9月27日　竺可桢"电话与穆藕初，据毕云程云，穆尚在昆明。"（《竺可桢日记》，《竺可桢全集》第8卷第156页）

9月30日　见翁文灏。（《翁文灏日记》）

10月2日　翁文灏召集先生与莫衡、张兹闿、江默而、夏宪讲、吴至信，"商洽不属各机关

穆藕初在仰光与侄穆家玖、婿郝履端合影

滇缅运输合作办法。"（同上）

10 月 11 日 赴"筑视察业务。"（同上）

同日 束云章与翁文灏谈"中国银行纱厂计划,颇责备穆藕初对豫丰纱厂许多不正当行为。"（同上）

10 月 15 日 发表《合作与信用》一文。全文如下：

我国合作运动已有二十余年的历史了。在这短短二十年内,合作运动由理论的介绍而展开为一广大实际事业。从社员人数说,包括了全国百分之一的人口。从区域上说,由都市而深入到偏僻的县镇乡村。从业务上说,由消费与信用合作而扩展到生产,运销、供给、公用保险诸部门。这种蓬勃的发展,充分体现了中国合作事业的光明前途。

抗战以后,合作并没有因战事的关系而使它遭受丝毫影响,相反的且带来了更大的开展。三年来工合事业在各战区及大后方的辉煌成绩,四行与农本局二万万元农村合作的大贷款,及各地合作金库、合作社等的增加,都说明在抗战时期合作制度是更迫切的需要了。自二十八年五月中枢设立全国合作事业管理局,尤其工作进行获得强有力的中心领导机构,从该局成立后全国的合作社已由七万八千六百七十一个增加至十万三千四百四十四个,社员自四百三十六万六千七百五十八人增加至五百九十八万八千四百七十六人之多。这种新兴事业的成长无论在哪一方面,对于抗战建国的帮助都非常之大。

因为中国过去的一点工业基础,大半都建立在沿海及淞沪各地。战事爆发后数月,沿海各大都市相继沦陷,国人历年惨淡经营的许多工业,不为敌人炮火所摧毁,即为敌人掠夺以去。加上内地交通日益不便,工业品来源几濒断绝,而内移人口突然增加,军需民用,反见膨大,供应一时似觉困难。幸喜中国工业合作运动于民国廿七年开始发轫,八月在汉口成立中国工业合作协会。三年来在政府领导与合作界努力及国际协助之下,工作区域推进至十八省区,经该会直接辅导组织成立的各类合作社已达二千个,社员及临时雇工练习生已逾十万人,每日生产量已近一千一百万元,而尤以纺织合作社为最多,真是飞黄腾达。

按照目前抗战需要和经济政策,主要的是以加强国防、改善人民生活实现民生主义为目标。其推行的方针,在工业方面,为发展国防工业和人民所必需的工业生产。在农业方面,为增加农业生产,保障人民和军队的给养,并发展有关国防工业和人民必需品工业的原料生产,以及扩大可以输出的原料生产等。要实现这伟大的目标,完成最高的国策,无疑的合作事业是一个有力的基石,尤其是工业的、农业的生产合作负有重大的使命。事实上这两种合作由于各方面的努力,获得前述的成效,合作界更有不可磨灭的贡献,实予吾人无限的兴奋与钦赞。

我常思合作事业能得进展如斯迅速,发达如斯普遍,必有其制胜的因素。而其中最主要者,愚意以为莫若合作界同仁的精神贯注以及坚守信用的成功。首先谈到精神贯注方面。第一,工作的积极。因为要想合作事业成功,主其事者必先有一心一德的行动、和衷共济的决心,方可使工作益趋佳境。事实上大家过去都尚能认清自己的职责,坚持自己的岗位尽量努力去做,不仅在合作上表现了优美的成绩,同时也引起社会各方的重视。第二,艰苦的奋斗。大家都晓得合作是为改造社会经济制度,为群众谋利益的一种艰巨的事业。虽在各种险恶的环境中,常能以百折不挠的勇气去克服一切。对于个人的安乐,极少讲求。第三,合作的精神。办理合作的人士都抱有一种互助的态度,并力求自助助人的发展以及发展社会的同情。这种精神,每个人都尽力去实践,由于自身的合作到家,也可作社会的模范。第四,进取的作风。现在很多合作界工作者,无论对于某项工作,常采取前进的作风,不是保守的,大都不大迷恋过去和现在,要求建立光明的未来。因此一般的工作行动,是革命的,是和一切反大众利益的势力去斗争,而谋合理的三民主义合作经济制度社会的产生。

其次,关于坚守信用方面。譬如以合作社为例,一个真正具有信用的合作社,绝不是只有社牌、社章、社证、账簿、会议记录等表面形式所能办得到的,必须(一)社员分子健全,各社员都忠实。并且明了:1. 无限有限及保证责任的意义,2. 合作社是根据合理的经济原则取得社外信任而能借款,不是单靠社章、登记证等等之形式上的条件的。每社员申请借款,偿还借款,推行业务,都忠实的依照社内所规定的信用与标准去做。(二)业务经营的合理,除提倡社员节俭储蓄、节省开支等外,最重要的是理事能严格审核放款,社员互相认真监督借款用途与工作效率,以增强彼此间的信用。(三)每社区域范围的合理,社员彼此熟习,日常往来,很自然使大家互信,还有一些贷放机关规定的原则,对人的信用重于对物的信用,也是很适当的。

这几点似乎很平常,果能彻底去实行,信用的保障就在此。因为欲取得社外的信任,是要靠自己认真努力去合作,努力维持信用,决不能持取巧放任的态度,来拆毁自己可宝贵的组织。若干年来,不但各地合作社员都能够坚守信用,而主持办理的人也特别着重信用的宣扬与示范,所以合作事业的发展,这更是一个有力的因素。

抗战四年,民族精神的伟大表现,即在能一面抗战,一面建国。最重要的尤其是在增加大后方的生产,因之合作为组织、训练人民从事增加生产的最好制度。若能普遍运用合作方法,使社会一般经济组织体系紧密联系,实大有裨于抗战大业的成功。所以为整个合作前途的光明,"精神贯注"与"坚守信用",实为两在大要素。希望今后益加发扬光大,尤其必须以全力坚守信用,则我国工合前途必可有更好的成绩了。

(《工业合作》月刊复刊号第三期;《文集》第 415 页)

10 月 23 日　出席行政院经济会议,面陈改进昆明仰光等地运输意见。(见 10 月 29 日致经济部秘书处函)

10 月 24 日　就农本局车辆滞留仰光事致经济部秘书长李景潞(贵严)、副秘书长何浩若。函云:"十月十四日经秘政一四三号,尊函及所附第三十五次经济会议速记录一份均已敬悉。惟查该记录第二项弟之报告第一节内有'农本局原有车辆滞留仰光者计七百辆,留昆明者亦达六七百辆'一段,与弟当时报告稍有出入,缘弟所报告滞留仰、昆之车数,乃指一般商车而言,非本局所有也。恐滋误会,用特声明,至祈台察,赐于更正为祷。"(原件)

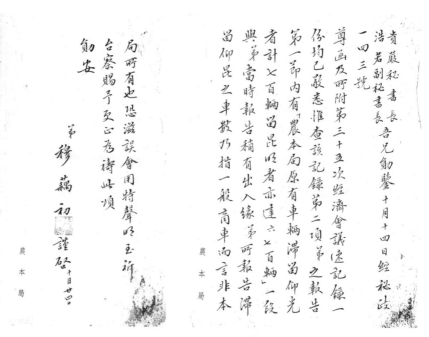

1941 年 10 月 24 日穆藕初致李景潞、何浩若函

10 月 26 日　夜,与杨卫玉在黄炎培家"共饮,商社务种种"。(《黄炎培日记》)

10 月 29 日　致函经济部秘书处并附《改进昆明仰光等地运输意见书》。函云:"上星期四钧会开会,弟面陈改进运输意见,蒙孔副院长面喻,拟具书面报告及改进意见呈核，除签呈外兹将该项意见书油印三十份送上，以备钧会本星期四开会时之用，敬乞查政为荷。"《意见书》摘录如下：

查滇缅公路现为我国唯一之国际线路，物资须由此进口出口者为数极多，其畅通与否，影响抗建大业甚巨。近来美国输送大量物资来华，均经由该公路转运内地。为求加强运输效能起见，特设滇缅公路运输工程监理委员会管理全线运输，该会曾于本年八月二十四日在昆明召开统一运务会议，商讨有关事宜。藕初奉命出席，当时以统一运务牵涉广泛，几经商讨未获预期之效果，统一事宜，尤待继续努力，惟运输量方面则反因种种关系大见减少，致此之由其原因约有数端：一、关于商车运货原定办法每行车四次，以二次装运军品，一次装运商货，一次装运自用汽油。前运输统制局为鼓励新车进口起见，准以第一次装运商货，第二次装运军品汽油，因此一般商人在港、仰等地尽量购进新车，源源内运，于第一次装运商品后即将车辆在国内脱售，即不依规定装运军品。为防止此项流弊，最近限制商车进口时必须转运军品以后，商人观望国内货物来源暂断，物价又趋上腾，而新购商车停滞仰光者约五六百辆，停滞昆明不准东驶者数亦不少，因此港、仰之中西商人以订未到及已经到达之新车颇多，为暹罗人转购资敌。二、外商车辆依照规定每车应装运二分之一军品，即使依法实行，仍有二分之一可以自由揽运商货，任意抬高运费。现内地急需日用物品，致国内商车易标外商牌号行驶者亦大有人在。三、沿途修理设备之缺乏，致车辆因损坏而中途滞留者各处皆有，其私行折售零件、盗卖机件者亦颇多，损失不赀。闻某大运输机关车辆数，仅占该机关车辆总额之极少数，可见一斑。四、行车手续太繁，而主管机关办公时间每感短促。即以昆明一地而论，每日来往车辆至少有二百辆之多，而当地登记检查收税等机关办公时间短促，且手续繁琐，每天每次开驶应办手续至少需数小时，甚或数日方能蒇事。时间延误自所难免，而沿途稽查站设置过多，不仅检查频，仍虚废时间，且有转因检查过严而种种流弊亦递相演进，日渐滋多。至公文传达动需时日，致某项车辆，虽由上级机关饬令放行，而下级机关往往以命令未达拒不照办。……

以上各点均为目前运输量减少之癥症所在，亟应设法改善。再据管见所及，统一运务固属重要，而促进运输量之增加尤为当前急务，二者如能兼顾自属最妥，否则旷日持久，勉求统一，似不若先谋运输量之增进，以应目前急切之需要较为适宜。至运输物品种类在抗战期间军事第一，自应先运军品，次及政府机关所购用资建设及调整之物资。但后方工业尚未高度发展，民生日用必需品尚不足以自给，若不兼筹并顾，则物价飞涨，人心动摇，与军事亦不无影响，似应加以注意。……

一、应严格统制进口商品之种类,而不宜绝对限制商车之输入。二、行驶车辆应于进口之第一站严密检查,中途检查站应一律裁撤,以免费时误事,讫站可酌量抽查。三、公车装运公物应系畅行无阻。四、沿途应从速添设车辆修理厂及救济站。五、沿途损坏停滞车辆应饬迅即设法抢修以重公物,并严防私行盗卸零件机件出售。

（原件）

10月　于《农本月刊》发表《花纱布飞涨之原因及其对策》一文,分析花纱布价格飞涨原因,强调指出解决问题"以运输之畅通为重要关键"。全文如下:

近数月来,各种物价飞涨,花纱布亦不能例外。唯各种物价之飞涨,其原因互有同异,兹仅就花纱布涨价之原因分析如下:

棉花涨价之原因

一、游资内移四川原为富庶之区,拥有巨资者甚多。抗战以后,四川不但成为抗战之根据地,且为自由中国之经济重心,一切金融资金、工商资金以及人民游资群集于四川,为数甚巨。近来国际形势日益严重,沿海游资,更巨量内运,而棉花实为投资目的物之一。

二、产地涨价各棉花产区数月来激涨甚巨。例如陕西棉花,今年三、四月间每市担价格为一百八九十元,现已涨到每市担三百三十元。产地既涨,销地之价格,当然受其影响。

三、运费增加陕西棉花运至重庆,每市担运缴已自一百六十元涨至二百六十元,仍在继续增高中,每包棉花自宝鸡由板车运至广元,即已增加运费一百十元。

四、受纱布涨价之刺激棉花为纱布原料,同时经营棉花者,亦须购用他物,纱布及其他物价之飞涨,亦足以影响棉花市价之昂腾。

纱布飞涨之原因

一、游资内移其情形与上述相同,因纱布亦为投资目的物之一,后方游资之增加,当然同受影响。

二、上海纱布禁止出口后方需用之纱布,除一部分内迁纺织厂及手工纺织而外,大部分进口纱布仰给于上海。上海市积存纱布甚多,市价亦较低,虽因运费巨大,内运不甚容易,但商人有利可图,自然源源内运。自上海禁止出口,后方所受影响甚大。

三、英政府大量采购英国本为纺织之王,因战事影响,工人集中军需工业,纱布生产减少,不得不大量采购印度纱布,以致印度纱布飞涨。我国进口纱布,除来自上海者外,其他经滇缅路运入者,只有印度纱布,故印度纱布之高昂,影响我国市场甚巨。

　　四、海陆军运激增印度纱布,不但市价上昂,且因英国军运激增,商运减少,来源更见困难。而自畹町至昆明,亦因军运增加,虽外商车辆,亦需半运军品,运量减少,波及市价。

　　因此种种,花纱布之飞涨,已有蒸蒸日上之势,加以我国对外唯一运输——滇缅公路,又不先不后适于其时停止商运,纱布来源,除极少数外商车辆外,完全断绝,而闽粤各海口,亦均被封锁,内地存货日少,又时值冬令,大部分人民,均需添置寒衣,供少求多,市价更日益高昂。故此次涨风,为实涨而非虚涨,棉花则以产地涨价及运费激增,纱布则以来源减少而需要增加,益以游资充斥,遂使涨风扶摇直上,如烽火燎原,如洪水泛滥,几成无可制之势!为今之计,欲求市价之平,须求来源之涌,虽关系繁复,然以运输之畅通为重要关键,目前大势,不是缺乏资金,而是缺乏物资,如何充分利用有余之资金而使物资内运,实以畅通运输为唯一枢纽。当此物价高昂,果使运输调度得宜,节节畅通,使商人有利可图,自必源源内运。来源既涌,物价自定,此固自然之趋势而无庸烦言者也。若不在运输上为适当之调整,即使以严刑峻法禁止物价之飞涨,恐亦无补于事实也。心所谓危,不敢不言,深愿政府当局及言平价者,早有以注意及之,抗战之幸,亦建国之幸也。

(《农本月刊》第五十五期;《文集》第416页)

10月　于《农本月刊》发表五言古风《哀法兰西》。诗云:

　　自助得多助,世事动盈朒。立国天地间,荣枯若转轴。伟哉法兰西,优秀古民族。良辰降罗兰,火炬擎一束。唤起自由神,粉碎波士狱。奇才蕴拿翁,治军媲颇牧。王道悲式微,群雄争逐鹿。血战一戎衣,威名振欧陆。法典创文治,政权媲熙穆。万里裹粮征,俄顷遭颠覆。孤岛终余生,青史留芬郁。学者柏斯德,穷搜闭茅屋。生物发幽微,裕民在酒曲。即此二三子,清光满崖谷。何期俾斯麦,雄略迈流俗。商于尽膏腴,含垢暂结束。忽忽今世纪,时运转棋局。沙椎狙皇嗣,衅开不贬目。全欧蒙火焰,并力恣角逐。人命世所重,杀戮疾剖竹。桓桓丈夫子,原野枕戈伏。袅袅如花女,晨夕掩面哭。罗掘两俱穷,双方何继续。协约虽幸胜,元气亦难复。辟易当虎威,觳觫听狮吼。有辞不容伸,屈服且蒙垢。无颜见父老,烈士空授首。举国深悲愤,报复匪不厚。蒲骚狃莫敖,酒池惩殷纣。文嬉与武恬,上下失规守。造械故迟迟,苟且惟恐后。蝉衣不蔽体,通宵大垂手。面润何郎粉,唇沾香槟酒。风尚已如此,嗟谁尸其咎。渔阳鼙鼓动,强邻逼户牖。飞机杂大炮,弹落奔山阜。坦克猛于虎,肉体安能受。贝当发愤言,执政多黄口。昔友尽为敌,去兵安持久。此语惨千古,郁邑对垂柳。

(《农本月刊》第五十五期;《文集》第 417 页)

11 月 3 日　黄炎培、冷御秋、杨卫玉为赈济工厂向农本局订购棉花事致函先生。(《黄炎培日记》)11 月 8 日,黄炎培得先生复函,"余及江、冷君允售棉花五十大件,价每市担 377.50。"(同上)

11 月 11 日　中缅运输总局局长俞飞鹏致函先生,认为《改良滇缅公路意见》"所述事实,略有出入"。首先就运输量减少一节列表说明,以证并未减少;接着就限制商车进口事云:"查新车进口须装军货,无论公私不得例外,系出委座惶惶电令,弟因职责关系只有遵令执行之一绪";暹人转购资敌系传闻,"绝无其事";外商车辆自行揽货,"此则在于领导指示";……"总之,在我国目前环境之下,承办此种国际运输业务,应付之难,人所明悉。弟因职责关系,不敢不遵命执行。虽未能尽如人意,但相信应在贤者荃鉴之中,此则私衷所引以为慰者也。"(原件)

11 月 12 日　致赈济会许静仁函,交还苏赈款。黄炎培记云:"得藕初、御秋、问渔函"。(《黄炎培日记》)

11 月 16 日　访黄炎培。(同上)

11 月 28 日　偕黄炎培、江问渔、冷御秋渡江,"至海棠溪石漕门一号农本局车辆停泊所,接洽趁车赴筑事,主任李崇朴(浦东中学毕业)。"(同上)

11 月 30 日　与黄炎培"谈诗"。(同上)

12 月 4 日　农本局第一届乒乓球个人锦标赛结束。此次参加者共二十三人,采用循环赛法,每晚举行,连续三周。本日下午,举行全体茶会,先生向冠军姚伯言赠锦旗一面。(《农本副刊》第一期,1942 年 1 月 20 日)

12 月 13 日　夜,招黄炎培、江问渔夫妇、欧阳润华、乔启明等聚餐。①(《黄炎培日记》)

---

① 穆恂如《回忆录》云:"1940 年至 1942 年春我暂住在上海母亲家时,大榕一人在重庆,每星期六下午下课后,大榕必进城陪伴父亲。大榕喜谈,或与父亲谈谈诗文,或与父亲谈谈科技或学校情况,翁婿相谈甚洽。……某日,父亲给大榕任务一个,父亲要请黄炎培、江问渔等吃便饭,黄炎培为素食者,鸡蛋与牛奶可吃,而不吃鱼肉虾腥等物。父亲命大榕开素菜单一纸,令阿宝煮作,大榕则多用鸡蛋和豆腐,如炒鸡蛋、蛋皮包豆干、炸四川老豆腐,佐以辣酱,豆子炒豆干菜等等,总之又要素,又要吃得动,因为一桌均为老年人。这些素菜尚可为人理解,唯独素汤一份煞费脑筋。那时既无冬菇,又无扁尖之类提鲜之物。大榕穷思极想,想出一汤。端将上来一大碗汤安置桌子中央时,众人相顾愕然,只见碗中清水一碗,上浮去黄的煮鸡蛋半个,旁有黑木耳数片。父亲问曰:'此汤何名也?'大榕则淡淡然慢吟诗一句曰:'夜渡无人舟自横'。语音刚落,引得这些老老哄堂大笑,有的笑得打嗝;有的笑得眼泪也挤出来;有的笑得连连咳嗽。而大榕则一丝不笑,更引得大家笑得前仰后合。盖大榕之所以不笑者,实为黔驴技穷之意也。以此等简单之汤,而冠之以如此富有诗意之美名,谁曰不可? 亦足以使老老于酒醉饭饱之后聊以自娱也! 其生活之雅趣如此。"

12 月 21 日 与林隐青、黄炎培谈内展部计划。"隐青述松理茂懋汶地方状况甚详,松潘及理番两处可着手。"(同上)

12 月 24 日 黄炎培、江问渔招餐,同席有王正廷、周恩来、董必武等三十余人。(同上)

12 月 25 日 农本局为推广川北手纺织业,设立川北手纺织推广处,本日开始工作。《川北手纺推广处一瞥》一文云:"川北手纺织推广处,包括中、太、乐三庄,中庄及太庄于三十年十二月二十五日正式开始工作,已到之二百部铁件亦经分配,各按设计图样,装成纺机百部,以为推广示范之用,并相继筹办训练班,以及与当地之合作金库、地方保甲等机构取得密切联络,积极进行推广。乐庄于三十一年一月十六日开始工作,因该庄机件运达较迟,技术人员不敷抽调,故工作开展亦较晚。中庄附近居民副业较多,如卷烟、麻绩、药材等,据目前情况,每人每日可获工资四、五元较纺纱为优。是以招收手纺学员,极感困难。太庄因采取贷放方式推广,前途殊为乐观。乐庄因地瘠民贫,借用者多,购贷者少。从事手纺推广中所感受之困难,厥为人民购买力之降低,致影响推广殊甚。"川北手纺织推广处主要工作为:"(一)实验工厂—为实验原料之利用与成品品质之优劣,乃设有实验工厂。惟规模甚小,尚须继续扩充。(二)业务推广人员训练班—川北为川省纺织中心区,业务开展,急待人员补充,于是招收高中程度学生,加一个月之训练,为业务推广人员之用。"至1942 年 3 月,"共训练五十名,且以女生占多数。"(《农本副刊》第三期,1942 年 4 月15 日)

12 月 31 日 出席农本局同乐会并演唱昆曲。《同乐会花絮》一文云:"本局一部分同人,以终年辛劳,蜗居于斗室,埋首于案头,不可不有娱乐与慰安的方法,以调剂生活,增加工作兴趣,爰发起定三十一年元旦良辰,举行同乐会。议既定,推员筹备,编排节目,积极进行,情绪高涨而热烈。卅年除夕的同乐会,实开农本局历史上的创举。元旦的前夕,全体同人先举行聚餐,菜肴相当节约,但大家尝得津津有味。聚餐既毕,大礼堂上的会场已经很迅速的布置完竣,同人纷纷就座,场为之塞。七时幕启,总干事李善劢君报告筹备经过,及同乐会的意义,简洁老当。大家对李总干事不辞劳苦,为大众服务的精神,深致钦赞。接着,穆总经理致词,对筹备诸君的辛劳,备致慰勉。游艺开始了,首由晨庐歌咏队队员齐唱国歌及《新中华进行曲》,大家侧耳而听,音调锵锵,意义宏远,唱到日本军阀已经到了最后瞬间,新中国已露出光明一线之句,大家都充满着喜悦和信心。游艺会的节目共有二十多项,有昆曲、有口琴独奏、有话剧、有平剧、有滑稽表演等,尤以昆曲一项,节数繁多,独具特色。"(《农本副刊》第一期,1942 年 1 月 20 日)《元旦杂缀》云:"穆总经理唱昆曲全场掌声如雷,要求再来一个。于是他说:我再来一个十六岁小娃娃唱的。"直至深夜

十二时许始退。（同上）

12月 太平洋战争爆发后,先生手订《农本局员工请领公用物品章程》,提倡节俭。《章程》共五条如下:

(一)对于舶来品应尽量避免采用或尽量改用国产代用品。

(二)所领复写纸、钢笔、铅笔、橡皮等各种文具用品应设法利用至最大限度。

(三)别针、回形针等应仅限用于单据或重要报表附件、须随时抽存之件,其余文件应尽量改用浆糊粘贴。

(四)除会计方面所用账册外,所有各种表报等印刷品应尽量改用毛边纸印刷,其填写一份者以毛笔书写,多份者以铅笔加复写纸书写。

(五)同仁因公领用物品,应由各股股长负责切实审核其用途及数量,并监督其使用情形。

（《农本副刊》第一期,1942年1月20日）

12月 为加速运输效率,农本局于泸县增设运输站,派前重庆运输站主任王叔龙为该站主任,前往筹备。（同上）

本年 农本局于内地十九省分支庄和推进处"增进纱和布的产量,并以减除目前大规模配置纺织机器的困难,而达到内地自给自足,自力更生的目的,三十年度经常和各分支庄往来的纺手共计有十数万名,织户数千户。"除"推广用棉外,平价供售之棉花达二十万市担,约以三分之二供给厂用、军用,三分之一供民用,推广手工纺织的结果,收纱量增至二百万市斤,收布量增至近二十万疋,即作为门市平价销售之用。"(张汝砺《农本局的沿革及目前业务动向》,《农本月刊》第六十期,1942年5月)

本年 农产促进委员会在推广改良稻麦方面取得良好成绩,本年起至1943年共增产粮食二万一千余万市担。毛雝《中国农业推广事业之回顾》一文云:"由该会支拨及经办机关自筹经费,合共七百三十六万余元,结果增加国民总收益达一万九千余万元。故前实业部顾问美国洛夫博士尝云:'农业推广若行之有恒,其福利农民,将十倍于政府所耗之金钱。'洵非虚语。试观近三年来粮食增产之效果:三十年度增产九千余万十担;三十一年度增产七千余万市担;三十二年度增产约五千余万市担。三年来之工作效果,在扩大面积方面,所有递减,而提高单位面积产量,则逐年增高。三十二年单位增产,较卅年增加达三倍之巨,提高单位产量之办法,虽不一其端,而良种推广,实居主位;就良种推广而言:抗战初期时,后方各省种植改良稻麦面积,不及五万亩,至卅二年底,已有改良稻五百五十万亩,改良麦二百余万

亩，可为明证。"①（《农业推广通讯》第六卷第十期）

本年 农产促进委员会三年来在组织、工作范围、督导制度、业务、人才训练与材料供应工作上取得显著进展。"草创至今，时愈三载，事业规模，与时俱进。以言工作范围：由川、滇、桂三省，逐渐普及于川、陕、黔、桂、滇、湘、豫、浙、鄂、甘、康、闽、赣、粤、宁十五省，并及冀、鲁、苏三省战区。以言工作人员：由最初三人，逐年充实，现计内外勤务人员各项及各庄驻办事业内有关工作人员总数达三千人以上。以言经费：二十七年四万六千元，二十八年一百万元，二十九年三十年各为一百八十万元。经常费二十八年仅占总额百分之八，二十九年百分之六点六，三十年百分之十，且年有余款缴还国库。至于组织，一以简单灵活为依归。由委员二十一人组织之，皆行政院指定或聘请中央及其他有关机关人员充任，下设总务、技术两组，分负会内行政与夫督导、训练、宣传、计划、调查、研究之责。在中央方面则与有关机关如农林部农事司、农林部中央农业实验所、社会部合作事业管理局、经济部农本局、教育部社会教育司、内政部地政司、四联总处农业金融处、其他中央机关及团体等取得联络，共谋协进；各省方面，则与各省农业推进所推广处等构筑一贯相通，力薪实效。""推广机构之建立，为推进事业、发挥效能之基础，而划一系统，调整事业，尤需合理永久之制度。本会于此，在纵的方面，特重有关省县以下机关之健全；在横的方面，特重有关机关之联系，于省县农业推广协进会组织之倡导，多所促进。三年来总计补助各省县树立机构之经费共达八十七万元，而陆续协派人员参加工作者，亦以此为最多。"关于省者，"本年湘省农业推广委员会成立，浙江、宁夏亦正协助推进中。"关于县者："一方面协助省方遍设县农业推进所，一方面合办农业推广实验县。至于最近止，四川已设八十所，陕西十六所，甘肃八所，贵州七所，河南三所，其他各省亦多有相当组织，如农业指导工作站、县农林场、县农业指导员办事处等设置。实验县方面，三年来先后于川、陕、桂、黔、闽、豫、湘、甘、鄂九省成立二十二县。"继续办理者十五县。关于县以下推广机构，"向以全力提倡农民自有自治自享之农会组织。"以各实验县言，迄今经辅导成立者一百二十七所，会员四万三千七百八十五人。督导制度三年来实施情形已具成效者：①实行分省督导制度。②派员分各省实施督导。③督促各省树立督导制度。④组织农业推广巡回辅导团。"三年来农促会主办推广业务有时三项，所用事业经费达二百六十余万，各经办机关自筹经费约三倍于此数。考其效果，形之于具体数字者，计增加国民总收益一亿

---

① 钱天鹤《三年来之粮食增产》一文云：战时后方的粮食作物主要是水稻和小麦。1941 年至 1943 年，三年间累计推广水稻良种达一千一百五十二万多亩，共约增产稻谷近三亿五千万斤，有力地支援了抗日战争。（《农业推广通讯》第六卷第十一期）

九千四百十五万八千七百九十四元。"关于业务推广工作：①农作物推广：三年来共推广棉花二百三十余万亩，①水稻约一千九百万亩，小麦一百六十余万亩，马铃薯二万二千余亩，他如大豆、小米、玉米、高粱等约共五十五万亩。各种农作物推广增益达七千八百二十六万五千九百五十四元。②病虫害防治：三年来动支经费三十四万八千元，共增益七千六百零九千一百五十元。③水利垦殖经营：三年来动支经费近十二万元，补助陕甘宁边区利用军工开垦荒地一百七十一万二千零八亩，与兴修水利五十万亩，两共二百二十一万二千零八亩，收获杂粮二十九万一千七百七十一石。④畜牧兽医推广：三年来补助川、湘及陕甘宁边区动支经费八十万余元，防治牛、猪瘟疫，繁殖牛、羊、驴乳用山羊，挽回损失与增益达一千六百万元。⑤肥料推广：三年来协助川农所办理，偏重于骨粉制造与推广，动支经费达十万元。本年度另补助广西农管处在临桂、柳城、宜山三县提倡施用堆肥、绿肥、骨粉及人粪尿，预期可增益二百七十六万三千五百元。⑥蚕桑推广：三年来协助黔、滇、康三省推广蚕母蛾四百七十四万六千一百九十一头，春夏秋蚕种五万零八百六十八张；桑树栽培先后协助滇省推广宝生苗三十九万五千六百株，西康枝专栽培桑苗二十一万株，金大农学院各种优良桑树共十五万株。总动支经费约十四万元。⑦园艺推广：本年资助益农繁种场从事改良及示范。三年来动支经费一万七千元，繁殖优良柑橘、苹果、梨、桃等苗木十一万四千三百株，除虫害二十万株，榨菜、甘蓝、洋葱等六百余亩，增益三十四万三千二百六十五元。⑧农村副业推广：三年来补助江西垦务处及浙江手工业指导所经费八万余元，共饲育牛、羊二百六十八头，猪以前四百十九头，鸡、鸭、鹅九千三百四十羽，鱼七百五十尾，造纸三千令，草鞋四千四百五十双。⑨特用作物推广：本年补助中大农学院与河南农改所经费三万元，推广麦蓝五百五十亩，蓖麻五十万株，大麻四百亩，增益八万五千九百八十二元。⑩造林：本年陕甘宁边区已设林垦局，继续进行。⑪棉毛麻纺织训练及推广：七七棉纺机架数更增，预期价值一万六千二百余万元，增收五千四百万元。⑫农业推广实验与调查：本年度选赣、闽、浙为测勘范围。次为协办事业，三年来曾分别补助金大农学院、中大农学院、金大理学院、金大社会服务委员会及重庆小型毛纺织工业促进委员会、

---

① 西南地区因夏秋天气多雨湿润，不利于种棉，战前棉花种植规模不大，战时在优良棉种推广和防治病虫害等农技改良帮助下，川、滇、黔植棉业有较大发展。西南地区除推广部分改良中棉外，也推广"德字棉"及"脱字棉""福字棉"等优良美棉棉种。1938年"德字棉每亩皮棉平均产量三十一点六斤，较当地棉每亩平均产量高出十八点二斤。1939年"德字棉"每亩皮棉产量为六十三点四斤，较当地棉增产三十七点六斤。1937年，改良棉种在四川的推广区域仅及三县，一千五百二十七户，至1941年即达五十九县五万七千六百三十六户。（陈济棠《四年来的农业建设》，《迁都重庆的国名政府》1941年；胡竞良《德字棉之实验结果及其推广成绩》，《农业推广通讯》第六卷第六期）

中大实验所、云南农林植物研究所、西南经济研究所、清华大学农科研究所、南开大学经济研究所、岭大学农学院、中大工学院等,分别研究柑橘贮藏藏、西南棉作、精制白糖、棉毛纺织、林产利用、牛羊皮生产改良、云南桐油草果调查、西南天然林、木棉干枯病及草棉枯萎病、农具及纺织机轧花机改良、棉纺织及食量运销、轧油机试验等等,大致皆有结果,或已刊诸报告,或正引用推广。农业推广示范:(略)。(参见 1940 年本年条)年来除陆续派驻各省负责人主持推广人员讲九人,遴选介绍至各省担任督导、视导及县推广主管人员计七十九人外,关于新的人才之培养训练,无时或忽。本年更补助闽、桂、陕、甘、豫、鄂六省训练县推广干部人员各一班,计学员五百五十人;此外并训练辅导人员三十人,病虫防治人员二十人,畜牧兽医人员十人,合计训练六百十人。总计三年来前后拨用训练费在二十万元以上,共举办四十班,训练一千九百八十九人,皆分布各省,实地参加农业推广本位工作。本年起,开始举办全国农事通讯工作。编辑出版方面,如期刊、浅说、丛刊已愈两年,风销全国,为各方所所推重。本年三月编印《推广画报》,供应各地施惠农民之用,益得普遍欢迎。(《三年来的农产促进委员会》"三年来农产促进委员会工作概况述要",《农业推广通讯》第三卷第十期)

本年　在重庆热心提倡昆曲。朱太痴《昆曲在重庆》一文云:"迨抗战时期,重庆不仅为政治之中心,抑且为人文荟萃之所,于是有谙于斯道者,相与纠集同志,组织曲社,于公余之暇,迭相唱和,以维斯达于不坠。其盛事也,最初有渝社之组织,民三十年改组为重庆曲社,网罗群彦,一时称盛。除按月举行同期雅集外,并曾在国泰剧院、银行俱乐部、江苏同乡会等地几度公演。于四方多难声中,得闻此钧大雅奏,殊属难能可贵,故每次吹弄,颇博得好誉焉。至曲坛人物,则实业家穆藕初以此道中斫轮老手,提挈后进,兴致不减当年,惜旋以癌疾不起。陪都曲友有木坏山颓之感"。[①](《申报》1948 年 5 月 26 日)

---

① 在重庆与先生经常度曲的有范崇实、何静源、项运村、项馨吾、张充和、张允和、徐炎之、张传芳、丁趾祥、程禹年、沈可庄、甘贡三、王道之、王予建、倪传铖、姚传芗等。俞振飞《穆藕初先生与昆曲》一文云:"至二十六年抗战军兴,先生随政府入蜀。但闻先生虽于国难严重之际,尚提倡(昆曲)不遗余力,今于渝蓉间昆曲传行,风靡一时,亦皆怀念先生不置也。"昆曲传习所全体学员所撰《穆公创设昆曲传习所之经过》一文云:先生"弥留前不久,犹与项运村先生言及,拟斥巨资,在沪设一昆曲小剧场,言犹在耳,而我穆公竟弃吾等而逝。"(原件,今藏苏州中国昆曲博物馆)

1942 年(民国三十一年,壬午) 六十七岁

1 月 中、苏、美、英等国在华盛顿发表《二十六国公约》。

2 月 中国远征军在缅甸作战失利。

5 月 浙赣战役开始。金华、兰溪相继沦陷。

6 月 全国粮食会议在重庆开幕。

8 月 重庆等地棉布等日用品价格暴涨,旬日间涨 50% 以上。

9 月 农本局成都福生庄从事黑市贩卖,引发棉织业工人暴动。

10 月 第三届国民参政会第一次会议在渝召开。

12 月 国民政府明令公布《限制物价办法》。

1 月 1 日 上午八时,于农本局大礼堂举行新年团拜会,先生致训词,要求"今年第一件事是把农本局办好"。(《农本副刊》第一期,1942 年 1 月 20 日)

1 月 3 日 董必武为边区卅年度事业效果报告表事致函先生。原函如下:

藕初先生大鉴:

惠示敬悉,前接贵会驻蓉办事处寄来卅年度事业效果报告表四份,当即转寄延安填办。去年十二月二十日接得林伯渠同志复函、附表四份,亦将表四份照转,直寄贵会驻蓉办事处,如邮筒无阻,应早到达。崇专奉复。敬颂

勋祺

林君来函附上并请察鉴。

弟董必武再拜 元月三日

(原件)

1 月 5 日 农本局总理纪念周,经济部部长翁文灏至农本局,向"全体同人训话,言词恳切,同人殊为振奋"。(《农本副刊》第一期,1942 年 1 月 20 日)

1 月 11 日 访黄炎培,"深谈"。(《黄炎培日记》)

1 月 13 日 蒋介石主持行政院第五四六次会议,决定设立物资局,[①]副局长穆

---

① 1942 年 2 月,经济部设立物资局,接办农本局平价购销处有关管制后方花纱布业务,何浩若任局长,先生兼任副局长。同年底,物资局撤销,另组花纱布管制局。

藕初、张果为。(《翁文灏日记》第 733 页)

张汝砺《农本局的沿革及目前业务动向》一文云:"政府为统筹物资管制设立物资局,而将农本局归物资局管辖,配合行政的管制,仍专营花纱布的运储调整,并为执行以物控价政策,继续推进纱布的增产。自本年二月份以来,秉承物资局所颁布的'统筹棉纱平价供销办法'和'统筹棉花运销管制办法'的规定作为购销业务的准绳。登记并征购纱厂和囤积户的纱支,以之平价供应直接用户,再收购其成品,普遍平价供给军需民用。"(《农本月刊》第六十期,1942 年 5 月)

1 月 14 日 午后,黄炎培访先生于农本局。(《黄炎培日记》)

1 月 20 日 《农本副刊》创刊,刊登先生创刊词及《六六初度呈黄参政任之》五言诗。该刊为农本局研究室编,"以加强总局及外庄之联络为主要任务。"刊登总局各处室、各分庄、各电台消息,"其他有关部门文艺、通信、工作检讨,以及其他有趣之短文。"先生创刊词阐明创办该刊物在于互通声气、交换工作经验、加强学习。全文如下:

> 本局创刊《农本》已届三载,竭诚尽能,幸未贴讥覆讽,然以取材未尽专一,内容尚欠充实,□所服务,未克充分达成,加以对象容有不同,斯□会显分厘厚薄,及时改进,未容或已。爰决定自三十一年度起,以《农本》作为本局对外之刊物,悬棉业问题为研究之中心鹄的,另编《农本副刊》一种,为纯粹对内刊物。
>
> 本局业务繁复,单位众多,遍布各省,无不有密切之联系,不足以划一步骤,加强分工合作之效能。故一报告各单位各部门之业务消息、人事动态、设施情形等,以期互通声气,增加联系,此为《农本副刊》所负使命之一。
>
> 本局同人自以精诚团结、自强不息之精神贡献于其本位之职守,至足嘉慰。若同人今后在其职守上努力,经验与成果有公开表述,提供参考、互相检讨之机会,则《农本副刊》对于同人实为急迫之需要。故交换工作经验,以收互相观摩之效,为《农本副刊》所负使命之二。
>
> 求工作进步,必须加强学习,求精神焕发,必须充实生活内容。为使同人对于生活上之学识上之疑难有所商榷,得有所抒发,乃至诗歌小品之创作,一技一艺之专长,俱得随时贡献,娱己乐群,即《农本副刊》实尤为同人精神生活上不可缺少之园地。以精神食粮饷同人智识欲,为《农本副刊》所负使命之三。
>
> 今值《农本副刊》创刊付梓,虽以事属创举,内容未尽与理想相符,而使命綦大,前途实无限量,尤赖我同人明了意旨所在,竭诚爱护,尽量贡献,藉以增进同人之团结,加强工作之效能,有厚望焉。

(《农本副刊》第一期)

《六六初度呈黄参政任之》诗如下:

声誉满尘寰,辞藻凌庾鲍。铜驼嗟荆棘,登龙许国宾。欧力渐东侵,勤修独务早。游辙遍阡陌,振聩抒怀抱。立国鄙小惠,诲人循大道。科学正昌明,谋生尊技巧。律己如圣明,倡用并手脑。孜孜忘甲子,篇什富丁卯。斯世有斯人,举国相倾图。乘时秉国政,黎庶得温饱。贾生终不用,长衢滋蔓草。纵目天地间,每叹知音少。学行步君后,岁月吾渐老。为国各努力,偕归享寿考。

(同上)

同期《副刊》刊登《我们的总司令台——总经理办公室素描》一文,介绍先生等在农本局的工作环境。文云:"在本局大礼堂前的草坪右侧的一所房子,那就是总经理办公室,也就是我们农本局的神经中枢。这所房子分五间,当中的一大间是本局会议厅,厅左的两小间,一间是廖专门委员的卧室,前一间就是总经理、协理及处长办公的地方。厅右的两小间是项首席秘、朱专门委员的办公室,前一间空着。在这所房子的前,种了几株芭蕉,大叶当窗摇曳,绿意透纱,颇饶逸。在右边屋角下还有两棵梧桐,落叶萧萧,殊令人有秋之感。步行房前走廊下,凭栏俯视,嘉陵景色,一览无余。这座房子的优美雅静,实带给人们多少欣羡和景仰。这座房子,不仅有优美的环境,而且有融洽的空气,长官与属下之间,亲爱精诚,一团和气。这里没有丝毫官僚的风味,没有半点封建的气息,都站在一个立场上,为事业为工作而埋头苦干。长官对属下,除了工作方面力加指导以冀其进步以外,还时刻关心其学问的研求和做人的道理。所以它简直是一所良好的学校,一个亲密的家庭。下面就是我要报道的本室同人的公生活。穆总经理,他整个的时间大半是在办公室里批阅公文,(以下原件缺失十余字)他还兼任农产促进委员会的职务。他已经六十六岁,身体却那么壮健,他虽身□数职,事繁勤劳,但从未看到过他的倦容。"

同期《副刊》还刊登星野《漫谈陕西省农村手工纺织》一文,介绍先生主持的农产促进委员会在陕西省推广手工纺织情况。文云:"有人说:陕西的手工纺织已经这样发达,就毋须再推广了。又有人说:陕西有如此深广的纺织基础,推广工作一定可以迅速顺利开展。事实不然,虽然关中陕南一带,农村妇女多普遍地从事手工纺织,然而产量并不很多,而且产品品质低劣,大不如川省的土布精良。值此纱布恐慌,日益严重,尤其是西北方面,甘、宁、青三省既不产棉,亦不纺织,战前可把外地所产运至天津、青岛等口岸交运布匹供用,战后此路告绝,就不得不仰给于两省。还有北战场百万将士,也得仰望陕西供给服用,如何发动陕西妇女在自给自足之外,更能改进技术,加紧生产,以应抗战需要,实是当前要图。可是说到推广指导,事实上却是困难重重,农村妇女在传统封建势力支配下,终年深居家庭,绝少接触事物,呼吸外界新空气的机缘,因此保守成性,对于一切新活动终是疑□维深,非给长时间的深入化导,决不轻易接受。加以近年来陕西农产丰收,经济上又无须赖农妇的纺织收入补助生计，所以目前的推广指导工作，有些地方似乎竟无法推动。然而远识之士，无不认识推广指导工作之重要性。困难只是困难而已，愿有心人，切勿为目前一时的困难所阻退。"（原刊）

1月24日　应先生之请，行政院秘书长陈公洽至农本局演讲《抗战建国的心理建设》。朱赉如《抗战建国的心理建设——恭聆陈公洽先生讲训后作一个见仁见智自我记述》一文云：本年一月二十四日，我们总经理穆藕初先生迎请行政院秘书长陈公洽先生莅临本局讲演，这是我们听了翁部长训话以后最感兴奋的一次聆训。陈先生在政治军事两方面的功绩，和明允笃诚正己化人的人格，我们大多数同人闻风仰慕已久，当他惠然莅临，穆先生又将他十数年来施政治军的经过，简明扼要叙述之后，使得大家对他的崇敬，更加深了一层，这次聆训对于我们心理上，工作上，不知不觉有了新的改进。在抗战建国大时代中，我们得着这样适合当前需要的指示，也实在觉得宝贵。陈先生的讲题是《抗战建国的心理建设》。因为在这战烽弥漫全世界的今日，我们全民的英勇抗战，已经换得无上的代价，可是，要获得最后胜利的把握，更须我们全国人民拿出最大的力量，来肩负起这个重大的责任，这种力量，如何培养，如何发挥，陈先生对我有个详尽的解说。"（《农本副刊》第三期，1942年4月15日）

1月28日　为农本局隶属新设物资局事，致函农本局各庄各处同仁。全函如下：

吾兄大鉴：

同舟风雨，诸赖匡襄，每念贤劳，良用欣感。本局职司后方衣被原料之调整，各地同仁年来共同推进，颇著努力。近日太平洋大战爆发后，运输供应将益艰难，而本局调整任务又将愈形加重，政府为统筹日用品之供求管制等事项，特组设物资局，总司其事。以何孟吾先生任局长，弟及张果为先生副之，下月初即正式成立。本局已筹划物资局统辖，仍执行原营业业务，并扩大范围。今后本局职责愈重，有待于各地同仁之共同努力者，更为殷切。务祈仰体时艰，赓续以往服务精神，愈加奋勉，共赴事功，并转告诸同仁咸体斯旨，是所感盼。专此布达，并祝刻祺

穆藕初手启　一月二十八日

（《农本副刊》第二期）

2月3日　陕甘宁边区政府主席林伯渠，副主席李鼎铭为咨送《陕甘宁边区民国三十一年农业推广计划书》致函先生。原函如下：

敬启者：查陕甘宁边区民国三十一年农业推广计划业已电告概要在案，现将该农业推广计划书备文咨送贵会以供研考，但以边区人力财力均感缺乏，而

该计划书所列各项农业经费共需六百三十五万元,尚请鼎立资助,时加指导为荷。此咨全国农业促进会主任穆。(附陕甘宁边区民国三十一年农业推广计划书)

主席林伯渠,副主席李鼎铭

(《陕岗宁边区政府文件选编》第五辑)

2月14日 夜,招黄炎培、章笃臣、乔启明等用餐。(《黄炎培日记》)

2月16日 物资局局长何浩若至农本局演讲《最近国际形势的转变与今后物资局的任务》。(《农本月刊》第五十七期)

2月19日 于农本局新生活运动会八周年及就任该局总经理一周年纪念会上致训词,谈新生活运动,强调礼、仪、廉、耻重要意义及任职农本局一年来的感受。云:

管子说:礼义廉耻,国之四维;四维不张,国乃灭亡。由此可见二千余年的人已经认识四维对国家的重要性,那么二千余年后的今日—外患内忧严重交迫下的今日—它意义的重大,更是不言而喻的了。这四个字的解释非常多,我们若把它收集起来,真可编成一轶巨册。今天在这里我不想详谈,只简单而且通俗地向诸位一中其义:

礼,是规规矩矩的态度。规规矩矩的态度不仅包括外表,而尤其着重内心。内心端重自能侠行,动不愈规矩;度的循规蹈矩,也正所以训勉内心的端重。现在我举个例来说:一位朋友岁数也已很高了,一天夜里一位年轻女士皇皇张张的去找他。因为她是初到,又是不懂法国话,一切没办法,吃住都有问题,总算和这位老朋友有些世谊,把他找到了,而且承他招待了几天,最后还趁便亲自送她回昆明。可是飞机一到昆明,远远看见了她自己的丈夫,几声:"哈罗"直奔而去,双双携手不告而别地走了。这样的不讲礼貌,实在是不该的!我还有看见一些洋派学生,遇见人满嘴"哈罗! 哈罗!"曾有驰名交际的某君遇见某院长,也轻率地以"哈罗"相招呼,为某院长当场加以叱责。这些都是不礼貌的。事虽小,却值得我们注意和警戒。

义,是正正当当的行为。这个字的精义,在世界上只有中国普遍地流行着。不论过去和现在,还严正的拿这个字来衡量一个人的社会地位。像《论语》上所说:"君子喻于义,小人喻于利。"别的古书又说:"君子以同义为道,小人以同利为朋。"在社会环境里,拿这把尺来度量人的品格,确是千准万确的。比如说:一个和你交好的人,假如他只是为了某种利害关系,那么一到利尽时,交谊也跟着没落了。像这样的人,我们就称之为小人。反之如果人的交谊,并不以利害为前提,无论利多利薄,始终维持着同一的情谊,那样的人就可说是君子。我们要使一切的行为都正正当当,唯其正正当当,所以不为私欲私利所惑,这样就表现出崇高的人格。

廉,是清清楚楚的辨别。我们不仅做人处世要应用这个字,尤其做事服务的态度里要渗进这个字的精神。现我来讲一个神话。从前有一个大官,为人清清白白,一生没有拿过丝毫半厘装进自己的荷包里去,因之他满以为心可对天日了。哪知道当他死去见阎王时,阎王不但不给他进天堂,反罚他入地狱,他很不服气,向阎王提出质问,阎王回答他说:"你在人世做官时,虽未尝贪污,但也没有努力做好你应该做的职务,(以下五六字不清)这些话,但也有它的道理。廉洁固然是廉字含义中最重要的部分,但整个廉字的含义并不止廉洁一端,总要清楚辨别一切,把一切都认识得清楚之后,自然就不会有不正当或不合理的行为。

耻,是切切实实的觉悟。人有种天性,就是喜欢别人称赞而怕别人轻视,基于这种天性,所以大多数的对做事和做人,惟恐自己□□于是竭尽全力地要想做得更好或学得更好,以期别人的一声称赞,这种意念是人类天然的羞恶之心,我们要把这种天性申而扩充之。每一个人都要忠实地认识自己的弱点,认识国家的地位,承认别人所以优越于我们的缘故,而且不要自馁,要努力地把自己和国家的新生活建设起来。

礼义廉耻四个字的含义,短时间不能够尽量说明,总之,各位如果详细研究,委座历来关于这四个字的训示,从其中得到更多的教训。我在这里再向诸位介绍几句委员长的话,那就是:(一)有礼貌:这是容易做到的重要的事,关于它的意义,前面已经说过,这里毋需补述,(二)从自己做起——公务人员、文化工作人、学生都要下决心起来推行新生活,而且要以身作则,切切实实履行新生活条则,做一般国民的先导,(三)从□手——一般人欲望太殷,理想太玄,做起事来便超等踊纵,因之结果政绩毫无。现在我们要从浅处着手,按步骤切切实实地做去,那将来的成功一定是很大的,(四)利用周末的余暇来把自己以及自己的环境弄得更好一点,自己弄得和新生活的准标更接近一些。(以下二十余字不清)纪念新生活运动首先要我们大家去实行,因此关于纪念新生活的话,我在此不打算多多说了。

本人就职农本局开始于去年今天,刚巧和新生活运动纪念日同一日,到今年今天,本人在农本局已经服务一年了,去年今日以前,我正主持农产促进委员会的工作,深居简出,专心各省的农业实际情形,想凭藉本人绵薄的力量,尽可能给中国农业推进一些。后来蒙政府当局的器重,付于调整花纱布供需这样重大的一个责任,当时我对这样的大事,深惊不能胜任,因之曾再三向政府推辞，但政府总是不肯允准，我就只能勉力接受了。任职的这一年当中，对国家、对本局有没有贡献，我都不敢说；不过有一点我可以引为自慰的，就是本人自己这一年间从经验中却得到了一些的进步。虽然我的年岁已经很大了，不过人的进步是没有止境的。根据最近一年经验，我感觉到过去做事方法和态度上的许多缺陷，根据这些经验，我有勇气而替我国服务十年！至于本局从在改组中那种摇□不安的情形，经过业务上的、组织上的和人事上的积极整理，一年以来总算把一个事业基础以巩固，这也是同人所明悉的。回忆去年我到这里来接事的那一天，我也在这里演说，那次演说中我有一句诚挚的告知当时同人话，我说："忠于职务者都是我底亲信。"一年来我对于同人是始终用这种诚挚的态度来谋取事业的合作。因为唯有这样才能够保证同人才力的发展，保证本局事业的发达。我今天而且以后的态度还是这样，我凭藉着这种态度，让忠于职守的人尽量发展他的才能，对职守尽忠尽未力的努力改善，不以职守为重要的只得任其淘汰，而大多数的同人在过去一年都能重视职务，增加了本局不少朝气，这是本人引为欣慰的。

物质局已经成立。在战时这是一个非常重要的组织，农本局自改归物资局统辖以后，我们的业务将大量的扩充，而我们的责任便也大大地加重了。今后所需要同人努力的更将加倍于过去。不过我相信，只要我们肯同心协力，切实干去，那么一切都可以做得好的。

我这里再要举两个生物学上的现象贡献给诸位作为处世做事的参考：

（一）丛生植物，上层是一片绿油油的颜色，但是下面却有些是枯萎了的。上层的所以欣欣向荣，是因为它时刻受着阳光的照射，雨露的润泽，所以使它健全，下面的所以枯萎，主要是因为它被别的枝叶所遮蔽，使它见不到阳光，受不着雨露，因此它就枯萎了。我求学时在田野中发现这个现象，我便理解到人在社会上也是这样。人人都应该有生存发展的权利，要让每一个人都能发挥自己的才能。要想人人都发挥出自己的才能，那么尤其要一方面鼓舞自己发展，同时另一方面要尊重或助长别人的发展。这样，人群社会的进步和福利一定是更加增大的。

（二）三十七八年以前，我到东北各地去考察森林，见到挤得紧紧的森林里所有高大的树干一枝枝都伸入天空。当时触景生情，我领会到另一种做人的道理：这些树木为了各自的生存，便相互竞争着向天空生长，以吸收阳光和空气，争取适宜的生存地位，结果每一棵树都长得很高很好。做人也是这样一来，要在拂逆的环境中挣扎，锻炼出自己的生存能力，奋斗出自己的前途，这样自会做一番事来，建立起他生命上的劳绩；若是不向艰苦中磨练，只图舒适顺利，那是不会铸成大器的。

我虽六十七岁了，可是还不以为自己是已经老了，而且还想不断求进步。为了这点，所以我要求各位，当各位发现我有什么欠周到的地方，希望各位毫不客气地给我当面或书面的提示，我一定力求改进，最后我与各位相约，从今天起大家各自分别努力求长进，明年今日再在这里相聚的时候，大家都应该比今年进步！

（《农本副刊》第二期）

2月25日　董必武为寄送陕甘宁边区三十一年度生产计划及预算书致函先生。原函如下：

藕初先生大鉴：

前奉大函，承索陕甘宁边区三十一年度生产计划及预算书，业已遵示电转边区政府。去后兹接边区政府主席林伯渠、副主席李鼎铭梗电一份，特此抄陈，敬请鉴察为荷。岂溯。顺颂

勋祺

弟董必武再拜（印：董必武印），二月廿五日
（原件）

2月　于《农本副刊》第二期上发表《告文社社员暨全体同仁函》，勉励同人利用公余研究学问。函云："文社社员暨全体同仁鉴：文社成立瞬将半载，诸君于百忙之余尤能努力协作，励志进，殊足嘉慰。现三十一年业经开始，流光易逝，学问无穷，尤须利用公余，精益求精，庶使光阴致虚掷，学识随以俱进，至希社员诸君益自奋勉，持恒写作，□有勤奋上进者自当予以奖励，□励激劝。尚未加入文社同仁尤盼踊跃参加，共同研切，以收宏效。此启，并颂时祺。穆藕初启。"（《农本副刊》第二期）

2月　《农本副刊》第二期上刊登北云的《活跃在西北的宝庄》，介绍农本局下属机构宝庄的业务情况。文云："宝庄是早陇海铁路的终点，它产生于抗战后第二年的秋天，那时候宝鸡的环境还是那样的荒芜。除历代传统下来的一个县衙门外，再也找不到一个中央或地方机关，宝庄还是当地各机关团体的一位老大哥呢！真的，我们确以先进的资格占了一个相当重要的地位。首先谈到的是宝庄的业务，它是一个完全担任运输部分，它是整个西北业务的大动脉！抢运战区资源，调剂后方生产，这便是它惟一的使命。因为汽油和运输器材的缺乏，我们的运输工具，多以兽力来代替，可是它在宝鸡的公私车辆中，还是占着极大的势力，就它每年棉花的运输量来说，要占西北的十分之六。三年来的时间，它没有年和节，不分昼和夜，车子总是在川陕道上，爬着那万丈的高峰，盘旋有迂回的秦岭，不知留下了多少的足

· 1275 ·

迹和血汗! 它曾在偏僻陕北,和接近敌区的河南运出大量的棉花。它本身有个直系的储运站,共有员工达三百多人,正为了它是西北业务的中心,所以对西北十三个庄,也都有着密切联系。"(原刊)

3月1日 《大公报》刊登《平抑布价——农本局收买棉纱应市》消息一则,云:"物资局举办棉纱登记,昨日已告截止。各厂商登记者共计四百余件。据该局负责者称:各厂商登记之纱,将由农本局按照法价收买,然后以纱易布,平价供应,调节市场需要。今后纱价必定维持限价。如厂商匿货不报,一经查觉,即行从严惩办。"(同日《大公报》)

3月2日 出席道门口中国通商银行开幕式,到者有黄炎培、杨卫玉等。(《黄炎培日记》)

3月5日 农本局为抑制棉纱价格,打击黑市交易,本日起开始公布办理江巴两县平价棉纱供应。《平价棉纱,源源供应——本局办理江巴两县平价棉纱供应》一文云:"渝市棉纱供销,其价格本由平价购销处按照实际成本,再加合法利润而规定。如廿支厂纱规定每件价为五千三百九十元,但纱商阳奉阴违,暗中垄断,造成所谓黑市,而黑市价格,恒有超出官价一倍以上者,正当织户,每有购纱不得之叹!以致布价跃涨,民衣问题,日趋严重。物资局成立后,决心管制棉纱,有颁统筹购销办法,提高廿支厂纱限价为六千九〇元,并照价收购厂纱,饬由本局统筹购销,本局三月五日局(卅一)督字第五七〇号指令,修正公布实行,本局以织户在此蜕变时期,购纱困难,停工堪虞,爰饬福生渝庄迅速举办,该庄即登报公告,设初核办公处于棉花街四十二号本局手纺训练所内,于三月九日开始办公。凡江巴两县之织厂及织户需用棉纱,依照规定办法,添具申请书一份,送由渝庄初核,并发给收据。初核后,拟其供给办法,或先派员调查实情,添具初核通知单,送由物资局驻重庆专员办公处复核。""至廿六日止,已向渝庄购纱者二二四户,售出棉纱(包括十支、廿支)一二三件,十七斤,又土纱一七斤,(经该庄指定直接向厂商价购之七十六件不在内)售得纱款八五四,一八二,五〇元,近数日来,每日自朝至暮,向该办公处申请购纱者拥挤不堪,几有山阴道上,应接不暇之势,甚至大门未启,已伫候良久者;需纱之迫切,已可想见。织户购得平价纱,携归而织,使工人不致坐食,咸欣然有喜色,今后源源供应。一面严密管理成品,布价自不难平抑,而纱商亦无从施其鬼蜮之计矣。本月二十六日之《南京夜报》,对此已有好评,在显著地位,刊布消息,有"自物资局统制棉纱后,前在渝从事纱花掮客者,现已销声匿迹,用纱户称便不少,黑市纱价无形铲除"等语,闻此种平价供应办法,即推行至成都、万县、合川、讲津、遂宁等地云。"(《农本副刊》第三期)

3月9日 于农本局总理纪念周演讲《科学管理》第一、第二讲。全文共七讲。

第一讲阐述十八世纪产业革命以来,工厂制度对于国家的贫富强弱,民族的兴衰存亡至关重要,指出办工厂的人应该要有国家至上民族至上的观念。第二讲介绍泰罗及其所著《科学管理原理》之由来,以及译介该书经过等。第一、第二讲如下:

第一讲

科学管理是现世纪崭新的学术,要谈科学管理便不能不由十八世纪的产业革命讲起,因为有了产业革命才有新工业的勃兴,有了新工业才有科学管理的产生。近代经济光明灿烂的史实,是产业革命所造成的。产业革命是以机器的发明为主要导因,而机器的发明,则导源于纺织工业,因了纺织工业的机器化,就引起了其他机器的发明与需要,等到一七六九年英国人詹姆斯瓦特发明蒸汽机,遂把工业中主要的动力问题作了一个空前的解决,同时完成了机械革命的伟大功绩。随着机械革命的完成,煤铁工业方面也起了重大的变革。在交通运输方面,则美国人福尔敦于一八零七年发明了汽船,英国人斯蒂芬孙于一八二五年发明了火车,从此物质文明日新月异,人类的经济生活,与前一世纪大异其趋,另换一番新面目,开辟了一个新的纪元。

另一方面因了生产方法的革新,而促起了大量原料和广大市场的需求,因了交通技术的进步,而不患大量原料和成品的无法输送,广大和辽远的市场的无法联络。恰好哥伦布于十五世纪末叶发现新大陆,这是人类历史上的伟大功绩。随着探险家辈出,地理上的发现不断有新的纪录,从前为文明足迹所不到之地,都先后做了产业国家原料的取给地和成品的市场。产业越发达则对于市场的要求越为迫切,市场越广大,则原料的供给和货物的需要亦越为殷繁。因此外而掠夺或争夺世界新市场,内而加紧生产,加紧供给,使各市场获取更丰富更精良更低廉的货物,这两者是互为因果的。同时也是产业革命所成就的主要结果之一。

关于各国掠夺或争夺世界新市场的情形,不在本题范围之内,这里可以不讲。关于加紧生产加紧供给,则各国为了获取更丰富更精良更低廉的货物起见,遂都尽其最大能力以发挥近代工厂制度的效用。这是以机器机械化的动力作基础的一个生产机构,在十八世纪机器发明以后便早已应运而生了,——那时的纺织工厂便是一个主要的例子。——但是到了动力广泛使用以后,遂益发大放异彩,展开了物质文明史的新页,奠定了近代产业组织的基础。因为唯其现代工厂制度出现以后,生产才集中起来,同时在集中生产之中,工作的分工才专门化精密化起来,劳动者数量才增大起来,而又把一位劳动者的劳力,更加以最经济的使用。不但如此,农业部门也近代化机械化了,农业的生产和工业的生产联系起来了,甚至前者作成了后者的附庸,市场的内部组织,也重新加以整理,而且把各个市场编成一个整个系统,金融也于这种产业组织中展开出来,而发展为近代的金融、信用以及通货制度。

因此工厂制度发展程度的高下,便可以作为一个国家的产业和经济发达与否的测度。假如一个国家工厂办得好,数量多,那末它在近代国家中一定占有重要的地位,经济一定有高度的发达,农业商业一定连带有适度的发展,财政金融一定牢固,一般文化水准一定随着提高,它必然是一个富足的国家,强大的民族。反之,如其没有工厂,或者数量甚少,办理不善,那末它不是一块殖民地,也一定是一个落后的国家。

工厂对于国家的贫富强弱,民族的兴衰存亡,关系如此密切,因此我要郑重的大声疾呼,办工厂的目的应该是为国家民族谋福利,而不是仅仅为私人获取利润。办工厂的人应该把握住国家至上民族至上的观念,而把私人的利益搁在后面,因为皮之不存,毛将焉附。国家经济如能发达,私人乐利不求自得,若不顾国家利益而唯私人利益是图,则国家经济无从推进而私人的利益也决无获得的希望,这是很明显的。我们一切一切的经济行为,不是专为了满足个人的欲望而作;反之,应该以国家经济的繁荣与国民全体的乐利为前提,这是经济学上一个进步。

工厂既是为谋国家民族的福利而办的,那末我们不能不更进一步就工厂制度发展后所发生的各种结果中两种主要结果来观察一下:第一,就国家的立场来说,一国工厂工业的发达,全得要靠国家能发挥其力量,以谋市场的维持和确保,为谋市场的维持和确保,固然发生了若干次或大或小的近代国际战争,以及不断的发生着国际政治外交上的冲突矛盾,但更其显著的而且没有一分钟停止的,则是国际间的经济斗争,亦即所谓商战。各国为了从事于这种经济战争,便不得不积极整顿和巩固它国内的经济阵线或经济壁垒,尽量发展工厂工业,以期本国出品品质的提高,数量的增多和取价的低廉,这样它们才能在国际市场上倾销,抵制其他国家对于同一市场的输入,一国如此,他国亦然,就形成了近代工业国家间的激烈竞争。

第二,工厂工业的竞争,不仅仅发生于国与国之间,同时也发生于厂与厂之间。因为企业家必须期望在其所从事的某一次生产事业中获取他应得的利润,利润的多寡固然要受着社会平均利润率的支配,但主要的还要靠企业家的善于经营。因此每一个健全的工厂都不断的在那里设计,如何增加产量,如何减低成本,如何以廉价争取消费市场,而最后是如何从上述的方法上去扩大自己的利得。这样看来,工厂与工厂之间,企业家与企业家之间的竞争之激化,也是工厂工业之必然结果之一。

要使工厂生产之能适应竞争,能达到质量并茂并确保市场与工厂利得的目的,这里就发生了经营上的一切问题。经营愈合理,便愈能发挥工厂的优良作用。要经营合理化,必需要利用科学原则和科学方法。这种运用科学原则和科学方法来进行的经营,正是所谓"科学管理"。

第二讲

上面说过,十九世纪末叶,欧美各先进国家,都全力谋生产量的增加(这种增加多偏重在工业方面,矿业次之,农业反呈相对衰落的现象)以供应巨量的需求。但这样无限制增产的结果,其产量无不大大的超过了本国的消费量,以致酿成供过于求的趋势,为维持国内的生产事业于不坠计,便不得不向国外找寻出路,于是世界资本主义国家遂激烈地展开了勾心斗角的商战,如美国煤油公司与荷兰煤油公司的激烈竞争油市场,就是一个显明的例子。唯其如是,工业品的生产技术,便转进了另一种境地,即既求量的增加,又须求质的优良,在另一方面,产生了一种"价格愈趋愈廉与夫从事生产者的报酬愈提愈高"的现象。在这种情况之下,各资本主义国家便发生了人工的恐慌,而世界其他许多产业落后的国家,则因受着工业品倾销政策的影响,国内许多原始工业都相继没落,许多手工业者因之赋闲起来。这两种相反的现象,原可以相互补偿,可是因为狭隘的国家观念,早已深入人心,根深蒂固而不可拔,所以他们都不愿意招雇外国工人,以补充人力的缺乏。这是一个极其矛盾的现象。然而正因为这种矛盾现象的发生,各国产业者便想尽方法,要想利用最少的劳力去获得最大效果,这正是"科学管理"这一门学问发生的主因。

美国有一所世界著名的钢铁厂,一九零二年由戴乐尔 Taylor 氏当总经理兼总工程师,这位先生能力极强,全厂之内,事无巨细,都得亲自过问。因为熔铁炼钢的工作,是离不了焦炭的,所以这钢铁里也包有煤矿。一天他在煤矿里察看工人从事采煤工作时,发现了一种劳作上的规律,即一个人能力有限,纵然其初着手工作时,效率如何大,而一经达到一定限度之后,便要发生递减作用了。其次工人体力有强有弱,工作的精神有勤有懒,若以勤者强者和弱者懒者在一条件下工作,则勤者强者必受弱者懒者的影响,而不肯且亦不能发挥其工作能力,这就全体而言,就无疑的使劳作总效率降低了。这位老先生看出了这点,便想寻出一种补救的办法,以其人尽其才,劳资双方俱获其利。第二天他从矿工中选出二位体力较强的来作试验,他叫他们尽力工作,每隔二十五分钟,允许他们任意休息五分钟。这样试验的结果,成绩非常圆满,原来每人每天平均可以铲煤七吨的,现在经过每二十五分钟一度休息以后,竟可以增加到三十多吨。他就和这几位矿工协商说,你们的工作经过这样调整之后,效率的增加居然超过四倍以上，现在我不希望你们竭尽你们最大的能力，只希望你们每天每人铲煤二十一吨，即较平常增加三倍，至因这办法而增加生产的所得，则厂方与你们平均分配。换言之，就是你们工作能力强的与工作精神好的生产量增加三倍，而工资则增加一倍，同时你们于进行工作时，每工作三十分钟得以休息五分钟，以便恢复你们的疲劳。工人们听了老先生的这番话儿，既得按时休息，又可增加工资，而增加产量，并不费多大气力，自然个个满意，人人称心，而戴乐尔先生所主持的钢铁厂亦因此而在不增加开支的条件下，达到了提高生产总额的目的。

这不过是一件故事，类此的故事，自然不一而足，戴老先生随时视察，随时思考，随时有所悟会，到了一九零九年他把自己累年经营工厂的经验和心得，归纳为一个有系统的学理写成 Scientific Managment 一书，在美国所出版关于科学管理的著作，这一种还是空前的创作呢！那时我正专攻农业，对于这书并没有潜心去研究，到一九一三年我们开始修习工厂管理，遂把这书仔细研读，觉得兴味盎然。及至学成归国之时，就具函请求原作者允许我将这书译成中文，既承戴老先生欣然允诺，即于归国后第一年中细心翻译，译成后以"学理的管理法"的书名在上海中华书局出版，关于科学管理的书籍传到中国来的，这还是第一本。在美则继承戴乐尔先生的学验，而对于科学管理有所贡献的，是他的高足 Gilberth，他原是泥水匠出身，当他从事木业工作时，他潜心研究如何使手续简单化，如何使动作减至最少限度。譬如旧式砌砖的工作平均原有二十三个动作，经他潜心研究之后，竟缩减到仅仅五个动作，这样便节省了许多人力和时间，增加了不少工作效率。后来他根据自己的经验和心得写成"行动的研究"Motion Study 一书，这是关于科学管理的第二种巨著。从这两书行世之后，科学管理遂成为一种专门学问，不仅学者如林，著作辈出，而且大多数生产机关，也都能在实际上应用科学管理的原理。

我于回国后即着手创办纱厂，那时我就抓住这个机会来实践科学管理的学理。现在我且举一二个例子来说明我的经验。那时在我的厂里所设备的纺纱机，每一条细纱"弄堂"里（弄堂是纱厂里的术语）装着四百枚锭子，依照习惯是由两个女工管理着，但我依据自己在美国一人可管一千锭子的经验来判断，我认为管理四百个锭子所需两个工人的劳力是可以节减的，就开始试验用一个女工来管理一条"弄堂"，也就是以一人来管理四百个锭子。我并于试验之时，亲自到工厂去观察，结果不仅认为可能而绰绰有余，可是那一个女工却来告诉我，说是工作太吃力，做不下去。于是我就换了另一个女工来试验，但不久又遭到了同样的答复，一连换了好几个女工，结果都相同。当时我颇不解，何以自己视察的结果明明是可能的，而他们却都说不可能，便找了工头到我家里来谈谈，经我仔细询问之后，他的答复是"就事实论一个人管理四百个锭子，原是没有问题的，不过这样一来，就要使许多女工因而失业了，自然工人中间富具同情心，即使能力强的亦不肯且不敢做较多的工作了"。我明白了这情形以后，觉得失业的问题也不得不加以顾虑，于是就在减少废花上想法。结果我定出一个办法，按废花的减少程度来酌加工资，藉以奖励工作的勤慎。这一措施是成功了，虽然工人数量没有减少，可是棉花浪费的程度却减低了。这不过是我办纱厂时施行科学管理的一个例子。其他各方面我都尽量秉着同一原则去改良，去管理。所以从民国四年开始办纱厂以后，但凡遇到业务繁荣的年度，我的厂总比别家的工厂盈利多些，如遇到不景气的年度，即使亏本，也总比别人的厂亏得少些。这不能不说是实行科学管理的结果。

现在我要说到科学管理的五点原则：即第一纪律化，第二标准化，第三专门化，第四简单化，第五艺术化。

（一）纪律化：工厂要有军队的精神，一切工作的进行及其配合都得要遵守着一定的规律，因为假如工厂没有纪律，一个人或一局部的散漫松懈便足以牵动全部生产。要进行科学管理，首先便要提高工厂一切动作的纪律。

（二）标准化：标准化是科学的表现，是正确与精密的基础。从事近代的大量生产，标准化尤其是不可缺少的条件，因此要实行科学管理，更须认定生产标准化的原则。

（三）专门化：专门化和近代产业上的分工是一件事。而合理的分工是增进生产效率的必备条件。例如芝加哥的屠宰场，就符合了这个原则。整个机械组织中每一部门均有他专一的任务，所以从这一边赶进活的牲畜，那一边便变成了制成品，前后只要经过很少的时间，工作效率所以这样伟大，就因为实行了经济上的分工原则，而使每一种工作专门化的缘故。

（四）简单化：简单化是要把一切不要紧的步骤，加以裁并，太琐碎的手续予以减省，这正是专门化的补充。必须尽量使之专门而同时不要太琐碎，才能发挥效率。

（五）艺术化：使工人不感到工作的痛苦，而觉到这是一种乐趣，那末工作效率就自然能够更增加。因此艺术化也是科学管理上的重要原则之一。

就学理上说，虽然容易明了，但要应用到事实上去，那就非脚踏实地去干不可，所以我们知道了科学管理的原则，还要使我们所实行的科学管理，实际生效用才对。

（《农本月刊》第五十八期、五十九期合刊；《文集》增订本第418—422页）

先生"讲毕《科学管理》时,从容告同仁云:'书场俗例,说书人凭卖座多少,计座取资,而茶房则辄以多报少,从中揩油,说书人面嫩者尤受此辈剥削。我今在此说书,不想竟亦有人揩我油水,其实卖座应有多少,揩去油水若干,尽逃不出我的眼目。少数油水,我自不与计较,若揩油过甚,则殊不客气也。'先是同人闻总经理说故事,疑与《科学管理》有关,屏息静听,始恍悟同人中有不到听讲者。总经理谈吐诙谐,同人不觉轰然大笑。""自总经理说此故事后,《科学管理》听讲人数遂益形踊跃参加矣。"(《农本副刊》第三期)

3月14日 中午,赴孔祥熙宅午餐,到者有黄炎培、翁文灏、钱新之、贝淞荪、顾季高等。"孔主由政府开办交易所,推行新公债,并作延期物品,以平物价。"(《翁文灏日记》第 751 页)

同日 夜,招黄炎培于寓所晚餐。(《黄炎培日记》)

3月16日 于农本局总理纪念周演讲《科学管理》第三、第四讲。第三讲阐述科学与管理之关系,总经理职责。第四讲阐述总经理用人标准等。第三、第四讲如下:

第三讲

要国家富强,非要研究科学不可,这是任何人不能否认的真理。飞机大炮的产生与改进,这都是科学高度化的具体表现,因此这四十年来,每个国家都在为科学而竞争,每个国民都在为科学而努力,但是科学究竟是怎么一回事呢?这是我们应该了解的一个问题。

所谓"科学"是有条理可据有线索可寻的东西,无论做任何事情都须要有条不紊,预先立下一个方案,按着一定计划,朝着一定方向逐步进行。例如数学方程式,化学方程式,这些都是要依着它的程式,依次进行,紊乱了它的顺序那是不会有结果的。一个人所以要科学,也就是要训练自己的思想有条理,凡是有这种思想的人,也就是平常所说的"科学头脑"。一个人如果学了二三十年的科学而他的做事仍是像没有学科学的人一样紊乱无章,那么,这种人还是没有得到科学的精神,没有了解科学的真谛。这些话,不过是单就"科学"一方面来说。

现在说到"管理",是比科学还要重要的,因为在最不科学的国度或团体里,也是少不了管理的。如古时的游牧民族可说是没有什么科学,可是那时候却少不了管理——虽然没有"管理"这个名词——例如酋长就是管理他们的人员。所以"管理"不是产生于现代,不,是由于科学的进步,而更增大其重要性。

"科学"与"管理"最好是以并行不悖,相互运用为原则,如不能同时运用时,则管理应当特别注意。我认为在一个工厂里,是不需要高深科学的,这不是藐视科学,而是我的经验告诉我的。例如办一纱厂,有工人,有材料,就可生产,若是几千工人不加管理,这不仅影响生产,而那种散漫无秩序的状态,真不堪设想了。所以我主张应该看重"管理"。

"管理"不仅在工厂方面需要,就是任何一个集团也都是少不了的。一个疏忽管理的学校,我们可以看到他们学生品德的低劣。一个不知管理自己的个人,更可以知道他未来所遭遇前途的黑暗。所以"管理"两个字,大则可以包括国家,小则及于个人,因为人类天赋的惰性,是要以管理来改善的。我讲管理是从自己说起。我是总经理,应该有总经理的必备条件,假使不合乎那些条件的话,是不配做总经理的。因为总经理是一个机关或工厂的总枢纽,他应该辨别当时的事物的重要性与时间性,分别来处理他的事务。所以就"管理"者的工作而言,英译可以有三个名词:第一是 Manager,第二是 Director,第三是 Over Seer,这是代表他工作的三方面。这不仅总经理应该如此,即其他一切的主管人员,也是要注意的。关于这点我可以举个例子来说明:我在郑州办纱厂的时候,有一位后起之秀,想利用他纱厂的优势来压倒我的纱厂。我听到这个消息之后,一方面使我兴奋,却又不能不从事准备,于是我第一步就派人去调查那个经理的生活。据他们的报告,这经理勤苦异常,无事不管,甚至连捡拾纱筒的微细工作都得自己动手。我听到之后觉得这位经理的勤奋可嘉,可是他忽略了纱厂的全体——即忽视了管理中的 Over Seer 那个字——而注意在微小的不必要的事物上。结果,这位先生毕竟不能与我竞争了!所以做事应在大处着眼,不应为那些琐碎的事情而忽略整个体系。下一次我要就总经理应有的职责加以说明。

第四讲

自从大工厂制度形成后,资本也随着增大,自几万万元以至几十万万元不以为奇,其业务范围之广,往往遍及全世界。想这样庞大的机构,在我们看来该是多么新奇珍罕,可是远在十九世纪末叶,在各工业先进国家里,已是鳞次栉比毫无稀罕。这些工厂的资本,多来自股东之手,由股东大会所选出的代表组织董事会,握全厂最高的行政权。再由董事会互选一位最有才干的充任总经理,来担负实际经营的责任。总经理既受股东大会的付托,代表董事会负实际经营的责任,其职权自极重大。关于一位当总经理的道德上学问上经验上应具备的条件,多得不胜枚举,且不必细说,现在单就几件尤应特别注意的事项,提出来说:

第一关于用人方面——法律是死的,人是活的,纵有良好的制度,没有良好的人材,去运用它,亦是枉然,我国古语所谓"徒法不足以自行"即是此意。

单靠总经理一个人良好,而没有良好的干部,替他分劳,仍是枉然。因此,选贤与能,知人善用,遂成为任何一位总经理必具的本领,总经理个人怀抱的是否得以发展,固系于此,而其所经营的事业,成败的关键,亦在于此。照我个人的经验,一位当总经理的,应该延用下列几种人员:

(一)会自己找事情做的人——受命于上,奉令唯谨,兢兢业业,唯唯诺诺固不能不说他合乎我们的要求。但为加速度求事业的进展,与效率的增加,我们认为光是被动的奉公守职,还嫌不够,更得要求各级人员,在他主管的范围内,自动自发地富有创造的精神,去自己找事情做。因为被动奉公守职,是有限度的,容易流于敷衍塞责的流弊,事业的进步,是没有止境的,以有限的应付无止境的,结果不是望尘莫及,即是倒退落伍。所以我们要求各级人员,易被动为主动,由消极的保守的,而更进一步采取积极的进取的精神,一应应兴应革的事情,应该不断的运用我们固有的思考力,去探求一个解决的办法。这样,事业才会推进,效率才会增加。这样能够思考,能够创造的人员,不论在任何机关里,一定能够得到上峰的注意和同情,他的前途,一定是无限量的,他一定能站在那些仅知蹈袭故常,因循敷衍的庸材们的前面,不求升迁而升迁自然会加在他们身上。

(二)有判断力能解决疑难的人——优柔寡断者,非畏葸不进,即推诿不负责任,这种庸庸碌碌之人,不但无益而且有害,因为畏葸不进,则事业停顿,不负责任则一事不举。在分层负责声浪高唱入云的现在,尤其需要能够随机应变,当机立断的人。唯有这样的人,才能认清自己的岗位,恪尽自己的职守,负起责任,来为上峰分劳,把事情举办起来。我记得我在年青时,曾当过苏省铁路警务长,我对于警务,原是门外汉,但既受了上峰的信托,我除了硬着头皮,负起责任,来实干之外,没有其他办法。那时风气未开,一条铁路所经过的地方,都是闭塞的内地,小小一点事情,都会酿成相当严重的纠纷。如是每遇一桩案件到我手里,我总得根据事实来认真处理,迅速的予以圆满解决,既不会使之扩大,更不乐任令悬宕。除非我的能力所不能解决,或者超越了我的职守范围以外,我才去请示上峰,否则,我决不以琐屑纷繁的事情,屡屡去麻烦上峰劳心。这是无论担任大小任何职务的,应该把握住的要着。以后我办纱厂,当人家的上峰,我即以这一点来测量同事的能力,作为用人的标准之一。但凡能辨是非,负责任,富具判断力的人,我必付以全权,责以重任,否则,优柔寡断规避推诿的,我便不敢请教。

(三)才具与其职务相当的人——量材器使,乃是用人的秘诀。人的才具,有长短高下之分,我们不能专用那长的高的,而把那短的低的,遗弃不用。

要知那些短的低的,虽然差了几分,也还有用处,那些长的高的,纵然具有十分才干,而或者用非所长,或者不肯展其所长,结果也是枉然。譬如这里有两个人,一个具有十分才能,而只肯使用七分本领,另一个仅具五分才能,而卖了六分气力,前者缺三分,后者盈一分,虽其结果,前者超过后者一分,而我的黜陟臧否,却宁愿进后者而退前者。所以善用人者,适才适用,使人尽其才,才尽其用,为第一要义。强不能者以必能,固属不宜,使能者无由尽其才能,亦属不可。如何而能适才适用,第一,要体察各人不同的个性,认识各人独特的才具,第二,要配合之以相当的职务,第三,要提起其工作兴趣。当总经理的能够这样,庶几得用人的三昧了。

(《农本月刊》第六十期;《文集》增订本第 422—424 页)

同日 主持农本局晨庐曲社第一次同期。《非公开的首次同期》一文云:"晨庐曲社社员十八尊罗汉,学习时期虽有先后的不同,而因明师益友督教较严的缘故,成绩相当的好,进步也相当的快。为加强学习兴趣,清算已有成绩起见,于三月十六日晚间在桂花园社址举行第一次同期,表面上集合演奏,实际不啻是举行考试。(同期是一般曲社集合演奏的专有名词,虽不需要粉墨登场,却得要运白演唱,色色俱齐。)初出之雏,羽毛未丰,所以除了一位'校长',二十年间昆曲旁听生'督学'毕云程处长,和人事室的立亮恭主任两位无独有偶的'来宾'自动地列席旁听之外,其余概未惊动,若要公开的出乖露丑,恐怕还得要伸长了脖子等些日子咧!我们的'校长'——穆总经理为了鼓励和慰劳起见,特备名贵的饮料和若干种细点款待社员,加上一片欢悦的情绪,团结的精神,这夕的兴趣格外浓厚。""九点多钟了,社员们都轮到了,名贵的饮料和稀罕的细点也来了。润润喉齿,填填肚子,同时耳朵也洗洗干净,预备听"校长"和"教务长"的压轴戏,他们各唱了一段,自然是起落顿挫,抑扬高低,着实非同凡响呢。"(《农本副刊》第三期)

3月18日 呈蒋介石《拟陈规定奖励出口物品之购储办法》文,全文如下:

谨签呈者,查自政府厉行取缔囤积政策以后,奸商已略知敛迹,物价涨风亦见稍戢。近惟一般用户鉴于物价有涨无跌,为减轻未来负担计,对于家庭日用品率多量力购储,以备陆续需用,故囤积居奇之风,其性质已稍变易,而多少含有分积备用之成分。一俟用户购买力达到饱和点,则日用品之涨风自当缓和,殆可断言。惟取缔囤积系专指日用品而言,至若出口物品如生丝、桐油、猪鬃、茶叶等物,自最近仰光失陷,我国出口路线暂时中断,对于利用游资购储此等出口物品之行为,则不但不应取缔,并应予以奖励。庶几出口物品之价格不致因无人问津而过于低落,即游资亦不致因无法利用而唯在囤积一途过于作祟。拟由政府于取缔日用品之囤积以外,另行规定奖励出口物品之购储,其办法大致如下:(一)规定各银行应以存款百分之几,尽力购储生丝、桐油、猪鬃、茶叶等出口物品。(二)同时奖励其他公司、商号、个人购储上项出口物品,价值在一百万以上者,给与奖状。(三)上项出口物品之价格,战后必然上涨,故政府对于购储上项出口物品者,可与以保本保息之奖励。以上所陈,实为维护整个国民经济之必要措施,同时生丝、桐油等一经政府奖励购储,则桑树、油桐等自亦不致砍伐过甚,驯致战后不易恢复。事关经济建设百年大计,是否有当理合,签请钧座鉴核。

谨呈委员长蒋

职穆藕初谨呈,三十一年三月十八日

（原件）

3月中旬　为避免重要文件延压起见,先生制订农本局重要案件办法,规定:"(一)总务处文书科应将原送总经理办公室之收文、发文报告表逐日送交秘书室(发文表内每件注明来文字号);(二)秘书室就收文、发文核对,择其有时间性者除无须办复者外,凡电报逾三天、重要案件逾一星期未办发者,列入检查表,逐日呈阅;(三)前项检查表呈阅后递发各承办处室,著名未办发原因,送回秘书室呈核。附发检查表式,着立即分别通知各处室自三月二十一日起实行。"(《农本副刊》第二期)

3月23日　于农本局总理纪念周上作《发乎情止乎礼》谈话,全文如下:

今天我要向各位报告一件极不幸的事,这事情发生在上星期内,本来渺小不足道,拿隐恶扬善的常情来说,原是可以掩饰过去的,不过本局现当执行国家重要政策之际,外间某部分只顾私利之徒,正在伺瑕蹈隙,施其诽谤破坏的伎俩,一二个人的失检,往往足予对方以可乘之际,以牵动全体的声誉,而影响我们整个的事业,所以我们应该时时戒惧,刻刻警惕,勿以小节微行,无关大体而遂姑息忽略。为了防止类此事情的再发生,为了维持本局全体同人的名誉起见,我不得不采取合理的处置办法,忍痛地批准了这事件的当事者辞职的请求。至于这事的内容如何,当事者姓名是什么,为了顾全当事者的廉耻,希望她改过自新,在这里我不想明说,不过有几点感想要和大家谈谈。

表现于我国现代社会上的,有一种极危险而且极严重的病症,就是几十年来断章取义地模仿西洋文明的结果,许多人纵然学得一些应用的技巧,或是谋取了一些物质文明的弁髦,但是关于西洋文明的精髓及其表现于德性上优良可贵之处,却丝毫没有学到,同时对于固有的旧道德,则不论好歹,一笔抹然,不惜唾弃如草芥,旧藩篱既一抉而不可复立,堤防又未易叱嗟立威,因之许许多多现代中国青年,误以放荡不羁为荣,以兢兢守礼法为可耻,社会上有许多黑的方面，青年最易误人于颓废堕落之途，这是最堪痛苦流涕长太息之事，现在我举出两个问题来说明：

第一是自由问题：法国罗兰夫人说"不自由，毋宁死"，许多人误解了这话的真意义，以为放浪无羁，随心所欲就是自由，殊不知自由乃是专制压迫底推翻，和不合理的和束缚的解放，它在不侵犯他人的自由和不妨害社会秩序的条件下而存在，若一味任性纵欲，度着浪漫的生活，只知满足个人的享受欲，而假自由的美名以为护符，那么罗兰夫人在殉难临刑时，自己也曾说过，她说道"自由自由，天下多少罪恶假汝之名以行"，这话多么沉痛，多么透彻，我们在罗兰夫人殉难一百数十年之后，回味起来，还觉得所含意义的深长，等到我们的国父孙中山先生发明了三民主义，他在民族主义第二讲里解释自由的真谛，强调主张应当牺牲个人的自由以获取国族的自由，说明在大我的前提之下，小我没有自由可言的道理，这一番理论益发高超，益发正确，可谓发前人所未发，扼住自由两字的中心窍窍，可见自由决不是放任的别名，它有一定的界限，一定的边际。

第二说到社交公关问题，我不是具有冬烘的头脑，主张男女授受不亲，反对男女社交公开，反之，我年青时曾在西洋生活过，呼吸过西洋文明的空气，对于他们的礼俗，比一般以现代人自鸣的人物，还知道得多一写，他们男女之间虽不像我国旧礼教束缚之甚，但也不是没有限制的。举个例说，英美的少女们，在未满相当年龄，未被自己的母亲开过盛大的舞会，把她们正式介绍给社会之前，是不许与男友们单独相处和遨游的，即便已达公开交际的年龄，但在她们和他们中间，一定还有第三者时常伴陪着，不是自己的兄弟，便是其他的亲长，除非是一般欠高尚的男女青年们，是不会有荡检逾闲的事情的。我国一般醉心欧化的，拾其糟粕，而遗其精华，以滥交为摩登，弃礼法如敝屣，横流所趋，非使人类文明倒退数千年而回复至原始时代不止。要知取法乎上，仅得其中，现在取法乎下，不知所得究为几许，又须知食色原是人之天性，男女情爱为任何人所不能免，不过我国古训有云："发乎情止乎礼"，所谓礼就是规矩，就是法度，就是理，理之在自然界的谓之定律，理之在社会间的谓之规律，理之在国家的谓之纪律，为字是限制的意思，一发而不可收拾的情爱，决不是真情爱，唯其在礼法规律范围内的才是真情爱，这话可以行之古今中外而皆准，决不是冬烘的论调。

最后我要说到本局关于门禁的规定，一般人以为我们对于同仁只要问其工作之力与不力，只要求其不误公事，其他一切都可不管，本局规定晚间十点钟大门下锁，岂非多事。持这种论调的，实在没有明白私生活与公生活关系的密切,大凡私生活很不正当的,他们的公生活决不会好,我们只要看任何机关里,那些奉公不力,或是玩法舞弊的,他的私生活若经调查之后,一定可以发现其有若干缺点,这种人若不加以纠正,一任横决,非至身败名裂不可,何况一个人白天工作了八小时,精神上定已相当疲态,到晚上十点钟应该可以开始休息,我们为了保持同人们的健康和爱惜他们的精神,才有这样有利于大家的规定,希望大家共守之。

(《农本副刊》第三期,1942 年 4 月 15 日)

同日 于农本局总理纪念周演讲《科学管理》第五、第六、第七讲。第六讲阐述总经理要学会用钱,能够利用机会。第七讲提出一位总经理必备的八个条件。第五、第六、第七讲如下:

第五讲

上一次讲一个做总经理的第一个要件,要能够知人善用。而用人的标准,则提出三项条件:一是能够找事情做的人,二是能够解决事件的人,三是才称其职的人。我的话还未讲完,现在要接讲一位做总经理的用人的另一标准,就是容量。我国一般称人的容量,谓之器度,这个器字,用得极为恰当。好像一样器具,能够装多少东西,是有一定限度的,多一份就要溢将出来,所谓"小器易盈",与其多而盈,无宁少而有余。人也是一样的,度量大的人,可以兼容并包,能够见其远者大者,能够支配环境而不为环境所支配,能够成大事。反之,度量狭小的人,经不起风波,经不起磨折,时时为当前的境遇所役使,逃不出人间欲念的桎梏而不能自主,毕竟是一事无成。人的度量,一小半是先天赋有的,一大半是后天学而有之的。学问、经验、道德这三件宝贝,都足以使我们的器度扩大起来。所以我们要不断的求学,以充实我们的智识,不断的体察事物,不断的明辨慎思,以增进我们的经验,不断的进德,以培养我们的人格。所谓修养,就是从学问、经验、道德三件宝贝上,来扩大我们的器度,来增加我们立身处世,待人接物的知能。我常把人比作一条船,一条排水量几万吨的船,它任重道远而不患不胜,它不但不怕狂风怒涛,而能够乘长风破万里浪,以达成它的任务;反之,一条几百吨的船,载重逾量即翻身失吉,一遇风浪打击,即颠簸不能自主,仅可局促于内港小河中,而不能逞雄于汪洋大海。人亦是这样,有的乘时崛起,成为伟大的人物,譬如当今我们的最高领袖蒋委员长、美国的罗斯福、英国的邱吉尔,时势越艰难,风雨越猛烈,波澜越激厉,他们的成就越伟大。譬如一条巨舶,风越大,浪越急,它便张着帆,乘着潮,行驶得越快,所谓时势造英雄的便是。有的器识不足,一朝得志,即趾高气扬,得意忘形,徒知寻声色犬马之好,未恪守安不忘危之诫,偶遇挫折,即蹙眉丧脸,惶惶不可终日,这好像一条吨位小的船,那有载重逾量而不倾覆,遇波涛而不颠簸的道理呢?因此为人在世,应该讲究涵养工夫,以培养自己的器量。古人说:"满招损,谦受益。"器小不能容物者,未有不失败随之,虚怀若谷者,一定处处占便宜。这是做人的紧要关键,我们应该牢牢记住。

其次,事业心,亦是择人的重要标准。事业是成功人所恃以成功的凭藉,离了事业,便只有失败,永远没有成功。有某些人,惟知孜孜于个人名利,个人享乐之是求,反而置事业于脑后,其结果,事业故然无从进步,甚至惨遭失败,他个人的名利与享乐,也不过似朝霞一般,顷刻而尽。以事业为前提的人则不然,他一定实事求是地干,脚踏实地的做,他决不敷衍塞责,决不以私害公,欺己欺人,他也不以现实为满足,还得要精益求精,进步了更进步。他具有远大的眼光,勇敢的气魄,所以能够不折不挠,奋斗进取。困难与艰苦,在他是满不在乎,一定可以打破克服,个人的名利,在他无所得失,尽可搁置不问,他情愿为人群而服务,做事业的走卒。在这种人经营之下,事业固然是发展了,他们的名利也不求而自得。过去许多成功人像美国钢铁大王卡内基、油煤大王洛克菲勒都是这一类的人。他们的心坎中只有一颗心,就是事业心。

以上关于选用人才的条件,大概讲过了。其次,一位当总经理所应具有的必要条件,是爱惜机器。我们在美国学成归国时,尝和戴乐安先生谈论使用机器的问题,他曾有这么一句话告诉我说:"当你转回故国去办工厂时,千万不要把一架机器当作一件无知识,可以无须重视的笨东西看待,你要把贵国做父母的对待独子的那种情致看待它才是"。这话的确是至理名言。他老先生知道在以宗法社会为基础的我国,一般为父母的对于独子,是多的珍视,教之、养之、抚育之、爱惜之、期待之,不敢稍有怠慢疏忽,活宝贝才有那样殷切。办工厂的使用机器,犹如父母之视独子,真是一个最真切也没有的好比喻。我以为不但办工厂的使用机器应当如是,即其他任何机关使用公物,也应当如是,应当使得"物尽其用"。所谓物尽其用,就是要使得每一样东西,都得要发生其最大的效用,那就得要讲究整理、管理、修理的三步功夫。整理是使得每一样东西,依其性质的功用,整理配备得有条不紊,毫无杂乱零散的毛病。管理是要安置保管分配调拨得妥当得法,以增加效用,减少损失。修理是一有损坏,立即予以适当的修整,甚至废物亦可以设计加以利用,以延长各样物件的有效时期,这都是物尽其用的道理。总之一句话,就是要爱惜公物,不可浪费,亦不可暴殄。

至于第三件必要条件是善用光阴。惜光阴是大禹的美德,"时间即是金钱",是外国的名言。时间如逝水,一去而不可追,我们便应当尽量利用,丝毫不让轻松放过,这就叫做把握时间,争取时间。时间怎样把握,怎样争取呢?其条件有三:第一是准确。欲求时间不浪费,就应该确实遵守时间,在一定时间内,做一定的工作,这叫做准确。第二是迅速。事情要做得好、做得实在,固然要紧,但好与实在还不够,要好而快、实在而迅速,这是工作效率的主要条件。第三是支配恰当。时间的支配,最为重要,一定要使它有规律,能持久,天天如此、年年如此。这样,不但时间不致浪费,工作者的身心得以调节,而事业也随以进步。所谓有恒是成功之本,能够善用时间就是成就事业之母,我们务要珍惜,要节省。

第六讲

如何用钱,亦是一位当总经理的所应有的本领。关于这问题,依据我的观察,可以分作三类来讲。大概一般人用自己私人的钱,可以说是最经济不过的。他对于每一个花出去的钱,都得要秤过分两,值得的,合算的,他才花,否则他决不浪费。自私自利之心,似乎是人人皆所具有,而在用钱这范畴上,表现得最为显著。当然也有拿自己的钱,任意挥霍的人,但这究竟是例外,属最少数。在工商业方面,一家个人设立的小商店,或是独资经营的公司,一切设备和开支,总是节省到最高限度,一切事务也是处理得非常严谨的,为的是铢锱皆是自己的汗血钱,纵是戋戋之数,也要于中博得蝇头之利,这是第一类。其次在一个股份公司里,那就不同了。这里不仅仅是用自己的钱,其中还有第三者——股东——的成分,掺杂其中。纵然与自身的利益有着密切的关系,但较之用自己的钱恐怕要松手得多,不过在总经理的上面还有董事会和监察人的严密监督,他还是有限制的,所以我把他列在第二类。至于第三类,在机关里用公家的钱,那就大大的不同了。一般人以为这钱的来源与他不关痛痒,反正人家也在那里花,我又何必斤斤计较,替公家节省?于是代步非汽车不可,而汽车非别克(美国名牌车——编者)不坐。办公厅会客厅非陈设精致不可,机构非庞大不可,人员非众多不可,一切的一切,竟事奢华,应有尽有,而且不知爱惜,随意浪费,今日买了,明天坏了,不妨后天再买。这一套习惯,在各机关里,虽不是没有例外,但也可说已成为一种风气。在这节约声浪高唱入云,物资缺乏补充不遑之际,最应该严加取缔,痛予纠正。

要知公家的钱,不是从天上撒空掉下来的,它是由人民的汗血,一点一滴所累积成功的,从人民的口袋的一锱一铢所移转过来的。我们多耗费公家一文钱,就是多丧人民一分元气。所谓人民并不是他们,却就是我们,因为我们都是人民的一分子。所以用公家的钱,也就是用自己的肉里钱,要和用自己的一样爱惜,一样节省,一样斤斤较量,一样文文打算,这是第一义。其次,用钱固然不可浪费,但亦不宜吝啬,要用得得当,用得恰如其分。这个分,应以什么为标准呢？就是用一个钱要使它发生最大的效用,这是经济的原则。处在这艰苦抗战的现阶段,则应该更进一步,用一个钱,要使它发生两个钱的效用,这是第二义。至于第三义,是在金钱的使用方面,公私要分得清楚,不得假公济私,不得以私损公。这三个原则,是每一个当总经理的,每一个在公家服务的所应该遵守的规条,是廉洁的最低条件,是保持名节的坚强保障,能够本着这原则做去,才是中华民族自救之路。

最后一位当总经理所应具的条件,是能够利用机会。一个人在短促的生命过程中,机会是有限的,以有限的机会来争取无涯的事业,要不是坚贞不拔,刻苦淬励,是很难成就的。我常常作这样一种譬喻,就是一个人找机会,好像是"捞鱼",能够捞得鱼,固然是我们的希望,但能否捞得鱼,须视我们的工具与本领如何以为断。所以当发现鱼的时候,就应该立刻加以考虑和准备,我们用什么方法取得鱼,有没有希望取得鱼,假使认为可以的话,就必须取得此鱼而后已。这个譬喻,是在说明机会之来,先应该忖度自己的能力,既来之后,就应出全力抓住它,既抓住之后,更应该用全力利用它。凡因循苟且,坐失良机的人,只是毁灭了他的前程,丧失了幸福。

固然,我们反对"机会主义者",那些"机会主义者"把终身事业悉听命于机会,既不肯努力奋发,又不能充分利用机会,仅仅听天由命袖手旁观,以机会为主宰,自己为附庸,此种幸运心理,将遗害无穷,必致机会尽失,而一事无成。

吾人所言"机会",系以最大的热情与毅力来利用机会,使机会与努力配合,而成就人们一生中的伟绩。如科学家牛顿看见了苹果堕地一刹那的机会,经过他终身的努力,而发明了"地心吸力"的学理;哥德利用了他失恋的机会,潜心研读,而完成了他文学上不朽的著作。此种利用机会光辉人生伟绩的表现,殊足供人仿效。所以我所说的利用机会,可从三方面来观察:

一、迎接机会——在每个人一生过程中,一定是有好几个机会在经过着,但稍纵即逝,如不随时留意,机会即行消失,因此每个人应该准备充分的智能,来迎接机会。

二、把握机会——机会是有限的,来了以后,应该紧紧抓住,使它在人生的意义上,尽量发挥威力。

三、利用机会——把握机会,仅仅是利用机会的第一个步骤,除了使机会不消失以外,更应该以最大的努力,把它利用到尽善尽美之境。

以本人在这里服务的例子而言,农本局这个机会虽不是我自己找来,而是人家送给我的,但我既抓住这个机会,便得利用这个机会,尽我的绵薄,为国家民族而努力奋斗。衣着问题在目前抗战过程中,确已达到相当严重的阶段,我们认清了现状,又把握了机会,自然应该拼我们的全力,以克服艰难,完成我们的使命。

第七讲

上面我已经把一位当总经理的对于用人、用物、用时、用钱和利用机会五个方面所应该注意的要点,说个大概了。今天我要将他所必备的八个条件,继续讲下去。

第一个条件是守法。集多数人在一个团体内,朝着同一的目标;营同一的业务而人心不同如其面,才智贤愚各不相同,倘若一任各人,凭着自己的直觉,自由处理,势必各行其是,各逞其私,非至散漫紊乱,一事无成不止。所以任何团体,只要是多数人所集合的,莫不有法。法者是大家应该共同遵循的准则,不依照这准则做,或是做错了的,就要偾事,尤之行路不依宽广、平正的大道走,不是颠踬,便是不能达到目的地。这个准则在国家谓之法律制度,在社会谓之纪纲,在一切社团谓之规则章程,其为维系人群团结的凭藉,范围个人意志的工具则一。我国儒家虽尚礼治而不主张法治,但在人事日趋繁赜,社会日趋复杂的现在,无论什么团体,都要以"法治"为本,然后有一定的轨道可循,有一定的规矩可遵。不过有法不能守,等于没有,而守法则当自上始。论语上说"子帅以正,孰敢不正"。俗语所说的"以身作则",就是这个意思。未有上不守法而能强他人以必守者。所以当总经理的第一个条件,要自己能守法重纪,然后才能以法绳人。不过法欲其容易推行,否则不易行之法,不如无法。这就应该在立法之始,出之以慎。第一应当从大处着想而不涉苛细,第二应当切合实际而不尚迂疏,这样,推行才可以顺利,而收效亦必宏大了。

第二个条件是公正。公是大公无私,正是不偏不阿。礼运上说:"大道之行也,天下为公",这是我国一贯的哲学思想,国父孙中山先生也拿来做他整个政治思想的出发点。论语上说:"其身正,不令而行,其身不正,虽令不从。"这是我国所谓正人君子从政的要件。可见公正二字是我国古代圣哲最所提倡的崇高道德。凡违反这道德的,天良为私欲所蔽,将何以率众,将何以驭下,更何以服人?所以一个当总经理的,任何举措,当一唯出以公正,若稍有偏私,则十目所视,总有发其隐者,非至"虽令不从"的地步不止。

第三个条件是廉洁。廉者明也,对于取舍之间,要辩得明明白白,可取则取之,不可取则舍之,这是廉。洁者清白也,白璧之瑕,虽仅一点瑕玷,但已无可磨灭。人也是一样,只要沾染一些污点,就终身不能洗净。大概廉洁与公正有密切的关系。大公无私持正不阿者未有不廉洁的。反之,私心用事者,一定不能做到廉洁的地步。所以公私的界限，一定要看得极严，不但不义之财，半文不可取，就是公家的物件，也不可擅自占为己有，至于私人的享用，更不可揩公家半滴油水。关于这一点，几乎成为社会上一般的通病，这全在乎在上者操守廉介，庶几能够督责下面以节操共励；否则上行下效，贪婪成风，事业未有不一败涂地者。要知一个人的操守，是衡量他的人格的权度。凡是手头不很干净的，什么事情都做得出来，他没有了廉耻之心，没有了羞恶之心，为了一些不义之财，不惜出卖自己的人格。孔子说："不义而富且贵，于我如浮云。"可见取与之间，要以"义"字为出发点，义者宜也，正当也，正当的才可取，不正当的而取之，这就是不廉不洁。这个界限，当总经理的不可不辨得严明。

第四个条件是诚。大学上说修齐治平的道理，是植基于诚意的工夫，以为"欲明明德于天下者，必先治其国，欲治其国者，必先齐其家，欲齐其家者，必先修其身，欲修其身者，必先正其心，欲正其心者，必先诚其意"。诚意乃是成功立业的基础。所谓诚其意者，毋自欺也。毋自欺者，就是屏绝侥幸心，排除苟且心，不宽恕自己，不欺蒙自己，不做昧良心之举，不存姑息敷衍之心，一秉至诚，战胜一切杂念的意思。这是对自己而言。至对人对事，亦须出之以诚，那就是真诚、热诚、诚挚、诚恳、诚笃、诚实的意思。大凡以诚待人，则人必乐为之用，以诚处事，则事无不成。古人说"诚者成也"，又说"不诚无物"，即是此意。有一些居人上者，用人既不能推心置腹，处事更马虎轻率，结果是没有不失败的。要知用人勿疑，疑人勿用，你若对于自己的部下，还不相信，而要派所谓"耳目"者去监视他们，那末，不仅同事之中，显分派别启互相猜忌倾轧之渐，而且这些"耳目"，又岂不能蒙蔽你，造作谰言来欺骗你，或与所谓"非耳目"，勾结一起，使你蔽塞聪明，一无所知。反之，你若一本至诚，以坦白的心地，真挚的热情，对待同事，自然人家亦会披肝沥胆以赤诚来报答你。那末，没有所谓"耳目"，而人人皆是你的"耳目"，没有所谓"亲信"，而人人皆是你的"亲信"。

第五个条件是谦和。人之大患，莫过于自满。《易经》上说："满招损，谦受益。"当总经理的尤应虚怀若谷，礼贤下士。遇到应该解决的事件，最好是不要轻易发言，而多多听取下面人的意见，然后你择其善者而从之。这样，一面可以表示你是何等虚心，一面亦足以鼓励部下发挥其独自的才识。最不好的是，或则固执成见，或则自诩无所不知，无所不晓，而不容下面人获得发表意见的机会。要知道总经理所知道的，不过是事关全局的总纲领而已，其余许多细节，大抵事属专门，各有专职，非得询明负责主管的人员是不能知其底蕴的。况且一个人无论如何足智多能，总比不上全体或多数人智能的总和。这是经济学上的原则。所以谦德是一位当总经理的应有的条件。《易》云："谦尊而光。"意思是说尊者有谦则无不光明也。

第六个条件是应变之才。常人只可以处常而不可以处变。社会是复杂万分的,人事是瞬息万变的,何况在战时。一切环境都是非常,不测的风云,你得抵挡,旦夕的祸福,你得应付。一个当总经理的决不是做太平宰相只知道垂拱而治,所能对付得了的。任何困难,你得克服,任何挫折,你得忍受,一有机会,你得立刻把握,一面要机警,一面却又要镇定,虑事要周详,决策却又要迅速,心要细而胆要大,若有一些儿犹豫,动摇,畏怯退缩或是胶柱鼓瑟,蹈故袭常,就不能处变。关于处变之才,不是天生就有的,而是从困苦艰难中磨炼出来的。磨炼愈多,阅历愈广,则胆识愈大愈远,成就愈不可及。孟子说:"天之将降大任于斯人也,必先苦其心志,劳其筋骨,饿其体肤,空乏其身,行拂乱其所为,所以动心忍性,增益其所不能。"所以艰苦挫折,不是我们前进之障,而是我们成就之基。

第七个条件是要能够推陈出新。凡属有机体,都靠新陈代谢的功用,以达到其长成的目的。陈腐的、老朽的,没有用的细胞,自然而然地日趋萎缩淘汰。让新鲜活泼的细胞来取而代之,这就是新陈代谢,就是推陈出新。任何社团,原是一个有机体,当然亦逃不了这个自然原则。汤之盘铭说:"苟日新,又日新。"一个当总经理的人,不仅自己要不断进步,不断革新,而且要使全体同事,个个孟贤,个个向上,蓬勃奋发的朝气是要养成的,萎靡不振的暮气是要不得的。同时,不进则止,那些不求进步,自甘落后的,当然在贤明的总经理之下,逃不出自然淘汰之列。这一种新陈代谢的作用,我名之曰汰弱留强。我希望每一位青年,在我们团体中,做一个前进的先驱,不要做落伍的分子。

第八个条件是领导之才。我阅人不算为不多,学问好、道德高的人,到处都有,但是有领导之才的人,却不多遇。集多数人而为一个团体,意志欲其集中,步调欲其一致,这都得要靠上面有人,领导有方。譬如乐队,倘没有一个好的指挥者,演奏起来,一定不能收和谐齐一之效,予听者以美善之感。一种工作也是一样,在上者不论你学问怎样渊博,道德怎样高尚,要是没有领导之才,不是指挥不灵,便是工作支配得不能协调妥帖,什么事情一定不会办得好。

以上八个条件,已经讲完,这都是我从事实业界几十年经验之谈。这篇讲话的目的,虽叫做当总经理的必备条件,但我希望每个人都具此八德,纵使位卑职微,而成功立业的要诀大抵不外乎此了。

（《农本月刊》第六十一期;《文集》第 424—430 页）

3月28日　行政院经济会议秘书处复先生函,告《拟陈规定奖励出口物品购储办法》已交贸易组研究。原函如下:

奉委员长交下三月十八日总字第一三八五号台端签呈"拟陈规定奖励出口物品购储办法"一件,并奉谕"所签意见原则可供参考研究"等因,除交本处贸易组研究外,相应先行函复。此致穆总经理藕初。

秘书处印,三月廿八日

(原件)

3月30日 上午八时,"赴陆军大学讲演,讲题为《军事与实业》,历时一小时余,听众六百余人。"(《农本副刊》第三期,1942 年 4 月 15 日)

同日 陕甘宁边区政府主席林伯渠,副主席李鼎铭致先生函,咨送《陕甘宁边区民国三十一年农业推广计划书》及《经费预算表》。原函如下:

迳启者:查陕岗宁边区民国三十一年农业推广计划,曾于一月二十九日电告概要在案,为明白该建设计划之详情计,现将陕甘宁边区中华民国三十一年农业推广计划书及农业推广经费预算表各一份咨送贵会研考,且此巨大农业建设计划费用,边区地瘠民贫,人力财力极困难,尚希鼎立资助,时加指导,以达改进边区农业与发展经济建设之目的,相应函达,并希见复为祷。此咨全国农业促进会主任穆。(附农业推广计划书及经费预算表)

主席林伯渠,副主席李鼎铭

(《陕甘宁边区政府文件选编》第五辑)

经费预算表分"水利建设贷款"(三十六万)、"垦荒经费"(十八万)、"耕牛贷款"(一百七十五万)、"植棉专款"(四十五万)、"农具制造费"(二十五万元)、"牧场防疫经费"(十二万)六项,共计三百一十一万。(同上)

4月1日 于农本局国民月会上演讲《入污泥而不染,随岁月以常新》,呼吁同人应过"财关"、"色关"、"享用关"等考验,不断提高个人道德修养。全文如下:

国民月会的意义是大家都知道的,就是要我们利用每月第一天的一部分时光,来聚集在一起,把每个人过去一个月的生活经过和工作成绩来检讨一下——好的对的方面,我们不独要继续保持,而且要努力力求其更好更对更进步;欠好欠对的,我们要立下决心,设法来革除它矫正它。我们如能这样一来一贯地做下去,那末经过一段相当时日之后,在个人方面,一定能够日进无疆,在公众方面,一定会生气勃勃,发生伟大的力量。一个人生活在世界上,断不是仅仅为了苟延生命,得过且过地生活一辈子就算完了,反之,我们负着承先启后,继往开来,不断创造不断改善之大责重任,因之我们在这短数十年的生命过程中,该要如何战战兢兢地把自己先修养得尽善尽美,而不要给人世间形形色色的恶魔所保围所诱惑,据我个人观察凡是一个人修养上有缺憾的,都因为看不破下面的三道关:

第一道是财关。无论古今中外，财足以引人眩目，是一般无二的。不过它像水和火，处之得当，固能造福我们，处之失当，即将贻害无穷，因之我们厕身社会之中，取于之间，务要特别小心，分外之财，不义之财，断断不可动摇意志，或沾染半文，不然的话，许多人身败名裂，都是为了贪财一念而起。

我们如何正当地获财固然是一个问题，而获得了正当的财之后，如何用财，也是一件很值得注意的事。凡不能正当地获财或用财的便是看不破财关的人，以下三类便是例子：第一类就是奸商，如目前发国难财的人，他们丧心病狂，视国家民族所遭遇的困难如无睹，对前方将士的壮烈牺牲似无闻，而只知图私利，以囤积居奇，操纵市场为能事，这种人使国家的经济愈趋愈混乱，使人民的生计愈演愈艰苦，谓之民族的罪人，亦未尝不可。（这里我所说的发国难财的商人，是仅指少数囤积居奇的奸商而言，至于那些从战区里抢运物资来后方的以及搬运机器到后方来从事生产因而发财的商人，是可以原谅，因为他们虽然也因此获得了很大的利润，也趁时发了很大的财，可是这是合法的，对于抗战建国的进行，是有裨益的。）第二类是守财奴，这类人可以说是世界上愚蠢无比而又最可怜的人，他们不敢亦不能运用金钱，只有把钞币藏在箱子里，舍不得用。这种人虽然没有直接剥削别人，对社会的罪孽虽然没有像那些发国难财的奸商来的深重，可是由于他们的吝啬，而钱财不能发生效用，以造福社会民生，这是应当归咎于他们的。第三类是把巨额的财产遗留给子孙的人，这是一椿害多利少的举动，因为一个人是靠自己奋斗出来的，要是凭依靠祖宗遗产，从小席丰履厚，衣食无忧，便再也没有奋斗的勇气，他的前途也就埋葬与祖宗的遗产之下了。从前汉代疏广曾有这样一句话，敦诲其子侄辈，道："贤而多财，则损其志，愚而多财，则益其过。"这真是至理名言，我对自己的子女，就一向抱着这种见解。记得我第二个儿子结婚时我曾把这话送给新夫妇，希望他们能够自立，不要存半点依赖心，综合上面所说，挣钱是一椿难事，花钱也不是一椿容易的事，挣要正正当当地挣，花也得正正当当地花，俗语说得好"来也明白，去也明白"。所以财关一道应该首先打破。

第二道是色关。食色固属天性，但关于男女间关系，除了法律所认可以外的一切行为，就是不合法的，社会关于男女间不合法行为的制裁有两种，一是法律的，一是道德的。惟其因为男女间关系极为错综复杂，所以不合法的行为极易发生，可是法律和道德的防范与制裁，也极其缜密和严厉。所以要是我们不愿自触法网，不甘自毁声誉，那末对于色的关口，就应该特别小心。近年来我国少数青年男女，震眩于西洋文明的摩登，强欲模仿彼方习俗，可是他们所学到的，只是些肤浅的皮毛，而于西洋文明的真髓与其所凭藉的道德基础,既无所知,结果一般意志薄弱的年青人,误以为纵情肆欲,不拘礼法的浪漫生活就是文明,以致一切丧风败俗鲜耻丧道的事,无所不为,这真是贻害不浅!如果青年人对于色的一关不能看透,其结果非至身败名裂,甚或戕丧自己的生命不可,这对于个人的损失尚在其次,对于国家民族的损伤却大了。

第三道是享用关。近年来我发现一种显著而普遍的社会现象,就是人人喜欢享用,讲求享乐,做官的只要稍微挣得一些地位,或者经商的只要稍微得一些余利,他的自奉,就奢侈起来,这是非常危险的,俗语说得好"由俭入奢易,由奢入俭难",一个人享用一阔绰,他只有天天走向穷奢极欲的路上去,既不能自制,亦没有止境,等到入不敷出,无法收束或弥补的时候,他只有异想天开,别求不义之财,经商的便趁火打劫,丧心病狂地做奸商,做官的便贪污纳贿起来。所以要使商无奸商,官无贪官,应当先打破享用这一道关口。

关于个人修养的道理,说来话长,决非片言所能尽,以上所述不过是我个人凭着过去的经验而归纳出来的一点心得,对于诸位的立身处世,或者也有一些帮助。我的大半生是在上海过的,上海可以说是万恶的源泉,那里五光十色,无奇不有,人们生活在那里,极容易坠入堕落和罪恶的深洞中去——这不但上海如此,世界各大都市都是如此——可是我因自己律身谨饬之故,始终没有被其污染,这是我平生所引以自慰的,我在自己六十岁诞辰的时候,尝想把"藕初"两字作一对联,作为自己鞭策自己的座右铭,可是"藕初"两字难以属对,有一天,想到周濂溪先生的《爱莲说》上有一句"出污泥而不染"的句字。我就袭其句法作成一联,上联是"入污泥而不染",这便是藕,下联是"随岁月以常新,这便是初。这副对联亦可以来作我今天这番说话的结论。

(《农本副刊》第四期,1942 年 5 月 15 日)

同日 农本局职员膳食自本日起改为每月二百四十元,"其不足或多余,由职员自行负责。"为加强膳食管理,先生派王豪、钱拨、杨文辉等十一人为膳食委员会委员。(《农本副刊》第三期,1942 年 4 月 15 日)

同日 经济会议贸易组致先生函,回复关于"奖励购储"各项建议。函云:"自外销政策改变以后,新用途又在积极发展之中,似无庸再行奖励购储。台端所拟陈之办法立意至美,其原则亦可供参考,除交贸易组研究外,相应函复。"(原件)

同日 《大公报》刊登四川璧山刘新民关于棉纱涨价的来信。来信称二十支纱从一月前每包一万零四百元,涨至二万一千二百元,"且仍看涨","原因是重庆各纱厂所产棉纱皆被物资局收买存储。农本局旧存纱数万包,亦以价低不肯出卖。现在希望物资局将收存棉纱火速出卖,并令农本局将旧存棉纱卖出一部分,以救纱荒。"次日《大公报》刊登农本局来函。指出刘新民所述"颇与事实不符。……今年物资局成立,因各纱厂成本增涨,经核定为二十支纱每包六千九百元。……至于本局之纱,向来专供推广机经土纬布之用,并不出售。近以各地纱价飞涨,因在各地特别低价供销,藉以救济机户,稍抑涨风。璧山机户可随时按照本局以纱换布、放纱收布办法,向本局福生璧庄领购原料,毫不发生问题。刘君谓市价每包售价二万余元,恐非事实。至于居间商乘机囤积居奇,不久当可消灭。凡直接纺纱机布之用户,所需花纱原料,本局各地福生庄均可尽量供给。"(同日《大公报》)

4月6日 得中华劝工银行刘聘三函,聘黄炎培为该行顾问。(《黄炎培日记》)

4月8日 复董必武函,告本年补助陕甘宁边区林垦费三万元。原函如下:

必武先生大鉴:

二月二十五日大函暨林、李两公梗电一份均已收到。本年度本会经费未增,支配为艰,经勉力筹措,拟协助陕甘宁边区林垦费三万元,分四期拨付,每期七千五百元。兹附上第一期三联领款书壹份,即希转知,并望速令计划一并寄下,以便汇款为荷。专此。即颂

勋祺

穆○○启,四月七日

(底稿)

4月9日 农本局科学管理研究室致先生函,对本局所办事宜提出质问。全函如下:

穆总经理:

敬启者,职等每于周首月始暨集会时恭聆训示,对于科学管理、人生哲学等诸解领悟之余,觉本局实际设施颇多费解者,特录于后:

一、上年本局曾以棉纱按黑市价暗供非直接用户之举,似乎与本局创设之主旨绝对相反,此其费解者一也。

二、物资局设立之初本局该隶其下,理合一心一德,同力统制物资,调整供需,乃本局曾密令各庄将棉纱尽量立即脱税(按该稿系毕处长手笔),志在逃避统制,此其费解者二也。

三、渝市一般公务员最近仅获平价布一丈五尺,而本局各处科长莫不分得十四以上,今假合作社名义大批购进,藉以逃避统制而遂一部分职员居奇之愿,本局体恤同人固属善意,是否合法则又一问题,祈于指示者三也。

四、本局各级职员之待遇依宿舍人数(由每室一人二人四人八人)是证实

为几何级数之等差，而在报酬上一没政府机关莫不有一律之生活津贴，而本局则上下悬殊，此系科学管理新原则之应用乎？抑有意分赃乎？

五、沪庄业务情形即会计、业务二处长亦不甚暸然，似乎已由私人经营，而与本局无关，此亦系科学管理之又一方式乎？

以上数则除密报中统局、经济部物资局外，如蒙于下星期一纪念周上公开训解，俾职等化龙桥事变重演之惶恐，心灵得以释然，实不胜期祷之至。肃此，敬颂崇安。

农本局科学管理研究室同人谨启，四月九日
（《农本副刊》第四期）

4 月 11 日　访黄炎培，商请黄任劝工银行顾问等事。"1. 劝工改顾问理由；2. 搭车；3. 军政部署长陈良之妻，自港命秘书带归金刚钻戒指一百零七，在机场被检获。报领袖，立召陈良下狱，多人营救得释。复秘书被下令枪毙，多人营救不敢进言，至今在狱中。"（《黄炎培日记》）

4 月 12 日　晤顾颉刚，"予到公债劝募所晤黄任之，并晤黄重宪、穆藕初。"（《顾颉刚日记》第四卷第 667 页）

4 月 13 日　于农本局总理纪念周上谈话，答 4 月 9 日农本局职员来函质问事。全文如下：

今天有两件事要报告：

第一，每次的总经理纪念周同人均需参加，出席人员均需签到，今天我还要重申一遍，提起大家的注意。

第二，最近得到一位同人给我的信，使我非常感激，因为他不具名，所以我今天公开答复，不管他指出的对与不对，但至少总可以说他对于局务的关心，现在我把他所提出的问题，逐条的加以解释。

（一）所谓"黑市"两个字，我想这位写信的人，根本不知道黑市作何解释。所谓"黑市"是不遵照政府规定的价格—也就是所谓官价—而暗中出卖比官价较高的价格，没有官价，也就没有所谓黑市。去年政府规定重庆纱价，二十支纱是五三九〇元，现在是六九〇〇元，农本局完全遵守政府规定来没有多卖过一元钱。今年物资局成立后，规定管制纱价区域，除重庆以外为成都、遂宁、万县、江津、合川，在实施管制之日起，本局完全遵照规定办理。因为在这些区域以外，各地纱价飞涨过高，大起恐慌，本局有统筹供应平抑物价之任务，不得不飞讯各地福生庄尽量低价出售，使织布不致停业，使纱价不致过甚。凡地方政府规定平价，本局亦一律遵守。如昆明规定平价为一二，〇〇〇元，黑市则在一六，〇〇〇元以上，为了压平地方纱价，本局送电福生滇庄照平价出售。

（二）"逃避统制"，这也是写信的人一种误解，当物资局成立时，各地纱价，都正在猛涨，倘无农本局尽量低价出售，则涨价更不知将扶摇直上至何种程度。本局当时系采取逐步压平方式，先照市价低二百元出售，后来低四百、六百、八百元、一千元，最低照市价低二千元，凡无官价地方，幸有本局大量出售，使囤户不能得到过大的利益，逐渐达到平抑物价的一种的目的。那封信里还提到本局曾通令各庄将棉纱尽量脱售，这个命令是出自毕处长的手笔，这正是本局平抑物价的一种紧急处置，毕处长能做的一切工作，都秉承我的命令，由我负完全责任。

（三）公务员的平价布一点，完全没有这回事，请你们问一问在场的处长科长，有谁得到了十疋以上的平价布？至于售于本局合作社的平价布，都陆续公平分配售给职员。

（四）同仁宿舍与薪津的问题，说到宿舍是我感到抱歉，但是在这战时物力维难的时候，建筑也不容易，我不能使每个人得到一间卧室，不过我希望将来能够达到四人一室的目标，至于我约各处长、主任住在一块，完全为了接洽公务上的便利，那里原定是总经理的宿舍。在薪津方面，自我到本局以来，低级职员的薪津比较高级职员加得多，至于战时补助费的办法，是经过再三讨论后呈请经济部转至行政院核准的，"分赃"二字殊属不当。

（五）上海方面，因目前环境的特殊，一切事情都是避免用本局和我自己的名义，现在上海和内地这样隔阂，自然连我也不能完全明白，但沪庄人员都是前任委派的老同事，除了在去年初夏添一助理会计以外，我没有变动过一个。

现在我都逐条的解释完了，至于说要避免化龙桥事件的再发生，我想决不会有，一切事情都有我负责任，决不使同人代我受过的。我自信办事一秉至公，虽然我本来是在工商界工作数十年，但我到重庆以来，没有买过一包棉纱，一两金子，也没有和人合伙囤积做买卖，一心一意用全力执行政府命令，争取抗战最后胜利，那就是我的大目标，希望同仁仍随时贡献好的意见给我。

（《农本副刊》第四期）

4月15日 《农本副刊》第三期出版，刊登先生诗歌一首如下：

法国达拉第甘末林受审，吾国囤户嚣张，物价扶摇日上，民何以堪，感而赋此。藕初。

三年秉国政，一朝困缧绁，万目迫眈眈，彀觫不可说梦里。仍驱百万师，眼前狱吏面如铁，早知财帛纷纷，泥沙肯令子孙。

　　惨矣天，可爱自由神，永远相隔绝，回溯往年事，血泪迸。皆裂吁槎乎，法国复亡尤守法，使余中夜彷徨空悲喧。

　　同期《农本副刊》轶事栏刊登介绍先生公余兴趣爱好。云："总经理极重视精神修养，居恒以艺术自娱，其度曲之工，早为世人所钦服，而钟于碑帖书法，亦别有会心。尝云：'写字可以怡情养性，更不下于吟咏。'闻其居沪时，寓邸中特备一写字间，地板尽漆成黑色，免墨水飞溅污染也。每日公毕返寓，辄握笔蘸墨，随情意兴所之，顷刻间挥成各体大字，工肖与否，尽在有

穆藕初书法册页手迹之三

意无意之间，然莫不苍老，充露神韵，总经理今日已臻六十以上高龄，然精神仍□□如壮年，实得其生活艺术也。"

　　同期《副刊》刊登《工务处新貌》一文，介绍农本局改组后新设立的工务处业务情况。文云："去年今日，随本局的改组而有了工务处。但因后方人力、物力的困难，处的组织迄未确定，工作无法开展，常常是'孤家寡人'，唱'独角戏'。今年可不同了，尤其自物资局成立以后，处里为积极加强物资增产，在事的方面：内部分组三科八股；外面筹设数大工厂。第一科管理机械工程，负责推进纺织机器，改良农具及其他动力机件等制造。具体的设施，有重庆工厂、宝鸡机器修造厂。""第二科主管纱织工程，负责推动纱织染整等事项的进行。具体的设施，有成都纱厂、浙东纺织公司，及现正在筹备中之染整厂。""第三科主管土木工程，负责进行全局总厂、庄、仓、站的建筑事宜。在人的方面：上而处长，副处长，中而正工程师，副工程师，帮工程师，下而技术员，助理技术员，练习生都有了，建立了技术的阵容。不过为便于灵活的运用与提高人力才力之效率计，都采取兼职的方式。所以人数还是很少，总计不到廿人。处的负责人及局中领导者，认定本局欲积极负起全国军民服用品供销的责任，必须由商业的经营，进到工业的生产。即于花、纱、布的购、储、运以外，必须本局自己能利用原理纺纱，利用棉纱织布，利用白布染色；同时自己制造修理纺、织、染整等机具。此不特可以强化本局统制物资的能力量，而且可以增厚本局生产物资的能力，减少对国外及市场的依赖，从根本上实现以物控价的理想。"（原刊）

4月30日 董必武就农产促进会补助边区本年林垦事业费事复函先生,并转林伯渠、李鼎铭"感电"。原函如下:

藕初先生大鉴:

四月七日大函敬悉,承蒙补助陕甘宁边区三十一年度林垦事业费叁万元,不胜感荷。至计划一项,业已遵示电转矣。兹接林伯渠、李鼎铭两同志感电① 一件,特此抄陈。敬请勋祺。

弟董必武谨启,四月三十日

(原件)

4月末 赴四川万县、湖北三斗坪视察,行程十六日。先生视察报告云:"三斗坪是鄂西的一个小市镇,可是对于本局业务却很有关系。该地距宜昌只有七八十里,有时可闻炮声,但我们在那里,倒很平静。原来湖北的西部和湖南的西北部所谓湖滨区,是我国中部的主要棉产地,而三斗坪则是其主要的集散地,重庆市场的棉花,一部分就是取决于三斗坪,因此我这次到三斗坪去的目的是要看如何能够把这一带的棉花大量的运进来。对于这一点我觉得是有办法的。而且我还在考虑着办法;不过也不无困难,主要的就是运费太高。例如鄂西一带食盐奇缺,从四川将盐斤运去经过三斗坪到沙道观,路程不过三百八十里,而每斤运费竟需二元半,同样的情形自然也将发生在棉花运输上,计算起来,如把棉花运到后方来,至少每斤运费需要二元,这样高昂的运费,无疑的对于大量收购内运是很大的障碍,这也正是我想要想办法解决的一点。此外,三斗坪一带既然是鄂西和湘西棉产的集散地,如果能够就地地推广手纺也是极适宜的,因为就劳力经济各点来说,千里转输运棉到后方来推动手纺,自然比不上就地推广的便利合算,这是我此次到三斗坪以后的第二个感想,也正事我想办法解决的问题。关于该地治安的情形,自胡专员到任后便好了。该地茅屋多遭敌轰炸,现在大都在整理中。万县这个地方倒大有作为,拿万县最近的业务说,一天可收布三百疋。如果把业务扩充,将来一天收六百疋布,一年收廿万疋布,这是有把握的。根据这一个估计,我将要增派人员到万庄去协同推进业务,前途是乐观的。我曾问当地棉业同业会负责人谈过,他们表示非常好,他们都同意和本局竭诚合作,只要我们把棉花送去,他们会百分之百的棉布照规定价格给我们收回来。至于通过当地的合作社来收布,却有相当困难。一层是因为转折多,手续繁,要耽误时间;二层是个别织户很注意布的品质,本局检验布匹也容易做得好;反之,集体交布、收布比较来得困难。所以我们采用的办法,完全适合织

---

① 感电仍恳请酌予拨款补助十五万元。

户的要求，就是织户直接领纱交布。我看到万庄那天收布，手续很简单，无须用尺量，有一个木架代替木尺，很快就量好。我和当地同业公会的负责人谈及收布的办法，结果都很圆满。不过放纱□捻线工人，作为捻线用的就不能收回成品了。因为捻成的线，都是供缝衣用的，线缝在衣服上，我们将如何收回成品呢？同时从事捻线工作的都是农民的妇女们，所谓棉纱数量极为有限，他们提出一项要求，我也就答应了。可是什么事情，都是要因事制宜，随地变通，决不是拘泥成法所能办得通的。说到本局福生坪庄工作情形，那里只有同仁三位，进城来回便是十二里，他们不辞辛苦，努力的工作，真是值得称赞。万庄的工作同仁虽然已有二十九位，但他们都一直紧张的工作到晚间九点钟才休息。这次旅程，由重庆到万县花了二天半的时间，由万县到三斗坪是三天，下水乘的是民生轮，那位船主事必躬亲，管理的有条不紊：譬如什么货物应该放在舱底，什么货物应该放在舱面，都由他亲自指挥，全船的人个个听他命令，没有一个敢于稍涉大意。从此可知任何事业，主管人一定要自己负责要以身作则，然后可指导部下服服贴贴，同时事业自然会办得好。我正在和同事研究科学管理，我看凡事要想办得好，非要有很坚强的干部若干人做基础不可。"（《农本副刊》第五期，1942年6月30日）

5月15日 于《农本副刊》第四期上发表《孔学会成立颂词》，云：

> 巍巍孔子，道冠古今。十五志学，七十从心。天从之圣，教育有方。有教□类，六艺式昌。齐家治国，首重纲常。祖述尧舜，内圣外王。运会迭变，道统弥张。西学东渐，众谕益狂。国有道德，数兴旧忘。孔公圣裔，恧焉彷徨。开往继来，绝学共商。发扬光大，示我周行。

穆藕初谨颂

同期《副刊》刊登蔡敦根《遂庄、南庄考察记》一文，介绍农本局下属遂庄、南庄近一年来推广手工纺织所取得的成绩，以及存在的问题和改进办法。云："本局为增进纱布产量，供济军民衣民服之原料，乃发动乡村妇女，从事手纺织。时经两载，遍连川陕湘黔等省，衰落已旧之农业工业，因此渐呈回苏景象，农村金融亦藉以而更为活跃，有助于我抗建大业之完成，实至深且巨。""本局所设庄处办理手纺织业务者，均制备大批各式棉纱，贷给手纺织户，纺织纱布后，按品级之优劣，发给工资，福生遂庄即采此种方式，纺织手在领取原料前，必先觅得妥保，经调查□保，认为确实，始行发给原料，推行于贫瘠地区，供销显著，但须多用职员办理调查对保登记分户账等工作。……目前所收纱布之品质均甚低劣，此种现象实因管理疏忽而发生。……如欲提高纱布品质，除使工作精确，加强管理以外，一般散纱之纺手织户中，必须组成手纺团及织布团，方能作系统之管理和训练。土布之改良，必先严分土纱登记，并附设织布试验工厂，将各种□头之机纱与各级土纱分别试验，详定应需纱量，切不能混乱发纱,本局原定甲级土布重十斤半,乙级土布重十二斤半,现收之土布,很多与此规定不符。改设之试验工厂只须添制织布机数部,织工食薪之开销,可有成品工资相抵。""此外,七七纺纱机在南充等地曾一度提倡,因纺纱机构造不良,纺手技术欠熟,以致均行停弃。南庄已往售给平价棉花,复以市价收购其棉纱,纺手尚能获取余利。但此法终非上策。七七纺纱机推广,最好改用贷机贷纺方式,则较易推动,每部纺机每天最少出纱壹斤,当可取得工资三元,较之南庄弹花厂现雇用之搓棉条之女工每日仅给工资一元四角,实高出甚远,贫苦甚之纺手,更可直接贷给纺机,机价在其工资内逐渐扣除,每次交易抽回壹元,纺手净得两元,一部纺机现值五百元,期限以两年计,本利合六百元,二年内即可全部扣清,贷机之纺手,随时予所技术与训练,必须具有修理常识,且能纺乙级以上者为标准,由小而大,绝不可粗制滥造,纺机之营制,务必精确,可由本局统一办理。现有旧机如尚可修理使用者,应设法使其复纺。如以单锭手纺为推广外围,七七纺纱机为推广核心,功能当立可显著。"(《农本副刊》第四期)

5月16日 《农本副刊》编者于农本局面见先生,"'询沿途辛苦否?'总经理以诙谐口吻而以二语见告:一曰:'十六日未曾沐浴',其二曰:'二十万疋机治土纺布',其详约定于次日纪念周报告。以编者推测,十六日未得沐浴,诚可谓辛苦之至。然二十疋土布需要巨量棉花,总经理此行,对于滨湖区棉产之收购,当有极大之成就也。"(同上)

5月18日 于农本局总理纪念周上报告视察万县、三斗坪经过。(《农本副刊》第五期,1942年6月30日)

5月22日 为避免部分纱厂棉纱流入黑市,呈文经济部物资局,提出对纱厂成品立即回收办法。云:

> 案奉钧局本年五月八日卅一督二字第四六二二号训令,略以申新纱厂产纱渝市闻有黑市出售,饬令今后对于织户用纱务须妥为核配及严格执行管理成品,以防藉此渔利,等因。因查渝市各布厂购纱织布,根据钧局督导处迭次指示,只收回成品二分之一至三分之二,其余棉纱用途不明。为避免流入黑市并增加布匹生产计,似应对渝市各布厂立即采取全部收回成品办法政策。是否有当,理合备文呈复,敬祈鉴核示遵。

农本局总经理穆藕初
(《民国档案》1994年第4期)

5月 陈洪进发表《手工纺织业的推进在全国经济建设上的意义》一文,介绍先生创制"七七"手纺机所取得的成绩。云:"手工纺织业有巨大的潜在生产力,这部分自给生产使得居奇囤积方式不易达到全部操纵的局面,同时使得中小农户能够受到农业生产以外的贴补来维持基本的农业生产，这便是中国手工纺织业在战时经济中所发生的重大意义……分布于后方各省的七七纺纱机，在二十八年已达二万五千架，二十九年达四万架以上，三十一年约达六万架左右。这六万架七七纺纱机就抵得上八万四千锭的动力纺锤。比较原始的单锭手纺车，究竟有若干分布于民间，这是很不容易估计的。单是四川一省，单锭手纺车，全年可纺纱六万三千包。四川一省的手纺车，就相当于九万二千锭的动力锤。三十年二十四家纱厂所产的棉纱大约可供织布五百六十万疋。六万架七七机所产的棉纱大约可以织布二百三十万疋，而单锭手纺车，单四川一省，所产棉纱可以织布二百二十万疋。全后方估计起来，七七机和手纺车共计可供给九百万疋棉布的棉纱，而全部纱厂所能供给的棉纱，至多能织五百六十万疋的棉布。动力纺纱工业的生产，只有手工纺纱的六成。全部手纺生产的能力，相当于三十八万锭的动力纺锤。这样的估计，可算是真正的挂一漏万的估计。因为乡村家庭手工副业带着很大的自给性质，他们不大和市场发生关系，这种潜在的生产力究竟大到什么程度，还是不容易具体地表现出来。可是，单就上述的粗糙统计，已可看出手工业纺纱这一项，在战时经济中所占的重要地位。"(《农本月刊》第六十期，1942 年 5 月)

春 女穆恂如到重庆。穆恂如《回忆录》云："42 年春又回渝，物价已涨得厉害，社会上陡长起一股涨风，物价天天涨，日日涨。工薪阶层如教授阶级已有难以招架之势。有一次米价于半小时之内涨起一倍，本可以买一升米的钱，半小时之内只可买半升。还有一种现象乃暴发户迭起，本是区区小民，此时已腰缠万贯；本来衣食不周之徒，此时已大腹便便，俨然已作新贵矣！至于工薪人员，本来有些积蓄，而此时无不呈现囊中羞涩，经济拮据之状，人人恐惧，个个担心，长此下去，何以是了？而我父亲手中均属现款，作为工薪人员，真不知作何打算。善于筹划者，何不求自保。农本局内同仁素知父亲手中存有现款，出于善心，大伙力劝父亲速购金子，如此则水涨船高，尚能保全一二。父亲听后，不以为然，认为购买金子以自保亦非爱国之思想，因此并未实行。更有甚者，重庆某企业家人士(名字已记不得)知父亲手中有现款，劝其囤积物资，以睹币制之贬值。父亲回单位后陈述其事，面仍带有怒色，显然对此建议极为不乐。父亲认为囤积居奇之事乃奸商之行为，有损民众之利益。我等有知识、有人格之企业家岂可与之同走一路，因此对于此建议拒之门外。但父亲却又清楚知道，手中现款势必难保，不早处理，势必成为废纸一堆。他自己无法保全钱财，却愿意顾全别人，有叶英才其人者，与许氏夫人较为接近，一向以小企业为主，向父亲借资金若干，父亲乐于周全。有父亲之老友(名字我记不确实)，父亲则赠送十万元。父亲自知亦无此精力来办企业，都把希望放在大榕身上，他要给大榕一笔款子令其出面办企业，却遭大榕拒绝，大榕自知自己实为地地道道的一介书生,对于办企业一窍不通,亦不愿接受,此事才作罢。故而父亲之财产,由百万溃跌为十万,由十万蚀耗为一万,最后到底所存几何,我亦不知其事矣!"(手稿)

6月初 与孙科等八十二人联名发表《重庆节储实践会缘起》。全文如下:

我们的神圣抗战,转瞬间便快满四年,而进入第五年代了。并且由于敌之愈打愈弱,我之愈战愈强,由于国际环境之日益于我有利,我们抗战胜利的明灯已经高悬在不远的前头。

不过,事实告诉我们:当抗战更加接近胜利之日,也便是我全国同胞尤须咬紧牙关、艰苦奋斗之时。我们不但不能因目前之稍感困苦,即萌畏缩不前之心,而且还要预想到甚于此刻十倍、百倍、千倍于此刻之艰苦生活尚在后面。而无时无刻不准备着十倍、百倍、千倍于此刻之决心与勇气,去克服一切,战胜一切。即使在抗战胜利以后继续建国工作之时,也仍需要大家熬苦,不断奋斗,才后可巩固我们的国防,保证我们的胜利之果,永远属于我们。

近数年间,蒋委员长之所以于军书旁午、万机待理之时,还要分工夫来倡导节约建国储蓄运动,可以说便是由于领袖高瞻远瞩的结果,方指示我们国民大众这样一条简易报国的大道。委员长是要全国同胞大家为国为家而茹苦含辛,自动实行严格的战时生活,以保证抗战的必胜,建国的必成。

如今,节储工作,无疑地已有相当成就,节约建国储蓄的总额已超过三万万元,自然是由于我全国同胞俱能仰体领袖倡导的深意,踊跃参加之结果。但因为一则过去节储工作尚未免局限于城市,未能普及于农村,再则过去响应参加者多属于社会上层分子,而社会基层民众尚少参加,致未能做到普遍而深入的地步,发挥更宏大而辉煌的结果。现在,节储实践会之发起与组织,就是要补救这些缺点,务期人人实践刻苦节约的生活,实践储蓄建国的办法,而使这一运动,更迅速地朝着更高的更新的阶段,作飞跃的发展。

总之,节储实践会的宗旨,顾名思义便是要人无分男女老幼,地无分南北东西,都一致实行节约,实行储蓄。切盼我国同胞,俱能深切认识国家民族目前所处的环境,提高熬苦的精神和勇气,一律参加一律实践。我们敢确信:当人人都成为节储实践会会员的时候,也必然是庆祝抗战胜利,庆祝建国成功的时候。

发起人丁惟汾、刁培然、于右任、方觉慧、王莘、王启江、王祖廉、王霜、孔祥熙、孔庚、尹志陶、白崇禧、甘乃光、包莘国、史良、吕超、吕云章、伍智梅、冷遹、朱汉章、吴稚晖、吴国桢、吴泽湘、吴华甫、谷正纲、何北衡、沈慧莲、李德全、李中襄、居正、周钟岳、周懋植、周守良、范子遂、杭直武、洪兰友、孙科、浦心雅、翁文灏、陈其采、陈立夫、陈布雷、陈行、陈博生、陈逸云、陈访光、陈钟声、梁寒操、徐堪、徐柏园、徐继庄、徐广迟、陶玄、唐毅、高惜冰、梅贻琳、冯玉祥、康泽、康心如、张伯苓、张朔、黄炎培、黄仁霖、贺耀组、郭锦琨、许性初、汤巨、杨晓波、潘昌猷、潘公展、刘蘅静、刘王立明、刘功芸、钱用和、钱永铭、钱以诚、霍宝树、穆藕初、戴传贤、魏怀、罗家伦、顾炳群。(次序按笔画排列)

(原缘起油印件)

6月6日 发表《棉价平议》一文,驳斥所谓"以棉贱伤农,纱贱无以奖励生产"之说,指出原棉囤户假借农民之名,破坏平价政策。[①] 全文如下:

自太平洋战事爆发香岛星埠相继撤守,缅甸为敌所乘,国际路线变更,物资来源告绝,影响于我后方经济界方面者,厥为物价之突飞猛涨。加以奸商推波助澜,囤户乘机作祟,消费者奔走骇汗,苦不可以终日。如何平抑物价以安定社会生活,遂为后方最严重之一问题。政府有鉴及此,特设物资局,专司管制物价之职,以收安定民生之效,划农本局平价购销处燃料管理处三机构归其统辖,以执行政府之政策。自经设置以来,平价政策着着进行,成效渐著。如单就作者所主管之棉业一端而论,渝郊各纱厂成品,由物资局责成农本局征购二十支纱,自五千三百九十元提升至六千九百元,著为定价。陕西标准棉重庆市价每市担定为五百四十元,亦不得任意变更。至于征购之纱织成之布,平价出售,则白布每市尺约三元左右。数月以来,趋势稳定,在物价狂涨声中,得此成绩,政府平价政策可谓已获初步之贯彻。同时于农民商人及一般消费者各方面,兼筹并顾,务使各得其平。嗣复对陕西棉花市场,实施管制,登记存户,已达三十余万担,而零星散户仍得自由贸易。乃或者不察,以棉贱伤农,纱贱无以奖励生产之说,横施蛊惑,函电交驰,非难纷起,将以淆乱人心,破坏政府之平价政策,不得不辞以辟之。

第一,就棉贱伤农之说而论,要知目前市上存棉,系去年十月初所收获者,当时粮价尚低,新花上市,棉市每市担仅二百六丝元。迨废历年底,即涨至三百元有零。自政府实施管制后,农本局就市价照购,每市担已为四百二十至四百三十元。设使存棉尚在棉农手中,则自二百六十元涨到现在价格,棉农仍有一百数十元之利润可获,未知将何伤之有?无如时至现在,全部原棉已入囤户手中,故为棉贱伤农之说者,就事实观察,并非为农民而言,乃系假农民之名为囤户立言,彰彰明甚矣。

---

① 张汝砺《农本局的沿革及目前业务动向》一文云:农本局"在各棉产区大量购运原棉,无限制应纱厂、纺户及市民消费需求,关于收购原棉办法,亦以征购为主要手段之一,然棉花市价,当因囤户操纵而致畸形高涨,棉价如此高涨,在棉农并未得益,得益者纯为囤棉巨商,因此征购棉花的主要对象并不是棉农,而是囤户"。(《农本月刊》第六十期,1942 年 5 月)

第二，就纱贱无以奖励生产而论。姑以现在纱价计算其损益，每包纱需棉以五市担计（实际为四百五十斤），每担棉价以六百元计，则原料合计三千元，加以工资物料薪津折旧利息保险等各项开支，作为三千元，售价六千九百元，除去成本方面计约六千元，尚能净余九百元。大厂每日出纱至少四十件，即每日盈余三万六千元，每年可获利千余万元。即折半计之，为数亦属可观。所谓纱贱影响生产者，不待辩而知其别有用心矣。

由此观之，目前原棉既不在棉农之手，故苟如一般之希望，将棉价每担递加百元，则以陕西已登记之存棉，千余万担计算，囤户唾手即可得三千万元巨资，而棉农不与焉。此则最近函电非难之声之所由来，囤户利害之关键固在此，而政府平价政策成败关键亦在此。试观美国自宣战后，全国人民每人每年总收入在二万五千元以上者，其百分之九十九归政府运用。以彼效此，我国现在管制政策尚宽矣。

现当全国总动员法实施伊始，为国家民族永久之利益计，个人利益自当牺牲，政府国策，理应拥护。否则如置国家为弁髦，唯私利之是图，犹复巧假名义，横鼓簧舌，以动摇观听，淆惑人心，则平价政策破坏之日，即经济防线摧毁之时。商人爱国，宁计独后，所当同志矢忱，共渡难关。言念及兹，可不慎与欤！

（同日重庆《中央扫荡报》联合版，《农本月刊》第六十期；《文集》第430页）

6月8日 下午三时，农林部部长沈鸿烈至农本局演讲《农林政策》。先生主席，"历时达两小时之久"。（《农本副刊》第五期）

6月11日 孔祥熙对《农本局最近七个月工作报告》予以肯定，批示云："报告阅悉，办理尚称得法努力，应传谕奖励同人，原件存合，经即于十二日通告勖勉同人。"（《农本副刊》第五期）

6月19日 孔祥熙视察农本局。先生主席，孔发表训词，阐述抗战局势，提出对农本局工作人员要求。（《农本月刊》第六十一期）

6月20日 为加强工作效率，先生"分令所属各分支庄处云：凡各附属机关主管人员奉调，所属员工不得联名呈请收回成命。"（《农本副刊》第六期，1942年7月30日）

6月25日 农本局发布《平价售布公告》，云："查本局推广

重庆《大公报》刊登《经济部农本局平价售布公告》报道

手工纺织,各地收进机经土纬改良市布及帆布、窄布等甚多,遵照物资局规定平价发售,凡各机关、学校、社团及各机关之消费合作社需用布匹者,均可迳函本局或本局福生渝庄上清寺门市部洽购。"(同日《大公报》)

6 月 28 日 苏汰余、潘仰山、章剑慧、萧伦豫①发表《对于穆藕初先生〈棉价平议〉之平议》一文,责难农本局"特予压低"棉价;以陕西棉田减少为由,再次指出"棉贱伤农"之说;责难农本局不以棉花供应各纱厂。特别指责先生关于纱价成本、利润计算为"想象之言",与事实出入甚巨,称每件纱价达九千七百八十五元,"与政府限价扣抵,厂商每件亏损二千八百八十五元,以大厂每日出纱至少四十件计,即每日需亏损十万余元,与穆先生所言每日盈余三万六千元成南辕北辙矣。今日厂商之所以能苟延残喘者,实赖于过去各厂稍有存棉,不致亏折如此之大。但一月以后,各厂存棉告罄,每日亏损即如上数,苟仍照穆先生所持之理论行之,则各厂虽报国有心,亦力与愿违矣。""或谓农本局以后可以限价棉花供给各厂,仍无缺乏原料之虞。……自二月至月今,四厂共需棉十余万担,农本局由官价供售各厂者尚不足十分之一,各厂如不自向陕西采购,早告停闭矣。"(同日《中央日报》、《大公报》)

7 月 1 日 致函翁文灏,抄呈所撰《读〈《棉价平议》之平议〉答苏潘章萧四君》

---

① 苏、潘、章、萧分别为豫丰和记纱厂重庆分厂、裕华纺织股份有限公司、申新第四纺织公司重庆分公司、沙市纺织公司重庆分厂负责人。6 月 30 日,苏、潘、章、萧又致函经济部部长翁文灏,提出意见。厉无咎《孔系亲信穆藕初同何浩若的斗法》一文云:"农本局虽属于经济部物资局之下,但穆藕初直接秉承孔祥熙的意志办事,翁文灏、何浩若都不在他的眼中。穆对何浩若一开始就采取不合作态度。纱虽已实行统购统销,但棉花向来控制在穆藕初手中,何浩若就统不起来。何浩若要农本局负责供应纱厂原棉,穆藕初偏不供应。何浩若规定每周由农本局同纱厂接付纱价一次,穆藕初又阳奉阴违。穆藕初曾公开对纱厂负责人说:'纺织事业,兄弟是在行的,孟吾(何浩若字)毕竟是外行,各事多与兄弟商量商量,听听兄弟意见,不会办不好。'可是何浩若也自命不凡趾高气扬,以政治经济专家自居,他认为'穆老脑筋固执,刚愎自用,既不懂政治,更不懂战时经济。'在物资局存在不到一年的时期中,何、穆两人一直在斗法,最后还是穆藕初占了上风,何浩若吃瘪,连物资局都被撤销了。""物资局于 2 月 15 日开始实施棉纱统购统销时,核定纱厂棉纱征购价格为 20 支纱每件 6 900 元,16 支纱 6 400 元,10 支纱为 5 600 元。当时农本局规定的棉花牌价(即官价)为每市担 387.50 元(以 7/8 中级陕棉为标准),外间市价(即黑市)在 650 元上下。棉花与机器油料等因为并未实施统购统销,价格上涨,与日俱进。纱厂以成本日高,再三要求物资局调整棉纱征购价格。由于穆藕初从中阻挠,直拖至 8 月 1 日,始调整为 20 支纱每件 8 580 元,16 支纱 7 720 元,10 支纱为 6 860 元。这个调整价格,纱厂很不满意,因当时农本局棉花牌价每市担已提高为 800 元,比 2 月 15 日的牌价上涨了 106%,而纱厂与棉纱征购价格 20 支纱只涨了 24%,16 支纱只涨了 21%,10 支纱只涨了 22%,与官价棉花的上涨比较,相差过大,如与黑市棉价的上涨率比较,距离更大。特别是豫丰、裕华、申新三厂,还要供应军纱每月 650 件,占三厂全部产量的 20%,而军纱给价 20 支纱每件仅 5 300 元,约为征购价格的 60%。纱厂资本家认为棉纱价格的调整与棉花官价的更动相比,太欠公允,而物资局统购厂纱却不供应军纱,尤不合理,便振振有词,到处叫嚷,抨击何浩若不是奖励生产,而是蓄意摧残生产。何浩若没有理由能够说服纱厂,便向纱厂表示:军纱决定从 9 月份起改由农本局供应,棉纱价格以后每隔三个月调整一次。"(《孔祥熙其人其事》)厉无咎系申新纱厂经理,该文观点代表纱厂利益,请读者明辨。

一文。原函如下：

咏公部长钧鉴：

　　六月二十八日《中央日报》、《大公报》载有苏汰余、潘仰山、章剑慧、萧伦豫对职《棉价平议》之平议一文过于抹杀事实，有妨政府平价政策之推行。爰根据事实拟就答复苏、潘、章、萧四君一稿，送刊《中央日报》、《大公报》以明真相。兹谨抄呈一份，敬祈鉴察为祷。专肃。恭颂钧安

职穆藕初谨启，七月一日

（底稿）

同日　　发表《读〈〈棉价平议〉之平议〉答苏潘章萧四君》一文，指出提高棉价的实际收益者在囤户，各纱厂早已购进大量原棉，且大分红利，建议检查各厂会计，即可真相大白。全文如下：

　　读六月二十八日大公报载某等四先生对拙作《〈棉价平议〉之平议》一文，与鄙人论列颇多出入，以事关国家整个平价政策，不容不有一言以答四先生，并以正社会之视听。

　　自物价暴涨，形成后方严重问题，政府为标本兼治，特设物资局，厉行管制，以平抑物价，安定民生。唯推行平价政策，势必与囤户利益发生直接冲突，而鄙人现任职务，适当花纱布业务之冲，故一切责难，咸集矢于鄙人一身，实则鄙人本为从事自由贸易之商人，惟政府政策既定，不能不努力执行而已。

　　四先生文之第一段，为棉贱伤农之说张目，其中又分三小段，除第三小段不具论外，第一小段之结语谓："在政府对农产品未全盘统制之际，而对棉价特予压低，其中因果是否有关……"。查陕西棉价在本年三月七日以前，每市担均在三百五十元以下，其时各厂商多已大量购进，七日以后，陕省盛传政府不予管制之说，棉价即扶摇直上，仅仅一周间，至是月十五日，即升至五百五十元，嗣后陕省府封锁棉市，价逐平落。直至五月十一日开放棉市以后，始终在四百二十元至四百三十元之间。此中消长之势，或抬高之，或压低之，为谁为之，孰令致之。大量购进之厂商，谅必了然于胸，且"特予压低"之责难声浪，不发于价格在三百五十元以下厂商大量购进之际，而发于价格稳定在四百二十元至四百三十之间厂商大部均已购足原棉之时，斯乃可异。至农本局奉令办理收购事宜，始终随市给价，初未压低，亦未抬高。

　　第一段之第二小段，引农本月刊所载韩君一文，证明陕西棉田减少之事实，以强调棉贱伤农之说。查陕西棉田减少虽为事实，但棉田减少之原因，不仅仅在棉价低于粮价之一端，择其要者言之，一为田赋征实，二为军粮征购，盖棉农既须售棉购粮以应缴，而粮价又高于棉价，则改植粮食，自为势所必然。

三为陕省府以政治之力量鼓励植粮，鄙人身为农林部粮食增产委员之一，对于当地粮食增产政策，不但毫无异议，且以为当此全面抗战紧要关头，由整个经济战略而言，鄙人实同情于减少棉田，以谋粮食增产者。初不以鄙人主管衣的部门之工作，而轻视食的问题。盖吾人可以一年不添新衣，而不可以一日无食，衣的消费可以减低相当巨大之比率而无碍于生活，食的消费则不可以减低至限度以下之比率也。衡量衣与食二者之必要性，当自大处着眼。矧棉田减少其他原因基于棉贱者少，而其原因基于其他原因者多。假令棉贱诚能伤农，则棉贵似乎可以惠农。抑知基于目前情况，大部棉花多在大户之手，在新花登场之前，假令以人为之方法造成棉贵，则实际受惠者恐不在直接生产之农民，而别有所在也。

原文末段责难农本局不以棉花供售各厂，与第二段末节有"一月以后各厂上项存棉告罄"之言，此与事实亦有出入。查上年九月间农本局奉经济部令，以据申新纺织公司重庆分公司等呈为原棉难进等情，饬尽量供应，并查明所称拒不售货缘由报核等因，当于九月二十五日第一四四九七号呈文以"各纱厂所需原棉，向系斟酌实况，量为供给，尚有已售未提者甚多，且自平价购销处公布标准棉价后，申新等厂并未来局洽购，本局自无从拒售"等语呈复大部。迨鄙人自缅甸公毕返渝，即拟有以花易纱及代厂商购花办法，签奉经济部三十管字二二二六六号指令，饬与厂商商洽办理。但除沙市纺织公司全部原棉由农本局源源供给外，其他各厂多未向农本局洽办。查物资局最近在陕西登记存棉，自西安至宝鸡一带，各厂商购囤之棉花，约达三十万担之多，自宝鸡至重庆在运输途中，以及存于厂中者，尚不计在内，所谓一月以后存棉告罄云云者，将谁欺耶？此非农本局不欲售供棉花，乃各厂早已向棉花产地大量购足，而无需向农本局洽购之故也。

原文第一段罗列各厂纺纱所需成本，谓连同运缴开支等费，每件须亏损二千八百余元，以反驳鄙人"大厂每日盈余三万六千元"之估计，而证明纱贱无以奖劝生产之说之非虚。无如事实证明，在物资局成立以前，渝厂纱每件平价为五千三百九十元，不但未闻亏损，且大分红利，职员有分红二百个月者。即物资局成立后，其规定平价亦根据各厂自开之成本酌加利润而定，若按照某等四先生所说，每日亏损十余万元，全年须亏损三千余万元，各厂资本经济部均有登记，不知此项亏损从何而来？原文所谓"今日厂商之所以能苟延残喘者，实赖于过去各厂尚有廉价存棉"，此固有部分的真实性，但沙市纺织公司向无存棉，亦可获相当之薄利，可知各厂存棉愈多者，获利愈厚，存棉较少者，获利较薄，此为不磨之事实。若谓确系亏损，则最好公开会计以证明之，若由政府按照检查银行办法,检查各厂会计,则真相大白,自无庸枉费笔墨矣。

（同日《中央日报》;《农本月刊》第六十期;《文集》增订本第 431 页）

7月7日 农本局附设七七示范纱厂于该局招待室举行开幕礼,各界来宾络绎不绝,先生未到。梁处长致词云:"七七纺机是穆总经理及葛厂长所创设,其经过情形,适才由葛厂长很详细的讲过。至七七机的功用,外界传说不一,有的说好,有的说坏,但我们自己,不论好坏,一概都要接受,不好的评语,更是我们的朋友,因为知道不好,才能有所改进。大型纺纱机,为什么不用它呢? 其原因就是国际运输线渐感困难,而且大型机的一切配备,如细蚕丝等,在国内不意购到,七七机所带的设备料件皆可就地取材,甚至连钢铁都不需用,其配合之经济、简单、合用,真无出其右者。我们办理这个纱厂的目的,不是在取利,而是想使后方的衣荒问题得到一部分解决。"次章佑、郑云鹤相继致词。(《农本副刊》第六期,1942 年 7 月 30 日)

平《示范工厂访问记》一文记云:"示范工厂这个名词,无疑的是带有改良推广的意味。它是本局的附设工厂之一,目的是要把改良的成品推广到每一个角落。""示范工厂经过一年来的筹备,于本年七七纪念日正式开幕,建勋式七七动力纺纱机在这一天就发出了它的声响。厂长是葛鸣拯先生,他是总经理所发明的七七纺纱机的技术家和热烈的推广者,以他来主持这个工作,未来的光明前途是可以预卜的。厂址在张家花园,几座新盖的房屋,整齐的平铺在地面上。进门就是会客室,在会客室的对面,便是一所机声轧轧的纺纱房,葛厂长和记者在会客室的谈话,有时都会遭到机声所阻滞的。葛厂长是一位娴适而坚定的人,谈话的时候,还不时的在擦着手上未干的油墨,他是停着厂房的工作来和记者谈话的,他除必要的时间在办公室批阅公文外,大都是在厂房里指导工作,当他抚摸着厂房里每一部机器的时候,都表现得无比的亲切似的。葛厂长很客气的说:'现在仅仅是工作的开始,未来的成败,还要看我们的努力呢!''不过,在洋纱不能进口,我们需要日的时候,这种工业的提倡是必需的。此种纺纱机的材料都是国产,一切的设备资本也很轻微,以现在的价格来说,每架纺纱机只合一万七千元,在此抗战关头,的确是我们发展工业的绝径,也是救济农村衰蔽的最好办法,应该提倡,我们更应该努力。'当我参观厂房的时候,一眼看见的就是纺纱机和男女工作人员,除了隆隆的机声外,没有一点声息,也并不因为参观人员而引起他们对工作的松弛,他们是如何的在沉着的努力工作呵! 目前厂房里有四部机器在工作着,需要二十五匹马力的动力,遇有停电的时候,自己还备有二个木炭汽车的引擎应用。在厂房里葛厂长顺着纺纱的顺序领记者参观并详加解释。"(同上)

7月8日 晚七时半,出席于农本局晨庐大礼堂前广场上举行的欢迎赵协理晚会。先生致开会词,"赵协理将这次在西安视察的情况作简单的报告。"次游艺活动,"晨庐歌咏队的大合唱、国术组的太极拳、陈永松先生的口琴、杨文辉先生的手提琴,各有各的妙处。""接着昆曲上场,自然是穆总经理唱的《八阳》,不同凡响,满场掌声。"(《农本副刊》第四期)

7月19日　访黄炎培。(《黄炎培日记》)

7月22日　呈孔祥熙《签报参加农业工作检讨会议情况》一文,报告参与农业工作检讨会议情况。全文如下:

> 谨签呈者,农林部于本月十日至十五日举行直辖机关农业工作检讨会议,计到二十余单位,来自后方各省。展会奉命派员参加,并详细报告工作经过及陈列历年成绩。部次长及与会人员因属会以有限经费推进如许事业,莫不交口称誉,而属会之粗有成就,完全秉承钧座"费小、效速、实惠及于农民"之训示,确使与会各代表获得深刻印象。在检讨过程中,公认属会四年余来对树立各级农业推广机构,发扬农业推广风气,促进战时农业生产,推行乡村手纺工业及切实努力农林基要建设等工作,尤其确效。党政工作考核委员会政务组组员葛覃列席参加时,同具感谢。经部方决定今后农业实验工作,统由中央农业实验所主持,农业推广事业则悉交属会办理,并管理督导各省推广繁殖站业务。查属会成立仅四年,改隶以后,竟谬膺执掌全国农业建设重责,奠定今后我国农业推广久远基础,此皆出于钧座领导创设之赐。职感奋之余,自当继续努力,以仰副钧座增进农业生产之德意。三十二年度属会预算拟列六百万元,各省推广繁殖站预算拟列二千七百万元,已由部呈院核定中,现正计划将蓉处迁渝,集中力量,更谋开展,理合先将开会经过情况呈请鉴核。
>
> 　谨呈副院长孔
>
> 　　　　　　　　　职穆藕初谨上,三十一年七月二十二日
>
> 　　　　　　　　　　　　　　　　　　　(原件)

7月25日　夜,邀黄炎培、章笃臣、乔启明等食西瓜。(《黄炎培日记》)

7月30日　于《农本副刊》第六期上发表《对全体同事的谈话》一文,谈如何与中下级同人联系及各级主管人员职责。全文如下:

> 我从好几位同仁的谈话中,知道本局的中下级同仁,对我有一个期望,就是希望我能够给予他们一个机会,让他们每一个人都能够和我取得直接接触,让他们随时把工作情形说给我知道,直接地要我指示他们,以资鼓励和增加工作的热情。希望是这样的殷切和诚恳,谈我在这里作一个比较普通的总答复。
>
> 各位同人,这一个要求原是极其合理,极其使我同情的。其实我身为一局首长,我的方针,我的意志和我的主张,是靠你们的真诚认识,认真服务和负责处理才能够达成和实现的。我和你们是一体。我不能不而且也不会不时刻关

心到你们的一切工作，乃至你们的一切生活。

但是，我能不能给你们每一个人一种平均的机会，让你们每一个人都和我直接接触呢？这是做不到的。

先从总局来说。总局现在有同人四百多。假使我每天用两个钟头来和你们谈话，每天和你们接见二十人，那么你们每一个人在一个月之内而不能全体和我接谈二次。而每次和我见面谈话的时间平均只能有五分钟。在一个月之内用五分钟的时间来和你们每一位人接见，显然对我对你们都是无济于事的。在我，我决不能从每一个月的五分钟之内，对每一个同人所要了解的都能予以了解；在你们，也决不能在这样短的时间中把一切都表示给我。假定这样处理，我每天所消耗的这两个小时是绝对没有意义的。而况我每天是不是能够抽出两小时来和你们谈话呢？我的职务并不和你们一样单纯，我做的不是例行工作，随时要我用很多的时间去思考，去应付，去支配。因此你们当然理解我，即使这区区两小时，也是不能预允专供接见你们用的。

总局以外的中下级同人就是连这五分钟谈话的机会也不可能了。唯一的方法，可能是接受你们的来信，而且亲署答函。可是全体在外一千六百位同仁，假定每一位都给我写信，在你们可能利用充分的余暇来把你们的话□情地写出来的，这当然很好，为了诚恳地一一答复你们，指示你们，我需要的时间就绝不止每天两小时，而是更多的时间了。你们当然也理解我，对于这一点也是无论如何不能做到的。

总之，用你们所期望的方法来保持我和你们之间的联系，不是很理想而合理的联系方法。要使我和你们联系得更好，不能用这种方法。

我对于各级主管人员的甄选是非常严格的。各处室的主管人既然是各部分的首脑，我当然相信他们在有关的职务内能够尽其责任，能够领导工作，能够支配工作，而且不仅仅处长、主任，下至科长、股长，在领导工作和支配工作上都有他们应有的责任。这一个分层负责的制度在形式上是一整个有机组织，在实质上就表示着一心一德，上下一体，这样你们能够随时随地地和你们的股长、科长，以至处长、主任发生最密切的关系，你们有机会而且有权利把你们的意见，工作实际情形，贡献给你们的股长、科长、处长、主任，而股长、科长、处长、主任在其职务范围内，也正有向其部属指示一切，为其部属解决一切的责任。我虽然不能亲自听到最下层的报告和意见，然而经过股长、科长、处长、主任逐步考虑过后的，到了我那里的意见可能是最扼要的、最周详，好像经过过滤以后的意见，这样地来处理问题便是比较经济、比较合法途径与方法。

当然，青年们各有上进的愿望。有上进愿望的青年是好青年。主管人员应客观地来判断青年们的要求和意志,要给他们发展的机会,要帮助他们来发展,我曾经拿被掩避着而见不着阳光的嫩草会萎的例子,表示我们不要做嫩草遮蔽物。不过,反过来说,这里对于青年们就有着一个更重要生活态度:人们的努力到底是掩盖不了的。不断的努力,自会有好的成绩表现在别人的眼目中。青年们不要怕别人不知道你的才能学力,只要问自己的努力够不够,而且努力能够不够忠实。青年们不应该去作种极非分的生活远景,动辄被外力所惑,见异思迁,或处处不满环境,勇于责人而忽略了反躬自问,这正是青年们的最大的隐患。低级的同事切要认真注意。至于高级中级同事既是各部门的主管人员呢,既然受了我的委托,得了我的信任,也就应当为我分一部分责任,为其年青的部属所做工作的南针和涉世的指路碑。

最后,我再说几句:你们也不要误会我是绝对不允许你们和我接触,真的有必要的时候,我当然还是随时欢迎你们来和我面谈或给我写信。

同期《副刊》刊登胡济岩《三十一年度合庄业务的回顾》一文,报告自本年二月物资局统制棉布后农本局下属合庄的工作情况。云:“二十年八月中旬本人奉命来庄,计八月、九月直至本年二月,凡六个月”“在业务进行上,始终是平衡的,但至本年二月物资局统棉制纱的条例公布后,形势为之一变,合川各纱商的存纱,有的运往乡下,有的逃避出境,有的怕平价纱压低价格,乃设法尽量脱售,于是机户、线帮、针织业等用户,大都陷于停顿状态,而一般人士因感觉纱布昂贵,乍闻‘平价’,有如大旱之望云霓,乐不可止,因此本庄业务顿觉紧张,工作人员由十一人增至十八人,尚有难为应付之感。在平价纱开始供应的时候,我们是办理请购平价纱初核事宜,宣传时因为各织户停业已旧,纷纷请求登记者门为之塞。登记开始,接着就是调查对保,而这些登记的织户,距离相当遥远,最近的也有四五里路,远的分散在铜梁武胜各县境,因此我们这些仅有的同仁,又难于分配了,办理以来,总计先后登记的有八百余家。调查的方式:是因机制宜,或由近及远,或由织户众多区域渐次到零星地方,经查对认为没有问题的就填制初核通知单,再由物资局驻合专员办公处填发准购证,本庄凭证售纱。四月二十七日开始收换成品,每天可收进二尺四五白市布百疋以上,收换的方式,完全遵照总局规定办理,进行尚称顺利,惟在资金周转上发生了麻烦,每天收购二四五布约需国币五六万元以至七八万不等,本庄为遵局令,一律改织二七布,将二四五布悉数作价收回,第二机便限织二七布,否则不予售纱。但狡猾的织户故意拖延,说是老早上机,现在没有办法了,只好等到下机再说;哪知他们存心故意!所以本庄六月六日起,将乙级土纱每斤价格由十七元增至廿二元(与市价同)。一为制止织户将一级纱作高价变卖,另以低价购花辅之丙级纱作纬(此类事曾发现);二用以促成改织二七布,因本庄规定凡织二七布者一律交换,织

二、四、五布者一律按十七元一斤土纱作价收回,目下已见收效。其次谈到织户的工价问题,关于织布工资总局规定二七改良市布每疋给予工资五十八元,而对这地方的各织户一般习惯,以及织机构造,仅能织二、四、五布,按照规定计算,每疋仅得工资四十七元,除三十五元是织工的每疋应得工资(按照织户佣工织布一疋须给工价三十五元),另外还得供给膳宿,因此织户所得实不足以维持生活,于是设法偷纱变卖,或拖延不交,发生了种种怪现象!当地织布业工会乃请求物资局专员设法改善,经与商家谈,仿照渝市工资率改订后,才有成品送来。"

　　同期《副刊》又刊登彭能方《简庄平泉办事处掠影》一文。云:"平泉办事处是个较小的乡镇,可是,他正当简遂道必经之地,临沱江之滨,交通颇为便利"。"近数月来,在各同仁积极劳动之下,各手纺团纷纷成立,如河梁桥、新店子、老君场、临江寺、江南钟等地都是新成立的。为了减少呆压,各团均以换纱为中心业务,尤以临江寺这枝后起的生力军,每月收纱量要占整个办事处全月的二分之一,其他各团要占三分之一,在这样扩展的进程中,他好似惯熟的径马,逐步直追它的目标。这样下去,至少每月可收纱二万余斤。但因弹花机不良,工资逐行渐高,致使织场停工,而使业务陷于不进展之中。平泉是个可图发展的纱布区,近因纱价过昂,一般织户大都因资金不足而停顿的要占十分之八九大,据我们的调查,此地可发动小规模宽布机坊一所,窄布机六百余架,平均每日收布,当可达二百疋左右。然而,我们没有推动这项业务的最大原因,是由于工作人员不敷,基本贷织工具不足,我们期望得着这方面的帮助,使我们的业务普遍发展,使这颗欣欣向荣的嫩芽,开放着鲜艳的花,结成美丽的果。"(原刊)

　　8月1日　行政院秘书处致函先生,回复呈文处置情形。云:"奉副院长交下台端七月二十二日鉴呈,为报告参与农林部工作检讨会议经过情形一案,并奉谕'传谕嘉勉同人进一步努力,以加增必须用之生产,完成抗战需要之贡献'等因,相应录谕,函达查照。"(原件)

　　8月14日　黄炎培、姚维钧为证婚事来访。(《黄炎培日记》)

　　8月16日　赴巴蜀礼堂出席黄炎培、姚维钧结婚礼,到者一百三十余人。先生与杨卫玉、张一麐、杜月笙证婚,相继致词,黄炎培致谢。[①]　(同上)先生撰贺诗《黄参政任之、姚女士维钧燕尔之喜》云:

　　　　曾是天涯沦落人,良缘早已订前生。将身许国何求报,同志输情才算真。
　　　　一阕沁园春可爱,百年好事近奇闻。联吟罢了襄筹笔,合有新词颂太平。

　　　　　　　　　　　　　　　　　　　　　　　　　(《农本副刊》第七期)

---

① 黄炎培子黄万里口述:先生致词云,"当年我在外留学,还靠你帮助。从前我称你为大人(黄炎培1911年至1914年任江苏省教育厅厅长——编者注),想不到今天我来征婚,没我这个小小的图章盖下去,还能成婚礼?"

8 月 17 日　翁文灏接见先生。（《翁文灏日记》，第 801 页）

8 月 22 日　与黄炎培"商办佛如后事，已十九无望了。推卫玉主任"。（《黄炎培日记》）

8 月 23 日　与黄炎培长谈。（《黄炎培日记》）

8 月 29 日　夜，招黄炎培夫妇会餐于寓所。（同上）

9 月 6 日　访黄炎培两次，"长谈"，夜，杂谈办女子商店事。（同上）

9 月 13 日　黄炎培为答谢先生证婚，赠诗云："不德万家尽衣被，无心一笑亦经纶。只应此曲娱群听，不利当时知我贫。余事诗篇一商榷，卅年肝胆两轮困。翻因黾勉添酬唱，共忆家山话苦辛。"（同上）

9 月 17 日　与黄炎培长谈。黄书赠诗词条幅。（同上）

9 月 18 日　致函物资局局长何浩若。商调仇西影回农本局，担任陕棉统购统销事。原函如下：

孟公局长钧鉴：

　　钧局专员仇西影前任本局福生灵庄主管员，对于西北棉花业务情形颇为熟悉，现值统购统销陕棉正需积极进行，拟调该员回本局服务，以资熟手，是否可行？敬祈鉴核示遵。专肃。谨颂

钧安

职穆藕初谨启，九、十八

（底稿）

9 月 19 日　与杨卫玉、黄炎培商谈中华职业教育社社务。（《黄炎培日记》）

9 月 23 日　"福生蓉庄案"发生。农本局成都福生庄办理收购及发放棉纱事务，其负责人却暗中串通奸商，以原价一万二千元之棉纱提高至四五万元出售，局内职员及役工每次均可分肥。棉织业工人因领不到平价纱，曾屡次聚众向该局要求维持，并由蓉棉职业工会呈请警备部、警察局予以救济，均未果。本日，部分机户又向局方交涉，发生争执，叶姓主任竟拔枪威吓，从而激怒工人代表，冲突中工人有数人受伤。警察随之拘捕数十名工人。福生庄方面为弥补其数日来所售黑市之棉纱缺额，乘此机会，宣称损失布匹、棉纱千百件，伤职员十余人等等。工人方面则连日集会，汇集农本局舞弊违法事实及证据，准备依法起诉。（**引自经济部 1942 年 10 月 20 日之训令附件，《民国档案》1994 年第 2 期**）张仁寿《穆藕初与经济布农本局》一文云："在整个穆藕初主持农本局的时期，虽然机构臃肿，冗员很多，但所用职员并无官场中人，也没有发生过严重的贪污舞弊。但是人员中也有不少投机商，特别是各地的福生庄，他们利用职权，上下其手，私改牌价，以劣货充好货，从中舞弊也是有的。因此国民党后方流传这样的话：'为正（政）不如从良（粮），从良不如当娼

(仓),当娼不如下堂(糖),下堂不如福生庄。'换句话说,就是当县长不如当田粮处长,当田粮处长不如当仓库主任,当仓库主任不如在食糖专卖局混事(下堂),在食糖专卖局不如福生庄有油水,足见福生庄是如何肥美了。"(《工商经济史料丛刊》第144 页)

9 月 26 日　与黄炎培谈"棉、纱、布配合量与价格,见告如下":

(时价)官	（成分）
每市担	
$800	棉 440 磅＝放宽些
$3 600	450 斤市担(四担半)
每包	
8 680(工缴费 5 080)	（前沪　20 支 $22)
	纱　400 磅(一包)
每匹	
机织土纬	布　(每匹)　36 匹
560	长　标准　100 英尺　放宽些　105
	宽　标准　36 英寸　内径　2 000
	2 800 条
重　20 支经纬(每匹)	12 磅　　　　每方英寸
	略加浆　　　经纱 50 条左右
	纬纱 44 条
一支＝1 磅　纺成　纱	840 码
10 支＝1 磅　纺成　纱	8 400 码
20 支＝1 磅　纺成　纱	16 800 码

（《黄炎培日记》）

9 月 30 日　夜访黄炎培。（同上）

10 月 1 日　经济部物资局实施陕西统购统销,颁布《陕西省棉花统购统销原则》。规定:"一、陕西棉花之统购统销由本部令物资局会同陕西省政府交农本局负责办理;二、陕西棉花收购价格由物资局会同陕西省政府评定,随时宣布;三、各厂商需用棉花应一律委托农本局代购,按照代购数量及定价先付定金十分之七,交货时款货两清,照收购原价加百分之一手续费;四、交货地点可由厂商自择,如在购棉区域及打包厂附近者可随时交货,如委托农本局代运至指定地点,亦可代办,除应付费用,保险费先行缴足,如运费增加应由各厂商负责外,交货时期不能预定,沿途仓库自理,如用农本局仓库应酌纳仓租;五、小棉商每月购棉五十市担者应向物资局驻西安专员办公处请领采购证及运输证。"(《农本月刊》第六十二期,1942 年 11 月)厉无咎《孔系亲信穆藕初同何浩若的斗法》一文云:"纱厂用棉既得不到农本局供应,不得不向市上采购,棉商乘机抬价,黑市直线飞涨。纱厂以黑市价高,就到产棉区陕西自行购运,而棉商以有利可图,亦在陕西抢购,囤积居奇,于是陕西棉价亦发生极大波动。这样闹了半年多,棉花黑市越跳越高,市场混乱现象日益严重。蒋介石知道后,在国家总动员会议上对何浩若提出了严厉指责,要何浩若立即采取有效办法,统制棉花市场。因此,何在棉花问题上,感到非常头痛。10 月 1 日,何浩若召集有关机关及各大纱厂负责人开会,宣布陕棉实行统购统销,杜绝棉商投机倒把,并重申以后纱厂用棉,由农本局负责供应,但要预交货款七成。何为决心实施陕棉统购统销,亲自飞往西安,召集有关机关开会后,立即进行存棉登记,并决定先征购棉花十万市担,陆续运渝,供应纱厂需要,征购价格规定每市担九百元。"(《孔祥熙其人其事》)

10 月 3 日 访黄炎培。(《黄炎培日记》)

10 月 4 日 黄炎培复函先生,"问郑开明为人。"(同上)

10 月 11 日 访黄炎培"长谈"。(同上)

10 月 15 日 呈行政院院长蒋介石《征购陕西省囤积陈棉办法》四条,办法如下:

(一)令饬陕西省政府主席协同物资局驻西安专员将已登记各囤户之陈棉征购十万市担,交由农本局收购,每市担中级标准棉花定价国币五百五十元。

(二)令饬四联总处垫款一万万元,由农本局承借专作收购上项陈棉及运缴之用,订期六个月本利清偿。

(三)各囤户登记之陈棉除交由农本局收购十万市担外,其余可由物资局驻西安专员办公处发给运输许可证,准其运往川陕甘各地销售,以资流通,惟限于三个月内运清,但绝对不准运出潼关及陕豫晋毗连区域,以防外流。

(四)如有以前漏未登记及蓄意囤积之陈棉限于三个月内补行登记,照征半数,如三个月后尚有未登记之陈棉,令由经济检查队尽量密查后一律没收充公,交由农本局照征购价格收购,此项收购所得之款除按照规定发给经济检查队奖金外,余数悉解国库。

(《农本月刊》第六十二期,1942 年 11 月)

厉无咎《孔系亲信穆藕初同何浩若的斗法》一文云:何浩若"征购价格规定每市担九百元。这个消息传到重庆,穆藕初大发脾气,认为价格定得太高,立即鉴呈行政院副院长孔祥熙,建议将陕棉征购价格核定为每市担六百元,孔即予批准。何浩若在陕西一无所知，还以为经济部一定按照他的鉴呈办事。过了几天，经济部关于征购陕棉的正式布令到达西安，何见核定的征购棉价是六百元而不是自己所规定的九百元，大为惊愕。何以重权在握，向来独断专行，言出如令，九百元征购价格早已当众宣布，等待布令，只是完成形式上的手续问题而已。今正式部令减了三分之一，各方自然要向何质询，何脸红耳赤，瞠目不知所对，非常难堪，只得悻悻飞返重庆。"(《孔祥熙其人其事》)

10月17日 胡厥文招餐，同席有黄炎培、刘鸿生、章乃器、胡西园等。(《黄炎培日记》)

10月18日 蒋介石作《征购陕西省囤积陈棉办法》批示，同意"照办"。云："农本局穆总经理签呈暨《征购陕西省囤积陈棉办法》均悉，所陈四项办法除第一项已电陕省政府熊主席并转何局长浩若，照所拟从速切实遵办，第二项已转孔副院长核办外，其余第三四两项均可照办。中正酉巧。(侍秘字一四二五九号代电)"(《农本月刊》第六十二期，1942年11月)

同日 黄炎培来访。(《黄炎培日记》)

10月20日 经济部训令农本局，抄送宪兵司令部关于"福生蓉庄案"情报。("福生蓉庄案"参见本年9月23日，《民国档案》1994年第2期)

10月21日 翁文灏对先生征购陕西陈棉办法不满。"穆藕初因知何孟吾往陕之行，故于十四日折呈孔，请定收陕棉价为每担五百五十元，由孔呈蒋，于二十日批允照办。但何在陕电，拟陈棉收价为每担九百元，新棉为一千三百元，二人数目悬殊。穆之办法既不报物资局，更未呈经济部，自谓先发制胜。孔阅何拟办法后，召徐可亭、俞鸿钧商谈。徐谓陕棉征实(陕棉原年产八十万担，今只三十万担)则妨碍麦产，彼不能赞成。如此意见纷歧，是何事体！"(《翁文灏日记》)

10月23日 夜，与黄炎培谈福生庄事。(《黄炎培日记》)

10月24日 上午，偕黄炎培、江问渔赴经济部听翁文灏及农林部次长钱天鹤报告。(同上)

10月25日 赴蒋介石官邸，出席国家总动员会第二十一次常委会。讨论陕棉统购统销及纱价问题，有争议。蒋介石"决定陕西存棉六百元，至十一月底止须出售，否则充公；新棉一千二百元，省政府令农民继续种棉，归农本局统购统销。席上，何浩若、穆藕初意见不同，孔袒穆。"(《翁文灏日记》，第823页)

10月28日 见翁文灏，翁"责其迳呈委座，不同时告部"。(同上，第824页)

10月30日 何浩若邀集有关机关及豫丰和记纱厂重庆分厂、裕华纺织股份有限公司、申新第四纺织公司重庆分公司、沙市纺织公司重庆分厂负责人开会，决定对棉纱价格作第二次调整。会后，先生反对棉纱调整价格。历无咎《孔系亲信穆藕初同何浩若的斗法》一文云:"当场将各纱厂开具的制纱成本计算书详加审核,逐项研究,把大家认为不应列入成本的剔除,然后取四厂的平均数字,再加 20% 的利润,作为新的调整价格。这样得出的数据是 20 支纱每件为 14 500 元,16 支纱为 12,850 元,10 支纱为 11 400 元。当场大家表示没有异议后,何浩若正式宣布从 11 月 1 日起,征购棉纱既照上述调整价格结算。""不料农本局代表回局后向穆藕初汇报后,穆又大为反对,立即拟具签呈,并往见孔祥熙,极言征购纱价的调整不当,而何浩若及经济部部长翁文灏都毫无所知。"(《孔祥熙其人其事》)

同日 经济部训令农本局严查福生庄蓉案,云:"令农本局总经理穆藕初:奉委员长秘甲字第七一三三号手令内开:'翁部长、穆总经理:据报成都福生庄对于民营布厂棉纱之供给,托词无货,故意刁难,而一面则以黑市价格卖予其他厂家,从中获利,竟饱私囊,此事甚为确实,务希彻查严办,并限半个月内呈报为要'等因。此事既奉委员长手令交由该总经理严查,自应迅即查办,仰即遵照于限期内妥办具报,勿延为要。此令。中华民国三十一年十月三十日,部长翁文灏。"(引自《民国档案》1994 年第 2 期)

11 月 1 日 赴渝职业学校观早操。(《黄炎培日记》)

11 月 4 日 出席中华职业教育社董事会,到者有黄炎培、江问渔、钱新之。(同上)

11 月 6 日 出席经济部讨论实行限价办法会议,"穆藕初又与何浩若对垒。"(《翁文灏日记》第 827 页)厉无咎《孔系亲信穆藕初同何浩若的斗法》一文云:"就在这几天时,国家总动员会议开会,蒋介石亲自主持。当何浩若汇报关于调整棉纱征购价格问题后,穆藕初即起立表示反对,并谓纱价一文不能加,理由是各纱厂均有存棉,不能按现在棉价核算成本。何浩若听了非常恼火,立即起而反驳,谓调整价格一文不能减,理由是生产工厂不能当天买米下锅,当然有一定储备的原料,如果不按照现在棉价核算成本,厂家生产势必日趋萎缩,正如农本局棉价不能按存棉进价挂牌一样。当时翁文灏支持何浩若,而孔祥熙则支持穆藕初。孔说:'细阅穆老呈文,不无理由,应该再研究研究。'至此,翁、何两人才恍然明白,为什么穆藕初今天也能来参加这个会议,原来他又直接向孔上了签呈,是孔专为此事叫他来列席的。蒋介石明知何浩若的理由充分,但又碍于孔的面子,就说:'纱价可以调整,但不要超过百分之五十,请翁部长与孔部长会后再商量核定。'翁知调整价格已必须更动,立即打电话通知管制司长李景潞,要他马上把已送行政院呈文抽回。会后翁、孔协商,即照蒋介石的意思加百分之五十,20 支纱价调整为 12 500 元,减低 2 000 元;16 支纱为 11 250 元,减低 1 600 元;10 支纱为 10 000 元,减低 1 400 元。"(《孔祥熙其人其事》)

11月7日　晚,招黄炎培共餐。(《黄炎培日记》)

11月10日　六孙女清莹①出生。

同日　与黄炎培"谈渝兴事"。(《黄炎培日记》)

11月21日　与黄炎培深谈。晚,招黄炎培,"赵祖康、陈福海、炳言(钢铁专家,现中央信托局)父子、何巩华(交通部秘书)等谈港事,甚有意义。"(同上)

11月28日　邀黄炎培及"路路夫妇、森弟等"聚餐。(同上)

11月29日　晚,黄炎培招先生、谷纪常、陈白坚夫妇、马宗庆夫妇等共餐。(同上)

12月2日　上午十时,出席全国总动员会议。会后即被蒋介石"撤职查办"。翁文灏记:"十时,蒋官邸,国家总动员会常委会。……余报告:前次议决陕西陈棉限于十一月份由农本局按六百元价收购,迄今尚未实行。蒋于会后手令:农本局总经理穆湘玥推诿塞责,贻误重要业务,应撤职查办。送孔。孔加注:'遵办,交陈公侠知照经济部。'"(《翁文灏日记》第836页)

关于先生"撤职查办"经过,有各种说法。赵卓志(时任农本局协理)《农本局撤销改组的内幕》一文记:"1942年旧历年以前,物资局来了一纸'命令',要求农本局转知西安办事处先收陈棉,后收新棉,所订价格却低于新棉,并且规定:如农民不肯出售旧棉,可以适用'行政命令',派人按户搜查,迫令农民交售。我们接到了这个'命令',认为一定行不通,但是'命令'既下,且给转下再说。果然,西安办事处来文反映,所属各'福生庄'的人员,只能对收购棉花的品级、质量,担负业务'责任',至于怎样使农民遵行'政令',怎样到农民家里搜查和强迫交售这一套'行政'手续,福生庄是无权办理的。物资局在听到了这一报告后,随着又来了一个'命令',让物资局的人走在前边办'手续',福生庄则跟在后头办'业务',这时军政部军需署看到这批旧棉价格便宜,为了节省军费,就要这批旧棉赶做棉军衣。物资局答应了它的要求,并商定:由西安军需局和各个福生庄联系,收购多少就要多少。不料物资局第一步的行政手续办得很不顺利。这是因为:旧棉所含水分,既远较新棉为低,因而在斤数上已不免吃亏,现在还要压低旧棉价格,使农民在吃亏之外还要吃亏,虽经行政上的搜查强迫,但是这种敲骨吸髓的办法,农民们总是不愿意接受的。第一步既不顺利,第二步福生庄的业务就不能不受到影响,那么,第三步军需署的愿望自然远远地不能得到满足。虽然如此,也还是从农民手里抢收了几千斤并交给了军需局。就在这时,国家总动员委员会召开了会议(蒋介石是这个委员会的委员

---

① 穆清莹:(1942—　)穆伯华、沈国菁之女。苏州横塘日用瓷厂任职。

长,每次开会都由孔祥熙代为主持,农本局方面向由代表列席以备咨询),会前发出通告,指定农本局由总经理列席参加。这个会由上午九时一直开到下午一时,穆回来后,连向我说:'糟了,糟了!'我忙问是什么原故,据他所述当时的经过情况是这样:这次会由蒋亲自主持的,讨论的事情很多,最后军需署长陈良提出,军用棉花,一斤还没有收到(事后我得知:军需署有意要当农本局的另一个'婆婆',因而出其不意地提出这个问题,借机打击穆藕初)。蒋问是怎么回事?翁文灏在旁说,应当由农本局来说明这一问题。穆因将上述情况说明,并说:'物资局的"行政"手续,办得不很妥当,听说他们还有敲诈勒索的行为'。蒋听了以后,表现出很不以为然的态度,就问翁文灏:'知不知道这回事?'翁说:'关于"行政"方面,都是物资局在办,我是不大过问的'。这时,何浩若也在场,由于他已呈请辞职,就说:'我已递了辞呈,我也管不了那么许多了'。陈良接着就问:'那么这事怎样解决?贻误军用怎么办?'蒋就问:'究竟责任在谁?'翁答:'责任在农本局'。于是蒋大发脾气,说穆阳奉阴违,不顾军需民用,办得太不妥当,把穆训了一通后才散了会。"(《**孔祥熙其人其事**》)毕云程《追念穆藕初先生》一文记:"穆先生办事廉洁有能,为各方所嫉忌,当时重庆有'穆先生自己不想发财,妨害他人发财'之传说。一九四二年十二月二日全国总动员会议开会至十二时,风平浪静,伪行政院副院长兼农本局理事长孔祥熙氏先退席。伪军政部军需署署长陈良(即后来代理上海市市长之陈良)起而攻击穆先生,谓委员长拨给农本局许多钱,要它收购陕西陈棉,至今还没有办,贻误军用云云。按当时实在情况,穆先生只须说明关于收购陕西陈棉,农本局一切整备就绪,等候物资局调查登记完毕,即可收购。进行之慢,完全由于等候物资局调查登记,并非有意延误。但穆先生在平时受了官僚许多气,一听见陈良的攻击,随即侃侃而道,把经过情形和盘托出,说了许多话。而农本局的上司物资局之长何浩若氏却诚惶诚恐地说:'委员长一日万机,交给我们办这一些小事,还办不好,请委员长处分。'而农本局直接上司经济部部长翁文灏氏又冷冷地打了一记冷拳,他说'我这个上司真难做。'下午三时,翁文灏、何浩若两人又到军委会哭诉,而蒋匪将穆先生撤职查办的手令遂发交伪行政院。该院秘书长陈仪,经翁文灏、何浩若两人往托,秘不通知伪副院长孔祥熙氏,迳用秘书处名义将该手令通知经济部。经济部又连夜办公,令知农本局。三日早上,重庆各大报都以大字标题刊出穆先生撤职查办的消息,其布置的周密迅速有如此。"(手稿)张仁寿《穆藕初与经济部农本局》一文记:"自从穆藕初任总经理,花、纱、布的产、运、销、供的关系逐渐上轨道,农本局方面也大有钱赚,因此国民党政府的各派系都想夺取这个赚钱的机构,争夺最激烈的是政学系和孔祥熙财团。在名分上农本局隶属于经济部,归政学系的翁文灏所管,实际上穆藕初受孔祥熙的节制和利用,双方都想名实兼而有之。特别是政学系不甘利权外溢,便先从穆藕初开刀,致穆藕初突然受到撤职查办的处分。……穆藕初和黄炎培很要好,黄炎培在抗战后期是反对蒋介石的,他的文字当时重庆各报都不登载,他的诗文便送到农本局来交《农本副刊》发表。……这大概也是穆总经理被撤职查办的原因之一吧。"(《工商经济史料丛刊》第四辑第 146 页)

12 月 3 日　重庆《中央日报》、《大公报》、《新华日报》等报均刊登中央社讯:"农本局总经理穆湘玥,对于业务有阳奉阴违,相诿卸责,贻误要公情事,当局已有令将其撤职查办。"(同日《中央日报》、《大公报》、《新华日报》)倪传钺云:"穆先生得知'撤职查办'后,说'翁文灏这个人不上路,不出来说一句实话。'又说'做不做官无所谓,农产促进会有关农业推广,这个职务我要做到死。'"(2002 年穆伟杰采访倪传钺记录)

同日　致函刘聘三,告明年夏拟回沪。云:"两载以来,心力交瘁。日昨业已摆除一切,仍回怡园寓中从事休养。所托之货因时令已过,颇难脱手,且待明年夏季再行找寻主雇,以资结束,觅便东归。家用仍恳源源接济,至为感荷。现正赶办经手事件之结束,忙碌异常。菁、骥二儿处望得便知照为感。"信末署"毛恕园。"[①](原件,上海劝工银行档案)

12 月 5 日　黄炎培来访。(《黄炎培日记》)

12 月 6 日　女穆恂如,婿吴大榕得知先生"撤职查办"事,赴农本局看望先生。穆恂如《回忆录》云:"我和大榕虽在重庆,但和父亲并非同住在父亲的办公地点——张家花园农本局。父亲当时是农本局局长,负责供应销售大后方的棉纱棉布的需要。我和大榕知道'撤查'一事,已在事情发生一二天之后。当时我们在小龙坎的家听到这一消息后,可以想象我们是何等震惊,又非常奇怪,因为事先毫无风声,毫无思想准备,真是震惊、奇怪、害怕、怀疑的感情纷至沓来,又还不知道将来如何结局。得知消息后第二天我们就进城,赶到张家花园,快要见到父亲时,我的眼泪快要忍不住了,但是我觉得我不能哭,哭了要引得父亲更加变伤心。我慢慢地、轻轻地走进父亲的书房,看见父亲神情倒叫我怔住了,我想象中的父亲应该是垂头丧气、精神不振、面容憔悴、无气乏力似的形象。哪知这时的父亲仍旧和往常一样的专心注意的在看书,我声音抖抖地叫了一声"爸爸",他抬起头来。看了我们一眼说:"你们来了。"大榕接着问"怎么回事啦!"爸爸说:"没事,没事。"其他事他也不谈,还是和往常一样,谈谈别的。我们也知道问他本人是问不出来的,索性不谈为妙。我们在机关内住了两天,发现机关里的同仁大家不谈此事,也和往常一样各

---

① 先生在重庆时致沪上亲友函,多署名为毛恕园。先生在沪家眷生活费用委托上海中华劝工银行经理刘聘三管理。

做各的事。当时倪兼涵先生在该机关内工作,倪先生为人正直、热心、老成持重,他对父亲的为人非常佩服,我们就向他询问一些情况。原来蒋介石召集各部人员开会,在座的有行政院长翁文灏、财政部长孔祥熙等人,会议讨论有关棉纱棉布,蒋提议棉纱棉布应当提高价格,而父亲认为棉纱棉布不应涨价,因为牵涉到大后方的千万人的切身利益,是有关国计民生的大事。父亲秉性耿直,据理力争,与蒋介石意见不合,竟致顶起嘴来。蒋介石生气,才下了"撤办"之命。见报之前一晚,有人乘夜赴能本局要见父亲,当时韩天耀接待(韩为孔祥熙之内侄,父亲之侄女婿),韩报以穆先生已睡,来人即离去。翌日即见于报。如果来人该晚见到父亲,恐怕情况就不相同。倪先生提供给我们者仅此一点。至于会上如何争吵,如何顶嘴,旁人不易知道。当时之事,行政院长翁文灏知之甚详。见报之后,各方震惊,觉得来的突然,后经孔祥熙等在蒋介石面前解释和斡旋,列举父亲向无大过,且自奉甚俭等等,蒋亦不再追究,此事就此戏剧性地结束了。"(手稿)

同日 访黄炎培,杨卫玉、冷御秋在座。(《黄炎培日记》)

12月7日 下午,于农本局纪念周上谈"撤职查办"事。张仁寿《穆藕初与经济部农本局》一文云:"在纪念周上,穆藕初很幽默地说:'撤职不算,还要查,查了以后还要办,多么厉害。我请大家吃定心丸,没有事,没有事。'每次局里做纪念周,研究室第二科都派人上台记录总经理的讲话,然后发表在农本副刊上。那天科里派我上去记录。穆藕初说话时,特地走到我身边来对我说:'我说这些话,你都不要记。'做完纪念周,他便回家,以后就没有和我们再见面。"(《工商经济史料丛刊》第四辑第146页)毕云程《追念穆藕初先生》一文云:"何浩若召集所属各机关科长以上人员训话(连农本局也在内),他对于穆先生大肆攻击,并且说:'委员长说你错,就是错! 倘然查办的人报告上去说你不错,那就有损委员长的威信!'他真是想把穆先生一下打死啊!"(手稿)

同日 访黄炎培,杨卫玉、冷御秋在座。(《黄炎培日记》)

12月12日 访黄炎培。(同上)

12月15日 重庆《新蜀报》刊登《穆藕初失言之咎或将获谅解》一文。云:"农本局局长穆藕初前在中常会受咨询时,误答陕棉一担未收,乃受撤职查办处分。现经当局派员查明,陕西存棉共二十万担,已经该局收购十二万担余,约在六成以上,因此当局□穆氏失言之咎,或将获以谅解。"(同日《新蜀报》)

12月中旬 董必武夜访先生。穆恂如《回忆录》云:"解放后,倪先生又告诉我们一件事,蒋对父亲的'撤办'令下后没几天(确实天数我不知道),中共中央的老党员董必武同志在一个晚上赴农本局与父亲谈话,谈些什么内容没有人知道,连倪先生也不知道。此事在解放前还没有人敢和我们讲呢!"(手稿)

12 月 22 日　黄炎培作《赠穆藕初二绝》诗,云:"磊磊交情四十年,升沉百态幻云烟。绛袍玉帽谁能识,早岁登场一曲传。烬余老屋倚山根,雾压山城白日昏。只合名心收拾尽,诗成子细与君论。"(黄炎培《苞桑集》)

本年　农产促进委员会改隶农林部。(毛雝《中国农业推广事业之回顾》(《农业推广通讯》第六卷第十期)

1943年(民国三十二年,癸未)　六十八岁

1月　国民政府宣布实行限价、专卖和统购统销政策。

2月　斯大林格勒会战以德军失败告终。

8月　中、美、英成立东南亚盟军司令部。

9月　盟军登陆意大利,意投降。

9月　国民党五届十一中全会在渝召开。蒋介石任国民政府主席兼行政院院长。

1月1日　黄炎培夫妇来贺新年。(《黄炎培日记》)

1月2日　访黄炎培。(同上)

1月7日　访黄炎培。(同上)

1月12日　晚,出席龙门师范同学会、中法比瑞会聚餐。到者有黄炎培、沈勉后、杨卫玉、狄君武、朱了洲等二十余人。黄炎培讲龙门师范学校精神是"忠实的,刻苦的,勇敢的,不趋时髦的,不长于斗争的,但脚踏实地的,肯埋头苦干的。"(同上)

1月14日　中午,招黄炎培聚餐,同席者有女穆怡如、郝伯通等。(同上)

1月15日　致函刘聘三,述近况及拟今夏返沪。云:"儿辈家用承蒙厚情,源源接济,俾免弟内顾之忧,感谢曷已。去年底已将老行业务交代,早已搬回怡园暂息仔肩。惟一部分股东仍拟邀弟蝉联或另组新号,弟已婉谢。一俟账目以及经手之事了理清楚,大约今夏即可回申。弟今年已六十有八矣,体力尚健,堪以告慰。"(原件)

1月21日　竺可桢赴农本局访先生,"知穆藕初已辞,赵君继为代理。"(《竺可桢日记》,《竺可桢全集》第8卷第493页)

1月22日　竺可桢来访。竺可桢云:"晤穆藕初,述及渠于去秋在农本局任内,以与何浩若不协被撤职查办之经过。据谓咏霓亦受何之蒙蔽云。现则物资局亦撤销,而农本局将改组为花纱布之专卖局,归隶于财政部。"(《竺可桢日记》,《竺可桢全集》第8卷第494页)

1月22日　访黄炎培。(《黄炎培日记》)

1月25日　致函刘聘三,谈家庭问题。云:"家用蒙兄源源接济,至为感荷。顷得麟儿信,谓家中粮食尽力设法,全家十几口尚难求饱,晚间已进粥矣。伯华袖手旁观,不肯通有无,闻之伤心,同父弟妹竟如陌路,曾不思伯华所得赢余是谁之资本,伯华一房得之,连米与日用品亦不肯通融,人之无至一至于此,真禽兽不若矣。弟不得已,已令麟儿求救于兄,麟儿来时务恳转嘱伯华代为设法,否则一旦决裂,于他亦不利也。琐事渎神,勿罪勿罪。"(原件)

1月28日　刘聘三复函云:"欣悉我公现已摆脱一切,从事颐养,甚善甚善。犹幸陶径松菊依然无恙,尚望早赋归来畅序积愫耳。尊管事业知极顺遂,慰甚慰甚。惟托销之货,须迟至明夏再行寻觅售主,不审何故。如是濡滞,殊为心焦。菁、骥两公子时有过从,近状俱佳,沪眷需用自当遵属送奉,请纾廑系。本行卅一年决算结果,足以敷发七厘股息,顺此告慰不尽。"(底稿)

2月6日　招黄炎培等家餐,黄即作《新春雪饮藕初家即席赠》七律一首,云:"去年元旦雪花飘,今日飞花又岁朝。劫后满圆春意动,兴来合座土风操。越雕酒熟家千里,古可羹香客百瓢。应为铙歌作前奏,江云一曲彻层霄。"(《黄炎培日记》)

2月18日　致函刘聘三,请刘为友人汇兑新币。函云:"前承托销之货因已过时,暂难脱手。且俟夏秋之交,定当代为销售。惟汇兑不通,弟拟采购土货运申,不但汇费可省,且能稍获微利。上海需要何种货品,请为一查示知,照办可也。兹有恳者,张芝香君,宁波人,现住淡水路秀云里55弄四号,前系弟之厨司,后曾充大庆里某总会之正厨,其子现在此间担任账房先生之职。上海生活日高,家用不敷,故其子托汇新币一千元,此款弟已如数收讫。当时弟曾出有'二月十七日,凭条祈付字据。'字据上批明'另有信通知',倘芝香来时,望询明住址及上述业务,望即交付,并付弟账可也。顺颂日祉。"(原件)

2月23日　刘聘三复函,告先生在沪家眷生活情况。函云:"一月廿八日泐奉寸缄,计邀垂览。昨接一月十五日及廿五日手教,均经祇悉。我公已决计退休怡园,并定今夏即可珂旋,深慰颙望。令三公子需用款项,查自上年改用新币后由敝处陆续送奉。计六月八日壹万、九月廿二日壹万、十一月二十日壹万,本年一月九日贰万,嗣后仍当于需要时随时送奉。可纾廑念。至令长公子与令三公子友爱极笃。即敝处迭次送奉令三公子用款,均经令长公子乐予赞同,曾无丝毫吝色。来示云云或有传误之处。若说粮食在沪上早已成为问题,至啜食粥糜,现已普遍于一般社会。即如舍下自上年一月起,乞于现在每晚进餐已无干饭。而本行且每于星期日竟以麦粉替代并粒米亦维艰矣。盖粮食统制非常严密,万非令长公子所能左右。此则尚望俯予明察者也。再令长公子自营纱业,上年虽称顺遂,但所得纯益亦无多。惟为我公名下擘画则周详,而所获亦颇不薄。顺此奉告。并希察洽。肃复。

祇叩崇祺。"(底稿)

2月27日 下午五时,赴重庆百龄餐厅出席贾佛如之女贾丽升证婚典礼。先生与黄炎培共证婚并致词。黄致词云:"求幸福须尽责任。""礼毕会餐,始见蒋纬国,颇英发。"(《黄炎培日记》)

3月2日 复函刘聘三,请刘协调在沪儿女矛盾。云:"家用承蒙源源接济,至属感激万分。本不敢再以琐事奉扰,惟伯华自私自利之心太重,自己丰衣足食,对于生母弟妹不但置之不顾,且以卑鄙之手段,令甚生气。万一小房受大房压迫过甚,忍无可忍而出于决裂,照目下情形恐非伯华之福。兹着麟儿将家中情形择要奉告,务恳拨冗敦促伯华顾念同父所生之弟妹,予以援助。柴米油粮于必要时亦须互通有无,方是正理。"(原件)

3月25日 致函刘聘三,告所托之货不合时宜,并请刘对在沪家眷生活"源源接济"。函云:"一月廿八日手教早已奉悉。前承托售之货,满拟本年夏秋之交即可脱手,届时弟亦可买棹东下。不意日前开箱检样,而花色繁多,均系不合时宜,品质亦劣。向各商贬价求售,无一应者。照此情形,恐候至明年底尚难脱手。银根又紧,周转不易,为之奈何。务祈示我南针,俾资遵循为荷。惟弟之家用,仍请源源接济,倘存款用馨,务祈允予透支,庶弟无内顾之忧。此颂日祉。"(原件)

同日 黄炎培等来访,"偕维访藕初,遇庞京周。"(《黄炎培日记》)

3月29日 因痔疾日益严重,先生入重庆市民医院检查。(毕云程《穆藕初先生传略》,《新华日报》1943年10月6日;《黄炎培日记》)

3月30日 黄炎培夫妇至医院探病,"今日初割患处,将验其是否癌症。"(《黄炎培日记》)

4月1日 黄炎培来访,"视藕初于病榻。"(同上)

4月2日 刘聘三复先生2月18日函,云:"厨司张芝香君之款计新币壹千元业已照付,记入大册,希勿念。至川地土产,此间所需要似当以药材为最,兹略举药物几种另纸录呈,用供台核,其间所开价格系就现下市况以新币计算。惟闻自川运申需费甚巨,此则尚请特别注意也。川沪汇兑率大约渝十与申六之比。如有至亲好友需要,则二、三十草亦有去路,但名目上须避去汇兑字样耳。承示托销之货须待夏秋之交,自当翘首以待。匆复不尽。祇叩崇祺。"(底稿)

4月3日 因有肠癌嫌疑,黄炎培至先生寓所,与先生女婿吴大榕及杨卫玉、章笃臣等"会商处置方针。"(《黄炎培日记》)

4月5日 黄炎培为先生病访孔祥熙,孔言须经医专治此病。(同上)

4月6日 黄炎培至医院探望。见先生谈笑如常,戏赠一诗云:"老爱吟成癖,闲将病带来。客稀诗境静,医去笑颜开。浩气仍摇楫,刚肠易惹灾。明朝君勿药,

且漫醉千杯。"(同上)

4月8日 被确诊肠癌。次日,决计赴成都就医,黄炎培作函介绍董秉奇医师。(同上)

4月13日 黄炎培夫妇至医院探望。"藕初老将赴成都就医,濒行赠以黄山谷、赵瓯北两诗集,各题一绝:'濯锦江春百物妍,将诗却病亦前缘;吾家山谷宜伴君,上寿尤堪共百年。(山谷)二百年前文物新,简斋瓯北共才名;病魔听诵应降伏,知有新诗枕上成。(瓯北)'"(同上)

4月14日 由女穆恂如及倪兼涵等陪同赴成都化学治疗。黄炎培全家冒雨前来送行。因"手续未备,改日行"。(同上)穆恂如《回忆录》云:"父亲于1943年春发现疾病,请医生治疗,诊断为直肠癌。当时在重庆的亲属只有我和大榕两人,当医生对我们说父亲患的是癌症,我还不很理解,好像没有听说过有这种病,更不知道它大危险性。我们所能够问的是如何治疗,医生说需要化学治疗。在重庆时是何人请的医生和是如何化疗的,我不清楚。医生介绍说化学治疗只有成都华西大学医院有此设备,因此父亲决计到成都去化疗,好像又是临时租的一栋房子,陪同父亲去的有我、阿宝,好像还有倪兼涵先生,总要有一个会办事的男同事吧!阿宝是保证父亲饮食起居的要人,我不过是在为父亲端茶拿水罢了。"(手稿)

同日 致董必武函。① 告农产促进委员会已改隶农林部,原订计划有所变更。(见董必武1943年5月20日致先生函)

4月15日 赴成都就医。黄炎培命子万里"代往侍候上车"。(《黄炎培日记》)

4月20日 黄炎培致函先生,托农产促进委员会总务主任张训舜带往成都。(同上)

4月22日 黄炎培得先生成都来函。(同上)

4月24日 黄炎培"得藕初在蓉决请董医割治而不用镭锭之报告。"(同上)毕云程《穆藕初先生传略》一文云:"经成都协和医院美籍医师诊察,认为须用手术割去肠癌,另在左腰辟人工肛门以利排泄。先生对于割治,虽所赞同,唯于人工肛门,则颇犹豫,因致迁延。"(重庆《新华日报》1943年10月6日)

4月29日 黄炎培电成都先生家属,建议"手术须慎重,请问表方、幼椿有能否治此病之国医否。稿送章笃臣,乔映东(启明)。"(《黄炎培日记》)

5月2日 黄炎培"得藕初成都信,病更坏。"(同上)

5月6日 中华职业教育社在重庆巴蜀礼堂举行二十六周年纪念会,先生连

---

① 原信未见。时先生农本局总经理被撤,仍保留农产促进委员会主任委员之职。此信当与5月24日函同,系农促会总务组草拟代笔。

任理事。(同上)

5月15日 刘聘三致函、云:"上月二日泐奉一函并抄呈川产药物名单一纸计荷察阅。旋于上月三十日,接奉三月二十五日手翰,知前托售之货因花样失时,无人过问,在最近期间恐无脱手之望,阅之深为黯然,且大驾因此亦不克鸣珂东来,尤为怅怅。至瀛眷在沪应需用款自当随时送交,可纾远系。惟顷得令长公子具告,知尊体患有痔疮,已于三月三十日进院疗治,至为悬念。惟弟亦抱此病有年,日来正延请东台痔漏专家蔡楚卿氏医治。其法不用刀圭,但敷药物,使患处所有赘疣尽行剥蚀,经此医治,现在不日即可收功。但愿尊恙亦一经疗治即占勿药,则同病相怜者将同庆脱然无累矣。望之、望之。"(底稿)

同日 婿吴大榕访黄炎培,"述藕初病并无起色。"(《黄炎培日记》)

5月20日 董必武致函先生,请先生对边区农业生产"不吝指导"。函云:

藕初先生大鉴:

顷接林伯渠、李鼎铭两先生致贵会公函一件附计划书一份,特此奉上。前接四月十四日大函已悉。贵会自改隶农林部后,计划有所变更,当经转知林、李二先生。查照此次所赍计划似在未接大函以前即已投邮,故文中仍有请酌予补助之语,实则无关重要也。本年边区生产以增加农业为主,需款较大,自当勉力筹措,以应急需。惟因边区农业历蒙贵会补助,稍有进展,陕北军民同声感荷。今年如何进行,示盼台端不吝指导,俾便遵循用是。不揣冒昧,仍将原文转达,尚祈鉴原是幸。崇泐。顺颂勋祺。诸维鉴照不备。

弟董必武拜启,五月廿日(原件)

5月21日 黄炎培复先生函。黄记云:"复藕初成都(牛王庙上街十号福生庄)。"(《黄炎培日记》)

5月24日 复董必武函,对本年边区农业生产计划"无任佩慰"。函云:

必武吾兄大鉴:

久违教言,时深企念。顷奉二十日惠书并附函乙件、农业生产计划书一份暨附表二份,均敬

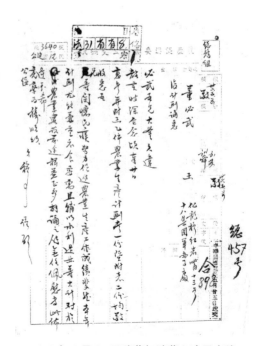

1943年5月24日穆藕初致董必武函底稿

收悉。吾兄等关怀民瘼,努力促进农业生产工作,成绩斐然。本年计划尤能兼重衣食需要,且辅以水利、造林等大计,对于农业建设前途裨益正多。拜诵之余,无任佩慰。专此布达,至希亮察为祷。顺颂

公绥。

弟穆〇〇谨启,五月二十五日(底稿)

5月 英国科学家尼德汉博士到成都医院访先生,请"先生病愈后赴英国游历,促进中英经济合作,努力推广中国棉纺织工业。"(毕云程《追念穆藕初先生》)

5月 穆伯华得知先生患肠癌,由沪赴成都。穆伯华《先德追怀录》云:"一九四三年五月间,得悉先君患肛门癌,已从重庆转往成都医治。余立即邀集欲入川者数人,结伴取道北路进发。步行穿过三十里三不管地带,登上装有厚甲闯关火车,翻越潼关前峻岭,经一月余到达成都。"(手稿)

春 与位育小学在沪校董黄延芳、姚惠泉、穆伯华等发起创办位育中学。① 李楚材《"生长、创造"的位育中学》一文记:"位育中学是在位育小学的基础上办起来的。……抗日战争后期,在敌伪魔抓控制下,上海教育备受摧残,原有较有名望的中学,有的停办,有的偏处在旧租界内,因陋就简,质量下降。位育小学家长十分希望在小学的基础上扩建中学。我于1943年春,从大后方回到上海,位育校董会留我筹办位育中学。是年6月12日校董会决议,聘我担任校长,赋予全权,筹备建校。"

6月7日 致刘聘三函,告病况。函云:"四川药物信尚未到。弟对于药材系门外汉,即到亦不能代办也。弟患肠癌已四个月,明晨决计进医院用镭锭治疗,一月后可出院,余无他病,惟坐不稳与不能行走耳。病愈仍回张园休养。垦建行王君之次公子曾来谈过,少年聪颖,洵甚不凡,渠急款,与其胞兄念祖同在一处读书。弟已具函公绍,或能如愿,请电告王君勿念。草草不恭,乞勿见罪。"(原件)

6月13日 致黄炎培亲笔信。(6月18日《黄炎培日记》云:"得藕初十三成都亲笔信。")

6月中旬、下旬 听从协和医院美籍医生劝告,用镭锭治疗,前后六次,备尝痛苦。毕云程云:"协和医院美籍医师以延不割治,虑生剧变,遂劝先生试用镭锭,前

---

① 《位育校刊》第一期《本校简史》记:"在敌伪钳制上海时期,比较优良的中等学校很少,本校小学毕业学生,多苦无处升学,家长希望本校添设中学,校董会熟筹结果,决定顺从家长要求。即于三十二年秋季扩办位育中学,实验六年一贯制课程。"陈正书《穆藕初》一文云:先生"在给儿子穆伯华的信中说:国家的建设不光'要造就高级人才,更需要一大批中级人才',鼓励他认真、奋发地办好学校。不久,又邀请了年轻有为的教育家李楚材先生(今上海市十大名誉校长之一)出任校长。"(孔令仁、李德征主编《中国近代企业的开拓者》下册)位育中学现为上海市重点中学。

后六次，备尝痛苦，未见效验，而体重骤减。"（毕云程《穆藕初先生传略》，重庆《新华日报》1943 年 10 月 6 日）穆恂如《回忆录》云："父亲去医院化疗了一次，回来以后整天躺在床上，向右侧弯睡。我问父亲感觉怎么样，他说不舒服。怎么不舒服他又不讲，但我看着他的脸色很不好看，好像很痛苦的样子，有时微微皱着眉，我觉得他很痛苦，可是他一句也不说，一声也不哼，他只说一句话：不要再做化疗了。从这句话里，可以知道做化疗是很痛苦的。但他不叫苦，不叫痛，父亲的毅力真叫人佩服。他这样态度，反而使我更加难受，父亲看着我整日坐在他房里，事实上没有多少事做，他就叫我和倪先生一起出去玩了。倪先生就和我到诸葛祠堂去兜了一圈，看了一遍，我们觉得不能抛父亲一个人在家，就急急忙忙回来了。父亲在病中还要关心我，真叫我永生不忘。化疗本来应该做几次，由于父亲坚决不肯，所以后来就没有再做，我陪父亲在成都大约一月，不久就知道许夫人和家麟弟已从上海出发将到成都，所以在许夫人到成都前的一二天，父亲就叫我搭车回重庆。"（手稿）

7 月 6 日　许夫人携穆家麟与穆伯华先后由沪辗转跋涉至成都。次日，穆伯华致函刘聘三，云："家父确系肠病癌，用镭锭五次未见大效，肛门失去控节能力，大便频频，每次下白脓少许，乃癌中分泌之物，劝以不必上便桶，未蒙采纳。待第六次后，若仍无效，拟赴印用深爱克司光治疗，正在接洽中，一有回音，即将启程。家父虽久病，然精神仍健旺，起坐行动亦自如，自认为年灾月晦无甚紧要。"（原件）穆伯华《先德追怀录》云："其时家麟弟与其生母携一女佣亦由沪赶到。先君赁屋而独居，余入室见先君精神萎缩，容貌瘦削，与一九四一年探亲与重庆时相比，判若两人，心中忧戚不敢言。问左右得悉先君初到成都时，每日出外散步，进早点。两星期后，八位成都华洋医生圆桌会诊，先君亦在座，决议用镭锭以试治之，六次为一个疗程。在用镭锭时发射高热，满头汗出，大如黄豆，苦楚十分难受。今方用过第二次反而不能自起自行，终日卧床云云。"（手稿）

患病期间，为伯华、家麟督课，并安慰家人不必担心。穆伯华《先德追怀录》云："一日，我走进先君病室，先君正向家麟弟讲述欧阳修《陇冈阡表》之精要语，'祭而封，不如养之薄也。'我忽然冲口而出'俭朴所以居患难也'亦是精要语，先君视我而不言。继而我暗思先君殆自知病况难望好转耶。然其在病中常以年灾月晦不必忧虑，是安慰我们而已。"又云："一日赐坐病榻侧，为讲述欧阳修《泷冈阡表》之精义，心更恻，更不敢言，并谕以'处事以忠，待人以恕'。此虽平常之格言，然于此时闻之，不禁悲从中来，潸然泪下。"（同上）穆家麟云："父亲教育子女很严，抗战前子女一入小学，就要我们住读，以免在家养成养尊处优的习惯。一方面锻炼你生活自理，一方面要你习惯集体生活，不要有特殊化。""1943 年父亲在成都，病已经很重了，我从上海赶去探望，他仍十分关心我的学习，随手拿起一张英文报要我读给他

听。"(同上)

7月17日　黄炎培"讯藕初,附渝兴账略,忆华西坝诗。"(《黄炎培日记》)

7月19日　致刘聘三函,告病况。云:"患肠癌半载,一误再误,遂致沉重。用过镭锭治疗六次,备受苦楚,现虽出院,日内飞渝,惟内地无高度爱克斯光,只能暂为制止不靠。若要除根,非赴加尔各答不可。大约出月初,可同小婿前去。家用蒙兄透垫,已觉不安,此次母子万里前来视疾,又蒙贷以巨款,深可感感。麟儿订婚,将来拟请兄与超然兄作冰人。"(原件)

7月下旬　由成都返回重庆寓所,拟赴印度治病。7月30日,黄炎培至巴蜀学校内怡园探病。黄记云:"访藕初,甫自成都归,患肠癌,瘦甚。施镭锭治疗,医言于肠部无效,或主割治,但割后须将肠之一端通于腰际,大便由此出,使人骇诧,病人不欲,乃议飞赴印度,用高度 X 光照杀病菌,回渝之目的在此。"(《黄炎培日记》)

8月2日　黄炎培来访,先生言立有遗嘱,指定黄炎培、杨卫玉、刘聘三、周让卿、范知先五人执行。(同上)

同日　致农林部部长沈鸿烈请辞函,因"患肠癌需时治疗,请准辞去本兼各职"。(原农林部档案,台湾中研院近代史所藏)

8月3日　刘聘三致函先生,询病情,并述已将先生持有劝工银行信谊股出售一百股。函云:"日昨接奉六月十七日手书备悉。我公近患肠癌已决计进医院用镭锭治疗,约一个月即可出院云云。惟前闻令长公子告知尊恙系属痔疮,今乃患此癌症,不知痛苦何如,好在现既施用镭锭,实为疗治癌症惟一有效之药物。则以时考之,现下定已安然出院矣。惟经此大创,务望我公加意珍摄,俾得益臻健康。令长公子查于上月来川,日内度已随侍左右。惟来示未蒙提及深为萦系。沪寓应需用款已将尊有信谊股售出壹百股,每股捌佰拾元,算有此数目扭注,可告无虞。"(底稿)

8月4日　于病榻手书第一遗嘱补充点,交黄炎培。(《黄炎培日记》)

8月6日　毕云程来访,先生言病愈后拟赴英国游历。毕云程《追念穆藕初先生》一文云:"是日我去望病,穆先生精神尚佳,和我长谈英国科学家尼德汉博士到成都医院中探望穆先生,希望穆先生病愈后赴英国游历,促进中英经济合作,努力推广中国棉纺织工业。穆先生最后对我说:病愈后一定要到英国去,你一定要帮我忙。我连忙说:一定、一定,只要穆先生病愈,我一定跟你帮忙。呜呼!谁知此为我和穆先生最后一次长谈,穆先生谈了一小时,始终言不及私,心心念念,惟有为推广中国棉纺织工业之一念而已!"(手稿)

8月8日　农林部秘书处发第一〇五〇号令,对先生请辞"慰留"。云:"查农产促进工作关系农业推广,该主任到职以来规划周详,贤劳备著,方资倚畀,益迈新猷,勿以肠癌遽萌退志。现既改就中央医院治疗,尚望悉心调护,早复健康,共策进行,用宏农政。在医治期间职务仍由乔委员启明代理。所请辞去本兼各职一节,应毋庸议。此令。中华民国八月,部长沈○○。"(底稿,原农林部档案,台湾中研院近代史所藏)

8月中旬　拟飞赴印度治疗,因"瘦弱已甚,能否长途飞行,颇成问题,乃暂入中央医院疗治"。据沈克非医师诊断,先生之肠癌已蔓延,因体力衰弱,不便割治,乃先开人工肛门,以利排泄,而健胃纳。(毕云程《穆藕初先生传略》,重庆《新华日报》1943年10月6日)

8月21日　穆伯华向黄炎培"述藕初施行手术之经过及家庭问题"。(《黄炎培日记》)

8月28日　黄炎培等至歌乐山中央医院探病,先生病更危。(同上)

8月31日　自知不起,邀诸老友商身后事。晚,黄炎培等至怡园,会晤穆氏家属。(同上)

9月1日　杨卫玉探病,先生"昨夜小便自通,自感乐观。"(同上)

9月2日　为子家麟婚事,嘱许夫人致函刘聘三。云:"关于家麟亲事,渠甚惦念,特嘱再函台端同冯先生商量,赶快择日登报通知亲友,定婚的钻戒请先生主张看得过就是。该款并请代垫,因汇兑不通,只好将来再算也。"末署"藕初附笔。"(原件)

9月3日　刘聘三致函先生,报告先生沪眷经济情况。函云:"上月三日肃奉寸缄,敬候起居未审有无得达。顷接七月十九日手笔,念知贵恙经镭锭施治后,业已出院。惟为根本治疗起见,拟于月初尚须远涉天竺,因念该处凤为佛教胜地,想此信到时,知维摩

穆藕初绝笔

必已安然归来,脱尽一切苦厄已矣。慰慰。麟三公子缔结良缘,猥以微末属为执柯,如此现成职务敢不如命。至沪眷用款前除以信谊一百股售价移抵外,此间所垫约计三万五千元。现查该股份尚有二佰八十五股,将来如或需用,当将该股份斥卖求现。惟目下该股份市价每股约六百元左右,不能如上次售价每股得八百十元矣。再在沪瀛眷,尊闻及三位哲嗣所有会计各自独立,将来按月用度尚望我公分别酌核,示以定额,以便向此间支领时有所遵循。惟现下生活程度日益向上,所恃以资抱注者,现惟信谊股份,但该股份究属有限,将来如何调度,尤望我公示以周行也。"(底稿)

9月5日　穆伯华至黄炎培处,商先生病况。黄记云"穆氏家属态度极坏。"

（《黄炎培日记》）

9月7日 范知先从贵阳寄到先生遗嘱第一部,由倪兼涵送交黄炎培。"招刘孟侯律师来,细共研究,拟于明日偕卫玉赴医院,请藕初立修正及补充诸条。午后第二次会议对其身后事加紧准备,函蒋梦麟借红十字会车。""穆伯华来,正色告以为人为子之道。"（同上）

9月8日 晨六时三刻,黄炎培、杨卫玉至医院,先生"口授补充遗嘱若干条,由余与卫玉见证,卫玉笔录,其内容将本年四月十二日及八月三日所立加以补充,使之合法,经藕初自行签名。然退出后病更转剧矣。"中午,"饭于歌乐招待所,主人段兰荪,由叶英才为介,托代办竹轿,送藕初回张园,并由段介绍歌乐山警察分驻所戴镇南（宜兴人）相见,允届时派警照料。"（同上）

9月9日 黄炎培邀刘孟侯来,研究藕初遗嘱,认为手续完备,当即缄存。（同上）

9月10日 穆伯华与黄炎培"述其父身后准备事",黄埋怨伯华"此人真糊涂"。（同上）

9月11日 毕云程至歌乐山中央医院探视,先生与毕谈战后棉业计划等事。毕云程《穆藕初先生传略》一文云:"九月十一日,余至歌乐山中央医院视先生疾,先生犹以战后棉业建设计划相商榷,且以十余年来,受孔公知遇.先后辅佐部务,综理会局,未能多所尽力,公私引以为根,谆勖农会同人,努力奉职,以完使命,神益抗建。"（重庆《新华日报》1943年10月6日）

9月14日 本日中秋节。先生嘱穆伯华买月饼。穆伯华《先德追怀录》云:"中秋节前,重庆市上已有月饼应节。饼分大小两种,价分每只五角及一元。先君考虑再三,命余买饼曰:'饼分大小,质量未必有高下,买小者可矣。'余窃念先君常态已不同往昔,心中怵惕而惧。"（手稿）

9月16日 自知不起,回张家花园寓所。穆伯华《先德追怀录》云:"九月十六日上午出医院,用担架抬下汽车,入寓所。其时先君仰卧,右腿略曲,右膝出担架边缘外二三寸,抬上楼梯转向卧室门口时,右膝触及门框,从者均未发见。余忽闻先君'喳喳喳'声,见双眉紧攒,余度知先君腿不能自行转侧,膝触及门框,牵动肛门引起剧痛矣。乃急抚之使平直。若先母亦在侧,将不知如何饮泣也。"（同上）

同日 刘聘三致函先生,请先生速定在沪家眷每月开支款数。函云:"八月九日接奉七月十九日手教,当于九月三日复上一函,计荷垂鉴。加尔各答之行想已元旋,尊抱之恙定已根除,慰甚、慰甚。此间自纱布收买以后,市面颇呈风平浪静之概。惟食用物品索价依旧高昂,致生活程度复益益向上。瀛眷在沪各房一切用度当然亦因之膨胀,但支取之间总须定有限度,故前函请求示以标准实缘于此。惟现

下支领者源源而来,一一应付深感无所遵循,盖曩者令长公子在沪时尚有协商之
处,今则一无禀承。于是取予之时抑制之既不敢,放任之亦不可,倘其间偶有失当,
不特无以塞各房之责,亦将何以副委托之重。故现望我公赶速将各房按月支用之
数分别示以定额,或多或寡庶几有所依据,而应付则不感为难矣。谨此上达。诸维
察照。专肃。祗叩崇祺。"(底稿)

9 月 17 日 毕云程来寓探望,先生询问农本局决算及办理移交手续等事。毕
云程《穆藕初先生传略》一文云:"十七日余往探视,犹殷询农本局卅一年决算及办
理移交各事,神志清晰。犹殷询农本局卅一年度决算及办理移交各事,神志清晰"。
(重庆《新华日报》1943 年 10 月 6 日)罗昌道《追念毕云程先生》一文云:"为了办理
移交,成立了'农本局结束办事处',实际上只有毕先生和我两人,大部分移交文件
账册都是原来各处来做。我们只起催办、检查的作用,有原则性的问题,则由毕先
生代表穆先生与接收方的官员商讨解决。由于机构大、业务繁杂,移交工作拖了半
年左右才算完成"。(引自《韬奋挚友毕云程》第 207 页)

9 月 19 日 上午六时,先生病逝于重庆张家花园内怡园,享年六十八岁。临
终前,先生嘱咐家人"不要灰心",并云:"我一生从事棉纺织事业,棉纱事业为我心
之所归,我死之后,只须为我穿土棉织之物,不需丝绸之物,不宜厚葬。"穆伯华记
云:"是年孟秋,回重庆。多方求治,群医棘手。府君体力虽日削,然壮志未消,常以
国事为问。闻协约国欧洲捷报,益信我国胜利之日近,翕然而喜。孰料九月十九日
(即农历中秋后五日)天高气爽,晨光熹微之中,呜呼! 竟弃家菁等溘然长逝,能不
痛哉! 享年六十有八。""下午,黄炎培先生聚余及弟妹等谈话,曰:'今日起汝辈是
无父之儿。'余聆此,深知是言之悲也。"(穆恂如《回忆录》、穆伯华《先德追怀录》)

夜,黄炎培等哭拜灵前,召集先生家人"遗嘱启封,到者穆家菁、家麟、穆二太太
及知友二三人,由卫玉担任影印"。①(《黄炎培日记》)穆伯华云:"遗产分为十份,
金夫人、许夫人、长子穆伯华各得一份半,子穆家骥、穆家麟、穆家修各得一份,女穆
怡如、穆恂如、穆慧秋、穆丽君、穆宁欣各得半份。并告诫大家不要为钱财争吵,免
伤和气,对大家不利。同时易养成小辈只想得现成习气者。"(口述)穆恂如《回忆
录》云:"父亲为自己置办了一些皮衣服,可算他个人唯一的财产。我记得有以下几
件皮衣:狐皮袍一件、白狐皮袍一件、灰鼠皮袍一件、紫貂皮袍一件、千尖皮袍一件,
有一件淡黄的长毛的马褂,还有一件我叫不出来名字的马褂,恐怕还有一两件皮袍
子,可我记不得名字。父亲很珍惜这些衣服,只有在新年里才穿一次。只有一件斑

---

① 遗嘱原件未见。

羊皮的皮袍子是父亲在家时常穿的。还有一件黑色直贡呢面子的大衣,是什么皮的我不记得了。配上水獭皮的领子,加上水獭皮的帽子是为一套。这是父亲冬天作客时常穿的,是当时男士流行的服装。这部分物资后归许夫人所有,这是父亲的安排。"(手稿)

同日 罗家伦欲探望先生,未果。罗家伦记:"下午梅荪(周炳麟号)云来约赴歌乐山中央医院探穆藕初先生病,在邮局前候了一小时许未见车到,旋见维桢由公共汽车站走回,方知梅荪因雪艇(王世杰号)与本日上午当选参政会主席团之一,遂走不开。"(《罗家伦日记》,引自罗久芳《父亲的恩人——穆藕初先生》)

9月20日 重庆《中央日报》、《大公报》刊登先生逝世"报丧"启示。署名"穆崇实堂"。云:

家主穆公藕初讳湘玥于中华民国三十二年九月十九日上午六时寿终于渝寓,择于九月二十日下午二时大殓,谨此报闻。

穆崇实堂启。丧居重庆观音岩张家花园七十二号

(同日重庆《中央日报》、《大公报》)

同日 大殓。(《黄炎培日记》)穆家麟记:"父亲临终时,确实嘱我们丧事不铺张,穿了旧衣服入灵柩,所以我们连一桌丧酒都未办。但我们检点了一下,发现父亲的旧衣服,实在太敝旧了,觉得实在对不起他老人家了,但又不能违背他的遗训,只好买了一些白布染了灰蓝色,连夜赶制了一身短衫裤、长袍、马褂,通宵赶出来的东西当然谈不上质量,我们都不仅大哭起来。我们还曾想放些父亲心爱和贵重些的东西放入棺中陪伴他,找来找去什么也没有,最后只能把跟了他好几十年的一只小闹钟、一副眼镜和一把修胡子的剃刀放入棺中。父亲的廉洁,当时曾感动了不少人,更使我们永远不会忘记。"(手稿)

农产促进委员会全体职员《祭文》如下:

维中华民国三十有二年九月二十日,农产促进委员会全体职员,谨以清酌瓣香束刍之奠,致于主任委员穆公藕初之灵曰:

呜呼我公,农界先进,志清行高,握瑜怀瑾,爱才若渴,疾恶如痎,决策推行,势同奔骏,顽癃懦立,聩发聋震,手创实业,功尤崇巍,革新纺织,卒岁有衣,群伦被泽,如受春晖,邦国赖此,顿塞漏卮,不惮心瘁,但求国肥,辞官京华,戢影沪渎,邀月对饮,招朋度曲,变起寇祸,避地入蜀,重膺宠命,后方造福,自问何幸,追随我公,昭示方策,务实毋空,费少效速,惠及老农,五载以来,事业日隆,伊谁之力,曰惟公功,滨海工业,尽毁于敌,降格以求,转在乡僻,创制纺机,名曰七七,推行未久,遍及南北,军民衣被,食公之德,方冀长依,馨祝百年,收京在望,待唱凯旋,岂期一疾,遽展云耕,医术有穷,返魂无丹,善人是夺,泪涌

如泉。呜呼!风雨凄其,声悲檐铎,归思啼鹃,羁魂化鹤,嗟我哲人,芳型难作,敬奠椒浆,惟虔惟恪,我公有灵,来歆来格。尚飨。

(《农业推广通讯》第五卷第十一期)

江问渔《哭藕初先生》诗,原文如下:

卅二年九月十九日,藕初先生以疾逝于陪都怡园客邸,闻讣悲痛,为赋两律。补斋江恒源。

斯人斯疾已堪伤,况值艰虞老异乡。

病革尚能容一面,痛深何止泪千行。

早疑积毁难销骨,为念佳游更断肠。

今日怡园秋色里,空余衰树对斜阳。

恩怨纷纷可奈何,人心公道尚难磨。

已栽桃李情差慰,未解疴瘝恨尚多。

千古奇才推管晏,半生雅兴托弦歌。

宵来怕听山阳笛,凄绝黄垆忍再过。

(同上)

同日 孔祥熙为先生后事致黄炎培函,云:"前日在会中,承以藕初兄病状见告。昨午据闻恒化之报,深用震悼。适患河鱼,山居病卧,未克临吊,歉怅无已。丧殡一切,知赖贤者主持,兹先由个人致赙叁万元,随函附奉,即烦督转,以供支应;遗属方面,并希先代唁慰。"(同上)

同日 罗家伦得知先生病逝,"哀感不已"。罗家伦记云:"昨日方拟偕书贻(段锡朋号)、梅荪往中央医院视疾,不意今日忽闻死耗,为之哀感不已!此老年六十八,患癌症,一生奋斗,颇具近代眼光,去年遭大屈,社会多为不平。"(《罗家伦日记》,引自罗久芳《父亲的恩人——穆藕初先生》)

9 月 21 日 中央社发布《民族工业家穆藕初先生逝世》一文,报道先生逝世消息。文云:

实业家棉纱巨子穆湘玥(藕初)患肠癌病不治,于十九日上午六时,在陪都寓所逝世,享年六十七岁。氏早岁毕业美国农工专科学校,得硕士学位,回国后,在沪创办新式纺纱厂,改良技术产品,注重员工福利,实行三八制,并以私蓄资送青年出国留学,设藕初奖学金,为国家作育人材,沪人誉称棉纱大王,而自奉菲薄,布衣素食,待人和蔼亲切,对青年爱护培植,竭尽心力,抗战后,主持农产促进委员会;创七七纺纱机,三十年出长农本局,卸职后即以体弱多病闻。

(同日《中央日报》、重庆《新华日报》)

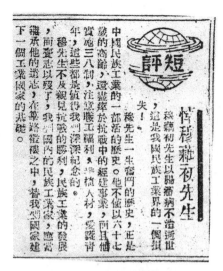

重庆《新华日报》刊登《悼穆藕初先生》
短评影印件

同日 重庆《新华日报》头版刊登短评《悼穆藕初先生》。文云：

穆藕初先生以肠癌病不治逝世，这是我国民族工业界的一个损失！

穆先生一生奋斗的历史，正是中国民族工业的一部活的历史。他不仅以六十七的高龄，还尽瘁于抗战中的经建事业，而且他实施三八制，注意职工福利，培植人才，爱护青年，这些都是值得我们深深纪念的。

穆先生不及亲见抗战的胜利，民族工业的发展，而赍志以殁了，我们国内的民族工业家，应当继承他的遗志，在荜路褴褛之中，替我们国家建下一个工业国家的基础。

9月22日 董必武致先生家属唁函，云：

藕初先生礼鉴：

闻藕初先生因肠癌逝世，曷胜哀悼。先生当国势艰屯之会，开工业发展之基，斩棘披荆，费省利溥；至于宅心公正，执事勤劳，以俭约持躬，以和平处世，允宜为国人矜式。何期天不慭遗，老成凋谢，此乃全国之损失，不仅府上一家之私痛已也。特此驰唁，敬祈节哀，并候素履。

董必武再拜，三十二年九月二十二日

（《农业推广通讯》第五卷第十一期）

9月23日 冯玉祥致先生家属唁函，云：

藕初先生家属礼鉴：

顷闻藕初先生逝世，无任悲悼。素稔先生道德文章，为世所仰，道山遽返，殊失卓师；惟胜利已然在望，可慰先生素昔之志，无所遗憾矣。望君等勉抑哀思，以襄大事为盼。特函布唁，顺颂礼祺。

冯玉祥敬启，三十二年九月二十三日

（同上）

同日 江问渔《再哭藕初先生》诗，原文如下：

藕初先生逝世之翌日，余既有诗以哭之矣，哀犹未尽，再成两章。前人。

此来又值九秋天，回首前尘总黯然。

室有琴书谁是主，自多疾病我偏全。

一生好读游侠传，到死终遗平准篇。

下榻留宾前日事，沧桑过眼只经年。

平生豪气似虹霓，咄咄书空叹数奇。

尽有丹心纾国恤，难将傲骨合时宜。

郑虔已老犹耽酒，高适多才更咏诗。

四海故人齐堕泪，哭君宁为哭其私。

三十二年九月二十三日渝都

（同上）

同日　《申报》"通讯"栏刊登由澳门传入先生逝世消息。在沪次子穆家骥赴上海中华劝工银行"探问，深以此讯几如青天霹雳，破空而来。"刘聘三即驰函穆伯华云："澳门如何得此消息，迄未言明，其由来显属可疑，则难保传者或非其真也。为此驰问左右究竟如何？务乞迅予示知，俾释悬悬。"（底稿）因消息不通，先生"在沪覃第亦以未得确耗不敢妄动，故应备丧礼迄未举行。"12 月 7 日，穆伯华返沪后亲友始知先生已逝世。（刘聘三 12 月 7 日致许夫人函底稿）

9 月 24 日　竺可桢记云："罗宗洛、江希明来，知穆藕初病故重庆。藕初与余 Illinois 伊利诺伊于 1913 年同毕业，长余十五岁。今冬相见尚健，惟牢骚。闻其以 rectum 直肠有 cancer 癌致不治云。"（《竺可桢日记》，《竺可桢全集》第 8 卷第 642 页）

10 月 2 日　《中央日报》刊登《穆藕初先生追悼会启示》，云："穆藕初先生事业文章，举世同钦。对于吾国纺织业之提倡改善，专门人才之扶植培养，尤不遗余力。抗战以还，先后主持行政院农产促进委员会、经济部农本局，富国利民，勋劳卓著。不幸于本年九月十九日上午六时，以患肠癌不治，遽归道山，同深哀悼。兹定于十月六日下午二时，假座重庆道门口银行进修社礼堂举行追悼会，以志哀思。尚乞穆先生亲友故旧惠然莅止，无任企盼。若有哀联文词，请以素纸缮写，先期惠交重庆观音岩张家花园七十二号陈天敬先生代收。发起人孔祥熙、翁文灏、沈鸿烈、蒋梦麟、王正廷、黄炎培、钱永铭、罗家伦、狄膺、段锡朋、潘公展、周炳琳、秦汾、钱天鹤、雷法章、尹任先、杜镛、王晓籁、江恒源、冷遹、谢家声、吴承洛、章沽、何廉、王志莘、李祖绅、邹树文、潘序伦、刘鸿生、陈钟声、赵俊秀、刘泗英、毛邕、胡厥文、杨卫玉、贾佛如、朱仙舫、周勖成、谭伯英、乔启明、毕云程、陈其采、农产促进委员会、中央农业实验所、中国红十字会、中国工业合作学会、中华职业教育社、中华农学会、中华职业学校、中国经济学社。"同时刊登穆家菁、家骥、家麟、家修《哀启》云："谨遵遗命，灵柩暂厝重庆张家花园，俟抗战胜利后奉灵归葬，再行择期领帖"。（同日《中央日

报》)

10月6日 下午三时,先生追悼会于重庆道门口银行进修礼堂举行。"亲友及学生,化了半天的时间,布置了会场,挂满了挽联,堆满了花圈。"到者有冯玉祥、蒋梦麟、黄炎培、江问渔、杨卫玉、李祖绅、王晓籁、杜月笙、吴蕴初、吴任之、冷御秋、薛笃弼、鹿钟麟、董必武、毕云程、章乃器等五百余人。蒋梦麟主祭并宣读祭文。黄炎培报告先生生平行状,冯玉祥、乔启明、李祖绅、毕云程司仪,蒋梦麟主祭,杜月笙、江问渔、王晓籁、李祖绅等陪祭,恭读祭文,并向先生遗像行最敬礼。次黄炎培报告先生生前行状,"说穆先生生前对国家社会的贡献是多方面的,但是他一贯的主张,是努力增加农产,复兴纺织工业。黄氏例举穆先生为人特异之点,第一是有计划,其次是苦干,自力更生,再次是肯培植苦学的青年,这些都是值得青年人来学习的。临终遗嘱,吩咐家属,丧事不铺张,穿了旧衣服入灵柩,暂时浮葬在张家花园巴蜀学校附近,将来再东归营葬,因为他生前坚信暴力必败,抗战必胜,即在病危时,尚念念不忘国事,足见爱国热忱极高。"冯玉祥致词,"他说穆先生是最爱国,爱朋友,爱大众,崇尚正义,帮助革命的人。我们相识几十年,每谈必为国家打算,为人民打算。办纱厂时,总是讲,我国的生产少,别国的货品流进很多,国民的血液流出得多。民国十六年和十七年间,捐款捐医药品,介绍医学人材,帮助北伐,对革命贡献很大。记得民国七年至九年间,那时我驻防湖南常德,他为我介绍一位青年沈宗瀚先生,到常德来种棉花,沈先生自己在田间耕耘,刻苦耐劳,为大家所佩服。穆先生自己是刻苦奋斗的人,他所介绍来的人,也是如此。沈先生现在成为国内有名的农业专家,(特别对小麦有研究)穆先生为国家为社会培植了许多有用的人才,这种功绩是不朽的。"乔启明"报告穆先生领导农产促进会所做的种种工作,常勉励同人要公私分明,一定要把农业推广的工作,做的深入普遍,不要崇尚表面。"继由李祖绅、毕云程等致词。家属穆伯华致答词。[①]（重庆《新华日报》1943年10月7日）

追悼会场上散发毕云程《穆藕初先生传略》一文,全文如下:

穆藕初先生,讳湘玥,民国纪元前三十六年生于上海,家世业棉,十四岁为棉花行学徒,二十二岁始学习英文。民国前十二年,考取江海关服务,与革命同志,提倡革命,与马相伯、李叔同（即弘一法师）、尤惜阴、钱新之先生等创沪学会,实习枪操,提倡尚武精神,为上海办商团之始。民国前六年,任上海龙门师范学校监学.次年任苏省铁路公司警务长。民国前三年,承朱志尧先生借贷一千元,并由元配金夫人售金饰相助,自费赴美,入威斯康辛大学肄业二年,转

---

① 先生追悼会新闻仅《新华日报》刊发,《中央日报》、《大公报》等重庆其他报纸均未刊发。

伊立诺大学，民国二年毕业，得农学士学位，升学坦克塞司农工专修学校，次年毕业，得农学硕士学位，是年夏回国，演讲于江苏省教育会，为余识先生之始。首译美国戴乐尔之科学管理法，同时着手改良及推广植棉事业。先此曾有热心人士试种海岛长丝棉及埃及棉，因缺乏专门知识，屡试无效。先生以当时吾国各纱厂所纺之纱，以十二至二十支为多，倡议种四分之三至一英寸之美棉，较为合用。除自办穆氏植棉试验场外，并捐资购买美棉种籽二十吨，分送各省宜棉区域试种，并自撰改良植棉线说，印送数万册，以指导农民关于植棉所必需之知识，造福棉农甚巨。惜以吾国区域广大，书之分送，自未能普及乡僻，现在各省所植之退化美棉，即系当时传播而棉农不知选种留良所致。先生亲自办理改良植棉及推广事业三年，因所办纱厂事业日益扩大，工作日繁，特商由华商纱厂联合会组织一植棉委员会继续其事，先生被推为委员长，负监督指导之责，并委托南京国立东南大学农科负研究改良推广植棉之责，由邹秉文、过探先先生等主持，每年补助经费二万元，在全国各省设立植棉试验场十二处，前后继续七年。实为吾国改良及推广植棉事业之萌芽时代，而由先生个人之努力奠定其基础者也。嗣后棉业统制委员会即因先生已有之成绩，以每年近百万元之经费，为大规模之推广，而吾国棉花产额之巨量增加，遂在近年更有发展矣。

　　先生每办一事，必集中精力以赴之，于办植棉事业如此，于纱厂事业亦然。民国三年留美回国，是年冬即与胞兄恕再先生等创办德大纱厂。复于百忙中翻译美国克拉克之日本的棉业一书，定名中国花纱布业指南，斥资印行，以作借鉴。民国四年，德大纱厂开工，出品之佳，为上海各纱厂之冠，于是先生办理纱厂之名誉大著。民国五年，复创办厚生纱厂，民国六年开工。该厂完全购置美国萨柯劳惠尔厂之纺织机器，办理益见完善，因而国人欲新办纱厂者，皆自参观先生之厚生纱厂为入手，且多派员至厂实习，无形中厚生不啻为在华美国纺织机器之成绩展览会及实习工厂。自民国六年至七年之短期间内，国内定购美国纺纱机达七十五万锭。均由先生直接间接介绍向美商慎昌洋行定购。华商纱厂纺四十二支纱及三十二支四十二支双股线，均自先生所办之厂始。而先生对于吾国纱厂事业之贡献，固犹不止此。良以原来华商各厂，均用工头制，向无专门之纺织工程师，一切工作，均由工头支配，效率颇低。先生办纱厂之始即事必躬亲，日间则监督指挥工人装置机器，夜间则规划纱厂内部各车间各种报告之式样，以前各纱厂均向无报告。及先生创制之报告式样出，遂为后来各厂普遍采用。其时纱厂事业，日益发展，而无同业组织以保护共同利益，先生乃于民国四年发起组织华商纱厂联合会，先生被选为董事之一，其后改良推广植棉事业由该会捐资办理,实种因于此。民国八年,先生创办豫丰纱厂及中华劝工银行,先后成立。民国九年,又创办上海华商纱布交易所,次年开幕,章程规定理事长由股东选举,任期二年,成立后先生即被推为该所理事长,迄今连任六次。因先生之经营得宜,营业至为发达,成为全国花纱市场之中心。综计一日中之交易,其最高记录棉花达三十万担,棉纱达十五万包之多,交易价值共计四五千万元。此则先生在农工商业建树之一端也。

民国十七年,先生奉太谷孔公之约,被任南京国民政府工商部常务次长,孳助孔公,对于制定工商法规,多所贡献。次年冬,工商农矿两部改组为实业部,孔公以农业重要,议设农业实验所,因先生农业专家,约主持其事,遂改任中央农业实验所筹备主任,并由实业部任钱安涛先生为副主任,农业专家赵莲芳、沈宗瀚、孙恩麐、吴福桢、张心一先生等为技正,人才济济,实奠定农业技术研究之基础,而于稻麦棉种之改良,尤著伟绩。抗战军兴,京沪沦陷,先生不甘于敌寇之压迫,以政府西迁,遂入川休养。民国二十七年五月,孔公任行政院院长,以抗战时期亟宜发展农工,增进生产,以维后方衣食供应,在院成立农产促进委员会,电召先生至汉,任为主任委员,专任推广各省之农业生产及手工业生产,并确立农业推广制度。孔公在工商部任内,即对家庭手工业注意提倡,先生赞襄大计,秉承意旨,献替颇多。奉命主持会务后,复以吾国手工业中,手工纺纱,实占一重要地位,先生除联系全国各有关系之农业机关,指导改进推广农产之工作外,特注意手工纺纱,搜集各地通行之土纺机,交由会中技术人员,参酌平素纺织经验,加以研究改良,并配弹棉机及摇纱机,合为一套,定名为七七棉纺机,推行各省市县,并在各地尽力提倡设立手纺织生产合作社,以增进纱布之生产。军兴以来,沿海沿江大埠,相继沦陷,全国纱厂之数百万纱锭,多因战事而毁坏或停顿,后方棉纱,甚为缺乏,及七七棉纺机之成功及推广,乃得增加棉纱之生产,以适应迫切之需要,其有益于国民经济及抗战力量者,实非浅鲜。民国二十八年,中央召集第一次全国生产会议,先生被任秘书长,适逢五三、五四,敌寇肆虐陪都,大事轰炸,而仍如期开会,收完满之结果,苦心筹划,朝野同声赞许。

民国三十年,先生被任农本局总经理,以调整后方花纱布之购销供应为任务。先生以迁建后方纱厂仅约二十余万锭,不及战前全国纱锭二十分之一,不敷供应甚巨,因秉承孔公意旨,尽力推广手工纺织,以增加土纱土布之生产,而补机纱机布之不足。至三十一年,成效渐著,约计是年直接间接由农本局供给原料所增加之生产量,土纱约为一千万斤,土布约为三百万匹,其中约三分之一,由局收购,其余三分之二,则流通民间,裨益后方军民衣被甚巨。农本局过去仅以购销农产品为主要任务,自是遂渐变为以增加纱布生产为主要业务,因物资产量之增加,遂得加强调整供应之力量,对于抗建大业,裨益良多,而亦先生对党国之最大贡献也。

先生在美留学时,因费用不够,尝以清水与面包,维持生活,先生之老同学如周寄梅先生等,均谂知之。回国后创业猛进,名誉大著,刁敏谦博士在《中国醒了》之英文巨著中,誉先生为吾国之棉业大王,邝光林博士在《现代之胜利者》英文著作中,誉先生为现代胜利者之一,其他中外著述,亦恒以先生为吾国实业界之代表人物,声名藉甚。但先生自奉甚俭,而以其工作所得,捐资协助苦学青年,完成学业,其由先生资送留学欧美学成归国驰名于政学界者,亦达十余人之多。罗家伦、段锡朋、周炳琳、汪敬熙、方显廷先生等遂捐募资金,设立穆藕初先生奖学金,以志先生之高义,而广先生乐育青年之厚意,垂之永久,甚盛事也。

先生对于吾国棉业,规划远大,以纱厂类设于沿江沿海各地,殊非久远之计,故不避艰难,毅然于平汉陇海两铁路中心之郑县,创设豫丰纱厂,以为内地工业建设之初步,欲由此逐步推进,渐向内地发展。无如民国十一年第一次直奉战争,郑县适当冲要,该厂几为炮火所毁,金融界对于投资内地工业,遂视为畏途。使先生发展内地工业之宏愿,不克实现,而同时所拟吸收外资计划,亦以内战频仍,投资者望而却步,亦未能偿愿,则先生终身所引为遗恨者也。

民国十一年,美国召集第一次太平洋商务会议于檀香山,先生被任吾国首席代表,余亦以华商纱厂联合会代表资格,同往与会。加拿大商务大臣亦亲自出席,美日要人出席者甚多。先生折冲樽俎,因应咸宜,颇博好感,其详见拙编参与太平祥商务会议日记,由先生捐资刊行。此行对于增进中美邦交,颇有关系。先生生平对于社会公益事业,无不热心赞助。民国十一年,华盛顿会议开幕前,吾国民众团体推举蒋梦麟、余日章两先生为国民代表,赴美宣传,行期已定,而旅费无着,几致中止。先生遂柬约沪上金融实业界同人至寓,一席倾谈,巨款立集,两先生遂得成行。民国十七年,豫省战事剧烈,而医护阙如,闻者伤恼,先生遂与孔公及王部长儒堂、李组绅先生等,共集钜资,创设救护伤兵协济会,聘请医护人员,购备大批医药器材,驰赴陇海线实施救护。民国二十一年,上海一·二八之役,先生复与社月笙,黄任之先生等组织地方维持会,尽力募捐,供应军需,裨助于抵抗者甚巨。类此急公赴义之事,不胜备举,兹赂举一二较著者耳。

先生体质素强,民国二十六年八一三之变既发,先生任上海市救济委员会给养组主任,筹供难民给养,备极操劳,遂以积劳致疾,八月底赴杭休养。其后转辗杭湖京汉而至重庆,备极劳瘁,至孔公电约赴汉主持农产促进委员会时,犹未痊愈,终以抗战期间国民天职所在,不得不奋身服务,因精神之振奋,而使健康日益增进,六年以来,始终其事。及三十一年冬,解除农本局总经理职务后,专任该会主任委员,同时从事草拟战后棉业建设计划,苦心擘划,备极辛劳。讵料忽患肠癌,于三十二年三月二十九日入重庆市民医院疗治,以无镭锭设备,遵医嘱于四月十五日赴蓉就诊,其时体力固犹如常。到蓉后,经医诊察,认为须用手术割去肠癌,另在左腰辟人工肛门以利排泄,先生对于割治,虽所赞同,唯于人工肛门,则颇犹豫,因致迁延。至六月中旬,协合医院美籍医师以延不割治,虑生剧变,遂劝先生试用镭锭,前后六次,备尝痛苦,未见效验,而体重骤减。美医乃建赴印度用深度爱克司光治疗之议。先生韪许,遂复返渝,方拟飞印,而瘦弱已甚,能否长途飞行,颇成问题,乃暂入中央医院疗治。据沈克非医师诊断,则肠癌业已蔓延,因体力衰弱,不便割治,乃先开人工肛门,以利排泄,而健胃纳。初割情况颇好,继因肠癌蔓延肝部,加以尿道阻碍日甚,遂致大渐。于九月十六日下午五时回寓,十七日余往探视,犹殷询农本局卅一年决算及办理移交各事,神志清晰。十八日已不能言,十九日上午六时逝世。呜呼痛哉!

先生天赋禀高,创业猛进,举重若轻,禀阳刚之气,生平爱才若渴,嫉恶如仇,待人以诚,不事虚与委蛇,此真先生之所以为先生也。余于民国八年,承先生约为辅佐,先后在厚生纱厂、豫丰纱厂、农产促进委员会及农本局任职。达二十五年之久,知先生最深。九月十一日,余至歌乐山中央医院视先生疾,先生犹以战后棉业建设计划相商榷,且以十余年来,受孔公知遇.先后辅佐部务,综理会局,未能多所尽力,公私引以为根,谆勖农会同人,努力奉职,以完使命,裨益抗建。呜呼,先生心心不忘国族,心心不忘棉业,满怀希望抗战胜利以后,出其数十年之研究与经验,努力建设,讵知竟不起耶。呜呼痛哉!先生存年六十八岁,有子四女五,将于抗战胜利之日,扶榇归葬原籍。陆放翁诗:"王师北定中原日,家祭毋忘告乃翁",此先生之志也。

（原件复印件）

兹摘录挽联、挽词、挽诗、祭文如下:

悬解大休,不及待凯旋故乡以复;奇中硕意,未遂其衣被天下之心。藕初先生千古。

弟吴敬恒拜挽

重农重工,为兴实业树模范;
立言立德,足与后人作典型。

冯玉祥

才是万人英，在抗战困难中，多所发明，自出机杼；

功宜百代祀，于举世混浊日，独留清白，堪作楷模。

董必武

四十年交好，到老犹新，最难赤手成功，万方衣被，付与儿曹好模范，惟自力乃获生存，由来富贵场中，几见飞黄腾达。

五千里流亡，相依为命，不意刚肠招祸，永别尘缘，处分家事尚从容，信暴敌必然败覆，料定凯旋门外，会看扶榇东归。

黄炎培偕内子维钧率子附行南必信等

算平生独具专长，纺织至今承规范；

念朋辈共深敬佩，音容犹忆旧风神。

翁文灏

开树艺科学先河，筹创中农所，经纶全国；

作棉纱事业砥柱，发明纺织机，衣被后方。

中央农业实验所全体职员

实业振先声，一代沪滨推巨子；

农桑遗政绩，九秋巴蜀殒长星。

中国工业合作协会

落日痛山丘，商公待振，谁与斯民图伟业；

上天悭岁月，胜利在望，不留元老睹中兴。

中国纺织学会

儒家之心，侠士之气，二者实并一体；

育才为国，殖产为民，两事已足千秋。

中华职业教育社同人

宣勤农本，衣被民生，懋绩长昭实业史；

尽瘁时艰，仪型人望，大年不慭老成人。

中华农学会

樽酒昔言欢，烛剪西窗，犹忆风姿磊落；

人琴今已杳，梅笺东阁，只余月影横斜。

中国红十字会总会会长蒋梦麟
副会长杜月笙、刘鸿生

往事记工曹，百折能宏衣被愿；

危时策农务，一哀竟夺老成人。

孔祥熙

负干济长才,破浪槎还,卅载经纶觇事业;
嗟沉疴莫起,荒江月落,九历风雨动哀思。

王正廷

学专农工,式是先觉,新纱之兴,聿奠其朔;
尽瘁毕生,实业报国,绩在人寰,名垂无极。

邵力子

侠骨慈肠,凭吊铁版铜琶,无复唱大江东去;
农粟女布,遗有宏规矩制,是真擅科学西来。

许世英

实业重农桑,汇业育才,早有贤声腾海上;
勋名垂竹帛,利民裕国,正多遗绩在人间。

俞鸿钧

利农便商,泽流社会;
颓岳摧木,泪洒閟都。

卢作孚

多难倍思公,燕寝讴吟同梦忆;
群才留报国,龙门厨顾纪将扶。

何　廉

谋事之忠,知人之明,我愧不如长者;
同心若金,切磋若玉,相期无负平生。

毕云程

此时何等心肠,造产利民,输金养士;
又值重阳风雨,园林无恙,杯酒长空。

杨卫玉

服官以饥溺为怀,阐发农工政策;
律己惟清和是式,恢宏夷惠胸襟。

谢家声　沈宗瀚

斯人可比元龙,豪气犹疑在湖海;
万事原如苍狗,怆神何忍话桑麻。

冷　遹

棉织仰专家,提倡经营,功深衣被,溯缔交伊始,学会创兴,道合志同今卅载;
肠癌遭险症,缠绵反复,病入膏肓,叹痛饮相期,医院问候,眉飞色舞甫三旬。

钱永铭

贷殖羡才高,数十年经纬万端,毋忘宗邦,如此典型称尽瘁;
干戈逼思旧,六七载亲朋两地,每从言笑,知公抱憾入冥官。

潘公展

公以课织着先鞭,革故布新,留得遗型启后世;
我亦劝农参末席,萧观曹随,愿将业绩报相知。

乔启明

志业执戈同,鬼手千金衣被效;
哀伤登岘甚,骓颜多士厦袭心。

前农本局全体职员

旧事见闻真,有故吏门生,岘首刊碑齐堕泪;
余波津逮广,数后学晚进,廉泉酌水亦思源。

花纱布管制局全体职员

共欢老成弱一个;
尚留专业足千秋。

陈其采

志在农业,功在党国;
魂归巴蜀,泽留江南。

沈鸿烈

遗泽如日月长留,夜雨黄花香晚节;
羁魂随江流驶去,秋风杜宇泣巴山。

雷法章

党国式龟型,犹忆紫金山前,共话桑麻,经岁殷勤推老辈;
文章可济世,那堪嘉陵江上,同舟风雨,三秋涕泪哭先生。

钱天鹤

弦歌造士,衣被暖人,久耳盛名腾海上;
经济匡时,农桑务本,长留茂绩炳寰中。

顾翊群

经邦论政,惠泽长留,人海交游思旧雨;
度曲吟诗,风流顿尽,枌榆寥落慨晨星。

庞松舟

建国重工商,聿展经伦回景连;
爱人宗孔孟,居然衣被逮群生。

鲁佩璋

济人以温饱为先,应用不穷如武库;

愧我踵创垂出□,师资匪远有文终。

尹任先

是创造家,是实业家,是慈善家,溯卅载交游,风义无惭淞水碧;

以事功论,以文章论,以道德论,综毕生尽瘁,襟怀有似蜀江清。

周佩箴

事业重民生,名著申江,传家料有耕读谱;

风霜惊恶耗,魂招蜀道,设醮空悲牧护歌。

周诏春

倡纺织,务农桑,厌世多艰,志在民生业利;

育英才,培国本,中兴待赌,常留奕叶休光。

马超俊

兴学得通才,卓识更余经济外;

建言征信史,忠怀留痛凯归前。

陈　行

机杼寄孤哀,艰巨频膺,一念忠诚裹大计;

弥留遗永憾,河山未复,万笳凄屠咽秋风。

杜　镛

个个纪念穆穆;

人人不忘七七。

王晓籁

数千里国社驰驱,志存正义;

三十年纺织建设,衣被苍生。

端木恺

治产法陶朱,卓尔奇才,奕世犹传遗策在;

厚生富巴蜀,伤哉长逝,及身未见九州同。

韩　安

矢慎矢勤,赤血呕空,一生事业遍农本;

同寅同住,白头逾契,九重泉路尽交期。

章　祐

是龙门经济之才,学艺著华夷,花纱创制灿燃,后进栽培不倦,余暇讬弦歌,海上望公张乐返;

急亭林兴亡之义,艰危共党国,抗建赞裹有功,前线胜利可睹,退龄厄癸

· 1350 ·

未,灵前鉴我失声悲。

后学狄膺同弟震、晋、豫

一生心血为纺织;
百世馨香成经伦。

朱仙舫

经纬系万端,当年誉满申江,同感沧桑如隔世;
酒卮难再把,此日星沉字水,空谈湖海忆高风。

刘泗英

公乃勇于义者,以胞与为怀,一世贤劳著邦国;
人固无如天也,痛老成长谢,千秋德泽遍江东。

后学毛 雝

艰苦不辞,但愿同胞皆饱暖;
老成遽谢,那堪风雨倍凄悲。

晚生皮作琼

为实业界痛失巨子;
于党国中尤称完人。

晚顾毓泉

力挽狂澜,毕生尽瘁农工事业;
教遗多士,百州长照科学精神。

晚吴福桢

研农精工,食德衣恩昭一代;
立志宏道,寄文硕画足千秋。

晚叶谦吉

名满天下,泪满天下;
生为斯民,死为斯民。

世侄赵渭人、陆桐生

农工兼长,创制宏规留卓范;
衣食俱足,师承增产慰英灵。

世侄潘简良

旅宦接音尘,耆旧遗型希继轨;
成规在工业,箕裘济美有传人。

愚侄吴闻天

· 1351 ·

哭藕公

人生如梦幻，变忽亦何常。前年敌肆虐，公屋池鱼殃。修葺重完好，（公有破屋重圆之隽语）联欢共一室。今岁此时地，人琴痛云亡。空余庭前月，徘徊照灵床。斯理诚难解，思之泪夺眶。忆昔岁己巳，驰书清河张。（谓紫东丈）延揽及鲰生，宾席接霁光。论交不计年，自惭学殖荒。嗣君英俊才，公谓马脱缰。循然诱其性，就范庶有望。名言含至理，岂独施胶庠。客窗忽卧病，调治起□生。殷勤涵煦意，知遇感中肠。读公自述文，除夕语贤郎。施恩匪望报，受惠慎勿忘。即□见荆期，待人宽以恕。律己礼自防，养心藉临池。挥洒法二王，寄兴擅度曲。审音辩宫商，晚岁耽吟咏。行箧富荐章。爱才若饥渴，宏奖兼勉□。为国储良材，不惜屡倾囊。多士乘桴去，公乃处穷乡。却喜学成归，一一见专长。世途多荆棘，公独视康庄。至性大过人，坚贞逾桂□。嫉恶如毒□，去似背上芒。或以腐鼠吓，一笑嗤其狂。平居志驱倭，心仪戚南塘。芦沟事变起，纾难意激昂。毁弃故国业，入蜀兴农桑。创制七七机，人世遍七襄。足兵先足食，卒岁有衣裳。至今乡僻间，识公姓氏者。胜利已在握，会看扫□枪，凯歌未及奏。病竟入膏肓。天何不慭遗。下迎遣巫阳，相依十五载。永诀心惨伤，生平数行谊。衣被及万方，忠介赞抗建。明令应褒扬，大业昭千秋。死生齐彭殇，吾闻积善者。家必有余庆，一事公所憾。□未睹豺狼，收京指日待。告祭洁丞尝，凄船向东下。扶榇归北邙。生者成公志，泉□夙愿偿。恸公并哭私，永怀召伯棠。报德今未由，陈□意彷徨。

吴舜石
（《农业推广通讯》第五卷第十一期）

祭穆藕初先生文

惟中华民国三十二年十月六日，上海龙门师范旅渝同学会等，敬以鲜花之奠，致祭于穆先生藕初之灵曰：呜呼，自教育改制，学校改称之后，吾校之旧迹不可得而寻，然而教之若是其笃，诲之若是其谆，为海内所则效者，不惟我校之名，亦惟我校之精神，居敬穷理，正本恤民，白鹿洞出院之揭示，实为师生所遵循，先生于创始之日，首任学监，律己正人，夙夜惟寅，故龙门之精神，实备集于先生之一身，于是乎自教育而改营棉业纱业，为厂条文之草创，求劳资利益之惟均，自西洋而归中土，为知识之介绍，分别缓急，斟酌损益，不教人尽弃其旧而谋新，斥私资而栽培后起，希收大儒之效。不仅为席上之珍，舍本业而从公职，为国家，为人民，熟筹利害，言侃行果，有类于古时刚直之臣。呜呼，急与国同休之义，乐毁家纾难之贫，致其忠纯，谁则能如先生者，而先生竟死于艰辛。张光复故土之旗，作重振旧业之计，海上之民，望先生归作主持久矣。奈何丹施之先巡,此乃天下同声惋惜者,不仅龙门之旧人,顾先生可无愧矣。先生朗朗之一生,足为后学津逮者,果自有其真。灵兮永在,来格来歆,尚飨。

狄君武

(沈云龙《狄君武先生遗稿》卷二第24页,文海出版社)

同日 重庆《新华日报》刊登《穆藕初先生传略》、黄炎培《追忆穆藕初先生》、陆诒《悼穆藕初先生》。黄炎培一文如下:

我与藕初先生从二十岁左右订交,迄今四十余年,先生或出或处一切事功,我几无一不参与,今未暇详叙,仅就先生为人特异者若干点略述如下:先生一生事业,盖无不持自身力量,苦干猛进而成。早年学习商业,若非立志上进,入夜馆苦读英文,终其身不过一商人而已。其后考人海关,同时入沪南体育会,习体操,为队长。海关关员终身职,若无远志,则终其身为关员,未尝不可循序上进,但先生志趣高远,因投身社会,声誉卓著之故,被聘为最著名师范学校之学监,又被聘为惟一民营铁路(即后来京沪沪杭路)公司铁路警务长。而先生犹以为未足,承其夫人卖却首饰,赠充学费,遂赴美留学。时先生年事已长,在留美学界,被称为三老中之一老,终以苦学获得学位以归,然并未专习纺织也。归未久,而欧战了,中国幼稚期之棉纺织工业,接受至急迫之时代要求,而大动企业家之兴趣。先生则遂由农而转入纺织。出其苦心毅力,研究机械图样,研究工场管理,而亲身执役,为同时侪辈所望尘莫及。其时先与乃兄恕再先生合创德大纺织厂,继乃受若干企业家之聘约,陆续创建,最后乃手创规模更大之豫丰纺织厂于郑州。其时先生乃如苏季子之身佩六国相印,卓然为纺织工业专家。而先生进取之心未已,复手创上海纱布交易所,中华劝工银行。同时仍经营棉种试验场。其物由棉而纱而布,其事由农而工而商而金融,其地由海疆而中州,行将进规西北。苟无战事为之梗阻,与年寿为之制限,直不知其事业之所底止。至先生之服官从政,实非其志趣所在。此则非识先生较深者不能知也。抗战既作,先生自上海冒绝大艰险以来后方,与余朝夕相处,对战后复兴纺织工业,抱有完密而伟大之计划,专待战事结束,立即发动。至现时服务于农产促进会与农本局,诚亦发于赤心为国,效忠抗战之热忱;然先生认为以其专家专业之立场,为效忠建国计,他日贡献,尚须有大于此者,而不意一病不起,读"出师未捷身先死,长使英雄泪满襟"之句,先生其有遗憾矣。先生一度督修吴淞口抵松江间海塘工程,恃其致力之勤,工坚而费转省。其猛进之精神,随处表现。其修学美国伊利诺大学也,于实习农事特勤,喂刍豆,钉马蹄,无不身亲其役。余以一九一五年游伊利诺,先生离校既二年矣,同学犹盛道先生以老学生而习勤乃若此。中年忽爱好昆曲,师事昆曲名家,收藏曲谱多种,朝夕习奏,既卓然成家。乃以起衰救敝自任.捐资立社传习,至今昆曲界犹多先生门弟子。先生且抱笏登场,播为一时佳话矣。公余,亦尝蓄金鱼,则搜集关于金鱼书籍,穷其种类,究其蓄养之方,游其庭园,鱼缸以百数,莫不叹为观止。最近数年.乃学为诗,遍读名家诗集,模拟推敲,遇友好之能诗者.虚心求益,以其流亡入蜀,与少陵放翁身世相类,乃仿为两近家诗,先近体,后古风,进步之猛可惊也。余尝戏语先生,君之多能,由于君之多欲,而其有触必入,有入必深,苟非限于天年,其所穷治,殆无一不可以名家者。当先生事业最发皇,经济最宽裕时,对社会事业,未尝滥施资助,而独被发见为意义远大,虽未着效绩,或并未为时人见重,先生辄奋全力为之倡,如是者不可以数计。我国尝两度公推国民代表赴欧美,其一华盛顿会议,又其一则为庚子赔款退还运动,而皆有所成就以归。此类事先生每乐助其成,虽斥巨资,非所惜也。又尝斥巨资选送北京大学高材生出国留学,今学成以归,负重望于朝野者若干人,先生从不暴其事于人前.而人亦不尽知水源之所自,真所谓公子有德于人愿公子忘之矣。余交先生深且久,聊举一二,未足当其美行之什一也。追悼会之日,成诗一首,录如下:

> 琐尾相携忍息肩。一生一死两苍颠。
>
> 将身自致青云远。有德能忘浊世贤。
>
> 合坐笙歌常醉客。万家衣被不知年。
>
> 巴窗凄雨弥留际。捷报遥闻尚莞然。

陆诒《悼穆藕初先生》一文节录如下:

> 是非黑白,最怕参证对照。一个人的功过得失,也只要同另外一些人来相互比较。民国以来,中国的实业家很多,甚至经营纱厂的人,也不只穆先生一人。但是有几人能像穆先生那样公正廉明,效忠国家,造福社会? 有几个人能像穆先生那样谋事之忠,知人之明,肯为国家栽培后进的人才?
>
> 穆先生虽然不及目睹凯旋之师,奠定东南,重返家乡的产棉区域。但是他的精神,将永垂不朽! 他的毕生奋斗史绩,将鼓励人们,继续努力,以完成未竟之志!

(同日重庆《新华日报》)

10 月 7 日　中华职业教育社举行常务董事会、中华职业学校校董联席会议。到者黄炎培、钱新之、杜月笙、江问渔、杨卫玉、冷御秋、浦心雅、狄君武、潘公展、刘公芸、胡子移等为先生致哀。下午,先生灵柩入张家花园山洞存放。黄炎培为之惨然:"念如故乡不收复,吾见君之入,不见君之出矣。"(《黄炎培日记》)

10 月 24 日　下午,黄炎培及先生家属"开治丧结束委员会,共用丧费(连医药

费)共廿三万余元,一切依遗嘱办理。遗嘱分讫,亲笔一份送范知先保管。"(同上)

11 月 28 日 延安《解放日报》第 1 版刊登"本报讯"《张一麟、穆藕初逝世》消息。云:

> 我国著名实业家、前农本局长穆藕初氏于月前以患肠癌病逝。穆氏早年留学美国,研究植棉与纺纱,上次欧战后即返国,创立厚生与德大纱厂;组织纱厂联合会,附设植棉改进会,从事棉业改良事业。抗战后在农产促进委员会主持后方农业之增产工作。穆氏在中国资本家中较有进步色彩,九一八后是主张抗日的一人,抗战后对陕甘宁边区的农业建设曾有数次资助。

> (同日延安《解放日报》)

11 月 《农业推广通讯》第五卷第十一期刊登"穆藕初先生逝世悼念特辑",发表乔启明《悼念穆藕初先生》、黄炎培《追忆穆藕初先生》、孙恩麐《追悼穆藕初先生》、毕云程《穆藕初先生传略》、朱晋卿《穆藕初先生农业思想之管见》、《哀荣选录》,以及先生遗著《将来之农业》、遗诗《哀法兰西》。乔启明《悼念穆藕初先生》一文节录如下:

> 五年来,追随先生左右,备亲教益。先生做人立业,其大者显者,人多知之;而私淑先生之伟大之处,则莫过于处世以公,待人以诚。其对同人,则信任专一不疑,使人放心去做。盖随其做事,如坐春风,时感便利。本会补助各省农业改进机关各种经费,其数甚微,而一经核定,就立刻汇出,故可及时应用。这是办事快捷的一证。先生对公物公事,一毫不苟,其平常私信往还,向不用公家信封邮票,其撙节公款,廉洁自持,有如是者。做人方面,平易豪爽,音容笑貌,动人极深。处事则向报乐观,而毅力特强,从不畏难灰心。平常于身体之健康,珍摄锻炼,亦多注意。尝自与语,可活八十八岁。何期竟染不治之疾,中道殂谢,不克展其更大之才抱,真是国家社会的不幸。今先生逝矣!追怀生平,感念万千。只有继续遗志,益求奋勉。胜利在望,更唯以国家之中兴,社会之进步,与夫棉业建设之突飞猛晋,以慰在天之灵。本会为先生手植而成,现基础渐立,各项工作计划为所擘划者,亦已勉见成效;此后益当不负期许,为农业,为农民,尽其最大之努力,则先生一身精神之所贯注者,将垂永久而不朽矣!

> (原刊)

12 月 31 日 农产促进委员会主任委员乔启明为先生治丧费事,呈文农林部部长沈鸿烈。云:"谨鉴核者,查本会故主任委员穆藕初于民国二十七年五月起奉命主持本会会务,先后达五年之久,行筹擘划,夙夜匪懈,其殊功懋绩,事实昭彰,不第本会事业之丕基,且关全国农推之先河。至其硕德高风,尤堪称述。职感哲人萎谢,睹遗规之尚存,而褒典未颁,忠贞不表,赙恤有待,丧葬何依? 惜在怜死,情难自己。用敢冒昧上陈,拟恳优予抚议,并准在三十二年年度经费结余项下拨款二万元,作治丧之费,藉酬勋劳而幽灵,是否可行,理合鉴请鉴核示遵。谨呈部长、次长。职乔启明。十二,三十一。"(原件,原农林部档案,台湾中央研究院近代史所藏)

12月　沈信卿于上海闻先生逝世消息,撰七绝《挽穆藕初(湘玥)》志哀:

> 爱国如君今有几,西行一去未回头。
>
> 六年小别悲长逝,泪洒凉风九月秋。

（《沈信卿先生文集·盦诗存》卷六）

本年　农产促进委员会本年"施行棉花增产之结果,增产皮棉达一百二十三万四千余担,以当时每担平均价格六千元计,可增国民收益七千四百零七十三万六千元。再如兽疾防治、植物病虫,以及农业推广贷款等等,均为增产重要措施。"(毛雝《中国农业推广事业之回顾》,《农业推广通讯》第六卷第十期)

谱后

1944 年

1月2日　高明强赴黄炎培处，"送到滇处及滇纱厂来函，附支票60,000元，赠充藕初运柩回籍安葬用"。黄炎培、毕云程、杨卫玉"写收据与之"。（《黄炎培日记》）

2月4日　国民政府发布褒奖穆藕初令，云："农产促进委员会主任委员穆藕初，志行忠贞，学识明达，早岁留学美洲，专攻农学及纺织，返国后推广植棉，创办纱厂，成绩卓著，先后任工商实业两部常务次长及农本局总经理等职，奖进农业生产，提倡手工纺织，有裨战时衣食之筹给，良非浅鲜。近以积劳病逝，良深悼惜，应予明令褒扬，以彰勋绩。此令。"（《中央日报》、《新华日报》1944年2月5日）

5月　农林部部长沈鸿烈就先生治丧费事，发布令农产促进委员会文训令云："案奉行政院卅三年四月廿五日义嘉字第九二七七号训令内开，准国民政府文官处卅三年四月十四日第二五二一号函以奉主席交下主计处，呈为该部农产促进委员会穆故主任委员藕初治丧费二万元，可在公务人员退休及抚恤支出特种抚恤费，并奉谕交行政院转饬知照等因，抄同原呈函请查照等由，除行外合行抄发原呈，令仰知照此合等因，奉此合行抄发原呈，令仰知照。此令。"（原件，农林部档案）

5月　蕙盦发表《穆藕初先生在昆曲史上应占一页》一文。介绍先生创办昆剧传习所，培养昆剧接班人经过。末云："穆先生已经作古了，而昆曲的命运万不能跟了穆先生同去，就是穆先生地下有知，亦不愿昆曲追迹他同去，那么还有继起来挽回中国仅有一线生命的艺术的人么？我希望有人来负起这副担子，继续穆先生的志愿来保存这一种中国历史上仅有地位的艺术吧！"（《戏剧半月刊》第二期，1944年5月）

7月1日　行政院长蒋介石就先生治丧费发布令农林部训令。云："三十三年六月十九日章丁计签第八四二零号呈递农产促进委员会穆故主任委员治丧费印领，祈签核，转饬拨发由。呈件均悉，已转饬财政部照拨矣。此令。院长蒋中正。"（同上）

1946 年

夏 原苏州昆剧传习所部分"传"字辈学生假苏州梨园公所为先生设立长生禄位,以表怀念。先生哲嗣穆伯华赴苏与祭,张紫东等曲家参加唱曲,"以公生前所最嗜者献奏,檀板轻敲,清曲曼吟,如公生前之状。"(昆曲传习所全体学员《穆公创设昆曲传习所之经过》)

1947 年

5 月 1 日 黄炎培、刘聘三、毕云程、杨卫玉应许夫人、穆伯华、穆家骥、穆家麟之约,于劝工银行"商藕初身后问题"。(《黄炎培日记》)

6 月上旬 先生灵柩由渝水路抵沪。朱家泽(位育小学教导主任)云:"穆先生灵柩由水路抵达上海十六浦码头,各团体代表均前往恭迎穆先生回故里,我与李楚材校长代表位育中小学也到码头去迎接穆先生。"(2003 年朱家泽与穆伟杰口述)

6 月 16 日 黄炎培"到浦东同乡会,参加穆藕初追悼会……共刘聘三、卫老、问老商穆氏家务"。(《黄炎培日记》)

7 月 2 日 黄炎培等开"藕初追悼筹备第二次会"。(同上)

7 月 5 日 《申报》刊登《上海穆藕初先生追悼会公告》。云:

> 穆藕初先生经济文章,驰誉寰宇,提倡实业,热心教育,诸求实践,力避空谈,"一二八"、"八一三"沪地两次抗战,首表坚决之主张,忠诚爱国,儒立顽廉,胜利信心,早操左券,尤为社会所称道不置,而倍极钦崇,不幸于民国卅二年九月十九日在陪都逝世,恶耗传来,同深悲悃,只以抗战期间山河遥隔,未伸哀悼之意,最近灵榇东归,窀穸有期,谨订于七月六日下午三时,假中正东路一四五四号浦东同乡会六楼举行追悼会,藉表哀思。凡穆公生前亲友及有关团体,倘荷参加,无任企盼,花圈香烛等祭品,已由筹备会置办,如有哀挽诗文,请用素纸书写以节物力,而符穆公临终丧葬从俭之遗嘱,谨此公告。(收件处,浦东同乡会)上海市地方协会、上海华商纱布交易所、中华职业学校、鸿英图书馆、中华职业教育社、位育中小学、中华劝工银行、恒大新记纱厂、上南交通公司、农林部农业推广委员会、中华农学会、浦东同乡会谨启。

（同日《申报》）

7 月 6 日 下午,先生追悼会于上海浦东同乡会六楼举行。先公祭,江问渔读祭文,黄炎培报告先生事略。末提议征集编印纪念刊。(《黄炎培日记》)毕云程致词云:"穆先生对于自己应得之钱,在向未拿到手之前,早已预计定当,用于帮助别人或捐助公益等事,从不留作自用。"邹秉文致词云:"穆先生有三件事值得不朽:第一、首先推广改良植棉,陇海铁路沿线一带现在著名的美种棉花,大半由穆先生输入种籽而来。第二、首先向内地建立大规模的纺织工业——豫丰纱厂,虽然因受内战影响而未能照原计划推进,然后来内地工业的逐步发展,实以穆先生为开路先锋。第三、抗战时期在后方各省努力推广棉花粮食等大量生产,不但增强抗战力量,而且为中国树立了农业推广制度,对于增进农业生产大有裨益。"(毕云程《追念穆藕初先生》)"某年穆先生特地由沪到京访我,出五千元资助吾们学校农科改进农业生产工具之用。'邹某当时答言:'吾校已有改进农具之款列入预算,现不需要。'然而他说'终不获辞'云。"(穆伯华《先德追怀录》)穆家麟云:"到会的人很多,尤其使我感动的是来了十几位"传"字辈的师兄们,他们自带祭品,并自带乐器在遗像前边奏边唱了一曲,而且个个热泪盈眶,因为他们都是自幼受到父亲培养的过来人。这份心意真使我哭了又哭,最后他们还将父亲的牌位请到苏州纪念馆去供奉。父亲可以含笑九泉了。"(手稿)

祭文、挽文、挽诗大部分已佚失,现存如下:

祭文

维中华民国三十有六年,对日抗战胜利之第三年七月六日,同人乃始酾酒献花致祭于穆君藕初之灵曰:自古皆有死。死,人之所不能逃。维君学为国用,义薄云高,有功在民,有策在朝,宁待盖棺而定论,夫亦足以自豪。翳君之先,崛兴海壖,门闾之大,有兄实贤。惟君以兰玉之姿,乃不阶乎尺土,敝屣科名,绝足庠序。能自得师,曾不辞其功苦。郁郁风云,归商细君,既撤环以相助,遂新大陆之问津。不鸣则已,一鸣惊人,美利坚之北疆,意里诺之大庠,有为神农之言者,朝夕苦学以为常。或剪影以远寄,盖身被褨而稻粱。当君之未出国也,亦既登龙门而友莘莘,道沪杭而剪荆榛。怅世象之日新,笑余子之纷纷。欧战忽起,海舶不至。邻之薄,我之利,何以暖体曰衣;何以成衣曰棉。本君家之世业,更三载之精研,以培以植,以纺以织,谁著鞭先,君其有焉。其归国也,上自金张之亲,桑孔之臣。下逮陶朱白圭猗顿之伦。凡欲富国,欲润其身,莫不长跽请教于君之门。君乃出图经,集材佐,司纺者奔而右,司织者奔而左。精若纤维,繁若财货,指挥咸定,名声益播。人人奉为大师,家家延之上座,集六国印于一身,虽苏季子不是过。颂言满堂,黄金满筐,而君萧然,不以自享,咨出其财,以成人才。念幼年之未尝入学,乃学舍之宏开。念国外求学之有得,乃助人出国以成材。几辈通儒,一时权要,倘饮水而思源,忆成人之有造。公子有德,曾不忘报。或以问君,报之一笑。退食之余,开怀自娱。笼中黄头,盆里金鱼,北海杯盘兮吾友,后堂丝竹兮吾徒。方玉笋登场以作戏,忽蒲轮聘帛以真除,盖当局以君为才且贤也,将责之通商而惠工,而以君之未尝从政也。先试之次席而从容,从此以身许国,壹志从公矣。暴日外逼,中枢内迁,君乃病辞,退休在先,大义所迫,力疾从焉。敌焰薰天,国危累卵。始粤汉二城之不守,继西南两路之中断,斯时民气,郁而欲散,维君奋臂大呼,谓中华获天佑,必不终亡。暴日遭天谴,必不可逭。方欲下尽刍荛,上宽下旰,七七之机翻新,纤维之手增产,奋耿耿之孤忠,作复兴之翊赞。天乎不吊,倏焉捐馆,盖下逮顽敌之投降,不足二岁耳。今者外患粗平,内战方恶,悲吾民之何辜,怅斯人之不作。念国家需才之殷繁,恨天地生才之寥落。君之来兮权奇,君之去兮寂寞。同人或相从患难,或忝托亲知。对遗容而迸泪,忆谈笑于平时。综君生平,并世盖稀。造化无言,死生有期,为君一恸,与天下共之。呜呼哀哉。尚飨。

黄炎培

（原件复印件）

劫灰飞尽火犹红,惨澹山河一望中。地府虽埋千古恨,天心未许九州同。
千杯浊酒数篇诗,豪气凌云不羁没。凿尚存游侠骨坟,应穿坏□□离归。
未曾向故□□遇,□醒黄墟涕泪少。花落鸟啼春寂寂,玉人何处渺山河。
岚晓霭旌暮雨滨,老牛白马满江乡。不堪往事从头说,西望张园泪几行。

江恒源□□

（照片原件）

父亲大人灵石

发挥卓荧天才,烈烈轰轰,为农工商学发展创不少事功,而今留下典型,名闻中外,儿辈永承乔木阴。

鼓励坚毅壮志,磊磊落落,历浙京□□□服务后方政府,奈何未尽职责,病入膏肓,□人深痛大椿摧。

不孝男家菁、家骥、家麟、家修率孙千圻□□□□

（照片原件）

藕初老哥工部千古

率真不获真赏,毕生遭遇宛如杜工部;
抗敌未见敌降,爱国情怀岂让陆放翁。

冯超然顿首拜挽

（原件,今藏上海浦东新区档案馆）

7月 俞振飞发表《穆藕初先生与昆曲》一文。介绍先生学习昆曲经过及创办昆剧传习所事迹,末云:"我国戏剧,自清末皮黄崛起,昆曲日益式微,经先生

冯超然挽穆藕初手迹

竭力提倡,始获苟延一脉,今先生死矣,安得爱好昆曲如先生者出,而继其次,则昆曲将亡而不亡,先生虽死而不死矣"。(《戏剧半月刊》第七期,1947 年 7 月)

9 月 13 日　下午四时,黄炎培等开"浦东同乡会穆藕初纪念刊物编辑委员会"。①(《黄炎培日记》)

本年　《经济导报》第二十期刊登倩华《棉业先驱穆藕初》一文(民族实业家介绍之十一)。云:"中国的棉纺织业,在今天已经面临空前的厄运,……在这时候,不禁使人忆起逝世四年的棉业前辈穆藕初先生,他为了中国棉业改良,为了华商纱厂的发达,贡献出了一生的心血。……穆氏一生的事业精神是值得崇拜的。他的思想意识也足为中国民族工业家的楷模。他反对不平等之国际税法。主张改良进口税,裁厘加税,办工业要脚踏实地,注重技术改良及研究。在管理上认为应除去官僚思想,对于工人工作主张按件工资,在政治方面主张民主,晚年时的倾向更使人钦佩! 他对于事业是处处为国家民族着想的。"(原刊)

1948 年

4 月 22 日　黄炎培书《挽穆藕初》旧作,"付其后人"。(《黄炎培日记》)诗云:

> 琐尾相携忍息肩。一生一死两苍颠。
>
> 将身自致青云远。有德能忘浊世贤。
>
> 合坐笙歌常醉客。万家衣被不知年。
>
> 巴窗凄雨弥留夜。② 捷报遥闻尚莞然。

此余民纪卅二年秋渝州哀别老友藕初先生之作。今者归葬吴山,执拂祀成,重写此诗,付公子辈,留为永念。疆寇终降,内战转惨,祭告之,余地下有知不知哭涕之何从已。卅七年四月廿三日,黄炎培。

(原件)

4 月 23 日　先生葬日。执绋者有黄炎培、刘聘三、贾佛如、郝履成、郝履平等。"地大二十亩,规模颇宏。下午二时登穴,家人外吊客二三而已。"黄炎培《吴山六绝句》"卅七年四月廿三日纪游"(其二)云:

> 当时衣被万家春,今日昏岚冷墓门。
>
> 毕竟宣泥求速朽,权豪枉自禁樵斤。

——善人桥北穆藕初墓地

(《黄炎培日记》)

---

① 先生纪念刊是否出版不详。

② 1943 年 10 月 6 日重庆《新华日报》刊登原诗为:"巴窗凄雨弥留际。"

谈养吾《玄空本义》云:"上海穆藕初寿域,在苏州善人桥旺山戌辰兼干巽向,寿翁丙子五月二十七日丑时生,丙子十二月十八日丁巳日辰时立墓门,翁寿六十八岁,戊子年三月十五戊寅未时登穴。"(原书)吴湖帆为先生墓碑题字:"上海穆藕初先生之墓。"(原碑毁于20世纪九十年代)

本年　怀庶《豫丰创办人——穆藕初》一文载于《中国经济内幕》一书。该文与上年《经济导报》第二十期刊登倩华《棉业先驱穆藕初》一文内容大致相同。(新民主出版社1948年版)

1951 年

本年　郑州市政府决定在原址重建豫丰纱厂。1953年豫丰纱厂复工,后改名郑州国棉二厂。此后,国家投入巨资,陆续在西郊建成五家棉纺厂,建起了四所纺织院校,与棉纺企业相配套的大型印染厂、纺织机械厂、纺织器材厂,成为全国重要的纺织工业基地之一。每一家棉纺厂的新工人均到郑棉二厂培训、实习。

1954 年

3月1日　华东戏曲研究院昆曲演员训练班于上海成开学,调集"传"字辈演员任教,蔡正仁、计镇华、华文漪、岳美缇等成为第一批学员。1955年,该班改为上海戏曲学校昆剧演员班。校长俞振飞。

5月　穆伯华将父亲生前昆曲藏书595册捐赠于华东戏曲研究院昆曲演员训练班。为纪念先生保存昆剧历史功绩,每册卷首均附有穆藕初像的纪念文字。云:

> 一九二一年,穆藕初先生创办昆剧传习所于苏州桃花坞西大营门五亩园,造就了不少优秀人才。出身该所之同志现有数人参加华东戏曲研究院昆曲演员训练班,从事培养下一代,发扬、推广昆曲艺术工作。爰由其后人将先生生前所珍藏之曲本595册赠予本班。特志数言,以资纪念。
>
> 华东戏曲研究院昆曲演员训练班,一九五四年五月

倪传钺云:"解放后没有出过昆曲的书籍,所以昆曲班教师在教课时,穆先生的书常常作为教材使用,有些则作为教师研究之用,总之对教学帮助很大。

1956 年

4月15日　浙江省昆苏剧团排演改编昆剧《十五贯》,进中南海为中央首长演出。该剧由昆剧"传"字辈艺术家王传淞主演娄阿鼠一角,因塑造人物神态逼真、技艺精湛而受到好评。4月25日,毛泽东在国务院直属机关礼堂再次观看了《十五

贯》演出。

4月19日 浙江省昆苏剧团《十五贯》于北京广和剧场演出。周恩来总理到场观看，并到后台看望演员，作讲话称"救活了一个剧种"，"昆曲的表演艺术很高，只要你们好好努力，将会取得更大的成就。"

5月18日 《人民日报》发表社论《从"一出戏救活了一个剧种"谈起》，肯定昆剧艺术价值。

本年 位育小学改为公立学校，改名襄阳南路第二小学。1971年底襄阳南路第一小学并入，改校名为向阳小学。学校秉承"重视学生的全面发展、个性发展和可持续性发展"办学方针，先后被评为上海市行为规范示范标兵校，市德育工作、体育卫生工作先进，市教育科研先进，市科技教育特色校，区艺术教育特色校，少先队全国红旗大队，市级全国文明单位。

1978年

8月 近代史研究所编辑《民国人物传》第一卷出版。共有列传65篇，内载朱信泉所作穆藕初传。称这位"民族工业资本家"，以较早的在所办的三个纱厂内采用西方的"经营管理方法，改进生产，增加利润，为当时上海工商界所知名"，并提到了穆在抗战中的作为。

1981年

11月1日至9日 由文化部、中国戏剧家协会等八个单位联合筹办的纪念昆剧传习所成立60周年纪念活动于苏州举行。俞振飞和"传"字辈艺术家作了示范演出。上海、浙江、江苏等昆剧团参加演出。北方昆曲剧院、湘昆剧团、永嘉昆剧团以及各地曲社均派员参加。文化部为健在的十六位"传"字辈艺术家颁发了纪念匾。

1982年

3月19日 重建的苏州昆剧传习所于苏州成立。苏州昆曲剧院原团长顾笃璜任所长，邀请"传字辈"艺人及其弟子向年轻演员授艺。

12月 苏州市文史委员会编《苏州文史》第8辑刊登《穆藕初与昆曲》一文。

1983年

本年 《中国历史人物辞典》由黑龙江人民出版社出版，内收穆藕初传。

1984 年

2 月 《中国企业管理百科全书》由企业管理出版社出版,内收穆藕初传。

11 月 陈正书《二十年代上海的企业改革家穆藕初》一文发表于《上海经济科学》第 11 期。

本年 陈正书《北洋军阀统治时期上海经济的写照——〈藕初文录〉简述》一文发表于中国近代经济史丛书编委会编《中国近代经济史研究资料》一书。该书由上海社会科学院出版社出版。

本年 俞振飞先生就昆曲问题上书胡耀邦总书记,直陈昆曲艰难困境。文化部根据胡耀邦批示精神,于 1985 年颁发了《关于保护和振兴昆剧的通知》。1986 年成立了文化部振兴昆曲指导委员会。1987 年,文化部再次发出《关于对昆剧艺术采取特殊保护政策的通知》,并于同年 12 月 17 日至 25 日在北京举办了"全国昆剧抢救继承剧目汇报演出"。

本年 泰罗《科学管理原理》(国外经济管理名著丛书)一书中译本由中国社会科学出版社出版。

1986 年

3 月 莫永明主编《中华民族之改革明星》由四川人民出版社 1986 年 3 月出版。内载陈正书《穆藕初与企业管理的改革》一文。

1987 年

8 月 陈正书《二十年代上海民族企业家——穆藕初》一文发表于《中国企业家》第 8 期。

1988 年

3 月 陈正书《著名实业家穆藕初》一文发表于《上海史研究》(二编)。

6 月 赵靖主编《中国近代民族实业家的经营管理思想》一书由云南人民出版社出版。介绍张謇、张元济、穆藕初、卢作孚、荣宗敬、刘鸿生六位中国近代民族实业家的经营管理思想。第四编为张劲涛《穆藕初》,分第一章:近代中国著名的民族工业家穆藕初;第二章:穆藕初企业管理思想的核心——"人才为事业之灵魂";第三章:穆藕初改革企业管理制度的入手——财务管理制度化;第四章:穆藕初经营企业所依据的基本准则——"来源出路,节节灵通";第五章:运用科学管理理论,大胆破除陈规—穆藕初对企业管理体制的改革;第六章:中国近代企业经营管理史上有教益的一课。

本年　《中国著名爱国实业家》(祖国丛书)由人民出版社出版,内载果鸿孝《穆藕初》。

本年　《中国大百科全书》"经济卷"出版,内收穆藕初传。

1989 年

本年　《旧上海风云人物》由上海人民出版社出版,内载陈正书《棉纺企业家穆藕初》一文。

本年　《中国历代人名大辞典》由江西教育出版社出版,内收穆藕初传。

本年　《上海辞典》由上海社科院出版社出版,内收穆藕初传。

本年　《中国近现代人名大辞典》由中国国际广播出版社出版。内收穆藕初传。

1990 年

3 月　钟祥财《穆藕初农业思想略探》一文发表于《中国农史》第 3 期。文章称"虽然穆藕初的实业重心是棉纺工业,但他对农业极为重视,在变革传统小农经济,促进中国农业近代化问题上发表了许多独到深刻的见解。"

4 月 17 日　《穆藕初——凡事要争民族之气》一文刊登于《经济日报》"扬民族精神,长民族志气"专版。

1991 年

3 月　姚中利《穆藕初的经济发展思想与现代发展经济学》一文发表于《北京大学学报》(哲学社会科学版)。

3 月　陈三井《民初上海商人的现代化经营理念——以棉业巨子穆湘玥为例之讨论》一文发表于台北中央研究院近代史所的论文集。称:穆湘玥是个勤奋向上,重视新知识的第二代本土企业家,由于亲身体验到外国帝国主义,尤其是日本的压迫和竞争,论穆氏的企业经营理念,其焦点始终环绕在如何振兴国内实业上,时时刻刻以国家民族的前途为念。穆藕初是个国家意识特别浓烈的实业家,他处处以中国之富强为念,他之努力振兴棉业,便是为了"救国、救贫",造福乡梓。他呼吁全国人团结协力,以对抗外人的处心积虑,谋我中国。正因为民初上海商人有这种"求西学、救祖国、争富强"的不服输心理,加上注重科学管理方法,重视研究发展人才培养,讲求行销与调查等现代化经营理念,故使上海的工商业发展处处"妙应时机",具备了敏锐的市场嗅觉,扮演了举足轻重的地位。

4 月　钟祥财《穆藕初的经济思想》发表于《上海经济研究》第 4 期。

本年　《中国近代企业的开拓者》(下册)由山东人民出版社出版,内载陈正书《穆藕初》一文。

本年　《中国革命史人名大辞典》由海南三环出版社出版,内收穆藕初传。

本年　《中国革命史人物辞典》由北京出版社出版,内收穆藕初传。

本年　《民国人物大辞典》由河北人民出版社出版。内收穆藕初传。

本年　上海书店重印《藕初五十自述》(民国丛书第三编 74)。

1992 年

4 月 1 日至 3 日　由文化部及江、浙、沪、苏、昆文化局联合举办的纪念昆剧传习所七十周年于昆山举行。国内有关方面共一百多人前来庆贺。纪念活动中,"传"字辈艺术家和各地演员、曲家共同参加了振兴昆剧为题的研讨会和联欢会。

12 月　虞和平等所著《20 世纪中国企业家风云录》(《中华 20 世纪丛书》第 1 分册)由青岛人民出版社出版。第二节为"穆藕初与近代中国棉纺织业"。

本年　《中国大百科全书—历史卷》出版,内收穆藕初传。

1993 年

5 月　赵靖主编、石世奇副主编《中国经济管理思想史教程》由北京大学出版社出版,该书后获国家教委优秀教材一等奖。介绍中国近代五位民族实业家代表张謇、穆藕初、范旭东、卢作孚、陈嘉庚的经营管理思想及其主要特点。其第二十八章为穆藕初,分五节,第一节:中国近代推行科学管理的先驱;第二节:计划及运筹思想;第三节:人才思想;第四节:制度建设思考;第五节:销售思想。

6 月 7 日　危兆盖《赤手成功,万方衣被——记"棉纱巨子"穆藕初》一文发表于《光明日报》。

8 月 19 日　钟祥财《中国企业管理史上功不可没——"新兴商人派"代表穆藕初》一文发表于《文汇报》。

9 月 4 日　由中华职业教育社举办纪念穆藕初先生逝世 50 周年座谈会于北京全国政协礼堂举行。全国人大常委会副委员长、职教社理事长孙起孟作《纪念民族工业改革先行者穆藕初》发言,中共中央统战部副部长刘延东抱着对穆藕初先生深切怀念和崇高敬意之情表示,穆藕初先生为振兴中华而奋斗终身的高尚品格和爱国义举,是值得我们永远怀念和学习的。北京大学经济教育学院赵靖,戏剧家张庚以及方露茜(方显廷之女)、黄万里、杨显东等在会上发言,或作书面发言。穆家修代表家属发言。中国民主促进会、全国工商联、中华职业教育社、中国戏剧家协会、北方昆剧院等单位代表，穆藕初生前友好及他们子女，来自上海、南京、深圳、长春的先生家属共 60 余人参加座谈会。新华每日电讯对纪念会作了报道。

10 月 16 日 美国纽约海外昆曲研习社假座法拉盛治教堂举办"穆藕初先生及俞振飞先生纪念会"暨第六次昆曲系列讲座。研习社社长陈富烟发表纪念致词，穆藕初之女穆慧秋介绍其父及友人创办昆剧传习所经过及其影响，尹继芳、王泰祺介绍俞振飞和传字辈艺术家。次日纽约《世界日报》对纪念会作了报道。

10 月 孙起孟（全国人大副委员长、中华职业教育社理事长）《纪念民族工业改革先行者穆藕初》一文发表于《教育与职业》第 10 期。

10 月 《穆藕初先生简况》发表于《中国戏剧》第 10 期。

1994 年

1 月 （美）费正清编，杨品泉译《剑桥中华民国史》（1912—1949 年）上卷（《剑桥中国史》系列，16 卷）一书由中国社会科学院出版社出版。第 12 章"中国的资产阶级，1911—1937 年"的"中国资本主义的黄金时代，1917—1923 年"内称："在第一次世界大战期间，城市名流这一上层社会中出现了一个狭小的社会圈子，他们献身于振兴实业、自由企业和经济合理化的思想体系：这是一个真正现代化的资产阶级。在经济奇迹的影响下，这一转变的发生是很自然的，但是在半殖民地的环境中，却受西方的支配。包括现代的资产阶级的新一代企业家们曾经在外国留学。他们对当时世界的现实情况有更多的了解，并且比较不受旧传统的束缚。其中最著名的无疑是穆湘玥（藕初，1876—1943 年）。他出生于上海，棉商之子，学习英语，并于 1900 年通过考试进入海关工作。由于 1905 年积极参加反美抵制运动而被迫辞职，他在 33 岁时赴美国接受技术教育。他先在伊利诺斯大学学习农艺学，然后又入德克萨斯农业与机械学院学习纺织工程。1914 年归国以后，他努力改进设备以使自己的纺织厂现代化，并引进美国的长绒棉。1915 年他在上海创建厚生纺织厂；1916 年又创建德大纱厂；1920 年再创建豫丰纱厂于郑州。同年，他参加组建棉花交易所，并一直担任首脑至 1926 年。这是少数经受住了 1921 年投机风潮的交易所之一。为了帮助中国实业界教育其所急需的领袖人才，他给他最好的学徒们奖学金到美国留学，其中包括 1921 年赴美，后来成为南开大学经济学教授的方显廷。"在"走向政治漩涡"一节称："中国工商业的迅速发展要求某些制度的改革——统一币制，改革财政，恢复关税自主，这既是对中央政府的性质和活动的挑战，也是对中国由于各种国际条约导致的半殖民地地位的挑战。现代资产阶级的经济野心必然将它引上更广阔的战场；日益众多的企业家，开始认识到他们的命运是和国家及社会的一般演化分不开的。'人不能离开社会独自生活，吾人不能脱离纷乱而无组织之今日中国社会而自成一体。'在 1921 年的商联会年会上，……面对目前境遇的商人们，现在应该是抛弃过时的不过问政治的传统的时候了！我们长期以来拒绝参与所谓肮脏的政治，但是如果政治是肮脏的，那是因为商人们允许它肮脏。各商会过去一贯坚持不过问政治，但是今天，这种不过问已经变得可耻了。穆藕初用稍微平和一点的语气重复了相同的意见：以前我们认为工商业者只应该关心工商业，这种旧观念今天已经没有用了。团结起来，用一切办法迫使政府改良内政，已经成了我们工商业者的责任……我们相信只有这样办才有希望使我们国家的工商业复兴，如果我们不采取这样的步骤，其结果将是所有企业失败，国民将无以为生，国家将遭到毁灭。资产阶级因在经济发展中碰到各种制度性的障碍而突然出现的政治觉悟，是受到五四运动奋发精神的激励而产生的。国家的前途，国家的经济发展，以及中国资本家在国家工业建设中的作用，成了每一次讨论的中心话题。一切都由同一个固定不变的事实引发：中国的贫穷与落后。只有一个药方：发展工业；只有一个建议：中国从欧洲和美国的经验中汲取教益，但必须避免出现劳资冲突。这些成了孙逸仙在 1918 年停战以后所写的《中国的国际发展》一书的主要论题。这是一本带有圣·西门式的工业抒情诗调子的著作。同样的思想在约翰·杜威于 1919 至 1921 年间在中国各大学所作的讲学中得到进一步发挥，并在他的影响下由自由派知识分子(张东荪、胡适)加以捍卫，还在一个短时间内得到未来中国共产党的创建人陈独秀的支持。"

2 月 陈正书《爱国实业家穆藕初》一文发表于《教育与职业》第 2 期。

4 月 穆家修《民族工业家穆藕初》一文发表于《现代工商》第 4 期。

7 月 文昭《近代企业管理科学的传播人和实践者——穆藕初》一文发表于《中外企业家》第 7 期。

1995 年

5 月 张名金(郑州国棉二厂)《中国民族资本大规模向内地拓展的先驱——穆藕初》一文发表于《中国纺织》第 5 期。介绍穆藕初在河南创办豫丰纱厂艰辛历程。

1996 年

8 月 罗力《近代民族工业的改革先驱——穆藕初》一文发表于《中国工商》第 8 期。

9 月 赵靖主编，叶世昌、穆家修副主编《穆藕初文集》由北京大学出版社出版。孙起孟题写书名，内容包括 1926 年版《藕初五十自述》、《藕初文录》上下卷(增加《纱厂组织法》、《太平洋商务会议》文章等 4 篇）及《藕初文录续篇》,新增穆藕初于 1926 至 1942 年间在报刊、杂志上发表的 64 篇文章。定价 58 元,印数 1 000 册。

11 月 钟祥财《穆藕初后期的经济思想》发表于《学术月刊》第 11 期。文章称:"要完整地把握和评价穆藕初的经济思想,就很有必要对他在 1926 年 12 月至 1942 年 6 月间所撰写的 60 多篇著述进行一番考察,而最近出版的《穆藕初文集》无疑为这一有益的研究提供了宝贵的帮助。"

1997 年

1 月 吴传清《穆藕初德经济思想述评》一文发表于《经济评论》第 1 期。

3 月 丁孝智(西北师范大学历史系)《穆藕初的商业经营管理思想》一文发表于《西北师大学报》(社会科学版)。文章称"中国近代著名的民族实业家穆藕初,集企业家与理论家于一身,在创办棉纺企业、交易所、银行等实业的同时,形成了丰富的经营管理思想:①呼吁变革落后的政治经济制度,为经商提供社会保障;②重视交通、金融及农工诸业的发展,为经商创造良好的经济环境;③强调造就人才,推进商业现代化建设;④讲究营销策略和交易规范,增强市场竞争能力。"

3 月 华厦《民族工业改革先行者穆藕初》一文发表于《浦东开发》第 3 期。

4 月 陈正书《黄炎培与穆藕初—近代企业界与教育界携手奋斗之典范》一文发表于第 2 期。文章称:"黄炎培与穆藕初——近代企业界与教育界携手奋斗之典范。本世纪的前四十年间,在上海乃至中国,一个教育家与一个企业家之间,相濡相挈之友情,能达到'四十年交好,到老犹新'的,恐怕无出于黄炎培与穆藕初之右者。"

1998 年

10 月 方家骥、朱建明主编《上海昆曲志》由上海文化出版社出版。内载穆藕初传。

12 月 张福记《变纷纷乱世为清净乐土——穆藕初的救亡心路历程》一文发表于《档案与史学》第 6 期。

12 月 刘云虹(东南大学文学院政治与公共管理系)《中国近代著名实业家穆藕初企业管理之特色》一文发表于《南京社会科学》第 12 期。文章从企业管理的角度,着重阐述了我国近代著名实业家穆藕初,第一个将西方科学管理理论运用于企业管理中所形成的管理特色:重视信息的收集与管理,改革旧体制和旧方法、建立科学管理制度,重视企业技术进步等。这些管理经验对当前我国企业的管理与改革仍不无借鉴和启示。

1999 年

2 月 孙慧敏(台湾"中央研究院"近代史所)《从留学生到实业家——以穆湘玥(藕初)与童世亨(季通)为例》一文发表于台北《史原》第 21 期。文章以穆、童两位上海实业家的求学与创业过程为例,探讨清末民初的"实业救国论"如何带出留学学习实业的风气,从而改变技术人员在知识圈中的位阶。另一方面,该文也试图从中观察实业教育如何改变新式企业家的组织、管理与经营方式,以及它们和中国传统商业文化之间的涵容与冲突。

11 月 泰罗著,韩放译《科学管理原理》一书由团结出版社出版。

2001 年

1 月 上海工商社团志编写组编《上海工商社团志》由上海社会科学院出版社出版,内载穆藕初传。

5 月 18 日 联合国教科文组织在巴黎总部宣布首批 19 个"人类口述和非物质遗产代表作"的名单,我国的昆曲艺术名列榜首。

10 月 马敏《商人精神的嬗变——近代中国商人观念研究》一书由华中师范大学出版社出版。该书以张謇、经元善、穆藕初为例,分析近代中国商人法制意识、经营意识。第十章为中国科学管理的先驱:穆藕初的经营思想,分生平简历、"实业救时"思想、科学管理思想、企业经营之道、结语五部分。

2002 年

5 月 吴新雷主编《中国昆曲大辞典》由南京大学出版社出版,内收穆藕初传。

6 月 张福记《近代中国社会演化与革命》一书由人民出版社出版。第七章"民族资产阶级人物政治思想变化的个案剖析"第一节为"从期望到绝望:实业家穆藕初政治思想变化的历程。

2003 年

1 月 张凤(四川师范大学经济学院)《穆藕初企业管理思想及特点》一文发表于《中华文化论坛》第 1 期。文章称"他大胆学习、借鉴西方管理的优秀成果,并创造性运用到自己所建的三大纱厂中,最终形成了独具特色的企业管理思想,其主要特点有民族性、实践性、创新性。这一思想对于今天企业改革仍有十分重要的借鉴意义。"

3 月 韩红霞《民初实业家穆藕初的教育观》一文发表于《民国档案》第 3 期。

文章称"穆藕初的教育观是在其长期从事实业活动中形成的,他这种教育与生产结合、教育为社会服务的主张值得后人借鉴,他倾资文化教育事业,培养人才的活动与事迹,也是值得我们称赞的。"

6月 柳和城、穆伟杰《穆藕初先生与昆曲藏书》一文发表于《档案与史学》第6期。

12月 柳和城《穆藕初整理昆曲全谱始末》一文发表于《史林》第6期。

本年 贾世建《穆藕初实业救国思想探析》硕士论文发表于《河南大学》。文章分析穆藕初实业救国思想产生的社会历史和思想根源。民族危亡之下,强烈的民族主义是穆藕初实业救国思想产生的前提条件;实业救国思潮以及国内外良好的发展环境推动了其思想的产生;进化论的哲学观是穆氏实业救国思想产生的理论基础;"在商言商"传统观念以及"商战"观念是穆氏走上实业救国道路的思想根源。

2004 年

3月 柳和城《穆藕初与吴梅的昆曲情缘》一文发表于《苏州杂志》第3期。

4月 洪认清(淮北煤炭师范学院)《穆藕初的农业教育思想》一文发表于《中国农史》第4期。文章称穆藕初"强调农业人才的培养要把提高质量放在首位,注重专才教育;农业人才的训练以能刻苦耐劳、有丰富的农学知识和充足的农事经验为准则。他还对农民的文化素质和技能培养问题表示了极大的关注,呼吁农业人才躬赴乡村,通过各种途径,以灵活多样的形式在农民中进行文化知识、农业科学知识和生产技术的普及教育。

6月 郭建荣《穆藕初与"五大使"出洋》一文发表于《文史精华》第6期。

2005 年

2月 位育中学被上海市教委首批命名为"28所实验性、示范性高中"之一。江泽民为学校题写校名。

2月 赵丽宏《穆藕初:历史海洋中的实业巨子》一文发表于《档案春秋》第2期。

2月 韩芳(北京农学院政法系)《穆藕初的救国思想与实践》发表于《黑龙江教育学院学报》第2期。文章称穆藕初"一生致力于'实业救国'和'教育救国',近代中国民族资本家的内涵在其身上得到了新的阐释。"

3月 高超群《战士穆藕初》一文发表于《资本市场》第3期。

6月 许冠亭(苏州大学政治与公共管理学院)《穆藕初与太平洋商务会议》一文发表于《苏州大学学报》。文章摘要:代表团在会议前后、会场内外的活动体现出中国工商界为发展商务、振兴国家所倾注的外交热情,在一定程度上反映了当时的中国工商界开阔的国际视野和深邃的世界眼光。

7月12日 高超群《穆藕初:立志与日本纱厂决死商场的商业斗士》一文发表于《时代人物周报》。

9月 赵波(上海财经大学经济学院)《穆藕初科学管理思想及其实践论略》发表于《商业研究》第9期。文章称"穆藕初积极引进西方先进企业管理思想,并结合自己在创立经济实体中所遭遇的困境,勇于探索和改革,创建了一套行之有效的企业管理制度,形成了穆氏独具特色的企业管理思想。"

2006年

2月 柳和城《冯玉祥、穆藕初的君子之交》一文发表于《钟山风雨》第2期。

4月3日 傅国涌《"穆藕初先生奖学金"》一文发表于《南方都市报》。介绍方显廷、罗家伦、周炳琳等十位受穆藕初资助、学有所成的知名人物集资设立"穆藕初先生奖学金",作为永久纪念。首次得奖者刘有成、杨振宁、周大晶等。

4月12日 傅国涌《穆藕初与昆曲》一文发表于《南方都市报》。文章称"昆曲艺术自清末以来日渐衰微,这一剧种的一脉星火得以延续与他的鼎力提倡是绝对分不开的。在昆曲史乃至戏剧史上,都应该有'穆藕初'这个名字,不能忘记他为保存昆曲艺术的心力。"

5月 穆家修、柳和城、穆伟杰编著《穆藕初先生年谱》(1876—1943)由上海古籍出版社出版。全国政协常委、上海市政协副主席、上海中华职教社主任黄关从题签,并撰序,上海社科院副院长熊月之、上海社科院历史所研究员陈正书、昆剧"传"字辈艺术家倪传钺作序。全书55万字余,以编年体结合纪事本末形式全面、详实地记述穆藕初的生平、事迹和思想。内容主要采集自谱主本人著述、档案史料、当时报刊图书等第一手材料。该书是继《穆藕初文集》后又一部研究穆藕初的重要学术性著作。定价88元,印数1250册。

6月 唐国良主编,柴志光、柳和城副主编《穆藕初——中国现代企业管理先驱》(浦东新区政协文史丛书之十二)由上海社会科学院出版社出版。全国政协副主席黄孟复作序。全书35万余字,收入三十余位专家、学者及家属44篇文章及多篇资料性材料,图文并茂,展现了穆藕初各个历史时期活动与其不平凡的人生阅历,是一本介绍穆藕初较为丰富的书籍。目录如下:《青少年时代的穆藕初》(陈正书)、《壮岁赴美——与众不同的留学生涯》(施海根)、《穆藕初与现代科学管理创始人泰罗》(贺丞、尹亚洲)、《首创品牌的德大纱厂》(张建明)、《穆藕初与厚生妙厂》(柳和城)、《豫丰纱厂:内地推广实业的典范》(穆伟杰、张建明)、《纱布交易所风雨十七年》(杨明丰、张银根)、《穆藕初与上海中华劝工银行》(范明怡)、《1922:一场成功的国民外交》(徐垲)、《民初实业家穆藕初的教育观》(韩红霞)、《中华职业教育社的创始人穆藕初》(陈伟忠)、《资助留学及"穆藕初先生奖学金"》(思忆)、《从位育小学到位育中学》(陈佩芳)、《解读穆氏一篇佚文》(许康、陈晓辉)、《穆藕初与浦东同乡会》(余木、郭绪印)、《穆藕初与浦东早期开发》(郭秉城)、《穆氏兄弟与上川、上南铁路》(祝龙珠)、《关于穆氏昆仲》(杼斋与藕初)(穆家修)、《穆藕初:昆剧传习所创办始末》(刘承)、《大会串:昆剧史上浓重一笔》(穆伟杰)、《我所亲历的昆剧传习所》(倪传钺)、《穆藕初与吴梅》(柴志光)、《淞沪会战中的穆藕初》(陈金虎)、《创七七手纺机,推动后方生产》(庄秀福)、《在农本局总理任内》(颜解放、陆思慈)、《黄炎培与穆藕初》(陈正书)、《佛教对穆藕实的影响》(柴志光)、《在重庆的最后日子》(康天悦)、《毛泽东笔下的穆藕初》(柳和城)、《追忆穆藕初先生》(黄炎培)、《追念穆藕初先生》(毕云程)、《一个台湾学者眼中的穆藕初》(陈三井)、《爱国实业实穆藕初》(赵丽宏)、《论穆藕初在中国管理科学史上的地位》(许康、张成伟)、《穆藕初的经济思想》(钟祥财)、《穆藕初的科学管理思想》(钟祥财)、《穆藕初对近代经济制度建设的贡献》(钟祥财)、《"棉纱大王"穆藕初的振兴棉业主张》(郭绪印)、《穆藕初演讲摘要》(闻史)、《穆氏兄弟的两本早期译著》(徐垲)、《试析穆氏的译才及译文对节约型社会的理解》(许康、莫再树)、《追忆先府君言行》(穆家菁)、《长天翰海严父情》(穆家修)、《穆藕初先生斗鸟的故事》(穆伟杰)、《穆藕初先生主要著作年表》(余木)、《北京纪念穆藕初先生座谈会综述》(黄玉昌)、《穆藕初研究资料目录》(部分)(穆家修)、《一个不能忘记的人》(编后记)(唐国良)。

6月 穆伟杰《穆藕初斗鸟寄意》一文发表于《世纪》第3期。

7月9日 昆剧传习所成立85周年纪念会于苏州中国昆曲博物馆举行。近百名传习所老前辈的后人、学生、各昆剧院团的演员、编导以及有关专家、学者和广大昆曲迷与会,总结昆曲艺术六百余年来取得的辉煌成就,表达将前辈事业发扬光大的决心。苏州昆剧传习所、下午举行纪念昆剧传习所成立八十五周年的演出。苏州昆曲遗产抢救保护促进会和紫东文化基金出版了《苏州昆剧传习所纪念集》。

7月10日 钟祥财《于混浊中留清白——读〈穆藕初先生年谱〉》一文发表于《文汇报·笔会》。文章称:"在市场化改革的进程中,社会价值取向日益多样,传统习俗和现代意识并存,何荣何耻疑惑多多,置身于纷乱躁动的文化氛围,穆藕初先生的人格、智慧和经历,很值得我们景仰、汲取和思索!"

12月 穆家修《弘一法师与父亲穆藕初》一文发表于《世纪》第6期。

本年 国家自然科学基金委员会编《我与科学基金》一书由北京大学出版社出版。内载陈晓田《科学基金与管理科学》一文。称"在中国,虽然管理科学的引入与启蒙很早,1916年中华书局就出版了穆湘玥(字藕初)先生翻译的"科学管理之父

"泰勒的《科学管理原理》一书,但是作为一门科学在中国真正得到发展,并为社会与科学界所承认还是在改革开放以后。"

本年 高俊《论穆藕初的实业振兴思想》博士论文发表于《复旦大学》。"本文通过梳理和分析近代中国历史上'新兴商人派'(毛泽东语)的代表人物,穆藕初的实业振兴思想之形成与实践,彰显这位具有开拓精神的爱国实业家为近代中国经济发展及社会改良所作出的贡献及其在历史上的重要影响,并以此为视角作为研究转型期中国社会的一种尝试。"

本年 雷晓宇《穆藕初:70 年前的中国梦》发表于《中国企业家》第 16 期。本文从穆藕初"办企业的微观,到办纱布交易所、银行的中观,再到营造经济法制环境的宏观,穆藕初用西方理论改良中国社会的实践,由于受当时社会的压制,最终以悲剧结局。改良者的一生不断地遭受打击。"

2007 年

4 月 丁毅、李道永(郑州大学历史学院)《从穆藕初眼中的好经理想到的》一文发表于《现代企业教育》第 4 期。

5 月 高俊《穆藕初的西学思想》一文发表于《史林》第 5 期。本文通过梳理、分析穆藕初西学思想的形成轨迹及实践创获,来认识这位中国近代实业先驱的时代贡献及历史影响。

8 月 李福英、刘秦斌《触类变通,化裁妙用——穆藕初对泰勒科学管理思想的取舍运用》一文发表于《企业管理》第 8 期。

10 月 孙智君《民国产业经济思想研究》一书由武汉大学出版社出版。第二章南京政府时期的产业经济思想第六节为"穆藕初的产业经济思想"分"产业结构思想——农业在国民经济中的重要地位"、"产业关联思想——经济发展与实业之间的关系"、"穆藕初的产业政策及其实践"、"穆藕初产业经济思想评价"四部分。

10 月 刘敬坤《穆藕初慷慨分担大学经费》一文发表于《世纪》第 5 期。

12 月 高俊《穆藕初评传》由上海人民出版社出版。熊月之序。全书共分十二章,30 余万字。叙述穆藕初生平活动,分析其西学思想,实业与教育思想,重农、兴农思想,以及社会改良思想等的形成、实践及创获,试图全方位梳理和分析这位具有开拓者精神的爱国实业家的时代贡献及历史影响,作为研究从传统到现代的转型期中国社会的一种尝试。

2008 年

3 月 8 日 李特《谁救了 600 年岁老昆曲?》一文于《竞报》。指出"如果不是穆藕初花高价请法商百代公司为昆曲大家俞粟庐灌制唱片三张,刊行《度曲一隅》一书,保存了国宝级的戏曲文化遗产;如果不是他出资 5 万元在苏州办"昆剧传习所",昆曲的现状可能不是现在这样。"

3 月 言夏《国商》一书由当代中国出版社出版。该书介绍张謇、盛宣怀、唐廷枢、周学熙、范旭东、刘鸿生、卢作孚、荣毅仁、穆藕初、陈光甫等十位"在近代中国转型时期产生过巨大影响的商人"。第九章为"穆藕初:被遗忘的管理先驱"。

4 月 李蓉丽《民国对外贸易思想研究》一书由武汉大学出版社出版。第一章北洋政府时期第三节"思想理论界对振兴对外贸易问题的探讨"第三部分为"穆藕初:参与国际合作、创造良好环境以发展对外贸易之主张"。

8 月 高俊《穆藕初的社会改良思想》一文发表于《史林》第 4 期。文章称"穆藕初是近代中国社会商人阶层的代表人物,作为一个兼具中国传统文化及现代西方教育背景的实业家,他结合自己求学及创业的心得,从中西方社会在国民精神、社会风尚、文化心理诸方面的客观差异入手,分析近代中国社会的种种问题,形成了具有鲜明个性特色的社会改良思想。"

10 月 21 日 安装智《昆曲的"救命恩人"》一文发表于《深圳特区报》。文章称"上世纪 20 年代初,在昆曲濒临绝境的情况下,是上海的民族资本家、实业家穆藕初先生倾其家产,在苏州创办了昆剧传习所,培养了一大批传字辈的昆曲艺人,昆曲这样的国宝才得以流传下来。"

10 月 傅国涌《大商人:影响中国的近代实业家们》一书由五洲传播出版社出版。作者通过张謇、荣氏兄弟、范旭东、穆藕初、刘鸿生、卢作孚六人事迹、命运"来展现中国近代商业发展、商业智慧、商业教训。"第四章为"一掷万金穆藕初"。

10 月 傅国涌、穆家修《穆藕初"另类"的实业家》一文发表于《中华遗产》第 10 期。

本年 杨成(贵州师范大学)《穆藕初企业人才观论析》硕士论文发表于《贵州师范大学》。

本年 谢长法(西南大学教育学院)《穆藕初与职业教育》一文发表于《中国职业技术教育》第 32 期。文章称穆藕初"不仅创办实业,复兴昆曲,奖掖后进,而且还终生情系职业教育,是我国现代职业教育发展史上不应被忘记的一位重要人物。"

2009 年

1 月 李忠、王筱宁《穆藕初的实业教育思想及其实践》一文发表于《河北师范大学学报》(教育科学版)第 1 期。文章称"穆藕初认为,振兴实业是国家富强的根本。然而,实业是科学的应用过程,科学是教育的重要内容,学校是实现教育与实业联接的纽带。实业的多样性决定了实业人才的多样化,并决定了多路径的教育发展模式。由此,穆藕初阐述了他独特的实业教育思想并积极付诸实践。"

4月8日　林天宏《中国企业管理学之父——穆藕初:实业界"一线曙光"》发表于《中国青年报》。

5月　谢国平《1942年,穆藕初梦碎重庆》一文发表于《浦东开发》第5期。

7月　穆伟杰、柳和城《吴佩孚书赠穆藕初的一首诗》发表于《档案春秋》第7期。

8月23日　程念祺《穆藕初:不以成败论》一文发表于《东方早报》。文章阐述在种种"繁复关系"面前,穆藕初始终"充量做去",来推动国家实业、教育、文化的发展。指出"儒者的天下意识,西方的知识背景,融贯于他一生的行事中;成功与失败,都从这自强不息中来。故先生的一生,是不能以成败论的。"

8月　魏纪侯《棉业大王穆藕初》一文发表于《英才》第8期。

9月　李铭波《泰罗科学管理理论对现代组织的借鉴意义》发表于《山西财务税务专科学校学报》第4期。文章称"泰罗创立的科学管理原理的核心是标准化、规范化和制度化管理,它是管理的基础,直到今天仍有重大的现实意义。中国目前的经济发展水平还不高,绝大多数企业仍处于经验管理的层次,人们的生活水平和文化也不高,因此,借鉴泰罗的科学管理原理,实现管理的科学化是我们的必由之路。但同时,要注意学习借鉴与创新相结合、科学管理与人本管理相结合。"

本年　朱荫贵(复旦大学历史系)《试论近代中国社会传统力量对早期现代化发展的障碍作用——以穆藕初引进推广现代西方科学管理理论的实践为例》发表于《近代中国》(第十九辑)。

2010年

1月　穆家修《穆藕初与科学管理》一文发表于《浦东开发》第1期。

4月　徐敦楷《民国时期科学管理思想在中国的传播与运用》一文发表于《中南财经政法学报》第2期上。称穆藕初翻译《科学管理原理》一书于1916年由中华书局出版,成为泰勒该书的第一个中文译本。"该书中文版离它的英文原版出版仅有短短的7年时间,反映出穆藕初在追赶世界管理新思潮方面表现出的远见与卓识。""穆藕初不仅是科学管理思想的早期传播者,而且即使是从世界范围内来审视他,也是科学管理理论的早期实践者,更是中国近代第一个将西方科学管理理论运用到中国企业的企业家。"

5月　惜珍《上海老板》一书由文汇出版社出版。本书通过对虞洽卿、刘鸿生、吴蕴初、胡厥文、穆藕初等11位近代实业家在上海滩闯荡的历史事实,从中展现海派文化在上海老板身上的烙印。第五章为"学者型实业家穆藕初",分"从棉花行学徒到海关小职员"、"别具一格的留学生涯"、"接连创办五家纺织厂"、"风雨十七年的华商纱布交易所"、"首创'一元储蓄制'的劝工银行"、"昆剧传习所的特殊票友"、"为教育兴国不惜散尽千金"、"与弘一法师成了方外之交"、"在重庆度过生命最后时光"等各节。

5月 李靖《科学管理的大人物:穆藕初》发表于《中外管理》第5期。文章称"穆藕初先生努力的结果是:'科学管理'在中国企业的引进,比欧洲还要早!而且'穆氏科学管理'在'新泰罗主义'的基础上获得了长足的发展,甚至在实践和思维层面已经超越了泰罗!"

同期刊登杨沛霆《"管理先知"屡遭淹没,告诉国人什么?》一文。分"美国也有个'穆藕初'"、"'穆藕初'留下的启示"二小节。称:第一、美丽特和穆藕初,同作为科学管理领域的先知先觉者,为管理学做出很大贡献的大师,都被国人遗忘淹没了,这恐怕是先行者不可避免的孤独。第二,他们两位都是很有成就的企业家,同时又在管理学上都有杰出贡献,甚至他们的理论、认识,现在大家还感到新鲜。""第三,麦肯锡公司的顾问曾认为:中国政府高层与企业高层对国际国内形势,以及新生物是敏感的,悟性也是敏锐的,而问题主要出在我们的管理者执行力素质差。'中国管理第一人'穆藕初事迹再次从一个层面证明了一点。因此,挖掘与抢救穆藕初的思想,借以强化我们官产学三界的科学管理理念,提高整个干部管理队伍的素质,已迫在眉睫。"

8月 穆家修《穆藕初独特的留学生涯》发表于《浦东开发》第8期。

9月 铜陵《中国现代企业管理之父穆藕初》一文发表于《黄金时代》第9期。文章称"他在企业管理领域进行了卓越的探索,为中国企业的发展留下了重要启示。"

10月 张生《穆藕初:科学管理之先行者》一文发表于《中欧商业评论》第10期。编者按:民国时期是中国现代商业一个苦难却辉煌的时期,《中欧商业评论》从本期开始新设"民国商人系列"专栏,每一期介绍一位民国时期的商业巨子,聚焦他们的企业管理思想和企业管理实践,以为今日之镜鉴。穆藕初不但通过翻译宣传"科学管理法",更通过自己的商业实践将其广泛传播,大大提升了当时中国企业的管理水平。

12月 穆家修《穆藕初的社会价值观》一文发表于《金融博览》第12期。

本年 郭绪印(上海师范大学人文与传播学院历史系)《张謇与穆藕初"实业救国"理念与实践》一文发表于《近代中国》(第二十辑)。文章称"张謇和'棉纱大王'穆藕初同为近代实业界和经济思想领域的名人,在他们的'实业救国'思想中,都主张优先发展棉纺织业,都十分重视教育事业、农业近代化改革、企业管理、改革税制、地方建设、交通建设等等。他们'实业救国'的理念比较一致、比较接近。"

本年 由苏州市文广出资于原址修复昆剧传习所。占地面积 1 343 平方米,建筑面积 574 平方米,分为门厅、第一进厅堂、中庭、第二进厅堂和花园几部分。门前竖立穆藕初、张紫东两位创办人铜像。穆藕初像碑文云:"1922 年初,昆剧传习所经费发生困难之时,穆氏慨允接办,成为主要赞助者,使传习所的办学计划得以顺利实施。有戏曲论著《昆剧演出史稿》、《上海戏曲史料荟萃》等。"此碑文与历史事实不符,否认穆藕初创办昆剧传习所的历史功勋,并存在错误,所提两种著作,一为陆萼庭著,一为上海艺术研究所编,与穆藕初无关。

苏州昆剧传习所内的穆藕初雕像

2011 年

3 月 孙方《穆藕初管理思想的发展线索》一文发表于《西南石油大学学报》(社会科学版)第 13 卷第 2 期。文章"从历史的角度向读者展现了穆藕初一生都在积极介绍西方科学管理思想,并将其与中国的具体企业实践相结合。""通过对穆藕初一生管理思想发展变化的梳理,更好的了解中国近代西方科学思想的引入和传播过程,把握中国近代思想发展的线索。"

4 月 穆伟杰《一字之差掩盖下的历史真相》一文发表于《开卷》第 12 卷第 4期。文章驳斥桑毓喜《昆剧传字辈评传》中关于否认穆藕初是昆剧传习所创办人,而是"接办人"的观点。以当时报道报刊第一手资料为依据,强调穆藕初在昆剧传习所创建过程中功劳最大,是主要创办人。

5月 无边落墨《大国商：民国富豪们的传奇之路》一书由长江文艺出版社出版。该书以张謇、周学熙、卢作孚、荣氏兄弟、穆藕初等十位民国富豪的传奇之路，来阐述"这些商界的先驱们，在中华民族危机重重的时候，念念不忘'实业救国'"的艰辛历程。第五章为"穆藕初—海归凭的是技术"。

9月 柴志光主编，许芳、穆伟杰副主编《穆藕初往来书信集》（浦东新区政协文史丛书之十六）由浦东新区政协文史会党史办出版。全书20余万字，收录穆藕初各个时期往来书信二百三十五封，从书信角度反映了穆藕初广泛的人际交往，内容涉及科学管理、农业、经济、教育、文化等，是研究穆藕初的重要文献。该书为内部发行。

10月11日 汪静赫《穆氏兄弟的中西救国之道》一文发表于《中国科学报》。

10月20日 傅国涌《穆藕初：筑庐西湖》一文发表于《杭州日报》。文章分"西湖'韬庵'保住昆曲的一脉星火"、"棉纱大王力倡'种田要读书，读书仍种田'"、"新兴商人派鼓起担当国事的勇气"等各节。

10月31日 吴晓波（财经作家）《江湖谁忆穆藕初》一文发表于《第一财经》微博。

10月 七七《儒商穆藕初》一文发表于《新经济》第10期。

10月 《百年穆藕初："管理比科技更重要"》一文发表于《中外管理》第10期。

11月1日 穆家修、柳和城、穆伟杰编《穆藕初文集》（增订本）由上海古籍出版社出版。增订本保留1995年北京大学出版社出版的《穆藕初文集》所收文章外，增补著译两种《中国花纱布业指南》按语三十五则，《工厂适用学理的管理法》全文；日记一种：《豫西灾况勘察日记》。新增单篇文章、讲话63篇。全书70余万字，全方位、多层次地展现出穆藕初的科学管理与实业思想、教育理念、社会政治观点，乃至对于中国传统文化艺术的看法，为研究穆藕初思想，提供了一个完整的文本。该书定价138元，印数1500册。

11月15日 上午九时，由上海市社联主办，上海中华职业教育社、上海市历史学会、上海市经济史学会、复旦大学上海史研究中心、浦东新区档案局、浦东新区史志办、浦东新区文史委员会、上海市侨联等单位承办的"穆藕初先生生平与思想"研讨会在上海市社联隆重举行。来自中外各地和上海的专家学者以及穆氏家族共六十余人参加了会议。该会也是上海市社会科学界联合会纪念辛亥革命百年系列学术活动之一。开幕式由中华职教社副主任胡忠泽主持。上海市社联党组书记沈国明致开幕辞，认为穆藕初先生是近代上海名士、著名实业家和儒商巨子，对近代上海的发展有着重大贡献，对其生平与思想的研究有着重要的历史和现实意义。上海市历史学会会长、上海社科院副院长熊月之认为，穆藕初先生是近代上海新兴商人的杰出代表,对辛亥之后的上海社会有着重要影响,本身具有目光远大、勇于创新等众多了不起之处,又是一个坚定的爱国者和辛勤的企业家,穷则独善其身、达则兼济天下的大写的人。与会学者共递交论文 19 篇,编印《穆藕初先生生平与思想研讨会论文集》。主要从"人文情怀、担当精神","社会贡献、古道热肠","实业巨子、管理大师"和"经世济民、百年功勋"四个主题对穆藕初的生平与思想进行了研究和探讨。钟祥财(上海社会科学院经济所研究员)在题为《穆藕初先生的知识境界》的报告中指出,穆藕初先生是一个不以赚钱为目的的企业家,他的人文知识境界使他能及时把握技术进步的时代要求,又能保持对人类福祉的价值追求,知识和人格的统一奠定了穆藕初先生文化和道德上常人难以企及的历史地位。穆勇(穆藕初后人)在题为《穆藕初的社会价值观》的报告中指出,穆藕初先生反对把社会当做金矿来索取,他比喻社会是一所储蓄银行,需要初步积累,提倡敬天畏神,注重内在的道德修养和自我约束。穆藕初哲嗣穆家修在题为《追寻父亲最后十年的人生历程》指出,穆藕初的晚年虽然辛苦悲壮,却是他生命光芒璀璨的又一高峰,最后的十年历程中不论是慰问抗日将士、创办《交易所周刊》、培育新人、探索管理还是再次从政,都包含着他为社会服务,为大众谋幸福的殷切梦想。穆伟杰(穆藕初后人)和柳和城(学者、自由撰稿人)在题为《穆藕初振兴昆曲的实践及其思想渊源》的报告中指出,穆藕初的名字与现代昆曲的振兴不无关系,通过他在沪学会中进行戏剧活动、广泛结交昆曲票友抢救保存原始录音、集资兴办昆曲传习所和组织昆曲大会串等活动,有利于昆曲这一国粹保存至今,历史证明穆藕初是昆曲振兴的元勋。姜铭(原复旦万科进修学校校长)在题为《穆藕初对昆曲的贡献及其心路历程》的报告中指出,穆藕初与昆曲之关系,可分为从听曲到习曲、从研究昆曲到认识昆曲、到最后保存昆曲与传承昆曲三个阶段,通过创办昆曲传习所、培育传人等实践,从而使昆曲有今日之振兴。李杨(复旦大学历史系研究生)在题为《穆藕初的科学教育思想与实践》的报告中指出,穆氏独特的教育背景、人生经历与当时的社会现实结合,形成了其科学教育的思想理念,并将科学方法广泛投射于社会、政治与教育文化领域,在历史上留下了不可磨灭的印迹。王昌范(上海市工商联合会调研员)在题为《穆藕初与上海总商会》的报告中指出,通过梳理穆藕初在上海总商会一系列活动可知,他以一位具有新思想和改革精神的实业家参与会务,为总商会的革新带来一股清新之风。郭绪印(上海师范大学历史系教授)在题为《张謇与穆藕初的比较研究》的报告中指出,同为近代著名的实业家张謇与穆藕初有相同之处,同因爱国而积极振兴棉业,都因重视实业与教育的关系而重视职业教育,同时又有不同的企业管理模式,张謇仍保留了一些传统管理方式,穆藕初则是引进西方科学管理的第一人,结合中国实际创造出先进的管理体制。吴钧代陈鸿桥(深圳证券交易所副总经理)作题为《学习穆藕初先生,从科学管理入手打造新商业文明》的报告,认为当年穆藕初先生创办德大纱厂,提倡的科学管理思想和实践在今天的中国仍然没有过时,值得我们思考和总结。许康(湖南大学公共管理学院教授)在题为《穆藕初与20世纪上半期中国管理科学的三度涌浪》报告中指出,在20世纪西方管理科学引入中国的科学管理、合理化、人际关系管理三个阶段中,穆藕初都扮演了举足轻重的作用,起过先驱、桥梁和核心的作用,他继承了儒商传统又兼具西方科学管理之道。戴鞍钢(复旦大学历史系教授)在题为《穆藕初与近代上海城乡经济关系论纲》的报告中认为,穆藕初传播改良中国棉种的思想和联合发起组织中华植棉改良社的实践,在上海城郊农业生产技术和经营方式的改进,乃至社会生活的演变中发挥了积极作用。朱荫贵(复旦大学历史系教授)在题为《试论穆藕初在近代棉纺织业方面的贡献》的报告中指出,穆藕初在经营以棉纺织业为中心的实业过程中,通过引进西方管理方法,取得了良好效应,同时创办了上海华商棉布交易所,并主办《交易所周刊》,结合棉纺织业和金融业,为中国近代实业的发展做出了重大贡献。林刚(中国社科院经济所研究员)在题为《略论穆藕初先生对中国本土现代化的贡献》的报告中指出。穆藕初在抗日战争时期领导农本局的工作,放眼全国棉纺织业的振兴,紧紧围绕中国国情,以农民家庭生产为本,以工业、科学技术帮助农民提高生产力,其终极关怀及于全中国的富强和普通百姓的民生问题。张玮(中国农业大学信息与电气工程学院教授)在题为《官、产、学合作,推动农业发展》的报告中指出,穆藕初对发展中国农业的探索不仅局限于所学的农业本身,而综合关注科技、生产、管理和社会各方面的知识,在任职农产促进委员会时,创造性地运用官、产、学合作发展农业的模式,为现代农业管理提供了很好的借鉴。围绕上述观点,傅国涌、邢建榕、朱荫贵、钟祥财等评论人进行了细致评论,与会学者展开了热烈讨论。傅国涌(历史学者、自由撰稿人)认为,穆藕初先生是中国近代重要人物,对他生平和思想进行全面研究有着充分的必要性,也应注重对其发展实业中过分理想化等缺点进行剖析。钟祥财认为,相对于穆藕初社会实践的研究,其人本的研究更为重要,他的事业成败也体现了那个时代理想者的宿命。何满(《南方都市报》记者)则从穆藕初的言论中看出其对社会和人性的深切关怀,认为这些思想对今天公民社会的建设很有裨益。众学者一致认为穆藕初先生的思想,是一个丰富的综合思想宝库,研究、继承和发展穆藕初先生的思想,是一项具有历史意义和现实意义的重要工作,应以本次研讨会为契机,积极筹划成立"穆藕初研究会",以推动穆藕初思想和实践研究工作的进展。下午五时会议圆满结束。本次会议反映了学术界对穆藕初生平与思想研究的最新动态,提出的观点、思路和建议,有助于对相关问题的进一步研究。

12 月 1 日 《社会科学报》第 6 版刊登"穆藕初诞辰 135 周年纪念"专版。刊登肖像、手迹及著作《做事与为人》一文。刊载林刚、纪辛(中国社会科学院经济所)《小农经济与现代截然对立吗?》、钟祥财(上海社会科学院经济所)《知识境界》、深圳证券交易所副总经理《补 100 年前的科学管理课》、郭敬荣《恣出其财,以成人才》等文。

12 月 程念琪《孤独的"新式资本家"—穆藕初先生的实践和思想述评》一文发表于《争鸣》第 12 期。文章称"穆藕初先生成功创业的真正鼓舞人心之处,乃在于创造了一种合乎世界潮流的经济组织。先生对中国的'有钱人'是失望的,而自认为是'新式资本家',却仍难免'生意人'之诮。在文化上,先生强调'国学根柢既深,方能吸收他国精华'。在国民性改造方面,尤强调责任心和公共心,以及科学思维方法的养成。身处动荡之世,先生对国际国内的大势,不仅见解深刻,而且有非常准确的预见。先生清而不耀,和而不流,真正是极高明而道中庸的人物。一生曾两次出任国民政府高官。惟有'傲骨',而不能'合时宜'。

2012 年

1 月 9 日 傅国涌《穆藕初:一个企业家的公共关怀意识》一文发表于《中国科学报》

1 月 傅国涌《毛泽东称其为"新兴商人派"》一文发表于《中外书摘》第 1 期。

2 月 刘永峰《穆藕初:在商不止言商》一文发表于《看历史》第 2 期。

2 月 李建耘《浅谈泰罗科学管理的现代借鉴意义》一文发表于《大观周刊》第 7 期。文章称泰罗"科学管理理论开创了对管理进行科学研究的先河,成为管理学的起点,在西方掀起了一场科学管理的运动。一直以来,人们对科学管理理论的态度褒贬不一,不可否认,在特定时代背景下孕育的产物必然具有该时代因素的局限性,泰罗的科学管理亦是如此。但回顾管理学发展史,我们不难发现现代许多管理理论都是以科学管理理论的某个方面为基础发展而来的,时至今日,泰罗的科学管理体系中仍有很多值得我们借鉴之处。"

3 月 李建平(华中师范大学中国近代史研究所)《论穆藕初的劳资合作思想及其实践》一文发表于《华中师范大学研究生学报》第 3 期。文章称"20 世纪上半叶劳资纠纷日趋激烈,劳资合作随之广受社会各界关注与提倡。穆藕初在处理劳资纠纷过程中,结合其科学管理思想,形成了他独特的劳资合作思想,如推行科学管理改革、固结工人信仰心,以得其力、适度奖励工人等。穆藕初的劳资合作思想对当时乃至当今劳资关系的处理都具有重要参考价值。与同时期的荣氏兄弟、刘鸿生等企业家一样,穆藕初无法摆脱其资方身份和历史环境所造成的局限性,这在某种程度上也反映了近代中国复杂的劳资关系。"

4月17日　钟祥财《穆藕初的宗教情怀》一文发表于《东方早报》。文章称穆藕初的宗教信仰有积极的思想含义,折射出上海近代实业家的"科学精神、敬畏之心和理想追求的融会贯通,体现了实业家的现代素质,也是穆藕初宗教情怀的标杆意义所在。"

4月　刘铁明《泰勒科学管理思想研究的回顾与思考》一文发表于《湖南财政经济学院学报》第28卷第136期上。该文分"泰勒科学管理思想研究文献回顾"、"泰勒科学管理思想的内容框架体系"、"对泰勒科学管理思想的重新认识"三节。称"早在1914年上海浦东人穆湘玥就着手将泰勒《科学管理原理》翻译成中文,并于1916年由中华书局出版"。指出"苦于旧中国政治腐败,民生凋敝,战乱不断,在中国推行科学管理的路径非常坎坷,前景不容乐观。"认为"重新研究与评估泰勒的科学管理思想,是非常必要的。"

7月　孙飞、周帅、冯天天(华北电力大学)《穆藕初与科学管理在中国的传播》一文发表于《中国证券期货》第7期。文章称"20世纪初,是科学管理思想在世界上大放异彩的时代,解决了当时企业管理难题。穆藕初在美国留学时,首次接触科学管理思想就被其折服,回国后翻译并出版了《科学管理原理》,宣传科学管理思想,并在企业经营中运用科学管理思想,取得了极大的成功。"

8月　《穆藕初:一代棉纱大王》一文发表于《中国市场》第8期。

9月17日　邹进文《西方科学管理思想在中国的最早传播者》一文发表于《中国社会科学报》

9月　刘永峰《穆藕初:引进西方科学管理思想第一人》一文发表于《中国中小企业》第9期。

10月　王浦《穆藕初:梦想中国VS中国梦想》一文发表于《名人传记(财富人生)》第10期。

11月　路修远《穆藕初:棉花大王,衣被天下》发表于《中国商界》。

12月　李建平《论穆藕初的劳资合作思想及其实践》一文发表于《华中师范大学研究生学报》。文章指出穆藕初在处理劳资纠纷过程中,结合其科学管理思想,形成了他独特的劳资合作思想。穆藕初的劳资合作思想对当时乃至当今劳资关系的处理都具有重要参考价值。

12月　《穆藕初与上海总商会》(本刊编辑部)一文发表于《现代工商》第12期。

本年　黄火(湖北师范学院历史与文化学院)《论穆藕初的企业人事制度实践及其启示》一文发表于《中国市场》第39期。文章分析穆氏所坚持和践行的人事思想和企业人事制度的产生背景及其主要内容,从而得到一些对当下中国企业者们有益的借鉴和启示。

本年 李扬《科学与实业之间:穆藕初的科学教育思想的探析》硕士论文发表于《复旦大学》。

2013 年

1 月 18 日、19 日 上海电视台戏剧频道播放《昆剧传字辈》第四集"重现生机"、第五集"共襄义举"。介绍先生为保存、振兴昆剧所做出的历史功绩。还就穆藕初是昆剧传习所创办人还是"接办人"展开讨论。

2 月 唐葆祥(原上海戏剧学校编剧)《昆剧传字辈史话(贰)——穆藕初是主要发起人之一》发表于《上海戏剧》第 2 期。

2 月 陆茂清《棉纱大王穆藕初资助五学子出洋》一文发表于《名人传记》第 2 期。

3 月 唐任伍(北京师范大学管理学院)《论穆藕初对科学管理思想的传播和实践》一文发表于《经济与管理评论》第 3 期。文章称"穆藕初将泰罗的《科学管理原理》翻译成中文在国内进行介绍和传播,亲自将科学管理理论运用到自己的企业中进行实践,并取得了圆满的成功,推动了中国企业的近代化。穆藕初因此被称为科学管理思想在中国传播和实践的第一人,中国近代管理科学的奠基人。"

3 月 向明亮(湖北理工学院人文科学部)《近代中国企业家精神的发育与构建—以穆藕初为中心》一文发表于《湖北理工学院学报》(人文社会科学版)。文章称:"中国新一代民族资本家穆藕初深感企业家精神的缺失严重地制约了中国实业的发展。他着眼于商人素质的整体提高以及中国实业的根本振兴,以唤醒"天职"为主线,构筑了近代中国企业家精神系统。这一系统融合了中西方经济伦理思想,具有鲜明的时代特征和创新意识,在中国近代企业家精神的形成及发展史上具有拓荒的积极意义。"

4 月 向明亮《唤醒"天职":穆藕初的商业道德观述论》一文发表于《江汉学术》第 32 卷第 2 期上。文章认为近代著名实业家穆藕初的实业生涯与他对中国商人素质、伦理道德和企业家精神的探索密切联系在一起。穆藕初构筑了近代中国企业家精神系统,并在实践中身体力行,诠释了商业道德的真义。

7 月 唐国良《穆藕初三次有特殊意义的捐款》一文发表于《浦东开发》第 7 期。

8 月 文明国主编"二十世纪名人自述系列"之一《穆藕初自述》一书由安徽文艺出版社出版。全书收入"藕初五十自述","日记"(《豫西灾况查勘日记》),单篇文章及演说 39 篇。定价 42 元。

10 月 18 日　下午一时半,由上海市历史学会主办,上海市浦东新区文史学会、上海市浦东新区地方志办公室、上海市浦东新区档案局承办的"纪念穆藕初先生逝世 70 周年座谈会"于上海市社联群言厅举行。到者有沪上社会科学界、文化部门及穆氏家属五十余人。浦东文史学会会长唐国良主持。上海社联党组书记、专职副主席沈国明致开幕辞,上海历史学会会长熊月之作主题报告,从穆藕初的寻求强国之道、提高企业管理水平、为保存国粹尽力及思考中国善良政治蓝图四个方面论述了穆藕初在近代中国的文化意义;上海文史馆馆长沈祖炜在综观穆藕初的一生业绩后认为,穆藕初的历史定位应以"民族精英,中华先贤"八个字来概括比较合适,沈馆长的见解得到了不少与会者的共鸣;《俞振飞传》作者唐葆祥发言中指出,穆藕初创办昆剧传习所,在昆剧即将灭亡之际挽救了昆剧艺术;深圳证券交易所陈鸿桥副总经理就"科学管理是根治形式主义、官僚主义的利器"为题,阐述了学习发扬穆藕初重视科学管理实践的现实意义;深圳唐马服装公司廖英武董事长在发言中盛赞了穆老先生的崇高风范,认为穆藕初实是当代企业家的学习楷模,并表示乐意跟随大家一起为继续深度挖掘、学习、传播、传承穆藕初先生的爱国、奉献、诚信、创新精神及科学管理理论结合实践的态度而共同努力。中国农业大学教授张玮、上海社科院经济所研究员钟祥财、北京弘一法师书法研究会会长穆兰、上海文史馆员张人凤、上海工商业联合会研究员王昌范等专家、学者相继发言,缅怀了这位曾被毛泽东称为"新兴商人派"代表人物的穆藕初,并对穆先生的崇高爱国情怀、严谨科学管理态度、创新意识、诚信及奉献精神给予了高度评价。穆家修代表家属致答谢辞。

10 月　台湾"中央大学"特聘教授洪惟助主编,上海艺术研究所副研究员朱建明著《穆藕初与昆曲:民初实业家与传统文化》(昆曲丛书第三辑)一书由台湾秀威信息科技公司出版。该书 20 余万字,是第一部详细阐述穆藕初保存、振兴昆曲的历史功绩专著,"本书从穆藕初所创办的昆剧传习所事件展开论述,开办时所采取的新式办学方针,如开设文化课程、设置体育武术课、废除体罚、保障学员权益等。皆反映了他的民生、民主及人文意识的理念。而这一切恰是缺乏现代思想的曲家(无论是苏州还是上海)所不能为的,昆剧传习所从一开始就采用了新式办校的方针,将传习所的学员培养成适应现代社会的演艺人员,使昆剧在现代社会中能生存下去。"定价新台币 420 元。

10 月　上海新区浦东文史学会主编《浦东文史》2013 年第 3 期"纪念穆藕初逝世七十周年专辑"出版。收入专家、学者及家属纪念文章 20 篇。目录:卷首语(柴志光)、论穆藕初在近代中国的文化意义(熊月之)、穆藕初先生的梦(钟祥财)、毛泽东笔下的穆藕初(柳和城)、论穆藕初的职业教育观(陈伟忠)、怀抱"中国梦"的民族实业家穆藕初(张玮)、论"穆氏科学管理"(穆家修、许康)、穆藕初经济伦理思想析义(高俊)、穆藕初的农学职业教育实践(柳和城)、穆藕初与董必武的交往及通信(穆伟杰、柳和城)、穆藕初的劳资合作思想及其实践(李建平)、续论穆藕初振兴昆曲的思想与实践(柳和城、穆伟杰)、穆藕初创立名牌棉纱商标之研究(左旭初)、昆剧保存社功不可没(穆家修)、穆藕初为浦东农业出谋划策(柳和城)、唤醒"天职"穆藕初的商业道德观述论(向明亮)、穆藕初的义利观(穆勇)、穆藕初三次有特殊意义的捐款(唐国良)、穆藕初论辛亥革命(柴志光)、穆藕初捐资助学与张闻赴美留学(庄秀福)、"穆藕初研究"三十年研究回顾(穆家修)、穆藕初先生轶文轶函选录、穆藕初年谱长编(节选)(穆家修、柳和城、穆伟杰)。

11月5日　穆伟杰《著名实业家穆藕初的浦东农业情》一文发表于《联合时报》。

11月12日　熊月之《论穆藕初在近代中国的文化意义》一文发表于《文汇报》。分"壮岁留学,资助留学,寻求强国之道"、"引进科学管理方法,提高企业管理水平"、"资助昆曲,重视传统文化,为保存国粹尽力"、"批评国民素质负面影响,思考中国善良政治蓝图"四部分。称穆藕初"合亦中亦西,亦商亦儒于一身。穆藕初不是专门从事知识生产与流通的书斋形知识分子,他在近代文化转型所做出的成就,也不是一般专门从事知识生产与流通的书斋形知识分子所能达到的。"他的非正常选择、非正常花钱、非正规意见与非理性态度,构成了他在近代中国文化中特有的地位和特别的意义。

2014 年

1月24日　《文汇报》刊登唐葆祥《昆剧界的"恩人"穆藕初》一文。文章称穆藕初在创办昆剧传习所的过程中,只是采用了不同于旧科班的文明的办学方法,而没有对传统昆剧本体予以现代化的改造,目的就是保存优秀的昆剧传统,保存民族文化的精华。今天看来,这不是穆藕初的缺陷,恰恰相反,这是他高瞻远瞩,尊重敬畏传统文化的高明之处。2001年,昆曲被联合国教科文组织批准为第一批世界非物质文化遗产,在这样的时刻,我们更加怀念昆剧界的"恩人",牢记他对昆剧存亡继绝的不朽功劳。"

1月　沈祖炜《我们为何纪念穆藕初》一文刊登于《世纪》第1期。文章称"穆藕初正是这样的一位民族精英、中华先贤,值得我们永志不忘。从纪念穆藕初,我们应该得到启示,对于许多历史人物,要注重其对国家民族的贡献,而绝非其他因素。"

同期刊登穆家修《我的父亲穆藕初》及穆伟杰、柳和城《穆藕初与董必武的交往》二文。

3 月 15 日　上海市集邮总公司发行"水墨风采——近代上海实业家"荣毅仁、杨斯盛、陈叔通、穆藕初、王一亭、胡厥文等 6 人纪念封。

附录一：主要引用及参考文献

一、谱主著译

近世之怪杰　（英）约翰拉耱原著,穆湘瑶、穆湘玥译述,上海通社光绪二十九年(1903)五月发行,《通社丛书》之一

植棉改良浅说穆湘玥著,非卖品,1915 年 1 月初版,1917 年 1 月再版,1919 年 3 月四版,1921 年 12 月六版

工厂适用学理的管理法　（美）戴乐尔(即泰罗)原著,穆湘玥译述,中华书局 1916 年 11 月初版,1925 年 1 月二版,1928 年 4 月四版

中国花纱布业指南(美)克雷克原著,穆湘玥译述,厚生纱厂 1917 年 3 月出版

豫西灾况勘查日记　穆湘玥著,1920 年 12 月自刊

中国商务与太平洋　穆湘玥著,1922 年 10 月,商务印书馆代印

藕初五十自述　穆湘玥著,1926 年 8 月,商务印书馆初版

救济棉业计划　穆湘玥著,1928 年 6 月单行本

世界与中国棉业之近况　穆湘玥著,1930 年单行本

军火商人(Merehants of Death) Engelbreeht、Hanighen 原著,穆藕初译,商务印书馆 1937 年 11 月初版,1938 年 11 月长沙再版

农产促进委员会之任务及其希望　穆湘玥著,农产促进会印行(一)1938 年

垦荒和增加农产的捷径　穆湘玥著,农产促进会印行(二)1938 年

全国农业推广实施计划纲要草案　穆湘玥著,农产促进会印行(九)1938 年

各级农业推广人员训练纲要　穆湘玥著,农产促进会印行(十)938 年

如何促进农业及手工业生产　穆湘玥著,农产促进会印行(十三)1939 年

穆藕初文集(增订本)穆湘玥著,穆家修、柳和城、穆伟杰编,上海古籍出版社 2011 年 11 月第 1 版

穆藕初往来书信集　穆湘玥著,柴志光主编,许芳、穆伟杰副主编,浦东新区政协文史丛书之十六,2011 年 10 月

二、报纸期刊

大公报(天津)、大晚报(上海)、中华国货月报、银行周报、上海工商学联合会日报(上海)、中央日报(重庆)、文汇报(上海)、申报(上海)、晨报(北京)、民德报(上海)、民国日报(上海)、早报(上海)、时报(上海)、时事新报(上海、重庆)、晶报(上海)、解放日报(延安)、新闻报(上海)、新蜀报(重庆)、新中华报(延安)、新华日报(重庆)、新浦东报(上海)、密勒氏评论报(上海)(THE WEEKLY REVIEW)

人文月刊、人钟月刊、工业中心、工商半月刊、上海总商会月报、天津棉鉴、中华实业界、中国实业新报、长城杂志、西南实业通讯、文献、东方杂志、申报月刊、北京大学日刊、生活星期刊、机联会刊、自由言论、华安、华商纱厂联合会季刊、合作月刊、交易所周刊、农本月刊、农业周报、农业推广通讯、位育校刊、良友画报、纺织时报、纺织周刊、纺织染工程、国讯、经济动员、经济学季刊、南通杂志、响导周报、复兴月刊、海光、教育与职业、商业杂志、游戏世界、广益杂志、新世界月刊、新时代、新社会半月刊、新青年、新教育、道路月刊、交易所周刊、青年之友、中学生、军事杂志、学灯、电业季刊、同德年刊、尚贤堂纪事

三、日记、年谱、传记、回忆录

传声杂记　沈彝如著，原稿复印件

应修人日记(1919 年部分)上海鲁迅纪念馆编《上海鲁迅研究》第 8 辑　百家出版社 1997 年 10 月第 1 版

天华盦日记　王燮功(慕喆)著，稿本

冯玉祥日记　江苏古籍出版社 1992 年版

蔡元培全集(第 16 卷)浙江教育出版社 1997 年版

胡适日记全编　安徽教育出版社 2001 年版

陈光甫日记　上海书店出版社 2002 年 11 月

邵元冲日记　上海人民出版社 1990 年 10 月第 1 版

郑孝胥日记(第 3 册)：中华书局 1993 年 10 月第 1 版

竺可桢全集(第 6 卷、第 7 卷、第 8 卷)上海科技教育出版社 2005 年 12 月版

参与太平洋商务会议日记　毕云程编，穆藕初校阅，1922 年 12 月印行

黄炎培日记　中国社会科学院近代史研究所整理，华文出版社 2008 年 9 月

顾颉刚日记　联经出版事业股份有限公司 2007 年版

颜惠庆日记　中国档案出版社 1996 年 12 月

卞白眉日记　天津古籍出版社 2008 年

翁文灏日记　李学通，刘萍，翁心钧　整理，中华书局出版社 2010 年 1 月

顾颉刚日记　台北经联出版事业股份有限公司 2005 年

常任侠《战时日记》　海天出版社 1999 年

吴湖帆文稿　中国美术学院出版社 2004 年

宪政救国之梦——张耀曾先生文存　法律出版社 2004 年 11 月

穆嫂金夫人五十寿辰寿言汇录　穆家菁辑，自印本 1930 年 6 月

山阴州山吴氏支谱　1921 年家印本

毛泽东年谱(1893—1949)中共中央文史研究室编，中央文献出版社 2002 年版

弘一法师年谱　林子青编著，宗教文化出版社 1995 年 8 月第 1 版

沈宗瀚先生年谱　黄俊杰编著，东昇出版社事业有限公司 1981 年版

蒋百里年谱　许逸云编著，团结出版社 1992 年 10 月第 1 版

蔡元培年谱长编　高叔平编著，人民教育出版社 1996 年 11 月第 1 版

刘少奇年谱　中共中央文献研究室编　中央文献出版社 1996 年 9 月

邓中夏文集　人民出版社 1983 年 8 月

瞿秋白文集　人民出版社 1998 年 12 月

中华当今名人传(美)A. R. Buet、J. B. Poweel、Cral 编著,上海传记出版公司 1924 年版

中国近代企业的开拓者(下册)孔令仁、李德征主编,山东人民出版社 1991 年第 1 版

中国名人年鉴(上海之部)张丹子编,中国名人年鉴社发行 1943 年 4 月初版

中国名人录(Biographies of Chinese)上海密勒氏评论报编印 1925 年 6 月 1 日

中国现代农学家传(第一卷)　金善宝编著,湖南科学技术出版社 1985 年版

民国名人图鉴　杨家骆编,1937 年 1 月版

海上名人传　上海文明书局 1930 年 3 月版

毕云程传　毕仁华、闻京辑录　引自《上海文史研究馆馆员传》

经历　韬奋著　生活书店 1937 年 4 月上海初版

现代之胜利者(上)　邝富灼、邝光林编著　商务印书馆 1923 年 8 月初版

俞粟庐书信集　俞经农藏,唐葆祥编,上海古籍出版社 2012 年 6 月

俞振飞传　唐葆祥著,上海文艺出版社 1997 年 11 月第 1 版

我与四川　叶圣陶著,四川人民出版社 1984 年版

韬奋挚友毕云程　海盐县政协学习文史资料委员会、澉浦社会福利协会编,　学林出版社 2003 年 3 月第 1 版

吴麟书讣告　印本 1930 年

史量才先生讣告　印本 1935 年 5 月

穆藕初先生传略　毕云程著,1943 年 10 月单行本

追念穆藕初先生　毕云程手稿

一个民族工业家的遭遇　毕云程手稿复印

一个中国经济学家的七十回忆录　方显廷著(H. D. Fong：Reminiscences of a Chinese Economist at 70. South Seas Socity P. O. Box 709 Singapore，1975)

企业回忆录　童世亨著,光华印书馆 1941 年版

胡厥文回忆录　胡厥文著,中国文史出版社 1994 年 5 月版

钏影楼回忆录续编　包天笑著,香港大华出版社 1973 年 9 月版

先德追怀录　穆伯华手稿

回忆录　穆恂如手稿

回忆录　穆家麟手稿

补斋自传　江问渔手稿

农本局撤销改组的内幕　赵卓志撰,引自《工商经济史料丛刊》(四)文史资料出版社 1984 年 11 月

穆藕初与经济部农本局　张仁寿撰,同上

丑中美　王传淞口述　上海文艺出版社 1987 年 11 月

传薪千秋——倪传钺教学研讨纪念文集　中国戏剧出版社 2009 年 11 月

钱昌照回忆录　中国文史出版社 1998 年 5 月

四、档案史料

美国威士康辛大学成绩报告单

美国伊立诺大学成绩报告单

华商纱厂联合会植棉改良委员会档案

上海总商会议事录

上海中华劝工银行档案　上海市档案馆藏

浙江兴业银行档案　上海市档案馆藏

上海商业储蓄银行档案　上海市档案馆藏

上海华商纱布交易所档案

厚生纱厂档案

上海总商会议事录

豫丰和记纱厂董事会记录

上海浦东同乡会档案　上海市档案馆藏

上海筹赎胶济铁路委员会档案

上海位育中小学档案

中央大学档案

农产促进委员会档案

农本局档案

经济部平价购销处档案

经济部农本局职员录（1942 年）

穆藕初先生派遣留学纪念册　蔡元培编制，原件

留美学生年报（民国元年）　留美学生会编辑，上海中华书局 1913 年 1 月发行

上海德大纱厂有限公司招股简章　1914 年 10 月

市民公报　第 1 期　1921 年 1 月

太平洋会议之参考资料　申报馆 1921 年 10 月编印

上海华商纱布交易所股份有限公司第一届营业报告书（1921 年 12 月）

上海华商纱布交易所股份有限公司第二届营业报告书（1922 年 6 月）

上海华商纱布交易所股份有限公司第三届营业报告书（1922 年 12 月）

上海华商纱布交易所股份有限公司第四届营业报告书（1923 年 6 月）

善后会议公报　善后会议秘书厅编，台湾文海出版社出版

全国经济会议专刊　全国经济会议秘书处编印，1928 年 9 月初版

全国交通会议汇编　全国交通会议秘书处编印，1928 年版

菲律宾工商考察记　吴承洛编撰，上海中华书店 1929 年 10 月版

菲律宾调查报告书　宋渊源编，1929 年

工商部中华国货展览会实录　　工商部中华国货展览会编辑，1929 年 5 月发行

工商部商标局周年纪念特刊(1930 年)

全国工商会议汇编　实业部总务司商业司编印，1931 年 3 月初版

上海市民地方维持会报告书(1932 年)

救国捐报告书　上海市民地方维持会编印(1932 年 12 月)

上海筹募豫鄂皖灾区临时义赈会报告书(1932 年)

上海浦东同乡会募金购地建筑会所宣言(1933 年 4 月)

浦东同乡会年报(1933—1938 年)

浦东同乡会新会所落成纪念特刊(1936 年 11 月)

广慈年刊　淞沪纪念广慈院编印，1934 年 11 月

中华职业学校十周年职业市二十届纪念合刊(1927 年)

中华职业学校十五周年纪念册(1933 年 5 月)

中华职业教育第十五届年会须知(1935 年 7 月)

中华职业教育社二十周年纪念特刊(1937 年 5 月)

一九二七年的上海商业联合会　上海市档案馆，上海人民出版社 1983 年初版

上海各界抗敌后援会　上海市档案馆编，档案出版社 1990 年 3 月初版

五卅运动(第 1、2、3 辑)　上海市档案馆编，上海人民出版社 1991 年 10 月第 1 版

五四　杨亮功、蔡晓舟编，台湾传记文学出版社 1982 年版

五四运动在上海史料选辑　上海人民出版社 1960 年第 1 版

五四爱国运动(下)　中国社会科学院近代史研究所《近代史资料》编辑部 1979 年版

天津商会档案汇编(1912—1928)天津市档案馆编，天津人民出版社 1992 年版

中华民国史史料长编　万仁元、方庆秋主编，南京大学出版社 1993 年 8 月版

中国近代工业史资料(第 1 辑)　陈真、姚洛编，三联书店 1957 年 11 月第 1 版

中国近代农业史资料　中国科学院经济研究所《中国近代经济史参考资料丛刊》

吴蕴初企业史料(天原化工厂卷)　上海市档案馆编，档案出版社 1989 年 8 月第 1 版

中国教育年鉴　教育部编，上海开明书店 1934 年 5 月版

1917 年华商全国纱厂联合会创立史料　《档案与史学》1988 年第 3 期

华业和记火柴公司股东会记录　《民国档案》1995 年第 2 期

关于战时后方黑市活动的一组史料　《民国档案》1994 年第 2 期

党中央领导人给冯雪峰的函电　《新文学史料》1992 年第 4 期

五卅运动在河南　庞守信等著，河南人民出版社 1986 年

中华职业学校校史　唐威主编　上海社会科学院出版社 2013 年 9 月

中共中央文件选集　中央档案馆编　中共中央党校出版社 1983 年

陕甘宁边区政府文件选编　陕西省档案馆编　陕西省档案馆出版社 1986 年

附录二:人名索引

八画

〔一〕

〔丨〕

〔丿〕

编后记

2006年5月《穆藕初先生年谱》(以下简称《年谱》)由上海古籍出版社出版之后,学术界对穆藕初的研究进入到了更深入、更广泛的领域。更高水平的研求,则需要更多新材料的发现。因此我们又陆续在上海图书馆、上海市档案馆,以及《申报》数据库中查找到了大量有关谱主的文献史料,在原有《年谱》、《穆藕初文集增订本》(穆家修、柳和城、穆伟杰编,上海古籍出版社2011年11月)的基础上,历经三年紧张编著,《穆藕初年谱长编》(以下简称《长编》)终于得以完稿交付出版了。

此次《长编》新增补的史料来源有以下几个方面:

一、档案文献。包括德大纱厂档案(如《上海德大纱厂有限公司招股简章》、《厂规厂约》等)、厚生纱厂档案(如厚生纱厂租地合同等)、豫丰纱厂档案(如豫丰纱厂与浙江兴业银行、天津中国银行往来书信、借款合同等)、华商纱厂联合会植棉改良委员会档案(如植棉改良委员会会议记录等)、国民政府档案(包括北洋政府时期以及南京政府财政部档案、农林部档案)、陕甘宁边区档案(如1939年—1942年农业生产计划报告等)。原《年谱》以上原始档案大多付之阙如,此番增补为谱主实业活动提供了丰富的第一手材料。

二、报纸期刊。包括《申报》、《时报》、《晶报》、《上海工商学联合日报》、《农本月刊》、《农本副刊》、《道路月刊》、《交易所周刊》、《青年之友》、《中学生》、《军事杂志》、《公民杂志》、《中华国货月报》、《银行周报》等,《申报》数据库尤为珍贵,新发现了许多谱主著述、信函,及有关参政议政、社会公益、抗日救亡等史料,反映了谱主在当时社会的影响力。

三、名人日记。我们从已刊或未刊的《黄炎培日记》、《卞白眉日记》、《胡适日记》、《天华盦日记》、《蔡元培日记》、《冯玉祥日记》、《颜惠庆日记》、《翁文灏日记》、《竺可桢日记》等名家日记中,查到大量穆藕初先生的记载,少则一二条,多则百余条,大大丰富了谱主社会交往的内容。

四、各类回忆文章。包括穆伯华、穆恂如、穆家麟、穆家瑞、毕云程等亲友多篇回忆文章,涉及创办实业、文化教育等内容,有关家庭生活、交游、修生养性等尤为生动,弥补了史料无法记载的不足。

以上增补,不仅展现了谱主一生的事业与道德文章,他的形象变得更加清晰,为进一步穆藕初研究提供了许多宝贵资料,而且一定程度上反映出中国近现代民族资产阶级思想的变迁与发展过程。

年谱专业性极强。编著一部好的年谱,非有高深的史学造诣不可。我们三人并非史学专攻,在《长编》编著过程中所遇到困难可想而知。这里谈一下在编著中的一些体会,以求正于各位读者。

第一,关于史料应用。谱主以实业家闻名于世,是引进西方科学管理的先驱。其企业管理、经济思想一直是学术界研究的重点。此次《长编》虽则增补了不少谱主创办实业的史料,但在其他领域的活动似乎更多。那么读者会不会嫌繁赘,或觉得谱主在实业方面的贡献不够突出呢?我们认为谱主是一位"亦中亦西,亦商亦儒",集"引进西学、兴办实业、复兴绝学、奖掖青年"于一身的"新兴的商人派"代表,在教育、文化、社会公益、抗日救亡等领域倾注大量心血,并都做出过重要贡献,也是其一生的重要组成部分,《长编》尽可能收入相关新史料,力求展示谱主生活全貌。

第二,关于文章引用。此次《长编》在原《穆藕初文集》(赵靖主编,叶世昌、穆家修副主编,1995年9月北京大学出版社第一版)、《穆藕初文集增订本》基础上新增谱主各类著作一百余篇(封)。《长编》对已收入《文集》的著述或全文,或摘录引用较多,是否合适呢?后来经过征求专家意见,统一了认识。我们以为,谱主的著述涉及政治经济、实业建设、职业教育、文化事业、为人处世、道德修养等各个方面,这些文章紧扣时代脉搏,夹叙夹议,分析入理,针砭社会,至今仍具有现实意义。而年谱的编年体裁按谱主活动以及著作发表顺序编排,较为完整引用或摘录,则能使读者进一步明了其思想演变脉络,理解其内容实质。这是《文集》所难以达到的。另外,《文集》虽非珍典秘籍,但此类书籍印数较少,读者未必能轻易获得。我们愿手持《长编》者即使手中没有《文集》,也能真正"读懂"穆藕初。

第三,关于"谱后"。一般的年谱关于谱主身后多半不作记载。我们认为,没有谱后是无法反映谱主的全部。如果谱主身后绝无影响,那么后人又何必给他做年谱呢?著名史学家熊月之先生说:"研究穆藕初生平与思想,使我很有收益,不光是知识方面,而且在心灵方面,加深了我对社会人生的感悟与理解。穆藕初是一本大书,里面的营养极为丰富,博大精深。"可见穆藕初的思想以及社会影响,并没有因为他的生命终结而停止,直到今天仍然发挥着重要作用。《长编》专设"谱后",在我们目力所及范围内,把有关内容收入在中,便于读者了解穆藕初身后社会各方对其未尽事业的传播、研究及其反响等。当然挂一漏万而已,不可能无遗漏,敬请读者补充更正之。

《长编》编写中,承蒙许多专家学者、各方友人、穆氏亲属及有关单位热情帮助,大力支持。我们要特别感谢上海市历史学会会长熊月之先生。熊先生是穆藕初研究的积极倡导者和推动者。在我们《长编》编写过程中,他还特地联系提供了台北"中研院"近代史研究所所藏有关穆藕初档案，为本书增色不少。罗家伦先生之女罗久芳女士提供了穆藕初留美时期就读的学习成绩单及与泰罗的往来书信等珍贵史料；中国农业大学张玮教授提供了全套《农本月刊》《农本副刊》，弥补了穆藕初主持农本局工作时期的史料不足；姜铭先生在我们编著过程中提出了许多中肯的建议；上海社联党组书记沈国明先生及浦东文史委唐国良先生，浦东史志办柴志光先生，浦东档案馆许芳女士，多年来提供了许多帮助，并将《长编》编入浦东历史文化系列丛书；上海市文史研究馆馆长沈祖炜先生，熊月之先生赐来大序，我们表示诚挚的感谢。在本书编著工作提供过资料或其他各种帮助的有：北京黄万里、黄路、杨显东、巫宝三、周有光、张允和、吴福桢、朱宗震、朱信泉、杨瑞广、江小惠、纪辛、王小嘉、方露茜、张友仁、张玮、李珊珊、周北凡、寿乐英，上海倪兼涵、李楚材、倪传钺、陈正书、万云骏、陆冶、张人凤、丁日初、蒋德隆、丰一吟、许映湖、江希和、黄忆、黄汉民、钟祥财、冯绍霆、邢建榕、陈正卿、施正康、韩红霞、杨立强、王昌范、张剑容、庞荣棣、刘承、高俊、倪大乾、丁佳荣、陆晔、钱军、唐葆祥、丁小明，天津沈金梅，苏州顾笃璜、桑毓喜、杨在侯，无锡居柏青，重庆张守广、叶谦吉，西安刘天适，昆明俞经农，湖南许康，美国冯让先，英国方惟琳，澳洲冯天虹；家属穆家文、穆家麟、穆慧秋、穆次五、吴秉琦、穆勇、范明怡，等等。其中曾为《年谱》撰序的陈正书、倪传钺两先生，及数位已不幸去世，未能见到本书出版，我们深表缅怀之情。另外，国家图书馆、中国社会科学院图书馆、中国第二历史档案馆、南京图书馆、上海图书馆、上海市档案馆、上海社会科学院图书馆、重庆市档案馆、重庆市图书馆、中国昆曲博物馆、上海财经大学等单位，在提供资料方面都大力协助。在此我们谨一并表示由衷的谢意。本书能顺利出版与本书责任编辑冯勤先生的大力支持和努力也是分不开的。在此我们谨一并表示由衷的谢意。

编著者
2014 年 7 月